Droit des sûretés

Dans la même collection

Droit privé

Introduction au droit, J.-L. Aubert et É. Savaux
Droit civil. Les obligations :
– vol. 1 : *L'acte juridique*, J. Flour, J.-L. Aubert et É. Savaux
– vol. 2 : *Le fait juridique*, J. Flour, J.-L. Aubert et É. Savaux
– vol. 3 : *Le rapport d'obligation*, J. Flour, J.-L. Aubert et É. Savaux
Droit civil. Introduction. Biens. Personnes. Famille, Y. Buffelan-Lanore et V. Larribau-Terneyre
Droit civil. Les obligations, Y. Buffelan-Lanore et V. Larribau-Terneyre
Droit civil. Les biens, M.-L. Mathieu
Droit commercial. Actes de commerce, commerçants, fonds de commerce, instruments de paiement et de crédit, D. Houtcieff
Droit commercial et des affaires, D. Legeais
Droit du commerce et des affaires. Droit des entreprises en difficulté, P.-M. Le Corre et E. Le Corre-Broly
Droit de la concurrence interne et européen, M. Malaurie-Vignal
Droit de la consommation, Y. Picod
Droit de la distribution, M. Malaurie-Vignal
Droit de la famille, P. Courbe et A. Gouttenoire
Droit international privé, T. Vignal
Droit pénal spécial, M. Véron
Droit des sûretés, M. Bourassin, V. Brémond et M.-N. Jobard-Bachellier
Droit du travail, A. Cœuret, B. Gauriau et M. Miné
Gestion des ressources humaines, J.-P. Citeau et Y. Barel
Procédure civile, G. Couchez et X. Lagarde
Voies d'exécution, G. Couchez et D. Lebeau

Droit public

Droit administratif, P. Chrétien, N. Chifflot et M. Tourbe
Droit administratif des biens, Ph. Godfrin et M. Degoffe
Droit constitutionnel, B. Chantebout
Droit constitutionnel, F. Mélin-Soucramanien et P. Pactet
Droit général de l'Union européenne, G. Isaac et M. Blanquet
Institutions administratives, H. Oberdorff et N. Kada
Libertés publiques et droits de l'Homme, G. Lebreton

Manuella Bourassin
Professeure à l'Université Paris Ouest Nanterre La Défense
Directrice du Centre de droit civil des affaires et du contentieux économique (EA 3457)
Codirectrice du master 2 Droit notarial

Vincent Brémond
Professeur à l'Université Paris Ouest Nanterre La Défense
Membre du Centre de droit civil des affaires et du contentieux économique (EA 3457)

Marie-Noëlle Jobard-Bachellier
Professeure émérite de l'Université Paris Ouest Nanterre La Défense
Membre du Centre de droit civil des affaires et du contentieux économique (EA 3457)

Droit des sûretés

5e édition

2016

SIREY

DALLOZ

31-35, rue Froidevaux – 75685 PARIS CEDEX 14

ISBN 978-2-247-15903-1

Sommaire

Une table des matières détaillée figure à la fin de l'ouvrage.

Conclusion prospective

Propositions de réforme du droit des sûretés personnelles

Seconde partie

Les sûretés réelles

Sous-partie 1

Les sûretés hors concours

Sous-partie 2

Les sûretés par préférence dans le concours

Sous-partie 3

Les sûretés réelles dans les procédures d'insolvabilité

Principales abréviations

Act. proc. coll.	*Actualités des procédures collectives*
adde	Ajouter
AJ fam.	*Actualité juridique famille*
AJ	*Actualité jurisprudentielle (du Recueil Dalloz)*
AJCA	*Actualité juridique contrats d'affaires*
Al.	Alinéa
anc. C. pr. civ.	Ancien Code de procédure civile
Arr.	Arrêté
art.	Article
Ass. plén.	Arrêt de l'Assemblée plénière de la Cour de cassation
Ass.	Assemblée
BICC	*Bulletin d'information de la Cour de cassation*
Bull. civ.	*Bulletin des arrêts des chambres civiles de la Cour de cassation*
Bull. crim.	*Bulletin des arrêts de la chambre criminelle de la Cour de cassation*
Bull. Joly	*Bulletin mensuel Joly d'information des sociétés*
C.	Code
c/	Contre
C. assur.	Code des assurances
C. av. civ.	Code de l'aviation civile
C. civ.	Code civil
C. com.	Code de commerce
C. consom.	Code de la consommation
C. dom. publ. fluv.	Code du domaine public fluvial
C. mon. fin.	Code monétaire et financier
C. pén.	Code pénal
C. pr. civ.	Code de procédure civile
C. pr. exéc.	Code des procédures civiles d'exécution
C. rur.	Code rural
C. transp.	Code des transports
C. trav.	Code du travail
Cah. dr. entr.	*Cahiers de droit de l'entreprise*
Cass.	Cour de cassation
Cass., ch. mixte	Arrêt d'une chambre mixte de la Cour de cassation
Cass., ch. réun.	Arrêt des Chambres réunies de la Cour de cassation
Cass., Req.	Arrêt de la chambre des requêtes de la Cour de cassation
CCC	*Contrats Concurrence Consommation*
CCH	Code de la construction et de l'habitation
CE	Arrêt du Conseil d'État
CEDH	Arrêt de la Cour européenne des droits de l'Homme
CGI	Code général des impôts
ch.	chambre
chap.	Chapitre

Chron.	Chronique
Civ.	Arrêt d'une chambre civile de la Cour de cassation
CJCE	Arrêt de la Cour de justice des Communautés européennes
CJUE	Arrêt de la Cour de justice de l'Union européenne
Com.	Arrêt de la chambre commerciale de la Cour de cassation
Comm. EDH	Commission européenne des droits de l'Homme
comm.	Commentaire
comp.	Comparez
concl.	Conclusions
conf.	Solution conforme
Cons. const.	Décision du Conseil constitutionnel
contra	Solution contraire
Conv. EDH	Convention européenne de sauvegarde des droits de l'Homme et des libertés fondamentales
Crim.	Arrêt de la chambre criminelle de la Cour de cassation
CSP	Code de la santé publique
CSS	Code de la sécurité sociale
D.	Recueil Dalloz
D. Affaires	Dalloz Affaires
Décis.	Décision
Décr.	Décret
Décr.-L.	Décret-loi
Defrénois	*Répertoire du notariat Defrénois*
DH	*Recueil hebdomadaire de jurisprudence Dalloz* (années antérieures à 1941)
Dir.	Directive
Doctr.	Doctrine
DP	Recueil périodique et critique mensuel Dalloz (années antérieures à 1941)
Dr. et patr.	*Droit et patrimoine*
Dr. fam.	*Droit de la famille*
Dr. soc.	*Droit social*
Dr. sociétés	*Droit des sociétés*
EIRL	Entrepreneur individuel à responsabilité limitée
GAJC	*Les grands arrêts de la jurisprudence civile*, par F. Terré et Y. Lequette, 13e éd., 2015 (Dalloz)
Gaz. Pal.	*La Gazette du Palais*
ibid.	Au même endroit
infra	Ci-dessous
IR	Informations rapides du Recueil Dalloz
J.-Cl. Civ.	*Juris-Classeur de droit civil*
J.-Cl. Civ. Annexe	*Juris-Classeur de droit civil Annexe*
J.-Cl. Civ. Code	*Juris-Classeur de droit civil Code*
JCP E	*Juris-Casseur périodique, édition Entreprise*
JCP N	*Juris-Classeur périodique, édition notariale*
JCP	*Juris-Classeur périodique (Semaine juridique)*
JO	*Journal officiel*
JOCE	*Journal officiel des Communautés européennes*
JOUE	*Journal officiel de l'Union européenne*
Jurispr.	Jurisprudence
L.	Loi
LME	Loi de modernisation de l'économie

LPA	*Les Petites Affiches*
Mod.	Modifié
n°	Numéro
nouv.	Nouveau
obs.	Observations
op. cit.	*Opere citato*
Ord.	Ordonnance
p.	Page
Pan.	Panorama
préc.	Précité
PU	Presses universitaires
QPC	Question prioritaire de constitutionnalité
Quot. jur.	*Quotidien juridique*
R.	Rapport de la Cour de cassation
rappr.	Rapprocher
RD banc. fin.	*Revue de droit bancaire et financier (depuis 1999)*
RD bancaire et bourse	*Revue de droit bancaire et de la bourse (jusqu'en 1999)*
RD rur.	*Revue de droit rural*
RDC	*Revue des contrats*
RDI	*Revue de droit immobilier*
Règl.	Règlement
Rép. min.	Réponse ministérielle
Rev. crit. DIP	*Revue critique de droit international privé*
Rev. proc. coll.	*Revue des procédures collectives*
Rev. sociétés	*Revue des sociétés*
RIDC	*Revue internationale de droit comparé*
RJ com.	*Revue de jurisprudence commerciale*
RJDA	*Revue de jurisprudence de droit des affaires*
RJPF	*Revue juridique personnes et famille*
RLDC	*Revue Lamy droit civil*
RRJ	*Revue de la recherche juridique*
RTD civ.	*Revue trimestrielle de droit civil*
RTD com.	*Revue trimestrielle de droit commercial*
S.	*Recueil Sirey*
s.	Et suivants
Soc.	Arrêt de la chambre sociale de la Cour de cassation
Somm.	Sommaires
ss	Sous
supra	Ci-dessus
t.	Tome
T. civ.	Jugement d'un tribunal, chambre civile
T. com.	Jugement d'un tribunal de commerce
TGI	Jugement d'un tribunal de grande instance
TI	Jugement d'un tribunal d'instance
v.	Voyez
v° ou v^{is}	Mot ou mots

Bibliographie

C. Albiges, M.-P. Dumont-Lefrand, *Droit des sûretés*, 4e éd., Dalloz, coll. « HyperCours », 2013.

P. Ancel, *Droit des sûretés*, 7e éd., Litec, coll. « Objectif Droit », 2014.

A.-S. Barthez, D. Houtcieff, *Traité de droit civil*, dir. J. Ghestin, *Les sûretés personnelles*, LGDJ, 2010.

M. Cabrillac, C. Mouly, S. Cabrillac et Ph. Pétel, *Droit des sûretés*, 9e éd., Litec, 2010.

J. François, *Droit civil*, dir. C. Larroumet, tome VII, *Les sûretés personnelles*, Economica, 2004.

M.-N. Jobard-Bachellier et V. Brémond, *Sûretés, Publicité foncière*, 17e éd., Dalloz, coll. « Mémentos », 2014.

D. Legeais, *Sûretés et garanties du crédit*, 10e éd., LGDJ, 2015.

P. Malaurie et L. Aynès, *Les sûretés, la publicité foncière*, 8e éd., par L. Aynès et P. Crocq, Defrénois, 2014.

Mazeaud-Chabas, *Leçons de droit civil*, tome 3, vol. 1 : *Sûretés. Publicité foncière*, 7e éd., par Y. Picod, LGDJ-Montchrestien, 1999.

J. Mestre, E. Putman et M. Billiau, *Traité de droit civil*, dir. J. Ghestin, tome 1 : *Droit commun des sûretés réelles* ; tome 2 : *Droit spécial des sûretés réelles*, LGDJ, 1996.

M. Mignot, *Droit des sûretés*, Montchrestien, coll. « Cours », 2010.

Y. Picod, *Droit des sûretés*, PUF, 2011.

S. Piedelièvre, *Droit des sûretés*, 2e éd., Ellipses, 2015.

G. Piette, *Droit des sûretés : sûretés personnelles, sûretés réelles*, 9e éd., Gualino, coll. « Mémento LMD », 2015-2016.

M. Planiol et G. Ripert, *Traité pratique du droit civil français*, LGDJ, tome 11 : *Cautionnement*, 2e éd., par R. Savatier, 1954 ; tomes 12 et 13 : *Sûretés réelles*, 2e éd., par E. Becque, 1953.

J.-B. Seube, *Droit des sûretés*, 7e éd., Dalloz, coll. « Cours », 2014.

Ph. Simler, *Cautionnement, garanties autonomes, garanties indemnitaires*, 5e éd., Litec, 2014.

Ph. Simler et Ph. Delebecque, *Les sûretés, la publicité foncière*, 6e éd., Dalloz, coll. « Précis », 2012.

Ph. Théry, *Sûretés, publicité foncière*, 2e éd., PUF, coll. « Droit fondamental », 1998.

F. Zénati-Castaing et T. Revet, *Cours de droit civil. Sûretés personnelles*, PUF, coll. « Droit fondamental », 2013.

Introduction

1. Le droit des sûretés constitue une branche majeure du droit civil, au même titre que le droit des obligations ou le droit des biens, avec lesquels il entretient d'ailleurs des liens étroits.

Depuis l'ordonnance n° 2006-346 du 23 mars 2006, il se déploie dans le livre IV du Code civil, intitulé : « Des sûretés ». Après quelques dispositions liminaires (C. civ., art. 2284 à 2287), deux titres lui sont consacrés : le premier relatif aux sûretés personnelles (C. civ., art. 2287-1 à 2322) ; le second relatif aux sûretés réelles (C. civ., art. 2323 à 2488).

Le Code civil n'est cependant pas le seul siège de la matière. Le droit des sûretés, discipline transversale, intéresse, tant le droit des professionnels (Code de commerce, Code monétaire et financier) que le droit consumériste (Code de la consommation) ou encore le droit des voies d'exécution (Code des procédures civiles d'exécution).

§ 1. Les sûretés : une rançon du crédit

2. ***Pourquoi les sûretés existent-elles ?*** Deux causes principales semblent pouvoir expliquer, pour l'essentiel, la raison d'être des sûretés : l'une économique, à savoir l'existence et l'importance du crédit ; l'autre juridique, tenant dans les carences de la situation du créancier chirographaire, c'est-à-dire du créancier démuni de sûreté.

3. ***Les liens entre le crédit et les sûretés***. Dans de nombreuses conventions, tant synallagmatiques qu'unilatérales, les débiteurs s'exécutent immédiatement. Les créanciers reçoivent alors leur dû dans l'instant. Dans d'autres conventions, non moins nombreuses, il arrive que l'une des parties s'exécute plus ou moins longtemps après l'autre, ou de manière successive (bail, prêt…). Ces derniers contrats mettent en œuvre trois données essentielles : la *monnaie* (l'argent), la *durée* (le temps), et la *confiance* (le crédit). Un créancier n'accepte de laisser du temps – le temps c'est de l'argent – à son débiteur pour s'exécuter, c'est-à-dire de lui faire crédit en reportant l'échéance d'exigibilité de la créance, qu'à la condition qu'il ait confiance dans la bonne exécution de l'obligation. Le crédit est la confiance qu'un créancier a dans les facultés du débiteur d'honorer ses dettes. Si certains débiteurs, tels les établissements financiers, présentent une solvabilité et une honorabilité presque sans faille [1] de telle sorte que leur créancier n'éprouve pas le besoin de réclamer une quelconque garantie, d'autres débiteurs n'offrent ni l'une ni l'autre de ces qualités. Les sûretés sont, précisément, des mécanismes destinés à conforter le créancier de tels débiteurs, c'est-à-dire destinés à lui donner confiance. Plus particulièrement, les sûretés ont pour finalité de prémunir le créancier contre l'*insolvabilité* ou, le cas échéant,

1. Toutefois, la crise des *subprimes* et la crise financière généralisée qui s'en est suivie ont démontré que la faillite d'établissements bancaires n'était pas une vue de l'esprit.

le *refus de payer* du débiteur. Les sûretés conditionnent ainsi fréquemment la délivrance de crédit. En tout état de cause, elles en réduisent le coût[1].

4. ***Les carences de la situation du créancier chirographaire.*** Si les sûretés s'avèrent nécessaires pour conforter le créancier, c'est sans nul doute que la seule qualité de créancier, c'est-à-dire la position de créancier chirographaire[2], n'est pas en mesure d'apporter la confiance recherchée. Ce déficit de confiance trouve ses raisons, d'une part, dans le recul de la force de la parole donnée et de l'honorabilité publique, d'autre part, dans les carences affectant les droits octroyés au créancier chirographaire.

Pour vérifier cette dernière assertion, il convient de brosser brièvement les droits du créancier chirographaire.

Les forces et faiblesses de la qualité de créancier chirographaire sont principalement inscrites dans les articles 2284 et 2285 du Code civil (C. civ., anc. art. 2092 et 2093). Aux termes du premier texte, le créancier chirographaire dispose d'un *droit de gage général* sur tout le patrimoine de son débiteur, autrement dit du droit de saisir[3] un bien quelconque, présent ou futur, composant le patrimoine de son débiteur, et de se faire payer sur le produit de la saisie[4]. Aux termes du second texte, les biens du débiteur sont le gage commun de tous ses créanciers, de sorte que l'avantage que constitue le droit de gage général est attribué à tout créancier du même débiteur. Se dessinent alors les deux risques, qui sont les deux facettes d'une carence unique, susceptibles d'affecter les prérogatives du créancier chirographaire : d'une part, *l'insuffisance de l'actif* composant le patrimoine du débiteur ; d'autre part, l'*excès du passif* grevant le patrimoine du débiteur. Dans les deux cas, la situation à laquelle risque d'être confronté le créancier consiste en l'*insolvabilité partielle ou totale du débiteur*.

---

1. Sur la réduction du coût du crédit grâce au cautionnement, cf. A. Parent et E. Mackaay, « Le cautionnement en droit civil québécois : une analyse économique », *in Mélanges P. Ciotola*, Montréal, éd. Thémis, 2012, p. 381 s. Pour autant, il ne faudrait pas occulter le fait que les sûretés ont elles-mêmes un coût, généralement supporté par le débiteur.

2. Étymologiquement, celui dont le titre de créance est rédigé à la main, par opposition au créancier détenant un titre authentique auquel était, autrefois, attaché des garanties : v. ss 1019.

3. Et plus largement de mettre en œuvre une voie d'exécution.

4. Le droit de gage général est un et indivisible : tout créancier peut saisir n'importe quel bien de son débiteur, sans que celui-ci puisse affecter des biens particuliers au paiement de certaines dettes et mettre d'autres biens à l'abri de certaines poursuites. Cette unicité peut s'avérer extrêmement dangereuse, en particulier pour les entrepreneurs, dont les dettes professionnelles engagent leur patrimoine personnel. En vue de limiter ce risque entrepreneurial et pour encourager, au contraire, la création d'entreprise, le législateur a multiplié les *tempéraments, voire les exceptions au droit de gage général* : d'abord, en recourant à la formule sociétaire, notamment l'EURL depuis 1985 ; ensuite, en créant une sorte de bénéfice de discussion permettant à un entrepreneur de contraindre ses créanciers professionnels à exercer prioritairement leurs poursuites sur ses biens professionnels (C. pr. exéc., art. L. 161-1, anc. art. 22-1 de la loi du 9 juillet 1991, issu de l'article 47, III de la loi *Madelin* du 11 février 1994) ; puis, en autorisant les entrepreneurs individuels à rendre insaisissable leur logement et même l'ensemble de leurs biens immobiliers (articles L. 526-1 et suivants du Code de commerce, issus de la loi *Dutreil* du 1er août 2003 et modifiés par la loi de modernisation de l'économie du 4 août 2008). Ces diverses exceptions au droit de gage général ne remettraient pas en cause le principe d'unicité du patrimoine. Au contraire, par d'autres mesures, le législateur a consacré des dérogations au principe de généralité des poursuites des créanciers chirographaires en autorisant la création de *patrimoines d'affectation* et donc en écartant la règle de l'unicité du patrimoine : la loi du 19 février 2007 sur la fiducie a ouvert cette voie et la loi du 15 juin 2010 relative à l'entrepreneur individuel à responsabilité limitée est allée encore plus loin. Effectivement, aux termes du nouvel article L. 526-6 du Code de commerce, l'EIRL peut « affecter à son activité professionnelle un patrimoine séparé de son patrimoine personnel, sans création d'une personne morale » et, selon le nouvel article L. 526-12, « par dérogation aux articles 2284 et 2285 du Code civil », le droit de poursuite des créanciers professionnels est limité au patrimoine affecté à l'activité exercée par l'entrepreneur et le droit de gage de ses créanciers personnels est restreint au patrimoine non affecté.

Détaillons les caractéristiques des deux faiblesses affectant le droit de gage général.

5. ***La diminution ou la stagnation de l'actif du débiteur.*** Le créancier chirographaire dispose d'un *droit personnel* contre son débiteur. En conséquence, il n'a *aucun droit de suite* sur les biens de son débiteur ; autrement dit, il est obligé de subir les modifications, volontaires ou involontaires, du patrimoine de son débiteur : de même que tout bien qui n'y est pas encore entré lui échappe, tout bien qui en est sorti par cession entre vifs, destruction ou encore expropriation est définitivement perdu pour le créancier. Le droit commun des obligations lui offre deux parades dont l'efficacité est relative : d'une part, l'action oblique (C. civ., art. 1166) qui a pour finalité de pallier le refus de s'enrichir d'un débiteur en autorisant son créancier à exercer les droits patrimoniaux que le débiteur refuse ou néglige de faire valoir ; d'autre part, l'action paulienne (C. civ., art. 1167) qui a pour finalité de combattre la volonté de s'appauvrir d'un débiteur en offrant à son créancier la faculté de voir déclarer inopposable la cession d'un actif réalisée en fraude de ses droits [1].

6. ***L'accroissement du passif du débiteur.*** Le débiteur, maître de ses droits, est libre de souscrire une quantité infinie de dettes, ce qu'illustre l'adage « une dette n'empêche point l'autre ». Cette liberté est à l'origine du phénomène, particulièrement actuel, du surendettement. Lorsque le passif du débiteur vient à excéder son actif, chaque créancier doit subir, selon l'article 2285 du Code civil (C. civ., anc. art. 2093), soit le « prix de la course », soit le « paiement au marc l'euro » [2]. En vertu de la première règle, le créancier le plus diligent sera le premier servi, peu important que la date de naissance de sa créance soit postérieure à celle d'un autre créancier moins prompt à faire valoir ses droits. En vertu de la seconde règle, les créanciers agissant simultanément vont entrer en concours : tous les créanciers chirographaires sont placés sur un pied d'égalité, parce que leur droit personnel de créance ne leur offre aucun droit de préférence sur les biens de leur débiteur. En application de ce principe d'égalité, l'article 2285 du Code civil (C. civ., anc. art. 2093) décide alors que « le prix [de la vente des biens du débiteur] s'en distribue entre eux par contribution, à moins qu'il n'y ait entre les créanciers des causes légitimes de préférence » ; il va donc être procédé à une distribution proportionnelle au montant de chaque créance, ce qu'on appelle le « paiement au marc l'euro » [3].

§ 2. Sûretés et garanties

7. ***La possible distinction théorique.*** Alors que, pendant une longue période, le domaine des sûretés était assez clairement circonscrit, l'accroissement récent des instruments destinés à renforcer la confiance du créancier dans le paiement de sa créance a contraint à approfondir la notion même de *sûreté*, celle-ci pouvant se distinguer, sur un plan théorique, de celle de *garantie*. Ainsi, alors que la sûreté constituerait une notion

---

1. L'action oblique constitue une parade relativement peu efficace en raison de ses effets limités. En effet, elle profite à l'ensemble des créanciers et non seulement à celui qui l'exerce. L'efficacité de l'action paulienne est elle aussi limitée compte tenu de ses conditions de mise en œuvre relativement strictes. Sur les conditions et les effets précis de ces deux mécanismes, cf. les ouvrages de droit des obligations.

2. Parfois encore appelé « paiement au marc-le-franc » (v. ss 1326).

3. Par exemple, deux créanciers A et B, titulaires respectivement d'une créance de 60 et d'une créance de 90, concourent sur l'actif du débiteur s'élevant à 110. Le passif total est donc de 150 tandis que l'actif total est de 110. Le créancier A va recevoir 60/150 de l'actif, soit 40 % de l'actif, c'est-à-dire 44, tandis que le créancier B va recevoir 90/150 de l'actif, soit 60 % de l'actif, c'est-à-dire 66.

conceptuelle, la garantie serait une notion *fonctionnelle*, de sorte qu'il était habituel d'affirmer que si toute sûreté constituait une garantie, l'inverse n'était pas vrai.

8. *Sûreté*. Une sûreté est un mécanisme de droit civil ou de droit commercial, qui s'adjoint à un rapport d'obligation, ayant le plus souvent pour objet le paiement d'une somme d'argent[1] et dont l'échéance est à terme. La sûreté a pour finalité *exclusive* de prémunir le créancier contre les conséquences de l'insolvabilité du débiteur de ce rapport d'obligation[2], notamment en servant, facilitant ou encore encourageant l'exécution future de ce rapport d'obligation.

L'adjonction d'un mécanisme juridique à un rapport d'obligation principal dont il sert l'exécution constitue à la fois la condition nécessaire pour qu'il soit qualifié de sûreté et sa finalité exclusive. Les sûretés sont des rapports de droit nécessairement accessoires[3] à un rapport principal d'obligation.

L'ensemble des sûretés présente ce *caractère accessoire général*, qui se reconnaît donc, d'une part, à l'adjonction à un rapport d'obligation principal et, d'autre part, à l'extinction de ce rapport par l'exécution de la sûreté.

9. *Garantie*. Les garanties sont des mécanismes fondés sur une technique issue de la théorie générale des obligations ou du droit des biens ayant pour effet, non exclusif, de faciliter le recouvrement de sa créance par le créancier. Ces mécanismes n'ont été ni spécialement ni uniquement conçus dans ce but, mais leur plasticité leur permet d'assurer cette fonction, identique à celle des sûretés. Les garanties ne constituent pas une adjonction au rapport principal mais sont incluses dans ce rapport, par l'*objet de l'obligation garantie* (par exemple, lorsque l'obligation est *indivisible*), par une *modalité de l'obligation garantie* (par exemple, lorsque l'obligation est *solidaire* ou *in solidum* ou lorsque le transfert de propriété est affecté d'un *terme suspensif*[4]), par l'octroi d'un *bénéfice légal* (par exemple, la *compensation* des dettes réciproques ou la *résolution judiciaire*) ou *jurisprudentiel* (par exemple, *l'exception d'inexécution*) ou encore par la volonté des parties (par exemple, le prélèvement direct sur salaires ou les sûretés négatives[5]). Les garanties ne constituent pas, d'abord, l'accessoire du rapport principal, mais elles sont des conséquences mêmes de ce dernier.

10. *La relative distinction textuelle*. La distinction terminologique entre sûretés et garanties n'est pas inconnue du législateur. Il utilise tantôt l'un ou l'autre terme, sans toutefois que cette distinction n'ait, le plus souvent, une portée bien précise. En vérité, le contentieux le plus fourni n'a pas concerné la question de savoir si tel mécanisme était une sûreté plutôt qu'une garantie, mais bien davantage la question de savoir si un mécanisme, dont la fonction de garantie n'était pas discutée, était ou pouvait être assimilé à une sûreté précise, par exemple le cautionnement pour les sûretés personnelles[6], ou de savoir

---

1. Mais il peut s'agir également d'une obligation de faire ou de ne pas faire (v. ss 85).
2. *A contrario*, les sûretés n'ont jamais pour finalité de permettre au créancier de s'enrichir, ni de lui octroyer la jouissance ou l'usage d'un bien du garant, même si quelques-unes d'entre elles peuvent, parfois, produire ces effets.
3. En ce sens que leur raison d'être réside dans la propre existence du rapport principal.
4. Bien que la clause de réserve de propriété soit qualifiée de sûreté par la loi depuis la réforme du 23 mars 2006 (C. civ., art. 2367 à 2373), ses caractères la rapprochent davantage des garanties. En effet, elle ne procède pas de l'adjonction d'un rapport d'obligation et elle n'a pas pour finalité exclusive de prémunir le créancier contre le risque d'impayé.
5. V. ss 25.
6. V. notamment la question du domaine d'application de l'article 1415 du Code civil ou la qualification des garanties professionnelles (v. ss 509 s.).

si un mécanisme était ou non une garantie, au sens purement fonctionnel du terme, c'est-à-dire s'il remplissait ou non une fonction de protection du créancier [1].

11. ***L'inutile distinction pratique*.** En pratique, la distinction entre *sûretés* et *garanties* ne présente guère d'intérêt, principalement pour deux raisons.

En premier lieu, ces deux termes sont couramment utilisés l'un pour l'autre, en particulier par le législateur, qui emploie le plus souvent le terme « sûreté », sans pour autant viser les seuls mécanismes qui ont une fonction exclusive de garantie [2]. En effet, certains textes visant les « sûretés » s'appliquent, en réalité, à tous les mécanismes ayant pour effet principal de protéger les intérêts des créanciers et pour effet incident de faciliter l'accès au crédit du débiteur. Ces textes devraient donc plutôt employer le terme de « garantie ». C'est notamment le cas de l'article 1752 du Code civil, qui impose au « locataire qui ne garantit pas la maison de meubles suffisants » de « donner des sûretés capables de répondre du loyer ». La jurisprudence estime que ce texte n'impose pas au locataire de fournir à son bailleur l'une des sûretés réglementées par le Code civil, mais admet, au contraire, que celui-ci puisse fournir n'importe quelle garantie « capable de répondre du loyer » [3]. De même, l'article 1188 du Code civil, prévoyant la déchéance du terme du contrat lorsque le débiteur diminue « par son fait... les sûretés », s'applique dès lors qu'une garantie, au sens large, est perdue par le débiteur [4].

En second lieu, la distinction entre sûretés et garanties doit être transcendée par leur effet commun, consistant à améliorer la situation du créancier chirographaire. Dès lors, peu importe, d'un point de vue pratique, essentiel en la matière, que cet effet constitue ou non la fonction exclusive du mécanisme juridique en cause. Sous un angle fonctionnel, il n'y a pas lieu de distinguer les sûretés des garanties. Ces deux termes peuvent s'employer comme des synonymes [5].

---

1. V. notamment la question de l'application des articles L. 225-35 et L. 225-68 du Code de commerce aux lettres d'intention (v. ss 451 s.) ou à la délégation imparfaite de créance (v. ss 412).

2. D'autres dispositions emploient, à l'inverse, le terme « sûreté » de manière trop générale, alors qu'en réalité elles n'entendent viser que les « sûretés réelles ». C'est le cas de la plupart des textes s'intéressant aux « sûretés » dans le cadre des procédures collectives : v. notamment les articles L. 622-17, L. 622-24, L. 622-25 et L. 626-22 du Code de commerce.

3. La Cour de cassation (Soc. 16 juill. 1955, *Gaz. Pal.* 1955. 2. 199) décide que les avantages procurés par la « sûreté » ne s'apprécient pas abstraitement, mais au regard de la situation de l'espèce. Les juges ont ainsi un large pouvoir d'appréciation pour déterminer dans chaque cas, compte tenu des circonstances, ainsi que de la situation particulière des parties, la nature et l'importance des « sûretés » capables de dispenser le locataire, en tout ou en partie, de l'obligation de garnissement.

4. Dans un arrêt de la première chambre civile de la Cour de cassation en date du 9 mai 1994 (*Bull. civ.* I, n° 171 ; *RTD civ.* 1995. 110, obs. J. Mestre ; *Defrénois* 1995. 340, obs. Ph. Delebecque), un employeur avait consenti à l'un de ses salariés trois prêts et il était convenu entre les parties, mais sans qu'une clause du contrat de prêt ne le stipule, que ces prêts seraient remboursés par prélèvements directs sur salaires. Les juges du fond firent application de l'article 1188 du Code civil en retenant que le salarié emprunteur, dans ses conclusions, avait reconnu l'accord sur cette modalité de paiement et en ont déduit qu'en démissionnant le salarié avait perdu une sûreté donnée par contrat. La Cour de Cassation a exercé sa censure au visa de l'article 1188 en rappelant qu' « il résulte de ce texte que les sûretés dont la perte entraîne pour le débiteur la déchéance du terme, sont celles qu'il a données dans le contrat ». C'est l'absence de prévision contractuelle des prélèvements qui a justifié la cassation. En revanche, la Haute juridiction n'a pas dénié au prélèvement direct sur salaires la qualification de « sûreté ». Il est permis d'en déduire que, pour la jurisprudence, les notions de sûreté et de garantie de crédit pourraient être équivalentes.

5. La négation de la distinction entre sûreté et garantie est donc essentiellement d'ordre terminologique, mais elle ne saurait toutefois occulter les degrés variables dans l'amélioration de la situation du créancier.

§ 3. Classifications des sûretés et garanties

Les sûretés et garanties sont très nombreuses et diverses [1]. Plusieurs classifications peuvent être proposées, en particulier selon la technique juridique de garantie utilisée (A) ou selon la source de la garantie (B) [2].

A. Par la technique de garantie

Une garantie peut se caractériser par le remède qu'elle apporte aux différentes carences que présente la situation de créancier chirographaire. Ces remèdes à l'augmentation du passif du débiteur, mais encore à la diminution de son actif, peuvent se développer dans le cadre tant des *garanties réelles* que des *garanties personnelles*, mais de manière singulière pour chacune des deux catégories de garanties.

12. ***Les garanties réelles***. Une garantie peut remédier aux conséquences de l'*augmentation du passif du débiteur* par l'octroi d'un *droit de préférence* sur un, plusieurs, voire la totalité des biens appartenant au débiteur. Elle augmente alors la sécurité du créancier en brisant le principe d'égalité des créanciers et en évitant ainsi la loi du concours avec les créanciers chirographaires. Le créancier titulaire d'un droit de préférence sera payé par préférence, c'est-à-dire en priorité, sur le prix de vente du ou des biens qui constituent l'assiette de la sûreté. Les sûretés dites « réelles », c'est-à-dire s'appuyant sur la technique du droit réel accessoire [3], offrent toujours un droit de préférence, qui constitue leur caractéristique distinctive [4].

Mais, si le droit de préférence permet donc d'échapper aux conséquences de l'augmentation du passif du débiteur, il est inefficace contre le risque de *diminution de l'actif du*

---

1. Un auteur s'est livré à un travail d'inventaire et a recensé soixante et une garanties : « Parmi les techniques se rapprochant des sûretés personnelles : le cautionnement, la solidarité, l'indivisibilité, la garantie autonome, la lettre d'intention, la promesse de porte-fort, la délégation-sûreté. Parmi les techniques se rapprochant des sûretés réelles : la sûreté réelle pour autrui (gage pour autrui, hypothèque pour autrui, fiducie pour autrui...) ; les différents privilèges (privilèges généraux : de frais de justice, des salaires et redevance, des créanciers postérieurs au jugement d'ouverture d'une procédure collective, de conciliation) ; privilèges généraux mobiliers : frais funéraires, frais de dernière maladie, des fournitures de subsistance, des victimes d'accident du travail, des bénéficiaires d'allocations familiales, les privilèges du trésor public, de la sécurité sociale ; privilèges spéciaux mobiliers : du bailleur d'immeuble, du syndicat de copropriétaires, des hôteliers, du transporteur, du commissionnaire, du conservateur, du vendeur de meubles, pour frais de récolte, privilège de la victime pour indemnité due par l'assureur du responsable ; privilèges immobiliers : vendeur d'immeuble, prêteur de deniers, du copartageant, de séparation des patrimoines, des architectes entrepreneurs et ouvriers, de l'accédant à la copropriété, du syndicat des copropriétaires ; le gage de droit commun avec ou sans dépossession, les gages spéciaux (gage automobile, gage de l'outillage et du matériel d'équipement, gage sur stocks, warrant de marchandises, warrant agricole, warrant hôtelier, warrant pétrolier, warrant industriel) ; le nantissement de créances, de compte d'instruments financiers, de polices d'assurances vie, des fonds de commerce, artisanaux et agricole, le nantissement portant sur des droits de la propriété intellectuelle, le nantissement judiciaire conservatoire ; les hypothèques, le gage immobilier, le droit de rétention, la clause de réserve de propriété, le crédit-bail, la vente avec faculté de rachat, la fiducie-sûreté » (O. Gout, « Quel droit commun pour les sûretés réelles ? », *RTD civ*. 2013. 255).

2. L'on pourrait songer à d'autres classifications, comme celle reposant sur le critère de la personne du garant, débiteur lui-même de la dette garantie ou tiers garant.

3. Opposé aux droits réels principaux que constituent le droit de propriété et ses démembrements.

4. Du moins pour les sûretés réelles au sens classique du terme, puisque d'autres garanties réelles confèrent un droit exclusif résultant de la détention d'un bien du débiteur (droit de rétention), voire d'un droit réel principal (propriété-sûreté).

débiteur. En effet, lorsque le bien affecté par le droit de préférence est, soit détruit, soit extrait du patrimoine du débiteur, ce droit de préférence ne peut plus s'exercer ; il est perdu. Il convient alors de compléter ce droit de préférence afin d'empêcher que la destruction ou le transfert du bien qui en fait l'objet ne réduise à néant la sûreté. Trois techniques peuvent principalement être mises en œuvre, qui se rencontrent cumulativement ou alternativement dans les différentes sûretés réelles.

La subrogation réelle : certaines dispositions légales [1] prévoient que, en cas de destruction de la chose grevée, et plus rarement en cas d'aliénation de la chose grevée, le droit réel de garantie se reporte sur le bien qui s'est substitué à l'ancien : dans le premier cas (par exemple, hypothèque, gage), le bien détruit est remplacé par l'indemnité d'assurance due par l'assureur de choses du propriétaire [2]; dans le second cas, le bien aliéné est remplacé par le bien acquis en remploi (par exemple, gage de compte d'instruments financiers, gage des stocks, warrants sur matière première). La sûreté, et donc le droit de préférence, va se reporter sur le bien substitué à l'ancien.

La dépossession du propriétaire constituant de la sûreté réelle : le risque de diminution de l'actif du débiteur peut être supprimé à la source. Il s'agit alors d'empêcher le débiteur de rendre la sûreté inefficace. Le moyen le plus radical consiste à contraindre le débiteur à remettre le bien grevé de la sûreté entre les mains de son créancier. Certes, le débiteur perd seulement la possession de la chose, et non sa propriété, de sorte qu'en théorie il peut céder ce bien. Mais, de fait, céder un bien dont on n'a pas la possession est très difficile, car aucune personne raisonnable n'acceptera d'acheter un bien dont son propriétaire n'a plus la possession. Ainsi, il existe des gages de meubles corporels avec dépossession, de même qu'un gage immobilier avec dépossession (autrefois appelé antichrèse).

L'octroi d'un droit de suite : technique sans doute la plus sophistiquée des sûretés réelles, le droit de suite permet au créancier de « suivre » la chose en quelques mains qu'elle se trouve, c'est-à-dire de pouvoir faire vendre la chose grevée, puis de faire valoir son droit de préférence sur le prix, quand bien même le constituant de la sûreté n'en serait plus propriétaire. Ainsi, le créancier pourra faire valoir son droit de préférence à l'égard de l'acquéreur de la chose grevée de la sûreté : le droit de suite est le bras armé du droit de préférence. L'existence d'une telle prérogative nécessite, pour d'élémentaires raisons de sécurité juridique, un système évolué d'information des tiers susceptibles d'acquérir un droit sur la chose grevée de la sûreté. En d'autres termes, il convient de rendre ce droit de suite *opposable* aux tiers. Cette opposabilité est réalisée au moyen de mesures de publicité. En matière immobilière (hypothèques, privilèges), domaine de prédilection du droit de suite en raison de l'évidente stabilité des immeubles, la publicité foncière se réalisera par une inscription de l'acte constitutif de la sûreté au fichier immobilier (ex conservation des hypothèques). En matière mobilière, la publicité pourra prendre la forme de l'insertion de mentions sur des registres spéciaux (par exemple, au greffe du tribunal de commerce ; en préfecture…), ou de l'apposition de marques distinctives sur les meubles grevés de la sûreté (par exemple, dans le nantissement de l'outillage et du matériel).

13. ***Les garanties personnelles***. Une garantie peut, également, remédier aux conséquences de l'augmentation du passif et de la diminution de l'actif du débiteur en diluant

---

1. La subrogation réelle ne peut pas, normalement, se développer sans l'assise d'un texte.
2. Encore faut-il, naturellement, que ce propriétaire soit assuré… cf. C. assur., art. L. 121-13.

ces risques par l'*adjonction d'un (ou de plusieurs) droit(s) de poursuite contre le patrimoine d'une personne autre que le débiteur*, c'est-à-dire d'un *droit personnel de créance* s'ajoutant à celui que le créancier possède déjà contre son débiteur. Le risque d'insolvabilité du débiteur est, en quelque sorte, transféré sur les épaules d'une tierce personne : les garanties *personnelles* offrent toujours l'adjonction d'un droit de poursuite au créancier bénéficiaire ; ainsi, peut-on relever que, tout en restant créancier chirographaire, le créancier bénéficiaire d'une garantie personnelle obtient la qualité de créancier muni d'une sûreté, en dupliquant sa qualité de créancier chirographaire pour le paiement d'une dette unique. Dit autrement, le créancier muni d'une garantie personnelle n'a pas davantage de droits contre son débiteur qu'il n'en avait avant l'obtention de la garantie ; en revanche, il se voit octroyer des droits nouveaux contre un nouveau débiteur, le garant.

Bien que le contrat constitutif de la garantie personnelle soit toujours un contrat intervenant entre le créancier et le tiers qui se porte garant, l'« opération » de garantie personnelle constitue une *opération à trois personnes*. Cette dimension tripartite est une caractéristique essentielle de la garantie personnelle, source de nombreuses difficultés. La personne qui souscrit une telle garantie s'engage pour un autre (le débiteur), offrant ainsi au créancier, qui reste chirographaire, plusieurs droits de poursuite relatifs à la même dette.

La sûreté personnelle de référence est le *cautionnement*, seule sûreté personnelle complètement réglementée par la loi.

14. ***La summa divisio des sûretés personnelles et des sûretés réelles***. Ainsi la distinction sûreté personnelle/sûreté réelle constitue, sans doute, tant sur le plan pédagogique que conceptuel, la classification la plus pertinente des sûretés.

Du reste, comme le droit des sûretés n'existe que par et pour le patrimoine (par le patrimoine du constituant et pour asseoir le patrimoine du créancier), il est lié à deux branches du droit qui traduisent différemment le régime juridique du patrimoine, composé d'obligations et de biens. Ainsi, les garanties personnelles, qui confèrent un droit de créance supplémentaire au créancier bénéficiaire, doivent être mises en relation avec le droit des obligations, tandis que les garanties réelles, constitutives de droits réels accessoires, puisent leurs racines dans le droit des biens [1].

Cette distinction est, en outre, celle adoptée par le Livre IV du Code civil.

Toutefois, la distinction n'est, parfois, pas si étanche qu'il y paraît, certains problèmes de frontière pouvant être soulevés.

15. ***Problèmes de frontière***. Certaines sûretés ou garanties se situent à la frontière de la *summa divisio* des sûretés personnelles et des sûretés réelles. Deux sûretés sont particulièrement emblématiques de cette hybridation : la sûreté réelle constituée en garantie de la dette d'autrui et le nantissement de créance [2].

La sûreté réelle constituée en garantie de la dette d'autrui : autrefois dénommée « cautionnement réel », cette sûreté correspond à l'hypothèse dans laquelle une personne, tierce par rapport au contrat de base, constitue au profit du créancier une sûreté réelle portant sur l'un de ses biens, par exemple un gage ou une hypothèque. Non assimilable à un cautionnement puisque les droits octroyés au créancier sont des *droits*

---

1. Cf. C. Gijsbers, *Sûretés réelles et droit des biens*, thèse, Paris II, 2012.
2. On pourrait également citer l'action directe dont la qualification de garantie personnelle ou réelle est discutée (v. M. Cabrillac, C. Mouly, S. Cabrillac et Ph. Pétel, *Droit des sûretés*, 9e éd., Litec, 2010, n° 638).

réels accessoires, caractéristiques des sûretés réelles, la sûreté réelle pour autrui partage, toutefois, avec les sûretés personnelles l'absence d'identité des personnes du garant et du débiteur de la dette garantie. Cette dernière circonstance influe nécessairement, dans une mesure variable, sur le régime d'une telle sûreté.

Le nantissement de créance : il s'agit d'un nantissement sur bien incorporel consenti par le débiteur de la dette garantie, donc incontestablement d'une sûreté réelle. L'ambiguïté affectant cette sûreté provient de la nature de la chose donnée en gage : une créance, c'est-à-dire un droit personnel contre un tiers débiteur. Le constituant du nantissement de créance accorde à son créancier un droit de préférence sur une créance composant son patrimoine. Autrement dit, le nantissement de créance consiste en l'octroi d'un *droit réel ayant pour objet un droit personnel*. S'il met en œuvre le nantissement de créance, le créancier devra s'adresser au débiteur du constituant, c'est-à-dire au débiteur de la créance donnée en nantissement. L'opération de nantissement de créance introduit donc une troisième personne – le débiteur de la créance donnée en garantie – ce qui rapproche ce schéma de celui des garanties personnelles. Toutefois, le nantissement de créance relève essentiellement du régime des sûretés réelles, et non de celui des sûretés personnelles. En effet, par un nantissement de créance, le créancier n'obtient pas le droit de poursuivre le débiteur de la créance donnée en garantie sur l'ensemble de son patrimoine, pris comme gage général ; il ne dispose que de droits spécifiques sur la créance donnée en garantie.

16. ***D'autres catégories***. Si la distinction des sûretés réelles et des sûretés personnelles constitue une *summa divisio* incontournable, d'autres classifications, plus élaborées mais aussi plus contestables, ont pu être proposées.

Quelques propositions doctrinales. À titre d'exemple, M. Pierre Crocq a proposé [1] une classification tripartite distinguant les sûretés personnelles, les sûretés réelles et enfin la propriété-sûreté (propriété retenue, comme dans le crédit-bail et la clause de réserve de propriété, et propriété cédée comme dans la cession Dailly de créances professionnelles ou la fiducie-sûreté) [2].

En englobant de manière plus large encore la diversité des mécanismes pouvant avoir pour effet de renforcer la sécurité des créanciers, quatre catégories de garanties nous semblent pouvoir être dégagées [3].

Les garanties par conservation du droit de gage général : cette catégorie regroupe les mécanismes qui préservent, soit l'assiette du droit de gage général, c'est-à-dire le patrimoine du débiteur, avant que celui-ci ne soit défaillant (par exemple, la domiciliation dans l'établissement du créancier des salaires perçus par le débiteur), soit l'exercice du droit de gage général lui-même, une fois que l'insolvabilité est avérée, par la réintégration

---

1. P. Crocq, *Propriété et garantie*, thèse, Paris II, LGDJ, 1995.

2. Pour d'autres propositions fructueuses de classification des sûretés, v. not. et sans une quelconque prétention d'exhaustivité, les thèses de Ph. Briand (*Éléments d'une théorie de la cotitularité des obligations*, thèse, Nantes, 1999), de M. Mignot (*Les obligations solidaires et les obligations* in solidum *en droit privé français*, Dalloz, « Nouvelle Bibliothèque de Thèses », 2002), d'E. Netter (*Les garanties indemnitaires*, Strasbourg, 2010), de J.-D. Pellier (*Essai d'une théorie des sûretés personnelles à la lumière de la notion d'obligation*, LGDJ, 2012) ou encore de M. Rouland (*La qualité de la créance*, Paris X-Nanterre, 2007).

3. M. Bourassin, *L'efficacité des garanties personnelles*, LGDJ, 2006, n°s 248 à 252.

dans le patrimoine du débiteur de certaines valeurs qui en sont sorties ou qui auraient dû y entrer (par exemple, les actions oblique et paulienne).

Les garanties par renforcement du contenu obligatoire du contrat : sont réunis au sein de cette catégorie les mécanismes qui permettent au créancier d'exercer ses droits, soit de manière plus efficace (par exemple, les garanties d'éviction et des vices cachés), soit pour un montant plus élevé (par exemple, la clause pénale et l'astreinte).

Les garanties de paiement : ce sont les mécanismes qui confèrent au créancier un droit qui s'ajoute au droit de gage général sur le patrimoine du débiteur. La mise en œuvre de ce droit supplémentaire permet au créancier d'obtenir un paiement, soit au moyen de la rupture d'égalité par rapport aux autres créanciers du débiteur (dans cette catégorie, peuvent être rangées les sûretés réelles), soit par l'addition d'un autre patrimoine servant de gage général supplémentaire (dans cette catégorie seront rangées les sûretés personnelles).

Les garanties par exclusion du concours : ce sont les mécanismes qui évitent au créancier d'avoir à exercer son droit de gage général et, par conséquent, de courir le risque d'être primé par un autre créancier. Ils reposent, soit sur la réciprocité des droits et obligations du créancier et du débiteur (peuvent être réunis dans cette catégorie, la compensation des dettes réciproques, l'exception d'inexécution, l'action en résolution ou encore le droit de rétention), soit sur le droit de propriété (par exemple, la clause de réserve de propriété).

B. Par la source de la garantie

La « source de la garantie », désigne l'élément générateur des droits du créancier. Ainsi entendue, la source de la garantie peut être la *loi*, la *convention* ou encore le *juge*.

17. ***Les garanties légales***. Dans certaines circonstances, la loi confère à un créancier déterminé des prérogatives ou des avantages qui excèdent ceux que lui apporte son droit de gage général. Ces prérogatives ou avantages lui sont octroyés de plein droit : aucun contrat n'est conclu entre le créancier et le débiteur. La sûreté légale est nécessairement une sûreté réelle[1]. L'exemple type est le privilège qui consiste en l'octroi à un créancier, en raison de la qualité de sa créance, d'un droit d'être préféré aux autres créanciers du même débiteur sur l'un ou plusieurs des biens de ce dernier[2]. D'autres garanties légales, comprises dans un sens très large, existent comme, par exemple, celle instituée par l'article 815-17, alinéa 1er, du Code civil permettant aux « créanciers de l'indivision » de saisir les biens indivis, sans avoir besoin préalablement de provoquer le partage de l'indivision[3], mais aussi les actions directes, la saisie attribution des créances de sommes d'argent, ou encore les différentes hypothèses de solidarité légale[4].

---

1. Bien que l'on parle parfois de cautionnement légal, il n'existe pas, à proprement parler, de sûreté personnelle légale : v. ss 92, 93.
2. V. également les hypothèques légales.
3. V. not., V. Brémond, « L'engagement solidaire de tous les indivisaires », *JCP N* 2002. 1251.
4. V., par exemple, la solidarité ménagère instituée par l'article 220 du Code civil, la solidarité des partenaires liés par un Pacs prévue par l'article 515-4 du Code civil ou encore la solidarité des associés d'une société en nom collectif instituée par l'article L. 221-1 du Code de commerce.

18. ***Les garanties conventionnelles***. Les garanties conventionnelles sont celles dont les droits et obligations qui en découlent naissent d'une convention passée entre le constituant[1] et le créancier. La souscription d'une telle convention peut être le résultat de deux faits générateurs distincts.

Dans le premier cas, le plus fréquent, *le fait générateur de la garantie est à l'initiative des parties :* un créancier, souhaitant augmenter ses chances de paiement, voire conditionnant l'octroi du crédit à l'obtention d'une garantie, obtient l'accord du débiteur de la dette garantie ou d'un tiers qu'il se porte garant. La garantie souscrite est alors strictement conventionnelle.

Dans le second cas, *le fait générateur de la garantie est la loi ou une décision de justice* qui enjoignent au débiteur la fourniture d'une garantie (par exemple, l'article 1799-1 du Code civil en matière de contrat d'entreprise) ou subordonnent l'octroi au débiteur de certains avantages sous la condition de la constitution d'une garantie (par exemple, l'article 517 du Code de procédure civile qui dispose que « l'exécution provisoire [des jugements] peut être subordonnée à la constitution d'une garantie, réelle ou personnelle, suffisante pour répondre de toutes restitutions ou réparations »). La garantie souscrite demeure alors conventionnelle, mais son fait générateur réside dans une disposition légale ou dans une décision judiciaire. De nombreux textes imposent ainsi la conclusion d'une garantie et laissent ensuite le soin aux parties d'en fixer les modalités par contrat.

19. ***Les garanties judiciaires***. Le droit français n'admet que depuis 1955 et de manière restrictive des sûretés d'origine judiciaire ; ces sûretés sont exclusivement *réelles*. Tant en matière immobilière (hypothèque judiciaire conservatoire), qu'en matière mobilière (nantissement judiciaire du fonds de commerce et nantissement judiciaire des actions, parts sociales et valeurs mobilières), ces sûretés, créées ou autorisées par le juge saisi par le créancier, partagent une finalité *conservatoire*. Elles ne visent donc pas, à l'inverse de l'ensemble des autres sûretés, à favoriser et à conforter le crédit, mais davantage à anticiper le risque d'insolvabilité d'un débiteur récalcitrant lié à l'éventuelle mauvaise foi de celui-ci, ainsi qu'à la lenteur des procédures civiles judiciaires et d'exécution. Les sûretés judiciaires s'apparentent ainsi à des voies d'exécution dont elles constituent une sorte de préalable.

§ 4. Évolution du droit des sûretés

Dans l'ordre interne, le droit des sûretés est marqué par une histoire cyclique, qui reflète les mutations sociales et économiques importantes dans lesquelles évoluent les sûretés (A)[2]. Dans l'ordre international, la diversité des sûretés conduit à s'interroger sur les évolutions qui pourraient se dessiner en droit international privé ainsi qu'en droit de l'Union européenne (B).

A. Histoire cyclique du droit des sûretés

L'histoire du droit des sûretés est marquée par plusieurs cycles. Chaque garantie connaît, tour à tour, son heure de gloire et des périodes de désuétude. L'histoire du droit des sûretés est ainsi celle d'un perpétuel renouvellement.

---

1. Qui peut être, soit un tiers garant dans les sûretés personnelles ou les sûretés réelles pour autrui, soit le débiteur de la dette garantie dans les sûretés réelles.

2. Sur l'évolution du droit des sûretés sous l'effet de l'ordre public, cf. N. Borga, *L'ordre public et les sûretés conventionnelles. Contribution à l'étude de la diversité des sûretés*, Dalloz, coll. « Nouvelle Bibliothèque de Thèses », 2009.

20. ***Droit romain*****.** La plupart des garanties utilisées aujourd'hui ont été imaginées par les juristes romains. Même si les principales sûretés réelles actuelles existaient déjà à l'époque romaine (l'hypothèque, introduite par les Grecs ; le gage avec dépossession, qui a progressivement remplacé la fiducie ; les privilèges), ce sont, en réalité, les garanties personnelles, notamment la solidarité passive et son émanation, la *fidejussio*, proche du cautionnement tel qu'il nous est parvenu aujourd'hui [1], qui étaient alors principalement usitées. Cette primauté relative des sûretés personnelles s'explique, vraisemblablement, par le degré de sophistication requis par les sûretés réelles, en particulier l'exigence d'un système de publicité fiable, qui fit nécessairement défaut pendant longtemps. En outre, dans une société où les échanges se développaient principalement dans un cadre domestique ou de proximité, la garantie personnelle, conçue d'abord comme un service d'ami, enracinée dans la solidarité familiale, apparaissait suffisante.

21. ***Ancien droit*****.** Au-delà de l'imparfaite connaissance des mécanismes juridiques en vigueur durant cette période relativement troublée qui a suivi l'effondrement de l'empire romain, le droit des sûretés, comme tous les domaines du droit, a subi une période de régression de la technique juridique. Ainsi, les principales sûretés romaines sont restées ignorées, à l'exception de la plus fruste d'entre elles, à savoir la fiducie.

22. ***Le Code civil*****.** L'avènement du Code civil a consacré un renouveau du droit des sûretés. Largement inspiré du droit romain, il a réintroduit ou renouvelé la plupart des sûretés mises en œuvre à l'époque romaine, à l'exception notable de la fiducie.

Si certains mécanismes pouvant emporter un effet de garantie contre l'insolvabilité du débiteur, telles la solidarité passive, la délégation imparfaite de créance ou encore la promesse de porte-fort, figuraient dans le Code civil, leur fonction de garantie n'était pas, à proprement parler, réglementée. L'unique sûreté personnelle réglementée par le Code napoléonien était le cautionnement (C. civ., anc. art. 2011 à 2043).

Les sûretés réelles présentes dans le Code civil de 1804 étaient au nombre de trois : le nantissement, appelé gage lorsqu'il portait sur un meuble (anc. art. 2073 à 2084) et antichrèse lorsqu'il avait pour assiette un immeuble (anc. art. 2085 à 2091) ; les privilèges (anc. art. 2095 à 2113) ; l'hypothèque (anc. art. 2114 à 2145).

23. ***Depuis 1804*****.** Longtemps considéré comme un long fleuve ayant tranquillement traversé le XIXe siècle et une grande moitié du XXe siècle, ne subissant que quelques modifications et améliorations [2], le droit des sûretés est entré dans une zone de turbulences à la fin des années 1970, marquée par la crise des sûretés classiques et l'apparition de nouvelles formes de garanties.

24. ***Crise des sûretés classiques*****.** Contrepartie sans doute de son succès, voire de son utilisation abusive, le *cautionnement* a suscité toute l'attention des juges et du législateur, soucieux de la protection des cautions. Une jurisprudence pléthorique et parfois versatile, ainsi qu'une succession de lois parcellaires, ont multiplié, de façon peu cohérente, les règles spécifiques à certaines cautions, entamant peu à peu la simplicité, la souplesse, l'intelligibilité et la prévisibilité du contrat de cautionnement.

---

1. Sur cette évolution de la solidarité passive au cautionnement, v. not. les développements de M. Mignot, *Les obligations solidaires et les obligations* in solidum *en droit privé français*, Dalloz, coll. « Nouvelle Bibliothèque de Thèses », 2002.

2. Certes substantielle s'agissant de la réforme de la publicité foncière issue du décret du 4 janvier 1955.

Les *sûretés réelles* ont, quant à elles, subi de plein fouet la politique de sauvegarde à tout prix des entreprises en difficulté, illustrant par là même la difficile conciliation de ces deux branches du droit à la fois complémentaires et partiellement antagonistes que constituent le droit des sûretés et le droit des procédures de traitement de l'insolvabilité. Ainsi, la réforme des procédures collectives commerciales adoptée le 25 janvier 1985, dont l'article premier affirmait la supériorité de la survie des entreprises défaillantes, au détriment du paiement de leurs créanciers, a imposé à ces derniers de nombreux sacrifices (notamment des remises de dettes, l'octroi de délais au débiteur...), y compris à ceux titulaires de sûretés réelles, les privant du bénéfice de leur sûreté au moment où elle devait, pourtant, se révéler la plus utile. Ce « sacrifice » des créanciers titulaires de sûretés réelles classiques a été partiellement tempéré par la réforme du 10 juin 1994[1]. Mais, les dernières réformes de la matière par la loi du 26 juillet 2005 puis par les ordonnances du 18 décembre 2008 et du 12 mars 2014, qui ont réaffirmé la primauté de la sauvegarde des entreprises, ont amélioré le sort des créanciers qui participent à celle-ci, au détriment notamment des créanciers antérieurs à l'ouverture de la procédure titulaires de sûretés réelles.

25. ***De nouvelles formes de garantie.*** Cette crise affectant les sûretés classiques, tant personnelles que réelles, a conduit à accélérer le recours à des garanties de substitution, non encore réglementées comme telles et/ou échappant à l'emprise du droit des procédures collectives de paiement et aux contraintes imposées par les multiples dispositions protectrices du garant. Ainsi, sous l'impulsion de besoins nouveaux des créanciers et débiteurs, de l'acculturation de mécanismes étrangers, de la poursuite d'une efficacité plus importante des garanties de paiement, ou encore de l'indispensable recherche de compétitivité du droit français évoluant dans une sphère économique mondialisée, l'évolution contemporaine du droit des garanties se caractérise par l'apparition de nouvelles formes de garanties.

Certaines sont issues de la *pratique internationale*. Tel est le cas, dans l'ordre des sûretés personnelles, de la garantie autonome et de la lettre d'intention.

D'autres procèdent de la redécouverte de mécanismes issus du *droit commun des obligations* utilisés dans leur fonction de garantie, par exemple la solidarité passive sans intéressement du débiteur à la dette, la délégation imparfaite de créance ou la promesse de porte-fort. Le droit commun des obligations est également le fondement des « sûretés négatives » qui constituent des engagements, souscrits par un débiteur, de ne pas réaliser certains actes de nature à entraîner son insolvabilité ou à compromettre l'efficacité de sûretés qu'il a déjà constituées, par exemple la conclusion d'une clause d'inaliénabilité d'un bien figurant dans son patrimoine[2], l'engagement de ne pas consentir de nouvelles sûretés au profit d'autres créanciers, l'engagement de renseigner périodiquement le créancier sur l'évolution de son patrimoine ou encore l'obligation de domicilier ses revenus chez le banquier du créancier. Ces clauses manifestent l'ingérence du créancier dans les affaires de son débiteur. La sanction du non-respect de ces engagements va consister dans la déchéance du terme du prêt consenti au débiteur, voire la résolution de ce prêt, ou encore la mise en œuvre de la responsabilité contractuelle du débiteur.

De nouvelles formes de garanties ont par ailleurs été puisées dans le droit des contrats spéciaux, plus précisément dans le droit des assurances. À cet égard, il convient de souligner que s'est développé le mécanisme de *l'assurance-crédit* par lequel un assureur

1. Loi relative à la prévention et au traitement des difficultés des entreprises.
2. Cf. J. Attard, « L'indisponibilité utilisée à titre de sûreté », *RLDA* 2013, n° 86, p. 88.

s'engage, contre le versement d'une prime, à indemniser un assuré des conséquences de la survenance du risque d'insolvabilité de son débiteur[1].

C'est enfin *le droit des biens* qui constitue le creuset de nouvelles garanties, relativement frustes mais efficaces, y compris en cas d'ouverture d'une procédure collective à l'encontre du débiteur : le droit de rétention, la réserve de propriété ou encore l'aliénation fiduciaire.

En dépit de ce renouvellement des garanties, dont certaines n'ont pas apporté aux créanciers tous les bienfaits qu'ils espéraient y trouver, un constat de crise relativement profonde du droit des sûretés pouvait être dressé à l'aube du XXIe siècle.

26. ***La réforme du 23 mars 2006***. Dès 2003, puis à l'occasion des commémorations du bicentenaire du Code civil, une prise de conscience de la nécessité d'une réforme en profondeur du droit des sûretés intervint au plus haut niveau de l'État[2].

La loi *Breton* du 26 juillet 2005 pour la confiance et la modernisation de l'économie a habilité le Gouvernement à réformer, par voie d'ordonnance[3], une partie du droit des sûretés.

Cette habilitation du Gouvernement avait pour objet la simplification et la modernisation du régime des sûretés réelles mobilières, l'amélioration et la simplification du régime des sûretés réelles immobilières, ainsi que des procédures civiles d'exécution immobilières, l'insertion, à droit constant, dans le Code civil, des dispositions relatives à la clause de réserve de propriété, et enfin, la reconnaissance légale de la garantie autonome, de la lettre d'intention, ainsi que du droit de rétention. Furent, en revanche, exclus du champ de l'habilitation, le cautionnement et les privilèges.

L'ordonnance, réformant partiellement mais assez profondément le droit des sûretés, est intervenue le 23 mars 2006[4].

B. La diversité des sûretés selon les systèmes juridiques

La diversité des sûretés dans l'ordre interne, à l'intérieur même de chacune des deux grandes catégories de sûretés, s'accroît singulièrement dans l'ordre international. Or une trop grande diversité est source de complexité et d'incertitude dans le traitement des litiges intéressant le droit des garanties. La réduire devient une nécessité[5].

27. ***Sûretés et droit comparé***. Une observation peut être faite : la variété de nature et de régime juridiques des sûretés affecte davantage les sûretés réelles que les sûretés personnelles. L'une des raisons est que ces dernières ont une source exclusivement conventionnelle alors que les premières sont aussi bien légales et judiciaires que conventionnelles. Or

1. Cf. V. Heuzé, « Assurance-crédit et sûretés personnelles », *D*. 2014. 493.
2. À l'initiative de la Direction des affaires civiles et du ministère de la Justice, a été constitué un groupe de travail, composé d'universitaires et de praticiens (avocats et magistrats), présidé par M. Michel Grimaldi. Ce groupe a rendu le 31 mars 2005 un rapport appelant de ses vœux une réforme d'ensemble du droit des sûretés (www.ladocumentationfrancaise.fr). Ce rapport a inspiré la réforme du 23 mars 2006.
3. C'est-à-dire sans débat parlementaire : article 38 de la Constitution. Sur les avantages et inconvénients de procéder à une réforme du droit des sûretés par voie d'ordonnance, v. ss 72.
4. Pour l'étude de la portée exacte de la réforme, tant sur le plan des sûretés personnelles que sur le plan, surtout, des sûretés réelles, v. ss 71 s., 645.
5. En ce sens, cf. colloque organisé par le CEDAG les 11 et 12 juin 2015 : « Quelle réforme pour le droit des sûretés ? », *RDBF*, à paraître.

il est naturel que des cocontractants restés généralement très libres de leurs accords parviennent, quel que soit le système juridique dans lequel ceux-ci s'inscrivent, à des figures de garanties contractuelles assez semblables. Des différences, certes, existent ; mais elles portent sur de simples éléments du régime juridique de la sûreté personnelle, pour l'essentiel afférents aux mesures de protection accordées au garant. S'agissant, en revanche, des sûretés réelles, notamment de celles qui sont reconnues par le seul effet de la loi à certains créanciers sur les biens de leurs débiteurs, elles satisfont des intérêts, conçus comme prioritaires, très variables d'un système juridique à l'autre. Selon la politique juridique suivie, seront ainsi mis en avant, par exemple, les intérêts des salariés, pour l'un, ceux du fisc, pour l'autre. Quant aux options conventionnelles en matière de sûretés réelles, elles sont très diversement encadrées, voire restreintes, selon que le législateur voit ou non dans le principe d'un concours au marc-l'euro [1] un principe de distribution des deniers du débiteur à ses créanciers le plus équitable qui soit et qu'il convient donc de sauvegarder, serait-ce au prix d'un sacrifice de la liberté contractuelle des parties (admission d'un *numerus clausus*, propre aux sûretés réelles).

28. ***Sûretés et droit international privé***. Lorsqu'il s'agit d'établir le droit applicable à la validité et à l'efficacité des sûretés dans les relations internationales, c'est, cette fois, la complexité des problèmes posés qui paraît beaucoup plus marquée, encore, en droit des sûretés réelles qu'elle ne l'est en droit des sûretés personnelles.

29. Concernant les *sûretés personnelles* [2], les textes européens [3] permettent de déterminer relativement aisément la loi applicable aux conditions et effets de la garantie personnelle, par le moyen d'une règle « universelle » applicable par les juridictions de l'ensemble des États membres de l'Union européenne. En dehors des cas dans lesquels la garantie personnelle s'apparente à un contrat de consommation au vu de la qualité des parties [4], la loi applicable sera la loi choisie, expressément voire tacitement, par les parties au contrat de sûreté [5] et, à défaut de choix de loi, c'est la loi du lieu de résidence habituelle du garant qui s'appliquera (sauf circonstances, qu'il conviendrait de qualifier d'exceptionnelles, justifiant l'application d'une autre loi [6]). Ne viendront éventuellement contrecarrer le jeu de ces lois que des règles relevant d'une éventuelle *lex concursus* (loi de la faillite) différente, rendue applicable par l'effet d'une procédure d'insolvabilité ouverte contre le débiteur, ou celles qu'imposerait une loi de police relevant d'un système

---

1. Sur ce principe, v. ss 6.

2. Cf. not. M.-E. Ancel, *Sûretés personnelles en droit international privé*, Lamy Droit des sûretés ; O. Boskovic, « L'efficacité internationale des sûretés personnelles », *RDBF*, à paraître ; G. Légier, « Les conflits de lois en matière de cautionnement », *in Études offertes au doyen Ph. Simler*, Litec-Dalloz, 2006, p. 375 ; J. Mestre, « Les conflits de lois relatifs aux sûretés personnelles », *in Travaux comité français de DIP 1986-1987*, éd. CNRS, 1989, p. 57 ; P. Nabet, « Sûretés et droit international privé », *JCP N* 2012, dossier, 1341.

3. La Convention de Rome sur la loi applicable aux obligations contractuelles du 19 juin 1980, entrée en vigueur le 1er avril 1991, devenue Règlement dit « Rome I » du 17 juin 2008 (CE n° 593/2008) applicable aux contrats conclus après le 17 décembre 2009.

4. L'article 6 du règlement Rome I comporte des règles propres aux contrats de consommation : le choix d'une loi étrangère ne saurait priver le consommateur des dispositions impératives de la loi de sa résidence habituelle ; en l'absence de choix de loi, c'est cette dernière la loi qui est applicable.

5. Pour une application de ce principe, cf. Com. 8 juin 2010, inédit, n° 08-16298.

6. Cf. Civ. 1re, 12 oct. 2011, inédit, n° 10-19517 sur l'application à un cautionnement international dépourvu de clause de choix de loi, de la loi de la prestation caractéristique (l'obligation principale), au motif que le cautionnement est l'accessoire de celle-ci.

juridique distinct. Aussi bien, la *lex contractus* (loi du contrat) garde-t-elle une place majeure dans la détermination du droit applicable à la sûreté personnelle.

30. En revanche, s'agissant des *sûretés réelles* [1], toutes sortes de difficultés peuvent se présenter pour définir précisément le droit qu'il conviendra d'appliquer.

Hésitations quant à la loi applicable entre la loi de la source de la sûreté (contractuelle, légale ou judiciaire) et la loi du lieu de situation du bien grevé par la sûreté (situation pouvant, qui plus est, varier au fil du temps dans l'hypothèse du conflit mobile).

Prise en considération nécessaire indéniable des lois de police des systèmes juridiques intéressés, aussi bien pour déterminer les conditions de reconnaissance des effets de sûretés « étrangères », plus ou moins méconnues du droit local, que de celle des effets d'une publicité réalisée à l'étranger et restée ignorée localement ou, à l'inverse d'un défaut de publicité de la sûreté à l'étranger, alors que cette publicité est requise par le droit local.

Importance majeure des *leges concursi*, aux cas de procédures de faillite ouvertes contre le débiteur pour déterminer, notamment, le poids respectif des sûretés réelles lors du règlement des créanciers ou pour imposer des droits préférentiels spécifiques à la procédure au bénéfice de certains créanciers [2].

Les instruments internationaux de droit matériel international restent assez rares en droit des sûretés, qu'il s'agisse des sûretés personnelles ou des sûretés réelles [3]. C'est, aujourd'hui, principalement le droit de l'Union européenne qui manifeste un intérêt pour un traitement unifié du droit des sûretés.

31. ***Sûretés et droit de l'Union européenne***. Le droit communautaire a marqué un temps une attention particulière pour les *sûretés personnelles* consenties par les « consommateurs » à travers l'adoption d'une proposition de directive relative au crédit aux consommateurs qui visait tant le contrat de crédit que le contrat constitutif de sûreté personnelle venant garantir le crédit consenti [4]. Mais, par la suite, la Commission européenne a souhaité dissocier le droit des sûretés du droit du crédit, le premier devant, selon elle, relever d'une approche plus globale, celle de l'harmonisation du droit européen des contrats. Pour cette raison, notamment, la directive du 23 avril 2008 sur le crédit aux consommateurs ne renferme finalement aucune règle sur les garanties [5].

S'agissant des *sûretés réelles*, le droit communautaire est d'ores et déjà allé plus loin à travers l'adoption de quelques directives ou propositions de directives intéressant le droit des garanties, celui des garanties financières pour les premières [6] ou de la propriété utilisée à titre de garantie, pour les secondes. En outre, depuis plus de vingt ans, des discussions sont menées sur l'instauration d'une euro-hypothèque ; cette réflexion s'est trouvée relancée lors des travaux préparatoires de la directive du 4 février 2014 sur le crédit

---

1. Cf. not. M.-E. Ancel, *Sûretés réelles en droit international privé*, Lamy Droit des sûretés ; C. Nourissat, « Les garanties hypothécaires », *JCP N* 2013, n° 26, p. 60.

2. À cet égard, il existe le règlement européen sur l'insolvabilité n° 2000/1346 du 29 mai 2000, applicable depuis le 31 mai 2002, qui sera remplacé par le règlement n° 2015/848 du 20 mai 2015, à compter du 26 juin 2017. Sur ces règlements, v. ss 545, 1217, 1219.

3. V., cependant, les exemples fournis dans les introductions générales aux deux parties de l'ouvrage.

4. Proposition de directive du 11 septembre 2002, COM/2002/0443 final (*JO* n° C 331 E, p. 0200-02).

5. Directive n° 2008/48/CE du Parlement européen et du Conseil du 23 avril 2008 concernant les contrats de crédit aux consommateurs et abrogeant la directive n° 87/102/CEE du Conseil (*JOUE* L 133).

6. Directive sur les contrats de garantie financière n° 2002/47/CE du 6 juin 2002, transposée en France par une ordonnance du 24 février 2005 simplifiant la procédure de constitution et de réalisation des contrats de garantie financière (*JO* 25 févr. 2005).

immobilier[1]. Enfin il existe, par l'effet des règlements relatifs aux procédures d'insolvabilité[2], un droit de l'Union européenne plutôt favorable aux créanciers bénéficiant des sûretés réelles les plus importantes, lorsqu'une procédure d'insolvabilité est ouverte contre le débiteur.

32. ***Les multiples options possibles d'un droit de l'Union européenne en matière de sûretés***

Choix du mode d'harmonisation : harmonisation directe, par des règles matérielles ; ou harmonisation indirecte, par des règles de conflit de lois.

Choix de l'ampleur de l'harmonisation : des règles précises ou des règles formant une base commune impérative assortie d'une clause dite « marché intérieur » qui impose dans le domaine harmonisé aux juridictions des États un principe de reconnaissance mutuelle des législations des États membres de l'Union européenne.

Choix de l'objet de l'intervention du droit de l'Union européenne : une harmonisation des droits internes des sûretés des différents États ou l'élaboration d'un droit des sûretés propre aux relations transfrontières (à l'intérieur de l'Union), voire propre à toute relation internationale quelle qu'elle soit (l'harmonisation devrait alors se faire en relation avec les travaux menés dans le domaine des sûretés par des organismes internationaux, tels l'Unidroit, la CNUDCI ou la CCI[3]).

Choix d'un modèle de sûretés : ***identique pour tous les États membres***, se substituant au droit interne des sûretés des États ou modèle neuf, susceptible d'être adopté par les cocontractants en matière de sûretés conventionnelles, naturellement les plus propices à une harmonisation des systèmes juridiques des États membres, venant s'ajouter aux options des droits internes des États (autrement dit, un 29e droit des sûretés, européen) ; dans ce dernier cas, un régime complet de la sûreté proposée devrait être établi, avec l'indication du caractère impératif ou supplétif des dispositions retenues et surtout celle du champ d'application dans l'espace de ces nouvelles règles (exigences relatives à la clause de choix du modèle européen, un choix qui devrait être exprès ou pourrait être seulement tacite, un choix offert à tout contractant ou limité à certains d'entre eux, des conditions de liens territoriaux entre le contrat de constitution de la sûreté et les États membres de l'Union européenne…).

Cette liste des choix à opérer n'est, au demeurant, pas exhaustive.

33. ***Les options prises***. Elles seront, ici autant que dans les autres grandes branches du droit contractuel, fondamentales au regard des enjeux de l'élaboration d'un droit privé de l'Union européenne. En raison de la volonté maintes fois affichée des instances

---

1. Directive 2014/17/UE du Parlement européen et du Conseil du 4 février 2014 sur les contrats de crédit aux consommateurs relatifs aux biens immobiliers à usage résidentiel et modifiant les directives 2008/48/CE et 2013/36/UE et le règlement (UE) n° 1093/2010.

2. Règlement n° 2000/1346 du 29 mai 2000, applicable depuis le 31 mai 2002 ; règlement n° 2015/848 du 20 mai 2015, applicable à compter du 26 juin 2017 ; v. ss 545, 1217, 1219.

3. Unidroit : Institut international pour l'unification du droit privé (organisation internationale indépendante visant à l'harmonisation et à la coordination du droit privé) ; CNUDCI : Commission des Nations unies pour le droit commercial international ; CCI : Chambre de commerce internationale.

européennes de mener à bien un travail de rapprochement des systèmes juridiques, à tout le moins dans la matière contractuelle, il est inéluctable que l'avenir du droit interne français des sûretés se dessinera, à moyen si ce n'est à court terme, dans le cadre de la construction d'un droit des sûretés conventionnelles de l'Union européenne [1] qui pourrait viser le cautionnement et la garantie indépendante, pour les sûretés personnelles, les gages, les nantissements, l'hypothèque et la propriété-garantie (garanties dites « fiduciaires »), pour les sûretés réelles, toutes sûretés largement connues et reconnues en Europe [2].

§ 5. Sûretés personnelles *versus* sûretés réelles [3]

34. ***La sûreté idéale existe-t-elle ?*** Ne pouvant être appréhendée en faisant abstraction de son contexte, la *qualité* d'une sûreté dépend de considérations externes à sa structure juridique même : considérations juridiques (portée de la force obligatoire du contrat, droit ou non « de ne pas payer ses dettes »...), considérations macro-économiques (croissance ou récession, inflation ou déflation...), micro-économiques (endettement ou surendettement des ménages, taux d'intérêts élevés ou bas...), sociales (chômage de masse ou plein emploi, position de force ou de faiblesse des groupes de pression des candidats emprunteurs, des consommateurs...), sociologiques (opprobre ou mise en valeur des qualités de créancier, d'emprunteur, de garant...), familiales (selon que le garant est marié ou non) [4], voire psychologiques (niveau du moral des ménages, rapports entre créancier et garant...). La confiance, sur laquelle repose l'octroi de crédit et donc la fourniture de sûretés, ne se décrète pas ; elle se forge patiemment, notamment par l'usage de mécanismes juridiques équilibrés, justes et efficaces.

Idéalement, la meilleure sûreté devrait, au moins, remplir les conditions suivantes (non exhaustives) : de *constitution* simple, rapide, souple et peu coûteuse ; d'*exécution* simple, efficace en toutes circonstances (en particulier, lorsque le débiteur fait l'objet d'un constat de défaillance), rapide et peu coûteuse ; *économe du crédit du débiteur*, c'est-à-dire portant sur une valeur n'excédant pas le montant de la dette garantie ; *proportionnelle aux biens et revenus du constituant*.

Si certaines sûretés sont sans doute meilleures que d'autres, aucune sûreté existante ne remplit toutes ces conditions. Outre que ce rapport de supériorité d'une sûreté par rapport à une autre doit être replacé dans le contexte dans lequel interviennent chacune d'entre elles, il faut, vraisemblablement, reconnaître que la sûreté « idéale » est une chimère.

35. ***Mérites et inconvénients respectifs des deux types de sûretés***. Ils peuvent être liés, bien entendu, à la structure juridique – droit réel ou droit personnel – de ladite sûreté.

---

1. Pour les sûretés judiciaires, c'est du côté du droit de l'Union européenne relatif aux mesures provisoires et conservatoires qu'il convient de se tourner (v. Règlement n° 44/2001 CE dit « Bruxelles I » du 22 décembre 2000 sur la compétence judiciaire et les effets des jugements en matière civile et commerciale, spéc. art. 31, et sa refonte par le Règlement UE n° 1215/2012 du 12 décembre 2012, dit « Bruxelles I *bis* », entré en vigueur le 10 janvier 2015). Quant aux sûretés légales, réelles nécessairement, il est à prévoir que leur unification se fera plus difficilement, tant il est vrai que la désignation par le législateur de créanciers privilégiés se trouve sous la dépendance des politiques législatives des États, aussi variables dans l'espace que dans le temps.

2. Pour leur présentation, v. les introductions générales des deux parties de l'ouvrage.

3. Pour des comparaisons récentes entre les deux catégories de sûretés, v. « Sûretés réelles, sûretés personnelles... Lesquelles choisir ? », *JCP N* 5 oct. 2012, n° 40, dossier 1335 à 1343 ; Ph. Dupichot, « Les sûretés du financement d'acquisition immobilière », *JCP N* 2015, n° 11, dossier 1095.

4. Sur l'impact de la situation personnelle du garant, v. M. Farges, « Sûretés personnelles contre sûretés réelles : l'influence limitée du droit de la famille », *JCP N* 2012. 1337.

Mais ils peuvent également puiser leur source dans des contingences externes, qu'elles soient juridiques, historiques, économiques ou pratiques. Si les sûretés personnelles et les sûretés réelles présentent, respectivement, des avantages et des inconvénients distincts, l'évolution légale récente de ces deux catégories de sûretés fait apparaître un rapprochement significatif de leurs qualités et défauts. En outre, les mérites et inconvénients d'une sûreté sont *relatifs*, car la qualité d'une sûreté est subordonnée à une situation donnée, à un débiteur donné, à une dette donnée, à un créancier donné... : « Dis-moi quel créancier es-tu, qui est ton débiteur et quels sont la nature et le montant de sa dette, je te dirais quelle est la sûreté qui te convient ! ».

36. ***Mérites et inconvénients des sûretés personnelles.*** Le principal avantage de la sûreté personnelle a longtemps été la simplicité et la rapidité de sa constitution. Si cette qualité est toujours d'actualité, elle s'est atténuée sous le coup d'un renouveau du formalisme conduisant, notamment, à rendre plus rigide la formation de la sûreté personnelle de référence : le cautionnement souscrit sous seing privé par une personne physique au bénéfice d'un créancier professionnel est devenu un contrat solennel. Le deuxième avantage de la sûreté personnelle est sa faculté d'adaptation à l'endettement du débiteur. Par un seul acte[1], il est possible de garantir une série indéterminée de dettes futures, pour un montant illimité, lorsque cette couverture dite « *omnibus* » est autorisée[2]. Le troisième avantage de la sûreté personnelle est sa réalisation relativement aisée. Reposant sur un droit personnel de créance, la sûreté personnelle offre à son bénéficiaire l'ensemble des voies d'exécution dont dispose n'importe quel créancier chirographaire[3]. Enfin, le quatrième avantage des sûretés personnelles est leur absence de gaspillage du crédit du constituant, dans la mesure où aucun de ses biens n'est affecté prioritairement au service de la dette.

Les défauts affectant les sûretés personnelles résident principalement dans les deux traits distinctifs de ce type de sûretés, à savoir la nature du droit octroyé au créancier et la qualité de tiers du constituant. En effet, la nature personnelle de l'engagement du garant ne met pas le créancier à l'abri de la propre insolvabilité du garant : le droit dont dispose le bénéficiaire d'une sûreté personnelle n'est rien d'autre que le droit de gage général dont jouit n'importe quel créancier chirographaire. Quant à la qualité de tiers du constituant, elle constitue un ressort puissant à la contestation de son engagement par tous les moyens, tant il est vrai que l'on est moins enclin à acquitter les dettes d'autrui que les siennes propres.

37. ***Mérites et inconvénients des sûretés réelles.*** Ils sont pratiquement inverses de ceux observés au sujet des sûretés personnelles.

Les sûretés réelles souffrent d'un mode de constitution généralement formel et onéreux[4]. Elles imposent, en outre, au créancier, lorsqu'elles s'opèrent par dépossession du constituant[5], des contraintes de conservation de la chose grevée, soit par le créancier bénéficiaire lui-même, soit par une tierce personne. Elles sont, par ailleurs, assujetties au principe de spécialité imposant une identification précise de la dette garantie et du bien

---

1. Au sens, tant de *negotium* que d'*instrumentum*.
2. Tel n'est pas le cas, notamment, en matière de garantie autonome et chaque fois que le législateur l'interdit, ce qui tend à devenir la règle à l'égard des cautions personnes physiques (v. ss 193, 194 l'obligation de limiter l'étendue du cautionnement souscrit sous seing privé par une caution personne physique au bénéfice d'un créancier professionnel résultant de l'article L. 341-2 du Code de la consommation).
3. Sur les carences de la situation des créanciers chirographaires, v. ss 4 s.
4. L'onérosité est spécifiquement liée à l'exigence de publicité.
5. Cas de certains gages et de l'antichrèse.

grevé, empêchant qu'une sûreté unique puisse garantir une succession de dettes futures. Toutefois, ce principe de spécialité a été assoupli par la réforme du 23 mars 2006 [1]. Elles comportent, également, un risque de gaspillage du crédit du constituant dès lors que la valeur du bien grevé excède le montant de la dette garantie. Enfin, spécialement lorsque la chose grevée est immobilière, les modalités de réalisation de la sûreté sont relativement lourdes, même si elles ont été allégées en matière immobilière par la réforme de la saisie immobilière en date du 21 avril 2006.

À rebours de ces inconvénients, les sûretés réelles présentent un double avantage. D'une part, octroyer de puissantes prérogatives – réelles – au créancier, de nature à lui permettre de lutter efficacement, tant contre l'augmentation du passif du débiteur, que contre la diminution de son actif. Ces prérogatives permettent au créancier de primer (droit de préférence) les créanciers chirographaires, voire d'évincer tout autre créancier (attribution judiciaire du bien ; pacte commissoire ; action en revendication) et de ne pas subir les conséquences de la cession du bien grevé par le débiteur (droit de suite). D'autre part, la personne du constituant de la sûreté réelle coïncidant fréquemment avec celle du débiteur de la dette garantie, son opposition à la réalisation de la sûreté en cas d'inexécution sera naturellement moins vive que celle d'un tiers, qui, en consentant une sûreté personnelle, garantit une dette qui n'est pas la sienne.

38. ***Rapprochements***. Au-delà des mérites et des défauts respectifs des unes et des autres, l'évolution contemporaine du droit des garanties fait apparaître une tendance à leur rapprochement. Ainsi, le cautionnement devient-il de plus en plus souvent solennel, tandis que, dans le même temps, les formalités de constitution de certaines sûretés réelles s'assouplissent (par exemple, à travers l'abandon du caractère réel du contrat de gage et donc de la remise du bien gagé au titre de la validité du contrat). De même, le principe de spécialité, propre aux sûretés réelles, a perdu de sa rigueur, de sorte que l'adaptation des sûretés réelles à l'évolution de l'endettement du débiteur en ressort facilitée. De même encore, les modalités de réalisation des sûretés réelles, réputées lourdes et coûteuses, ont été assouplies par l'abrogation de la prohibition du pacte commissoire. Enfin, la généralisation d'un principe de proportionnalité des sûretés, tant personnelles que réelles, permet la prise en considération, fût-ce de manière distincte selon la nature de la sûreté, des intérêts du constituant.

§ 6. Les bases d'un régime primaire en droit des sûretés

Si la sûreté idéale n'existe pas, à tout le moins l'on peut légitimement concevoir une accessibilité et une intelligibilité améliorées des sûretés existantes via la mise en lumière et le renforcement d'un *régime « primaire »* [2] *du droit des sûretés* [3], compris comme un ensemble de règles (A), pour la plupart impératives, communes à l'ensemble des sûretés ou à une catégorie de sûretés (B).

---

1. La réforme a validé le gage, le nantissement et l'hypothèque garantissant des créances futures (C. civ., art. 2333, 2356 et 2421). Elle a, en outre, institué l'hypothèque dite « rechargeable ».

2. Expression empruntée au corps de règles impératives applicables à l'ensemble des époux indépendamment du régime matrimonial qui gouverne leurs rapports patrimoniaux.

3. V. spéc., pour l'émergence d'une telle idée, tant dans l'ordre des sûretés réelles que personnelles, J. Mestre, E. Putman et M. Billiau, *Droit commun des sûretés réelles*, LGDJ, 1996 ; Ph. Simler et Ph. Delebecque, *Les sûretés, la publicité foncière*, Dalloz, coll. « Précis » ; M. Bourassin, *L'efficacité des garanties personnelles*, LGDJ, 2006.

A. Règles communes à l'ensemble des sûretés

Ce *corpus* regrouperait des règles applicables à toutes les sûretés, quelles que soient leur nature réelle ou personnelle, les caractéristiques de la dette garantie ou encore la qualité du constituant de la sûreté ou celle du créancier.

39. ***Le caractère accessoire général.*** Toute sûreté, en tant que mécanisme ayant pour finalité la satisfaction du créancier d'une obligation distincte et principale, présente un caractère accessoire. Ce caractère pourrait entraîner diverses conséquences communes à l'ensemble des sûretés : l'inexistence de la créance garantie devrait conduire à *la caducité de la sûreté* qui était à son service ; la *qualification civile ou commerciale* de la sûreté pourrait être déterminée par la nature de la dette garantie ; la *transmission de la sûreté* devrait suivre, de plein droit, celle de la créance garantie [1].

40. ***L'articulation du droit des sûretés et des procédures d'insolvabilité.*** C'est à l'aune des règles du droit de l'insolvabilité visant les sûretés dont bénéficient les créanciers que se mesure véritablement l'efficacité des sûretés. Pour les sûretés personnelles, ce sont les effets induits de l'accessoire qui pourraient être mis à mal, c'est-à-dire que le garant ne devrait pas pouvoir opposer au créancier les délais ou encore les remises de dettes dont profite le débiteur bénéficiaire de la procédure collective. Pour les sûretés réelles, il conviendrait que les droits préférentiels soient le moins possible perturbés par l'ouverture d'une procédure d'insolvabilité.

41. ***L'élimination des excès en droit des sûretés.*** L'excès est naturellement préjudiciable à ceux qui se trouvent obligés au titre des sûretés consenties, mais il est aussi une source de blocage des opérations de crédit, nuisible à l'ensemble des opérateurs de ce secteur. Cet excès pourrait être évité ou corrigé à toutes les étapes de mise œuvre du droit des sûretés.

Le choix de la sûreté : le législateur pourrait, soit interdire le choix, en prohibant purement et simplement le recours à tel ou tel type de sûreté, soit restreindre le choix, en guidant celui-ci entre catégories de sûretés ou à l'intérieur de chaque catégorie, voire en fixant un ordre des sûretés susceptibles d'être demandées, par exemple en fonction de la nature du bien grevé.

L'étendue de la sûreté : le législateur pourrait imposer un devoir de tempérance aux créanciers. Ce devoir de tempérance se traduirait, dans l'ordre des sûretés personnelles, par une exigence de proportionnalité entre le montant de l'obligation du garant et le montant de ses biens et revenus, et, dans l'ordre des sûretés réelles, par une exigence de proportionnalité entre le montant de l'obligation garantie et la valeur du bien affecté en garantie. Les sûretés pourraient être ainsi, selon leur nature, réduites dans les montants garantis ou cantonnées au regard de l'assiette des biens grevés.

La réalisation des sûretés : seraient écartées les demandes de réalisation abusives, les créanciers ne devant pas profiter de leur qualité de bénéficiaires de sûretés en pourchassant

1. V. H. Westendorf, *Le transfert des sûretés*, Defrénois, coll. Doctorat et notariat, 2015.

de manière excessive leurs débiteurs ainsi soumis aux effets gravement inéquitables de la mise en œuvre de ces sûretés. Certains modes de réalisation pourraient même être exclus au titre d'une prévention des excès, disproportions des moyens utilisés ou abus possibles.

42. ***La publicité.*** La connaissance par les tiers des droits préférentiels consentis par un cocontractant potentiel sur tout ou partie des éléments de son patrimoine autant, d'ailleurs, que celle de sa qualité de propriétaire, est à l'évidence déterminante de leur engagement. La publicité donnée aux droits réels principaux et accessoires, soit directement par leur publication et leur inscription respective, soit indirectement par la dépossession du constituant, devrait être ainsi consubstantielle aux sûretés réelles. Mais, en réalité, la connaissance de la situation patrimoniale complète des demandeurs de crédit, par ceux qui accordent celui-ci, constitue également une information majeure pour l'octroi de nouveaux crédits. Cette information devrait alors porter sur l'ensemble des crédits et sûretés existant déjà, sûretés personnelles autant que sûretés réelles venant conforter une bonne exécution des engagements déjà souscrits. Un fichier positif, qui rendrait transparente cette situation, serait à cet égard tout à fait pertinent. Le registre national des crédits aux particuliers (RNCP), que la loi *Hamon* de 2014 relative à la consommation avait prévu d'instaurer, aurait pu répondre en partie à cette attente [1]. Mais le Conseil constitutionnel l'a jugé trop attentatoire au droit au respect de la vie privée [2].

B. Règles spécifiques aux deux catégories de sûretés

Les règles spécifiques aux deux grands types de sûretés devraient être en liaison avec la branche du droit dont elles sont des rameaux (sûretés personnelles/droit des obligations ; sûretés réelles/droit des biens).

43. ***Les règles propres aux sûretés personnelles*** [3]. Deux règles essentielles devraient irriguer l'ensemble des sûretés personnelles : d'une part, l'admission de recours du garant contre le débiteur dont la dette a été éteinte ; d'autre part, le respect par le créancier d'un devoir de loyauté envers le garant.

Les recours. Parce qu'en raison de sa qualité de garant de la dette d'autrui, le constituant d'une sûreté personnelle qui a dû exécuter son engagement s'appauvrit tout en libérant le débiteur, un impératif de justice interdit que cet appauvrissement demeure. Ainsi la caution dispose-t-elle d'un recours personnel et d'un recours subrogatoire contre

---

1. Le RNCP aurait permis d'apprécier « la solvabilité des personnes physiques n'agissant pas pour des besoins professionnels qui sollicitent un crédit, et, le cas échéant, des personnes physiques n'agissant pas pour des besoins professionnels qui se portent caution ». Cependant, à l'égard des cautions, la consultation du registre aurait été facultative, et non obligatoire comme vis-à-vis des emprunteurs. De plus, les engagements de caution n'auraient pas été enregistrés dans ce fichier, « alors qu'il s'agit pourtant d'un endettement latent et que le surendettement peut résulter justement d'une dette de cautionnement » (V. Legrand, « Que reste-t-il du registre national des crédits aux particuliers ? : du mythe à la (dure) réalité », *LPA* 12 juill. 2013, n° 139, p. 18).

Ne figuraient pas non plus dans la liste des crédits à déclarer au RNCP, ni les crédits immobiliers, alors qu'ils pèsent très lourdement sur le budget des ménages, ni les crédits renouvelables non utilisés, ni les opérations de crédit d'un montant inférieur à 200 euros.

2. Cons. const. 13 mars 2014, n° 2014-690 DC.

3. Pour des développements plus substantiels sur ce que pourrait être un régime primaire des sûretés personnelles, v. ss 617 s. Pour d'autres propositions, cf. J.-D. Pellier, *Essai d'une théorie des sûretés personnelles à la lumière de la notion d'obligation*, LGDJ, 2012.

le débiteur qu'elle a libéré. De tels recours devraient être étendus à l'ensemble des garants personnels de la dette d'autrui.

Le devoir de loyauté. Le principe d'éthique contractuelle, innervant le droit des obligations, impose que le bénéficiaire de sûretés personnelles soit tenu à un devoir de loyauté envers le garant. Ce principe justifie l'existence d'obligations d'information, voire de conseil, du créancier au profit du garant avant même qu'un engagement ne soit pris par ce dernier ; ce devoir rejoint l'exigence de tempérance du créancier vis-à-vis de certaines cautions lui interdisant de faire souscrire à celles-ci un engagement disproportionné par rapport à leurs facultés. Un tel principe mériterait d'être étendu à l'ensemble des garants personnels.

44. ***Les règles propres aux sûretés réelles***[1]. Les sûretés réelles reposent entièrement sur la technique du *droit réel*. La force de ce droit tient, en particulier, à son opposabilité *erga omnes*. Cette opposabilité sert un principe majeur du droit des biens, à savoir l'exigence de connaissance par les tiers de la consistance exacte du patrimoine de leur débiteur potentiel. Dès lors, le *principe d'opposabilité* devrait imposer une exigence commune de *publicité* à l'ensemble des sûretés réelles, qui soit, cependant, adaptée aux biens divers concernés. Celle-ci prendrait, selon les sûretés, deux formes principales distinctes. D'une part, la *dépossession du constituant* de la chose grevée et la mise en possession corrélative du créancier ou d'un tiers convenu ; la dépossession peut concerner tant les meubles (gages) que les immeubles (antichrèse). D'autre part, l'*information des tiers* de l'existence du droit réel accessoire grevant la chose affectée en garantie, par le truchement d'une inscription sur un registre (service de publicité foncière, préfecture, greffe du tribunal de commerce…), éventuellement consultable en ligne, ou sur la chose grevée elle-même.

§ 7. Plan

45. Le Livre IV du Code civil, issu de la réforme du 23 mars 2006, intitulé « Des sûretés », divise la réglementation de la matière en deux titres : le premier consacré aux « sûretés personnelles » ; le second consacré aux « sûretés réelles ».

Par des dispositions liminaires, inscrites dans chacun des titres, le Code civil énumère les sûretés qu'il réglemente.

Les sûretés personnelles régies par le titre premier sont le cautionnement, la garantie autonome et la lettre d'intention (art. 2287-1).

Les sûretés réelles régies par le titre second, divisées selon leur nature mobilière ou immobilière, sont : pour les meubles, les privilèges mobiliers, le gage de meubles corporels, le nantissement de meubles incorporels, et la propriété retenue ou cédée à titre de garantie (art. 2329) ; pour les immeubles, les privilèges, le gage immobilier (antichrèse), les hypothèques et la propriété retenue ou cédée à titre de garantie (art. 2373).

---

1. « Les sûretés réelles en quête de droit commun », dossier *RD banc. fin.* sept-oct. 2014, n° 5 ; O. Gout, « Quel droit commun pour les sûretés réelles ? », *RTD civ.* 2013. 255 ; M. Cabrillac, C. Mouly, S. Cabrillac et Ph. Pétel, *op. cit.*, nos 592 s. ; J. Mestre, E. Putman et M. Billiau, *Droit commun des sûretés réelles*, LGDJ, 1996.

C. civ., art. 2287-1. – Les sûretés personnelles régies par le présent titre sont le cautionnement, la garantie autonome et la lettre d'intention.
C. civ., art. 2329. – Les sûretés sur les meubles sont :
1° les privilèges mobiliers ;
2° le gage de meubles corporels ;
3° le nantissement de meubles incorporels ;
4° la propriété retenue ou cédée à titre de garantie.
C. civ., art. 2373. – Les sûretés sur les immeubles sont les privilèges, le gage immobilier et les hypothèques.
La propriété de l'immeuble peut également être retenue ou cédée en garantie.

Répondant à des raisons, tant pédagogiques que conceptuelles, le plan de l'ouvrage suivra la structure retenue par le Livre IV du Code civil.

Première partie	Les sûretés personnelles
Seconde partie	Les sûretés réelles

Première partie

Les sûretés personnelles

§ 1. Caractéristiques des sûretés personnelles

46. ***L'obligation de garantir, caractéristique distinctive des sûretés personnelles.*** La technique de garantie propre aux sûretés personnelles réside dans l'obligation de garantir le paiement d'une dette principale, en cas de défaillance du débiteur [1]. Les caractéristiques de cette obligation méritent d'être précisées.

47. ***Obligation de nature personnelle.*** L'obligation de garantir est une obligation juridique [2] de nature personnelle, et non réelle. Ainsi, les personnes tenues *propter rem*, comme le tiers ayant acquis un bien grevé d'une hypothèque à l'encontre de qui le créancier hypothécaire exerce son droit de suite, n'assument aucune obligation de garantir [3]. Le paiement qu'elles peuvent être amenées à effectuer entre les mains du créancier ne procède nullement de l'existence d'une sûreté personnelle, mais uniquement de l'obligation qui pèse sur elles en qualité de propriétaires d'un bien sur lequel le créancier dispose d'un droit réel accessoire de garantie [4].

48. ***Obligation accessoire de l'obligation principale.*** L'obligation de garantir n'a *pas d'existence autonome* ; elle vient nécessairement s'adjoindre à une obligation principale (il n'y a pas de garantie sans obligation à garantir).

Elle est, par ailleurs, *nécessairement et exclusivement au service de cette obligation principale*, en ce sens que son exécution a pour fonction d'éteindre la dette principale née du contrat conclu entre le créancier et le débiteur.

Pour ces deux raisons, l'ensemble des sûretés personnelles constituent des accessoires de l'obligation principale [5]. Elles présentent un *caractère accessoire général.*

---

1. Sur l'intérêt qu'il y aurait d'inscrire cette obligation dans l'article 1126 du Code civil, aux côtés de l'obligation de faire, de l'obligation de ne pas faire et de l'obligation de donner, cf. N. Kanayama, « De l'obligation de couverture à la prestation de garantie », *in Mélanges C. Mouly*, Litec, 1998, p. 375 s. ; « Donner et garantir – un siècle après ou une autre histoire », *in Mélanges J. Ghestin*, LGDJ, 2001.

2. En conséquence, la qualification de sûreté personnelle devrait être écartée lorsque l'engagement est seulement moral. Tel est le cas dans certaines lettres d'intention. Sur la typologie des lettres d'intention, v. ss 445 s.

3. Comp., toutefois, Civ. 2e, 19 févr. 2015, n° 13-27691, à paraître au *Bulletin* ; sur cet arrêt, v. ss 1102.

4. Sur la situation du tiers détenteur d'un immeuble hypothéqué, v. ss 1101 s.

5. G. Cornu (dir.), *Vocabulaire juridique*, v° *Accessoire*, PUF, coll. « Quadrige », 2011 : « qui est lié à un élément principal, mais distinct et placé sous la dépendance de celui-ci, soit qu'il le complète, soit qu'il n'existe que par lui ».

Il convient toutefois de relever, dès à présent, que cette dépendance vis-à-vis de l'obligation principale peut être ou non accrue dans des conditions et des proportions variables d'une sûreté à une autre. Il existe effectivement des *degrés dans le lien d'accessoire à principal*[1]. Si le cautionnement présente un *caractère accessoire renforcé*[2], d'autres sûretés personnelles, par comparaison avec le cautionnement, pris comme la sûreté personnelle de référence, présentent une « accessoriété » relative, dit autrement un caractère accessoire restreint[3].

49. ***Obligation de garantir souscrite par un tiers***. L'obligation de garantir est souscrite par *un tiers* au contrat de crédit conclu entre le créancier et le débiteur principal. Les garanties personnelles constituent ainsi une opération juridique impliquant *au moins trois personnes :* nécessairement un créancier, un débiteur principal et un garant[4]; éventuellement en plus, un ou plusieurs cofidéjusseurs, une sous-caution, un certificateur de caution ou encore un ou plusieurs contre-garants.

Le garant n'est qu'un *débiteur de second rang*, par opposition au débiteur principal. Cela signifie qu'il ne doit pas contribuer définitivement à la dette qu'il acquitte. Tenu de payer pour le débiteur (même s'il exécute une obligation qui lui est propre), il dispose toujours d'un *recours en remboursement* contre celui-ci.

50. ***Obligation de garantir de nature duale***. L'obligation de garantir présente une nature duale, en ce qu'elle renferme deux obligations distinctes, mais tout à fait complémentaires[5].

Dans le même sens, cf. not. M. Cabrillac, « Les accessoires de la créance », *in Études Weill*, 1984, p. 107 s. ; P. Crocq, « L'évolution des garanties du paiement : de la diversité à l'unité », *in Mélanges C. Mouly*, Litec, 1998, p. 317 s., n° 6 ; G. Goubeaux, *La règle de l'accessoire en droit privé*, LGDJ, 1969, n° 20 ; D. Legeais, « La règle de l'accessoire dans les sûretés personnelles », *in Sûretés et garanties, Dr. et patr.* 2001, n° 92, p. 68 s.

1. Sur ces degrés, cf. not. G. Goubeaux, *ibid.*, n° 25 ; D. Grimaud, *Le caractère accessoire du cautionnement*, PUAM, 2001, n°s 294 et 295 ; C. Ginestet, « La qualification des sûretés », *Defrénois*, 1999, art. 36940, p. 204 à 210 ; D. Legeais, *ibid.* ; J.-M. Rapp, « Garanties à première demande et autres garanties bancaires », *in Sûretés et garanties bancaires*, Publication CEDIDAC, 1997, p. 259 s. ; J.-L. Rives-Lange, « Les engagements abstraits pris par le banquier », *Rapport français*, *in Travaux de l'Association H. Capitant*, T. XXXV, 1984, p. 307 ; *contra* : cf. M. Cottet, *Essai critique sur la théorie de l'accessoire en droit privé*, LGDJ, 2013, spéc. n°s 185 s.

2. V. ss 130 s.

3. V. ss 407 s.

4. Bien que l'entrepreneur individuel à responsabilité limitée (EIRL) soit à la tête de deux patrimoines distincts, un patrimoine affecté à son activité professionnelle et un patrimoine personnel (C. com., art. L. 526-1, issu de la L. n° 2010-658 du 15 juin 2010), nous ne pensons pas qu'il puisse se porter garant de ses dettes professionnelles en engageant son patrimoine personnel ou l'inverse. D'abord, parce que ce décloisonnement patrimonial risquerait de ruiner l'efficacité du nouveau statut, comme les cautionnements demandés aux dirigeants d'EURL ont largement conduit à l'échec de cette technique sociétaire de limitation de la responsabilité des entrepreneurs. Ensuite, parce que, fondamentalement, ce qui caractérise la structure du cautionnement et des autres sûretés personnelles, c'est que le débiteur et le garant sont deux personnes distinctes ; cette dualité de personnes devrait l'emporter sur la dualité patrimoniale résultant de la création d'un patrimoine d'affectation.

5. Cette dualité, mise en lumière par C. Mouly (*Les causes d'extinction du cautionnement*, Litec, 1979), n'existe pas que dans le cautionnement de dettes futures, comme cet éminent auteur l'a soutenu (v. ss 143). Elle existe également dans le cautionnement de dettes présentes et même, plus généralement encore, dans toutes les sûretés personnelles.

En ce sens, cf. M. Bourassin, *L'efficacité des garanties personnelles*, LGDJ, 2006, n°s 262 à 265 ; F. Jacob, *Le constitut ou l'engagement autonome de payer la dette d'autrui à titre de garantie*, LGDJ, 1998, n°s 243 à 245 ; A. Prüm, *Les garanties à première demande*, Litec, 1994, n°s 146 à 175 ; *contra* :

D'une part, une *obligation de règlement*, dont l'objet est un paiement à effectuer entre les mains du créancier.

D'autre part, une *obligation de couverture*, qui consiste dans le service rendu par le garant au créancier dès la conclusion du contrat de garantie, donc avant même que le risque de défaillance du débiteur ne se réalise [1]. Ce service, dont l'objet est d'« assurer l'aléa du non-paiement » [2], ressemble à celui rendu par les assureurs avant la réalisation éventuelle du sinistre.

51. ***Corollaire principal de l'obligation de garantir***. L'obligation de garantir, dans sa dimension obligation de règlement, a pour corollaire un *droit de poursuite du créancier contre le garant* [3]. Ce droit n'est pas de nature préférentielle. Il s'agit uniquement d'un *droit de créance* ordinaire. Le créancier bénéficiaire d'une garantie personnelle n'est donc, à cet égard, qu'un créancier *chirographaire*. Il jouit néanmoins d'une situation avantageuse et ce, pour deux raisons.

D'une part, il peut obtenir paiement de deux débiteurs, au lieu d'un seul, l'un venant s'ajouter à l'autre [4]. Autrement dit, l'assiette de son droit de gage général se trouve étendue.

D'autre part, disposant d'un droit de poursuite contre un tiers, il peut éviter le concours avec d'autres créanciers du débiteur sur le prix de vente des biens de ce dernier (surtout si celui-ci fait l'objet d'une procédure collective professionnelle ou d'une procédure de surendettement).

C'est cette *extension du droit de poursuite à un patrimoine tiers* qui diminue le risque de perte financière, autrement dit qui augmente la sécurité du créancier.

§ 2. Identification des sûretés personnelles

Aux termes de l'article 2287-1 du Code civil, issu de l'ordonnance du 23 mars 2006, « les sûretés personnelles régies par le présent titre sont le cautionnement, la garantie autonome et la lettre d'intention ». Ce texte énumère les *sûretés personnelles nommées*,

---

en matière de garantie autonome, cf. Ph. Dupichot, *Le pouvoir des volontés individuelles en droit des sûretés*, thèse, éd. Panthéon-Assas, 2005, n° 343 ; J.-J. Daigre, « Les substituts du cautionnement : de la lettre à la garantie. La revanche de la liberté », *JCP E* 1992, *Cahier droit des entreprises* 6-92, p. 8 ; C. Gavalda et J. Stoufflet, « La lettre de garantie internationale », *RTD com.* 1980. 17 à 19 ; M. Grimaldi et Ph. Dupichot, « Durée et sûreté », *RDC* 2004. 95 s., n° 11 ; H., L. et J. Mazeaud et F. Chabas, par Y. Picod, n° 53-14 ; Ph. Simler et Ph. Delebecque, n° 235 ; *contra*, en matière de lettre d'intention : cf. J. Deveze, « Aux frontières du cautionnement : lettre d'intention et garantie indépendante », *in Aspects contemporains du cautionnement*, *JCP E* 1992, *Cahier droit des entreprises* 2-92, p. 30.

1. Ce service n'est pas nécessairement rémunéré. En effet, alors que les garants professionnels (établissements de crédit, sociétés de caution mutuelle, compagnies d'assurance) subordonnent systématiquement leur engagement à une contrepartie financière, versée le plus souvent par le débiteur principal ou plus rarement par le créancier, les garants affectivement proches du débiteur (conjoint, parent, ami) ou intégrés dans les affaires de ce dernier (dirigeant, associé, société-mère ou société-sœur de l'entreprise débitrice) ne sont généralement pas rémunérés.

2. C. Mouly, thèse préc., n° 261.

3. Sur les corollaires de l'obligation de couverture, c'est-à-dire sur les droits qu'elle confère au créancier dès la conclusion du contrat de garantie, v. ss 143, 357.

4. En cas de substitution d'un débiteur à un autre, on ne saurait être en présence d'une sûreté personnelle, même si le nouveau débiteur est plus solvable que le premier qu'il remplace et que la substitution procure *de facto* au créancier une plus grande sécurité. Il en va ainsi de la délégation parfaite (dite également « novatoire »), dans laquelle l'obligation du délégué se substitue à celle du délégant avec l'accord du délégataire.

c'est-à-dire légalement reconnues, par le biais de définitions, voire de règles de fonctionnement plus précises (A). Il n'exclut cependant nullement l'existence de *sûretés personnelles innomées*, c'est-à-dire de mécanismes répondant aux caractéristiques essentielles précédemment décrites, sans être pour autant spécialement réglementés en tant que sûretés personnelles (B).

A. Les sûretés personnelles nommées

Depuis l'ordonnance du 23 mars 2006, le Code civil reconnaît trois sûretés personnelles. À chacune sera consacrée une étude détaillée, de sorte que seule leur définition légale mérite d'être présentement exposée.

52. ***Le cautionnement.*** Le cautionnement, qui a longtemps été la seule sûreté personnelle réglementée en tant que telle par le Code civil et qui constitue, de ce fait, le modèle en la matière[1], est défini, depuis 1804, à partir de l'objet de l'obligation de la caution : « celui qui se rend caution d'une obligation se soumet envers le créancier à satisfaire à cette obligation, si le débiteur n'y satisfait pas lui-même » (C. civ., art. 2288, anc. art. 2011). Cette définition fait ressortir la caractéristique essentielle du cautionnement, selon laquelle la caution s'engage à payer la dette même du débiteur principal, en cas de défaillance de celui-ci[2].

53. ***La garantie autonome.*** La définition de la garantie autonome, retenue par l'ordonnance du 23 mars 2006, met en exergue, elle aussi, la spécificité de cette sûreté personnelle à partir d'un aspect essentiel de l'engagement du garant tenant à sa nouveauté par rapport à celui du débiteur principal[3]. L'article 2321 du Code civil énonce, en effet, que « la garantie autonome est l'engagement par lequel le garant s'oblige, en considération

1. Le cautionnement est un modèle qui connaît des variantes, au nombre desquelles il est important de relever, d'une part, l'aval et, d'autre part, les garanties financières professionnelles.

L'*aval* est la forme cambiaire du cautionnement : le donneur d'aval (également appelé avaliste ou avaliseur) s'engage à payer le montant d'un effet de commerce (lettre de change, billet à ordre), en cas de défaillance de tel signataire déterminé, nommé avalisé. Il ressort de l'article L. 511-21 du Code de commerce (ce texte relatif à l'aval d'une lettre de change est également applicable, par renvoi de l'article L. 512-4, à l'aval d'un billet à ordre) que l'aval est, en réalité, une garantie hybride, car il emprunte au cautionnement son caractère accessoire, mais il est en même temps soumis aux règles spécifiques du droit cambiaire, en particulier une assez vaste inopposabilité des exceptions (selon l'article L. 511-21, alinéa 8, du Code de commerce, l'aval est maintenu, même si la lettre de change qu'il garantit est nulle pour toute autre cause qu'un vice de forme), l'indépendance des signatures et des délais de prescription abrégés.

S'agissant des *garanties financières professionnelles*, ce sont des garanties imposées par la loi comme condition d'exercice de certaines activités et dont le but est de permettre, en cas de défaillance du professionnel débiteur principal, d'octroyer automatiquement à ses clients ou à ses salariés (créanciers) la garantie d'un tiers. La plupart ont pour objet de couvrir la restitution des fonds que certains professionnels détiennent pour le compte de leurs clients (tels les agents immobiliers, les avocats ou les établissements de crédit). Traditionnellement considérées comme des cautionnements, ces garanties professionnelles sont, depuis quelques années, requalifiées en garanties autonomes, pour des raisons de pure opportunité (v. ss 509 s.). Pour une étude détaillée de ces garanties, cf. S. Cabrillac, *Les garanties financières professionnelles*, LexisNexis, coll. « Bibliothèque de droit de l'entreprise », 2000.

2. Cette unicité de dettes constitue l'une des explications du caractère accessoire renforcé du cautionnement.

3. Cette indépendance explique que la garantie autonome ait un caractère accessoire restreint par rapport à celui existant en matière de cautionnement. Elle ne supprime pas, en revanche, le caractère accessoire général, commun à l'ensemble des garanties.

d'une obligation souscrite par un tiers, à verser une somme soit à première demande, soit suivant des modalités convenues » (al. 1er) et que « le garant ne peut opposer aucune exception tenant à l'obligation garantie » (al. 3).

54. ***La lettre d'intention***. À l'occasion de la réforme de 2006, c'est également la lettre d'intention qui a été élevée au rang de sûreté personnelle. L'article 2322 du Code civil la définit comme « l'engagement de faire ou de ne pas faire ayant pour objet le soutien apporté à un débiteur dans l'exécution de son obligation envers le créancier ». La particularité de la garantie procurée par la lettre d'intention (encore appelée lettre de confort ou de patronage) est de procéder de la mise en jeu de la responsabilité contractuelle de son émetteur, en cas d'inexécution de l'engagement de faire ou de ne pas faire souscrit au bénéfice du créancier[1].

B. Les sûretés personnelles innommées

55. Le droit commun des obligations et le droit contractuel spécial recèlent de nombreuses institutions qui partagent avec le cautionnement, la garantie autonome ou la lettre d'intention des caractéristiques communes, alors que leur fonction originelle n'est pas nécessairement d'augmenter la sécurité du créancier bénéficiaire. Il convient de préciser d'ores et déjà[2], pour quelques-unes d'entre elles, en quoi elles peuvent jouer le rôle de sûretés personnelles et de quelle sûreté personnelle nommée elles se rapprochent le plus.

56. ***Solidarité passive et cautionnement***. La solidarité passive constitue une sûreté personnelle innomée dans l'hypothèse où l'un des codébiteurs solidaires n'est pas intéressé à la dette, c'est-à-dire ne recueille aucun avantage pécuniaire direct du contrat emportant engagement solidaire. Dans ses rapports avec les codébiteurs intéressés, le codébiteur solidaire non intéressé à la dette est, aux termes mêmes de l'article 1216 du Code civil, traité comme une caution (alors qu'il est un débiteur principal aux yeux du créancier). Solidarité passive sans intéressement du débiteur à la dette et cautionnement seront cependant distingués à la lumière de leur degré d'accessoriété, c'est-à-dire de leur degré de dépendance vis-à-vis de la dette principale[3].

57. ***Délégation imparfaite et garantie autonome***. La délégation imparfaite (dite également simple ou sans novation) peut servir de garantie personnelle, en ce qu'elle implique l'engagement d'un nouveau débiteur, le délégué, sans extinction de l'obligation du débiteur primitif, le délégant[4]. Elle augmente la sécurité patrimoniale du créancier, le

---

1. L'engagement de faire ou de ne pas faire de l'émetteur de la lettre est totalement distinct de l'obligation de somme d'argent du débiteur principal. Cela explique l'« accessoriété » relative de cet engagement.

2. La solidarité passive sans intéressement du débiteur à la dette justifie des développements particuliers en raison de son importance pratique (v. ss 417 s.).

La délégation imparfaite et la promesse de porte-fort seront quant à elles envisagées pour éclairer le fonctionnement, respectivement, de la garantie autonome et de la lettre d'intention.

Pour les autres sûretés personnelles innomées, il est renvoyé aux ouvrages de droit des obligations ou de contrats spéciaux, ainsi qu'aux références ci-dessous.

3. V. ss 429 s.

4. Cf. not. L. Andreu, *Du changement de débiteur*, Dalloz, coll. « Nouvelle Bibliothèque de Thèses », 2010 ; M. Billiau, *La délégation de créance*, LGDJ, 1989 ; J. François, *Les opérations triangulaires attributives (stipulation pour autrui et délégation de créance)*, thèse dactyl., Paris II,

délégataire, en lui donnant un second débiteur. Lorsqu'elle présente un caractère *incertain*, c'est-à-dire lorsque le délégué s'engage pour ce que doit le délégant au délégataire, la délégation imparfaite tend à s'identifier au cautionnement[1]. Au contraire, la délégation *certaine*, dans laquelle le délégué s'engage pour un montant qui lui est propre, est sans doute similaire à la garantie autonome[2].

58. ***Stipulation pour autrui et garantie autonome.*** On trouve une autre obligation de garantir nouvelle et indépendante, présentant des similitudes avec celle d'un garant autonome, dans la stipulation pour autrui. Ce mécanisme du droit commun des obligations peut constituer une garantie personnelle lorsque le promettant (garant) est déjà débiteur du stipulant (débiteur principal). Le stipulant exige alors de son débiteur (garant-promettant) qu'il se libère entre les mains de l'un de ses propres créanciers (tiers bénéficiaire)[3]. Les clauses de garantie de passif dans le cadre des cessions de droits sociaux en fournissent une illustration : le cédant-promettant s'engage envers le cessionnaire-stipulant à payer les créanciers-tiers bénéficiaires, qui viendraient à se révéler après la cession, par exemple le Trésor public, pour un redressement fiscal par hypothèse non pris en compte dans le bilan ayant servi à l'évaluation des droits cédés.

59. ***Promesse de porte fort et lettre d'intention.*** Est proche, cette fois, de la lettre d'intention, la promesse de porte-fort, régie par l'article 1120 du Code civil. Il s'agit d'une « convention par laquelle une personne s'engage envers une autre à obtenir l'approbation d'un tiers à un acte envisagé (par exemple, une vente, un partage) et s'expose personnellement à une indemnité pour le cas où ce tiers, comme il est libre de le faire, refuserait de ratifier l'acte »[4]. Si la promesse de porte-fort a d'abord pour fonction de permettre la conclusion d'un acte, bien que l'une des parties ne soit pas actuellement en mesure de donner un consentement valable[5], elle peut également servir de garantie

---

1994 ; C. Lachièze, *Le régime des exceptions dans les opérations juridiques à trois personnes en droit civil*, Imprimerie La Mouette, coll. « Doctorat et notariat », 2001 ; C. Lachièze, « La délégation-sûreté », *D.* 2006. 234 ; M. Mignot, « La difficile qualification de délégation », *RLDC* 2005/21, n° 895.

1. Pour autant, il est sans doute possible de trouver des variantes de délégations imparfaites incertaines qui, par la volonté des parties, se distinguent du cautionnement en ce que l'engagement du délégué n'emprunte à l'obligation du délégant que son montant, alors que l'obligation d'une caution a pour objet la dette même du débiteur principal (en ce sens, cf. C. Lachièze, thèse précitée, n° 264 ; Ph. Simler et Ph. Delebecque, n° 256 ; *contra* : M. Cabrillac et C. Mouly, n° 473-5 ; Ph. Malaurie et L. Aynès, par L. Aynès et P. Crocq, n° 326). Dans ces cas très particuliers, la délégation imparfaite incertaine ressemble davantage, en réalité, au *constitut, qui est l'engagement autonome de payer la dette d'autrui souscrit par le « constituant »*, qui s'oblige à payer, non la dette même du débiteur principal, mais une dette d'un même montant. Autrement dit, le *quantum* de la dette du constituant est emprunté à celui de l'obligation garantie. Délégation imparfaite incertaine et constitut se distingueraient essentiellement quant à l'opposabilité des exceptions nées de l'obligation principale (cf. F. Jacob, *Le constitut ou l'engagement autonome de payer la dette d'autrui à titre de garantie*, LGDJ, 1998).

2. V. ss 412.

3. La Cour de cassation a depuis longtemps précisé que le droit du tiers bénéficiaire contre le promettant-garant naît directement au moment où le promettant s'oblige et par le fait même de la promesse (Civ. 6, 8, 22 févr. et 27 mars 1888, *DP* 88. I. 193). L'acceptation du tiers bénéficiaire n'est pas une condition de l'acquisition de son droit contre le garant. Son seul effet est de rendre la stipulation irrévocable.

4. G. Cornu (dir.), *Vocabulaire juridique*, PUF, coll. « Quadrige », 2011, v° *Porte-fort*.

5. L'exemple typique est celui du tuteur d'un mineur qui se porte fort, au moment de la vente d'un bien de son pupille, de faire ratifier la vente par celui-ci à sa majorité.

Pour des exemples en droit des affaires, cf. Tillement, « Promesse de porte-fort et droit des sociétés », *Rev. soc.* 1993. 51 s.

personnelle, car l'article 1120 du Code civil n'impose pas que la promesse ait seulement pour objet une ratification. Le « fait » promis par le porte-fort pourrait donc être l'exécution d'un engagement pris par un tiers. Alors, si le tiers ne peut ou refuse de tenir cet engagement, le porte-fort devra indemniser le créancier et il jouera dès lors le rôle d'un garant. Comme en matière de lettre d'intention, c'est la mise en jeu de la responsabilité civile du garant (auteur de la promesse de porte-fort), qui évite au créancier bénéficiaire de souffrir d'un impayé [1].

60. ***Convention de ducroire et lettre d'intention***. Au rang des mécanismes proches de la lettre d'intention, en raison de leur nature indemnitaire, il convient d'ajouter la convention de ducroire. Il s'agit d'une « stipulation annexe aux contrats de distribution, par laquelle un mandataire ou un commissionnaire garantit la solvabilité des clients, moyennant une augmentation de sa rémunération » [2]. Inventée par la pratique commerciale, cette convention constitue, elle aussi, un procédé original de garantie personnelle [3].

61. ***Assurances-crédits***. Pour terminer cet inventaire, non exhaustif, des sûretés personnelles innomées, il convient d'évoquer les assurances-crédits [4], dont l'objet est de réparer le préjudice, pour un créancier, résultant de la défaillance éventuelle de personnes préalablement identifiées. Le coût de cette protection, reposant sur la mutualisation du risque d'impayé, peut être supporté, soit par le créancier, soit par le débiteur. Dans la première hypothèse, le créancier souscrit une police pour la couverture de la défaillance de ses débiteurs. On parle alors d'assurance-insolvabilité ou d'assurance-crédit, au sens strict. Dans la seconde hypothèse, le débiteur souscrit une assurance pour la garantie de ses propres engagements. Il s'agit alors d'une assurance-cautionnement.

§ 3. Efficacité des sûretés personnelles

62. En matière de sûretés et, notamment, de sûretés personnelles, la question de l'efficacité est centrale, que ce soit dans l'analyse du droit positif ou de la pratique ou lors de réflexions prospectives sur d'éventuelles réformes. Il est par conséquent utile de préciser

---

1. V. ss 472. Sur la fonction de garantie personnelle de la promesse de porte-fort et sur son caractère indemnitaire, cf. not. aussi P. Ancel, *Les sûretés personnelles non accessoires en droit comparé*, thèse, Dijon, 1981, n°s 52 à 56 ; A. Jonville, « Pratique de la promesse de porte-fort », *Dr. et patr.* 1998, n° 57, p. 32 ; J.-F. Sagaut, « Variations autour d'une sûreté personnelle *sui generis :* la promesse de porte-fort de l'exécution », *RDC* 2004. 840 s. ; Ph. Simler, « Peut-on substituer la promesse de porte-fort à certaines lettres d'intention, comme technique de garantie ? », *RD bancaire et bourse* 1997, n° 64, p. 223 s. ; M. Vericel, « Désuétude ou actualité de la promesse de porte-fort ? », *D.* 1988. Chron. 123.

2. G. Cornu (dir.), *Vocabulaire juridique*, PUF, coll. « Quadrige », 2011, v° *Ducroire*.

3. Cf. not. P. Ancel, thèse préc., n° 72 à 78 *bis* ; D. Arlie, *D.* 1998. 511, sous Com. 22 oct. 1996 ; A. Bruyneel, « L'évolution du droit des sûretés », *in Les sûretés*, colloque de Bruxelles, FEDUCI, 1984, p. 16 ; D. Hennebelle, « La spécificité de la nature juridique du ducroire d'intermédiaire », *JCP E* 2000. 1366 s. ; C. Houin-Bressand, « Le crédit par signature », *in Mélanges AEDBF*, Banque Éditeur, 2008, p. 249 ; A. Lecourt, « Définition, objet et utilité de la clause de ducroire dans les contrats d'affaires », *AJCA* août 2014, n° 5, p. 216 ; B. de Saint-Mars, « Marchés financiers et garantie de ducroire », *in Mélanges AEDBF*, Banque Éditeur, 1999, p. 389.

4. V. Heuzé, « Assurance-crédit et sûretés personnelles », *D.* 2014. 493 ; N. Leblond, « Une sûreté méconnue : l'assurance-crédit », *RLDC* juill.-août 2010, p. 30.

en quoi consiste exactement l'efficacité des sûretés personnelles et d'isoler les principaux facteurs qui sont susceptibles d'y conduire [1].

63. ***Définitions de l'efficacité des sûretés personnelles.*** L'efficacité est la qualité d'une chose ou d'une action qui produit l'effet attendu. Elle se caractérise ainsi par l'adéquation entre une attente (effet recherché) et un résultat (effet réalisé) [2]. L'efficacité étant définie comme l'accomplissement d'une attente, il convient de se demander quel est l'effet attendu des sûretés personnelles.

À l'évidence, il s'agit d'un surcroît de sécurité pour le créancier bénéficiaire, puisque, quels que soient leur nature, leur contenu ou la qualité des contractants, les sûretés personnelles ont pour fonction d'éviter au créancier un impayé.

Cette attente partagée par l'ensemble des créanciers est cependant susceptible d'être précisée de manière différente par chacun d'entre eux, car le risque d'impayé n'est jamais le même d'une opération de crédit à une autre. Ainsi, eu égard notamment au montant et à la durée du crédit octroyé au débiteur principal et à la solvabilité de celui-ci, chaque créancier peut nourrir des attentes spécifiques. Par exemple, que le montant de la garantie augmente en même temps que celui de la dette principale, que le garant dispose d'un pouvoir d'ordre juridique ou psychologique à l'encontre du débiteur pour inciter ce dernier à exécuter ses obligations, ou encore que la garantie puisse être constituée sans l'autorisation des organes de direction si le débiteur est une société anonyme ou du conjoint si le débiteur est marié sous le régime de la communauté légale.

Il apparaît dès lors que les sûretés personnelles font naître deux types d'attentes. D'une part, *une attente objective*, qui correspond à leur fonction même, à savoir la protection des intérêts du créancier. D'autre part, *des attentes subjectives*, qui correspondent aux finalités particulières qui leur sont assignées par chaque créancier eu égard à la spécificité de leur situation. Il résulte de cette distinction que l'efficacité des sûretés personnelles peut recevoir deux définitions.

Objectivement, l'efficacité des sûretés personnelles réside dans *le paiement du créancier*, grâce à leur réalisation (appel du garant) ou à leur seule constitution (l'existence même de la garantie peut inciter un tiers au contrat de garantie à éteindre la dette principale ; ce tiers peut être le débiteur principal lui-même ou un cessionnaire de la créance garantie).

Subjectivement, l'efficacité des garanties personnelles réside dans *l'accomplissement des attentes propres à chaque créancier quant aux modalités et au coût de leur protection.*

64. ***Facteurs d'efficacité des sûretés personnelles.*** Une sûreté personnelle efficace peut être comparée à un refuge mettant le créancier à l'abri du danger que représente la défaillance du débiteur principal. De la même façon qu'un refuge ne peut être protecteur que s'il est bâti selon certaines normes et avec certains matériaux, une sûreté personnelle ne peut être efficace que si des moyens à même de satisfaire les attentes objectives et subjectives des créanciers sont mis en œuvre. Il s'agit des facteurs d'efficacité.

Les *facteurs d'efficacité objective* sont de deux ordres.

---

1. Sur l'ensemble de ces problématiques, cf. M. Bourassin, *L'efficacité des garanties personnelles*, LGDJ, 2006 ; Ph. Dupichot, « L'efficience économique du droit des sûretés personnelles », *LPA* 14 avr. 2010.

2. En cela, l'efficacité se distingue de l'effectivité, qui consiste uniquement dans la production d'un effet, et de l'efficience, qui se définit par la productivité, le rendement.

Certains concourent à l'extinction de la dette principale par le débiteur principal lui-même ou par un cessionnaire de la créance principale. Il s'agit essentiellement de la qualité du garant, de l'efficacité des recours de celui-ci contre le débiteur et de la transmission de la garantie personnelle avec la créance principale.

D'autres facteurs d'efficacité objective favorisent une bonne exécution de sa dette par le garant lui-même. Les uns favorisent sa solvabilité à l'échéance (qualité de garant professionnel ; détermination et proportionnalité du montant de la garantie à la surface financière du garant ; mesures de sauvegarde du patrimoine de celui-ci). Les autres augmentent les chances d'exécution volontaire par le garant (rareté des moyens de défense, en particulier lorsque la défaillance du débiteur est constatée par l'ouverture d'une procédure collective à son encontre ; respect du droit en vigueur par le créancier ; loyauté de ce dernier à l'égard du garant ; qualité et bonne foi de celui-ci).

S'agissant de l'*efficacité subjective*, elle est essentiellement favorisée par la connaissance et la compréhension, par le créancier, des données factuelles et juridiques entourant la conclusion de la garantie et par la stabilité des prévisions des parties.

Il est important de remarquer que, parmi ces divers facteurs d'efficacité, plusieurs constituent des contraintes pour les créanciers et, corrélativement, des protections pour le garant (il en va ainsi, par exemple, de la limitation du montant de la garantie et de la délivrance de certaines informations aux garants, dans le respect de l'exigence de loyauté contractuelle). Il apparaît donc que, contrairement à une opinion largement répandue, l'efficacité des sûretés personnelles n'implique pas de reconnaître une totale liberté aux créanciers et d'imposer le sacrifice des intérêts des garants. Elle suppose, au contraire, un certain *équilibre entre les intérêts des parties*.

§ 4. Harmonisation des droits des sûretés personnelles

65. Les sûretés personnelles sont présentes dans l'ensemble des systèmes juridiques. Partant, il est intéressant de relever, tant les points communs, voire universels dès lors qu'ils tiennent à la nature même d'une sûreté personnelle, que les originalités que recèlent certains droits étrangers [1] (A), avant de s'interroger sur leur éventuel rapprochement (B).

A. Droit comparé des sûretés personnelles

66. ***Similitudes***. Les points communs entre les divers systèmes juridiques concernent, non seulement les types de sûretés personnelles reconnues, mais aussi les principales règles entourant le fonctionnement du cautionnement et de la garantie autonome.

D'abord, sous réserve d'appellations différentes et de légères variations, on retrouve *deux figures essentielles de sûretés personnelles*. D'une part, l'engagement d'un tiers à

---

1. La comparaison se limite aux principaux systèmes juridiques de l'Union européenne. Elle a notamment été menée à partir des sources suivantes : « Les garanties de financement », *in Travaux de l'Association H. Capitant*, Journées portugaises, t. 47, LGDJ, 1996 ; J. Barmann, *Les garanties de crédit en droit allemand*, La documentation française, 1978 ; X. Barré, *La lettre d'intention technique contractuelle et pratique bancaire*, Economica, 1995 ; F.-X. Licari, *Les principales sûretés personnelles du droit allemand*, Lamy Droit des sûretés, étude 520, sept. 2011 ; F. Logoz, *La protection de l'exportateur face à l'appel abusif à une garantie bancaire. Étude comparative des droits allemand, français, belge et suisse*, Librairie Droz, Genève, 1991 ; A. Prüm, *Les garanties à première demande*, Litec, 1994 ; G. Scyboz, *Le contrat de garantie et le cautionnement, Traité de droit privé suisse*, Éd. univ. Fribourg, Suisse, t. VII, 2, 1979.

exécuter l'obligation même du débiteur principal [1]. D'autre part, pour plus de sécurité ou de souplesse, l'engagement d'un tiers à exécuter une obligation nouvelle, indépendante de l'obligation principale, et pouvant être, soit une obligation de payer une somme d'argent déterminée *ab initio* [2], soit une obligation d'indemniser le créancier du préjudice que lui occasionne la défaillance du débiteur principal [3].

Les similitudes apparaissent, ensuite, dans le *régime du cautionnement*. Ainsi, la plupart des droits européens retiennent le principe du consensualisme [4], tempéré par l'exigence du caractère exprès de l'engagement de la caution, voire écarté au bénéfice des cautions réputées les plus faibles. La protection de celles-ci repose fréquemment, en outre, sur les obligations d'information imposées aux créanciers et sur les limitations obligatoires du montant de leur engagement [5]. Par ailleurs, le caractère accessoire du cautionnement produit des conséquences très semblables d'un pays à un autre [6]. Pour finir, les cautions se voient évidemment toujours reconnaître un recours contre le débiteur et les bénéfices de discussion et de subrogation [7] sont fort répandus.

---

1. Cette unicité d'obligations, accompagnée, en revanche, d'une pluralité de droits de poursuite, caractérise le cautionnement, universellement reconnu, sa forme cambiaire, l'aval (en ce domaine, le droit a été unifié par une loi uniforme issue de la Conférence de Genève de 1930), mais aussi l'engagement du codébiteur solidaire non intéressé à la dette, connu de la plupart des droits européens, ou encore le « mandat de crédit », propre au droit italien (cf. G. Iudica, « Rapport italien sur les sûretés personnelles », *in Les garanties de financement*, préc., p. 391 s.).

2. Peuvent être rangés dans cette catégorie, la garantie autonome, le crédit documentaire, la délégation imparfaite certaine, le constitut, mais aussi la « *reprise de dette* » dans les pays germaniques (dans sa forme cumulative, elle s'apparente à une délégation imparfaite), l'« *assignation* » des droits suisse et allemand (contrat par lequel l'assigné est tenu de remettre à l'assignataire, pour le compte de l'assignant, une somme d'argent ou d'autres choses fongibles, sans pouvoir lui opposer d'exceptions issues de ses relations avec l'assignant), le *cautionnement à première demande* en droit allemand (v. ss 67).

3. Sont principalement concernés la lettre d'intention, la promesse de porte-fort (en droit suisse, le porte-fort d'exécution constitue un modèle de garantie personnelle à part entière, et non seulement une forme de promesse de porte-fort comme en droit français), le ducroire, l'assurance-crédit, l'« *engagement d'achat* » du droit néerlandais (cf. G. de Vries, « Rapport néerlandais sur les sûretés personnelles », *in Les garanties de financement*, préc., p. 463 s.), la « représentation indirecte » du droit espagnol (cf. A. Fernandez Tresguerres, « Rapport espagnol sur les sûretés personnelles », *in Les garanties de financement*, préc., p. 359 s.) ou encore le *Garantievertrag*, qui permet à une personne de promettre à une autre n'importe quelle prestation d'un tiers, à peine de dommages et intérêts, si ce tiers n'exécute pas la prestation.

4. Tel n'est pas le cas, cependant, du droit portugais, selon lequel le cautionnement prend la forme de l'obligation principale. Il doit donc être solennel lorsque le contrat principal doit l'être lui-même, ce qui est le cas du prêt civil excédant un certain montant (cf. A. Menezes-Cordeiro, « Rapport portugais sur les sûretés personnelles », *in Les garanties de financement*, préc., p. 481 s.).

5. La *loi Neiertz* du 31 décembre 1989, qui a institué diverses protections au profit des cautions personnes physiques garantissant un crédit à la consommation ou immobilier souscrit par un consommateur (v. ss 98), a inspiré d'autres législations européennes. En effet, depuis 1991, le droit belge impose que le cautionnement couvrant un crédit à la consommation soit limité en montant et, depuis 1995, en droit espagnol, la caution-consommateur (personne physique qui agit dans un intérêt étranger à son activité professionnelle) doit également limiter l'étendue de son engagement (cf. M. Grégoire, « Rapport belge sur les sûretés personnelles », *in Les garanties de financement*, préc., p. 345 s. ; A. Fernandez Tresguerres, article préc.).

6. L'obligation principale doit être valable ; elle constitue un plafond, que l'obligation de la caution ne saurait dépasser ; sa disparition emporte, par voie accessoire, celle du cautionnement. La caution peut opposer au créancier les exceptions inhérentes à la dette principale.

7. Néanmoins, l'exception de défaut de subrogation n'est pas impérative dans tous les pays comme elle l'est en France (v. ss 377). Elle présente ainsi un caractère supplétif en droits belge et luxembourgeois (M. Grégoire, article préc. ; G. Ravarani, « Rapport luxembourgeois sur les sûretés personnelles », *in Les garanties de financement*, préc., p. 421 s.) et, en droit néerlandais, elle n'est impérative qu'à l'égard des cautions-consommateurs (cf. G. de Vries, article préc.).

Les points communs entre notre droit et les systèmes juridiques étrangers concernent, enfin, le *régime de la garantie autonome*. Font figure de constantes : le principe d'inopposabilité des exceptions nées de la dette principale, sauf contradiction à une règle d'ordre public ; la sanction de l'appel abusif ou frauduleux de la garantie ; le recours du garant contre le débiteur principal.

67. *Originalités des droits étrangers*. Si les similitudes entre les droits européens des sûretés personnelles sont donc importantes, les différences n'en restent pas moins nombreuses, de sorte que seuls quelques exemples significatifs [1] peuvent être ici présentés.

Ces différences ont trait, d'abord, à des *formes originales de sûretés personnelles*. La plus topique nous paraît être le *cautionnement à première demande*, tel qu'il est réglementé par le droit allemand [2]. Il s'agit d'une sûreté personnelle hybride. En effet, le droit d'exiger paiement de la caution n'est pas subordonné à l'existence, ni à l'étendue de la dette principale. En cela, le cautionnement à première demande est indépendant. En revanche, le droit de conserver le paiement est subordonné au respect du caractère accessoire du cautionnement, puisque, après le paiement à première demande, la caution peut exercer contre le créancier un recours en remboursement, fondé sur l'enrichissement sans cause, à l'occasion duquel les questions de droit ou de fait liées à la dette principale peuvent être soulevées. Le caractère accessoire du cautionnement est donc paralysé avant le paiement, mais il joue de nouveau après celui-ci. Parce qu'il est néanmoins plus dangereux pour les cautions qu'un cautionnement classique, la Cour fédérale de justice en a limité la souscription aux établissements de crédit à partir de 1990. Mais, en 1998, elle a opéré un revirement en jugeant que le *Bürgschaft auf erstes Anfordern* pouvait en principe être conclu par toute personne. Toutefois, lorsque ce cautionnement à première demande entre dans le champ d'application de la loi relative aux conditions générales d'affaires (BGB, § 305 s.), c'est-à-dire lorsqu'il n'est pas négocié, le créancier est tenu de délivrer une information sur la portée et les risques de cette sûreté, sous peine de « conversion » de l'acte en un cautionnement de droit commun.

Les différences entre notre droit et certains systèmes étrangers concernent, ensuite, *le régime du cautionnement*, plus précisément sa nature civile ou commerciale [3], son caractère solidaire [4], l'étendue de l'engagement de la caution [5], le champ de l'opposabilité des

---

1. Significatifs, en ce qu'ils pourraient inspirer une éventuelle harmonisation au sein de l'Union européenne, des droits des sûretés personnelles. Sur cette harmonisation, v. ss 68 s.

2. Cf. not. P. Crocq, « L'évolution des garanties du paiement, de la diversité à l'unité », *in Mélanges C. Mouly*, Litec, 1998, p. 322 ; Ph. Dupichot, *Le pouvoir des volontés individuelles en droit des sûretés*, thèse, Paris II, 2003, n° 324 ; F. Jacob, thèse préc., n°s 135 à 140 ; D. Legeais, « Le cautionnement à première demande », *in Mélanges M. Vasseur*, Banque Éditeur, 2000, p. 87 s. ; F.-X. Licari, *Les principales sûretés personnelles du droit allemand*, Lamy Droit des sûretés, étude 520, sept. 2011 ; C. Mouly, « Les sûretés personnelles traditionnelles en France », *in Les sûretés*, Colloque de Bruxelles, FEDUCI, 1984, p. 151 ; A. Rohmert, « Le cautionnement à première demande en droit allemand, une sûreté hybride », *RD bancaire* n° 43, 1994. 122 s.

3. Alors que la jurisprudence française rejette le critère de l'accessoire (v. ss 111), le droit portugais admet, au contraire, que la nature civile ou commerciale du cautionnement dépende de la nature de la dette principale (cf. A. Menezes-Cordeiro, article préc.).

4. Si le cautionnement solidaire est, en pratique, le plus répandu aujourd'hui en France, il a été conçu, dans le Code Napoléon, comme une exception au cautionnement simple. À l'inverse, en droit italien, la solidarité entre, d'une part, le garant et le débiteur principal et, d'autre part, les cofidéjusseurs, est le principe, que les parties peuvent toutefois aménager en établissant le bénéfice de discussion et le bénéfice de division (cf. G. Iudica, article préc.). En droit néerlandais, la solution est encore plus protectrice des intérêts des créanciers, puisque tout cautionnement est solidaire (cf. G. de Vries, article préc.).

5. Concernant le montant de l'engagement de la caution, une règle du droit italien mérite d'être relevée, puisque le législateur français a, pour le moment, refusé de la consacrer. Il s'agit de la limitation obligatoire du montant des cautionnements couvrant l'ensemble des dettes d'un débiteur

exceptions[1] et, différence sans doute la plus profonde, l'incidence sur le cautionnement de l'ouverture d'une procédure d'insolvabilité au bénéfice du débiteur principal[2].

B. Rapprochement des droits nationaux

68. En matière de sûretés personnelles, le rapprochement des droits nationaux, au sein de l'Union européenne et même au-delà, par voie d'harmonisation, voire d'unification, n'est guère avancé[3]. Seront néanmoins présentées quelques unes de ses manifestations.

69. ***Utilité relative.*** Il existe des causes générales de rapprochement matériel des droits nationaux, auxquelles les sûretés personnelles n'échappent pas : la mobilité des sujets de droit, à des fins personnelles ou professionnelles, et le développement du crédit transfrontière, qui créent tous deux des situations d'extranéité[4]; les difficultés que peut occasionner la reconnaissance d'un mécanisme étranger en droit national ; l'insuffisance des règles de droit international privé ; les progrès continus de la construction de l'espace européen du droit. Toutefois, en raison de l'*harmonisation de fait* des sûretés personnelles, résultant des nombreuses similitudes qu'elles présentent d'un système juridique à un autre[5], le rapprochement des droits nationaux apparaît moins utile à leur égard qu'en d'autres domaines, en particulier celui des sûretés réelles[6]. En outre, l'opportunité même d'un tel rapprochement est discutée, car le droit des sûretés personnelles entretient des liens étroits avec celui des

---

envers un créancier, appelés « cautionnements *omnibus* » (cf. G. Iudica, article préc.).

S'agissant de la durée de l'engagement de la caution, le droit suisse comporte, lui aussi, une règle originale : le cautionnement donné par une personne physique ne peut excéder vingt ans.

1. Si la plupart des droits européens distinguent les exceptions inhérentes à la dette principale, qui sont opposables par la caution au créancier, et les exceptions purement personnelles au débiteur, qui ne le sont pas, la frontière entre ces deux types d'exceptions varie d'un pays à un autre. Ainsi, alors que l'article 2289 de notre Code civil (anc. art. 2012) interdit à la caution d'opposer au créancier la minorité du débiteur principal, les droits belge et italien admettent, au contraire, l'opposabilité de l'incapacité du débiteur (cf. M. Grégoire, article préc. ; G. Iudica, article préc.).

2. Le droit français applicable aux entreprises en difficulté et celui relatif au surendettement des particuliers protègent, à certains égards, les créanciers bénéficiaires d'une sûreté personnelle, mais ils veillent surtout aux intérêts des cautions, particulièrement personnes physiques, au point de diminuer l'étendue de leur engagement, voire de les décharger totalement (v. ss 551 s.). Au contraire, dans la majorité des systèmes étrangers, la faillite du débiteur est sans incidence sur la caution, qui ne peut opposer les exceptions nées de la procédure collective, tels les moratoires ou les remises de dette. Il en va notamment ainsi en droits belge, espagnol et néerlandais.

3. L'harmonisation des droits des seize pays d'Afrique subsaharienne membres de l'OHADA (Organisation pour l'harmonisation en Afrique du droit des affaires) a au contraire été réalisée par deux actes uniformes : celui entré en vigueur le 1er janvier 1998 a été remplacé, à compter du 16 mai 2011, par le nouvel Acte uniforme sur les sûretés adopté le 15 décembre 2010. Cf. not. « Bientôt un nouveau droit des sûretés dans l'OHADA », dossier, *Dr. et patr.* 2010, n° 197 ; F. Chifflot Bourgeois, « Les garanties de paiement : l'apport des sûretés dans l'espace OHADA », *RD banc. fin.* 2011, n° 1, p. 17 ; P. Crocq, « Le nouvel Acte uniforme portant organisation des sûretés », *D.* 2011. 432 ; T. Giustini et A. Barry, « La réforme des sûretés en droit OHADA. Considérations pratiques », dossier, *Dr. et patr.* avr. 2012, n° 213.

4. Pour qu'une sûreté personnelle présente un élément d'extranéité, il suffit que deux des trois protagonistes de l'opération de garantie (le créancier, le débiteur, le garant) soient établis dans deux États différents, voire qu'un choix de loi dans l'un ou l'autre des deux contrats, principal et/ou de garantie, se soit porté sur une loi autre que celle du lieu d'établissement des cocontractants. Mais les conventions internationales donnent généralement leur propre définition de l'internationalité.

5. V. ss 66.

6. Sur les raisons et les manifestations du rapprochement des droits nationaux en matière de sûretés réelles v. ss 644.

contrats et l'on sait à quel point l'*harmonisation des droits des contrats au sein de l'Union européenne* est, depuis quelques années, l'objet des plus vives controverses.

C'est pour cette dernière raison que la Commission européenne a abandonné le projet d'harmoniser la situation des garants consommateurs. En effet, alors qu'une *proposition de directive relative au crédit aux consommateurs*, en date du 11 septembre 2002, régissait dans le détail les « contrats de sûreté conclus par des consommateurs » et aurait pu, dès lors, profondément influencer le droit des sûretés personnelles des États membres [1], les garants ont été exclus du champ d'application de cette proposition, dans sa version modifiée du 7 octobre 2005 [2]. La Commission européenne a justifié cette exclusion, également souhaitée par le Parlement européen et par le secteur bancaire, en relevant qu'« il est plus opportun de ne pas aborder des aspects particuliers du droit des contrats qui, au sein des États membres, sont réglementés dans un cadre plus vaste ». Le droit des garanties personnelles pourrait donc échapper encore quelques temps à l'influence du droit de l'Union européenne.

Le conditionnel est cependant de mise, puisque, dans le prolongement des travaux de la Commission Lando, à l'origine des Principes européens du droit des contrats [3], le Groupe d'études pour un Code civil européen, sous la direction de M. von Bar, s'est dirigé vers des domaines voisins, notamment celui des sûretés personnelles. Ainsi, un groupe de travail constitué de juristes européens, établi à Hambourg, a-t-il élaboré un régime européen des sûretés personnelles [4]. Les probabilités pour que les instances européennes donnent vie à ce *corpus* de règles paraissent toutefois, pour l'instant, assez minces pour toutes les raisons évoquées précédemment.

---

1. Proposition de directive du Parlement européen et du Conseil relative à l'harmonisation des dispositions législatives, réglementaires et administratives des États membres en matière de crédit aux consommateurs (COM/2002/0443 final – COD/2002/0222 ; *JO* n° C 331 E du 31 déc. 2002, p. 0200-0248).

Pour une analyse de toutes les dispositions de cette proposition intéressant les contrats de garantie personnelle, cf. M. Bourassin, *L'efficacité des garanties personnelles*, LGDJ, 2006, n° 745 à 790.

2. Proposition modifiée du 7 octobre 2005 relative au crédit aux consommateurs (COM/2005/483 final), adoptée à la suite de consultations, au cours de l'année 2005, des acteurs économiques concernés (des modifications avaient déjà été apportées le 28 octobre 2004).

La directive concernant les contrats de crédit aux consommateurs a finalement été adoptée le 23 avril 2008 (Dir. n° 2008/48/CE, *JOUE* L. 133 ; cf. not. S. Piedelièvre, « La directive du 23 avril 2008 sur le crédit aux consommateurs », *D.* 2008. Chron. 2614). Elle porte sur les crédits mobiliers dont le montant est compris entre 200 et 75 000 euros, à l'exclusion du crédit hypothécaire ainsi que de toutes les sûretés qui leur sont liées.

3. G. Rouhette, I. de Lamberterie, D. Tallon, C. Witz, *Principes du droit européen du contrat*, coll. « Droit privé et européen », B. Fauvarque-Cosson (dir.), Société de législation comparée, 2003.

4. Selon l'un des membres de ce groupe de travail (U. Drobnig, « Traits fondamentaux d'un régime européen des sûretés personnelles », *in Mélanges Ph. Simler*, Dalloz-Litec, 2006, p. 315 s.), l'objectif a été de présenter une sorte de dénominateur commun, à l'image des *Restatements of the Law* élaborés aux États-Unis. Les règles européennes proposées distinguent entre deux types principaux de sûreté personnelle : d'une part, les sûretés personnelles dépendantes (cautionnements) et, d'autre part, les sûretés personnelles indépendantes (garanties autonomes). La première partie de la proposition contient des dispositions communes valables pour ces deux types de sûretés personnelles (principe de liberté contractuelle ; règles relatives à la pluralité de garants). La deuxième partie réglemente en détail le cautionnement (en particulier, les conséquences du principe d'accessoire, le caractère solidaire ou subsidiaire de l'engagement de la caution, la limitation de la durée du cautionnement, les recours de la caution). La troisième partie condense les dispositions sur les garanties indépendantes (leur définition, leur domaine d'application, leurs modalités, leur transmission et la sanction de leur appel abusif ou frauduleux). La quatrième partie contient des règles particulières sur les sûretés personnelles contractées par un consommateur. Quelques règles portent, enfin, sur des sûretés personnelles « fonctionnelles », c'est-à-dire sur les contrats qui produisent les effets d'une garantie personnelle, alors qu'en première ligne ils servent d'autres objectifs (délégation imparfaite ; lettre d'intention ayant force obligatoire).

70. ***Manifestations***. Si, au niveau de l'Union européenne, l'harmonisation du droit des sûretés personnelles, dans son ensemble, n'est donc pas d'actualité et que les directives sectorielles en ce domaine restent très peu nombreuses [1], il existe, en revanche, des règles matérielles régissant certaines sûretés personnelles internationales.

Tel est le cas, d'abord, des *règles uniformes de la CCI* (chambre de commerce internationale) [2], en particulier celles relatives aux *garanties indépendantes sur demande*, adoptées en 1992 [3] et révisées en 2010 [4]. Elles ne sont applicables qu'à la condition d'avoir été désignées par les parties dans l'acte de garantie (système dit « de l'*opting in* »).

Tel est le cas, ensuite, de la *Convention CNUDCI* (Commission des Nations unies pour le droit commercial international) sur les *garanties indépendantes* et *les lettres de crédit stand-by* du 11 décembre 1995 [5]. Elle est applicable de plein droit à ces deux types de sûretés internationales [6], sauf aux parties à stipuler une clause *d'opting out*, qui leur permet de soustraire complètement à l'autorité de la Convention leur opération, qui sera alors soumise à la loi interne compétente. Encore convient-il de préciser que la Convention sera applicable dès lors que l'établissement du garant/émetteur dans lequel l'engagement a été émis est

---

1. Jusqu'à présent, les réglementations européennes n'ont concerné que des points de détail du régime de certaines garanties personnelles professionnelles. Ainsi, les directives du 24 juillet 1973 et du 18 juin 1992 ont mentionné « la caution » au nombre des activités d'assurance. Une autre directive du 22 juin 1987 s'est attachée à la solvabilité des entreprises pratiquant l'assurance-crédit et l'assurance-caution. Des règlements du Conseil se sont intéressés, quant à eux, aux garanties légales et, plus précisément, aux garanties à fournir pour assurer le paiement d'une dette douanière.

2. Dès 1978, la Chambre de commerce internationale a publié des Règles et usances pour les garanties contractuelles, que la pratique n'a cependant quasiment pas utilisées et ce, pour deux raisons essentielles. D'une part, ces règles ne dissociaient pas clairement la garantie à première demande, le crédit documentaire et le cautionnement. D'autre part, elles protégeaient à l'excès les intérêts du débiteur principal et du garant, notamment parce que ce dernier n'était tenu de payer que sur présentation d'une décision judiciaire ou d'une sentence arbitrale condamnant le donneur d'ordre pour inexécution de l'obligation garantie. Cette exigence n'était guère compatible avec l'indépendance de la garantie et elle faisait perdre à celle-ci l'essentiel de son intérêt.

3. Doc. CCI, *RUGD* n° 458-1992.

Sur ces règles, cf. not. S. Piedelièvre, « Remarques sur les règles uniformes de la chambre de commerce internationale relatives aux garanties sur demande », *RTD com.* 1993. 615 s. ; Ph. Simler, « Règles uniformes de la chambre de commerce internationale, relatives aux garanties sur demande », *LPA* 13 mai 1992, n° 58, p. 25.

4. *RUGD* n° 758, entré en vigueur le 1er juillet 2010. Sur cette révision, cf. G. Affaki et J. Stoufflet, « Les nouvelles Règles Uniformes relatives aux Garanties sur Demande (*RUGD* n° 758) », *Banque et droit*, mars-avr. 2010, p. 37 ; J.-P. Mattout, « La révision des Règles uniformes de la CCI relatives aux garanties sur demande », *D.* 2010. 1296 ; S. Piedelièvre, « Les nouvelles règles de la CCI relatives aux garanties à première demande », *RTD com.* 2010. 513.

5. Sur cette convention, cf. S. Piedelièvre, « Le projet de convention de la commission des Nations unies pour le commerce international sur les garanties indépendantes et les lettres de crédit *stand-by* », *RTD com.* 1996. 633 s. ; J.-F. Riffard, « La loi type de la CNUDCI sur les opérations garanties », *RLDC* sept. 2014, n° 118, p. 32.

6. Les sûretés personnelles couvertes par la Convention CNUDCI sont des engagements indépendants (c'est-à-dire qui ne dépendent pas de l'existence ou de la validité d'une opération sous-jacente, ni d'un autre engagement), connus dans la pratique internationale sous le nom de garantie indépendante ou de lettre de crédit *stand-by*, de payer au bénéficiaire un montant déterminé ou déterminable, sur simple demande ou sur demande accompagnée de documents. Encore faut-il que ces garanties présentent un caractère international, ce qui suppose que les établissements de deux des personnes suivantes soient situés dans deux États différents : émetteur, bénéficiaire, donneur d'ordre, partie ordonnatrice, confirmateur.

Pour les autres types de sûretés, notamment le crédit-documentaire, la Convention CNUDCI n'est pas applicable de plein droit, mais elle peut néanmoins jouer si les parties l'ont désignée dans une clause d'*opting in*.

situé sur un État contractant ou bien que les règles de droit international privé applicables désignent la loi d'un État contractant, sauf clause contractuelle excluant expressément le jeu de la Convention. Or, entrée en vigueur le 1er janvier 2000, cette Convention n'a été ratifiée que par huit des soixante membres de la CNUDCI, parmi lesquels ne figure aucun pays européen, ni même les USA.

§ 5. Droit positif des sûretés personnelles

71. ***Spécialisation du droit des sûretés personnelles*** [1]. À la fin du XXe siècle, le *droit commun du cautionnement* inscrit dans le Code civil est apparu insuffisant pour des raisons conjoncturelles et structurelles. Le recours au cautionnement s'était en effet considérablement développé [2] et les cautions s'étaient diversifiées (proches du débiteur principal, personnes intégrées dans l'entreprise débitrice, garants institutionnels). Il a pu sembler, en outre, que les règles générales du Code civil ne mettent pas suffisamment les cautions à l'abri des dangers du cautionnement, à la fois parce qu'elles protègent le consentement *a posteriori*, et non dès la conclusion du contrat, et parce qu'elles ignorent la solvabilité de la caution. De plus, le Code civil appréhende les cautions et les créanciers de manière abstraite, dans leur qualité générale de parties, sans tenir compte non plus des caractéristiques des dettes garanties, alors que les dangers du cautionnement n'ont certainement pas la même intensité pour toutes les cautions. À partir des années 1980, pour remédier à ces insuffisances du droit commun, de nouvelles protections des cautions ont vu le jour. L'histoire du droit du cautionnement est alors entrée dans un nouveau cycle, caractérisé par le *développement de règles impératives spéciales*, qui, à tous les stades de la vie de la sûreté, visent à en réduire, voire à en supprimer, les risques pour les garants les plus exposés. Ces règles, qu'elles soient légales – dans leur majorité en dehors du Code civil – ou jurisprudentielles, *protègent la volonté et le patrimoine de certaines cautions*, en spécifiant la source des dettes couvertes (crédit de consommation, bail d'habitation), la qualité du débiteur principal (consommateur, société, entrepreneur individuel, particulier surendetté, entreprise en difficulté), les caractéristiques du cautionnement (sa nature, sa forme, son étendue, ses modalités), la qualité du créancier (personne physique ou morale, professionnel ou non) et/ou celle de la caution (personne physique ou morale, avertie ou profane, engagée pour les besoins de sa profession ou non). Depuis une trentaine d'années, le droit commun du cautionnement cohabite ainsi avec de multiples règles spéciales.

Ce mouvement de spécialisation concerne plus largement les sûretés personnelles. En effet, si les nouveaux articles 2321 et 2322 du Code civil définissent en termes généraux la garantie autonome et la lettre d'intention, d'autres dispositions issues de l'ordonnance n° 2006-346 du 23 mars 2006 sont à ranger parmi les règles spéciales en ce qu'elles ont interdit la couverture de certaines dettes par une garantie autonome. Il existe par ailleurs, en *droit des sociétés*, en *droit des entreprises en difficulté* ou encore en *droit patrimonial de la famille*, de nombreux textes relatifs aux garanties, aux sûretés ou aux sûretés personnelles, qui accordent des protections spécifiques à certains garants.

---

1. Pour plus de développements sur ce mouvement, cf. M. Bourassin, « La spécialisation du droit des sûretés personnelles, entre droit commercial et protection des consommateurs », *RIDC* 2-2014, p. 433.

2. En raison de l'essor du crédit aux particuliers et aux entreprises, mais aussi des atouts que les créanciers lui reconnaissaient, notamment par comparaison aux sûretés réelles classiques : simplicité, souplesse, faible coût au stade de sa constitution, efficacité en cas de mise en œuvre, même dans le cadre d'une procédure d'insolvabilité ouverte au bénéfice du débiteur principal.

72. ***Absence de réforme globale des sûretés personnelles***. L'ordonnance n° 2006-346 du 23 mars 2006 n'a pas, contrairement à ce que son intitulé pourrait laisser croire, réformé l'ensemble du droit des sûretés. En matière de sûretés personnelles, aucune refonte n'a été opérée : le cautionnement n'a nullement été modifié sur le fond, seule la numérotation des articles du Code civil le concernant a été modifiée ; la garantie autonome et la lettre d'intention ont certes été reconnues, mais seulement dans deux articles du Code civil, qui en donnent la définition, sans détailler leur régime juridique [1].

Pourtant, dans le premier projet de loi d'habilitation en date du 14 avril 2005, étaient inscrites la « refonte » du cautionnement, la modification des dispositions du droit des obligations relatives à des mécanismes pouvant servir de garanties personnelles et l'introduction dans le Code civil de dispositions sur la garantie autonome et la lettre d'intention. Mais, finalement, dans la loi d'habilitation du 26 juillet 2005, le Gouvernement n'a pas été autorisé par le Parlement à opérer cette réforme globale des sûretés personnelles. Deux types de raisons ont été avancés [2].

Pour expliquer l'exclusion du cautionnement, des parlementaires ont d'abord contesté le principe même du recours à l'ordonnance, et donc l'absence de débats devant la représentation nationale, s'agissant d'un contrat jouant un rôle aussi important dans la vie quotidienne des entreprises et des particuliers et susceptible de provoquer le surendettement de ces derniers. Au vu de l'habilitation donnée en matière de sûretés réelles, ce premier argument a pu paraître fallacieux. En effet, le gouvernement a été autorisé à intégrer dans notre droit, sans débat parlementaire, l'hypothèque rechargeable, alors qu'elle risque elle aussi de conduire au surendettement des particuliers, ce qui a d'ailleurs justifié son abrogation par la loi *Hamon* n° 2014-344 du 17 mars 2014 [3]. Dans les mois qui ont suivi la loi d'habilitation du 26 juillet 2005, le rejet de l'ordonnance en matière de sûretés personnelles a pu sembler en outre regrettable compte tenu du manque de clarté et de cohérence des dispositions législatives adoptées à la suite de débats parlementaires essentiellement dictés par des considérations humanitaires envers les garants. Nous songeons à la « décharge » de l'époux garant, divorcé d'un entrepreneur, édictée par la loi n° 2005-882 du 2 août 2005 (C. civ., art. 1387-1 [4]), ainsi qu'à la « décharge » de l'héritier ayant accepté purement et simplement la succession d'un garant, permise par la loi n° 2006-728 du 23 juin 2006 (C. civ., art. 786 [5]). Il importe encore de relever que l'argument fondé sur la carence démocratique de l'ordonnance paraît plus discutable aujourd'hui qu'en 2005, puisque cette technique normative a été privilégiée pour réformer deux matières dont les implications économiques et sociales sont encore plus importantes que celles du droit des sûretés personnelles, avec lequel des liens très étroits existent, à savoir

---

1. La plupart des commentateurs de l'ordonnance du 23 mars 2006 ont ainsi critiqué l'absence de réforme globale des sûretés personnelles. Cf. not. M. Bourassin, « Vers un droit commun des sûretés », *D.* 2006. Pan. 1386 s. ; E. Frémeaux et G. Daublon, « La réforme du droit des sûretés », *Defrénois* 2006, art. 38420, p. 1085 s. ; D. Houtcieff, « Commentaire de l'ordonnance du 23 mars 2006 relative aux sûretés. Les sûretés personnelles », *JCP* 2006, suppl. au n° 20, p. 7 s. ; D. Legeais, « La réforme du droit des garanties ou l'art de mal légiférer », *in Mélanges Ph. Simler*, Dalloz-Litec, 2006, p. 367 s. ; S. Piedelièvre, « Premier aperçu sur la réforme du droit des sûretés par l'ordonnance du 23 mars 2006 », *Defrénois* 2006, art. 38393, p. 791 s. ; N. Rontchevsky, « Les dispositions relatives au droit des sûretés personnelles », *D.* 2006, dossier p. 1303.

2. V. les travaux préparatoires de la loi n° 2005-842 du 26 juillet 2005, spéc. l'avis n° 2333 déposé à l'Assemblée nationale le 12 mai 2005 au nom de la commission des lois.

3. V. ss 1034 s.

4. V. ss 378 s.

5. V. ss 381 s.

le droit des entreprises en difficulté, qui a été révisé en 2008 et 2014 par ordonnances et le droit des obligations, qui devrait l'être de la même manière sur le fondement de la loi d'habilitation n° 2015-177 du 16 février 2015.

Pour écarter la réforme du droit des sûretés personnelles par voie d'ordonnance, les parlementaires avaient avancé, en 2005, une seconde raison, tenant à l'exigence constitutionnelle de définition claire des finalités d'une réforme par ordonnance [1]. Il a en effet été reproché au premier projet de loi d'habilitation de ne pas avoir circonscrit précisément les objectifs à atteindre en matière de cautionnement. Pourtant, depuis le milieu des années 1980, les imperfections du droit positif sont unanimement dénoncées par la doctrine et la nécessité, aussi bien que les principales finalités d'une réforme globale des sûretés personnelles, font également l'objet d'un consensus [2].

73. ***Réglementation sommaire de la garantie autonome et de la lettre d'intention***. L'ordonnance du 23 mars 2006 s'est contentée de définir la lettre d'intention (C. civ., art. 2322) et d'assortir la définition de la garantie autonome de quelques règles de fond seulement (C. civ., art. 2321 ; C. consom., art. L. 313-10-1 ; L. du 6 juill. 1989, art. 22-1-1). Une réglementation aussi sommaire présente l'avantage de laisser une place importante à la *liberté contractuelle* et, par conséquent, de permettre aux parties d'utiliser ces instruments de garantie au mieux de leurs intérêts. Elle a le mérite, en outre, de montrer aux pays étrangers que ces sûretés existent en droit français [3].

Ces bienfaits ne sauraient toutefois occulter les *incertitudes* que laisse nécessairement subsister une réglementation si peu précise. La réforme de 2006 n'a, pour l'essentiel, apporté aucune réponse aux questions qui nourrissent le contentieux en matière de garantie autonome et de lettre d'intention depuis trente ans [4].

Il apparaît ainsi que la réforme du droit des sûretés personnelles reste, en réalité, à accomplir.

§ 6. Angles d'analyse des sûretés personnelles

74. ***Un modèle et ses alternatives***. Depuis l'ordonnance du 23 mars 2006, il existe, dans notre droit, trois sûretés personnelles nommées. L'énumération de l'article 2287-1 du Code civil peut laisser penser qu'elles se situent sur un plan d'égalité. Il n'en est pourtant rien.

Le cautionnement, dont tous les aspects ont été abordés dans le Code civil dès 1804 [5] et auxquels de nombreux textes depuis le début des années quatre-vingt ont apporté des précisions ou des dérogations [6], reste la *sûreté personnelle de référence* qu'elle a toujours

---

1. V. not. Cons. const. 12 janv. 1977, n° 76-72, *Territoire français des Afars et des Issas* ; 25 et 26 juin 1986, n° 86-207, *Diverses mesures d'ordre économique*.

2. V. ss 610 s., les propositions de réforme du droit des sûretés personnelles.

3. Il ne faut certainement pas accorder trop d'importance à cet avantage, souligné par les auteurs de la réforme, puisqu'une jurisprudence constante de la Cour de cassation reconnaît la validité de la garantie autonome depuis 1982 et celle de la lettre d'intention depuis 1987 (v. ss 498 s., 443).

4. Sur ces contentieux, v. ss 451 s., 503 s.

5. Le chapitre du Code civil consacré au cautionnement comporte trente-trois articles (C. civ., nouv. art. 2288 à 2320 ; C. civ., anc. art. 2011 à 2043) envisageant successivement la nature et l'étendue du cautionnement, ses effets, son extinction et, enfin, les spécificités des cautions légales et judiciaires.

6. La plupart de ces textes ont été inscrits dans le Code de la consommation (C. consom., art. L. 313-7 à L. 313-10, L. 341 à L. 341-6). D'autres l'ont été dans le Code monétaire et financier (C. mon. fin., art. L. 313-22) ou n'ont pas été codifiés (L. du 6 juill. 1989, art. 22-1 ; L. du 11 févr.

été. En attestent, tant la pratique des affaires, qui continue de recourir massivement et principalement au cautionnement, que la pratique judiciaire, qui qualifie et construit le régime des autres sûretés personnelles le plus souvent par référence au cautionnement.

Par conséquent, la garantie autonome et la lettre d'intention, qui ont vu le jour et se sont développées pour éviter les contraintes entourant le cautionnement (en particulier, son caractère accessoire renforcé ; ses rigidités formelles, notamment lorsque le cautionnement est souscrit par une société ; les obligations légales et jurisprudentielles imposées au créancier au nom de la loyauté ou de la justice contractuelles) et qui sont aujourd'hui définies sans être précisément réglementées, font encore figure de *sûretés alternatives au cautionnement*. Il en va de même des mécanismes du droit commun des obligations ou du droit contractuel spécial, que la pratique utilise à des fins de garantie, en espérant également échapper aux rigidités du cautionnement.

Ces divers substituts du cautionnement posent une même question, que les développements à venir s'efforceront de résoudre : dans quelle mesure et pour quelles raisons les sûretés personnelles alternatives au cautionnement échappent-elles au régime de cette sûreté de référence ?

75. ***L'efficacité***. Pour enrichir l'étude des sûretés personnelles, il est utile de s'intéresser, en outre, à leur efficacité, telle que précédemment définie[1]. Il convient, pour cela, de relever ce qui, en *droit commun*, renforce la sécurité des créanciers bénéficiaires et ce qui, à l'inverse, compromet leur protection. Mais, dans la mesure où l'efficacité d'une sûreté se manifeste, pour l'essentiel, au moment où le débiteur est défaillant, il importe d'analyser également le sort que réserve aux sûretés personnelles le *droit spécial des procédures d'insolvabilité*.

76. ***Une conclusion prospective***. Comme l'étude du droit positif (droit commun, droit des entreprises en difficulté et droit du surendettement des particuliers) révèle de très nombreuses lacunes en terme d'efficacité, les bases d'une réforme d'ensemble du droit des sûretés personnelles seront présentées en conclusion de cette première partie.

Plan

Titre 1	Le cautionnement : la sûreté personnelle de référence
Titre 2	Des sûretés personnelles alternatives au cautionnement
Titre 3	Les sûretés personnelles dans les procédures d'insolvabilité

Conclusion prospective
Propositions de réforme du droit des sûretés personnelles

1994, art. 47-II).

1. V. ss 62 s.

Titre 1
Le cautionnement : la sûreté personnelle de référence

77. ***Le cautionnement constitue le modèle de la sûreté personnelle.*** Il l'est dans la pratique : c'est la sûreté personnelle la plus usitée, tant dans les rapports entre particuliers, que dans les relations professionnelles. Il l'est également dans l'esprit du législateur : c'est la seule sûreté personnelle bénéficiant d'une réglementation complète, bien qu'éclatée et parfois peu cohérente.

78. Prototype de l'engagement personnel[1] de payer une somme d'argent due par autrui pour pallier la défaillance de ce dernier, le contrat de cautionnement est au cœur de nombreuses problématiques irriguant le droit privé contemporain : équilibre des intérêts des cocontractants, devoirs de loyauté et de tempérance pesant sur le créancier, justice distributive au profit de la partie faible, renaissance du formalisme, efficacité des droits et du Droit, interaction avec le droit consumériste et avec les droits de l'insolvabilité…

79. Émanation ancienne de la solidarité passive[2], le cautionnement partage avec cette dernière des caractéristiques communes fondées sur une structure juridique semblable. Cependant, à la différence de la solidarité passive, le cautionnement développe un caractère accessoire « renforcé » qui constitue la source de son originalité propre. À la fois *dépendante* de l'obligation garantie et *subsidiaire* par rapport à celle-ci, l'obligation pesant sur la caution est marquée par un caractère accessoire intense qui fait du cautionnement la sûreté personnelle la plus attentive à la sauvegarde des intérêts du garant. Témoin de la recherche d'un équilibre précaire entre les intérêts, fondamentalement contradictoires, de la caution et du créancier, le caractère accessoire renforcé est la pierre angulaire du contrat de cautionnement. Les récentes entorses, voire remises en cause, de ce caractère manifestent, en réalité, la vitalité et la pérennité de cette sûreté modèle. À l'image des deux plateaux d'une balance qui ne trouveraient jamais leur parfait équilibre, la portée du caractère accessoire spécifique du cautionnement est en perpétuel ajustement.

Après avoir brossé les traits essentiels du contrat de cautionnement (Chapitre 1), seront étudiés successivement la formation du cautionnement (Chapitre 2), puis les effets du cautionnement (Chapitre 3), enfin, l'extinction du cautionnement (Chapitre 4).

---

1. Sera exclu de l'étude du cautionnement ce qu'il était convenu d'appeler, jusqu'à une période récente, le « cautionnement réel », consistant dans l'affectation réelle d'un bien en garantie de la dette d'un tiers. Bien que non étrangère à certaines préoccupations propres aux sûretés personnelles, cette garantie sera étudiée au titre des sûretés réelles : v. ss 1185 s.

2. Cf. not., R. Thisse, *Étude comparée sur l'histoire et le rôle actuel du cautionnement et de la solidarité*, thèse, Montpellier, 1895 ; M. Mignot, *Les obligations solidaires et les obligations* in solidum *en droit privé français*, Dalloz, coll. « Nouvelle Bibliothèque de Thèses », 2002.

Chapitre 1

Le contrat de cautionnement

Le contrat de cautionnement présente des traits singuliers, notamment parce qu'il est particulièrement sensible au contexte dans lequel il évolue (contexte historique, économique, juridique, sociologique...).

Aussi convient-il, après avoir approfondi la définition légale du contrat de cautionnement (Section 1), de présenter son évolution (Section 2), puis ses principaux caractères (Section 3).

Section 1
Définition du contrat de cautionnement

C. civ., art. 2288 (anc. art. 2011). – Celui qui se rend caution d'une obligation se soumet envers le créancier à satisfaire à cette obligation, si le débiteur n'y satisfait pas lui-même.
C. civ., art. 2291 (anc. art. 2014). – On peut se rendre caution sans ordre de celui pour lequel on s'oblige, et même à son insu.
On peut aussi se rendre caution, non seulement du débiteur principal, mais encore de celui qui l'a cautionné.

Le premier texte du chapitre relatif au cautionnement propose une définition de ce mécanisme. Il dispose que « celui qui se rend caution d'une obligation se soumet envers le créancier à satisfaire à cette obligation, si le débiteur n'y satisfait pas lui-même ».

Cette définition mérite un commentaire.

80. ***« Celui qui se rend caution... »***. De façon significative la définition du contrat de cautionnement est appréhendée par le biais de la personne de l'une des parties : la caution. Celle-ci est la personne centrale de la convention, à tel point que le terme de « caution » supplante parfois ou s'assimile à celui de « cautionnement ». Ainsi, bien que le terme « caution » désigne, au sens strict, la partie débitrice au contrat de cautionnement, il vise parfois, par extrapolation, le contrat lui-même.

Une personne « se rend caution », c'est-à-dire volontairement, par la rencontre de deux volontés libres. En dépit de l'utilisation des expressions cautionnement *légal* ou cautionnement *judiciaire* (C. civ., art. 2317 à 2320), l'unique source du cautionnement est bien le *contrat*. Ces expressions désignent seulement la source de l'exigence de l'obtention d'un cautionnement[1].

81. « Celui qui se rend caution... » est parfois désigné autrement : ainsi la caution est-elle parfois appelée *fidéjusseur*, terme d'origine latine qui est, généralement, utilisé au

1. V. ss 92.

pluriel : les cofidéjusseurs désignent la pluralité de cautions d'une même dette[1] (titre de la sous-section 3 du chapitre du Code civil consacré au cautionnement : « De l'effet du cautionnement entre les cofidéjusseurs »).

La *sous-caution* est la personne qui se porte caution, *envers la caution*, pour garantir le recours de cette dernière contre le débiteur principal, une fois qu'elle aura payé le créancier.

Le *certificateur de caution* est, quant à lui, la personne qui se porte, *envers le créancier*, caution de la caution (C. civ., art. 2291, *in fine*, et art. 2312 [anc. art. 2014 et 2035])[2].

De même, l'*avaliste* est-il une caution particulière, partie au contrat d'aval, cautionnement cambiaire régi par le Code de commerce en matière de lettre de change et de billet à ordre (art. L. 511-21 et L. 512-4) et par le Code monétaire et financier en matière de chèque (art. L. 131-28 à L. 131-30).

Enfin, la *caution réelle* désigne[3] la personne qui souscrit une sûreté réelle en garantie de la dette d'autrui.

82. ***Mise en garde***. Au-delà de ces expressions désignant toutes la partie débitrice à un contrat de cautionnement, le terme caution est souvent utilisé, dans le langage commun, pour désigner la somme d'argent déposée entre les mains de leurs créanciers par certains débiteurs tenus à une obligation de restitution, tel le preneur à bail[4], ou entre les mains d'un juge en cas de mise en liberté provisoire d'une personne « sous caution »[5]. S'il s'agit bien d'une garantie, celle-ci n'est pas un cautionnement mais se rapproche ou s'assimile à un gage portant sur une somme d'argent[6].

83. ***« … d'une obligation … »***. Le contrat de cautionnement porte sur une obligation, celle à laquelle est tenu le débiteur principal envers le créancier bénéficiaire du cautionnement. À cet égard, la *prestation* due par la caution est spécifique en ce que son objet est *juridique* et porte sur la *dette d'autrui*. Cette particularité irréductible qui est à la source du *caractère accessoire renforcé* du contrat de cautionnement[7], va retentir sur la nature et le contenu, tout à fait originaux, de l'obligation pesant sur la caution. Elle justifie, à elle seule, l'existence de recours en remboursement contre le débiteur principal, au cas où la caution aura été amenée à acquitter la dette de ce dernier.

84. Ainsi n'est-il sans doute pas anodin de relever que l'on cautionne une obligation, et non la personne du débiteur principal, ni le contrat passé entre le créancier et le débiteur. Toutefois, il convient de ne pas minimiser le fait que le cautionnement de l'obligation due par un débiteur rejaillit sur la confiance que peut accorder le créancier à celui-ci ;

1. Le terme cofidéjusseur évite l'usage du terme, peu esthétique, de co-caution. Toutefois, selon une certaine doctrine (M. Mignot, « La distinction entre le cocontrat de cautionnement et la pluralité de cautionnements », *RLDC* 2006, n° 31, p. 25), il conviendrait de réserver le terme cofidéjusseurs aux seules cautions s'étant engagées à garantir une même dette dans un même *negotium*. En revanche, ce terme ne devrait pas être appliqué à des cautions d'une même dette s'étant engagées dans des actes distincts.

2. Le recours à ce mécanisme demeure assez rare, le créancier préférant faire appel à des cofidéjusseurs de la même dette.

3. Peut-être mieux vaut-il dire « désignait », cette expression de « caution réelle » ayant été bannie du vocabulaire de la Cour de cassation, à la suite de ses arrêts rendus par une chambre mixte, le 2 décembre 2005 (*Bull. ch. mixte*, n° 7) ; v. ss 1185 s.

4. L. du 6 juill. 1989, art. 22.

5. V. H. Périnet-Marquet, « Le cautionnement pénal », *D.* 1981. Chron. 149.

6. V. ss 818.

7. V. ss 141 s.

de même, la caution ne s'engage, bien souvent, qu'en considération de la personne du débiteur [1], l'opération de cautionnement étant éminemment psychologique.

85. Le laconisme du Code autorise à penser que toute obligation, qu'elle soit de donner [2], de faire ou de ne pas faire, d'origine contractuelle comme délictuelle [3], présente ou non encore née, généralement à terme (par exemple, contrat de crédit à la consommation, contrat de crédit immobilier, contrat de bail, ouverture de crédit…) [4], peut théoriquement être cautionnée [5]. Certes, en pratique, dans l'immense majorité des cas, l'obligation cautionnée est une obligation de somme d'argent, mais rien n'interdit de cautionner une obligation de faire, tel l'engagement de fournir une prestation [6]. Toutefois, il faut souligner qu'en cas de défaillance du débiteur de l'obligation de faire, la caution ne sera pas tenue d'exécuter ladite prestation à la place du débiteur, mais seulement d'indemniser le créancier par le versement d'une somme d'argent constituant l'équivalent monétaire de l'obligation non exécutée. Le principe posé par l'article 1142 du Code civil trouve là à s'appliquer normalement.

86. ***« … se soumet envers le créancier… ».*** Le contrat de cautionnement est un *contrat unilatéral*. Seule, normalement [7], la caution s'engage à quelque chose envers le créancier, cet engagement, conformément à la tradition du droit français, étant le fruit d'un contrat [8] et non d'un engagement unilatéral de la caution. Ce caractère, quasiment commun à l'ensemble des sûretés et garanties, est à l'origine, tout à la fois, du *déséquilibre* inhérent au contrat de cautionnement, illustré par le fait que la caution « se soumet »

1. Cela ne confère pas le caractère *intuitu personae* au contrat de cautionnement car celui-ci est conclu entre la caution et le créancier, et non entre la caution et le débiteur. Or, l'obligation de la caution ne répond pas aux caractères de l'engagement *intuitu personae*, puisqu'elle peut, sans dommage, être exécutée par une autre personne que la caution et qu'en outre elle ne s'éteint pas au décès de la caution (sur les conséquences du décès de la caution, v. ss 381 s., 393 s.). Comp., cependant, l'éventuelle prise en considération de la personne du créancier par la caution : D. Houtcieff, « Contribution à l'étude de l'*intuitus personae* », *RTD civ.* 2003. 3.

2. Le cautionnement d'une obligation de donner reste doublement théorique : d'une part, des doutes existent quant à l'existence même de l'obligation de donner ; d'autre part, quand bien même celle-ci existerait, elle se réalise le plus souvent en un trait de temps, cette instantanéité étant peu compatible avec le cautionnement.

3. Une jurisprudence classique semblait prohiber le cautionnement de dettes délictuelles (Com. 17 janv. 1995, inédit, n° 92-18380, *JCP E* 1995. I. 515, n° 5, obs. Ph. Simler). Elle est aujourd'hui abandonnée (Civ. 1re, 8 oct. 1996, *Bull. civ.* I, n° 342 ; Civ. 1re, 13 mai 1998, *Bull. civ.* I, n° 173).

4. Si le caractère *à terme* de la dette garantie n'est, semble-t-il, pas de l'essence du cautionnement (en ce sens, Com. 10 oct. 1995, *Bull. civ.* IV, n° 223, *D.* 1996. Somm. 265, obs. L. Aynès, selon lequel « il n'est pas interdit de se porter sciemment caution d'un débiteur dont l'insolvabilité est avérée »), on peut toutefois se demander si le cautionnement d'une dette échue est encore un cautionnement…

5. En ce sens, Planiol et Ripert, *Traité pratique de droit civil français*, t. XI, 2e éd., « Cautionnement », par R. Savatier, 1954, n° 1516 ; C. Mouly, *Les causes d'extinction du cautionnement*, Litec, 1979, n° 18.

6. Ainsi est-ce le cas des « garanties de bonne fin » que les banques accordent aux promoteurs et maîtres d'œuvre : Civ. 3e, 5 janv. 1978, *Bull. civ.* III, n° 16 ; Civ. 3e, 9 nov. 1994, *Bull. civ.* III, n° 185 ; *D.* 1995. Somm. 281, obs. Magnin. Toutefois, depuis 1997, la troisième chambre civile de la Cour de cassation qualifie, vraisemblablement à tort, de *garanties autonomes* les garanties d'achèvement : Civ. 3e, 12 mars 1997, *Bull. civ.* III, n° 53 ; *JCP* 1998. I. 103, n° 17, obs. Ph. Simler ; *RD bancaire et bourse* 1997. 174, obs. M. Contamine-Raynaud. Sur cette question, v. ss 509 s.

7. Il arrive, assez rarement il est vrai, que le créancier souscrive un engagement à l'égard de la caution, par exemple celui de diminuer le taux d'intérêt de la dette principale garantie ou celui de veiller à ce que le débiteur respecte une affectation précise des fonds qui lui ont été prêtés.

8. Toutefois, l'absence d'obligation corrélative du créancier explique que le consentement de ce dernier au cautionnement puisse être simplement tacite.

au créancier, et des tempéraments que le législateur et les juges contemporains n'ont eu de cesse de créer dans le but principal de protéger les cautions, à tout le moins celles réputées les plus faibles[1]. Autrement dit, alors que la « balance » du contrat de cautionnement ne devrait pencher que du côté du plateau supportant le créancier, des contrepoids sont venus s'accumuler dans le plateau soutenant la caution.

87. Le cautionnement présente par ailleurs un caractère *bipartite* : seuls la caution et le créancier y sont parties, à l'exclusion du troisième personnage, pourtant essentiel à la compréhension et au fonctionnement de l'opération, qu'est le débiteur principal[2]. Si la caution s'engage fréquemment sur les injonctions du débiteur ou en raison des rapports qu'elle entretient avec le débiteur, ce dernier étant du reste lui-même parfois tenu, par la loi ou par le juge[3], de fournir une caution à son créancier, il n'en reste pas moins que l'existence d'un contrat liant la caution et le débiteur n'est ni nécessaire ni suffisante à l'existence du cautionnement. À telle enseigne que le Code civil envisage l'hypothèse dans laquelle la caution s'engagerait à l'insu du débiteur principal (C. civ., art. 2291, anc. art. 2014). Pourtant la présence de ce dernier ne peut être totalement ignorée, constituant comme une ombre portée sur le contrat de cautionnement. Aussi, à des fins notamment pédagogiques, prendra-t-on le soin de distinguer le contrat de cautionnement *stricto sensu*, liant la caution et le créancier, de « l'opération de cautionnement » constituée par le rapport triangulaire débiteur principal/créancier, caution/créancier, et caution/débiteur.

88. ***« … à satisfaire … »***. La caution satisfait son engagement en payant le créancier. Elle est effectivement tenue d'une *obligation de somme d'argent*, qui présente la particularité par rapport aux obligations de faire ou de donner, de ne pouvoir être neutralisée sur le fondement de l'article 1148 du Code civil, car son exécution ne peut être empêchée par un cas fortuit ou de force majeure. La Cour de cassation a énoncé pour la première fois cette solution en septembre 2014 en appliquant à une caution la règle selon laquelle « le débiteur d'une obligation contractuelle de somme d'argent inexécutée ne peut s'exonérer de cette obligation en invoquant un cas de force majeure », telle une maladie survenue postérieurement à la conclusion du cautionnement[4].

89. ***« … à cette obligation… »***. L'emploi de l'adjectif démonstratif « cette » exprime la spécificité essentielle du contrat de cautionnement, à savoir son *caractère accessoire renforcé* : c'est *l'obligation même du débiteur* que s'engage à satisfaire la caution. C'est ainsi parce que l'objet de l'obligation de la caution est emprunté à l'obligation principale, que son existence, sa validité et son étendue dépendent de l'existence, de la validité et de l'étendue de l'obligation garantie[5].

90. ***« … si le débiteur n'y satisfait pas lui-même »***. La proposition subordonnée conditionnelle par laquelle se termine l'article 2288 du Code civil ne signifie pas que la naissance de l'obligation de la caution soit assujettie à la condition de l'inexécution de l'obligation cautionnée à l'échéance. Le cautionnement existe en effet d'ores et déjà

---

1. V. ss 104.

2. Sur les rapports juridiques de la caution et du débiteur principal, v. not. M. Rémond-Gouilloud, « L'influence du rapport caution-débiteur sur le contrat de cautionnement » *JCP* 1977. I. 2850 ; J. François, « Le problème de la nature juridique du contrat caution-débiteur », *D.* 2001. 2580.

3. V. ss 92.

4. Com. 16 sept. 2014, *Bull. civ.* IV, n° 118.

5. Pour des développements détaillés sur le caractère accessoire renforcé, v. ss 130 s.

avant que la défaillance du débiteur ne soit avérée. Cette défaillance ne constitue pas non plus un terme, puisqu'elle est incertaine. Le cautionnement n'est pas aléatoire pour autant, car seuls le sont les contrats synallagmatiques, ce qu'il n'est pas. La formule « si le débiteur n'y satisfait pas lui-même » évoque, en réalité, le *caractère subsidiaire* du cautionnement, qui implique, d'un côté, que la caution ne puisse être tenue de s'exécuter avant que le débiteur principal n'y soit lui-même tenu, de l'autre que la caution n'ait vocation qu'à suppléer le débiteur, ce qu'illustre le bénéfice de discussion [1] offert, de façon supplétive, à la caution par l'article 2298 du Code civil (anc. art. 2021). La caution est donc un débiteur de substitution (on peut également parler de débiteur de second rang ou par défaut), qui n'est tenue que « pour un autre » et non « avec un autre » [2].

Section 2
Évolution du contrat de cautionnement

91. Longtemps resté un « petit » contrat, tel que l'avaient conçu les codificateurs de 1804, le cautionnement est devenu, sur le dernier demi-siècle, un contrat protéiforme, tout en continuant de s'appuyer, pour l'essentiel, sur la structure juridique qui est la sienne depuis deux siècles [3]. Bien qu'il n'existe, à proprement parler, qu'un seul contrat de cautionnement [4], du moins sur le plan de la structure juridique, en pratique on peut distinguer plusieurs *figures* de cautionnements. Cette diversité, peu présente dans le Code civil, s'est développée, dans la période contemporaine, par le biais de modifications textuelles substantielles, le législateur élaborant, de manière chaotique, un, voire plusieurs *droits spéciaux* du cautionnement, dont les dispositions sont éparpillées dans le Code civil, le Code de la consommation, le Code de commerce, le Code monétaire et financier, le Code des sociétés ou encore dans des lois non codifiées. Le droit du cautionnement est aujourd'hui éclaté et peu cohérent, voire contradictoire, ce qui entrave la compréhension de la matière et la sécurité que cette sûreté devrait procurer.

Ainsi, selon le contexte dans lequel le cautionnement est consenti, c'est-à-dire selon les circonstances entourant sa conclusion, des différences de régime apparaissent.

Parmi ces circonstances qui, le cas échéant, devront être combinées, il convient de relever les sources du contrat de cautionnement (§ 1), la qualité de la caution (§ 2), la qualité du créancier (§ 3) et l'objet de l'obligation cautionnée (§ 4).

§ 1. Les sources du contrat de cautionnement

C. civ., art. 2317 (anc. art. 2040, mod. par L. n° 2011-525 du 17 mai 2011). – Toutes les fois qu'une personne est obligée, par la loi ou par une condamnation, à fournir une caution, la caution offerte doit remplir les conditions prescrites par les articles 2295 et 2296.
C. civ., art. 2318 (anc. art. 2041). – Celui qui ne peut pas trouver une caution est reçu à donner à sa place un gage en nantissement suffisant.

1. Sur le bénéfice de discussion, v. ss 279 s.
2. Cf. C. civ., art. 1251-3° : « La subrogation a lieu de plein droit : 3° Au profit de celui qui, étant tenu avec d'autres ou pour d'autres au payement de la dette, avait intérêt de l'acquitter. »
3. Et même davantage, les codificateurs ayant, pour l'essentiel, conservé le droit du cautionnement de l'Ancien droit.
4. Encore qu'il faille évoquer l'existence de contrats de cautionnements « spéciaux » : l'aval ; les garanties dues par certains professionnels, bien que la qualification de cautionnement de ces dernières soit discutée (v. ss 509 s.) ; les cautionnements souscrits par les sociétés de caution mutuelle…

C. civ., art. 2319 (anc. art. 2042). – La caution judiciaire ne peut point demander la discussion du débiteur principal.
C. civ., art. 2320 (anc. art. 2043). – Celui qui a simplement cautionné la caution judiciaire ne peut demander la discussion du débiteur principal et de la caution.
C. civ., art. 2295 (anc. art. 2018, mod. par L. n° 2009-594 du 27 mai 2009). – Le débiteur obligé à fournir une caution doit en présenter une qui ait la capacité de contracter et qui ait un bien suffisant pour répondre de l'objet de l'obligation.
Le créancier ne peut refuser la caution présentée par un débiteur au motif qu'elle ne réside pas dans le ressort de la cour d'appel dans lequel elle est demandée.
C. civ., art. 2296 (anc. art. 2019). – La solvabilité d'une caution ne s'estime qu'eu égard à ses propriétés foncières, excepté en matière de commerce, ou lorsque la dette est modique.
On n'a point égard aux immeubles litigieux, ou dont la discussion deviendrait trop difficile par l'éloignement de leur situation.
C. civ., art. 601. – Il donne caution de jouir en bon père de famille, s'il n'en est dispensé par l'acte constitutif de l'usufruit ; cependant les père et mère ayant l'usufruit légal du bien de leurs enfants, le vendeur ou le donateur, sous réserve d'usufruit, ne sont pas tenus de donner caution.
C. civ., art. 277. – Indépendamment de l'hypothèque légale ou judiciaire, le juge peut imposer à l'époux débiteur de constituer un gage, de donner caution ou de souscrire un contrat garantissant le paiement de la rente ou du capital.

92. La source du contrat de cautionnement est toujours *conventionnelle*, de sorte qu'il n'existe pas, bien que la formule soit utilisée par le Code civil [1], de cautionnement *légal* ou *judiciaire* au sens où le cautionnement serait « créé » par la loi ou par le juge seuls [2]. Toutefois, quelques textes enjoignent à certains débiteurs, généralement en contrepartie de l'octroi d'un bénéfice, ou en raison d'une obligation de restitution pesant sur eux, de présenter au créancier une personne qui s'engage à se porter caution. Par exemple, l'article 601 du Code civil [3] impose à l'usufruitier d'un bien, débiteur d'une obligation de restitution, de fournir une caution au nu-propriétaire afin de garantir l'intégrité de la chose, objet de l'usufruit [4].

Plus rarement, certains textes octroient au juge le pouvoir d'imposer à un débiteur la fourniture d'une caution : ainsi l'article 277 du Code civil permet-il au juge de mettre à la charge du débiteur d'une prestation compensatoire l'obligation de fournir une caution au créancier [5].

Dans les deux cas, il semble que ce soit la *qualité* de la créance, à l'instar de ce que l'on observe en matière de privilèges [6], qui justifie que cette faveur soit accordée aux titulaires de telles créances.

93. Le cautionnement *légal* ou *judiciaire* présente la même structure juridique que n'importe quel autre cautionnement. Il est donc identique au cautionnement conventionnel.

1. Titre de la section IV du chapitre consacré au cautionnement (art. 2317 à 2320).
2. Au contraire de ce que l'on peut observer au sujet des sûretés réelles, qui peuvent être, non seulement conventionnelles, mais aussi légales ou judiciaires.
3. V. également l'article 626 du Code civil en matière de droit d'usage et d'habitation et les articles 1613 et 1653 en matière de vente.
4. Certains professionnels, appelés à recueillir et à conserver des fonds appartenant à leurs clients, notamment les notaires, les courtiers, certains intermédiaires, sont tenus de fournir « une caution ». Bien que le terme « caution » figure parfois dans les textes instituant ces garanties professionnelles et que la structure de ces garanties corresponde en tous points à celle du cautionnement, celles-ci ont fait l'objet, à des fins purement fonctionnelles, d'une requalification en garanties « autonomes » : cf. les développements sur cette question, v. ss 509 s.
5. Cf. également les articles 815-6 et 815-7 du Code civil en matière d'indivision.
6. V. ss 779.

Toutefois, les articles 2317 à 2320 et, par renvoi, les articles 2295 et 2296 du Code civil, réservent un régime particulier à ces cautionnements. En particulier, la caution doit présenter des qualités particulières, toutes orientées vers une plus grande efficacité du cautionnement : domiciliation de la caution dans le ressort de la cour d'appel où le cautionnement doit être consenti, solvabilité de la caution, exclusion du bénéfice de discussion en cas de cautionnement judiciaire. Favorables aux créanciers[1], ces dispositions ne peuvent être invoquées que par ces derniers[2].

§ 2. La qualité de la caution

94. Toute personne disposant de la capacité juridique requise[3] peut se porter caution : personne physique ou morale, profane ou avertie. Toutefois, en fonction de la qualité de la caution, trois types de cautionnement peuvent aujourd'hui être identifiés. Chacun présente, pour le créancier, des intérêts particuliers.

D'abord, le cautionnement « service d'amis », consenti par une personne *affectivement proche du débiteur principal*. Par exemple, celui de parents garantissant les dettes locatives de leur enfant ou celui qu'un époux souscrit pour couvrir les dettes professionnelles de son conjoint ou de la société que ce dernier dirige. Ce cautionnement a indéniablement servi de modèle aux rédacteurs du Code Napoléon et il reste fort répandu actuellement. Il est vrai qu'il présente, pour son bénéficiaire, l'avantage d'augmenter les chances d'exécution par le débiteur lui-même. En effet, pour éviter qu'un proche ne soit actionné en paiement à sa place, le débiteur est enclin à redoubler d'efforts pour honorer ses obligations. De son côté, le garant affectivement proche du débiteur peut faire pression sur celui-ci (pression d'ordre moral) afin qu'il ne soit pas défaillant.

Ensuite, le cautionnement souscrit par une personne *intégrée dans les affaires du débiteur*, en particulier le dirigeant ou associé de l'entreprise débitrice[4], ou la société-mère garantissant les dettes d'une filiale. Ces cautions sont normalement rompues à la vie des affaires et conscientes de la portée de leur engagement[5]. Elles connaissent aussi la situation financière du débiteur principal, sur lequel elles disposent d'un pouvoir juridique de direction et/ou de contrôle. En outre, les dirigeants peuvent, sous certaines conditions, déduire de leurs revenus imposables les sommes versées en exécution du cautionnement consenti à leur société[6]. Pour toutes ces raisons, les cautions intégrées dans les affaires de l'entreprise

---

1. Ce qui dénote l'ancienneté de ces dispositions, les textes récents étant, au contraire, très majoritairement dirigés vers la protection de la caution.

2. Civ. 1re, 7 juin 1988, *Bull. civ.* I, n° 173.

3. Sur les questions relatives à la capacité et aux pouvoirs de la caution, v. ss 165 s.

4. Sur ce cautionnement, cf. M. Bourassin, « Les imperfections de la protection du dirigeant caution », *LPA* 6 mars 2013, p. 9 ; D. Legeais, « La caution dirigeante », *in Mélanges B. Bouloc*, Dalloz, 2006, p. 599 ; V. Legrand, « Le sort des cautions dirigeantes », *LPA* 18 juill. 2012 ; F. Macorig-Venier, « La protection du dirigeant caution », *Cah. dr. entr.* 1er mai 2012, p. 45 ; E. Palvadeau, « Réflexions sur la caution avertie », *Dr. et patr.* 2012, n° 218 ; Ph. Pétel, « Le dirigeant garant », *Rev. proc. coll.* 2010, dossier 7.

5. La catégorie des dirigeants cautions est toutefois loin d'être homogène, de sorte que les connaissances sur le crédit en général et sur la situation de l'entreprise garantie en particulier ne sont certainement pas les mêmes en présence, soit de dirigeants expérimentés de sociétés de moyenne ou grande envergure, soit de dirigeants de TPE, de jeunes diplômés se lançant dans la vie entrepreneuriale ou encore de salariés créant une entreprise pour compléter leurs revenus ou pallier un licenciement économique imminent.

6. Les dirigeants salariés de sociétés et les gérants majoritaires de SARL, qui sont amenés à payer les dettes de leur société en vertu d'un engagement de caution, peuvent déduire de leurs salaires imposables les paiements effectués à ce titre. Le Conseil d'Etat (not. CE 22 déc. 1989, n° 56.905 ; CE

débitrice devraient être moins protégées que les cautions profanes[1]. Lorsque la caution dirige l'entreprise débitrice, le cautionnement présente un autre avantage essentiel pour son bénéficiaire : en cas de défaillance de l'entreprise garantie, le cautionnement consenti par son dirigeant permet au créancier d'exercer son droit de gage général sur le patrimoine dudit dirigeant et de contourner par là même l'écran de la personnalité morale. La souscription d'un cautionnement par le dirigeant de l'entreprise débitrice conditionne ainsi, dans une large mesure, l'octroi de crédit aux entreprises. En pratique, il s'agit surtout de SA, de SARL ou d'EURL, puisque, dans le cadre des sociétés de personnes à risque illimité (SNC, sociétés civiles), les associés sont tenus indéfiniment des dettes sociales sur leur propre patrimoine.

Enfin, le cautionnement *professionnel*, souscrit par une personne dont la profession est d'accorder des garanties, contre rémunération. Il s'agit pour l'essentiel du cautionnement bancaire[2] et des garanties consenties par les sociétés de caution mutuelle (en particulier pour couvrir des prêts immobiliers). L'intérêt de ce troisième type de cautionnement réside dans les qualités de ces cautions professionnelles, à savoir leur solvabilité et leur honorabilité, qui écartent quasiment tout risque d'inexécution.

95. Cette diversité des cautionnements est prise en compte par la jurisprudence. En effet, lorsqu'elle statue sur le fondement du droit commun des obligations (en matière de preuve du cautionnement[3], de réticence dolosive[4], de responsabilité pour octroi abusif de crédit[5] ou pour défaut de mise en garde[6]), la Cour de cassation prend en considération la qualité de la caution pour accorder ou refuser les protections qu'il renferme. C'est ainsi que plusieurs moyens de défense ont été refusés aux dirigeants cautions et que des cautions «non averties», au contraire, ont pu échapper, en tout ou en partie, à leur engagement.

À l'inverse, les lois ayant réformé le cautionnement depuis une trentaine d'années n'ont pas consacré de règles différenciées selon le niveau, réel ou supposé, de vulnérabilité de la caution, selon les liens, personnels ou professionnels, entretenus avec le débiteur[7]. Les nouveaux textes introduits dans le Code de la consommation et dans le

12 déc. 1990, n° 11.3038 ; CE 26 nov. 2014, n° 358736) a subordonné cette déductibilité à plusieurs conditions : l'engagement doit avoir été souscrit par un dirigeant rémunéré ayant entendu préserver un revenu professionnel ; cet engagement doit avoir été donné dans l'intérêt de l'entreprise ; il doit être directement lié à la fonction de dirigeant, et non à celle d'associé ou d'actionnaire ; il doit être proportionné aux rémunérations de l'intéressé (le Conseil d'Etat a fixé le seuil de proportionnalité du cautionnement à trois fois le montant annuel des salaires du dirigeant).

1. Le conditionnel est cependant de mise, puisque, depuis la fin du XXe siècle, le législateur a cherché à protéger les dirigeants cautions, tant au stade de la conclusion de l'engagement, qu'au cours de la vie du cautionnement et au moment de son éventuelle mise en œuvre, notamment lorsque l'entreprise dirigée fait l'objet d'une procédure collective. Sur le formalisme informatif, v. ss 236 ; sur l'exigence de proportionnalité, v. ss 254 ; sur les obligations légales d'information, v. ss 183 ; sur les procédures d'insolvabilité, v. ss 307, 548.

2. V. Wattiez, *Le cautionnement bancaire*, LGDJ, 1964 ; A. Cerles, *Le cautionnement et la banque*, éd. Revue Banque 2004, p. 133 s.

3. V. ss 221.

4. V. ss 163.

5. V. ss 570.

6. V. ss 259.

7. Une exception doit néanmoins être citée, résultant de la loi du 21 juin 2004 pour la confiance dans l'économie numérique, qui a inscrit dans le Code civil les articles 1108-1 et 1108-2 relatifs à l'expression des formes requises à titre de validité d'un acte juridique. Tandis que le premier texte prévoit qu'en principe l'écrit peut être remplacé par une « forme électronique » et que « la mention écrite de la main même de celui qui s'oblige » peut être apposée « sous forme électronique », le second pose une exception pour « les actes sous seing privé relatifs à des sûretés personnelles ou réelles, de

Code de commerce opèrent seulement une distinction entre les cautions *personnes physiques* et les cautions *personnes morales* [1].

Or, toutes les personnes morales ne sont pas des cautions professionnelles. Certaines consentent un cautionnement de manière occasionnelle. On songe aux sociétés civiles de moyens, aux associations ou encore aux petites communes. Les personnes physiques, quant à elles, ne sont pas nécessairement des personnes profanes. Les dirigeants de sociétés en sont l'exemple topique.

La distinction entre cautions personnes physiques et cautions personnes morales ne reflète donc pas la diversité actuelle des cautionnements. Elle conduit à priver de protection certaines personnes morales se trouvant pourtant en situation de faiblesse en raison d'un manque de connaissances sur la vie des affaires en général et sur la situation financière du débiteur garanti en particulier. Elle aboutit au contraire à protéger toutes les personnes physiques de la même manière, alors que nombre d'entre elles, spécialement celles qui sont intégrées dans les affaires de l'entreprise débitrice, ne devraient pas être assimilées à des consommateurs, comme l'a justement décidé la Cour de justice de l'Union européenne le 14 mars 2013 [2].

De nouvelles distinctions relatives à la qualité de la caution mériteraient donc d'être consacrées [3].

§ 3. La qualité du créancier

96. Toute personne créancière peut être bénéficiaire d'un cautionnement : créanciers dont l'activité professionnelle a pour objet l'octroi de crédit (banques, établissements financiers) ; créanciers dont les créances garanties naissent à l'occasion de leur activité professionnelle et en rapport avec celle-ci (fournisseurs de biens ou de services) ; créanciers agissant en dehors de tout cadre professionnel (bailleurs particuliers).

Le cautionnement étant un contrat unilatéral, c'est-à-dire ne mettant des obligations qu'à la charge de la caution, la personne du créancier devrait être étrangère au régime du

---

nature civile ou commerciale ». Une exception à l'exception figure cependant dans l'article 1108-2, *in fine* : la mention écrite peut être apposée sous forme électronique lorsque la sûreté a été souscrite « par une personne pour les besoins de sa profession », ce qui, en matière de cautionnement, vise tout particulièrement le dirigeant garantissant les dettes de sa société.

1. C. consom., art. L. 313-7 à L. 313-10, issus de la loi *Neiertz* du 31 décembre 1989 ; C. consom., art. L. 341-1, issu de la loi du 29 juillet 1998 relative à la lutte contre l'exclusion ; C. consom., art. L. 341-2 à L. 341-6, issus de la loi *Dutreil* du 1er août 2003 ; C. com., art. L. 622-26, L. 626-11 et L. 622-28, issus de la loi de sauvegarde des entreprises en difficulté du 26 juillet 2005 et de l'ordonnance du 18 décembre 2008 ; C. consom., art. L. 331-7-1, L. 332-5 et L. 332-9, issus de la loi *Lagarde* du 1er juillet 2010 (droit du surendettement).

Sur le développement d'un ordre public de classes, ou ordre public catégoriel, accordant sa protection à des sujets de droit jugés dignes d'une attention particulière, telles les cautions personnes physiques, cf. N. Borga, *L'ordre public et les sûretés conventionnelles. Contribution à l'étude de la diversité des sûretés*, Dalloz, coll. « Nouvelle Bibliothèque de Thèses », 2009.

2. La Cour de justice de l'Union européenne a jugé qu'un avaliste, gérant et associé majoritaire de la société garantie, ne saurait être qualifié de consommateur au sens de l'article 15, § 1er, du Règlement n° 44/2001 sur les contrats conclus par les consommateurs, en indiquant clairement que «seuls les contrats conclus en dehors et indépendamment de toute activité ou finalité d'ordre professionnel, dans l'unique but de satisfaire aux propres besoins de consommation privée d'un individu, relèvent du régime particulier prévu en matière de protection du consommateur, (…) une telle protection ne se justifie pas en cas de contrat ayant comme but une activité professionnelle» (CJUE 14 mars 2013, aff. C-419/11, pt 34).

3. V. ss 623 s.

contrat. En effet, il est *a priori* indifférent à la caution d'avoir telle personne plutôt qu'une autre comme créancière. Ainsi, les dispositions du Code civil s'appliquent-elles à l'ensemble des créanciers ; quelques textes plus récents ont pareillement imposé des contraintes à tous les créanciers, donc y compris aux créanciers profanes [1].

Toutefois, la tendance législative dominante depuis plusieurs années consiste à faire peser des obligations sur les seuls *créanciers professionnels*. À cette fin, la loi vise, implicitement [2] ou explicitement, les « établissements de crédit » [3] ou, plus largement, les « créanciers professionnels » [4].

Une autre distinction a été retenue dans le cadre du cautionnement de dettes locatives, dans lequel aucune attention n'était jusque-là portée à la qualité du créancier. Il s'agit de la distinction opérée par la loi de mobilisation pour le logement et la lutte contre l'exclusion du 25 mars 2009 entre les bailleurs *personnes physiques ou morales*, seuls les premiers pouvant, en principe, être couverts par un cautionnement non professionnel [5].

§ 4. L'objet de l'obligation cautionnée

97. Bien que l'objet, la nature ou les caractères de l'obligation principale ne soient pas des éléments de distinction des cautionnements, en ce sens que les règles gouvernant les rapports du créancier et de la caution demeurent, en principe, invariables, le législateur contemporain a engagé un mouvement de « fragmentation » du droit du cautionnement, en particulier en traitant de façon différenciée certains cautionnements en raison de la dette garantie : le crédit accordé à une entreprise, les crédits consentis aux consommateurs ou encore les dettes locatives.

98. ***Crédit consenti à une entreprise.*** L'article 48 de la loi du 1er mars 1984 (C. mon. fin., art. L. 313-22) a réglementé le cautionnement d'un « concours financier à une entreprise » accordé par un établissement de crédit. Ce dernier est tenu d'informer annuellement la caution du montant et du terme de la dette garantie, ainsi que de la faculté de révocation dont dispose la caution en cas de garantie d'un engagement à durée indéterminée [6]. Poursuivant ce mouvement, l'article 47 de la loi *Madelin* du 11 février 1994 a créé, à la charge du créancier, une obligation d'informer la caution « de la défaillance du débiteur principal dès le premier incident de paiement non régularisé dans le mois de l'exigibilité de ce paiement »

1. Par exemple, l'obligation d'information imposée à tout créancier, et non aux seuls établissements de crédit, par l'article 47-II, alinéa 3, de la loi *Madelin* du 11 février 1994 relative à l'initiative et à l'entreprise individuelle, et l'obligation d'information imposée à tout créancier par l'article 2293 (anc. art. 2016) du Code civil, issues de la loi du 29 juillet 1998 relative à la lutte contre les exclusions.

2. V. par ex., C. consom., art. L. 313-7, L. 313-8 et L. 313-9.

3. C. mon. et fin., art. L. 313-22 ; C. consom., art. L. 313-10.

4. C. consom., art. L. 341-1 à L. 341-6. Sur l'interprétation large de cette expression par la Cour de cassation, v. ss 235.

5. Les lois n° 2009-323 du 25 mars 2009 et n° 2009-1437 du 24 novembre 2009 ont modifié comme suit l'article 22-1 de la loi n° 89-462 du 6 juillet 1989 : « Le cautionnement ne peut pas être demandé par un bailleur qui a souscrit une assurance garantissant les obligations locatives du locataire, sauf en cas de logement loué à un étudiant ou un apprenti. Si le bailleur est une personne morale autre qu'une société civile constituée exclusivement entre parents et alliés jusqu'au quatrième degré inclus, le cautionnement ne peut être demandé que : – s'il est apporté par un des organismes dont la liste est fixée par décret en Conseil d'État ; – ou si le logement est loué à un étudiant ne bénéficiant pas d'une bourse de l'enseignement supérieur. »

6. V. ss 266 s.

en cas de cautionnement d'une « dette professionnelle d'un entrepreneur individuel ou d'une entreprise constituée sous forme de société »[1].

99. ***Crédit immobilier ou à la consommation***. Les cautionnements d'obligations issues d'un crédit immobilier ou d'un crédit à la consommation ont quant à eux été réglementés par la loi *Neiertz* du 31 décembre 1989. Ces dispositions dérogatoires figurent aux articles L. 311-11, L. 312-7, L. 312-10, L. 313-7, L. 313-8, L. 313-9 et L. 313-10 du Code de la consommation. Elles ont :

– prévu la remise à la caution d'un exemplaire de l'offre du prêt donnant naissance à la dette garantie[2];

– imposé un délai de réflexion au candidat au cautionnement[3];

– subordonné la validité de ces cautionnements à des règles de forme[4];

– fait peser sur l'établissement de crédit l'obligation d'informer la caution de la défaillance du débiteur principal dès le premier incident susceptible d'être mentionné au fichier des incidents de paiement[5];

– enfin instauré un principe de proportionnalité entre l'engagement de la caution et sa fortune, interdisant à l'établissement de crédit de se prévaloir du cautionnement consenti par une personne physique dont l'engagement était manifestement disproportionné par rapport à ses biens et revenus lors de sa conclusion[6].

La loi *Dutreil* du 1er août 2003 relative à l'initiative économique a étendu la plupart de ces règles aux cautionnements conclus entre un créancier professionnel et une caution personne physique, sans s'attacher à l'objet de l'obligation cautionnée[7].

100. ***Dettes locatives***. Une loi du 21 juillet 1994, ajoutant un article 22-1 à la loi du 6 juillet 1989 relative aux baux d'habitation, a soumis le cautionnement des « sommes dont le locataire serait débiteur » à des règles de forme[8]. Ce cautionnement a vu son champ d'application profondément circonscrit par la loi de mobilisation pour le logement et la lutte contre l'exclusion du 25 mars 2009 et par la loi pour l'accès au logement et un urbanisme rénové du 24 mars 2014 et ce, à deux égards : d'une part, désormais, un tel « cautionnement ne peut pas être demandé, à peine de nullité, par un bailleur qui a souscrit une assurance, ou toute autre forme de garantie (dépôt de garantie de l'article 22 mis à part), garantissant les obligations locatives du locataire, sauf en cas de logement loué à un étudiant ou un apprenti » ; d'autre part, si le bailleur est une personne morale[9], le cautionnement ne peut être demandé que « s'il est apporté par un des organismes dont la liste est fixée par décret en Conseil d'État ou si le logement est loué à un étudiant ne bénéficiant pas d'une bourse de l'enseignement supérieur ».

101. À vrai dire, il est parfois difficile de déterminer ce qui, de la dette garantie ou des qualités de la caution ou du créancier de ces divers cautionnements, a justifié prioritairement

---

1. V. ss 270.
2. V. ss 223.
3. V. ss 224.
4. V. ss 227, 228.
5. V. ss 270 s.
6. V. ss 248.
7. V. ss 232 s., spéc. v. ss 234.
8. V. ss 230, 231.
9. Une exception est prévue au bénéfice des sociétés civiles constituées exclusivement entre parents et alliés jusqu'au quatrième degré inclus.

d'instaurer un régime dérogatoire. Toutefois, les exemples précédents montrent que certaines dettes, au regard de leur fréquence, de leur caractère dangereux ou encore de leur montant souvent élevé, sont l'objet de cautionnements dont les règles sont spécifiques. Du reste, parfois, le particularisme du cautionnement de telles dettes ne fait que prolonger, presque par une sorte d'accessoire, le régime, lui-même spécifique, de ces dettes. Ainsi est-ce le cas des dettes de crédit immobilier et de crédit à la consommation ou encore des dettes locatives, qui, à bien des égards, dérogent au droit commun des obligations.

Section 3
Les caractères du contrat de cautionnement

L'histoire, la loi, la jurisprudence, la doctrine et la pratique ont forgé les caractères du contrat de cautionnement, qui déterminent les traits les plus saillants de son régime.

Parmi ces caractères, certains sont empruntés au droit commun des contrats (§ 1) ; un autre, essentiel, lui est spécifique : le caractère accessoire renforcé (§ 2).

§ 1. Caractères empruntés au droit commun des contrats

Le cautionnement s'insère dans les catégories usuelles du droit commun des contrats.

Ainsi, le cautionnement est-il *unilatéral* (A), à titre *gratuit* ou *onéreux* (B), *civil* ou *commercial* (C), *consensuel* ou *formel* (D).

Un dernier caractère, tiré d'une modalité de l'obligation de la caution, doit être ajouté en raison de la circonstance que la caution vient s'adjoindre à un rapport principal dont elle constitue un second débiteur : le caractère *adjoint simple* ou *solidaire* (E).

A. Caractère unilatéral

102. Le contrat de cautionnement est, par nature, un contrat unilatéral. La caution s'engage sans contrepartie : elle souscrit un engagement, plus précisément un engagement de payer, à l'égard du créancier qui, pour sa part, ne contracte aucune obligation.

Par conséquent, le cautionnement n'est pas soumis à la formalité dite du « double original » de l'article 1325 du Code civil, qui conditionne la preuve des « actes sous seing privé qui contiennent des conventions synallagmatiques ». C'est la raison pour laquelle, en pratique, le cautionnement n'est établi qu'en un seul exemplaire original, que conserve le créancier.

En revanche, en tant qu'« acte juridique par lequel une seule partie s'engage envers une autre à lui payer une somme d'argent », le cautionnement entre dans le champ d'application de l'article 1326 du Code civil (il en constitue même la principale application), qui impose *un formalisme probatoire propre aux actes unilatéraux*[1].

103. À l'instar d'autres contrats unilatéraux, le cautionnement donne le sentiment d'instaurer une situation déséquilibrée entre les contractants[2]. Ce déséquilibre, ou

1. V. ss 217 s.
2. Il serait certainement intéressant de s'interroger sur le ressenti de ce déséquilibre dans d'autres contrats unilatéraux comme la donation, où il paraît plus accentué, ou le prêt à usage, où il l'est sans doute moins.

peut-être plus justement cette *absence d'équilibre*, n'est pas, à proprement parler, recherché par la caution [1], au contraire du donateur ou du prêteur à usage, mais davantage subi, d'autant que la concrétisation de ce déséquilibre dépend pour l'essentiel de la défaillance d'une personne extérieure à la caution, le débiteur principal.

Ce déséquilibre, juridique d'abord, est la transcription d'un déséquilibre, plus général, imprégnant l'opération de cautionnement : si l'on n'est pas caution contre son gré [2], on le devient fréquemment sous le poids de contraintes économiques, sociales ou encore morales, conduisant à ce que la caution, au moins lorsqu'elle est profane, offre son engagement pieds et poings liés au créancier. Ce déséquilibre, s'il ne peut et ne doit sans doute pas être éliminé, ni même profondément modifié, en raison de sa nature consubstantielle à la sûreté, peut être la source d'une rébellion judiciaire des cautions au moment où elles sont appelées à honorer leur engagement, et peut, en définitive, affaiblir l'efficacité de la sûreté elle-même.

104. Aussi, avec plus ou moins de bonheur, le législateur contemporain s'est efforcé, par strates successives, d'insuffler des tempéraments à la rigueur du contrat de cautionnement au moyen d'obligations, principalement d'information, imposées aux créanciers bénéficiaires d'un cautionnement [3]. Ces *obligations légales nouvelles pesant sur les créanciers*, auxquels s'ajoutent des *devoirs mis en lumière par la jurisprudence* à partir du principe d'exécution de bonne foi de l'article 1134, alinéa 3, du Code civil [4], ne modifient toutefois pas le caractère unilatéral du contrat de cautionnement, parce qu'ils ne constituent pas l'engagement symétrique de celui souscrit par la caution. Dit autrement, la cause de l'engagement de la caution ne peut, en aucun cas, être décelée dans l'existence ou le contenu des obligations assumées par le créancier [5], preuve de l'absence d'une réelle structure synallagmatique.

B. Caractère gratuit ou onéreux

105. Déterminer le caractère gratuit ou onéreux du cautionnement est une entreprise délicate, au point que certains auteurs optent pour une troisième qualification, celle du caractère « neutre » du cautionnement [6].

Il convient tout d'abord de préciser que le caractère unilatéral du cautionnement n'implique nullement qu'il soit qualifié de contrat à titre gratuit [7], car il s'agit de deux caractères distincts [8].

106. Le caractère gratuit ou onéreux d'un contrat devrait, en toute rigueur, être recherché dans *les rapports qu'entretiennent les parties* à ce contrat, c'est-à-dire ici la caution et le créancier. Comme il est manifestement artificiel de penser que la caution s'engage

---

1. En revanche, il est expressément recherché par le créancier.
2. Les cautions « légales » n'étant pas des cautions forcées, mais seulement des cautions ayant accepté de se porter caution à la demande d'un débiteur, sommé par la loi de fournir une caution à son créancier : v. ss 92.
3. V. ss 266 s.
4. V. ss 162.
5. La cause de l'obligation de la caution réside dans la conclusion ou le maintien de la convention principale qui donne naissance à la dette garantie ; v. ss 210 s.
6. En ce sens, L. Aynès et P. Crocq, *op. cit.*, n° 227.
7. *Contra* : Marty, Raynaud et Jestaz, *op. cit.*, n° 570 ; Ph. Théry, *Sûretés et publicité foncière*, PUF, 1998, n° 26.
8. En ce sens, Planiol et Ripert, *op. cit.*, n° 1512.

envers le créancier dans un esprit de bienfaisance (sauf circonstances exceptionnelles), le cautionnement serait donc un *contrat à titre onéreux*[1].

107. Toutefois, le cautionnement présente une particularité qui pourrait remettre en cause cette approche classique : il s'agit d'un contrat prenant place dans un rapport économique triangulaire (entre le débiteur, la caution et le créancier). Pour cette raison, il est tentant de rechercher le caractère gratuit ou onéreux du contrat de cautionnement *dans les relations entretenues par la caution et le débiteur*. Relations marquées par un esprit de bienfaisance ou, au contraire, de lucre, selon que la caution souhaite rendre un service au débiteur ou qu'elle en attend une contrepartie.

Ces rapports débiteur/caution ne sauraient suffire, en principe, à faire naître un acte de disposition à titre gratuit, c'est-à-dire une *libéralité*, puisqu'ils n'emportent pas dessaisissement immédiat et définitif d'un bien[2]. C'est seulement lorsque la caution renonce, de manière anticipée ou après paiement de la dette garantie, à exercer ses recours contre le débiteur et ce, par intention libérale, qu'une *donation indirecte* peut être découverte[3]. Mais alors, c'est l'acte de renonciation aux recours, plus que le cautionnement lui-même, qui réalise la donation.

Le *caractère onéreux des rapports débiteur/caution* est avéré, en revanche, lorsque la caution se fait rémunérer par le débiteur. De manière moins évidente, le caractère onéreux de ces rapports peut s'évincer de l'intérêt patrimonial que retire la caution de l'opération de cautionnement[4].

C. Caractère civil ou commercial

Le cautionnement est, en principe, un contrat civil.

Toutefois, certaines circonstances rendent commercial le contrat de cautionnement.

1° Les critères de la commercialité du cautionnement

Le caractère commercial du cautionnement peut se déduire de trois critères : la forme de l'acte, la nature de l'acte ou encore l'intérêt qu'en retire la caution.

108. ***La commercialité par la forme***. Un cautionnement particulier, l'*aval*, qui garantit le paiement d'une lettre de change (C. com., art. L. 511-21) ou d'un billet à ordre (C. com., art. L. 512-4) ou encore d'un chèque (C. mon. fin., art. L. 131-28 à L. 131-30), constitue formellement un acte de commerce. Ce cautionnement présente nécessairement un caractère commercial.

---

1. En ce sens, Ph. Simler, *Cautionnement. Garanties autonomes. Garanties indemnitaires*, 4e éd., Litec, no 59 ; F. Steinmetz, note sous Civ. 1re, 21 nov. 1973, *D.* 1975. 549.

2. Cela explique que la jurisprudence ait exclu l'application de l'article 1422 du Code civil aux cautionnements : Civ. 1re, 21 nov. 1973, *Bull. civ.* I, no 318 ; Civ. 1re, 11 juill. 1978, *Bull. civ.* I, no 264 ; Civ. 1re, 27 janv. 1982, *Bull. civ.* I, no 46.

3. Qualification fréquemment et assez facilement retenue entre concubins : Civ. 1re, 12 mai 1982, *Bull. civ.* I, no 173 ; *JCP* 1983. II. 20060, et *JCP N* 1985. II. 210, note Aubertin ; *D.* 1983. 320, note J. Mestre ; *Defrénois* 1983, art. 33037, p. 394, obs. J.-L. Aubert ; Civ. 1re, 17 nov. 1987, *Bull. civ.* I, no 297 ; *D.* 1988. Somm. 275, obs. L. Aynès ; *Defrénois* 1988, art. 34337, p. 1251, obs. G. Champenois ; cf. E. Cevaër et M. Chetaille, « Le prêt familial sans intérêt et le cautionnement familial : précautions et incidences successorales », *Defrénois* 2011, art. 21003 ; F.-X. Testu, « Le cautionnement libéralité », *JCP N* 1988. I. 307.

4. Cet intérêt sera développé au sujet du caractère commercial de certains cautionnements ; v. ss 110.

109. ***La commercialité par nature.*** Les cautionnements souscrits par des professionnels – banques, établissements de crédit –, ont un caractère commercial par nature, car la souscription de cautionnements entre dans l'objet même de leur activité professionnelle.

110. ***La commercialité par l'intérêt patrimonial de la caution.*** Ce critère, admis par la jurisprudence depuis 1969[1], s'appuie sur le constat que le cautionnement offert par les dirigeants de SA ou de SARL en garantie des dettes de leur société réalise un contournement de l'écran de la personnalité morale[2]. De même que le créancier qui sollicite un tel cautionnement cherche à mêler, patrimonialement parlant, les intérêts du débiteur et de la caution, pourtant distincts juridiquement, de même, le dirigeant qui se porte caution des dettes de sa société illustre l'existence d'une certaine confusion des intérêts de ces deux personnes juridiques distinctes. Ces dirigeants, bien que n'ayant pas le statut de commerçants, ne retirent[3] pas moins un profit du prêt ou, plus généralement, du crédit accordé par le créancier à la société débitrice. Intégrés à la vie de leur entreprise, et donc à la source des engagements de celle-ci, ces dirigeants cautions ont partie liée avec la débitrice. Ce *critère subjectif* de la commercialité, bien qu'il repose sur une idée sans doute pertinente, souffre d'une importante tare : son imprécision, source de contentieux et d'un risque d'arbitraire. L'appréciation de l'intérêt personnel et patrimonial de la caution relève, en effet, du pouvoir souverain des juges du fond[4], et la jurisprudence est incertaine quant à l'intérêt retiré par le conjoint du débiteur[5], par

---

1. Com. 7 juill. 1969, *D.* 1970. 14 ; Civ. 1re, 17 mai 1982, *Bull. civ.* I, n° 289 ; Com. 23 févr. 1988, *Bull. civ.* IV, n° 78 ; Com. 19 janv. 1993, *Bull. civ.* IV, n° 21 ; *LPA* 31 mars 1993, n° 39, p. 18, note D. Vidal ; Com. 7 avr. 2004, *RJDA* 8-9/2004, n° 1040 ; Com. 21 févr. 2006, *JCP E* 2006. 1753, chron. Ph. Simler.

2. V. S. Piedelièvre, « Remarques sur l'infléchissement de la notion de personnalité morale par le cautionnement » *Gaz. Pal.* 1982. 1. doctr. 85 ; Ph. Simler, « Patrimoine professionnel, patrimoine privé et cautionnement », *JCP N* 1987. I. 199.

3. Tout du moins le recherchent-ils…

4. Pour un exemple de rejet de la qualification de cautionnement commercial en raison de l'absence de pouvoir effectif de direction d'un administrateur, cf. Grenoble, 12 févr. 2009, *Juris-Data* n° 2009-003722, *JCP* 2009. 492, chron. Ph. Simler.

5. La jurisprudence dominante estime que le cautionnement, consenti par un époux, des dettes de son conjoint commerçant n'a pas un caractère commercial dès lors que cet époux n'a pas participé personnellement au financement de l'exploitation commerciale (Amiens, 13 juin 1961, *D.* 1962. Somm. 57 ; Paris, 13 juin 1991, *D.* 1991. Somm. 386, obs. L. Aynès ; Civ. 1re, 9 déc. 1992, *Bull. civ.* I, n° 306 ; *JCP* 1993. IV. 456 ; *D.* 1993. Somm. 311, obs. L. Aynès ; Aix-en-Provence, 11 juin 2015, n° 2015/353, retenant que l'intérêt de la caution au bon fonctionnement de la société de son épouse, s'il n'est pas contestable, n'est nullement direct, mais bien indirect, puisqu'il ne se réalise qu'au travers du régime matrimonial du couple. Ainsi, à défaut d'intérêt direct dans l'entreprise cautionnée, et *a fortiori* de participation à son fonctionnement, le cautionnement donné reste de nature civile). Toutefois, une fraction de la jurisprudence retient une solution contraire, au motif notamment que l'époux caution tire du commerce ses moyens d'existence (Aix-en-Provence, 29 nov. 1996, *Juris-Data* n° 055865 ; Bordeaux, 3 mars 1998, *Gaz. Pal.* 1998. 2. somm. 632) ou sur le seul fondement de la communauté de vie (Montpellier, 28 avr. 2009, *Juris-Data* n° 2009-010321, *JCP* 2009. 492, chron. Ph. Simler).

A fortiori, en présence de simples rapports de concubinage entre la caution et le débiteur, le caractère commercial est généralement rejeté : Douai, 9 juin 2015, n° 15/0020, retenant que, la concubine du gérant n'étant pas associée de la société débitrice, le seul fait qu'elle ait bénéficié d'une procuration limitée sur le compte bancaire de la société ne permet pas de caractériser une participation à l'exploitation. De même, sa qualité de concubine du gérant n'implique aucune communauté d'intérêts patrimoniaux au plan légal.

l'associé de la société débitrice [1], par le salarié de cette dernière ou encore par le gérant de la société prestataire du débiteur [2].

111. ***Rejet de la commercialité par accessoire.*** En revanche, les caractères de la dette cautionnée sont indifférents à la qualification du cautionnement : le caractère commercial de la dette cautionnée n'emporte pas, par accessoire, le caractère commercial du cautionnement. Cette solution peut surprendre, d'une part en raison du rôle prépondérant de la notion d'accessoire dans le contrat de cautionnement, d'autre part, en ce qu'elle se démarque de la solution retenue en matière de sûretés réelles [3]. Pour autant, si l'alignement du cautionnement sur la règle retenue au sujet du gage présenterait peut-être certains avantages, notamment de cohérence et de sécurité juridique, il convient de souligner qu'une différence de taille sépare les deux mécanismes : alors que le cautionnement et l'obligation cautionnée sont, par hypothèse, souscrits par deux personnes distinctes, le gage est très généralement consenti par le débiteur de la dette garantie, ce qui justifie qu'un même caractère unisse la garantie et la dette garantie [4]. En outre, il peut paraître opportun que le cautionnement offert par une personne affectivement proche du débiteur n'ait pas un caractère commercial au seul motif que la dette garantie possède un tel caractère [5]. Cependant le souci de préserver les effets nécessaires du caractère accessoire général, commun à l'ensemble des sûretés, pourrait suffire à justifier la détermination du caractère commercial du cautionnement par celui de la dette principale.

2° Les conséquences attachées à la commercialité du cautionnement

La portée du caractère commercial du cautionnement reste relativement limitée [6] et elle l'est encore plus depuis la réforme de la prescription par la loi du 17 juin 2008.

112. ***Compétence du tribunal de commerce.*** Si, sur certaines questions relatives au régime du cautionnement, des divergences sensibles existent entre les chambres civiles et

---

1. La jurisprudence considère, le plus souvent, que la qualité d'associé ne suffit pas à emporter le caractère commercial du cautionnement : Com. 10 févr. 1971, *Bull. civ.* IV, n° 41 ; *D.* 1971. 605, note Contin et H. Hovasse ; Civ. 1re, 15 juill. 1981, *Bull. civ.* I, n° 255 ; Com. 15 mai 1984, *Bull. civ.* IV, n° 164 ; *contra* : Com. 11 juin 1976, *Bull. civ.* IV, n° 193 ; *Banque* 1978. 348, obs. M. Martin ; Com. 20 juill. 1981, *RJ com.* 1982. 59, note J. Mestre ; Com. 21 févr. 2006, *JCP E* 2006. 1753, chron. Ph. Simler (intérêt patrimonial personnel des associés, déduit en l'espèce du fait qu'ils avaient contribué à la création de la société débitrice, qu'ils étaient habilités par les statuts à signer les effets de commerce et qu'ils avaient accepté de remplacer le gérant en cas d'empêchement de celui-ci) ; Bourges, 19 mars 2009, *Juris-Data* n° 377834 ; *JCP* 2009. 492, chron. Ph. Simler (associé fondateur non dirigeant) ; Montpellier, 7 avr. 2015, n° 15/00084 (associé minoritaire, mais dirigeant : caractère commercial reconnu).

2. Aix-en-Provence, 12 févr. 2015, n° 2015/84, jugeant que, si la société avait bien un intérêt personnel au financement du débiteur principal qui était son client et dans lequel elle était associée, cet intérêt ne peut être emprunté par son gérant, même majoritaire, alors que la constitution de cette société a précisément pour effet protecteur d'éloigner son gérant des devoirs et charges de la qualité de commerçant et notamment de lui permettre de ne pas répondre des dettes de la société.

3. Au moins est-ce le cas du gage (C. com., art. L. 521-1, al. 1er).

4. Toutefois, la Cour de cassation n'a pas hésité à retenir la même solution en cas de gage consenti pour garantir la dette d'autrui : Com. 5 févr. 1962, *Bull. civ.* III, n° 72 ; Com. 11 juin 1974, *Bull. civ.* IV, n° 190.

5. Rappr. Ph. Théry, *op. cit.*, p. 65, qui soulève une question identique, dans le sens inverse, au sujet du cautionnement d'une dette civile, consenti par un organisme bancaire.

6. Sur la virtualité de la distinction entre le cautionnement civil et le cautionnement commercial, cf. not. D. Legeais, « De la distinction des sûretés civiles et commerciales », *in Mélanges Didier*, Economica, 2008 ; M.-P. Dumont-Lefrand, « La nature civile ou commerciale du cautionnement », *Dr. et patr.* 2008, n° 172.

la chambre commerciale de la Cour de cassation [1], il est assurément très délicat d'évaluer si elles peuvent faire de la commercialité du cautionnement un critère déterminant pour la caution et/ou pour le créancier tel qu'elle les conduirait à exercer un choix du tribunal compétent.

113. ***Solidarité passive présumée.*** Le caractère solidaire du cautionnement développe des conséquences importantes [2], de sorte qu'il constitue un avantage non négligeable pour le créancier. Toutefois, il convient de relativiser cet effet du caractère commercial du cautionnement, car l'inclusion d'une clause de solidarité est très fréquente dans les cautionnements civils, une telle clause étant presque devenue de style.

114. ***Prescription commerciale.*** Traditionnellement, le cautionnement commercial était soumis à la prescription extinctive décennale des actes commerciaux et mixtes (C. com., art. L. 110-4), alors que le cautionnement civil relevait de la prescription trentenaire de droit commun (C. civ., anc. art. 2262). Cette différence importante de régime a aujourd'hui disparu, puisque la loi du 17 juin 2008 ayant réformé le droit de la prescription a uniformisé le délai de prescription : il est en principe de « cinq ans à compter du jour où le titulaire d'un droit a connu ou aurait dû connaître les faits lui permettant de l'exercer » (C. civ., nouv. art. 2224) et ce, aussi bien en matière civile que commerciale (dans l'article L. 110-4 du Code de commerce, le mot « dix » a été remplacé par le mot « cinq »).

115. ***Liberté de la preuve.*** Le caractère commercial contribue, sans suffire, à soumettre le cautionnement à la liberté de la preuve. En effet, les moyens de preuve ne sont libres qu'à la condition que la caution soit commerçante (C. com., art. L. 110-3). En revanche, le cautionnement commercial souscrit par un non commerçant, en particulier un dirigeant de SA ou de SARL, reste soumis au droit commun de la preuve [3].

D. Caractère consensuel ou formel

116. ***Principe du consensualisme.*** Le contrat de cautionnement est en principe un contrat consensuel, c'est-à-dire un contrat qui est valablement formé par le seul échange des consentements des parties, sans autres conditions.

Ce consensualisme peut surprendre dans la mesure où le cautionnement est un acte grave et inhabituel pour le garant, celui-ci engageant l'ensemble de son patrimoine pour garantir la dette d'un tiers et risquant de s'appauvrir sans contrepartie. Le consensualisme contraste en outre singulièrement avec le formalisme imposé en matière de sûretés réelles, qui vise à protéger le constituant contre le danger, non pas tant de la sûreté elle-même, mais de l'endettement engendré par le crédit dont la sûreté est, de fait, la condition de l'obtention [4].

> **C. civ., art. 2292 (anc. art. 2015).** – Le cautionnement ne se présume point ; il doit être exprès, et on ne peut pas l'étendre au-delà des limites dans lesquelles il a été contracté.

---

1. V., par exemple, la divergence qui a longtemps divisé les chambres civile et commerciale au sujet de la preuve de la couverture par la caution des accessoires de la dette garantie, v. ss 218.
2. V. ss 122 s., 297 s.
3. Toutefois, la jurisprudence déduit de la qualité de dirigeant une présomption de connaissance de l'étendue et de la portée de son engagement (v. ss 221).
4. Cf. M. Grimaldi, préface de la thèse de Ph. Dupichot, *Le pouvoir des volontés individuelles en droit des sûretés*, thèse, Paris II, 2004.

117. ***Tempérament au principe du consensualisme : le caractère exprès du consentement de la caution.*** Si le consentement de la caution ne doit, en principe, revêtir aucune forme spéciale, l'article 2292 (anc. art. 2015) du Code civil exige néanmoins, à l'instar de l'article 1202, alinéa 1er, du Code civil en matière de solidarité passive, que ce consentement[1] soit exprimé de façon expresse. Ce caractère implique que la volonté de la caution de s'engager soit clairement et positivement exprimée, et ne puisse être présumée à partir de faits, d'indices, d'attitudes du candidat au cautionnement ou de la qualité de celui-ci[2], et encore moins de son silence[3] ou des termes d'un contrat auquel il serait étranger[4].

L'article 2292 du Code civil implique une *interprétation stricte de la volonté de la caution*. La jurisprudence en tire de nombreuses conséquences. Par exemple :

– lorsqu'il existe un doute sur la volonté même de s'engager ou sur la volonté de s'engager en qualité de caution, la qualification de cautionnement doit être rejetée ;

– lorsque l'étendue de l'engagement de la caution n'est pas exprimée clairement, c'est l'interprétation la moins contraignante pour la caution qui doit s'imposer[5] ;

– la caution ne saurait être condamnée à garantir la dette d'une personne autre que le débiteur désigné dans l'acte de cautionnement[6] ;

– lorsque plusieurs cautions s'obligent dans le même acte et pour un même montant limité, celui-ci ne saurait être réclamé à chacune d'elles[7] ;

– en cas de modification du contrat principal postérieurement à la conclusion du cautionnement, la caution reste tenue dans les termes initiaux si elle ne l'a pas expressément

---

1. Le caractère exprès du consentement au cautionnement n'est exigé qu'au sujet de la caution, seule partie obligée. À l'inverse, le consentement du créancier peut être tacite, puisque le contrat est conclu dans son intérêt exclusif. Ainsi, l'acceptation du créancier peut résulter de toute attitude ou de tout indice exprimant sa volonté (par exemple, l'exercice de poursuites contre la caution : Com. 13 nov. 1972, *Gaz. Pal.* 1973. 1. 143, note D. Martin).

2. Com. 24 juin 2014, *Bull. civ.* IV, n° 110 : « l'absence de contestation par le représentant légal de la société débitrice principale du montant de la créance ne caractérise pas, de sa part, un aveu judiciaire qu'il en garantit personnellement le paiement en qualité de caution ».

3. Com. 16 déc. 1981, *Bull. civ.* IV, n° 447 : viole l'ancien article 2015 du Code civil la cour d'appel qui, pour déclarer le dirigeant d'une société caution solidaire de celle-ci pour le paiement d'une lettre de change tirée sur elle, énonce que compte tenu de ses rapports personnels avec le tireur et de son intérêt à garantir la créance, il s'était engagé commercialement, bien qu'il n'ait pas indiqué le bénéficiaire de l'aval personnel donné par lui sur l'effet et qu'il avait reconnu implicitement sa qualité de caution par son silence au reçu d'une correspondance lui rappelant « qu'il s'était personnellement porté avaliste du débiteur principal », alors que son engagement de caution ne pouvait résulter que d'une manifestation de volonté non équivoque.

4. Paris, 3 mai 2007 (*JCP E* 2008. 1036, chron. Ph. Simler) : le nouveau dirigeant d'une société locataire ne saurait être tenu en qualité de caution au seul motif que le contrat de bail souscrit par son prédécesseur stipulait que le bail serait cautionné par le dirigeant ; ce nouveau dirigeant n'avait lui-même signé aucun acte exprimant sa volonté de se porter caution.

5. V. par ex. Civ. 1re, 20 oct. 2011, inédit, n° 10-21426, qui a censuré l'arrêt ayant fait prévaloir l'article 2293 du Code civil (le cautionnement indéfini s'étend aux accessoires de la dette) sur l'article 2292, dans une espèce où la caution avait garanti le paiement d'un prêt, et non les intérêts qui n'avaient été stipulés que le lendemain de la conclusion du cautionnement.

6. En ce sens, Com. 6 juill. 2010, *Bull. civ.* IV, n° 119 (à propos du cautionnement des dettes d'une société en participation, qui ne saurait contraindre la caution à garantir les dettes de l'associé qui représentait cette société) ; Com. 16 juin 2004, inédit, n° 01-15146 (à propos d'une société créée de fait) ; Civ. 1re, 2 oct. 2002, *Bull. civ.* I, n° 227 et Com. 1er avr. 2014, inédit, n° 12-23501 (à propos de cautionnements garantissant des prêts souscrits par des sociétés en formation et non repris par les sociétés immatriculées) ; Civ. 1re, 5 mai 1998, *Bull. civ.* I, n° 159 (à propos d'une association non déclarée) ; Riom, 17 juin 2015, n° 14/00439.

7. Com. 11 févr. 2014, inédits, n° 12-16632 et n° 12-26356. Le montant unique (et non cumulatif) a été déduit, dans la première espèce, de l'utilisation du singulier (la caution) et, dans la seconde, de la stipulation de solidarité entre les cautions.

acceptée ; « la connaissance qu'elle pouvait en avoir en sa qualité de dirigeant de la société débitrice ne suffit pas à caractériser une telle acceptation »[1].

Le caractère exprès n'impose pas, en revanche, de forme particulière ou l'emploi de termes spécifiques pour l'expression du consentement de la caution[2]. Il n'impose pas non plus une preuve littérale[3]. Mais il faut bien reconnaître que l'exigence d'actes positifs requiert, de fait, une preuve matérielle de ces actes, si l'existence du cautionnement se trouve contestée ; or, l'acte positif exprimant l'engagement de la caution, à la fois le plus simple et le plus clair, est la rédaction d'un acte en des termes non équivoques.

118. ***Tempérament au principe du consensualisme : le formalisme à titre de preuve.*** Le cautionnement étant un contrat unilatéral[4], il est soumis à un formalisme probatoire – la mention par la caution de la somme de son engagement, en chiffres et en lettres – chaque fois que l'article 1326 du Code civil est applicable[5]. Or, le champ de cette règle de droit commun s'est considérablement réduit depuis que la loi *Dutreil* du 1er août 2003 a solennisé les cautionnements sous seing privé conclus entre une caution personne physique et un créancier professionnel.

119. ***Dérogations au principe du consensualisme : le formalisme informatif à titre de validité.*** La tentation de « formaliser » le cautionnement s'est faite jour à la fin des années 1980, puis s'est accentuée jusqu'à la loi *Dutreil* du 1er août 2003 sur l'initiative économique, ayant introduit plusieurs solennités dans la formation de cautionnements très répandus en pratique, à savoir les cautionnements souscrits sous seing privé par des cautions personnes physiques au bénéfice de créanciers professionnels.

On sait que le formalisme peut assumer plusieurs rôles : preuve d'un acte juridique, validité d'un acte juridique, opposabilité aux tiers. Dans certains cautionnements, eu égard à l'objet de la dette garantie et/ou à la qualité du candidat au cautionnement et/ou à la qualité du créancier, le nouveau formalisme est requis *ad validitatem* et il s'agit d'un *formalisme informatif*[6]. En effet, pour s'assurer que la caution, réputée faible, s'engage en parfaite conscience de la nature et de la portée de son engagement, différentes exigences d'ordre formel caractérisent désormais la période précédant la signature du cautionnement (fourniture d'informations et/ou de documents au candidat caution[7], délai de réflexion laissé à celui-ci avant de s'engager[8]) et la conclusion même de ce contrat (rédaction d'un acte sous seing privé incluant des mentions manuscrites imposées par le législateur[9]). Lorsque ces formalités imposées à peine de nullité sont applicables, le cautionnement n'est donc plus un contrat consensuel.

---

1. Com. 24 juin 2014, *Bull. civ.* IV, n° 110
2. Les termes « cautionnement » ou « caution » peuvent ne pas être employés : v., par ex., Civ. 1re, 21 avr. 1982, *Bull. civ.* I, n° 143.
3. Ainsi, la liberté de la preuve du cautionnement commercial souscrit par un commerçant n'est pas, en elle-même, remise en cause par l'article 2292 du Code civil.
4. V. ss 102 s.
5. Sur les fonctions de l'article 1326 du Code civil, son domaine et ses modalités d'application en matière de cautionnement, v. ss 217 s.
6. V. ss 223 s.
7. V. ss 223. Certaines informations doivent être fournies à la caution au cours de la vie du cautionnement (v. ss 266 s.). Il ne s'agit pas alors de formalisme.
8. V. ss 224.
9. V. ss 225 s.

E. Caractère adjoint simple ou solidaire

120. Lorsqu'un créancier dispose de plusieurs débiteurs de la même dette, le principe est, en droit français, la division de la dette en autant de débiteurs : chaque débiteur est tenu *conjointement* d'une fraction de la dette. À l'inverse, lorsque la dette est *solidaire*, chacun des débiteurs en est tenu pour la totalité. Le sens (1°), aussi bien que les effets (2°) de cette solidarité méritent d'être précisés.

1° Sens de la solidarité

121. ***Distinction entre cautionnement simple et cautionnement solidaire***. Bien que la caution soit tenue de la dette même du débiteur principal[1], elle n'est pourtant pas tenue conjointement avec le débiteur : la dette ne se divise pas entre la caution et le débiteur principal. Chacun des deux débiteurs de la dette unique est tenu pour le tout parce que le cautionnement, mécanisme de garantie, réalise une adjonction de dette et non une conjonction de dette[2]. Au demeurant, il serait pour le moins paradoxal que la fourniture d'une caution par le débiteur emporte division de sa propre dette.

La caution, tenue de toute la dette[3], est-elle pour autant tenue solidairement avec le débiteur ? Pas davantage. Si l'obligation solidaire constitue, sans doute, l'exemple le plus connu d'obligation au tout, elle n'en est qu'une espèce. L'adjonction d'une obligation, que réalise le cautionnement, constitue une autre espèce d'obligation au tout. La caution est tenue à toute la dette par *adjonction*, et non par solidarité. Une telle caution est dite *simple*[4].

Toutefois, le créancier peut exiger que la caution soit tenue *solidairement avec le débiteur principal*.

2° Effets de la solidarité

122. ***Solidarité entre la caution et le débiteur principal***. « La solidarité entre caution et débiteur est atypique »[5]. En effet, cette solidarité ne produit aucun des effets principaux de la solidarité prévus par l'article 1200 du Code civil, car la caution est déjà tenue de la totalité de la dette du débiteur principal sur le fondement de l'adjonction de son engagement à celui dudit débiteur. Autrement dit, cette solidarité entre la caution et le débiteur n'a pas pour objet d'empêcher que la dette à laquelle sont tenus ceux-ci ne se divise. De surcroît, la solidarité instaurée entre la caution et le débiteur principal n'a évidemment pas pour effet de libérer ce dernier partiellement ou totalement lorsque la caution l'est[6].

123. Les effets recherchés par le créancier sont donc autres. En exigeant que le cautionnement soit solidaire entre la caution et le débiteur principal, le créancier souhaite obtenir deux avantages : d'une part, *l'exclusion du bénéfice de discussion* accordé à toute

---

1. V. ss 141 s.
2. Cf. Ph. Briand, *Éléments d'une théorie de la cotitularité des obligations*, thèse, Nantes, 1999, p. 37.
3. Ou d'une fraction seulement de celle-ci lorsque la caution a limité son engagement, v. ss 187 s.
4. Sur les effets du cautionnement simple, v. ss 278 s.
5. Ph. Théry, *op. cit.*, p. 116.
6. Ainsi, la remise de dette faite par le créancier à la caution solidaire n'a-t-elle pas pour effet de libérer le débiteur principal (C. civ., art. 1287, al. 2).

caution simple par l'article 2298 (anc. art. 2021) du Code civil[1]; d'autre part, l'obtention des *effets dits secondaires de la solidarité passive*[2].

124. ***Solidarité entre les cautions d'une même dette.*** Lorsque le créancier bénéficie d'une pluralité de cautions garantissant la même dette du débiteur principal, ces cautions sont, conformément au principe de droit commun, tenues seulement *conjointement* d'acquitter la dette principale. En d'autres termes, chacun des cofidéjusseurs appelés en paiement par le créancier pourra lui opposer la *division* de la dette entre tous les cofidéjusseurs (C. civ., art. 2303, anc. art. 2026). La stipulation de la solidarité entre toutes les cautions a alors pour effet principal d'empêcher cette division de la dette de garantie[3], et emporte, également, les autres effets de la solidarité passive. La solidarité affectant les rapports des cofidéjusseurs est, de fait, très proche de la solidarité des codébiteurs[4].

125. ***Des exceptions au paiement variables selon les hypothèses de solidarité.*** Selon que la solidarité affecte les rapports entre la caution et le débiteur principal ou les rapports entre une caution et ses cofidéjusseurs ou encore ces deux rapports à la fois, les exceptions au paiement varient.

126. ***Le bénéfice de l'exception de discussion et non de division.*** Lorsque les cautions sont solidaires entre elles, sans l'être avec le débiteur principal, la solidarité n'exclut normalement que le bénéfice de division. Les cautions peuvent, en revanche, soulever le bénéfice de discussion.

127. ***Le bénéfice de l'exception de division, conventionnelle, et l'exclusion de l'exception de discussion.*** Le débiteur principal et les cautions peuvent être solidaires, sans que celles-ci le soient entre elles. Tel peut être le cas lorsque plusieurs cautions s'engagent, par des actes séparés, soit dans le même temps, soit successivement, à garantir la même dette ou la même fraction de la dette.

La solidarité entre chaque caution et le débiteur principal exclut alors certainement le bénéfice de discussion. Cette exclusion n'empêche cependant pas le créancier de poursuivre, s'il le souhaite, le débiteur principal[5].

Lorsque chaque caution est solidaire du débiteur principal, sans qu'elles soient solidaires entre elles, la solidarité ne devrait pas entraver le bénéfice de division. Une jurisprudence constante retient pourtant la solution inverse, sauf convention contraire[6]. Une clause expresse restaurant le bénéfice de division est donc nécessaire, dans ce cas, pour que la contribution de chaque caution soit limitée à leur part dans la dette.

---

1. Sur ce bénéfice, v. ss 279 s.
2. Sur ces effets, v. ss 299.
3. Cet effet peut également être obtenu en faisant souscrire aux cofidéjusseurs une clause de renonciation au bénéfice de division (C. civ., art. 2303).
4. Mais pas identique pour autant, car les cofidéjusseurs bénéficient d'avantages dont ne bénéficient pas les codébiteurs solidaires, telle l'exception de défaut de subrogation : v. ss 366 s.
5. Civ. 2e, 8 sept. 2005, *Bull. civ.* II, n° 211 ; *D.* 2005. IR 2407 ; X. Delpech ; *RJDA* 12/2005, n° 1387 (la circonstance que l'assureur de la caution aurait pu, le cas échéant, prendre en charge le solde du prêt ne peut priver le créancier de son droit d'agir contre les débiteurs principaux).
6. La Cour de cassation a jugé à plusieurs reprises que, lorsque plusieurs personnes se sont portées cautions solidaires d'un même débiteur pour une même dette, elles ne peuvent, sauf convention contraire, opposer au créancier le bénéfice de division, même si aucune solidarité des cautions entre elles n'a été stipulée (Civ. 1re, 27 juin 1984, *Bull. civ.* I, n° 213 ; Com. 7 janv. 1992, *Bull. civ.* IV, n° 1 ; Com. 11 déc. 2001, *Bull. civ.* IV, n° 195).

128. ***L'exclusion des deux exceptions (de discussion et de division)***. Dès lors que chaque caution est solidaire avec le débiteur principal et que les cautions sont solidaires entre elles, la solidarité exclut tant le bénéfice de discussion que le bénéfice de division. Ce cas sera, sans doute, le plus fréquent dès lors que le créancier est en mesure de l'imposer.

129. ***Qualification des situations***. Comment savoir s'il y a solidarité et laquelle des figures précédemment décrites elle emprunte ?

Sauf présomption commerciale de solidarité, la solidarité du cautionnement est subordonnée à une *stipulation expresse* (C. civ., art. 1202) [1]. Par application de ce principe, il est nécessaire que la stipulation contractuelle vienne préciser dans quel(s) rapport(s) la solidarité s'inscrit. Or, les actes de cautionnement se contentent souvent d'une formule générale, tel que « cautionnement solidaire ».

§ 2. Caractère propre au contrat de cautionnement : son caractère accessoire renforcé

130. Le cautionnement développe un caractère spécifique : le caractère accessoire [2], que l'on nommera *renforcé* [3].

Le caractère accessoire du cautionnement n'est pas expressément affirmé et encore moins défini par le législateur [4]. En réalité, il n'est appréhendé par les textes gouvernant le droit du cautionnement qu'à travers certaines de ses *manifestations*, tout au long de la vie du cautionnement, de sa formation à son extinction. C'est tout particulièrement le cas des articles 2289 (anc. art. 2012), 2290 (anc. art. 2013) et 2313 (anc. art. 2036) du Code civil [5].

131. L'obligation de la caution a partie liée avec l'obligation garantie. Le caractère accessoire du cautionnement signifie ainsi que la caution ne s'engage que *parce que* et *dans la mesure* où le débiteur principal est obligé envers le créancier : l'engagement de la caution est calqué [6] en tout instant sur l'engagement du débiteur. Pour autant, il convient d'éviter l'erreur d'attribuer à ce caractère accessoire spécifique une ampleur ou un rôle qu'il n'a pas.

132. D'une part, il doit être **distingué du caractère accessoire inhérent à la notion même de garantie**. Certaines solutions gouvernant le contrat de cautionnement s'expliquent

1. Sauf disposition légale contraire (par ex., C. consom., art. L. 313-8 et L. 341-3), la solidarité n'a pas besoin d'être mentionnée à la main par la caution. Une stipulation imprimée suffit à respecter l'exigence de l'article 1202 du Code civil (Civ. 1re, 31 janv. 1989, *Bull. civ.* I, n° 45 ; Civ. 1re, 26 nov. 1991, *Bull. civ.* I, n° 330).

2. V. not., M. Cottet, *Essai critique sur la théorie de l'accessoire en droit privé*, LGDJ, 2013 ; D. Grimaud, *Le caractère accessoire du cautionnement*, PUAM, 2001 ; D. Houtcieff, « La remise en cause du caractère accessoire du cautionnement », *RD banc. fin.* 2012, dossier 38 ; F. Rouvière, « Le caractère subsidiaire du cautionnement », *RTD com.* 2011. 689 ; Ph. Simler, « Le cautionnement est-il encore une sûreté accessoire ? », *in Mélanges Goubeaux*, Dalloz-LGDJ, 2009, p. 497 ; Ph. Simler, « Les principes fondamentaux du cautionnement : entre accessoire et autonomie », *BICC* 15 oct. 2013 ; H. Westendorf, *Le transfert des sûretés*, Defrénois, coll. Doctorat et notariat, 2015.

3. Sur la justification de ce qualificatif, cf. M. Bourassin, *L'efficacité des garanties personnelles*, LGDJ, 2006, spéc. nos 302 et 303.

4. L'article 2293 (anc. art. 2016) du Code civil vise les « accessoires » de la dette garantie. Mais ceux-ci ne doivent pas être confondus avec le caractère accessoire du cautionnement.

5. V. ss 174 s., 183 s., 343 s.

6. Toutefois, la liberté contractuelle permet de moduler l'engagement de la caution par rapport à l'engagement principal, celui-là pouvant être moins important que celui-ci : v. ss 187 s.

aisément par le *caractère accessoire commun aux garanties*[1], et non par son caractère accessoire renforcé, en particulier l'exigence d'une obligation principale à laquelle l'obligation de garantir vient s'adjoindre ou la transmission du cautionnement en cas de cession de la créance garantie (C. civ., art. 1692).

133. D'autre part, il convient de souligner que cette **« accessoriété »**[2] **spécifique du cautionnement**, que nous proposons de qualifier de renforcée, est elle-même susceptible de plusieurs sens et de différents degrés. En effet, le terme « accessoire » développe communément deux significations[3]. Ce qui est accessoire est ce qui est dépendant, mais également ce qui est secondaire, subsidiaire, subalterne. Dans une certaine mesure, les deux sens du terme « accessoire » se déploient dans le contrat de cautionnement.

En premier lieu, le cautionnement est accessoire en ce que l'obligation de la caution est dans la totale *dépendance* de l'obligation principale.

En second lieu, le cautionnement est accessoire en ce que la caution est un débiteur de second rang, *subsidiaire*. Le caractère subsidiaire du cautionnement, bien que discuté, est présent, à tort ou à raison, de façon sous-jacente dans l'esprit des cautions profanes, et semble transparaître dans l'article 2288 (anc. art. 2011) du Code civil qui prévoit, *in fine*, que la caution s'engage à acquitter la dette du débiteur, si ce dernier « n'y satisfait pas lui-même ». En outre, ce caractère explique sans doute l'existence de certaines faveurs particulières accordées à la caution : en particulier, le bénéfice de discussion offert à la caution simple par l'article 2298 (anc. art. 2021) du Code civil[4], le recours avant paiement contre le débiteur prévu par l'article 2309 (anc. art. 2032) du Code civil[5], l'exception de défaut de subrogation de l'article 2314 (anc. art. 2037) du Code civil[6], ou encore la faveur octroyée à la caution par l'article 2315 (anc. art. 2038) du Code civil[7].

Les principales manifestations du caractère accessoire renforcé du cautionnement seront exposées (A) avant que ses fondements ne soient approfondis (B).

A. Les principales manifestations du caractère accessoire renforcé du cautionnement

C. civ., art. 2289 (anc. art. 2012). – Le cautionnement ne peut exister que sur une obligation valable.
On peut néanmoins cautionner une obligation, encore qu'elle pût être annulée par une exception purement personnelle à l'obligé ; par exemple, dans le cas de minorité.
C. civ., art. 2290 (anc. art. 2013). – Le cautionnement ne peut excéder ce qui est dû par le débiteur, ni être contracté sous des conditions plus onéreuses.
Il peut être contracté pour une partie de la dette seulement, et sous des conditions moins onéreuses.
Le cautionnement qui excède la dette, ou qui est contracté sous des conditions plus onéreuses, n'est point nul : il est seulement réductible à la mesure de l'obligation principale.

---

1. V. ss 39.
2. À la suite de M. Simler, nous employons, à des fins pédagogiques, ce néologisme.
3. Cf. définition du *Petit Robert*.
4. « La caution n'est obligée envers le créancier à le payer qu'à défaut du débiteur, qui doit être préalablement discuté dans ses biens… ». Sur ce bénéfice, v. ss 279 s.
5. V. ss 323 s.
6. V. ss 366 s.
7. « L'acceptation volontaire que le créancier a faite d'un immeuble ou d'un effet quelconque en paiement de la dette principale décharge la caution, encore que le créancier vienne à en être évincé » ; v. ss 347.

C. civ., art. 2313 (anc. art. 2036). – La caution peut opposer au créancier toutes les exceptions qui appartiennent au débiteur principal, et qui sont inhérentes à la dette.
Mais elle ne peut opposer les exceptions qui sont purement personnelles au débiteur.

134. Le caractère accessoire renforcé du cautionnement développe ses effets pendant tout le cours de la vie du contrat. De sa conclusion jusqu'à son extinction, il imprègne l'ensemble du régime du contrat de cautionnement.

Si ces manifestations du caractère accessoire feront principalement l'objet de développements lors de l'étude de la conclusion du contrat de cautionnement [1], ainsi que de ses effets [2] et de son extinction [3], les principales d'entre elles peuvent être brièvement exposées ici.

135. Les conséquences du caractère accessoire tiennent principalement en trois règles, cristallisées dans les articles 2289 (anc. art. 2012), 2290 (anc. art. 2013) et 2313 (anc. art. 2036) du Code civil.

En premier lieu, « le cautionnement ne peut exister que sur une obligation valable » (C. civ., art. 2289). Ainsi, sauf exception, la nullité ou l'inexistence de l'obligation principale entraîne la caducité du cautionnement.

En deuxième lieu, le cautionnement ne peut excéder, ni quantitativement (par son montant ou sa durée), ni qualitativement (par des conditions plus onéreuses ou plus rigoureuses), ce qui est dû par le débiteur (C. civ., art. 2290).

En troisième lieu, la caution peut opposer au créancier toutes les exceptions, c'est-à-dire tous les moyens de défense, « qui appartiennent au débiteur principal et qui sont inhérentes à la dette. Mais elle ne peut opposer les exceptions qui sont purement personnelles au débiteur » (C. civ., art. 2313). L'article 2289, alinéa 2, du Code civil fournit un exemple d'exception purement personnelle, à savoir la minorité du débiteur, qui ne saurait donc être opposée par la caution pour se délier de son propre engagement. Alors que la doctrine et la jurisprudence, dans leur majorité, considéraient que la notion d'exception purement personnelle ne devait dès lors recevoir application qu'aux seules hypothèses d'incapacité, à l'exclusion, notamment, de vices affectant le consentement du débiteur [4], un arrêt rendu par une chambre mixte de la Cour de cassation, le 8 juin 2007, a au contraire décidé que « la caution ne peut opposer les exceptions qui sont purement personnelles au débiteur principal » et en a déduit qu'elle « n'était pas recevable à invoquer la nullité relative tirée du dol affectant le consentement du débiteur principal » [5]. L'impact de ce revirement sur le caractère accessoire du cautionnement sera mesuré plus loin [6].

B. Les fondements du caractère accessoire renforcé du cautionnement

136. Les manifestations tangibles du caractère accessoire renforcé du cautionnement ont leur siège dans la loi. Si la volonté du législateur suffit à fonder ces règles, elle ne

---

1. V. ss 173 s., 210 s.
2. V. ss 304 s.
3. V. ss 343 s.
4. Civ. 3e, 11 mai 2005, *Bull. civ.* III, n° 101 (la caution, qui demande à être déchargée de son engagement, peut faire constater la nullité du contrat principal pour dol dès lors qu'elle peut opposer au créancier toutes les exceptions inhérentes à la dette).
5. Cass., ch. mixte, 8 juin 2007, *Bull. ch. mixte* n° 5, confirmé par Com. 22 mai 2013, inédit, n° 11-20398.
6. V. ss 148.

dispense pas d'en rechercher les raisons d'être, la compréhension de ce trait majeur du contrat de cautionnement étant indispensable à l'intelligibilité du régime de ce contrat.

Le caractère accessoire spécifique du cautionnement ne se laisse pas aisément dévoiler. Sans en révéler tous les arcanes, ses ressorts les plus saillants peuvent être mis au jour.

137. Au-delà des raisons historiques, assurément très fructueuses mais souvent difficiles à démêler, expliquant « l'accessoriété » du cautionnement, celui-ci s'arrachant peu à peu à l'attraction de la solidarité passive [1], deux directions, qui se complètent, peuvent sans doute être empruntées pour tenter d'expliquer la dépendance particulière qu'entretient l'obligation de la caution avec l'obligation principale garantie.

138. En premier lieu, le caractère accessoire du cautionnement puise sa source dans *la structure même de l'engagement* de la caution, son objet consistant en la dette même du débiteur principal. Le principe de *l'unicité de la dette* explique ainsi, en partie, « l'accessoriété » renforcée du cautionnement (1°).

139. Le cautionnement partageant avec la solidarité passive (C. civ., art. 1200 s.) le principe de l'unicité de la dette, les solutions issues de ce principe se retrouvent, pour l'essentiel, dans ces deux garanties. Toutefois, le cautionnement développe un caractère accessoire supérieur à celui de la solidarité passive.

140. En effet, le caractère accessoire du cautionnement relève, en second lieu, d'une *faveur légale pour le garant.* En effet, certaines manifestations de ce caractère ne peuvent se déduire de la structure juridique de l'engagement. Elles constituent le fruit de véritables dérogations aux règles du droit commun des obligations, en particulier au principe de l'effet relatif des contrats (2°). Ces dérogations qu'illustre, en outre, le caractère subsidiaire du cautionnement, expriment la faveur légale dont fait l'objet l'engagement de la caution.

Ces deux directions doivent être davantage explorées.

1° Le principe de l'unicité de la dette de la caution et du débiteur principal

141. La doctrine majoritaire fonde le caractère accessoire du cautionnement sur la structure de l'engagement de la caution. L'obligation de la caution ne serait, en définitive, que *l'obligation même du débiteur principal*, cette obligation ayant, en quelque sorte, rayonné jusqu'à la caution par l'effet de la volonté de cette dernière. Dit autrement, il n'y aurait pas, à proprement parler, deux obligations distinctes, mais une obligation cautionnée, le fait d'être « cautionnée », c'est-à-dire garantie, constituant une qualité, une manière d'être de l'obligation principale. La lettre de l'article 2288 (anc. art. 2011) du Code civil disposant que « celui qui se rend caution d'une obligation se soumet à satisfaire à *cette* [2] obligation » va certainement dans le sens de cette analyse. En effet, cette disposition met l'accent sur le fait que la caution est appelée à payer quelque chose qui lui est étranger, la dette de quelqu'un d'autre. La caution n'est pas seulement tenue à une même dette que celle du débiteur principal, au sens d'une dette similaire dans ses caractéristiques et/ou son montant, mais est véritablement tenue de la dette même du débiteur principal.

---

1. Sur ces passionnantes perspectives historiques, v. not. M. Mignot, *Les obligations solidaires et les obligations* in solidum *en droit privé français*, Dalloz, coll. « Nouvelle Bibliothèque de Thèses », 2002.

2. C'est nous qui soulignons.

142. Si cette analyse est éclairante, elle n'en reste pas moins incomplète. D'abord, parce qu'elle ne rend pas parfaitement compte de la complexité et de la spécificité de l'engagement de la caution, celui-ci ne se réduisant pas à l'obligation même du débiteur principal. Ensuite, parce qu'elle met insuffisamment l'accent sur les composantes plurielles de la notion d'obligation. Le dualisme de l'obligation rend complexe l'appréciation du principe de l'unicité de la dette de la caution et du débiteur principal (a). Il conviendra de mesurer les enjeux de l'analyse dualiste de l'obligation appliquée au cautionnement (b).

a) La complexité du principe tenant à l'analyse dualiste de l'obligation

143. ***L'obligation de la caution est, à la fois, plus et autre chose que l'obligation du débiteur principal.*** À la suite des travaux innovants de Christian Mouly [1], la doctrine contemporaine s'accorde pour reconnaître que l'obligation de la caution ne consiste pas seulement, ni même peut-être principalement, dans le paiement de ce qui est dû par le débiteur principal. En amont de ce paiement, seulement hypothétique, l'engagement de la caution consiste, plus abstraitement, en l'octroi d'une garantie de paiement au créancier, c'est-à-dire lui procurer la confiance nécessaire que requiert l'octroi de crédit au débiteur principal. Avant même d'avoir à acquitter la dette du débiteur, ce qui, au demeurant, ne se produira peut-être pas, la caution est ainsi déjà tenue, à l'image de l'assureur qui, avant de régler le sinistre garanti, est tenu, dès la conclusion du contrat, de couvrir un risque pendant une certaine période [2]. L'engagement de la caution a pu ainsi être scindé en deux obligations distinctes : une *obligation dite « de couverture »* par laquelle la caution s'engage à couvrir, c'est-à-dire à garantir, les dettes à venir du débiteur principal, et une *obligation dite de règlement* par laquelle la caution est tenue de payer chacune des dettes du débiteur entrant dans le champ de la couverture [3], nées et non acquittées par le débiteur. Cette dualité des obligations de la caution, bien qu'elle apparaisse au grand jour en présence d'un cautionnement de dettes futures [4], est sous-jacente dans tout cautionnement, y compris lorsqu'il porte sur des dettes présentes. Certes, d'aucuns pourront réfuter le caractère d'obligation conféré à l'obligation de couverture de la caution, au motif qu'elle n'exigerait rien de la caution, ni de donner quelque chose, ni de faire quelque chose, ni même de ne pas faire quelque chose, et qu'en outre le créancier ne peut pas, à proprement parler, en poursuivre l'exécution forcée [5]. Il n'en reste pas moins que cette obligation de garantir constitue un effet obligatoire du contrat de cautionnement, qu'elle constitue un élément tangible de la confiance apportée par une telle convention au créancier, et qu'elle est « palpable » sur le plan fiscal ou économique [6]. L'obligation de la caution est, ainsi, à la fois plus et autre chose que l'obligation du débiteur principal.

144. ***L'obligation comporte plusieurs composantes.*** La notion même d'obligation s'avère rétive à l'uniformité. Objet juridique éminemment complexe, l'obligation est

1. En particulier, *Les causes d'extinction du cautionnement*, LGDJ, 1979.
2. Sur la notion de prestation de garantir, cf. not. N. Kanayama, « Donner et garantir – un siècle après ou une autre histoire », *in Études offertes à J. Ghestin*, LGDJ, 2001, p. 473.
3. À l'image des risques (par exemple incendie, vol, dégâts des eaux...) couverts par l'assurance.
4. Sur la portée de l'obligation de couverture, particulièrement en cas de cautionnement de dettes futures, v. ss 387 s.
5. Cf. P. Ancel, « Force obligatoire et contenu obligationnel du contrat », *RTD civ.* 1999. 771.
6. Ainsi, les cautionnements souscrits par certaines sociétés, et non encore exécutés, doivent-ils figurer au bilan comptable, de même que les compagnies d'assurance doivent provisionner les risques couverts par les contrats qu'elles ont souscrits.

sujette à plusieurs interprétations. Ainsi, à l'analyse univoque de l'obligation, s'oppose ce qu'il est convenu d'appeler *l'analyse dualiste de l'obligation*, inspirée des travaux de la doctrine germanique. Ce terme générique d'analyse dualiste comprend, en réalité, de nombreuses variantes qui, sous couvert d'un trait commun consistant à distinguer deux, voire plusieurs, composantes distinctes de l'obligation juridique, présentent des différences, souvent subtiles et complexes [1]. Certains apports de la théorie dualiste de l'obligation peuvent expliquer et éclairer la structure complexe de l'engagement de la caution.

La doctrine allemande, partisane de la théorie dualiste de l'obligation, distingue deux composantes de l'obligation. En premier lieu, la *Schuld* (ou *debitum*) que l'on peut traduire par le terme « dette ». Elle désigne le devoir qui incombe à la personne obligée d'accomplir une prestation au profit d'une autre, c'est-à-dire le rapport de créance ou de dette lui-même. En second lieu, à ce *devoir qui pèse sur l'obligé*, correspond un droit au profit du créancier de l'obligation, c'est-à-dire le droit de recevoir la prestation promise. Ce droit trouve son complément naturel et nécessaire dans la possibilité de contraindre le débiteur à l'exécution de la prestation due. C'est précisément ce pouvoir de contrainte, ce *droit de poursuite* qui constituerait la seconde composante de l'obligation, appelée *Haftung* (ou *obligatio*). Si ces deux composantes de l'obligation sont fréquemment confondues et n'apparaissent guère à la vie juridique, il est des hypothèses où la dualité prend tout son sens. Ainsi, l'analyse de la prescription extinctive en offre-t-elle une illustration souvent évoquée : lorsqu'une dette est frappée par la prescription, seul le droit de poursuite du créancier est éteint, paralysé, c'est-à-dire la composante *Haftung* de l'obligation. En revanche, le rapport de dette lui-même, le droit substantiel au sens de *Schuld* demeure intact, ce qui expliquerait, notamment, que le débiteur, dont la dette est prescrite, qui acquitte néanmoins sa dette entre les mains du créancier, ne peut exercer contre ce dernier la répétition de l'indu, car en payant il n'a fait qu'acquitter ce qu'il devait [2].

145. La doctrine dualiste s'est intéressée au cautionnement car elle pensait y trouver une illustration de sa conception de l'obligation. En effet, constatant que la caution, en s'engageant, se met au service d'un rapport de créance qui lui est extérieur, elle en a déduit que l'obligation de la caution envers le créancier présenterait l'originalité de n'inclure qu'une seule des deux composantes de l'obligation : la caution n'offrirait qu'un pouvoir de contrainte au créancier, le droit pour celui-ci de poursuivre la caution, c'est-à-dire l'*Haftung*. En revanche, la *Schuld*, le devoir pesant sur la caution, serait celle du débiteur principal. Il n'y aurait, dans l'opération de cautionnement, qu'un *unique rapport de dette*, qu'un seul droit substantiel (*Schuld*) et deux engagements distincts, *deux pouvoirs de contrainte* offerts au créancier (*Haftung*). Dit autrement, l'obligation de la caution ne serait pas dotée d'une *Schuld* qui lui est propre ; elle n'aurait qu'une *Schuld* d'emprunt, greffée ; le cautionnement réalise « une mise en commun de la dette » [3].

Cette dualité de l'obligation de la caution est remarquablement mise en lumière dans un arrêt de la chambre commerciale de la Cour de cassation en date du 22 mai 2007 [4]. Les engagements d'un crédit-preneur avaient été cautionnés. À la suite de la défaillance de ce crédit-preneur, un protocole d'accord avait été conclu entre les parties au contrat de

---

1. Il y a presque autant d'analyses de type dualiste de l'obligation que d'auteurs, peu nombreux, qui s'y sont intéressés.

2. Rappr. M. Bandrac, *La nature juridique de la prescription extinctive en matière civile*, Economica, 1986.

3. Ph. Briand, thèse préc., p. 257.

4. Com. 22 mai 2007, *Bull. civ.* IV, n° 136.

crédit-bail aux termes duquel les crédit-bailleurs renonçaient « à intenter quelque action en justice que ce soit » contre le crédit-preneur, « sans pour autant renoncer aux actions à l'encontre des cautions solidaires ». Les crédit-bailleurs ayant actionné la caution en paiement, celle-ci s'y opposa et obtint gain de cause devant les juridictions du fond. Leur décision fut cassée, au visa de l'article 1134 du Code civil, au motif que « la renonciation par le créancier au droit à agir en paiement contre le débiteur principal n'emporte pas extinction de l'obligation principale ni du recours de la caution contre ce débiteur, de sorte que la clause précitée ne fait pas obstacle aux poursuites du créancier contre la caution solidaire ». La Cour de cassation opère ainsi clairement la distinction entre l'obligation elle-même et le droit de poursuite du créancier. Elle illustre, en outre, d'une part, l'existence d'une même et unique obligation pesant sur le débiteur principal et la caution et, d'autre part, l'existence d'une altérité des droits de poursuite pesant sur le débiteur principal et la caution. Ainsi les vicissitudes affectant le droit de poursuivre le débiteur principal, y compris lorsqu'elles sont la conséquence d'un accord passé entre le débiteur principal et le créancier, n'entament pas le droit, distinct, de poursuivre la caution[1].

b) Les enjeux de l'analyse dualiste de l'obligation de la caution

146. ***Au titre de la Schuld.*** La mise en lumière de la *Schuld*, qui imprègne peu ou prou les développements d'une fraction de la doctrine[2], présente le mérite d'expliquer que la caution puisse prétendre ne pas avoir à verser plus que ce que doit le débiteur (C. civ., art. 2290, anc. art. 2013), de même qu'elle justifie que la caution puisse se prévaloir, en principe, de tous les arguments susceptibles de remettre en cause l'existence d'un devoir à la charge du débiteur principal (C. civ., art. 2313, anc. art. 2036).

---

1. Le caractère solidaire du cautionnement ne peut sans doute pas expliquer la solution rendue en l'espèce. Certes, la caution solidaire est privée du bénéfice de discussion (v. ss 297), de sorte que, quand bien même le droit de poursuite contre le débiteur serait resté intact, elle n'aurait pu s'opposer à ce que le créancier la poursuive en premier sans exercer, au préalable, son droit de poursuite contre le débiteur. Mais l'absence de bénéfice de discussion et la disparition du droit de poursuite contre le débiteur ne sont pas équivalentes. En effet, la première ne fait pas obstacle au recours subrogatoire, alors que la seconde pourrait y faire obstacle, la caution conservant à tout le moins son recours personnel. De plus, la perte du bénéfice de discussion autorise le créancier à se tourner en premier vers la caution, tandis que la perte du droit de poursuite oblige le créancier à se tourner exclusivement contre la caution (rappr. Com. 22 mai 2007, inédit, n° 06-13587 ; *RLDC* 2007, n° 40, p. 31, obs. G. Marraud des Grottes, distinguant expressément le défaut de bénéfice de discussion et l'opposabilité des exceptions appartenant au débiteur principal). En outre, l'attendu de principe (rendu au visa de l'article 1134 du Code civil relatif à la force obligatoire, et non au visa de l'article 2298 du Code civil (anc. art. 2021) refusant le bénéfice de discussion aux cautions solidaires) s'appuie très clairement sur l'analyse dualiste de l'obligation, et non sur le caractère solidaire du cautionnement. Au demeurant, en présence, comme en l'espèce, d'un débiteur placé en définitive en liquidation judiciaire, il est fort probable que l'existence ou non du bénéfice de discussion n'emporte aucune différence concrète.

Toutefois, il est vrai qu'il n'est pas certain qu'une solution identique puisse être rendue en présence d'une caution simple, celle-ci jouissant du bénéfice de discussion. Or, si le bénéfice de discussion n'est pas d'ordre public, en revanche, seul l'accord des parties (et non la décision unilatérale du créancier, ni l'accord entre le créancier et le débiteur principal) peut en priver la caution simple. De sorte qu'il est possible que cette solution soit refusée en présence d'une caution simple. Au demeurant, un commentateur de l'arrêt estime, encore, que la solution admise par l'arrêt est tout autant critiquable à l'encontre des cautions solidaires : toute remise, quel qu'en soit l'objet (dette ou poursuite), ne pouvant être consentie qu'assortie d'une réserve des droits de la caution lorsqu'elle est accordée en dehors d'une procédure de traitement des difficultés du débiteur (v. O. Desayes, *D.* 2007. 2003).

2. V. not. M. Behar-Touchais, « Le banquier et la caution face à la défaillance du débiteur », *RTD civ.* 1993. 737 ; F. Jacob, *Le constitut ou l'engagement autonome de payer la dette d'autrui à titre de garantie*, LGDJ, 1998, p. 60 s.

147. ***Au titre de l'Haftung***. L'analyse dualiste de l'obligation de la caution aurait, également, l'important mérite de montrer que le principe d'unicité de la dette du débiteur principal et de la caution, à lui seul, ne suffit pas à déterminer avec exactitude les effets du caractère accessoire spécifique du cautionnement. En effet, si l'on suit cette analyse, le lien obligatoire, au sens d'*Haftung*, unissant la caution et le créancier, devrait être indifférent aux vicissitudes affectant le lien obligatoire, au sens d'*Haftung*, unissant le débiteur principal et le créancier, et ne devrait avoir d'autres limites que celles que la volonté des parties au contrat de cautionnement lui assigne.

Dès lors, puisque le pouvoir de contrainte du créancier contre la caution (*Haftung*) est autonome de celui dont dispose le créancier contre le débiteur principal, le droit de poursuite contre la caution devrait pouvoir être affecté de modalités distinctes de celles caractérisant le droit de poursuite contre le débiteur principal, par exemple un terme distinct ou un délai de prescription différent. Autrement dit, le principe d'unicité de la dette n'interdirait pas que la caution pût s'engager à des *conditions qualitatives plus onéreuses que le débiteur*, par exemple en ayant un terme plus court que celui dont dispose le débiteur, ce que n'autorise pourtant pas le droit positif (C. civ., art. 2290 ; anc. art. 2013)[1]. De même, il était admis, avant que n'intervienne l'arrêt de la chambre commerciale de la Cour de cassation du 22 mai 2007 analysé plus haut[2] que la caution pouvait, en principe, invoquer toutes *les exceptions affectant le droit de poursuite contre le débiteur*[3], par exemple la prescription frappant la dette du débiteur ou la prorogation du terme accordée au débiteur. Le principe d'unicité de la dette paraît expliquer cette solution. Cependant, là encore, l'analyse duale de l'obligation de la caution pourrait justifier une solution différente que semble entériner l'arrêt précité, du moins dans le cas d'une renonciation du créancier à son droit de poursuite contre le débiteur. La caution ne pourrait soulever une exception de renonciation appliquée au droit de poursuite.

Aussi, certaines des solutions du droit positif, qui se présentent comme directement et nécessairement déduites du caractère accessoire du cautionnement, puisent-elles leurs sources en dehors de la structure même de l'obligation de la caution qui, analysée sous sa forme duale, pourrait conduire à des solutions contraires.

2° Des dérogations au droit commun des obligations fondées sur une faveur légale

148. ***Des dérogations au principe de l'effet relatif des contrats***. Presque davantage un constat qu'une réelle explication, il faut souligner que certaines solutions développées par le caractère accessoire du cautionnement constituent de réelles dérogations au droit commun des obligations. Ces dérogations constituent une faveur légale pour la caution. Elles mettent en lumière le particularisme de la situation de la caution par rapport à celle du codébiteur solidaire, alors que l'engagement de ces deux personnes repose sur une structure identique, marquée par le principe d'unicité de la dette[4]. Cette faveur légale s'induit d'une politique législative destinée à atténuer la rigueur de l'engagement de la caution.

Cette faveur se traduit par des dérogations au *principe de l'effet relatif des contrats*, qui implique qu'un tiers – la caution – ne devrait pas pouvoir s'immiscer dans une convention – celle unissant le débiteur et le créancier – à laquelle il n'est pas partie. Ainsi, la faculté

---

1. Sur cette solution, v. ss 183.
2. V. ss 145.
3. Sur ce principe, v. ss 183 s.
4. V. ss 141, et. spéc. M. Mignot, thèse préc.

reconnue à la caution, simple comme solidaire, de pouvoir soulever, en lieu et place du débiteur principal, la résolution judiciaire pour mauvaise exécution de la convention unissant ce dernier au créancier[1] ou la compensation entre les dettes réciproques du créancier et du débiteur principal[2], constitue-t-elle une dérogation avérée à l'effet relatif des contrats.

Toutefois, un arrêt rendu par une chambre mixte de la Cour de cassation le 8 juin 2007 est venu contrecarrer cette faveur en jugeant que « la caution ne peut opposer les exceptions qui sont purement personnelles au débiteur principal [et] que [la caution] qui n'avait pas été partie [au contrat principal], n'était pas recevable à invoquer la nullité relative tirée du dol affectant le consentement du débiteur principal et qui, destinée à protéger ce dernier, constituait une exception purement personnelle »[3]. Bien que ce très important arrêt laisse planer le doute, il semble qu'en l'espèce la possibilité d'invoquer la nullité relative a été refusée à la caution parce que cette nullité n'avait pas déjà été prononcée à l'initiative du débiteur principal et que la caution n'avait pas la qualité pour la requérir à sa place ou en son propre nom[4]. En revanche, l'arrêt devrait laisser intacte la possibilité pour la caution d'invoquer le bénéfice de la nullité du contrat principal, dès lors qu'elle a déjà été prononcée, notamment pour vice du consentement du débiteur. En effet, en vertu de l'esprit, sinon de la lettre, de l'article 2289, alinéa 2, du Code civil[5], l'inopposabilité par la caution des annulations pour exception purement personnelle au

---

1. Civ. 1re, 20 déc. 1988, *Bull. civ.* I, n° 368 ; *D.* 1989. 166, note L. Aynès ; *RTD civ.* 1989. 598, obs. M. Bandrac.

2. Civ. 1re, 1er juin 1983, *Bull. civ.* I, n° 165 ; *D.* 1984. 152, note J.-L. Aubert ; *RTD civ.* 1984. 330, obs. Ph. Rémy ; Com. 26 oct. 1999, *Bull. civ.* IV, n° 181.

Il importe de souligner le manque de cohérence entre cette jurisprudence admettant l'opposabilité de l'exception de compensation et un arrêt rendu par la chambre commerciale de la Cour de cassation, le 22 septembre 2009 (inédit, n° 08-10389), aux termes duquel la rupture abusive du crédit consenti au débiteur principal, ouvrant à celui-ci un droit à des dommages et intérêts pouvant se compenser avec sa propre dette, ne constitue pas une exception inhérente à la dette et n'est donc pas opposable au créancier par la caution.

3. Cass., ch. mixte, 8 juin 2007, *Bull. ch. mixte*, n° 5 ; v. déjà en ce sens, Paris, 19 févr. 1999, *Juris-Data* n° 1999-020314. Rappr. Civ. 1re, 20 janv. 1998, n° 96-10433, jugeant que « la nullité édictée par l'article 1427, précité, est une nullité relative qui ne peut être invoquée que par le conjoint victime du dépassement des pouvoirs et que, dès lors, M. Arbrun [caution solidaire] n'avait pas qualité pour exercer cette action ». Mais, en l'espèce, la caution était en même temps l'auteur de l'acte effectué en dépassement de pouvoir, de sorte que lui permettre, en qualité de caution, d'en demander la nullité allait à l'encontre de la solution lui refusant, en qualité d'époux, ce droit de demander la nullité ; *contra* : Civ. 3e, 11 mai 2005, *Bull. civ.* III, n° 101.

4. Cette interprétation est accréditée par un arrêt rendu en 2013 par la chambre commerciale, qui confirme la solution de 2007 en insistant sur le défaut de qualité à agir de la caution : « ayant énoncé que la nullité pour dol du contrat de prêt constitue une exception purement personnelle que seul le débiteur principal peut invoquer, puis constaté que ce dernier faisait valoir dans la présente instance ses droits et actions, c'est exactement que la cour d'appel a retenu que les associés de la SNC (cautions), tiers au contrat de prêt conclu entre cette dernière et le CDE, n'avaient pas qualité pour en poursuivre la nullité pour dol et qu'ils ne le pouvaient davantage par la voie de l'action oblique » (Com. 22 mai 2013, inédit, n° 11-20398).

5. La lettre de l'article 2289, alinéa 2, du Code civil autorise diverses dérogations au caractère accessoire renforcé du cautionnement, puisque la minorité n'y est citée qu'à titre d'illustration des exceptions purement personnelles au débiteur, comme en témoigne l'emploi de l'expression « par exemple ». Une interprétation restrictive de ce texte devrait au contraire s'imposer en s'attachant à son esprit. La dérogation au caractère accessoire qu'il impose, en présence d'un débiteur mineur, s'explique pour une raison d'opportunité, à savoir faciliter le crédit aux incapables (v. ss 178, 179). Comme cette raison ne se retrouve pas dans les autres causes de nullité relative du contrat principal, en particulier les vices du consentement du débiteur, il conviendrait de ne pas les soumettre à la dérogation de l'alinéa 2 de l'article 2289 du Code civil, mais au principe de l'alinéa précédent, c'est-à-dire de permettre à la caution de les opposer au créancier.

débiteur devrait rester limitée à l'hypothèse de l'incapacité du débiteur. Dit autrement, l'arrêt porte certainement atteinte au caractère accessoire renforcé du cautionnement (alors que le contrat principal pourrait être annulé, la caution doit honorer son engagement), mais, ne le remettant pas en cause en toute hypothèse mais seulement lorsque la nullité relative du contrat principal n'a pas déjà été prononcée à l'initiative du débiteur lui-même, il paraît excessif d'en déduire « une révolution en droit du cautionnement »[1]. Le déficit de protection qui en résulte pour les cautions mérite également d'être relativisé, puisque le manquement du créancier à son obligation d'information précontractuelle vis-à-vis du débiteur peut être sanctionné sur un autre fondement que le dol. La Cour de cassation a en effet jugé le 23 septembre 2014 que « le caractère contractuel d'un manquement n'exclut pas qu'il soit en relation directe avec un dommage subi par un tiers au contrat », en l'occurrence une caution, qui peut ainsi « invoquer, sur le fondement de la responsabilité délictuelle, un manquement contractuel dès lors que ce manquement lui a causé un dommage »[2].

149. ***Dérogations au droit commun des obligations et caractère subsidiaire du cautionnement.*** En outre, et bien que, là encore, il s'agisse plus d'un constat que d'une réelle explication, les dérogations au droit commun des obligations, favorables à la caution, illustrent le *caractère subsidiaire du cautionnement*[3]. En effet, la caution étant considérée comme un débiteur de second rang, il semble logique qu'elle ne puisse être poursuivie alors que le débiteur ne peut pas l'être en raison, par exemple, d'un terme plus avantageux, ou encore que la caution ne soit pas tenue purement et simplement dès l'instant où le débiteur principal n'est tenu que de manière conditionnelle. Le caractère subsidiaire du cautionnement pourrait également, sinon justifier, du moins légitimer le fait que la caution puisse soulever les moyens personnels dont dispose le débiteur principal pour ne pas exécuter son engagement, dans la mesure où il n'est guère cohérent ni équitable qu'un débiteur de second rang doive acquitter une dette alors que son débiteur principal aurait les moyens de s'y soustraire s'il était appelé par le créancier[4].

150. ***Signification du caractère accessoire renforcé du cautionnement.*** Le caractère accessoire spécifique du contrat de cautionnement signifie donc que l'engagement de la caution est, à la fois, *dépendant* de l'obligation principale en raison du principe de l'unicité de la dette, et *subsidiaire*, en raison d'une faveur légale pour la caution, débiteur de second rang.

151. ***Portée du caractère accessoire renforcé du cautionnement.*** Le caractère légal et dérogatoire de la faveur faite aux cautions induit deux conséquences : d'une part, le législateur peut, ponctuellement et pour servir d'autres intérêts jugés supérieurs, suspendre cette faveur, en écartant le caractère accessoire renforcé du cautionnement[5]. Ainsi est-ce le cas,

1. Ph. Simler, *JCP* 2007. II. 10138.

2. Com. 23 sept. 2014, inédit, n° 13-14241 (en l'espèce, le créancier, cédant d'un fonds de commerce, avait dissimulé le passif afférent au cessionnaire cautionné, ce qui avait conduit au redressement judiciaire de celui-ci).

3. Certains auteurs, tout en retenant des solutions identiques, préfèrent, toutefois, distinguer le caractère subsidiaire du cautionnement de son caractère accessoire : v. Ph. Briand, thèse préc., p. 190.

4. V. ss 628 une proposition de réforme en ce sens, assortie de dérogations limitativement énumérées.

5. Il arrive également que les juges prennent quelques libertés avec le caractère accessoire du cautionnement, soit pour protéger les cautions (par exemple, la règle de l'accessoire a été appliquée dans l'hypothèse d'un report conventionnel de l'échéance du contrat principal, v. Lyon, 6 janv. 1903,

notamment, lorsque le débiteur principal fait l'objet d'une procédure collective de paiement[1]. D'autre part, et à l'inverse, les parties ne peuvent aménager contractuellement le caractère accessoire renforcé du cautionnement, car la subordination du régime de l'obligation de la caution à celui de l'obligation principale est de l'essence de ce contrat telle qu'elle résulte des choix légaux. En conséquence, par exemple, la mention d'un paiement « à première demande » au sein d'un acte de cautionnement ne saurait priver celui-ci de son caractère accessoire et empêcher l'application de l'article 2308 du Code civil sanctionnant la caution qui paie « sans être poursuivie et sans avoir averti le débiteur, quand celui-ci disposait, au moment du paiement, de moyens de faire déclarer la dette éteinte »[2].

DP 1910. Somm. 1 ; Com. 5 nov. 1971, *Bull. civ.* IV, n° 264, ou encore a justifié l'inefficacité de la renonciation des parties au contrat principal à une cause d'extinction de celui-ci, notamment la réalisation d'une condition, v. Civ. 1re, 29 avr. 1997, *Bull. civ.* I, n° 133), soit, au contraire, pour accroître la sécurité des créanciers (par exemple, la jurisprudence rendue en matière de surendettement qui refuse à la caution de se prévaloir des dispositions du plan, remises comme délais de paiement, v. Com. 13 nov. 1996, *Bull. civ.* IV, n° 401 ; Civ. 1re, 3 mars 1998, *Bull. civ.* I, n° 82 ; Civ. 1re, 26 avr. 2000, *Bull. civ.* I, n° 122).

1. Sur cette situation, v. ss 542 s.
2. Com. 28 janv. 2014, inédit, n° 12-28728.

Chapitre 2

La formation du cautionnement

La formation du contrat de cautionnement est subordonnée aux conditions de validité de droit commun posées par l'article 1108 du Code civil : le consentement de la caution (Section 1), sa capacité de contracter, à laquelle s'ajoutent, dans certaines circonstances, ses pouvoirs (Section 2), l'objet de l'obligation de la caution (Section 3), et la cause de l'obligation de la caution (Section 4).

À ces conditions de fond, viennent s'ajouter des conditions de forme, certaines requises pour la preuve du cautionnement, d'autres pour sa validité même (Section 5).

Une sixième condition d'efficacité, sinon de validité, réside dans la solvabilité de la caution (Section 6).

Section 1
Le consentement de la caution

152. ***La rencontre des consentements***. Comme tout contrat, le cautionnement exige la rencontre de deux volontés convergentes. Dès lors, sur le plan des règles de droit commun gouvernant l'échange des consentements, le cautionnement ne présente pas de réelles particularités.

La rencontre des consentements s'effectue évidemment *entre la caution et le créancier*, seules parties au contrat de cautionnement. Non seulement le consentement du débiteur principal n'est pas requis, mais encore un cautionnement peut être valablement conclu à l'insu (C. civ., art. 2291, anc. art. 2014), voire contre le gré du débiteur [1].

La rencontre des consentements peut être précédée d'une *offre* de cautionnement qui, acceptée par le créancier dans un délai raisonnable [2], va former le contrat.

153. ***Les caractères du consentement du créancier et du consentement de la caution***. Conformément au droit commun, le consentement des parties au contrat de cautionnement doit *exister* [3]. Il doit également être *ferme*, c'est-à-dire exprimé sans réserve [4].

---

1. On peut se demander si cette hypothèse, sans doute fort rare, n'entraîne pas des conséquences sur le recours personnel contre le débiteur principal, dont dispose, normalement, toute caution. En effet, ni la gestion d'affaires, ni l'existence d'un mandat entre le débiteur et la caution ne sauraient alors fonder ce recours.

2. Paris, 25 nov. 2005 (*RJDA* 3/06, n° 331) a rejeté la conclusion du cautionnement dans un cas où l'acceptation d'une offre de cautionnement n'était intervenue que trois ans après son émission. Les juges ont décidé que l'offre était caduque, l'acceptation étant intervenue au-delà d'un délai raisonnable, à une époque où les circonstances qui l'entouraient avaient considérablement évolué, puisque le débiteur avait fait l'objet, entre-temps, d'une procédure collective.

3. Le défaut de consentement a été retenu à l'occasion du consentement donné par une personne âgée incapable d'exprimer la volonté de s'engager comme caution (Aix-en-Provence, 7 févr. 1980, *Bull. arrêts Aix* 1980/1, p. 15) ou atteinte d'une déficience mentale (Versailles, 22 avr. 1988, *Juris-Data* n° 040934).

4. Pour un exemple où l'émission de réserves de la part de la caution a fait obstacle à la conclusion du contrat : Com. 13 mai 1980, *Bull. civ.* IV, n° 196.

Dans la mesure où le cautionnement est conclu dans l'intérêt exclusif du créancier, le consentement de celui-ci peut être tacite.

Au contraire, le consentement de la caution fait l'objet d'une protection spécifique : selon l'article 2292 (anc. art. 2015) du Code civil, il doit être *exprès*. Cette règle ne subordonne, ni la validité, ni la preuve de ce contrat[1]. Il impose, en revanche, d'*interpréter strictement l'engagement de la caution*[2].

En outre, compte tenu de la gravité du cautionnement (il engage l'ensemble du patrimoine de la caution) et de son caractère anormal (la caution s'oblige à payer la dette d'autrui), l'assurance que la caution a bien exprimé un consentement *libre* et *éclairé* sur la portée de son engagement est décisive.

154. ***Les vices du consentement.*** Les vices du consentement constituent un moyen de défense, issu du droit commun des contrats, très souvent invoqué par les cautions pour tenter de se dégager. Ces vices sont globalement assez peu retenus par les juges, qui adoptent une interprétation rigoureuse de l'erreur sur la substance (§ 1) et du dol (§ 2). La violence est, quant à elle, rarissime (§ 3).

§ 1. L'erreur

155. ***Erreur sur l'objet de l'obligation de la caution.*** Pour être une cause de nullité d'une convention, l'erreur doit, aux termes de l'article 1110 du Code civil, porter sur «la substance même de la chose qui en est l'objet», c'est-à-dire sur l'objet de l'obligation. Quel est l'objet de l'obligation de la caution ? Il s'agit de payer à la place d'un autre si celui-ci ne le fait pas[3]. Or, cet objet est aisé à comprendre et ne prête guère à confusion, de sorte que l'erreur portant sur l'objet, l'étendue ou encore la nature de l'engagement de la caution demeure assez rare.

Des circonstances exceptionnelles peuvent néanmoins justifier une telle erreur, par exemple lorsque la caution est « positivement illettrée »[4], ou atteinte de déficiences mentales[5], ou encore étrangère et comprenant très mal le français[6]. Dans une hypothèse très fréquente en pratique, celle dans laquelle plusieurs cautions s'engagent à garantir la dette principale, l'erreur peut résulter de l'absence de constitution ou de l'annulation de tout ou partie des autres cautionnements, s'il est établi qu'ils constituaient la condition déterminante de l'engagement de la caution invoquant ce vice du consentement[7].

156. ***Erreur sur la propre solvabilité de la caution.*** Certaines cautions prétendent s'être trompées sur leur capacité de payer un engagement dont elles n'ont pas mesuré le caractère disproportionné ou excessif par rapport à leurs revenus et à leur patrimoine. Une

---

1. Indirectement, toutefois, le caractère exprès du consentement de la caution entraîne des conséquences probatoires, car, si l'existence du cautionnement est contestée, le créancier doit prouver que la caution s'est bien engagée par des actes positifs. Or, l'acte positif à la fois le plus simple et le plus clair est la rédaction d'un acte en des termes non équivoques.
2. V. ss 117.
3. Pour plus de développements sur l'objet de l'obligation de la caution, v. ss 173 s.
4. Civ. 1re, 25 mai 1964, *Bull. civ.* I, n° 269. Comp. Aix-en-Provence, 9 avr. 2015, n° 2015/215.
5. Versailles, 22 avr. 1988, *Juris-Data* n° 040934.
6. Orléans, 3 sept. 1996, *Juris-Data* n° 055637.
7. Com. 18 mars 2014, inédit, n° 13-11733. Dans cette affaire, le caractère déterminant de l'existence de cofidéjusseurs paraît avoir été déduit de « l'importance de l'engagement souscrit ».

telle erreur s'apparente à une erreur sur la valeur de l'engagement. Or, l'erreur sur la valeur ne constitue pas, selon la jurisprudence, une erreur substantielle [1].

Nous verrons que la disproportion de l'engagement de la caution par rapport à ses biens et revenus est sanctionnée sur d'autres fondements, soit des textes spéciaux inscrits dans le Code de la consommation et dans le Code de commerce, soit le droit commun de la responsabilité civile [2].

157. ***Erreur sur la solvabilité du débiteur.*** Il arrive par ailleurs que des cautions tentent de faire annuler leur engagement en invoquant une erreur sur la solvabilité du débiteur garanti lors de la souscription du cautionnement ou, plus rarement, sur la solvabilité du débiteur *postérieurement à la conclusion du cautionnement.* Cette dernière erreur est évidemment irrecevable, car la finalité même du cautionnement est de garantir le créancier contre l'insolvabilité future du débiteur !

158. Quant à l'erreur sur la solvabilité du débiteur *au jour de l'engagement de la caution*, la question est plus discutée. De nombreuses raisons militent pour ne pas faire d'une telle erreur une cause de nullité du cautionnement. D'abord, cette erreur ne porte pas, juridiquement, sur les qualités substantielles de l'engagement de la caution, puisqu'il s'agit d'une erreur sur la valeur de l'engagement. Ensuite, si la croyance que le débiteur est solvable lors de la conclusion du cautionnement a certainement pu déterminer la décision de la caution de s'engager, elle ne constitue qu'un simple mobile hors du champ de l'objet de l'obligation de la caution. En outre, si l'insolvabilité du débiteur contemporaine de l'engagement de la caution est évidemment inquiétante, elle ne préjuge pas nécessairement de son insolvabilité future qui, en définitive, est la seule à intéresser la caution. Enfin, n'incombe-t-il pas à la caution de protéger ses propres intérêts en se renseignant sur la solvabilité du débiteur dont elle s'apprête à cautionner l'une des dettes ? Dès lors, une telle erreur ne peut être retenue que si ce mobile est érigé en condition de l'engagement de la caution, en le faisant entrer dans le champ contractuel [3]. Or, cette condition n'est quasiment jamais remplie parce que les créanciers, le plus souvent en position de force, n'acceptent jamais l'inclusion de telles clauses dans le contrat de cautionnement.

159. La doctrine est partagée sur cette jurisprudence rigoureuse et quelque peu hypocrite, bien qu'elle soit, sans doute, la seule à pouvoir préserver la sécurité juridique [4]. Il est vrai que lorsque, au moment de la conclusion du cautionnement, la situation financière du débiteur est très préoccupante, voire déjà irrémédiablement compromise, on peut se demander si la quasi-certitude avec laquelle la caution va être appelée à payer ne vient pas porter atteinte à la nature même du contrat [5] : le cautionnement, garantie subsidiaire [6],

---

1. Civ. 1re, 17 juill. 1996, inédit, n° 94-14132.
2. V. ss 243 s.
3. Civ. 1re, 25 oct. 1977, *Bull. civ.* I, n° 388 ; Com. 2 mars 1982, *Bull. civ.* IV, n° 79 ; Com. 11 janv. 1994, *Bull. civ.* IV, n° 15 ; Civ. 1re, 16 mai 1995, inédit, n° 92-20976.

Encore faut-il que la condition soit stipulée dans le cautionnement, et non dans un contrat auquel le créancier n'a pas été partie (Com. 30 oct. 2012, inédit, n° 11-27280).

4. En outre, lorsque l'aggravation de la situation financière du débiteur principal est causée par un octroi abusif de crédit de la part du créancier, la caution n'est pas démunie puisqu'elle peut engager la responsabilité civile de ce dernier, dans les conditions toutefois limitées par l'article L. 650-1 du Code de commerce : v. ss 566 s.
5. Certes, il est autorisé de cautionner un débiteur que l'on sait insolvable (par ex. Com. 10 oct. 1995, *Bull. civ.* IV, n° 223 ; *D.* 1996. Somm. 265, obs. L. Aynès), mais la situation est différente lorsque la caution ignore cet état d'insolvabilité.
6. V. ss 133.

reste-t-il un cautionnement s'il n'existe plus aucun aléa au sujet de l'appel en paiement de la caution, ni sur la possibilité pour la caution de se faire rembourser par le débiteur ?[1]

Peut-être sensible à ces critiques, la Cour de cassation semble avoir infléchi sa position en admettant, depuis un arrêt du 1er octobre 2002[2], que la condition de solvabilité du débiteur puisse être tacitement entrée dans le champ contractuel.

§ 2. Le dol

160. ***Le dol émanant du débiteur principal.*** La caution poursuivie en paiement par le créancier invoque fréquemment avoir été victime d'un dol pour échapper à son engagement. Si ce moyen de défense est, sans doute, davantage accueilli que l'erreur sur les qualités substantielles, la jurisprudence n'en reste pas moins sur une ligne rigoureuse.

La source de toutes les difficultés éprouvées par la caution de voir prospérer son action en nullité pour dol tient dans le fait que l'erreur provoquée porte, la plupart du temps, sur les qualités ou les circonstances entourant la personne du débiteur principal, c'est-à-dire un tiers au contrat de cautionnement. Ainsi, fréquemment, la caution va-t-elle se plaindre d'avoir été mal informée, désinformée ou non informée de la situation financière du débiteur principal.

Cependant, bien souvent, les manœuvres, mensonges et autres réticences dolosives proviennent du débiteur lui-même, le mieux à même, à vrai dire, de connaître ces informations déterminantes du consentement de la caution ; du reste, fréquemment, le créancier demande au débiteur de lui fournir une caution, de sorte que l'essentiel des rapports préalables à l'engagement de la caution sont entretenus entre cette dernière et le débiteur, et non entre la caution et le créancier. Or, l'article 1116 du Code civil exige que les manœuvres dolosives émanent de « l'une des parties ». Par conséquent, *le dol émanant du débiteur ne peut provoquer la nullité du cautionnement*, sauf à ce que ce débiteur se soit rendu complice du créancier[3]. Peut-être plus encore que tout autre mécanisme juridique de droit commun, le dol met en lumière avec beaucoup d'acuité la spécificité du caractère triangulaire de l'opération de cautionnement.

Cette question est indéniablement très délicate à résoudre car, si l'application stricte de la lettre de l'article 1116 du Code civil conduit à nier la particularité économique, psychologique et même juridique du cautionnement, ce qui a pu être jugé irréaliste, hypocrite ou excessif[4], il n'en reste pas moins vrai qu'elle est la mieux à même de protéger les intérêts du créancier, et plus largement d'assurer la sécurité juridique, en dispensant le créancier de se préoccuper des mobiles qui ont conduit la caution à s'engager et qu'il ignore ou ne veut pas connaître.

161. ***Le dol émanant du créancier.*** Dans certains cas, c'est le créancier lui-même qui, soit commet un mensonge à l'égard de la caution, soit, plus subtilement, omet de révéler à cette dernière des informations relatives à la situation patrimoniale du débiteur principal[5], qu'il connaît, parce qu'il est, bien souvent, son fournisseur de crédit. Le jeu de dupes est à

1. Cf. Ph. Théry, *op. cit.*, p. 64.
2. Com. 1er oct. 2002, *Bull. civ.* IV, n° 131 ; Com. 28 juin 2011, inédit, n° 10-15412.
3. Civ. 1re, 27 juin 1973, *Bull. civ.* I, n° 219 ; Com. 13 nov. 2002, *Bull. civ.* IV, n° 161.
4. Cf. Ph. Théry, *op. cit.*, p. 36 ; Ph. Simler, *op. cit.*, n° 147 ; M. Rémond-Gouilloud, « L'influence du rapport caution-débiteur sur le contrat de cautionnement », *JCP* 1977. I. 2850, n° 27.
5. Exceptionnellement, le dol invoqué par la caution concerne la situation financière d'une autre personne que le débiteur garanti. La chambre commerciale de la Cour de cassation a ainsi admis que la réticence dolosive ait pu porter sur la situation d'une société que la société débitrice projetait d'acquérir (Com. 10 juill. 2012, inédit, n° 11-21966).

son comble lorsque chacun des cocontractants sait beaucoup de choses au sujet de la situation du débiteur, l'un – le créancier – parce qu'il est le dispensateur du crédit garanti, l'autre – la caution intégrée[1] – parce qu'elle a sollicité ce même crédit au nom du débiteur et qu'elle reproche au créancier de ne pas l'avoir informée des déboires frappant celui-ci.

La jurisprudence ne retient le dol émanant du créancier qu'en prenant soin de relever les connaissances et qualités respectives du créancier et de la caution[2], la gravité des informations prétendument dissimulées, par exemple la situation irrémédiablement compromise ou lourdement obérée du débiteur[3], et leur caractère déterminant du consentement de la caution[4].

Elle refuse au créancier de se prévaloir de la clause du contrat de cautionnement énonçant que « la caution ne fait pas de la situation du cautionné la condition déterminante de son engagement » s'il l'a stipulée en connaissance des difficultés financières du débiteur principal[5].

162. ***Une obligation précontractuelle d'information***. C'est autour de la connaissance et de la qualité respective des parties au contrat de cautionnement que se noue l'essentiel de l'équilibre trouvé par les juges. Comme toute situation dans laquelle la réticence dolosive est retenue, celle-ci suppose de faire peser, préalablement, sur les épaules du créancier une obligation pré-contractuelle d'information à l'égard de la caution. Cette obligation trouve vraisemblablement son fondement dans *l'obligation de contracter de bonne foi*[6] : ainsi, « manque à son obligation de contracter de bonne foi et commet ainsi un dol par réticence la banque qui, sachant que la situation de son débiteur est irrémédiablement compromise ou, à tout le moins, lourdement obérée, omet de porter cette information à la connaissance de la caution afin d'inciter celle-ci à s'engager »[7]. Une telle obligation, dont il n'est déjà pas anodin de faire peser la charge sur le créancier, partie à un contrat dont il est le bénéficiaire exclusif, doit être correctement circonscrite. D'une part, l'obligation d'informer n'existe que si le créancier a effectivement en sa possession des informations pertinentes, ce qui ne peut se déduire de sa seule qualité de banquier[8] et n'impose pas au créancier de se renseigner pour recueillir l'information utile à la caution[9]. D'autre part, l'obligation d'informer n'existe que si la caution ne connaît pas ou ne devait pas déjà connaître les informations litigieuses, eu égard notamment à ses qualités et/ou sa proximité avec le débiteur[10].

163. ***Incidence de la qualité de la caution***. Ainsi, sauf circonstances exceptionnelles, le dol ne sera-t-il pas retenu lorsque la caution est le dirigeant de la société

1. Sur cette notion, v. ss 94.
2. Civ. 1re, 14 févr. 2008, inédit, n° 06-14072 ; *RJDA* 7/08, n° 852.
3. De simples difficultés de trésorerie affectant le débiteur n'étant pas jugées suffisamment graves pour faire l'objet de l'obligation d'information pesant sur le créancier : Com. 1er févr. 1994, *Bull. civ.* IV, n° 39 ; Com. 13 déc. 1994, inédit, n° 93-11430, *RJDA* 4/1995, n° 479.
4. Civ. 1re, 8 juill. 2003, inédit, n° 01-00880, *D.* 2003. AJ 2308, obs. V. Avena-Robardet ; Com. 16 mars 2010, inédit, n° 09-12226 ; Com. 22 mai 2013, inédit, n° 11-20398.
5. Civ. 1re, 13 mai 2003, *Bull. civ.* I, n° 114.
6. Cette obligation pourrait, peut-être, justifier à elle seule l'annulation du contrat ou la déchéance des droits du créancier, au titre de la sanction d'un abus.
7. Civ. 1re, 10 mai 1989, *Bull. civ.* I, n° 187 ; *JCP* 1989. II. 21363, note D. Legeais.
8. Civ. 1re, 10 juin 1987, inédit, n° 84-15236 ; *D.* 1987. Somm. 445, obs. L. Aynès.
9. Com. 26 mars 2002, inédit, n° 00-13922.
10. Une telle distinction serait la bienvenue de la part du législateur lorsque celui-ci impose, soit un formalisme informatif lors de la conclusion du cautionnement (v. ss 225 s.), soit le respect par le créancier de son obligation d'informer la caution en cours d'exécution du contrat (v. ss 266 s.).

débitrice, ou plus largement est *intégrée* dans les affaires de cette dernière, car elle connaît, par hypothèse, la situation financière de la débitrice [1].

Les solutions sont moins tranchées lorsque la caution, personne profane, entretient des *liens familiaux* avec le débiteur. Ainsi, a-t-il pu être jugé qu'une banque avait commis un dol à l'égard des cautions, parents du débiteur principal, qui avaient pu légitimement penser que la banque allait accorder à leur fils un prêt de 300 000 F, ce qui n'était pas le cas, puisque moins d'un mois après la conclusion du cautionnement, elle refusait les chèques émis par le débiteur pour défaut de provision ; la banque créancière, en dissimulant aux cautions la défaillance inéluctable du débiteur, souhaitait, en réalité, non pas bénéficier d'une garantie pour l'avenir mais disposer d'un coobligé solvable alors que le débiteur ne l'était déjà plus [2]. Toutefois, dans d'autres circonstances, le dol fut écarté au motif que la caution était le père du débiteur principal [3].

§ 3. La violence

164. La violence est encore plus rarement admise que les deux précédents vices du consentement. Les juges refusent par exemple d'annuler le cautionnement sur ce fondement lorsque la caution invoque un état de santé précaire lors de la souscription de son engagement [4] ou une situation de désarroi, de dépendance [5].

Concernant les dirigeants-cautions, s'ils sont fréquemment obligés, *de facto*, de garantir les dettes de leur entreprise, ils ne sauraient obtenir l'annulation de leur engagement pour violence, car la Cour de cassation refuse d'assimiler «la pression des circonstances économiques» qu'ils subissent à une violence au sens juridique du terme [6].

Les cautions qui ne sont pas intégrées dans les affaires de la société débitrice ont plus de chances de voir reconnaître une violence morale [7]. Un arrêt a toutefois rejeté ce moyen de défense, invoqué par la mère du gérant de la société débitrice, en décidant que « c'est dans l'exercice de son pouvoir souverain d'appréciation des éléments de preuve mis au débat que la cour d'appel a retenu que la violence morale ne pouvait résulter des appels

---

1. Civ. 1re, 10 juin 1987, préc. ; Com. 17 déc. 1996, inédit, n° 94-20808 (« la connaissance qu'elle – la caution, qui était président du conseil d'administration de la société garantie – avait de la situation de la société était exclusive de la dissimulation alléguée ») ; Com. 19 avr. 2005, inédit, n° 03-12879, *RJDA* 08-08/05, n° 1040 (rejet de la demande en nullité pour dol formée par une société caution qui détenait, à la date du cautionnement litigieux, 50 % du capital de la société débitrice) ; Com. 28 janv. 2014, *Bull. civ.* IV, n° 20 (rejet de la réticence dolosive invoquée par le président du conseil d'administration et dirigeant de plusieurs entités juridiques du groupe auquel appartenait la société débitrice, qui était totalement impliqué dans l'opération de restructuration financière garantie qu'il avait lui-même proposée à la banque).

Dans le même sens, v. ss 221, 259 s., 570, en matière de preuve, de défaut de mise en garde et d'octroi abusif de crédit.

2. Civ. 1re, 9 juill. 1996, inédit, n° 94-15412. Rappr. Paris, 5 févr. 2015, n° 13/22128, retenant le dol à l'égard d'un associé majoritaire pour réticence dolosive de la banque envers la caution qui n'aurait pas consenti un nouvel engagement en l'absence de maintien des concours à durée indéterminée dont bénéficiait la société au moins sur une certaine durée (dénonciation des concours 20 jours après la signature du cautionnement, avec préavis de 60 jours).

3. Com. 5 juill. 2005, inédit, n° 01-13020 ; *RJDA* 11/05, n° 1283.

4. Paris, 16 juin 1989, *D.* 1989. IR 215 ; *RD bancaire et bourse* 1989. 217, obs. M. Contamine-Raynaud.

5. Paris, 4 janv. 1984, *Juris-Data* n° 20378.

6. Com. 23 juin 1992, inédit, n° 90-14642. Dans le même sens, en présence d'une menace de rupture de crédit, Com. 3 mars 1987, *Bull. civ.* IV, n° 58.

7. Com. 28 mai 1991, *Bull. civ.* IV, n° 180 (annulation d'un cautionnement souscrit par l'épouse du dirigeant de la société garantie).

même incessants d'un banquier, dès lors qu'il existait une raison légitime comme celle de finaliser un acte de cautionnement pour garantir un concours bancaire à la société, dont le gérant n'était autre que le fils de la caution, et ce, bien avant la procédure de redressement judiciaire qui n'était intervenue que quinze mois plus tard et qu'aucun élément médical personnel ne venait corroborer la détresse psychologique dont elle se prévalait, qui l'aurait conduite à un discernement suffisamment altéré pour remettre en cause la validité de son consentement »[1].

Section 2
Capacité et pouvoirs de la caution

Le cautionnement constitue un acte grave, puisqu'il engage la totalité du patrimoine de la caution pour une dette qui n'est pas la sienne.

Dès lors, si la capacité juridique de contracter est évidemment requise pour consentir un cautionnement, se pose la question de la nécessité d'une capacité juridique spécifique (§ 1).

Lorsque la caution dispose, non pas de droits, mais de pouvoirs, c'est-à-dire des prérogatives devant être exercées dans un intérêt au moins partiellement distinct du sien, il est logique que ceux-ci soient davantage encadrés. C'est le cas notamment lorsque la caution est une société ou une personne mariée (§ 2).

§ 1. La capacité de la caution

165. Le cautionnement est un contrat. À ce titre, seule une caution[2] disposant de la capacité juridique de contracter peut conclure un cautionnement, ce qui n'est pas le cas des mineurs, des majeurs sous tutelle[3] ou sous curatelle.

En raison de la gravité de l'engagement pour autrui, le cautionnement ne saurait non plus être conclu par le représentant du mineur ou du majeur sous tutelle. La « sûreté pour garantir la dette d'un tiers » fait en effet partie des actes que le tuteur ne peut accomplir, même avec une autorisation du juge des tutelles (C. civ., art. 509, 1°).

L'indéniable gravité du cautionnement a conduit une partie de la doctrine à défendre en outre sa soumission à la capacité et aux pouvoirs requis pour conclure des actes de disposition. Ne pouvant correspondre à un acte de disposition à titre onéreux, en l'absence de création ou de transfert d'un droit réel, certains auteurs ont proposé de soumettre le cautionnement à la capacité requise pour consentir un *acte de disposition à titre gratuit*[4]. Pourtant, il ne semble pas possible, sauf en des circonstances exceptionnelles, d'analyser le cautionnement comme un acte de disposition à titre gratuit, c'est-à-dire une donation[5].

---

1. Com. 22 janv. 2013, inédit, n° 11-17954.

2. Aucune capacité particulière du créancier n'est exigée, l'acte ne présentant aucun danger pour lui.

3. Si le cautionnement souscrit par un majeur en tutelle après l'ouverture de cette mesure de protection est nul, celui qui aurait été conclu antérieurement ne peut être annulé qu'à la condition de prouver, non pas l'insanité d'esprit au moment où l'acte a été passé, mais seulement que la cause ayant déterminé l'ouverture de la tutelle existait bien à l'époque où l'acte a été fait (Civ. 1re, 25 févr. 1986, *Bull. civ.* I, n° 41, rendu au visa de l'ancien article 503 du Code civil).

4. Marty et Raynaud, *Droit civil. Les sûretés. La publicité foncière*, 2e éd., par Ph. Jestaz, Sirey, 1987, n° 580.

5. V. ss 107.

La Cour de cassation a ainsi décidé que le cautionnement ne tombe pas sous le coup de l'article 1422 du Code civil, qui interdit à chacun des époux mariés sous le régime légal de disposer sans l'autre, à titre gratuit, des biens de la communauté[1]. D'autres règles intéressant les pouvoirs des époux sont en revanche applicables au cautionnement.

§ 2. Les pouvoirs de la caution

Certaines conditions relatives aux pouvoirs sont requises, dans des hypothèses particulières, pour contracter un cautionnement.

Des règles de pouvoirs sont ainsi prévues par le droit des sociétés (A) et par le droit des régimes matrimoniaux (B).

A. Droit des sociétés

C. com., art. L. 225-35, al. 4. – Les cautions, avals et garanties donnés par des sociétés autres que celles exploitant des établissements bancaires ou financiers font l'objet d'une autorisation du conseil dans les conditions déterminées par décret en Conseil d'État. Ce décret détermine également les conditions dans lesquelles le dépassement de cette autorisation peut être opposé aux tiers.

C. com., art. L. 225-68, al. 2. – Les statuts peuvent subordonner à l'autorisation préalable du conseil de surveillance la conclusion des opérations qu'ils énumèrent. Toutefois, la cession d'immeubles par nature, la cession totale ou partielle de participations, la constitution de sûretés, ainsi que les cautions, avals et garanties, sauf dans les sociétés exploitant un établissement bancaire ou financier, font l'objet d'une autorisation du conseil de surveillance dans des conditions déterminées par décret en Conseil d'État. Ce décret détermine également les conditions dans lesquelles le dépassement de cette autorisation peut être opposé aux tiers.

C. com., art. L. 225-38. – Toute convention intervenant directement ou par personne interposée entre la société et son directeur général, l'un de ses directeurs généraux délégués, l'un de ses administrateurs, l'un de ses actionnaires disposant d'une fraction des droits de vote supérieure à 10 % ou, s'il s'agit d'une société actionnaire, la société la contrôlant au sens de l'article L. 233-3, doit être soumise à l'autorisation préalable du conseil d'administration.

Il en est de même des conventions auxquelles une des personnes visées à l'alinéa précédent est indirectement intéressée.

Sont également soumises à autorisation préalable les conventions intervenant entre la société et une entreprise, si le directeur général, l'un des directeurs généraux délégués ou l'un des administrateurs de la société est propriétaire, associé indéfiniment responsable, gérant, administrateur, membre du conseil de surveillance ou, de façon générale, dirigeant de cette entreprise.

C. com., art. L. 223-21. – À peine de nullité du contrat, il est interdit aux gérants ou associés autres que les personnes morales de contracter, sous quelque forme que ce soit, des emprunts auprès de la société, de se faire consentir par elle un découvert, en compte-courant ou autrement, ainsi que de faire cautionner ou avaliser par elle leurs engagements envers les tiers. Cette interdiction s'applique aux représentants légaux des personnes morales associées.

L'interdiction s'applique également aux conjoint, ascendants et descendants des personnes visées à l'alinéa précédent ainsi qu'à toute personne interposée.

Toutefois, si la société exploite un établissement financier, cette interdiction ne s'applique pas aux opérations courantes de ce commerce conclues à des conditions normales.

C. com., art. L. 225-43. – À peine de nullité du contrat, il est interdit aux administrateurs autres que les personnes morales de contracter, sous quelque forme que ce soit, des emprunts

1. Cf. not. Civ. 1re, 21 nov. 1973, *Bull. civ.* I, n° 318 ; Civ. 1re, 11 juill. 1978, *Bull. civ.* I, n° 264 ; Civ. 1re, 27 janv. 1982, *Bull. civ.* I, n° 46. La question de l'application de l'article 1422 du Code civil ne se pose plus depuis l'avènement de l'article 1415 (L. du 23 déc. 1985).

auprès de la société, de se faire consentir par elle un découvert, en compte-courant ou autrement, ainsi que de faire cautionner ou avaliser par elle leurs engagements envers les tiers. Toutefois, si la société exploite un établissement bancaire ou financier, cette interdiction ne s'applique pas aux opérations courantes de ce commerce conclues à des conditions normales.
La même interdiction s'applique au directeur général, aux directeurs généraux délégués et aux représentants permanents des personnes morales administrateurs. Elle s'applique également aux conjoint, ascendants et descendants des personnes visées au présent article ainsi qu'à toute personne interposée.
C. com., art. L. 225-91. – À peine de nullité du contrat, il est interdit aux membres du directoire et aux membres du conseil de surveillance autres que les personnes morales, de contracter, sous quelque forme que ce soit, des emprunts auprès de la société, de se faire consentir par elle un découvert, en compte-courant ou autrement, ainsi que de faire cautionner ou avaliser par elle leurs engagements envers les tiers.
L'interdiction s'applique aux représentants permanents des personnes morales membres du conseil de surveillance. Elle s'applique également aux conjoint, ascendants et descendants des personnes visées au présent article, ainsi qu'à toute personne interposée.
Toutefois, si la société exploite un établissement bancaire ou financier, l'interdiction ne s'applique pas aux opérations courantes de ce commerce conclues à des conditions normales.

Une société peut vouloir se porter caution d'une autre société appartenant au même groupe ou d'une personne physique ou morale avec laquelle elle entretient des relations d'affaires [1]. Ce type d'engagement, qui déplace le patrimoine social au service d'autrui, le plus souvent sans aucune contrepartie, est dangereux pour la société elle-même, pour ses associés et pour ses créanciers, parce qu'en cas de défaut de remboursement par le débiteur principal, la pérennité de l'entreprise se trouve compromise. Il n'est dès lors pas surprenant que le droit des sociétés (droit commun et dispositions propres à certains types de sociétés) encadre les pouvoirs dont doivent disposer les représentants sociaux pour engager une société à titre de caution [2].

Il existe par ailleurs un risque que les organes de direction ou les associés ne soient tentés de « vampiriser » le patrimoine social en faisant garantir leurs engagements personnels par la société [3]. C'est pourquoi, dans les sociétés à risque limité, les dirigeants et, dans certains cas, les associés, ont l'interdiction de faire cautionner ou avaliser par celles-ci leurs propres engagements envers des tiers.

166. ***Droit commun : le principe de spécialité et ses tempéraments ; le respect de l'intérêt social.*** Dans toutes les sociétés, le pouvoir des dirigeants d'engager la personne morale qu'ils représentent est limité par le principe de spécialité, c'est-à-dire par l'exigence de conformité à l'objet social. Par conséquent, si le cautionnement signé par le dirigeant n'entre, ni directement, ni indirectement, dans l'objet de la société représentée, il est susceptible d'être remis en cause. Si l'on excepte les établissements de crédit et les sociétés de caution mutuelle, qui ont directement pour objct de consentir des garanties, les sociétés devraient rarement avoir un tel objet, puisque l'engagement de garantir un tiers, sans contrepartie, contredit la finalité des sociétés de réaliser des bénéfices ou, à tout le moins, des économies (C. civ., art. 1832). L'annulation des cautionnements souscrits par des sociétés est cependant assez rare.

---

1. Il arrive fréquemment, par exemple, qu'une société civile, constituée pour détenir l'immobilier d'entreprise, se porte caution des engagements de la société commerciale locataire.

2. V. not. I. Parléani, « L'incidence du droit des sociétés sur le droit des sûretés personnelles », *RDBF* à paraître.

3. V. not. F. Delattre-Beynet, « Cautionnement et entreprise : difficultés pratiques », *Dr. et patr.* 2008, n° 172 ; Ph. Schultz, « L'associé cautionné par sa société et l'intérêt social », *in Études offertes au doyen Ph. Simler*, Dalloz-Litec, 2006, p. 429.

D'abord, parce que cette nullité ne concerne pas toutes les sociétés. En effet, les SARL et les sociétés par actions (SA, SAS) sont engagées par les actes de leurs représentants, même s'ils sont étrangers à l'objet social, car les limites de celui-ci sont inopposables aux tiers qui n'en ont pas connaissance [1]. C'est donc uniquement dans les *sociétés civiles* et les *sociétés de personnes* que le non-respect de l'objet social peut entraîner la nullité du cautionnement pour dépassement de pouvoir du dirigeant [2].

Si la nullité est assez rarement prononcée, c'est ensuite parce que la jurisprudence apprécie avec souplesse la conformité à l'objet social.

Si les *statuts* n'ont pas fait entrer le cautionnement dans l'objet social, ils peuvent être modifiés avant la conclusion effective de la sûreté [3].

Par ailleurs, le cautionnement donné par une société civile ou une société en nom collectif est considéré comme conforme à l'objet social en cas d'*approbation par l'unanimité des associés* [4], sous réserve d'une collusion frauduleuse avec le créancier garanti, aux dépens des créanciers sociaux [5].

Une dernière circonstance est susceptible de valider un cautionnement qui, *a priori*, ne serait pas conforme à l'objet social. Il s'agit de l'existence d'une *communauté d'intérêts entre la société caution et le débiteur principal.* Cette communauté d'intérêts est reconnue entre les sociétés d'un même groupe, ou en cas de dissociation au sein d'une entreprise entre société immobilière et société de gestion [6] ou, plus généralement, dans toute situation où la société caution tire avantage du maintien de l'activité ou de la prospérité de l'entreprise cautionnée. La notion de communauté d'intérêts étant particulièrement vaste, les risques d'annulation du cautionnement pour défaut de conformité à l'objet social sont donc considérablement réduits.

Si l'exigence de conformité à l'objet social, assortie des tempéraments précédents, conditionne indubitablement la validité des cautionnements consentis par une société civile ou une société de personnes, l'exigence de conformité à l'*intérêt social* est encore incertaine [7] et variable d'un type de société à un autre. En effet, à l'égard des sociétés à risque illimité, certains arrêts se réfèrent à cette exigence, mais sans en expliciter la portée [8] ; au contraire, dans d'autres arrêts, le contrôle porte, non seulement sur la conformité du cautionnement à l'objet social, mais également sur le respect de l'intérêt social, de sorte que celui-ci fait figure de condition distincte et supplémentaire [9] ; d'autres enfin, qui

---

1. Pour les SA : C. com., art. L. 225-35, L. 225-56 et L. 225-64 ; pour les SAS : C. com., art. L. 227-6 ; pour les SCA : C. com., art. L. 226-7 ; pour les SARL : C. com., art. L. 223-18.

2. Par ex. Civ. 1re, 10 mai 1978, *Bull. civ.* I, n° 188.

3. Civ. 1re, 19 mai 1987, *Bull. civ.* I, n° 158.

4. Pour les sociétés civiles : C. civ., art. 1854 ; cf. not. Civ. 3e, 4 févr. 1971, *Bull. civ.* III, n° 82 ; Civ. 1re, 20 oct. 1992, n° 90-21628 ; Civ. 3e, 1er déc. 1993, n° 91-16327 ; Com. 14 déc. 1999, n° 97-15554.

Pour la société en nom collectif, C. com., art. L. 221-6, al. 1er ; cf. Com. 18 mars 2003, *Bull. civ.* IV, n° 46.

5. La fraude est constituée lorsque les associés ont consenti au cautionnement dans le seul but de permettre à leur créancier personnel de contourner l'autonomie patrimoniale de la société (Com. 14 déc. 1999, préc. ; Com. 28 mars 2000, *Bull. civ.* IV, n° 69).

6. Civ. 1re, 15 mars 1988, *Bull. civ.* I, n° 75 ; Civ. 1re, 1er févr. 2000, *Bull. civ.* I, n° 34 ; Civ. 1re, 8 nov. 2007, *Bull. civ.* I, n° 345.

7. L'est tout autant la notion même d'intérêt social. En doctrine, deux thèses s'affrontent : l'une, « minimaliste », assimile l'intérêt social à l'intérêt commun des associés ; l'autre, « maximaliste », comprend l'intérêt social comme l'intérêt de l'entreprise exploitée dans le cadre de la société et l'étend ainsi aux intérêts des salariés, des créanciers sociaux ou encore des différents partenaires économiques de la société.

8. Com. 28 mars 2000, *Bull. civ.* IV, n° 69 (SCI) ; Com. 18 mars 2003, *Bull. civ.* IV, n° 46 (SNC).

9. Com. 3 juin 2008, n° 07-11785 (SCI) ; Com. 8 nov. 2011, n° 10-24438 (SCI).

annulent des cautionnements qui entrent pourtant dans l'objet statutaire ou ont été approuvés par tous les associés ou couverts par la communauté d'intérêts entre la société caution et le débiteur, au motif d'une contrariété à l'intérêt social, semblent ériger celui-ci en condition nécessaire et suffisante[1]. En présence d'une société à responsabilité limitée, la solution est plus claire : la contrariété à l'intérêt social ne constitue pas, par elle-même, une cause de nullité[2].

167. ***Règle propre aux sociétés anonymes : l'exigence d'autorisation du cautionnement par le conseil d'administration ou de surveillance***[3]. À l'égard des sociétés anonymes, la loi du 24 juillet 1966 a compensé l'inanité du principe de spécialité en exigeant que les « cautions, avals et garanties » soient préalablement et spécialement autorisés par le conseil d'administration ou de surveillance (C. com., art. L. 225-35, al. 4, et art. L. 225-68, al. 2)[4]. Cette exigence, dérogatoire au principe de plénitude des pouvoirs des représentants sociaux, s'explique par la nécessité de tempérer ces pouvoirs exorbitants et de soumettre au contrôle de l'organisme collégial des engagements susceptibles de présenter un danger pour la personne morale[5].

---

1. Com. 13 nov. 2007, n° 06-15826 (SA) ; Civ. 3e, 12 sept. 2012, *Bull. civ.* IV, n° 121 (SCI) ; Com. 23 sept. 2014, *Bull. civ.* IV, n° 142 (n'est pas valide la sûreté accordée par une SCI en garantie de la dette d'un associé dès lors qu'étant de nature à compromettre l'existence même de la société, elle est contraire à l'intérêt social, et ce, même lorsque l'acte entre dans son objet statutaire. Statue dès lors à bon droit une cour d'appel qui, constatant que l'immeuble donné en garantie du prêt consenti à l'un des associés constituait le seul bien de la société civile, de sorte que celle-ci, qui ne tirait aucun avantage de son engagement, mettait en jeu son existence même, prononce la nullité de la sûreté souscrite par la société).

Pour un exemple de validation, l'intérêt social étant respecté, v. Com. 10 févr. 2015, n° 14-11760 (la sûreté constituée par une SCI sur son seul actif avait évité l'échec de la procédure de sauvegarde ouverte au profit de la société garantie apartenant au même groupe).

2. Com. 12 mai 2015, n° 13-28504, à paraître au *Bulletin* (à l'égard d'une SARL et sur le fondement de l'article L. 223-18 du Code de commerce et des directives européennes qui font prévaloir l'intérêt des tiers contractant avec ce type de société).

3. Cf. not. J.-J. Ansault, « L'autorisation des garanties octroyées par les sociétés anonymes : un dispositif à rafraichir », *RLDC* juin 2013, 5121 ; B. Dondero, « Réflexions sur les mécanismes d'autorisation des sûretés et garanties consenties par les sociétés anonymes », *D.* 2004. 405 et 485 ; J.-P. Langlade, « Le pouvoir de fournir des sûretés dans les sociétés anonymes », *RTD com.* 1979. 355 ; Ph. Simler, « Histoire d'une impasse : la sanction du défaut d'autorisation des cautions, avals et garanties consentis pour le compte de sociétés par actions », *in Mélanges Schmidt*, éd. Joly, 2005, p. 449.

4. D'autres sociétés sont soumises à des règles semblables, comme les sociétés coopératives agricoles (C. rur., art. R. 524-31, al. 3) et les sociétés de caution mutuelle (C. mon. fin., art. L. 515-7). En revanche, les sociétés par actions simplifiées échappent à cette contrainte (C. com., art. L. 227-1).

5. Si l'exigence d'autorisation préalable par le conseil d'administration ou de surveillance est tout à fait conforme au courant de plus en plus répandu de la *corporate governance*, elle n'en demeure pas moins contestable. D'abord, parce que les cautionnements souscrits par des sociétés anonymes pourraient être moins encadrés que ceux donnés par d'autres sociétés, vu que les associés bénéficient d'une limitation de responsabilité. Ensuite, parce que des actes tout aussi dangereux que le cautionnement sont librement consentis par le président du conseil d'administration ou du directoire ; il en va ainsi des sûretés réelles garantissant les propres dettes de la société, qui ne sont pas soumises aux exigences sociétaires ici étudiées (cf. *infra*). Ou encore parce qu'elle est injuste pour le créancier, qui peut se voir opposer la négligence de la société garante sans avoir lui-même commis de faute. Pour toutes ces raisons, de nombreux auteurs préconisent l'abrogation de cette contrainte sociétaire (cf. not. R. Besnard Goudet, « Les cautions, avals et garanties donnés par une société en faveur d'un tiers », *JCP E* 2004. 1149, p. 1238 ; C. Legros, « Plaidoyer pour l'exclusion des lettres d'intention du champ d'application de l'article 98, alinéa 4, de la loi du 24 juillet 1966 », *LPA* 20 déc. 1999, n° 252, p. 9 ; D. Legeais, note sous Com. 4 mai 1999, *Bull. Joly* 1999. 978 ; F.-X. Lucas, note sous Com. 1er avr. 2003, *Bull. Joly* 2003. 776 ; B. Petit et Y. Reinhard, obs. sous Lyon 13 nov. 1996, *RTD com.* 1998. 176 ; Ph. Simler, obs. sous Com. 24 oct. 1998, *JCP* 1999. I. 116, n° 4 ; Ph. Simler, « Codifier ou recodifier

La jurisprudence a tendance à en étendre le champ d'application dès qu'une garantie de la dette d'autrui est bien en cause, comme en témoignent les arrêts relatifs aux engagements de substitution de caution[1]. En revanche, les articles L. 225-35 et L. 225-68 du Code de commerce ne s'appliquent pas aux garanties afférentes aux propres engagements de la société, qu'il s'agisse d'une sûreté réelle[2], d'une garantie de passif[3], ou encore d'une délégation imparfaite. À l'égard de cette dernière, une jurisprudence de 2013[4] invite cependant à opérer une distinction : l'autorisation n'est pas requise si la délégation constitue, à l'égard de la société déléguée, un mode d'extinction de sa propre dette envers le délégant, autrement dit s'il s'agit d'une délégation incertaine, ce que révèle une identité de montants entre cette dette et celle du délégué vis-à-vis du délégataire ; la délégation doit en revanche être autorisée si elle présente un caractère certain, c'est-à-dire si la société déléguée s'engage pour un montant excédant sa dette à l'égard du délégant ou, *a fortiori*, en l'absence d'une telle dette.

La sanction du non-respect de l'exigence d'autorisation préalable n'est pas précisée par les textes. La jurisprudence retient, non la nullité des cautionnements non autorisés (alors que la sanction naturelle d'un défaut de pouvoir est la nullité), mais son *inopposabilité à la société*[5] (sanction particulièrement étonnante dans les rapports entre les parties elles-mêmes). Comme l'inopposabilité ne peut être ratifiée ou confirmée par le conseil d'administration ou par l'assemblée générale des actionnaires lors de la vérification des comptes annuels[6], le créancier bénéficiaire du cautionnement ne peut donc poursuivre la société sur le fondement du cautionnement. La Cour de cassation a précisé, certainement pour préserver l'efficacité de la sanction qu'elle attache au non-respect des articles L. 225-35 et L. 225-68, partant l'effectivité même de ces textes spéciaux, que l'engagement inopposable à la société «ne peut faire peser sur elle aucune obligation», de sorte que le créancier ne saurait engager la responsabilité de droit commun de la société cocontractante[7]. Il ne saurait davantage engager la responsabilité du dirigeant ayant omis de se munir de l'autorisation requise, car la jurisprudence décide que cette faute n'est pas séparable des fonctions du dirigeant[8]. Afin d'éviter que la protection de la société anonyme contre les actes inconsidérés de ses dirigeants ne pénalise de la sorte le bénéficiaire de la garantie, il serait opportun d'internaliser la sanction du défaut d'autorisation[9].

---

le droit des sûretés personnelles ? », *in Le Code civil 1804-2004. Livre du Bicentenaire*, Dalloz-Juris-Classeur, 2004, p. 394). Il appartiendrait alors aux seuls statuts d'édicter des limitations aux pouvoirs des dirigeants et notamment d'imposer une autorisation préalable des garanties personnelles par l'organisme collégial.

1. Com. 24 juin 2003, *Bull. civ.* IV, n° 109 ; Com. 1er déc. 2009, n° 08-18896 ; Com. 15 janv. 2013, *Bull. civ.* IV, n° 11.

2. Com. 11 févr. 1986, *Bull. civ.* IV, n° 14 ; Com. 4 mai 1999, n° 97-13855.

3. Com. 12 juill. 2011, *Bull. civ.* IV, n° 123.

4. Com. 15 janv. 2013, *Bull. civ.* IV, n° 10.

5. Com. 29 janv. 1980, *Bull. civ.* IV, n° 47 ; Com. 8 nov. 1988, *Bull. civ.* IV, n° 302 ; Com. 8 déc. 1998, n° 96-11542.

6. Com. 11 juill. 1988, *Bull. civ.* IV, n° 246 ; Com. 15 oct. 1991, *Bull. civ.* IV, n° 298 ; Com. 17 nov. 1992, *Bull. civ.* IV, n° 364.

7. Com. 15 janv. 2013, *Bull. civ.* IV, n° 11.

8. Com. 20 oct. 1998, *Bull. civ.* IV, n° 254.

La faute séparable des fonctions est « une faute d'une particulière gravité incompatible avec l'exercice normal des fonctions » (Com. 20 mai 2003, *Bull. civ.* IV, n° 84).

9. Cette « internalisation du mécanisme d'autorisation » pourrait revêtir l'une des deux formes suivantes (B. Dondero, « Réflexions sur les mécanismes d'autorisation des sûretés et garanties consenties par les sociétés anonymes », *D.* 2004. Chron. 405). Le législateur pourrait préciser que la

168. ***Règle propre aux sociétés par actions et à la société à responsabilité limitée : l'interdiction de cautionner leurs dirigeants et assimilés.*** Par souci de ne pas mélanger les intérêts de la société et ceux, personnels, de ses principaux organes de direction (directeur général, directeurs généraux délégués, administrateurs membres du directoire ou du conseil de surveillance, représentants permanents des personnes morales administrateurs ou membres du conseil de surveillance, gérants) ou associés personnes physiques[1], les articles L. 225-43 (SA avec conseil d'administration), L. 225-91 (SA avec directoire), L. 227-12 (SAS), L. 226-10 (SCA) et L. 223-21 du Code de commerce (SARL) interdisent aux sociétés par actions et aux sociétés à responsabilité limitée de cautionner ou avaliser[2] les engagements que les dirigeants ou associés eux-mêmes ou leurs proches (conjoints, ascendants ou descendants) ou encore «toute personne interposée» souscrivent envers des tiers. La sanction de la transgression de cette interdiction réside dans la nullité absolue du contrat de garantie[3]. Le dirigeant pourrait en outre être poursuivi pour abus de biens sociaux.

B. Droit des régimes matrimoniaux

> **C. civ., art. 1415.** – Chacun des époux ne peut engager que ses biens propres et ses revenus, par un cautionnement ou un emprunt, à moins que ceux-ci n'aient été contractés avec le consentement exprès de l'autre conjoint, qui, dans ce cas, n'engage pas ses biens propres.

169. La coexistence des qualités de caution et de personne mariée est fréquente. Dès lors, au regard du fait que le régime matrimonial le plus usité, *le régime de la communauté réduite aux acquêts*, est un régime dans lequel l'union des patrimoines est assez intense, le législateur s'est penché sur le sort du conjoint et, plus largement, de la famille de la caution mariée sous le régime de la communauté légale[4].

170. ***La réduction du gage général du créancier.*** La loi du 23 décembre 1985 portant réforme des régimes matrimoniaux a instauré un système inédit de *cogestion passive*

---

société est par principe engagée, sauf si elle parvient à prouver que le créancier savait que la garantie n'avait pas été autorisée ou qu'il ne pouvait l'ignorer compte tenu des circonstances. Il s'agirait de transposer la solution retenue en cas de dépassement de l'objet social (C. com., art. L. 225-56, I, al. 2, L. 225-64, al. 2). Ou bien, le législateur pourrait déclarer inopposable au créancier bénéficiaire le défaut d'autorisation de la garantie personnelle. Sur le plan de la sanction, l'exigence légale d'autorisation serait alors assimilée à une limitation statutaire des pouvoirs des dirigeants sociaux (C. com., art. L. 225-56, I, al. 3). Dans le cadre de cette seconde forme d'internalisation, les intérêts du créancier seraient encore mieux protégés que dans la première, car la mauvaise foi du bénéficiaire ne pourrait autoriser la société garante à contester l'efficacité de la garantie conclue.

1. Les associés ne sont visés que par l'article L. 223-21 relatif aux SARL. La prohibition ne concerne donc pas les actionnaires de SA, SAS ou SCA. Mais, si l'un de ces actionnaires est le débiteur garanti, on peut se demander si la garantie consentie par la société ne devrait pas respecter la procédure d'autorisation dite « des conventions réglementées », prévue par l'article L. 225-38 du Code de commerce.

2. La Cour de cassation interprète strictement le champ d'application de l'interdiction quant aux garanties concernées. Elle décide, en effet, que l'engagement par lequel le cessionnaire de parts sociales ou d'actions d'une société s'engage à se substituer au cédant dans les cautions qu'il avait consenties aux créanciers de celle-ci ou à l'en contre-garantir, ne constitue pas un cautionnement ni un aval prohibé par l'article L. 225-43 du Code de commerce (Com. 26 avr. 2000, *Bull. civ.* IV, n° 87).

3. Com. 25 avr. 2006, n° 05-12734.

4. Sur le cautionnement consenti par un époux séparé de biens, cf. Civ. 1re, 20 mai 2009, *Bull. civ.* I, n° 102 : il incombe au créancier qui entend saisir le compte de cet époux de démontrer que ledit compte n'est approvisionné qu'avec les revenus de l'époux caution.

appliqué à l'emprunt et au cautionnement souscrits par un époux commun en biens. Désirant éviter de rendre « incapables » les époux communs en biens, notamment lorsqu'ils exercent une activité commerciale, la loi n'a pas conditionné la validité du cautionnement à la réunion du consentement des deux époux, de sorte qu'un époux peut, hier comme aujourd'hui, consentir un cautionnement seul, à l'insu ou contre le gré de son conjoint[1].

Toutefois, par dérogation au principe de l'article 1413 du Code civil, aux termes duquel toute dette souscrite après le mariage emporte l'engagement des biens communs, l'article 1415 du Code civil[2] prévoit que *le cautionnement souscrit par un époux commun en biens, seul, n'offre en gage général au créancier que les biens propres et les revenus de la caution*[3]. Il en résulte que les biens communs ne peuvent être saisis, même après le partage de la communauté[4] ; l'inscription provisoire ou définitive d'une hypothèque sur un immeuble commun à la demande du créancier bénéficiaire du cautionnement est interdite[5] ; les biens communs irrégulièrement saisis doivent être restitués[6]. L'action visant à empêcher que le créancier ne saisisse les biens communs est ouverte au conjoint de la caution, ainsi qu'à cette dernière[7]. Il s'agit, selon la Cour de cassation, d'une action en inopposabilité[8].

171. ***Les difficultés de preuve***. Le créancier se trouve en outre confronté à des difficultés inextricables de preuve. En effet, s'il souhaite saisir le compte où figurent les revenus de l'époux caution, il devra, bien souvent, renverser *la présomption de communauté* posée par l'article 1402 du Code civil et apporter la preuve que les fonds alimentant le

---

1. Civ. 1re, 9 nov. 2004, *Bull. civ.* I, n° 255.

2. V. not. V. Brémond, « Les titulaires de l'action en retranchement des biens communs prévue par l'article 1415 du Code civil », *in Mélanges G. Champenois*, Dalloz, 2012 ; M. Burgard, « Le cautionnement donné par un conjoint en régime de communauté », *LPA* 11 oct. 2011, p. 7 ; J. Djoudi, « La protection des époux cautions ou emprunteurs », *D.* 2006. 269 ; O. Gout, « Sûretés personnelles contre sûretés réelles : l'influence limitée du droit de la famille », *JCP N* 2012, dossier 1337 ; A. Karm, « Régimes matrimoniaux et sûretés », *in Mélanges J. Foyer, Le monde du droit*, Economica, 2008 ; S. Robinne, « Article 1415. Comment sortir du contentieux ? », *in Mélanges J. Calais-Auloy*, Dalloz, 2004, p. 963 ; D. Sadi, « L'autorisation du conjoint donnée à l'époux caution : étude prospective », *D.* 2014. 231.

3. La réduction du gage général du créancier peut être encore plus importante lorsque la caution est mariée sous le régime de la communauté universelle, puisque les biens propres y sont fort restreints (Civ. 1re, 3 mai 2000, *Bull. civ.* I, n° 125 ; Civ. 1re, 28 janv. 2003, inédit, n° 01-01807).

4. La limitation du droit de gage du créancier peut se manifester lors d'un partage de la communauté consécutif au changement de régime matrimonial. En effet, à cette occasion, si le seul immeuble commun est attribué au conjoint de la caution n'ayant pas donné son consentement audit cautionnement et que le créancier conteste ce partage par une action paulienne, cette action doit être rejetée (Civ. 1re, 28 mars 2008, inédit, n° 07-13388). La raison en est que le partage ne peut, dans ce cas, léser frauduleusement les intérêts de ce créancier, puisque si l'immeuble litigieux avait été mis dans le lot de la caution, il n'aurait pas davantage pu être saisi, faute pour le conjoint d'avoir autorisé le cautionnement. Dans le même sens, cf. Com. 16 nov. 2010, inédit, n° 09-16774 (« le créancier, bénéficiaire du cautionnement, ne peut invoquer la fraude paulienne pour les actes passés sur les biens communs, qui ne font pas partie de son gage » général).

5. Civ. 1re, 2 juill. 1991, *Bull. civ.* I, n° 225 ; Civ. 1re, 18 nov. 1992, *Bull. civ.* I, n° 280 ; Civ. 1re, 29 mai 1996, *Bull. civ.* I, n° 220 ; Civ. 1re, 15 mai 2002, *Bull. civ.* I, n° 127 ; Civ. 1re, 11 mars 2003, *Bull. civ.* I, n° 66 ; Civ. 1re, 22 nov. 2005, *Bull. civ.* I, n° 427.

6. Civ. 1re, 20 mai 2003, *Bull. civ.* I, n° 118.

7. Civ. 1re, 15 mai 2002, *Bull. civ.* I, n° 127 ; Civ. 1re, 14 janv. 2003, *Bull. civ.* I, n° 3.

En revanche, seuls les époux peuvent se prévaloir de l'article 1415. Doit dès lors être rejetée la tierce opposition, formée par l'acquéreur de l'immeuble hypothéqué, au jugement ayant refusé aux époux le bénéfice de ce texte (Civ. 1re, 14 janv. 2003, *Bull. civ.* I, n° 3).

8. Civ. 1re, 9 nov. 2004, *Bull. civ.* I, n° 255.

compte constituent effectivement les revenus de la caution, ce qui, compte tenu de la fongibilité des deniers, s'avère une entreprise vouée le plus souvent à l'échec [1].

172. ***L'autorisation du conjoint de la caution.*** Les biens communs (autres que les revenus de l'époux caution [2]) ne redeviennent saisissables qu'à la condition que le conjoint de la caution donne son autorisation expresse au cautionnement [3], dans le même acte ou par acte séparé. L'époux autorisant n'accède pas à la qualité de caution [4], mais se contente d'élargir le gage offert au créancier. Le caractère saisissable des biens communs est ainsi soumis à la cogestion des époux.

Lorsque les deux époux, par *actes séparés*, cautionnent la *même dette*, la limitation du gage prescrite par l'article 1415 du Code civil s'applique distributivement aux deux cautionnements, de sorte que les biens communs sont exclus du gage offert au créancier [5]. En revanche, si chaque époux se porte simultanément caution solidaire pour la même dette, en termes identiques, et sur le *même acte* de prêt, il convient d'écarter l'article 1415 au profit du principe de l'article 1413 et permettre dès lors la saisie des biens communs [6].

Section 3

L'objet de l'obligation de la caution

173. L'objet du cautionnement ou, plus exactement, de l'obligation de la caution a partie liée avec le caractère accessoire du cautionnement. En effet, la détermination de l'objet de l'obligation de la caution consiste à répondre à la question : *qu'est-ce qui est dû ?* Or, nous l'avons vu, la caution doit acquitter la *dette même du débiteur* [7]. L'objet de l'obligation de la caution est ainsi commun à celui de la dette souscrite par un autre : « Plus qu'un emprunt, il s'agit d'une mise en commun de la dette » [8].

---

1. Civ. 1re, 3 avr. 2001, *Bull. civ.* I, n° 92 ; Civ. 1re, 18 févr. 2003, *Bull. civ.* I, n° 48 ; *D.* 2003. Somm. 1864, obs. V. Brémond ; *Defrénois* 2003. 1356, obs. G. Champenois ; *JCP* 2003. I. 158, obs. Ph. Simler ; Civ. 1re, 17 févr. 2004, *Bull. civ.* I, n° 45 ; *D.* 2004. Somm. 2260, obs. V. Brémond ; *Defrénois* 2004. 1476, obs. G. Champenois ; *JCP* 2004. I. 188, obs. Ph. Simler ; Civ. 1re, 17 janv. 2006, *Bull. civ.* I, n° 13.

2. Civ. 1re, 24 janv. 2003, *Bull. civ.* I, n° 2.

3. L'expression « bon pour consentement aux engagements ci-dessus » répond à l'exigence d'un consentement exprès (Civ. 1re, 4 juin 1996, *Bull. civ.* I, n° 235). Un engagement de caution non valable peut également valoir consentement exprès à celui souscrit par l'autre époux (Civ. 1re, 29 avr. 1997, inédit, n° 95-14500).

En revanche, sur le défaut de caractérisation du consentement exprès, cf. Civ. 1re, 25 nov. 1997, inédit, n° 96-10195 ; Civ. 1re, 17 févr. 1998, *Bull. civ.* I, n° 63 (simple connaissance de la situation par le conjoint) ; Civ. 1re, 1er déc. 2010, inédit, n° 09-15669 (cassation de l'arrêt ayant retenu que « l'acte de cautionnement souscrit par M. X... étant une garantie à laquelle l'obligation principale prise par Mme X... en qualité de gérante de la société débitrice était subordonnée, celle-ci y consentait nécessairement expressément en qualité d'épouse ») ; Civ. 1re, 4 mars 2015, inédit, n° 14-11567 (l'épouse avait consenti à l'hypothèque d'un bien commun et non, en outre, au cautionnement personnel souscrit par son mari).

4. Ce qui explique que l'article 1326 du Code civil ne soit pas applicable à l'autorisation donnée par le conjoint de la caution (Civ. 1re, 4 juin 1996, *Bull. civ.* I, n° 325 ; Civ. 1re, 13 nov. 1996, *Bull. civ.* I, n° 392 ; *JCP N* 1997. II. 1081, note L. Leveneur, et N 1998. 813, note J.-C. Le Guidec ; *D.* 1997. Somm. 163, obs. L. Aynès, et 1998. Somm. 135, obs. V. Brémond ; *RTD civ.* 1997. 729, obs. B. Vareille).

5. Civ. 1re, 9 mars 1999, inédit, n° 97-12357 ; *JCP* 1999. I. 156, n° 4, obs. Ph. Simler ; Civ. 1re, 15 mai 2002, *Bull. civ.* I, n° 128 ; Civ. 1re, 8 mars 2005, *Bull. civ.* I, n° 115.

6. Civ. 1re, 13 oct. 1999, *Bull. civ.* I, n° 273 ; Com. 5 févr. 2013, *Bull. civ.* IV, n° 22.

7. V. ss 141.

8. Ph. Briand, *Éléments d'une théorie de la cotitularité des obligations*, thèse, Nantes, 1999, p. 257.

Cette « communauté » d'objet entraîne des conséquences, tant sur le plan des obligations susceptibles d'être cautionnées (§ 1), que sur celui de l'étendue de l'obligation de la caution (§ 2).

§ 1. Les obligations susceptibles d'être cautionnées

Toute obligation peut, normalement, être cautionnée.

Celle-ci doit, cependant, exister et être valable pour être cautionnée (A). À titre d'exception, il est possible de cautionner une obligation principale annulée pour cause d'incapacité de son débiteur (B).

A. Le principe : l'existence d'une obligation valable

> **C. civ., art. 2289 (anc. art. 2012).** – Le cautionnement ne peut exister que sur une obligation valable.
> On peut néanmoins cautionner une obligation, encore qu'elle pût être annulée par une exception purement personnelle à l'obligé ; par exemple, dans le cas de minorité.

174. ***Une obligation présente ou future.*** « Le cautionnement ne peut exister que sur une obligation valable ». L'obligation cautionnée, quelle que soit sa nature [1] ou sa source, doit exister [2] et être valable. Toutefois, il n'est pas nécessaire que l'obligation principale existe, ni que son montant soit connu, au moment où le cautionnement est souscrit : l'obligation faisant l'objet du cautionnement peut être future. Au demeurant, il est fréquent que le cautionnement, considéré comme la condition *sine qua non* de l'octroi du crédit au débiteur principal, soit consenti avant que ce crédit n'ait été effectivement accordé ou régularisé [3].

Plus généralement, le cautionnement peut porter sur des dettes à naître dans un futur plus ou moins proche [4]. C'est le cas du cautionnement du compte-courant du débiteur principal [5]. Dans cette hypothèse, l'objet de l'obligation de la caution est *indéterminé* [6]*, mais il est déterminable* dans la mesure où il est possible d'identifier les dettes, ainsi que leur débiteur [7], qui, si elles naissent, seront couvertes par la caution [8].

175. ***Les conséquences de la nullité de l'obligation principale sur le cautionnement.*** Si l'obligation principale vient à être annulée, quelle que soit la cause de cette nullité, le

---

1. À titre exceptionnel, certaines obligations ne peuvent faire l'objet d'un cautionnement. C'est le cas des prêts participatifs garantis par la Société française pour l'assurance du capital-risque des PME, cette garantie ne pouvant être cumulée avec aucune autre : Civ. 1re, 19 avr. 1988, *Bull. civ.* I, n° 109 ; *JCP E* 1989. II. 15505, note Ph. Delebecque.

2. Civ. 1re, 19 janv. 1981, *Bull. civ.* I, n° 30.

3. Pour un exemple récent, Paris, 18 juin 2015, n° 14/01470.

4. V. not. Com. 24 nov. 1982, *Bull. civ.* IV, n° 368 ; Com. 22 févr. 1994, *Bull. civ.* IV, n° 68 ; *Defrénois* 1994, art. 35897, p. 1170, obs. L. Aynès ; *RTD civ.* 1994. 907, obs. M. Bandrac.

5. Sur cette hypothèse, v. ss 402 s.

6. Et *non indéfini*, comme l'évoque parfois, à tort, la jurisprudence, au sujet d'un cautionnement d'un nombre non déterminé de dettes futures : v., par exemple, au sujet d'un cautionnement d'un crédit, consenti dans le cadre d'une ouverture de crédit, même avec un plafond (Com. 27 mai 2003, inédit, n° 00-22462). Sur la signification de l'adjectif « indéfini », v. ss 185 s.

7. Il a été admis que le débiteur pouvait ne pas encore avoir d'existence juridique au moment de la conclusion du cautionnement, dès lors que la société, en formation, pouvait être suffisamment identifiée : Rouen, 15 janv. 2015, n° 13/02679.

8. En revanche, un cautionnement muet quant à la nature et à l'étendue des obligations cautionnées a un objet non seulement indéterminé mais encore indéterminable, et encourt la nullité : Civ. 1re, 15 juill. 1981, *Bull. civ.* I, n° 255.

cautionnement n'a, rétroactivement, plus d'objet. Il est *caduc*[1] *pour absence d'objet*. Ce fondement, pourtant semble-t-il exact, n'est jamais invoqué, car la même solution est déduite du caractère accessoire du cautionnement. L'objet de l'obligation de la caution se fond dans le caractère accessoire du contrat.

176. ***Le problème de la couverture des restitutions***. La nullité d'une convention peut, notamment lorsque cette dernière a reçu un commencement d'exécution, donner naissance ou laisser subsister des obligations post-contractuelles, en particulier des *obligations de restitution*. Ainsi, lorsqu'un contrat de prêt est annulé, les sommes qui ont pu être versées par le prêteur doivent-elles être restituées par l'emprunteur. Dès lors, la caducité du cautionnement pour absence d'objet soulève la question de savoir si la caution est entièrement libérée ou si son obligation de garantie se reporte sur les obligations de restitution subsistantes. Il est bien évidemment parfaitement concevable et valable que le créancier ait exigé de la caution que celle-ci couvre non seulement le remboursement du prêt, mais encore, en cas d'annulation de ce dernier, les restitutions. Mais, quelle solution adopter en cas de silence dans l'acte de cautionnement ?

177. L'anéantissement du cautionnement, faute d'objet, combiné avec l'exigence du caractère exprès de l'engagement de la caution, qui impose de ne pas étendre ce dernier au-delà de ce qui a été expressément prévu[2], devraient conduire à refuser la couverture des restitutions par la caution qui n'y a pas consenti de manière expresse. Pourtant, depuis 1982, la Cour de cassation retient, au visa de l'article 2289 (anc. art. 2012) du Code civil, la solution inverse[3] : « tant que les parties n'ont pas été remises en l'état antérieur à la conclusion de leur convention annulée, l'obligation de restituer inhérente au contrat de prêt demeure valable ; le cautionnement en considération duquel le prêt a été consenti subsiste tant que cette obligation n'est pas éteinte ». Cette solution trouve peut-être sa raison d'être dans le particularisme du contrat de prêt, et plus largement des contrats de restitution. Ces contrats présentent, en effet, comme originalité d'imposer, que le contrat soit valable ou non, la restitution du bien délivré. L'obligation de restitution des fonds empruntés est l'exact décalque – même cause, même objet – de l'obligation de remboursement[4].

Toutefois, au-delà de la question du bien-fondé de cette dérogation, il faut relever que celle-ci n'est pas indolore pour la caution, dans la mesure où l'obligation de restitution devient immédiatement exigible après le prononcé de la nullité du prêt, tandis que l'obligation de remboursement était à terme.

B. L'exception : le cautionnement de l'obligation principale annulée pour incapacité du débiteur

178. L'article 2289, alinéa 2, du Code civil (anc. art. 2012, al. 2) dispose que le cautionnement est valable, en dépit de la nullité de l'obligation garantie, lorsque celle-ci est annulée,

---

1. Sur la caducité rétroactive, plutôt que la nullité du cautionnement, cf. C. Mouly, *Les causes d'extinction du cautionnement*, Litec, 1979, n° 201 ; Ph. Simler, *op. cit.*, n° 225.

2. V. ss 153.

3. Com. 17 nov. 1982, *Bull. civ.* IV, n° 357 ; *D.* 1983. 527, note M. Contamine-Raynaud ; *JCP* 1984. II. 20216, note Ph. Delebecque et C. Mouly ; *Defrénois* 1984, art. 33251, p. 368, obs. J.-L. Aubert ; Civ. 1re, 18 mars 1997, *Bull. civ.* I, n° 96. Même solution en cas d'annulation d'un contrat successif : Com. 4 févr. 1986, *Bull. civ.* IV, n° 1.

4. Ph. Théry, *op. cit.*, p. 87.

« par exemple », pour incapacité du débiteur. Encore faut-il, ajoute la doctrine [1], que la caution ait eu connaissance de l'incapacité du débiteur principal. À défaut de cette connaissance, le cautionnement ne pourrait survivre à la nullité de l'obligation principale.

179. Ce texte édicte une *dérogation à la règle de l'accessoire*. Cette dérogation ne s'explique pas par la nature ou les caractères de la cause de nullité de l'obligation principale, plus précisément, elle ne s'explique pas par le caractère purement personnel au débiteur de l'exception. Il est effectivement possible de considérer que le caractère accessoire renforcé du cautionnement devrait autoriser la caution, à la différence du codébiteur solidaire, à soulever toutes les exceptions, y compris personnelles, dont dispose le débiteur principal [2]. Il est vrai que, tant la lettre de l'article 2289, alinéa 2, du Code civil que celle de l'article 2313, alinéa 2, du Code civil (anc. art. 2036, al. 2), sont à cet égard fort trompeuses.

180. En réalité, la dérogation inscrite dans l'article 2289, alinéa 2, du Code civil s'appuie sur des justifications historiques et pratiques destinées à *faciliter l'octroi de crédit aux mineurs*. Cette *ratio legis* a conduit la jurisprudence, d'une part, à étendre la dérogation à d'autres causes d'incapacité que la minorité donnée seulement à titre d'exemple [3] (est ainsi valable le cautionnement d'un majeur incapable qui aurait contracté la dette garantie sans être assisté de son curateur ou sans être représenté par son tuteur [4]) et, d'autre part, à refuser d'étendre la dérogation à des hypothèses proches, mais distinctes de l'incapacité, telle la nullité de l'obligation du débiteur principal pour défaut de pouvoir [5].

La raison d'opportunité sous-tendant la dérogation posée par l'article 2289, alinéa 2, du Code civil devrait permettre de restreindre la portée du très important arrêt rendu en chambre mixte par la Cour de cassation le 8 juin 2007 [6], selon lequel le *dol commis par le créancier envers le débiteur principal* constitue une exception purement personnelle à ce dernier que la caution ne saurait invoquer pour se délier de son engagement. L'interprétation restrictive de cette décision revient à considérer que la dérogation au caractère accessoire renforcé du cautionnement qu'elle renferme vaut uniquement dans l'hypothèse où la nullité relative du contrat garanti n'aurait pas encore été prononcée à l'initiative du débiteur, qui seul peut s'en prévaloir [7]. À l'inverse, si le contrat principal avait déjà été annulé, sur le fondement d'un dol ou d'un autre vice du consentement, il conviendrait de retenir la solution traditionnelle selon laquelle la caution peut opposer au créancier cette exception concernant l'existence même de la dette garantie pour être, elle aussi, libérée.

181. À vrai dire, la dérogation au caractère accessoire prévue par l'article 2289, alinéa 2, du Code civil, dont les justifications apparaissent quelque peu archaïques, porte

---

1. En ce sens, not. L. Aynès et P. Crocq, *op. cit.*, n° 139 ; Ph. Théry, *op. cit.*, n° 52 ; Ph. Simler, *op. cit.*, n° 219.
2. V. ss 148.
3. Sur cette technique législative, cf. M. Bourassin, « Les exemples législatifs », *RRJ* 2010-3, p. 1113 s.
4. Paris, 20 mars 1956, *RTD civ.* 1956. 709, obs. H. Desbois.
5. Civ. 1re, 20 oct. 1987, *Bull. civ.* I, n° 269 ; *D.* 1988. Somm. 276, obs. L. Aynès.
6. *Bull. ch. mixte*, n° 5.
7. Cette interprétation est accréditée par un arrêt de la chambre commerciale de la Cour de cassation, qui confirme la solution de 2007 en insistant sur le défaut de qualité à agir de la caution : « ayant énoncé que la nullité pour dol du contrat de prêt constitue une exception purement personnelle que seul le débiteur principal peut invoquer, puis constaté que ce dernier faisait valoir dans la présente instance ses droits et actions, c'est exactement que la cour d'appel a retenu que les associés de la SNC (cautions), tiers au contrat de prêt conclu entre cette dernière et le CDE, n'avaient pas qualité pour en poursuivre la nullité pour dol et qu'ils ne le pouvaient davantage par la voie de l'action oblique » (Com. 22 mai 2013, inédit, n° 11-20398).

inutilement atteinte à cette caractéristique fondamentale du cautionnement et, plus fondamentalement, à la qualification même de cautionnement. Il serait sans doute préférable, comme l'a proposé une partie de la doctrine[1] d'admettre que le cautionnement d'une dette principale annulée pour incapacité du débiteur se transforme en une *promesse de porte-fort*[2], c'est-à-dire la convention par laquelle une personne promet au créancier que le mineur confirmera la convention frappée de nullité relative.

§ 2. L'ÉTENDUE DU CAUTIONNEMENT

L'obligation de la caution peut être plus ou moins étendue.

La mesure de l'étendue de l'obligation de la caution s'effectue au regard de deux éléments. En premier lieu, par rapport au maximum de l'obligation garantie : cette dernière constitue normalement l'étendue maximale de l'obligation de la caution. En second lieu, et dans cette limite, l'étendue de l'obligation de la caution s'envisage au regard de son *quantum*, c'est-à-dire son montant et ses modalités (A), et sa *durée* (B).

182. Si le caractère accessoire renforcé du cautionnement suggère que l'objet de l'obligation de la caution ne puisse excéder celui de l'obligation garantie, c'est-à-dire que l'engagement de la caution corresponde à la dette même garantie ou à une fraction de celle-ci, on peut constater une remise en cause du caractère accessoire du cautionnement lorsque le débiteur principal est soumis à une *procédure collective de paiement :* la caution peut, alors, être tenue plus rigoureusement ou plus tôt que ne l'est le débiteur principal. En effet, l'ouverture d'une procédure collective de paiement contre le débiteur principal met en lumière le conflit entre la règle de l'accessoire, qui postule d'étendre à la caution les faveurs accordées au débiteur principal, et la finalité de la sûreté qui suggère, au contraire, que le cautionnement joue pleinement et tout de suite lorsque la défaillance du débiteur est avérée, puisque le risque d'insolvabilité du débiteur est précisément le risque contre lequel le créancier a voulu se prémunir en exigeant une caution. Cette problématique et les solutions qu'a choisi de retenir le droit positif seront exposées dans un chapitre consacré exclusivement à l'influence sur le cautionnement de la procédure collective de paiement ouverte contre le débiteur principal[3].

A. Le *quantum* du cautionnement

L'étendue du cautionnement dans son montant est, normalement, soumise à la liberté contractuelle. Cette dernière est toutefois assujettie au respect du caractère accessoire du cautionnement. Ainsi, l'étendue du cautionnement ne peut excéder ce qui est dû par le débiteur principal (1°). En revanche, elle peut, et parfois doit, être moindre que ce qui est dû par le débiteur principal (2°).

1° L'étendue du cautionnement ne peut excéder celle de l'obligation principale

> **C. civ., art. 2290 (anc. art. 2013).** – Le cautionnement ne peut excéder ce qui est dû par le débiteur, ni être contracté sous des conditions plus onéreuses.
> Il peut être contracté pour une partie de la dette seulement, et sous des conditions moins onéreuses.

1. Spéc. Ph. Simler, *op. cit.*, n° 220 ; Mazeaud, Chabas et Picod, *op. cit.*, n° 21.
2. Cf. l'article 1120 du Code civil ; v. ss 59 s.
3. V. ss 542 s.

> Le cautionnement qui excède la dette, ou qui est contracté sous des conditions plus onéreuses, n'est point nul : il est seulement réductible à la mesure de l'obligation principale.

183. Pure expression du caractère accessoire renforcé du cautionnement, l'article 2290, alinéa 1er, du Code civil (anc. art. 2013, al. 1er) pose clairement que l'engagement de la caution est nécessairement limité dans son *quantum*, c'est-à-dire tant dans son montant que dans ses modalités. Ce *plafond de l'engagement de la caution*, c'est *l'engagement même du débiteur principal*. Tenue pour un autre, la caution ne peut pas être tenue davantage que cet autre.

Si l'engagement de la caution ne peut naturellement pas porter sur un montant, en capital et intérêts, supérieur à celui de la dette principale garantie, il ne peut pas davantage être affecté de modalités distinctes de celles affectant la dette principale, et qui auraient pour effet de rendre l'engagement de la caution plus rigoureux, à un titre ou à un autre, que celui du débiteur principal. Ainsi, toutes les modalités affectant l'obligation principale s'appliquent-elles, normalement, à l'engagement de la caution. Tel est le cas, notamment, des conditions ou du terme[1] : l'obligation de la caution ne peut être pure et simple si l'obligation du débiteur principal est conditionnelle. La jurisprudence porte une attention particulière à ce que les modalités affectant l'obligation principale ne puissent pas être remises en cause, au détriment de la caution, par la volonté des parties au contrat ayant donné naissance à la dette garantie. Ainsi, la renonciation du créancier au bénéfice de la condition affectant la dette principale[2] ou l'accord entre le créancier et le débiteur principal, par lequel ils renoncent à la réalisation d'une condition[3], sont-ils inopposables à la caution.

184. Un cautionnement qui excéderait l'obligation du débiteur, soit dans son montant, soit dans ses modalités, n'est pas nul : il est, aux termes de l'article 2290, alinéa 3, du Code civil (anc. art. 2013, al. 3) seulement *réductible* à la mesure de l'obligation principale.

2° L'étendue du cautionnement peut être identique ou moindre que celle de l'obligation principale

Dans la limite du plafond que constitue la dette principale garantie, la liberté contractuelle peut, normalement, se donner libre cours pour façonner un engagement de la caution qui sera, soit à l'exacte mesure de celui du débiteur principal : c'est le cautionnement *indéfini* (a). Soit sera moindre que celui du débiteur principal : c'est le cautionnement *défini*, désormais encouragé voire imposé (b).

a) Le cautionnement indéfini

> **C. civ., art. 2293 (anc. art. 2016).** – Le cautionnement indéfini d'une obligation principale s'étend à tous les accessoires de la dette, même aux frais de la première demande, et à tous ceux postérieurs à la dénonciation qui en est faite à la caution.
> Lorsque ce cautionnement est contracté par une personne physique, celle-ci est informée par le créancier de l'évolution du montant de la créance garantie et de ces accessoires au moins annuellement à la date convenue entre les parties ou, à défaut, à la date anniversaire du contrat, sous peine de déchéance de tous les accessoires de la dette, frais et pénalités.

1. Sur la durée de l'obligation de la caution, v. ss 195 s.
2. Civ. 1re, 12 juin 1990, *Bull. civ.* I, n° 158.
3. Civ. 1re, 29 avr. 1997, *Bull. civ.* I, n° 133.

185. ***Caractéristiques du cautionnement indéfini***. Le cautionnement indéfini est visé par l'article 2293 (anc. art. 2016) du Code civil[1]. Le terme indéfini signifie que l'engagement de la caution n'est pas distinct de celui du débiteur. L'engagement de la caution n'a pas besoin d'être défini ou précisé, puisqu'il n'a *pas d'autres limites que celles de la dette garantie*. Mais cela ne signifie nullement que le cautionnement indéfini soit illimité, puisqu'il emprunte, le cas échéant, les limites de la dette principale[2].

En effet, cette identité parfaite entre l'engagement de la caution et l'engagement du débiteur peut s'appliquer à une *dette unique déterminée :* par exemple, la caution s'engage à garantir le prêt de 100 000 euros que le débiteur a souscrit auprès de tel établissement bancaire.

Elle peut également s'appliquer à un ensemble de *dettes futures indéterminées* à naître entre le débiteur et le créancier : par exemple, la caution s'engage à garantir « le paiement ou le remboursement de toutes sommes que le cautionné peut à ce jour ou pourra devoir à l'avenir à la banque, en toute monnaie, chez l'un quelconque de ses sièges, en principal augmenté des intérêts, commissions, frais et accessoires, à raison de tous engagements, de toutes opérations et, d'une façon générale, de toutes obligations nées sans exception, directement ou indirectement, pour quelque cause que ce soit »[3].

La possibilité de cautionner ainsi toutes les dettes futures d'un débiteur, autrement dit de consentir un cautionnement *omnibus*, constitue l'un des principaux avantages du cautionnement, en ce que cette garantie n'est pas assujettie au principe de spécialité qui caractérise en principe l'ensemble des sûretés réelles[4] : le cautionnement s'adapte automatiquement, sans qu'il soit nécessaire de compléter ou de réitérer la garantie, à l'évolution de l'endettement du débiteur principal. La plasticité du cautionnement *omnibus* s'accompagne de son extrême dangerosité pour les cautions qui ignorent, au moment où elles s'engagent, le montant exact qu'elles peuvent être amenées à se voir réclamer[5].

186. ***Effet du cautionnement indéfini : la garantie des accessoires***. Le cautionnement indéfini épouse, normalement, les contours exacts de la dette principale, dans tous ses éléments, principaux comme accessoires. C'est ce qu'exprime l'article 2293 (anc. art. 2016) du Code civil en posant *une présomption simple* selon laquelle le « cautionnement indéfini d'une obligation principale s'étend à tous les accessoires de la dette »[6]. Les accessoires couverts par la caution comportent les intérêts contractuels ou légaux de la

1. Cf. P. Grosser, « La Cour de cassation et l'article 2293 du Code civil », *in Mélanges Goubeaux*, Dalloz-LGDJ, 2009, p. 203.

2. Il est donc regrettable que le cautionnement indéfini soit souvent appelé cautionnement illimité.

3. Exemple de clause figurant dans des contrats types de cautionnement. De telles clauses énumèrent fréquemment toutes les opérations garanties par la caution : « C'est ainsi qu'il s'applique (l'énumération qui va suivre étant simplement indicative et non limitative) à toutes obligations résultant : de tous crédits par caisse ou par signature, du solde exigible en faveur de la banque de tout compte courant ouvert au nom du cautionné, des opérations de bourse traitées par lui, de tous chèques, billets ou effets comportant sa signature à quelque titre que ce soit et pour lesquels la banque aura été ou non dispensée de tout protêt, de toute dénonciation de protêt ou de tout avis de non-paiement, des négociations de lettres de change-relevés, d'actes de cession de créances professionnelles, de tous engagements d'aval, de caution ou de garantie de paiement fournis par le cautionné ; de tous engagements d'aval, de caution, de garantie ou de contre-garantie, ou de toutes acceptations, donnés par la banque pour le compte du cautionné ou sur son ordre. »

4. V. ss 1062 s.

5. Sur les protections de la caution : v. ss 190 s., 220, 232 s.

6. Sur cette présomption, cf. Com. 16 mars 1999, *Bull. civ.* IV, n° 59 ; Civ. 1re, 29 oct. 2002, *Bull. civ.* I, n° 248 ; v. ss 220.

dette[1], les indemnités visées par le contrat principal, comme les frais de résiliation anticipée, la clause pénale[2], ou encore les dommages et intérêts contractuels dus par le débiteur en raison de l'inexécution du contrat[3].

b) Le cautionnement défini

C. civ., art. 2290, al. 2 (anc. art. 2013, al. 2). – Il peut être contracté pour une partie de la dette seulement, et sous des conditions moins onéreuses.

187. ***Caractéristiques du cautionnement défini.*** La règle de l'accessoire ne s'oppose nullement à ce que l'engagement de la caution n'épouse pas rigoureusement les contours de la dette principale. Qui peut le plus – être tenu dans la même mesure que le débiteur –, peut le moins – être tenu dans une moindre mesure que le débiteur. C'est ce qu'exprime l'article 2290, alinéa 2, du Code civil (anc. art. 2013, al. 2).

Le cautionnement comportant *une limite propre* relative à son montant, à ses modalités ou à sa durée[4], par rapport à la dette principale, est appelé cautionnement défini ou limité.

188. Les formes que peut revêtir la limitation du cautionnement sont très variées. Concernant son montant, le cautionnement peut porter sur une fraction seulement de la dette principale ou comporter un montant chiffré plafond ou encore ne porter que sur la couverture des intérêts de la dette principale, à l'exclusion du capital.

189. ***Effets du cautionnement défini.*** À défaut de précision dans l'acte, le cautionnement comportant un montant limité *ne couvre que le capital* de la dette principale, et ne s'étend donc pas aux accessoires de celle-ci. En effet, la présomption de couverture des accessoires de la dette posée par l'article 2293 (anc. art. 2016) du Code civil[5] n'est prévue que pour le cautionnement indéfini. L'article 2293 (anc. art. 2016) du Code civil pouvant être compris comme une exception à l'article 2292 (anc. art. 2015) du Code civil doit logiquement recevoir une interprétation stricte interdisant de l'étendre en dehors de son champ d'application. Dès lors, l'article 2292 (anc. art. 2015) du Code civil, retrouvant son empire, implique que *la couverture des accessoires de la dette principale soit expressément consentie par la caution.*

Si la formation d'un cautionnement défini plutôt qu'indéfini relevait, traditionnellement, de la volonté exclusive des parties, cette liberté a vu, au cours des vingt-cinq dernières années, son champ considérablement se réduire, soit que le cautionnement défini est encouragé, soit que le cautionnement défini est imposé.

---

1. Pour que les intérêts contractuels convenus et figurant dans l'acte de prêt soient dus, il suffit, si les articles L. 313-7 ou L. 341-2 du Code de la consommation ne sont pas applicables, que la caution ait porté sa signature sur cet acte, sans qu'il soit nécessaire, par ailleurs, que la mention manuscrite imposée par l'article 1326 du Code civil en fasse état en précisant le taux des intérêts (Civ. 1re, 29 oct. 2002, *Bull. civ.* I, n° 247).

2. Com. 23 nov. 1999, *Bull. civ.* IV, n° 203. L'indemnité de résiliation stipulée au contrat de location financière et dont la caution, en sa qualité de dirigeant de la société cautionnée et de signataire du contrat de location, avait une parfaite connaissance, ne peut être qualifiée de clause pénale et relève donc du principal des sommes dues au même titre que les loyers (Douai, 4 juin 2015, n° 14/03691).

3. À l'inverse, les dommages et intérêts de nature délictuelle ne sont pas couverts, sauf clause expresse. Ainsi est-ce le cas de l'indemnité d'occupation due par le preneur après la résiliation du bail : Civ. 3e, 14 nov. 1973, *Bull. civ.* III, n° 579.

4. V. ss 195 s.

5. V. ss 186.

190. ***Le cautionnement défini encouragé***. Deux dispositions encouragent indirectement la conclusion d'un cautionnement limité en montant : l'article 47-II, alinéa 1er, de la loi *Madelin* du 11 février 1994 et l'article L. 341-5 du Code de la consommation issu de la loi *Dutreil* du 1er août 2003.

> **L. du 11 févr. 1994, art. 47-II, al. 1er.** – Les stipulations de solidarité et de renonciation au bénéfice de discussion figurant dans un contrat de cautionnement d'une dette contractuelle professionnelle consenti par une personne physique au bénéfice d'un entrepreneur individuel sont réputées non écrites si l'engagement de la caution n'est pas limité à un montant global, expressément et contractuellement déterminé, incluant le principal, les intérêts, les frais et accessoires.
> **C. consom., art. L. 341-5.** – Les stipulations de solidarité et de renonciation au bénéfice de discussion figurant dans un contrat de cautionnement consenti par une personne physique au bénéfice d'un créancier professionnel sont réputées non écrites si l'engagement de la caution n'est pas limité à un montant global, expressément et contractuellement déterminé, incluant le principal, les intérêts, les frais et accessoires.

191. Ces deux textes, à la formulation identique[1], prévoient que le cautionnement indéfini consenti par une personne physique au bénéfice d'un entrepreneur individuel[2] (L. du 11 févr. 1994, art. 47-II, al. 1er) ou par une personne physique au bénéfice d'un créancier professionnel (C. consom., art. L. 341-5) ne peut être assorti d'une clause de solidarité ou de renonciation au bénéfice de discussion. *A contrario*, le créancier ne peut obtenir le bénéfice de la solidarité qu'à la condition de limiter le cautionnement à « un montant global, expressément et contractuellement déterminé ». En d'autres termes, le plafonnement du cautionnement ne constitue donc pas une condition de validité de la garantie elle-même, mais seulement de la stipulation de solidarité et de la renonciation au bénéfice de discussion.

Le créancier est donc incité à limiter le montant de l'engagement de la caution s'il veut bénéficier du caractère solidaire du cautionnement.

192. Désormais, la faculté pour un créancier d'obtenir un *cautionnement indéfini solidaire* est donc limitée à deux hypothèses : d'une part, lorsque la caution est une personne morale ; d'autre part, lorsque le cautionnement est donné par une personne physique à un créancier non professionnel et que le débiteur principal n'est pas un entrepreneur individuel.

193. ***Le cautionnement défini imposé***. Le formalisme informatif *ad validitatem*[3] a pour conséquence d'imposer la souscription d'un cautionnement limité en montant et en durée dans le cas, fort courant, d'un *cautionnement consenti sous seing privé par une personne physique envers un créancier professionnel*. En effet, la mention manuscrite prescrite par les articles L. 313-7 et L. 341-2 du Code de la consommation doit contenir, à peine de nullité, une somme déterminée « couvrant le paiement du principal, des intérêts et, le cas échéant, des pénalités ou intérêts de retard », ainsi qu'un terme extinctif.

---

1. L'article L. 341-5 du Code de la consommation ne vise pas expressément le cautionnement notarié, mais c'est uniquement en restreignant de la sorte le champ d'application de cette disposition qu'il est possible d'éviter la contradiction entre celle-ci et l'article L. 341-2 du même code, qui prohibe le cautionnement indéfini sous seing privé. Cette interprétation a été consacrée par la chambre commerciale de la Cour de cassation, dans un arrêt du 6 juillet 2010 (*Bull. civ.* IV, n° 118).
2. C'est ici le débiteur cautionné qui est visé et non le créancier bénéficiaire du cautionnement.
3. V. ss 225 s.

C. consom., art. L. 313-7. – La personne physique qui s'engage par acte sous seing privé en qualité de caution pour l'une des opérations relevant des chapitres Ier ou II du présent titre doit, à peine de nullité de son engagement, faire précéder sa signature de la mention manuscrite suivante, et uniquement de celle-ci :
« En me portant caution de X..., dans la limite de la somme de... couvrant le paiement du principal, des intérêts et, le cas échéant, des pénalités ou intérêts de retard et pour la durée de..., je m'engage à rembourser au prêteur les sommes dues sur mes revenus et mes biens si X... n'y satisfait pas lui-même. »
C. consom., art. L. 341-2. – Toute personne physique qui s'engage par acte sous seing privé en qualité de caution envers un créancier professionnel doit, à peine de nullité de son engagement, faire précéder sa signature de la mention manuscrite suivante, et uniquement de celle-ci : « En me portant caution de X..., dans la limite de la somme de... couvrant le paiement du principal, des intérêts et, le cas échéant, des pénalités ou intérêts de retard et pour la durée de..., je m'engage à rembourser au prêteur les sommes dues sur mes revenus et mes biens si X... n'y satisfait pas lui-même. »

194. Dès lors, la liberté contractuelle relative à l'étendue du cautionnement, c'est-à-dire la faculté de garantir une ou plusieurs dettes futures indéterminées par un *cautionnement indéfini*, ne couvre, désormais, qu'un champ limité d'hypothèses : le cautionnement passé par acte notarié ou par acte sous seing privé contresigné par avocat (L. du 28 mars 2011) ; le cautionnement souscrit sous seing privé par une personne morale ; le cautionnement souscrit sous seing privé par une personne physique au bénéfice d'un créancier non professionnel.

B. La durée du cautionnement

Le cautionnement peut emprunter la durée de la dette principale, c'est-à-dire ne pas comporter de terme propre : il est alors assorti du même terme que celui affectant la dette principale (1°). Le cautionnement peut également être limité en durée et comporter un terme qui lui soit propre (2°).

1° Le cautionnement ne comportant pas de terme propre

195. Lorsque le cautionnement est *indéfini*, sa durée est alors celle de la dette principale.
Cette dernière peut être affectée d'un terme extinctif, mettant fin à la relation contractuelle et/ou d'un terme suspensif, suspendant l'exigibilité de l'obligation.

196. ***Le terme extinctif de la dette principale***. En ce qui concerne le terme extinctif, l'obligation principale peut être à durée déterminée ou à durée indéterminée.
En cas d'*obligation principale à durée déterminée* (par exemple un bail de trois ans), le cautionnement emprunte le terme de cette dernière, même incertain (un événement dont on ignore encore la date). La survenance du terme de l'obligation garantie met fin à l'obligation de couverture de la caution[1]. Si les parties au contrat principal décident de poursuivre l'exécution de celui-ci après la survenance du terme initialement convenu, par le jeu d'une reconduction, expresse ou tacite, la caution n'est pas tenue, sauf clause contraire ou conclusion d'un nouvel engagement, car la période nouvelle est constitutive d'un nouveau contrat, non couvert. Cette solution est expressément consacrée, en matière

1. Sur l'extinction de l'obligation de couverture, v. ss 400.

de bail, par l'article 1740 du Code civil[1], et la Cour de cassation l'a déjà appliquée dans une hypothèse de prolongation d'un contrat de location-gérance[2].

En cas d'*obligation principale à durée indéterminée* (par exemple, un bail à durée indéterminée), le cautionnement est pareillement dépourvu de terme extinctif. Comme tout engagement à durée indéterminée, le cautionnement peut alors, conformément au principe de la prohibition des engagements perpétuels, être résilié unilatéralement et à tout moment par la caution[3].

197. ***Le terme suspensif de la dette principale.*** En ce qui concerne le terme suspensif affectant la dette principale, le cautionnement indéfini en est pareillement assorti : l'obligation de la caution ne sera, en principe, exigible que lorsque l'obligation principale le sera.

198. La question est alors de savoir si les événements – déchéance, prorogation du terme – qui affectent l'exigibilité de l'engagement principal se répercutent automatiquement sur l'exigibilité de l'engagement de la caution.

La réponse à cette question est délicate car elle met en jeu des intérêts et des principes contradictoires. En effet, d'un côté, *le caractère accessoire du cautionnement* conduit logiquement à calquer le sort de la caution sur celui du débiteur. De l'autre, *le principe de la force obligatoire des conventions* suggère le maintien du terme initial accepté par la caution. Enfin, *la finalité de garantie* du contrat de cautionnement incite à favoriser la poursuite immédiate de la caution chaque fois que la modification de l'échéance de la dette principale trouve son origine dans l'insolvabilité avérée du débiteur.

199. ***La déchéance du terme suspensif de la dette principale.*** La dette principale peut voir son terme déchu pour plusieurs raisons : clause contractuelle prévoyant une déchéance automatique du terme en cas d'inexécution par le débiteur de l'une de ses obligations ; déchéance judiciaire en cas de diminution des sûretés par le débiteur (C. civ., art. 1188) ; déchéance légale en cas de liquidation judiciaire (C. com., art. L. 643-1).

La caution continue-t-elle de bénéficier du terme originel ou peut-elle, par le jeu du caractère accessoire, être appelée immédiatement en paiement, la dette principale étant devenue exigible prématurément ?

200. La jurisprudence fait prévaloir la force obligatoire du contrat de cautionnement et le principe de l'effet relatif des conventions en décidant que la déchéance du terme de la dette garantie est *inopposable à la caution*[4].

Toutefois, dans la continuité des principes de la force obligatoire du cautionnement et de l'autonomie de la volonté, il est admis que la clause contractuelle prévoyant que le

---

1. « Dans le cas des deux articles précédents (congé signifié ou tacite reconduction), la caution donnée pour le bail ne s'étend pas aux obligations résultant de la prolongation ».

2. Com. 9 avr. 2013, *Bull. civ.* IV, n° 56. Comp. l'hypothèse dans laquelle le cautionnement, garantissant des dettes locatives, était prévu pour une durée de six ans, dont il a été déduit qu'il couvrait la durée du premier bail et son renouvellement : Versailles, 6 janv. 2015, n° 14/00193.

3. Les obligations d'information qui pèsent sur certains créanciers bénéficiaires de cautionnements ont, notamment, pour objet de rappeler à la caution sa faculté de résiliation unilatérale du cautionnement à durée indéterminée ; v. ss 266 s.

Sur les conséquences de cette résiliation sur les obligations de la caution, v. ss 399 s.

4. V. not. Civ. 1re, 20 déc. 1976, *Bull. civ.* I, n° 415 ; Com. 5 oct. 1983, *Bull. civ.* IV, n° 254 ; Civ. 1re, 30 oct. 1984, *Bull. civ.* I, n° 290 ; Com. 26 oct. 1999, *Bull. civ.* IV, n° 183 ; Com. 4 nov. 2014, inédit, n° 12-35357.

cautionnement deviendra immédiatement exigible en cas de déchéance du terme de la dette garantie est parfaitement valable[1].

En revanche, la clause contractuelle prévoyant que le cautionnement deviendrait immédiatement exigible en cas de survenance d'un événement, par exemple l'ouverture d'une procédure collective contre le débiteur principal, qui ne provoque pas la déchéance du terme affectant la dette garantie, est nulle[2]. Cette solution se justifie pleinement au regard du caractère accessoire du cautionnement : la caution ne peut être tenue plus rigoureusement que ne l'est le débiteur principal.

201. ***La prorogation du terme suspensif de l'obligation principale.*** La prorogation du terme suspensif affectant la dette garantie n'est pas, contrairement à la reconduction du contrat, génératrice d'obligations nouvelles. C'est le même contrat qui continue, seule sa durée est atteinte par la prorogation.

202. Là encore, la question se pose de savoir si la prorogation du terme affectant la dette garantie se propage ou non au cautionnement. L'article 2316 (anc. art. 2039) du Code civil ne répond que partiellement à cette question.

> **C. civ., art. 2316 (anc. art. 2039).** – La simple prorogation de terme, accordée par le créancier au débiteur principal, ne décharge point la caution, qui peut, en ce cas, poursuivre le débiteur pour le forcer au paiement.

Ce texte dispose que la caution n'est pas déchargée en cas de prorogation conventionnelle du terme, ce qui paraît justifié. Il ajoute que la caution peut immédiatement poursuivre le débiteur pour le forcer au paiement. Mais, ce texte ne dit pas si la caution peut être appelée à l'échéance du terme originel ou si elle peut invoquer le bénéfice de la prorogation du terme affectant la dette garantie. Le principe de la force obligatoire du cautionnement suggère que la caution puisse être appelée en paiement dès l'échéance initiale. Le caractère accessoire du cautionnement implique, au contraire, que la prorogation du terme profite à la caution, celle-ci ne pouvant être tenue plus rigoureusement que le débiteur principal.

203. Raisonnant de façon opportuniste, la jurisprudence a pris en considération le fait que le bénéfice de la prorogation du terme de la dette garantie ne constitue pas nécessairement un avantage pour la caution. En effet, la prorogation peut être le symptôme d'une dégradation de la situation financière du débiteur principal, celle-ci pouvant se dégrader plus encore pendant le laps de temps séparant le terme initial du terme prorogé. Aussi est-il laissé *une option à la caution*[3] : soit celle-ci estime que la prorogation accordée au débiteur principal constitue une chance supplémentaire que celui-ci s'exécute lorsque son obligation sera exigible, et elle réclamera alors *le bénéfice de la prorogation*. Soit, au contraire, la caution redoute que le sursis accordé au débiteur principal n'équivaille à « reculer pour mieux sauter », et elle préférera *s'acquitter immédiatement* de la dette ou contraindre, en vertu de l'article 2316 (anc. art. 2039) du Code civil, le débiteur à la consignation immédiate des fonds.

---

1. Civ. 1re, 30 oct. 1984, préc. ; Civ. 1re, 18 févr. 2003, inédit, n° 00-12771.
2. Civ. 1re, 24 janv. 1995, *Bull. civ.* I, n° 51.
3. Lyon, 6 janv. 1903, *DP* 1910. Somm. 1 ; Ph. Simler (*op. cit.*, n° 471) a remarqué que « le fait même que les tribunaux n'aient eu à statuer que très rarement sur cette question tend à prouver que les créanciers, respectant spontanément une solution fondée en droit comme en équité, ne poursuivent pas les cautions solidaires dans cette hypothèse ».

204. ***Appréciation critique de la jurisprudence relative aux modifications conventionnelles du terme.*** On peut regretter *un certain manque de cohérence des solutions* retenues en cas de modification du terme affectant la dette garantie. Alors que le principe de l'accessoire est écarté en cas de déchéance du terme suspendant l'exigibilité de la dette principale, il est, au contraire, en principe promu, sauf volonté contraire de la caution, en cas de prorogation du terme affectant la dette garantie. Ce principe, pourtant de l'essence du cautionnement, est ainsi, en quelque sorte, instrumentalisé par les juges, selon qu'ils estiment ou non nécessaire de protéger la caution, tant il est vrai que le caractère accessoire renforcé du cautionnement est avant tout conçu comme une faveur exorbitante accordée à la caution.

205. Au demeurant, il n'est sans doute pas surprenant que la conception classique de la caution, envisagée comme un débiteur seulement subsidiaire, répugne à ce que cette faveur puisse se retourner contre les intérêts de la caution, et mieux encore, puisse être utilisée au gré du créancier dans le but de servir les intérêts de ce dernier.

206. ***La prorogation judiciaire du terme.*** Du reste, cette dernière considération est précisément absente dans le cas d'une prorogation judiciaire du terme, par exemple en cas d'octroi d'un délai de grâce au débiteur, ce qui contribue peut-être à expliquer qu'alors la caution se voit, en principe, refuser le bénéfice de la prorogation du terme accordé au débiteur, la raison principale de cette solution devant sans doute être recherchée dans le fait que l'octroi d'un délai suppose, en pratique, un constat d'insolvabilité du débiteur garanti, c'est-à-dire révèle la survenance du risque même contre lequel le créancier a entendu se garantir en exigeant un cautionnement [1].

2° Le cautionnement comportant un terme propre

207. ***Caractéristiques du cautionnement défini dans sa durée.*** Quelle que soit la durée de l'obligation principale, celle de la caution peut être affectée d'*un terme extinctif distinct* qui peut être *certain* – une durée ou une date précise – ou *incertain*, par exemple la durée des fonctions exercées par la caution au sein de la société débitrice. La fixation de tels termes extinctifs n'a de sens que dans les *cautionnements de dettes futures*. Effectivement, dans les cautionnements de dettes présentes, celles-ci sont nécessairement couvertes par la caution, quelle que soit la durée de son engagement.

En principe, la survenance du terme propre à l'obligation de la caution délimite la *période de la couverture* [2] due par la caution, c'est-à-dire que celle-ci doit régler les dettes nées avant l'échéance du terme [3], peu important que leur exigibilité soit postérieure et que les poursuites engagées par le créancier le soient également [4]. La solution contraire peut

---

1. Comp. en cas de suspension légale des poursuites contre le débiteur : Civ. 1re, 13 mars 1996, *Bull. civ.* I, n° 133 : « la suspension légale des poursuites contre un débiteur rapatrié d'Algérie est une exception qui ne lui est pas personnelle, mais qui est inhérente à la dette, la caution pouvant donc en demander le bénéfice ».

Sur l'influence à l'égard de la caution de la suspension des poursuites contre le débiteur faisant l'objet d'une procédure collective, v. ss 580 s.

2. Sur la notion d'obligation de couverture, v. ss 357.

3. Cf. par ex., Toulouse, 2 mai 2012, *Juris-Data* n° 2012-008945 : le cautionnement souscrit pour une durée d'un an renouvelable ne peut être considéré comme tacitement reconduit, de sorte que la caution ne peut être tenue qu'au titre des obligations principales nées au cours de l'année de son engagement.

4. Civ. 1re, 19 juin 2001, *Bull. civ.* I, n° 179 ; Com. 22 nov. 2011, inédit, n° 10-20874.

toutefois reposer sur la volonté non équivoque des parties [1]. Le cautionnement renferme alors un terme qui met fin à l'obligation de règlement, c'est-à-dire qui libère entièrement la caution n'ayant pas été poursuivie avant l'expiration du délai convenu. La détermination de ce délai relève de la liberté contractuelle et n'est pas limitée par le seuil d'un an inscrit dans l'article 2254 du Code civil issu de la loi n° 2008-561 du 17 juin 2008 [2], car le délai affecte dans ce cas, non pas la prescription du titre, mais l'existence du droit substantiel lui-même.

208. ***Le terme propre imposé***. Le cautionnement défini dans sa durée, qui était déjà fréquent en pratique [3], s'est développé depuis une vingtaine d'années en raison du formalisme informatif *ad validitatem*, qui impose la fixation d'une durée dans tous les cautionnements souscrits sous seing privé par une caution personne physique au profit d'un créancier professionnel (C. consom., art. L. 313-7 et L. 341-2) [4].

209. ***Le terme extinctif implicite***. Les cautions sont fréquemment tentées d'invoquer l'extinction de leur obligation de couverture consécutive à la survenance d'un terme implicite, correspondant à un *changement de situation pour l'une des parties*. Nous verrons que la jurisprudence admet ce moyen de défense en présence de changements affectant le débiteur principal ou le créancier, mais qu'elle le rejette lorsque les changements concernent la caution, à l'exception du décès de celle-ci [5].

Section 4
La cause de l'obligation de la caution

210. ***La notion de cause de l'obligation***. La cause de l'obligation [6], telle qu'elle est généralement envisagée par le droit français, est la *cause finale*, c'est-à-dire ce en vue de

---

1. Civ. 1re, 9 déc. 1981, *Bull. civ.* I, n° 373 : la limite de temps apportée à un engagement de caution est susceptible d'interprétations différentes suivant la rédaction de la convention et, en présence d'un acte de cautionnement contesté dans sa portée, il appartient aux juges du fond de déterminer le sens précis que les parties ont entendu lui donner.

2. Com. 15 oct. 2013, *Bull. civ.* IV, n° 151 (viole l'article 1134 du Code civil, une cour d'appel qui, pour condamner une caution au paiement d'une certaine somme retient que constitue un délai de prescription, qui ne saurait être réduit à moins d'un an en application de l'article 2254 du Code civil, le délai contractuel prévu par la clause aux termes de laquelle l'engagement deviendra caduc et ne pourra plus être mis en jeu, pour quelque cause que ce soit, à l'expiration d'un délai de trois mois à compter de la date de prise d'effet d'une éventuelle résiliation anticipée du contrat principal par l'une ou l'autre des parties, alors que la caution était fondée, en application de cette convention, à invoquer le non-respect du délai expressément prévu pour la mise en jeu de son engagement). En faveur de la qualification de délai de forclusion, et non de prescription, v. égal. Civ. 2e, 14 oct. 1987, *Bull. civ.* II, n° 195 ; Com. 27 mars 2012, inédit, n° 11-10103.

3. L'Association française des banques a conseillé aux établissements de crédit, à compter du 1er février 1983, de limiter, sauf cas exceptionnels, la durée des cautionnements exigés des clients.

4. Sur ces dispositions et leur influence sur le caractère défini du cautionnement, v. ss 227, 232 s.
Dans la mesure où ces dispositions imposent la souscription d'un cautionnement défini en montant, conduisant, semble-t-il, à l'impossibilité de souscrire un cautionnement de dettes futures, la mention d'une durée précise du cautionnement ne paraît guère avoir de portée.

5. V. ss 389 s.

6. Quant à la *cause du contrat* de cautionnement (C. civ., art. 1133), elle ne constitue qu'un faible secours pour les cautions souhaitant annuler leur engagement. En effet, la notion de cause du contrat sert à contrôler le caractère illicite ou immoral de la convention ; or, l'annulation du cautionnement sur

quoi tel engagement est souscrit. La question que soulève la cause de l'obligation est la suivante : *pour quoi* (c'est-à-dire « en vue de quoi » ou encore « afin d'obtenir quel résultat ») une personne s'est-elle engagée ?

211. La cause de l'obligation issue du cautionnement pose *un problème commun à tous les contrats unilatéraux* dans la mesure où il est impossible de situer la cause de l'obligation de la caution dans la contrepartie due, c'est-à-dire dans l'objet de l'obligation du cocontractant, puisque cette contrepartie n'existe pas [1]. À cet égard, il est important de préciser, comme l'a récemment fait la Cour de cassation, que les diverses obligations imposées aux créanciers par la loi et la jurisprudence ne constituent nullement la contrepartie de l'engagement de la caution [2].

Par suite, il est nécessaire de rechercher la cause de l'obligation de la caution à l'extérieur du contrat liant cette dernière au créancier. Dans l'opération triangulaire que constitue le cautionnement, si l'on écarte la relation caution/créancier, il demeure deux autres branches du « triangle » dans lesquelles déceler la cause de l'obligation de la caution : les *relations caution/débiteur* et les *relations créancier/débiteur*.

212. ***La cause dans les rapports caution/débiteur***. Les qualités ou la personnalité de celui dont la dette est garantie par le cautionnement peuvent certainement constituer un élément déterminant du consentement du garant, mais elles ne peuvent, en revanche, en aucun cas être présentées comme le but qu'aurait poursuivi la caution en s'engageant : il est possible qu'une personne s'engage à cautionner une dette parce qu'elle est convaincue que son débiteur est solvable, mais il ne s'agit pas là de la cause de l'obligation de la caution car cette personne ne s'engage pas *pour que* le débiteur soit solvable. Aussi, un engagement de caution ne manque-t-il pas de cause du fait qu'au jour de l'engagement le débiteur principal était insolvable [3]. De même, l'existence d'autres personnes s'étant portées cautions envers le même créancier et en garantie des mêmes dettes ne peut pas davantage être présentée comme le but pour lequel une caution s'engage [4].

213. Dans les rapports caution/débiteur, la cause de l'engagement de la caution serait alors ce qui anime celle-ci, à savoir, notamment, la volonté de rendre un service d'ami ou la volonté de retirer une rémunération due par le débiteur. Le raisonnement est, *a priori*, séduisant, et est retenu par une fraction de la doctrine [5]. Pourtant, juridiquement, il soulève des difficultés : parce qu'ils sont extérieurs au créancier, les motifs touchant à la relation caution/débiteur ne peuvent être imposés au créancier comme étant la cause du cautionnement, alors que ce créancier peut légitimement vouloir tout ignorer de cette

---

ce fondement ne peut être que très rare, car il est peu plausible qu'un motif illicite ou immoral affecte le contrat de cautionnement lui-même. En outre, si c'est l'obligation principale qui est atteinte d'un tel vice, c'est le caractère accessoire du cautionnement (C. civ., art. 2289) qui va justifier l'anéantissement du contrat : v. ss 174 s.

1. Cf. C. Atias, « Par la grâce du droit : la cause de l'engagement de la caution », *in Mélanges M. Cabrillac*, p. 339.

2. Com. 8 avr. 2015, n° 13-14447, à paraître au *Bulletin* : « les diverses obligations (d'information) mises à la charge du créancier professionnel ne sont que des obligations légales sanctionnées par la déchéance du droit aux accessoires de la créance et non la contrepartie de l'obligation de la caution ». La Cour de cassation en a ici déduit que l'information annuelle délivrée à la caution ne constitue pas un acte d'exécution du cautionnement rendant irrecevable l'exception de nullité soulevée par la caution.

3. Civ. 1re, 30 mai 1978, *Bull. civ.* I, n° 207.

4. Com. 10 juill. 1978, *Bull. civ.* IV, n° 192 ; Com. 24 nov. 1981, n° 80-10205.

5. Not. Ph. Théry, *op. cit.*, n° 46 ; L. Aynès et P. Crocq, *op. cit.*, n° 222.

relation et éviter qu'on ne lui oppose des moyens de défense tirés des rapports caution/débiteur ; par ailleurs, le fait que la caution retire ou non une rémunération de son engagement est également indifférent au créancier. Aussi, et c'est la position de la jurisprudence, l'existence et l'évolution des relations caution/débiteur ne peuvent servir de cause à l'engagement de la caution [1].

214. ***La cause dans les rapports créancier/débiteur.*** La cause de l'engagement de la caution résiderait dans le désir que le débiteur recueille les effets du contrat qu'il s'apprête à conclure avec le créancier (prêt, ouverture de crédit…), dont le cautionnement est, de fait, la condition de l'obtention. Lorsque la garantie porte sur une ou des dettes d'ores et déjà nées au moment de la conclusion du cautionnement, ce sont le maintien du crédit accordé au débiteur ou l'éventualité de l'octroi d'un nouveau crédit qui constitueraient alors la cause de l'engagement de la caution [2].

215. En d'autres termes, la cause de l'obligation de la caution puiserait sa source dans *la conclusion ou le maintien de la convention principale* qui donne naissance à la dette garantie. Cette solution a été consacrée par l'arrêt dit « *Lempereur* » aux termes duquel « la cause de l'obligation de la caution est la considération du crédit accordé par le créancier au débiteur principal » [3]. Certes, un tel motif est extérieur au contrat de cautionnement lui-même, mais il est, cette fois, nécessairement connu du créancier qui a accordé le crédit. Aussi, retenir une telle cause de l'engagement de la caution ne heurte pas la sécurité juridique, en dépit du fait qu'elle prenne sa source dans des relations extérieures au contrat de cautionnement lui-même. Cette analyse est, en outre, conforme à la fonction et à l'utilité économique du cautionnement qui sont de favoriser l'octroi de crédit, d'être « au service » d'une dette.

216. Cette conception de la cause de l'engagement de la caution a, de surcroît, l'intérêt de ne pas la confondre avec le caractère spécifique du cautionnement, à savoir son caractère accessoire renforcé [4], alors même qu'il est vrai que la plupart des solutions résultant de cette interprétation de la cause se produisent pareillement en application du caractère accessoire du cautionnement : ainsi, la nullité de l'obligation principale rendrait caduc le cautionnement pour absence de cause, mais la même solution est commandée par le caractère accessoire du cautionnement (C. civ., art. 2289, anc. art. 2012). En revanche, si l'engagement de la caution a pour cause l'octroi ou le maintien d'un crédit au débiteur, son refus ou sa suppression par le créancier pourraient justifier d'annuler le cautionnement pour absence de cause [5], là où le caractère accessoire serait inopérant à produire l'anéantissement du

---

1. V. pour un refus d'annuler le cautionnement sur le fondement de la cause, en cas de cessation des fonctions de la caution (Com. 17 juill. 1978, *Bull. civ.* IV, n° 200 ; Com. 6 déc. 1988, *Bull. civ.* IV, n° 334) ou de divorce des époux dont l'un s'est porté caution de la dette de l'autre (Com. 19 janv. 1981, *Bull. civ.* IV, n° 32).

2. En ce sens, Ph. Simler, *J.-Cl. Civ.*, art. 2288 à 2320, fasc. 20, n° 78 ; F. Jacob, *Le constitut ou l'engagement autonome de payer la dette d'autrui à titre de garantie*, LGDJ, 1998, p. 110 s. ; J. Ghestin, *Cause de l'engagement et validité du contrat*, LGDJ, 2006, n°s 654 s.

3. Com. 8 nov. 1972, *Bull. civ.* IV, n° 278. Dans le même sens, cf. Com. 27 oct. 2009, inédit, n° 08-10391, au sujet de l'engagement de ducroire, dont la cause réside dans l'« intérêt à soutenir le courant d'affaires entre les parties au contrat principal, indépendamment des commissions versées par l'acheteur français ».

4. V. ss 130 s.

5. V., en ce sens, Paris, 20 oct. 1998, *JCP* 1999. I. 116, n° 2, obs. Ph. Simler, qui affirme qu'« une banque ne peut recueillir un engagement de caution, sauf à ce que celui-ci soit nul pour défaut de cause, qu'en contrepartie d'un crédit accordé ou maintenu au débiteur principal ».

cautionnement, en raison de l'existence de la dette à garantir, le refus ou la suppression des facilités financières ne portant que sur des crédits supplémentaires.

Section 5

Le formalisme du contrat de cautionnement

Le formalisme peut assumer plusieurs rôles : preuve d'un acte juridique, validité d'un acte juridique, opposabilité aux tiers. Dans le contrat de cautionnement, le formalisme à titre de preuve, imposé par l'article 1326 du Code civil, a longtemps constitué le principal tempérament au principe du consensualisme[1] (§ 1). Depuis la fin des années 1980, il est éclipsé par un formalisme à titre de validité, qui concerne la plupart des contrats de cautionnement, et dont la finalité réside dans la protection du consentement de la caution (§ 2).

§ 1. Le formalisme à titre de preuve

C. civ., art. 1326. – L'acte juridique par lequel une seule partie s'engage envers une autre à lui payer une somme d'argent ou à lui livrer un bien fongible doit être constaté dans un titre qui comporte la signature de celui qui souscrit cet engagement ainsi que la mention, écrite par lui-même, de la somme ou de la quantité en toutes lettres et en chiffres. En cas de différence, l'acte sous seing privé vaut pour la somme écrite en toutes lettres.
C. com., art. L. 110-3. – À l'égard des commerçants, les actes de commerce peuvent se prouver par tous moyens à moins qu'il n'en soit autrement disposé par la loi.
C. civ., art. 1317-1. – L'acte reçu en la forme authentique par un notaire est, sauf disposition dérogeant expressément au présent article, dispensé de toute mention manuscrite exigée par la loi.
L. 31 déc. 1971, art. 66-3-3. – L'acte sous seing privé contresigné par avocat est, sauf disposition dérogeant expressément au présent article, dispensé de toute mention manuscrite exigée par la loi.

217. ***Charge, objet et modes de preuve du cautionnement.*** Si le créancier appelle la caution en paiement, soit celle-ci obtempère et reconnaît par là même l'existence de son engagement, soit, au contraire, elle s'y oppose en contestant l'existence de son engagement. Se pose alors la question de la preuve du cautionnement. La preuve d'un acte juridique soulève toujours trois questions : la charge, l'objet et les modes de preuve.

En matière de cautionnement, la question de la charge de la preuve n'appelle pas de longs développements, puisque, conformément à l'article 1315, alinéa 1er, du Code civil, c'est sur *le créancier*, qui réclame à la caution l'exécution de son obligation, que pèse la charge de la preuve de l'existence et du contenu du contrat de cautionnement[2].

La question de l'objet de la preuve met en lumière les différents éléments que le créancier peut devoir prouver. Si *l'existence même du cautionnement* constitue le principal objet de la preuve incombant au créancier, il se peut que le litige ne porte que sur *l'étendue du cautionnement*, en particulier sur la garantie par la caution des accessoires de la

---

1. Sur ce principe et ses tempéraments, aussi v. ss 116 s.
2. Dès lors qu'il appartient au banquier d'établir l'existence et le montant de la créance dont il réclame le paiement à la caution ou à ses ayants droit, la Cour de cassation considère que ceux-ci sont en droit d'obtenir la communication par lui des documents concernant le débiteur principal nécessaires à l'administration d'une telle preuve, sans que puisse leur être opposé le secret bancaire (Com. 16 déc. 2008, *Bull. civ.* IV, n° 206).

dette principale, ou encore sur *ses caractères*, en particulier le caractère solidaire de l'obligation de la caution, celui-ci ne se présumant pas en matière civile, conformément à l'article 1202 du Code civil[1].

La question des moyens de preuve est, de loin, celle qui a soulevé le plus de difficultés et généré un contentieux important. S'applique au contrat de cautionnement le droit commun de la preuve, en particulier les articles 1341 et 1326 du Code civil[2]. Selon le premier texte, « toutes choses excédant une somme » de 1 500 euros doivent être prouvées par écrit. Aux termes du second, tout acte sous seing privé constatant une obligation unilatérale de payer une somme d'argent nécessite, quel qu'en soit le montant, la rédaction d'une mention, écrite par le débiteur, de la somme en chiffres et en lettres. La combinaison de ces deux textes conduit à soumettre les cautionnements excédant 1 500 euros, ainsi que ceux inférieurs à cette somme mais ayant été constatés par actes sous seing privé, à *la formalité probatoire dite de la mention manuscrite*[3]. L'article 1326 du Code civil n'est pas une disposition propre au droit du cautionnement ; mais il est vrai que le contentieux que suscite ce texte s'est principalement développé au sujet du cautionnement, parce que ce contrat constitue l'hypothèse sans doute la plus fréquente d'application de ce texte[4].

---

1. La solidarité doit donc être expressément stipulée, à l'instar du consentement au cautionnement qui doit être exprès en vertu de l'article 2292 du Code civil (v. ss 153).

2. Plus généralement, c'est l'ensemble du droit commun de la preuve qui est applicable au cautionnement : ainsi, le cautionnement peut-il être prouvé par serment ou par aveu (Com. 19 juin 1973, *Bull. civ.* IV, n° 214) ou par tous moyens en cas d'impossibilité matérielle ou morale de se procurer un écrit (C. civ., art. 1348, al. 1er).

3. L'expression « mention manuscrite » est certes très commode et répandue, mais elle ne reflète pas l'importante réécriture de l'article 1326 du Code civil opérée par la loi du 13 mars 2000 portant adaptation du droit de la preuve aux nouvelles technologies. En effet, depuis cette loi, la mention ne doit plus nécessairement être écrite de la main du débiteur ; il suffit qu'elle soit écrite « par lui-même », ce qui autorise le recours à un support électronique, que la loi avait justement pour objet d'encadrer. La réforme emporte-t-elle, en outre, des conséquences sur les actes unilatéraux ayant un support papier ? La Cour de cassation a répondu à cette question en précisant l'interprétation de l'article 1326 du Code civil dans sa rédaction issue de la loi du 13 mars 2000 : « il résulte de ce texte que si la mention de la somme ou de la quantité en toutes lettres et en chiffres, écrite par la partie même qui s'engage, n'est plus nécessairement manuscrite, elle doit alors résulter, selon la nature du support, d'un des procédés d'identification conforme aux règles qui gouvernent la signature électronique ou de tout autre procédé permettant de s'assurer que le signataire est le scripteur de ladite mention » (Civ. 1re, 13 mars 2008, *Bull. civ.* I, n° 73). En présence d'un acte sous seing privé, dont le contenu serait intégralement dactylographié, à la seule exception de la signature, qui serait de la main du débiteur (comme en l'espèce, où l'acte litigieux était une reconnaissance de dette), la solution retenue par la Haute juridiction est pour le moins déroutante. D'abord, elle heurte l'une des finalités reconnues à la règle de l'article 1326 en matière de cautionnement, à savoir la protection du consentement de celui qui s'engage sans contrepartie (v. ss 219), puisque la rédaction d'un acte sur une machine à écrire ou un ordinateur ne permet peut-être pas au débiteur d'avoir autant conscience de la nature et de l'étendue de son engagement que si celui-ci avait été entièrement écrit de sa main. Ensuite, la solution de la Cour de cassation est surprenante au regard de la faveur actuelle pour le formalisme manuscrit protecteur (v. ss 225 s.). Enfin, le respect de l'exigence de rattachement de la mention au signataire de l'acte paraît très difficile à vérifier en présence d'un support papier (les contrôles de fiabilité sont plus simples lorsque l'écrit est électronique, puisqu'il existe alors des procédés techniques d'identification précisément réglementés). Par conséquent, le risque est sérieux que la mention de l'obligation unilatérale de payer une somme d'argent, aussi élevée soit-elle, ne soit pas même lue, avant que l'acte ne soit paraphé.

4. Le cautionnement étant un contrat unilatéral (v. ss 102 s.), sa preuve est régie par l'article 1326 du Code civil, et non par l'article 1325, qui impose, dans les seuls contrats synallagmatiques, la formalité probatoire dite « du double original ». Bien souvent, la caution ne dispose donc pas, entre ses mains, d'un exemplaire du contrat matérialisant son engagement. Cette absence de remise à la caution d'un exemplaire du contrat est regrettable, car elle se traduit fréquemment par l'oubli de leur engagement par les cautions, qui omettent dès lors d'inciter le débiteur principal à s'exécuter et de prendre elles-mêmes des mesures pour être solvables en cas d'appel en paiement. L'absence de remise d'un

218. ***Domaine d'application de l'article 1326 du Code civil en matière de cautionnement.*** Le champ d'application de l'article 1326 du Code civil s'est nettement réduit depuis la loi *Dutreil* du 1er août 2003 sur l'initiative économique, qui a solennisé les cautionnements sous seing privé conclus entre une caution personne physique et un créancier professionnel (C. consom., art. L. 341-2)[1]. L'un des principaux moyens de défense des cautions a ainsi perdu l'essentiel de ses attraits.

Désormais, l'exigence probatoire de mention manuscrite ne concerne plus que les cautionnements[2] souscrits, d'une part, avant le 1er février 2004 (date d'entrée en vigueur de l'article L. 341-2), d'autre part, après le 1er février 2004, soit par une personne morale non commerçante, soit par une personne physique au bénéfice d'un créancier non professionnel.

En outre, échappent à l'article 1326 du Code civil, les cautionnements commerciaux souscrits par des commerçants, régis par le principe de liberté de la preuve (C. com., art. L. 110-3)[3].

Y échappent encore les cautionnements conclus par acte authentique[4], en particulier les cautionnements notariés, ainsi que ceux conclus par acte sous seing privé contresigné par avocat, depuis la loi du 28 mars 2011 de modernisation des professions judiciaires et juridiques (C. civ., art. 1317-1 et L. du 31 déc. 1971, art. 66-3-3).

219. ***Fonctions de la formalité probatoire de l'article 1326 du Code civil.*** Afin de comprendre le rôle qu'a pu jouer, et que joue encore résiduellement l'article 1326 du Code civil en matière de cautionnement, il convient de rappeler les *fonctions originelles* de la formalité probatoire de la mention manuscrite. L'article 1326 du Code civil exige que l'acte juridique relatant l'obligation qu'une personne souscrit unilatéralement envers une autre de lui payer une somme d'argent ou de lui livrer un bien fongible comporte la mention, écrite par celui qui s'engage, de la somme en toutes lettres et en chiffres. Cette formalité a été conçue dans le but d'éviter que le débiteur ne soit victime d'une *fraude de la part du créancier*. En effet, ce dernier disposant de l'unique exemplaire de l'acte constatant l'engagement, il pourrait être tenté de falsifier la somme inscrite ; l'exigence que celle-ci soit écrite, par le débiteur lui-même, en chiffres et en lettres rend beaucoup plus difficile cette falsification. En outre, cette formalité probatoire a été imposée pour conjurer *les blancs seings*. Traditionnellement, la formalité probatoire de l'article 1326 du Code civil avait donc pour finalité la protection de celui qui s'engage unilatéralement, en l'occurrence la caution, contre le créancier.

À partir du début des années quatre-vingt, la Cour de cassation a attribué à cette mention manuscrite une autre fonction : *protéger le consentement de la caution* en lui faisant prendre conscience de l'étendue et de la portée de son engagement. Ce faisant, la jurisprudence a

---

exemplaire du contrat à la caution présente en outre un grave inconvénient en cas de décès de celle-ci, puisque ses héritiers risquent d'accepter la succession sans avoir connaissance de la dette de cautionnement. Sur le nouvel article 786 du Code civil, qui vise à remédier à ce dernier risque, v. ss 381 s. Sur la proposition d'une obligation de remise aux garants d'un exemplaire du contrat de garantie et d'un exemplaire du contrat principal, v. ss 622.

1. Lorsque les conditions d'application de l'article L. 341-2 du Code de la consommation sont réunies et que les juges du fond appliquent néanmoins l'article 1326 du Code civil, leur décision encourt la cassation pour violation, par défaut d'application, du premier texte et, par fausse application, du second (Com. 22 janv. 2013, inédit, n° 11-22831).

2. L'article 1326 du Code civil ne s'applique pas aux sûretés réelles pour autrui (longtemps appelées « cautionnements réels »), tel un nantissement de valeurs mobilières non assorti d'un engagement personnel (Civ. 1re, 13 mai 1998, *Bull. civ.* I, n° 172).

3. Com. 15 nov. 1988, *Bull. civ.* IV, n° 310 ; Com. 12 mai 1998, *Bull. civ.* IV, n° 150 ; Civ. 1re, 2 mai 2001, *Bull. civ.* I, n° 108 ; Civ. 1re, 18 mai 2004, *Bull. civ.* I, n° 140.

4. Com. 20 mars 1990, *Bull. civ.* IV, n° 83.

transformé la règle de preuve de l'article 1326 du Code civil en une *règle de fond*, relative à la lucidité du consentement de la caution [1]. La Cour de cassation sanctionnait alors l'absence ou l'insuffisance de la mention manuscrite par la *nullité* du contrat de cautionnement, et non plus seulement par l'inefficacité probatoire de l'acte. En détournant ainsi la formalité probatoire de son but premier et en offrant par conséquent une « porte de sortie » inespérée à de nombreuses cautions qui n'avaient nullement été victimes d'une fraude de la part de leur créancier, la Cour de cassation a fragilisé le droit du cautionnement.

En 1989, la Cour de cassation est revenue à une certaine orthodoxie, en reconnaissant à l'exigence de mention manuscrite sa véritable nature, à savoir une nature probatoire [2]. Ainsi, en cas d'absence ou d'insuffisance de la mention manuscrite, le cautionnement n'est-il pas nul, mais vaut seulement *commencement de preuve par écrit* (C. civ., art. 1347) [3]. Il appartient alors au créancier de le compléter par des éléments extrinsèques : témoignages, indices, présomptions… [4]

Toutefois, aujourd'hui encore, la Cour de cassation entend, au moyen de l'exigence de mention manuscrite, s'assurer que la caution a pris conscience de l'étendue et de la portée de son engagement. Règle au fondement désormais hybride, la mention prévue par l'article 1326 du Code civil vise à protéger la caution, non seulement contre la malveillance du créancier, mais également contre sa propre faiblesse. Cette dernière fonction, sur le bien-fondé et l'efficacité de laquelle on peut émettre des doutes, explique certaines solutions rendues sur le fondement de l'article 1326 du Code civil. Ainsi, la Cour de cassation juge-t-elle que l'omission de la mention de la somme en chiffres affecte la force probante de l'acte de cautionnement, celui-ci ne valant plus que commencement de preuve par écrit, alors même que l'article 1326 du Code civil, *in fine*, prévoit que la mention en lettres prévaut sur la mention en chiffres [5]. De même, la Cour de cassation soumet-elle à l'article 1326 du Code civil la preuve du *mandat* sous seing privé de se porter caution, alors même que le mandant ne s'engage pas, par le contrat de mandat, à payer une somme d'argent [6].

220. ***Contenu de la mention imposée par l'article 1326 du Code civil***. L'article 1326 du Code civil concerne les contrats renfermant une obligation de payer une somme d'argent, sans contrepartie, et plus précisément le montant de cette obligation. La somme promise doit être écrite par le débiteur lui-même en chiffres et en lettres. L'exigence de l'article 1326 ne s'étend pas à d'autres caractéristiques ou modalités de l'engagement, comme la date de l'acte [7], la nature des dettes garanties [8], ou encore la stipulation

---

1. Sur les liens, parfois ambigus, qu'entretiennent les questions de forme, de preuve et de fond, v. not. I. Dauriac, « Forme, preuve et protection du consentement », *in Mélanges M. Gobert*, Economica, 2004.

2. Civ. 1re, 15 nov. 1989, *Bull. civ.* I, n° 348.

3. À la condition que les deux caractères du commencement de preuve par écrit soient réunis : un écrit émanant de la personne à qui on l'oppose (en l'occurrence la caution) ; un écrit qui rende vraisemblables les faits allégués (en l'occurrence l'engagement de la caution).

4. Pour un exemple original d'élément extrinsèque, cf. Com. 7 avr. 2009, inédit, n° 07-19118 : commencement de preuve par écrit valablement complété par « la circonstance que pendant plusieurs années, la caution, à qui la banque a opposé les actes litigieux, n'a contesté ni la portée, ni l'étendue de son obligation ».

5. Civ. 1re, 13 nov. 1996, *Bull. civ.* I, n° 393 ; Civ. 2e, 27 juin 2002, *Bull. civ.* II, n° 147 ; Civ. 1re, 25 mai 2005, *Bull. civ.* I, n° 248.

6. Civ. 1re, 31 mai 1988, *Bull. civ.* I, n° 163 ; Civ. 1re, 6 mars 2001, *Bull. civ.* I, n° 57 ; Civ. 1re, 4 juin 2002, *Bull. civ.* I, n° 158 ; Com. 1er oct. 2002, *Bull. civ.* IV, n° 132 ; Civ. 1re, 29 oct. 2002, *Bull. civ.* I, n° 251.

Le mandat de se rendre caution, donné par acte authentique n'est pas soumis en revanche aux exigences de l'article 1326 (Civ. 1re, 13 févr. 1996, *Bull. civ.* I, n° 79 ; Civ. 1re, 12 mars 2002, *Bull. civ.* I, n° 89).

7. Com. 6 déc. 1994, *Bull. civ.* IV, n° 363.

8. Com. 29 oct. 1991, *Bull. civ.* IV, n° 315 ; Civ. 1re, 9 mai 1996, *Bull. civ.* I, n° 193.

de solidarité[1]. Ces diverses stipulations n'ont donc pas à être précisées par écrit par la caution elle-même. Elles peuvent très bien, par exemple, être dactylographiées ou préimprimées sur des modèles-types de cautionnement.

Lorsque le cautionnement comporte un montant chiffré, que celui-ci corresponde au montant de la dette garantie (cautionnement indéfini) ou qu'il s'agisse d'un montant propre (cautionnement défini), l'article 1326 du Code civil s'applique littéralement : l'acte[2] de cautionnement, qui peut tout à fait être l'acte même qui constate l'obligation principale, doit comporter la mention, écrite par la caution, du montant de l'engagement en chiffres et en lettres.

Lorsque l'engagement de la caution garantit des dettes futures et qu'il est donc indéterminé dans son montant au jour de la conclusion du cautionnement[3], il est matériellement impossible de respecter à la lettre la règle posée par l'article 1326 du Code civil puisque, par hypothèse, le montant de l'engagement de la caution n'est pas encore connu. Confrontée à cette difficulté, la jurisprudence a souhaité, à la fois, ne pas priver d'efficacité ces cautionnements, importants dans la pratique des affaires, et fournir à la caution la protection apportée par la formalité de l'article 1326 du Code civil. Ainsi la Cour de cassation a-t-elle substitué à la mention de la somme en chiffres et en lettres une mention, écrite par la caution, exprimant « sous une forme quelconque, mais de façon explicite et non équivoque, la connaissance par celui qui s'engage de la nature et de l'étendue de l'obligation qu'il contracte »[4]. Cette exigence est suffisamment vague pour permettre aux juges, lorsqu'ils l'estiment opportun, de priver de force probante les cautionnements indéterminés souscrits par des profanes, et plus largement par des cautions non intégrées dans les affaires du débiteur, telles les cautions ayant un lien de parenté ou d'alliance avec le débiteur principal[5]. À l'inverse, les juges font preuve de rigueur à l'égard des cautions dirigeantes.

Concernant le contenu de la mention, une autre question importante et délicate s'est posée, à savoir celle des *accessoires de la dette principale*. D'un côté, la garantie des intérêts et autres accessoires d'une dette (par exemple, une clause pénale) constitue souvent une charge importante, d'autant plus que l'échéance de la dette principale est lointaine, de sorte qu'il paraît souhaitable que la caution prenne conscience du poids que représente la couverture des intérêts de la dette garantie. À cet égard, dès l'instant où la formalité de l'article 1326 du Code civil est parée d'une fonction de protection du consentement de la caution, il ne paraît pas illogique de l'étendre aux intérêts, la conscience qu'a la caution de l'étendue de son engagement ne pouvant être complète sans inclure le poids des intérêts. D'un autre côté, les accessoires de la dette garantie, comme leur nom l'indique, suivent normalement le sort de la dette principale, de sorte que la caution qui garantit une dette doit savoir qu'elle garantit également les accessoires de cette dette, sauf stipulation contraire. C'est le sens de l'article 2293, alinéa 1er (anc. art. 2016, al. 1er) du

---

1. Civ. 1re, 31 janv. 1989, *Bull. civ.* I, n° 45.
Au contraire, lorsque l'article L. 341-3 du Code de la consommation est applicable, la solidarité ou la seule renonciation au bénéfice de discussion doivent être stipulées dans le scrupuleux respect de la mention qu'il édite.
2. Au sens d'*instrumentum*.
3. Ce cautionnement est déterminable, parce que les dettes garanties par la caution sont identifiées (par exemple, toutes les dettes souscrites par la société débitrice envers tel créancier), mais il est indéterminé, car on ignore si ces dettes, et combien d'entre elles, vont voir le jour et quel sera leur montant total.
4. Civ. 1re, 3 mars 1970, *Bull. civ.* I, n° 80 ; *D.* 1970. 403, note Etesse ; *Banque* 1970. 602, obs. Marin ; Civ. 1re, 22 févr. 1984, *Bull. civ.* I, n° 71 ; Com. 29 oct. 2002, *Bull. civ.* IV, n° 153.
5. Civ. 1re, 10 mai 2000, *Bull. civ.* I, n° 138.

Code civil qui pose le principe de l'extension de l'engagement de la caution aux accessoires de la dette garantie [1]. Partagée entre ces deux préoccupations, la Cour de cassation a, pendant un temps, privilégié la protection des cautions. Ainsi, dans les années 1980-1990, la preuve de la couverture des accessoires de la dette principale par la caution n'était rapportée qu'à la condition que les accessoires figurassent dans la mention manuscrite imposée par l'article 1326 du Code civil. Puis, sous l'impulsion de la chambre commerciale, en 1999 [2], bientôt suivie, en deux temps [3], par la première chambre civile, la Cour de cassation a décidé de faire prévaloir la lettre de l'article 2293, alinéa 1er, du Code civil : « aux termes de l'article 2016 du Code civil [actuel art. 2293], le cautionnement indéfini d'une obligation principale s'étend à tous les accessoires de la dette ; l'article 1326 limite l'exigence de la mention manuscrite à la somme ou à la quantité due, sans l'étendre à la nature de la dette, à ses accessoires ou à ses composantes » [4].

221. ***Sanction du non-respect de l'article 1326 du Code civil.*** À défaut de mention ou si celle-ci est incomplète ou équivoque, l'acte n'est pas nul. Il est valable, mais ne constitue pas une preuve parfaite du cautionnement ; il est considéré comme un *commencement de preuve par écrit* [5]. Pour valoir preuve du cautionnement, l'acte devra être parachevé par un *complément de preuve*, celui-ci pouvant être rapporté par tous *éléments extrinsèques*.

Ce complément de preuve est aujourd'hui assez facilement retenu dans la mesure où une certaine jurisprudence, de manière libérale [6], a admis que ce complément extrinsèque figure dans l'acte de prêt garanti signé par la caution [7], ou même dans le corps de l'acte de cautionnement constatant la dette garantie et fixant son montant, au pied duquel la caution a apposé sa signature [8]. Ainsi, ressort-il de la jurisprudence que l'acte de cautionnement sera pleinement efficace sur le plan probatoire dès l'instant où la caution aura paraphé un contrat dont le corps relate, avec précision, le contenu et le montant de la dette garantie.

Par ailleurs, la qualité de certaines cautions constitue un complément de preuve extrinsèque suffisant. Il en va ainsi des *cautions dirigeantes*, dès lors qu'elles n'ont pas la qualité de commerçants (sinon l'article L. 110-3 du Code de commerce serait applicable), ce qui est le cas des gérants de SARL et des administrateurs de SA. En effet, parce que ces dirigeants cautions ont, par leur statut, les moyens de connaître les

---

1. V. ss 186.

2. Com. 16 mars 1999, *Bull. civ.* IV, n° 59 ; Com. 3 avr. 2002, *Bull. civ.* IV, n° 64 ; Com. 4 févr. 2003, *Bull. civ.* IV, n° 13 ; Com. 13 mai 2003, inédit, n° 99-20442.

3. Après s'être opposée à la chambre commerciale, la première chambre civile a, dans un premier temps (Civ. 1re, 29 févr. 2000, *Bull. civ.* I, n° 68 ; *JCP E* 2000. 801, note D. Legeais ; *D.* 2000. 342, note V. Brémond ; *JCP* 2000. 667, note J. Casey), distingué entre le cautionnement civil et le cautionnement commercial, la couverture des intérêts devant figurer dans la mention manuscrite en cas de cautionnement civil, puis, dans un second temps (Civ. 1re, 22 mai 2002, *Bull. civ.* I, n° 139), a affirmé que si la mention manuscrite ne précise ni la couverture ni le taux des intérêts, les « circonstances de l'acte » ou « les données de l'espèce » peuvent établir que la caution en a eu connaissance.

4. Civ. 1re, 29 oct. 2002, *Bull. civ.* I, nos 248 et 250 ; Civ. 1re, 5 mai 2004, inédit, n° 01-12278.

5. Lorsque la mention portée sur l'acte de cautionnement n'a pas été écrite de la main de la caution, l'acte constitue néanmoins un commencement de preuve par écrit dès lors que la signature apposée est bien la sienne (Civ. 1re, 9 avr. 2015, inédit, n° 14-10975).

6. Mais finalement conforme à la fonction originelle de l'article 1326 du Code civil, à savoir empêcher la fraude du créancier.

7. Civ. 1re, 9 avr. 2015, inédit, n° 14-10975.

8. Civ. 1re, 9 déc. 1997, *Bull. civ.* I, n° 360 ; *D.* 1999. 322, note V. Brémond ; Civ. 1re, 15 janv. 2002, *Bull. civ.* I, n° 13 ; Civ. 1re, 29 oct. 2002, *Bull. civ.* I, nos 248 et 250 ; *contra* : Civ. 1re, 5 mai 2004, *Bull. civ.* I, n° 125.

impératifs du crédit et les caractéristiques des principales garanties, mais aussi et surtout l'ampleur de l'engagement futur du débiteur principal, la chambre commerciale de la Cour de cassation considère, depuis le début des années 1990, qu'en présence d'une mention équivoque ou incomplète ou en l'absence de toute mention, la seule qualité de dirigeant constitue un complément de preuve extrinsèque suffisant [1], mais susceptible d'être combattu par la preuve d'un défaut de connaissance réelle de l'étendue de son engagement par le dirigeant, notamment si celui-ci parvient à prouver qu'il n'exerçait pas effectivement les fonctions de direction [2]. En revanche, la jurisprudence décide que ne peut constituer un élément extrinsèque suffisant la seule qualité d'*associé*, même majoritaire [3], de la société débitrice.

§ 2. Le formalisme à titre de validité

222. Pour faire prendre conscience aux cautions de la dangerosité de leur engagement, le formalisme probatoire précédemment exposé peut sembler insuffisant et l'obligation de conclure le cautionnement devant notaire excessivement attentatoire à la liberté contractuelle, ainsi qu'à l'efficacité de la sûreté [4], même si les vertus du cautionnement notarié sont indéniables [5]. D'autres voies ont donc été empruntées par le législateur [6], depuis la fin des années 1980, pour s'assurer que la caution s'engage en parfaite conscience de la nature, de l'étendue et de la portée de son engagement. Sous l'influence du droit de la consommation [7], s'est ainsi développé un *formalisme informatif* visant à densifier le

---

1. Com. 19 juin 1990, *Bull. civ.* IV, n° 180 ; Com. 29 janv. 1991, *Bull. civ.* IV, n° 42 ; Com. 1er juin 1993, *Bull. civ.* IV, n° 213 ; Com. 24 juin 1997, *Bull. civ.* IV, n° 198 ; Com. 3 avr. 2002, *Bull. civ.* IV, n° 64 ; Com. 20 mai 2003, *RJDA* 12/2003, n° 1246 ; Com. 6 juill. 1993, *Bull. civ.* IV, n° 279.

2. Com. 6 déc. 1994, *Bull. civ.* IV, n° 364, au sujet d'une caution âgée et malade, qui exerçait de manière théorique seulement les fonctions d'administrateur de la société débitrice.

3. Com. 29 avr. 2003, inédit, n° 00-13251.

4. La simplicité, la rapidité et le faible coût de constitution sont, en effet, des facteurs essentiels d'efficacité dans toutes les garanties.

5. Ces vertus tiennent à la sécurité procurée par l'acte authentique (force probante supérieure à celle des actes sous seing privé ; date certaine ; force exécutoire ; conservation par le notaire) et aux devoirs d'information et de conseil pesant sur les notaires. Sur le fondement de ces devoirs, les créanciers peuvent obtenir des dommages et intérêts palliant l'inexécution de leurs débiteurs et cautions. Celles-ci peuvent également sortir indemnes de l'opération de garantie lorsque le notaire est condamné à leur verser des dommages et intérêts d'un montant égal à celui de leur obligation de règlement (v. par ex. Civ. 1re, 13 mai 2014, *Bull. civ.* I, n° 82 : responsabilité du notaire n'ayant pas invité une caution étrangère à se faire assister par un interprète lors de la signature de l'acte).

Sur ces avantages traditionnels du cautionnement notarié, cf. not. C. Beddeleem, « Le cautionnement en la forme authentique », *Administrer*, janv. 2009, p. 5 ; S. Cabrillac, « Le cautionnement notarié », *Dr. et patr.* 2008, n° 172 ; F. Guerchoun, « Faut-il privilégier le cautionnement authentique ? », *RLDC* 2009, n° 59, p. 31.

Sur les avantages résultant de la récente dispense de mention manuscrite (C. civ., art. 1317-1, issu de la loi du 28 mars 2011), v. ss 218, 225 s.

6. La Cour de cassation impose au contraire le cautionnement par acte authentique, lorsque « la personne physique ne se trouve pas en mesure de faire précéder sa signature des mentions manuscrites exigées par les articles L. 341-2 et L. 341-3 du Code de la consommation » : Civ. 1re, 9 juill. 2015, n° 14-21763, à paraître au *Bulletin* ; v. ss 236.

7. Cf. C. Albiges, « L'influence du droit de la consommation sur l'engagement de la caution », *in Liber Amicorum J. Calais-Auloy*, Dalloz, 2003 ; M. Bourassin, « La spécialisation du droit des sûretés personnelles, «entre droit commercial et protection des consommateurs» », *RIDC* 2-2014, p. 433 s. ; Ph. Stoffel-Munck, « L'autonomie du droit contractuel de la consommation : d'une logique civiliste à une logique de régulation », *RTD com.* 2012. 705.

consentement du candidat au cautionnement avant qu'il ne s'engage (A), puis lors de son engagement (B)[1]. Ce formalisme n'affecte que certains cautionnements, eu égard à l'objet de la dette garantie et/ou à la qualité du candidat au cautionnement et/ou à la qualité du créancier. Il est néanmoins permis de considérer qu'il éloigne manifestement le cautionnement de la catégorie des contrats consensuels à laquelle il appartenait traditionnellement, puisque les cautionnements concernés sont très répandus en pratique et que, quelles que soient les expressions qu'il emprunte, c'est la validité même du cautionnement qu'il conditionne.

A. Le formalisme précédant l'engagement de la caution

Avant que le candidat au cautionnement ne s'engage, divers moyens sont employés pour que la décision de ce dernier soit la plus éclairée possible : d'une part, le candidat au cautionnement peut se voir remettre par le créancier un exemplaire de l'offre de contrat de crédit qui, si elle est acceptée par l'emprunteur, constituera la dette à cautionner ; d'autre part, le candidat au cautionnement peut se trouver contraint de réfléchir par l'effet d'une interdiction de s'engager avant l'expiration d'un délai de réflexion.

C. consom., art. L. 311-11, al. 1er. – L'offre de contrat de crédit est établie par écrit ou sur un autre support durable. Elle est remise ou adressée en autant d'exemplaires que de parties et, le cas échéant, à chacune des cautions.
C. consom., art. L. 312-7. – Pour les prêts mentionnés à l'article L. 312-2 [crédits immobiliers], le prêteur est tenu de formuler par écrit une offre adressée gratuitement par voie postale à l'emprunteur éventuel ainsi qu'aux cautions déclarées par l'emprunteur lorsqu'il s'agit de personnes physiques.
C. consom., art. L. 312-10. – L'envoi de l'offre oblige le prêteur à maintenir les conditions qu'elle indique pendant une durée minimale de trente jours à compter de sa réception par l'emprunteur.
L'offre est soumise à l'acceptation de l'emprunteur et des cautions, personnes physiques, déclarées. L'emprunteur et les cautions ne peuvent accepter l'offre que dix jours après qu'ils l'ont reçue. L'acceptation doit être donnée par lettre, le cachet de la poste faisant foi.

223. ***La remise de documents au candidat au cautionnement.*** Le Code de la consommation prévoit deux hypothèses[2] dans lesquelles le créancier doit fournir des documents au candidat au cautionnement, en l'occurrence un exemplaire de l'offre préalable remise à l'éventuel emprunteur. Il s'agit, d'une part, du *cautionnement des crédits à la consommation* (C. consom.,

---

1. Cf. not. R. Bonhomme, « La constitution du cautionnement », *BICC* 15 oct. 2013 ; C. Bouix, « Le juge face au formalisme légal, l'exemple du droit du cautionnement », *RD banc. fin.* 1er mars 2013, n° 2, p. 33 ; A. Cerles, « La mention manuscrite du Code de la consommation : une protection de la caution source de contentieux », *RD banc. fin.* 2012, dossier 39 ; D. Houtcieff, « Retour sur le formalisme de certains cautionnements », *RDC* 2005. 403 ; S. Piedelièvre, « Le non-respect des prescriptions de la mention manuscrite sanctionné par la nullité du contrat », *JCP* 2009. 14 ; N. Randoux, « Réflexions actuelles sur le formalisme », *JCP N* 2012. 1350 ; Ph. Simler, « Un peu de formalisme protège, trop de formalisme opprime et spolie. L'exemple de l'article 22-1 de la loi du 6 juillet 1989 », *in De code en code. Mélanges G. Wiederkehr*, Dalloz, 2009, p. 753 ; Ph. Simler, « L'information de la caution », *in Le crédit. Aspects juridiques et économiques*, dir. J. Lasserre Capdeville et M. Stork, Dalloz, coll. « Thèmes et commentaires », 2012, p. 67.

2. Il existe un troisième cas dans lequel le créancier doit remettre à la caution un exemplaire du contrat relatant la dette garantie, à savoir celui du cautionnement des dettes issues d'un bail d'habitation (L. du 6 juill. 1989, art. 22-1, al. 3). Cette remise sera étudiée plus loin, car elle n'intervient qu'au moment où la caution donne son consentement (v. ss 229).

art. L. 311-11, al. 1er[1]) et, d'autre part, du *cautionnement des crédits immobiliers* (C. consom., art. L. 312-7, qui vise les seules cautions personnes physiques).

Il est douteux que l'information ainsi fournie au candidat au cautionnement soit réellement de nature à éclairer son consentement. En effet, l'offre de prêt, dont les articles L. 311-11 et L. 312-7 du Code de la consommation prévoient la remise au candidat au cautionnement, est particulièrement hermétique à la compréhension des profanes, la seule lecture des tableaux d'amortissement ne permettant pas de prendre conscience de la réalité économique et du risque concret de non-paiement du débiteur. En outre, comme la caution garantissant une telle opération doit, aux termes de l'article L. 313-7 du Code de la consommation[2], s'engager pour un montant limité, la lecture de l'offre de prêt ne paraît guère utile pour faire prendre conscience au candidat au cautionnement de la portée et de l'étendue de son engagement.

224. ***Délai de réflexion imposé au candidat au cautionnement.*** Dans la continuité de la remise des documents permettant au candidat caution de prendre conscience de l'étendue de la dette à cautionner, et afin de rendre efficace cette première mesure, le Code de la consommation impose, dans le seul cas du *cautionnement de crédit immobilier*, un délai de réflexion de dix jours à compter de la remise de l'offre de crédit pendant lequel le candidat au cautionnement ne peut s'engager (C. consom., art. L. 312-10). La Cour de cassation sanctionne le non-respect de ce formalisme par la nullité de l'engagement de caution, et non par la seule déchéance du droit aux intérêts[3].

B. Le formalisme lors de l'engagement de la caution : les mentions manuscrites

À l'occasion de lois successives[4], des mentions manuscrites ont été imposées, à peine de nullité, dans trois types de cautionnement : le cautionnement consenti sous seing privé par une personne physique en garantie d'un crédit à la consommation ou immobilier souscrit par un consommateur (1°) ; le cautionnement garantissant les obligations nées d'un bail d'habitation (2°) ; le cautionnement conclu sous seing privé entre une caution personne physique et un créancier professionnel (3°). Avant de détailler ces trois hypothèses de formalisme[5], deux précisions les concernant toutes doivent être apportées.

> **C. civ., art. 1317-1.** – L'acte reçu en la forme authentique par un notaire est, sauf disposition dérogeant expressément au présent article, dispensé de toute mention manuscrite exigée par la loi.

---

1. Issu de la loi n° 2010-737 du 1er juillet 2010 portant réforme du crédit à la consommation. Auparavant, la remise à la caution de l'offre de crédit à la consommation était prévue par l'article L. 311-8 du Code de la consommation, lui-même issu de la loi n° 78-22 du 10 janvier 1978 relative à l'information et la protection des consommateurs dans le domaine de certaines opérations de crédit.
2. V. ss 227, 228.
3. Civ. 1re, 25 nov. 2010, inédit, n° 09-14336 et 09-68321.
4. Le mouvement a été inauguré par la loi *Neiertz* n° 89-1010 du 31 décembre 1989 relative à la prévention et au règlement des difficultés liées au surendettement des particuliers et des familles (C. consom. art. L. 313-7 et L. 313-8). Il s'est prolongé dans la loi *Madelin* n° 94-624 du 21 juillet 1994 (article 22-1 de la loi du 6 juillet 1989) et a connu son point d'orgue dans la loi *Dutreil* n° 2003-721 du 1er août 2003 (C. consom., art. L. 341-2 et L. 341-3).
5. Le formalisme est double, en réalité, puisque le respect de l'exigence d'une mention manuscrite suppose, préalablement, que le cautionnement soit passé par acte sous seing privé, ce qui constitue une première forme.

L. du 31 déc. 1971, art. 66-3-3. – L'acte sous seing privé contresigné par avocat est, sauf disposition dérogeant expressément au présent article, dispensé de toute mention manuscrite exigée par la loi.
C. civ., art. 1108-1. – Lorsqu'un écrit est exigé pour la validité d'un acte juridique, il peut être établi et conservé sous forme électronique dans les conditions prévues aux articles 1316-1 et 1316-4 et, lorsqu'un acte authentique est requis, au second alinéa de l'article 1317.
Lorsqu'est exigée une mention écrite de la main même de celui qui s'oblige, ce dernier peut l'apposer sous forme électronique si les conditions de cette apposition sont de nature à garantir qu'elle ne peut être effectuée que par lui-même.
C. civ., art. 1108-2. – Il est fait exception aux dispositions de l'article 1108-1 pour :
1° les actes sous seing privé relatifs au droit de la famille et des successions ;
2° les actes sous seing privé relatifs à des sûretés personnelles ou réelles, de nature civile ou commerciale, sauf s'ils sont passés par une personne pour les besoins de sa profession.

225. ***Champ du formalisme réduit par la loi de modernisation des professions judiciaires et juridiques du 28 mars 2011.*** Aux termes des nouveaux articles 66-3-3 de la loi du 31 décembre 1971 et 1317-1 du Code civil, issus de la loi n° 2011-321 du 28 mars 2011, *l'acte sous seing privé contresigné par avocat* et *l'acte reçu en la forme authentique par un notaire* sont, sauf disposition dérogeant expressément à ces articles, dispensés de toute mention manuscrite exigée par la loi. Cette limitation du champ du formalisme aux actes signés par les seules parties, sans l'intervention d'un notaire [1] ou d'un avocat, est tout à fait opportune. En effet, les mentions manuscrites imposées à peine de nullité pour éclairer le consentement des parties sont inutiles lorsque l'acte qui les renferme est conclu devant un professionnel du droit tenu à un devoir d'information et de conseil. Ainsi, en matière de cautionnement, la caution devra-t-elle recevoir du notaire ou de l'avocat des informations claires, précises et personnalisées sur la gravité de son engagement et, si tel ne devait pas être le cas, elle serait certes tenue d'exécuter son engagement envers le créancier, mais elle pourrait rechercher la responsabilité du professionnel ne l'ayant pas ou mal renseignée et conseillée [2] et invoquer alors un préjudice équivalent au montant payé. L'efficacité du cautionnement en sortira renforcée, sans que les cautions n'aient à souffrir d'un déficit de protection [3].

226. ***La présentation formelle des mentions.*** La loi n° 2004-575 du 21 juin 2004 pour la confiance dans l'économie numérique a introduit les articles 1108-1 et 1108-2 dans le Code civil, relatifs à l'expression des formes requises à titre de validité d'un acte juridique.

Tandis que le premier texte prévoit qu'en principe l'écrit peut être remplacé par une « *forme électronique* » et que « la mention écrite de la main même de celui qui s'oblige » peut être apposée « sous forme électronique », le second pose une exception pour « les actes sous seing privé relatifs à des sûretés personnelles ou réelles, de nature civile ou commerciale » [4] : pour ces derniers, la mention écrite ne peut être apposée sous forme

---

1. V. ss 227, 231, 232, les arrêts de la Cour de cassation qui avaient déjà écarté des mentions manuscrites dans le cadre de cautionnements authentiques.

2. Il appartiendra alors au notaire ou à l'avocat de prouver qu'il a correctement exécuté ses obligations d'information et de conseil (jurisprudence constante depuis Civ. 1re, 25 févr. 1997, *Bull. civ.* I, n° 75 ; *R.* 271 ; *GAJC*, 12e éd., n° 16).

3. Il convient toutefois de reconnaître que, si les notaires et les avocats, à l'instar des médecins, prenaient l'habitude de remettre à leurs clients des formulaires types relatifs aux risques encourus, la protection des cautions serait quelque peu factice.

4. *A contrario*, les cautionnements authentiques ne sont pas visés par l'exception. Mais, depuis la loi du 28 mars 2011, ils sont en principe dispensés de toute mention manuscrite exigée par la loi.

électronique. Sauf, précise l'article 1108-2, *in fine*, lorsque la sûreté a été souscrite « par une personne pour les besoins de sa profession », ce qui, en matière de cautionnement, vise tout particulièrement le dirigeant cautionnant les dettes de sa société.

1° La mention manuscrite dans le cautionnement consenti sous seing privé par une personne physique en garantie d'un crédit à la consommation ou immobilier souscrit par un consommateur

C. consom., art. L. 313-7. – La personne physique qui s'engage par acte sous seing privé en qualité de caution pour l'une des opérations relevant des chapitres Ier ou II du présent titre doit, à peine de nullité de son engagement, faire précéder sa signature de la mention manuscrite suivante, et uniquement de celle-ci :
« En me portant caution de X..., dans la limite de la somme de... couvrant le paiement du principal, des intérêts et, le cas échéant, des pénalités ou intérêts de retard et pour la durée de..., je m'engage à rembourser au prêteur les sommes dues sur mes revenus et mes biens si X... n'y satisfait pas lui-même. »
C. consom., art. L. 313-8. – Lorsque le créancier demande un cautionnement solidaire pour l'une des opérations relevant des chapitres Ier ou II du présent titre, la personne physique qui se porte caution doit, à peine de nullité de son engagement, faire précéder sa signature de la mention manuscrite suivante :
« En renonçant au bénéfice de discussion défini à l'article 2298 du Code civil et en m'obligeant solidairement avec X..., je m'engage à rembourser le créancier sans pouvoir exiger qu'il poursuive préalablement X... ».

227. ***Champ et contenu des mentions des articles L. 313-7 et L. 313-8 du Code de la consommation***. Les cautions qui s'engagent par *acte sous seing privé*[1] à garantir un *crédit à la consommation ou un crédit immobilier*[2] *souscrit par un consommateur* doivent porter sur l'acte relatant leur engagement une mention manuscrite dont les termes sont impérativement énoncés par l'article L. 313-7 du Code de la consommation. Cette mention doit fixer, d'une part, un plafond chiffré de ce que doit la caution (« couvrant le paiement du principal, des intérêts et, le cas échéant, des pénalités ou intérêts de retard ») et, d'autre part, la durée de l'engagement de celle-ci.

Si le créancier exige, en outre, que la caution s'engage solidairement avec le débiteur principal (l'emprunteur), une mention manuscrite spécifique est imposée par l'article L. 313-8 du Code de la consommation, qui insiste sur l'un des effets de la *solidarité*, à savoir la renonciation au bénéfice de discussion[3].

228. ***Sanctions du non-respect des articles L. 313-7 et L. 313-8 du Code de la consommation***. La sanction du défaut ou de la mauvaise rédaction de la mention manuscrite est, selon les articles L. 313-7 et L. 313-8 du Code de la consommation eux-mêmes, la « nullité de son [la caution] engagement ». La Cour de cassation a précisé en 2013 qu'il

---

1. La forme du cautionnement est précisée par l'article L. 313-7 du Code de la consommation. En revanche, dans le silence sur ce point de l'article L. 313-8, c'est la Cour de cassation qui a décidé que ce texte est seulement applicable aux cautionnements consentis sous seing privé, à l'exclusion des cautionnements notariés (Civ. 1re, 24 févr. 2004, *Bull. civ.* I, n° 60). Depuis la loi du 28 mars 2011, la solution est imposée par le nouvel article 1317-1 du Code civil et elle vaut, en outre, pour les cautionnements sous seing privé contresignés par avocat (L. du 31 déc. 1971, art. 66-3-3).

2. Seuls sont concernés les prêts destinés à financer l'acquisition en propriété ou en jouissance d'immeubles à usage d'habitation ou à usage professionnel d'habitation, à l'exclusion d'immeubles à usage uniquement professionnel (Com. 11 juin 2014, *Bull. civ.* IV, n° 107).

3. Sur ce bénéfice, v. ss 279 s.

s'agit d'une *nullité relative*, à laquelle la caution peut donc renoncer après coup (c'est-à-dire une fois l'acte conclu et l'action en nullité née), parce que les textes ont pour finalité la protection des intérêts de la caution [1]. La théorie moderne des nullités se trouve ainsi très clairement consacrée en matière de cautionnement.

Concernant la clause de solidarité, la nullité paraît disproportionnée, puisqu'il n'y a guère de raisons d'annuler l'engagement en son entier alors que la formalité vise uniquement l'une de ses modalités. La Cour de cassation, dans un arrêt rendu *contra legem* le 8 mars 2011 [2], a heureusement écarté la nullité au profit d'une *impossibilité pour le créancier de se prévaloir du caractère solidaire* de l'engagement, qui dégénère ainsi en cautionnement simple. Cette solution mesurée, rendue en application de l'article L. 341-3 du Code de la consommation, a été étendue l'année suivante à l'article L. 313-8, qui est rédigé dans les mêmes termes [3].

2° La mention manuscrite dans le cautionnement garantissant les obligations nées d'un bail d'habitation

> **L. du 6 juill. 1989, art. 22-1.** – Le cautionnement ne peut pas être demandé, à peine de nullité, par un bailleur qui a souscrit une assurance, ou toute autre forme de garantie, garantissant les obligations locatives du locataire, sauf en cas de logement loué à un étudiant ou un apprenti. Cette disposition ne s'applique pas au dépôt de garantie mentionné à l'article 22.
> Si le bailleur est une personne morale autre qu'une société civile constituée exclusivement entre parents et alliés jusqu'au quatrième degré inclus, le cautionnement ne peut être demandé que :
> – s'il est apporté par un des organismes dont la liste est fixée par décret en Conseil d'État ;
> – ou si le logement est loué à un étudiant ne bénéficiant pas d'une bourse de l'enseignement supérieur.
> Lorsqu'un cautionnement pour les sommes dont le locataire serait débiteur dans le cadre d'un contrat de location conclu en application du présent titre est exigé par le bailleur, celui-ci ne peut refuser la caution présentée au motif qu'elle ne possède pas la nationalité française ou qu'elle ne réside pas sur le territoire métropolitain.
> Le cautionnement pour les sommes dont le locataire serait débiteur s'étend également aux sommes correspondant aux aides versées au bailleur en application de l'article 24-2.
> Lorsque le cautionnement d'obligations résultant d'un contrat de location conclu en application du présent titre ne comporte aucune indication de durée ou lorsque la durée du cautionnement est stipulée indéterminée, la caution peut le résilier unilatéralement. La résiliation prend effet au terme du contrat de location, qu'il s'agisse du contrat initial ou d'un contrat reconduit ou renouvelé, au cours duquel le bailleur reçoit notification de la résiliation.
> La personne qui se porte caution fait précéder sa signature de la reproduction manuscrite du montant du loyer et des conditions de sa révision tels qu'ils figurent au contrat de location, de la mention manuscrite exprimant de façon explicite et non équivoque la connaissance qu'elle a de la nature et de l'étendue de l'obligation qu'elle contracte et de la reproduction manuscrite de l'alinéa précédent. Le bailleur remet à la caution un exemplaire du contrat de location. Ces formalités sont prescrites à peine de nullité du cautionnement.

---

1. Com. 5 févr. 2013, *Bull. civ.* IV, n° 20. Cet arrêt a été rendu au sujet de l'article L. 341-2 du Code de la consommation. Dans la mesure où seul le champ d'application de la mention manuscrite différencie ce texte de l'article L. 313-7, la solution vaut sans nul doute pour celui-ci également ; Grenoble, 12 févr. 2015, n° 13/03643 : confirmation d'un cautionnement souscrit par une personne illettrée, dont la mention manuscrite avait été rédigée par son épouse, mais qui avait exécuté régulièrement son obligation.
2. Com. 8 mars 2011, *Bull. civ.* IV, n° 31 ; Com. 10 mai 2012, *Bull. civ.* IV, n° 92.
3. Civ. 1re, 5 avr. 2012, *Bull. civ.* I, n° 84.

229. ***Champ du cautionnement de dettes locatives.*** Pour se prémunir au mieux contre l'insolvabilité de leurs locataires, les bailleurs ont pris l'habitude de subordonner la conclusion des baux d'habitation à la garantie des dettes en résultant par un ou plusieurs cautionnements. Dans ce contexte, les locataires qui ne peuvent, ni proposer une caution personne physique solvable, ni rémunérer une caution professionnelle, risquent l'exclusion faute de logement. Pour éviter ce risque, la loi n° 2009-323 du 25 mars 2009 de mobilisation pour le logement et la lutte contre l'exclusion[1] et la loi n° 2014-366 du 24 mars 2014 pour l'accès au logement et un urbanisme rénové[2] ont considérablement réduit le champ du cautionnement des dettes locatives. En effet, d'une part, le bailleur, quelle que soit sa qualité, ne saurait le cumuler avec une assurance couvrant les obligations locatives[3], ni avec toute autre forme de garantie souscrite par le bailleur (dépôt de garantie mis à part), « sauf en cas de logement loué à un étudiant ou un apprenti »[4]. La violation de cette règle de non-cumul est sanctionnée par la nullité du cautionnement, l'assurance demeurant au contraire valable[5]. D'autre part, si le bailleur est une personne morale, privée comme publique, à la seule exception d'une « société civile constituée exclusivement entre parents et alliés jusqu'au quatrième degré inclus », le cautionnement ne peut être conclu qu'avec des « organismes dont la liste est fixée par décret en Conseil d'État »[6], sauf si le locataire est « un étudiant ne bénéficiant pas d'une bourse de l'enseignement supérieur », auquel cas la liberté dans le choix de la caution redevient possible, notamment en faveur d'une caution affectivement proche du locataire.

---

1. Sur les incidences de cette loi en matière de cautionnement, cf. not. B. Vial Pedroletti, « Droit de la copropriété et des baux d'habitation après la loi "Molle" du 25 mars 2009 », *Loyers et copr.* 2009, Étude 6, § 124 à 126 ; J. Lafond, « La loi du 25 mars 2009 et les baux d'habitation du secteur privé », *JCP N* 2009. 1136, spéc. § 17 s.

2. Sur les incidences de cette loi en matière de cautionnement, cf. not. C. Beddeleem, « Article 22-1 de la loi du 6 juillet 1989 », *Annales des loyers* 2014, p. 2677 ; F. de La Vaissière, « Analyse de la garantie universelle des loyers dite « GUL » telle qu'issue du volet locatif de la loi ALUR du 24 mars 2014 », *RTDI* juill. 2014, n° spéc., p. 46.

3. Il peut s'agir d'une assurance privée classique ou de la Garantie universelle des loyers (GUL) instaurée par la loi ALUR du 24 mars 2014 (entrée en vigueur fixée le 1er janvier 2016). Pour bénéficier de la GUL, le bailleur doit satisfaire diverses conditions, notamment ne pas avoir demandé le cautionnement mentionné à l'article 22-1 de la loi du 6 juillet 1989, ne pas avoir souscrit d'assurance pour les risques couverts par la GUL et ne pas avoir renoncé à celle-ci dans le contrat de location établi par écrit (L. du 6 juill. 1989, art. 24-2, I, B).

4. Exception ajoutée par la loi n° 2009-1437 du 24 novembre 2009 relative à l'orientation et à la formation professionnelle tout au long de la vie.

Par ailleurs, pour permettre une amélioration des conditions de vie étudiante, une *caution locative étudiante* (Clé) a été expérimentée en 2013 et généralisée en 2014. Il s'agit d'une caution publique : un fonds de garantie a été mis en place ; il est financé par l'Etat, la Caisse des dépôts, les régions et les cotisations des bénéficiaires. La Clé peut être accordée aux étudiants âgés de moins de 28 ans, qui disposent de revenus, mais sont dans l'incapacité de présenter une caution familiale, amicale ou bancaire.

5. C'est la loi ALUR du 24 mars 2014 qui a prévu la nullité du cautionnement. Auparavant, dans le silence de la loi du 25 mars 2009, cette sanction avait été préconisée par une réponse ministérielle (Rép. min. n° 12226, *JO Sénat Q*, 6 mai 2010, p. 1160).

6. Article 1er du décret n° 2009-1659 du 28 décembre 2009 : « Les organismes mentionnés au troisième alinéa de l'article 22-1 de la loi du 6 juillet 1989 susvisée sont :

– les fonds de solidarité pour le logement prévus à l'article 6 de la loi du 31 mai 1990 susvisée et les fonds locaux prévus à l'article 7 de la même loi ;

– les organismes collecteurs de la participation des employeurs à l'effort de construction prévue à l'article L. 313-1 du Code de la construction et de l'habitation agréés ;

– les associations auxquelles un fonds de solidarité pour le logement ou un fonds local accorde sa garantie en application des dispositions de l'article 6 de la loi du 31 mai 1990 susvisée ;

– tous les organismes ou associations qui apportent, à titre gratuit, leur caution à un candidat à la location afin de favoriser son accès au logement. »

Dans ce champ d'intervention désormais restreint, les cautions se trouvent protégées, lors de la formation du contrat, par un *double formalisme informatif* : la remise d'un exemplaire du contrat de location dont les dettes sont garanties ; la rédaction d'une mention manuscrite (L. n° 89-462 du 6 juill. 1989, art. 22-1, dern. al.). « Ces formalités sont prescrites à peine de nullité du cautionnement ». Cette sanction entraîne la libération complète de la caution, sans que celle-ci n'ait à établir l'existence d'un « grief »[1]. Il faut en déduire, bien que la formulation soit pour le moins curieuse (l'expression « nullité sans grief » est classiquement utilisée pour les actes de procédure et non pour les actes substantiels), que la caution doit profiter de la protection instaurée par la loi de 1989 même si le non-respect du formalisme n'a nullement entravé sa connaissance de la nature et de l'étendue de ses obligations[2].

230. ***Contenu de la mention de l'article 22-1 de la loi du 6 juillet 1989.*** Dans son dernier alinéa, l'article 22-1 de la loi du 6 juillet 1989 subordonne la validité du cautionnement des dettes nées d'un bail d'habitation à la rédaction manuscrite d'une mention, dont les termes mêmes ne sont pas imposés. Le texte circonscrit en effet le contenu de la mention et laisse aux parties le soin de la formulation. La mention écrite par la caution doit d'abord reproduire *le montant du loyer et les conditions de sa révision* tels qu'ils figurent au contrat de location. Elle doit ensuite exprimer « *de façon explicite et non équivoque la connaissance qu'elle (la caution) a de la nature et de l'étendue de l'obligation qu'elle contracte* ». Cette exigence, qui rappelle celle de la Cour de cassation au sujet de la preuve des cautionnements dont le montant n'est pas déterminé *ab initio*[3], suscite inévitablement des difficultés d'interprétation. Enfin, la caution se voit obligée de reproduire, toujours à la main, *l'avant-dernier alinéa de l'article 22-1* relatif à la résiliation du cautionnement ne comportant aucune durée ou dont la durée est stipulée indéterminée. En pratique, il semblerait que toutes ces indications représentent une trentaine de lignes, qui doivent être écrites par la caution trois fois de suite[4] (pas loin d'une heure d'écriture dit-on !). Comme la répétition endort l'attention plus qu'elle ne l'aiguise, on peut être sceptique sur les vertus prophylactiques du formalisme prévu dans le cadre des cautionnements de baux d'habitation.

231. ***Champ de la mention de l'article 22-1 de la loi du 6 juillet 1989.*** Alors que l'article 22-1 de la loi du 6 juillet 1989 vise « le cautionnement » de manière générale, la Cour de cassation opère une distinction en considérant que seuls sont concernés « les cautionnements conclus *sous seings privés* et non ceux donnés en la forme authentique »[5]. Cette solution, parfaitement logique au regard de la fonction du formalisme informatif et du devoir de conseil des notaires, devrait, depuis la loi du 28 mars 2011 relative à la modernisation des professions judiciaires et juridiques, être fondée sur le nouvel article 1317-1 du Code civil. En application du nouvel article 66-3-3 de la loi du

---

1. Civ. 3e, 8 mars 2006, *Bull. civ.* III, n° 59 (au sujet de l'absence de remise d'un exemplaire du contrat de bail à la caution) ; Civ. 3e, 14 sept. 2010, inédit, n° 09-14001 (relatif à l'absence de reproduction de la mention imposée par l'article 22-1).

2. Pour une critique de ce formalisme, cf. Ph. Simler, « Un peu de formalisme protège. Trop de formalisme opprime et spolie : l'exemple de l'article 22-1 », *in Mélanges G. Wiederkehr*, Dalloz, 2009.

3. V. ss 220.

4. En pratique, trois exemplaires originaux du cautionnement sont établis pour chacun des protagonistes de l'opération de cautionnement (le créancier bailleur, le débiteur principal locataire et la caution).

5. Civ. 3e, 9 juill. 2008, *Bull. civ.* III, n° 124 ; cf. F. Hébert, « La mention manuscrite de la caution d'un bail d'habitation ne concerne pas les actes notariés », *JCP N* 2008, n° 39, 1293

31 décembre 1971, issu de la même loi du 28 mars 2011, la mention manuscrite de l'article 22-1 pourrait également être écartée dans un cautionnement sous seing privé contresigné par un avocat.

Si la mention manuscrite de l'article 22-1 de la loi du 6 juillet 1989 ne concerne donc, désormais, que les cautionnements conclus en la forme sous seing privé classique, elle doit, en revanche, selon la Cour de cassation, figurer, *tant dans les cautionnements à durée indéterminée, que ceux à durée déterminée* [1]. Cette application stricte, cette fois, de l'adage « *ubi lex non distinguit...* » est fort critiquable. En effet, l'article 22-1 imposant la reproduction manuscrite de son pénultième alinéa relatif à l'engagement à durée indéterminée et à la faculté corrélative de résiliation, la caution s'engageant pour une durée déterminée va devoir recopier un texte qui ne la concerne nullement, mais qui risque de lui laisser espérer, à tort, qu'elle pourra résilier le contrat unilatéralement et à tout moment.

3° La mention manuscrite dans le cautionnement conclu sous seing privé entre une caution personne physique et un créancier professionnel

> **C. consom., art. L. 341-2.** – Toute personne physique qui s'engage par acte sous seing privé en qualité de caution envers un créancier professionnel doit, à peine de nullité de son engagement, faire précéder sa signature de la mention manuscrite suivante, et uniquement de celle-ci : « En me portant caution de X..., dans la limite de la somme de... couvrant le paiement du principal, des intérêts et, le cas échéant, des pénalités ou intérêts de retard et pour la durée de..., je m'engage à rembourser au prêteur les sommes dues sur mes revenus et mes biens si X... n'y satisfait pas lui-même. »
> **C. consom., art. L. 341-3.** – Lorsque le créancier professionnel demande un cautionnement solidaire, la personne physique qui se porte caution doit, à peine de nullité de son engagement, faire précéder sa signature de la mention manuscrite suivante : « En renonçant au bénéfice de discussion défini à l'article 2298 du Code civil et en m'obligeant solidairement avec X..., je m'engage à rembourser le créancier sans pouvoir exiger qu'il poursuive préalablement X... ».

Le principe selon lequel le cautionnement est un contrat consensuel tend à devenir l'exception depuis que la la loi *Dutreil* n° 2003-721 du 1er août 2003 relative à l'initiative économique a prescrit des mentions manuscrites, à peine de nullité, dans tous les cautionnements consentis sous seing privé par une personne physique au bénéfice d'un créancier professionnel [2]. Ainsi, l'article L. 341-2 du Code de la consommation subordonne-t-il la validité de ces cautionnements à la rédaction d'une mention, décalque de celle prévue par l'article L. 313-7 du même code, relative au montant et à la durée de l'engagement de la caution [3]. L'article L. 341-3 ajoute que, lorsque le créancier professionnel demande un cautionnement solidaire, la caution personne physique doit recopier une seconde mention (la même que celle de l'article L. 313-8) censée l'éclairer sur les conséquences de ce caractère, en particulier sur la perte du bénéfice de discussion [4]. Les articles L. 341-2 et

---

1. Civ. 3e, 14 sept. 2010, inédit, n° 09-14001.
2. Compte tenu de leur domaine très général, les dispositions issues de cette loi auraient pu être inscrites, non pas dans le Code de la consommation (art. L. 341-2 et L. 341-3), mais dans le Code civil. De plus, comme leur champ d'application recouvre celui des articles L. 313-7 et L. 313-8 du Code de la consommation (v. ss 227), il aurait été opportun, pour améliorer la lisibilité du droit du cautionnement, d'abroger ces deux dispositions datant de la loi *Neiertz* du 31 décembre 1989.
3. Chaque fois que l'article L. 341-2 du Code de la consommation est applicable, le cautionnement est donc nécessairement défini. Sur cette restriction à la liberté contractuelle quant à la fixation du *quantum* de l'obligation de la caution, v. ss 185 s.
4. Sur ce bénéfice, v. ss 279 s.

L. 341-3 offrent aux cautions concernées de précieux moyens de défense, qu'elles ne manquent pas d'invoquer le plus souvent possible, comme en témoigne le volumineux contentieux relatif au champ de ces mentions, à leur contenu ou encore aux sanctions applicables lorsqu'elles ne respectent pas fidèlement la lettre de la loi [1].

232. ***Champ des mentions des articles L. 341-2 et L. 341-3 du Code de la consommation : la forme du cautionnement.*** Dans un arrêt du 6 juillet 2010, la chambre commerciale de la Cour de cassation a jugé que « les dispositions de l'article L. 341-3 du Code de la consommation ne s'appliquent pas aux cautionnements consentis par acte authentique » [2] (il s'agit, le plus souvent, de cautionnements notariés et, plus exceptionnellement, de cautionnements recueillis dans une décision judiciaire). Cette interprétation était prévisible, puisque l'article L. 341-3 se situe dans le prolongement de l'article L. 341-2 qui, lui, indique expressément qu'il ne s'applique qu'aux actes sous seing privé. En outre, la solution avait déjà été retenue au sujet de la mention de l'article L. 313-8, ayant servi de modèle à l'article L. 341-3 [3]. La limitation du champ du formalisme informatif qui en résulte est parfaitement justifiée, puisque la mention de l'article L. 341-3, standardisée et certainement inintelligible pour beaucoup de cautions profanes, est inutile lorsque la caution doit recevoir des informations et conseils clairs, précis et personnalisés de la part du notaire ou du juge qui reçoit son engagement. Ces raisons ont d'ailleurs conduit le législateur, quelques mois plus tard, à dispenser de mentions manuscrites, non seulement les actes notariés, mais également les actes sous seing privé contresignés par avocat (C. civ., art. 1317-1 et L. du 31 déc. 1971, art. 66-3-3, issus de la loi de modernisation des professions judiciaires et juridiques du 28 mars 2011).

233. ***Champ des mentions des articles L. 341-2 et L. 341-3 du Code de la consommation : la nature, civile ou commerciale, du cautionnement.*** Le 10 janvier 2012, la chambre commerciale de la Cour de cassation a précisé que les articles L. 341-2 et L. 341-3 du Code de la consommation s'appliquent aussi bien aux cautionnements civils qu'aux cautionnements commerciaux [4]. Quelques mois plus tard, elle a confirmé cette solution en acceptant de faire jouer ces textes en présence d'un aval garantissant l'exécution d'un billet à ordre, requalifié en cautionnement, car il ne comportait pas la mention obligatoire du bénéficiaire [5].

234. ***Champ des mentions des articles L. 341-2 et L. 341-3 du Code de la consommation : la nature du contrat principal.*** Les dettes garanties par les cautionnements soumis

---

1. Cf. A. Cerles, « La mention manuscrite du Code de la consommation : une protection de la caution source de contentieux », *RD banc. fin.* sept. 2012, dossier 39. Une lecture des banques de données fait apparaître que, sur le premier semestre de l'année 2015, un quart environ des décisions d'appel sont relatives à une mauvaise rédaction de la mention manuscrite. Faisant feu de tout bois, les cautions vont même jusqu'à soulever la nullité du cautionnement en raison du fait que la mention manuscrite de l'article L. 341-3 du Code de la consommation aurait été rédigée sur le lieu de travail de la caution et non dans les locaux de la banque créancière ; nullité heureusement rejetée (Versailles, 12 févr. 2015, n° 13/00886).

2. Com. 6 juill. 2010, *Bull. civ.* IV, n° 118. En l'espèce, il s'agissait d'un cautionnement recueilli dans une décision judiciaire.

3. Civ. 1re, 24 févr. 2004, *Bull. civ.* I, n° 60.

4. Com. 10 janv. 2012, *Bull. civ.* IV, n° 2. Dans cette affaire, en application d'une jurisprudence constante depuis une quarantaine d'années, le cautionnement présentait un caractère commercial en raison de l'intérêt personnel et patrimonial du gérant caution dans le crédit octroyé à l'entreprise (v. ss 110). Cet intérêt était d'autant plus évident que celle-ci était une EURL.

5. Com. 5 juin 2012, *Bull. civ.* IV, n° 113.

aux articles L. 341-2 et L. 341-3 du Code de la consommation peuvent naître, non seulement d'un *crédit* accordé sous la forme d'un prêt ou d'une autorisation de découvert en compte courant ou même de délais de paiement[1], mais également d'un *contrat de bail*[2] ou encore d'un *contrat de fournitures*[3]. De prime abord, cette solution peut surprendre puisque l'article L. 341-2 vise lui-même le «prêteur». Il est toutefois logique de ne pas attacher trop d'importance à l'emploi de ce terme, qui résulte certainement d'une maladresse législative, à savoir la transposition pure et simple de la mention de l'article L. 313-7, qui concerne spécialement le cautionnement d'un crédit à la consommation ou immobilier, alors que les articles L. 341-1 à L. 341-6 du Code de la consommation ne s'intéressent nullement à la nature des dettes garanties.

235. ***Champ des mentions des articles L. 341-2 et L. 341-3 du Code de la consommation : la notion de « créancier professionnel »***. La première chambre civile de la Cour de cassation, dans un arrêt rendu le 9 juillet 2009, a précisé qu'« au sens des articles L. 341-2 et L. 341-3 du Code de la consommation le créancier professionnel s'entend de celui dont la créance est née dans l'exercice de sa profession ou se trouve en *rapport direct avec l'une de ses activités professionnelles*, même si celle-ci n'est pas principale »[4]. Ce faisant, se trouve clairement écartée la conception restrictive de la notion de créancier professionnel, selon laquelle seraient uniquement concernés ceux dont la profession est de fournir du crédit, c'est-à-dire les seuls établissements de crédit[5]. Au contraire, afin de protéger le plus possible de cautions personnes physiques et de respecter par là même la volonté des auteurs de la loi du 1er août 2003, la première chambre civile a adopté une conception large de la notion de créancier professionnel, qui repose sur le critère du « rapport direct » avec l'activité professionnelle[6]. Un arrêt rendu en 2007 au sujet de l'exigence de proportionnalité du

1. Com. 10 janv. 2012, *Bull. civ.* IV, n° 2 (en l'espèce, le bénéficiaire du cautionnement était un fournisseur de matériaux de construction, qui avait accordé à un acquéreur des délais de paiement en fonction de l'avancement des travaux).

2. Com. 13 mars 2012, inédit, n° 10-27814 (en l'espèce, un gérant s'était rendu caution envers un bailleur de toutes sommes dues au titre du bail conclu au profit de sa société ; le formalisme *ad validitatem* de l'article 22-1 de la loi du 6 juillet 1989 n'était pas applicable, puisque ce cautionnement ne garantissait pas les dettes locatives nées d'un bail d'habitation) ; Civ. 1re, 15 oct. 2014, inédit, n° 13-21605 (bail commercial) ; Metz, 3 mars 2015, n° 15/00111.

3. Paris, 11 avr. 2012, *Juris-Data* n° 2012-014098, qui a jugé que le mot « créancier », retenu par l'article L. 341-3 du Code de la consommation, « corrobore le fait que la protection instituée par le législateur n'est pas limitée aux seules dettes cautionnées procédant d'opérations de prêt ».

4. Civ. 1re, 9 juill. 2009, *Bull. civ.* I, n° 173. En l'espèce, une société papetière dite « SPO » détenait des parts représentatives du capital social d'une société Y. Après cession de ces parts, le solde du compte courant d'associé détenu dans la société Y. par la SPO a été converti en un prêt consenti par cette dernière. M. X., actionnaire de la société Y., s'est porté caution du remboursement de ce prêt. Il a apposé la mention manuscrite suivante : « Bon pour cautionnement solidaire et indivisible à concurrence de deux cent mille euros (200 000 euros) en principal, majoré des intérêts au taux de 4 % des frais et accessoires dans les conditions stipulées ci-dessus ». Le prêt n'ayant pas été remboursé, le créancier a actionné la caution qui s'est alors prévalue de la nullité de son engagement, car celui-ci ne contenait pas les mentions manuscrites prévues par les articles L. 341-2 et L. 341-3 du Code de la consommation.

5. Déjà en ce sens, Civ. 1re, 25 juin 2009, *Bull. civ.* I, n° 138, selon lequel est un « créancier professionnel » au sens de l'article L. 341-2 du Code de la consommation une société ayant effectué des réparations sur un véhicule et ayant accordé des délais de paiement au débiteur ; ce crédit avait été garanti par un cautionnement simple qui ne comportait pas la mention imposée par le texte précité. La Cour de cassation a décidé que ce cautionnement devait être annulé.

6. Depuis une vingtaine d'années, ce critère préside à l'interprétation des textes du droit de la consommation relatifs à la lutte contre les clauses abusives (Civ. 1re, 24 janv. 1995, *Bull. civ.* I, n° 54) et à la vente par démarchage (Civ. 1re, 1er déc. 1998, *Bull. civ.* I, n° 339).

cautionnement a pu laisser penser que la chambre commerciale de la Cour de cassation serait au contraire favorable à une conception stricte de la notion de créancier professionnel [1]. Mais, le 10 janvier 2012, dans une affaire intéressant les mentions manuscrites imposées par le Code la consommation, elle a fait sien le critère du rapport direct [2]. Depuis, ce critère conduit à une application relativement imprévisible des articles L. 341-1 et suivants du Code de la consommation, comme en témoignent des arrêts rendus au sujet de cautionnements garantissant les dettes nées de locations accessoires à l'activité professionnelle du créancier [3]. La jurisprudence n'en demeure pas moins globalement protectrice des intérêts des cautions personnes physiques, la qualification de créancier professionnel étant rarement écartée [4].

236. ***Champ des mentions des articles L. 341-2 et L. 341-3 du Code de la consommation : les cautions personnes physiques concernées.*** Pour la première fois le 10 janvier 2012, la chambre commerciale de la Cour de cassation a décidé, sous forme de principe, que les articles L. 341-2 et L. 341-3 du Code de la consommation sont applicables à « *toute personne physique, qu'elle soit ou non avertie* » [5]. La première chambre civile, le 8 mars 2012, a fait primer à son tour la qualité de personne physique, pour casser un arrêt ayant refusé l'application de l'article L. 341-2 au seul motif que les cautions étaient les associés et gérants des sociétés garanties [6]. Ces solutions respectent la lettre de la loi [7], qui n'opère aucune distinction au sein des cautions personnes physiques (*Ubi lex…*), ainsi que l'esprit de la loi qui les a adoptées, tournée vers l'initiative économique et la défense des entrepreneurs [8]. Elles ne donnent

---

1. Com. 13 nov. 2007, *Bull. civ.* IV, n° 236 (v. ss 253), a refusé la qualification de créancier professionnel à des vendeurs qui, cédant leur fonds de commerce, avaient octroyé un crédit aux acheteurs. Selon le critère posé par la première chambre civile en 2009, la solution inverse aurait dû s'imposer, puisque la vente du fonds de commerce constitue un acte de commerce et que le prêt consenti à cette occasion présente bien un « rapport direct » avec l'activité professionnelle qui s'y rattache.

2. Com. 10 janv. 2012, *Bull. civ.* IV, n° 2 (un vendeur de matériaux de construction, qui avait accordé des délais de paiement à ses clients et obtenu des garanties en contrepartie, a ici été qualifié de créancier professionnel au sens des articles L. 341-2 et L. 341-3 du Code de la consommation).

3. Civ. 1re, 10 sept. 2014, inédit, n° 13-19426 (une entreprise générale de bâtiment avait loué la partie non utilisée de ses locaux d'exploitation et obtenu un cautionnement en garantie des dettes nées de ce bail commercial ; la Cour de cassation a censuré les juges du fond ayant validé le cautionnement, au regard des articles L. 341-2 et L. 341-3 du Code de la consommation, sans avoir recherché si la location litigieuse ne constituait pas une opération de nature à favoriser directement ou indirectement le but poursuivi par la société créancière, son extension ou son développement) ; Civ. 1re, 15 oct. 2014, inédit, n° 13-20919 (cassation de l'arrêt n'ayant pas suffisamment caractérisé en quoi une créance de location-gérance d'un fonds de commerce appartenant à une société de gestion et promotion immobilière relevait de sa profession).

4. Sur le rejet, contestable, de la qualification de créancier professionnel à l'égard d'une caution ayant obtenu un sous-cautionnement au moment où elle avait quitté ses fonctions d'associée de la société garantie et cédé ses parts-sociales à son successeur, la sous-caution, v. Civ. 1re, 11 mars 2014, inédit, n° 12-29195. Le sous-cautionnement permet ainsi de contourner aisément la protection législative des cautions personnes physiques.

5. Com. 10 janv. 2012, *Bull. civ.* IV, n° 2.

6. Civ. 1re, 8 mars 2012, *Bull. civ.* I, n° 53.

7. Leur insertion dans le Code de la consommation est un argument que l'on pouvait au contraire avancer pour écarter leur application aux dirigeants cautions, qui ne sauraient être assimilés à des consommateurs agissant dans un but étranger à leur activité professionnelle. Cf. la nouvelle définition du consommateur inscrite en tête du Code de la consommation depuis la loi n° 2014-344 du 17 mars 2014 relative à la consommation : « au sens du présent code, est considérée comme un consommateur toute personne physique qui agit à des fins qui n'entrent pas dans le cadre de son activité commerciale, industrielle, artisanale ou libérale ».

8. La loi du 1er août 2003 a permis, notamment, la constitution d'une SARL sans capital social et la protection de la résidence principale des entrepreneurs individuels par déclaration d'insaisissabilité.

pas satisfaction pour autant, car la protection du consentement, par le biais de mentions manuscrites censées informer la caution sur la nature et la portée de son engagement, n'est utile que si la caution a des connaissances limitées, voire inexistantes, en matière de crédit et de garanties. Ce n'est normalement pas le cas des dirigeants cautions qui, de par leurs fonctions au sein de la société débitrice, voire des études et des expériences professionnelles qui y ont conduit, ne sauraient ignorer que les garanties sont la rançon du crédit et que le cautionnement est un engagement juridique contraignant qui engage l'ensemble du patrimoine personnel en cas de défaillance de l'entreprise débitrice[1]. L'application aux dirigeants cautions des articles L. 341-2 et L. 341-3 du Code de la consommation n'était donc pas nécessaire. Elle est dangereuse de surcroît, car elle constitue une aubaine pour les cautions appelées en paiement qui cherchent par tous moyens à se délier d'un engagement dont elles avaient pourtant parfaitement perçu *ab initio* la nature et la portée. Elle constitue à l'inverse, pour les créanciers, un écueil de nature à les détourner du cautionnement donné par un dirigeant. La perte d'efficacité de ce cautionnement risque, soit de compromettre l'accès au crédit des entreprises, soit, à tout le moins, d'inciter les créanciers à demander de nouvelles sûretés qui ne sont pas aujourd'hui concernées par le formalisme informatif propre au contrat de cautionnement[2]. Pour toutes ces raisons, en matière de formalisme informatif, la conception large de la notion de caution personne physique nous paraît tout à fait regrettable.

Il est important de souligner que la Cour de cassation a récemment restreint le champ de ce formalisme, en tenant compte des faiblesses de certaines cautions personnes physiques. Le 9 juillet 2015, la première chambre civile a en effet décidé que « la personne physique qui ne se trouve *pas en mesure de faire précéder sa signature des mentions manuscrites* exigées par les articles L. 341-2 et L. 341-3 du Code de la consommation destinées à assurer sa protection et son consentement éclairé, ne peut valablement s'engager que par acte authentique en qualité de caution envers un créancier professionnel »[3]. Cette solution peut recevoir de sérieuses justifications : la nécessité de protéger le consentement des cautions les plus vulnérables en raison notamment de l'âge, d'une situation de handicap ou encore de l'illétrisme ; la dispense de mention manuscrite dont bénéficient les actes notariés[4] ; les indéniables avantages que ceux-ci présentent[5], en particulier grâce au devoir de conseil pesant sur les notaires. Il n'en reste pas moins qu'en distinguant au sein des cautions personnes physiques, là où la loi ne distingue

1. Il est vrai, cependant, que la catégorie des dirigeants cautions est loin d'être homogène et que les connaissances sur le crédit en général et sur la situation de l'entreprise garantie en particulier ne sont certainement pas les mêmes en présence, d'une part, de dirigeants expérimentés de sociétés de moyenne ou grande envergure et, d'autre part, de dirigeants de TPE, de jeunes diplômés se lançant dans la vie entrepreneuriale ou encore de salariés créant une entreprise pour compléter leurs revenus ou pallier un licenciement économique imminent.

2. Sûretés personnelles indépendantes, sûretés réelles pour autrui ou encore solidarité passive sans intéressement à la dette.

3. Civ. 1re, 9 juill. 2015, n° 14-21763, à paraître au *Bulletin*. En l'espèce, le cautionnement sous seing privé a été annulé, car la caution, illettrée, n'était pas le scripteur des mentions manuscrites portées sur l'acte de caution, que la banque avait fait écrire à un tiers. *Contra*, cf. Aix-en-Provence, 9 avr. 2015, n° 2015/215, jugeant que « la reproduction de la mention manuscrite de façon parfois phonétique [par une personne illettrée] ne permet pas à elle seule de conclure que la caution n'a pas eu connaissance de la portée de son engagement ou que les prescriptions relatives à la mention manuscrite ne sont pas respectées ».

4. V. ss 225, 232.

5. V. ss 222.

pas, et en prenant en compte les faiblesses de certaines d'entre elles, alors que depuis plusieurs années les compétences des cautions averties sont ignorées, la Haute juridiction ne manque pas de surprendre...

237. *Contenu des mentions des articles L. 341-2 et L. 341-3 du Code de la consommation*. Aux termes de l'article L. 341-2 du Code de la consommation, la mention manuscrite doit être «uniquement» celle édictée par le législateur. Une telle exigence ne peut qu'encourager l'esprit de chicane. Heureusement, toutefois, la plupart des différences entre la lettre de la loi et le contenu des mentions, invoquées par des cautions pour être entièrement libérées, n'ont pas prospéré devant la Cour de cassation.

Voici quelques exemples de décisions défavorables aux cautions. Dans un arrêt du 9 novembre 2004, la Haute juridiction a admis pour la première fois que la mention manuscrite comporte des *différences qui « n'affectent, ni le sens, ni la portée de la mention manuscrite »*, en l'occurrence l'omission de la conjonction de coordination «et» entre, d'une part, la formule définissant le montant et la teneur de l'engagement, d'autre part, celle relative à la durée de celui-ci [1]. Le rigorisme a été pareillement écarté dans deux arrêts rendus le 5 avril 2011 [2]. Selon le premier, une différence résultant d'une simple erreur matérielle ne saurait conduire à l'annulation du cautionnement. D'après le second, « l'apposition d'une virgule entre la formule caractérisant l'engagement de caution et celle relative à la solidarité n'affecte pas la portée des mentions manuscrites conformes aux dispositions légales », de sorte que l'engagement de la caution doit recevoir exécution [3]. Depuis 2012, des cautionnements ont encore été validés malgré :

– des *ajouts* : celui de l'adjectif « solidaire » [4] ou des termes « personnel et solidaire » [5], ou du mot « par » [6] ; des précisions relatives au débiteur, qui n'est désigné que par un « X » dans les textes [7] ; une reconnaissance d'information donnée en tête des mentions légales [8] ;

– des *substitutions* : emploi du terme « banque » à la place de ceux de « prêteur » ou de « créancier » [9] ; dans la mention relative à la solidarité, référence à l'ancien article 2021du

1. Civ. 1re, 9 nov. 2004, *Bull. civ.* I, n° 254. Cet arrêt fut rendu sur le fondement de l'article L. 313-7 du Code de la consommation, qui renferme aussi l'adverbe « uniquement ».

2. Com. 5 avr. 2011, *Bull. civ.* IV, n° 54 et 55. Dans le même sens, au sujet de différences affectant la ponctuation ou la typographie, cf. Civ. 1re, 11 sept. 2013, *Bull. civ.* I, n° 174.

3. En ce sens, égal., Versailles, 15 janv. 2015, n° 13/02637.

4. Civ. 1re, 5 avr. 2012, *Bull. civ.* I, n° 84. Dans cette affaire, comme la mention propre à la solidarité n'avait pas du tout été retranscrite, le cautionnement stipulé « solidaire » a été finalement requalifié en cautionnement simple.

5. Civ. 1re, 10 avr. 2013, *Bull. civ.* I, n° 74 ; Civ. 1re, 27 nov. 2013, inédit, n° 12-21393 ; Com. 8 juill. 2014, inédit, n° 13-20621.

6. Angers, 12 mai 2015, n° 13/01262.

7. Com. 16 oct. 2012, *Bull. civ.* IV, n° 184 (la mention contenait, outre la désignation de la société débitrice, sa forme sociale, le montant du capital social, l'adresse de son siège social et le numéro au registre du commerce et des sociétés).

8. Com. 4 nov. 2014, inédit, n° 13-23130 (en l'espèce, les mentions imposées par le Code de la consommation étaient immédiatement précédées de la phrase : « je reconnais être parfaitement informé de la situation tant juridique que financière du cautionné » ; la Cour de cassation a cassé l'arrêt ayant annulé le cautionnement sans avoir recherché « si cet ajout modifiait la formule légale ou en rendait la compréhension plus difficile pour la caution »).

9. Civ. 1re, 10 avr. 2013, *Bull. civ.* I, n° 74.

Code civil à la place du nouvel article 2298 relatif au bénéfice de discussion[1] ; emploi du terme « délai » au lieu de celui de « durée »[2] ;

– des *omissions* conduisant à réduire l'étendue du cautionnement plutôt qu'à l'annuler : « l'omission des termes "mes biens" n'avait pour conséquence que de limiter le gage de la banque aux revenus de la caution et n'affectait pas la validité du cautionnement »[3] ; l'omission du mot «intérêts»« n'avait pour conséquence que de limiter l'étendue du cautionnement au principal de la dette sans en affecter la validité »[4]. Mais, parfois, l'omission n'emporte tout simplement aucune conséquence ; ainsi de l'omission du terme « somme » qui est sans incidence « dès lors que le montant en chiffres et en lettres est retranscrit ainsi que la durée »[5] ; de même pour l'absence de date sur l'acte de cautionnement[6] ou l'absence d'indication d'une durée d'engagement, dès lors que la mention « comporte en revanche la date jusqu'à laquelle le cautionnement porte »[7]. En revanche, l'omission du montant de l'engagement de cautionnement entraîne, naturellement, la nullité de l'acte[8]. De même, il a été jugé, de façon plus discutable, que l'omission des termes « la limite de » devant le montant cautionné, entraînait la nullité de l'acte[9].

– des *interversions* (interversion des termes « biens et revenus »[10]).

Si la tendance générale est donc à l'assouplissement jurisprudentiel du formalisme légal, quelques arrêts confèrent encore à celui-ci toute sa portée, en refusant de prendre en compte les informations dont disposent les cautions en dehors des mentions manuscrites. Cela peut conduire à décharger des cautions visiblement de mauvaise foi[11] ou, à l'inverse et paradoxa-

1. Civ. 1re, 27 nov. 2013, inédit, n° 12-21393 ; Civ. 1re, 22 janv. 2014, inédit, n° 12-29177 ; Civ. 1re, 10 sept. 2014, inédit, n° 13-22384 (« la référence erronée à l'ancien article 2021 du Code civil, devenu l'article 2298 à l'issue de la loi du 23 mars 2006, au contenu identique, n'affectait ni le sens ni la portée de la mention manuscrite prescrite par l'article L. 341-3 du Code de la consommation ») ; Metz, 30 avr. 2015, n° 15/00191 ; Bordeaux, 12 janv. 2015, n° 12/05226. En revanche, « le cautionnement ne vaut qu'en tant que cautionnement simple et non solidaire en l'état de la référence erronée à l'article 2296 du Code civil lequel ne porte pas sur les effets de la solidarité dans les rapports entre le créancier et la caution, ce qui n'a pas permis à la caution d'apprécier exactement les conséquences de la solidarité et de la renonciation au bénéfice de discussion » (Versailles, 15 janv. 2015, n° 13/02637).

2. Grenoble, 12 mars 2015, n° 13/00962.

3. Com. 1er oct. 2013, *Bull. civ.* IV, n° 143 ; Com. 27 mai 2014, inédit, n° 13-16989.

4. Com. 4 nov. 2014, n° 13-24706, à paraître au *Bulletin*.

5. Montpellier, 12 mai 2015, n° 13/07560.

6. Metz, 30 avr. 2015, n° 15/00191.

7. Lyon, 2 avr. 2015, n° 13/06706.

8. Chambéry, 10 mars 2015, n° 13/02734.

9. Metz, 3 mars 2015, n° 15/00111.

10. Paris, 26 mars 2015, n° 14/00438.

11. Civ. 1re, 16 mai 2012, inédit, n° 11-17411. En l'espèce, les juges du fond avaient rejeté l'exception de nullité du gérant caution en relevant que, si la rédaction de la mention n'était pas strictement conforme aux prescriptions légales en raison de « ses propres errements dans le copiage » (la caution avait divisé les mentions en plus de phrases que n'en impose le Code de la consommation), ce garant avait, grâce à sa qualité même, ainsi qu'aux mentions portées et encore aux différents documents remis par la banque relatifs au crédit garanti, « une parfaite connaissance de l'étendue et de la durée de son engagement ». Cet argument n'a nullement convaincu la Cour de cassation, qui ignore les connaissances réelles de la caution au profit de celles que le strict respect du formalisme aurait dû procurer. Dans le même sens, au sujet de la durée du cautionnement, qui avait été mentionnée ainsi : « durée de l'opération garantie + deux ans », v. Civ. 1re, 9 juill. 2015, n° 14-24287, à paraître au *Bulletin* (« si les dispositions de l'article L. 341-2 du Code de la consommation ne précisent pas la manière dont la durée de l'engagement de caution doit être exprimée dans la mention manuscrite, il n'en demeure pas moins lement, à étendre l'engagement de celles qui écrivent des montants et durées supérieurs à ceux figurant dans les clauses préimprimées de l'acte de cautionnement[1].

238. ***Articulation entre la mention de l'article L. 341-2, celle de l'article L. 341-3 du Code de la consommation et la signature de la caution***. La Cour de cassation admet qu'une signature ne soit pas apposée à la suite de chacune des deux mentions ; leur juxtaposition, suivie d'une seule signature, est parfaitement valable[2], à condition que les deux mentions se succèdent sans «une quelconque adjonction ou clause préimprimée émanant du créancier»[3]. En revanche, encourt l'annulation le cautionnement dans lequel la signature de la caution précède les mentions manuscrites imposées par le Code de la consommation[4].

239. ***Sanctions du non-respect des articles L. 341-2 et L. 341-3 du Code de la consommation***. Depuis un arrêt du 8 mars 2011, la chambre commerciale de la Cour de cassation décide que l'inobservation de la mention de la solidarité de l'article L. 341-3 du Code de la consommation n'est pas sanctionnée par la nullité du cautionnement, mais par *l'impossibilité pour le créancier de se prévaloir de cette solidarité*[5]. Comme la solidarité n'est qu'une modalité de l'obligation de règlement de la caution, il est parfaitement justifié que le non-respect du formalisme entourant cette modalité n'emporte pas l'extinction de l'obligation principale elle-même, mais seulement l'exclusion de cette modalité, autrement dit la disqualification du cautionnement solidaire en cautionnement simple. La doctrine avait préconisé cette solution depuis l'adoption, en 1989, de l'article L. 313-8 du Code de la consommation, qui a depuis reçu la même interprétation[6]. Il s'agit certes d'une interprétation *contra legem* (puisque les articles L. 313-8 et L. 341-3 visent eux-mêmes la nullité du cautionnement), mais qui est seule à même de respecter la distinction entre les obligations contractuelles principales et secondaires, et qui est nécessaire, de surcroît, à la préservation au moins partielle de l'efficacité du cautionnement[7].

Concernant la nullité prévue par l'article L. 341-2 du Code de la consommation lorsque la mention relative à l'objet de l'obligation de la caution est déficiente, la Cour de cassation a précisé en 2013 qu'il s'agit d'une *nullité relative*, car le formalisme prescrit

---

que, s'agissant d'un élément essentiel permettant à la caution de mesurer la portée exacte de son engagement, cette mention devait être exprimée sans qu'il soit nécessaire de se reporter aux clauses imprimées de l'acte »).

1. Com. 11 juin 2014, inédit, n° 13-18118 : « attendu, qu'après avoir énoncé que le formalisme imposé par l'article L. 341-2 du Code de la consommation vise à assurer l'information complète de la caution quant à la portée de son engagement et que les mentions manuscrites conformes à ce formalisme l'emportent nécessairement sur les clauses imprimées de l'acte de caution, l'arrêt en déduit exactement que la mention portée de la main de la caution dans l'acte litigieux exprime, sans équivoque, son engagement de se rendre caution pour une durée de trois ans et qu'il n'y a pas lieu d'interpréter cette mention au regard de la clause stipulant un engagement d'une durée d'un an ».

2. Com. 5 avr. 2011, *Bull. civ.* IV, n° 54 ; Com. 27 mars 2012, inédit, n° 10-24698 ; Com. 2 oct. 2012, inédit, n° 11-24460 ; Paris, 5 mars 2015, n° 14/00561 ; Grenoble, 15 janv. 2015, n° 11/04320.

3. Com. 22 janv. 2013, inédit, n° 11-25887.

4. Com. 22 janv. 2013, inédit, n° 11-22831 ; Com. 17 sept. 2013, *Bull. civ.* I, n° 132 ; Com. 1er avr. 2014, inédit, n° 13-15735 ; Nîmes, 29 janv. 2015, n° 13/05044.

5. Com. 8 mars 2011, *Bull. civ.* IV, n° 31 ; Com. 10 mai 2012, *Bull. civ.* IV, n° 9 ; Com. 16 oct. 2012, *Bull. civ.* n° 184.

6. V. ss 228.

7. Dans le même sens, cf. not. Y. Picod, « Le juge au secours du législateur : comment la Cour de cassation réécrit l'article L. 341-3 du Code de la consommation », *D.* 2011. 1193 ; S. Piedelièvre, « Cautionnement authentique et stipulation de solidarité », *D.* 2010. 2129.

par ce texte a « pour finalité la protection des intérêts de la caution »[1]. Cette application de la théorie moderne des nullités[2] conduit à reconnaître à la caution le droit de renoncer à agir en nullité *a posteriori* (c'est-à-dire après la conclusion du cautionnement, puisque l'article L. 341-2 demeure une règle d'ordre public[3]). Cette *confirmation* doit respecter les conditions figurant dans l'article 1338 du Code civil, en particulier l'existence d'une « intention de réparer le vice sur lequel cette action est fondée ». Celle-ci peut être tacite et résulter, notamment, d'une « exécution volontaire de l'engagement irrégulier, en connaissance du vice l'affectant »[4].

Sanctionner le non-respect des exigences de forme par la nullité de l'engagement, même s'il s'agit seulement d'une nullité relative, peut paraître excessif, car la caution est entièrement déchargée alors même que, en dépit de la rédaction incomplète de la mention manuscrite, elle avait une parfaite conscience de la nature et de l'étendue de son engagement[5]. Autrement dit, la nullité n'est nullement subordonnée à la preuve d'un préjudice[6].

240. ***Conclusion critique sur le formalisme informatif.*** Informer le candidat au cautionnement sur l'exacte portée et la gravité de l'engagement qu'il s'apprête à consentir est certainement une bonne idée. Paré de vertus préventives, et non plus seulement curatives comme le sont les mécanismes de droit commun[7], le formalisme informatif peut apporter de la sécurité au contrat de cautionnement : d'une part, en responsabilisant la caution ; d'autre part, en réduisant les sources de contestation de son engagement par la caution, le formalisme étant ainsi, en dépit de ses contraintes, également « protecteur » des intérêts du créancier[8]. Ces effets bénéfiques se sont-ils effectivement produits ? Il est malheureusement permis d'en douter et ce, pour deux raisons essentielles.

D'une part, le formalisme informatif souffre d'un *défaut ontologique*. De même que l'« on ne fait pas boire un âne qui n'a pas soif », aucune information, aussi claire et dissuasive soit-elle, ne détournera le candidat à un cautionnement de sa décision de cautionner, convaincu qu'il est en raison de sa situation en amont du débiteur principal, qu'il n'aura pas à exécuter son engagement[9]. Le formalisme informatif, argument de raison, ignore ou feint d'ignorer les ressorts psychologiques profondément à l'œuvre dans le cautionnement. Toutefois, à la décharge du formalisme informatif, il faut sans doute reconnaître que ces ressorts psychologiques demeurent sans véritable solution.

---

1. Com. 5 févr. 2013, *Bull. civ.* IV, n° 20.
2. Théorie faisant dépendre la qualification de la nullité – relative ou absolue – de l'intérêt – particulier ou général – que la règle violée tendait à protéger.
3. Bien que d'ordre public, « les dispositions de l'article L. 341-2 du Code de la consommation ne constituent pas une loi de police cruciale pour l'organisation politique, sociale ou économique du pays » (Metz, 16 avr. 2015, n° 15/00172).
4. Dans l'affaire jugée le 5 février 2013, la caution avait entendu réparer le vice affectant son engagement, puisqu'après avoir souscrit un prêt pour exécuter celui-ci, elle avait réglé les sommes dues, sans avoir été préalablement mise en demeure, et en dépit des conseils contraires de son avocat et de son comptable.
5. Il est vrai que c'est le lot habituel du formalisme informatif. En ce sens, cf. X. Lagarde, « Observations critiques sur la renaissance du formalisme », *JCP* 1999. I. 170.
6. Cf. la jurisprudence en ce sens au sujet de la nullité édictée par l'article 22-1 de la loi du 6 juillet 1989, v. ss 229.
7. Notamment, la théorie des vices du consentement ou le principe de bonne foi contractuelle.
8. Sur les ambivalences du formalisme informatif, v. A. Lepage, « Les paradoxes du formalisme informatif », *in Liber Amicorum J. Calais-Auloy*, Dalloz, 2003.
9. Du reste, la conviction inverse conduirait vraisemblablement de nombreux candidats au cautionnement à renoncer à s'engager.

D'autre part, le formalisme informatif, tel qu'il s'est développé depuis la fin des années 1980, présente, on l'a vu, de *graves défauts* : le caractère fréquemment abscons et pesant de l'information fournie, le caractère rigide du formalisme, le caractère excessif de la sanction du non-respect de la forme requise, le caractère incohérent de la codification des exigences de forme... La liste de toutes les imperfections affectant le formalisme du cautionnement est fort longue, à tel point que des voix se sont déjà élevées pour l'abroger et revenir au droit commun, c'est-à-dire au consensualisme du cautionnement, tempéré par un formalisme seulement probatoire et non *ad validitatem* [1].

Section 6
La solvabilité de la caution

La caution s'engage à payer une somme d'argent, normalement à terme. Comme dans tout engagement à terme, la solvabilité du débiteur, ici la caution, peut être envisagée, d'une part, lors de la souscription de l'engagement (§ 2), d'autre part, lors de son exécution (§ 1).

§ 1. La solvabilité de la caution lors de l'appel en paiement

241. La question de la solvabilité de la caution lorsque le créancier actionne celle-ci en paiement n'appelle guère de commentaires.

Comme tout créancier à terme, le bénéficiaire d'un cautionnement peut être confronté à l'insolvabilité de son débiteur. Toutefois, le fait pour la caution de n'être juridiquement tenue que pour un autre, ainsi que la conviction, sans doute répandue bien qu'erronée, notamment chez les cautions profanes, de ne pas avoir à payer ce à quoi l'on n'est pas tenu personnellement, peut exacerber les tentations de ce débiteur particulier qu'est la caution d'*organiser son insolvabilité*. Ainsi observe-t-on qu'une partie du contentieux de l'action paulienne est relative à des cautions tentant de vider leur patrimoine à l'approche de l'échéance de l'obligation cautionnée [2]. Cependant, il ne semble pas qu'il en ressorte un régime de l'action paulienne spécifique aux cautions débitrices.

En revanche, selon l'article 2297 (anc. art. 2020) [3], l'état d'insolvabilité de la caution, survenu postérieurement à l'engagement, impose qu'il en soit donné une autre [4] au créancier. Si le débiteur ne parvient pas ou refuse de fournir une nouvelle caution, solvable, il encourt la déchéance du terme de sa dette [5].

---

1. Cf. en ce sens le *Rapport Grimaldi* : « tout acte de cautionnement sous seing privé par une personne physique doit être revêtu par elle de la mention du montant en toutes lettres et en chiffres de son engagement en principal. En cas d'absence ou d'insuffisance de cette mention, il appartient au créancier d'établir par tous moyens que la caution avait conscience de la nature et de l'étendue de son engagement ».

2. V. not. Cass., ch. mixte, 21 févr. 2003, *Bull. ch. mixte*, n° 2 ; *BICC* 1er juin 2003, concl. de Gouttes et rapp. Assié ; *JCP E* 2003. 1073, note D. Legeais ; Civ. 1re, 9 avr. 2014, *Bull. civ.* I, n° 64.

3. Cet article vise l'hypothèse d'une « caution reçue par le créancier, volontairement ou en justice ». Mais, en réalité, selon la jurisprudence, l'article 2297 (anc. art. 2020) du Code civil n'est pas limité aux cautionnements « judiciaires » ou « légaux », mais s'applique également aux cautionnements « conventionnels » : Civ. 3e, 4 janv. 1983, *Bull. civ.* III, n° 1 ; *Defrénois* 1983, art. 33144, p. 1219, obs. J.-L. Aubert.

4. Sous-entendu « solvable ».

5. Civ. 3e, 4 janv. 1983, préc.

C. civ., art. 2297 (anc. art. 2020). – Lorsque la caution reçue par le créancier, volontairement ou en justice, est ensuite devenue insolvable, il doit en être donné une autre.
Cette règle reçoit exception dans le cas seulement où la caution n'a été donnée qu'en vertu d'une convention par laquelle le créancier a exigé une telle personne pour caution.

242. Du côté de la caution, son insolvabilité lors de l'appel en paiement ne développe pas de réelles particularités. Comme tout débiteur, celle-ci peut solliciter des délais de grâce (C. civ., art. 1244-1 s.)[1] et est éligible aux procédures collectives professionnelles ou de surendettement. Il convient toutefois de noter que la loi de modernisation de l'économie du 4 août 2008, brisant une jurisprudence contraire, a ouvert la procédure de surendettement aux cautions dirigeantes, dont l'engagement présente pourtant une nature professionnelle (C. consom., art. L. 330-1, al. 1er)[2].

§ 2. La solvabilité de la caution lors de la conclusion du cautionnement

La question de la solvabilité de la caution lors de la conclusion de son engagement nécessite de plus amples développements car elle occupe, depuis une vingtaine d'années, une place prépondérante dans les textes aussi bien qu'en jurisprudence.

243. ***La question de la solvabilité de la caution du point de vue du créancier***. Pourquoi le Droit devrait-il se préoccuper de la solvabilité d'un débiteur au moment où celui-ci s'engage ? N'est-ce pas au seul créancier de se préoccuper de la solvabilité de la personne qu'il envisage de prendre comme caution ? Au demeurant, il n'est même pas paradoxal de relever que la solvabilité de la caution ne constitue pas toujours une exigence primordiale pour le créancier : d'une part, la solvabilité de la caution au moment de la conclusion du cautionnement ne préjuge pas de sa pérennité, puisqu'« une dette n'empêche point l'autre » ; d'autre part, le créancier peut avoir choisi la caution pour les qualités véritables ou supposées de sa personne, plutôt que pour l'ampleur de son patrimoine (« certains cautionnements ne sont riches que de psychologie »[3]).

Aussi, bien que la solvabilité de la caution puisse apparaître comme déterminante dans le cadre d'un contrat qui a, précisément, pour fonction de protéger le créancier contre l'insolvabilité de son débiteur, le Code civil n'a pas considéré la solvabilité de la caution comme une condition générale de validité du cautionnement. Tout au plus, l'article 2295 (anc. art. 2018) du Code civil prévoit que le débiteur, « obligé à fournir une caution »[4], doit en fournir une à son créancier « qui ait un bien suffisant pour

---

1. V., par ex., Civ. 1re, 28 nov. 1973, *Bull. civ.* I, n° 330.
2. Civ. 2e, 27 sept. 2012, inédit, n° 11-23285 (bénéfice de la procédure de surendettement reconnu au dirigeant de fait de la société cautionnée).
Avant la loi du 4 août 2008, la jurisprudence avait refusé le bénéfice de la procédure de surendettement aux cautions dirigeantes, au motif que la dette issue d'un tel engagement présente un caractère professionnel (cf. not. Civ. 1re, 31 mars 1992, *Bull. civ.* I, n° 107) ; la loi *Borloo* du 1er août 2003 avait elle aussi exclu les dirigeants de droit ou de fait de l'entreprise garantie. Sur cette évolution, cf. M. Bourassin, « Sûretés et surendettement des particuliers », *LPA* 10 oct. 2012, p. 4.
3. Ph. Théry, *op. cit.*, n° 28.
4. En dépit de ces termes qui suggèrent que la règle n'est applicable qu'aux cautionnements « judiciaires » et « légaux » (sur ces notions, v. ss 92), il est admis qu'elle s'applique également aux cautionnements « conventionnels ».

répondre de l'objet de l'obligation ». Conçu dans l'intérêt exclusif du créancier[1], ce texte est purement supplétif, le créancier étant libre d'y renoncer[2].

> **C. civ., art. 2295 (anc. art. 2018).** – Le débiteur obligé à fournir une caution doit en présenter une qui ait la capacité de contracter et qui ait un bien suffisant pour répondre de l'objet de l'obligation.
> Le créancier ne peut refuser la caution présentée par un débiteur au motif qu'elle ne réside pas dans le ressort de la cour d'appel dans lequel elle est demandée.

244. Il importe par ailleurs de remarquer que la loi *Lagarde* du 1er juillet 2010 ayant réformé le crédit à la consommation a imposé aux établissements de crédit, dans certaines circonstances, de vérifier la solvabilité des emprunteurs (C. consom., art. L. 311-9), mais elle n'a nullement étendu cette obligation en direction des cautions.

La loi *Hamon* de 2014 relative à la consommation avait quant à elle prévu la création d'un registre national des crédits aux particuliers (RNCP) permettant d'apprécier « la solvabilité des personnes physiques n'agissant pas pour des besoins professionnels qui sollicitent un crédit, et, le cas échéant, des personnes physiques n'agissant pas pour des besoins professionnels qui se portent caution ». La consultation de ce registre aurait été obligatoire pour les établissements de crédit à l'égard des emprunteurs, sous peine de déchéance des intérêts ; elle aurait été facultative vis-à-vis des cautions. Mais ce fichier positif d'endettement n'a pas passé le filtre du Conseil constitutionnel[3].

Les dispensateurs de crédit peuvent donc toujours se fier aux seules informations fournies par les cautions pour apprécier leur solvabilité[4], eussent-elles la qualité de consommateur[5].

245. ***La question de la solvabilité de la caution du point de vue de la caution elle-même.*** De nombreuses raisons conjuguées peuvent expliquer qu'une caution souscrive un engagement d'un montant bien supérieur à ses capacités financières : le caractère « indolore » de l'engagement lors de sa conclusion ; la conviction que cet engagement ne sera pas actionné ; le souhait irrépressible que le débiteur principal obtienne le crédit dont le cautionnement est bien souvent, dans les faits, la condition ; le discours persuasif, voire mensonger, émanant du débiteur ou/et du créancier[6]...

1. Et donc, non invocable par une sous-caution : Aix-en-Provence, 19 févr. 2015, n° 2015/122.
2. V. not. Com. 3 mars 1987, *Bull. civ.* IV, n° 58 ; *D.* 1987. Somm. 449, obs. L. Aynès ; *Gaz. Pal.* 1987. 2. somm. 443, obs. A. Piedelièvre ; Civ. 1re, 7 juin 1988, *Bull. civ.* I, n° 173 ; Civ. 1re, 4 mai 1994, inédit, n° 92-16461 ; Civ. 2e, 24 juin 1998, inédit, n° 96-11244 ; Civ. 1re, 4 juill. 2000, inédit, n° 98-13950.
3. Cons. const. 13 mars 2014, n° 2014-690 DC : « eu égard à la nature des données enregistrées, à l'ampleur du traitement, à la fréquence de son utilisation, au grand nombre de personnes susceptibles d'y avoir accès et à l'insuffisance des garanties relatives à l'accès au registre, les dispositions contestées portent au droit au respect de la vie privée une atteinte qui ne peut être regardée comme proportionnée au but poursuivi ».
4. Sur les conséquences de l'absence d'obligation de vérification de la solvabilité réelle des cautions dans l'application de l'article L. 341-4 du Code de la consommation, v. ss 256.
5. CJUE, 18 déc. 2014, n° C-449/13 : l'article 8 § 1 de la directive n° 2008/48/CE du Parlement européen et du Conseil du 23 avril 2008 concernant les contrats de crédit aux consommateurs doit être interprété en ce sens, d'une part, qu'il ne s'oppose pas à ce que l'évaluation de la solvabilité du consommateur soit effectuée à partir des seules informations fournies par ce dernier, à condition que ces informations soient en nombre suffisant et que de simples déclarations de celui-ci soient accompagnées de pièces justificatives, et, d'autre part, qu'il n'impose pas au prêteur de procéder à des contrôles systématiques des informations fournies par le consommateur.
6. Cette dernière raison trouve, ou devrait trouver, sa sanction dans le cadre du dol ou de la responsabilité civile, v. ss 160 s.

246. ***Les réponses inappropriées à la question de la solvabilité de la caution.*** Si l'on s'émeut de ce constat et que l'on envisage d'y apporter une réponse, deux écueils doivent être évités.

D'une part, traiter cette question dans le cadre du vice d'*erreur*. Outre qu'une telle erreur ne remplit manifestement pas les conditions exigées par l'article 1110 du Code civil[1], il convient de remarquer que la plupart des cautions s'engageant de manière excessive le font, sans doute, en parfaite conscience du montant excessif de l'engagement figurant dans l'acte au pied duquel elles apposent leur paraphe. Dès lors, si l'on devait effectuer un rapprochement avec une institution connue, ce serait bien davantage avec la *lésion*[2] qu'avec les vices du consentement.

D'autre part, s'en remettre au mécanisme de la *responsabilité civile*, certainement inadéquat ici[3]. En effet, il peut paraître incongru de faire naître sur la tête du créancier une obligation de ne pas faire souscrire à une caution un engagement excessif par rapport à sa fortune, car une telle obligation, qui confine à l'obligation de ne pas contracter, est discutable. Il est guère moins approprié de faire peser sur le créancier une obligation d'informer la caution sur « les revenus, le patrimoine et les facultés de remboursement raisonnablement prévisibles [pour la caution] en l'état du succès escompté de l'opération garantie »[4].

247. ***Les solutions en droit positif.*** Afin d'empêcher que des personnes physiques, y compris des cautions intégrées, ne se ruinent pour autrui, le législateur et la Cour de cassation ont imposé une proportionnalité entre les facultés financières de la caution et le montant de son engagement. Depuis sa consécration par l'une des lois consuméristes de 1989, cette exigence de proportionnalité a connu d'importantes évolutions et suscité un volumineux contentieux (A). Alors que la disproportion de l'engagement de la caution recevait déjà de nombreuses réponses légales et jurisprudentielles et qu'il n'était pas toujours aisé de déterminer laquelle avait vocation à l'emporter, la Cour de cassation a mis à la charge des établissements de crédit garantis par un cautionnement, à partir de 2007, un devoir de mise en garde, lors de la conclusion du contrat, sur les risques de l'opération projetée et/ou sur la disproportion de l'engagement à souscrire. Ce nouveau moyen de défense, profitant cette fois aux seules cautions « non averties », fait depuis partie de ceux le plus souvent invoqués[5] par les cautions pour être en partie libérées (B).

A. L'exigence de proportionnalité entre les biens et revenus de la caution et le montant de son engagement

Depuis la fin du XXe siècle, l'exigence de proportionnalité occupe une place essentielle en droit des contrats en général et dans le droit du cautionnement en particulier[6]. En ce

---

1. V. ss 156.

2. Celle-ci ayant un fondement objectif, et non subjectif. Mais l'on sait qu'en droit français la lésion n'est pas, en principe, une cause de nullité (C. civ., art. 1118).

3. V. M.-N. Jobard-Bachellier et V. Brémond, « De l'utilité du droit de la responsabilité pour assurer l'équilibre des intérêts des contractants ? », *RTD com.* 1999. 327 s. ; V. Brémond, obs. sous Com. 4 févr. 2003, *D.* 2003. Somm. 1284.

4. Com. 8 oct. 2002, *Bull. civ.* IV, nº 136 ; v. ss 250.

5. Un recensement des décisions d'appel portant sur le droit du cautionnement, recueillies au moyen de banques de données, fait apparaître que, sur la période du premier semestre 2015, près de 60 % des décisions sont relatives à l'un ou l'autre de ces moyens.

6. Cf. not. Y. Picod, « Proportionnalité et cautionnement. Le mythe de Sisyphe », *in Mélanges J. Calais-Auloy*, Dalloz, 2004. Plus largement, en droit civil, cf. S. Le Gac-Pech, *La proportionnalité en droit privé des contrats*, LGDJ, 2000 ; « Existe-t-il un principe de proportionnalité en droit privé ? », *LPA* 30 sept. 1998, nº 117.

dernier domaine, elle a connu une évolution qu'il importe de retracer (1°) avant de présenter les points saillants de son régime (2°).

1° Évolution de l'exigence de proportionnalité

> **C. consom., art. L. 313-10.** – Un établissement de crédit, une société de financement, un établissement de monnaie électronique, un établissement de paiement ou un organisme mentionné au 5 de l'article L. 511-6 du Code monétaire et financier ne peut se prévaloir d'un contrat de cautionnement d'une opération de crédit relevant des chapitres Ier ou II du présent titre, conclu par une personne physique dont l'engagement était, lors de sa conclusion, manifestement disproportionné à ses biens et revenus, à moins que le patrimoine de cette caution, au moment où celle-ci est appelée, ne lui permette de faire face à son obligation.
> **C. consom., art. L. 341-4.** – Un créancier professionnel ne peut se prévaloir d'un contrat de cautionnement conclu par une personne physique dont l'engagement était, lors de sa conclusion, manifestement disproportionné à ses biens et revenus, à moins que le patrimoine de cette caution, au moment où celle-ci est appelée, ne lui permette de faire face à son obligation.

248. ***L'article L. 313-10 du Code de la consommation*****.** Ce texte, issu de la loi *Neiertz* n° 89-1010 du 31 décembre 1989 relative à la prévention et au règlement des difficultés liées au surendettement des particuliers et des familles, est le premier à avoir introduit dans notre droit du cautionnement l'exigence de proportionnalité entre les facultés financières de la caution au moment de la conclusion du contrat de cautionnement et le montant de son engagement. Il s'applique au *cautionnement souscrit par une personne physique, en garantie d'un crédit à la consommation ou d'un crédit immobilier délivré à un consommateur* par un établissement de crédit, « une société de financement »[1] ou « un établissement de monnaie électronique, un établissement de paiement ou un organisme mentionné au 5 de l'article L. 511-6 du Code monétaire et financier »[2]. Il interdit au créancier de se prévaloir du contrat qui était, lors de sa conclusion, manifestement disproportionné aux biens et ses revenus de la caution.

Saisie de la question de *la nature de la sanction* prévue par l'article L. 313-10 du Code de la consommation, la Cour de cassation a jugé qu'il ne s'agissait pas d'une nullité[3]. En effet, la proportionnalité ne constitue pas une condition de validité du cautionnement et, en outre, il est prévu par l'article L. 313-10 du Code de la consommation, *in fine*, que la caution peut être poursuivie, malgré la disproportion initiale, si son patrimoine, lors de l'appel de la garantie par le créancier, lui permet de faire face à son engagement (ce que l'on appelle couramment un retour à meilleure fortune), ce qui exclut que celui-ci ait pu être nul. La sanction, originale, se rapproche d'une *déchéance totale* des droits du créancier. Outre qu'elle heurte de plein fouet le principe de la force obligatoire du contrat, elle a pu être critiquée en raison de son caractère… disproportionné. En effet, en adoptant un système du « tout ou rien », le législateur ne tient nullement compte de la bonne ou mauvaise foi de la caution ou de celle du créancier au moment de la conclusion du contrat, ni du préjudice patrimonial réellement subi par la caution.

249. ***L'arrêt Macron*****.** La jurisprudence a fait œuvre créatrice en introduisant, par le truchement de la responsabilité civile, l'exigence de proportionnalité dans le droit commun

---

1. Ajout issu de l'ordonnance n° 2013-544 du 27 juin 2013 relative aux établissements de crédit et aux sociétés de financement.
2. Précisions apportées par la loi n° 2013-100 du 28 janvier 2013 portant diverses dispositions d'adaptation de la législation au droit de l'Union européenne en matière économique et financière.
3. Civ. 1re, 22 oct. 1996, *Bull. civ.* I, n° 362.

du cautionnement[1]. Par son arrêt *Macron* du 17 juin 1997[2], la chambre commerciale de la Cour de cassation a approuvé les juges du fond d'avoir retenu la *responsabilité* d'un établissement de crédit, pour manquement à son *obligation de contracter de bonne foi*, alors que celui-ci avait fait souscrire à une caution dirigeante[3], pourtant rompue aux affaires, un engagement sans rapport avec son patrimoine et ses revenus. La sanction consistant en la condamnation du créancier à verser des dommages et intérêts, cette somme a pu se compenser avec celle due par la caution au titre de son engagement qui a, ainsi, été ramené à un montant raisonnable, le mécanisme retenu par les juges n'ayant pour finalité que de supprimer l'excès et non de libérer la caution.

250. ***L'arrêt Nahoum***. Le 8 octobre 2002, la chambre commerciale de la Cour de cassation a refusé à deux cautions intégrées dans les affaires de la société débitrice d'engager la responsabilité de leur créancier, au motif qu'elles n'avaient « jamais prétendu ni démontré que la banque aurait eu sur leurs revenus, leurs patrimoines et leurs facultés de remboursement raisonnablement prévisibles en l'état du succès escompté de l'opération immobilière entreprise par la société, des informations qu'elles-mêmes auraient ignorées »[4]. Avec cet arrêt *Nahoum*, le simple constat objectif d'une disproportion manifeste entre les facultés financières de la caution et le montant de son engagement ne suffisait donc plus à engager la responsabilité du créancier. Devait s'y ajouter une *réticence dolosive* de la part de celui-ci portant sur des faits relatifs au patrimoine de la caution, que celle-ci aurait ignorés. Vu que la caution est la mieux placée pour connaître ses revenus, son patrimoine et ses facultés de remboursement, on peine à identifier les cas dans lesquels cette réticence pourrait être établie, partant les cas dans lesquels la responsabilité du créancier pourrait être engagée en présence d'un cautionnement disproportionné. C'est pourquoi l'arrêt *Nahoum* a pu être interprété comme *une remise en cause, à peine voilée, de l'exigence de proportionnalité*. Il importe toutefois de souligner que cet arrêt, ainsi que ceux qui l'ont confirmé[5], ont été rendus au seul détriment des *cautions intégrées*. Effectivement, la première chambre civile et la chambre commerciale ont continué d'appliquer la jurisprudence *Macron* au bénéfice des cautions profanes[6].

251. ***L'article L. 341-4 du Code de la consommation***. Prenant le contre-pied de la jurisprudence *Nahoum*, le législateur, à l'occasion de la loi *Dutreil* pour l'initiative

---

1. Et, parallèlement, dans le droit du prêt : v. not. Civ. 1re, 8 juin 1994, *Bull. civ.* I, n° 206 ; *JCP N* 1995. 1003, note D. Legeais ; Civ. 1re, 27 juin 1995, *Bull. civ.* I, n° 287 ; *D.* 1995. 621, note S. Piedelièvre ; *Defrénois* 1996. 689, note E. Scholastique ; *JCP E* 1996. 11, note D. Legeais.

2. Com. 17 juin 1997, *Bull. civ.* IV, n° 188.

3. Le cautionnement en cause ne relevait pas du domaine de l'article L. 313-10 du Code de la consommation. Il s'agissait d'un aval consenti par le président du conseil d'administration de la société débitrice, à concurrence de 20 millions de francs, outre accessoires, de toutes les dettes de cette société vis-à-vis de la banque X. L'avaliste avait des revenus mensuels de 37 550 francs et un patrimoine estimé à 4 millions de francs.

4. Com. 8 oct. 2002, *Bull. civ.* IV, n° 136.

Dans le même sens, au sujet du contrat de prêt disproportionné, cf. Com. 26 mars 2002, inédit, n° 99-17877 ; Com. 14 janv. 2003, inédit, n° 01-00023.

5. Cf. not. Com. 17 déc. 2003, *Bull. civ.* IV, n° 206 ; Com. 20 sept. 2005, *Bull. civ.* IV, n° 176 ; Com. 13 févr. 2007, *Bull. civ.* IV, n° 31.

6. Civ. 1re, 9 juill. 2003, *Bull. civ.* I, n° 167 ; Civ. 1re, 10 mai 2005, *Bull. civ.* I, n° 200 (disproportion du cautionnement souscrit par un associé de la société débitrice, considéré comme profane) ; Com. 18 mai 2005, inédit, n° 03-13677 (jurisprudence *Nahoum* inapplicable au conjoint séparé de biens, qui n'est pas lui-même dirigeant) ; Com. 2 oct. 2012, *Bull. civ.* IV, n° 174 (jurisprudence *Macron* appliquée à un cautionnement souscrit par la compagne du débiteur principal, car bien qu'« intéressée par les fruits de l'entreprise » de celui-ci, elle « ne pouvait être considérée comme avertie »).

économique du 1er août 2003, a inscrit dans le Code de la consommation un article L. 341-4 qui reprend à l'identique le mécanisme de l'article L. 313-10, en l'étendant à *toutes les cautions personnes physiques ayant souscrit un cautionnement auprès d'un créancier professionnel, quel que soit l'objet de la dette cautionnée*[1]. Ainsi généralisée[2], l'exigence de proportionnalité offre aux cautions personnes physiques un moyen de défense particulièrement efficace pour échapper entièrement à leur obligation et éviter, ce faisant, un probable surendettement.

2° Régime de l'exigence de proportionnalité

252. ***Articulation des régimes successifs : domaine d'application dans le temps de l'article L. 341-4 du Code de la consommation***. Une chambre mixte de la Cour de cassation a jugé, le 22 septembre 2006, que « l'article L. 341-4 du Code de la consommation issu de la loi du 1er août 2003 n'est pas applicable aux cautionnements souscrits antérieurement à son entrée en vigueur »[3]. Au regard du droit transitoire, cette solution est tout à fait justifiée, puisque la loi du 1er août 2003 ne saurait être qualifiée d'interprétative d'une jurisprudence dont elle ne partage, ni le champ d'application (les jurisprudences *Macron* et *Nahoum* ne s'appliquent, respectivement, qu'aux cautions profanes et aux cautions intégrées, alors que l'article L. 341-4 du Code de la consommation vise l'ensemble des cautions personnes physiques), ni le régime de la disproportion (la nature de la sanction est différente : responsabilité du créancier en jurisprudence, déchéance totale dans le texte[4]). La solution présente en outre l'avantage de ne pas déjouer les prévisions légitimes des créanciers.

Selon une lecture *a contrario* de l'arrêt du 22 septembre 2006, les jurisprudences *Macron* et *Nahoum* ont donc encore vocation à s'appliquer aux cautionnements souscrits avant l'entrée en vigueur de l'article L. 341-4 du Code de la consommation, soit le 5 août 2003[5]. Le droit commun de la responsabilité civile peut par ailleurs jouer en présence de cautionnements disproportionnés conclus postérieurement, soit lorsque la caution ne demande pas en justice sa décharge, mais la condamnation du créancier à lui verser des dommages et intérêts[6], soit lorsque ces cautionnements ne remplissent pas les conditions d'application posées par l'article L. 341-4 du Code de la consommation. Ainsi, le cautionnement souscrit par une personne morale pourrait-il relever de la jurisprudence *Nahoum* ;

---

1. L'article L. 341-4 du Code de la consommation est applicable aux cautionnements garantissant des crédits dont le montant est supérieur à celui des crédits à la consommation (75 000 euros depuis le 1er mai 2011, 21 500 euros antérieurement). Pour un exemple, v. Civ. 1re, 10 sept. 2014, *Bull. civ.* I, n° 141.

2. Cette généralisation aurait dû conduire à abroger l'article L. 313-10 du Code de la consommation, dont le champ se trouve absorbé par celui de l'article L. 341-4. En outre, dans la mesure où ce dernier texte n'est nullement réservée aux cautions non averties (v. ss 254), il aurait été légitime d'inscrire dans le Code civil la règle qu'il énonce (v. ss 622).

3. Cass., ch. mixte, 22 sept. 2006, *Bull. ch. mixte*, n° 7.

4. L'exception de retour à meilleure fortune de la caution, que renferme l'article L. 341-4 du Code de la consommation, ne constitue pas une différence supplémentaire entre ce texte et la jurisprudence rendue en matière de cautionnement disproportionné, car la mise en jeu de la responsabilité du créancier sur ce fondement suppose que soit rapportée la preuve du préjudice subi par la caution. Or, si le patrimoine de la caution lui permet de faire face à son engagement lorsqu'elle est appelée en paiement, aucun préjudice ne devrait subsister et la responsabilité du créancier ne devrait donc pas être engagée.

5. L'article 12 de la loi *Dutreil* a reporté l'entrée en vigueur des articles L. 341-2, L. 341-3, L. 341-5 et L. 341-6 six mois après sa publication, soit le 1er février 2004. L'article L. 341-4 est au contraire entré en vigueur immédiatement, c'est-à-dire le 5 août 2003.

6. Com. 8 avr. 2015, inédit, n° 13-26734.

le cautionnement donné par une personne physique à un créancier non professionnel aurait pu quant à lui être soumis, selon la qualité de la caution (profane ou intégrée), à la jurisprudence *Macron* ou à la jurisprudence *Nahoum*. Cependant, dans un légitime souci d'uniformisation du régime du cautionnement disproportionné, la Cour de cassation a décidé, dans un arrêt du 13 novembre 2007 [1], que les créanciers non professionnels ne commettent pas de faute en faisant souscrire à une caution un engagement prétendument excessif. Dans cet arrêt, en refusant la qualification de créanciers professionnels à des vendeurs qui, cédant leur fonds de commerce, avaient octroyé un crédit aux acheteurs, la Haute juridiction a adopté une conception stricte de cette notion de créancier professionnel, qui contraste avec la conception large qu'elle adopte depuis 2009 en application des textes prescivant un formalisme à titre de validité [2]. Par souci de sécurité juridique [3], mais également pour protéger le plus grand nombre possible de cautions, la Cour de cassation pourrait toutefois se rallier à la conception large lorsqu'il s'agit de se prononcer sur l'exigence de proportionnalité.

253. ***Champ d'application de l'article L. 341-4 du Code de la consommation : forme et nature du cautionnement.*** Dans la mesure où l'article L. 341-4 du Code de la consommation ne renferme aucune restriction quant à la forme du cautionnement et que l'impératif de lutte contre le risque de surendettement qui le sous-tend ne saurait être évincé au seul motif que la caution a pu recevoir, lors de la conclusion de son engagement, des informations et des conseils de la part d'un professionnel du droit, il est parfaitement logique que les juges appliquent indifféremment l'exigence de proportionnalité aux cautionnements [4] conclus *sous seing privé* ou en la forme *authentique* [5].

La nature, *civile ou commerciale*, du cautionnement est également indifférente, à une exception importante près : l'avaliste d'un effet de commerce n'est pas fondé à invoquer la violation de l'article L. 341-4 du Code de la consommation, «parce que *l'aval*, en ce qu'il garantit le paiement d'un titre dont la régularité n'est pas discutée [6], constitue un engagement cambiaire gouverné par les règles propres du droit du change» [7]. Cette primauté du droit cambiaire sur le droit du cautionnement ne convainc pas ici, car l'on peine à identifier les spécificités des effets de commerce qui justifient d'écarter une règle protectrice du patrimoine de la caution comme l'est celle de l'article L. 341-4. La chambre commerciale n'avait-elle d'ailleurs pas elle-même consacré l'exigence de proportionnalité, quinze ans plus tôt (arrêt *Macron*), au sujet d'un aval ?

---

1. Com. 13 nov. 2007, *Bull. civ.* IV, n° 236.
2. Civ. 1re, 9 juill. 2009, *Bull. civ.* I, n° 173 ; v. ss 235.
3. Une notion employée à plusieurs reprises dans un même *corpus* de textes (en l'occurrence, la notion de créancier professionnel inscrite dans les articles L. 341-1 à L. 341-6, formant le Titre IV du Livre III du Code de la consommation consacré au cautionnement) devrait recevoir une seule et même interprétation.
4. Ainsi qu'aux sous-cautionnements : Nancy, 26 févr. 2015, n° 490/15.
5. *Contra* : Lyon, 22 juill. 2015, n° 13/09172, qui juge inapplicable l'article L. 341-4 du Code de la consommation à un cautionnement passé sous forme authentique.
6. Cette précision est importante puisque l'aval d'un effet de commerce irrégulier peut être requalifié en cautionnement et se voir alors appliquer l'ensemble du régime de cette sûreté (cf. Com. 5 juin 2012, *Bull. civ.* IV, n° 113, au sujet de l'application des articles L. 341-2 et L. 341-3 du Code de la consommation).
7. Com. 30 oct. 2012, *Bull. civ.* IV, n° 198 (pour les mêmes raisons, l'avaliste n'a pas été autorisé à rechercher la responsabilité de la banque pour manquement au devoir de mise en garde) ; Civ. 1re, 19 déc. 2013, *Bull. civ.* I, n° 255.

254. ***Champ d'application de l'article L. 341-4 du Code de la consommation : la qualité de caution personne physique***. Depuis 2010, la Cour de cassation accorde le bénéfice de l'article L. 341-4 du Code de la consommation aux gérants, cautions de la société débitrice[1]. Le 10 juillet 2012, la chambre commerciale de la Cour de cassation a ainsi nettement décidé que « *le caractère averti de la caution est indifférent pour l'application de ce texte* »[2]. Dans le même sens, en 2013, elle a censuré des juges du fond qui avaient écarté la disproportion en tenant compte des connaissances de la caution dirigeante sur la situation financière de la société principale et sur l'opération garantie[3]. À l'égard de la caution, l'application de l'article L. 341-4 du Code de la consommation dépend donc de la seule qualité de personne physique[4]. Ces solutions méritent l'approbation dans la mesure où la décharge des cautions ayant souscrit un engagement manifestement disproportionné participe de la lutte contre le surendettement des particuliers et qu'il est légitime, au nom de la justice distributive et de la protection de la dignité humaine, de mettre à l'abri du risque d'endettement excessif et d'exclusion financière et sociale toutes les cautions personnes physiques, sans distinction tenant à leurs fonctions, à leurs compétences ou aux liens qu'elles entretiennent avec le débiteur principal. Il est en outre cohérent de faire profiter les dirigeants cautions des mesures de prévention du surendettement dès lors que, depuis la loi du 4 août 2008 de modernisation de l'économie, ils sont éligibles aux procédures de traitement du surendettement[5].

255. ***Preuve de la disproportion et du retour à meilleure fortune***. En vertu de l'article 1315, alinéa 1er, du Code civil, c'est à la caution qu'il appartient de rapporter la preuve de la disproportion invoquée[6]. Elle peut par exemple être déboutée si elle n'établit pas la valeur des biens qui composaient son patrimoine au jour de la conclusion du cautionnement.

La caution n'a pas en revanche à prouver que la disproportion existe encore au jour de la mise en œuvre du cautionnement. En effet, il résulte du même texte qu'« il incombe au créancier professionnel qui entend se prévaloir d'un contrat de cautionnement manifestement disproportionné lors de sa conclusion aux biens et revenus de la caution, personne physique, d'établir qu'au moment où il l'appelle, le patrimoine de celle-ci lui permet de faire face à son obligation »[7]. La Cour de cassation facilite le travail probatoire du créancier en admettant qu'il prouve la suffisance de l'actif de la caution pour honorer la seule dette de cautionnement, et non de l'ensemble de son passif[8].

---

1. La solution est implicite lorsque l'article L. 341-4 est déclaré applicable à des gérants cautions sans que cette qualité ne soit débattue. Par ex., Com. 13 avr. 2010, inédit, n° 09-66309 ; Com. 14 déc. 2010, *Bull. civ.* IV, n° 198 ; Com. 13 mars 2012, inédit, n° 11-21966 ; Civ. 1re, 4 mai 2012, *Bull. civ.* I, n° 97.

2. Com. 10 juill. 2012, inédit, n° 11-16355. Déjà en ce sens, Com. 19 oct. 2010, inédit, n° 09-69203 : « le caractère profane ou de dirigeant averti est indifférent pour l'application de ce texte » (rejet du pourvoi qui prétendait que « l'article L. 341-4 du Code de la consommation, même s'il emploie des termes généraux, est situé dans le Code de la consommation, et (qu'il ne peut) dès lors s'appliquer à la caution dirigeant personne physique, dont la dette de caution est une dette professionnelle »).

3. Civ. 1re, 30 oct. 2013, inédit, n° 12-14982.

4. Civ. 1re, 12 juill. 2012, inédit, n° 11-20192 ; Com. 22 juin 2010, *Bull. civ.* IV, n° 112.

5. C. consom., art. L. 330-1, al. 1er ; v. ss 242.

6. Com. 31 janv. 2012, inédit, n° 10-27651 ; Com. 13 mars 2012, inédit, n° 11-21966 ; Com. 22 janv. 2013, inédit, n° 11-25377.

7. Com. 1er avr. 2014, *Bull. civ.* IV, n° 63 ; Com. 13 mai 2014, inédit, n° 13-13683 ; Civ. 1re, 10 sept. 2014, *Bull. civ.* I, n° 141.

8. Com. 27 mai 2014, inédit, n° 13-15038.

256. ***Appréciation de la disproportion***. Dans un arrêt du 4 mai 2012, la Cour de cassation a insisté sur *le caractère souverain de l'appréciation, purement mathématique, de la disproportion*[1]. Il en résulte des appréciations très différentes, et donc imprévisibles, du seuil de la disproportion[2].

En revanche, la *Haute juridiction contrôle les éléments d'appréciation*[3]. Plusieurs exemples récents méritent d'être signalés. D'abord, la Cour de cassation impose aux juges du fond d'apprécier les « biens et revenus déclarés par la caution », et non son patrimoine effectif[4]. Cette solution est doublement favorable aux créanciers, puisqu'elle les dispense, « en l'absence d'anomalies apparentes »[5], de vérifier l'exactitude des déclarations patrimoniales des cautions[6] et parce qu'elle empêche celles d'entre elles qui se montrent déloyales d'être déchargées de leur engagement. Ensuite, la Cour de cassation contrôle la circonstance que la disproportion du cautionnement a bien été évaluée en fonction de tous les éléments du patrimoine de la caution, actifs (biens et revenus[7]) comme passifs[8]. Enfin, dans l'hypothèse d'une pluralité de cautions solidaires, elle vérifie

---

1. Civ. 1re, 4 mai 2012, *Bull. civ.* I, n° 97. Le pouvoir souverain des juges du fond a été relevé à deux reprises dans cet arrêt, dont la publication laisse penser que la Haute juridiction souhaite endiguer le flot des pourvois tentant, sous couvert de griefs de fond, de remettre en cause l'appréciation souveraine des juges du fond relativement aux facultés contributives de la caution.

2. Deux situations relativement proches, ayant pourtant reçu des réponses opposées, peuvent être données en exemple. A été jugé disproportionné un engagement limité à 24 000 euros souscrit par une caution dont l'avis d'imposition révélait la perception d'un revenu annuel de 10 391 euros et l'absence de revenu de patrimoine (Paris, 1er juin 2007, RG n° 05/22456). La disproportion a été en revanche écartée au sujet d'un engagement pour un montant de 20 000 euros pesant sur une caution percevant un salaire de 1 500 euros et qui remboursait déjà un emprunt (Toulouse, 9 mai 2006, RG n° 05/04198).

3. Le contrôle est manifeste, aussi bien lorsqu'elle censure pour manque de base légale un arrêt ayant omis certains éléments d'appréciation (Civ. 1re, 12 juill. 2012, inédit, n° 11-20192), que lorsqu'elle approuve les juges du fond d'avoir pris en compte d'autres éléments (Com. 31 janv. 2012, inédit, n° 10-27651).

4. Com. 14 déc. 2010, *Bull. civ.* IV, n° 198 (en l'espèce, la caution, alors qu'elle était au chômage, avait fait figurer dans la fiche de renseignements son ancien salaire et des valeurs mobilières pour un montant de 40 000 euros. La Cour de cassation a décidé que la banque avait pu légitimement considérer, en se fiant à ces déclarations, qu'un cautionnement limité à 20 000 euros n'était pas disproportionné au sens de l'article L. 341-4 du Code de la consommation) ; Com. 13 mars 2012, inédit, n° 11-21966 ; Com. 22 mai 2013, inédit, n° 12-15030 ; Com. 10 mars 2015, inédit, n° 13-15867.

5. Au titre de celles-ci, il a pu être relevé la circonstance que les époux cautions, qui se disaient locataires de leur logement, ne mentionnaient cependant aucune charge de loyers ; la banque ne saurait dans ces conditions se prévaloir du capital non déclaré par ses clients dans les fiches de renseignements querellées (Nancy, 3 juin 2015, n° 1231/15).

6. Rappr. la loi *Lagarde* du 1er juillet 2010 et la loi *Hamon* du 17 mars 2014, v. ss 244.

7. Concernant les biens, des juridictions du fond acceptent de prendre en compte ceux qui sont grevés de sûretés et couvrent la même dette que celle constituant l'objet du cautionnement. S'agissant des revenus et, plus précisément, des espérances de gains afférents à l'opération garantie, deux chambres de la Cour de cassation ont longtemps adopté des solutions opposées (en faveur de leur prise en compte : Civ. 1re, 4 mai 2012, *Bull. civ.* I, n° 97 ; *contra* : Com. 19 oct. 2010, inédit, n° 09-69203, Com. 4 juin 2013, inédits, n° 12-18216 et 12-15518 ; Com. 10 févr. 2015, inédit, n° 13-27141), jusqu'à ce que la première chambre se rallie à la chambre commerciale pour écarter leur appréciation (Civ. 1re, 3 juin 2015, n° 14-13126, à paraître au *Bulletin*).

Sur les éléments d'appréciation de la disproportion d'un cautionnement fourni par le gérant et/ou l'associé majoritaire de la société débitrice, notamment l'actif de cette société, la créance en compte courant du dirigeant caution contre la société ou encore les « perspectives de développement de l'entreprise », cf. M. Bourassin, « Les imperfections de la protection du dirigeant caution », Chronique de droit civil des entreprises (CEDCACE), *LPA* 6 mars 2013, p. 9.

8. Doivent notamment être pris en compte d'autres engagements de caution, qui ne sont pas considérés comme des dettes seulement éventuelles (Com. 9 avr. 2013, nos 12-17893 et 12-17891 ;

que la proportionnalité a bien été appréciée individuellement, pour chacune d'elles [1]. Solution tout à fait justifiée puisque chaque caution solidaire est tenue au paiement intégral de la dette, sans pouvoir opposer les bénéfice de discussion et de division. En revanche, lorsque deux époux se sont simultanément et par un même acte constitués cautions solidaires pour la garantie d'une même dette, les engagements des cautions s'apprécient au regard, tant de leurs biens et revenus propres, que de ceux de la communauté [2].

257. *Nature et portée de la sanction de la disproportion*. Sauf retour à meilleure fortune dû à une augmentation des ressources ou à une diminution des charges de la caution [3], la disproportion manifeste du cautionnement est sanctionnée par l'impossibilité pour le créancier professionnel de se prévaloir de cet engagement. Dans un arrêt du 22 juin 2010, la chambre commerciale de la Cour de cassation a apporté des éclaircissements sur cette sanction originale, qui s'apparente à une *déchéance* : «cette sanction, qui n'a pas pour objet la réparation d'un préjudice, ne s'apprécie pas à la mesure de la disproportion» [4]. L'engagement excessif de la caution ne saurait donc être réduit ; il doit être totalement privé d'effet. Il est regrettable que la Haute juridiction ne se soit pas émancipée de la lettre de l'article L. 341-4 du Code de la consommation pour adopter une sanction plus nuancée [5], à l'image de celle qui prévaut en application des jurisprudences *Macron* ou *Nahoum* [6] ou des arrêts rendus en matière de mise en garde [7] ou encore de la sanction qui assortit la disproportion visée par l'article L. 650-1 du Code de commerce [8].

Com. 22 mai 2013, *Bull. civ.* IV, n° 84 ; Civ. 1re, 15 janv. 2015, n° 13-23489, à paraître au *Bulletin*), mais qui doivent avoir existé lors de la conclusion du cautionnement litigieux (Com. 12 mars 2013, n° 11-29030). Le caractère disproportionné du cautionnement au sens de l'article L. 341-4 du Code de la consommation s'apprécie à la date de l'engagement, ce qui implique que l'endettement futur de la caution, même prévisible, ne doit pas être pris en considération (Grenoble, 9 avr. 2015, n° 13/01679).

1. En application de l'article L. 313-10 du Code de la consommation, cf. Civ. 1re, 22 oct. 1996, *Bull. civ.* I, n° 362 ; Civ. 1re, 29 oct. 2002, inédit, n° 01-01124. En application de l'article 1147 du Code civil, cf. Com. 31 janv. 2012, inédit, n° 10-28291. En application de l'article L. 341-4 du Code de la consommation, cf. Com. 15 déc. 2009, inédit, n° 08-70226 ; Com. 22 mai 2013, *Bull. civ.* IV, n° 84.

2. Com. 5 févr. 2013, *Bull. civ.* IV, n° 22. En l'espèce, chacun des époux s'était engagé en qualité de caution solidaire, en termes identiques, sur le même acte de prêt, et pour la garantie de la même dette. L'article 1415 du Code civil n'avait pas alors vocation à s'appliquer et il convenait de revenir à l'article 1413 (v. ss 172). En d'autres termes, le paiement de la dette pouvait être poursuivi sur tous les biens, c'est-à-dire sur les biens propres de chacun des époux et sur l'ensemble des biens communs. En revanche, en cas d'engagement par un seul des époux communs en biens, « si l'absence de consentement de l'épouse à l'acte de cautionnement empêche la banque de poursuivre le paiement de la créance sur le bien commun, il n'en demeure pas moins qu'il doit être tenu compte des revenus propres de l'intéressée mais également de la valeur des droits sur la moitié du patrimoine commun, même si le bien ne constitue pas le gage du créancier » (Montpellier, 6 janv. 2015, n° 13/07012).

3. Grenoble, 4 juin 2012, *Juris-Data* n° 2012-013098.

4. Com. 22 juin 2010, *Bull. civ.* IV, n° 112.

5. Cf. une proposition de réforme, v. ss 622.

6. Réduction par compensation entre l'engagement de la caution et les dommages et intérêts dus par le créancier ayant fait souscrire un cautionnement disproportionné.

7. V. ss 261.

8. Depuis la loi du 26 juillet 2005, modifiée par l'ordonnance du 18 décembre 2008, le droit des entreprises en difficulté sanctionne par la nullité ou la seule réduction les garanties disproportionnées « lorsqu'une procédure de sauvegarde, de redressement judiciaire ou de liquidation judiciaire est ouverte » (v. ss 573 s. en matière de garanties personnelles, et v. ss 1250 s. en matière de garanties réelles). Il convient de relever que la disproportion visée par l'article L. 650-1 du Code de commerce

Le système du tout ou rien ne concerne pas uniquement les parties au contrat de cautionnement, puisque la décharge intégrale de la caution ayant souscrit un engagement manifestement disproportionné joue *erga omnes*, évitant à cette caution de devoir rembourser le cofidéjusseur ayant désintéressé le créancier. C'est ce qu'a décidé pour la première fois la Cour de cassation, réunie en chambre mixte, le 27 février 2015 : « la sanction prévue par l'article L. 341-4 du Code de la consommation prive le contrat de cautionnement d'effet à l'égard tant du créancier que des cofidéjusseurs ; il s'en déduit que le cofidéjusseur, qui est recherché par le créancier et qui n'est pas fondé, à défaut de transmission d'un droit dont il aurait été privé, à revendiquer le bénéfice de l'article 2314 du Code civil [1], ne peut ultérieurement agir, sur le fondement de l'article 2310 du même code, contre la caution qui a été déchargée en raison de la disproportion manifeste de son engagement » [2]. Cette solution repose, non sur la lettre même de l'article L. 341-4 du Code de la consommation, qui impose de neutraliser le cautionnement disproportionné uniquement *inter partes*, mais sur son esprit, la protection du patrimoine de la caution personne physique ne pouvant être effective qu'à la condition que soit paralysé le recours personnel du cofidéjusseur *solvens*. Justifiée à l'égard de cette caution, la solution peut sembler injuste, au contraire, vis-à-vis du cofidéjusseur contraint de supporter intégralement le poids de la dette.

B. Le devoir de mise en garde

Au début du XXIe siècle, une nouvelle contrainte a été mise à la charge des établissements de crédit au bénéfice des débiteurs principaux [3], puis des cautions [4]. Il s'agit du devoir de mise en garde, lors de la conclusion du contrat, *sur les risques de l'opération projetée et/ou sur la disproportion de l'engagement à souscrire*, sanctionné par la responsabilité contractuelle du créancier.

258. ***Notion de mise en garde***. La Cour de cassation paraît vouloir distinguer le devoir de mise en garde des obligations d'information et de conseil. La mise en garde semble plus contraignante qu'une simple information, puisqu'elle doit être personnalisée « eu égard aux capacités financières (du débiteur ou de la caution) et aux risques de l'endettement né de l'octroi des prêts », voire de la conclusion du contrat de cautionnement. En revanche, le devoir de mise en garde paraît moins contraignant que celui de conseil, puisqu'il ne se traduit certainement pas par une obligation de ne pas contracter le prêt ou le cautionnement présentant un caractère excessif.

---

n'est nullement la même que celle jusqu'ici étudiée, puisqu'elle résulte d'une comparaison de la garantie avec, non pas les capacités financières du garant, mais avec les concours consentis au débiteur. En matière de garanties personnelles, cela risque de rendre l'appréciation de la disproportion très délicate, voire dénuée de sens. Dans le cadre du cautionnement, en particulier, le caractère accessoire renforcé empêche que l'engagement de la caution ne dépasse celui du débiteur principal (C. civ., art. 2290).

1. Sur l'intérêt de la décision en matière de bénéfice de subrogation, v. ss 369.

2. Cass., ch. mixte, 27 févr. 2015, n° 13-13709, à paraître au *Bulletin*.

3. Civ. 1re, 12 juill. 2005, *Bull. civ.* I, n° 124 à 127 ; Com. 12 déc. 2006, *Bull. civ.* IV, n° 242 ; Cass., ch. mixte, 29 juin 2007, *Bull. ch. mixte*, n° 7 ; cf. not. T. Favario, « Les contours jurisprudentiels du devoir de mise en garde du banquier à l'égard de l'emprunteur non averti », *RD banc. fin.* 2010. Étude 12 ; D. Legeais, « Responsabilité du banquier en matière de crédit », *RD banc. fin.* 2010. Étude 4.

4. Com. 13 févr. 2007, *Bull. civ.* IV, n° 31.

259. ***Bénéficiaires : les cautions « non averties ».*** Le devoir de mise en garde ne joue que dans les relations entre les professionnels du crédit, d'une part, et les débiteurs ou cautions « non avertis », d'autre part [1]. Encourent ainsi la cassation pour manque de base légale au regard de l'article 1147 du Code civil les arrêts qui écartent la responsabilité du créancier professionnel sans établir le caractère averti de la caution [2] ou qui, au contraire, condamnent le créancier sans établir le caractère non averti de la caution.

La mise en œuvre jurisprudentielle de la distinction entre caution avertie et non avertie est particulièrement incertaine. L'insécurité procède, d'abord, de son appréciation au cas par cas, en la personne même de chaque emprunteur ou caution [3], sur la base de divers critères relatifs, pour l'essentiel, aux compétences de la caution, à ses expériences professionnelles et aux relations qu'elle entretient avec le débiteur garanti. Bien que la Haute juridiction *contrôle* ces éléments d'appréciation, la distinction entre caution avertie et non avertie reste incertaine, car la jurisprudence de la Cour de cassation sur ces éléments est elle-même fluctuante. En attestent des arrêts qui ont tour à tour refusé puis admis la prise en compte de la qualité de dirigeant d'une société tierce [4]. Si la distinction entre caution avertie et non avertie est imprévisible, c'est encore parce que l'appréciation *in concreto* des différents critères relève du *pouvoir souverain des juges du fond*. Cela conduit à des qualifications opposées, aussi bien à l'égard des dirigeants ou associés de la société cautionnée [5], que des cautions affectivement proches du débiteur [6]. Dans une matière comme celle des sûretés

---

1. Cf. not. Cass., ch. mixte, 29 juin 2007, *Bull. ch. mixte*, n° 7.
Une caution « manifestement avertie en matière financière » ne saurait non plus reprocher à la banque un manquement à l'obligation d'information précontractuelle, notamment quant au fonctionnement de la garantie Oseo (Com. 3 déc. 2013, *Bull. civ.* IV, n° 176).

2. Cf. par ex., au sujet d'un associé de la société débitrice, Com. 22 janv. 2013, inédit, n° 11-24610.

3. La présence au côté de l'emprunteur d'une personne avertie ne dispense pas les banques de leur devoir de mise en garde (Com. 3 févr. 2009, inédit, n° 07-19778 ; Civ. 1re, 30 avr. 2009, *Bull. civ.* I, n° 85).

4. Com. 31 janv. 2012, inédit, n° 10-24694 ; *contra* : Com. 13 mars 2012, inédit, n° 10-30923.

5. Les dirigeants ou associés de la société débitrice sont considérés comme des cautions averties s'ils sont impliqués dans la gestion de la société cautionnée et qu'ils connaissent la situation financière de celle-ci (par ex., Com. 9 févr. 2010, inédit, n° 09-11262 ; Com. 21 sept. 2010, inédit, n° 09-16348 ; Com. 7 févr. 2012, inédit, n° 11-16355 ; Com. 13 mars 2012, inédit, n° 11-10593 ; Com. 27 mars 2012, *Bull. civ.* IV, n° 68) ou seulement s'ils connaissent son domaine d'activité grâce à des expériences professionnelles passées ou concomitantes (Com. 12 mars 2013, inédit, n° 12-12372). Tel n'est pas le cas notamment si le dirigeant était, lors de la conclusion du cautionnement, novice, inexpérimenté et/ou de paille. Un arrêt de la chambre commerciale du 11 avril 2012 (*Bull. civ.* IV, n° 76) mérite à cet égard d'être en partie reproduit : « Mme X... (gérante de la société débitrice) était titulaire d'une maîtrise de lettres et d'un DESS de l'information et de la documentation et avait exercé des activités de documentaliste ; (...) Mme Y..., si elle avait des connaissances en matière de gestion, n'était qu'associée de la société, n'avait pas participé aux demandes de prêt et n'avait pas été signataire des actes contestés ». Pour d'autres exemples de qualification de cautions non averties en présence de cautions intégrées dans les affaires de la société garantie, cf. Com. 13 nov. 2012, inédit, n° 11-24178 ; Com. 27 nov. 2012, inédit, n° 11-25967 ; Com. 5 févr. 2013, inédit, n° 11-26262 (en l'espèce, la caution, âgée de vingt-trois ans, avait été cogérante de la société débitrice principale seulement pendant neuf mois, le temps de remplacer une gérante en congé de maternité, et elle avait démissionné de ses fonctions trois jours après la signature de l'acte de cautionnement).

6. Généralement, les conjoints et autres proches du débiteur principal sont considérés comme non avertis et doivent donc bénéficier du devoir de mise en garde. Il peut toutefois en aller autrement, par exemple si la profession antérieure de l'épouse caution lui permettait de comprendre la portée des

où la prévisibilité et la stabilité des règles applicables sont particulièrement impérieuses, l'insécurité juridique qu'engendre la mise en œuvre de la distinction entre caution avertie et non avertie ne peut qu'être dénoncée [1].

260. ***Mise en garde et disproportion*** [2]. Selon certains arrêts, le devoir de mise en garde demeure quand bien même « les prêts n'avaient rien d'excessif ni d'imprudent » [3]; la disproportion de l'engagement ne serait pas, alors, une condition de mise en jeu de la responsabilité pour non-respect du devoir de mise en garde. Selon d'autres arrêts, à l'inverse, la disproportion (soit du prêt par rapport aux facultés financières de l'emprunteur, soit du cautionnement par rapport aux biens et revenus du garant) subordonne l'application du devoir de mise en garde, de sorte que celui-ci s'efface lorsque l'engagement du débiteur principal ou du garant est proportionné à ses biens et revenus [4]. Cette seconde solution, plus pragmatique en ce qu'elle s'attache au risque effectif d'endettement, semble s'être finalement imposée. Cela ne facilite pas la délimitation des frontières respectives de l'exigence de proportionnalité et du devoir de mise en garde. On comprend, dans ces conditions, que ces deux moyens de défense soient presque toujours soulevés ensemble pour contester un cautionnement excessif.

261. ***Sanction du non-respect du devoir de mise en garde***. C'est au créancier qu'il appartient de prouver qu'il a satisfait à son devoir de mise en garde [5]. S'il n'y parvient pas, sa *responsabilité contractuelle* se trouve en principe engagée. Concernant la nature du préjudice réparable, la Cour de cassation décide qu'il s'agit d'une *perte de chance de ne pas contracter* [6], qui ne peut donc donner lieu à une indemnisation intégrale supprimant, par voie de compensation, la totalité de l'engagement de la caution [7]. Il faut s'en féliciter, non seulement parce que rien n'est moins sûr que le caractère persuasif d'une mise en garde, mais également parce que l'efficacité du cautionnement ne s'en trouve pas complètement ruinée.

S'agissant des moyens pour le créancier d'échapper à la responsabilité, outre la preuve du caractère averti de la caution, une déloyauté de celle-ci à son égard peut être

---

engagements pris (Com. 22 nov. 2011, inédit, n° 10-25920). Cette solution est logique dans son principe, mais elle laisse perplexe une fois confrontée aux faits de l'espèce, puisque la caution exerçait précédemment le métier d'infirmière. Il est également permis d'être surpris lorsqu'une caution est qualifiée d'avertie en raison d'« intérêts financiers dans la société », non pas parce qu'elle aurait exercé des fonctions en son sein, mais parce qu'elle était mariée sous le régime de la communauté avec son dirigeant (Com. 31 janv. 2012, inédit, n° 10-27651).

1. Pour d'autres critiques de cette distinction, cf. M. Bourassin, « Les imperfections de la protection du dirigeant caution », Chronique de droit civil des entreprises (CEDCACE), *LPA* 6 mars 2013, p. 9.

2. Sur « l'histoire de deux constructions parallèles qui se croisent », cf. D. Legeais, *BICC* 15 oct. 2013.

3. Civ. 1re, 18 sept. 2008, *Bull. civ.* I, n° 203.

4. Civ. 1re, 18 févr. 2009, *Bull. civ.* I, n° 36 ; Com. 7 juill. 2009, *Bull. civ.* IV, n° 92 ; Civ. 1re, 19 nov. 2009, *Bull. civ.* I, n° 232.

5. Com. 11 déc. 2007, *Bull. civ.* IV, n° 260 ; Civ. 1re, 18 sept. 2008, *Bull. civ.* IV, n° 203. L'établissement de crédit a donc tout intérêt à se préconstituer cette preuve, notamment par l'envoi d'une lettre ou par la signature par le client d'un document dans lequel il reconnaît avoir été alerté. Ce document doit être personnalisé.

6. Com. 20 oct. 2009, *Bull. civ.* IV, n° 127 ; Com. 26 janv. 2010, *Bull. civ.* IV, n° 21 ; Aix-en-Provence, 15 mai 2015, n° 2015/281, qui fixe le préjudice à 10 000 euros.

7. Mais la Haute juridiction admet que la perte de chance pour défaut de mise en garde puisse ne laisser à la charge de la caution qu'un euro symbolique (Com. 8 nov. 2011, inédit, n° 10-23662).

démontrée, soit qu'elle ait dissimulé des informations qui auraient été de nature à modifier l'appréciation du contrat envisagé par le créancier[1], soit qu'elle ait fourni sciemment des informations erronées[2]. En revanche, la connaissance par la caution du caractère disproportionné de son engagement n'est pas un motif propre à dispenser la banque de son obligation de mise en garde[3].

---

1. Civ. 1re, 30 oct. 2007, *Bull. civ.* I, n° 330. Dans le même sens, en application de l'article L. 341-4 du Code de la consommation, Com. 14 déc. 2010, *Bull. civ.* IV, n° 198.

2. Civ. 1re, 25 juin 2009, *Bull. civ.* I, n° 139 ; Com. 23 sept. 2014, *Bull. civ.* IV, n° 131 (à l'égard d'emprunteurs qui avaient menti sur leur passif, ainsi que sur leurs apports personnels, et « n'avaient (donc) pas mis la banque en mesure de constater l'existence d'un risque né de l'octroi du crédit ».

3. Com. 30 nov. 2010, inédit, n° 10-30274.

Chapitre 3

Les effets du cautionnement

Le cautionnement produit des effets spécifiques dans les trois rapports juridiques qu'il est susceptible d'engendrer. Dans les rapports entre la caution et le créancier, le principal effet du cautionnement est de permettre au créancier, en cas de défaillance du débiteur, de poursuivre la caution en paiement (Section 1). Dans les rapports de la caution avec, d'une part, le débiteur (Section 2) et, d'autre part, d'éventuels autres garants, tels un cofidéjusseur, une sous-caution ou une « caution réelle » (Section 3), les effets du cautionnement intéressent la contribution à la dette et se concrétisent par les recours que la caution est autorisée à exercer contre chacun d'eux.

Section 1
Les rapports entre la caution et le créancier

Le cautionnement a pour principal objet de conférer au créancier un droit de poursuite contre la caution, corollaire de l'obligation de règlement de celle-ci [1] (§ 2). Cependant, avant l'éventuel appel en paiement, il fait naître également des obligations à la charge du créancier (§ 1).

§ 1. Les obligations du créancier au cours de la vie du cautionnement

De la conclusion du cautionnement jusqu'à l'éventuelle défaillance du débiteur, c'est-à-dire au cours de la vie de la sûreté, le créancier doit remplir diverses obligations envers la caution, comme l'informer chaque année de l'encours de la dette principale, lui signaler le premier incident de paiement du débiteur ou encore ne pas compromettre son recours subrogatoire contre celui-ci. Avant de détailler le régime de certaines de ces obligations [2] (B) et d'en apprécier la légitimité (C), il importe de répondre à deux questions générales : d'une part, est-ce que les obligations imposées aux créanciers au cours de la

1. Sur la distinction entre l'obligation de règlement de la caution (*Schuld* ou *debitum*) et le droit de poursuite du créancier (*Haftung* ou *obligatio*), v. ss 144 s.

2. L'obligation de ne pas faire perdre à la caution une chance de n'être pas inquiétée (obligation d'origine jurisprudentielle, sanctionnée par la responsabilité contractuelle du créancier dispensateur de crédit) et celle de ne pas compromettre son recours subrogatoire (exception de défaut de subrogation régie par l'article 2314, ancien article 2037, du Code civil) seront développées au sein des causes d'extinction de l'obligation de règlement (v. ss 366 s.).

vie du cautionnement sont de nature à remettre en cause le caractère unilatéral de ce contrat ? D'autre part, quel est le fondement de ces obligations ? (A).

A. Généralités

262. ***La compatibilité des obligations du créancier avec le caractère unilatéral du cautionnement***. Le caractère unilatéral d'un contrat ne dépend pas de l'absence totale d'obligation à la charge de l'une des parties. Il résulte uniquement du fait que *la cause objective de l'obligation principale du débiteur ne réside pas dans les obligations assumées par le créancier*. Autrement dit, un contrat est unilatéral, même si le créancier supporte certaines obligations, dès lors que ces obligations ne constituent pas la cause objective, c'est-à-dire la contrepartie, de l'obligation du débiteur.

En matière de cautionnement, il est possible d'affirmer, comme l'a récemment fait la Cour de cassation [1], que les obligations imposées aux créanciers par la loi et la jurisprudence ne constituent nullement la contrepartie de l'engagement de la caution. En effet, la caution ne s'engage pas à garantir le débiteur en raison de l'existence de ces obligations, ni pour en bénéficier. La cause de son engagement réside dans « la considération de l'avantage octroyé par le créancier au débiteur principal » [2]. Par conséquent, s'il est indéniable que les obligations mises à la charge du créancier conduisent à protéger les intérêts des cautions, il est non moins certain qu'elles laissent subsister le caractère unilatéral du cautionnement.

263. ***Le fondement des obligations du créancier***. Les obligations des créanciers bénéficiaires d'un cautionnement peuvent recevoir deux fondements distincts, selon qu'elles sont mises à leur charge, soit par le contrat de garantie lui-même, soit par la loi ou la jurisprudence.

264. ***Les obligations conventionnelles ont pour fondement la liberté contractuelle***. Les parties sont libres de convenir que le créancier supportera certaines obligations vis-à-vis de la caution. Par exemple, des obligations d'information ou l'obligation d'obtenir l'accord de la caution pour accorder au débiteur une prorogation du terme. Il est rare que le créancier accepte de telles contraintes lorsqu'il est en situation de supériorité. Il en va surtout ainsi des créanciers institutionnels et de ceux qui accordent du crédit dans le cadre de leur activité professionnelle (comme des fournisseurs), lorsque la caution est une personne physique. En revanche, ces obligations conventionnelles sont fréquentes lorsque la caution est en position de force, ce qui est le cas des cautions professionnelles, telles les banques et les sociétés de caution mutuelle.

265. ***Les obligations légales et jurisprudentielles se justifient quant à elles par l'impératif d'éthique contractuelle***. Ce qui caractérise l'éthique contractuelle (on parle également de loyauté contractuelle), c'est la prise en compte du cocontractant comme « un être de chair qui doit être traité non comme une abstraction comptable, mais avec le respect dû à

---

1. Com. 8 avr. 2015, n° 13-14447, à paraître au *Bulletin* : « les diverses obligations (d'information) mises à la charge du créancier professionnel ne sont que des obligations légales sanctionnées par la déchéance du droit aux accessoires de la créance et non la contrepartie de l'obligation de la caution ». La Cour de cassation en a ici déduit que l'information annuelle délivrée à la caution ne constitue pas un acte d'exécution du cautionnement rendant irrecevable l'exception de nullité soulevée par la caution.

2. Com. 8 nov. 1972, *Bull. civ.* IV, n° 278. Sur la cause de l'obligation de garantir de la caution, v. ss 210 s.

toute personne » [1]. Elle impose des limites au déploiement de l'individualité, en exigeant le respect de valeurs relevant d'une problématique morale. Elle se manifeste de deux manières.

Négativement, l'éthique contractuelle s'oppose à ce que les créanciers profitent de leur situation de force pour exploiter l'ignorance, l'inexpérience ou l'urgence des besoins de leur débiteur. Dans les contrats unilatéraux plus précisément, elle condamne la disproportion des moyens employés par le créancier en position de force pour protéger ses intérêts. Elle justifie dès lors de contraindre ces créanciers à faire preuve de tempérance, c'est-à-dire de modération, et de sanctionner ceux qui, par exemple, feraient souscrire au débiteur ou à la caution des engagements disproportionnés ou qui compromettraient le recours subrogatoire de celle-ci.

Positivement, l'éthique contractuelle exige de faciliter l'exécution de l'obligation de son cocontractant. Elle implique que chacune des parties se montre solidaire envers l'autre, en lui fournissant des renseignements sur tout ce qui serait susceptible de faciliter ou d'entraver l'exécution de sa prestation. Les obligations d'information que la loi fait peser sur le créancier au cours de la vie du cautionnement relèvent de cette logique.

B. Illustrations : les obligations légales d'information

Depuis le début des années quatre-vingt, le législateur est intervenu à de multiples reprises pour imposer aux créanciers de fournir à leurs cautions deux types d'information : d'une part, une information annuelle sur l'encours de la dette principale (1°) ; d'autre part, une information sur la défaillance du débiteur (2°).

1° L'information annuelle

Pas moins de quatre textes organisent aujourd'hui l'obligation d'information annuelle.

C. mon. fin., art. L. 313-22 (L. du 1er mars 1984). – Les établissements de crédit ayant accordé un concours financier à une entreprise, sous la condition du cautionnement par une personne physique ou une personne morale, sont tenus au plus tard avant le 31 mars de chaque année de faire connaître à la caution le montant du principal et des intérêts, commissions, frais et accessoires restant à courir au 31 décembre de l'année précédente au titre de l'obligation bénéficiant de la caution, ainsi que le terme de cet engagement. Si l'engagement est à durée indéterminée, ils rappellent la faculté de révocation à tout moment et les conditions dans lesquelles celle-ci est exercée.

Le défaut d'accomplissement de la formalité prévue à l'alinéa précédent emporte, dans les rapports entre la caution et l'établissement tenu à cette formalité, déchéance des intérêts échus depuis la précédente information jusqu'à la date de communication de la nouvelle information. Les paiements effectués par le débiteur principal sont réputés, dans les rapports entre la caution et l'établissement, affectés prioritairement au règlement du principal de la dette.

Loi du 11 février 1994 relative à l'initiative et à l'entreprise individuelle, article 47-II, alinéa 2. – En cas de cautionnement à durée indéterminée consenti par une personne physique pour garantir une dette professionnelle d'un entrepreneur individuel, le créancier doit respecter les dispositions prévues à l'article 48 de la loi n° 84-148 du 1er mars 1984 relative à la prévention et au règlement amiable des difficultés des entreprises.

C. civ., art. 2293 (anc. art. 2016) (loi du 29 juillet 1998 relative à la lutte contre les exclusions). – Le cautionnement indéfini d'une obligation principale s'étend à tous les accessoires de la dette, même aux frais de la première demande, et à tous ceux postérieurs à la dénonciation qui en est faite à la caution.

Lorsque ce cautionnement est contracté par une personne physique, celle-ci est informée par le créancier de l'évolution du montant de la créance garantie et de ces accessoires au moins

1. Ph. Stoffel-Munck, *L'abus dans le contrat. Essai d'une théorie*, LGDJ, 2000, préf. R. Bout, n° 7.

annuellement à la date convenue entre les parties ou, à défaut, à la date anniversaire du contrat, sous peine de déchéance de tous les accessoires de la dette, frais et pénalités.
C. consom., art. L. 341-6 (loi du 1er août 2003 sur l'initiative économique). – Le créancier professionnel est tenu de faire connaître à la caution personne physique, au plus tard avant le 31 mars de chaque année, le montant du principal et des intérêts, commissions, frais et accessoires restant à courir au 31 décembre de l'année précédente au titre de l'obligation garantie, ainsi que le terme de cet engagement. Si l'engagement est à durée indéterminée, il rappelle la faculté de révocation à tout moment et les conditions dans lesquelles celle-ci est exercée. À défaut, la caution ne saurait être tenue au paiement des pénalités ou intérêts de retard échus depuis la précédente information jusqu'à la date de communication de la nouvelle information.

266. ***Objet de l'information annuelle***. Dans chacun de ces quatre textes, l'information doit porter sur l'encours de la dette principale. Dans trois d'entre eux, elle a en outre pour objet, soit l'indication du terme de l'engagement de la caution si le cautionnement est à durée déterminée, soit la faculté de révocation unilatérale offerte à la caution s'il est à durée indéterminée [1] (C. mon. fin., art. L. 313-22, loi *Madelin* du 11 févr. 1994, art. 47-II, al. 2, et C. consom., art. L. 341-6).

267. ***Date de délivrance de l'information annuelle***. Dans les articles L. 313-22 du Code monétaire et financier, 47-II, alinéa 2, de la loi du 11 février 1994 et L. 341-6 du Code de la consommation, il est prévu que l'information doit être donnée au plus tard avant le 31 mars de chaque année relativement au montant de la dette principale au 31 décembre de l'année précédente. L'article 2293, alinéa 2, du Code civil retient une autre date, celle convenue par les parties ou, à défaut, celle de l'anniversaire du contrat.

268. ***Domaine d'application de l'obligation d'information annuelle***. Les quatre textes comportent un champ d'application différent.

L'article L. 313-22 du Code monétaire et financier (L. du 1er mars 1984, art. 48) concerne le cautionnement [2] souscrit par une personne physique ou morale [3] au profit d'un établissement de crédit, afin de garantir les concours financiers [4] accordés à une entreprise.

---

1. Com. 14 juin 2005, inédit, n° 04-10811, *RD banc. fin.* 2005, n° 166, A. Couret (ne donne pas de base légale à sa décision la cour d'appel qui ne recherche pas si l'information adressée à la caution par la banque en application de l'article L. 313-22 du Code monétaire et financier contient l'ensemble des mentions exigées par ce texte, en particulier la faculté de révocation).

2. Il a été jugé que l'article L. 313-22 du Code monétaire et financier n'est pas applicable au cautionnement hypothécaire, car « la sûreté réelle consentie pour garantir la dette d'un tiers n'implique aucun engagement personnel à satisfaire à l'obligation d'autrui et n'est pas dès lors un cautionnement » (Civ. 1re, 7 févr. 2006, *Bull. civ.* I, n° 53 ; *D.* 2006. AJ 574 ; *D.* 2006. 1543, note V. Bonnet ; *RJDA* 7/06, n° 835). Il joue, en revanche, lorsqu'une même personne souscrit un engagement personnel de caution et constitue une sûreté réelle sur l'un de ses biens en garantie d'une même dette (Com. 21 mars 2006, *Bull. civ.* IV, n° 72).

L'article L. 313-22 du Code monétaire et financier ne bénéficie pas non plus aux associés tenus indéfiniment des dettes sociales, qui ne peuvent être assimilés à des cautions pour l'application de ce texte (Com. 9 déc. 2008, inédit, n° 07-14694).

L'article L. 313-22 du Code monétaire et financier a encore été écarté dans le cadre d'un sous-cautionnement, au motif que la caution principale n'avait pas la qualité d'établissement de crédit ayant accordé un crédit financier (Com. 13 févr. 2007, *Bull. civ.* IV, n° 32).

3. L'article L. 313-22 du Code monétaire et financier impose expressément aux créanciers d'informer les cautions personnes morales. Par conséquent, les établissements de crédit qui se portent cautions devraient en bénéficier. Néanmoins, comme l'obligation d'information serait, dans cette hypothèse, tout à fait incompatible avec l'exigence de souplesse des relations commerciales, l'Association Française des Banques a recommandé à ses membres, le 8 juillet 1985, de ne pas se conformer entre eux à la prescription légale (cf. *Banque* 1985. 868). Cette directive a été suivie, sans susciter de contentieux.

4. Comme « l'aval qui garantit le paiement d'un titre cambiaire ne constitue pas le cautionnement d'un concours financier accordé par un établissement de crédit à une entreprise », l'avaliste ne peut se

L'article 47-II, alinéa 2, de la loi du 11 février 1994 vise le cautionnement à durée indéterminée consenti par une personne physique pour garantir les dettes professionnelles d'un entrepreneur individuel.

L'article 2293, alinéa 2, du Code civil[1] (anc. art. 2016) a trait au cautionnement indéfini[2] donné par une personne physique, quel que soit le statut juridique du débiteur principal[3].

Enfin, l'article L. 341-6 du Code de la consommation, issu de la loi *Dutreil* du 1er août 2003[4], intéresse le cautionnement conclu entre une personne physique et un créancier professionnel, quelle que soit la nature de la dette principale ainsi que son montant[5].

Dans la mesure où ce dernier texte a un domaine d'application plus général que les trois précédents, il les recouvre pour l'essentiel. Chacun de ces trois textes conserve cependant un domaine résiduel.

L'article L. 313-22 du Code monétaire et financier demeure applicable au cautionnement donné par une personne morale pour garantir un concours financier accordé par un établissement de crédit à une entreprise.

L'article 47-II, alinéa 2, de la loi du 11 février 1994 garde un intérêt relativement au cautionnement à durée indéterminée fourni par une personne physique au bénéfice d'un créancier non professionnel pour garantir une dette professionnelle d'un entrepreneur individuel.

L'article 2293, alinéa 2, du Code civil continue de régir le cautionnement indéfini conclu entre une personne physique et un créancier non professionnel.

269. ***Sanction du défaut d'information annuelle***. Il s'agit d'une *déchéance partielle*. D'ordre public[6], elle ne joue cependant pas de plein droit. La caution doit en faire précisément la demande[7]. L'étendue de cette déchéance varie d'un texte à un autre.

---

prévaloir du non-respect de l'article L. 313-22 du Code monétaire et financier pour être partiellement libéré (Com. 16 juin 2009, *Bull. civ.* IV, n° 79). Ce texte ne bénéficie pas non plus à la caution du crédit-preneur (Com. 30 nov. 1993, *Bull. civ.* IV, n° 435) ou du locataire avec option d'achat (Com. 28 janv. 2014, *Bull. civ.* IV, n° 21), qui s'acquittent de loyers.

1. Sur ce texte, cf. G. Biardeaud et Ph. Flores, « Information annuelle de la caution et article 2293 du Code civil : mais où reste donc le contentieux ? », *D.* 2007. 174.

2. La Cour de cassation a logiquement rappelé, dans un arrêt du 12 janvier 2010, que n'est pas indéfini le cautionnement dans lequel la caution a fixé un plafond à son engagement ; ce cautionnement échappe, dès lors, à l'application de l'article 2293 du Code civil (Com. 12 janv. 2010, inédit, n° 08-19268). Sur la distinction entre les cautionnements définis et indéfinis, v. ss 185 s.

3. Précision apportée par la Cour de cassation : Com. 12 janv. 2010, inédit, n° 08-21165 (en l'espèce, le débiteur principal était une SCI exclusivement familiale).

4. L'entrée en vigueur de l'article L. 341-6 du Code de la consommation a été différée par la loi du 1er août 2003 au 5 février 2004. La Cour de cassation a précisé qu'il n'est pas applicable aux situations consommées avant cette date (Com. 13 févr. 2007, *Bull. civ.* IV, n° 32).

5. Civ. 1re, 28 nov. 2012, *Bull. civ.* I, n° 251 (cassation de l'arrêt ayant écarté l'article L. 341-6 du Code de la consommation parce que le cautionnement garantissait un prêt d'un montant supérieur au seuil légal des crédits à la consommation).

6. Com. 14 déc. 1993, *Bull. civ.* IV, n° 467 : les parties ne peuvent déroger aux dispositions d'ordre public de l'article 48 de la loi du 1er mars 1984 (devenu l'article L. 313-22 du Code monétaire et financier) en dispensant l'établissement de crédit de toute obligation d'information à l'égard de la caution.

En revanche, en dehors du champ d'application des informations légales, sont licites les clauses mentionnant, par exemple, que la caution a une parfaite connaissance de la situation du débiteur ou qu'elle dispense le créancier de lui fournir certains renseignements, sous réserve, cependant, que le créancier n'insère pas de telles clauses en ayant connaissance des difficultés financières du débiteur (Civ. 1re, 13 mai 2003, *Bull. civ.* I, n° 114 ; Com. 25 févr. 2004, inédit, n° 01-14114).

7. Parce que le juge doit se limiter à l'objet de la demande déterminé par les parties et ne doit pas statuer *ultra petita*, la caution peut être condamnée au paiement des intérêts de la dette principale,

Dans l'article L. 313-22 du Code monétaire et financier et l'article 47-II, alinéa 2, de la loi du 11 février 1994, la sanction consiste dans « la déchéance des intérêts échus depuis la précédente information jusqu'à la date de communication de la nouvelle information »[1].

L'article L. 341-6 du Code de la consommation prévoit une déchéance pour la même période, mais différente quant à son objet, puisqu'elle concerne les « pénalités ou intérêts de retard ».

L'article 2293, alinéa 2, du Code civil se montre plus rigoureux, car la déchéance porte sur « tous les accessoires de la dette, frais et pénalités » et, contrairement aux autres textes, elle n'est pas limitée dans le temps.

L'efficacité de la déchéance risquait d'être compromise en cas de paiement partiel effectué par le débiteur, puisque l'article 1254 du Code civil impose, à défaut de consentement contraire du créancier, d'imputer les paiements partiels sur les intérêts, par préférence au capital[2]. La loi du 25 juin 1999 relative à l'épargne et à la sécurité financière a donc décidé de déroger à cette règle de droit commun en complétant l'article L. 313-22 du Code monétaire et financier comme suit : « Les paiements effectués par le débiteur principal sont réputés, dans les rapports entre la caution et l'établissement, affectés prioritairement au règlement du principal de la dette »[3].

2° L'information sur la défaillance du débiteur

L'information sur le premier incident de paiement du débiteur principal est imposée par trois dispositions.

> **C. consom., art. L. 313-9 (L. du 31 déc. 1989).** – Toute personne physique qui s'est portée caution à l'occasion d'une opération de crédit relevant des chapitres Ier ou II du présent titre doit être informée par l'établissement prêteur de la défaillance du débiteur principal dès le premier incident de paiement caractérisé susceptible d'inscription au fichier institué à

---

lorsqu'elle invoque le défaut d'information, non pour obtenir la déchéance des intérêts prévue par l'article L. 313-22 du Code monétaire et financier, mais en vue, par exemple, de l'extinction de son obligation de couverture à la suite du changement de dénomination de la société créancière (Com. 20 juin 2006, *Bull. civ.* IV, n° 148 ; *D.* 2006. AJ 1886, note V. Avena-Robardet).

1. Paris, 7 févr. 2008, *JCP* 2008. I. 152, n° 5, Ph. Simler : la déchéance prévue par l'article L. 313-22 du Code monétaire et financier ne porte que sur les intérêts et non sur les commissions, frais et autres accessoires.

2. C. civ., art. 1254 : « Le débiteur d'une dette qui porte intérêt ou produit des arrérages, ne peut point, sans le consentement du créancier, imputer le payement qu'il fait sur le capital par préférence aux arrérages ou intérêts : le payement fait sur le capital et intérêts, mais qui n'est point intégral, s'impute d'abord sur les intérêts. »

En application de ce texte, la Cour de cassation décidait, avant la réforme opérée par la loi du 25 juin 1999, que les intérêts déjà acquittés par le débiteur principal ne pouvaient pas être imputés sur le principal restant dû (Civ. 1re, 31 mars 1998, *Bull. civ.* I, n° 134).

3. La Cour de cassation considère que cette règle dérogatoire d'imputation des paiements ne constitue pas une interprétation de l'article L. 313-22 du Code monétaire et financier. Elle n'est donc pas applicable rétroactivement aux cautionnements conclus avant l'entrée en vigueur de la loi de 1999 (Civ. 1re, 18 mars 2003, *Bull. civ.* I, n° 80 et 81 ; Com. 29 avr. 2003, *Bull. civ.* IV, n° 62, 1er arrêt ; 14 janv. 2004, *RD banc. fin.* 2004, n° 205, obs. A. Cerles ; Civ. 1re, 14 juin 2005 et 21 févr. 2006, *JCP E* 2006. 1753, chron. Ph. Simler). Toutefois, ces cautionnements sont désormais soumis à un régime proche de celui résultant de la loi de 1999, puisque la Cour de cassation a abandonné la solution antérieure à cette réforme (sur cette solution, v. la note précédente) en décidant qu'il convient, « pour la détermination de la dette des cautions, d'imputer les règlements effectués par les débitrices principales au titre des intérêts sur le capital dans la mesure où ces règlements excédaient le montant dû au titre de l'intérêt légal » (Civ. 1re, 6 déc. 2007, inédit, n° 05-16187).

l'article L. 333-4. Si l'établissement prêteur ne se conforme pas à cette obligation, la caution ne saurait être tenue au paiement des pénalités ou intérêts de retard échus entre la date de ce premier incident et celle à laquelle elle en a été informée.

Loi du 11 février 1994 relative à l'initiative et à l'entreprise individuelle, article 47-II, alinéa 3. – Lorsque le cautionnement est consenti par une personne physique pour garantir une dette professionnelle d'un entrepreneur individuel ou d'une entreprise constituée sous forme de société, le créancier informe la caution de la défaillance du débiteur principal dès le premier incident de paiement non régularisé dans le mois de l'exigibilité de ce paiement. À défaut, la caution ne saurait être tenue au paiement des pénalités ou intérêts de retard échus entre la date de ce premier incident et celle à laquelle elle en a été informée.

C. consom., art. L. 341-1 (loi du 29 juillet 1998 relative à la lutte contre les exclusions). – Sans préjudice des dispositions particulières, toute personne physique qui s'est portée caution est informée par le créancier professionnel de la défaillance du débiteur principal dès le premier incident de paiement non régularisé dans le mois de l'exigibilité de ce paiement. Si le créancier ne se conforme pas à cette obligation, la caution ne saurait être tenue au paiement des pénalités ou intérêts de retards échus entre la date de ce premier incident et celle à laquelle elle en a été informée.

270. ***Domaine d'application***. L'information sur le premier incident de paiement du débiteur concerne :

– les cautionnements consentis par des personnes physiques en garantie de crédits à la consommation ou immobiliers souscrits par un consommateur (C. consom., art. L. 313-9, issu de la loi *Neiertz* du 31 déc. 1989) ;

– les cautionnements consentis par des personnes physiques en garantie des dettes professionnelles d'un entrepreneur individuel ou d'une entreprise constituée sous forme de société (loi *Madelin* du 11 févr. 1994, art. 47-II, al. 3, issu de la loi du 29 juillet 1998) ;

– les cautionnements consentis par une caution personne physique au profit d'un créancier professionnel, sans prise en compte de la nature de la dette principale (C. consom., art. L. 341-1, issu de la loi relative à la lutte contre les exclusions du 29 juillet 1998)[1].

271. ***Objet de l'information : le « premier incident de paiement » du débiteur***. Le « premier incident de paiement » reçoit deux définitions différentes. Les articles 47-II, alinéa 3, de la loi du 11 février 1994, et L. 341-1 du Code de la consommation le qualifient d'incident « non régularisé dans le mois d'exigibilité du paiement », alors que, pour l'article L. 313-9 de ce même code, il s'agit de l'incident « caractérisé susceptible d'inscription au fichier[2] ».

1. L'obligation d'information prévue par l'article L. 341-1 du Code de la consommation, issu de la loi du 29 juillet 1998, ne peut s'appliquer aux situations consommées antérieurement à la date de l'entrée en vigueur de cette loi, car cette disposition ne comporte aucun caractère rétroactif (Com. 13 févr. 2007, *Bull. civ.* IV, n° 32).

2. Il s'agit du fichier national recensant les informations sur les incidents de paiement caractérisés liés aux crédits accordés aux personnes physiques pour des besoins non professionnels. Ce fichier est géré par la Banque de France. Il « a pour finalité de fournir aux établissements de crédit mentionnés au titre Ier du livre V du Code monétaire et financier, aux établissements de monnaie électronique et aux établissements de paiement mentionnés au titre II du même livre V et aux organismes mentionnés au 5 de l'article L. 511-6 du même code un élément d'appréciation de la solvabilité des personnes qui sollicitent un crédit. (…) Le fichier peut fournir un élément d'appréciation à l'usage des établissements de crédit, des établissements de monnaie électronique et des établissements de paiement dans leurs décisions d'attribution des moyens de paiement. Les informations qu'il contient peuvent également être prises en compte par les mêmes établissements et organismes mentionnés au deuxième alinéa pour la gestion des risques liés aux crédits souscrits par leurs clients » (C. consom., art. L. 333-4, I).

272. ***Sanction du défaut d'information***. Les trois textes ont opté pour une *déchéance partielle* portant sur les « pénalités [1] ou intérêts de retard échus entre la date de ce premier incident et celle à laquelle elle (la caution) en a été informée ».

C. Appréciation des obligations d'information imposées aux créanciers

273. ***Les bienfaits escomptés de l'information de la caution***. La loyauté imposée aux créanciers sous la forme des obligations d'information précitées présente, à l'évidence, des avantages *pour la caution*. Informée du montant de la dette principale ou du non-paiement de celle-ci, la caution est à même de faire pression sur le débiteur, en vertu d'un pouvoir juridique (caution intégrée dans les affaires de la société débitrice) ou psychologique (caution affectivement proche du débiteur), afin qu'il exécute ses obligations et lui épargne, par là même, l'appel en paiement. Si cette incitation échoue, l'information aura toutefois d'autres mérites : l'information annuelle sur l'encours de la dette principale permet à la caution de prendre des mesures pour pouvoir honorer son propre engagement et éviter, ce faisant, des poursuites judiciaires ; l'information sur la défaillance du débiteur peut conduire la caution à exercer contre celui-ci un recours avant paiement [2] ou à prendre des mesures conservatoires.

Si elles profitent donc aux cautions, les obligations d'information peuvent également être utiles, et c'est plus original de le relever, aux *créanciers* qui y sont assujettis. En effet, leur sécurité peut se trouver renforcée, soit parce que la caution informée favorise leur paiement par le débiteur lui-même, soit parce qu'elle prend des précautions pour disposer des fonds nécessaires à leur désintéressement. Il apparaît ainsi que la solidarité envers le cocontractant, qu'impose l'éthique contractuelle, est compatible avec l'efficacité des garanties personnelles, qui ne rime donc pas avec la liberté illimitée des créanciers et avec le sacrifice corrélatif des intérêts des garants [3].

Inspirés par de légitimes objectifs – l'éthique contractuelle et l'efficacité du cautionnement –, les textes ayant instauré une obligation d'information sont en revanche très critiquables d'un point de vue formel, en raison des multiples incohérences et obscurités qu'ils renferment [4].

274. ***Les incohérences***. Elles procèdent du *manque d'harmonisation entre les règles*. Rappelons que dans les quatre textes imposant l'obligation d'information annuelle, six critères d'application sont mis en œuvre : la qualité de la caution (personne physique ou morale), la qualité du créancier (professionnel ou non), la qualité du débiteur (consommateur, entrepreneur individuel ou entreprise), la nature de la dette principale (« concours financier » ou « dette contractuelle professionnelle » ou encore crédit régi par le Code de la consommation), le montant du cautionnement (défini ou indéfini) et la durée du cautionnement (déterminée ou non). Cette multiplication désordonnée des textes et des critères qu'ils retiennent entrave, non seulement la connaissance du droit applicable (atteinte

1. Il ne s'agit pas uniquement des pénalités de retard. La déchéance peut également avoir pour objet une indemnité conventionnelle forfaitaire, c'est-à-dire les sommes dues en vertu d'une clause pénale (Civ. 1re, 19 juin 2013, *Bull. civ.* I, n° 131).

2. Sur ce recours préventif, v. ss 323 s.

3. Sur les rapports entre l'objectif d'efficacité des garanties personnelles et l'impératif d'éthique contractuelle, cf. M. Bourassin, *L'efficacité des garanties personnelles*, LGDJ, 2006, nos 146 à 171.

4. En ce sens, cf. aussi A.-S. Barthez, « Désordre dans les sources du contrat de cautionnement : l'exemple de l'information de la caution », *RDC* 2008. 587.

à la sécurité juridique), mais aussi la bonne exécution des obligations instituées, puisqu'elle empêche les créanciers de savoir s'ils sont effectivement soumis à une obligation et, dans l'affirmative, à laquelle (atteinte à l'efficacité du cautionnement). Dans le doute, ils peuvent décider de multiplier les diligences. Le risque est alors d'exécuter des obligations non requises par le législateur, et donc de voir le coût de la protection inutilement augmenter. Dans le doute, ils peuvent, aussi bien, s'abstenir de toute information, au risque, cette fois, que les cautions contestent leur engagement (ce qui accroît, en tout état de cause, le prix de la protection) et que les juges accueillent ces protestations (ce qui empêche un paiement intégral).

275. ***Les obscurités par commission.*** Certaines obscurités découlent du *caractère équivoque des termes* employés par le législateur. Il s'agit d'obscurités par commission. Trois exemples sont, à cet égard, significatifs.

D'abord, le terme *entreprise* retenu par l'article L. 313-22 du Code monétaire et financier pour désigner le débiteur principal : cette qualification suppose-t-elle la qualité de commerçant, la personnalité morale, la poursuite d'un but lucratif ? Un contentieux important s'est nourri de ces questions. La Cour de cassation a souhaité tarir cette source de contestations en donnant une définition unitaire de l'entreprise reposant sur le critère de l'activité économique [1]. Mais, ce critère étant lui-même flou et difficilement opératoire, la notion d'entreprise risque de continuer à alimenter le contentieux.

Ensuite, l'expression *créancier professionnel* figurant dans les articles L. 341-1 et L. 341-6 du Code de la consommation : faut-il la réserver aux établissements de crédit ou y soumettre plus largement toute personne qui, à l'occasion de ses activités professionnelles, est amenée à consentir un crédit et à se faire garantir par un cautionnement ? Depuis 2009, la Cour de cassation écarte l'interprétation restrictive de la notion de créancier professionnel, selon laquelle seraient uniquement concernés les établissements de crédit, en décidant qu'« au sens des articles L. 341-2 et L. 341-3 du Code de la consommation le créancier professionnel s'entend de celui dont la créance est née dans l'exercice de sa profession ou se trouve en rapport direct avec l'une de ses activités professionnelles » [2]. À n'en pas douter, cette interprétation large a vocation à s'appliquer aux autres textes du Titre IV du Livre III du Code de la consommation consacré au cautionnement, qui visent également le créancier professionnel (en particulier, les articles L. 341-1 et L. 341-6 renfermant des obligations d'information à la charge de ces créanciers).

Enfin, l'expression « caution personne physique » retenue par l'article L. 341-6 du Code de la consommation : la caution dirigeante est-elle concernée ? Il serait logique de réserver l'application de ce texte aux personnes physiques ne disposant pas déjà d'informations sur

1. Civ. 1re, 12 mars 2002, *Bull. civ.* I, n° 86. La Cour de cassation a ainsi admis l'application de l'article L. 313-22 du Code monétaire et financier en présence de : prêts accordés en vue de l'achat d'un portefeuille d'assurance (l'agent d'assurance libéral n'est pas un commerçant ; la personnalité morale est inexistante ; un but lucratif est poursuivi) ; prêts accordés à une SCI (groupement non commerçant, ayant la personnalité morale, à but lucratif) ; prêts octroyés à une association à vocation religieuse (groupement non commerçant, ayant la personnalité morale, à but non lucratif). La Haute juridiction a considéré que, dans ces trois cas, une activité économique était exercée.

Elle a confirmé cette solution au sujet de l'activité libérale des notaires (Civ. 1re, 23 mars 2004, *Bull. civ.* I, n° 94), ainsi qu'à l'égard des SCI ayant une activité économique (Civ. 1re, 15 mars 2005, *Bull. civ.* I, n° 130). Il suffit d'ailleurs que l'objet statutaire de la SCI soit de nature économique, même si son objet effectif s'en écarte (Civ. 1re, 28 juin 2007, inédit, n° 06-14867 ; *JCP E* 2008. 1036, chron. Ph. Simler ; en l'espèce, l'objet statutaire de la SCI résidait dans tout « achat, vente et gestion de tous biens immobiliers », mais la seule opération accomplie par cette société était l'acquisition du logement de son gérant).

2. V. ss 235.

le débiteur, ni sur la dette principale, autrement dit d'en exclure les cautions intégrées dans les affaires du débiteur[1]. Cette exclusion ne paraît cependant pas réaliste pour plusieurs raisons. D'abord, la lettre du texte conduit à son application indifférenciée à toutes les cautions personnes physiques. Ensuite, la loi sur l'initiative économique, dont est issu l'article L. 341-6 du Code de la consommation, a eu pour but de protéger les créateurs d'entreprise[2]. De plus, les juges décident avec constance, sous le couvert de la règle *ubi lex*... et probablement aussi pour éviter un contentieux sur les connaissances réelles de la caution dirigeante sur la situation de son entreprise, que les obligations d'informations prévues par les articles L. 313-22 du Code monétaire et financier[3], 47-II, alinéa 3, de la loi du 11 février 1994[4] et L. 341-1 du Code de la consommation[5] doivent être respectées même lorsque le cautionnement a été souscrit par le dirigeant de la société cautionnée. Enfin, depuis 2010, la Haute juridiction applique les autres dispositions du Code de la consommation issues de la loi *Dutreil* à « toute personne physique, qu'elle soit ou non avertie »[6]. Il ne fait donc aucune doute, même si on peut le déplorer, que les cautions dirigeantes doivent profiter de l'information annuelle imposée par l'article L. 341-6 du Code de la consommation.

276. ***Les obscurités par omission***. D'autres obscurités sont le fait d'*oublis législatifs*. Il s'agit d'obscurités par omission, qui ont, elles aussi, occasionné un abondant contentieux.

En premier lieu, les législateurs successifs sont restés silencieux sur les *modalités de l'information*. Aucun des textes ne précise en effet comment les créanciers doivent renseigner les cautions. La jurisprudence a dû combler cette lacune. Elle a déclaré irrecevables des tableaux d'amortissement[7], des relevés de compte[8], et même l'attestation par un commissaire aux comptes de l'existence du listing contenant les informations requises, accompagnée du constat par un huissier de la mise sous pli et de l'affranchissement[9]. Elle a en revanche admis que l'information soit donnée par simple lettre[10], mais à la condition que le créancier puisse prouver, non seulement l'expédition de la lettre, mais aussi son contenu[11]. Le créancier n'a pas en revanche à établir la réception de l'information[12]. Les établissements bancaires répercutent le coût du courrier adressé à la caution en prélevant sur le compte du débiteur principal des frais élevés (selon les établissements, entre 30 et 50 euros par information envoyée).

---

1. V. ss 626 la proposition de réforme en ce sens.
2. En témoigne le fait que cette loi a permis la constitution d'une SARL sans capital social et qu'elle a spécialement protégé la résidence principale de l'entrepreneur individuel.
3. Com. 25 mai 1993, *Bull. civ.* IV, n° 203 ; Civ. 1re, 27 févr. 1996, *Bull. civ.* I, n° 109 ; Com. 13 oct. 1998, inédit, n° 96-16808, *RTD com.* 1999. 173, obs. M. Cabrillac ; Com. 24 mars 2009, inédit, n° 07-21604 ; Com. 13 avr. 2010, inédit, n° 08-20923 ; Civ. 1re, 16 sept. 2010, inédit, n° 09-15057 ; Com. 14 déc. 2010, *Bull. civ.* IV, n° 198.
4. Com. 27 nov. 2007, *Bull. civ.* IV, n° 253.
5. Paris, 10 déc. 2004, RG n° 03/19327.
6. Sur les articles L. 341-2 et L. 341-3, v. ss 236 et sur l'article L. 341-4, v. ss 254.
7. Metz, 15 mars 1991, *RD bancaire et bourse* 1992. 80.
8. Com. 5 oct. 1993, *JCP* 1993. IV. 2524 ; *D.* 1993. IR 230.
9. Com. 11 avr. 1995, *Bull. civ.* IV, n° 119.
10. Com. 17 juin 1997, *Bull. civ.* IV, n° 188.

Cependant, les juges du fond peuvent souverainement décider qu'une copie de la lettre envoyée à la caution ne suffit pas à établir l'accomplissement du devoir d'information annuelle (Com. 28 oct. 2008, *Bull. civ.* IV, n° 176).

11. Civ. 1re, 17 nov. 1998, *Bull. civ.* I, n° 321.
12. Civ. 1re, 25 nov. 1997, *Bull. civ.* I, n° 326 ; Com. 17 oct. 2000, *Bull. civ.* IV, n° 154 ; Civ. 1re, 2 oct. 2002, *Bull. civ.* I, n° 225 ; Com. 2 juill. 2013, *Bull. civ.* IV, n° 112.

En deuxième lieu, c'est au sujet du *contenu de l'information* que les textes manquent de précision. En particulier, le montant communiqué annuellement par le créancier à la caution peut-il être global ou une ventilation du principal, des intérêts, voire d'autres accessoires doit-elle être opérée ? Le 10 janvier 2012, la Cour de cassation a clairement précisé le contenu de l'obligation à respecter en présence d'un compte courant : « s'agissant d'un découvert en compte courant, l'information annuelle relative au principal et aux intérêts, due à la caution par l'établissement de crédit (en vertu de l'article L. 313-22 du Code monétaire et financier) doit comprendre, le cas échéant, le montant de l'autorisation de découvert, le solde du compte arrêté au 31 décembre de l'année précédente et le taux de l'intérêt applicable à cette date » [1].

Le silence législatif et le contentieux subséquent concernent, en troisième lieu, la *durée* de l'obligation d'information annuelle. Selon la Cour de cassation [2], l'obligation d'information doit être respectée jusqu'à l'extinction de la dette principale, ce qui autorise la caution à s'en prévaloir même après que le jugement la condamnant soit passé en force de chose jugée. Cette solution paraît excessive, puisque l'information est alors due à un moment où la caution connaît nécessairement l'encours de la dette principale.

En quatrième et dernier lieu, sont à déplorer des obscurités quant à la *sanction* du défaut d'information de l'article L. 313-22 du Code monétaire et financier (« déchéance des intérêts depuis la précédente information jusqu'à la date de communication de la nouvelle information »). D'une part, quels sont les intérêts concernés ? Selon la jurisprudence, il s'agit des seuls intérêts conventionnels dus par le débiteur principal, à l'exclusion des intérêts légaux dont la caution pourrait être redevable à titre personnel à compter de sa mise en demeure [3]. D'autre part, la sanction spécifique de l'article L. 313-22 du Code monétaire et financier peut-elle être cumulée avec la responsabilité de droit commun ? La chambre commerciale considéra, dans un premier temps, que la sanction spéciale n'empêchait pas la caution d'obtenir réparation sur le fondement de l'article 1147 du Code civil [4]. Les dommages et intérêts venaient alors en compensation de la dette de la caution et emportaient sa réduction. Depuis 2001, la chambre commerciale décide, au contraire, que, sauf dol ou faute lourde du dispensateur de crédit, l'omission des informations prévues par le législateur est sanctionnée par la seule déchéance des intérêts [5]. La première chambre civile applique également cette règle depuis 2003 [6].

---

1. Com. 10 janv. 2012, *Bull. civ.* IV, n° 1.

2. Cass., ch. mixte 17 nov. 2006, *Bull. ch. mixte*, n° 9 ; Com. 16 nov. 2010, *Bull. civ.* IV, n° 175. V. aussi Montpellier, 12 mai 2015, n° 13/07560 ; Douai, 26 mars 2015, n° 13/05427. De même, la dénonciation d'une mesure d'hypothèque judiciaire, ne peut davantage être tenue pour équivalente à la délivrance de cette information, en ce que d'une part, les sommes restant dues mentionnées ne sont pas arrêtées au 31 décembre précédent et d'autre part, en ce qu'il n'est pas fait rappel des termes de l'engagement (CA Douai, 26 mars 2015, n° 13/05427).

3. Civ. 1re, 9 déc. 1997, *Bull. civ.* I, n° 359 ; Com. 20 mai 1997, *Bull. civ.* IV, n° 152 ; Civ. 1re, 12 mars 2002, *Bull. civ.* I, n° 86 (2e arrêt) ; Civ. 1re, 9 avr. 2015, inédit, n° 14-10975.

4. Com. 20 oct. 1992, *Bull. civ.* IV, n° 311.

Pour une analyse critique de ce cumul d'actions, cf. M.-N. Jobard-Bachellier et V. Brémond, « De l'utilité du droit de la responsabilité pour assurer l'équilibre des intérêts des contractants », *RTD com.* 1999. 345 à 348.

5. Com. 25 avr. 2001, *Bull. civ.* IV, n° 75 ; 11 juin 2002, inédit, n° 96-22906 ; *D.* 2002. Somm. 3335, obs. L. Aynès ; 1er avr. 2003, inédit, n° 99-21385 ; *RDC* 2004, chron. D. Houtcieff ; 29 avr. 2003, inédit, n° 01-00424 ; *RJDA* 11/2003, n° 1128 ; 1er juill. 2003, inédit, n° 00-13698 ; *RJDA* 1/2004, n° 99 ; Com. 16 nov. 2010, inédit, n° 09-16729.

6. Civ. 1re, 4 févr. 2003, *Bull. civ.* I, n° 35.

277. ***Un remède.*** Compte tenu de ces graves défauts législatifs, il conviendrait de substituer à l'ensemble des obligations d'information annuelle existantes une obligation unique de portée générale, inscrite dans le Code civil, et suffisamment détaillée dans son champ d'application, ses modalités et sa sanction [1].

§ 2. Le droit de poursuite du créancier lors de la défaillance du débiteur

Le contrat de cautionnement permet au créancier, lorsque la dette principale est exigible et qu'elle n'est pas payée, de poursuivre le débiteur ou la caution. Dans quel ordre (A) et selon quelles modalités (B) doivent s'effectuer ces poursuites ?

A. L'ordre des poursuites

L'ordre des poursuites entre le débiteur principal et la caution est susceptible de dépendre du caractère simple (1°) ou solidaire (2°) du cautionnement [2].

1° Le cautionnement simple

278. À défaut de clause spéciale dans le contrat de cautionnement ou d'application de la présomption de solidarité commerciale, le cautionnement est simple.

Alors qu'il constituait le principe dans l'esprit des rédacteurs du Code civil, le cautionnement simple fait plutôt figure d'exception aujourd'hui, la clause de solidarité, particulièrement utile pour les créanciers, étant devenue de style.

Les dernières réformes du cautionnement lui ont cependant redonné une certaine vigueur. En effet, d'abord la loi *Madelin* du 11 février 1994, puis la loi du 1er août 2003, n'ont autorisé la solidarité qu'au sein des cautionnements déterminés en montant. Ainsi, lorsque le cautionnement consenti par une personne physique a pour objet une dette contractuelle professionnelle d'un entrepreneur individuel (L. de 1994, art. 47-II) ou lorsqu'un cautionnement notarié est souscrit par une personne physique au bénéfice d'un créancier professionnel (C. consom., art. L. 341-5), le cautionnement dont le montant est indéterminé doit être simple.

Le cautionnement simple confère à la caution une position plus avantageuse que celle qu'elle risque de subir en présence d'un engagement solidaire. En effet, le cautionnement simple lui octroie *deux moyens de défense, qui ne profitent pas à la caution solidaire :* le bénéfice de discussion (a) et le bénéfice de division (b).

---

1. Le *Rapport Grimaldi* a proposé d'imposer une information annuelle aux seuls créanciers professionnels (établissements de crédit, mais aussi tous commerçants ou sociétés commerciales garantis dans le cadre de leur activité professionnelle ou statutaire) et au bénéfice de toutes les cautions personnes physiques. Les modalités et la sanction retenues sont celles de l'actuel article L. 313-22 du Code monétaire et financier.

Ces propositions n'emportent pas la conviction pour trois raisons. D'abord, parce qu'une obligation d'information fondée sur l'impératif d'éthique contractuelle devrait être imposée à tous les créanciers, et non aux seuls professionnels. Ensuite, parce qu'il est à l'inverse excessif de faire profiter de l'information toutes les cautions personnes physiques, sans tenir compte de leurs connaissances sur le débiteur et sur la dette principale. Enfin, parce que la sanction forfaitaire du défaut d'information, par la déchéance des accessoires, ne tient pas suffisamment compte du préjudice réellement subi par la caution ; cf. M. Bourassin, *L'efficacité des garanties personnelles*, LGDJ, 2006, nos 900 à 904 et 938.

2. Sur le caractère simple ou solidaire du cautionnement, v. ss 278 s.

a) Le bénéfice de discussion

> **C. civ., art. 2298 (anc. art. 2021).** – La caution n'est obligée envers le créancier à le payer qu'à défaut du débiteur, qui doit être préalablement discuté dans ses biens, à moins que la caution n'ait renoncé au bénéfice de discussion, ou à moins qu'elle ne se soit engagée solidairement avec le débiteur ; auquel cas l'effet de son engagement se règle par les principes qui ont été établis pour les dettes solidaires.

279. ***La notion de discussion***. Bénéficiant de deux débiteurs, le créancier peut souhaiter poursuivre la caution en premier. Cette liberté disparaît si la caution simple se prévaut de l'article 2298 du Code civil (anc. art. 2021), qui l'autorise à contraindre le créancier à d'abord saisir et faire vendre les biens du débiteur principal, afin de constater s'il est solvable ou non, avant de la poursuivre elle-même en paiement. Ce moyen de défense conduit ainsi concrètement à obliger le créancier à *poursuivre le débiteur principal en premier et à suspendre les poursuites contre la caution* jusqu'à ce que la preuve soit rapportée de l'incapacité du débiteur à honorer ses engagements. En cela, le bénéfice de discussion exprime le caractère *subsidiaire*, au sens de secondaire, du cautionnement simple[1].

280. ***Les conditions du bénéfice de discussion***. Pour éviter que la caution n'organise son insolvabilité et fraude les droits du créancier pendant que les poursuites sont suspendues à son encontre, la loi et la jurisprudence ont entouré l'exercice du bénéfice de discussion de conditions rigoureuses.

> **C. civ., art. 2299 (anc. art. 2022).** – Le créancier n'est obligé de discuter le débiteur principal que lorsque la caution le requiert sur les premières poursuites dirigées contre elle.
> **C. civ., art. 2300 (anc. art. 2023).** – La caution qui requiert la discussion doit indiquer au créancier les biens du débiteur principal, et avancer les deniers suffisants pour faire la discussion.
> Elle ne doit indiquer ni des biens du débiteur principal situés hors de l'arrondissement de la cour royale (la cour d'appel) du lieu où le paiement doit être fait, ni des biens litigieux, ni ceux hypothéqués à la dette qui ne sont plus en la possession du débiteur.

281. ***Les cautions bénéficiaires***. Le bénéfice de discussion ne profite qu'aux cautions simples. En sont exclues les cautions solidaires, judiciaires (C. civ., art. 2319, anc. art. 2042) ou « réelles ».

Encore faut-il que la caution simple n'y ait pas renoncé, comme l'y autorise l'article 2298 du Code civil. Souvent, les actes de cautionnement additionnent une clause de solidarité et une clause de renonciation à ce bénéfice. Si cette redondance est juridiquement inutile, elle permet néanmoins de renforcer la compréhension des cautions ignorantes des conséquences attachées à la solidarité, c'est-à-dire des renonciations qu'elle implique.

282. ***Le moment où le bénéfice doit être invoqué***. L'article 2299 du Code civil (anc. art. 2022) impose à la caution de requérir le bénéfice de discussion sur « les premières poursuites » du créancier, c'est-à-dire *in limine litis*, avant toute défense au fond, comme doit l'être toute exception dilatoire (C. pr. civ., art. 74 et 108). Cela emporte

---

1. V. ss 133 sur la notion de subsidiarité en matière de cautionnement. A noter qu'une subsidiarité conventionnelle peut être organisée dans le contrat de cautionnement ou dans le contrat donnant naissance à la dette garantie : ainsi de la clause imposant que la mise en jeu des cautionnements apportés ne pourrait être engagée qu'après la cession du fonds de commerce appartenant à l'emprunteur (Paris, 26 mars 2015, n° 13/19103).

trois conséquences : d'abord, la caution n'en profite pas de plein droit ; ensuite, en laissant continuer les poursuites à son encontre, la caution est censée y renoncer ; enfin, le juge ne peut le lui octroyer d'office.

283. ***Les biens susceptibles d'être discutés.*** L'article 2300 du Code civil (anc. art. 2023) exige qu'ils soient *indiqués au créancier par la caution*[1].

Par ailleurs, ce texte énumère les biens qui ne peuvent être discutés. Il s'agit des biens litigieux, des biens aliénés à des tiers, des biens ayant une valeur insuffisante ou encore, condition quelque peu archaïque, des biens situés hors du ressort de la cour d'appel du lieu où le paiement doit être fait. Ce qui compte, en réalité, c'est que la vente des biens indiqués au créancier puisse permettre de couvrir une partie non négligeable de la dette.

284. ***Le financement de la discussion.*** L'article 2300 du Code civil pose une condition particulièrement dissuasive pour la caution, puisqu'il l'oblige à *avancer au créancier* une somme suffisante pour poursuivre le débiteur[2].

285. ***Les effets du bénéfice de discussion.*** L'exception de discussion suspend les poursuites contre la caution. Le créancier ne peut les reprendre qu'après avoir vendu les biens du débiteur principal, s'il n'en a pas retiré un paiement intégral.

L'article 2301 du Code civil (anc. art. 2024) prévoit que, si les biens du débiteur indiqués par la caution sont suffisants au moment où l'exception est soulevée, le créancier est responsable à l'égard de la caution d'une insolvabilité ultérieure du débiteur, survenue après un défaut de poursuite de sa part. Le créancier a donc tout intérêt, même s'il n'y est pas obligé, à engager des poursuites immédiates contre le débiteur.

C. civ., art. 2301, al. 1er (anc. art. 2024). – Toutes les fois que la caution a fait l'indication de biens autorisée par l'article précédent, et qu'elle a fourni les deniers suffisants pour la discussion, le créancier est, jusqu'à concurrence des biens indiqués, responsable à l'égard de la caution, de l'insolvabilité du débiteur principal survenue par le défaut de poursuites.

b) Le bénéfice de division

286. ***La notion de division.*** Il faut supposer une *pluralité de cautionnements d'une même dette*. Dans ce cas, chacune des cautions (cofidéjusseurs) souhaite que les poursuites dirigées contre elle aient pour objet, non pas la totalité de cette dette, comme le prévoit l'article 2302 du Code civil (anc. art. 2025), mais seulement sa part contributive dans celle-ci, en application du droit commun de l'obligation conjointe. Chaque caution entend ainsi limiter l'étendue de son engagement en obligeant le créancier à diviser ses poursuites. L'article 2303 du Code civil (anc. art. 2026) satisfait cette attente, puisqu'il reconnaît aux cautions simples le droit de demander au créancier qu'il divise préalablement son action et la réduise à la part de chacune d'entre elles.

C. civ., art. 2302 (anc. art. 2025). – Lorsque plusieurs personnes se sont rendues cautions d'un même débiteur pour une même dette, elles sont obligées chacune à toute la dette.
C. civ., art. 2303 (anc. art. 2026). – Néanmoins chacune d'elles peut, à moins qu'elle n'ait renoncé au bénéfice de division, exiger que le créancier divise préalablement son action, et la réduise à la part et portion de chaque caution.

---

1. Pour un exemple de non-respect de cette condition ayant abouti à valider des saisies pratiquées sur les biens de cautions simples, cf. Civ. 2e, 23 oct. 2008, *Bull. civ.* II, no 224.
2. Pour un exemple de non-respect de cette condition, cf. Civ. 2e, 23 oct. 2008, préc.

> Lorsque, dans le temps où une des cautions a fait prononcer la division, il y en avait d'insolvables, cette caution est tenue proportionnellement de ces insolvabilités ; mais elle ne peut plus être recherchée à raison des insolvabilités survenues depuis la division.

287. ***Les conditions du bénéfice de division***. Pour éviter que les poursuites du créancier ne soient compliquées à l'excès par le bénéfice de division, la loi et la jurisprudence imposent aux cautions de respecter diverses conditions pour pouvoir soulever cette exception.

288. ***Les cautions bénéficiaires***. Le bénéfice de division est une faveur faite aux cautions simples, dès lors qu'elles sont plusieurs et qu'elles n'y ont pas renoncé. La jurisprudence a toujours refusé ce bénéfice aux cautions solidaires [1]. Partant, si une clause de solidarité est stipulée dans le cautionnement, soit entre les cautions, soit même seulement à l'égard du débiteur principal [2], ou si le cautionnement est commercial ou cambiaire, le bénéfice de division est écarté. La Cour de cassation en prive également les « cautions réelles » [3].

289. ***Le moment où le bénéfice doit être invoqué***. À l'instar du bénéfice de discussion, le bénéfice de division doit être requis *avant toute défense au fond.*

290. ***La solvabilité des cautions***. Il résulte du second alinéa de l'article 2303 du Code civil que la division ne peut être demandée qu'entre cautions solvables. L'exclusion ne concerne, cependant, que les cautions insolvables « dans le temps où une des cautions a fait prononcer la division ». C'est au créancier poursuivant qu'il appartient de prouver que telle caution est insolvable.

291. ***Une condition non requise***. Contrairement à ce qui se passe dans le cadre du bénéfice de discussion, *les frais de la division* n'ont pas à être avancés par la caution simple qui l'invoque. Ils doivent être exposés par le créancier lui-même.

292. ***Les effets du bénéfice de division***. Si toutes les conditions ci-dessus rappelées sont remplies, la division n'a d'effet qu'à l'égard de la caution simple qui la demande, sauf aux autres à en faire de même.

Le créancier ne peut lui réclamer que sa part dans la dette. Comment se calcule cette part personnelle ?

Lorsque les différentes cautions garantissent toutes l'intégralité de la dette ou ont toutes limité leur engagement à un même montant (par exemple, les deux tiers de la dette), la division se fait par *parts viriles*, c'est-à-dire qu'il suffit de diviser le montant de la dette ou le montant garanti par le nombre de cautions solvables [4].

Lorsque les cautions se sont engagées pour des montants différents (certaines peuvent avoir souscrit un engagement indéfini et d'autres, au contraire, avoir limité leur engagement à un plafond, qui peut, en outre, ne pas être le même d'un cofidéjusseur à un autre),

---

1. Cass., Req., 16 mars 1898, *DP* 98. 1. 301 ; *S.* 1902. 1. 331.
2. Civ. 1re, 27 juin 1984, *Bull. civ.* I, n° 213 ; Com. 7 janv. 1992, *Bull. civ.* IV, n° 1 ; 11 déc. 2001, *Bull. civ.* IV, n° 195.
3. Civ. 1re, 6 mars 1979, *Bull. civ.* I, n° 78.
4. Exemple : supposons trois cofidéjusseurs ayant accepté de garantir une dette globale de 30 000 euros ; la part contributive de chacun est de 10 000 euros s'ils étaient tous solvables au moment où ils ont demandé le bénéfice de division ; si, à ce jour, l'un d'eux était insolvable, la part contributive des deux restantes s'élève à 15 000 euros (le montant total garanti – 30 000 euros – divisé par le nombre de cautions encore solvables, en l'occurrence deux).

il est juste que leur part contributive soit également différente. C'est pourquoi la contribution de chaque cofidéjusseur devrait être *proportionnelle* au montant de son obligation [1]. Lorsque celle-ci n'a été enfermée dans aucun montant (cautionnement indéfini), la base de calcul devrait être le montant de la dette garantie [2].

L'article 2303 du Code civil ajoute, *in fine*, qu'à compter du moment où la caution simple invoque le bénéfice de division, elle cesse de supporter le risque d'insolvabilité des autres cautions. Cela signifie que les bases de calcul de sa part contributive sont arrêtées à ce moment-là et que l'insolvabilité d'un cofidéjusseur survenant après ne saurait augmenter sa contribution. Il en résulte qu'une caution simple a tout intérêt à opposer le bénéfice de division dès l'instant où elle est poursuivie et que le créancier, quant à lui, doit également poursuivre les autres cautions le plus vite possible, à défaut de quoi il supporterait seul l'insolvabilité survenue postérieurement.

2° Le cautionnement solidaire

Le cautionnement solidaire recouvre plusieurs cas de figure, car la solidarité est susceptible d'affecter divers rapports juridiques (a). Si le cautionnement solidaire est ainsi complexe dans ses expressions, il l'est également dans ses effets, puisque l'article 2298 du Code civil impose d'articuler les règles du cautionnement avec celles du droit commun de la solidarité (b).

a) Les figures de la solidarité

Selon que la solidarité affecte les rapports entre la caution et le débiteur principal ou les rapports entre une caution et ses cofidéjusseurs ou encore ces deux rapports à la fois, les exceptions au paiement varient.

293. ***Solidarité uniquement entre les cautions***. Lorsque les cautions sont solidaires entre elles, sans l'être avec le débiteur principal (ce qui est rare en pratique), la solidarité n'exclut normalement que le bénéfice de division. Les cautions peuvent, en revanche, soulever le bénéfice de discussion.

294. ***Solidarité uniquement entre chaque caution et le débiteur principal***. Il arrive relativement fréquemment que le débiteur principal et les cautions soient solidaires, sans

---

1. Le conditionnel est de mise, car la contribution de chacun des cofidéjusseurs n'est précisée par aucun texte. En outre, compte tenu de la relative rareté du cautionnement simple, la jurisprudence n'a pas eu, à notre connaissance, à se prononcer.

Exemple : supposons trois cofidéjusseurs ayant limité respectivement leur engagement à 10 000 euros, 20 000 euros et 60 000 euros ; la dette principale s'élève à 60 000 euros ; il convient, d'abord, d'additionner les trois montants garantis : 90 000 euros ; la part contributive de la première caution est de 10 000/90 000, soit 1/9 de 60 000 euros (environ 6 666,66 euros) ; la part contributive de la deuxième caution est de 20 000/90 000, soit 2/9 de 60 000 euros (environ 13 333,33 euros) ; la part contributive de la troisième caution est de 60 000/90 000, soit 2/3 de 60 000 euros (40 000 euros).

2. Exemple : supposons trois cofidéjusseurs ; le premier a limité sa garantie à 30 000 euros ; le deuxième à 70 000 ; le troisième a souscrit un engagement indéfini ; la dette principale s'élève à 100 000 euros ; l'ensemble des montants garantis est de : 30 000 + 70 000 + 100 000 (l'engagement indéfini de la troisième caution est fixé, pour les besoins du calcul des contributions, au montant de la dette principale) = 200 000 euros ; la part contributive de la première caution est de 30 000/200 000, soit 3/20 de 100 000 euros (15 000 euros) ; la part contributive de la deuxième caution est de 70 000/200 000, soit 7/20 de 100 000 (35 000 euros) ; la part contributive de la troisième caution est de 100 000/200 000, soit ½ de 100 000 (50 000 euros).

que celles-ci le soient entre elles. Tel peut être le cas lorsque plusieurs cautions s'engagent, par des actes séparés, soit dans le même temps, soit successivement, à garantir la même dette ou la même fraction de la dette.

La solidarité entre chaque caution et le débiteur principal exclut alors certainement le bénéfice de discussion. Cette exclusion n'empêche cependant pas le créancier de poursuivre, s'il le souhaite, le débiteur principal[1].

Lorsque chaque caution est solidaire du débiteur principal, sans qu'elles soient solidaires entre elles, la solidarité ne devrait pas entraver le bénéfice de division. Une jurisprudence constante retient pourtant la solution inverse, sauf convention contraire[2]. Une clause expresse restaurant le bénéfice de division est donc nécessaire, dans ce cas, pour que la contribution de chaque caution soit limitée à leur part dans la dette.

295. *Solidarité entre les cautions et entre chaque caution et le débiteur principal*. Dans cette hypothèse, la solidarité exclut tant le bénéfice de division, que le bénéfice de discussion.

296. *Difficultés d'interprétation*. Comment savoir s'il y a solidarité et laquelle des trois figures précédentes elle emprunte ?

Sauf présomption commerciale de solidarité, la solidarité du cautionnement est subordonnée à une *stipulation expresse* (C. civ., art. 1202)[3]. Par application de ce principe, il conviendrait que la stipulation contractuelle précise également dans quels rapports la solidarité s'inscrit. Or, les actes de cautionnement se contentent souvent d'une formule générale, telle que « cautionnement solidaire ». Il appartient dès lors aux juges du fond de déterminer souverainement (dans la limite de la dénaturation[4]) dans quel(s) rapport(s) juridique(s) la solidarité a vocation à produire des effets, à partir d'*indices* tels que les termes du contrat, la commune intention des parties, l'existence d'actes de cautionnement séparés ou encore la couverture par chaque caution de montants différents.

b) La portée de la solidarité

C. civ., art. 2298 (anc. art. 2021). – La caution n'est obligée envers le créancier à le payer qu'à défaut du débiteur, qui doit être préalablement discuté dans ses biens, à moins que la caution n'ait renoncé au bénéfice de discussion, ou à moins qu'elle ne se soit obligée

1. Civ. 2e, 8 sept. 2005, *Bull. civ.* II, n° 211 (la circonstance que l'assureur de la caution aurait pu, le cas échéant, prendre en charge le solde du prêt ne peut priver le créancier de son droit d'agir contre les débiteurs principaux).

2. La Cour de cassation a jugé à plusieurs reprises que, lorsque plusieurs personnes se sont portées cautions solidaires d'un même débiteur pour une même dette, elles ne peuvent, sauf convention contraire, opposer au créancier le bénéfice de division, même si aucune solidarité des cautions entre elles n'a été stipulée (Civ. 1re, 27 juin 1984, *Bull. civ.* I, n° 213 ; Com. 7 janv. 1992, *Bull. civ.* IV, n° 1 ; 11 déc. 2001, *Bull. civ.* IV, n° 195).

3. Sauf disposition légale contraire (par ex., C. consom., art. L. 313-8 et L. 341-3), la solidarité n'a pas besoin d'être mentionnée à la main par la caution. Une stipulation imprimée suffit à respecter l'exigence de l'article 1202 du Code civil (Civ. 1re, 31 janv. 1989, *Bull. civ.* I, n° 45 ; dans le même sens, cf. Civ. 1re, 26 nov. 1991, *Bull. civ.* I, n° 330).

4. V. par ex. Com. 11 févr. 2014, inédit, n° 12-16632 (cassation de l'arrêt ayant condamné deux cautions à payer chacune 15 000 euros, « alors qu'il résulte des termes clairs et précis de l'engagement de caution litigieux dans lequel M. et Mme X... sont dénommés «ensemble la caution solidaire ou la caution», que la somme de 15 000 euros figurant tant dans le corps de cet acte que dans la mention manuscrite que chacun d'eux a, comme il y était tenu, apposée au pied de celui-ci, constitue la limite de l'unique engagement qu'ils ont ensemble souscrit »).

solidairement avec le débiteur ; auquel cas l'effet de son engagement se règle par les principes qui ont été établis pour les dettes solidaires.
C. civ., art. 1208. – Le codébiteur solidaire poursuivi par le créancier peut opposer toutes les exceptions qui résultent de la nature de l'obligation, et toutes celles qui lui sont personnelles, ainsi que celles qui sont communes à tous les codébiteurs.
Il ne peut opposer les exceptions qui sont purement personnelles à quelques-uns des autres codébiteurs.
C. civ., art. 2313 (anc. 2036). – La caution peut opposer au créancier toutes les exceptions qui appartiennent au débiteur principal, et qui sont inhérentes à la dette ;
Mais elle ne peut opposer les exceptions qui sont purement personnelles au débiteur.

297. ***Le principe de transposition du régime de la solidarité au cautionnement solidaire.*** Selon les termes généraux de l'article 2298 du Code civil, *in fine* (anc. art. 2021), la caution solidaire doit être traitée comme un débiteur solidaire. Corrélativement, le créancier qui bénéficie d'un cautionnement solidaire doit profiter des avantages attachés à la solidarité passive.

298. ***Les effets principaux de la solidarité passive.*** Comme le codébiteur solidaire, la caution solidaire peut opposer au créancier les exceptions « inhérentes à la dette » (C. civ., art. 2313, anc. art. 2036)[1].

Par ailleurs, la caution solidaire, pas plus que le codébiteur solidaire, ne peut se prévaloir, ni du bénéfice de discussion, ni du bénéfice de division[2].

299. ***Les effets secondaires de la solidarité passive.*** Les effets dits secondaires de la solidarité, fondés sur l'idée relativement contestée et contestable de représentation mutuelle[3], se produisent en cas de solidarité entre la caution et le débiteur principal[4].

Ainsi, le débiteur principal avec lequel une caution s'est engagée solidairement est-il en droit d'opposer au créancier *ce qui a été définitivement jugé*, quant à la dette, entre ce dernier et la caution[5]. Inversement, la chose jugée à l'égard du débiteur principal, relativement à l'existence de la dette cautionnée, est opposable à la caution[6]. Cependant, la caution solidaire qui n'a pas participé à l'instance entre le créancier et le débiteur peut former *tierce opposition*. Traditionnellement, cette action n'était recevable que si la caution solidaire soulevait des exceptions qui lui étaient personnelles[7], comme un défaut

1. Sur l'opposabilité de ces exceptions inhérentes à la dette principale, v. ss 135 le caractère accessoire du cautionnement et v. ss 343 s., l'extinction par voie accessoire du cautionnement.

2. Aux termes mêmes de l'article 1203 du Code civil, « le créancier d'une obligation contractée solidairement peut s'adresser à celui des débiteurs qu'il veut choisir, sans que celui-ci puisse lui opposer le bénéfice de division ».

3. Pour une présentation critique très éclairante de l'idée de représentation mutuelle, cf. D. Veaux et P. Veaux-Fournerie, « La représentation mutuelle des coobligés », *in Mélanges Weill*, Dalloz-Litec, 1983, p. 547 s.

4. Le principe de représentation mutuelle joue également dans les relations entre cofidéjusseurs solidaires, notamment en ce qui concerne l'autorité de chose jugée. La jurisprudence décide ainsi que ce qui a été définitivement jugé entre le créancier et l'une des cautions solidaires sur l'existence, le montant ou l'exigibilité des obligations garanties est opposable aux autres cautions solidaires ou par elles. Par exemple, « la caution solidaire peut se prévaloir, dès lors qu'il est définitif, du rejet de la créance garantie prononcé dans la procédure collective de son cofidéjusseur, à moins qu'il ne soit dû à une cause personnelle à celui-ci » (Com. 18 nov. 2014, n° 13-23976, à paraître au *Bulletin*).

5. Com. 18 déc. 1972, *Bull. civ.* IV, n° 333.

6. Civ. 1re, 29 mars 1978, *Bull. civ.* I, n° 125.

7. Com. 4 oct. 1983, *Bull. civ.* IV, n° 245 ; *JCP* 1985. II. 20374, note Veaux ; Com. 22 avr. 1997, *Bull. civ.* IV, n° 97.

d'information, ou invoquait la collusion frauduleuse entre le créancier et le débiteur[1]. La Cour de cassation a récemment étendu la recevabilité de la tierce opposition et, par là même, écarté la représentation tacite mutuelle en justice des coobligés solidaires, en décidant, sur le fondement de l'article 6, § 1, de la Convention européenne de sauvegarde des droits de l'homme, que « le droit effectif au juge implique que la caution solidaire, qui n'a pas été partie à l'instance arbitrale, soit recevable à former tierce opposition à l'encontre de la sentence arbitrale déterminant le montant de la dette du débiteur principal à l'égard du créancier »[2].

Par ailleurs, l'*interruption de la prescription* à l'égard du débiteur vaut interruption à l'encontre de la caution (C. civ., art. 2246, anc. art. 2250).

Notons encore que *la mise en demeure* du débiteur vaut mise en demeure de la caution.

Si certaines de ces solutions peuvent paraître discutables, on peut toutefois remarquer que, pour l'essentiel, le caractère accessoire renforcé du cautionnement permettrait, sans doute, de parvenir à des résultats assez proches[3].

300. ***La relativité de la transposition du régime de la solidarité au cautionnement solidaire***. Le régime du cautionnement solidaire ne suit pas parfaitement celui de la solidarité et ce, pour deux raisons.

D'une part, le cautionnement, même solidaire, n'en reste pas moins un engagement fondamentalement accessoire, au sens particulier et original précédemment exposé[4]. Lorsque le caractère accessoire renforcé, inhérent au contrat de cautionnement, entre en conflit avec le caractère solidaire, ce dernier doit s'incliner.

D'autre part, à l'inverse de la solidarité passive, la solidarité affectant le cautionnement joue à sens unique, en ce que le débiteur principal ne peut invoquer l'extinction du cautionnement sans désintéressement du créancier pour refuser de payer ce dernier[5]. Ceci s'explique par le fait que le débiteur est tenu à titre principal, et non à titre accessoire comme la caution, et que, si l'accessoire suit le principal, le principal ne suit pas en revanche le sort de l'accessoire.

301. ***Les différences relatives aux exceptions purement personnelles au débiteur***. La principale différence entre le régime du cautionnement solidaire et celui de la solidarité concerne l'opposabilité au créancier des exceptions purement personnelles au débiteur principal[6]. Alors que, selon l'interprétation jurisprudentielle et doctrinale dominante de l'article 1208, alinéa 2, du Code civil, le codébiteur solidaire ne peut soulever les exceptions personnelles à l'un des codébiteurs (par exemple, les vices du consentement, le

---

1. Civ. 1re, 10 déc. 1991, *Bull. civ.* I, n° 348.
2. Com. 5 mai 2015, n° 14-16644, à paraître au *Bulletin*.
3. Lorsque l'existence de la dette principale est en cause, ce qui est le cas dans les arrêts portant sur l'autorité de la chose jugée à l'égard du débiteur, l'application de l'article 2313 du Code civil (anc. art. 2036) pourrait conduire au même résultat que l'invocation des effets secondaires de la solidarité, à savoir l'opposabilité par la caution.

En revanche, il est plus difficile de retenir la qualification d'exception inhérente à la dette à l'égard de la mise en demeure du débiteur, voire aussi de l'interruption de la prescription, car elles intéressent davantage le droit de poursuite du créancier (*Haftung* ou *obligatio*) que l'obligation de règlement (*Schuld* ou *debitum*). En conséquence, il n'est pas certain que le caractère accessoire renforcé du cautionnement impose d'étendre à la caution la mise en demeure du débiteur ou l'interruption de la prescription.

4. V. ss 130 s.
5. V. ss 349 s., les effets de l'extinction de l'obligation de règlement de la caution.
6. Sur la notion d'exception purement personnelle, v. ss 148, 178 s.

défaut de pouvoir, l'incapacité, l'octroi de délais de paiement…), il semblait admis que la caution solidaire pût invoquer toutes les exceptions personnelles au débiteur principal [1], sauf l'incapacité [2]. *Le caractère accessoire renforcé du cautionnement l'emporte donc sur le caractère solidaire.* Il convient ce faisant de retenir qu'en dépit de la rédaction proche des articles 1208 et 2313 du Code civil, la caution peut, en réalité et en principe, opposer au créancier, toutes les exceptions, qu'elles soient inhérentes ou non à la dette.

302. ***Les différences relatives à la compensation.*** Le régime du cautionnement solidaire et celui de la solidarité s'éloignent également en cas de compensation entre des dettes réciproques du créancier et du débiteur principal. Il est nécessaire de relire, à ce sujet, l'article 1294 du Code civil.

> **C. civ., art. 1294.** – La caution peut opposer la compensation de ce que le créancier doit au débiteur principal.
> Mais le débiteur principal ne peut opposer la compensation de ce que le créancier doit à la caution.
> Le débiteur solidaire ne peut pareillement opposer la compensation de ce que le créancier doit à son codébiteur.

Le premier alinéa autorise la caution à soulever la compensation intervenue entre le débiteur principal et le créancier. En revanche, le troisième alinéa interdit au codébiteur solidaire de soulever, à la place d'un autre codébiteur solidaire, la compensation de sa dette intervenue sur sa tête [3]. Dès lors, que décider en présence d'un cautionnement solidaire ? La Cour de cassation fait *primer la solution propre au cautionnement :* la caution, même solidaire, peut soulever la compensation intervenant entre le débiteur principal et le créancier et ce, en toutes circonstances, que la compensation soit légale ou judiciaire [4].

303. ***Les différences relatives à la déclaration des créances au passif de la procédure collective du débiteur.*** Une autre différence a longtemps concerné la déclaration des créances à la procédure collective. Avant la réforme du 26 juillet 2005, le défaut de déclaration de la créance contre le débiteur principal entraînait l'extinction de la créance (C. com., anc. art. L. 621-43, al. 4). En matière de cautionnement, la Cour de cassation qualifiait logiquement cette extinction d'exception inhérente à la dette et décidait, en application du principe de l'accessoire, que la caution pouvait l'opposer au créancier pour être elle-même entièrement libérée de son engagement [5]. Au contraire, en matière de solidarité, la Haute juridiction retenait, sans raison claire, la qualification d'exception personnelle au débiteur et refusait par conséquent d'en faire profiter le codébiteur solidaire [6].

---

1. La question se pose de savoir si cette solution sera remise en cause par l'arrêt de la Cour de cassation rendu par une chambre mixte en date du 8 juin 2007 (*Bull. ch. mixte*, n° 5 ; v. ss 148) et confirmé depuis (Com. 22 mai 2013, inédit, n° 11-20398).
2. V. ss 178 s., l'interprétation de l'article 2289 du Code civil (anc. art. 2012).
3. On explique souvent cette interdiction par la volonté d'éviter que le codébiteur à l'égard de qui la compensation intervient ne se trouve obligé, par ce biais, à payer la totalité de la dette. Cette explication n'est pas pleinement convaincante, au regard notamment de l'effet de plein droit de la compensation.
4. Civ. 1re, 1er juin 1983, *Bull. civ.* I, n° 165 ; *D.* 1984. 152, note J.-L. Aubert ; Com. 7 janv. 1992, *Bull. civ.* IV, n° 1 ; 26 oct. 1999, *Bull. civ.* IV, n° 181.
5. Com. 17 juill. 1990, *Bull. civ.* IV, n° 214 et 215 ; v. ss 542 s., les rapports entre le droit du cautionnement et celui des procédures collectives.
6. Jurisprudence constante depuis Com. 19 janv. 1993, *Bull. civ.* IV, n° 25. Pour une analyse critique de cette jurisprudence, cf. V. Brémond, *D.* 2003. Somm. 1284, obs. sous Com. 23 oct. 2001.

B. Les modalités des poursuites

L'effet principal du cautionnement, dans les rapports entre le créancier et la caution, est de conférer au créancier un droit de poursuite contre la caution, qu'il peut exercer si le débiteur n'honore pas ses obligations [1]. À quel moment et pour quel montant la caution peut-elle être ainsi appelée en paiement ? Quelles formes et quelles limites doivent respecter les poursuites du créancier ?

304. ***Le moment des poursuites***. Le caractère accessoire renforcé du cautionnement (C. civ., art. 2290, anc. art. 2013) interdit de poursuivre la caution tant que la dette principale n'est pas exigible. Le créancier doit donc attendre l'échéance du terme convenu avec le débiteur principal pour faire valoir son droit contre la caution. Ce principe connaît néanmoins certains aménagements lorsque le terme suspensif du contrat principal se trouve avancé par une déchéance ou retardé par une prorogation [2].

305. ***Le montant des poursuites***. Pour déterminer le montant susceptible d'être réclamé par le créancier à la caution, plusieurs règles doivent être combinées.

En premier lieu, le *caractère accessoire* du cautionnement. En vertu de l'article 2290 du Code civil (anc. art. 2013), le créancier ne peut, en principe, réclamer plus à la caution que ce que doit le débiteur principal [3]. Autrement dit, le montant de la dette principale constitue un plafond.

Le montant exigible dépend, en deuxième lieu, du *quantum* de l'engagement de la caution [4]. Si la caution a souscrit un cautionnement *défini*, c'est-à-dire comportant un montant qui lui est propre, la caution ne peut être actionnée que dans la limite de ce montant, qui inclut ou non, selon les stipulations du cautionnement, les accessoires de la dette principale. Si la caution a souscrit un cautionnement *indéfini*, c'est-à-dire calqué sur le montant de la dette principale, la caution peut être poursuivie pour le même montant que le débiteur, en principal et accessoires (C. civ., art. 2293, anc. art. 2016).

Pour déterminer le montant des poursuites, il est nécessaire de tenir compte, en troisième et dernier lieu, de la *nature de la dette principale*. En effet, lorsque la caution garantit de manière indéfinie des *dettes futures*, elle couvre uniquement celles qui sont déjà nées au moment de l'extinction de son engagement [5].

306. ***La forme des poursuites***. Quelles diligences le créancier doit-il accomplir pour appeler la caution en paiement ?

Il convient de rappeler que, lorsque le cautionnement est souscrit par une personne physique, le créancier professionnel doit *informer la caution de la défaillance du débiteur* principal, à peine de déchéance des pénalités et intérêts de retard échus entre la date du premier incident de paiement et la date à laquelle la caution en aura été informée (C. consom., art. L. 313-9 et L. 341-1, L. du 11 févr. 1994, art. 47-II, al. 3) [6].

---

1. Poursuivre la caution en cas de défaillance du débiteur est un droit, non une obligation pour le créancier. Ainsi, lorsque plusieurs sûretés garantissent la même dette, la Cour de cassation reconnaît au créancier la liberté de choisir le moyen d'obtenir le paiement de sa créance, dans la seule limite de la fraude ou de l'abus (Com. 2 juin 2004, *Bull. civ.* IV, n° 106).

2. V. ss 198 s., le sort du cautionnement en présence de telles modifications.

3. Ce principe connaît quelques exceptions lorsque le débiteur est soumis à une procédure d'insolvabilité ; v. ss 593 s.

4. Sur l'étendue du cautionnement, v. ss 182 s.

5. V. ss 387 s., l'extinction de l'obligation de couverture de la caution.

6. V. ss 270 s.

En tout état de cause, le créancier doit *mettre la caution en demeure de payer* par « une sommation ou par autre acte équivalent, telle une lettre missive lorsqu'il ressort de ses termes une interpellation suffisante » (C. civ., art. 1139)[1]. S'il n'obtient pas satisfaction, il peut exercer contre la caution une procédure de *recouvrement forcé*, à condition d'être muni d'un *titre exécutoire*. Le cautionnement conclu devant notaire confère automatiquement un tel titre. En revanche, si le cautionnement a été conclu sous seing privé, le créancier doit engager une procédure judiciaire à l'encontre de la caution pour s'en procurer un.

307. ***La limitation des poursuites***. Comme tout débiteur, la caution poursuivie peut solliciter des *délais de grâce*, sur le fondement de l'article 1244-1 du Code civil, ou le bénéfice d'une *procédure de surendettement*, si ses difficultés financières sont plus graves et que les conditions d'ouverture inscrites dans le Titre III du Livre III du Code de la consommation sont bien réunies[2]. À cet égard, il importe de relever que la loi de modernisation de l'économie du 4 août 2008 a ouvert cette procédure aux cautions dirigeantes, dont l'engagement présente pourtant une nature professionnelle[3], et qu'elle a également étendu l'effet extinctif de la clôture de la procédure de rétablissement personnel pour insuffisance d'actif à « la dette résultant de l'engagement (...) de cautionner ou d'acquitter solidairement la dette d'un entrepreneur individuel ou d'une société » (C. consom., art. L. 332-5 et 332-9). Se dessine ainsi un regain de bienveillance à l'égard des cautions intégrées dans les affaires du débiteur principal, que l'on peut attribuer à la volonté politique, sous-tendant notamment cette loi de 2008, d'encourager l'esprit d'entreprendre.

> **C. consom., art. L. 330-1, al. 1er.** – La situation de surendettement des personnes physiques est caractérisée par l'impossibilité manifeste pour le débiteur de bonne foi de faire face à l'ensemble de ses dettes non professionnelles exigibles et à échoir. L'impossibilité manifeste pour une personne physique de bonne foi de faire face à l'engagement qu'elle a donné de cautionner ou d'acquitter solidairement la dette d'un entrepreneur individuel ou d'une société caractérise également une situation de surendettement. Le seul fait d'être propriétaire de sa résidence principale ne peut être tenu comme empêchant que la situation de surendettement soit caractérisée.

---

1. Aux termes de l'article 1153, alinéa 3, du Code civil, le défaut de mise en demeure empêche les intérêts moratoires de courir.

2. L'article L. 330-1 du Code de la consommation définit la situation de surendettement par l'impossibilité manifeste de faire face à l'ensemble des dettes non professionnelles exigibles et à échoir. Ce texte subordonne en plus le bénéfice des procédures de traitement du surendettement à la bonne foi du demandeur. En ce domaine, la mauvaise foi suppose la conscience du débiteur de se placer en situation de surendettement, ainsi que son éventuelle intention d'échapper au paiement de ses dettes en instrumentalisant les procédures de traitement du surendettement. Le bénéfice de ces procédures dépend enfin de la qualité du demandeur. En effet, les procédures de surendettement sont subsidiaires par rapport aux procédures collectives professionnelles (C. consom., art. L. 333-3). Elles ne sauraient donc profiter à des commerçants, des agents commerciaux, des auto-entrepreneurs, des artisans, des agriculteurs ou encore des débiteurs exerçant une activité professionnelle indépendante, telle une profession libérale.

3. Auparavant, la jurisprudence refusait le bénéfice des procédures de surendettement aux cautions dirigeantes retirant un intérêt patrimonial personnel de la dette professionnelle cautionnée (cf. not. Civ. 1re, 31 mars 1992, *Bull. civ.* I, no 107 ; 7 nov. 2000, *Bull. civ.* I, no 285). La loi *Borloo* du 1er août 2003 avait ensuite reconnu l'accès aux procédures de surendettement aux cautions et codébiteurs solidaires, dont la situation de surendettement provenait de la réalisation d'un engagement consenti au soutien d'un entrepreneur individuel ou d'une société, mais en excluant les dirigeants, en droit ou en fait, de la société ou de l'entreprise individuelle cautionnée. C'est cette restriction qui a été abandonnée par la loi du 4 août 2008. Pour plus de développements sur cette évolution, cf. M. Bourassin, « Sûretés et surendettement des particuliers », *LPA* 10 oct. 2012, p. 4 s., spéc. nos 45 à 48.

En vue de restreindre les droits des créanciers poursuivants, les cautions peuvent également se prévaloir de toutes les protections instaurées par le droit des procédures civiles d'exécution, en particulier *l'insaisissabilité des biens* énumérés par l'article L. 112-2 du Code des procédures civiles d'exécution (L. du 9 juill. 1991, anc. art. 14).

Par ailleurs, depuis la loi du 29 juillet 1998 relative à la lutte contre l'exclusion, le droit de poursuite du créancier se trouve limité par ce qu'il est courant d'appeler le « reste à vivre », inséré dans l'article 2301 du Code civil (anc. art. 2024)[1].

> **C. civ., art. 2301, al. 2 (anc. art. 2024).** – En toute hypothèse, le montant des dettes résultant du cautionnement ne peut avoir pour effet de priver la personne physique qui s'est portée caution d'un minimum de ressources fixé à l'article L. 331-2 du Code de la consommation.

308. Cette limitation du droit de poursuite a pour but d'éviter que la caution personne physique ne se trouve totalement démunie à la suite de l'exécution de son engagement de garantie et qu'ainsi à un endettement excessif du débiteur principal ne s'ajoute un surendettement de la caution, qui risque de conduire à son exclusion.

Le « reste à vivre » est malheureusement assez *illusoire*, puisque les ressources devant être laissées à la caution correspondent au montant du RSA (revenu de solidarité active). Il est en outre relativement *inutile*, en raison, d'une part, des causes d'insaisissabilité imposées par le droit des voies d'exécution et, d'autre part, d'une ouverture de plus en plus large de la procédure de surendettement. Plus avant, il est permis de se demander si c'est bien le rôle du droit du cautionnement de préserver de la sorte la dignité de la personne de la caution.

Section 2
Les rapports entre la caution et le débiteur principal

309. Les cautions trouvent toutes un intérêt dans la garantie du contrat principal : une rémunération pour les cautions professionnelles ; pour les cautions intégrées dans les affaires de l'entreprise débitrice, un avantage financier découlant des bénéfices que cette dernière est susceptible d'engendrer grâce à l'octroi ou au maintien du crédit garanti ; un intérêt patrimonial et/ou moral pour les cautions affectivement proches du débiteur. Ces divers intérêts ne rendent cependant pas la caution débitrice à titre principal. Quel que soit l'avantage qu'elle peut retirer de l'opération de garantie, elle reste toujours tenue *pour un autre*, le débiteur principal[2].

Il s'ensuit que le paiement éventuellement effectué par la caution crée un déséquilibre entre son patrimoine et celui du débiteur : le patrimoine de la caution se trouve amputé d'une somme à laquelle elle n'est pas définitivement tenue ; à l'inverse, le patrimoine du débiteur se trouve enrichi, puisque le paiement de la caution éteint à due concurrence la dette principale.

---

1. Il est pour le moins maladroit d'avoir inséré le « reste à vivre » – disposition à finalité sociale destinée à protéger l'ensemble des cautions personnes physiques – dans un article réglementant une exception réservée aux cautions simples. La Cour de cassation a heureusement rectifié le tir en décidant que « la dernière phrase de l'article 2301 du Code civil ne distingue pas selon que le cautionnement est simple ou solidaire » (Com. 31 janv. 2012, *Bull. civ.* IV, n° 13).
2. Sur le caractère subsidiaire du cautionnement, v. ss 133.

L'*impératif de justice corrective* exige de supprimer ce déséquilibre. Il convient de rappeler que cette forme de justice contractuelle[1] s'oppose à ce que les conventions détruisent l'équilibre qui existait, avant leur conclusion, entre les patrimoines des intéressés.

En matière de cautionnement, l'impératif de justice corrective se traduit par les recours que la loi ouvre aux cautions contre le débiteur principal, non seulement après paiement (§ 1), mais aussi, à titre préventif, avant le paiement (§ 2).

§ 1. Les recours ordinaires après paiement

Dans un souci de justice corrective, c'est-à-dire pour rétablir l'équilibre entre le patrimoine du débiteur et celui de la caution, équilibre rompu par le paiement de celle-ci, le Code civil offre à la caution deux types de recours en remboursement : le recours personnel (C. civ., art. 2305, anc. art. 2028) et le recours subrogatoire (C. civ., art. 2306, anc. art. 2029). Certaines règles leur sont communes (A). D'autres leur sont propres, ce qui leur confère des avantages distincts (B).

A. Les règles communes

310. ***Sujets des recours après paiement*****.** Les recours en remboursement sont dirigés contre le débiteur principal.

En cas de *pluralité de débiteurs solidaires*, si la caution les a tous cautionnés, l'article 2307 du Code civil (anc. art. 2030) dispose qu'elle « a, contre chacun d'eux, le recours pour la répétition du total de ce qu'elle a payé »[2]. Cette solution est, non seulement équitable pour la caution, mais également parfaitement logique au regard du régime de la solidarité, puisque les débiteurs principaux solidaires, tenus de l'intégralité de la dette, ne peuvent opposer à la caution le bénéfice de division[3].

Si la caution n'a garanti qu'un ou plusieurs des débiteurs principaux solidaires, la jurisprudence admet qu'elle puisse agir contre le codébiteur non cautionné, non seulement par un recours subrogatoire[4], mais aussi par un recours personnel, qui est alors fondé sur la gestion d'affaires[5].

---

1. La justice contractuelle consiste à rendre à chaque contractant ce à quoi il peut prétendre. La justice contractuelle est ainsi l'expression de ce qu'Aristote (*Éthique à Nicomaque*, Livre V) appelait la « justice particulière », qui se définit par rapport à l'égalité, par opposition à la « justice générale », qui se définit par rapport à la loi. La justice particulière, qui réside dans le fait d'attribuer à chacun sa part de « choses extérieures » comporte, dans la philosophie d'Aristote, deux espèces : la justice corrective et la justice distributive. Sur la justice distributive dans le droit des procédures d'insolvabilité v. ss 546 s.

Sur les rapports entre l'objectif d'efficacité des garanties personnelles et l'impératif de justice contractuelle, cf. M. Bourassin, *L'efficacité des garanties personnelles*, LGDJ, 2006, n°s 119 à 145.

2. La chambre commerciale de la Cour de cassation a précisé que cette règle ne peut jouer qu'en présence de débiteurs solidaires (Com. 29 nov. 2005, inédit, n° 04-16447). En l'espèce, une banque cautionnait les activités professionnelles de deux entreprises par une convention unique et réclamait à l'une d'elles le remboursement des sommes qu'elle avait versées en garantie des engagements de l'autre, qui se trouvait depuis soumise à une procédure collective. La Haute juridiction a cassé pour violation des articles 1134 et 2028 du Code civil l'arrêt ayant condamné l'entreprise non défaillante à rembourser la banque caution.

3. Sur l'exclusion du bénéfice de division par la solidarité, v. ss 288.

4. Civ. 6 juill. 1896, *DP* 96. 1. 455 ; *S.* 97. 1. 5, note Lyon-Caen ; Civ. 21 janv. 1935, *S.* 1935. 1. 110 ; *DH* 1935. 1. 116 ; *Gaz. Pal.* 1935. 1. 452 ; Civ. 1re, 12 déc. 1960, *Bull. civ.* I, n° 537 ; Civ. 3e, 25 mai 1977, *D.* 1977. IR 453 ; *Gaz. Pal.* 1977. 2. somm. 306.

5. Com. 27 nov. 1978, *Bull. civ.* IV, n° 277.

311. ***Cumul des avantages attachés aux deux types de recours en remboursement.*** La caution peut agir, par une même demande en justice, sur le fondement du recours personnel et sur celui du recours subrogatoire[1]. Ceci est très avantageux, car chacun des recours présente, comme il sera vu plus loin, des intérêts spécifiques, qui vont dès lors se cumuler.

312. ***Interdictions d'exercer un recours après paiement.*** La loi interdit en certaines circonstances tout recours contre le débiteur.

Tel est le cas, d'abord, contre un débiteur faisant l'objet d'une *procédure d'insolvabilité*, tant que celle-ci n'est pas clôturée pour insuffisance d'actif, en raison de la règle, commune aux procédures collectives professionnelles et de surendettement, de l'arrêt des poursuites individuelles et des paiements[2].

Tel est le cas, ensuite, contre un *débiteur incapable*, dont l'obligation serait nulle, à moins que la caution n'arrive à prouver que l'affaire qui le liait au créancier a tourné à son profit (C. civ., art. 1312).

Tel est le cas, enfin, dans les deux hypothèses visées par l'article 2308 du Code civil (anc. 2031).

> **C. civ., art. 2308 (anc. art. 2031).** – La caution qui a payé une première fois, n'a point de recours contre le débiteur principal qui a payé une seconde fois lorsqu'elle ne l'a point averti du payement par elle fait ; sauf son action en répétition contre le créancier.
> Lorsque la caution aura payé sans être poursuivie et sans avoir averti le débiteur principal, elle n'aura point de recours contre lui dans le cas où, au moment du payement, ce débiteur aurait eu des moyens pour faire déclarer la dette éteinte ; sauf son action en répétition contre le créancier.

313. ***Déchéance du droit de recourir contre le débiteur principal.*** Les *deux cas de déchéance* prévus par chacun des alinéas de l'article 2308 du Code civil sont subordonnés à une condition commune : la caution doit avoir payé le créancier (elle est alors appelée caution *solvens*), sans en avoir averti le débiteur. Cette première condition est appréciée de manière très libérale par la jurisprudence, puisqu'il suffit que le paiement soit porté à la connaissance du débiteur, quelle que soit la source de cette information.

La condition supplémentaire requise spécialement par le premier alinéa réside dans le second paiement, opéré cette fois par le débiteur entre les mains du créancier, qui est dès lors visiblement de mauvaise foi. La déchéance de la caution sanctionne ici surtout sa négligence.

Le second alinéa, en plus du défaut d'avertissement du débiteur, subordonne l'interdiction des recours contre ce dernier à deux autres conditions : d'une part, la caution doit avoir payé, sans avoir été poursuivie par le créancier ; d'autre part, le débiteur devait disposer de moyens de défense pour déclarer la dette éteinte[3]. La déchéance sanctionne dans ce cas l'excès de zèle de la caution.

Si la caution négligente ou excessivement zélée perd donc ses recours personnel et subrogatoire contre le débiteur, elle ne supporte cependant pas définitivement la charge de

---

1. Com. 30 nov. 1948, *Bull. civ.* IV, n° 264 (le fait d'avoir saisi le tribunal sur le fondement de l'article 2029 du Code civil n'interdit pas à la caution d'invoquer en cours d'instance les dispositions de l'article 2028).
2. Sur l'incidence des procédures d'insolvabilité sur les recours du garant, v. ss 603 s.
3. La jurisprudence applique cumulativement ces deux conditions. Ainsi, dès lors que la caution a bien été poursuivie par le créancier, elle conserve son recours, même si elle a payé en ayant connaissance d'une exception qu'elle aurait pu opposer au créancier (Com. 19 oct. 1970, *Bull. civ.* IV, n° 269 ; Civ.

la dette principale, puisque les deux alinéas de l'article 2308 du Code civil lui réservent une action en répétition de l'indu contre le créancier.

314. ***Renonciation aux recours en remboursement.*** La caution peut renoncer, par avance ou *a posteriori*, aux deux types de recours après paiement. Cela revient à consentir au débiteur une *donation indirecte*[1], qui échappe aux règles de forme édictées par l'article 931 du Code civil pour la validité des donations entre vifs[2], mais qui est en revanche soumise à rapport et à réduction pour atteinte à la réserve héréditaire, dans la succession de la caution[3].

La renonciation expresse est rare. Le plus souvent, la renonciation s'induit des circonstances, notamment des relations affectives entre la caution et le débiteur et de l'intention libérale qu'elles révèlent[4].

B. Les règles propres au recours personnel et au recours subrogatoire

Le recours personnel (1°) et le recours subrogatoire (2°) ont leurs règles propres, qui expliquent que chacun présente, pour les cautions, des avantages distincts.

1° Le recours personnel

L'article 2305 du Code civil (anc. art. 2028) octroie un recours personnel à la caution.

C. civ., art. 2305 (anc. art. 2028). – La caution qui a payé a son recours contre le débiteur principal, soit que le cautionnement ait été donné au su ou à l'insu du débiteur.
Ce recours a lieu tant pour le principal que pour les intérêts et les frais ; néanmoins la caution n'a de recours que pour les frais par elle faits depuis qu'elle a dénoncé au débiteur principal les poursuites dirigées contre elle.
Elle a aussi recours pour les dommages et intérêts, s'il y a lieu.

315. ***Justifications.*** Les justifications de cette action personnelle se situent dans les rapports entretenus par la caution et le débiteur.

Lorsqu'une personne demande à une autre de se porter caution, il se forme une sorte de *mandat*, qui fonde l'action personnelle en remboursement de la caution. En pratique, il est même assez fréquent qu'un contrat de mandat soit rédigé entre le débiteur-mandant et la caution-mandataire, de sorte que celle-ci dispose de toutes les actions spécifiques attachées à cette convention[5].

Dans le cas, certainement très rare, d'une personne se portant caution à l'insu du débiteur, le recours personnel serait fondé sur la *gestion d'affaires*.

1re, 16 nov. 1971, *Bull. civ.* I, n° 288 ; 9 déc. 1997, *Bull. civ.* I, n° 366). Pour des exemples d'application de l'article 2308, alinéa 2, toutes les conditions étant réunies, v. Com. 28 janv. 2014, inédit, n° 12-28728 ; Civ. 1re, 1er oct. 2014, inédit, n° 13-20457.

1. Cass., Req., 29 déc. 1858, *D.* 59. 1. 209 ; 7 janv. 1913, *DP* 1913. 1. 203.
2. Civ. 1re, 27 nov. 1961, *Bull. civ.* I, n° 553.
3. Civ. 1re, 17 nov. 1987, *Bull. civ.* I, n° 297.
4. La qualification de donation indirecte a ainsi été retenue en présence d'un cautionnement consenti par un amant au profit de sa maîtresse (Civ. 1re, 12 mai 1982, *Bull. civ.* I, n° 173 ; 17 nov. 1987, préc.), ou par un père au profit de son fils (Paris, 15 févr. 1985, *D.* 1987. Somm. 120, obs. D. Martin).
5. Les obligations du mandant à l'égard du mandataire, qui fondent les recours de ce dernier, sont énoncées par les articles 1998 à 2002 du Code civil.

316. ***Conditions***. Pour exercer un recours personnel, il suffit que la caution ait payé, quel qu'en soit le mode, sans que le créancier ne l'ait obligatoirement poursuivie, dès lors toutefois que le paiement est valable et libératoire pour le débiteur principal.

317. ***Formes***. Le recours personnel constitue une action en paiement obéissant au droit commun. Il peut prendre la forme, par exemple, d'une demande de provision en référé[1], ou d'une compensation avec des sommes que la caution devait par ailleurs au débiteur[2].

318. ***Concours avec le créancier***. La caution et le créancier sont susceptibles d'entrer en concours lorsque la caution ne garantit qu'une partie de la dette, c'est-à-dire en présence d'un cautionnement défini. Dans ce cas, en effet, la caution *solvens* demande remboursement au débiteur de cette fraction garantie de la dette et le créancier réclame, quant à lui, le paiement des sommes non garanties. L'un a-t-il alors la priorité sur l'autre ? La loi ne répond pas à cette question. Une priorité peut donc être instituée conventionnellement, par une *clause dite « de non concours »*. Est ainsi tout à fait licite la clause du contrat de cautionnement qui subordonne le remboursement de la caution au désintéressement intégral du créancier[3]. Dans ce cas, le recours personnel n'est pas supprimé ; il est seulement différé.

319. ***Avantages***. Le recours personnel présente essentiellement deux avantages par rapport au recours subrogatoire.

Le principal avantage du recours de l'article 2305 du Code civil tient à son *assiette*, puisqu'il permet à la caution de réclamer au débiteur une indemnisation complète de tous les débours provoqués directement ou indirectement par le cautionnement.

La caution peut naturellement réclamer toutes les sommes versées au créancier, au premier rang desquelles figurent le principal de la dette garantie, mais aussi les intérêts produits par celle-ci, les frais engagés par le créancier, d'éventuels dommages et intérêts dus à ce dernier par le débiteur.

La caution peut également exiger le remboursement, et c'est là l'originalité du recours personnel, de *dépenses distinctes du paiement opéré entre les mains du créancier :* d'abord, les intérêts moratoires sur la somme globale versée au créancier[4], qui, par dérogation au droit commun de l'article 1153, alinéa 3, du Code civil, courent de plein droit dès le jour du paiement effectué par la caution, indépendamment de toute sommation ou poursuite[5]; ensuite, les frais que la caution a exposés pour le recouvrement de sa créance (tels que des honoraires d'avocat ou les frais qu'elle a dû avancer au créancier en lui opposant le bénéfice de discussion) et ce, depuis qu'elle a dénoncé au débiteur les poursuites dirigées contre elle (C. civ., art. 2305, al. 2) ; enfin, des dommages et intérêts compensatoires dans l'hypothèse où la caution aurait subi un préjudice à la suite de son paiement (par exemple, le fait pour la caution de vendre des biens à vil prix pour pouvoir payer le créancier ; les conséquences de son insolvabilité provoquée par le paiement).

---

1. Civ. 1re, 11 mars 1986, *Bull. civ.* I, n° 60.

2. Com. 6 févr. 1996, *Bull. civ.* IV, n° 34, 2e arrêt.

3. Com. 19 déc. 1972, *Bull. civ.* IV, n° 338 ; Civ. 2e, 8 déc. 1982, *Bull. civ.* II, n° 162 (la clause de non-concours interdit à la caution ayant partiellement payé le créancier de faire inscrire une hypothèque judiciaire provisoire sur un immeuble du débiteur).

4. Civ. 1re, 22 mai 2002, *Bull. civ.* I, n° 138.

5. Civ. 1re, 26 avr. 1977, *Bull. civ.* I, n° 187. Cette solution s'explique par le fait que le recours personnel est habituellement fondé, soit sur le mandat, soit sur la gestion d'affaires, et que dans ces deux mécanismes, les intérêts moratoires courent de plein droit (C. civ., art. 2001, sur le mandat).

L'autre avantage que peut présenter le recours personnel réside dans *l'indépendance de son régime par rapport à celui de l'action du créancier*. Il est ainsi soumis à un délai de prescription nouveau et autonome, en principe quinquennal (C. civ., art. 2224)[1], quelles que soient la nature et la durée restant à courir de la prescription de la dette principale.

2° Le recours subrogatoire

320. Le recours subrogatoire, c'est l'action même du créancier contre le débiteur, qui est transmise à la caution par le mécanisme de la subrogation personnelle légale.

Il bénéficie d'un double fondement textuel : d'une part, l'article 1251, 3° du Code civil (subrogation légale au profit de celui tenu pour un autre) ; d'autre part, l'article 2306 du Code civil (anc. art. 2029), qui n'est qu'une application du précédent.

> **C. civ., art. 2306 (anc. art. 2029).** – La caution qui a payé la dette est subrogée à tous les droits qu'avait le créancier contre le débiteur.
> **C. civ., art. 1251.** – La subrogation a lieu de plein droit :
> 1° au profit de celui qui étant lui-même créancier, paie un autre créancier qui lui est préférable à raison de ses privilèges ou hypothèques ;
> 2° au profit de l'acquéreur d'un immeuble, qui emploie le prix de son acquisition au paiement des créanciers auxquels cet héritage était hypothéqué ;
> 3° au profit de celui qui, étant tenu avec d'autres ou pour d'autres au paiement de la dette, avait intérêt de l'acquitter ;
> 4° au profit de l'héritier bénéficiaire qui a payé de ses deniers les dettes de la succession.

321. ***Inconvénients***. Le recours subrogatoire est moins étendu que le recours personnel. La Cour de cassation décide en effet constamment que « la subrogation est à la mesure du paiement ; le subrogé ne peut prétendre, en outre, qu'aux intérêts produits au taux légal par la dette qu'il a acquittée »[2].

Par ailleurs, en cas de concours entre la caution et le créancier qui n'aurait pas été intégralement payé, l'article 1252 du Code civil prévoit que la subrogation ne peut nuire au créancier, de sorte que le créancier primera la caution.

> **C. civ., art. 1252.** – La subrogation établie par les articles précédents a lieu tant contre les cautions que contre les débiteurs : elle ne peut nuire au créancier lorsqu'il n'a été payé qu'en partie ; en ce cas, il peut exercer ses droits, pour ce qui lui reste dû, par préférence à celui dont il n'a reçu qu'un payement partiel.

322. ***Avantages***. Le recours subrogatoire est en revanche plus sûr que le recours personnel, car la subrogation transfère la créance de l'*accipiens* (ici le créancier payé par la caution) avec tous ses accessoires. La caution peut ainsi bénéficier de *tous les droits et avantages que le créancier s'était ménagé contre le débiteur principal*, dès lors qu'il existe un lien suffisamment étroit avec la créance acquittée et que ces droits ne sont pas empreints d'un caractère propre[3].

---

1. Le délai de prescription du recours personnel de la caution qui a payé le prêteur a pour point de départ la date à laquelle celle-ci a payé, et non celle de la première échéance impayée par le débiteur principal (Civ. 1re, 9 déc. 1997, *Bull. civ.* I, n° 366, *RTD civ.* 1998. 156, obs. P. Crocq).

2. Civ. 1re, 29 oct. 2002, *Bull. civ.* I, n° 257 ; 18 mars 2003, *Bull. civ.* I, n° 86 ; 21 févr. 2006, *Bull. civ.* I, n° 99.

3. Sont exclus du recours subrogatoire les droits de nature alimentaire, les prérogatives de puissance publique appartenant au Trésor (Com. 9 févr. 1971, *Bull. civ.* IV, n° 39), l'engagement pris par un tiers envers le créancier exclusivement, même s'il garantit le droit de celui-ci (Com. 25 avr. 1983, *Bull. civ.* IV, n° 124), les droits contre l'AGS (C. trav., art. L. 3253-19 à L. 3253-21).

Sont par exemple transmises les actions contre le débiteur principal, telle une action résolutoire[1]; les actions contre des tiers, comme l'action en responsabilité contre le notaire ayant fourni des renseignements erronés sur la solvabilité du débiteur principal[2]; les autres garanties couvrant la même dette (notamment le privilège du vendeur ou du prêteur de deniers ; une hypothèque ; un gage ou nantissement ; un droit de rétention ; une clause de réserve de propriété ; une assurance) et ce, même si elles n'ont pas été constituées avant la conclusion du cautionnement.

Le créancier ne peut perdre, par sa faute, ces diverses actions et garanties, sans risquer de se voir opposer ultérieurement par la caution l'exception de défaut de subrogation (C. civ., art. 2314, anc. art. 2037)[3].

§ 2. Le recours exceptionnel avant paiement

323. L'hypothèse du recours exceptionnel avant paiement est la suivante : la caution n'a pas encore payé, mais elle sait qu'elle va devoir le faire prochainement. Elle peut alors craindre que le débiteur ne soit à ce point insolvable qu'il ne puisse la rembourser. Dans un souci d'équité, la loi la prémunit contre ce *risque d'absence de remboursement*, en lui reconnaissant dans certains cas un recours avant paiement.

Ce recours anticipé n'est pas un recours subrogatoire, puisque la subrogation dans les droits du créancier ne peut s'opérer qu'à la suite d'un paiement et que, par hypothèse, le recours préventif intervient avant celui-ci. Il s'agit, en réalité, d'un recours de *nature personnelle*[4].

Toutes les cautions en bénéficient, qu'elles soient simples ou solidaires[5].

Le recours avant paiement soulève, pour l'essentiel, deux types de questions. D'une part, dans quels cas la loi offre-t-elle aux cautions la possibilité d'exercer contre le débiteur un recours anticipé (A) ? D'autre part, comment se réalise-t-il concrètement (B) ?

A. Ses cas d'ouverture

324. Les articles 2309 et 2316 du Code civil (anc. art. 2032 et 2039) prévoient six cas dans lesquels la caution est en droit d'exercer un recours préventif contre le débiteur principal.

> **C. civ., art. 2309 (anc. art. 2032).** – La caution, même avant d'avoir payé, peut agir contre le débiteur, pour être par lui indemnisée :
> 1° lorsqu'elle est poursuivie en justice pour le paiement ;
> 2° lorsque le débiteur a fait faillite, ou est en déconfiture ;
> 3° lorsque le débiteur s'est obligé de lui rapporter sa décharge dans un certain temps ;
> 4° lorsque la dette est devenue exigible par l'échéance du terme sous lequel elle avait été contractée ;
> 5° au bout de dix années, lorsque l'obligation principale n'a point de terme fixe d'échéance, à moins que l'obligation principale, telle qu'une tutelle, ne soit pas de nature à pouvoir être éteinte avant un temps déterminé.
> **C. civ., art. 2316 (anc. art. 2039).** – La simple prorogation du terme, accordée par le créancier au débiteur principal, ne décharge point la caution, qui peut, en ce cas, poursuivre le débiteur pour le forcer au payement.

1. Com. 7 déc. 1981, *Bull. civ.* IV, n° 427.
2. Civ. 1re, 7 déc. 1983, *Bull. civ.* I, n° 291.
3. V. ss 366 s.
4. Com. 3 mars 1981, *Bull. civ.* IV, n° 117.
5. Civ. 19 nov. 1872, *DP* 73. 1. 38 ; *S.* 73. 1. 193, note Labbé.

Ces six cas d'ouverture du recours avant paiement recouvrent, en définitive, deux hypothèses d'*aggravation du risque de non-remboursement :* soit l'insolvabilité du débiteur est avérée et la caution est poursuivie ou est sur le point de l'être, de sorte qu'il y a urgence à mettre en cause le débiteur (art. 2309, 1°, 2° et 4°) ; soit la caution voit son obligation prolongée au-delà de ce qui était contractuellement prévu ou au-delà d'un délai raisonnable (art. 2309, 3° et 5° et art. 2316).

B. Ses modalités

Le recours anticipé peut revêtir trois formes.

325. ***L'appel en garantie du débiteur***. Lorsque la caution est poursuivie en justice par le créancier pour le paiement (art. 2309, 1°), la jurisprudence admet que le recours préventif prenne la forme d'un appel en garantie du débiteur principal[1]. Cela signifie concrètement que la caution peut assigner ce dernier dans l'instance à laquelle il était jusqu'alors étranger. Ceci présente plusieurs avantages pour la caution : l'appel en garantie lui évite les frais et délais supplémentaires qu'impliquerait un recours distinct après paiement ; il lui permet de solliciter immédiatement des mesures conservatoires et d'obtenir ensuite un titre exécutoire contre le débiteur, utile en cas de retour à meilleure fortune de celui-ci.

326. ***La déclaration de créance***. Lorsque le débiteur est « en faillite ou en déconfiture civile » (C. civ., art. 2309, 2°), le recours anticipé prend la forme d'une déclaration de la créance de la caution à la procédure collective ouverte contre le débiteur[2].

Cette déclaration effectuée par la caution préserve uniquement son droit au remboursement. Elle ne saurait en revanche être invoquée par le créancier, qui aurait lui-même omis de déclarer ses propres créances contre le débiteur[3].

327. ***La demande d'indemnisation***. La caution peut-elle demander à être remboursée avant même d'avoir elle-même payé le créancier ? Ce « recours » anticipé, prenant la forme d'une demande d'indemnisation du risque de devoir payer, a donné lieu à de vifs débats doctrinaux et à une jurisprudence relativement incertaine.

328. ***Contre l'action en indemnisation***, la doctrine – minoritaire – fait valoir que le paiement de la caution par le débiteur serait injuste en cas de prorogation du terme accordée à ce dernier par le créancier, et absurde en tout état de cause, puisque si le débiteur a les moyens de payer la caution, il devrait plutôt payer le créancier.

Quelques décisions sont venues conforter cette opinion. Des arrêts anciens ont en effet décidé que le recours préventif permet seulement à la caution d'exiger la fourniture de sûretés destinées à garantir son recours ultérieur après paiement[4] et de prendre des mesures conservatoires si le débiteur ne peut fournir des garanties suffisantes[5].

---

1. Com. 1er févr. 1977, *Bull. civ.* IV, n° 33 ; 21 janv. 2003, *Bull. civ.* IV, n° 8.

2. Cette déclaration se justifie par le fait que « la créance de la caution qui agit avant paiement contre le débiteur principal, sur le fondement de l'article 2309 du Code civil, prend naissance à la date de l'engagement de la caution » et non à celle du paiement (Com. 3 févr. 2009, *Bull. civ.* IV, n° 11).

3. Com. 25 oct. 1994, *Bull. civ.* IV, n° 305 ; 14 févr. 1995, *JCP* 1995. I. 3851, n° 7, obs. Ph. Simler.

4. Cass., Req., 22 janv. 1868, *DP* 68. 1. 168 ; *S.* 68. 1. 256 ; Douai, 12 févr. 1891, *DP* 93. 2. 481, note Planiol ; Toulouse, 21 déc. 1904, *DP* 1905. 2. 359.

5. Com. 1er févr. 1977, *Bull. civ.* IV, n° 33.

329. ***En faveur de l'indemnisation*** du risque de devoir payer, la doctrine – majoritaire – soutient que ce risque constitue un préjudice actuel. La jurisprudence accepte souvent de réparer ce dommage[1]. Ainsi, le débiteur peut être condamné au versement d'une somme d'argent, soit entre les mains d'un tiers (séquestre), soit entre les mains de la caution[2]. La caution peut aussi exercer, au nom et pour le compte du débiteur, une action oblique, puisque la Cour de cassation considère qu'elle dispose d'une créance liquide et exigible contre celui-ci[3].

Néanmoins, l'indemnisation anticipée ne doit pas procurer à la caution un enrichissement injustifié. C'est pourquoi, la caution devrait logiquement restituer au débiteur les sommes reçues, si celui-ci devait ultérieurement payer le créancier. Par ailleurs, le recours après paiement devrait être amputé des sommes perçues par la caution au titre du recours anticipé. Enfin, si la caution venait à reverser ces sommes au créancier, elle devrait perdre, à due concurrence, son recours contre d'éventuels cofidéjusseurs[4].

Section 3
Les rapports entre la caution et d'autres garants

330. Il est très fréquent qu'une opération de crédit suscite la constitution de plusieurs garanties personnelles, soit que le créancier cherche à augmenter de la sorte ses chances de paiement, soit que les cautions tentent de limiter le risque de non-remboursement par le débiteur en obtenant une contre-garantie. Quels rapports existe-t-il alors entre les différents garants ?

Une hypothèse particulière mérite d'abord d'être signalée. Il s'agit de celle dans laquelle un prêt professionnel est garanti par un cautionnement, ainsi que par la Banque publique d'investissement. BPIfrance (anciennement Oséo) garantit les banques pour une partie de leur perte finale éventuelle relativement à des opérations de crédit précisément identifiées. Cette garantie bénéficie uniquement à l'établissement financier, après épuisement de ses recours contre le débiteur et ses garants. Ces derniers ne sauraient l'invoquer pour limiter leur engagement. Ainsi, la Cour de cassation a-t-elle précisé que la garantie de la société Oséo est distincte d'un cautionnement solidaire[5] et des juges du fond ont-ils refusé à des cautions d'exercer contre elle des recours en contribution[6].

De tels recours sont par ailleurs exclus lorsque plusieurs cautions simples garantissent la même dette et que celle poursuivie a opposé au créancier le bénéfice de division. Elle ne dispose d'aucun recours contre les autres cautions, puisque ce moyen de défense lui aura permis de ne payer que sa part dans la dette[7].

---

1. La fixation du montant de l'indemnisation est assurément délicate. En toute rigueur, les juges du fond devraient la limiter au montant du préjudice, pour la caution, résultant du risque d'absence de remboursement. Plusieurs arrêts ont cependant été plus loin, en décidant que la caution était en droit d'obtenir le montant même de la dette garantie (Paris, 2 mars 1971, *Gaz. Pal.* 1971. 2. 824 ; Reims, 25 janv. 1989, *Juris-Data* n° 044326). On est alors plus prêt d'un véritable paiement anticipé que de l'indemnisation d'un risque.
2. Civ. 10 janv. 1922, *DP* 1922. 1. 145, note Percerou ; Civ. 1re, 2 févr. 1982, *Bull. civ.* I, n° 55 ; Com. 29 oct. 1991, *Bull. civ.* IV, n° 316.
3. Civ. 1re, 25 mai 2005, *Bull. civ.* I, n° 225.
4. Paris, 2 mars 1971, *Gaz. Pal.* 1971. 2. 824 ; *contra* : Civ. 1re, 2 févr. 1982, *Bull. civ.* I, n° 55.
5. Com. 10 févr. 2015, inédit, n° 13-24724.
6. Paris, pôle 5, ch. 9, 11 sept. 2014, n° 13/16069, *Juris-Data* n° 2014-021278 ; Paris, pôle 5, ch. 6, 12 févr. 2015, n° 13/23184, *Juris-Data* n° 2015-030030.
7. Sur le bénéfice de division, v. ss 286 s.

Des recours en remboursement pourront au contraire être exercés par la caution *solvens* contre les cautions solidaires de la même dette (§ 1), contre une « caution réelle » (§ 2) ou encore contre une sous-caution garantissant le recours en remboursement de la caution contre le débiteur (§ 3).

§ 1. Les recours contre les cofidéjusseurs

La situation met en scène *plusieurs cautions solidaires engagées à garantir la même dette principale*. La caution ayant acquitté cette dette entre les mains du créancier peut en demander le remboursement au débiteur[1]. Mais, face à l'insolvabilité fréquente de celui-ci, la caution *solvens* peut également demander aux autres cautions de prendre à leur charge leur part respective dans la dette. Quelles sont les caractéristiques de ces recours contre les cofidéjusseurs ?

331. ***Exclusion du recours avant paiement.*** La jurisprudence ferme la voie du recours anticipé contre les cofidéjusseurs[2]. La raison en est que le recours préventif constituant une faveur légale, il ne peut être exercé que dans les rapports expressément visés par les textes qui l'organisent (C. civ., art. 2309 et 2316, anc. art. 2032 et 2039), à savoir les rapports caution/débiteur principal.

Cette exclusion jurisprudentielle du recours avant paiement n'empêche cependant pas la caution *solvens* d'appeler les cofidéjusseurs en garantie[3] et d'être ainsi dans une position identique à celle que ledit recours lui aurait offert.

332. ***Fondements des recours en remboursement.*** La caution *solvens* dispose de deux types de recours en remboursement contre les cofidéjusseurs.

D'une part, *un recours personnel*. Reconnu par l'article 2310 du Code civil (anc. art. 2033), il est implicitement justifié par la *gestion d'affaires*, puisque le paiement du créancier rend service à tous les cofidéjusseurs.

D'autre part, *un recours subrogatoire*. Il découle de l'article 1251, 3° du Code civil, puisque la caution est *tenue avec d'autres*, les cofidéjusseurs. La caution *solvens* exerce alors l'action que possédait le créancier contre chaque caution. Par conséquent, elle bénéficie des sûretés qu'il pouvait avoir contre les unes ou les autres, mais elle peut aussi se voir opposer les exceptions que les autres cautions pouvaient invoquer contre le créancier subrogeant, comme la nullité du contrat principal, même si le créancier n'est pas présent aux débats[4].

C. civ., art. 2310 (anc. art. 2033). – Lorsque plusieurs personnes ont cautionné un même débiteur pour une même dette, la caution qui a acquitté la dette, a recours contre les autres cautions, chacune pour sa part et portion.
Mais ce recours n'a lieu que lorsque la caution a payé dans l'un des cas énoncés en l'article précédent.
C. civ., art. 1251. – La subrogation a lieu de plein droit :
1° au profit de celui qui étant lui-même créancier, paie un autre créancier qui lui est préférable à raison de ses privilèges ou hypothèques ;

---

1. V. ss 310 s., les recours de la caution contre le débiteur principal.
2. Com. 3 mars 1981, *Bull. civ.* IV, n° 117 ; 12 juin 2001, *Bull. civ.* IV, n° 114 ; 11 déc. 2001, *Bull. civ.* IV, n° 196.
3. Civ. 1re, 15 juin 2004, *Bull. civ.* I, n° 169.
4. Civ. 1re, 18 oct. 2005, *Bull. civ.* I, n° 375.

> 2° au profit de l'acquéreur d'un immeuble, qui emploie le prix de son acquisition au paiement des créanciers auxquels cet héritage était hypothéqué ;
> 3° au profit de celui qui, étant tenu avec d'autres ou pour d'autres au paiement de la dette, avait intérêt de l'acquitter ;
> 4° au profit de l'héritier bénéficiaire qui a payé de ses deniers les dettes de la succession.

333. ***Conditions d'exercice des recours en remboursement.*** Quelques conditions sont requises pour exiger remboursement d'un cofidéjusseur.

Certaines conditions concernent le paiement de la caution : il doit avoir été réclamé par le créancier et être utile au sens de l'article 2308 du Code civil (anc. art. 2031)[1].

D'autres conditions concernent le cofidéjusseur poursuivi. D'abord, il doit être tenu de la même dette que la caution *solvens*. Ensuite, il ne doit pas avoir été déchargé d'un engagement manifestement disproportionné à ses biens et revenus, puisque la Cour de cassation considère que « la sanction prévue par l'article L. 341-4 du Code de la consommation prive le contrat de cautionnement d'effet à l'égard tant du créancier que des cofidéjusseurs » exerçant le recours personnel de l'article 2310 du Code civil[2]. Enfin, si le cofidéjusseur poursuivi fait l'objet d'une procédure collective, la caution *solvens* doit avoir déclaré la créance fondant son recours[3]. La caution est ainsi traitée comme un créancier antérieur, car la Cour de cassation décide que la créance de la caution *solvens* prend naissance à la date de son engagement et non à la date de son paiement[4].

334. ***Conditions non requises.*** Diverses conditions ne sont pas en revanche exigées.

Ainsi, aucun lien conventionnel préalable entre les cofidéjusseurs n'est requis.

L'échelonnement dans le temps des différents cautionnements n'a aucune incidence sur le recours[5].

Un jugement de condamnation contre la caution *solvens* n'est pas nécessaire. Les recours sont ouverts dès que la caution a été mise en demeure par le créancier.

Le paiement de la caution n'a pas à être intégral. Il suffit qu'elle ait désintéressé le créancier au-delà de sa part contributive dans la dette[6].

La renonciation de la caution à son recours contre le débiteur principal ne la prive pas du droit d'agir contre les cofidéjusseurs[7].

335. ***Montant des recours en remboursement.*** La caution *solvens* ne peut demander aux cofidéjusseurs que ce qu'elle a payé en plus de sa part[8]. Elle a cependant intérêt à le faire en cas d'insolvabilité du débiteur.

Elle doit, par ailleurs, diviser son recours, pour n'exiger de chaque caution que sa part dans la dette. Le calcul de cette part contributive peut s'avérer complexe, car tous les cautionnements n'ont pas nécessairement la même étendue. Une distinction doit alors être opérée.

---

1. V. ss 312, 313.

2. Cass., ch. mixte 27 févr. 2015, n° 13-13709, à paraître au *Bulletin*.

3. Si le débiteur principal fait lui aussi l'objet d'une procédure collective, la recevabilité du recours contre le cofidéjusseur n'est pas, en revanche, subordonnée à la déclaration de la créance de la caution *solvens* dans cette procédure (v. ss 608).

4. Com. 16 juin 2004, *Bull. civ.* IV, n° 123.

5. Civ. 1re, 3 oct. 1995, *Bull. civ.* I, n° 338.

6. Paris, 13 janv. 1995, *D.* 1995. 573, note Fournier ; *JCP E* 1995. I. 515, n° 9, obs. Ph. Simler ; *contra* : cf. Paris, 9 mai 2003, *JCP* 2003. I. 176, n° 9, obs. Ph. Simler.

7. Civ. 1re, 21 nov. 1973, inédit, n° 70-13061 ; *Gaz. Pal.* 1974. 1. somm. 2 ; *D.* 1974. IR 28.

8. Civ. 1re, 9 mars 2004, *RJDA* 8-9/2004, nos 1033 et 1046.

En cas d'*engagements égaux*, c'est-à-dire tous illimités ou tous limités à la même somme, l'article 2310 du Code civil pose le principe d'une répartition entre les cautions par parts viriles. Autrement dit, chaque caution supporte une part égale de la dette et l'insolvabilité de l'une d'elles est supportée égalitairement par les autres cautions, y compris celle qui a payé le créancier.

Lorsque les cautions ont souscrit des *engagements inégaux*, « la fraction de la dette devant être supportée par chacune des cautions doit être déterminée en proportion de leur engagement initial »[1]. Pour cela, une opération en trois étapes s'impose. Il convient, d'abord, d'additionner le montant des cautionnements, sachant que la valeur des cautionnements consentis sans limitation de montant est égale à la valeur de la dette garantie et sachant que si l'un des cofidéjusseurs est insolvable, le montant de son cautionnement n'est pas pris en compte. Il est ensuite nécessaire de déterminer le pourcentage représenté par chaque cautionnement par rapport au montant total des engagements. Il s'agit, enfin, d'appliquer le pourcentage obtenu pour chaque cautionnement au montant de la dette principale[2]. Le total des sommes obtenues ne peut alors être supérieur à celui des dettes du débiteur principal[3].

Les cautions peuvent éviter ces difficultés de calcul en organisant par avance leurs recours dans une convention spéciale[4].

336. ***Recours contre le débiteur principal de la caution ayant payé sa quote-part aux cofidéjusseurs solvens***. Le 1er octobre 2013, la Cour de cassation a rappelé que « la caution, poursuivie sur le fondement de l'article 2310 du Code civil pour sa part et portion par ses autres cofidéjusseurs, dispose, après avoir payé, du recours personnel prévu par l'article 2305 du même code à l'encontre du débiteur principal ». Il en va ainsi quand bien même les cofidéjusseurs auraient renoncé à toute action récursoire contre celui-ci dans un protocole d'accord, car les dispositions de cet accord ne sauraient nuire à la caution qui n'y a pas été partie[5].

§ 2. Les recours contre une « caution réelle »

337. Une même dette principale peut être garantie à la fois par un cautionnement personnel et par une sûreté réelle constituée par un tiers, longtemps appelée « cautionnement réel »[6]. Dans cette hypothèse, avant le revirement de jurisprudence du 2 décembre 2005 ayant décidé que ce dernier mécanisme n'implique aucun engagement personnel et qu'il constitue exclusivement une sûreté réelle[7], la jurisprudence admettait que, pour le calcul des recours, l'engagement de la « caution réelle » était égal à la valeur du bien donné en garantie[8]. Autrement dit, à hauteur de cette valeur, la « caution réelle » était assimilée à une caution personnelle.

---

1. Civ. 1re, 2 févr. 1982, *Bull. civ.* I, n° 55 ; *JCP* 1982. II. 19825, note Ph. Simler.

2. Il apparaît que les règles de calcul de la part contributive de chaque caution solidaire lors du recours en remboursement exercé par l'une d'elles sont les mêmes que celles permettant de déterminer la part contributive de chaque caution simple lorsque le créancier est tenu de diviser ses poursuites contre chacune d'elles. Par conséquent, pour des exemples chiffrés, v. ss 292.

3. Civ. 1re, 18 févr. 1997, *Bull. civ.* I, n° 62.

4. Est licite la clause par laquelle la charge de la dette principale est répartie différemment que ce que prévoient les articles 1214 et 2033 (anciens) du Code civil (Com. 11 juin 1991, *Bull. civ.* IV, n° 215 ; Civ. 1re, 10 janv. 1995, *Bull. civ.* I, n° 25 ; *JCP N* 1996. II. 1631, note S. Piedelièvre).

5. Com. 1er oct. 2013, *Bull. civ.* IV, n° 142.

6. V. ss 1185 s., la notion et le régime des sûretés réelles pour autrui.

7. Cass., ch. mixte, 2 déc. 2005, *Bull. civ.*, n° 7.

8. Civ. 1re, 10 nov. 1981, *Bull. civ.* I, n° 388.

Depuis que la « caution réelle » n'est plus considérée comme une caution, la question se pose de l'existence même d'un recours de cette nature de la caution *solvens* contre le tiers ayant consenti une sûreté réelle en garantie de la dette d'autrui. La caution *solvens* pourrait, en revanche, être subrogée dans les droits réels accessoires du créancier obtenus sur les biens du tiers.

§ 3. Les recours contre une sous-caution

338. ***Notion de sous-cautionnement.*** Il arrive que la caution n'accepte de s'engager qu'à la condition que le débiteur soit en mesure de lui fournir une *contre-garantie* pour couvrir son recours en remboursement. La caution exige alors qu'une personne se porte sous-caution à son égard.

Le sous-cautionnement lie la caution et la sous-caution. La caution tient alors le rôle de créancier garanti et la sous-caution couvre la dette résultant du recours infructueux de la caution *solvens* contre le débiteur principal. Le créancier au titre du contrat principal est quant à lui étranger, à tous égards, au sous-cautionnement[1].

339. ***Exclusion du recours avant paiement.*** La jurisprudence interdit à la caution d'exercer un recours anticipé contre la sous-caution[2]. Cela s'explique par le fait que, dans la relation entre une caution et une sous-caution, la première n'agit pas en qualité de caution, mais en tant que créancier garanti.

L'exclusion du recours avant paiement n'empêche cependant pas la caution de solliciter, comme tout créancier garanti, des mesures conservatoires sur le patrimoine de la sous-caution.

340. ***Recours personnel en remboursement.*** Dès lors qu'il n'existe normalement aucune relation entre le créancier et la sous-caution[3], la caution *solvens* ne saurait se prévaloir d'une subrogation dans les droits du créancier et son recours contre la sous-caution est nécessairement de nature personnelle[4].

Sont applicables au recours personnel de la caution contre la sous-caution les règles du recours personnel de la caution contre le débiteur[5].

Une sous-caution ne saurait tenir en échec ce recours en se prévalant, contre la caution ayant payé le créancier, des causes de déchéance prévues par l'article 2308 du Code civil (anc. art. 2031), car ce texte peut seulement être invoqué par le débiteur. Or, « dans les rapports existant entre le débiteur principal, la caution et la sous-caution, cette dernière doit à tous égards être traitée comme une caution »[6].

---

1. Le créancier est étranger au sous-cautionnement, non seulement après sa conclusion entre la caution et la sous-caution, mais aussi avant même sa constitution, puisque la Cour de cassation décide qu'il n'est pas tenu de conseiller la caution de prendre une sûreté pour garantir son recours contre le débiteur principal (Civ. 1re, 19 sept. 2007, inédit, n° 06-16494 ; *RTD com.* 2008. 405, D. Legeais).
2. Com. 24 mars 1980, *Bull. civ.* IV, n° 141.
3. Sinon, les garants sont en réalité des cofidéjussseurs. Pour un exemple d'arrêt mélangeant ces deux situations, en admettant le recours subrogatoire intégral d'une société de caution mutuelle contre une caution personne physique (traitée comme une sous-caution), v. Com. 18 mars 2014, *Bull. civ.* IV, n° 56.
4. Com. 30 mars 2005, *Bull. civ.* IV, n° 71 ; Com. 16 janv. 2007, *Bull. civ.* I, n° 1 ; v. ss 609 les conséquences de cette absence de subrogation lorsque le débiteur principal est soumis à une procédure collective.
5. V. ss 315 s.
6. Civ. 1re, 26 févr. 2002, *Bull. civ.* I, n° 67.

En outre et surtout, « la sous-caution, qui garantit la créance de la caution à l'égard du débiteur principal et non la créance du créancier initial à l'égard de ce débiteur, ne peut se prévaloir des exceptions inhérentes à la dette du débiteur principal à l'égard de ce créancier, sauf à rechercher la responsabilité de la caution pour avoir fautivement omis d'invoquer lesdites exceptions »[1]. Ce nouveau tempérament à l'indépendance des deux relations triangulaires formant l'opération de sous-cautionnement contraint la caution à veiller aux intérêts de la sous-caution et il rappelle, en cela, la solidarité imposée aux créanciers vis-à-vis des cautions. Il importe toutefois de remarquer que la caution pourrait limiter sa responsabilité contractuelle par des clauses limitatives voire exonératoires. Cette échappatoire paraît d'autant plus probable que les cautions de premier rang sont, le plus souvent, des établissements de crédit.

---

1. Com. 27 mai 2008, *Bull. civ.* IV, n° 106. En l'espèce, la sous-caution invoquait la rupture du contrat principal par le créancier initial et l'existence d'une créance du débiteur à l'égard de ce créancier.

Chapitre 4

L'extinction du cautionnement

341. ***Sources et modes d'extinction du cautionnement.*** Les règles organisant l'extinction du cautionnement trouvent leur source dans les articles 2311 à 2316 du Code civil (anc. art. 2034 à 2039). D'autres solutions doivent, en outre, être recherchées dans les règles gouvernant le régime général des obligations et dans celles relatives aux procédures d'insolvabilité[1].

L'extinction peut être la conséquence du caractère accessoire du cautionnement : l'engagement de la caution s'éteint parce que la dette principale est elle-même éteinte. On parle alors d'extinction par voie accessoire (Section 1). L'extinction peut aussi être la conséquence d'événements affectant directement et exclusivement l'engagement de la caution. Il s'agit alors d'une extinction par voie principale (Section 2).

Avant de détailler ces deux modes d'extinction, il importe de préciser à quel moment les cautions doivent invoquer les divers moyens de défense susceptibles de fonder leur libération totale ou partielle.

342. ***La concentration des moyens de défense de la caution.*** Il est fréquent que la caution condamnée en paiement cherche à retarder celui-ci en invoquant de nouveaux moyens de défense dans le cadre d'une nouvelle instance. Ce type de stratégie n'a plus beaucoup de chance de prospérer depuis que la Cour de cassation a consacré un principe de concentration des moyens, dans l'arrêt *Cesareo* du 7 juillet 2006 : il incombe aux parties de présenter, dès l'instance initiale, l'ensemble des moyens qu'elles estiment de nature, soit à fonder la demande, soit à justifier son rejet total ou partiel[2]. Un moyen soulevé dans une nouvelle instance doit être rejeté comme se heurtant à *l'autorité de la chose jugée* dès lors qu'une même chose est demandée au sujet des mêmes faits (identité d'objet et identité de parties), sans que l'identité de cause, en revanche, ne soit requise, contrairement à ce qu'exige expressément l'article 1351 du Code civil. Avec cette application très large de l'autorité de la chose jugée, les cautions et leurs avocats doivent donc désormais faire très rapidement preuve d'imagination, sans rien oublier. L'oubli ne pourra être réparé qu'en appel, et non dans une instance nouvelle[3], à moins, bien sûr, que la

1. V. ss 551 s.
2. Cass., ass. plén., 7 juill. 2006, *Bull. ass. plén.*, n° 8.
3. Ainsi, la Cour de cassation a-t-elle déjà décidé qu'est irrecevable la demande d'une caution qui, poursuivie en exécution de son engagement, faisait valoir que la banque avait engagé sa responsabilité civile à son égard et devait être condamnée à lui payer des dommages et intérêts (qui viendraient en compensation avec les condamnations déjà prononcées à son encontre), dès lors qu'elle n'avait développé lors de l'instance initiale que des contestations relatives à la validité et à la portée de son engagement (Civ. 1re, 1er juill. 2010, *Bull. civ.* I, n° 150 ; Com. 25 oct. 2011, *Bull. civ.* IV, n° 169). Est pareillement irrecevable la demande d'une caution faisant valoir que l'assiette de son engagement se limitait aux seuls revenus tirés de l'activité de la société qu'elle dirigeait, revenus qu'elle ne percevait

nouvelle demande ne soit fondée sur l'existence d'un droit né après la décision rendue à l'issue de l'instance initiale[1]. Sous cette réserve, l'autorité de la chose jugée est donc devenue une arme précieuse pour les créanciers et elle pourra même les protéger sans qu'ils n'aient à l'invoquer eux-mêmes, puisque les juges peuvent la relever d'office. Les manœuvres dilatoires des cautions ne devraient donc plus, autant que par le passé, compromettre l'efficacité du cautionnement.

Section 1
L'extinction par voie accessoire

En vertu du caractère accessoire renforcé du cautionnement (C. civ., art. 2289 et 2313, anc. art. 2012 et 2036), la caution peut invoquer les exceptions nées de la relation de base entre le créancier et le débiteur. La caution a ainsi tout intérêt à invoquer les exceptions liées à l'extinction de la dette principale, pour être elle-même libérée de son engagement[2].

Dans certains cas, l'extinction du cautionnement par voie accessoire se produit une fois que le créancier a obtenu satisfaction (§ 1). Dans d'autres cas, au contraire, cette extinction préjudicie gravement aux intérêts du créancier, puisqu'il perd sa garantie sans avoir reçu paiement de la dette principale (§ 2).

§ 1. L'extinction de la dette principale par désintéressement du créancier

Les principales causes d'extinction de la dette principale et, par voie accessoire, du cautionnement, qui donnent satisfaction au créancier, sont le paiement (A), la dation en paiement (B) et la compensation (C).

A. Le paiement

Si le débiteur paye sa dette, la caution est libérée par voie accessoire. Mais encore faut-il pour cela que le paiement soit valable et intégral. Il est en outre nécessaire que le paiement émane bien du débiteur lui-même.

343. ***Anéantissement du paiement effectué par le débiteur principal.*** Le paiement effectué par le débiteur peut être anéanti pour différentes raisons, notamment le défaut de propriété du bien utilisé pour payer, le défaut de capacité du débiteur *solvens* ou du créancier *accipiens*, l'accomplissement de ce paiement en période suspecte ou encore la fraude aux droits d'autres créanciers. L'effet extinctif attaché au paiement disparaît alors. En conséquence, le créancier doit restituer ce qu'il a reçu du débiteur, mais il retrouve son droit de poursuite contre la caution. En effet, il ne suffit pas que le débiteur principal paye

---

plus depuis que cette société avait fait l'objet d'une procédure de liquidation judiciaire, dès lors qu'elle n'avait développé lors de l'instance initiale que des contestations relatives à l'étendue de son engagement (Com. 6 juill. 2010, *Bull. civ.* IV, n° 120).

1. Civ. 2e, 10 juin 2010, inédit, n° 09-67172.

2. Sur les causes d'extinction du cautionnement résultant de la nullité de l'obligation principale, v. ss 174 s. l'étude de l'article 2289 du Code civil (anc. art. 2012).

sa dette pour que la caution soit libérée, il est en plus nécessaire que ce paiement soit valable. À défaut, *l'anéantissement du paiement fait revivre le cautionnement*[1].

344. ***Paiement partiel par le débiteur d'une dette partiellement cautionnée***. La jurisprudence décide que « lorsque le cautionnement ne garantit qu'une partie de la dette, il n'est éteint que lorsque cette dette est intégralement payée, les paiements partiels faits par le débiteur principal s'imputant d'abord, sauf convention contraire, sur la portion non cautionnée de la dette »[2]. Cette solution donnant satisfaction au créancier est justifiée par la fonction de garantie du cautionnement. Elle conduit, lorsque deux cautions garantissent solidairement chacune la moitié de la même dette, à imputer les paiements partiels effectués par le débiteur, non pour moitié sur ce que chacune doit, mais, au regard de chacune, sur ce que doit l'autre[3].

345. ***Paiement partiel du débiteur en présence d'une pluralité de dettes échues, dont l'une seule est cautionnée***. Si rien n'a été convenu entre les parties, le paiement effectué par le débiteur s'impute d'abord sur la dette cautionnée[4], puisque, en application de l'article 1256 du Code civil, il s'agit de celle que le débiteur a « le plus d'intérêt d'acquitter »[5]. En effet, le paiement de la dette cautionnée libère, par voie accessoire, la caution, et évite par conséquent le recours en remboursement de celle-ci.

> **C. civ., art. 1256.** – Lorsque la quittance ne porte aucune imputation, le paiement doit être imputé sur la dette que le débiteur avait pour lors le plus d'intérêt d'acquitter entre celles qui sont pareillement échues ; sinon, sur la dette échue, quoique moins onéreuse que celles qui ne le sont point.

346. ***Paiement de la dette principale par un tiers***. Le paiement opéré par un tiers n'a pas d'effet extinctif sur le cautionnement. La raison en est que le tiers, qui paie pour le

---

1. Com. 14 avr. 1992, *Bull. civ.* IV, n° 155 ; 22 oct. 1996, *RD bancaire et bourse* 1997. 243, obs. M. Contamine-Raynaud.

La renaissance du cautionnement peut néanmoins être écartée par la loi. Tel est le cas en matière de dation en paiement (v. ss 347).

2. Com. 28 janv. 1997, *Bull. civ.* IV, n° 28 ; Com. 12 janv. 2010, inédit, n° 09-11710. Dans ces arrêts, le visa de l'article 1256 du Code civil n'est guère pertinent, puisque ce texte ne concerne pas l'hypothèse d'une dette unique partiellement cautionnée, mais celle d'une pluralité de dettes, dont certaines seulement sont garanties. Serait plus approprié l'article 1254 du Code civil, en ce qu'il est inspiré par un esprit de faveur pour le créancier.

C. civ., art. 1254 : « Le débiteur d'une dette qui porte intérêt ou produit des arrérages, ne peut point, sans le consentement du créancier, imputer le paiement qu'il fait sur le capital par préférence aux arrérages ou intérêts : le paiement fait sur le capital et intérêts, mais qui n'est point intégral, s'impute d'abord sur les intérêts ».

3. Com. 27 mars 2012, inédit, n° 11-13960 (en l'espèce, l'une des deux cautions est ainsi restée tenue au paiement de la totalité de son engagement).

4. Civ. 1re, 29 oct. 1963, *Bull. civ.* I, n° 462 ; 19 janv. 1994, *Bull. civ.* I, n° 28 ; Com. 4 oct. 2005, inédit, n° 04-12173 ; *D.* 2005. AJ 2871, X. Delpech ; *RJDA* 1/2006, n° 66 ; Civ. 3e, 12 juin 2014, *Bull. civ.* III, n° 82 (en présence de deux prêts, l'un cautionné et les deux garantis par des hypothèques sur un même immeuble du débiteur, la règle de prise de rang des hypothèques dans l'ordre de leur inscription – C. civ., art. 2425 – « ne peut permettre à un même créancier qui détient plusieurs créances à l'encontre du propriétaire de l'immeuble de contourner les dispositions de l'article 1256 du Code civil et de déterminer, à la place du débiteur, la dette que ce dernier a le plus intérêt d'acquitter »).

5. En application de ce critère fixé par l'article 1256 du Code civil, le paiement partiel du débiteur peut s'imputer, non seulement sur la dette cautionnée, mais aussi sur celle assortie du taux d'intérêt le plus élevé (Com. 16 mars 2010, inédit, n° 09-12226).

débiteur principal, est subrogé dans les droits du créancier (subrogation personnelle conventionnelle de l'article 1250 du Code civil ou subrogation légale de l'article 1251), en particulier celui de poursuivre la caution.

B. La dation en paiement

347. L'hypothèse est celle dans laquelle le débiteur principal paye, avec l'accord du créancier, en remettant un bien différent de celui prévu au contrat. Cette dation en paiement libère la caution.

Mais, alors que le paiement proprement dit ne décharge la caution que s'il est valable et libératoire, l'article 2315 du Code civil (anc. art. 2038) précise que la dation emporte l'extinction du cautionnement, même si elle s'avère inefficace pour le créancier en raison de l'éviction qu'il subit [1]. La doctrine s'accorde à reconnaître que cette règle ne s'explique que par la volonté du législateur de protéger spécialement les cautions, en les tenant à l'écart des vicissitudes pouvant affecter une dation en paiement [2]. Les cautions devraient donc pouvoir renoncer à cette faveur légale et accepter que leur engagement renaisse si le créancier venait à être évincé du ou des biens fournis par le débiteur à titre de dation en paiement.

C. civ., art. 2315 (anc. art. 2038). – L'acceptation volontaire que le créancier a faite d'un immeuble ou d'un effet quelconque en paiement de la dette principale, décharge la caution, encore que le créancier vienne à en être évincé.

C. La compensation

348. En cas de réciprocité de deux dettes de somme d'argent, la compensation légale opère un double paiement automatique et abrégé à concurrence de la plus faible des deux sommes. Ce faisant, lorsque le débiteur devient créancier de son créancier, sa dette s'éteint à due concurrence, ainsi que le cautionnement par voie accessoire. L'article 1294, alinéa 1er, du Code civil rappelle cette cause d'extinction, que la jurisprudence applique aussi bien à la caution simple qu'à la caution solidaire [3].

Remarquons qu'à la lumière de cette extinction accessoire du cautionnement fondée sur la compensation entre les dettes du débiteur et celles du créancier, un arrêt rendu par la chambre commerciale de la Cour de cassation le 22 septembre 2009 [4] est tout à fait déroutant. En effet, il y est affirmé que la rupture abusive du crédit consenti au débiteur principal ne constitue pas une exception inhérente à la dette opposable au créancier par la caution. Or, en l'espèce, l'action en responsabilité pour rupture abusive du crédit avait été engagée par la société débitrice et la banque avait été condamnée à verser des dommages et intérêts, de sorte qu'une compensation s'était légalement opérée entre les dettes réciproques du débiteur et du créancier. La caution s'en est pourtant vu refuser le bénéfice. Cet arrêt est heureusement resté isolé [5].

---

1. Com. 28 janv. 1997, *Bull. civ.* IV, n° 28.
2. Cf. D. Hiez, « La nature juridique de la dation en paiement. Une modification de l'obligation aux fins de paiement », *RTD civ.* 2004. 199 s. ; Ph. Simler, *op. cit.*, n° 678.
3. Civ. 1re, 1er juin 1983, *Bull. civ.* I, n° 165 ; Com. 19 janv. 1993, *Bull. civ.* IV, n° 15.
Sur les rapports complexes entre la solidarité et le cautionnement solidaire, v. ss 297 s.
4. Com. 22 sept. 2009, inédit, n° 08-10389.
5. V. ss 565 la jurisprudence ultéieure relative à la rupture abusive de crédit.

C. civ., art. 1294, al. 1er. – La caution peut opposer la compensation de ce que le créancier doit au débiteur principal.

§ 2. L'EXTINCTION DE LA DETTE PRINCIPALE SANS DÉSINTÉRESSEMENT DU CRÉANCIER

Les principales causes d'extinction par voie accessoire du cautionnement ne donnant pas satisfaction au créancier sont la remise de dette (A), la novation (B) et la confusion (C).

A. La remise de dette

349. ***Libération de la caution en cas de remise de dette conventionnelle.*** Si le créancier procède, pour n'importe quelle raison, mais de manière claire et non équivoque[1], à une remise de dette au profit du débiteur, la caution est automatiquement libérée, sans que le créancier ne puisse réserver ses droits contre elle (C. civ., art. 1287, al. 1er). Cette solution est parfaitement logique au regard du principe posé par l'article 2290 du Code civil (anc. art. 2013), selon lequel la caution ne peut être tenue plus rigoureusement que ne l'est le débiteur principal. Il est en outre juste que le créancier ne puisse faire supporter à la caution les libéralités qu'il entend consentir au débiteur.

La solution est évidemment différente lorsque la remise de dette est imposée au créancier, en particulier par le juge de la procédure collective ou de surendettement ouverte au bénéfice du débiteur principal[2].

C. civ., art. 1287. – La remise ou décharge conventionnelle accordée au débiteur principal libère les cautions ;
celle accordée à la caution ne libère pas le débiteur principal ;
celle accordée à l'une des cautions ne libère pas les autres.

350. ***Maintien du cautionnement en cas de remise des poursuites.*** Il en va encore différemment en présence, non pas d'une remise de dette, mais d'une remise des poursuites. Un arrêt de la chambre commerciale de la Cour de cassation en date du 22 mai 2007 est, à cet égard, particulièrement significatif[3]. En l'espèce, lorsque le débiteur avait commencé à connaître des difficultés de paiement, il avait conclu avec le créancier un protocole d'accord, qui stipulait que : « les parties renoncent de fait à intenter quelque action que ce soit contre l'autre partie, sans pour autant renoncer aux actions à l'encontre des cautions solidaires ». La question se posait dès lors de savoir si une telle renonciation aux poursuites devait ou non être assimilée à une remise de dette libérant la caution par voie accessoire. Selon la Haute juridiction, « la renonciation par le créancier au droit à agir en paiement contre le débiteur principal n'emporte pas extinction de l'obligation principale ni du recours de la caution contre ce dernier, de sorte que la clause précitée ne fait pas obstacle aux poursuites du créancier contre la caution solidaire ». Dissocier de la

1. Com. 7 juin 2005, inédit, n° 04-14049 (le désistement du liquidateur de la société créancière à l'égard de la débitrice principale ne caractérise pas une volonté claire et non équivoque de consentir à cette dernière une remise de dette, dont la caution eût été en droit de se prévaloir).
2. V. ss 598 s., les remises de dette imposées au créancier dans le cadre des procédures d'insolvabilité.
3. Com. 22 mai 2007, *Bull. civ.* IV, n° 136.

sorte remise des poursuites et remise de dette a quelque chose d'« hypocrite, puisque le débiteur principal ne serait pas en réalité soulagé de sa dette et le créancier n'aurait fait aucun cadeau »[1]. Par ailleurs, la caution se trouve tenue plus sévèrement que le débiteur. La solution paraît cependant justifiée au regard de l'*analyse dualiste de l'obligation :* la renonciation aux seules poursuites affecte uniquement le pouvoir de contrainte (*obligatio* ou *Haftung*) et non la dette elle-même (*debitum* ou *Schuld*). La créance principale étant ainsi préservée, le caractère accessoire du cautionnement ne s'oppose nullement et il commande même que la caution puisse être poursuivie par le créancier et qu'elle puisse exercer, par la suite, un recours en remboursement contre le débiteur, plus précisément un recours personnel, car le recours subrogatoire est certainement paralysé par la renonciation du créancier à agir contre le débiteur[2].

B. La novation

351. ***Véritable novation de l'obligation principale.*** La novation suppose le constat objectif de l'extinction de l'ancienne obligation et de la naissance d'une obligation nouvelle (C. civ., art. 1271), ainsi que la volonté d'éteindre une obligation et d'en créer une nouvelle par changement d'objet, de débiteur ou de créancier (C. civ., art. 1273)[3].

Si ces éléments matériel et intentionnel sont réunis, une novation existe bel et bien et l'extinction par voie accessoire du cautionnement est possible.

En ce sens, l'article 1281, alinéa 2, du Code civil prévoit que la novation par *changement de débiteur* libère la caution. Il en va de même en cas de délégation parfaite, qui en constitue une simple illustration (C. civ., art. 1275).

L'extinction du cautionnement peut également procéder d'une novation par *changement d'objet*. La jurisprudence a souvent décidé que le renouvellement du contrat de location garanti emportait une telle novation et libérait la caution, par voie accessoire[4]. Cette solution paraît justifiée au regard des articles 1738 et 1740 du Code civil, qui retiennent respectivement la naissance d'un nouveau contrat de bail lorsque le délai initialement convenu entre les parties est expiré et que le preneur reste néanmoins dans les lieux, et la libération de la caution par rapport aux dettes de loyer postérieures à la poursuite du contrat.

C. civ., art. 1271. – La novation s'opère de trois manières :
1° Lorsque le débiteur contracte envers son créancier une nouvelle dette qui est substituée à l'ancienne, laquelle est éteinte ;
2° Lorsqu'un nouveau débiteur est substitué à l'ancien qui est déchargé par le créancier ;
3° Lorsque, par l'effet d'un nouvel engagement, un nouveau créancier est substitué à l'ancien, envers lequel le débiteur se trouve déchargé.

---

1. M. Cabrillac, C. Mouly, S. Cabrillac et Ph. Pétel, *op. cit.*, n° 342.

2. On retrouve le même raisonnement, fondé sur l'analyse dualiste de l'obligation, lorsque les poursuites contre le débiteur sont paralysées par la clôture de la procédure de liquidation judiciaire pour insuffisance d'actif (v. ss 562).

3. L'intention de nover, nécessaire à la libération par voie accessoire de la caution, est souverainement appréciée par les juges du fond (Com. 3 mai 2006, inédit, n° 04-20235).

4. Civ. 1re, 4 oct. 2000, *Bull. civ.* I, n° 234 ; Paris, 19 févr. 1997, *Loyers et copr.* 1997, comm. 255 ; Metz, 30 mars 2000, *JCP N* 2001. 1135.

Dans le même sens, au sujet d'une ouverture de crédit tacitement reconduite, cf. Com. 11 févr. 1997, *Bull. civ.* IV, n° 46 ; 6 févr. 2001, inédit, n° 97-19130 ; *RJDA* 6/2001, n° 725 ; *RD banc. fin.* 2001, n° 109, obs. D. Legeais ; 1er avr. 2003, *RD banc. fin.* 2003, n° 137, obs. D. Legeais. En cas de reconduction tacite d'une convention de domiciliation, cf. Aix-en-Provence, 29 mars 2012, *Juris-Data* n° 2012-006940.

C. civ., art. 1273. – La novation ne se présume point ; il faut que la volonté de l'opérer résulte clairement de l'acte.
C. civ., art. 1281. – Par la novation faite entre le créancier et l'un des débiteurs solidaires, les codébiteurs sont libérés.
La novation opérée à l'égard du débiteur principal libère les cautions.
Néanmoins, si le créancier a exigé, dans le premier cas, l'accession des codébiteurs, ou, dans le second, celles des cautions, l'ancienne créance subsiste, si les codébiteurs ou les cautions refusent d'accéder au nouvel arrangement.
C. civ., art. 1738. – Si, à l'expiration des baux écrits, le preneur reste et est laissé en possession, il s'opère un nouveau bail dont l'effet est réglé par l'article relatif aux locations faites sans écrit.
C. civ., art. 1740. – Dans le cas des deux articles précédents, la caution donnée pour le bail ne s'étend pas aux obligations résultant de la prolongation.

352. L'extinction du cautionnement par novation de l'obligation principale n'est cependant pas impérative, puisque le dernier alinéa de l'article 1281 du Code civil réserve la possibilité de l'*accession de la caution*. Le maintien du cautionnement est donc permis, à condition que la caution donne son accord à la substitution de l'obligation nouvelle à la dette préexistante [1].

353. ***Simple modification de l'obligation principale***. La simple modification de l'obligation principale n'est une cause d'extinction, ni de cette obligation, ni de l'engagement de la caution par voie accessoire.

La jurisprudence rejette ainsi la qualification de novation et la libération subséquente de la caution en présence, par exemple, d'une prorogation conventionnelle du terme suspensif de l'obligation principale [2], d'une modification du taux d'intérêt [3] ou encore d'une modification des conditions d'escompte et de découvert accordées au débiteur [4].

Toutefois, en application du principe d'interprétation stricte du cautionnement (C. civ., art. 2292), la caution ne doit pas subir les modifications intervenues sans son accord exprès, « la connaissance qu'elle pouvait en avoir en sa qualité de dirigeant de la société débitrice ne suffisant pas à caractériser une telle acceptation » [5]. La caution reste alors tenue dans les termes initiaux.

C. La confusion

354. La confusion opère réunion sur la même tête des qualités de créancier et de débiteur, et emporte extinction de la dette. Selon l'article 1301, alinéa 1er, du Code civil, la confusion profite aux cautions.

L'article 1301, alinéa 3, traite différemment les codébiteurs solidaires : ceux-ci ne sont libérés qu'à concurrence de la part personnelle du codébiteur qui disparaît par confusion. Comme pour la compensation [6], le sort de la caution solidaire devrait suivre celui de la caution simple et non celui du codébiteur solidaire. Par conséquent, la confusion entre le débiteur et le créancier devrait totalement libérer la caution solidaire.

---

1. Les clauses stipulant que la reconduction du contrat principal ne libère pas la caution pour l'avenir ont été reconnues licites en matière de bail (Civ. 1re, 1er oct. 1986, *Gaz. Pal.* 1986. 2. pan. jur. 246) et d'ouverture de crédit (Com. 11 juin 2003, *Bull. civ.* IV, n° 94).
2. V. ss 201 s.
3. Com. 8 juin 1999, inédit, n° 96-11684.
4. Civ. 1re, 18 janv. 2000, inédit, n° 97-21918.
5. Com. 24 juin 2014, *Bull. civ.* IV, n° 110.
6. V. ss 348.

C. civ., art. 1301. – La confusion qui s'opère dans la personne du débiteur principal, profite à ses cautions ;
celle qui s'opère dans la personne de la caution, n'entraîne point l'extinction de l'obligation principale ;
celle qui s'opère dans la personne du créancier, ne profite à ses codébiteurs solidaires que pour la portion dont il était débiteur.

Section 2
L'extinction par voie principale

Fondamentalement accessoire de l'obligation principale, le cautionnement n'en reste pas moins un *contrat distinct du contrat de base* entre le créancier et le débiteur. Par conséquent, il peut s'éteindre pour des causes qui lui sont propres, c'est-à-dire indépendamment de l'extinction de la dette principale.

Cette extinction par voie principale présente la particularité de pouvoir concerner, soit l'obligation de règlement de la caution, soit la seule obligation de couverture. Les principales caractéristiques de ces deux composantes de l'obligation de garantir doivent être exposées (§ 1), avant que n'en soient détaillées les causes d'extinction respectives (§ 2).

§ 1. Les caractéristiques de l'obligation de couverture et de l'obligation de règlement

355. La distinction entre l'obligation de couverture et l'obligation de règlement de la caution fut mise en lumière par Christian Mouly, dans sa thèse de 1979 consacrée aux causes d'extinction du cautionnement. Cet ouvrage de référence a dépeint de manière innovante[1] les caractéristiques essentielles de ces obligations distinctes, mais parfaitement complémentaires.

356. ***Les caractéristiques de l'obligation de règlement***. L'obligation de règlement a pour objet *le paiement du créancier* en cas de défaillance du débiteur principal. Il s'agit donc d'*une obligation éventuelle, à exécution instantanée.*

Elle existe dans tous les cautionnements, qu'ils couvrent une *dette principale présente ou future.*

Son *extinction*, dont les causes seront détaillées plus loin, libère la caution.

Si cette extinction donne satisfaction au créancier (l'hypothèse type est celle de l'extinction de l'obligation de règlement consécutive au paiement du créancier par la caution), le débiteur est lui aussi libéré envers le créancier (il reste cependant obligé à l'égard de la caution). En revanche, si l'obligation de règlement de la caution s'éteint sans que le créancier ne soit désintéressé, le débiteur reste tenu envers lui (par exemple, en cas de nullité du cautionnement ou de remise de dette consentie à la caution).

À l'égard d'éventuels cofidéjusseurs, l'extinction de l'obligation de règlement de l'une des cautions n'a pas, en principe, d'effet libératoire sur les autres. Cette règle reçoit exception lorsque les cofidéjusseurs ont fait de l'engagement de la caution libérée la condition de

---

1. L'analyse du cautionnement de dettes futures développée par C. Mouly était innovante par rapport à la doctrine classique. Elle ne l'est plus aujourd'hui au regard du droit positif, puisque la Cour de cassation a fait sienne cette analyse depuis 1982 (v. ss 394).

leur propre engagement. Le principe de l'absence d'effet libératoire connaît, en outre, un tempérament : si l'extinction de l'obligation de règlement de l'une des cautions donne satisfaction au créancier ou si elle procède d'un acte de volonté de celui-ci, l'obligation des cofidéjusseurs restant tenus se trouve diminuée de la part de la caution libérée.

357. ***Les caractéristiques de l'obligation de couverture.*** L'obligation de couverture présente deux utilités : « d'une part déterminer l'étendue de l'intérêt cautionné, en poser les bornes [...], d'autre part préserver cet intérêt contre les atteintes dont il peut être l'objet, en un mot couvrir le risque, l'aléa du non-paiement » [1].

Dans ces deux dimensions, Christian Mouly a envisagé l'obligation de couverture uniquement dans le cautionnement de dettes futures, c'est-à-dire celui qui porte sur des dettes non encore nées au moment où la caution s'engage (par exemple, le cautionnement d'une ouverture de crédit en compte-courant). Il est vrai que l'obligation de couverture, en tant que *moyen de déterminer l'étendue de l'engagement pris*, est surtout utile dans le cautionnement de dettes futures, puisque, dans ce cadre, l'engagement de la caution évolue au fur et à mesure de la naissance des obligations principales, alors que, dans le cautionnement de dettes présentes, par définition, l'étendue de cet engagement est déterminée *ab initio* et elle ne varie pas ultérieurement.

En revanche, en tant que *service ayant pour objet d'assurer le risque de non-paiement*, l'obligation de couverture ne devrait pas être réservée au cautionnement de dettes futures. En effet, le risque d'impayé est inhérent à la notion même de garantie et le service ayant pour objet d'y remédier caractérise, en réalité, non seulement tous les types de cautionnement, mais encore plus largement toutes les garanties personnelles [2]. Ce service est également essentiel dans une autre institution, l'assurance, avant l'éventuelle survenance du sinistre couvert [3]. Ce rapprochement avec le domaine de l'assurance est d'ailleurs très éclairant pour comprendre l'existence et le fonctionnement de l'obligation de couverture des garants.

L'obligation de couverture, entendue comme le service ayant pour objet de couvrir l'aléa du non-paiement, est une obligation particulière, « curieuse » pourrait-on même dire [4], au regard de la trilogie classique des obligations de l'article 1101 du Code civil. En effet, elle n'exige de la caution, ni de donner quelque chose, ni de faire quelque chose, ni même de ne pas faire quelque chose.

Elle *existe dès la conclusion du contrat de cautionnement* [5], et se prolonge jusqu'à l'exécution éventuelle de l'obligation de règlement. Il s'agit ainsi d'*une obligation à exécution*

---

1. C. Mouly, *Les causes d'extinction du cautionnement*, Litec, 1979, n° 260.
2. V. ss 619 des propositions de règles relatives à l'obligation de couverture qui pourraient prendre place au sein d'un régime primaire applicable à l'ensemble des garanties personnelles.
3. Présente dans toutes les garanties de paiement et dans la garantie d'un risque que constitue l'assurance, l'obligation de couverture peut être découverte dans une troisième espèce de garanties, à savoir les garanties d'exécution ou d'indemnisation (notamment la garantie des vices cachés et la garantie d'éviction). En ce sens, cf. P. Jourdain, « Quelques réflexions sur la notion de garantie en droit privé », *in Mélanges Ph. Malinvaud*, Litec, 2007, p. 511 s.
4. En ce sens, cf. P. Ancel, « Force obligatoire et contenu obligationnel du contrat », *RTD civ*. 1999. 771 s.
5. C'est là le point de divergence principal de C. Mouly avec la doctrine classique, qui considérait, au contraire, que le cautionnement de dettes futures n'était pas définitif au moment où la caution s'engageait, qu'il s'agissait simplement d'une *promesse de cautionnement* ou encore d'un *cautionnement conditionnel*, qui ne pouvait devenir définitif que par la naissance de l'obligation principale (cf. not. M. Planiol et G. Ripert, *Traité pratique de droit civil*, LGDJ, 2e éd., t. 11, 1954, n° 1516).

successive, qui est *autonome de l'obligation de règlement*, en ce sens que la caution est engagée par le contrat, avant que celui-ci ne la rende débitrice de l'obligation de règlement.

Cette autonomie de l'obligation de couverture explique que *la caution jouisse de droits et supporte des devoirs avant même la possible défaillance du débiteur*. D'abord, la caution peut percevoir une rémunération, abstraction faite de tout règlement effectif. Ensuite, la caution se doit de respecter le terme de l'obligation de couverture s'il en est prévu un, puisque cette obligation, fût-elle de dettes futures, est bien définitive[1]. Enfin, elle « doit respecter une certaine conduite propre à faire naître la confiance »[2]. C'est la raison pour laquelle, elle ne doit, ni négliger de préserver son patrimoine, ni *a fortiori* organiser frauduleusement son insolvabilité avant l'éventuel appel en paiement[3].

Corrélativement, la naissance de l'obligation de couverture dès la conclusion du contrat de cautionnement confère *instantanément des droits au créancier*. Droit de sécuriser le service rendu par la caution en lui imposant la fourniture de renseignements ou de prestations spéciales, telles des « sûretés négatives » (par exemple, des obligations de ne pas aliéner ou de ne pas grever d'une sûreté réelle certains de ses biens ou encore de ne pas souscrire une nouvelle garantie personnelle). Droit de sauvegarder l'intégrité du patrimoine de la caution en pratiquant des actes conservatoires, en vue d'une éventuelle demande de paiement. Droit d'exiger du débiteur qu'il remplace la caution insolvable (C. civ., art. 2297, anc. art. 2220)[4].

S'agissant de l'*extinction de l'obligation de couverture*, elle présente l'originalité de ne produire *effet que pour l'avenir*. Cela signifie que la caution ne garantit pas les dettes principales qui naîtront après cette extinction, mais qu'elle continue de garantir les dettes nées antérieurement. C'est la date de naissance de la dette principale qui importe à cet égard, et non sa date d'exigibilité, ni la date des poursuites engagées par le créancier (dans la limite de la prescription).

§ 2. Les causes d'extinction de l'obligation de règlement

L'obligation de règlement de la caution, qu'elle s'inscrive dans un cautionnement de dettes présentes ou dans un cautionnement de dettes futures, peut s'éteindre, soit en application des règles du droit commun des obligations (A), soit en application de règles propres au droit des sûretés (B).

A. Les causes d'extinction de droit commun

358. Les causes générales d'extinction d'un engagement valent pour le cautionnement, ce que rappelle l'article 2311 du Code civil (anc. art. 2034).

---

1. V. note précédente.
2. C. Mouly, thèse préc., n° 260.
3. Le créancier peut former une tierce-opposition contre le jugement d'homologation du changement de régime matrimonial de la caution, réalisé en fraude de ses droits (Civ. 1re, 2 mars 1982, *Bull. civ.* I, n° 93).

En cas de fraude, le créancier peut également agir par voie paulienne, à condition de prouver l'insolvabilité de la caution (Com. 14 nov. 2000, *Bull. civ.* IV, n° 173). Dans ce cas, celle-ci ne peut invoquer une faute du créancier à titre d'exception (Cass., ch. mixte, 21 févr. 2003, *Bull. ch. mixte*, n° 3).

4. La Cour de cassation ne limite pas cette faculté de remplacement aux cas dans lesquels le débiteur est obligé par la loi ou par une décision de justice de fournir une caution (cautionnements dits légaux ou judiciaires), mais l'applique également aux cautionnements strictement conventionnels (Civ. 3e, 4 janv. 1983, *Bull. civ.* III, n° 1).

C. civ., art. 2311 (anc. art. 2034). – L'obligation qui résulte du cautionnement, s'éteint par les mêmes causes que les autres obligations.

Il convient dès lors de se référer à l'article 1234 du Code civil qui énumère les causes d'extinction des obligations. Ainsi, comme tout engagement, celui de la caution peut-il s'éteindre par paiement, compensation, novation, remise de dette, confusion, nullité ou encore prescription, intervenant à chaque fois dans les rapports de la caution avec le créancier.

359. ***Extinction par désintéressement du créancier.*** Certaines de ces causes d'extinction de l'obligation de règlement de la caution vont de pair avec le désintéressement du créancier. Tel est le cas du *paiement* effectué par la caution entre les mains du créancier, de la *dation en paiement*, ou encore de la *compensation* entre la dette de la caution et une dette du créancier à son égard (le plus souvent, une dette de réparation consécutive à l'engagement de la responsabilité contractuelle du créancier, par exemple pour défaut de mise en garde ou en raison de la disproportion du cautionnement[1]).

Quels effets produisent ces causes d'extinction du cautionnement sur la dette principale ? Dès lors qu'elles emportent le désintéressement du créancier, le débiteur garanti se trouve en principe libéré à l'égard de celui-ci, mais il reste exposé à un recours en remboursement de la part de la caution. En cas de compensation entre les dettes réciproques de la caution et du créancier, la solution est cependant plus complexe. En effet, l'article 1294, alinéa 2, du Code civil interdit au débiteur « d'opposer la compensation de ce que le créancier doit à la caution ». De nombreux auteurs en déduisaient que, si la compensation avait été invoquée par la caution, le débiteur pouvait au contraire être libéré envers le créancier, à concurrence de la dette de celui-ci[2]. La Haute juridiction a écarté cette interprétation doctrinale dans un arrêt de principe du 13 mars 2012 en décidant qu' « il résulte de la combinaison des articles 1234, 1294, alinéa 2, et 2288 du Code civil que la compensation opérée entre une créance de dommages-intérêts, résultant du comportement fautif du créancier à l'égard de la caution lors de la souscription de son engagement, et celle due par cette dernière, au titre de sa garantie envers ce même créancier, n'éteint pas la dette principale garantie mais, à due concurrence, l'obligation de la caution »[3]. Cette solution sonne le glas de celle qui avait été retenue en 2010 à l'égard de cofidéjusseurs, à savoir leur libération en cas de compensation entre la dette de l'un d'eux et celle du créancier, puisqu'elle avait été justifiée par l'extinction de la dette principale[4]. Cette extinction et celle, consécutive, de l'engagement des cofidéjusseurs sont donc désormais écartées, car, en matière de cautionnement, la compensation ne paraît plus équipollente à un paiement[5].

---

1. Cependant, en cas de cession de la créance cautionnée, le cessionnaire « ne peut être tenu d'une dette née d'un manquement du cédant, antérieur à la cession, sauf connexité avec la créance cédée ; tel n'est pas le cas d'une créance de dommages-intérêts fondée sur une faute commise par le cédant à l'encontre de la caution garantissant le paiement de la créance cédée » (Com. 2 juill. 2013, *Bull. civ.* IV, n° 112).
2. Cf. not. A.-S. Barthez et D. Houtcieff, *op. cit.*, n° 1101 ; Ph. Simler, *J.-Cl. Civ.*, art. 2288 à 2320, n° 38.
3. Com. 13 mars 2012, *Bull. civ.* IV, n° 51 (en l'espèce, la compensation avait été prononcée, par un arrêt devenu irrévocable, entre la dette de la caution vis-à-vis du créancier et sa créance de dommages et intérêts envers lui).
4. Com. 3 nov. 2010, inédit, n° 09-16173.
5. Sur l'opportunité pratique de la solution, mais son incompatibilité avec le concept de cautionnement, cf. Ph. Simler, « Cautionnement et dommages et intérêts : l'impossible compensation », *JCP* 2012. 616.

360. ***Extinction sans désintéressement du créancier.*** D'autres causes d'extinction de l'obligation de règlement de la caution laissent le créancier insatisfait. Il en va ainsi, notamment, de la nullité du cautionnement (quelle qu'en soit la cause[1] et qu'elle soit invoquée par voie d'action ou d'exception[2]), de la remise à la caution de l'original de l'acte de cautionnement[3], de la remise de dette, de la confusion[4], de la novation ou encore de la survenance du terme convenu lorsque les parties ont clairement prévu qu'il éteint l'obligation de règlement et non la seule obligation de couverture[5]. Dans toutes ces situations, la caution se trouve libérée, sans que le débiteur ne le soit. Cela montre bien que la règle de l'accessoire joue seulement à sens unique. Par ailleurs, si ces causes d'extinction non satisfactoires pour le créancier ne libèrent pas, en principe, les cofidéjusseurs[6], elles diminuent, en revanche, le montant de leur part contributive[7].

361. ***Remise de dette consentie à la caution***

C. civ., art. 1285. – La remise ou décharge conventionnelle au profit de l'un des codébiteurs solidaires, libère tous les autres, à moins que le créancier n'ait expressément réservé ses droits contre ces derniers.
Dans ce dernier cas, il ne peut plus répéter la dette que déduction faite de la part de celui auquel il a fait la remise.
C. civ., art. 1287. – La remise ou décharge conventionnelle accordée au débiteur principal libère les cautions ;

1. Par exemple, le cautionnement est annulable pour erreur si la caution s'est engagée en comptant, à tort, sur l'existence d'autres garants (Com. 30 nov. 2010, inédit, n° 09-16709).

2. Une caution peut invoquer la nullité du cautionnement, par voie d'exception, même si le contrat principal de prêt a été exécuté, dès lors que le cautionnement, qui sert de fondement aux poursuites du créancier, n'a pas encore lui-même été exécuté (Civ. 1re, 7 nov. 2006, *Bull. civ.* I, n° 458). La Cour de cassation a récemment précisé que l'information annuelle délivrée à la caution ne constitue pas un acte d'exécution du cautionnement rendant irrecevable l'exception de nullité, car « les diverses obligations (d'information) mises à la charge du créancier professionnel ne sont que des obligations légales sanctionnées par la déchéance du droit aux accessoires de la créance et non la contrepartie de l'obligation de la caution » (Com. 8 avr. 2015, n° 13-14447, à paraître au *Bulletin*). Tant que la caution n'a pas exécuté son obligation de paiement, le contrat de cautionnement n'est donc pas exécuté et l'exception de nullité soulevée à son encontre par la caution peut prospérer.

Toutefois, la caution ne peut invoquer efficacement la nullité de son engagement par voie d'exception « que si l'action en exécution de l'obligation litigieuse (action en paiement engagée par le créancier contre la caution) a été introduite après l'expiration du délai de prescription » de l'action en nullité du cautionnement (Com. 26 mai 2010, *Bull. civ.* IV, n° 95 : en l'espèce, le délai quinquennal de l'action en nullité du cautionnement avait commencé à courir en 2000 et 2001 et la caution avait été assignée en 2002, soit avant l'expiration du délai de prescription dont disposait la caution pour agir en nullité de son engagement ; la caution n'avait soulevé l'exception de nullité, en se prévalant de sa perpétuité, qu'en 2008 ; la Cour de cassation a rejeté cette exception soulevée tardivement). Cette solution évite que l'exception de nullité ne devienne un moyen dilatoire pour différer l'issue du litige. Jugé, également, que « le caractère perpétuel de l'exception de nullité invoquée par la caution suppose que l'action en exécution de l'obligation principale auquel le cautionnement est rattaché ne soit pas atteinte par la prescription » (Metz, 4 juin 2015, n° 15/00237).

3. Civ. 1re, 14 févr. 2008, *Bull. civ.* I, n° 51 (libération de la caution fondée sur les articles 1234 et 1282 du Code civil).

4. Com. 17 févr. 2009, *Bull. civ.* IV, n° 23 : « en cas d'ouverture d'une procédure collective à l'égard de la caution, par extension de la procédure ouverte contre le débiteur principal, l'obligation issue du cautionnement s'éteint par voie de confusion ».

5. V. ss 207.

6. Par exception, les cofidéjusseurs se trouvent libérés à la suite de l'extinction de l'obligation de règlement de l'un d'entre eux s'ils ont fait de l'engagement de celui-ci la condition de leur propre engagement (Civ. 1re, 18 mai 1978, *Bull. civ.* I, n° 195).

7. Sur le calcul de la part contributive des cautions solidaires, v. ss 335.

celle accordée à la caution ne libère pas le débiteur principal ;
celle accordée à l'une des cautions ne libère pas les autres.
C. civ., art. 1288. – Ce que le créancier a reçu d'une caution pour la décharge de son cautionnement, doit être imputé sur la dette, et tourner à la décharge du débiteur principal et des autres cautions.

362. ***Effet de la remise de dette sur le débiteur principal.*** L'article 1287, alinéa 2, du Code civil précise que la remise de dette consentie par le créancier à la caution ne libère pas le débiteur principal [1].

Un tempérament est cependant apporté par l'article 1288 du Code civil : si la remise de dette intervient en contrepartie d'un paiement partiel opéré par la caution, le débiteur est libéré à concurrence du montant de ce paiement et ce, pour éviter un enrichissement du créancier, qu'une sûreté ne doit jamais procurer.

363. ***Effet de la remise de dette sur les cofidéjusseurs.*** L'effet de la remise consentie à une caution est plus complexe à l'égard des cofidéjusseurs. L'article 1287, alinéa 3, du Code civil dispose que la remise « accordée à l'une des cautions ne libère pas les autres » [2]. Mais alors, est-ce que ces autres cautions solidaires restent tenues pour la totalité de la dette ou est-ce que leur engagement est néanmoins réduit ?

Il serait évidemment injuste de considérer que les cautions solidaires restent tenues pour la totalité. Le créancier qui, pour une raison ou pour une autre, souhaite accorder une remise de dette à l'une des cautions, doit en assumer la charge, et non la faire supporter par les autres cautions. Par conséquent, l'article 1287, alinéa 3, doit être interprété comme signifiant que la remise de dette ne libère pas les autres cautions de leur propre part, mais qu'elle les décharge, en revanche, de la part personnelle de la caution ayant bénéficié de la remise [3]. C'est d'ailleurs la solution que retient l'article 1285, alinéa 2, à propos des codébiteurs solidaires.

Dans l'hypothèse d'une remise de dette ayant pour contrepartie un paiement partiel de la caution, la Cour de cassation décide que les autres cautions ne restent tenues que déduction faite, soit de la part dans la dette du cofidéjusseur bénéficiaire de la remise, soit du montant de la somme versée lorsque celle-ci excède sa part [4].

364. ***Confusion dans la personne de la caution.*** La confusion, qui peut notamment se réaliser à l'occasion d'une fusion entre la société créancière et la société caution, éteint l'obligation de règlement de celle-ci, sans que le créancier ne soit pour autant satisfait. Cela explique que l'article 1301, alinéa 2, du Code civil enjoigne expressément le maintien de l'obligation du débiteur principal à son égard.

L'article 1301, alinéa 3, relatif à la confusion entre le créancier et un codébiteur solidaire, invite par ailleurs à considérer que le créancier devrait également conserver son action contre d'éventuelles cautions solidaires, déduction faite de la part de celle d'entre elles devenue créancière par voie de confusion.

---

1. Pour une application de ce texte, cf. Civ. 1re, 20 mai 2009, *Bull. civ.* I, n° 102.

2. Les « autres cautions » dont il s'agit sont les cautions solidaires entre elles, et non les cautions simples, qui disposent du bénéfice de division, de sorte que chacune est tenue d'une fraction distincte de la dette, même lorsque l'une d'elles bénéficie d'une remise.

3. Civ. 1re, 18 mai 1978, *Bull. civ.* I, n° 195.

Par exemple, si trois cautions sont tenues solidairement entre elles au paiement de 900 000 euros, et que l'une bénéficie d'une remise de dette de 300 000 euros, les deux autres restent tenues de 900 000 – 300 000, soit 600 000 euros.

4. Civ. 1re, 11 juill. 1984, *Bull. civ.* I, n° 229 ; 4 janv. 2005, inédit, n° 02-11307 ; *RD banc. fin.* 2005, n° 84, D. Legeais.

> **C. civ., art. 1301.** – La confusion qui s'opère dans la personne du débiteur principal, profite à ses cautions ;
> celle qui s'opère dans la personne de la caution, n'entraîne point l'extinction de l'obligation principale ;
> celle qui s'opère dans la personne du créancier, ne profite à ses codébiteurs solidaires que pour la portion dont il est débiteur.

365. ***Novation dans les relations caution-créancier.*** La novation est rarement retenue en présence de *cautionnements successifs donnés par une même personne*. Cette hypothèse se rencontre lorsque, pour faire face à l'accroissement des besoins de financement du débiteur, le créancier demande à la caution, qui avait initialement consenti une garantie limitée, d'étendre celle-ci. La question se pose alors de savoir si le cautionnement souscrit en dernier remplace le premier, ce que prétend la caution, ou si les garanties sont cumulatives, ce qu'espère le créancier. En règle générale, la jurisprudence se montre exigeante dans la preuve de l'intention d'éteindre la première sûreté. Ainsi, en l'absence d'une volonté certaine du créancier de décharger la caution de son engagement précédent[1], elle écarte la novation, donc l'extinction par voie principale du premier cautionnement, et additionne au contraire les cautionnements successifs[2].

La novation est en revanche fréquemment retenue en présence d'une *substitution de caution*. En la matière, la jurisprudence, après avoir jugé de façon contestable que la novation libérait totalement les autres cautions[3], a opéré un revirement. Depuis un arrêt du 7 décembre 1999, la Cour de cassation décide que « la novation à l'égard de l'une des cautions n'a pas pour effet de libérer le débiteur principal et, par suite, pas davantage les autres cautions solidaires, sauf convention contraire »[4]. Il faut certainement comprendre que la novation intervenue en la personne d'une caution ne libère pas totalement les autres cautions, mais diminue l'engagement des autres cautions à hauteur de la part de la caution libérée, comme au sujet de la remise de dette et de la confusion. En effet, entre cautions solidaires, comme chaque caution vient garantir le paiement des parts respectives des autres, si l'une de ces parts vient à disparaître, il paraît logique que la garantie des autres cautions diminue d'autant.

B. Les causes d'extinction propres au droit des sûretés

Plusieurs textes, l'un datant de 1804 (C. civ., art. 2314, anc. art. 2037), les autres provenant de législations contemporaines (les lois successives, depuis 1984, qui ont sanctionné le défaut d'information de la caution par une extinction partielle de son obligation

---

1. Volonté certaine retenue dans un arrêt récent (Grenoble, 9 avr. 2015, n° 13/02277). En l'espèce la modification de l'engagement de la caution conduisait à lui appliquer les formalités des articles L. 341-2 et L. 341-3 du Code de la consommation ; or, ces formalités n'ayant pas été remplies, la nullité de la novation était encourue, de sorte qu'était rétabli le premier cautionnement !

2. Civ. 1re, 9 févr. 1988, *Bull. civ.* I, n° 32 ; Com. 22 avr. 1997, *Bull. civ.* IV, n° 96 ; 14 janv. 2004, inédit, n° 01-11767 ; *JCP* 2004. I. 141, n° 6, obs. Ph. Simler ; Civ. 1re, 2 juin 2004, *Bull. civ.* I, n° 157.

3. Civ. 1re, 11 janv. 1984, *Bull. civ.* I, n° 11 : « Il résulte de l'article 2021 du Code civil que l'engagement d'une caution solidaire au regard du créancier se règle par les principes établis pour les dettes solidaires. D'après l'article 1281 du même code, la novation faite entre le créancier et l'un des débiteurs solidaires a pour effet de libérer les codébiteurs. Il s'en suit, en l'absence de convention contraire, que la novation opérée à l'égard des cautions C et F libère leur cofidéjusseur B ». Ce raisonnement syllogistique fait clairement prévaloir les règles de la solidarité passive (C. civ., art. 1281, al. 1er) sur celles du cautionnement.

4. Com. 7 déc. 1999, *Bull. civ.* IV, n° 219.

de règlement, sous la forme de la déchéance des intérêts et autres accessoires[1]; l'article 1387-1 du Code civil issu de la loi du 2 août 2005 en faveur des petites et moyennes entreprises ; l'article L. 650-1 du Code de commerce résultant de la loi du 26 juillet 2005[2]; l'article 786 du Code civil introduit par la réforme du droit des successions du 23 juin 2006), qui visent le seul cautionnement ou plus largement les garanties ou sûretés, autorisent une décharge de la caution dans des conditions fort originales par rapport au droit commun de l'extinction des obligations.

Cependant, une distinction s'impose au sein de ces différents textes : si le bénéfice de subrogation de l'article 2314 du Code civil constitue indubitablement une cause d'extinction de l'obligation de règlement de la caution (1°), les articles 1387-1 et 786 du Code civil prêtent encore à discussion sur ce point (2°).

1° Une cause certaine d'extinction de l'obligation de règlement de la caution : l'exception de défaut de subrogation

C. civ., art. 2314 (anc. art. 2037). – La caution est déchargée, lorsque la subrogation aux droits, hypothèques et privilèges du créancier, ne peut plus, par le fait de ce créancier, s'opérer en faveur de la caution. Toute clause contraire est réputée non écrite.

366. Aux termes de l'article 2314 du Code civil (anc. art. 2037), la caution[3] est déchargée si le créancier compromet le recours subrogatoire qu'elle pourrait exercer contre le débiteur après avoir payé pour ce dernier. Cette règle, propre au droit du cautionnement, est appelée « bénéfice de cession d'actions » ou, plus couramment, « bénéfice de subrogation » ; pourtant, il faut relever que cette dernière dénomination est ambiguë, puisque c'est, en réalité, l'absence de bénéfice de subrogation qui déclenche ce moyen de défense de la caution, de sorte que nous préférons parler d'exception de défaut de subrogation[4].

Avant d'envisager les conditions d'application et la sanction de cette règle, il convient d'en préciser les fondements.

367. ***Fondements***. L'exception de défaut de subrogation ne s'intègre parfaitement dans aucun mécanisme juridique connu, car ses différents caractères empruntent à

---

1. V. ss 266 s.

2. Ce texte, qui sanctionne, dans des circonstances exceptionnelles, le soutien abusif de crédit par la nullité ou la réduction des garanties, sera présenté dans le cadre de l'étude de l'incidence des procédures d'insolvabilité sur les sûretés personnelles (v. ss 566 s.).

3. La jurisprudence accorde l'exception de défaut de subrogation à toutes les cautions, en particulier aux cautions solidaires (jurisprudence constante depuis Civ. 14 juin 1841, *DP* 41. 1. 282 ; en dernier lieu, Com. 9 avr. 2013, *Bull. civ.* IV, n° 57), aux « cautions réelles » (Civ. 1re, 23 nov. 1954, *Bull. civ.* I, n° 331), aux avalistes (Com. 5 janv. 1957, *D.* 1957. Somm. 69) ou encore aux certificateurs de caution (Cass., Req., 10 nov. 1938, *DH* 1939. 37).

L'exception de défaut de subrogation peut même être opposée par une caution à une autre caution. Tel est le cas lorsqu'un cofidéjusseur agit contre une caution *solvens* subrogée dans les droits du créancier (Com. 11 déc. 2007, *Bull. civ.* IV, n° 261). Tel est encore le cas dans le cadre d'un sous-cautionnement, où la sous-caution peut se prévaloir de l'article 2314 du Code civil contre la caution prise en sa qualité de créancier (Metz, 20 sept. 2007, *JCP* 2008. I. 152, n° 10 ; Ph. Simler : une sous-caution peut opposer à la banque caution, contre-garantie à la fois par ce sous-cautionnement et par un nantissement de portefeuilles, d'avoir réalisé celui-ci tardivement).

4. Il s'agit bien d'une exception puisque « l'article 2037 du Code civil, devenu l'article 2314, ne s'applique qu'en faveur de la caution qui est poursuivie par le créancier » (Com. 11 déc. 2007, *Bull. civ.* IV, n° 261 : lorsqu'une dette principale a été garantie par plusieurs cautionnements et que l'une des cautions ayant payé le créancier exerce un recours contre un cofidéjusseur, celui-ci ne saurait exercer un recours en garantie contre le créancier sur le fondement de l'article 2037).

plusieurs institutions, en particulier la responsabilité civile et la déchéance. Cette originalité n'empêche cependant pas d'identifier les impératifs qui la sous-tendent.

Le premier est l'*éthique contractuelle*, qui s'oppose à ce qu'une personne néglige ses propres droits si cette négligence doit être supportée par un tiers[1]. Ainsi, le créancier ne doit-il pas être égoïste au point de compromettre ceux de ses droits qui ont vocation à être transmis à la caution par voie de subrogation, si elle est amenée à le désintéresser. Le bénéfice de subrogation traduit donc l'existence d'un devoir de loyauté pesant sur le créancier à l'égard de la caution[2].

Le second impératif qui justifie ce bénéfice est la *justice contractuelle*, plus précisément, la *justice corrective*, qui exige de maintenir ou de rétablir l'équilibre entre les patrimoines des contractants. Ainsi, le créancier ne doit-il pas compromettre le recours subrogatoire de la caution, car ce recours permet de rétablir l'équilibre entre le patrimoine du débiteur, qui a un intérêt personnel à la dette et doit la supporter définitivement, et le patrimoine de la caution, qui n'est, au contraire, qu'un débiteur subsidiaire, tenu pour le débiteur principal, et non pas avec lui.

Bien que réservée par l'article 2314 du Code civil aux seules cautions, l'exception de défaut de subrogation ne s'explique donc pas par le caractère accessoire du cautionnement. Il trouve plutôt sa source dans l'équité, d'une part, et dans l'existence même d'un recours subrogatoire, d'autre part. À ce titre, il devrait sans doute bénéficier à tous les autres garants personnels[3].

368. ***Conditions de mise en œuvre***. Sur le plan procédural, pour que la caution soit déchargée en raison des fautes commises par le créancier, elle doit se prévaloir de l'article 2314 du Code civil lui-même, et non de la seule responsabilité civile de droit commun[4]. D'un point de vue substantiel, le jeu de l'exception de défaut de subrogation suppose que trois conditions soient réunies : l'existence de « droits, hypothèques et privilèges » ; leur perte par la faute exclusive du créancier ; un préjudice en résultant pour la caution. À propos de chacune de ces conditions, il importe de remarquer que la jurisprudence manque de cohérence : certaines décisions révèlent une volonté de la Cour de cassation de ne pas étendre inconsidérément l'exception de défaut de subrogation et donc de ne pas décharger trop facilement les cautions, en tout ou en partie, sur ce fondement[5]; d'autres décisions, à l'inverse, s'avèrent particulièrement protectrices des cautions et menacent, ce faisant, la sécurité que les créanciers sont en droit d'attendre du cautionnement[6].

1. V. ss 265, les deux dimensions de cet impératif d'éthique contractuelle.

2. En ce sens, v. Com. 14 janv. 2014, inédit, n° 12-21389, qui, pour rejeter un pourvoi fondé sur les articles 1134, 1147 et 2314 du Code civil, a approuvé la cour d'appel d'avoir énoncé que « chaque cocontractant a l'obligation de respecter le contrat auquel il a consenti tel qu'il a été conçu, outre celle de se montrer loyal dans la manière d'exécuter les obligations mises à sa charge et d'exercer son pouvoir contractuel ».

3. Sur l'application de l'article 2314 du Code civil au codébiteur solidaire non intéressé à la dette, v. ss 433, au garant autonome, v. ss 532, et à l'émetteur d'une lettre d'intention, v. ss 481.

4. Com. 28 janv. 2014, *Bull. civ.* IV, n° 21 (la caution qui se borne, devant la cour d'appel, à rechercher, à titre reconventionnel, la responsabilité du créancier sur le fondement de l'article 1147 du Code civil ne peut plus invoquer, devant la Cour de cassation, l'exception de défaut de subrogation, le moyen étant nouveau, mélangé de fait et de droit).

5. Sont plutôt protectrices des intérêts des créanciers les décisions qui requièrent l'antériorité ou au moins la concomitance des droits perdus par rapport à l'engagement de la caution ; celles qui exigent une faute exclusive du créancier ; celles qui ajoutent à la lettre de l'article 2314 du Code civil la condition du préjudice subi par la caution.

6. Sont plutôt protectrices des intérêts des cautions les décisions qui interprètent largement le terme « droits » ; celles qui admettent le jeu du bénéfice de subrogation lorsque la caution a « normalement » ou

Première condition : « les droits, hypothèques et privilèges du créancier »
La jurisprudence a précisé leur nature et ajouté une condition quant à leur date de naissance.

369. ***La nature des « droits, hypothèques et privilèges »***. La jurisprudence définit de manière très souple les « droits » dont la perte permet à la caution de soulever l'exception de défaut de subrogation. Il suffit, en effet, qu'ils confèrent au créancier « *un avantage particulier pour le recouvrement de sa créance* » [1].

Il peut naturellement s'agir d'un droit préférentiel ou exclusif conféré par une *sûreté ou garantie réelle* : hypothèque, gage, nantissement, privilège, clause de réserve de propriété [2], droit de rétention [3], droit de propriété du crédit-bailleur [4], cession conditionnelle de loyers consentie par le débiteur à son créancier en cas de non-paiement d'une échéance [5]...

Il peut également s'agir du *droit d'agir en remboursement contre un autre garant*. De longue date, en effet, la Cour de cassation admet que le cautionnement souscrit par un cofidéjusseur en garantie de la même dette puisse être le droit perdu permettant d'invoquer l'exception de défaut de subrogation [6]. Encore faut-il, cependant, que ledit cautionnement ait été effectif, c'est-à-dire qu'il ait pu profiter au créancier, et que celui-ci ait donc pu le perdre. Tel n'est pas le cas d'un cautionnement manifestement disproportionné aux biens et revenus du cofidéjusseur personne physique, dont le créancier professionnel ne peut se prévaloir. La Haute juridiction a ainsi décidé, le 27 février 2015, que la caution recherchée par le créancier n'est pas fondée à revendiquer le bénéfice de subrogation en cas de décharge d'un cofidéjusseur sur le fondement de l'article L. 341-4 du Code de la consommation [7].

Le terme « droits » de l'article 2314 du Code civil peut encore recouvrir des *actions* facilitant le recouvrement de la créance et susceptibles d'être transmises à la caution par l'effet translatif de la subrogation personnelle, telles l'action en résolution du contrat principal, qui permet au créancier de récupérer un bien [8], ou l'action directe du sous-traitant contre le maître de l'ouvrage [9].

Pendant longtemps, la perte ou l'amoindrissement du seul *droit de gage général* contre le débiteur n'ont pas été sanctionnés sur le fondement de l'article 2314 du Code civil [10]. Le

---

« légitimement » cru que de nouveaux droits ou sûretés seraient constitués après son engagement ; celles, surtout, qui transforment de simples facultés offertes aux créanciers en de véritables obligations ; celles, enfin, qui font peser sur les créanciers la charge de la preuve de l'absence de préjudice subi par la caution.

1. Civ. 1re, 21 mars 1984, *Bull. civ.* I, n° 111 ; Com. 12 janv. 2010, inédit, n° 08-19268.

2. L'application de l'article 2314 du Code civil est alors déclenchée par le défaut d'exercice de l'action en revendication dans les délais ouverts par la loi au vendeur qui s'est réservé la propriété jusqu'au complet paiement du prix de vente (Com. 11 juill. 1988, *Bull. civ.* IV, n° 237 ; 27 févr. 1996, *Bull. civ.* IV, n° 68 ; 26 mai 1999, *Bull. civ.* IV, n° 108).

3. Com. 25 nov. 1997, *Bull. civ.* IV, n° 301 : « le droit de rétention conférant à son titulaire le droit de refuser la restitution de la chose légitimement retenue jusqu'au complet paiement de sa créance, même en cas de redressement ou de liquidation judiciaires du débiteur, la perte de ce droit nuit aux cautions, qui peuvent bénéficier de l'article 2037 ». En l'espèce, le droit de rétention portait sur des documents administratifs et le créancier l'avait perdu en se dessaisissant de ces documents.

4. Com. 21 mars 2006, inédit, n° 04-20325.

5. Com. 3 mai 2006, *Bull. civ.* IV, n° 104.

6. Cass. 13 juin 1939, *DH* 1939. 417 ; Com. 5 nov. 2003, inédit, n° 00-12041.

7. Cass., ch. mixte 27 févr. 2015, n° 13-13709, à paraître au *Bulletin*.

8. Civ. 1re, 17 févr. 1993, *Bull. civ.* I, n° 75.

9. Com. 14 janv. 2004, inédit, n° 01-13917.

10. Civ. 1re, 21 mars 1984, *Bull. civ.* I, n° 111 : l'article 2037 du Code civil (nouv. art. 2314) « n'est applicable qu'en présence de droits qui comportent un droit préférentiel conférant au créancier un avantage particulier pour le recouvrement de sa créance, ce qui n'est pas le cas du droit de gage général institué par l'article 2092 du même code » (nouv. art. 2284).

créancier qui laissait le débiteur accentuer son insolvabilité par défaut de poursuites immédiates[1] ou par soutien artificiel[2] n'était donc pas privé de son cautionnement. Ne l'était pas davantage celui qui laissait le débiteur diminuer son patrimoine, en vendant ses biens, mobiliers ou immobiliers[3]. La jurisprudence de la Cour de cassation a cependant évolué sur cette question, dans un sens favorable aux cautions. Effectivement, d'abord implicitement en 2011[4], puis très clairement dans un arrêt du 19 février 2013[5], la chambre commerciale a admis qu'une caution puisse être déchargée, sur le fondement de l'article 2314 du Code civil, lorsque le créancier a omis de déclarer sa créance à la procédure collective du débiteur, en précisant que la nature de cette créance est indifférente. La première chambre civile a statué dans le même sens le 3 juillet 2013 en décidant que « le droit de participer aux répartitions et dividendes constitue un droit préférentiel »[6], ce qui est évidemment inexact à l'égard de créanciers chirographaires. L'exception de défaut de subrogation peut donc désormais jouer en cas de perte d'une créance simplement chirographaire. L'efficacité de ce moyen de défense s'en trouve considérablement renforcée, au détriment bien sûr de l'efficacité du cautionnement lui-même.

370. ***La condition d'antériorité ou de concomitance des « droits, hypothèques et privilèges »***. De jurisprudence constante, le jeu de l'article 2314 du Code civil se trouve limité au cas de perte de *droits ayant existé au moment de l'engagement de la caution*. L'exception de défaut de subrogation suppose donc que la caution ait pu compter sur ce droit, antérieur ou concomitant, au moment où elle s'est engagée. Il en résulte que la caution ne peut reprocher au créancier, ni la perte de droits acquis ou constitués postérieurement à la conclusion du cautionnement[7], ni l'absence d'acquisition de sûretés nouvelles[8].

Les juges ont cependant assorti ce principe d'antériorité de deux *correctifs* : d'une part, l'article 2314 du Code civil peut jouer lorsque le créancier s'est engagé à constituer d'autres droits ou sûretés[9]; d'autre part, même en l'absence d'un tel engagement du créancier, la caution peut se prévaloir de l'exception de défaut de subrogation lorsqu'elle pouvait « normalement » ou « légitimement » croire que des droits ou sûretés seraient

1. Com. 27 févr. 1968, *Bull. civ.* IV, n° 81 ; 24 avr. 1972, *Bull. civ.* IV, n° 118.

2. Civ. 1re, 16 févr. 1970, *Bull. civ.* I, n° 58 ; 17 mars 1998, *Bull. civ.* I, n° 114 ; *Defrénois* 1998, art. 36827, p. 807, note J.-L. Aubert.

3. Civ. 1re, 5 oct. 1982, *Gaz. Pal.* 1983. 1. pan. 52, obs. Piedelièvre.

4. Com. 12 juill. 2011, *Bull. civ.* IV, n° 118. En l'espèce, l'exception de défaut de subrogation a été rejetée au motif que, comme les créanciers chirographaires n'avaient pas été réglés dans la liquidation judiciaire en cause, les cautions n'auraient pas non plus été désintéressées même si les créances chirographaires litigieuses avaient bien été déclarées. Autrement dit, même si la Cour de cassation a employé l'expression classique « droit préférentiel conférant un avantage particulier au créancier pour le recouvrement de sa créance », la perte du seul droit de gage général contre le débiteur principal a été implicitement admise. La défense des cautions a seulement achoppé sur le défaut de préjudice.

5. Com. 19 févr. 2013, *Bull. civ.* IV, n° 26.

6. Civ. 1re, 3 juill. 2013, *Bull. civ.* I, n° 144.

7. Com. 29 nov. 2005, inédit, n° 04-17947 (la caution ne saurait reprocher au créancier de ne pas avoir accepté le bénéfice d'une délégation qui ne lui avait été consentie que postérieurement à son engagement).

8. Com. 25 janv. 1994, *Bull. civ.* IV, n° 30 ; 17 oct. 1995, inédit, n° 93-13089 ; 24 oct. 1995, inédit, n° 93-17690 ; Civ. 1re, 13 mai 1997, *Bull. civ.* I, n° 155 ; 13 mai 1998, inédit, n° 96-15746 ; Com. 15 févr. 2000, *Bull. civ.* IV, n° 28 ; Civ. 1re, 29 févr. 2000, *Bull. civ.* I, n° 70 ; 12 mars 2002, *Bull. civ.* I, n° 187 ; 22 mai 2002 et 10 juill. 2002, *RD banc. fin.* 2002, n° 179, obs. D. Legeais ; Com. 8 oct. 2003, inédit, n° 00-12418 ; Com. 2 oct. 2012, inédit, n° 11-23281.

9. Com. 5 janv. 1957, *Bull. civ.* IV, n° 7 ; 7 oct. 1968, *Bull. civ.* IV, n° 252 ; Civ. 1re, 24 févr. 1982, *Bull. civ.* I, n° 89 ; Civ. 1re, 9 mai 1994, *Bull. civ.* I, n° 169.

constitués [1]. Ce dernier correctif laisse aux juges du fond une marge de manœuvre très importante pour décharger les cautions, au-delà sans doute de ce qu'exige l'éthique contractuelle, de sorte qu'il altère les intérêts des créanciers en rendant relativement aléatoire leur protection.

Deuxième condition : la perte du droit litigieux par la faute exclusive du créancier

371. ***Formes de la perte.*** La perte des « droits, hypothèques et privilèges » peut prendre la forme d'une disparition juridique de l'avantage qu'ils auraient dû procurer au créancier. Il en va ainsi, par exemple, en cas de renonciation du créancier à une sûreté [2], de défaut d'inscription d'une hypothèque, de défaut de renouvellement de l'inscription d'un nantissement de fonds de commerce [3] ou de défaut de déclaration de la créance elle-même ou de son caractère privilégié dans la procédure collective ouverte contre le débiteur.

La perte peut également prendre la forme d'une dégradation, voire d'une disparition de l'assiette du droit préférentiel, notamment lorsque le créancier laisse dépérir le bien qui lui a été donné en gage ou en nantissement [4].

372. ***Exigence d'une perte fautive.*** La perte doit être imputable au créancier. Même si l'article 2314 du Code civil mentionne le « fait du créancier », la jurisprudence exige en réalité une faute, dont la *preuve* doit être rapportée par la caution qui prétend être libérée [5].

Divers *faits, jugés non fautifs*, n'ont pu emporter la décharge de la caution. Par exemple, le refus du créancier de se porter acquéreur du bien offert en garantie pour en sauvegarder la valeur [6]; le défaut de paiement des loyers dus par le débiteur emportant la résiliation du bail et la perte du nantissement y afférent [7]; l'absence de référence au cautionnement dans la déclaration de la créance au passif de la procédure collective ouverte contre le débiteur [8].

Les mêmes effets sont en revanche attribués aux fautes de commission ou d'abstention, aux fautes intentionnelles ou d'imprudence, aux fautes du créancier lui-même ou à celles commises par les personnes dont il doit répondre [9].

373. ***Défaut d'exercice d'une simple faculté.*** Un contentieux important s'est développé ces dernières années au sujet des simples facultés, comme l'exercice de l'action directe du sous-traitant contre le maître d'ouvrage, la demande d'attribution judiciaire d'un gage ou d'un nantissement, le recouvrement des créances de loyer cédées ou encore l'inscription définitive d'un nantissement de fonds de commerce après une inscription provisoire.

---

1. Civ. 1re, 9 févr. 1970, inédit, n° 67-11272 ; *Gaz. Pal.* 1970. 1. 201 ; *D.* 1970. Somm. 101 ; *RTD com.* 1970. 461, obs. M. Cabrillac et J.-L. Rives-Lange ; Com. 20 juill. 1973, *Bull. civ.* IV, n° 259 ; Com. 2 oct. 2012, inédit, n° 11-23281.
2. Civ. 1re, 6 juin 2001, *Bull. civ.* I, n° 161 ; Cass., ch. mixte, 10 juin 2005, *Bull. ch. mixte*, n° 5.
3. Com. 11 déc. 2007, inédit, n° 06-12408.
4. Com. 28 janv. 2004, inédit, n° 01-13927 ; *JCP* 2004. I. 188, n° 10, obs. Ph. Simler (créancier nanti sur fonds de commerce ayant laissé passer plus de deux ans après le premier impayé, de sorte que la valeur du fonds avait été irrémédiablement dépréciée par la liquidation judiciaire).
5. Civ. 1re, 13 nov. 1996, *Bull. civ.* I, n° 394.
6. Civ. 1re, 19 déc. 2000, *Bull. civ.* I, n° 327 ; *RD banc. fin.* 2001, n° 58, obs. D. Legeais ; *D.* 2001. AJ 375.
7. Com. 2 avr. 1996, *Bull. civ.* IV, n° 100 ; Com. 30 oct. 2000, inédit, n° 97-11718 ; 15 mai 2001, inédit, n° 97-21712.
8. Civ. 1re, 1er févr. 2000, inédit, n° 97-14304 ; *Rev. proc. coll.* 2000. 134.
9. Com. 3 mars 1980, *Bull. civ.* IV, n° 105.

La Cour de cassation a longtemps été divisée : la chambre commerciale décidait plutôt que le fait de s'abstenir d'exercer une faculté constituait une faute [1]; au contraire, la première chambre civile excluait souvent, dans ce cas, la faute du créancier [2].

Une chambre mixte de la Cour de cassation a fini par trancher cette controverse dans un arrêt du 17 novembre 2006 [3] : « le créancier qui, dans le même temps, se garantit par un cautionnement et constitue une sûreté provisoire s'oblige envers la caution à rendre cette sûreté définitive ». Dans cette même affaire, la première chambre civile avait au contraire décidé que seul l'engagement du créancier à rendre définitif le nantissement pouvait, le cas échéant, libérer la caution [4]. Il convient d'en déduire que cette chambre mixte a préféré consacrer la position de la chambre commerciale, selon laquelle *la simple faculté pour le créancier devient une obligation lorsque l'intérêt de la caution le commande.*

Quelques mois plus tard, la première chambre civile s'est ralliée à cette solution, en jugeant qu'une banque, bénéficiaire du privilège du prêteur de deniers (C. civ., art. 2374, anc. art. 2103), qui se garantit, en plus, par un cautionnement, s'oblige envers la caution à inscrire son privilège [5].

Ces arrêts, et ceux qui les ont confortés par la suite [6], obligent finalement les créanciers à se montrer loyaux en préservant les droits de leur caution, à tout le moins lorsque les facultés dont ils disposent ne dépendent que de leur seule volonté [7]. Ce courant jurisprudentiel laisse craindre que l'article 2314 du Code civil, déjà très utilisé par les cautions, ne le soit davantage encore, au détriment de l'efficacité du cautionnement.

374. ***Exigence d'une faute exclusive du créancier***. Non seulement la Cour de cassation impose l'existence d'une faute, mais elle exige de surcroît que la perte du droit

---

1. Com. 13 mai 2003, *Bull. civ.* IV, n° 73 ; 3 déc. 2003, inédit, n° 01-14761 ; 14 janv. 2004, inédit, n° 01-13917 ; *RD banc. fin.* 2004, n° 122, obs. D. Legeais, *JCP* 2004. I. 188, n° 10, obs. Ph. Simler ; 3 mai 2006, *Bull. civ.* IV, n° 104.

La chambre commerciale a cependant retenu à plusieurs reprises la solution inverse au sujet du défaut de notification d'une cession de créances professionnelles : « la notification de la cession de créances étant, au regard de l'article 5 de la loi *Dailly* du 2 janvier 1981 (C. mon. fin., art. L. 313-28), une faculté pour la banque cessionnaire, le non accomplissement de cette formalité n'est pas constitutif de faute à l'égard des cautions du cédant » (Com. 18 nov. 1997, *Bull. civ.* IV, n° 293 ; 12 janv. 1999, *RJDA* 1999, n° 462 ; 11 déc. 2001, *Bull. civ.* IV, n° 196 ; *D.* 2003. Somm. 342, obs. Martin).

2. Civ. 1re, 22 mai 2002, *Bull. civ.* I, n° 133 : n'est pas en lui-même constitutif d'une faute l'exercice ou le non-exercice par le créancier de la faculté prévue par l'article L. 121-13 du Code des assurances, c'est-à-dire l'attribution directe de l'indemnité d'assurance après sinistre portant sur un bien grevé d'une sûreté réelle ; Civ. 1re, 8 juill. 2003, inédit, n° 01-03177 : absence de décharge de la caution en cas de non exercice, par le créancier nanti sur de l'outillage et du matériel, de la faculté d'en demander l'attribution judiciaire.

3. Cass., ch. mixte, 17 nov. 2006, *Bull. ch. mixte*, n° 10 (en l'espèce, le jour de l'engagement de la caution, le créancier avait pris une inscription provisoire de nantissement sur le fonds de commerce de son débiteur. Cette publicité provisoire n'avait pas été confirmée par une publicité définitive).

4. Civ. 1re, 2 oct. 2002, inédit, n° 00-17569.

5. Civ. 1re, 3 avr. 2007, *Bull. civ.* I, n° 138 ; *D.* 2007. AJ 1136, obs. V. Avena-Robardet ; *D.* 2007. 1572, note D. Houtcieff.

6. Par ex., Com. 14 janv. 2014, inédit, n° 12-21389 (le créancier s'était ici abstenu de prendre une sûreté judiciaire sur le fonds de commerce appartenant à son débiteur, non pas à l'éopque de la conclusion du cautionnement, mais plus de deux ans après).

7. Civ. 1re, 19 nov. 2009, *Bull. civ.* I, n° 228. En l'espèce, la caution a vu ses prétentions rejetées, car la faculté qu'elle reprochait au créancier de ne pas avoir exercée, à savoir la transformation d'une promesse en une hypothèque ou un nantissement, ne dépendait pas de la seule volonté du créancier, mais de celle, également, du débiteur principal. Notons que cet arrêt a été rendu dans le cadre d'une action en responsabilité exercée par la caution contre le créancier, mais que la solution serait certainement la même en application de l'article 2314 du Code civil.

litigieux soit imputable exclusivement au créancier. Cette exigence joue, en réalité, comme une *cause d'exonération*. En effet, si la caution est parvenue à établir l'impossibilité d'être subrogée dans un droit préférentiel par la faute du créancier, celui-ci peut écarter l'application de l'article 2314 du Code civil en démontrant que la perte de ce droit fut causée par un cas de force majeure [1], par le fait d'un tiers [2] (notamment en cas de vente du bien objet du droit préférentiel à l'initiative d'un autre créancier ou d'un organe de la procédure collective du débiteur), du débiteur [3], de la caution elle-même [4] ou encore de ces deux derniers [5].

Troisième condition : le préjudice subi par la caution

375. ***Existence du préjudice***. Cette dernière condition ne figure pas dans la loi. Elle a été *créée par la jurisprudence*. Le droit perdu ou non constitué doit avoir représenté un avantage effectif pour la caution, avantage qui s'apprécie à la date d'exigibilité de l'obligation de celle-ci, c'est-à-dire à la date de la défaillance du débiteur [6]. Le préjudice réside dès lors, soit dans l'amoindrissement juridique du droit (par exemple, à la suite de la perte de la sûreté elle-même ou de son rang ou de la péremption de son inscription), soit dans l'amoindrissement matériel infligé à la chose objet de la sûreté (par exemple, le dépérissement d'un bail commercial qui donnait toute sa valeur au fonds de commerce nanti). La caution ne peut être déchargée que si la perte du droit engendre l'un de ces deux types de préjudice.

La décharge est au contraire exclue si le droit perdu, même s'il avait été conservé, n'aurait pas permis de faire bénéficier à la caution d'une position plus avantageuse (il en va notamment ainsi en cas de perte d'une sûreté qui, dans le cadre de la procédure collective du débiteur, aurait été primée par d'autres créanciers ou en cas de perte d'une sûreté portant sur un bien d'une valeur insuffisante pour désintéresser la caution subrogée ou encore, en cas de défaut de déclaration de créance, s'il est établi que les créanciers chirographaires n'ont pu être réglés lors de la liquidation judiciaire) [7]. De même, le préjudice disparaît s'il subsiste d'autres avantages qui permettent à la caution d'exercer utilement son recours subrogatoire [8].

---

1. Cass., Req., 22 juin 1886, *DP* 87, 1, 387 ; *S*. 88. I. 53.

2. Com. 10 févr. 1970, *Bull. civ.* IV, n° 48 ; Civ. 1re, 4 oct. 2000, inédit, n° 97-22233 ; Com. 3 avr. 2001, inédit, n° 97-13786 ; 13 mai 2003, *Bull. civ.* IV, n° 71 ; Civ. 1re, 4 janv. 2005, inédit, n° 03-10642 ; Com. 16 oct. 2012, inédit, n° 11-23703 ; Com. 19 nov. 2013, inédit, n° 12-26539.

3. Cass., Req., 16 mars 1936, *DH* 1936. 217 ; Com. 2 mars 1970, *Bull. civ.* IV, n° 77 ; Civ. 1re, 3 mars 1998, *Bull. civ.* I, n° 88 ; 13 mai 1998, *Rev. proc. coll.* 1999. 123 ; Com. 30 oct. 2000, *RJDA* 2/2001, n° 231 ; 20 févr. 2001, *RJDA* 6/2001, n° 724 ; Civ. 1re, 9 mai 2001, *Bull. civ.* I, n° 125 ; Com. 29 janv. 2002, *RD banc. fin.* 2002, n° 50, obs. D. Legeais ; Civ. 1re, 7 déc. 2004, *Bull. civ.* I, n° 300.

4. Com. 20 janv. 1975, *Bull. civ.* IV, n° 16 ; 9 mai 1995, inédit, n° 92-21644 ; *RTD com.* 1997. 149 ; *Rev. proc. coll.* 1995-4, p. 458 ; 14 mars 2000, *Rev. proc. coll.* 2000. 134 ; Com. 6 juill. 2010, inédit, n° 09-16163 ; Lyon, 21 mai 2015, n° 13/06566.

5. Com. 11 janv. 1994, *Bull. civ.* IV, n° 15 ; Civ. 1re, 14 nov. 2001, *Bull. civ.* I, n° 275.

6. Civ. 1re, 24 févr. 1987, *Bull. civ.* I, n° 64 ; Com. 7 janv. 2003, inédit, n° 97-19978 ; 5 juill. 2005, *Bull. civ.* IV, n° 151 ; Com. 11 févr. 2014, inédit, n° 12-29670.

Il résulte de ces arrêts que les conséquences de la dépréciation de la chose (chose sur laquelle le créancier disposait d'un droit préférentiel) entre la date de la défaillance du débiteur et celle des poursuites exercées contre la caution sont à la charge du créancier.

7. Civ. 3e, 3 déc. 1974, *Bull. civ.* III, n° 451 ; Civ. 1re, 25 juin 1980, *Bull. civ.* I, n° 197 ; Com. 26 mai 1999, *Bull. civ.* IV, n° 112 ; Civ. 1re, 29 janv. 2002, inédit, n° 99-15979 ; *JCP E* 2002. 1424, n° 9, obs. Ph. Simler ; Civ. 1re, 12 févr. 2002, *Bull. civ.* I, n° 51 ; Com. 25 nov. 2008, *Bull. civ.* IV, n° 198 ; Com. 12 juill. 2011, *Bull. civ.* IV, n° 118.

8. Com. 25 nov. 2008, *Bull. civ.* IV, n° 198.

376. ***Preuve de l'absence de préjudice par le créancier***. Selon la jurisprudence, et par dérogation au droit commun de la responsabilité civile, la charge de la preuve de l'existence et de l'ampleur du préjudice ne pèse pas sur la caution. Dès lors que la perte d'un droit par la faute du créancier est établie, le préjudice est présumé. C'est au créancier qu'il revient, pour ne pas souffrir de la décharge de la caution, de démontrer que la subrogation rendue impossible par sa faute exclusive n'aurait pas été efficace [1]. En d'autres termes, le créancier doit prouver l'absence de préjudice.

377. ***Sanction***. La perte d'un droit préférentiel, par la faute exclusive du créancier, et dommageable pour la caution, est sanctionnée par *la « décharge » de la caution* [2], c'est-à-dire par l'extinction de son obligation de règlement, sans satisfaction du créancier.

La caution n'est toutefois déchargée qu'à concurrence de la valeur des droits qui auraient dû lui être transmis par subrogation [3], autrement dit seulement *à hauteur du préjudice subi*, qui peut être cependant difficile à évaluer.

La sanction ne saurait être conventionnellement écartée, puisque l'article 49 de la loi n° 84-148 du 1er mars 1984 a reconnu à l'exception de défaut de subrogation un caractère impératif (art. 2314, *in fine* : « toute clause contraire est réputée non écrite ») [4].

2° Les causes incertaines d'extinction de l'obligation de règlement de la caution

La loi n° 2005-882 du 2 août 2005 en faveur des petites et moyennes entreprises, puis la loi n° 2006-728 du 23 juin 2006 portant réforme du droit des successions, ont introduit dans le Code civil deux nouvelles causes de « décharge » au bénéfice, respectivement, de l'époux caution divorcé d'un conjoint entrepreneur (a) et de l'héritier de la caution (b). Mais s'agit-il de véritables causes d'extinction de l'obligation de règlement de la caution ?

---

1. Com. 3 nov. 1995, *Bull. civ.* IV, n° 247 ; 27 févr. 1996, *Bull. civ.* IV, n° 68 ; Civ. 1re, 1er juin 1999, *Bull. civ.* I, n° 182 ; Civ. 1re, 18 mai 2004, inédit, n° 03-12284 ; Civ. 1re, 3 juill. 2013, *Bull. civ.* I, n° 144 ; Com. 8 avr. 2015, n° 13-22969, à paraître au *Bulletin*.

2. Est-ce que cette « décharge » spécialement prévue par l'article 2314 du Code civil exclut la mise en jeu de la responsabilité contractuelle du créancier ? Sur cette question du cumul entre sanction spéciale et droit commun de la responsabilité, cf. M.-N. Jobard-Bachellier et V. Brémond, « De l'utilité du droit de la responsabilité pour assurer l'équilibre des intérêts des contractants », *RTD com.* 1999. 327 s.

3. Civ. 1re, 9 mai 1994, *Bull. civ.* I, n° 169 ; 15 déc. 1998, *Bull. civ.* I, n° 361 ; 12 févr. 2002, *Bull. civ.* I, n° 51 ; Com. 17 févr. 2009, *Bull. civ.* IV, n° 22 : « la caution n'est déchargée qu'à concurrence de la valeur des droits pouvant lui être transmis par subrogation et dont elle a été privée par le fait du créancier. La valeur de ces droits s'apprécie à la date d'exigibilité de l'obligation de la caution, c'est-à-dire à la date de la défaillance du débiteur principal, sauf si, à cette date, le créancier était empêché de mettre en œuvre la sûreté » (en présence d'un redressement judiciaire faisant obstacle à la réalisation des sûretés, les juges du fond doivent dès lors évaluer le préjudice de la caution au jour où le créancier retrouve le droit d'attribution judiciaire, c'est-à-dire après l'adoption du plan de cession ou le prononcé de la liquidation judiciaire) ; Com. 19 oct. 2010, inédit, n° 09-69951.

4. La Cour de cassation a déclaré cette disposition applicable aux seuls cautionnements souscrits après son entrée en vigueur (en l'occurrence, un an après la promulgation de la loi), de sorte que les clauses de renonciation au bénéfice de l'exception de défaut de subrogation souscrites avant l'entrée en vigueur de la loi du 1er mars 1984 ont pu empêcher la libération des cautions signataires (Civ. 1re, 25 mai 1987, *Bull. civ.* I, n° 163 ; 25 mai 1988, *Bull. civ.* I, n° 153 ; Com. 10 janv. 1988, *Bull. civ.* IV, n° 10 ; 8 juin 1993, *Bull. civ.* IV, n° 226).

a) La « décharge » de l'époux caution divorcé de son conjoint entrepreneur

C. civ., art. 1387-1 (L. du 2 août 2005). – Lorsque le divorce est prononcé, si des dettes ou sûretés ont été consenties par les époux, solidairement ou séparément, dans le cadre de la gestion d'une entreprise, le tribunal de grande instance peut décider d'en faire supporter la charge exclusive au conjoint qui conserve le patrimoine professionnel ou, à défaut, la qualification professionnelle ayant servi de fondement à l'entreprise.

378. L'article 1387-1 du Code civil [1] instaure une cause d'extinction particulière des « dettes ou sûretés [...] consenties par les époux, solidairement ou séparément, dans le cadre de la gestion d'une entreprise ». En effet, le tribunal de grande instance peut « décider d'en faire supporter la charge exclusive au conjoint qui conserve le patrimoine professionnel ou, à défaut, la qualification professionnelle ayant servi de fondement à l'entreprise ».

Si le cautionnement n'est pas expressément visé par ce nouveau texte, dont le champ d'application dépasse le cadre de cette sûreté, il n'en reste pas moins, comme le confirme la lecture des travaux préparatoires, que l'ombre du cautionnement plane sur cette disposition.

379. ***Ratio legis***. La raison d'être de l'article 1387-1 du Code civil réside dans *l'affliction légitime devant la situation de certains époux* qui, s'étant portés généreusement cautions de l'activité professionnelle de leur conjoint, se retrouvent, après la dissolution de l'union matrimoniale, écrasés par le poids du recouvrement de la dette de cautionnement. Mais, ici, il est clair que les bons sentiments n'ont pas fait une bonne loi [2].

380. ***Difficultés d'interprétation***. Les plus grandes incertitudes entourent l'interprétation de ce texte. Outre les nombreuses interrogations suscitées par les imperfections de rédaction [3], une irréductible ambiguïté affecte sa *finalité exacte*. Confronté aux motivations incertaines et changeantes des promoteurs de ce texte, au jeu de dupes savamment entretenu par les différents intervenants au débat parlementaire, et peut-être, plus gravement, au profond malentendu qui a semblé guider ces derniers, il convient de souligner qu'un doute crucial existe quant à la portée exacte de ce texte.

Deux interprétations demeurent en effet possibles : soit le transfert de la dette ou de la sûreté litigieuse sur la tête du conjoint entrepreneur vise l'*obligation à la dette*, c'est-à-dire affecte les rapports qu'entretiennent la caution et le créancier ; soit le transfert de la dette n'emporte des conséquences que sur le seul plan de la *contribution à la dette*, c'est-à-dire ne concerne que les rapports *intra* conjugaux intervenant dans le cadre de la liquidation du régime matrimonial des époux [4].

---

1. Sur ce texte, cf. not. V. Brémond, « Le transfert judiciaire des dettes et sûretés au conjoint entrepreneur en cas de divorce », *in Réformes du droit civil et vie des affaires*, dir. M. Bourassin et J. Revel, Dalloz, coll. « Thèmes et commentaires », 2014, p. 33 ; V. Brémond, « Le nouveau régime des dettes professionnelles conjugales en cas de divorce », *JCP N* 2005. 1497 ; J. Casey, « Article 1387-1 du Code civil : analyse de la jurisprudence des cours d'appel et bilan quinquennal », *Gaz. Pal.* 6 janv. 2012, n° 6-7, p. 17 ; S. Piedelièvre, « Le nouvel article 1387-1 du Code civil (ou de l'utilisation d'un pavé par un ours) », *D.* 2005. 2138.
2. Cf. P. Crocq, « Les bons sentiments ne font pas les bons textes », *D.* 2005. 2025.
3. En particulier, les formules « solidairement ou séparément », dont les termes ne sont pourtant pas opposés, ou encore l'expression « patrimoine professionnel », qui reste bien imprécise. Sur toutes ces interrogations, cf. V. Brémond, article préc.
4. En faveur de cette seconde interprétation, qui ne porte nullement atteinte au droit de poursuite du créancier contre les deux époux et qui ne concerne, ce faisant, que la contribution finale à la dette, cf. TGI Évreux, 17 nov. 2006, *Defrénois* 2008. 316, obs. Champenois ; *LPA* 15-16 août 2007, note Edel ; Bourges, 24 nov. 2008, *RJPF* 2009-6/25, note J. Casey.

La première interprétation serait lourde de conséquences, puisqu'elle pourrait avoir pour effet de contraindre le créancier à subir *une modification judiciaire de débiteur*[1], voire de lui imposer *un effacement pur et simple de la dette*. Il faut souhaiter que cette interprétation soit finalement rejetée, au profit de la seconde, beaucoup plus inoffensive.

Cette dernière interprétation introduirait dans notre droit la possibilité pour le juge de procéder à une *répartition autoritaire entre les époux des dettes conjugales*[2]. Or, jusqu'à présent, seuls les époux, en application de l'article 1490 du Code civil[3], pouvaient s'accorder pour partager leurs dettes, en modifiant, dans l'acte de partage[4], la répartition du passif commun résiduel, répartition évidemment inopposable aux créanciers. Fort heureusement, toutes les décisions de juridictions du fond ayant été saisies de la décharge de la dette par un ex-époux, sur le fondement de l'article 1387-1 du Code civil, ont écarté cette dernière interprétation, au profit de la seconde[5].

Toutefois, pour remédier à ces difficultés d'interprétation, qui ne peuvent que nuire au crédit, il conviendrait que la réforme du droit des garanties personnelles, toujours en suspens, vint éclaircir, pour le moins, la rédaction de l'article 1387-1 du Code civil[6].

b) La « décharge » de l'héritier de la caution

381. ***L'étendue du transfert à titre universel des obligations pesant sur la caution.*** L'article 2294 du Code civil (anc. art. 2017) dispose que « les engagements des cautions passent à leurs héritiers ». Cette règle s'explique aisément par le fait que le cautionnement ne possède pas un caractère *intuitus personae* suffisamment puissant pour justifier son extinction au décès de la caution. Mais quelle est l'ampleur exacte de ce transfert ? La jurisprudence décide, depuis 1982, que seules *les obligations de règlement déjà nées lors du décès de la caution* se transmettent aux héritiers de celle-ci[7].

Même limitée à ces obligations de règlement, la transmission du cautionnement peut constituer une charge fort lourde pour les héritiers. Il n'y a cependant rien d'alarmant à cela : d'une part, le cautionnement n'a pas l'apanage des engagements dispendieux ; d'autre

---

1. Cet effet ne serait pas systématique, puisque certains transferts se révéleraient incongrus ou inconcevables. Tel serait le cas du transfert, sur la tête de l'époux entrepreneur, du cautionnement souscrit par son conjoint en garantie d'une dette souscrite par l'époux ou encore du transfert sur la tête de l'époux entrepreneur de la sûreté réelle souscrite par le conjoint.

2. Possibilité que ne lui donne cependant pas l'article 274 du Code civil, qui prévoit limitativement les modalités dont dispose le juge au sujet de l'exécution de la prestation compensatoire (cf. Grenoble, 4 mai 1999, *Juris-Data* n° 1999-042708, décidant que le juge du divorce n'a pas la faculté de condamner l'un des époux à supporter seul, en guise de prestation compensatoire, le solde des crédits dus par le couple).

3. Concernant les époux séparés de biens, la répartition du passif s'opère évidemment selon l'époux titulaire de la dette : les dettes consenties par l'épouse restent à la charge de cette dernière ; *idem* pour celles du mari.

4. Par exemple, dans le cadre de la convention définitive de divorce homologuée par le juge : Civ. 1re, 2 juin 1992, *Bull. civ.* I, n° 168.

5. Bourges, 24 janv. 2008, n° 07/00638 ; dans le même sens, Reims, 10 mars 2008, n° 189 ; *Juris-Data* n° 2008-001244 ; Bordeaux, 24 févr. 2009, n° 08/04449 ; Amiens, 25 août 2009, n° 08/02102 ; Nîmes, 18 nov. 2010, n° 09/00838 ; Versailles, 5 mai 2011, n° 10/04467, n° 10/04467 ; Aix-en-Provence, 2 août 2011, n° 10/11007 ; Colmar, 13 févr. 2013, n° 11/06108.

6. La réforme du 23 mars 2006 n'a pas satisfait ce souhait, qui avait pourtant été également exprimé par le Ministre des petites et moyennes entreprises, du commerce, de l'artisanat et des professions libérales. Ce dernier, renonçant à demander la suppression du texte introduit par amendement, avait déclaré se réserver « le droit, dans le cadre de la réforme en préparation au ministère de la Justice [relative au droit des garanties], de modifier la rédaction du texte proposé pour l'article 1387-1 du Code civil » (Sénat, séance du 13 juillet 2005).

7. Com. 29 juin 1982, *Bull. civ.* IV, n° 258. Sur cette jurisprudence, v. ss 395.

part, et surtout, le successible de la caution n'est pas obligé d'accepter la succession de son auteur. Il peut, soit renoncer à la succession, soit accepter celle-ci à concurrence de l'actif net (C. civ., art. 787 à 803), ce qui lui permettra de ne devoir acquitter la dette de cautionnement que sur les seuls biens successoraux, de sorte qu'au pire, la dette de cautionnement absorbera tout l'actif appartenant au défunt, sans affecter son patrimoine personnel.

382. ***La situation délicate de l'héritier en cas d'acceptation pure et simple de la succession.*** Lorsque l'héritier accepte purement et simplement la succession, toutes les obligations de règlement nées du vivant de la caution, quand bien même ne seraient-elles exigibles que longtemps après le décès de celle-ci, peuvent être recouvrées sur le patrimoine personnel de cet héritier acceptant, en application du principe de l'obligation *ultra vires successionis* (C. civ., art. 785).

Si, là encore, le cautionnement ne développe pas une spécificité irréductible, d'autres engagements du défunt pouvant être ruineux pour l'héritier, il n'en demeure pas moins que les dettes issues du cautionnement [1] présentent une propension certaine à rester ignorées du successible s'apprêtant à exercer son option successorale. En effet, outre le caractère généralement discret de ce type d'engagement, l'absence d'un fichier central des cautionnements [2] et le fait que la caution soit le plus souvent dépourvue d'un titre (l'unique exemplaire relatant le cautionnement demeure entre les mains du créancier) conduisent fréquemment les successibles à ignorer l'existence du cautionnement souscrit par leur auteur. À telle enseigne qu'avant que la jurisprudence ne rejette, en 1982, la transmission de l'obligation de couverture aux héritiers de la caution, les tribunaux avaient contraint le créancier à informer les héritiers de l'existence du cautionnement souscrit par leur auteur [3].

Il est vrai que les multiples obligations légales d'information pesant sur les créanciers [4] sont de nature à instruire les successibles de l'existence du cautionnement, puisque la Cour de cassation admet qu'ils en bénéficient [5]. Toutefois, en raison des modalités mêmes qui affectent le devoir d'information, en particulier le caractère fixe de la date à laquelle l'information doit être délivrée (le plus souvent, avant le 31 mars de chaque année), il arrivera fréquemment que l'information ne parvienne pas en temps utile au successible, c'est-à-dire avant que celui-ci n'exerce son option [6].

---

1. Et, plus généralement, des dettes issues de la souscription d'une garantie personnelle, les développements relatifs au cautionnement pouvant sans doute être transposés aux autres garanties personnelles étudiées.

2. Contre la mise en place d'un fichier centralisé des cautions, destiné à informer les héritiers sur le fait de savoir si la personne dont ils héritent s'est portée caution, cf. Rép. min. n° 974, *JO Ass. nat. Q*, 25 déc. 2007, p. 8253. *Contra* : cf. la proposition formulée en juin 2011, lors du 107e Congrès des notaires de France, que « le notariat prenne l'initiative de la création d'un Fichier central des cautionnements et autres sûretés personnelles consentis par actes authentiques, pour en permettre la révélation aux héritiers du garant lors de l'ouverture de sa succession » (http://www.congresdesnotaires.fr/fr/les-proposions-du-107eme-congres).

Sur les fichiers d'endettement en matière de cautionnement, aussi v. ss 42, 244, 619

3. Ce devoir était prescrit, semble-t-il, dans l'unique optique de permettre aux héritiers de résilier l'obligation de couverture à durée indéterminée pesant sur la caution (Civ. 1re, 17 oct. 1979, *Gaz. Pal.* 1980. I. somm. 14, obs. J. D. ; Paris, 28 avr. 1980, *Gaz. Pal.* 1980. 2. 604, note A. Piedelièvre ; *D.* 1981. IR 15, obs. M. Vasseur ; Fort-de-France 17 sept. 1981, *Banque* 1983. 237, obs. M. Martin ; Com. 14 nov. 1980, *Bull. civ.* IV, n° 371, solution *a contrario*).

4. V. ss 266 s.

5. Com. 9 déc. 1997, *Bull. civ.* IV, n° 323.

6. Cf. V. Brémond, note sous Civ. 1re, 6 nov. 2001, *Defrénois* 2002. 540.

La doctrine s'était étonnée que le législateur n'ait exprimé sa sollicitude qu'à l'égard de la caution, ayant la qualité de conjoint divorcé [1], délaissant les héritiers de la caution. Le droit des successions issu de la réforme du 23 juin 2006 prend en considération désormais le risque qu'un héritier ne voit son patrimoine personnel gravement affecté par la découverte tardive de l'existence d'un cautionnement souscrit par l'auteur dont il a accepté purement et simplement la succession.

> **C. civ., art. 786 (L. du 23 juin 2006).** – L'héritier acceptant purement et simplement ne peut plus renoncer à la succession ni l'accepter à concurrence de l'actif net.
> Toutefois, il peut demander à être déchargé en tout ou partie de son obligation à une dette successorale qu'il avait des motifs légitimes d'ignorer au moment de l'acceptation, lorsque l'acquittement de cette dette aurait pour effet d'obérer gravement son patrimoine personnel.
> L'héritier doit introduire l'action dans les cinq mois du jour où il a eu connaissance de l'existence et de l'importance de la dette.

383. ***Le nouvel article 786 du Code civil.*** Issu de la réforme du droit des successions du 23 juin 2006, l'article 786, alinéa 2, du Code civil institue la « décharge » judiciaire de l'héritier acceptant purement et simplement la succession « en tout ou partie de son obligation à une dette successorale qu'il avait des motifs légitimes d'ignorer au moment de l'acceptation, lorsque l'acquittement de cette dette aurait pour effet d'obérer gravement son patrimoine personnel ». Si toutes les dettes successorales sont visées, et non le cautionnement en particulier, il est évident que le cautionnement constitue le paradigme de l'engagement auquel les promoteurs de cette nouvelle disposition ont songé [2]. Gageons que cette nouvelle disposition trouvera d'abord à s'appliquer au cautionnement.

384. ***Fondement de la « décharge ».*** Le fondement et la nature de cette action sont délicats à déterminer, notamment parce que son objet exact reste incertain. S'inspirant tout à la fois de l'erreur et de la lésion, elle n'épouse cependant les conditions d'aucune de ces deux institutions, et semble puiser ses fondements dans la satisfaction d'une *justice tant commutative que distributive* [3].

385. ***Conditions de la décharge.*** Trois conditions doivent être réunies par l'héritier pour obtenir le bénéfice de la « décharge » [4].

D'abord, la découverte tardive d'une dette successorale, en l'occurrence un cautionnement, qu'il avait des *motifs légitimes d'ignorer* au moment où il a accepté purement et simplement la succession [5].

Ensuite, l'existence de *conséquences patrimoniales graves* que ferait courir au patrimoine personnel de l'héritier le paiement de cette dette.

Enfin, le *prononcé judiciaire* de la décharge.

Il convient de souligner qu'à aucun moment, ni le comportement, ni les intérêts du créancier ne sont pris en considération, alors même que celui-ci n'a commis aucune faute [6].

---

1. Cf. V. Brémond, « Le nouveau régime des dettes professionnelles conjugales en cas de divorce », *JCP N* 2005. 1497 ; S. Piedelièvre, « Le nouvel article 1387-1 du Code civil (ou de l'utilisation d'un pavé par un ours) », *D.* 2005. 2138.
2. Cf. S. Huygues, *Rapport devant la Commission des lois de l'Assemblée nationale*, p. 95.
3. Cf. V. Brémond, « Les nouveaux tempéraments à l'obligation *ultra vires successionis* », *JCP N* 2006. 1366.
4. Sur les difficultés et incertitudes soulevées par ces conditions, cf. V. Brémond, article préc., n° 7 s.
5. La « décharge » judiciaire doit être demandée « dans les cinq mois du jour où il (l'héritier) a eu connaissance de l'existence et de l'importance de la dette » (C. civ., art. 786, al. 3).
6. Sous réserve du respect de ses devoirs d'information signalés plus haut.

386. ***Difficultés d'interprétation***. La finalité de l'action demeure incertaine quant à son *objet* et à ses *effets*.

L'article 786, alinéa 2, du Code civil vise la décharge, totale ou partielle, de l'héritier « de son obligation à une dette successorale ». Cette formule, bien qu'ambiguë, semble signifier que l'héritier est déchargé, non pas du poids de la dette elle-même [1], mais seulement de son obligation *ultra vires successionis* d'acquitter cette dette. En d'autres termes, le créancier ne pourra recouvrer sa créance que sur les seuls biens successoraux et non sur les biens personnels de l'héritier, comme si l'héritier avait accepté la succession, non pas purement et simplement, mais à concurrence de l'actif net : *seule l'assiette des biens offerts au créancier serait donc modifiée et non le quantum de la dette* [2].

Si cette interprétation, conforme à la *ratio legis*, devait être retenue, les effets de la décharge n'en seraient pas moins incertains. En effet, l'héritier bénéficiaire de la décharge n'y trouvera avantage qu'à la condition que le cautionnement découvert tardivement constitue l'unique dette restant à recouvrer. Dans ce cas, la dette de cautionnement excédant l'actif successoral ne pourra être recouvrée sur les biens personnels de l'héritier, et pas davantage sur les biens successoraux, par hypothèse insuffisants [3]. Dans le cas contraire, les effets de la décharge risquent d'être vains dans la mesure où *les autres créances successorales non encore acquittées* continuent, quant à elles, de pouvoir être recouvrées sur les biens personnels de l'héritier [4].

§ 3. Les causes d'extinction de l'obligation de couverture

387. ***Trois causes d'extinction de l'obligation de couverture***. L'obligation de couverture présente un caractère successif. Trois hypothèses d'extinction méritent dès lors d'être distinguées.

En premier lieu, si le cautionnement est à *durée déterminée* (terme extinctif propre à l'engagement de la caution ou emprunté au contrat principal), l'obligation de couverture s'éteint à l'échéance et la caution se trouve libérée pour l'avenir [5]. Subsiste, en revanche, l'obligation de règlement des dettes nées pendant la période de couverture, c'est-à-dire entre la date de conclusion du cautionnement et la survenance du terme extinctif [6].

---

1. Comme cela est le cas dans le cadre de la « décharge » de la caution en application de l'exception de défaut de subrogation de l'article 2314 du Code civil (v. ss 377).

2. Cette solution s'inspirerait de la distinction entre la dette elle-même (*debitum*) et le pouvoir de contrainte (*obligatio*).

3. La réduction de l'assiette des biens que le créancier peut saisir conduit, dans cette circonstance et *de facto*, à l'effacement pur et simple de la dette ou d'une fraction de la dette. Les intérêts du créancier sont alors purement et simplement sacrifiés.

4. En effet, la prise en compte de la dette de cautionnement peut conduire à ce que le passif successoral excède l'actif. En conséquence, d'autres dettes, qui auraient été logiquement recouvrées sur l'actif successoral, le seront finalement sur le patrimoine personnel de l'héritier. Ainsi, cela contrarie, par le jeu des « vases communicants », les conséquences de la décharge.

5. Cf. par ex. : Com. 5 nov. 2009, inédit, n° 08-15433, qui vise expressément l'extinction de « l'obligation de couverture » de la caution au terme de son engagement (en l'espèce, le cautionnement était indéfini en durée et empruntait donc le terme du contrat initial) ; Com. 9 avr. 2013, *Bull. civ.* IV, n° 56 (extinction de l'obligation de couverture lors de la survenance du terme du contrat principal initialement prévu, sans tenir compte de la prorogation des relations contractuelles donnant naissance à des obligations nouvelles que la caution ne garantit pas) ; pour le cas d'un cautionnement, tout à la fois assorti d'un terme fixe et d'une faculté de révocation « à tout moment à l'expiration d'un délai de 90 jours au-delà de la réception de la lettre de révocation » (Aix-en-Provence, 11 juin 2015, n° 2015/362).

6. Com. 10 janv. 1984, *Bull. civ.* IV, n° 9 ; 29 févr. 1984, *Bull. civ.* IV, n° 83 ; Civ. 1re, 24 janv. 1990, *Bull. civ.* I, n° 20 ; Com. 3 janv. 1995, *Bull. civ.* IV, n° 1 ; 16 avr. 1996, *Bull. civ.* IV, n° 119 ; Civ. 1re, 19 juin 2001, *Bull. civ.* I, n° 179 ; Com. 11 oct. 2011, *Bull. civ.* IV, n° 156.

Il est possible, en deuxième lieu, et c'est le cas apparemment le plus fréquent dans les cautionnements de dettes futures, qu'aucun terme n'ait été fixé. L'engagement est donc à durée indéterminée, de sorte que la caution dispose, par application du droit commun, d'une faculté de *résiliation unilatérale à tout moment*[1]. Si la caution exerce cette faculté, elle se trouve, là aussi, libérée sans rétroactivité, c'est-à-dire uniquement à l'égard des dettes principales nées postérieurement à la résiliation.

En troisième lieu, en l'absence de terme extinctif expressément convenu et lorsque la caution a oublié de résilier son engagement (un tel oubli n'est pas rare chez les cautions profanes, alors même que la faculté de résiliation unilatérale leur est normalement rappelée tous les ans par les créanciers professionnels[2]) ou lorsque la caution s'est sentie obligée de maintenir cet engagement (les cautions intégrées dans les affaires de la société débitrice craignent souvent, sans doute à juste titre, que le retrait de la garantie soit rapidement suivi de la rupture du crédit et de la mise en péril de leur entreprise), il est fréquent que ladite caution cherche à réduire la durée de son obligation de couverture, en prétendant qu'un événement déterminé a mis fin à son engagement. Dans certains cas, la jurisprudence se montre favorable à cette argumentation et reconnaît l'existence d'un *terme extinctif implicite*, qui produit les mêmes effets que la résiliation ou la survenance du terme expressément convenu.

388. De ces trois causes d'extinction de l'obligation de couverture, seule la dernière pose réellement problème, car il est nécessaire de déterminer quels événements sont susceptibles de constituer un terme implicite (A). Les autres difficultés en la matière concernent la date de naissance des dettes principales (B) et les conséquences de l'extinction de l'obligation de couverture dans le cas particulier du cautionnement de compte-courant (C).

A. Les termes extinctifs implicites

Les changements de situation juridique des protagonistes de l'opération de cautionnement (créancier, débiteur, caution) soulèvent la question de l'existence de termes extinctifs implicites affectant l'obligation de couverture. La jurisprudence n'y apporte pas de réponse uniforme, refusant dans certains cas la qualification de terme implicite (1°), retenant au contraire dans d'autres cas l'extinction pour l'avenir de l'obligation de couverture (2°).

1° Les changements non constitutifs de termes extinctifs implicites

389. ***Changements affectant la société créancière ou la société débitrice***. Les modifications statutaires relatives, notamment, à l'objet ou à la forme de la société créancière ou débitrice, à leur nom, à leur implantation ou encore au montant de leur capital n'affectent nullement leur existence même. Cette *pérennité de la personne morale* interdit de voir dans de

1. Cette faculté de résiliation unilatérale peut faire l'objet d'aménagements conventionnels : la résiliation peut être interdite pendant une durée ou à des époques déterminées ; elle peut être subordonnée au respect d'un délai de préavis, pour permettre au créancier de trouver une nouvelle garantie ou, à défaut, de réduire, voire supprimer, les crédits octroyés au débiteur. Ce genre de stipulations ne contrevient pas à la prohibition des engagements perpétuels, puisque la faculté de résiliation n'est pas supprimée, mais seulement restreinte.

2. Sur l'obligation d'information annuelle, v. ss 266 s.

telles modifications une novation. Il s'agit de *simples changements*[1], que la jurisprudence refuse, de façon constante, de qualifier de termes extinctifs implicites. Bien que certains de ces changements, en particulier ceux portant sur l'objet ou la forme de la société, puissent modifier le volume ou la nature des dettes garanties et, par conséquent, la perception du risque par la caution, celle-ci reste donc tenue des dettes nées après ces modifications statutaires[2].

390. ***Changements dans les rapports caution/débiteur principal : argument des cautions***. En vue d'être totalement ou partiellement libérées, les cautions tentent d'ériger en termes implicites les changements survenus dans leurs rapports avec le débiteur principal, en particulier la cessation des fonctions au sein de l'entreprise débitrice ou le divorce. Elles font valoir, à cette fin, que, ne s'étant engagées que parce qu'elles entretenaient avec le débiteur des relations qui leur permettaient d'influer sur l'évolution de la dette principale, l'obligation de couverture devrait cesser lors de la rupture de ces relations.

391. ***Changements dans les rapports caution/débiteur principal : arguments des créanciers***. Pour s'opposer à la reconnaissance d'un terme implicite, les créanciers ne manquent pas d'arguments. D'abord, le cautionnement n'est pas un contrat conclu *intuitus personae*, car c'est davantage la position de la caution vis-à-vis du débiteur qui importe aux créanciers que la personne même de la caution. Ensuite, si la caution ne résilie pas, alors que cette faculté lui est pourtant rappelée annuellement, elle ne peut prétendre avoir cru à l'extinction de son engagement par le seul changement des relations entretenues avec le débiteur. Enfin, la sécurité des transactions exige que l'extinction du cautionnement survienne de manière indiscutable et certaine à un moment précis, au su de tous, et surtout du créancier. Or, celui-ci n'est pas forcément renseigné, ni tenu de se renseigner sur les changements survenant dans les rapports entre la caution et le débiteur.

392. ***Position de la jurisprudence sur les changements dans les rapports caution/débiteur principal***. La jurisprudence reconnaît la pertinence des arguments des créanciers. Elle décide ainsi que l'obligation de couverture de la caution n'est pas éteinte en cas de *perte de la qualité de dirigeant ou d'associé*, provoquée par une démission, une révocation ou une cession de contrôle de la société débitrice[3]. En de telles circonstances, la Cour de cassation considère même que le créancier ne doit, ni avertir la caution qu'elle reste tenue de ses engagements[4], sous réserve d'une clause contraire, ni l'informer de l'octroi d'un nouveau prêt à la société débitrice[5]. L'idée d'un terme extinctif implicite est pareillement écartée dans l'hypothèse d'une *rupture du lien conjugal ou du concubinage*[6]. Il n'est pas certain, cependant, que l'article 1387-1 du Code civil autorise

---

1. Sur la distinction entre novation et simple changement, v. ss 353.
2. Com. 9 avr. 1973, *Bull. civ.* IV, n° 152 ; 2 oct. 1979, *Bull. civ.* IV, n° 240 ; 20 févr. 2001, *Bull. civ.* IV, n° 38 ; 5 nov. 2003, inédit, n° 00-13570.
3. Com. 2 déc. 1974, *Bull. civ.* IV, n° 308 ; 3 nov. 1988, *Bull. civ.* IV, n° 283 ; 24 avr. 1990, *Bull. civ.* IV, n° 117 ; 15 oct. 1991, *Bull. civ.* IV, n° 285 ; Paris, 24 mai 2006, *RJDA* 11/06, n° 1169 ; Aix-en-Provence, 15 janv. 2015, n° 2015/29.
4. Com. 29 janv. 2002, *Bull. civ.* IV, n° 21.
La responsabilité du rédacteur des actes de cession (par exemple, un expert-comptable) peut en revanche être engagée s'il n'a pas informé les cédants de la persistance de leur engagement de caution, peu important leur qualité de dirigeant ou d'associé au sein d'autres sociétés. Le préjudice subi par les cédants consiste alors dans la perte d'une chance d'obtenir la mainlevée des cautionnements lors de la cession des parts (Com. 4 déc. 2012, *Bull. civ.* IV, n° 217).
5. Com. 8 janv. 2008, *Bull. civ.* IV, n° 1.
6. Com. 19 janv. 1981, *Bull. civ.* IV, n° 32.

le maintien de cette jurisprudence, car cette disposition pourrait être interprétée comme faisant du divorce une cause d'extinction de l'obligation de règlement elle-même [1].

2° Les changements constitutifs de termes extinctifs implicites

393. ***Décès de la caution.*** Conformément aux principes selon lesquels, d'une part, les successeurs à titre universel reçoivent tous les droits et obligations du défunt et, d'autre part, les contrats passés avec celui-ci continuent de produire leurs effets, l'article 2294 du Code civil (anc. art. 2017) dispose que les engagements de la caution passent à ses héritiers.

> **C. civ., art. 2294 (anc. art. 2017).** – Les engagements des cautions passent à leurs héritiers, à l'exception de la contrainte par corps, si l'engagement était tel que la caution y fût obligée.

La jurisprudence a longtemps interprété l'ancien article 2017 du Code civil comme signifiant que toutes les obligations de la caution, y compris l'obligation de couvrir les dettes à venir dans les cautionnements de dettes futures, se transmettaient aux héritiers. Autrement dit, les héritiers étaient même *tenus des dettes nées postérieurement au décès de la caution*, et ceci jusqu'au terme fixé par le contrat de cautionnement ou jusqu'à la résiliation de l'engagement à durée indéterminée [2]. Conforme à la logique du droit successoral, cette solution n'en était pas moins sévère pour les héritiers, qui voyaient leur propre patrimoine engagé par l'effet de la confusion des patrimoines, pour garantir l'engagement d'une personne ou d'une société qui pouvait leur être totalement étrangère, en tout cas qu'ils n'avaient pas entendu personnellement garantir. L'exigence d'un caractère exprès de l'engagement de la caution trouvait donc ses limites avec le décès de la caution, au détriment des héritiers.

394. ***La consécration jurisprudentielle de la distinction entre l'obligation de couverture et l'obligation de règlement et ses conséquences en cas de décès de la caution.*** Dans l'arrêt *Ernault* du 29 juin 1982 [3], la chambre commerciale de la Cour de cassation a consacré la thèse de Christian Mouly relative à la dualité d'obligations dans le cautionnement de dettes futures, et a opéré un revirement protecteur des héritiers de la caution. Elle a jugé que, « faute d'être tenue à la date de son décès, la caution ne pouvait transmettre d'engagements à ses héritiers pour les dettes nées postérieurement à son décès ».

Il en résulte que, si la dette principale existe au jour du décès, les héritiers en sont tenus, car *l'obligation de règlement des dettes nées avant le décès leur est transmise*, même si ces dettes ne deviennent exigibles que postérieurement et ce, quel que soit le moment des poursuites (dans la limite de la prescription) [4]. En revanche, comme la jurisprudence assimile le décès de la caution à un terme extinctif implicite, l'obligation de couverture prend fin à ce jour, ce qui *empêche de poursuivre les héritiers pour des dettes nées après le décès*. Cette solution vaut même en l'absence de notification du décès au créancier [5]. Par ailleurs, les parties ne sauraient y déroger, car la Haute juridiction qualifie la clause contraire de pacte sur succession future, prohibé par l'article 1130, alinéa 2, du Code

1. V. ss 380.
2. Com. 14 nov. 1966, *Bull. civ.* IV, n° 427 ; Civ. 1re, 16 déc. 1969, *Bull. civ.* I, n° 396 ; Com. 14 nov. 1980, *Bull. civ.* IV, n° 371.
3. Com. 29 juin 1982, *Bull. civ.* IV, n° 258.
4. Civ. 1re, 20 juill. 1994, *Bull. civ.* I, n° 258.
5. Civ. 1re, 3 juin 1986, *Bull. civ.* I, n° 147.

civil[1]. Si cette qualification est vraisemblablement contestable[2], elle se justifie néanmoins par le souci d'éviter que la stipulation contraire ne devienne une clause de style, de nature à ruiner la protection accordée aux héritiers de la caution[3].

395. ***Disparition de la société caution***. Si la société caution absorbe ou apporte une partie de son actif à une autre société, sans remise en cause de sa personnalité morale, ses engagements subsistent intégralement, même pour les dettes principales nées postérieurement à de tels changements. Qu'en est-il en cas de fusion de la société caution avec une société tierce ou en cas de scission de la société caution, qui emportent création d'une *nouvelle personne morale* ?

En raisonnant par analogie avec le décès d'une caution, on devrait admettre que l'obligation de couverture se trouve éteinte, de sorte que, sauf engagement exprès contraire de la nouvelle société ainsi créée (cet engagement de reprise est fréquent en pratique, ce qui explique la rareté du contentieux en ce domaine), seules les dettes principales nées avant ces opérations novatoires demeurent couvertes, à l'exclusion de celles qui naîtraient postérieurement.

Cette analogie entre le décès de la caution et la fusion ou scission de la société caution peut cependant paraître contestable si l'on considère que l'extinction de l'obligation de couverture par le décès de la caution s'explique essentiellement par la volonté de protéger les héritiers de celle-ci[4]. Or, alors que les héritiers ne sont pas nécessairement informés de l'existence du cautionnement, qui ne fait l'objet d'aucune publicité[5], les sociétés absorbantes connaissent l'étendue des cautionnements souscrits par la société absorbée, en raison de l'annexion au bilan d'un état des cautionnements (C. com., art. L. 232-1, I). En outre, en cas de restructuration de la société caution, le principe d'interprétation stricte du cautionnement (C. civ., art. 2292) ne saurait être avancé pour empêcher le maintien de l'obligation de couverture. Ce maintien pourrait encore être justifié par l'effet des fusions, absorptions ou scissions, à savoir la disparition de la société caution et la transmission à son successeur de l'ensemble de ses droits et obligations déjà nés.

Ce dernier argument a été privilégié par la Cour de cassation, dans un arrêt rendu le 7 janvier 2014, au sujet de la disparition d'une société, non pas caution, mais *sous-caution* : « aux termes de l'article L. 236-3, I du Code de commerce, la fusion entraîne la dissolution sans liquidation des sociétés qui disparaissent et la transmission universelle de leur patrimoine aux sociétés bénéficiaires, dans l'état où il se trouve à la date de réalisation définitive de l'opération ; il s'ensuit qu'en cas d'absorption d'une société ayant souscrit un engagement de sous-caution, la société absorbante est tenue d'exécuter cet engagement dans les termes de celui-ci »[6]. L'obligation de couverture de la sous-caution absorbée a donc été intégralement transmise à la société absorbante, tenue de régler, non seulement les dettes principales nées avant la fusion-absorption, mais également celles

1. Com. 13 janv. 1987, *Bull. civ.* IV, n° 9.
2. Cf., en ce sens, les annotateurs de l'arrêt du 13 janvier 1987, not. L. Aynès, *D.* 1987. Somm. 453 ; M. Behar-Touchais, *JCP E* 1987. II. 15054 ; E. S. de la Marnierre, *JCP* 1988. II. 20954 ; Raffray, *JCP N* 1988. II. 87 ; J.-L. Rives-Lange, *Banque* 1987. 856.
3. D'abord protégés par la jurisprudence, les héritiers de la caution le sont désormais par la loi elle-même, pour le moins lorsqu'ils acceptent la succession de leur auteur purement et simplement et que les conditions de l'article 786 du Code civil, issu de la réforme du droit des successions en date du 23 juin 2006, se trouvent remplies ; v. ss 383.
4. V. ss 393, 394.
5. V. ss 42, 244, 382.
6. Com. 7 janv. 2014, *Bull. civ.* IV, n° 1.

nées postérieurement. Si cette solution peut sembler justifiée au regard des arguments exposés précédemment, elle n'en dénote pas moins par rapport aux décisions rendues à la suite du décès de cautions ou de disparitions de sociétés débitrices ou créancières[1]. Elle mérite dès lors d'être confirmée, ou infirmée, en dehors de cette figure particulière du sous-cautionnement.

396. ***Dissolution sans liquidation de la société débitrice ou décès du débiteur personne physique***. La jurisprudence admet que constituent des causes d'extinction pour l'avenir de l'obligation de couverture de la caution garantissant des dettes futures, l'absorption[2] ou la fusion[3] de la société débitrice, à moins que la caution ne manifeste expressément une volonté contraire. Le caractère déterminant pour la caution de la personne du débiteur, ainsi que l'exigence d'engagement exprès de la caution (C. civ., art. 2292, anc. art. 2015), expliquent cette solution, pourtant contraire au principe de transmission universelle des sociétés (C. com., art. L. 236-3).

Il serait cohérent que le décès du débiteur personne physique soit soumis au même régime que la disparition de la société débitrice, c'est-à-dire soit assimilé à un terme extinctif implicite de l'obligation de couverture. La solution contraire a pourtant déjà été retenue par la Cour de cassation[4].

397. ***Disparition de la société créancière***. En cas de fusion[5], d'absorption[6] ou de scission[7] de la société créancière, donnant naissance à une personne morale nouvelle, ou encore en cas d'apport partiel d'actif soumis au régime des scissions[8], la jurisprudence décide également que la garantie de la caution cesse pour les dettes postérieures, sauf manifestation expresse de la caution de s'engager envers le nouveau créancier[9].

---

1. V. ss 396-398.

2. Com. 25 oct. 1983, *Bull. civ.* IV, n° 274 ; 29 avr. 2003, inédit, n° 01-00424 (solution *a contrario* puisque, en l'espèce, le cautionnement garantissait une dette présente).

3. Com. 14 déc. 1966, *Bull. civ.* IV, n° 482 ; 17 oct. 1978, *Bull. civ.* IV, n° 231 ; Civ. 3e, 16 févr. 2000, inédit, n° 98-15148 ; *JCP* 2001. I. 356, n° 7, obs. Ph. Simler ; Com. 16 oct. 2001, inédit, n° 98-15501 ; 21 janv. 2003, *Bull. civ.* IV, n° 9.

4. Civ. 1re, 4 oct. 1989, *Bull. civ.* I, n° 303.

5. Com. 20 janv. 1987, *Bull. civ.* IV, n° 20 ; 17 juin 1990, *Bull. civ.* IV, n° 216 ; 25 mars 1997, inédit, n° 95-12018 ; *D.* 1998. Somm. 183, obs. Hallouin ; Civ. 1re, 12 janv. 1999, inédit, n° 96-18274 ; *RD bancaire et bourse* 1999. 77, obs. M. Contamine-Raynaud ; Com. 17 juill. 2001, *Bull. civ.* IV, n° 139 ; Com. 21 janv. 2003, *Bull. civ.* IV, n° 9 ; 8 juill. 2003, inédit, n° 00-13412 ; 8 mars 2011, inédit, n° 10-11835.

6. Com. 6 mars 1978, *Bull. civ.* IV, n° 79 ; 4 juin 2002, inédit, n° 98-23280 ; *JCP* 2003. I. 124, n° 8, obs. Ph. Simler ; Civ. 1re, 28 sept. 2004, *Bull. civ.* I, n° 214 ; Com. 30 juin 2009, inédit, n° 08-10719 ; Com. 16 sept. 2014, *Bull. civ.* IV, n° 117.

7. Com. 22 janv. 1985, *Bull. civ.* IV, n° 30.

8. Com. 19 févr. 2013, *Bull. civ.* IV, n° 25 (en l'espèce, la caution s'était engagée, à l'occasion d'une convention d'escompte prévoyant des cessions successives de créances par bordereaux Dailly, à garantir le paiement des dettes pouvant résulter pour le cédant d'un recours exercé contre lui par l'établissement de crédit cessionnaire sur le fondement de l'article L. 313-24, alinéa 2, du Code monétaire et financier. La Cour de cassation a ici jugé que la caution ne peut être tenue que des créances ayant été cédées avant l'apport partiel d'actif d'un établissement de crédit à un autre, peu important que la convention d'escompte prévoyant les cessions à intervenir ait été conclue antérieurement à cet apport partiel d'actif).

9. Com. 16 sept. 2014, *Bull. civ.* IV, n° 117 : l'accord du contre-garant pour maintenir sa garantie à la caution ne peut se déduire du seul maintien de relations commerciales avec le créancier, du paiement par le débiteur des frais afférents au cautionnement postérieurement à la fusion-absorption ou du silence gardé par le contre-garant à réception du courrier de la caution l'informant de ce qu'elle exécuterait son engagement de caution envers le créancier.

La découverte de termes extinctifs est ici beaucoup plus discutable, car l'*intuitus personae* est beaucoup moins marqué à l'égard du créancier qu'il peut l'être à l'égard du débiteur. En effet, bien souvent, il importe guère à la caution de payer tel créancier plutôt qu'un autre. La doctrine appelle ainsi majoritairement de ses vœux le maintien de l'obligation de la caution pour les dettes nées postérieurement à la fusion, l'absorption ou la scission de la société créancière [1].

Un arrêt de la chambre commerciale de la Cour de cassation en date du 8 novembre 2005 [2] a pu laisser penser que cette proposition doctrinale avait été entendue, puisqu'y est affirmé qu'en cas de fusion-absorption de la société créancière, en l'espèce une société propriétaire d'un immeuble donné à bail, le cautionnement garantissant le paiement des loyers est, sauf stipulation contraire, transmis de plein droit à la société absorbante. En réalité, cette décision ne peut pas être interprétée comme constituant un revirement de jurisprudence. En effet, le maintien du cautionnement pour les dettes nées postérieurement à la fusion ne résulte pas, ici, de la survie de l'obligation de couverture, mais uniquement du fait que, dans un contrat de bail à durée déterminée, la dette de loyer ne naît pas à mesure de l'exécution du bail, mais entièrement dès la conclusion de celui-ci. Autrement dit, en l'espèce, le cautionnement portait sur une dette présente, et non sur une dette future, de sorte que la question du maintien ou non de l'obligation de couverture après la fusion de la société créancière n'avait même pas lieu de se poser.

398. ***Changement de bailleur***. Une solution comparable à la disparition de la société créancière fut un temps retenue en présence d'un changement du créancier bailleur garanti, lorsqu'un immeuble loué se trouvait vendu à un acquéreur, tenu de maintenir le bail garanti par un cautionnement. Dans un arrêt très critiqué du 26 octobre 1999 [3], la chambre commerciale de la Cour de cassation avait rejeté la prétention du nouvel acquéreur, qui entendait bénéficier du cautionnement souscrit à l'égard du précédent propriétaire, en considérant qu'« à défaut de manifestation de volonté de la part de la caution de s'engager envers le nouveau bailleur, le cautionnement souscrit au profit de la compagnie AGF (créancier initial) ne pouvait être étendu en faveur de la société FIMD (nouveau créancier) » (cassation pour violation de l'article 2015 du Code civil, devenu l'article 2292). Solution tout à fait contestable, compte tenu de la faible importance pour la caution de la personne du créancier bailleur (ce sont les termes du bail et la personne du débiteur – le preneur – qui importent) et du principe de transmission des accessoires, dont le cautionnement, avec la créance cédée (C. civ., art. 1692).

La Cour de cassation, par un arrêt d'Assemblée plénière, a heureusement opéré un revirement le 6 décembre 2004, en décidant « qu'en cas de vente de l'immeuble donné à bail, le cautionnement garantissant le paiement des loyers est, sauf stipulation contraire, transmis de plein droit au nouveau propriétaire en tant qu'accessoire de la créance de loyers cédée à l'acquéreur par l'effet combiné de l'article 1743 et des articles 1692, 2013 et 2015 du Code civil » [4].

---

1. La Commission Grimaldi s'était prononcée en ce sens ; v. ss 619 la proposition plus générale visant à interdire toute extinction des garanties personnelles par des termes extinctifs implicites.
2. Com. 8 nov. 2005, *Bull. civ.* IV, n° 218.
3. Com. 26 oct. 1999, *Bull. civ.* IV, n° 184.
4. Cass., ass. plén., 6 déc. 2004, *Bull. ass. plén.*, n° 14.

B. La date de naissance des dettes principales

399. La survenance du terme expressément stipulé, la résiliation du cautionnement à durée indéterminée ou encore les changements assimilés par la jurisprudence à des termes extinctifs implicites produisent le même effet sur l'obligation de couverture de la caution garantissant une dette future. Chacun de ces trois types d'événements emporte l'extinction pour l'avenir, sans rétroactivité, de l'obligation de couverture. Ils cristallisent par là même définitivement l'étendue de l'obligation de règlement pesant sur la caution : la caution est tenue au paiement des dettes nées avant l'extinction de l'obligation de couverture, même si l'échéance de ces dettes est postérieure.

La détermination de la date de naissance des dettes principales est donc primordiale. Or, cette détermination soulève parfois des difficultés, en particulier lorsque la caution garantit une dette à exécution successive. La jurisprudence semble vouloir régler cette difficulté en s'attachant à la durée, déterminée ou non, du contrat principal, critère certes simple et clair, mais conduisant à des solutions parfois excessivement contrastées.

400. ***Contrat principal à exécution successive comportant une durée déterminée***. Si l'obligation de couverture s'éteint avant l'échéance des dettes nées pendant la période de couverture, la caution devrait payer ces dettes, même pour la période postérieure à la survenance du terme explicite ou implicite ou à la résiliation[1]. Dans le cadre d'un bail à durée déterminée, cette solution s'explique par le fait que, bien que ce contrat soit à exécution successive, la dette de loyer ne naît pas au fur et à mesure de l'exécution du bail, mais entièrement dès sa conclusion.

401. ***Contrat principal à exécution successive et à durée indéterminée***. Dans cette hypothèse, au contraire, les créances naissent au fur et à mesure de l'exécution du contrat, de sorte que, dans l'exemple d'un bail à durée indéterminée, la caution serait libérée de tous les loyers nés postérieurement à l'extinction de son obligation de couverture[2].

C. Le cas particulier du cautionnement de compte-courant

402. Le cautionnement de compte-courant est fort répandu et constitue un *exemple typique de cautionnement de dettes futures*. Il s'agit d'un compte ouvert entre personnes liées par des relations d'affaires, dans lequel les créances et les dettes réciproques entrent en se transformant en articles de compte, et dont seul le solde est exigible lors de la clôture.

403. ***Problème***. La clôture du compte-courant n'intervient pas nécessairement à la date où prend fin l'obligation de couverture de la caution. Le plus souvent, le compte continue de fonctionner et sa clôture interviendra plus tard. Or, comme seul le solde du compte est exigible, il est nécessaire d'attendre la clôture du compte pour savoir si le solde est débiteur ou créditeur, et donc pour savoir si la caution est tenue à quelque chose. Toutefois, par une opération comptable, il est possible de déterminer le montant du solde provisoire du compte à n'importe quel moment, en particulier au jour où l'engagement de la caution prend fin.

---

1. Com. 8 nov. 2005, *Bull. civ.* IV, n° 218 et 219 ; Com. 1er avr. 2008, inédit, n° 07-11003.
2. Civ. 3e, 25 avr. 1990, *Bull. civ.* III, n° 101.

Dès lors, la question est la suivante : l'engagement de la caution est-il limité au solde provisoire tel qu'il apparaît au jour de l'extinction de son obligation de couverture ou s'étend-il au solde définitif au jour de la clôture du compte, qui peut être supérieur ou inférieur ?

404. *Solution jurisprudentielle de principe*. Depuis l'arrêt *Bard* du 22 novembre 1972[1], de nombreuses fois confirmé depuis[2], la chambre commerciale de la Cour de cassation décide qu'au jour de l'extinction de l'obligation de couverture est établi un solde provisoire, qui tient compte des opérations en cours[3].

La caution ne pourra être tenue à une somme supérieure, car les avances ultérieures du créancier ne sont plus couvertes.

En revanche, elle pourra devoir moins, car toute ligne créditrice postérieure, résultant des remises faites par le débiteur (remise d'un chèque ou d'un effet de commerce à l'encaissement, virement créditeur, dépôt d'espèces), diminue d'autant le montant garanti.

La Cour de cassation a ainsi institué un système favorable à la caution, dit « système du double plafond » : la caution ne peut devoir plus que la plus faible des deux sommes que constituent le solde provisoire et le solde définitif, mais elle peut devoir moins par le jeu de la déduction des remises postérieures à l'établissement du solde provisoire.

Cette jurisprudence déroge au principe d'indivisibilité du compte-courant, puisqu'elle conduit à dissocier les avances consenties par le créancier et les remises effectuées par le débiteur, alors que les créances et les dettes doivent, selon ce principe, fusionner en un solde au régime unitaire. Elle s'avère par ailleurs très défavorable aux banques. En effet, comme la caution ne garantit aucune avance nouvelle consentie au débiteur, il suffit que le solde du compte devienne créditeur, même pour une courte période, pour que la caution soit entièrement libérée. Par conséquent, les créanciers se voient pratiquement obligés de clôturer le compte-courant de leur client dès l'extinction de l'obligation de couverture de la caution, s'ils veulent éviter que leur garantie ne fonde comme neige au soleil du fait des remises postérieures.

405. *Clauses contraires licites*. Afin d'éviter ou, à tout le moins, de limiter ces conséquences néfastes de l'extinction de l'obligation de couverture, les banquiers ont pris l'habitude d'insérer dans le contrat de cautionnement des clauses dérogeant au système du double plafond. La jurisprudence admet la validité de certaines d'entre elles.

La plus répandue est la *clause dite « de résiliation à effet limité »*[4], selon laquelle la caution doit payer le solde débiteur au jour de l'extinction de son obligation de couverture, sans que les remises postérieures faites par le débiteur sur son compte ne puissent en diminuer le montant[5]. Tout se passe alors comme si le compte était, à l'égard de la caution, clôturé définitivement au jour de l'extinction de son obligation de couverture, sous réserve d'une diminution de la dette, s'il s'avère que le solde définitif, au moment de la clôture, est inférieur au solde provisoire.

---

1. Com. 22 nov. 1972, *Bull. civ.* IV, n° 298.
2. Com. 23 mai 1989, *Bull. civ.* IV, n° 158 ; 14 déc. 1993, inédit, n° 91-21086 ; *Bull. Joly* 1994. 159, note Ph. Delebecque ; 1er juill. 2003, *Bull. civ.* IV, n° 113.
3. Com. 16 oct. 1984, *Bull. civ.* IV, n° 262 ; 6 nov. 1990, *Bull. civ.* IV, n° 260.
4. S. Bernheim-Desvaux, « La clause de résiliation à effet limité du cautionnement d'un compte courant », *CCC* mars 2013, form. 4.
5. Com. 12 févr. 1991, *Bull. civ.* IV, n° 62 ; 9 juin 1992, *Bull. civ.* IV, n° 227 ; 10 déc. 2002, *Bull. civ.* IV, n° 190 ; 18 févr. 2003, inédit, n° 99-21313.

406. *Exemples*. Le 2 janvier 2000, une banque consent à une entreprise une ouverture de crédit en compte-courant, couverte par le cautionnement à durée indéterminée du dirigeant de cette société. Le 2 janvier 2005, le dirigeant résilie son cautionnement et la banque établit immédiatement le solde provisoire du compte. Le 1er mars 2005, la banque consent une avance. Le 1er juin 2005, l'entreprise dépose des liquidités sur le compte. Le 1er octobre 2005, la banque consent une nouvelle avance. Le 2 janvier 2006, le compte est clôturé et la banque en établit le solde définitif.

Première hypothèse : solde provisoire positif de 5 000 euros et solde définitif négatif de 100 000 euros. La caution n'a alors aucune obligation de règlement, puisque le solde provisoire était positif.

Deuxième hypothèse : solde provisoire négatif de 50 000 euros ; première avance (sous la forme d'un prêt complémentaire) de 10 000 euros (donc – 60 000 euros), puis remise (dépôt de fonds par le débiteur) de 30 000 euros (donc – 30 000 euros), puis deuxième avance de 20 000 euros (donc – 50 000 euros). Selon la jurisprudence *Bard*, l'obligation de règlement correspond au solde provisoire moins la remise postérieure, donc – 50 000 + 30 000, soit une obligation de 20 000 euros. Si une clause de résiliation à effet limité a été insérée, l'obligation de règlement équivaut au solde provisoire de 50 000 euros, à moins que le solde définitif ne soit inférieur à ce montant ce qui n'est pas le cas dans cet exemple.

Troisième hypothèse : solde provisoire négatif de 50 000 euros ; première avance de 50 000 euros (donc – 100 000 euros), puis remise de 90 000 euros (donc – 10 000 euros), puis deuxième avance de 10 000 euros (donc – 20 000 euros). Selon la jurisprudence *Bard*, la caution ne doit rien, car – 50 000 + 90 000 = 40 000. Si une clause de résiliation à effet limité a été insérée, l'obligation de règlement correspond à la plus faible des deux sommes entre le solde provisoire et le solde définitif, soit 20 000 euros.

Titre 2

Des sûretés personnelles alternatives au cautionnement

407. ***Causes du développement des garanties de substitution.*** Le cautionnement constitue, par la volonté de la loi, la sûreté personnelle la moins rigoureuse. Sa relative clémence pour le garant réside, pour l'essentiel, dans son *caractère accessoire renforcé*[1].

408. Ce constat, à lui seul, suffit à expliquer que certains créanciers, en quête d'une solide garantie de paiement, se soient détournés du cautionnement au profit d'autres garanties personnelles constituant des alternatives, autrement dit des garanties de substitution au cautionnement[2], c'est-à-dire des garanties permettant de remplir un rôle semblable à celui proposé par le cautionnement sans présenter, d'une part, les rigidités et imperfections de son fonctionnement, d'autre part, les faveurs accordées au garant sur le fondement de son caractère accessoire renforcé.

409. Plus précisément, *la crise qui a frappé le cautionnement* à partir des années quatre-vingt, sous l'influence conjointe du législateur et des tribunaux, a profondément nui à la prévisibilité, à la cohérence, à la souplesse et, finalement, à l'efficacité de cette sûreté[3]. C'est, principalement, en réaction à l'évolution du cautionnement que se sont développées ces nouvelles garanties, d'abord dans les relations d'affaires internationales, puis dans les relations professionnelles internes, voire parfois dans les relations entre particuliers.

410. ***Sources des garanties de substitution.*** Les sûretés personnelles alternatives au cautionnement peuvent être recherchées dans deux directions[4].

En premier lieu, dans l'utilisation, parfois détournée, de mécanismes issus du *droit commun des obligations*[5]. C'est le cas de la solidarité passive (C. civ., art. 1200 s.)[6], de

---

1. V. ss 130 s.
2. Cf. Ph. Simler, « Les solutions de substitution au cautionnement », *JCP* 1990. I. 3427 ; R. Cabrillac, « De la loi de substitution et de quelques-unes de ses applications en droit privé », *in Études offertes au doyen Philippe Simler*, Litec Dalloz, 2006, p. 19.
3. Pour un état des lieux complet, cf. M. Bourassin, *L'efficacité des garanties personnelles*, LGDJ, 2006.
4. Cf. A.-S. Barthez, « L'avenir des sûretés personnelles alternatives », *RDBF* à paraître. Plus généralement, sur la diversité des sûretés personnelles, v. N. Borga, *L'ordre public et les sûretés conventionnelles ; contribution à l'étude de la diversité des sûretés*, Dalloz, 2009 ; S. Lafont, « Pour une nouvelle classification des sûretés personnelles », *RLDC* 2009, n° 57.
5. Cf. A. Hontebeyrie, « Régime général de l'obligation et droit des sûretés », *RLDC* 2014, n° 113, p. 77.
6. Celle-ci sera évoquée au sujet de la solidarité passive non intéressée à la dette : v. ss 417 s.

l'indivisibilité (C. civ., art. 1217 s.), de la délégation imparfaite (C. civ., art. 1275) ou encore de la promesse de porte-fort (C. civ., art. 1120)[1].

En second lieu, dans l'introduction, en droit français, de garanties issues de la *pratique internationale des affaires*. C'est le cas de la garantie autonome et de la lettre d'intention, qui, après avoir été validées par la jurisprudence ont été consacrées par le législateur (C. civ., art. 2321 et 2322, issus de l'ordonnance du 23 mars 2006). Ce faisant, dans un contexte de concurrence accrue des droits nationaux, le droit français s'est rapproché des droits étrangers qui reconnaissent ces garanties depuis assez longtemps, en particulier une certaine forme de garantie autonome.

411. ***Garanties de substitution étudiées***. Parmi les sûretés personnelles alternatives au cautionnement, trois seront retenues au regard, tant de leur importance pratique que de la diversité de structure juridique qu'elles permettent d'illustrer[2] : la *solidarité passive sans intéressement du débiteur à la dette*, la *lettre d'intention* et la *garantie autonome*.

412. ***Délégation imparfaite***. La délégation dite imparfaite (C. civ., art. 1275) met en jeu une personne, souvent débitrice d'une somme d'argent[3], appelée *délégant*, qui donne l'ordre à une autre personne, le plus souvent son propre débiteur[4], appelée *délégué*, de s'engager envers une tierce personne, généralement créancière du délégant, appelée *délégataire*, à lui payer une somme d'argent. S'il vient à payer, le délégué va éteindre deux dettes, dans le même temps : la sienne envers le délégant et celle du délégant vis-à-vis du délégataire. La délégation est dite « imparfaite » parce qu'elle ne réalise pas un changement de débiteur par novation, le créancier délégataire ne libérant pas le délégant : le créancier délégataire possède ainsi deux débiteurs.

La délégation imparfaite ne sera pas retenue au titre des garanties alternatives au cautionnement étudiées dans le présent ouvrage. Non pas que nous dénions à ce mécanisme le rôle de garantie[5] : lorsque le délégué n'est pas débiteur du délégant, autrement dit lorsque le délégué *solvens* dispose d'un recours contributif contre le délégant, il n'est

---

1. Celle-ci sera évoquée au sujet de la lettre d'intention : v. ss 443.

2. D'autres mécanismes de garantie, représentant une alternative au cautionnement, auraient pu être retenus, tels l'*assurance-crédit* qui, contre rémunération, permet à un créancier d'être couvert contre le non-paiement de créances dues par des personnes préalablement identifiées et en état de défaillance de paiement ; ce mécanisme repose sur la mutualisation des risques dont le coût peut être supporté par le créancier ou par le débiteur. Dans la première hypothèse, le créancier souscrit une police pour la couverture de la défaillance de ses débiteurs, on parle d'assurance-insolvabilité ou d'assurance-crédit, au sens strict. Dans la seconde hypothèse, le débiteur souscrit une assurance pour la garantie de ses propres engagements, il s'agit alors de l'assurance-cautionnement (cf. V. Heuzé, « Assurance-crédit et sûretés personnelles », *D.* 2014. 493 ; N. Leblond, « Une sûreté méconnue : l'assurance-crédit », *RLDC* juill.-août 2010, p. 30 ; S. Prigent, « Engagement pour autrui et assurance », *RGAT* 2005. 597). Ou la *clause de ducroire* (cf. n°s 70 et 802), ou la *stipulation pour autrui* utilisée dans les clauses de garantie de passif dans le cadre des cessions de droits sociaux (le cédant-promettant s'engage, envers le cessionnaire-stipulant, à payer les créanciers-tiers bénéficiaires, qui viendraient à se révéler ultérieurement, par exemple le fisc pour un redressement par hypothèse non pris en compte dans le bilan ayant servi à l'évaluation des droits cédés), ou encore le *constitut*, engagement indépendant de payer la dette du débiteur (cf. F. Jacob, *Le constitut ou engagement autonome de payer la dette d'autrui*, LGDJ, 1998).

3. Mais la qualité de débiteur ne constitue pas une condition de validité du mécanisme.

4. Là encore, il ne s'agit pas d'une condition de validité du mécanisme : Com. 21 juin 1994, *Bull. civ.* IV, n° 225 ; *JCP* 1994. I. 3803, n° 10, obs. M. Billiau ; *D.* 1995. Somm. 91, obs. L. Aynès ; *RTD civ.* 1995. 113, obs. J. Mestre.

5. C. Lachièze, « La délégation-sûreté », *D.* 2006. 234 ; *contra* : R. Marty, «Délégation de débiteur à titre de garantie et reprise de dette», *LPA* 30 nov. 2006, p. 5.

guère contestable que la délégation joue le rôle d'une garantie de paiement et présente la structure d'une sûreté personnelle. Toutefois, outre sa rareté en pratique, l'hypothèse dans laquelle le délégué n'est pas, préalablement à son engagement vis-à-vis du délégataire, débiteur du délégant nous semble, selon les hypothèses, se confondre avec une autre sûreté traitée par ailleurs. En effet, la doctrine distingue classiquement la délégation imparfaite *incertaine* où prospère le principe de l'opposabilité des exceptions et la délégation imparfaite *certaine* où l'engagement du délégué est indépendant des relations entre le délégant et le délégataire. Or, dans le premier cas, il est bien difficile de ne pas assimiler cet engagement à un cautionnement[1], tandis que dans le second, c'est avec la garantie autonome que la délégation entretient un rapport d'identité[2].

Enfin, dans le cas, beaucoup plus répandu, où le délégué est débiteur du délégant, le mécanisme de la délégation apparait, avant tout, comme un procédé de reprise de dette, c'est-à-dire un mode d'extinction d'une obligation[3]. Si le délégué, en s'engageant auprès du délégataire, apporte à ce dernier un second débiteur, en sus du délégant, ce qui constitue l'un des critères de la sûreté personnelle, en revanche il manque le second critère essentiel d'une telle qualification, à savoir le recours contributif contre le délégant[4]. Envisagé du point de vue du prétendu garant, la situation n'offre à voir qu'un débiteur qui, plutôt de s'acquitter de sa dette entre les mains de son créancier, va exécuter son obligation entre les mains du créancier de celui-ci[5].

Vraisemblablement sensible à cet aspect, la Cour de cassation, dans un important arrêt du 15 janvier 2013[6], reproche aux juges du fond ayant décidé qu'une délégation devait être soumise à l'autorisation prévue par l'article L. 225-35 du Code de commerce de ne pas avoir recherché « s'il ne résultait pas des stipulations de la convention de délégation de créance que la société XL Airways [le délégué] ne s'était obligée envers la banque qu'à concurrence du montant des sommes par elle dues à la société Air horizons [le délégant] au titre du contrat d'affrètement, de sorte que l'engagement ainsi contracté par le délégué

---

1. En ce sens, not., M. Cabrillac, C. Mouly, S. Cabrillac et Ph. Pétel, *op. cit.*, n° 548 ; R. Marty, note sous Com. 15 janv. 2013, *JCP E* 2013, 1269. Toutefois, certaines décisions ont retenu, dans cette hypothèse, l'inopposabilité des exceptions tenant au rapport entre le délégataire et le délégant, distinguant alors cette forme de délégation du cautionnement : Com. 25 févr. 1992, inédit, n° 90-12863, *JCP* 1992. II. 21922, note M. Billiau ; *contra* : Civ. 1re, 17 mars 1992, *Bull. civ.* I, n° 84 ; *JCP* 1992. II. 21922, 1re esp., note M. Billiau ; *D.* 1992. 481, note L. Aynès ; *RTD civ.* 1992. 765, obs. J. Mestre ; *adde*, les observations d'A. Hontebeyrie, *D.* 2013. 1183, venant nuancer et approfondir la portée variable de l'engagement du délégué dans la délégation incertaine.

2. En ce sens, not., Ph. Théry, *op. cit.*, n° 112 ; J. François, *Les sûretés personnelles*, Economica, 2004, n° 489 ; R. Marty, note sous Com. 15 janv. 2013, *JCP E* 2013. 1269. En faveur de l'assimilation, v. Paris, 9 avr. 1991, *D.* 1992. Somm. 307, obs. M. Vasseur ; *RTD com.* 1992. 845, obs. M. Cabrillac et B. Teyssié.

3. Cf. R. Marty, « Délégation de débiteur à titre de garantie et reprise de dette », *LPA* 30 nov. 2006, p. 5 ; *contra* : M. Mignot, *Gaz. Pal.* 27 févr. 2013, n° 58-59.

4. Ainsi, « l'engagement du délégué vis-à-vis du délégataire est donc à la fois un engagement pour soi-même et pour autrui. C'est un engagement pour soi-même vis-à-vis du délégant car il est objectivement lié à celui du délégué vis-à-vis du délégant ; c'est également un engagement pour autrui car il est objectivement lié à l'engagement du délégant vis-à-vis du délégataire » (M. Mignot, *Gaz. Pal.* 27 févr. 2013, n° 58-59).

5. Cf. A. Bascoulergue, note sous Com. 15 janv. 2013, *JCP* 2013. 345.

Le raisonnement ne vaut, cependant, qu'à la condition que l'engagement nouveau du délégué reste dans les limites de sa propre dette initiale (en ce sens, B. Fages, *RTD civ.* 2013. 116).

6. Com. 15 janv. 2013, *Bull. civ.* IV, n° 10 ; *D.* 2013. 1183, note A. Hontebeyrie ; *RTD civ.* 2013. 116, obs. B. Fages ; *Gaz. Pal.* 27 févr. 2013, n° 58-59, note M. Mignot ; *LPA* 12 avr. 2013, n° 74, note El Mejri ; *RDBF* 1er mars 2013, n° 2, p. 50, obs. A. Cerles ; *JCP* 2013. 345, note A. Bascoulergue ; *JCP E* 2013. 1269, note R. Marty.

ne constituait, à son égard, qu'un mode d'extinction de sa propre dette envers le délégant, échappant aux prévisions du texte susvisé [C. com., art. L. 225-35] ». Bien que la Cour de cassation fasse ainsi échapper une certaine catégorie de délégation (délégation incertaine) à la qualification de garantie, ce qui justifierait que ce mécanisme ne soit pas l'objet de développements dans un ouvrage consacré au droit des sûretés, il convient d'admettre que la solution s'explique d'abord, et peut-être seulement [1], par la *ratio legis* de la disposition en cause, à savoir la protection de la société contre des actes par lesquels elle aggrave sa situation patrimoniale aux seules fins de garantir la dette d'autrui [2]. Que l'on soit ou non en présence d'une « garantie » au sens de l'article L. 225-35 du Code de commerce est, en définitive, assez secondaire, l'essentiel demeurant que le mécanisme de la délégation, lorsqu'il est appelé à conforter la situation d'un créancier, ne présente pas d'originalité suffisamment prononcée, happé qu'il est par l'attraction trop puissante, tantôt du cautionnement, tantôt de la garantie autonome.

413. ***« Accessoriété » relative.*** Au-delà de leurs différences, sensibles, les trois garanties alternatives finalement retenues présentent un point commun qui constitue, aux yeux des créanciers, leur principal attrait : un caractère accessoire par rapport à la dette garantie moins prononcé [3] que celui développé par le cautionnement, sans toutefois affecter le caractère accessoire général commun à l'ensemble des garanties [4].

Cette *relative indépendance* entre l'obligation garantie et l'obligation pesant sur le garant, ou, dit autrement, cette *moindre « accessoriété »* liant la dette garantie et l'engagement issu de la garantie, peut s'exprimer sous plusieurs formes. Trois de ces formes peuvent être mises au jour.

L'engagement du garant peut avoir pour objet *la dette principale même*, c'est-à-dire être soumis aux conséquences développées par le principe d'unicité de la dette, comme l'est le cautionnement [5], sans, toutefois, être affecté par le caractère accessoire renforcé (dépendance et subsidiarité) propre au cautionnement, dont les effets sont partiellement dus à une *faveur légale* propre au cautionnement. C'est le cas de la *solidarité passive sans intéressement du débiteur à la dette*.

L'engagement du garant peut avoir pour objet une obligation identique à l'obligation principale, mais ne pas avoir pour objet l'obligation principale même. L'objet de l'engagement du garant est alors *nouveau* par rapport à celui de l'obligation principale ; il ne lui est pas, comme dans le cautionnement, emprunté. De même nature que celle de la caution (une obligation de payer), l'obligation issue de la garantie est *indépendante* de cette dernière. C'est le cas de la *garantie autonome* et de la *délégation imparfaite de créance*.

L'engagement du garant peut, enfin, avoir pour objet une obligation totalement *distincte* de l'obligation principale. Tandis que l'obligation principale est une obligation de somme d'argent, l'obligation issue de la garantie est *une obligation de faire ou de ne pas faire*. Le garant souscrit un engagement nouveau et distinct, consistant à indemniser le préjudice subi par le créancier en cas d'inexécution de ses obligations par le débiteur principal. C'est le cas de la *lettre d'intention* et de la *promesse de porte-fort*.

---

1. Rappr. A. Hontebeyrie, note préc.
2. V.déjà en ce sens, J.-P. Langlade, « Le pouvoir de fournir des sûretés dans les sociétés anonymes », *RTD com.* 1979. 355, spéc. n° 5.
3. Mais dont le degré d'intensité est, parfois, malaisé à déterminer : v. ss 429, 466 s., au sujet de la solidarité passive non intéressée à la dette et de la lettre d'intention.
4. Dont les manifestations sont l'exigence d'une dette à garantir, l'existence d'un recours contre le débiteur ou encore la transmissibilité : v. ss 39, 48 s.
5. V. ss 141 s.

414. ***Réglementation parcellaire.*** Ces garanties personnelles servant d'alternatives au cautionnement ont pour second point commun d'être *peu ou pas réglementées légalement*, contrairement au cautionnement. Aussi présentent-elles des difficultés communes de trois ordres, relatifs à leur *validité*, à leur *qualification* et enfin à leur *régime*.

Ces trois ordres de difficultés, et tout particulièrement celui du régime de ces garanties, mettent à l'épreuve le juriste contre un *phénomène d'attraction des règles du cautionnement*, en raison du fait que ce dernier constitue le modèle légal de la sûreté personnelle et le référent habituel des juges et de la pratique. Dès lors, il est tentant et relativement naturel, en cas de difficulté posée par le régime de ces garanties alternatives quasiment innomées, d'opérer, parfois même inconsciemment, un rapprochement voire une transposition des règles observées en matière de cautionnement.

Or, l'application des règles du cautionnement aux garanties personnelles innomées fait difficulté, car les arguments en faveur de cette application extensive se heurtent aux arguments qui confortent, au contraire, l'autonomie normative de ces garanties.

415. ***Les arguments favorables à l'extension aux garanties personnelles innomées des règles du cautionnement.*** Au titre de ces arguments, seront évoqués les motifs, d'inégale valeur, d'opportunité et de logique législative, ainsi que les arguments *a pari* et *a fortiori*.

Quant à *l'argument d'opportunité*, il peut être tentant de promouvoir la transposition des règles propres au cautionnement afin que la survie de ce dernier ne soit pas mise en péril par l'efficacité et la souplesse trop grandes des garanties innomées.

Concernant *l'argument de logique législative*, il peut être souligné que le sort spécifique réservé aux seules cautions dans les dispositions législatives s'explique aisément par le fait que, pour la plupart d'entre elles, à l'époque de leur rédaction, le cautionnement était la seule garantie personnelle utilisée en pratique, et non en raison d'une volonté délibérée d'exclure tout autre garant[1]. Par conséquent, ces textes auraient une vocation naturelle à être appliqués aux nouvelles sûretés personnelles lorsque celles-ci apparaissent.

L'*argument d'analogie* (*a pari*) peut, lorsque la raison d'être d'une règle propre au contrat de cautionnement réside dans une caractéristique que présentent, non seulement le cautionnement, mais aussi les garanties personnelles innomées, être invoqué au soutien de l'extension de ladite règle à ces dernières.

L'*argument a fortiori* peut, notamment au sujet des dispositions protectrices de la caution, justifier que de telles règles s'appliquent aux garanties se révélant plus rigoureuses que le cautionnement.

416. ***Les arguments favorables à la promotion de l'autonomie normative des garanties personnelles autres que le cautionnement.*** Au titre de ces arguments, peuvent être avancés les motifs, non moins pertinents, de logique législative et d'interprétation stricte des exceptions, ainsi que de respect de la liberté contractuelle et de développement du crédit.

Concernant *les arguments de logique législative* et d'*interprétation stricte des exceptions*, il peut être souligné que les protections exorbitantes de la caution ne peuvent résulter que d'un texte précis qui, comme toute exception, doit être interprété strictement, de sorte que lorsque le législateur n'accorde ces protections qu'aux seules cautions, il est logique d'en inférer que d'autres garants n'ont pas à en bénéficier. Au demeurant, la circonspection

1. L'article 1415 du Code civil en constitue sans doute un exemple topique : v. ss 435, 534.

s'impose au sujet de l'usage des raisonnements *a pari* et *a fortiori* au regard de la diversité actuelle des cautions selon leur qualité (personne physique ou morale, professionnelle, profane, avertie...), toutes ne jouissant pas de protections identiques [1].

Quant aux *arguments de respect de la liberté contractuelle* et de *développement du crédit*, il convient de souligner, d'une part, que la rigueur accrue des garanties autres que le cautionnement correspond aux attentes de certains créanciers et, par suite, sert le développement du crédit, d'autre part, que certains garants, en particulier les garants professionnels qui reçoivent une rémunération en contrepartie de leur engagement [2], ne sont pas hostiles à la souscription, en toute connaissance de cause, de garanties plus rigoureuses.

Sera entreprise l'étude de trois sûretés alternatives au cautionnement, en commençant par celle qui, *sur le double plan du degré d'« accessoriété » et du nombre de faveurs légales accordées au garant*, s'en rapproche le plus pour terminer par celle qui s'en éloigne le plus. Ainsi seront successivement étudiées la solidarité passive sans intéressement du débiteur à la dette (Chapitre 1), puis la lettre d'intention (Chapitre 2), enfin la garantie autonome (Chapitre 3).

1. Not. v. ss 94, 95.
2. Il convient de rappeler que cette rémunération émane, non pas du créancier bénéficiaire de la garantie, mais du débiteur garanti ou conforté.

Chapitre 1

La solidarité passive sans intéressement du débiteur à la dette

> **C. civ., art. 1216.** – Si l'affaire pour laquelle la dette a été contractée solidairement ne concernait que l'un des coobligés solidaires, celui-ci serait tenu de toute la dette vis-à-vis des autres codébiteurs, qui ne seraient considérés par rapport à lui que comme ses cautions.

417. ***Comparaison solidarité passive/cautionnement.*** La solidarité passive est une modalité affectant une obligation souscrite par plusieurs personnes ou, plus généralement, pesant sur plusieurs personnes. Faisant obstacle au principe de division de la dette, la solidarité passive emporte obligation à la totalité de la dette pour chacun des codébiteurs. Ainsi se rapproche-t-elle de l'opération de cautionnement (plus particulièrement encore lorsque celui-ci est solidaire [1]) dans laquelle deux personnes – le débiteur principal et la caution – sont toutes deux tenues à la même chose. Toutefois, il a été souligné [2] que, quand bien même le cautionnement présente un caractère solidaire, il ne donne naissance qu'à un engagement *subsidiaire*. La caution, même solidaire, ne constitue qu'un débiteur par défaut, le débiteur cautionné devant assumer à titre définitif le poids total d'une dette qui est la sienne propre, là où le codébiteur solidaire est tenu en qualité de débiteur *principal*, devant assumer à titre définitif une fraction de la dette.

418. ***Le rôle de garantie de la solidarité passive.*** Dépassant le débat sur la distinction entre les sûretés et les garanties [3], des auteurs classiques ont qualifié la solidarité passive de véritable sûreté [4] ; la doctrine contemporaine lui refuse volontiers cette appellation au profit de celle de garantie. Il est, en effet, indéniable que la solidarité passive constitue une *garantie de paiement* efficace, chacun des codébiteurs solidaires étant tenu pour la totalité de la dette à l'égard du créancier, sans que celui-ci ne doive diviser ses poursuites. Chaque codébiteur solidaire assume, tout à la fois une part personnelle dans la dette commune, et garantit la ou les part(s) personnelle(s) des autres codébiteurs [5].

---

1. V. ss 120 s., 293 s.
2. V. ss 300.
3. V. ss 7 s.
4. V. not. Planiol et Ripert, *op. cit.*, n° 1064 : « la solidarité entre débiteurs est, en effet, de toutes les sûretés personnelles, celle qui représente la plus forte garantie de paiement et le plus puissant moyen de crédit » ; J. Vincent, « L'extension en jurisprudence de la notion de solidarité passive », *RTD civ.* n° 3, 1939. 604.
5. V. not. M. Mignot, *Les obligations solidaires et les obligations* in solidum *en droit privé français*, Dalloz, « Nouvelle Bibliothèque de Thèses », 2002 ; « Les méfaits durables de la *stipulatio* et l'obligation solidaire », *D.* 2006. Chron. 2696 ; « Caution et co-débiteur solidaire : de la nécessité d'un droit commun des garanties personnelles », *RLDC* 1er févr. 2013, n° 101, p. 28 ; J.-D. Pellier, *Essai d'une théorie des sûretés personnelles à la lumière de la notion d'obligation*, LGDJ, 2012.

Si les codébiteurs solidaires prennent fréquemment une *part personnelle égale* dans la dette[1], il est tout à fait concevable que ces parts soient *inégales*. Dès lors, plus la part personnelle de l'un des codébiteurs dans la dette sera faible, plus son rôle de garant des parts personnelles respectives des autres codébiteurs solidaires sera important.

419. ***La solidarité passive sans intéressement du débiteur à la dette***. Porté jusqu'à son terme, ce déséquilibre conduit à la structure juridique dans laquelle un seul codébiteur solidaire est personnellement, c'est-à-dire à titre définitif, tenu à la dette ; on le dit communément « intéressé », le ou les autres codébiteurs n'ayant aucune part personnelle dans la dette, ces derniers jouant alors, véritablement et exclusivement, le rôle de garant du codébiteur intéressé à la dette. Cette figure, visée par l'article 1216 du Code civil[2], est appelée *solidarité passive sans intéressement du débiteur à la dette* ou *adjointe*[3].

Sa validité, confortée par l'article 1216 du Code civil, ne fait pas de doute, même si certaines décisions isolées émanant de juridictions du fond ont pu annuler une telle garantie pour fraude au droit du cautionnement[4].

420. ***Exemple d'engagement solidaire d'un débiteur non intéressé à la dette***. Un exemple courant d'engagement solidaire non intéressé à la dette est fourni par la *cession du bail commercial*[5]. L'article 145-16 du Code de commerce autorise, en effet, la cession du bail commercial par le locataire ; cette cession de contrat s'opère sans l'accord du bailleur cédé, celui-ci se voyant imposer un nouveau débiteur. Pouvant légitimement craindre l'insolvabilité d'une personne – le cessionnaire du bail – qu'il n'a pas choisie, le bailleur prend fréquemment soin d'exiger, lors de la conclusion du contrat de bail, que le locataire garantisse, au cas où il céderait son bail, le paiement, pendant un certain temps, des dettes locatives postérieures[6] à la cession. Cette précaution est fort utile, compte tenu du fait que, contrairement à d'autres hypothèses de cession de contrats, la cession du bail commercial n'implique pas que le locataire cédant restât tenu des loyers postérieurs à la cession[7]. Le bailleur cédé ayant pris le soin d'insérer

1. Par exemple, s'il y a trois codébiteurs solidaires d'une même dette, chacun a une part personnelle d'un tiers.

2. L'article 1216 du Code civil ne vise qu'une seule hypothèse : celle où un seul codébiteur solidaire est intéressé à la dette. Mais d'autres figures sont possibles : pluralité de codébiteurs intéressés à la dette et un seul codébiteur non intéressé à la dette ; pluralité de codébiteurs intéressés à la dette et pluralité de codébiteurs non intéressés à la dette.

3. V. not. P. Ancel, note sous Civ. 1re, 17 nov. 1999, *Bull. civ.* I, n° 309, *D.* 2000. 407 ; Ph. Briand, *Éléments d'une théorie de la cotitularité des obligations*, thèse, Nantes, 1999, spéc. p. 60 à 66 et p. 245 à 261 ; D. R. Martin, « L'engagement de codébiteur solidaire adjoint », *RTD civ.* 1994. 49 ; M. Mignot, « Plaidoyer pour l'abrogation de l'article 1216 du Code civil », *RLDC* 2006/27, n° 2050 ; M. Oury-Brule, *L'engagement du codébiteur solidaire non intéressé à la dette. Article 1216 du Code civil*, LGDJ, 2002 ; B. Pacaud et P.-A. Girard, « Solidarité familiale et solidarité juridique », *JCP N* 2000. I. 234.

4. V. not. TI Lons-le-Saulnier, 18 nov. 1997, *CCC* avr. 1998, n° 64, obs. G. Raymond (l'engagement de codébiteur solidaire non intéressé à la dette visait à éluder les exigences du Code de la consommation relatives à la mention manuscrite prescrites à peine de nullité).

5. Cf. not. J. Lafond, « Cession de bail commercial et clause de solidarité », *JCP E* 2004. 1098 ; I. Lemaire, « Les garanties offertes aux créanciers lors de la cession isolée du bail commercial », *Dr. et patr.* 2001, n° 99, p. 28. V., égal., pour une application à un crédit-bail automobile en cas de cession du véhicule : Grenoble, 14 déc. 1994, *Juris-Data* n° 1994-050237.

6. Concernant les dettes *antérieures* à la cession, des clauses de garantie de passif sont, fréquemment, incluses dans le contrat de cession. Tandis que pour les dettes *postérieures* à la cession, une clause de ducroire (v. ss 472) est parfois insérée dans le contrat de cession ; cf. égal., l'article 1693 du Code civil relatif à la garantie de l'existence de la créance cédée.

7. En ce sens, Civ. 3e, 12 juill. 1988, *Bull. civ.* III, n° 125.

une telle clause dispose ainsi de deux débiteurs : le cessionnaire du bail et le cédant qui garantit, temporairement, le paiement des sommes dues par le cessionnaire.

Cette garantie peut certainement emprunter plusieurs visages[1], la liberté contractuelle trouvant là à s'exercer. Ainsi peut-elle prendre la forme d'un cautionnement[2] ou, plus fréquemment, celle d'un engagement solidaire non intéressé[3] : le cédant du bail est alors tenu solidairement des dettes locatives avec le nouveau locataire, alors même qu'il n'est plus « intéressé » au contrat de bail.

421. Cette figure de l'engagement solidaire non intéressé, fort ancienne[4], qui a traversé presque silencieusement les âges[5], fait l'objet d'un regain d'attention depuis une vingtaine d'années[6], certains créanciers, échaudés par l'imprévisibilité, la rigidité et l'efficacité seulement relative du cautionnement, préférant y substituer un engagement de codébiteur solidaire, débarrassé du caractère accessoire renforcé propre au cautionnement. Sa notoriété pâtit vraisemblablement de sa discrétion, voire de sa dissimulation[7].

En effet, la solidarité passive sans intéressement du débiteur à la dette ne se laisse pas aisément découvrir, soit qu'elle se cache fréquemment derrière l'apparence rassurante de la solidarité passive « intéressée », ainsi lorsqu'un parent se porte colocataire solidaire avec son enfant d'un logement destiné à n'accueillir que ce dernier, soit qu'elle s'inscrive dans des structures juridiques diverses, unilatérales ou synallagmatiques (Section 1).

Cette diversité de figures de la solidarité passive sans intéressement du débiteur à la dette se répercute sur son régime (Section 2).

Section 1
Les figures de la solidarité passive sans intéressement du débiteur à la dette

422. ***L'engagement solidaire non intéressé ne se laisse pas facilement appréhender.*** La circonscription de son domaine est délicate, d'une part, en raison du caractère incertain de la notion de non-intéressement à la dette, d'autre part, en raison du caractère

---

1. En ce sens, Ph. Briand, thèse préc., p. 54.
2. V., par ex., Civ. 3e, 20 juill. 1993, nº 91-19431.
3. V. Paris, 7 déc. 1989, *D.* 1990. Somm. 253, obs. L. Rozes ; Civ. 3e, 11 déc. 1996, nº 94-20998 ; Com. 17 déc. 2003, n° 01-11198, *D.* 2004. Somm. 2035, obs. V. Brémond ; Poitiers, 13 avr. 2004, n° 02/00651.
4. Apparue dès l'époque romaine : cf. R. Thisse, *Étude comparée sur l'histoire et le rôle actuel du cautionnement et de la solidarité*, thèse, Montpellier, 1895, p. 73 s.
5. Pothier l'évoque dans son *Traité des obligations*, nº 264 et nº 182 ; plus tard, M. Fournier, s'exprimait, en ces termes, en 1886, à la *Revue critique de législation et de jurisprudence* (« Le cautionnement solidaire », p. 7) : « quand on consulte aujourd'hui des notaires et des praticiens sur le rôle du cautionnement dans la vie journalière et la manière dont s'engagent en général les cautions, ils répondent que la caution s'engage dans la majorité des cas comme caution solidaire, quelquefois comme codébiteur solidaire non intéressé, très rarement comme caution simple ». Pour des exemples anciens, v. Cass., Req., 23 nov. 1875, *DP* 76. 1. 452 ; Civ. 3 févr. 1886, *DP* 86. 1. 469.
6. En particulier, sans doute, dans le cadre des baux d'habitation, où le bailleur, plutôt que d'exiger du locataire qu'il lui fournisse une caution, demande qu'une autre personne s'engage solidairement avec le locataire au paiement des charges locatives : v. A. Bénabent, obs. au *Defrénois* 1996, art. 36358.
7. Elle constitue pourtant un procédé relativement usuel en droit commercial, tout spécialement en droit des sociétés : cf. not. F. Derrida, « De la solidarité commerciale », *RTD com.* 1953. 330 ; J. Mestre, *La subrogation personnelle*, LGDJ, 1979, nº 541.

protéiforme de la structure juridique que peut emprunter l'engagement de codébiteur solidaire non intéressé à la dette, à l'inverse du cautionnement qui s'inscrit quasiment toujours dans le cadre d'un contrat unilatéral[1].

423. ***Le caractère incertain de l'engagement solidaire non intéressé.*** Le caractère incertain de l'engagement solidaire non intéressé trouve d'abord sa source dans la difficulté à identifier avec précision *la notion de non-intéressement à la dette*. Quand peut-on affirmer qu'un codébiteur solidaire n'est pas intéressé à la dette qu'il s'est engagé à acquitter ? Spontanément, il est répondu : lorsque ce codébiteur, ayant acquitté la dette entre les mains du créancier, dispose d'un recours pour la totalité contre le ou les autres codébiteurs solidaires ; l'absence d'intéressement à la dette coïnciderait avec *l'absence de contribution à la dette*. Ainsi peut-il sans doute être affirmé, non seulement que tous, mais également que seuls les codébiteurs solidaires non intéressés à la dette ne contribuent en rien à la dette. Pour autant, si cet effet – l'absence de contribution – constitue certainement un effet spécifique du non-intéressement, il n'en est que *l'effet et non la cause*, de sorte que les raisons de cette absence d'intérêt restent imparfaitement élucidées, et par suite les contours de la notion d'engagement solidaire non intéressé à la dette demeurent imprécis.

424. ***Le caractère protéiforme de l'engagement solidaire non intéressé.*** Quant au caractère protéiforme de l'engagement solidaire non intéressé, celui-ci peut prendre corps dans des structures juridiques distinctes. Ainsi, l'engagement solidaire non intéressé peut-il, soit *s'agréger à la seule dette* souscrite par un autre codébiteur[2], soit *s'intégrer dans le contrat* liant le ou les autres codébiteur(s) au créancier.

425. ***L'engagement solidaire non intéressé agrégé à la dette souscrite par un autre codébiteur.*** Lorsque l'engagement solidaire non intéressé s'agrège à la dette souscrite par un autre codébiteur, le codébiteur solidaire non intéressé se constitue, à l'égard du créancier, *débiteur* des dettes souscrites par une autre personne, mais *n'accède pas à la position de cocontractant* de la convention dont sont issues les dettes garanties[3] : c'est le cas du codébiteur des dettes locatives ou d'emprunt dues par un autre codébiteur, qui n'accède pas à la qualité de co-preneur ou de co-emprunteur. C'est aussi le cas du cédant du bail commercial ou du parent qui s'engage solidairement à payer les dettes locatives issues du contrat de bail ne liant que son enfant et le créancier : ni le cédant, ni le parent ne sont co-titulaires du contrat de bail dont sont issues les dettes qu'ils garantissent[4]. Dit

---

1. V. ss 102 s.

2. La question de savoir si cet engagement adjoint doit naître *en même temps* que l'engagement garanti ou peut s'adjoindre *ultérieurement* à la naissance de ce dernier est discutée : v. not. Ph. Briand, thèse préc., spéc. p. 61 s. Il se peut, toutefois, qu'un codébiteur solidaire, intéressé au moment de la conclusion du contrat, devienne non intéressé par la suite : ainsi est-ce le cas du copreneur solidaire qui donne ultérieurement congé au bailleur. Restant tenu solidairement du paiement des loyers et des charges postérieurs au congé (en ce sens, Civ. 3e, 8 nov. 1995, *Bull. civ.* III, n° 220 ; *Defrénois* 1996, art. 36358, obs. A. Bénabent ; Amiens, 3 mars 2015, n° 13/02878), il devient, *de facto*, un codébiteur solidaire non intéressé à la dette.

3. C'était le cas dans l'affaire ayant été jugée par Civ. 1re, 17 nov. 1999, *Bull. civ.* I, n° 309 ; *D.* 2000. 407, note P. Ancel ; *Defrénois* 2000. 718, note Ph. Delebecque ; *JCP* 2000. I. 237, obs. G. Virassamy ; *JCP* 2000. II. 10403, note Y. Picod ; *Banque et droit*, mars-avr. 2000, p. 42, obs. N. Rontchevsky.

4. Il convient de bien distinguer ces hypothèses de celles où le cédant du bail ou le parent du locataire s'engage à garantir le paiement des dettes locatives en souscrivant un *cautionnement*

autrement, ils sont *seulement débiteurs et non créanciers* vis-à-vis du bailleur. L'engagement de codébiteur solidaire non intéressé à la dette s'inscrit alors dans une structure juridique objectivement *unilatérale*.

426. ***L'engagement solidaire non intéressé intégré dans le contrat liant le ou les autres codébiteurs au créancier***. Lorsque l'engagement solidaire non intéressé s'intègre dans le contrat liant le ou les autres codébiteurs au créancier, le codébiteur non intéressé *se porte co-contractant aux côtés d'un codébiteur*, par exemple colocataire ou co-emprunteur. C'est le cas du parent qui se porte, non pas seulement *débiteur* des dettes locatives ou d'emprunt souscrites par son enfant, mais *co-emprunteur* ou *co-preneur solidaire* avec ce dernier[1], sans toutefois qu'il n'ait jamais eu l'intention d'user du local loué ou de recueillir et d'employer les sommes prêtées. Ce défaut d'intention, c'est-à-dire la manifestation de l'absence d'intéressement de l'un des codébiteurs solidaires, découle, vraisemblablement, d'un *accord entre les codébiteurs* par lequel ils décident de réserver à l'un d'entre eux l'intérêt exclusif du contrat. La *question de l'opposabilité au créancier* de la convention de non-intéressement[2] est, évidemment, déterminante quant à la portée de celle-ci dans les rapports codébiteur solidaire non intéressé/créancier. À défaut d'opposabilité de la clause de non-intéressement (ce qui sera, vraisemblablement, le cas le plus fréquent, dans la mesure où le créancier, d'une part, se désintéressera fréquemment des arrangements propres à ses codébiteurs, d'autre part, ne tirerait, le plus souvent, guère d'avantage à cette opposabilité), cette clause n'emportera d'effets que dans les seuls rapports entre codébiteurs solidaires.

427. Le codébiteur solidaire non intéressé est, alors, juridiquement, *non seulement débiteur, mais aussi créancier du cocontractant*, puisqu'il est en droit d'exercer les droits contractuels issus de la convention à laquelle il est partie. Encore convient-il peut-être de distinguer selon les prérogatives contractuelles. Par exemple, si le codébiteur solidaire non intéressé est sans doute en droit d'exiger du créancier la mise à disposition du local loué, en revanche, le droit de requérir du bailleur qu'il effectue des travaux de rénovation ou qu'il lui remette en mains propres les clés du local est sans doute plus douteux au regard de l'absence d'intérêt personnel du codébiteur solidaire non intéressé à la dette dans l'exécution de la prestation. Ainsi, le codébiteur solidaire non intéressé s'inscrit dans une structure juridique *objectivement synallagmatique, mais, en réalité, unilatérale* dès lors qu'il serait entendu entre les codébiteurs solidaires que l'un d'entre eux ne retirera aucun profit du contrat auquel il est partie.

428. Plus subtilement, certaines hypothèses montrent qu'un codébiteur solidaire non intéressé à la dette peut, non seulement intégrer le contrat dont il garantit les dettes, mais encore, contrairement au cas précédent, *exercer effectivement la créance* contractuelle

---

solidaire : dans ce dernier cas, le cédant ou le parent sont tenus en qualité de cautions, le caractère solidaire du cautionnement ne remettant pas en cause le caractère accessoire renforcé du cautionnement (v. ss 300). À l'inverse, lorsque le cédant ou le parent s'engagent en qualité de codébiteurs solidaires non intéressés, c'est le régime, moins favorable pour le garant, de la solidarité passive qui, normalement, s'applique (v. ss 429).

1. Pour le cas d'un emprunt souscrit par deux concubins (Paris, 3 juill. 2008, n° 07/03856 ; Aix-en-Provence, 15 déc. 2011, n° 2011/608) ou par deux époux séparés de biens (Poitiers, 28 mars 2000, n° 9604332).

2. Cf. D. R. Martin, article préc. Quant à la preuve du non-intéressement, elle incombe au codébiteur qui l'invoque : Orléans, 23 déc. 2004, n° 03/03106 ; Reims, 13 nov. 2003, n° 02/01484.

issue de ce contrat. Cette figure peut être illustrée par la situation du cadre d'une entreprise, qui sollicite, sur la demande et avec cette dernière, auprès d'un organisme émetteur, l'obtention d'une carte de crédit, destinée au règlement de ses frais professionnels, une clause du contrat prévoyant que le titulaire de la carte et la personne morale qui en a sollicité l'établissement assument tous deux, à titre principal, solidaire et indivisible, l'obligation de régler tous les achats et dépenses effectués au moyen de cette carte[1]. Une telle convention, à laquelle est partie le garant, est indéniablement *synallagmatique* et il n'est pas moins certain que le titulaire de la carte de crédit, codébiteur des dettes issues de son utilisation, exerce pleinement sa créance contractuelle contre l'organisme émetteur en utilisant la carte accréditive. Pleinement créancier, le titulaire de la carte de crédit n'en constitue pas moins un codébiteur solidaire non intéressé à la dette puisque, s'il venait à devoir acquitter entre les mains du créancier le solde débiteur consécutif à l'utilisation de la carte, il pourrait recourir en contribution pour la totalité contre la société codébitrice à qui ont profité exclusivement les dépenses engagées.

Section 2

Le régime de la solidarité passive sans intéressement du débiteur à la dette

> **C. civ., art. 1208.** – Le codébiteur solidaire poursuivi par le créancier peut opposer toutes les exceptions qui résultent de la nature de l'obligation, et toutes celles qui lui sont personnelles, ainsi que celles qui sont communes à tous les codébiteurs.
> Il ne peut opposer les exceptions qui sont purement personnelles à quelques-uns des autres codébiteurs.

L'engagement de codébiteur solidaire non intéressé à la dette, tel Janus, présente deux visages : *débiteur principal vis-à-vis du créancier, caution vis-à-vis du codébiteur intéressé.*

429. ***Le rapport codébiteur solidaire non intéressé/créancier***. À l'égard du créancier, le codébiteur solidaire non intéressé à la dette est *seulement un codébiteur solidaire*[2]. Ainsi, le non-intéressement à la dette n'interfère-t-il pas, vraisemblablement, sur le régime de l'*obligation à la dette* solidaire tel qu'il est prévu aux articles 1202 à 1209 du Code civil. En particulier, doit s'appliquer l'article 1208 du Code civil, qui permet au codébiteur solidaire non intéressé d'opposer au créancier les « exceptions qui résultent de la nature de l'obligation, et toutes celles qui lui sont personnelles, ainsi que celles qui sont communes à tous les codébiteurs ». En revanche, contrairement à la caution, il ne pourrait soulever les exceptions personnelles aux autres codébiteurs solidaires dont il garantit la dette[3].

---

1. V., pour des illustrations de ce cas de figure, not. Civ. 1re, 24 févr. 1987, *Bull. civ.* I, n° 69 ; Civ. 1re, 22 mai 1991, *Bull. civ.* I, n° 162.

2. V. clairement en ce sens, J. Mestre, *op. cit.*, n° 541 ; D. R. Martin, article préc. ; Ph. Briand, thèse préc., p. 65 s. ; Ph. Simler, *op. cit.*, n° 28 ; P. Ancel, note préc. ; F. Collart Dutilleul, note sous Civ. 3e, 8 nov. 1995, *Bull. civ.* III, n° 220 ; *RDI* avr.-juin 1996, p. 286. Cette opinion était également celle des auteurs du XIXe siècle : v. not. Duranton, *Théorie et Pratique des obligations*, T. II, art. 1200, p. 582 s. et était déjà soutenue par Pothier, *Traité des obligations*, n° 264, p. 163.

3. Un *récapitulatif sur l'opposabilité des exceptions* dans le cadre du cautionnement, de la solidarité passive et, enfin, de la solidarité passive sans intéressement du débiteur à la dette, peut, ainsi, être dressé. L'hypothèse prise pour le raisonnement qui suit est celle d'un *contrat de prêt frappé d'une cause de nullité relative*, par exemple un vice du consentement.

430. ***Le rapport codébiteur solidaire non intéressé/autres coobligés.*** Le codébiteur solidaire non intéressé ne prend l'habit de *caution* qu'après avoir payé la dette, et seulement à l'égard des autres coobligés. C'est ce que semble exprimer l'article 1216 du Code civil qui dispose que les codébiteurs d'une dette qui « ne concernait que l'un des coobligés solidaires », « ne seraient considérés par rapport à lui que comme ses cautions ». Ainsi, le codébiteur solidaire non intéressé *solvens* pourra recourir pour la totalité de la dette contre le codébiteur solidaire intéressé à la dette [1].

431. ***Les protections profitant aux cautions sont-elles opposables au créancier par le codébiteur solidaire non intéressé à la dette ?*** Cette question se pose en raison de la « schizophrénie juridique » qui caractérise l'engagement de codébiteur solidaire non intéressé à la dette. Puisqu'il sait ne pas devoir contribuer à la dette, le codébiteur non intéressé à la dette est tenté de se prévaloir dans ses relations avec le créancier, donc au stade de l'obligation à la dette, des protections, ou au moins de certaines d'entre elles, appartenant au droit du cautionnement [2], ou encore relevant du droit commun des obligations, tel l'article 1326 du Code civil.

À dire vrai, cette question est symptomatique d'une interrogation plus large qui surgit dès l'instant où un mécanisme issu du droit commun des obligations, en l'occurrence la solidarité passive, est utilisé dans une finalité exclusive de garantie. En effet, il est alors tentant et légitime de se demander si certaines dispositions gouvernant le cautionnement ne devraient pas, par analogie, s'appliquer à ces garanties [3].

Dans le cas où le prêt est garanti par une caution, celle-ci, qu'elle soit simple ou solidaire, pouvait, jusqu'à une date récente (en effet, un arrêt rendu par une chambre mixte de la Cour de cassation, le 8 juin 2007, y a vu un cas d'exception personnelle que la caution ne peut plus soulever, voire a peut-être dégagé une solution plus générale selon laquelle la caution ne peut plus soulever l'ensemble des exceptions personnelles au débiteur ; sur cet arrêt, v. ss 148), selon la doctrine unanime et la jurisprudence quasi unanime, non seulement se prévaloir de la nullité invoquée par le débiteur principal, mais encore invoquer la nullité non soulevée par le débiteur lui-même.

Dans le cas où le prêt a été accordé à deux codébiteurs solidaires intéressés à la dette, l'un d'entre eux ne peut, selon l'opinion majoritairement admise, se prévaloir de la nullité invoquée par le codébiteur victime du vice du consentement. Il ne peut, *a fortiori*, pas invoquer la nullité non soulevée par le débiteur lui-même.

Enfin, dans le cas où le prêt a été accordé à deux codébiteurs solidaires, l'un intéressé à la dette et l'autre non intéressé à la dette, ce dernier ne peut, selon la doctrine majoritaire, ni soulever la nullité, ni se prévaloir de la nullité demandée par le codébiteur. Pourtant, cette solution ne paraît guère acceptable, car il existe alors un risque d'enrichissement indu du créancier, celui-ci pouvant tout à la fois obtenir auprès du codébiteur victime du vice du consentement les restitutions consécutives à l'annulation du contrat et le gain de l'exécution du contrat annulable auprès du codébiteur non intéressé à la dette alors même que ce dernier n'en a pas reçu la contrepartie. En revanche, il serait concevable d'admettre que le codébiteur non intéressé, à l'instar de la caution, reste tenu avec le codébiteur victime du vice du consentement des restitutions consécutives à l'annulation du prêt.

L'on voit ainsi se dessiner la situation sans doute originale du codébiteur solidaire non intéressé à la dette, située entre celle, plus favorable, de la caution, et celle, plus rigoureuse, du codébiteur solidaire intéressé à la dette. Le statut du codébiteur solidaire non intéressé à la dette présenterait, ainsi, un degré d'« accessoriété » avec la dette principale intermédiaire entre celui affectant l'engagement de la caution et celui, plus lâche, caractérisant l'obligation du codébiteur solidaire intéressé.

1. Il a été jugé que le codébiteur non intéressé à la dette pouvait user du recours avant paiement prévu par l'article 2309 du Code civil : Metz, 13 sept. 2007, n° 04/01517.

2. Par exemple, les articles 2309 (anc. art. 2032) et 2314 (anc. art. 2037) du Code civil, l'autorisation exigée par l'article L. 225-35 du Code de commerce, l'obligation d'information prescrite par l'article L. 313-22 du Code monétaire et financier, ou encore la proportionnalité imposée par l'article L. 341-4 du Code de la consommation.

3. V. ss 415, 416. Pour une réponse positive, cf. M. Mignot, « Caution et co-débiteur solidaire : de la nécessité d'un droit commun des garanties personnelles », *RLDC* 1er févr. 2013, n° 101, p. 28.

432. Si la jurisprudence, saisie de la question de l'application au codébiteur solidaire non intéressé d'une disposition applicable à la caution, refuse, très généralement, le raisonnement par analogie, et par conséquent, la transposition de la disposition litigieuse au codébiteur solidaire non intéressé, la doctrine est, en revanche, davantage divisée.

Nous envisagerons les principales dispositions dont la transposition à la solidarité passive sans intéressement du débiteur à la dette soulève des interrogations.

433. ***L'exception de défaut de subrogation de l'article 2314 (anc. art. 2037) du Code civil*** [1]. La Cour de cassation a toujours refusé d'étendre au codébiteur solidaire non intéressé l'exception de défaut de subrogation profitant à la caution [2], au motif que ce texte, dérogatoire du droit commun, ne vise que le cautionnement. Pourtant, si les raisons de l'existence de cette exception au profit de la caution ne sont, sans doute, pas clairement identifiées [3], il faut vraisemblablement admettre que cette exception ne constitue pas une conséquence du caractère accessoire renforcé du cautionnement, mais davantage le produit de la conjonction de l'absence de contribution du garant *solvens* et de l'existence corrélative d'un recours subrogatoire. Autrement dit, cette exception pourrait être étendue à des garanties ne développant pas le caractère accessoire propre au cautionnement, mais réunissant la double caractéristique de l'absence de contribution et de l'existence d'un recours subrogatoire [4]. Le bénéfice de l'article 2314 (anc. art. 2037) du Code civil pourrait alors profiter au codébiteur solidaire non intéressé à la dette [5].

434. ***Le formalisme probatoire de l'article 1326 du Code civil***. Si cette disposition n'est nullement propre au droit du cautionnement, il a été vu qu'elle développe un rôle important dans ce contrat [6], qu'il serait susceptible de transposer au codébiteur solidaire non intéressé à la dette. Aussi, la doctrine est-elle divisée sur l'application de l'article 1326 du Code civil en matière d'engagement de codébiteur solidaire non intéressé [7]. Il n'est pas incongru de penser que les deux courants de la doctrine ont alternativement raison selon les hypothèses considérées. En effet, il a été observé que l'engagement de codébiteur solidaire non intéressé peut s'inscrire dans une structure juridique, tantôt unilatérale, tantôt synallagmatique, de sorte que, selon les cas, c'est l'application de l'article 1326 du Code civil ou celle de l'article 1325 du Code civil qui sera justifiée [8].

---

1. Sur cette exception, v. ss 366 s.
2. V. not. Cass., Req., 24 juin 1914, *DP* 1916. 1. 39 ; Civ. 3e, 11 déc. 1996, n° 94-20998 ; Com. 17 déc. 2003, n° 01-11198 ; *D.* 2004. Somm. 2035, obs. V. Brémond.
3. V. ss 367.
4. Il profite déjà à l'assureur de la victime d'un dommage à ses biens, tenu vis-à-vis de ce dernier à la totalité de l'indemnisation du dommage avec le tiers responsable en vertu de l'article L. 121-12, alinéa 2, du Code des assurances : la perte, par l'assuré, de droits et actions contre le tiers responsable susceptible de faciliter le recours subrogatoire de l'assureur *solvens* est une cause de décharge de l'obligation de ce dernier.
5. En faveur de l'application de l'article 2314 (anc. art. 2037) du Code civil au codébiteur solidaire non intéressé : not. J. Mestre, *La subrogation personnelle*, LGDJ, 1979, nº 625 s. ; C. Mouly, *Les causes d'extinction du cautionnement*, Litec, 1979, nº 390 ; Ph. Simler, *op. cit.*, nºs 791 et 792 ; V. Brémond, note préc. sous Com. 17 déc. 2003 ; *contra* : M. Cabrillac, C. Mouly, S. Cabrillac et Ph. Pétel, *op. cit.*, nº 454.
6. V. ss 217 s.
7. Pour l'application de l'article 1326 du Code civil à l'engagement de codébiteur solidaire non intéressé : not. D. Martin, article préc. ; P. Ancel, note préc. Contre : M. Cabrillac et C. Mouly, S. Cabrillac et Ph. Pétel, *op. cit.*, nº 454 ; B. Pacaud et P.-A. Girard, article préc.
8. V., pour l'application de l'article 1325 du Code civil à un engagement de codébiteur solidaire non intéressé s'inscrivant dans une structure synallagmatique : not., Civ. 1re, 24 févr. 1987, *Bull. civ.* I, n° 69. L'arrêt de la première chambre civile de la Cour de cassation du 17 novembre 1999 (*Bull. civ.* I, n° 309,

435. ***L'insaisissabilité des biens communs prévue par l'article 1415 du Code civil.*** En dépit de la lettre de cette disposition qui en réserve le bénéfice au cautionnement, la Cour de cassation en a accepté la transposition à la garantie autonome[1] au motif qu'elle « s'apparente » au cautionnement[2]. Or la « parenté » de ces deux garanties personnelles demeure, en réalité, relativement ténue, et, en tout cas, bien moindre que celle entretenue par le cautionnement et la solidarité passive sans intéressement du débiteur à la dette. Aussi, n'est-il sans doute pas hasardeux de développer un raisonnement *a fortiori* en soutenant que toutes les garanties « s'apparentant » davantage encore que la garantie autonome au cautionnement devraient être pareillement soumises à l'article 1415 du Code civil. Qui peut le plus, peut le moins ![3]

Toutefois, il se peut que la structure synallagmatique dans laquelle s'inscrit parfois l'engagement du codébiteur solidaire non intéressé à la dette constitue une cause de divergence par rapport au cautionnement pouvant peut-être justifier l'éviction de l'article 1415 du Code civil[4]. Mais, à l'inverse, on peut remarquer que le caractère unilatéral ou synallagmatique de l'engagement paraît indifférent aux raisons d'être de la protection organisée par l'article 1415 du Code civil qui, au demeurant, s'applique à l'emprunt qui présente de plus en plus souvent une structure synallagmatique.

Enfin, il convient de relever que la Cour de cassation a refusé l'application de l'article 1415 du Code civil à la garantie statutaire de l'associé tenu au paiement des dettes sociales (C. civ., art. 1857, al. 1er)[5] et à la garantie statutaire de l'associé d'une société en nom collectif[6]. Or, si l'on fait abstraction de leur origine statutaire[7], ces garanties s'appuient sur une structure identique à la solidarité passive sans intéressement du débiteur à la dette.

---

préc.), a refusé d'appliquer l'article 1326 du Code civil à une personne s'engageant solidairement à acquitter une dette issue d'un contrat synallagmatique dont la prestation réciproque due par le créancier, en l'occurrence la Poste, avait été déjà exécutée, le contrat dans lequel s'insérait le codébiteur solidaire non intéressé à la dette étant devenu unilatéral. L'éviction de l'article 1326 du Code civil est justifiée au motif, abscons, que « l'engagement de M. Dechatrette [le codébiteur solidaire non intéressé à la dette] était la contrepartie d'une créance de La Poste [le créancier] » ; cf. aussi Civ. 1re, 20 sept. 2012, inédit, n° 11-13144 : « la convention de garantie de passif social, formant un tout avec l'acte synallagmatique portant cession des titres sociaux auquel elle s'intègre, n'est pas un engagement unilatéral et, partant, n'est pas soumise à l'article 1326 du Code civil, fût-elle consentie solidairement entre les cédants ; qu'il en résulte que l'arrêt qui énonce que la convention de garantie de bilan, n'étant pas un acte unilatéral puisqu'elle participe à l'économie d'une cession et s'inscrit dans un jeu d'obligations réciproques, n'est pas régi par ce texte ».

1. V. ss 534.

2. Civ. 1re, 20 juin 2006, *Bull. civ.* I, n° 313.

3. Cf., toutefois, contre l'application de l'article 1415 du Code civil à la solidarité passive sans intéressement du débiteur à la dette : not. Y. Picod, note préc. sous Civ. 1re, 17 nov. 1999 ; comp., plus hésitant, P. Ancel, note préc. sous le même arrêt ; cf., pour une application, semble-t-il, de l'article 1415 du Code civil par les juges du fond dans l'affaire ayant donné lieu à l'arrêt rendu par la chambre commerciale de la Cour de cassation, le 7 décembre 2004 (n° 03-15856).

4. En ce sens, au sujet d'une convention de garantie de passif social formant un tout avec l'acte synallagmatique portant cession des titres sociaux qui, en raison du caractère synallagmatique de cette convention, ne peut se voir appliquer l'article 1415 du Code civil : Civ. 1re, 20 sept. 2012, inédit, n° 11-13144.

5. *Contra* : Versailles 2 mai 2002, *Bull. Joly*, oct. 2002, p. 1035, obs. P. Scholer ; *LPA* 18 juin 2003, p. 13, note B. Dondero ; *Defrénois* 2003. 1146, note V. Brémond (décision qui faisait l'objet du pourvoi ayant donné lieu à l'arrêt de la Cour de cassation du 17 janv. 2006).

6. Civ. 1re, 17 janv. 2006, deux arrêts, *Bull. civ.* I, nos 14 et 15 ; *JCP* 2006. I. 141, obs. Ph. Simler ; *JCP E* 2006. 1864, note F.-X. Lucas ; *Banque et droit*, mars-avr. 2006, p. 60, obs. F. Jacob ; *JCP N* 2006. 1310, note V. Brémond ; *RTD com.* 2006. 432, obs. M.-H. Monserié-Bon ; *D.* 2006. 2660, note F. Bicheron.

7. Qui pourrait, toutefois, constituer la véritable raison du refus d'application de l'article 1415 du Code civil.

436. ***L'autorisation du conseil d'administration exigée par l'article L. 225-35 du Code de commerce.*** La soumission de l'engagement de codébiteur solidaire non intéressé à la dette à l'autorisation du conseil d'administration de la société garante [1] paraît aisée à admettre [2], dans la mesure où ce texte ne se contente pas de viser le cautionnement, mais également les « garanties ». Or, la solidarité passive sans intéressement du débiteur à la dette constitue incontestablement une garantie.

437. ***Les obligations d'informer la caution.*** Outre le caractère expressément relatif au cautionnement des textes instituant une obligation d'information au profit de certaines cautions, qui constitue un obstacle à leur transposition au codébiteur solidaire non intéressé à la dette, il semble, une nouvelle fois, que la légitimité de cette transposition varie selon que l'engagement du codébiteur solidaire non intéressé à la dette se déploie dans une structure unilatérale ou synallagmatique. En effet, si le codébiteur solidaire non intéressé à la dette inscrit son engagement dans un rapport unilatéral, sa situation, et spécialement son besoin d'information, inspire les mêmes sollicitudes que celles déployées au sujet de la caution. En revanche, lorsque l'engagement de codébiteur solidaire non intéressé à la dette s'insère dans un rapport synallagmatique, comme c'est le cas du titulaire d'une carte de crédit [3], alors, le besoin d'information est beaucoup moins prégnant, puisque le garant est le souscripteur même des dettes garanties [4].

438. ***La proportionnalité de l'engagement de la caution avec ses biens et revenus (C. consom., art. L. 341-4).*** Si la transposition de l'exigence légale de proportionnalité à l'engagement de codébiteur solidaire non intéressé à la dette apparaît, pour les raisons évoquées précédemment, difficile, en revanche, il ne semble pas impossible que le codébiteur solidaire non intéressé à la dette puisse invoquer avec succès la responsabilité pour faute du créancier lui ayant fait souscrire un engagement disproportionné, puisqu'il est avéré que le principe jurisprudentiel de proportionnalité continue, aux côtés du principe légal, de prospérer au profit des cautions profanes [5]. Cette transposition serait d'autant plus opportune que le fondement éthique du principe de proportionnalité en matière de cautionnement [6] suggère d'étendre ce dernier à l'ensemble des garanties personnelles, le risque d'existence d'une disproportion lors de la conclusion de l'engagement de codébiteur solidaire non intéressé à la dette et la gravité de ses conséquences étant aussi prégnants qu'en matière de cautionnement.

Le codébiteur solidaire non intéressé à la dette pourrait très certainement profiter aussi de la jurisprudence relative au devoir de mise en garde des établissements de crédit [7], à condition toutefois de ne pas être « averti », c'est-à-dire de ne pas disposer des compétences et de l'expérience suffisantes pour prendre conscience du risque d'endettement qu'emporte l'engagement souscrit.

---

1. V. ss 166 s.

2. En ce sens, Paris, 19 nov. 1974, *RTD com.* 1975. 547, obs. R. Houin ; Ph. Simler, *op. cit.*, n° 28 ; P. Ancel, note sous Civ. 1re, 17 nov. 1999, *D.* 2000. 407 ; R. Marty, note sous Com. 15 janv. 2013, n° 11-28 173, *JCP E* 2013. 1 269.

3. V. ss 428.

4. Un raisonnement identique paraît s'appliquer à la clause de garantie de passif s'inscrivant dans le cadre d'une convention synallagmatique (cf. Civ. 1re, 20 sept. 2012, inédit, n° 11-13144), les codébiteurs étant normalement au courant de l'ampleur du passif garanti.

5. V. ss 252.

6. V. ss 246.

7. V. ss 258 s.

Chapitre 2

La lettre d'intention

C. civ., art. 2287-1 (Ord. du 23 mars 2006). – Les sûretés personnelles régies par le présent titre sont le cautionnement, la garantie autonome et la lettre d'intention.
C. civ., art. 2322 (Ord. du 23 mars 2006). – La lettre d'intention est l'engagement de faire ou de ne pas faire ayant pour objet le soutien apporté à un débiteur dans l'exécution de son obligation envers son créancier.
C. civ., art. 1120. – Néanmoins, on peut se porter fort pour un tiers, en promettant le fait de celui-ci ; sauf l'indemnité contre celui qui s'est porté fort ou qui a promis de faire ratifier, si le tiers refuse de tenir l'engagement.

439. ***Notion***. La *lettre d'intention*[1], ou *lettre de confort* ou *de patronage* est une convention par laquelle une personne, fréquemment appelée l'émetteur, le souscripteur ou encore le confortant, exprime, en des termes variables, à un créancier bénéficiaire, sa volonté de soutenir, par différents moyens, le débiteur de ce dernier afin qu'il remplisse ses engagements.

440. ***Caractéristiques distinctives***. La lettre d'intention se distingue du cautionnement par l'*objet de l'obligation* qu'elle fait naître : il s'agit d'un « engagement de faire ou de ne pas faire » (C. civ., art. 2322). Il n'y a *ni identité* (dette même) *ni similarité* (même dette) entre l'obligation de l'émetteur et l'obligation garantie.

L'émetteur de la lettre souscrit donc un engagement nouveau, qui consiste à fournir une ou plusieurs prestations, par action (obligation de faire) ou par abstention (obligation de ne pas faire), et, en cas d'inexécution ou de mauvaise exécution, à *indemniser*, sur le fondement de la *responsabilité civile contractuelle*, le créancier des conséquences de l'inexécution ou de la mauvaise exécution de ces prestations. Pour cette raison, la lettre d'intention est fréquemment qualifiée de *garantie indemnitaire*[2].

441. ***Contexte***. Le contexte type dans lequel se déploie la lettre d'intention est celui d'une *société-mère* qui consent une lettre d'intention au bénéfice d'un établissement bancaire, par laquelle elle promet de « faire tout son possible », ou de « tout mettre en

1. À ne pas confondre avec certaines conventions encadrant les pourparlers préalables à la conclusion de conventions complexes, qui sont également appelées « lettres d'intention ». Précisément, en droit anglo-saxon, la « *letter of intent* » désigne exclusivement ces conventions encadrant les pourparlers, les lettres d'intention faisant l'objet du présent chapitre étant quant à elles appelées « *comfort letter* » ; *adde* : X. Barré, *La lettre d'intention. Technique contractuelle et pratique bancaire*, Economica, 1996.

2. V. not. Ph. Simler, « Les solutions de substitution au cautionnement », *JCP* 1990. I. 3427, n° 13 ; D. Mazeaud, « Variations sur une garantie épistolaire et indemnitaire : la lettre d'intention », *in Mélanges M. Jeantin*, 1999, p. 341 s., n° 12 ; E. Netter, *Les garanties indemnitaires*, thèse dactyl., dir. N. Rontchevsky, 2010.

œuvre », ou de « faire le nécessaire », ou encore de « prodiguer telle aide particulière »... pour que sa *filiale* puisse honorer ses obligations envers la banque [1].

On peut également citer les exemples d'un *dirigeant de société* ou des *associés d'une société* qui contractent une lettre d'intention à l'égard de la banque créancière de « leur » société débitrice, en lieu et place d'un classique cautionnement [2].

442. ***Validité***. Dans un premier temps, la lettre d'intention est apparue plus proche d'un simple engagement moral que d'une véritable garantie. Par la suite, les émetteurs de ces lettres ont entendu souscrire des engagements plus souples, moins formels, en définitive, moins contraignants que des cautionnements.

La validité de la lettre d'intention a été consacrée, sur le fondement de l'autonomie de la volonté, par la Cour de cassation en 1987 [3], avant d'être légalement reconnue par l'ordonnance du 23 mars 2006 qui a créé l'article 2322 du Code civil [4].

443. ***Comparaison lettre d'intention/promesse de porte-fort***. La reconnaissance de la validité de la lettre d'intention n'a pas souffert de difficultés [5], d'abord parce qu'elle s'appuie sur le mécanisme, éprouvé, de la responsabilité contractuelle, ensuite parce qu'une institution du droit des obligations peut en constituer, dans certains cas [6], l'habit juridique, à savoir la *promesse de porte-fort* régie par l'article 1120 du Code civil.

Si ce texte vise, avant tout, l'hypothèse dans laquelle une personne promet qu'une autre personne « ratifiera » l'engagement qu'elle souscrit, c'est-à-dire donnera son consentement à l'engagement pris par le promettant [7], il n'interdit en rien, *a priori*, la promesse, non plus

1. Si ce cas de figure est fréquent en pratique, l'existence d'un lien juridique de filiation entre l'émetteur de la lettre et le débiteur conforté n'est aucunement nécessaire à la validité d'une lettre d'intention. Pour une utilisation originale d'une lettre d'intention dans le cadre d'un pacte d'actionnaires, cf. Com. 20 févr. 2007 (*Bull. civ.* IV, n° 62) : en l'espèce, des associés majoritaires s'étaient engagés envers un futur coassocié, auquel ils s'obligeaient à céder une fraction du capital de leur société à « faire en sorte que les besoins de trésorerie de la société soient assurés au mieux » pendant un an.

2. Versailles, 5 mai 1988, *JCP* 1988. II. 21112, note Estoup ; Paris 26 sept. 1991, *JCP E* 1992. II. 345, note V. Grellière ; Com. 20 févr. 2007, *Bull. civ.* IV, n° 62 ; Com. 25 oct. 2011, n° 10-25607.

3. Com. 21 déc. 1987, *Bull. civ.* IV, n° 281 ; *JCP* 1988. II. 21113, concl. M. Montanier ; *Rev. crit. DIP* juin 1989, n° 2, p. 344, note M.-N. Jobard-Bachellier ; *D.* 1989. 112, note J.-P. Brill ; *Banque* 1988. 361, obs. J.-L. Rives-Lange ; *RD bancaire et bourse* 1988. 101, obs. M. Contamine-Raynaud ; *Rev. sociétés* 1988. 398, note H. Synvet.

4. Cf. not. P. Le Cannu, « Les lettres d'intention conquises par le Code civil », *RTD com.* 2006. 421 s. ; Ph. Simler, « Le nouvel article 2322 du Code civil et le régime de la lettre d'intention », *RJDA* 7/08, p. 739 s.

5. La lettre d'intention est reconnue, au Royaume Uni, depuis les années soixante, et a fait l'objet d'une reconnaissance en France par un parère de l'Association professionnelle des banques, le 30 octobre 1973.

6. Cela ne pourra être le cas que dans l'hypothèse où la lettre d'intention contiendra une obligation de résultat.

7. Cf. Civ. 1re, 25 janv. 2005, *Bull. civ.* I, n° 43 ; *Defrénois* 2005, art. 38166, n° 17, obs. J. Honorat ; *RTD civ.* 2005. 391, obs. J. Mestre et B. Fages ; *CCC* 2005, comm. n° 81, obs. L. Leveneur ; *Dr. et patr.* oct. 2005, p. 104, obs. Ph. Stoffel-Munck, arrêt qui définit la promesse de porte-fort comme « un engagement personnel autonome d'une personne qui promet à son cocontractant d'obtenir d'une autre l'engagement d'un tiers à son égard ». Cet arrêt, bien qu'il vise la promesse de porte-fort en général, semble bien s'appliquer à une promesse de porte-fort de ratification. En effet, l'acquéreur de parts d'une société avait promis aux cédants d'obtenir l'engagement d'une société qu'elle rembourse des prêts accordés aux cédants. Seule la société s'engageait à l'exécution des prêts et non l'acquéreur des parts qui, semble-t-il, ne s'engageait qu'à l'obtention du consentement de la société à cet engagement.

Cf. aussi Soc. 3 mai 2012, *Bull. civ.* V, n° 130 (promesse de porte-fort ayant pour objet un acte à venir et non un acte déjà conclu).

de la ratification d'un tiers, mais du « fait » de ce tiers, en particulier de l'*exécution* par ce dernier d'un engagement qu'il a souscrit envers le bénéficiaire de la promesse[1].

La Cour de cassation reconnaît nettement cette *distinction entre le porte-fort de ratification et le porte-fort d'exécution*[2], mais manque de clarté et de constance lorsqu'il s'agit de préciser *la nature des obligations du porte-fort d'exécution*[3]. Dans la première hypothèse, c'est-à-dire celle d'une promesse ayant pour objet la ratification par un tiers d'un engagement, elle décide que le porte-fort « est tenu d'une obligation autonome dont il se trouve déchargé dès la ratification par le tiers »[4]. Dans la seconde hypothèse, c'est-à-dire celle dans laquelle l'exécution d'un engagement par un tiers est promise, la Haute juridiction a d'abord rapproché l'obligation du porte-fort de celle, accessoire, d'une caution[5], puis de l'obligation de faire ou de ne pas faire[6], sanctionnée par une indemnisation du bénéficiaire, que l'on rencontre en matière de lettre d'intention.

Ce dernier rapprochement est beaucoup plus pertinent dans la mesure où, en présence d'une véritable promesse de porte-fort d'exécution, le promettant engage, comme l'émetteur d'une lettre d'intention, sa responsabilité civile Néanmoins, la mesure de leur responsabilité respective n'est pas identique[7].

Ces difficultés, tant de qualification (Section 1), que de régime (Section 2), se retrouvent naturellement au sujet de la lettre d'intention.

Section 1
Qualification de la lettre d'intention

444. Sans doute davantage que pour toute autre sûreté personnelle, la qualification de la lettre d'intention soulève des difficultés. Plus exactement, les difficultés portent sur la *nature et la portée exactes des engagements nés de la lettre d'intention.*

---

1. En ce sens, v. not. E. Netter, « Le porte-fort, contrat de couverture de risque », *RLDC* juill. 2014, n° 117, p. 30 ; F. Sagaut, « Variations autour d'une sûreté personnelle *sui generis :* la promesse de porte-fort de l'exécution », *RDC* 2004/3, p. 840 ; cf. l'utilisation, par les juristes suisses, de la technique de la promesse de porte-fort aux fins de garantie de l'exécution de la dette d'un tiers : P. Ancel, *Les sûretés personnelles non accessoires en droit français et en droit comparé*, thèse dactyl., Dijon, 1981, n° 40 s.

Au demeurant, il se peut qu'une même personne, dans un même acte, s'engage, d'abord, à ce qu'un tiers souscrive une obligation, puis à garantir l'exécution de cette obligation, additionnant ainsi porte-fort de ratification et porte-fort d'exécution : rappr. la clause de ducroire : v. ss 472.

2. Com. 13 déc. 2005, *Bull. civ.* IV, n° 256 ; *JCP* 2006. II. 10021, note crit. Ph. Simler ; *JCP E* 2006. 1342, note P. Grosser ; *Defrénois* 2006. 414, note crit. É. Savaux ; *CCC* 2006, n° 63, note approb. L. Leveneur ; *Banque et droit*, mars-avr. 2006, p. 17, obs. crit. N. R. ; *RTD civ.* 2006. 305, obs. J. Mestre et B. Fages ; I. Riassetto, « Le porte-fort d'exécution, une garantie à la recherche de son caractère », *RLDC* avr. 2006, p. 26 ; Com. 18 déc. 2007, n° 05-14328, *JCP* 2008. I. 152, chron. Ph. Simler, n° 13.

V. déjà, Com. 14 janv. 1980, *Bull. civ.* IV, n° 16 ; *JCP CI* 1982. II. 13684, note B. Gross.

3. Sur cette question, v. not. B. Dondero, « L'obligation du porte-fort », *D.* 2014. 1185 ; J.-D. Pellier, « L'obligation du porte-fort de l'exécution », *D.* 2013. 2561.

4. Com. 13 déc. 2005, préc. ; Com. 18 déc. 2007, préc. Dans le même sens, Civ. 1re, 16 avr. 2015, n° 14-13694, à paraître au *Bulletin* : « la promesse de porte-fort est un engagement personnel autonome d'une personne qui promet à son cocontractant d'obtenir l'engagement d'un tiers à son égard ».

5. « Celui qui se porte fort de l'exécution d'un engagement par un tiers s'engage accessoirement à l'engagement principal souscrit par le tiers à y satisfaire si le tiers ne l'exécute pas lui-même » (Com. 13 déc. 2005, préc. ; Com. 18 déc. 2007, préc.).

6. « L'engagement de porte-fort constitue un engagement de faire, de sorte que [l'article 1326] ne lui est pas applicable » (Com. 18 juin 2013, *Bull. civ.* IV, n° 105 ; Com. 8 juill. 2014, inédit, n° 13-14777). « Le porte-fort, débiteur d'une obligation de résultat autonome, est tenu envers le bénéficiaire de la promesse, des conséquences de l'inexécution de l'engagement promis » (Com. 1er avr. 2014, *Bull. civ.* IV, n° 67).

7. V. ss 472.

Ces difficultés de qualification sont entretenues par les parties à la lettre d'intention dont les termes sont, fréquemment et délibérément, imprécis. Tant l'émetteur de la lettre, le plus souvent une société-mère, que son bénéficiaire, généralement un établissement bancaire, développent une véritable *stratégie de l'ambiguïté :* l'émetteur entend rester flou, dans le but de rassurer le créancier, tout en entretenant l'espoir de n'être pas juridiquement engagé ou le plus faiblement possible ; le flou est également recherché par le créancier, souhaitant bénéficier d'une garantie solide, sans avoir à la demander ouvertement.

De telles arrière-pensées de part et d'autre et le caractère parfois nébuleux des termes de l'engagement conduisent, d'une part, à alimenter un contentieux de la qualification de la lettre d'intention, d'autre part, à des déconvenues chez le souscripteur de la lettre ou chez son bénéficiaire.

Le contentieux de la qualification de la lettre d'intention se développe dans deux directions : en premier lieu, la qualification des obligations souscrites par l'émetteur de la lettre d'intention (§ 1) ; en second lieu, la qualification de la lettre d'intention en « garantie », au sens des articles L. 225-35 et L. 225-68 du Code de commerce, qui exigent, comme il a été vu au sujet du cautionnement[1], que les garanties données au nom d'une société anonyme soient autorisées par le conseil d'administration ou de surveillance (§ 2).

§ 1. La qualification des obligations de l'émetteur de la lettre d'intention

> **C. civ., art. 2322 (Ord. du 23 mars 2006).** – La lettre d'intention est l'engagement de faire ou de ne pas faire ayant pour objet le soutien apporté à un débiteur dans l'exécution de son obligation envers son créancier.

445. ***Typologie des obligations de l'émetteur***. L'arrêt fondateur du 21 décembre 1987[2] a dressé une typologie des obligations pouvant être souscrites par l'émetteur d'une lettre d'intention : « une lettre d'intention peut, selon ses termes, lorsqu'elle a été acceptée par son destinataire et eu égard à la commune intention des parties, constituer à la charge de celui qui l'a souscrite un engagement contractuel de faire ou de ne pas faire pouvant aller jusqu'à l'obligation d'assurer un résultat, si même elle ne constitue pas un cautionnement ».

446. ***Critère de qualification***. Le critère de qualification des obligations souscrites par l'émetteur de la lettre d'intention réside, avant tout, dans la *commune intention des parties, telle qu'elle ressort des termes de l'acte*. Il appartient donc au juge de donner ou de restituer son exacte qualification à la lettre d'intention qui lui est soumise, sans s'arrêter à la dénomination que les parties en auraient proposée[3].

Si un tel critère respecte sans doute la volonté des parties, il est source, presque inévitablement, de casuistique et d'incertitude[4]. D'une décision à une autre, il n'est pas rare qu'une formule, rédigée en des termes très proches, voire identiques, reçoive une qualification distincte[5].

---

1. V. ss 166, 167.
2. V. ss 442.
3. Cf. Com. 21 déc. 1987, préc.
4. V. ss 629 la proposition d'un critère objectif de qualification tenant au rôle joué par le débiteur.
5. Pour des exemples, v. ss 449.

447. Ainsi n'existe-t-il pas une lettre d'intention, mais plusieurs types de lettres d'intention laissant s'exprimer une variété d'engagements, voire l'absence d'engagement juridique.

L'intensité de la lettre d'intention présente un éventail s'étendant de l'engagement seulement moral jusqu'à l'engagement juridique de se substituer au débiteur principal, c'est-à-dire un véritable cautionnement dissimulé, en passant par un engagement de faire ou de ne pas faire, promettant la mise en œuvre de moyens ou l'obtention d'un résultat. Seuls ces derniers engagements constituent, *stricto sensu*, des lettres d'intention au sens de l'article 2322 du Code civil.

448. ***Engagement moral.*** Certaines lettres d'intention ne contiennent qu'un engagement moral de l'émetteur[1]. C'est le cas lorsqu'une société-mère se contente de recommander sa filiale à un créancier, ou se contente d'affirmer qu'elle porte le plus grand intérêt au succès des intérêts de cette dernière, ou qu'elle « ne se désintéresse pas de la bonne fin de l'opération [principale] »[2] ou encore se limite à « approuver le crédit accordé à la filiale »[3]. Ces engagements d'honneur (« *gentlemen's agreements* »), bien qu'ils *ne permettent pas d'engager la responsabilité contractuelle* de l'émetteur[4], sont néanmoins *utiles*, dans la mesure où, en particulier dans les relations commerciales, la sauvegarde du renom, le respect de la parole donnée, ont encore une certaine force[5] qui poussera de nombreuses sociétés émettrices à s'exécuter.

Au demeurant, il convient de relever que des engagements de ce type, à raison du caractère vague ou dubitatif de leurs termes, pourraient aussi bien être *privés de toute efficacité* faute d'une détermination suffisante de leur objet (C. civ., art. 1129)[6] ou par l'effet de la prohibition des engagements potestatifs[7].

449. ***Engagement juridique de faire ou de ne pas faire.*** Lorsque l'engagement issu de la lettre d'intention accède à la vie juridique, il prend la forme d'une obligation de faire ou de ne pas faire, d'intensité variable allant de la simple promesse de *mettre en œuvre des moyens* jusqu'à celle d'*atteindre un résultat*, conformément aux termes de l'article 2322 du Code civil. L'émetteur de la lettre d'intention ne s'engage à acquitter, ni la dette même, ni la même dette que le débiteur principal. Il s'engage à une ou plusieurs *actions* ou *abstentions*, *déterminées* ou *laissées à sa libre appréciation*[8], en vue de soutenir, faciliter, conforter l'exécution par le débiteur principal de son obligation envers le créancier.

---

1. La frontière entre l'engagement moral et la véritable lettre d'intention est parfois fort ténue ; ainsi d'un arrêt (Paris, 3 déc. 2008, *Juris-Data* n° 2008-374964) dans lequel le représentant d'une société écrivait, par courrier électronique, au dirigeant de la société créancière : « je te prie de trouver ci-joint l'échéancier que nous respecterons pour le remboursement de la dette contractée à l'égard de ta société ». La Cour de Paris n'y a vu qu'un engagement moral, alors qu'une autre analyse aurait été possible.

2. Bordeaux, 16 oct. 1985, *D.* 1989. 436.

3. Paris, 30 avr. 1985, *Banque* 1985. 754, obs. J.-L. Rives-Lange, *RTD civ.* 1985. 730, obs. J. Mestre. Pour de nombreux exemples, v. A. Cerles, « La lettre d'intention dans les pratiques bancaires », *Dr. et patr.* 1999, n° 67, p. 57.

4. Toutefois, ce type de lettre d'intention pourrait permettre d'engager la *responsabilité délictuelle* de l'émetteur si ce dernier avait, par exemple, donné un conseil de mauvaise foi, voire avec une intention malveillante, et s'il en était résulté un préjudice pour le créancier : cf. J.-P. Bertrel, « Les lettres d'intention », *Banque* 1986. 895, spéc. 896.

5. Bien que l'on déplore, régulièrement, la baisse de son intensité.

6. Par exemple, « nous nous engageons à porter un intérêt aux affaires de notre filiale… » ou « nous nous engageons à faire quelque chose pour notre filiale… ».

7. Par exemplc, « le cas échéant, nous soutiendrons notre filiale… » ou « nous envisagerons de soutenir notre filiale… ».

8. Cela ne signifie aucunement que l'engagement de l'émetteur soit potestatif, mais, seulement, que celui-ci est libre de mettre en œuvre les moyens de son choix pour respecter son obligation.

Toutes sortes d'obligations peuvent être ainsi insérées dans une lettre d'intention. Selon les termes de la lettre et les circonstances, l'obligation de faire ou de ne pas faire pesant sur l'émetteur pourra développer une intensité variable, recouvrant la dichotomie classique du droit commun des obligations : obligations de moyens ou de résultat[1].

Obligations de moyens. Ces obligations sont celles par lesquelles l'émetteur de la lettre d'intention s'engage à déployer des *efforts dont la nature ou l'ampleur sont indéterminées* dans le but de parvenir au résultat escompté, mais sans le garantir. Par exemple, l'émetteur va s'engager « à faire tout son possible », « à faire ses meilleurs efforts »[2], ou encore « à apporter son appui dans les engagements qu'elle [la filiale] a pris »[3].

Obligations de résultat. Ces obligations sont celles par lesquelles l'émetteur de la lettre d'intention s'engage à atteindre un résultat, selon les cas par des *moyens déterminés* ou *indéterminés*. L'émetteur peut ainsi s'engager « à ne pas céder ou réduire sa participation dans la filiale » (obligation de ne pas faire)[4], « à procéder à une augmentation de capital de la filiale » (obligation de faire déterminée), « à accorder un prêt à la filiale » (obligation de faire déterminée), « à faire tout le nécessaire pour que [la filiale] dispose d'une trésorerie suffisante pour faire face à ses engagements (obligation de faire indéterminée)[5] » ou encore « faire en sorte que la situation financière de sa filiale lui permette de remplir ses engagements » (obligation de faire indéterminée)[6].

La frontière entre l'obligation de moyens et l'obligation de résultat n'est cependant pas étanche, et il arrive que des formules presque semblables reçoivent des qualifications distinctes. Ainsi, l'obligation de « faire tout le nécessaire » pour que le débiteur soit solvable à l'échéance est-elle, le plus souvent, qualifiée d'obligation de résultat, mais celle, fort proche de « faire tous les efforts nécessaires » a pu être qualifiée d'obligation de moyens[7], de même que celles de veiller « très étroitement à ce que soit respectée la politique financière

---

1. Seules les obligations de faire offrent cette variabilité d'intensité, les obligations de ne pas faire constituant, nécessairement, des obligations de résultat.

2. Paris, 10 mars 1989, *D.* 1989. 436, 4ᵉ esp., *D.* 1989. Somm. 294, obs. L. Aynès ; Paris, 22 janv. 2009, *RD banc. fin.* 2009, comm. 576, obs. Legeais.

3. Com. 16 juill. 1991, *Bull. civ.* IV, n° 265 ; *D.* 1992. 53, 3ᵉ esp., note I. Najjar.

4. T. com. Paris, 27 oct. 1981, *Banque* 1981. 1455, obs. L.-M. Martin ; *D.* 1982. IR 198, obs. M. Vasseur.

5. Com. 23 oct. 1990, *Bull. civ.* IV, n° 256 ; *Banque* 1991. 207, obs. J.-L. Rives-Lange ; *RJ com.* 1991. 349, obs. Ph. Delebecque ; *RTD com.* 1991. 402, obs. J. Reynhard ; *Defrénois* 1991, art. 35131, p. 1191, note J. Honorat ; *D.* 1992. Somm. 34, obs. M. Vasseur ; *LPA* 15 mai 1991, p. 23, note R. Baillod ; *RTD civ.* 1991. 322, obs. J. Mestre ; *Dr. sociétés* 1991, n° 16, note Matteau-Petit ; Com. 8 nov. 1994, *Bull. civ.* IV, n° 330 ; *Bull. Joly* 1995. 31, § 4, note J.-L. Medus ; *RD bancaire et bourse* 1995. 151, obs. M. Contamine-Raynaud ; *Defrénois* 1995, art. 36017, p. 255, note P. Le Cannu ; Com. 26 févr. 2002, *Bull. civ.* IV, n° 43 ; Com. 9 juill. 2002, *Bull. civ.* IV, n° 117 ; Com. 17 déc. 2002, n° 00-11566 ; *RD banc. fin.* 2003, n° 73, obs. D. Legeais ; Com. 11 janv. 2005, *JCP* 2005. I. 185, n° 11, obs. Ph. Simler ; Com. 19 avr. 2005, n° 03-11567 ; *JCP* 2005. I. 185, n° 11, obs. Ph. Simler ; Com. 19 janv. 2010, inédit, n° 09-14438.

6. Com. 17 mai 2011, *Bull. civ.* IV, n° 78 ; *D.* 2011. 1404, obs. Delpech ; *CCC* 2011, comm. 185, obs. Leveneur ; *RD banc. et fin.* 2011, comm. 136, obs. Cerles.

7. V. not. Com. 17 oct. 1995, n° 93-20459 ; *Bull. Joly* 1996. 40, § 9, note C. Priéto ; Com. 26 janv. 1999, *Bull. civ.* IV, n° 31 (engagement à faire « tout le nécessaire pour la bonne exécution des engagements ») ; Com. 18 avr. 2000, *Bull. civ.* IV, n° 78 (engagement à faire « tout le nécessaire pour que sa filiale dispose d'une trésorerie suffisante lui permettant de faire face à ses obligations envers les organismes prêteurs ») ; Paris, 19 nov. 2002, *RJDA* 04/2004, n° 480. Sur ces obligations, cf. N. Rontchevsky, « Faire le nécessaire », *in Études offertes au doyen Ph. Simler*, préc., p. 415 s.

définie d'un commun accord et notamment à ce que les engagements pris par [la filiale] en cette matière vis-à-vis de [la banque] soient tenus »[1] ou d'apporter son « appui dans les engagements qu'elle [la filiale] a pris »[2], ou encore de « tout mettre en œuvre »[3].

450. ***Engagement de se substituer au débiteur principal.*** Lorsqu'une lettre de confort contient l'engagement exprès du signataire de se substituer au débiteur afin de faire face à tous les engagements que ce dernier pourrait prendre à l'égard du créancier, le juge se doit de requalifier l'engagement en un *cautionnement*[4]. En effet, s'obliger à la dette même du débiteur est la caractéristique du contrat de cautionnement, tandis que la lettre d'intention se distingue, précisément, par le fait que l'émetteur s'engage à autre chose que le débiteur. Il existe, ainsi, une différence fondamentale entre l'engagement de « garantir que le débiteur remplira ses obligations », constitutif d'une lettre d'intention promettant un résultat, et l'engagement de « garantir les obligations du débiteur », constitutif d'un cautionnement.

§ 2. La qualification de la lettre d'intention en « garantie »

C. com., art. L. 225-35, al. 4. – Les cautions, avals et garanties donnés par des sociétés autres que celles exploitant des établissements bancaires ou financiers font l'objet d'une autorisation du conseil dans les conditions déterminées par décret en Conseil d'État. Ce décret détermine également les conditions dans lesquelles le dépassement de cette autorisation peut être opposé aux tiers.
C. com., art. L. 225-68, al. 2. – Les statuts peuvent subordonner à l'autorisation préalable du conseil de surveillance la conclusion des opérations qu'ils énumèrent. Toutefois, la cession d'immeubles par nature, la cession totale ou partielle de participations, la constitution de sûretés, ainsi que les cautions, avals et garanties, sauf dans les sociétés exploitant un établissement bancaire ou financier, font l'objet d'une autorisation du conseil de surveillance dans des conditions déterminées par décret en Conseil d'État. Ce décret détermine également les conditions dans lesquelles le dépassement de cette autorisation peut être opposé aux tiers.

451. ***Position du problème.*** La lettre d'intention est fréquemment consentie par une société commerciale. Ce constat ne doit pas étonner. En effet, dès le début des années quatre-vingt, les établissements de crédit ont commencé à faire souscrire des lettres d'intention à des sociétés-mères dans le but d'échapper à une contrainte imposée par le droit des sociétés, à savoir l'exigence d'autorisation par le conseil d'administration ou de surveillance des « cautionnements, avals et garanties » consentis par une société anonyme (C. com., art. L. 225-35 et L. 225-68)[5].

Ces dispositions soumettent à autorisation, non seulement le cautionnement, mais aussi, et plus largement, les « garanties ». La question, cruciale, s'est donc rapidement

---

1. Com. 19 mars 1991, *Bull. civ.* IV, n° 110.
2. Com. 16 juill. 1991, *Bull. civ.* IV, n° 265.
3. Com. 15 janv. 1991, *Bull. civ.* IV, n° 28.
4. En ce sens, cf. not. Com. 21 déc. 1987, préc. ; T. com. Paris, 30 avr. 1985, *D.* 1986. IR 325, obs. M. Vasseur (« La lettre par laquelle la maison-mère garantit le banquier de la filiale jusqu'à concurrence de 5 000 000 de francs, découvert et crédit confondus est un cautionnement ») ; Aix-en-Provence, 22 févr. 2007, *RJDA* 5/08, n° 576 (aux termes de la lettre émise par la société-mère de la société débitrice, en cas de défaillance de la filiale, la banque pouvait exercer tous les recours utiles directement contre elle-même pour réclamer le remboursement du solde débiteur).
5. Sur cette autorisation en matière de cautionnement, v. ss 166 s.

posée de savoir si la lettre d'intention constitue ou non une « garantie » au sens des articles L. 225-35 et L. 225-68 du Code de commerce.

La réponse à cette question est déterminante à deux égards. D'une part, elle conditionne l'efficacité de nombreuses lettres qui, n'ayant pas fait l'objet de l'autorisation requise, seront déclarées inopposables à la société émettrice, au cas où elles seraient considérées comme des « garanties » assujetties à l'autorisation imposée par les articles L. 225-35 et L. 225-68 du Code de commerce[1]. D'autre part, elle met en jeu, au moins pour partie[2], l'avenir même des lettres d'intention, le recours à celles-ci en lieu et place du cautionnement étant motivé par leur plus grande souplesse de souscription.

452. ***Évolution jurisprudentielle.*** La jurisprudence est incertaine et imprévisible sur cette question de la qualification de « garantie » de la lettre d'intention. Partagée entre le souci d'éviter qu'un trop grand nombre de lettres d'intention ne soient déclarées inopposables, dans l'hypothèse où la qualification de « garantie » leur serait reconnue, et celui de ne pas priver la notion de garantie de toute cohérence, au cas où cette qualification serait refusée aux lettres d'intention, la jurisprudence n'adopte pas toujours les mêmes critères de qualification.

Quatre étapes essentielles ont émaillé l'évolution jurisprudentielle.

453. ***Dans un premier temps***, au début des années quatre-vingt-dix, la Cour de cassation a établi une *distinction selon l'intensité des obligations* nées des lettres d'intention : les lettres comportant une obligation de résultat ont reçu la qualification de « garanties » soumises à l'exigence d'autorisation imposée par les articles L. 225-35 et L. 225-68 du Code de commerce[3]. En revanche, les lettres d'intention ne donnant naissance qu'à une obligation de moyens ont été soustraites à cette contrainte sociétaire[4].

454. ***Dans un deuxième temps***, la Cour de cassation, a écarté la distinction fondée sur l'intensité des obligations pesant sur l'émetteur de la lettre d'intention, pour reconnaître à *toutes les lettres d'intention la qualification de « garantie »* soumise à l'autorisation litigieuse[5].

455. ***Dans un troisième temps***, la Cour de cassation, par son arrêt *Sony* du 26 janvier 1999[6], a renoué avec la *distinction entre les obligations de moyens et les obligations de*

---

1. Sur l'absence corrélative, cependant, de responsabilité personnelle du dirigeant de la société émettrice, v. ss 167, au sujet du cautionnement.

2. L'un des autres avantages de la lettre d'intention dans le cadre des relations entretenues par une société-mère avec sa filiale est qu'elle n'aurait pas besoin de figurer à l'annexe du bilan de la société émettrice, contrairement au cautionnement ou à la garantie autonome (C. com., art. L. 232-1-I : « À la clôture de chaque exercice le conseil d'administration, le directoire ou les gérants dressent l'inventaire, les comptes annuels conformément aux dispositions de la section 2 du chapitre III du titre II du livre Ier et établissent un rapport de gestion écrit. Ils annexent au bilan :

1° Un état des cautionnements, avals et garanties donnés par la société. Cette disposition n'est pas applicable aux sociétés exploitant un établissement de crédit ou une entreprise d'assurance »).

3. Com. 23 oct. 1990, *Bull. civ.* IV, n° 256 ; *D.* 1992. Somm. 34, obs. M. Vasseur ; *JCP* 1991. II. 21684, note C. Larroumet ; Com. 8 nov. 1994, *Bull. civ.* IV, n° 330 ; *Rev. sociétés* 1995. 63 et 308, note Ph. Delebecque ; *JCP E* 1995. II. 654, note J.-F. Barbiéri ; *Defrénois* 1995. 255, obs. P. Le Cannu.

4. Versailles, 9 févr. 1989, *D.* 1991. Somm. 35, obs. Vasseur.

5. Com. 17 nov. 1992, *Bull. civ.* IV, n° 364 ; Com. 8 nov. 1994, *Bull. civ.* IV, n° 330 ; Com. 3 janv. 1996, n° 94-12845 ; *JCP* 1997. I. 3991, n° 8 ; Com. 9 déc. 1997, *Bull. civ.* IV, n° 332.

6. Com. 26 janv. 1999, *Bull. civ.* IV, n° 31 ; *D.* 1999. 579, note L. Aynès ; *JCP* 1999. II. 10087, note D. Legeais ; Versailles, 7 mars 2002, *Bull. Joly*, juill. 2002, p. 786, note Le Cannu ; *Rev. proc. coll.* 2003, n° 4, p. 324, obs. Leguévaques.

résultat, tout en déplaçant les critères habituellement retenus pour cette qualification. En effet, en l'espèce, c'est pour la raison que l'émetteur de la lettre « n'avait pas pris l'engagement de payer aux lieu et place de sa filiale mais seulement promis de faire respecter par celle-ci ses engagements », que la Cour de cassation en a déduit que l'obligation pesant sur l'émetteur n'était que de moyens, faisant, par là même, échapper la lettre contenant un tel engagement à la qualification de « garantie ». Dès lors, l'engagement de « faire le nécessaire pour que la filiale soit en mesure de satisfaire ses engagements à l'égard des prêteurs » qui, auparavant, constituait, fort logiquement, une obligation de résultat n'était plus qu'une obligation de moyens, la lettre d'intention devant, désormais, contenir un engagement de payer aux lieu et place du débiteur pour, d'une part, donner naissance à une obligation de résultat[1], d'autre part, recevoir la qualification de « garantie ». Cette solution, loin de clarifier la question, l'a assombrie encore davantage en reconnaissant, implicitement, l'existence de lettres d'intention dans lesquelles l'émetteur souscrit l'engagement de payer la dette du débiteur, alors que cet engagement est le propre du cautionnement[2].

456. ***Dans un quatrième temps***, la chambre commerciale de la Cour de cassation est revenue à sa solution initiale *distinguant selon la nature des obligations* de l'émetteur de la lettre d'intention, en décidant que l'obligation de « faire le nécessaire » pour que la filiale respecte ses engagements à l'égard du créancier est une obligation de faire, qui s'analyse en une obligation de résultat, constitutive d'une garantie nécessitant l'autorisation du conseil d'administration de la société[3]. *A contrario*, la lettre d'intention ne donnant naissance qu'à une obligation de moyens ne serait à nouveau pas considérée comme une « garantie » au sens des articles L. 225-35 et L. 225-68 du Code de commerce.

457. ***Appréciation de la dichotomie obligation de moyens/obligation de résultat***. La notion de garantie est, d'abord, une notion fonctionnelle. C'est le but poursuivi et le résultat atteint par un mécanisme juridique qui font de lui une garantie, et non, *a priori*, sa structure juridique[4]. C'est ainsi qu'il existe de nombreux instruments juridiques présentant une structure très diverse[5] qui peuvent assumer cette fonction de garantie. Dès lors, distinguer selon que la lettre d'intention contient une obligation de résultat ou de moyens, pour attribuer la qualité de garantie à la première et pas à la seconde, n'est guère cohérent : la lettre d'intention,

1. À moins que la qualification intermédiaire d'obligation de résultat, entre l'obligation de moyens et l'engagement de payer en lieu et place du débiteur, ait été purement supprimée : v. J.-F. Barbiéri, note sous Com. 18 avr. 2000, *Bull. Joly* 2000. 807, n° 1 ; *JCP E* 2000. 2007, note L. Leveneur ; *RTD com.* 2000. 664, obs. C. Champaud et D. Danet ; *Rev. sociétés* 2000. 520, note A. Constantin.

La qualification d'obligation de résultat, telle qu'elle ressort de l'arrêt *Sony*, a été remise en cause dès 2002 (toutefois, ces arrêts ne portent pas sur la question de la soumission ou non de la lettre à l'autorisation du conseil d'administration) : Com. 26 févr. 2002, *Bull. civ.* IV, n° 43 ; *D.* 2002. AJ 1273, obs. A. Lienhard ; *JCP E* 2002. 918, note D. Legeais ; Com. 9 juill. 2002, *Bull. civ.* IV, n° 117 ; *Cah. Dr. aff.* 2002. AJ 2327, obs. A. Lienhard.

2. La doctrine s'est divisée sur l'appréciation de cette solution : v. not., critiques D. Legeais, note sous Com. 26 janv. 1999, préc. ; Ph. Simler, obs. sous Com. 26 janv. 1999, préc. ; D. Mazeaud, obs. sous Com. 26 janv. 1999, préc., et favorables : L. Aynès, note sous Com. 18 avr. 2000, préc. ; *D.* 2001. Somm. 700.

3. Com. 19 avr. 2005, n° 01-12347.

4. V. cependant pour la délégation imparfaite, Com. 15 janv. 2013, *Bull. civ.* IV, n° 10.

5. Obligation à la dette même du débiteur (cautionnement, solidarité passive), obligation à la même dette (constitut), obligation de faire ou de ne pas faire (lettre d'intention), obligation de payer une somme d'argent (garantie autonome, délégation imparfaite), obligation d'indemniser les conséquences d'un risque d'impayé (assurance-crédit)…

quelles que soient les obligations qu'elle génère, a toujours, d'une part, pour objet d'augmenter la confiance du créancier à l'égard du débiteur, en rendant plus sûre la solvabilité de celui-ci à l'échéance du contrat principal, d'autre part, pour effet de procurer au créancier une prérogative que la mise en œuvre de son seul droit de gage général contre le débiteur n'aurait pas permise. Ainsi, soit il est décidé, pour des raisons propres au droit commercial[1] ou pour des raisons d'opportunité, que la lettre d'intention, quelle qu'en soit son intensité, ne constitue pas une « garantie » au sens des articles L. 225-35 et L. 225-68 du Code de commerce, soit, au contraire, il est reconnu, au regard de leur fonction[2], la qualité de « garantie » à toutes les lettres d'intention. La solution consistant à distinguer selon que l'obligation de l'émetteur est de moyens ou de résultat ne satisfait, assurément, ni la cohérence, ni la sécurité juridique, en ce qu'elle contribue à alimenter le contentieux.

458. ***L'article 2287-1 du Code civil.*** Si ce débat reste en suspens pour les lettres d'intention souscrites antérieurement au 23 mars 2006, en revanche, celles souscrites postérieurement à cette date constituent, très probablement, des « garanties » au sens des articles L. 225-35 et L. 225-68 du Code de commerce, puisque l'article 2287-1 du Code civil, issu de l'ordonnance du 23 mars 2006, les qualifie, désormais, de « sûretés »[3].

Section 2
Régime juridique de la lettre d'intention

459. La lettre d'intention constitue, banalement, un *engagement contractuel de faire ou de ne pas faire*. Elle est, également, un mécanisme de *garantie personnelle*.

À défaut d'une quelconque réglementation légale propre à la lettre d'intention, l'ordonnance du 23 mars 2006 s'étant contentée de la définir, l'essentiel des questions soulevées par le régime juridique de la lettre d'intention provient des difficultés à conjuguer ces deux aspects : dans quelle mesure, interfèrent-ils l'un sur l'autre ?

Si la formation de la lettre d'intention ne suscite guère de difficultés[4] (§ 1), ses effets appellent des développements plus importants, en ce qu'ils mettent particulièrement à l'épreuve l'ambivalence de la lettre d'intention, génératrice d'une obligation de faire ou de ne pas faire, propre à l'émetteur, et d'une garantie de la dette d'un tiers (§ 2).

---

1. Par exemple, certains invoquent le fait que seules les obligations de faire ou de ne pas faire relèvent, contrairement aux engagements de payer la dette d'autrui, de la compétence des organes dirigeant la société émettrice : L.-M. Martin, note sous T. com. Paris, 27 oct. 1981, *Banque* 1981. 1461 ; L. Aynès, obs. sous Paris, 10 mars 1989, *D.* 1989. Somm. 395.

Par ailleurs, la distinction opérée par certains (L.-M. Martin, note sous T. com. Paris, 27 oct. 1981, préc.), selon laquelle les obligations souscrites par l'émetteur ne conduisent pas à un appauvrissement du patrimoine de ce dernier, contrairement à l'engagement de payer la dette d'autrui, et donc, ne devraient pas être soumises à autorisation, semble peu réaliste, dans la mesure où la mise en œuvre de la lettre, quel qu'en soit le contenu, peut conduire l'émetteur à indemniser le créancier (v., not., J. Terray, « La lettre de confort », *Banque* 1980. 336).

2. Au demeurant, le constat que certains créanciers recourent à la lettre d'intention, en solution de substitution au cautionnement, n'est-il pas la meilleure preuve qu'elle possède une fonction de garantie.

3. En ce sens, Ph. Simler, « Le nouvel article 2322 du Code civil et le régime de la lettre d'intention », article préc. ; N. Rontchevsky, « Faire le nécessaire », *in Études offertes au doyen Ph. Simler*, préc., p. 422 ; R. Marty, note sous Com. 15 janv. 2013, n° 11-28173 ; *JCP E* 2013. 1269 ; comp. P. Le Cannu, « Les lettres d'intention conquises par le Code civil », *RTD com.* 2006. 421.

4. Si l'on excepte, naturellement, la question de l'exigence ou non de l'autorisation du conseil d'administration de la société émettrice (v. ss 451 s.).

§ 1. La formation de la lettre d'intention

460. ***Validité de la lettre d'intention***. La formation de la lettre d'intention relève de *l'autonomie de la volonté*.

Aucune disposition légale, autre que l'article 2322 du Code civil, qui se limite à donner une définition de la lettre d'intention, ne vient régir la formation de la lettre d'intention. Le droit commun du contrat a donc vocation à s'appliquer, en particulier le principe du consensualisme. *Aucune forme* n'est requise, *ad validitatem*, pour l'expression du consentement des deux parties à la lettre d'intention.

461. ***Preuve de la lettre d'intention***. Aucun formalisme probatoire n'est davantage requis. En effet, contrairement au cautionnement[1], la preuve de la lettre d'intention n'est pas subordonnée à l'insertion dans l'acte d'une mention particulière émanant de l'émetteur et exprimant la connaissance qu'a ce dernier de la nature et de l'étendue de son engagement[2]. L'article 1326 du Code civil n'est, en effet, pas applicable à la lettre d'intention, car celle-ci ne donne jamais naissance à un engagement unilatéral de payer une somme d'argent au créancier[3].

Au demeurant, l'article 1326 du Code civil serait, de toute façon, écarté toutes les fois, et cela constitue l'hypothèse de prédilection de la lettre d'intention, où la lettre est souscrite par une société commerciale, en faveur d'une autre, en garantie d'un crédit bancaire, cette lettre constituant un acte de commerce relevant de la liberté de la preuve posée par l'article L. 110-3 du Code de commerce.

462. Pourtant, une fraction de la doctrine[4] estime, au regard de la finalité protectrice imprimée par la jurisprudence à la mention de l'article 1326 du Code civil[5], qu'il serait opportun d'étendre cette protection au souscripteur de la lettre d'intention, par l'exigence d'une formule exprimant sous une forme quelconque, mais de manière explicite et non équivoque, la connaissance par l'émetteur de la nature et de l'étendue de son engagement.

§ 2. Les effets de la lettre d'intention

463. Les effets de la lettre d'intention se développent dans deux directions.

D'une part, fondée sur le mécanisme de la responsabilité civile contractuelle, la lettre d'intention conduit à l'indemnisation du créancier, lorsque ce dernier a subi un préjudice consécutif à l'inexécution de ses obligations par l'émetteur. Certains effets de la lettre d'intention relèvent exclusivement de l'application des règles de la responsabilité civile (B).

D'autre part, constitutive d'une sûreté, la lettre d'intention développe une fonction de garantie de la dette d'autrui. Certains effets de la lettre d'intention, dont quelques-uns sont avérés et d'autres discutés, relèvent exclusivement de la notion de garantie (C).

---

1. Et à la garantie autonome : v. ss 514.
2. Com. 17 déc. 2002, n° 00-11566 ; *RD banc. fin.* 2003, n° 73, obs. D. Legeais ; *JCP* 2003. I. 176, n° 13, obs. Ph. Simler.
3. Com. 25 oct. 2011, n° 10-25607. V., de même, en matière de promesse de porte-fort d'exécution : Com. 18 juin 2013, *Bull. civ.* IV, n° 105 ; *contra*, auparavant : Com. 13 déc. 2005, *Bull. civ.* IV, n° 256, préc., n° 743.
4. V., hésitant, Ph. Simler, *op. cit.*, n° 1019.
5. Sur le rôle protecteur du consentement de la caution développé par l'article 1326 du Code civil : v. ss 219.

464. Ces deux influences se conjuguent pour résoudre, au préalable, la question essentielle soulevée par tout mécanisme de garantie personnelle s'adjoignant à un rapport principal : le garant peut-il opposer au créancier les exceptions relatives au contrat principal d'où est issue la dette garantie ?

La réponse à cette question emprunte, pour une partie, à la notion d'accessoire inhérente au concept de garantie, et, pour une autre, à la nature indemnitaire de la lettre d'intention (A).

A. Opposabilité ou inopposabilité des exceptions relatives au contrat principal ?

465. ***Le degré d'accessoriété de la lettre d'intention.*** La question de savoir si l'émetteur d'une lettre d'intention peut, à l'instar de la caution, soulever les moyens de défense que le débiteur principal pourrait invoquer contre le créancier est ambiguë, de même qu'est controversée la qualification corrélative de la lettre d'intention en une garantie *accessoire* ou *non accessoire*.

À la vérité, tout dépend de la notion d'accessoire à laquelle il est fait référence. Comme toute garantie personnelle, la lettre d'intention présente un *caractère accessoire général*, justifiant, par exemple, que la lettre d'intention soit subordonnée à l'existence de la dette garantie ou qu'elle se transmette avec la créance du bénéficiaire. À l'inverse, il est exact que la lettre d'intention, et c'est là l'un des intérêts qui font son attrait auprès des créanciers, ne développe *pas le caractère accessoire renforcé* (dépendance et subsidiarité) du cautionnement[1]. Ainsi, peut-on raisonnablement affirmer que la lettre d'intention ne présente, ni le caractère accessoire renforcé du cautionnement, ni l'indépendance renforcée de la garantie autonome[2].

466. Son degré d'« accessoriété » est intermédiaire, *médian entre le cautionnement et la garantie autonome*. Certains justifient ce degré médian d'« accessoriété » par le rapport de dépendance qu'entretient naturellement toute garantie avec la dette principale. La raison d'être d'une garantie est, en effet, l'exécution d'une dette principale, de sorte que, lorsque cette dernière vient à s'éteindre, la garantie perd son support, sa raison d'être, et, plus précisément et juridiquement, sa cause. Dit autrement, *la présence d'une dette principale existante constitue la raison d'être d'une garantie*, à défaut de laquelle cette dernière a vocation à disparaître[3] : ainsi serait-il naturel que le paiement de la dette garantie mette fin au mécanisme dont la fonction essentielle, sinon exclusive, était de parvenir à ce paiement.

Toutefois, il a été vu[4], et il sera encore observé[5], que ce lien de dépendance entre le mécanisme de garantie et la dette garantie est flexible, soit que la loi lui donne une intensité maximale, comme c'est le cas au sujet du cautionnement, soit que les parties au contrat de garantie réduisent, au contraire, son amplitude au minimum, comme c'est le cas de la garantie autonome. Dès lors, il est malaisé de déduire de la seule fonction de garantie d'un mécanisme juridique son degré de dépendance vis-à-vis du rapport principal, car, précisément, ce lien n'est pas uniforme et peut, dans une certaine mesure, être façonné par les parties et/ou par la loi.

---

1. En ce sens, Ph. Simler, *op. cit.*, n° 1008 ; L. Aynès et P. Crocq, *op. cit.*, n° 360.
2. V. ss 518 s.
3. Rappr. R. Baillod, « Les lettres d'intention », *RTD com.* 1992. 547, n° 51, selon qui l'émetteur peut invoquer la disparition de la dette garantie pour inexistence, invalidité ou satisfaction du créancier.
4. V. ss 130 s.
5. V. ss 519 s.

La fonction de garantie d'un mécanisme, et plus précisément sa *cause*, permettent, certainement, de mettre en lumière un degré d'attachement, en quelque sorte irréductible, entre la dette principale et le mécanisme qui en garantit l'exécution. Au-delà, il est sans doute aventureux, et peut-être contestable, de soutenir que la notion même de garantie de la dette d'autrui induit nécessairement un lien de dépendance plus intense que celui issu de l'existence nécessaire d'une cause, entre la garantie et la dette garantie.

467. Mais, quelle que soit la portée exacte de la notion de garantie de la dette d'autrui, il convient de relever que le degré médian d'« accessoriété » de la lettre d'intention peut également s'expliquer par la *structure même de la lettre d'intention*. L'intensité du caractère accessoire de la lettre d'intention, c'est-à-dire le degré d'assujettissement de la lettre aux vicissitudes affectant la dette garantie, est, en effet, également sous la dépendance de l'application du *mécanisme de la responsabilité civile contractuelle*, autrement dit l'intensité du caractère accessoire de la lettre d'intention dépend aussi de sa nature indemnitaire.

La détermination du degré d'« accessoriété » de la lettre d'intention relève ainsi d'un emprunt double : à la *notion de garantie*, d'une part, à la *nature indemnitaire* de la lettre, d'autre part.

468. ***La finalité de garantie de la lettre d'intention***. Une garantie ne peut exister «dans le vide». Elle suppose l'existence d'une dette principale à garantir puisque c'est sa raison d'être. La cause juridique de l'engagement d'un garant, quel qu'il soit, matérialise le lien juridique entre la garantie et la dette confortée.

En matière de lettre d'intention, la détermination de la *cause de l'engagement de l'émetteur* soulève des difficultés identiques à celles rencontrées au sujet de la cause de l'engagement de la caution [1]. La solution, généralement retenue par la doctrine, est identique à celle consacrée en matière de cautionnement [2] : la cause de l'engagement de l'émetteur de la lettre d'intention réside dans la *considération de la dette principale*, c'est-à-dire dans la possibilité pour le débiteur d'obtenir ou de pérenniser un crédit ou, plus largement, un avantage octroyé par le créancier [3]. Or, en l'absence d'unicité de la dette de l'émetteur et de la dette du débiteur principal [4], c'est la théorie de la cause [5] qui va permettre à l'émetteur de la lettre d'intention de soulever certaines des vicissitudes affectant la dette principale [6].

Ainsi, dès l'instant où elles sont prononcées à la demande du débiteur [7], l'*inexistence*, la *nullité* ou encore la *résolution* de la dette garantie mettent-elles un terme, faute de cause, à l'obligation de l'émetteur de la lettre d'intention [8].

---

1. V. ss 210 s.

2. Comp. pour la garantie autonome : v. ss 519, 520.

3. Ph. Simler et Ph. Delebecque, *op. cit.*, n° 66.

4. V. ss 440.

5. La théorie de l'objet de l'obligation de l'émetteur serait, vraisemblablement, susceptible de rendre le même service.

6. Alors que le rôle de la cause dans le cautionnement est, précisément, occulté par le principe d'unicité de la dette et les conséquences qu'il emporte : v. ss 216.

7. Seules les causes de nullité absolue (notamment l'immoralité ou l'illicéité de l'objet ou de la cause de l'obligation affectant la dette principale) peuvent être, certainement, soulevées par l'émetteur de la lettre d'intention, en qualité de tiers intéressé au prononcé de la nullité. Pour les autres exceptions, cf. les difficultés déjà rencontrées en matière de cautionnement : v. ss 148.

8. Il demeure la question, délicate, de savoir si, à l'instar du cautionnement (v. ss 176, 177), la garantie de l'émetteur de la lettre se reporte ou non sur l'obligation de restitution des fonds pesant sur la filiale, consécutivement à l'annulation ou à la résolution de l'ouverture de crédit qui lui a été accordée et dont la lettre confortait l'exécution.

469. ***La nature indemnitaire de la lettre d'intention***. L'engagement de l'émetteur d'une lettre d'intention consiste en une ou plusieurs obligations de faire ou de ne pas faire. La mise en œuvre de la lettre d'intention par son bénéficiaire va, par conséquent, consister en la recherche de la *responsabilité civile contractuelle* de l'émetteur, et conduire à l'attribution de dommages et intérêts au créancier (C. civ., art. 1142) [1]. En application du droit commun de la responsabilité civile, la mise en œuvre de celle-ci exige que soient réunis un fait générateur, un préjudice et un lien de causalité entre les deux.

Or, toutes les fois que la dette garantie sera éteinte par *paiement*, *compensation*, *remise de dette*, *confusion*, *novation*, *prescription*..., l'émetteur bénéficiera de cette extinction par l'effet des conditions de mise en œuvre de la responsabilité civile. En effet, quand bien même l'émetteur aurait-il mal exécuté les obligations mises à sa charge, ce fait générateur ne suffirait pas à engager sa responsabilité contractuelle, soit que *le préjudice du créancier serait inexistant* (hypothèses dans lesquelles l'extinction de la dette principale est satisfactoire pour le créancier : paiement, compensation...), soit que le préjudice subi par le créancier n'entretiendrait *pas de relation de causalité avec le fait générateur* (hypothèses d'extinction de la dette principale non satisfactoire pour le créancier, mais sans être en relation avec les manquements dénoncés : remise de dette, confusion, prescription...) [2].

C'est, du reste, cette raison qui explique, *a contrario*, que l'ancienne cause d'extinction de la créance garantie due à l'absence de sa déclaration à la procédure collective ouverte contre le débiteur principal (C. com., anc. art. L. 621-46) ne libérait pas l'émetteur de la lettre [3]. En effet, l'ouverture de la procédure collective démontre la défaillance du débiteur et matérialise donc le préjudice subi par le créancier du fait de l'inexécution, par l'émetteur, de ses obligations. Peu importe que la dette principale s'éteigne ultérieurement pour cause de non-déclaration, la créance d'indemnisation contre l'émetteur existe d'ores et déjà.

470. ***Le caractère d'« accessoriété » médian met en lumière l'originalité de la lettre d'intention***. Ainsi, sur le spectre des garanties personnelles, la lettre d'intention occupe-t-elle une place spéciale : elle se rapproche, d'une part, de la *solidarité passive* en ce que l'émetteur va bénéficier de certaines *exceptions inhérentes à la dette* invoquées par le débiteur, comme la nullité pour absence de cause, la résolution ou le paiement et, d'autre part, du *cautionnement*, en ce que l'émetteur va bénéficier des *exceptions personnelles* au débiteur et soulevées par ce dernier, comme la nullité relative de la dette principale pour vice du consentement [4]. En revanche, à la différence, tant de la solidarité passive que du cautionnement [5], l'émetteur de la lettre d'intention ne pourra vraisemblablement pas soulever, en lieu et place du débiteur principal, ni les exceptions inhérentes à la dette autres que celles frappant de nullité absolue la dette principale, ni les exceptions personnelles au débiteur.

B. Les effets tenant à la nature indemnitaire de la lettre d'intention

471. ***Nature de la responsabilité contractuelle de l'émetteur***. L'émetteur d'une lettre d'intention qui n'exécute pas ou exécute mal ses obligations engage sa responsabilité

---

1. V. ss 471 s.
2. Comp. J. Mestre et B. Fages, obs. sous Com. 13 déc. 2005, préc., au sujet du porte-fort d'exécution.
3. En ce sens, not. H. Synvet, note sous Com. 21 déc. 1987, préc. ; *Rev. sociétés* 1988. 404 ; R. Baillod, article préc. ; Ph. Simler, *op. cit.*, n° 1017.
4. Sur les difficultés posées par cette exception en matière de cautionnement depuis l'arrêt rendu en chambre mixte par la Cour de cassation le 8 juin 2007 et confirmé le 22 mai 2013, v. ss 135, 148.
5. Sauf à tenir compte, désormais, de la solution retenue depuis l'arrêt du 8 juin 2007, v. ss 148.

civile contractuelle vis-à-vis du créancier. Il s'agit d'un cas de *responsabilité contractuelle du fait personnel* de l'émetteur, et non d'un cas de responsabilité contractuelle du fait d'autrui, en l'occurrence le débiteur conforté. En effet, la responsabilité contractuelle du fait d'autrui ne se conçoit, normalement, qu'au sujet d'une même obligation contractuelle pesant, tout à la fois, sur autrui et sur le responsable [1]. Or, l'émetteur de la lettre ne s'engage pas à la même chose que le débiteur principal.

472. ***Distinction lettre d'intention/promesse de porte-fort***. C'est, du reste, ce qui distingue la lettre d'intention de la promesse de porte-fort d'exécution. Dans ce dernier cas, le porte-fort promet, garantit ou assure l'exécution de l'obligation même souscrite par un tiers. En cas de refus d'exécution ou de mauvaise exécution de son engagement par le tiers, le porte-fort devra indemniser le créancier. Dans le cadre du porte-fort d'exécution, le promettant, tenu à la même obligation que le tiers, joue le rôle de garant de l'exécution de l'obligation d'autrui [2]. Au contraire, dans la lettre d'intention, l'émetteur est tenu d'une obligation qui lui est propre. Il est regrettable que cette distinction ne soit pas toujours respectée en jurisprudence [3].

Conformément au droit commun de la responsabilité contractuelle, l'établissement de la responsabilité contractuelle de l'émetteur de la lettre d'intention exige l'existence d'un fait générateur de responsabilité (1°), d'un préjudice réparable (2°), et d'un lien de causalité entre les deux (3°). Une fois sa responsabilité civile engagée, l'émetteur de la lettre peut invoquer des causes exonératoires (4°).

1° Le fait générateur de responsabilité

Le fait générateur de la responsabilité de l'émetteur de la lettre d'intention diffère selon que les obligations incombant à l'émetteur sont des obligations de moyens ou de résultat.

473. ***En présence d'une obligation de moyens***. Le créancier doit alors apporter la preuve de l'inexécution, de la mauvaise exécution ou encore de l'exécution tardive de son

---

1. L'hypothèse type est celle dans laquelle le débiteur d'une obligation contractuelle fait exécuter cette dernière par un mandataire ou un préposé. Toutefois, il existe d'autres hypothèses, légales, dans lesquelles une personne voit sa responsabilité engagée de plein droit en cas d'inexécution d'une obligation incombant à une autre personne. Ainsi est-ce le cas de l'agence de voyages, responsable de plein droit de l'inexécution des obligations contractuelles d'un prestataire (L. du 13 juill. 1992, art. 23). Dans ce cas de figure, le responsable du fait d'autrui devient un véritable garant de l'exécution d'une obligation contractée par autrui ; du reste, le garant dispose d'un recours contre le prestataire dont il garantit l'exécution de l'obligation (L. du 13 juill. 1992, art. 23, *in fine*).

2. Pour des manifestations de cette utilisation de la promesse de porte-fort, v. Versailles, 7 avr. 1987, *Gaz. Pal.* 1987. 2. somm. 479 ; Com. 22 juill. 1986, *RTD civ.* 1987. 307, obs. J. Mestre ; Paris, 21 avr. 1992, *JCP* 1993. I. 3680, n° 9, obs. Ph. Simler.

Une autre garantie est également très proche de la promesse de porte-fort d'exécution (en ce sens, Ph. Simler, *op. cit.*, n° 40 ; P. Ancel, thèse préc., n° 75 ; F. Jacob, thèse préc., n° 132). Il s'agit de la *clause de ducroire*, par laquelle un intermédiaire (commissionnaire) garantit à un créancier, moyennant une rémunération, l'exécution du contrat passé, par son entremise, avec le débiteur. Pour un exemple de convention de ducroire, v. not., Com. 22 oct. 1996, *Bull. civ.* IV, n° 246 ; *JCP* 1997. I. 4033, n° 12, obs. Ph. Simler ; *CCC* 1997, comm. n° 21, obs. L. Leveneur ; *RTD civ.* 1997. 653, obs. J. Mestre ; *D.* 1998. 511, note D. Arlie.

3. Com. 20 oct. 2009, inédit, n° 08-19620. En l'espèce, dans le cadre d'une opération complexe de cession d'actions, une société-mère avait pris divers engagements, notamment celui « de faire honorer » par l'une de ses filiales un contrat souscrit par cette dernière. Cet engagement a été improprement qualifié de lettre d'intention, puisque, en s'engageant à « faire honorer » son contrat par sa filiale, la société-mère avait promis le fait de celle-ci et non son propre fait. La qualification de promesse de porte fort d'exécution aurait donc dû être retenue.

obligation par l'émetteur. Cette défaillance ne coïncide pas nécessairement avec celle du débiteur de la dette garantie : l'émetteur de la lettre d'intention peut, dans le même temps, avoir correctement exécuté son obligation de moyens, et ne pas avoir pu empêcher la défaillance du débiteur garanti [1].

Les juges du fond apprécient souverainement si les moyens déployés par l'émetteur, par exemple des avances faites à la filiale ou l'aide à la recherche de nouveaux clients, sont conformes à ce qui était promis par le souscripteur de la lettre. L'intensité et l'inventaire des moyens requis ne sont pas figés et vont dépendre des circonstances de chaque espèce, étant admis que la nature d'obligation de moyens « implique nécessairement des limites découlant de l'autonomie d'action de la filiale » [2], ainsi que du risque de mise en danger de la situation financière de l'émetteur [3].

474. ***En présence d'une obligation de résultat.*** Le créancier peut alors se contenter de démontrer que le résultat promis par l'émetteur n'est pas atteint. Lorsque le résultat promis était le paiement, c'est-à-dire l'exécution de l'obligation garantie, il suffira au créancier d'apporter la preuve de la défaillance du débiteur garanti.

2° Le préjudice réparable

475. Conformément à l'article 1150 du Code civil, le préjudice contractuel réparable est le *préjudice prévisible* subi par le créancier du fait de l'inexécution ou de la mauvaise exécution des obligations pesant sur l'émetteur de la lettre. Aussi, le préjudice réparable ne coïncide-t-il pas nécessairement avec l'inexécution de la dette garantie [4]. Le *montant* du préjudice réparable peut être inférieur, égal, ou supérieur au montant de la dette garantie inexécutée [5]. Il pourra, en particulier, être supérieur à ce dernier, dans le cas où la défaillance du débiteur principal aura compromis la situation financière du créancier, au point, le cas échéant, que celui-ci fasse l'objet d'une procédure collective [6].

La lettre d'intention présente ainsi la particularité que l'émetteur peut, en application du principe de la réparation intégrale du préjudice [7], être tenu au-delà de ce que doit le débiteur principal.

---

1. Ainsi, la société émettrice peut avoir déployé des moyens pour soutenir sa filiale, tels qu'une augmentation de capital ou l'octroi de prêts, sans toutefois parvenir à empêcher que sa filiale dépose le bilan.
2. Com. 17 oct. 1995, n° 93-20459 ; *Bull. Joly* 1996. 40, note C. Priéto.
3. Com. 17 oct. 1995, préc. ; Paris, 10 mars 1989, *D.* 1989. Somm. 294, obs. L. Aynès ; *Gaz. Pal.* 1989. 1. 292, obs. J.-P. Marchi ; *RD banc. fin.* 1989. 137, obs. M. Contamine-Raynaud. En ce sens, not. Ph. Simler, *op. cit.*, n° 1013, note 27 ; L. Aynès, obs. sous Paris, 10 mars 1989, préc.
4. Il est toutefois fréquent, lorsque l'émetteur a souscrit une obligation de résultat, que la jurisprudence aligne le montant du préjudice réparable sur le montant de la dette impayée.
5. La lettre peut également contenir une clause plafonnant le montant du préjudice : Paris, 3 juin 1997, *Juris-Data* n° 1997-021358 ; Com. 17 mai 2011, préc.
6. Ph. Simler, *op. cit.*, n° 1014. La jurisprudence (Com. 6 mai 2003, n° 00-22045 ; *JCP* 2003. I. 176, n° 13, obs. Ph. Simler) a précisé que cette situation est tout à fait licite, l'article 2290 (anc. art. 2013) du Code civil, prévoyant que la caution ne peut être tenue davantage que ne l'est le débiteur principal (v. ss 183) ne s'applique pas à l'émetteur d'une lettre d'intention.
7. Ce principe n'est pas impératif. Par conséquent, les parties peuvent insérer dans la lettre d'intention une clause limitative de responsabilité, sous forme, par exemple, d'un plafond d'indemnisation. La validité d'une telle clause est subordonnée aux conditions du droit commun (absence de dol ou de faute lourde ; clause ne contredisant pas l'obligation essentielle du contrat).

3° Le lien de causalité

476. L'engagement de la responsabilité de l'émetteur exige que soit démontré un lien de causalité entre le fait générateur et le préjudice. Or, par hypothèse, l'objet de l'obligation de l'émetteur est distinct de celui de l'obligation garantie. Aussi, sera-t-il parfois malaisé de déterminer si la carence de l'émetteur est bien la cause de la défaillance du débiteur. En effet, lorsque l'émetteur s'est engagé à fournir des moyens précis, par exemple une augmentation de sa participation dans le capital de la société débitrice, il n'existera pas toujours un lien de causalité entre l'inexécution de cette obligation et la défaillance du débiteur. Dit autrement, quand bien même l'augmentation de la participation aurait-elle été réalisée, la défaillance du débiteur se serait, peut-être, néanmoins produite [1].

4° Les causes d'exonération

477. ***En présence d'une obligation de résultat.*** Les causes d'exonération de l'émetteur de la lettre d'intention sont celles du droit commun de la responsabilité civile contractuelle.

Lorsque l'obligation pesant sur l'émetteur est une obligation de résultat, seule la *force majeure* peut permettre son *exonération totale*. La différence est importante avec l'obligation pesant sur la caution qui, si elle affectée par de nombreuses causes d'extinction partielle ou totale, ne peut, en revanche, s'éteindre en raison d'un cas de force majeure, comme toutes les obligations portant sur des choses de genre (ici une somme d'argent).

Au titre de la force majeure, la société émettrice invoque parfois le fait qu'elle n'a pas pu remplir la totalité de ses engagements, au risque de se placer elle-même en état d'insolvabilité et de ne plus pouvoir assurer le respect de ses propres engagements. Cette circonstance doit, selon une fraction de la doctrine, recevoir la qualification de force majeure [2].

Une *exonération partielle* de l'émetteur est par ailleurs possible en cas de *faute du créancier* ayant contribué à la production du dommage.

478. ***En présence d'une obligation de moyens.*** Lorsque l'obligation pesant sur l'émetteur est une obligation de moyens, l'émetteur peut s'exonérer, totalement, en apportant la preuve de son *absence de faute* [3] ou en démontrant que son inexécution est due à un cas de *force majeure*. Une exonération partielle de l'émetteur est possible en cas de *faute du créancier* ayant contribué à la production du dommage.

C. Les effets tenant à la fonction de garantie de la lettre d'intention

479. Les effets envisagés ici sont ceux qui ne dépendent pas de l'intensité du caractère accessoire de la garantie.

Il s'agit, d'une part, de certaines protections dont bénéficient les cautions, ou certaines d'entre elles, le fait que ces protections aient été accordées exclusivement à la caution n'altérant pas la pertinence de la question de leur transposition, dès lors qu'elles ne procèdent pas de son caractère accessoire renforcé (1°). Il s'agit, d'autre part, du ou des recours dont dispose l'émetteur *solvens* (2°).

---

1. Cf. S. Piedelièvre, « L'efficacité des lettres de confort », *Dr. et patr.* 1996. 61 s.
2. Not. L. Aynès, obs. sous Paris, 13 janv. et 10 mars 1989, *D.* 1989. Somm. 294 ; S. Piedelièvre, article préc., n° 34, p. 59.
3. Il conviendrait, sans doute, dans cette hypothèse d'évoquer plutôt l'absence de fait générateur de responsabilité.

1° La question de l'extension à la lettre d'intention des protections spécifiques du cautionnement

480. Comme tout garant personnel, l'émetteur d'une lettre d'intention est naturellement tenté de solliciter certaines des protections dont bénéficient légalement les cautions. Parmi ces protections, trois ont fait, plus spécialement, l'objet de discussions doctrinales : l'exception de défaut de subrogation, les obligations d'information et l'insaisissabilité des biens communs appartenant à un couple marié sous le régime de la communauté de biens.

Outre les arguments favorables et défavorables à une telle transposition, exposés précédemment[1], il convient de relever l'existence d'un obstacle supplémentaire, certes factuel, propre à la lettre d'intention : sa très grande fréquence de souscription par une *personne morale*. Le développement de l'usage de la lettre d'intention consentie par des personnes physiques rendra davantage prégnante la question de la transposition de ces avantages.

481. ***L'exception de défaut de subrogation prévue par l'article 2314 (anc. art. 2037) du Code civil.*** L'attribution de l'exception prévue par l'article 2314 du Code civil au profit de la caution est, évidemment, subordonnée à l'existence d'un recours subrogatoire. Or, il semble que l'émetteur d'une lettre d'intention dispose d'un tel recours[2]. Aussi, à la condition de concevoir l'exception de défaut de subrogation comme la conséquence de la réunion, d'une part, de l'absence de contribution du garant et, d'autre part, de l'existence, au profit de ce dernier, d'un recours subrogatoire[3], il ne serait pas illogique d'attribuer cette exception au souscripteur d'une lettre d'intention[4].

482. ***Les obligations d'information de la caution relatives au montant de la dette garantie et aux incidents de paiement affectant la dette garantie***[5]. L'émetteur d'une lettre d'intention, qui s'est obligé à faire ou à ne pas faire quelque chose, n'étant pas tenu de payer la dette du débiteur conforté, il peut sembler inutile de lui communiquer régulièrement le montant de la dette garantie[6]. Mais, si l'obligation de l'émetteur lui est propre, il n'en reste pas moins que l'intensité ou l'étendue des moyens qu'il doit déployer varie selon le montant de la dette garantie ou encore selon que celle-ci ait fait l'objet ou non d'incidents de paiement. À ce titre, la connaissance de ces informations n'est sans doute pas indifférente à l'émetteur, de sorte que la transposition à la lettre d'intention des obligations d'information de la caution pourrait être opportune.

483. ***L'insaisissabilité des biens communs prévue par l'article 1415 du Code civil.*** La question se pose de la transposition de l'article 1415 du Code civil, qui ne vise que le cautionnement, à la lettre d'intention. Il est vrai que celle-ci diffère sensiblement, dans sa structure juridique et son régime, du cautionnement, mais il n'est pas certain que cette différence soit davantage marquée que celle existant entre le cautionnement et la garantie autonome, au sujet de laquelle la Cour de cassation a estimé qu'elle

---

1. V. ss 415 s.
2. V. ss 487.
3. V. ss 433, au sujet de la solidarité passive sans intéressement du débiteur à la dette.
4. Favorables : M. Cabrillac et C. Mouly, *op. cit.*, n° 484 ; *contra* : Ph. Simler, *op. cit.*, n° 1017.
5. V. ss 266 s.
6. En ce sens, Ph. Simler, *op. cit.*, n° 1020.

« s'apparente » à un cautionnement[1]. Au regard de son indéniable fonction de garantie et de son caractère dangereux pour les intérêts communs des conjoints, la lettre d'intention, si tant est qu'elle soit émise par une personne physique mariée sous le régime de la communauté (ce qui n'est guère fréquent), devrait être soumise à l'autorisation requise par l'article 1415 du Code civil[2].

2° Les recours de l'émetteur *solvens*

484. Comme tout garant personnel, l'émetteur d'une lettre d'intention, en indemnisant le créancier, libère le débiteur principal à l'égard de ce dernier[3]. Cette solution résulte de la finalité de garantie de la lettre d'intention et donc du caractère accessoire général, commun à toute garantie.

Ayant ainsi libéré partiellement ou totalement le débiteur garanti, il apparaît normal que la société émettrice dispose d'un recours contre ce dernier.

Plusieurs fondements peuvent soutenir ce recours.

485. ***La convention liant l'émetteur au débiteur garanti.*** Il est fréquent qu'une convention soit conclue entre l'émetteur et le débiteur principal, en particulier pour prévoir l'existence et les modalités d'un éventuel recours. L'existence d'une convention de remboursement peut également découler des moyens promis et mis en œuvre par l'émetteur ; ainsi, lorsque ce dernier s'est engagé à consentir des prêts au débiteur, pour le soutenir, les contrats de prêt serviront de fondement au remboursement.

486. ***La gestion d'affaires.*** Lorsque, au contraire, il n'existe pas de convention entre l'émetteur et le débiteur principal, celui-là s'étant engagé, à l'insu ou au moins à défaut d'instructions de celui-ci, la gestion d'affaires (C. civ., art. 1372 à 1375) peut constituer le fondement d'un recours[4].

487. ***La subrogation personnelle légale (C. civ., art. 1251, 3°).*** Certes, l'émetteur de la lettre, tenu de sa propre dette, ne doit pas payer la dette principale « avec ou pour d'autres ». Toutefois, il pourrait profiter du courant jurisprudentiel qui entend largement les termes de l'article 1251, 3° du Code civil et admet que celui qui a acquitté une dette personnelle, tout en libérant de ce fait un autre débiteur tenu à un titre différent, bénéficie de la subrogation personnelle légale, dès lors que celui qui a payé avait un intérêt au paiement. Or, cette situation semble être celle de l'émetteur d'une lettre d'intention[5]; il aurait donc vocation à bénéficier de l'article 1251, 3° du Code civil[6].

---

1. Civ. 1re, 20 juin 2006, *Bull. civ.* I, n° 313 ; v. ss 534.
2. En ce sens, Ph. Simler, *op. cit.*, n° 1026 ; J. François, *op. cit.*, n° 478.
3. Au moins jusqu'à concurrence du montant de l'indemnisation.
4. En ce sens, Ph. Simler, *J.-Cl. Civ.*, art. 2322, n° 29.
5. Et peut-être, plus largement, de toutes les personnes s'engageant en qualité de garant de la dette d'un tiers. Pour la garantie autonome, v. ss 536.
6. En ce sens, Ph. Simler, *op. cit.*, n° 1027.

Chapitre 3

La garantie autonome

C. civ., art. 2321 (Ord. du 23 mars 2006). – La garantie autonome est l'engagement par lequel le garant s'oblige, en considération d'une obligation souscrite par un tiers, à verser une somme soit à première demande, soit suivant des modalités convenues.
Le garant n'est pas tenu en cas d'abus ou de fraude manifestes du bénéficiaire ou de collusion de celui-ci avec le donneur d'ordre.
Le garant ne peut opposer aucune exception tenant à l'obligation garantie.
Sauf convention contraire, cette sûreté ne suit pas l'obligation garantie.

488. La garantie *autonome*, appelée aussi garantie *à première demande* ou garantie *indépendante*, est issue de la pratique bancaire internationale où elle a, peu à peu, supplanté le cautionnement en raison d'une plus grande efficacité due à son caractère indépendant, et s'est substituée, également, au dépôt de garantie ou à une consignation de fonds.

489. La garantie autonome est apparue dans les relations commerciales internationales au cours des années mille neuf cent soixante-dix. Depuis un peu plus d'une vingtaine d'années, elle se développe dans les relations internes [1], et si elle est, le plus souvent, accordée par des établissements bancaires, il n'est plus exceptionnel aujourd'hui de rencontrer des garanties autonomes souscrites par des personnes physiques [2], parfois même profanes.

490. La garantie autonome est née du besoin éprouvé par certains créanciers de ne pas avoir à supporter les nombreux moyens de défense qu'offre au garant le caractère accessoire renforcé du cautionnement.

Le caractère transnational du contrat dont est issue la dette à garantir exacerbe ce besoin. En effet, la méconnaissance du droit étranger et l'éventualité d'un conflit de lois rendent plus difficile la preuve de l'existence, de la portée et du régime de l'obligation principale garantie, au moment où le créancier entend poursuivre le garant. Appréhendant ces difficultés prévisibles, le créancier veut éviter toute tergiversation du garant et/ou du débiteur principal. Plus précisément, il entend empêcher que ne puisse prospérer une discussion relative à la validité, au montant de la dette principale ou encore à l'exécution de celle-ci. En d'autres termes, il souhaite détacher la garantie de son support nécessaire, à savoir le rapport juridique d'où est issue la dette garantie : l'obligation du garant est dissociée de l'obligation principale ; elle est *autonome, indépendante*.

---

1. V. not. Com. 2 févr. 1988, *Bull. civ.* IV, n° 55 ; Com. 3 nov. 1992, *Bull. civ.* IV, n° 335.

2. V., par ex., Paris, 1er oct. 1986, *D.* 1986. Somm. 171, obs. M. Vasseur ; Com. 29 avr. 1986, *Bull. civ.* IV, n° 73 ; Paris, 12 févr. 1993, *D.* 1993. IR 121 ; *RTD com.* 1993. 555, obs. M. Cabrillac et B. Teyssié ; Com. 5 oct. 2010, inédit, n° 09-14673.

491. ***Définition de la garantie autonome***. La garantie autonome peut ainsi être définie comme l'engagement de payer une certaine somme, pris « en considération d'une obligation souscrite par un tiers » (C. civ., art. 2321), et à titre de garantie de son exécution, mais constitutif d'une obligation indépendante du contrat garanti et caractérisée par l'inopposabilité au créancier des exceptions tirées de ce contrat.

492. ***Modalités de la garantie autonome***. La garantie autonome peut être stipulée « à première demande » (C. civ., art. 2321), c'est-à-dire qu'elle contraint le garant à s'exécuter sur la seule demande du créancier bénéficiaire, ou peut être soumise à des « modalités convenues » (C. civ., art. 2321), telles la réalisation de conditions [1] ou la fourniture de certains documents (par exemple, un rapport d'expertise sur l'état d'avancement des travaux ou une sentence arbitrale évoquant la mauvaise exécution du contrat), perdant alors de son caractère automatique [2] : plus la garantie est justifiée, moins elle est autonome.

493. En exigeant une garantie autonome, le créancier bénéficiaire inverse, en quelque sorte, le processus classique de la mise en œuvre d'une garantie de paiement en instituant le système du « payez d'abord, on discute ensuite ». La garantie autonome, par ses caractères autonome et automatique, se substitue, de façon plus moderne et plus sophistiquée, à un dépôt de fonds entre les mains du créancier à titre de garantie.

494. ***Sources de la garantie autonome***. Les sources de la garantie autonome sont d'abord internationales. Elles sont également internes.

495. ***Sources internationales***. Il s'agit, pour l'essentiel, de règles matérielles internationales : d'une part, les règles élaborées en 1992 et révisées en 2009 par la chambre de commerce internationale (CCI) [3]; d'autre part, la convention de la Commission des Nations unies pour le droit commercial international (CNUDCI) sur les garanties indépendantes et les lettres de crédit *stand by* [4], entrée en vigueur le 1er janvier 2000. Toutes deux adoptent un principe de solution en faveur de garanties de type documentaire et/ou justifiée. Elles n'ont rencontré qu'un faible succès auprès de la pratique, sans doute en raison des disparités d'appréciation sur le degré d'autonomie nécessaire de ces garanties.

---

1. Par ex., subordonner la garantie du paiement d'une indemnité d'immobilisation stipulée dans le cadre d'une promesse unilatérale de vente à la condition de « non-acquisition du bien après réalisation des conditions suspensives de la promesse de vente » (Com. 13 janv. 2015, inédit, n° 13-14686).

2. Il est d'usage de distinguer la garantie à première demande justifiée et la garantie documentaire, selon l'exigence requise pour sa mise en œuvre. V., Com. 12 juill. 2005, *Bull. civ.* IV, n° 161 ; *JCP* 2005. I. 185, n° 10, obs. Ph. Simler ; *Dr. et patr.* n° 145, note Ph. Dupichot ; *RD banc. fin.* 2005, n° 172, obs. A. Couret ; Com. 5 oct. 2010, inédit, n° 09-14673. V., pour une garantie de passif à première demande dont la mise en œuvre était soumise à la présentation d'une copie de toute décision judiciaire, arbitrale ou administrative ayant force de chose jugée : Nancy, 10 oct. 2007, n° 06/02109 ; Paris, 10 juin 2010, n° 08/02290.

3. En 1992, la CCI a mis au point un premier corps de règles (*RUGD*, Doc. CCI n° 458, 1992). En décembre 2009, de nouvelles règles uniformes ont été adoptées (*RUGD*, Doc. CCI n° 758) ; elles sont entrées en vigueur le 1er juillet 2010 et s'appliquent aux garanties et contre-garanties émises à compter de cette date, pour autant que les parties concernées aient choisi de s'y référer. Sur cette révision, cf. not. G. Affaki et J. Stoufflet, « Les nouvelles Règles uniformes relatives aux garanties sur demande (*RUGD* 758) », *Banque et droit*, mars-avr. 2010, p. 37 ; J.-P. Mattout, « La révision des règles uniformes de la CCI relatives aux garanties sur demande », *D.* 2010. 1296 ; S. Piedelièvre, « Les nouvelles règles de la CCI relatives aux garanties à première demande », *RTD com.* 2010. 513.

4. V. not., S. Piedelièvre, « Le projet de convention de la Commission des Nations unies pour le commerce international sur les garanties indépendantes et les lettres de crédit *stand-by* », *RTD com.* 1996. 633.

496. ***Sources internes***. En premier lieu, le décret du 15 décembre 1992, inséré dans le Code des marchés publics. En second lieu, l'ordonnance du 23 mars 2006, qui a introduit la garantie autonome dans le Code civil (C. civ., art. 2321), en en donnant une définition et en y précisant certains traits de son régime.

497. ***Typologie de la garantie autonome entre professionnels***. Une garantie autonome est, le plus souvent, exigée à l'occasion de la conclusion d'un *contrat d'entreprise* international [1]. Un maître d'ouvrage étranger exige d'un entrepreneur français, candidat à l'obtention d'un marché mettant généralement en jeu des sommes considérables, qu'il lui fournisse une garantie autonome. Le maître d'ouvrage sera le bénéficiaire de la garantie qui va être fournie, le plus souvent, par un établissement bancaire, sur l'ordre de l'entrepreneur français. Plus généralement, la fourniture d'une garantie autonome donne lieu à la mise en place d'une *garantie* et d'une *contre-garantie :* la banque du maître d'ouvrage bénéficiaire de la garantie se porte garante autonome et elle est elle-même contre-garantie par la banque de l'entrepreneur, donneur d'ordre [2].

Ces garanties autonomes satisfont des besoins précis découlant de la chronologie du contrat principal [3].

La garantie de soumission : elle est requise, lors de la phase précontractuelle du marché projeté, pour couvrir le risque financier [4] de rupture intempestive des pourparlers par l'entrepreneur. Cette garantie subordonne, en définitive, l'entrée en pourparlers.

La garantie de restitution d'acompte : elle est requise, lors de la conclusion du marché, pour garantir le remboursement des acomptes, généralement versés à l'entrepreneur, au cas où il serait mis fin, pour une raison ou une autre, à l'exécution du contrat.

La garantie de bonne fin : elle est requise, lors de la conclusion du contrat, pour couvrir le risque de mauvaise exécution (défectuosités, vices, retards...) du contrat d'entreprise par l'entrepreneur. La garantie a alors pour finalité l'indemnisation du préjudice, évalué *a priori*, subi par le maître d'ouvrage du fait de l'inexécution de la convention [5].

---

1. La garantie autonome constitue le pendant, pour le contrat d'entreprise, d'une autre garantie internationale et indépendante, développée au début du XXe siècle dans le cadre des ventes internationales : le *crédit documentaire*. Le schéma de ces deux garanties est similaire, s'appuyant sur un engagement personnel et indépendant du garant. Toutefois, leur *objet* est distinct puisque le crédit documentaire garantit le vendeur du paiement du prix de vente d'une marchandise, tandis que la garantie autonome garantit le maître d'ouvrage de la bonne exécution des prestations d'un contrat d'entreprise. En outre, la *mise en œuvre* des deux garanties est différente, l'exécution du crédit documentaire étant toujours conditionnée par la remise de documents de conformité au garant, alors que la présence de documents est plus rare en matière de garantie autonome (garantie à première demande justifiée). Sur le rapprochement de la garantie autonome et du crédit documentaire, cf. Ph. Simler, *J.-Cl. Civ.*, art. 2321, fasc. 10, n° 54 et 55.

2. Cette construction juridique est proche de celle du sous-cautionnement : v. ss 338 s. Sur les contre-garanties, cf. C. Houin-Bressand, *Les contre-garanties*, Dalloz, « Nouvelle Bibliothèque de Thèses », 2006, préf. H. Synvet ; Ph. Delebecque, « Garanties et contre-garanties », *in Mélanges C. Gavalda*, Dalloz, 2001. Sur les modalités et les aménagements de la contre-garantie qui peuvent être différents de ceux affectant la garantie de premier rang, v., not., Ph. Simler, *J.-Cl. Civ.*, art. 2321, fasc. 10, n° 73 à 76.

3. Les exemples cités ne sont en rien exhaustifs, bien d'autres garanties pouvant être mises en place. Pour d'autres illustrations, v., not., Ph. Simler, *J.-Cl. Civ.*, art. 2321, fasc. 10, n° 62 à 67.

4. Le maître d'ouvrage engage des frais dans l'examen des dossiers de candidature préalables à l'attribution du marché.

5. La garantie à première demande de bonne fin qui vise l'exécution par le sous-traitant des travaux jusqu'à la réception et la retenue légale de 5 % garantissant l'exécution des travaux pour satisfaire, le cas échéant, aux réserves faites à la réception par le maître de l'ouvrage, sont deux engagements ayant des objets distincts (Civ. 3e, 17 juin 2015, n° 14-19863, à paraître au *Bulletin*).

La garantie autonome soulève, principalement, des questions relatives à sa validité (Section 1), à sa qualification (Section 2) et à son régime juridique (Section 3).

Section 1
Validité de la garantie autonome

C. civ., art. 1275. – La délégation par laquelle un débiteur donne au créancier un autre débiteur qui s'oblige envers le créancier, n'opère point de novation, si le créancier n'a expressément déclaré qu'il entendait décharger son débiteur qui a fait la délégation.
C. consom., art. L. 313-10-1 (Ord. du 23 mars 2006). – La garantie autonome définie à l'article 2321 du Code civil ne peut être souscrite à l'occasion d'un crédit relevant des chapitres Ier et II du présent titre.
L. du 6 juill. 1989, art. 22-1-1 (Ord. du 23 mars 2006). – La garantie autonome prévue à l'article 2321 du Code civil ne peut être souscrite qu'en lieu et place du dépôt de garantie prévu à l'article 22 et que dans la limite du montant résultant des dispositions du premier alinéa de cet article.

498. Avant la reconnaissance légale de la garantie autonome par l'ordonnance du 23 mars 2006, les souscripteurs d'un tel engagement, confrontés à sa rigueur, ont tenté de contester sa validité. Cette entreprise a, le plus souvent, été vaine, la jurisprudence consacrant la validité de la garantie autonome, d'abord dans un contexte international[1], puis dans les rapports internes[2], y compris lorsque le garant est un simple particulier[3].

Toutefois, la validité des garanties autonomes souscrites par une personne physique profane, en particulier un consommateur, a été plus vivement contestée, de nombreux auteurs[4] n'hésitant pas à déclarer illicites de telles garanties sur le fondement d'une *fraude à la loi consumériste*, celle-ci instaurant un régime du cautionnement particulièrement attentif aux intérêts de la caution-consommateur[5].

499. ***Fondement de la validité***. Le fondement de la validité de la garantie autonome est l'*autonomie de la volonté*, comme en atteste le visa de l'article 1134 du Code civil figurant dans la quasi-totalité des arrêts rendus par la Cour de cassation en matière de garantie autonome. Ce fondement doit être approuvé[6], puisque le caractère accessoire renforcé (dépendance et subsidiarité) du cautionnement, s'il est inhérent à ce dernier contrat, n'est pas de l'essence des garanties personnelles : les parties peuvent librement y déroger en adaptant l'objet de l'obligation du garant.

---

1. Com. 20 déc. 1982, *Bull. civ.* IV, n° 417.
2. Com. 2 févr. 1988, *Bull. civ.* IV, n° 55 ; Com. 3 nov. 1992, *Bull. civ.* IV, n° 335.
3. Com. 20 févr. 1985, *Bull. civ.* IV, n° 74 ; Paris, 1er oct. 1986, *D.* 1986. Somm. 171, obs. M. Vasseur ; Com. 29 avr. 1986, *Bull. civ.* IV, n° 73 ; Paris, 14 févr. 1991, et Besançon, 11 avr. 1991, *JCP N* 1991. 347 ; Paris, 5 févr. 1992, *RJDA* 4/1992, n° 388 ; Paris, 12 févr. 1993, *D.* 1993. IR 121 ; *RTD com.* 1993. 555, obs. M. Cabrillac et B. Teyssié ; Paris, 5 avr. 1994, *JCP* 1994. IV. 2452 et *JCP E* 1994. II. 603, note S. Piedelièvre.
4. V. not. J.-J. Daigre, « Les substituts du cautionnement : de la lettre à la garantie. La revanche de la liberté », *JCP E* 1992, *Cahier droit des entreprises* 6-92, p. 7 ; Ph. Delebecque, « Les garanties autonomes en droit interne », *Bull. Joly* 1992. 374, n° 7 ; E. Rawach, « La licéité des garanties à première demande à la lumière du droit de la consommation », *RD banc. fin.* 2000, n° 1, p. 57 s. ; D. Legeais, *op. cit.*, n° 284 ; Ph. Simler et Ph. Delebecque, *op. cit.*, n° 211.
5. V. ss 94 s.
6. D'autant que les principaux systèmes juridiques des pays de l'Union européenne admettent cette validité.

La validité de la garantie autonome a pu d'autant plus facilement être reconnue qu'il existe, dans le droit commun des obligations, un engagement empruntant une structure similaire : la *délégation dite imparfaite* (C. civ., art. 1275).

500. ***Identité de traits avec certaines délégations imparfaites de créances***. La validité de la garantie autonome a pu d'autant plus facilement être reconnue qu'il existe, dans le droit commun des obligations, un engagement qui, dans certaines circonstances, emprunte une structure similaire : la *délégation dite imparfaite* (C. civ., art. 1275)[1].

501. ***L'ordonnance du 23 mars 2006*** a confirmé la validité de principe de la garantie autonome, en introduisant ce mécanisme dans le Code civil (C. civ., art. 2321). Elle a toutefois apporté deux exceptions au principe de validité.

502. ***Les garanties autonomes prohibées***. En premier lieu, tranchant une controverse[2], l'article L. 313-10-1 du Code de la consommation interdit[3] la *souscription d'une garantie autonome à l'occasion d'un crédit à la consommation ou d'un crédit immobilier* relevant du Code de la consommation. Le cautionnement doit rester la garantie personnelle usuelle pour les consommateurs[4].

En second lieu, l'article 22-1-1 de la loi du 6 juillet 1989 relative aux *baux d'habitation* n'autorise la souscription d'une garantie autonome qu'à titre de *substitution au dépôt de garantie* devant être versé par le locataire en application de l'article 22 de cette même loi[5], confirmant la parenté d'ordre économique de ces deux garanties[6]. *A contrario*, une garantie autonome ne peut être souscrite pour garantir des dettes locatives issues d'un contrat de bail d'habitation régi par la loi du 6 juillet 1989, le cautionnement devant, là encore, demeurer la garantie la plus répandue[7] de ce type de dettes.

Section 2
Qualification de la garantie autonome

503. Avant l'ordonnance du 23 mars 2006, en l'absence de définition légale de la garantie autonome, les juges du fond, sous le contrôle de la Cour de cassation, ont dû mettre au jour les critères de qualification de cette garantie.

Une telle entreprise est nécessairement lente, de nombreuses décisions étant souvent indispensables pour que se dessinent les critères pertinents. Elle est aussi fréquemment

---

1. Sur cette question, v. ss 412.
2. V. ss 498.
3. Il est regrettable que le législateur n'ait pas prévu expressément la *nullité* de telles garanties : en ce sens, A. Prüm, « La consécration légale des garanties autonomes », *in Études offertes au doyen Ph. Simler*, préc., p. 413.
4. Toutefois, il n'est pas interdit, semble-t-il, d'avoir recours à d'autres garanties personnelles que le cautionnement, telle la solidarité passive sans intéressement du débiteur à la dette.
5. La loi du 8 février 2008 pour le pouvoir d'achat a diminué le montant du dépôt de garantie de moitié pour les contrats de location conclus à compter de sa publication, soit le 9 février 2008 : il ne saurait dorénavant dépasser un mois de loyer hors charges. Par ricochet, la garantie autonome est limitée dans les mêmes proportions, puisque son montant est calqué sur celui du dépôt de garantie.
6. Cf. Boulez, « Une sûreté nouvelle : la garantie à première demande. Son application aux rapports entre bailleur et preneur », *Administrer* déc. 1986, p. 8.
7. Le champ du cautionnement des dettes locatives a cependant été considérablement réduit par la loi du 25 mars 2009 de mobilisation pour le logement et la lutte contre l'exclusion (v. ss 229).

fluctuante, les critères distinctifs étant rarement figés. Elle est, enfin, impérieuse, « en raison de la prolifération anarchique de garanties qualifiées d'autonomes à seule fin d'échapper aux rigueurs et incertitudes du régime du cautionnement »[1].

504. La consécration légale de la garantie autonome à l'article 2321 du Code civil n'a pas réellement dissipé tous les doutes, la définition de la garantie autonome retenue par ce texte restant assez vague sur les critères qui la distinguent du cautionnement.

Le contentieux de la qualification de la garantie autonome se développe sur un plan général en ce qu'il soulève la question de la distinction de la garantie autonome et du cautionnement (§ 1), et sur un plan plus particulier en ce qu'il met à l'épreuve la qualification des garanties financières professionnelles (§ 2).

§ 1. Les critères distinguant la garantie autonome et le cautionnement

505. ***Le critère de l'objet de l'obligation du garant.*** Il a fallu attendre 1994[2] pour que la chambre commerciale de la Cour de cassation énonce un critère fiable de distinction entre la garantie autonome et le cautionnement. Par son arrêt du 13 décembre 1994[3], elle retient comme critère de qualification de la garantie autonome le *caractère propre de l'objet* de l'obligation du garant : l'obligation du garant autonome n'est *pas la dette même* du débiteur principal, mais une *dette de somme d'argent d'un montant nécessairement déterminé et définitif*[4], presque toujours distinct du montant de la dette garantie. Aussi, la Cour de cassation requalifie-t-elle systématiquement l'acte en cautionnement dès l'instant où, en dépit de l'utilisation des formules « garantie autonome » ou « paiement à première demande », il apparaît que le garant assume, en réalité, la dette même du débiteur principal[5].

506. ***La référence au contrat principal.*** La garantie autonome développe une finalité exclusive de garantie de paiement d'une dette principale incombant à autrui. Quand bien même son objet est-il indépendant de cette dernière, la garantie autonome constitue un

1. Ph. Simler, *J.-Cl. Civ.* art. 2321, fasc. 10, n° 46.
2. Alors que la Cour de cassation avait admis la validité de la garantie autonome dès 1982.
3. Com. 13 déc. 1994, *Bull. civ.* IV, n° 375 ; *D.* 1995. 209, rapp. Le Dauphin, note Aynès.

Dans le même sens, cf. Com. 11 mars 1997, *Bull. civ.* IV, n° 67 ; Civ. 1re, 23 févr. 1999, *Bull. civ.* I, n° 64 ; Com. 6 mai 2003, n° 99-21542 ; *JCP* 2003. II. 10186, note F. Guerchoun ; Com. 8 oct. 2003, n° 01-10144 ; *JCP* 2004. II. 10069, note Gutierrez-Lacour ; Com. 16 juin 2004, n° 01-15394 ; *RD banc. fin.* 2004, n° 232, obs. D. Legeais ; Com. 16 juin 2009, n° 08-17490 ; Com. 3 juin 2014, inédit, n° 13-17643.

4. V., toutefois, l'existence d'une catégorie spécifique et complexe de garanties, dites « glissantes » ou « réductibles », dont le montant peut évoluer dans le temps, au fur et à mesure de l'exécution de la dette principale : sur ces garanties, cf. Ph. Dupichot, « Regards sur la garantie glissante », *in Mélanges AEDBF* 2013, n° 6, p. 231 s. ; Ph. Simler, *J.-Cl. Civ.*, art. 2321, fasc. 15, n° 29. Pour un exemple, cf. Com. 2 oct. 2012, n° 11-23401.
5. L'arrêt de la première chambre civile de la Cour de cassation du 6 juillet 2004 (*Bull. civ.* I, n° 199) en fournit un exemple topique : cet arrêt écarte la qualification de garantie autonome au sujet d'un engagement irrévocable, inconditionnel et solidaire de rembourser à première demande et sans faire valoir d'exception une somme maximale que les débiteurs peuvent ou pourront devoir.

Le Conseil d'État suit la même logique en décidant que l'engagement de payer les sommes dues par la société débitrice à une autre société est un cautionnement, même s'il stipule que le garant « ne pourrait opposer… aucune exception tirée de l'exécution par la société (débitrice) des obligations auxquelles celle-ci était tenue » (CE 6 juin 2007, n° 237390 ; *JCP E* 2008. 1036, chron. Ph. Simler).

rapport juridique d'adjonction à un rapport juridique originel à l'exécution duquel elle est au service exclusif. Aussi est-il sans doute inconcevable que l'acte de garantie soit exempt de la moindre référence au contrat principal. Toutefois, le risque est grand que les références aux modalités, à la durée ou encore au montant du contrat principal ne suggèrent que l'obligation pesant sur le garant se calque sur celle pesant sur le débiteur principal et, par conséquent, ne conduisent à la requalification de la garantie autonome en un cautionnement.

507. Les références faites, dans l'acte de garantie, au contrat principal ont ainsi alimenté un contentieux, jusqu'à ce que la Cour de cassation ne vienne préciser, par un arrêt du 18 mai 1999[1], les conditions et les limites dans lesquelles il est possible, sans s'exposer au risque de requalification en cautionnement, de faire référence dans un acte de garantie autonome au contrat de base. Ces références sont désormais admises pour autant qu'elles n'impliquent pas « une appréciation des modalités d'exécution [du contrat de base] pour l'évaluation des montants garantis ou pour la détermination des durées de validité » de la garantie. Dit autrement, pour que l'on soit réellement en présence d'une garantie autonome, le montant de la garantie doit être déterminé précisément, sans qu'il soit besoin de consulter le contrat principal, de même que l'exécution de la garantie ne doit pas être subordonnée à la défaillance du débiteur de l'obligation principale[2].

508. ***La référence à l'inexécution du débiteur principal lors de l'appel de la garantie.*** Une autre référence au contrat de base est compatible avec la qualification de garantie autonome. Il s'agit de l'appel de la garantie motivé par l'inexécution des propres obligations du donneur d'ordre, c'est-à-dire le débiteur principal. Dès lors que le garant, à réception de cette demande justifiée, ne peut en différer le paiement, ni soulever d'objection, la garantie conserve son caractère indépendant[3].

§ 2. La qualification des garanties financières professionnelles

509. La loi a imposé à la charge de professionnels qui détiennent des fonds pour le compte de leurs clients[4], de fournir une garantie financière couvrant la restitution à ces derniers des sommes détenues. Le garant doit être un professionnel, qui peut être, selon

---

1. Com. 18 mai 1999, *Bull. civ.* IV, n° 102 ; *D.* 2000. 113, note Picod ; *RTD com.* 1999. 734, obs. Cabrillac ; Com. 2 oct. 2012, n° 11-23401, qualifiant de garantie autonome un « cautionnement à première demande » faisant référence au contrat de base, dès lors que la banque s'engageait à verser à la société bénéficiaire une somme à sa première demande écrite sans pouvoir différer le paiement ou soulever de contestation pour quelque motif que ce soit.

2. Ainsi l'acte, intitulé « garantie à première demande », dont il résulte que la mise en jeu de la garantie était subordonnée à la défaillance de la société débitrice, dont le montant n'était pas déterminé à l'avance, et qui était assorti d'une clause de solidarité avec la société débitrice, n'est pas autonome par rapport à la dette et doit être qualifié de cautionnement solidaire (Caen, 12 févr. 2015, n° 13/02843) ; de même, ne peut être qualifiée de garantie autonome à première demande, mais d'engagement de caution, la convention selon laquelle le bailleur social s'est engagé à se substituer à tout locataire/abonné pour le règlement de ses factures impayées, ce qui prive de toute autonomie sa garantie d'un paiement qui incombe entièrement au débiteur principal (Orléans, 2 avr. 2015, n° 14/01805,192).

3. Com. 5 oct. 2010, inédit, n° 09-14673. Déjà en ce sens, Com. 12 juill. 2005, *Bull. civ.* IV, n° 160 et 161.

4. Parmi les très nombreuses garanties financières professionnelles, peuvent être citées celles qui incombent aux notaires (décret du 20 mai 1955), aux agents immobiliers (loi *Hoguet* du 2 janvier 1970), aux avocats (loi du 31 décembre 1971, modifiée par la loi du 31 décembre 1990), aux syndics de copropriété (décret du 20 juillet 1972), aux agences de voyage (loi du 13 juillet 1992) ou encore aux entreprises de travail temporaire (C. trav., nouv. art. L. 1251-49 ; C. trav., anc. art. L. 124-8).

les autorisations légales, une compagnie d'assurance, une société de caution mutuelle ou encore une caisse alimentée par les membres de la profession[1].

510. La plupart des dispositions ayant institué des garanties financières professionnelles prévoient que le garant s'engage à payer la dette même du professionnel, débiteur principal. Ainsi, l'article 39 du décret du 20 juillet 1972 relatif à la garantie due par les agents immobiliers prévoit-il que « la garantie financière couvre toute créance ayant pour origine un versement ou une remise effectués à l'occasion d'une opération mentionnée à l'article 1er de la loi du 2 janvier 1970 susvisée ».

Dès lors, la *qualification de cautionnement* aurait dû être aisément retenue au sujet de ces garanties financières, d'autant plus que les textes instituant certaines d'entre elles retiennent la dénomination de « caution »[2] et opèrent, parfois, des renvois aux articles 2288 et suivants du Code civil.

511. Pourtant, après qu'une divergence fut survenue entre la première chambre civile et la chambre commerciale de la Cour de cassation, l'Assemblée plénière, dans un arrêt du 4 juin 1999[3], a décidé « qu'en raison de son caractère autonome, la garantie financière [...] n'est pas éteinte lorsqu'en cas de redressement ou de liquidation judiciaire de l'agent immobilier, le client ne déclare pas au passif sa créance de restitution de la somme versée ». La *qualification de garantie autonome* des garanties financières professionnelles jette le trouble sur la nature exacte de l'objet de l'obligation du garant. Jouant avec les qualifications, la Cour de cassation semble n'avoir eu comme seul objectif[4] d'éviter aux clients déposant des fonds entre les mains de professionnels l'ancienne extinction pour défaut de déclaration de la créance à la procédure collective du débiteur, qui, comme toute exception inhérente à la dette, était opposable au créancier par la caution[5].

Si le but poursuivi est sans doute louable, la méthode utilisée, consistant à déformer les critères d'une qualification claire, peut être critiquée. Au demeurant, cet enjeu de qualification a disparu depuis que les dernières réformes du droit des entreprises en difficulté ont mis fin à cette cause d'extinction (C. com., art. L. 622-26). Dès lors, il n'y aurait plus d'obstacle, vraisemblablement, à la requalification de ces garanties en cautionnement[6].

---

1. Sur ces garanties, v. spéc. S. Cabrillac, *Les garanties financières professionnelles*, Litec, 2000 ; M. Cabrillac, C. Mouly, S. Cabrillac et Ph. Pétel, *op. cit.*, n° 425 s.
2. V., par exemple, l'article L. 1251-49 du Code du travail.
3. *Bull. civ.*, n° 4 ; *BICC* 15 juill. 1999, concl. Joinet, rapp. Toitot ; *JCP* 1999. II. 10152, et E 1999. 1294, note M. Béhar-Touchais ; *RTD civ.* 1999. 665, obs. P. Crocq ; *Banque et droit*, sept.-oct. 1999. 46, note N. Rontchevsky.
4. Cet objectif serait, d'après les conclusions du premier Avocat général, dans l'affaire ayant donné lieu à l'arrêt de l'Assemblée plénière du 4 juin 1999, celui poursuivi par le législateur en imposant à certains professionnels des garanties financières, à savoir assurer une meilleure protection de leurs clients, pris en qualité de consommateurs.
5. V. ss 551.
6. En ce sens, F. Jacob, « L'avenir des garanties autonomes en droit interne, quinze ans après », *in Études offertes au doyen Ph. Simler*, préc., p. 361 ; A. Prüm, article préc., p. 413. À moins que l'on préfère qualifier ces garanties de *promesse de porte-fort d'exécution* (en ce sens, Ph. Simler, *op. cit.*, n° 77 ; I. Riassetto, « Réflexion sur la nature juridique des garanties professionnelles », *LPA* 16 déc. 1996, n° 151, p. 4) ou d'*assurance pour compte* (en ce sens, S. Cabrillac, thèse préc.).

Une loi n° 2010-737 du 1er juillet 2010, venue briser une jurisprudence critiquée refusant au garant du constructeur de maisons individuelles tout recours personnel ou subrogatoire (Civ. 3e, 3 déc. 2008, n° 07-20931, n° 07-20.932 et n° 07-20264), viendrait confirmer que ces garanties financières seraient des cautionnements. En ce sens, Ph. Simler, «La loi rétablit le recours du garant contre le constructeur que la Cour de cassation a cru devoir lui refuser», *JCP* 2011, doctr. 130.

Section 3
Régime juridique de la garantie autonome

512. Le régime juridique de la garantie autonome relève, principalement, de la liberté contractuelle et de l'application du droit commun des obligations.

Si certaines règles ont été codifiées en 2006, il est revenu à la jurisprudence de façonner, peu à peu, le régime de la garantie autonome.

La formation de la garantie autonome (§ 1), puis ses effets (§ 2), et enfin son extinction (§ 3) seront successivement étudiés.

§ 1. Formation de la garantie autonome

513. ***Validité de la garantie autonome.*** La formation de la garantie autonome est soumise au principe du *consensualisme*. Aucune forme particulière n'est donc requise *ad validitatem*, y compris lorsqu'elle est souscrite par une personne profane [1].

Elle est naturellement soumise aussi à la *théorie des vices du consentement* [2].

514. ***Preuve de la garantie autonome.*** Le garant, au moins lorsqu'il n'est pas commerçant et que la garantie ne constitue pas un engagement commercial [3], bénéficie du formalisme probatoire protecteur imposé par l'article 1326 du Code civil. En effet, l'engagement du garant autonome, constituant un engagement unilatéral de payer une somme d'argent, est logiquement soumis à cette disposition [4].

La Cour de cassation confère à la mention requise par l'article 1326 du Code civil une portée identique en matière de garantie indépendante et de cautionnement : dans les deux cas, la mention manuscrite n'est considérée que comme une formalité probatoire [5], et l'acte de garantie irrégulier au regard de la formalité prescrite par l'article 1326 du Code

---

1. Dans une affaire jugée par la chambre commerciale de la Cour de cassation le 5 octobre 2010 (inédit, n° 09-14673), deux personnes physiques avaient souscrit une « garantie à première demande » le 8 mai 2004, soit postérieurement à l'entrée en vigueur de la loi *Dutreil* du 1er août 2003 ayant imposé, notamment, une mention manuscrite à peine de nullité du cautionnement souscrit sous seing privé par une caution personne physique au bénéfice d'un créancier professionnel (C. consom., art. L. 341-2 ; v. ss 232 s.). Les deux garants autonomes ne se sont pas prévalus du non respect de ce formalisme. Cependant, depuis la loi du 3 janvier 2008 pour le développement de la concurrence au service des consommateurs, l'article L. 141-4 du Code de la consommation reconnaît au juge le pouvoir de soulever d'office toutes les dispositions du Code de la consommation dans les litiges nés de son application. Or, dans l'espèce citée, les juges n'ont nullement usé de cette prérogative. Cela révèle peut-être une hostilité des juges envers l'extension du formalisme *ad validitatem* institué au bénéfice des cautions au profit des garants autonomes personnes physiques. En faveur de cette interprétation, cf. aussi O. Gout, « L'imperfection du droit actuel des garanties autonomes », *D.* 2011. 655.

Pour un exemple, sans doute fort rare, de garantie autonome consentie verbalement : Nîmes, 27 sept. 1989, *D.* 1990. Somm. 200.

2. Pour une application, contestable, du dol à une garantie autonome, cf. Com. 14 mai 2008, n° 06-21108 ; *RD banc. et fin.* 2008, comm. 111, obs. Legeais.

3. Dans ce cas prévaut le principe de la liberté de la preuve posé par l'article L. 110-3 du Code de commerce.

4. En ce sens, Com. 10 janv. 1995, *Bull. civ.* IV, n° 13 ; *JCP* 1995. II. 22397, note M. Billiau ; *D.* 1995. 201, note L. Aynès ; *Bull. Joly* 1995. 247, note Ph. Delebecque ; Com. 13 mars 2001, n° 98-17133.

5. *Contra*, quelques décisions isolées, et déjà anciennes, des juridictions du fond, qui ont sanctionné l'insuffisance ou l'absence de la mention manuscrite par la nullité de la garantie autonome : Dijon, 26 févr. 1992, *D.* 1992. Somm. 399, obs. E. Fortis ; Montpellier, 30 janv. 1992, *Juris-Data* n° 034027.

civil constitue un commencement de preuve par écrit, pouvant être complété par des éléments extrinsèques établissant que la personne engagée avait une exacte connaissance de la nature et de la portée de son engagement. À cet égard, comme en matière de cautionnement, la Cour de cassation considère que la qualité de gérant du garant constitue un élément extrinsèque[1].

Toutefois, il convient de remarquer que le complément de preuve peut être plus délicat à apporter en matière de garantie autonome. En effet, la preuve à compléter a un double objet : la nature de l'obligation du garant et son montant. Or, à ce dernier égard, en raison du caractère autonome de la garantie, et par suite de son montant nécessairement déterminé et indépendant du montant de la ou des dettes garanties, la consultation du contrat principal n'est d'aucun secours pour compléter cette preuve.

515. ***Encadrement spécial des garanties autonomes souscrites par des sociétés***. La garantie autonome est indiscutablement soumise à *l'autorisation du conseil d'administration* ou de surveillance lorsque le souscripteur est une société anonyme, en vertu des articles L. 225-35 et L. 225-68 du Code de commerce requérant une telle autorisation préalablement à la souscription de « cautionnements, avals et garanties »[2].

Sont également applicables les règles propres aux sociétés par actions et à la société à responsabilité limitée, qui interdisent aux principaux organes de direction et aux associés personnes physiques de faire « cautionner ou avaliser » par la société leurs engagements envers les tiers.

516. ***Contenu de la garantie autonome***. L'objet, la durée et les modalités de l'obligation du garant sont flexibles à volonté, la liberté contractuelle pouvant se donner libre cours. L'absence de modalités d'exécution particulières est courante, mais rien n'interdit de soumettre l'exécution de l'engagement du garant à la production de certains documents : dans ce cas, la garantie autonome devient une garantie sur demande justifiée[3].

§ 2. Effets de la garantie autonome

Comme toute garantie personnelle, la garantie autonome développe des effets, d'abord dans les rapports liant le garant et le bénéficiaire (A), puis, dans le cas où la garantie est mise en œuvre, dans les rapports récursoires du garant et du donneur d'ordre, ou encore du donneur d'ordre et du bénéficiaire (B).

A. Mise en œuvre de la garantie autonome

517. La garantie autonome se caractérise par une mise en œuvre simple. Cette *simplicité* est, précisément, la condition de son efficacité. Le bénéficiaire de la garantie autonome peut appeler le garant en paiement « à première demande », c'est-à-dire à n'importe quel moment de la durée de vie de la garantie, et sans qu'une quelconque justification

---

1. Com. 10 déc. 2002, *JCP* 2003. I. 176. En revanche, les relevés de compte, factures et lettre recommandée de mise en demeure non réclamée, tous éléments émanant, comme le bordereau de déclaration de créance au passif de la société débitrice principale, sans qu'il en ressorte la certitude qu'ils aient été à tout le moins portés à la connaissance personnelle du garant, ne suffisent pas à établir que celui-ci avait une exacte connaissance de la portée de son engagement (Rennes, 30 avr. 2015, n° 228, 12/01444).
2. Com. 15 janv. 2013, *Bull. civ.* IV, n° 11. Sur l'opposabilité d'une autorisation « irrégulière », Paris, 16 oct. 2008, n° 06/18669. Sur cette autorisation, v. ss 167.
3. Bien que justifiée, la garantie reste une garantie autonome ; v. ss 508.

n'ait besoin d'être fournie[1]. En outre, le garant, et pas davantage le donneur d'ordre, ne peuvent s'opposer au paiement en soulevant des moyens de défense relatifs à la validité ou à l'exécution du contrat principal : c'est le principe de *l'inopposabilité des exceptions*.

Ce principe constitue l'une des manifestations d'un principe plus général, qui confère aux garanties indépendantes une véritable spécificité par rapport au cautionnement, à savoir le principe d'autonomie. Après avoir analysé dans le détail ce principe d'autonomie, en mettant en exergue ses justifications, ses implications (1°) ainsi que ses limites (2°), il conviendra de se demander s'il fait ou non obstacle à l'extension au bénéfice du garant autonome de certaines protections accordées aux cautions (3°).

1° Principe d'autonomie

C. civ., art. 2321, al. 3 et 4 (Ord. du 23 mars 2006). – Le garant ne peut opposer aucune exception tenant à l'obligation garantie.
Sauf convention contraire, cette sûreté ne suit pas l'obligation garantie.

518. L'indépendance de la garantie autonome trouve son expression la plus remarquable dans le *principe de l'inopposabilité des exceptions*. Ce principe signifie que la mise en œuvre de la garantie ne peut être suspendue ou interrompue en raison de moyens de défense puisés dans les rapports entretenus par le donneur d'ordre et le bénéficiaire ou dans les rapports entretenus par le donneur d'ordre et le garant.

En revanche, il va de soi que le garant peut opposer au bénéficiaire les exceptions tirées de leurs propres rapports contractuels. Ainsi, la mise en œuvre de la garantie autonome serait-elle suspendue au cas où le garant soutiendrait avoir été victime d'un dol émanant du bénéficiaire[2]. La demande en paiement peut également être rejetée si le créancier ne respecte pas les conditions de forme et de rédaction de l'appel de la garantie, telles que prévues dans le contrat conclu avec le garant autonome[3].

Sera envisagé, tout d'abord, le fondement du principe d'autonomie (a), puis seront dégagées les manifestations de ce principe (b).

a) Le fondement du principe d'autonomie

519. ***Cause de l'engagement du garant autonome***. Le principe d'autonomie de la garantie indépendante peut sembler, de prime abord, surprenant. En effet, la fonction de garantie de la garantie autonome, et son expression par le biais de la cause de l'engagement du garant, devrait, logiquement, conduire à ce que le garant puisse invoquer certaines vicissitudes affectant l'obligation garantie issue du contrat principal.

En effet, la cause de l'engagement du garant autonome réside, à l'instar du cautionnement[4], dans la *considération du contrat principal*[5]. Elle peut même résider dans le simple

1. Com. 21 mai 1985, *Bull. civ.* IV, n° 160 ; *D.* 1986. 213, note M. Vasseur. Toutefois, certaines garanties autonomes sont assujetties à la fourniture de certains documents (garanties documentaires) ou justificatifs précisés dans le contrat de garantie (garanties à première demande justifiée).
2. Com. 7 févr. 1995, n° 92-16072 ; *RJDA* 1995/6, n° 753.
3. Com. 10 févr. 2015, n° 12-26580, à paraître au *Bulletin* (en l'espèce, le créancier avait fait appeler la garantie à première demande par son avocat, qui n'avait pas justifié du pouvoir spécial à cette fin exigé par la lettre de garantie).
4. V. ss 210 s.
5. En ce sens, not. Ph. Simler, *J.-Cl. Civ.*, art. 2321, fasc. 15, n° 15 ; D. Legeais, *op. cit.*, n° 309 ; *contra*, une fraction de la doctrine décèle la cause de la garantie dans les rapports entretenus par le garant et le donneur d'ordre, en particulier la rémunération du garant : not., G. Marty, P. Raynaud et Ph. Jestaz, *op. cit.*, n° 639 ; L. Aynès et P. Crocq, *op. cit.*, n° 336 ; Ph. Théry, *op. cit.*, n° 111.

« intérêt économique » qu'a le donneur d'ordre à la conclusion du contrat de base[1]. L'intérêt du garant susceptible de déterminer la cause de son engagement n'est, en effet, pas le sien propre, mais celui d'autrui, en l'occurrence celui du donneur d'ordre à la conclusion du contrat de base[2]. Dès lors, l'inexistence ou la nullité du contrat de base, ou encore sa parfaite exécution, devraient affecter la garantie, aussi détachée soit-elle de la dette principale.

520. ***Renonciation du garant autonome***. En réalité, il est possible d'admettre que l'inopposabilité des exceptions par le garant résulte d'une *renonciation implicite* mais nécessaire de la part de ce dernier à se prévaloir de la cause de son engagement, et plus largement de tout ce qui affecte, à quelque titre que ce soit, les relations existant entre le donneur d'ordre et le bénéficiaire. Peu importe que l'existence du contrat de base soit susceptible d'être remise en cause, le garant s'interdit de l'invoquer[3]; tout au plus, la nullité ou l'inexistence avérées du contrat principal pourraient-elles faire apparaître le caractère manifestement abusif ou frauduleux de l'appel de la garantie[4]. À l'encontre du cautionnement, la garantie autonome est caractérisée par une *indépendance renforcée*, désormais légalement consacrée par l'article 2321, alinéa 3, du Code civil.

b) Manifestations du principe d'autonomie

L'autonomie de la garantie développe trois caractères principaux : l'inopposabilité des exceptions ; « l'insaisissabilité » ; l'intransmissibilité.

521. ***L'inopposabilité des exceptions***. Elle désigne l'interdiction faite au garant, ainsi qu'au donneur d'ordre, de soulever les exceptions relatives à l'existence, à l'exécution ou à l'extinction du contrat de base et du contrat liant le donneur d'ordre et le garant.

522. En application de ce principe d'autonomie, la jurisprudence a décidé que le garant ne peut opposer au bénéficiaire la *nullité* du contrat principal[5], sa *résolution* ou sa

---

1. Com. 19 avr. 2005, *Bull. civ.* IV, n° 91 ; *D.* 2005. Pan. 2086, obs. P. Crocq ; *JCP* 2005. II. 10075, note S. Piedelièvre ; *ibid.* I. 185, n° 9, obs. Ph. Simler ; *JCP E* 2005. 916, note J. Stoufflet ; *Dr. et patr.* 2006. 131, obs. Ph. Dupichot ; *LPA* 18 mai 2005, rapp. Cohen-Branche : « attendu que l'engagement d'un garant à première demande est causé, dès lors que le donneur d'ordre a un intérêt économique à la conclusion du contrat de base, peu important qu'il n'y soit pas partie ». Cette solution a été confirmée par Com. 3 juin 2014, inédit, n° 13-17643.

2. Cet intérêt du donneur d'ordre peut exister alors même qu'il n'est pas partie au contrat de base mais seulement intéressé économiquement à ce contrat. Cette caractéristique soulève des interrogations quant à la personne contre laquelle le garant *solvens* pourra exercer son recours. Dans l'espèce ayant donné lieu à l'arrêt du 19 avril 2005, la société Leygafinance, importatrice de matières premières, avait demandé au Crédit Lyonnais France de consentir une garantie à première demande au profit du Crédit Lyonnais Belgique en garantie de facilités de caisse que ce dernier avait consenties à la société Caisoon, avec laquelle la société Leygafinance envisageait de conclure un contrat de fourniture. La garantie à première demande consentie par le Crédit Lyonnais France était contre-garantie par la société Leygafinance. Le contrat projeté entre la société Leygafinance et la société Caisoon n'ayant, finalement, jamais vu le jour, la garantie fut, toutefois, appelée par le Crédit Lyonnais Luxembourg, la société Leygafinance étant appelée, elle-même, à exécuter son propre engagement.

3. Excepté les causes de nullité absolue affectant le contrat principal. La renonciation à invoquer l'article 1131 du Code civil n'est possible que pour l'existence de la cause et non pour sa licéité ou sa moralité.

4. V. ss 528 s.

5. Paris, 29 janv. 1981, *D.* 1981. 336, 1re esp., note M. Vasseur ; Com. 20 déc. 1982, *Bull. civ.* IV, n° 417 ; Paris, 22 sept. 1987, *D.* 1988. Somm. 248, obs. M. Vasseur.

résiliation[1], son *inexécution* par le bénéficiaire[2], la *satisfaction* de ce dernier consécutive à l'exécution totale de l'obligation garantie[3], sa *modification*[4], son *extinction* par compensation[5], par transaction[6], ou encore pour défaut de déclaration de la créance à la procédure collective du débiteur principal[7].

523. « L'insaisissabilité ». Ce caractère vise l'*inefficacité des moyens procéduraux*, mis en œuvre par le donneur d'ordre ou, plus rarement, par le garant lui-même[8], en vue de s'opposer à l'exécution de la garantie, et ce en raison de l'incompatibilité de ces techniques d'obstruction avec l'autonomie de la garantie. C'est le cas, par exemple, d'une *défense de payer adressée au garant par le donneur d'ordre*[9], de la *mise sous séquestre* des sommes devant être versées par le garant[10], de la *saisie* conservatoire ou de la saisie attribution de la créance issue de la garantie exercée par le donneur d'ordre, invoquant une créance[11] qu'il détiendrait contre le bénéficiaire de la garantie[12]. Tous ces moyens revenant directement ou indirectement à remettre en cause l'indépendance de la garantie, sont, justement, rejetés.

524. *L'intransmissibilité*. Alors que la Cour de cassation avait décidé, conformément au *caractère accessoire général* de toute garantie, que la garantie autonome se transmettait avec la créance garantie[13], l'ordonnance du 23 mars 2006 a posé, dans l'article 2321, alinéa 4, du Code civil le principe selon lequel « sauf convention contraire, cette sûreté ne

---

1. TGI Montluçon, 9 janv. 1981, *D.* 1981. 390, note M. Vasseur ; *RTD com.* 1981. 580, obs. M. Cabrillac et B. Teyssié ; Paris, 13 févr. 1987, *D.* 1987. Somm. 172, obs. M. Vasseur ; Paris, 19 mai 1988, *D.* 1989. Somm. 146, obs. M. Vasseur ; Paris, 15 déc. 1991, *RD bancaire et bourse* 1992. 174, obs. M. Contamine-Raynaud.

2. Paris, 17 janv. 1983, *JCP* 1983. II. 19966, note J. Stoufflet ; *D.* 1983. IR 303, obs. M. Vasseur ; *RTD com.* 1983. 448, obs. M. Cabrillac et B. Teyssié ; Com. 17 oct. 1984, *Bull. civ.* IV, n° 265 ; Com. 10 juin 1986, *Bull. civ.* IV, n° 117 ; Com. 25 mars 2003, n° 00-17312, *RJDA* 10/2003, n° 1021 ; Toulouse, 19 janv. 2006, *Juris-Data* n° 2006-312310.

3. Com. 21 mai 1985, *Bull. civ.* IV, n° 160 ; Com. 18 mai 1999, *Bull. civ.* IV, n° 102.

4. Paris, 1er oct. 1986, *D.* 1987. Somm. 171, obs. M. Vasseur.

5. Paris, 7 nov. 1983, *D.* 1984. IR 205, obs. M. Vasseur ; T. com. Paris, réf., 12 avr. 1991, *D.* 1992. Somm. 239, obs. M. Vasseur ; Paris, 19 sept. 2007, n° 05/11512.

6. T. com. Paris, 6 mars 1987, *D.* 1988. Somm. 24, obs. M. Vasseur ; Paris, 23 oct. 1992, *RD bancaire et bourse* 1993. 137, obs. M. Contamine-Raynaud.

7. Com. 30 janv. 2001, *Bull. civ.* IV, n° 25 ; Com. 9 juin 2004, *Bull. civ.* IV, n° 118.

8. Le garant, assuré de pouvoir recourir contre le donneur d'ordre et soucieux de préserver son honorabilité, ne s'oppose que rarement à l'appel de la garantie.

9. Paris, 7 janv. 1983, *JCP CI* 1983. II. 14001, n° 115 ; *D.* 1983. IR 304, obs. M. Vasseur ; Com. 21 mai 1985, *Bull. civ.* IV, n° 160 ; *Gaz. Pal.* 1985. 2. 770, note S. Piedelièvre ; *D.* 1986. 213, 1re esp., note M. Vasseur ; Toulouse, 26 oct. 1988, *D.* 1989. Somm. 145 ; *RTD com.* 1989. 510, obs. M. Cabrillac et B. Teyssié.

10. Paris, 7 nov. 1983, *D.* 1984. IR 205, obs. M. Vasseur ; Paris, 3 déc. 1984, *Banque* 1985. 92, obs. J.-L. Rives-Lange ; *D.* 1985. IR 240, obs. M. Vasseur ; *RTD com.* 1985. 342, obs. M. Cabrillac et B. Teyssié.

11. Que cette créance soit issue du contrat principal garanti ou issue d'un autre contrat le liant au bénéficiaire.

12. Paris, 27 oct. 1981, *JCP* 1981. II. 19702 et CI 1981. II. 13734, note Bouloy ; *RTD com.* 1982. 281, obs. M. Cabrillac et B. Teyssié ; Paris, 25 mars 1982, *JCP* 1982. II. 19876 et *JCP CI* 1982. II. 13897, 2e esp., note J. Stoufflet ; *D.* 1982. IR 497, obs. M. Vasseur ; *RTD com.* 1983. 103, obs. M. Cabrillac et B. Teyssié ; Com. 12 déc. 1984, *Bull. civ.* IV, n° 344 ; *JCP* 1985. II. 20436 et *JCP E* 1985. II. 14566, 2e esp., obs. J. Stoufflet ; Com. 15 juin 1999, *Bull. civ.* IV, n° 126.

13. Civ. 2e, 21 oct. 2004, *Bull. civ.* II, n° 464 ; *D.* 2005. 692, note S. Cabrillac ; *Defrénois* 2005. 1226, note A.-S. Barthez : « Attendu que l'autonomie de la garantie financière des courtiers instituée

suit pas l'obligation garantie ». Cette solution se déduirait du *caractère autonome renforcé* de la garantie, mais aussi, dans le contexte international, du caractère *intuitu personae* affectant la souscription d'une garantie autonome.

Toutefois, il convient de distinguer *deux types de transfert* de la garantie autonome : le transfert de la garantie avec la créance garantie qui, comme il vient d'être vu, ne se produit pas, sauf volonté contraire des parties ; le transfert de la créance qui pourrait naître de la mise en œuvre de la garantie, c'est-à-dire la créance que possède le bénéficiaire contre le garant après l'avoir appelé en paiement, qui, lui, est possible, comme pour toute créance [1].

525. ***Contre-garanties***. Lorsqu'une garantie autonome est contre-garantie par une seconde garantie [2], se développe une *double autonomie :* la contre-garantie est indépendante, d'une part, du contrat de base dont est issue la créance garantie, d'autre part, de la garantie initiale [3]. Ainsi, le contre-garant ne pourra soulever, ni les exceptions relatives aux rapports qu'entretiennent le donneur d'ordre et le bénéficiaire de la garantie initiale, ni les exceptions tenant aux rapports qu'entretiennent le garant initial et le bénéficiaire [4]. En revanche, le contre-garant pourra invoquer l'échéance du terme stipulé dans le contrat le liant au bénéficiaire, même si le terme inscrit dans la garantie de premier rang a été prorogé, puisque les deux garanties sont indépendantes l'une de l'autre [5].

2° Dérogations au principe d'autonomie

Le principe d'autonomie souffre de quelques exceptions [6]. Celles-ci puisent leurs fondements dans le respect de principes fondamentaux (a) et dans des impératifs de politique juridique (b).

a) Dérogations fondées sur des principes fondamentaux

Le principe d'autonomie peut être écarté en raison de l'illicéité ou de l'immoralité du contrat de base ou lorsque le bénéficiaire appelle la garantie de manière manifestement abusive ou frauduleuse ou encore si le donneur d'ordre engage la responsabilité de l'un quelconque des garants.

---

par le premier de ces textes, tendant à la sauvegarde des intérêts de l'assuré qui en est le bénéficiaire, ne fait pas obstacle à la transmission par celui-ci, par l'effet d'une cession ou d'une subrogation, du droit issu de cette garantie. »

1. En ce sens, *RUGD*, art. 4, al. 2.
2. Sur ce schéma, v. ss 497.
3. Com. 13 sept. 2011, *Bull. civ.* IV, n° 128 ; *JCP* 2011, chron. 1259, n° 10, obs. Simler ; *D.* 2011. 2268, obs. Delpech ; *RD banc. et fin.* 2011, comm. 200, obs. Cerles ; *Banque et droit* 2011. 51, obs. Rontchevsky, relevant que l'exigibilité de la contre-garantie n'était pas subordonnée à l'exécution par son bénéficiaire, garant de premier rang, de son propre engagement, en déduit que le délai de prescription avait commencé à courir du jour de l'exigibilité de la contre-garantie.
4. Cf. not. Com. 19 févr. 1991, *Bull. civ.* IV, n° 76 ; *D.* 1991. Somm. 199, obs. M. Vasseur ; Com. 30 janv. 2001, n° 97-16795 ; Com. 13 mars 2001, n° 98-11063 ; Com. 12 mars 2013, n° 11-22048 (la simple allégation d'une irrégularité des appels en garantie n'est pas de nature à faire interdire le paiement des contre-garanties). Cette autonomie de la contre-garantie vis-à-vis des autres rapports juridiques justifie qu'elle puisse être appelée alors que la garantie initiale ne l'a pas encore été : Paris, 26 avr. 1983, *D.* 1983. IR 486, obs. M. Vasseur ; Paris, 23 nov. et 27 nov. 1990, *D.* 1991. Somm. 199 et 200, obs. M. Vasseur.

   Il en irait autrement dans l'hypothèse où la garantie autonome de premier rang serait contre-garantie par un cautionnement : v. not. Paris 25 avr. 1989, *D.* 1990. Somm. 198, obs. M. Vasseur.
5. Com. 22 juin 2010, inédit, n° 09-14582.
6. Cf. J. Stoufflet, « Les exceptions opposables au bénéficiaire d'une garantie bancaire autonome ou d'un crédit documentaire », *in Mélanges D. Tricot*, Dalloz-Litec, 2011, p. 49 s.

526. ***Le respect de l'ordre public.*** L'autonomie voulue par les parties à la convention de garantie trouve ses limites dans *l'illicéité ou l'immoralité du contrat principal.* En effet, la volonté contractuelle ne doit pas permettre de garantir l'exécution d'un contrat dont l'objet réalise, par exemple, un trafic prohibé. Dit autrement, les parties à la garantie autonome peuvent s'accorder pour interdire au garant d'invoquer les exceptions tenant à la cause – objective – de son obligation, mais pas celles relatives à la cause – subjective – du contrat de garantie, car celle-ci intéresse l'ordre public. Ainsi, le garant ou le donneur d'ordre pourraient-ils opposer au bénéficiaire la nullité absolue du contrat de base pour illicéité ou immoralité [1].

527. ***La sanction de l'appel manifestement abusif ou frauduleux de la garantie.*** En application de l'adage *fraus omnia corrumpit,* la jurisprudence décide que, lorsque le créancier demande, de manière abusive ou frauduleuse, l'exécution d'une garantie autonome, le garant peut sinon lui opposer les exceptions inhérentes au contrat principal [2], du moins invoquer les vicissitudes propres aux relations entre le donneur d'ordre et le bénéficiaire, afin de refuser le paiement ; de même, le donneur d'ordre peut, par divers moyens, paralyser l'exécution de la garantie [3]. Autrement dit, la fraude fait obstacle aux principales manifestations du caractère indépendant de la garantie.

Cette sanction est confirmée par l'article 2321, alinéa 2, du Code civil qui dispose que le garant n'est pas tenu de répondre à l'appel de la garantie en cas d'abus ou de fraude manifestes du bénéficiaire de la garantie ou de collusion de ce dernier avec le donneur d'ordre.

> **C. civ., art. 2321, al. 2 (Ord. du 23 mars 2006).** – Le garant n'est pas tenu en cas d'abus ou de fraude manifestes du bénéficiaire ou de collusion de celui-ci avec le donneur d'ordre.

528. ***Notion et caractéristiques de l'appel abusif ou frauduleux.*** La jurisprudence n'admet qu'avec parcimonie le caractère abusif ou frauduleux de la garantie. Si l'intention du créancier de nuire au donneur d'ordre ou au garant n'est pas exigée, il faut que soit démontrée la mauvaise foi du bénéficiaire de la garantie, c'est-à-dire la conscience qu'a celui-ci du préjudice qu'il cause au garant en exigeant le paiement. Dit autrement, il doit être établi que le bénéficiaire agit en toute *conscience de son absence de droit* [4]. En effet, l'autonomie de la garantie ne peut constituer le moyen pour son bénéficiaire de percevoir indument des fonds que, par ailleurs, le donneur d'ordre n'a pratiquement aucune chance

---

1. En ce sens, not. Ph. Simler et Ph. Delebecque, *op. cit.*, n° 202 ; Ph. Théry, *op. cit.*, n°s 108 et 115 ; C. Gavalda et J. Stoufflet, « La lettre de garantie internationale », *RTD com.* 1980. 1 s., n° 12 ; *contra* : M. Contamine-Raynaud, « Les rapports entre la garantie à première demande et le contrat de base en droit français », *in Mélanges Roblot*, p. 425 s. ; J.-L. Rives-Lange, « Existe-t-il en droit français des engagements abstraits pris par le banquier ? », *Banque* 1985. 902 s.

2. Contre cette idée, v. not. Ph. Simler, *J.-Cl. Civ.*, art. 2321, fasc. 15, n° 77.

3. Par exemple, une plainte avec constitution de partie civile émanant du donneur d'ordre, pour faux et usage de faux de la part du créancier, emporte sursis à statuer relativement à la garantie autonome (Com. 5 juin 2007, n° 05-21111). La paralysie de la garantie, en cas de fraude lors de sa mise en place ou de son exécution, peut encore résulter d'une saisie conservatoire pratiquée sur les biens du garant (Com. 16 déc. 2008, *Bull. civ.* IV, n° 205 : la solution, rendue au sujet d'un crédit documentaire, est transposable à la garantie autonome, en raison des similitudes que partagent ces deux espèces de garanties indépendantes).

4. Si, au contraire, il est établi que le bénéficiaire a pu, de bonne foi, croire en l'existence d'une créance, le grief d'abus manifeste dans l'appel de la garantie autonome doit être rejeté (Com. 30 oct. 2007, n° 06-14846).

de récupérer [1]. Le refus de répondre à l'appel abusif ou frauduleux d'une garantie autonome sanctionne le risque d'un *enrichissement indu* du bénéficiaire.

En revanche, l'ajout par l'ordonnance du 23 mars 2006 de la « collusion de celui-ci [le bénéficiaire] avec le donneur d'ordre] » ne paraît rien apporter de nouveau et viendrait même plutôt embrouiller les choses puisque la collusion n'est qu'une variété de fraude [2].

La jurisprudence [3] exige que l'appel de la garantie soit « manifestement » abusif ou frauduleux. Par conséquent, une simple probabilité ou un simple risque de fraude ne peuvent justifier un refus d'exécution de la garantie [4]. De même, l'appel manifestement abusif ou frauduleux de la garantie ne sera établi qu'à la condition que l'absence de droit du bénéficiaire apparaisse de façon évidente et immédiate [5], c'est-à-dire sans qu'il soit nécessaire d'ordonner une expertise dans le seul but de rechercher si l'appel de la garantie était justifié ou présentait, au contraire, un caractère frauduleux [6] : « ce qui est manifeste n'a pas à être prouvé » [7]. En effet, le caractère indépendant de la garantie impose que ni le donneur d'ordre ni le garant ne puissent retarder le paiement au moyen de simples allégations, qui obligeraient les tribunaux à des vérifications approfondies et conduiraient *de facto* à la prise en considération des rapports qu'entretiennent les parties au contrat principal, en contradiction avec le principe d'inopposabilité des exceptions relatives à ce contrat [8]. En revanche, l'abus manifeste a été admis dans l'hypothèse où le bénéficiaire de la garantie avait appellé le garant alors que des certificats d'achèvement total des travaux dont l'exécution était garantie avaient été établis par le bénéficiaire lui-même [9]. De la même façon, a été jugé manifestement abusif l'appel de la garantie de soumission « fondé sur le refus [de la société donneuse d'ordre] de souscrire un projet de convention non conforme au cahier des charges » [10]. L'appel d'une contre-garantie a encore été jugé abusif, en dépit de l'autonomie entre la garantie et la contre-garantie, lorsque la garantie de premier rang avait été elle-même appelée de façon irrégulière, ne respectant pas l'obligation de remettre une copie de la notification écrite au débiteur garanti [11].

---

1. Ainsi, l'appel manifestement abusif de la garantie a-t-il été admis dans des affaires opposant des États, davantage que des contractants, des raisons politiques motivant les bénéficiaires de garanties autonomes de récupérer, à bon compte, d'importantes sommes d'argent (affaires « iraniennes » survenues après la Révolution de 1979) : not. T. com. Paris, réf., 12 févr. 1982 et T. com. Bruxelles, réf., 6 avr. 1982, *D.* 1982. 504, note M. Vasseur ; Com. 11 déc. 1985, *Bull. civ.* IV, n° 292 ; *JCP* 1986. II. 20593, note J. Stoufflet ; *D.* 1986. 213, 2e esp., note M. Vasseur.

2. Cf. Ph. Simler, *J.-Cl. Civ.*, art. 2321, fasc. 15, n° 78.

3. Pour une typologie des appels abusifs, v. not. M. Cabrillac, C. Mouly, S. Cabrillac et Ph. Pétel, *op. cit.*, n° 499-500.

4. Paris, 15 févr. 1989, *D.* 1989. Somm. 158.

5. Ainsi, « le fait même apparemment établi que le donneur d'ordre a rempli toutes ses obligations à l'égard du bénéficiaire n'est pas de nature à dispenser la banque de l'exécution de ses engagements, alors qu'aucune justification n'était exigée par la lettre de garantie du bénéficiaire appelant » (Com. 21 mai 1985, *Bull. civ.* IV, n° 160).

6. Paris, 21 janv. 1987, *D.* 1987. Somm. 176, obs. M. Vasseur ; Paris, 13 oct. 1988, *D.* 1990. Somm. 211, obs. M. Vasseur.

7. Ph. Simler, *J.-Cl. Civ.*, art. 2321, fasc. 15, n° 80.

8. *A fortiori*, la fraude ne saurait être déduite de la seule identité de nationalité du bénéficiaire et du garant à première demande, ni du fait que le garant soit le correspondant du contre-garant en Colombie : Paris, 1er mars 2012, n° 11/09732.

9. Com. 10 juin 1986, *Bull. civ.* IV, n° 117 ; *Banque* 1986. 711, obs. J.-L. Rives-Lange ; *D.* 1987. 17, 2e esp., note M. Vasseur ; *RD bancaire et bourse* 1987. 18, obs. M. Contamine-Raynaud.

10. Com. 2 déc. 1997, *Bull. civ.* IV, n° 312 ; *JCP E* 1998. 1781, note S. Hanna.

11. Com. 22 mars 2011, n° 09-71690 ; *JCP* 2011, chron. 770, n° 6, obs. Simler ; *RD banc. et fin.* 2011, comm. 135, obs. Cerles.

529. ***Mise en jeu de la responsabilité de l'un quelconque des garants par le donneur d'ordre.*** Dans un arrêt du 30 mars 2010, la chambre commerciale de la Cour de cassation a apporté un nouveau tempérament au principe d'autonomie en décidant que « l'indépendance de la contre-garantie à l'égard de la garantie de premier rang n'interdit pas au donneur d'ordre, tenu au titre de la garantie autonome à première demande, d'agir en responsabilité contre l'un quelconque des garants qui, par sa faute, l'a contraint de payer »[1]. Ainsi, « en reconnaissant au donneur d'ordre le droit d'agir directement en responsabilité contre le garant, la Cour de cassation crée une passerelle entre ces deux intervenants qui ne sont pas liés contractuellement. Ce faisant elle efface le maillon de l'opération formé par le contre-garant pour prendre en compte l'unité d'ensemble de l'opération. Son raisonnement marque ainsi un recul de l'autonomie de la contre-garantie qui ne constitue plus un écran opaque formé entre le donneur d'ordre, d'un côté, et le garant de premier rang, de l'autre »[2]. Toutefois, cette action est nécessairement postérieure au paiement de la garantie ou de la contre-garantie ; elle ne peut constituer un moyen supplémentaire pour le donneur d'ordre de s'opposer, avant paiement, à ce que le garant ou le contre garant exécute ses engagements à la demande du bénéficiaire ou du garant de premier rang.

b) Dérogations fondées sur des impératifs de politique juridique

530. ***L'embargo décrété contre le pays du bénéficiaire.*** À la suite des affaires iraniennes, une réponse, plus politique que juridique, a été préventivement apportée au risque d'appels abusifs de garanties par des bénéficiaires dont la probité était jugée incertaine en raison des turbulences politiques secouant leur pays. Ainsi, plusieurs lois ont-elles, après l'embargo décrété à l'encontre d'un pays, interdit l'exécution des garanties autonomes souscrites au profit d'une personne ressortissante de ce pays[3]. Les garanties autonomes sont alors suspendues ou, vraisemblablement, éteintes si l'embargo n'est pas levé avant l'expiration de leur terme[4].

531. ***Le droit des procédures collectives.*** Un mouvement de reflux du principe d'inopposabilité des exceptions peut être observé dans une circonstance précise : l'ouverture d'une procédure collective contre le donneur d'ordre. En effet, la loi de sauvegarde des entreprises du 26 juillet 2005 a, pour la première fois, pris en considération le sort des garants autonomes confrontés à l'ouverture d'une procédure collective du donneur d'ordre, en leur appliquant des règles identiques à celles qui profitent aux cautions et aux coobligés solidaires, garants accessoires, personnes physiques. La réforme du droit des

---

1. Com. 30 mars 2010, *Bull. civ.* IV, n° 65. En l'espèce, conformément à l'article 20 des règles uniformes de la CCI en matière de garantie à première demande (*RUGD*, n° 458), auxquelles la garantie litigieuse était soumise, le bénéficiaire ne pouvait actionner en paiement le garant de premier rang qu'à la condition de déclarer par écrit que le donneur d'ordre avait manqué à une ou plusieurs de ses obligations prévues par le contrat de base et préciser en quoi il avait manqué à ses obligations. Or, le garant de premier rang avait payé le bénéficiaire sans exiger de celui-ci qu'il justifie sa demande dans les termes prévus par cet article 20 ; il avait ainsi manqué à son obligation de diligence.

2. C. Houin-Bressand, « L'autonomie de la contre-garantie revue et bientôt corrigée (à propos de la responsabilité du garant de premier rang) », *D.* 2010. 2274 ; cf. aussi E. Netter, « Les recours du donneur d'ordre *solvens* contre le garant ou le contre-garant autonome », *RLDC* sept. 2010, p. 31 s.

3. V. not., la loi du 6 juillet 1991 interdisant l'exécution des garanties autonomes souscrites au profit de ressortissants irakiens (B. Grelon et T. Dal Fabra, « Le sort des garanties financières en cas d'embargo : l'apport de la réglementation de l'embargo contre l'Irak », *RD bancaire et bourse* 1994. 98) ; décret du 29 novembre 1993 (Libye).

4. Cf. Paris, 23 juin 1995, *JCP E* 1995. II. 735, note S. Affaki.

entreprises en difficulté par l'ordonnance du 18 décembre 2008 est venue confirmer ce mouvement d'uniformisation du droit des sûretés personnelles dans le contexte, particulier et fréquent, de la procédure d'insolvabilité du débiteur principal [1].

3° Question de l'extension aux garants autonomes des protections spécifiques à la caution

Parmi les protections légales se déployant dans le droit du cautionnement, trois d'entre elles, en particulier, ont été sollicitées par les garants autonomes en vue d'être déchargés, en tout ou en partie, de leur obligation.

532. ***L'exception de défaut de subrogation.*** Bien que cette exception ne relève vraisemblablement pas du caractère accessoire renforcé (dépendance et subsidiarité) du cautionnement et ne heurte pas directement, semble-t-il, le principe d'indépendance de la garantie autonome, elle leur a été refusée par la jurisprudence du fond [2]. L'argument de logique législative, selon lequel une protection exorbitante du droit commun ne peut jouer qu'en présence d'une disposition expresse la prévoyant, l'a donc emporté sur l'argument d'analogie, en vertu duquel l'article 2314 (anc. art. 2037) du Code civil, ayant pour raison d'être de préserver le recours subrogatoire après paiement, aurait vocation à s'appliquer à tous ceux qui disposent d'un tel recours, ce qui est vraisemblablement le cas du garant autonome [3].

533. ***Les obligations d'information de la caution.*** Les garants autonomes ont invoqué, par ailleurs, le bénéfice des obligations d'information de la caution relatives au montant de la dette garantie, aux incidents de paiement affectant la dette garantie ou encore à la faculté de résiliation de l'engagement à durée indéterminée. Les juridictions du fond saisies ont, là encore, refusé de leur accorder le bénéfice de ces obligations d'information [4]. Outre le fait que les dispositions instituant ces obligations ne visent que les cautions [5], il convient de souligner que l'application, par analogie, de ces obligations aux garants autonomes se révélerait inappropriée [6] car, tant l'objet de l'information que sa sanction sont inadaptés aux caractéristiques de la garantie autonome : la notification des encours de la dette garantie ne présente guère d'utilité pour le garant autonome, tenu d'un montant déterminé distinct ; la sanction de l'inexécution de l'obligation d'information, consistant en la déchéance du créancier du droit de réclamer le paiement des intérêts à la caution, ne peut être transposée à la garantie autonome qui, par hypothèse, ne les inclut pas, son montant n'étant pas déterminé par référence à la dette principale.

534. ***L'insaisissabilité des biens communs.*** Ce sont, enfin, les conjoints communs en biens des garants autonomes qui ont sollicité le bénéfice de l'insaisissabilité des biens communs prévue par l'article 1415 du Code civil. Après que les juridictions du fond se furent majoritairement prononcées pour l'application de ce texte aux garanties

---

1. V. ss 542 s., spéc. v. ss 550.
2. Paris, 1er juin 1986, *D.* 1988. Somm. 243 ; Rennes, 6 nov. 1991, *Juris-Data* n° 048834 ; Paris, 28 avr. 1994, *Juris-Data* n° 021848 ; Nancy, 22 sept. 1997, *RTD com.* 1998. 644, obs. M. Cabrillac.
3. V. ss 536.
4. Rennes, 6 juill. 1993, *Juris-Data* n° 048104 ; Nancy, 22 sept. 1997, préc.
5. Ce qui, vu la date à laquelle le législateur a créé ces nouvelles obligations (notamment en 1998 et 2003), peut être considéré comme délibéré, puisque, s'il avait voulu viser les garants autonomes, il aurait pu le faire, les garanties autonomes étant parfaitement connues à cette époque.
6. En ce sens, Ph. Simler, *J.-Cl. Civ.*, art. 2321, fasc. 15, n° 45.

autonomes [1], la Cour de cassation [2] a décidé que l'article 1415 du Code civil « est applicable à la garantie à première demande qui, comme le cautionnement, est une sûreté personnelle, laquelle consiste en un engagement par lequel le garant s'oblige, en considération d'une obligation souscrite par un tiers, à verser une somme déterminée, et est donc de nature à appauvrir le patrimoine de la communauté ». C'est donc l'argumentation par analogie, « la garantie à première demande s'apparentant à un cautionnement », qui a été retenue par la Cour de cassation pour étendre le domaine de l'article 1415 du Code civil à un mécanisme juridique qu'il ne vise pas. Plus précisément, la Haute juridiction met l'accent sur le plus petit dénominateur commun [3] entre ces deux institutions que sont le cautionnement et la garantie autonome : l'*appartenance des deux mécanismes juridiques à la catégorie des « sûretés personnelles »*, et par suite le *danger* qu'ils représentent pour le patrimoine de celui qui les souscrit. Cette transposition de l'article 1415 du Code civil à la garantie autonome ne peut être qu'approuvée, car il serait difficile d'admettre que la communauté ne soit protégée que dans l'unique cas où la garantie souscrite – le cautionnement – serait la moins rigoureuse.

B. Les recours après paiement

C. civ., art. 1251. – La subrogation a lieu de plein droit :
1° au profit de celui qui étant lui-même créancier paie un autre créancier qui lui est préférable à raison de ses privilèges ou hypothèques ;
2° au profit de l'acquéreur d'un immeuble, qui emploie le prix de son acquisition au paiement des créanciers auxquels cet héritage était hypothéqué ;
3° au profit de celui qui, étant tenu avec d'autres ou pour d'autres au paiement de la dette, avait intérêt de l'acquitter ;
4° au profit de l'héritier acceptant à concurrence de l'actif net qui a payé de ses deniers les dettes de la succession ;
5° au profit de celui qui a payé de ses deniers les frais funéraires pour le compte de la succession.

535. Le garant autonome constitue un débiteur *adjoint* à un rapport principal dont il garantit l'exécution. À ce titre, en s'exécutant, le garant libère, par là même, le débiteur principal. Bien que tenu par un engagement qui lui est propre, il éteint la dette du débiteur principal, donneur d'ordre, c'est-à-dire une dette qui n'est pas la sienne. Dès lors, il est logique, au regard du « concept même de garantie » [4] que ce débiteur *tenu pour autrui* dispose d'un recours contre celui qu'il a libéré [5].

---

1. Pour l'application de l'article 1415 du Code civil : Douai, 27 févr. 1992, *JCP* 1993. I. 3656, n° 9, obs. Ph. Simler ; *RTD civ.* 1993. 869, obs. F. Lucet et B. Vareille ; Versailles, 17 févr. 1994, *JCP* 1995. I. 3821, n° 17 ; Versailles, 19 mai 1994, *Bull. Joly* 1994. 964, note P. Le Cannu ; *JCP N* 1996. II. 799, n° 14, obs. Ph. Simler ; Paris, 3 nov. 1994, *D.* 1995. 532, note Lecène-Marénaud ; *JCP* 1995. I. 3851, n° 11 ; *D.* 1995. Somm. 326, obs. M. Grimaldi. Contre l'application de l'article 1415 du Code civil : Douai, 30 juin 1994, *JCP* 1996. I. 3908, n° 14, obs. Ph. Simler ; v. égal. J. Casey, *Sûretés et famille*, éd. La Mouette, 2000, n° 108.
2. Civ. 1re, 20 juin 2006, *Bull. civ.* I, n° 313 ; *RTD civ.* 2006. 593, obs. P. Crocq ; *JCP* 2006. 1650, note S. Piedelièvre ; *JCP N* 2006. 1310, note V. Brémond ; *RTD com.* 2006. 902, obs. D. Legeais ; *D.* 2006. 2539, note A.-S. Courdier-Cuisinier.
3. Elle y était contrainte, car tout – l'objet de la dette, le régime – éloigne le cautionnement de la garantie autonome.
4. Ph. Simler, *J.-Cl. Civ.* art. 2321, fasc. 15, n° 94.
5. En revanche, le recours avant paiement, propre à la caution (C. civ., art. 2309), doit vraisemblablement lui être refusé. En ce sens, Ph. Simler, *J.-Cl. Civ.*, art. 2321, fasc. 15, n° 91 ; Aix-en-Provence, 5 juill. 2000, n° 98/08847.

536. ***Les fondements du recours du garant solvens***. Dans la plupart des cas, le garant[1] dispose d'un *recours personnel* contre le donneur d'ordre[2] fondé sur les termes du contrat les unissant. Le garant est, en effet, le plus souvent l'établissement bancaire où sont tenus les comptes du donneur d'ordre. La fourniture de la garantie autonome donne lieu à une convention, appelée *convention de crédit*, dans laquelle sont prévus, notamment, la rémunération du garant ainsi que son recours en cas d'exécution de la garantie[3]. Ce recours doit couvrir le montant effectivement payé par le garant, ainsi que les intérêts de cette somme courant dès le moment du paiement et les éventuels frais et débours engagés par ce dernier.

Il serait justifié, par ailleurs, qu'un recours *subrogatoire* fut reconnu au garant autonome sur le fondement de l'article 1251, 3° du Code civil qui accorde un tel recours au profit de « celui qui, étant tenu avec d'autres ou pour d'autres au paiement de la dette, avait intérêt de l'acquitter ». Certes, le garant autonome n'est pas tenu, pour autrui, à la dette même de ce dernier, mais la jurisprudence contemporaine a admis que la subrogation légale puisse profiter à celui qui, tenu d'une dette qui lui est personnelle, libère, par son paiement, celui sur qui doit peser la charge définitive de la dette[4]. Cette interprétation compréhensive du domaine de la subrogation personnelle légale semble pouvoir s'appliquer au garant autonome qui, en acquittant sa dette propre, libère, dans le même temps le débiteur principal vis-à-vis de leur créancier commun[5].

Le recours subrogatoire ne présente guère d'avantages pour le garant autonome puisque celui-ci, subrogé dans les droits dont disposait le bénéficiaire de la garantie contre le donneur d'ordre, pourra se voir opposer toutes les exceptions que le donneur d'ordre pouvait opposer, dans le cadre du contrat principal, au créancier bénéficiaire[6].

537. ***Le recours du donneur d'ordre***. Le donneur d'ordre peut être amené à rembourser le garant qui, sur l'appel du bénéficiaire de la garantie, a dû s'acquitter entre ses mains du montant de la garantie sans pouvoir soulever une quelconque exception contre le bénéficiaire en raison de l'autonomie de la garantie. Pourtant, il se peut que des moyens de défense eussent existé au profit du donneur d'ordre et eussent justifié, si n'était le caractère indépendant de la garantie, que celle-ci ne fût pas payée au bénéficiaire. Dans ce cas, le donneur d'ordre peut exercer, *contre le bénéficiaire*, un recours en restitution de la totalité ou d'une fraction du montant de la garantie qu'il a dû rembourser au garant[7]. Un tel recours tire son fondement du contrat de base lui-même le liant au bénéficiaire de la garantie.

---

1. Ou le contre-garant, lorsqu'un mécanisme de contre-garantie (v. ss 497) a été mis en place.
2. Ou ses cautions : Angers, 6 déc. 2011, n° 10/02699.
3. Lorsque le garant est l'établissement bancaire où sont tenus les comptes du donneur d'ordre, le recours s'effectuera, le plus souvent, par le débit du compte de ce dernier du montant payé en exécution de la garantie.
4. Civ. 1re, 23 févr. 1988, *Bull. civ.* I, n° 50 ; Civ. 1re, 7 févr. 1989, *Bull. civ.* I, n° 72 ; Com. 9 mai 1990, *Bull. civ.* IV, n° 146 ; *RTD civ.* 1990. 662, obs. J. Mestre ; Civ. 1re, 15 mai 1990, *Bull. civ.* I, n° 106 ; *JCP* 1991. II. 21628, note B. Petit ; *D.* 1991. 538, note G. Virassamy ; *RTD civ.* 1990. 603, obs. J. Mestre.
5. En ce sens, not. Ph. Simler et Ph. Delebecque, *op. cit.*, n° 309 ; L. Aynès et P. Crocq, *op. cit.*, n° 345 ; *contra* : Marty, Raynaud et Jestaz, *op. cit.*, nos 632 s. ; D. Legeais, *op. cit.*, n° 354. L'arrêt rendu le 24 juin 2008 (n° 07-15774) par la chambre commerciale de la Cour de cassation semble implicitement reconnaitre l'existence d'un tel recours subrogatoire.
6. Le garant qui se serait vu opposer une telle exception et aurait vu son recours contre le donneur d'ordre échouer doit pouvoir agir directement contre le bénéficiaire de la garantie, probablement sur le fondement de l'enrichissement sans cause. Un recours du même ordre doit être sans doute admis lorsque le donneur d'ordre parvient à s'opposer au recours dirigé contre lui en invoquant l'appel abusif de la garantie ; ce recours pourrait être fondé, cette fois, sur la répétition de l'indu.
7. Cf. Com. 7 juin 1994, *Bull. civ.* IV, n° 202 ; *JCP* 1994. I. 3807, n° 15, obs. Ph. Simler et *JCP E* 1994. II. 637, note L. Leveneur ; *D.* 1995. Somm. 19, obs. M. Vasseur : aux termes de cet arrêt, « le

Il se peut, enfin, que le garant ait payé le montant de la garantie entre les mains du bénéficiaire, alors qu'il disposait de moyens de s'opposer au paiement, en raison, essentiellement, de l'extinction de la garantie ou du caractère manifestement abusif de son appel. Dans ce cas, le donneur d'ordre peut lui reprocher d'avoir payé, et exercer un recours *contre le garant*, lorsqu'il aura vu son compte débité du montant de la garantie par le garant[1].

§ 3. Extinction de la garantie autonome

538. Contrairement au cautionnement, la garantie autonome ne connaît que des causes d'extinction *par voie principale*, c'est-à-dire tirées du seul rapport contractuel liant le garant au créancier bénéficiaire. Son caractère indépendant exclut qu'elle puisse s'éteindre par voie accessoire.

539. Au même titre que n'importe quel engagement juridique, et sans qu'il soit besoin de s'étendre davantage, la garantie autonome s'éteint par les causes issues du droit commun des obligations, notamment celles énoncées à l'article 1234 du Code civil : paiement, compensation, remise de dette, confusion, novation, terme extinctif, prescription…

540. L'existence d'un *terme extinctif* de la garantie induit, toutefois, quelques particularités. Contrairement au cautionnement, l'autonomie de l'engagement du garant impose que celui-ci ait un terme extinctif propre et déterminé sans référence expresse à la durée de l'obligation garantie[2].

La garantie autonome comporte, le plus souvent, une *durée déterminée*, c'est-à-dire un terme extinctif certain ou incertain. Il est rare que la durée de la garantie soit *indéterminée*[3], une telle modalité de l'engagement faisant courir le risque au créancier de perdre, à tout moment et en totalité, sa garantie, par la résiliation unilatérale et discrétionnaire du garant[4].

L'échéance du terme extinctif de la garantie autonome est particulièrement grave pour son bénéficiaire, car elle signifie que l'engagement du garant s'éteint en totalité. Peu importe, dès lors, que la ou les dettes issues du contrat principal, en considération desquelles la garantie autonome a été souscrite, soient nées ou non, l'extinction de la garantie autonome met fin à la totalité de l'engagement du garant[5].

---

donneur d'ordre d'une garantie à première demande est recevable à demander la restitution de son montant au bénéficiaire, à charge pour lui d'établir que celui-ci en a reçu indûment le paiement, par la preuve de l'exécution de ses propres obligations contractuelles, ou par celle de l'imputabilité de l'inexécution du contrat à la faute du cocontractant bénéficiaire de la garantie, ou par la nullité du contrat de base, et ce sans avoir à justifier d'une fraude ou d'un abus manifeste, comme en cas d'opposition préventive à l'exécution de la garantie par le garant » ; Com. 4 juill. 2006, *Bull. civ.* IV, n° 164 ; Com. 15 nov. 2011, n° 10-26511 (recours du donneur d'ordre contre le bénéficiaire dans le cadre d'une garantie autonome de garantie de passif).

1. V. Com. 7 juin 1994, *Bull. civ.* IV, n° 202 ; *JCP* 1994. II. 22312 et *JCP E* 1994. II. 603, note J. Stoufflet ; *D.* 1995. Somm. 21, obs. M. Vasseur ; *RTD com.* 1994. 763, obs. M. Cabrillac.

2. En revanche, il est fréquent que la durée de la garantie autonome soit fixée en regard de la durée probable et approximative du contrat principal (par exemple, durée prévue des travaux), afin que la garantie soit efficace pendant toute l'exécution du contrat principal.

3. Pour un exemple, Com. 6 avr. 1993, n° 90-21636 ; *D.* 1995. Somm. 20, obs. M. Vasseur.

4. Sauf à prévoir une clause de préavis : cf. Ph. Simler, *J.-Cl. Civ.*, art. 2321, fasc. 15, n° 32.

5. V. not. Com. 26 janv. 1993, *Bull. civ.* IV, n° 28 ; Com. 12 juill. 2005, *Bull. civ.* IV, n° 161 ; *JCP* 2005. I. 185, n° 10, obs. Simler ; Com. 5 juin 2012, n° 10-24875.

541. Aussi, lorsque la durée du contrat principal se prolonge, en raison de retards, il se peut que le terme de la garantie soit échu avant que les travaux et autres prestations garanties ne soient achevés. Dès lors, peu avant l'extinction de la garantie, son bénéficiaire doit prendre le soin de demander sa *prorogation* au garant. Une telle prorogation ne peut être imposée au garant, toutefois celui-ci est généralement placé par le bénéficiaire devant le choix [1] suivant : « prorogez ou payez » (« *extend or pay* »), de sorte que la possibilité de proroger la garantie apparaît davantage comme une faveur que comme une contrainte [2]. Toutefois, si le garant refuse de proroger sa garantie, il s'expose à ce que le bénéficiaire exige, à bon droit, le paiement immédiat de la garantie.

1. Parfaitement conforme à la rigueur du mécanisme de garantie autonome.
2. Cf. Ph. Simler, *J.-Cl. Civ.*, art. 2321, fasc. 15, n° 40.

Titre 3

Les sûretés personnelles dans les procédures d'insolvabilité

542. ***Principales caractéristiques des procédures d'insolvabilité.*** Le droit interne français des procédures collectives professionnelles et celui des procédures bénéficiant aux particuliers surendettés comportent des phases similaires et sont sous-tendus par un même objectif prioritaire, le redressement de la situation du débiteur en difficulté.

543. ***Les procédures de traitement des difficultés des entreprises.*** Le droit des entreprises en difficulté, tel qu'il résulte de la dernière grande réforme en date du 12 mars 2014[1], organise, d'une part, une procédure de nature essentiellement préventive et conventionnelle, *la procédure de conciliation* (C. com., art. L. 611-4 à L. 611-16)[2] et, d'autre part, quatre modes juridictionnels de traitement des difficultés des entreprises. Le premier consiste dans *la procédure de sauvegarde*, qui prend place en amont de la cessation des paiements et constitue donc une voie de traitement anticipé de ces difficultés (C. com.,

---

1. Auparavant, les procédures collectives professionnelles avaient déjà été réformées en profondeur par plusieurs textes : la loi n° 67-563 du 13 juillet 1967 ; la loi n° 84-148 du 1er mars 1984 relative à la prévention et au règlement amiable des difficultés des entreprises ; la loi n° 85-98 du 25 janvier 1985 relative au redressement et à la liquidation judiciaires des entreprises ; la loi n° 94-475 du 10 juin 1994 relative à la prévention et au traitement des difficultés des entreprises ; la loi n° 2005-845 de sauvegarde des entreprises en difficulté du 26 juillet 2005 ; l'ordonnance n° 2008-1345 du 18 décembre 2008.

2. L'objectif de prévention des difficultés, bien qu'expressément affiché (en témoigne l'intitulé du Titre I du Livre VI du Code de commerce dans lequel la procédure de conciliation est inscrite), est quelque peu contredit par le champ d'application même de la procédure de conciliation, qui peut bénéficier à des personnes physiques ou morales exerçant une activité commerciale, artisanale ou indépendante se trouvant en cessation des paiements depuis moins de quarante-cinq jours (C. com., art. L. 611-4 et L. 611-5).

Comme son « ancêtre », le règlement amiable des difficultés des entreprises institué par la loi du 1er mars 1984 (C. com., anc. art. L. 611-3 s.), la procédure de conciliation repose sur une base contractuelle, à savoir un accord amiable conclu entre le débiteur et ses principaux créanciers, ayant pour but de mettre fin aux difficultés de l'entreprise. Mais, le processus judiciaire y est plus important que par le passé, puisque c'est l'homologation décidée par le tribunal qui donne toute son efficacité à l'accord issu de la conciliation. En outre, depuis l'ordonnance du 12 mars 2014, le débiteur, poursuivi ou mis en demeure par un créancier, peut solliciter du président du tribunal les délais de grâce de l'article 1244-1 du Code civil, soit au maximum deux ans ; le juge peut subordonner la durée des mesures ainsi prises à la conclusion de l'accord de conciliation (C. com., art. L. 611-7, al. 5).

art. L. 620-1 s.)[1]. Elle débouche sur un plan de sauvegarde[2] si la cessation des paiements n'est pas intervenue pendant la période d'observation et que les chances de poursuite de l'activité économique existent. Si, au contraire, le débiteur se révèle dans l'impossibilité de faire face au passif exigible avec ses actifs disponibles, une autre procédure, curative cette fois, peut s'ouvrir, *le redressement judiciaire*, qui commence également par une période d'observation et donne lieu à l'élaboration d'un plan (C. com., art. L. 631-1 s.). Si le sauvetage de l'entreprise en cessation des paiements est impossible, une troisième voie peut être empruntée : *la liquidation judiciaire* (C. com., art. L. 640-1 s.). Cette procédure est destinée à mettre fin à l'activité de l'entreprise et à réaliser le patrimoine du débiteur par une cession globale[3] ou séparée de ses actifs. Depuis l'ordonnance du 12 mars 2014, une dernière solution existe, visant à faciliter le « rebond » des débiteurs personnes physiques les plus modestes[4] : *le rétablissement professionnel sans liquidation* (C. com., art. L. 645-1 s.). « L'idée est d'offrir au débiteur le confort des effets de la clôture pour insuffisance d'actif, c'est-à-dire la « purge des dettes », en se dispensant d'une véritable procédure collective[5], parce que son dossier est impécunieux »[6].

544. ***Les procédures de traitement des difficultés des particuliers***. Le droit du surendettement[7], tel qu'il résulte de la loi *Borloo* du 1er août 2003 d'orientation et de program-

---

1. La loi n° 2010-1249 de régulation bancaire et financière du 22 octobre 2010 a créé une variante de la procédure de sauvegarde, la *sauvegarde financière accélérée* (SFA). Depuis l'ordonnance du 12 mars 2014, celle-ci n'est elle-même qu'une variante de la *sauvegarde accélérée* (C. com., art. L. 628-1 à L. 628-8 : dispositions générales ; art. L. 628-9 et L. 628-10 : dispositions propres à la SFA). Il s'agit de passerelles entre les procédures de prévention et de traitement, puisqu'elles sont seulement applicables aux entreprises ayant préalablement ouvert une procédure de conciliation. Contrairement à la procédure de sauvegarde de droit commun, la sauvegarde accélérée peut profiter à un débiteur en cessation des paiements, à condition que cet état ne précède pas la demande d'ouverture de la procédure de conciliation depuis plus de 45 jours (C. com., art. L. 628-1, al. 4).

2. L'un des principaux apports de l'ordonnance du 12 mars 2014 est d'avoir permis aux créanciers membres d'un comité de présenter des plans alternatifs à celui du débiteur (C. com., art. L. 622-30-2). Sur ce « rééquilibrage des pouvoirs au profit des créanciers », v. not. R. Dammann et G. Podeur, *D.* 2014. 752.

3. Depuis la loi du 26 juillet 2005, les plans de cession de l'entreprise sont inclus dans les procédures de liquidation et non plus dans les procédures de redressement judiciaire (C. com., art. L. 642-1 à L. 642-17).

4. Les articles L. 645-1, L. 645-2 et R. 645-1 du Code de commerce énoncent les conditions d'ouverture de la procédure de rétablissement professionnel : le débiteur doit être une personne physique exerçant une activité commerciale, artisanale, agricole ou indépendante, y compris libérale, à l'exclusion des EIRL ; le débiteur ne doit avoir employé aucun salarié au cours des six derniers mois, ni être partie à une instance prud'homale ; la valeur de l'actif du débiteur doit être inférieure à 5000 euros ; le débiteur ne doit pas être en période d'observation d'une sauvegarde ou d'un redressement judiciaire, ni être en liquidation judiciaire ; le débiteur ne doit pas avoir fait l'objet, depuis moins de cinq ans, au titre de l'un quelconque de ses patrimoines, d'une procédure de liquidation judiciaire clôturée pour insuffisance d'actif ou d'une décision de clôture d'une procédure de rétablissement professionnel.

5. Sauf à ce qu'au cours de la procédure de rétablissement professionnel, le tribunal ouvre la procédure de liquidation judiciaire, dans les conditions de l'article L. 645-9 du Code de commerce.

6. P.-M. Le Corre, « Premiers regards sur l'ordonnance du 12 mars 2014 réformant le droit des entreprises en difficulté », *D.* 2014. 733, qui précise que « ces dossiers impécunieux sont très nombreux ; environ 27 000, soit plus de 40 % des procédures collectives ouvertes. 20 000 de ces dossiers sont des procédures sans salariés. Ce sont les dossiers « boulets » pour les statistiques des procédures collectives ouvertes en France ». V. aussi F.-X. Lucas et M. Sénéchal, « La procédure d'enquête pour le rétablissement professionnel (PERP), De la liquidation judiciaire au rétablissement professionnel », *D.* 2013, 1852 ; F. Macorig-Venier, « Le rétablissement professionnel », *Dr. et patr.* 2014, dossier 238.

7. La loi *Neiertz* n° 89-1010 du 31 décembre 1989, en réaction à l'enracinement de la crise économique au cours des années quatre-vingt, s'est emparée du problème du surendettement des

mation pour la ville et la rénovation urbaine et de la loi *Lagarde* du 1er juillet 2010 portant réforme du crédit à la consommation, distingue également des solutions amiables et judiciaires[1]. Après avoir vérifié la recevabilité de la demande et dressé l'état d'endettement du débiteur, si un redressement est envisageable, la commission départementale de surendettement a pour mission de parvenir à l'adoption d'un *plan de redressement conventionnel* entre le débiteur et ses principaux créanciers[2]. En cas d'échec de cette mission de conciliation, la commission peut soit, à la demande du débiteur, imposer des mesures de redressement (C. consom., art. L. 331-7[3]) sans aucune intervention du juge[4], soit recommander d'autres mesures, plus attentatoires aux droits des créanciers, qui doivent être homologuées par le juge d'instance pour être exécutoires (C. consom., art. L. 331-7-1[5]). Pour les cas où les mesures de redressement seraient inopérantes, en raison de la situation irrémédiablement comprise du débiteur, la loi du 1er août 2003 a

---

ménages, en instaurant deux procédures distinctes : une procédure amiable devant une commission administrative départementale et une procédure judiciaire devant le juge d'instance (remplacé par le juge de l'exécution à partir de 1991).

Devant l'engorgement des tribunaux, la loi n° 95-125 du 8 février 1995 a fait de la commission de surendettement le pivot de toute la procédure, ne laissant au juge de l'exécution qu'un rôle de contrôle et d'accompagnement.

La loi n° 98-657 du 29 juillet 1998 relative à la lutte contre l'exclusion, sans modifier cette organisation, a tenté de lutter contre « l'insolvabilité durable », en instaurant un moratoire.

En raison du manque d'efficacité de cette dernière mesure, le droit du surendettement a de nouveau été réformé par la loi *Borloo* n° 2003-710 du 1er août 2003, modifiée par la loi de programmation n° 2005-32 du 18 janvier 2005 pour la cohésion sociale.

La dernière réforme globale a été opérée par la loi *Lagarde* n° 2010-737 du 1er juillet 2010. Quelques retouches lui ont été apportées par la loi n° 2013-672 du 26 juillet 2013 de séparation et de régulation des activités bancaires, ainsi que par la loi *Hamon* n° 2014-344 du 17 mars 2014 relative à la consommation (à compter du 1er juillet 2016, la durée maximale d'un plan de surendettement ou de rétablissement personnel ne sera plus, en principe, de huit ans, mais de sept ans).

1. La loi n° 2010-1609 du 22 décembre 2010 a prévu le transfert du contentieux du surendettement du juge de l'exécution au juge d'instance (COJ, art. L. 221-8-1).

2. En pratique, de nombreuses propositions de plans conventionnels échouent en raison, soit du refus de certains créanciers de consentir des abandons de créances, soit de l'impossibilité d'obtenir des réponses de la part d'autres créanciers. Les commissions sont alors contraintes de constater l'échec des négociations et d'ouvrir, après accord du débiteur, la phase des mesures imposées ou recommandées, celles-ci étant bien souvent les mêmes que celles proposées lors de la phase amiable. Afin de raccourcir la procédure et d'en limiter les coûts, le nouvel article L. 331-6, II, issu de la loi n° 2013-672 du 26 juillet 2013 (entrée en vigueur le 26 janvier 2014) autorise la commission à imposer ou à recommander des mesures, sans passer préalablement par une phase de négociation amiable. Cette faculté est subordonnée à deux conditions. D'une part, la situation du débiteur, sans être irrémédiablement compromise, ne doit pas permettre de prévoir le remboursement de la totalité de ses dettes. D'autre part, la mission de conciliation doit paraître de ce fait manifestement vouée à l'échec.

3. Les mesures que la commission peut imposer, pour une durée maximale de huit ans en principe, sont énoncées limitativement par l'article L. 331-7 du Code de la consommation. Il s'agit du report ou du rééchelonnement du paiement des dettes autres que celles visées par l'article L. 333-1 ; de l'imputation prioritaire des paiements sur le capital ; de la réduction du taux d'intérêt pour les sommes correspondant aux échéances reportées ou rééchelonnées ; de la suspension de l'exigibilité des créances autres qu'alimentaires, pour une durée qui ne peut excéder deux ans.

4. Il s'agit de l'une des principales innovations de la loi de 2010, puisqu'auparavant la commission ne pouvait formuler que des recommandations, qui devaient être homologuées par le juge de l'exécution. C'est essentiellement pour accélérer la procédure de surendettement que la réforme a accru de la sorte les pouvoirs des commissions et fait reculer d'autant le recours au juge.

5. D'une part, en cas de vente forcée ou amiable du logement principal du débiteur «grevé d'une inscription bénéficiant à un établissement de crédit ayant fourni les sommes nécessaires à son acquisition», la commission peut recommander, une fois le prix de vente imputé sur le capital restant dû, que celui-ci soit réduit « dans des proportions telles que son paiement, assorti d'un rééchelonnement

prévu l'ouverture d'une *procédure judiciaire de rétablissement personnel*, qui peut avoir lieu, depuis la réforme de 2010, avec ou sans liquidation judiciaire[1]. À l'issue de cette éventuelle liquidation du patrimoine, si l'actif permet de désintéresser les créanciers, le juge prononce la clôture de la procédure de rétablissement personnel ; dans le cas contraire, il clôture la procédure pour insuffisance d'actif. La clôture emporte l'effacement de toutes les dettes non professionnelles antérieures, ainsi que des dettes résultant d'un engagement de cautionner ou d'acquitter solidairement la dette d'un entrepreneur individuel ou d'une société[2] (C. consom., art. L. 332-5 et L. 332-9). En revanche, depuis la réforme du 1er juillet 2010, échappent à l'effacement les dettes « dont le prix a été payé au lieu et place du débiteur par la caution ou le coobligé, personnes physiques »[3].

545. ***Objectifs prioritaires communs***. Les procédures collectives professionnelles ont longtemps eu pour seule finalité un règlement organisé des créanciers. Au contraire, depuis la loi du 25 janvier 1985, il est clairement affirmé qu'elles ont pour but la poursuite de l'activité économique et le maintien de l'emploi, l'apurement du passif étant relégué à la dernière place (C. com., art. L. 620-1, relatif à la procédure de sauvegarde ; art. L. 631-1, relatif au redressement judiciaire). Le droit du surendettement sacrifie pareillement l'intérêt des créanciers au profit des débiteurs les plus démunis, au nom de la solidarité et de la lutte contre la marginalisation.

Notons que le *règlement communautaire du 29 mai 2000*[4], texte de droit international privé définissant la compétence internationale des juridictions ouvrant des procédures d'insolvabilité transfrontalières[5], a davantage été conçu pour faciliter la liquidation des entreprises en difficulté[6]. Cet objectif a été édulcoré par la Commission européenne.

---

calculé conformément au 1° de l'article L. 331-7, soit compatible avec les ressources et les charges du débiteur ». D'autre part, la commission peut recommander un effacement partiel des dettes, mais seulement s'il est combiné avec une ou plusieurs des mesures que peut imposer la commission.

1. La procédure de rétablissement personnel a lieu sans liquidation si « le débiteur ne possède que des biens meublants nécessaires à la vie courante et des biens non professionnels indispensables à l'exercice de son activité professionnelle, ou que l'actif n'est constitué que de biens dépourvus de valeur marchande ou dont les frais de vente seraient manifestement disproportionnés au regard de leur valeur vénale » (C. consom., art. L. 330-1). Si le débiteur n'est pas dans l'une de ces situations, la procédure de rétablissment personnel s'accompagne d'une liquidation judiciaire ; le juge d'instance désigne alors un liquidateur chargé de vendre les biens du débiteur.

2. Cette extension a été opérée par la loi de modernisation de l'économie du 4 août 2008. Sur cette nouvelle bienveillance législative à l'égard des cautions dirigeantes, v. ss 307.

3. V. ss 548, 563, 607.

4. Règlement (CE) n° 1346/2000 du Conseil du 29 mai 2000 relatif aux procédures d'insolvabilité (*JOCE* L 160 du 30 juin 2000).

Ce règlement pose des règles de compétence du juge, de détermination de la loi applicable, quelques règles matérielles, notamment et surtout en matière de sûretés réelles (article 5 relatif aux droits réels des tiers et article 7 sur la réserve de propriété) et un principe de reconnaissance immédiate et automatique des décisions prises par les juridictions des États-membres compétentes.

5. Procédures de liquidation judiciaire, de redressement judiciaire avec nomination d'un administrateur ou de sauvegarde (Règlement modificatif du 27 avr. 2006, *Lebon* n° 694/2006 du 27 avr. 2006, *JOUE* L 121 du 6 mai 2006), à l'exclusion de la procédure de conciliation pour les entreprises (en ce sens, Rép. min. n° 120292, *JO déb. Ass. nat. Q*, 1er mai 2007, p. 4159) ainsi que de la procédure de surendettement des particuliers (pour une critique de cette exclusion, cf. M.-N. Jobard-Bachellier, « Les procédures de surendettement et de faillite internationales ouvertes dans la Communauté européenne », *Rev. crit. DIP* 2002. 491 s.).

6. La conception d'une universalité de la faillite (il serait sans doute plus exact d'ailleurs de parler d'européanité) rendue possible, notamment, par une coordination des moyens de procédure, principale et secondaires, permet avant tout un règlement collectif du passif (toute créance détenue par un

Dans sa « nouvelle approche » des défaillances et de l'insolvabilité des entreprises (communication du 12 décembre 2012), le droit européen de l'insolvabilité a été présenté comme devant favoriser le sauvetage des entreprises et la réhabilitation des entrepreneurs, tout en protégeant les intérêts légitimes des créanciers. Le *nouveau règlement européen sur les procédures d'insolvabilité du 20 mai 2015* traduit cette évolution [1].

546. ***L'impératif de justice distributive.*** En matière contractuelle, l'impératif de justice distributive commande d'accorder des faveurs aux contractants victimes d'une certaine violence économique et sociale. Ainsi, pour redresser les entreprises en difficulté et maintenir l'emploi et, par ailleurs, pour éviter la marginalisation des particuliers surendettés, l'impératif de justice distributive justifie de *dispenser ces débiteurs victimes de la crise économique de leur obligation au paiement* et de faire supporter corrélativement aux créanciers d'importants sacrifices : renoncer à un paiement ponctuel, si le débiteur bénéficie de délais ; renoncer à un paiement intégral, en cas de réduction de la dette ; renoncer au paiement tout court, dans l'hypothèse d'un effacement de cette dette. Le droit des procédures collectives professionnelles et celui du surendettement comportent de multiples exemples de cette *solidarité imposée aux créanciers* des débiteurs – entreprises ou particuliers – en difficulté.

547. ***Les données du problème en matière de cautionnement.*** Lorsqu'un créancier a pris la précaution de demander l'engagement d'une caution, avant que ne s'ouvre une procédure d'insolvabilité contre son débiteur, la solidarité dont celui-ci profite dans le cadre de cette procédure doit-elle être supportée par le créancier ou par la caution ? En d'autres termes, sur lequel doit peser le risque d'altération du droit de créance et de diminution des chances de remboursement ?

Pour résoudre cette difficulté, deux voies extrêmes peuvent être empruntées.

Soit privilégier *le caractère accessoire renforcé du cautionnement*, qui s'oppose à ce que la caution soit tenue à plus que le débiteur (C. civ., art. 2290, anc. art. 2013) et qui postule au contraire de lui étendre les faveurs accordées à celui-ci. Il reviendrait alors au créancier de supporter définitivement le poids des mesures fondées sur l'impératif de justice distributive.

---

créancier résidant habituellement dans un État-membre), à partir de l'actif du débiteur (tous les biens du débiteur situés sur le territoire des États-membres). En témoignent, par exemple, l'article 33 relatif à la « suspension de la liquidation » ou bien encore l'article 35 intitulé « surplus d'actif de la procédure secondaire ». Pour d'autres illustrations, cf. D. Voinot, « La protection des créanciers dans l'Union européenne », *in Mélanges D. Tricot*, Dalloz-Litec 2011, p. 743.

1. Règlement PE et Cons. UE n° 2015/848, 20 mai 2015, *JOUE* 5 juin, n° L 141, directement applicable dans les États membres à compter du 26 juin 2017. Sur son champ d'application élargi, offrant davantage d'instruments au service du redressement du débiteur (pour la France : procédures actuelles de sauvegarde, de sauvegarde accélérée, de sauvegarde financière accélérée, de redressement et de liquidation judiciaire, à l'exclusion, toujours, de la procédure de conciliation et des procédures de surendettement), sur les règles de coopération des praticiens et des tribunaux, sur la coordination des procédures ouvertes contre des groupes de sociétés et sur l'amélioration des droits des créanciers (déclaration uniformisée des créances, registres d'insolvabilité européens), cf. not. *Le nouveau règlement insolvabilité : quelles évolutions ?*, dir. F. Jault-Seseke et D. Robine, Lextenso, éd. Joly-Pratique des affaires, 2015 ; R. Dammann, M. Menjucq et Ph. Roussel Galle, « Le nouveau règlement européen sur les procédures d'insolvabilité », *Rev. proc. coll.* 2015, p. 10 ; L.-C. Henry, « Le nouveau règlement « insolvabilité » : entre continuité et innovations », *D.* 2015. 979 ; J.-L. Vallens, « Le règlement (UE) n° 2015/848 du 20 mai 2015 : une avancée significative du droit européen de l'insolvabilité », *RLDA* 2015, n° 106.

Soit faire primer *la raison d'être du cautionnement*, c'est-à-dire la sécurité financière du créancier : le cautionnement doit jouer pleinement et tout de suite lorsque la défaillance du débiteur est avérée, puisque le risque d'insolvabilité du débiteur est précisément le risque contre lequel le créancier a voulu se prémunir en exigeant une caution. Il appartiendrait alors à la caution de payer le créancier, sans pouvoir opposer les faveurs accordées au débiteur, quand bien même ses recours en remboursement seraient rendus inefficaces par l'insolvabilité de ce dernier.

548. ***La position du droit positif.*** Une solution tranchée entre ces deux voies extrêmes n'a jamais été adoptée [1]. Les lois successives relatives aux difficultés des entreprises ou des particuliers surendettés, ainsi que la jurisprudence, ont plutôt cherché à répartir les risques entre le créancier et la caution, en privilégiant, tantôt la règle de l'accessoire, tantôt la fonction de garantie du cautionnement.

Il est vrai, cependant, que cette recherche d'équilibre est beaucoup moins présente dans les dernières réformes des procédures collectives professionnelles. La loi du 26 juillet 2005, puis les ordonnances du 18 décembre 2008 et du 12 mars 2014 ont très nettement été animées par le souci de protéger certains garants (plus seulement les cautions, mais tous les garants de la dette d'autrui, que la sûreté soit de nature personnelle ou réelle), à savoir les *garants personnes physiques*, c'est-à-dire, le plus souvent, le chef d'entreprise lui-même ou ses proches. Il importe toutefois de souligner que ces garants ne sont pas protégés pour eux-mêmes, mais bien plutôt pour promouvoir les deux voies de traitement anticipé des difficultés de l'entreprise débitrice que sont la conciliation et la sauvegarde [2].

Notons que, depuis la réforme des procédures de surendettement par la loi du 1er juillet 2010, les cautions ou coobligés personnes physiques font également l'objet d'un traitement privilégié. En effet, l'effacement partiel que peut recommander la commission, aussi bien que l'effacement total résultant de la clôture de la procédure de rétablissement personnel ne concernent pas les dettes du débiteur qui ont été payées par ces cautions ou coobligés personnes physiques (C. consom., art. L. 331-7-1, 2°, art. L. 332-5 et art. L. 332-9). Il s'est agi d'éviter qu'au surendettement du débiteur ne s'ajoute celui de ces garants ayant payé le créancier et exerçant un recours contre le débiteur [3]. Objectif certainement

---

1. De nombreux droits étrangers font, au contraire, primer la finalité du cautionnement en présence d'une procédure d'insolvabilité du débiteur (v. ss 67). V. ss 620 la proposition de réforme en ce sens.

2. Très clairement en ce sens, cf. Com., QPC, 8 oct. 2012, inédit, n° 12-40060 : « en interdisant aux coobligés et aux personnes ayant consenti une sûreté personnelle ou ayant affecté ou cédé un bien en garantie de se prévaloir des dispositions du plan de redressement arrêté à l'égard du débiteur principal, cependant qu'à l'exception des personnes morales, les coobligés et les personnes ayant consenti une sûreté personnelle ou ayant affecté ou cédé un bien en garantie peuvent se prévaloir du plan de sauvegarde bénéficiant au débiteur principal, le législateur a entendu favoriser le développement de la procédure de sauvegarde dont l'objectif est de maintenir l'activité économique et les emplois, en incitant les chefs d'entreprises à anticiper les difficultés de l'entreprise par des mesures significatives dont fait partie cette possibilité ». Il n'est pas certain que la même réponse serait apportée au sujet de la procédure de sauvegarde accélérée, qui, contrairement à la procédure de sauvegarde de droit commun, peut profiter à un débiteur qui se trouve déjà en cessation des paiements depuis moins de 45 jours lors de la demande d'ouverture de la procédure de conciliation, nécessairement préalable (C. com., art. L. 628-1, al. 4). Sur cette difficulté, v. J. E. Degenhardt, « Sauvegarde accélérée en cessation des paiements : des faveurs injustifiées pour les garants personnes physiques ? », *BJE* 2015, n° 1, p. 60.

3. La distinction opérée par la réforme de 2010 entre les cautions personnes physiques et les cautions personnes morales a reçu une autre justification : sous l'empire de la loi du 1er août 2003, comme un recours en remboursement contre le débiteur surendetté était reconnu à toutes les cautions, il était fréquemment exercé par des sociétés de caution mutuelle, filiales des établissements ayant consenti les prêts garantis. Cela permettait à ces établissements de crédit de ne pas souffrir, *in fine*, des

louable, mais grandement illusoire en pratique, puisque les chances que le recours exercé contre le débiteur surendetté conduise au remboursement de la caution sont très faibles, à tout le moins à brève échéance [1].

549. ***Les données du problème à l'égard des autres sûretés personnelles.*** La détermination du régime des sûretés personnelles alternatives au cautionnement pose toujours la même question : faut-il les soumettre aux mêmes règles que le cautionnement ou leur reconnaître au contraire une autonomie normative ? La réponse est délicate, car deux types de critères peuvent être mis en œuvre et conduire à des solutions différentes.

D'une part, *la finalité de la garantie*. Dans la mesure où toutes les sûretés personnelles ont pour fonction d'accroître la sécurité du créancier en diminuant le risque d'impayé, les textes qui favorisent le paiement du créancier par sa caution ou qui, à l'inverse, privilégient la protection des intérêts de la caution au détriment de ceux du créancier, devraient s'appliquer, par analogie, aux autres sûretés personnelles.

D'autre part, *la technique de garantie*. On sait que l'intensité du lien d'accessoire à principal n'est pas la même dans toutes les sûretés personnelles : renforcé dans le cautionnement, il est fortement atténué dans la lettre d'intention et surtout dans la garantie autonome [2]. Dès lors, les règles fondées sur le caractère accessoire renforcé du cautionnement ne devraient pas s'appliquer aux sûretés présentant une certaine indépendance par rapport à la dette principale.

550. ***La position du droit positif***

Droit du surendettement. Dans le Titre III du Livre III du Code de la consommation, aucune sûreté personnelle autre que le cautionnement n'est visée. Des considérations pratiques peuvent certainement l'expliquer : le cautionnement est la sûreté le plus souvent consentie par des tiers en garantie des dettes d'un particulier surendetté ; la garantie autonome et la lettre d'intention ont été créées et se sont développées dans la vie des affaires et elles continuent d'y trouver leur terrain d'élection. Une raison juridique permet aussi d'expliquer l'absence de réglementation de la garantie autonome par le droit du surendettement : depuis l'ordonnance du 23 mars 2006, la garantie autonome est prohibée en garantie de crédits à la consommation ou immobiliers consentis à des consommateurs (C. consom., art. L. 310-10-1), ainsi qu'en garantie de dettes résultant d'un bail d'habitation (L. du 6 juill. 1989, art. 22-1-1), autant de dettes qui se trouvent au cœur des situations de surendettement. Toutefois, le droit du surendettement renferme des règles communes à toutes les garanties et sûretés, qui devraient donc s'appliquer à toutes les garanties personnelles (C. consom., art. L. 331-3-1, al. 2, et L. 331-5 relatifs à l'« interdiction de prendre toute garantie ou sûreté » lorsque les procédures d'exécution sont elles-mêmes interdites [3]), ou au moins à celles présentant un caractère accessoire renforcé lorsqu'il est question de l'extinction des créances garanties [4].

---

mesures d'effacement de dettes. Sur proposition du comité de suivi de la loi du 1er août 2003 (*Rapport du 30 novembre 2005*, La documentation française, p. 35), la réforme de 2010 a entendu mettre fin à cette pratique en privant de recours toutes les cautions personnes morales.

1. Cf. l'enquête typologique de la Banque de France sur le surendettement publiée en mars 2011.

2. V. ss 465 s., 518 s.

3. Sur ces interdictions, cf. M. Bourassin, « Sûretés et surendettement des particuliers », *LPA* 10 oct. 2012, p. 4 s., spéc. n° 29 à 31.

4. V. ss 557, 558, sur le défaut de déclaration des créances et des sûretés ; v. ss 563 sur l'effacement total des dettes lors de la clôture de la procédure de rétablissement personnel.

Droit des entreprises en difficulté. En matière de procédures collectives professionnelles, l'intérêt du législateur pour les sûretés personnelles alternatives au cautionnement est relativement récent. En effet, la loi de sauvegarde des entreprises en difficulté du 26 juillet 2005 est la première à avoir fixé le sort d'autres garants que les cautions, à savoir les garants autonomes. Alors que la jurisprudence avait tendance, avant cette loi, à soumettre les garanties autonomes à un régime distinct de celui du cautionnement, en tirant toutes les conséquences de leur indépendance vis-à-vis de la dette principale, la réforme de 2005 a au contraire pris le parti d'instaurer un *régime commun*, qui ne respecte certes pas toujours, ni la finalité des garanties, ni leurs techniques propres, mais qui présente le mérite d'éviter le contournement des protections accordées spécialement aux cautions. La réglementation des garanties autonomes n'épuise cependant pas, loin de là, toutes les possibilités de contournement, puisqu'il existe bien d'autres formes de garanties de la dette d'autrui. Une nouvelle réforme apparaissait donc nécessaire pour parachever *l'uniformisation* amorcée en 2005.

Les ordonnances du 18 décembre 2008 et du 12 mars 2014 se sont acquittées de cette tâche en réécrivant les articles du droit des procédures collectives protégeant, soit l'ensemble des cautions, soit les seules cautions personnes physiques, pour viser, d'une manière plus générale (tout en respectant néanmoins l'éventuelle discrimination au profit des personnes physiques) les coobligés et les personnes « ayant consenti une sûreté personnelle ou ayant affecté ou cédé un bien en garantie »[1]. Profitent donc désormais des faveurs traditionnellement réservées aux cautions : les codébiteurs solidaires, intéressés ou non à la dette ; les garants autonomes ; les souscripteurs de lettres d'intention ; les propriétaires de biens mobiliers ou immobiliers constituant sur ceux-ci, soit une sûreté réelle classique, soit une fiducie-sûreté. Ce qui compte, pour que s'applique le *droit commun des sûretés dans le contexte d'une procédure collective*, c'est seulement la cause finale de l'engagement, qui doit résider, au moins en partie (dans le cas de la solidarité passive traditionnelle), dans la *garantie de la dette d'autrui*. Les modalités de l'engagement importent peu en revanche : engagement principal (celui du coobligé) ou subsidiaire (sûretés) ; sûreté personnelle ou réelle ; sûreté personnelle accessoire ou indépendante ; sûreté réelle classique, conférant un droit de préférence, ou sûreté reposant sur un transfert de propriété et conférant un droit au paiement exclusif.

La simplicité et le pragmatisme semblent donc caractériser le régime commun mis en place depuis l'ordonnance de 2008. Il inspire cependant deux craintes. La première est que la simplicité résultant de l'extrême généralité du champ d'application de ce régime ne soit pas synonyme de sécurité. Il y a fort à redouter, en effet, qu'un nouveau contentieux ne se développe au sujet de la notion de « sûreté personnelle » (cette qualification sera-t-elle attribuée à la délégation imparfaite, à la promesse de porte-fort[2], à l'assurance-crédit ou encore à la clause de ducroire ?). La seconde crainte tient à la dénaturation des techniques de garantie

---

1. Cette formule figure dans les articles L. 611-10-2, L. 622-26, L. 622-28, L. 626-11, L. 631-14, L. 631-20 du Code de commerce depuis l'ordonnance du 18 décembre 2008. Curieusement, celle-ci n'avait pas modifié l'article L. 643-11, II du Code de commerce permettant un recours en paiement contre le débiteur principal, en dépit de la clôture de la procédure de liquidation judiciaire pour insuffisance d'actif. L'ordonnance du 12 mars 2014 a réparé cet oubli. Cf. J.-D. Pellier, « La poursuite de la construction d'un régime des sûretés pour autrui. À propos de la modification de l'article L. 643-11 du Code de commerce par l'ordonnance du 12 mars 2014 », *D*. 2014. 1054.

2. Pour une réponse négative au sujet de l'article L. 622-28 du Code de commerce (suspension des poursuites contre les personnes physiques ayant consenti une sûreté personnelle, pendant la période d'observation de la procédure de sauvegarde), cf. Paris, 3 déc. 2010, n° RG 08/04279, ayant refusé d'appliquer cette disposition en présence d'un porte-fort d'exécution.

qu'emporte inéluctablement l'intérêt exclusif porté au but des engagements. Traiter de la même manière l'ensemble des garants personnels, seulement parce qu'ils ont tous en commun de couvrir la dette d'autrui, c'est nier le caractère, soit accessoire, soit indépendant, de leur engagement. Aligner entièrement le régime des sûretés réelles pour autrui sur celui des sûretés personnelles, une fois encore au nom de l'existence d'une garantie de la dette d'autrui, c'est nier la complexité de ces sûretés réelles et fragiliser les solutions rendues à leur égard depuis 2005 en dehors du contexte particulier des procédures d'insolvabilité [1]. Toutes ces dénaturations mettent en péril la cohérence du droit des sûretés. On peut toujours le regretter, mais il n'est plus question de s'en étonner, tant les réformes du 26 juillet 2005, du 18 décembre 2008 et du 12 mars 2014 ont concrétisé le choix qui a été ouvertement fait dans l'ordonnance du 23 mars 2006 de neutraliser les sûretés au profit des impératifs des procédures d'insolvabilité. Rappelons, effectivement, que selon l'article 2287 du Code civil, issu de la réforme du droit des sûretés, les dispositions du livre IV du Code civil, qui constituent le droit commun des sûretés, « ne font pas obstacle à l'application des règles prévues en cas d'ouverture d'une procédure de sauvegarde, de redressement judiciaire ou de liquidation judiciaire ou encore en cas d'ouverture d'une procédure de traitement des situations de surendettement des particuliers ».

L'incidence des procédures d'insolvabilité des entreprises et des particuliers surendettés sur les sûretés personnelles [2] se manifeste dans quatre types de circonstances susceptibles d'atteindre la garantie : son existence même (Chapitre 1) ; le moment du règlement du garant (Chapitre 2) ; la fixation du montant de ce règlement (Chapitre 3) ; la détermination des recours en remboursement du garant (Chapitre 4).

1. V. ss 1185 s.

2. Pour des synthèses récentes, cf. M. Bourassin, « Sûretés et surendettement des particuliers », *LPA* 10 oct. 2012, p. 4 à 29 ; M. Farge et O. Gout, « L'impact du nouveau droit des entreprises en difficulté sur le droit des sûretés », *RLDC* 2009, n° 58, p. 25 s. ; O. Gout, « Les sûretés face aux procédures collectives », *JCP N* 5 oct. 2012, n° 40, p. 45 ; C. Houin-Bressand, « La caution en difficulté », *in Mélanges D. Tricot*, Dalloz-Litec, 2011, p. 452 ; D. Legeais, « La loi sur le crédit à la consommation et le droit des sûretés », *RD banc. fin.* 2010, n° 6, comm. 210 ; Ph. Pétel, « Les sûretés personnelles dans le nouveau droit des entreprises en difficulté », *Cah. dr. ent.* 2009, dossier 20 ; J.-L. Puygauthier, « Cautionnement et procédures collectives commerciales », *JCP N* 15 févr. 2013, p. 43 ; V. Rouit, « La mise en œuvre des sûretés et garanties en cas de difficulté des entreprises débitrices principales » *RLDC* 2011, n° 87.

Chapitre 1

Incidence des procédures d'insolvabilité sur l'existence de la garantie

Après l'ouverture d'une procédure d'insolvabilité contre le débiteur principal, la question du maintien de la garantie personnelle se pose principalement dans quatre hypothèses[1] : le défaut de déclaration de la créance garantie (Section 1) ; la transmission du contrat garanti au cessionnaire de l'entreprise débitrice (Section 2) ; la clôture de la procédure (Section 3) ; enfin, la mise en jeu de la responsabilité du créancier pour les concours consentis à l'entreprise (Section 4).

Section 1
Le défaut de déclaration des créances

Traditionnellement imposée par le droit des procédures collectives[2] (§ 1), l'obligation de déclaration des créances ne fut inscrite dans le droit du surendettement des particuliers que par la loi du 1er août 2003 d'orientation et de programmation pour la ville et la rénovation urbaine (§ 2).

---

1. S'y ajoute, mais beaucoup plus rarement, la question de la validité de la garantie personnelle constituée en *période suspecte* au regard de l'article L. 632-1, I, 1° du Code de commerce. La nullité imposée par ce texte porte sur les actes à titre gratuit intervenus depuis la cessation des paiements. La Cour de cassation a récemment approuvé une cour d'appel d'avoir écarté cette qualification d'acte à titre gratuit, partant la nullité d'un cautionnement, au motif que la société débitrice et la société caution appartenaient à un même groupe, la première étant l'associée majoritaire de la seconde, sa filiale (Com. 19 nov. 2013, *Bull. civ.* IV, n° 168).

2. Sur la constitutionnalité des dispositions du Code de commerce régissant l'obligation de déclarer les créances (C. com., art. L. 622-26, L. 622-24 et L. 631-8), cf. Com. 5 sept. 2013, QPC, *Bull. civ.* IV, n° 127 : « les dispositions critiquées, dont le but est de permettre une connaissance rapide du passif, n'établissent aucune distinction injustifiée en différenciant les points de départ des délais impartis selon la date de naissance de la créance, la publicité dont les droits du créancier ont fait l'objet ou la qualité de victime d'une infraction pénale du créancier, et n'excluent aucun créancier placé dans l'impossibilité de connaître l'existence de sa créance dans les six mois du bénéfice du délai supplémentaire accordé pour agir en relevé de forclusion ; qu'elles n'édictent aucune sanction ayant le caractère d'une punition ; qu'elles ne portent pas une atteinte substantielle au droit à un recours juridictionnel effectif en ce qu'elles ne font pas obstacle à la recevabilité d'une action en relevé de forclusion exercée après l'expiration du délai maximal d'un an prévu par l'article L. 622-26 du Code de commerce par un créancier placé dans l'impossibilité d'agir pendant ce délai ; que la question posée ne présente donc pas de caractère sérieux au regard des exigences qui s'attachent aux principes de valeur constitutionnelle invoqués ; D'où il suit qu'il n'y a pas lieu de renvoyer la question posée au Conseil constitutionnel ».

§ 1. Droit des entreprises en difficulté

551. ***L'incidence du défaut de déclaration de la créance sur un cautionnement avant la loi de sauvegarde des entreprises en difficulté du 26 juillet 2005***

> **C. com., anc. art. L. 621-46, al. 4.** – Les créances qui n'ont pas été déclarées et n'ont pas donné lieu à relevé de forclusion sont éteintes.

L'article 53 de la loi du 25 janvier 1985 relative au redressement et à la liquidation judiciaires des entreprises, devenu l'article L. 621-46 du Code de commerce, sanctionnait le défaut de déclaration des créances par une *forclusion* provoquant *l'extinction de la dette.*

Après un vif débat doctrinal, la chambre commerciale de la Cour de cassation a décidé, dans deux arrêts de principe du 17 juillet 1990[1], que l'extinction prévue par ce texte constituait une *exception inhérente à la dette*, que la caution pouvait invoquer pour être entièrement déchargée.

Cette solution était parfaitement justifiée au regard du caractère accessoire renforcé du cautionnement (C. civ., art. 2313, anc. art. 2036). Elle pouvait en outre s'expliquer par l'idée équitable selon laquelle une caution ne devrait pas avoir à subir la négligence du créancier (idée qui inspire également l'exception de défaut de subrogation)[2].

Néanmoins, l'extinction par voie accessoire du cautionnement à la suite du défaut de déclaration de la créance *contredisait la fonction de garantie du cautionnement*, puisque les créanciers se trouvaient privés de leur garantie au moment où, par définition, ils en avaient le plus besoin et ce, d'autant plus que la jurisprudence conférait à cette extinction une *très large portée.*

D'abord, la caution était déchargée, même si le défaut de déclaration de la créance ne lui causait aucun préjudice[3].

Ensuite, la libération profitait même à la caution ayant été condamnée par décision définitive, dès lors que l'extinction de la créance préexistait à cette condamnation et qu'elle n'avait pas encore payé le créancier à la date du jugement d'ouverture[4].

En outre, les créanciers de bonne foi pouvaient se trouver très (trop) facilement spoliés, car le délai pour déclarer est très bref et court très tôt (deux mois à compter de la publication du jugement d'ouverture au Bodacc) et les conditions d'un relevé de forclusion sont restrictives[5].

Enfin, la jurisprudence assimilait à l'absence de déclaration, non seulement la déclaration tardive sans relevé de forclusion, mais aussi le rejet de la déclaration[6], ou encore la déclaration irrégulière faite par une personne non habilitée à représenter le créancier. Or, les conditions de la représentation étaient particulièrement strictes en ce domaine[7] : les

---

1. Com. 17 juill. 1990, *Bull. civ.* IV, n° 214 et 215. Ces deux arrêts reprennent la solution déjà retenue sous l'empire de la loi du 13 juillet 1967 (Com. 19 juin 1984, *Bull. civ.* IV, n° 198).

2. Encore que, par l'effet de son recours préventif (C. civ., art. 2309, 2°, anc. art. 2032, 2°), la caution dispose d'une faculté propre de déclaration de sa créance personnelle d'indemnité, distincte de celle qui appartient au créancier contre le débiteur principal (v. ss 603).

3. Grenoble, 21 déc. 1994, *RD bancaire et bourse* 1995. 220, obs. Calendini et Campana.

4. Com. 5 déc. 1995, *Bull. civ.* IV, n° 277 ; 8 juill. 2003, inédit, n° 00-17708.

5. C. com., art. L. 622-26, modifié par l'ordonnance du 12 mars 2014, dans le sens d'un assouplissement (quant aux conditions du relevé de forclusion et au délai pour agir).

6. Com. 19 oct. 1993, *Bull. civ.* IV, n° 351.

7. Ces conditions ont été considérablement assouplies par l'ordonnance du 12 mars 2014. Cf. C. com., art. L. 622-24, al. 2, *in fine* (jusqu'à ce que le juge statue sur l'admission de la créance, le

déclarations effectuées par un préposé nécessitaient une délégation de pouvoirs, qui ne pouvait pas être implicitement établie par la fonction du déclarant[1]; les déclarations confiées à un mandataire n'étaient régulières que si celui-ci bénéficiait d'un pouvoir spécial[2], et seulement si le mandat pouvait être prouvé par écrit[3]; il ne pouvait être suppléé au mandat spécial et écrit par un commencement de preuve par écrit complété par d'autres éléments[4].

552. ***L'incidence du défaut de déclaration de la créance sur les autres sûretés personnelles avant la réforme du 26 juillet 2005.*** Toutes les solutions précédentes avaient été rendues en matière de cautionnement et n'avaient jamais été étendues à d'autres sûretés personnelles.

La chambre commerciale de la Cour de cassation refusait effectivement aux *codébiteurs solidaires* le droit de se prévaloir du défaut de déclaration, en qualifiant celle-ci d'exception personnelle, inopposable selon l'article 1208, alinéa 2, du Code civil[5]. Cette jurisprudence avait le mérite de préserver les droits du créancier bénéficiaire d'un engagement solidaire, mais elle manquait de cohérence, puisqu'on ne saurait expliquer qu'une même exception soit qualifiée d'inhérente à la dette au bénéfice des cautions et de personnelle au détriment des codébiteurs solidaires.

En matière de *garantie autonome*, le refus de la jurisprudence d'appliquer l'article L. 621-46 du Code de commerce était en revanche justifié, puisqu'il reposait sur l'indépendance de cette sûreté par rapport à la dette principale[6].

Il arrivait aux juges de relever cette indépendance afin d'écarter la forclusion pour défaut de déclaration et de préserver par là même les intérêts de créanciers bénéficiaires ayant exceptionnellement la qualité de consommateurs. Il en allait ainsi à l'égard des *garanties de bonne fin d'achèvement des travaux*[7], considérées d'abord comme des cautionnements[8], puis comme des garanties autonomes, pour faire échapper les créanciers acquéreurs à l'extinction de leur garantie pour défaut de déclaration de leur créance dans la procédure ouverte contre le vendeur[9]. La Cour de cassation adoptait également un raisonnement téléologique au sujet des *garanties financières professionnelles*,

---

créancier peut ratifier la déclaration faite en son nom par tout préposé ou mandataire de son choix) et al. 3 (déclaration par le débiteur, à titre conservatoire, dont les modalités sont précisées par l'article R. 622-5).

1. Com. 4 juill. 2000, inédit, n° 97-20220.
2. Com. 13 avr. 1999, inédit, n° 96-18133 ; 5 nov. 2003, *Bull. civ.* IV, n° 163.
3. Com. 17 déc. 1996, *Bull. civ.* IV, n° 313.
4. Cass., ass. plén., 26 janv. 2001, *Bull. ass. plén.*, n° 1.
5. Com. 19 janv. 1993, *Bull. civ.* IV, n° 25 ; Civ. 1re, 17 nov. 1993, *Bull. civ.* I, n° 335 ; Com. 23 oct. 2001, *Bull. civ.* IV, n° 175.
6. TGI Paris, 8 mars 1995, *RD bancaire et bourse* 1995. 191, obs. M. Contamine-Raynaud ; Com. 30 janv. 2001, *Bull. civ.* IV, n° 25 ; 9 juin 2004, *Bull. civ.* IV, n° 118 : « en raison du caractère autonome de son engagement, le garant ne pouvait ni imputer à faute au bénéficiaire la non-déclaration de sa créance au titre du contrat de base au passif du redressement judiciaire des sociétés garanties, ni prétendre avoir de ce fait subi un préjudice ».
7. L'article R. 261-21 du Code de la construction et de l'habitation la définit comme étant « une convention de cautionnement aux termes de laquelle la caution s'oblige envers l'acquéreur, solidairement avec le vendeur, à payer les sommes nécessaires à l'achèvement de l'immeuble ». Cette garantie présente la spécificité d'être conclue entre le débiteur principal et le garant.
8. Civ. 3e, 5 janv. 1978, *Bull. civ.* III, n° 16 ; 7 juill. 1981, *Gaz. Pal.* 1982. 2. 447, note Gourio ; 3 déc. 1985, *JCP* 1986. IV. 62 ; *Gaz. Pal.* 1986. 1. pan. 52 ; 9 nov. 1994, *Bull. civ.* III, n° 185.
9. Civ. 3e, 12 mars 1997, *Bull. civ.* III, n° 53 ; 14 janv. 1998, *Bull. civ.* III, n° 10 ; 28 nov. 2001, *Bull. civ.* III, n° 139 ; Com. 25 févr. 2004, inédit, n° 00-10346.

notamment celle nécessairement souscrite par les agents immobiliers au bénéfice de leurs clients [1]. Pourtant, cette garantie n'est pas parfaitement autonome, puisque son objet est le règlement de la dette même de l'agent immobilier (Décr. du 20 juill. 1972, art. 39, al. 1er).

553. ***L'incidence du défaut de déclaration de la créance selon la loi du 26 juillet 2005***

> **C. com., art. L. 622-26, al. 1er.** – À défaut de déclaration dans des délais fixés par décret en Conseil d'État, les créanciers ne sont pas admis dans les répartitions et les dividendes à moins que le juge-commissaire ne les relève de leur forclusion s'ils établissent que leur défaillance n'est pas due à leur fait ou qu'elle est due à une omission volontaire du débiteur lors de l'établissement de la liste prévue au deuxième alinéa de l'article L. 622-6. Ils ne peuvent alors concourir que pour les distributions postérieures à leur demande.

Par faveur pour les créanciers, mais aussi, et peut-être surtout, pour mettre notre droit en conformité avec le règlement communautaire du 29 mai 2000 sur les procédures d'insolvabilité [2], la loi du 26 juillet 2005 a abrogé l'article L. 621-46, alinéa 4, du Code de commerce, et lui a substitué un article L. 622-26 aux termes duquel le créancier non déclarant n'est pas en principe admis à participer aux répartitions ou au versement des dividendes du plan de sauvegarde ou de redressement. Cette sanction implique, certes, que le créancier ne puisse recevoir paiement tant que l'ensemble des sujétions de la procédure collective n'ont pas disparu, mais elle ne fait pas disparaître, en revanche, la créance elle-même. Selon l'analyse dualiste de l'obligation, seul le pouvoir de contrainte – *Haftung* – du créancier serait affecté, et non pas la dette elle-même – *Schuld*. Il était permis d'en déduire que la loi de 2005 avait implicitement supprimé une cause d'extinction du cautionnement par voie accessoire et avait conforté, par là même, l'efficacité de cette sûreté [3]. La Cour de cassation a consacré cette interprétation : dans un arrêt en date du 12 juillet 2011, relatif à une liquidation judiciaire

1. Cass., ass. plén., 4 juin 1999, *Bull. civ.*, n° 4 : « en raison de son caractère autonome, la garantie financière [...] n'est pas éteinte lorsqu'en cas de redressement ou de liquidation judiciaire de l'agent immobilier, le client ne déclare pas au passif sa créance de restitution de la somme versée ».

Cette solution fut reprise par la chambre commerciale (Com. 23 mai 2000, inédit, n° 97-19403) et par la première chambre civile (Civ. 1re, 12 déc. 2000, inédit, n° 98-10224).

2. Son article 5 (non modifié par l'article 7 du règlement n° 2015/848 du 20 mai 2015, en vigueur à compter du 26 juin 2017) s'oppose à ce que l'ouverture d'une procédure d'insolvabilité affecte les droits réels d'un créancier ou d'un tiers sur les biens du débiteur, corporels ou incorporels, meubles ou immeubles, qui se trouvent sur le territoire d'un État membre de l'Union européenne différent de celui de l'État d'ouverture. Or, l'extinction de la créance pour défaut de déclaration, selon la *lex concursus* du lieu d'ouverture de la procédure, telle la loi française, faisait perdre aux créanciers munis de sûretés réelles ces droits réels accessoires de garantie en contradiction avec le jeu de l'article 5 du règlement.

3. La protection des créanciers résultant de la loi de 2005 pouvait cependant être considérée comme fragile, car les cautions pouvaient invoquer d'autres moyens de défense.

D'abord, dans l'hypothèse où la créance non déclarée aurait été garantie, non seulement par un cautionnement, mais également par une sûreté réelle, la caution aurait sans doute pu, en se fondant sur l'article 2314 du Code civil (*exception de défaut de subrogation* de l'ancien article 2037), obtenir sa libération, puisque le défaut de déclaration de la créance rend la sûreté réelle inopposable à la procédure et constitue bien, dès lors, une perte d'un droit préférentiel dans lequel la caution eût pu être subrogée, perte imputable à la seule négligence du créancier et causant à la caution un préjudice (en ce sens, sous l'empire de la loi du 25 janvier 1985, cf. Com. 6 févr. 1996, *Bull. civ.* IV, n° 33 ; Paris, 3 mars 2006, *JCP* 2006. I. 195, Ph. Simler).

Ensuite, dans l'hypothèse où le créancier n'aurait été garanti que par un cautionnement et aurait donc été seulement chirographaire, l'article 2314 du Code civil aurait encore pu permettre à la caution d'être déchargée si les juges avaient admis le jeu de l'exception qu'il renferme en cas de perte du seul droit de gage général (en ce sens, cf. Com. 12 juill. 2011, *Bull. civ.* IV, n° 118 ; Com. 19 févr. 2013, *Bull. civ.* IV, n° 26 ; v. ss 369).

prononcée en avril 2006, soit postérieurement à l'entrée en vigueur de la loi de sauvegarde de 2005, la chambre commerciale a jugé qu'« il résulte des dispositions de l'article L. 622-26 du Code de commerce, que la défaillance du créancier ayant pour effet, non d'éteindre la créance, mais d'exclure son titulaire des répartitions et dividendes, cette sanction ne constitue pas une exception inhérente à la dette, susceptible d'être opposée par la caution, pour se soustraire à son engagement »[1].

554. ***L'incidence du défaut de déclaration de la créance depuis l'ordonnance du 18 décembre 2008***

C. com., art. L. 622-26, al. 2. – Les créances non déclarées régulièrement dans ces délais sont inopposables au débiteur pendant l'exécution du plan et après cette exécution lorsque les engagements énoncés dans le plan ou décidés par le tribunal ont été tenus. Pendant l'exécution du plan, elles sont également inopposables aux personnes physiques coobligées ou ayant consenti une sûreté personnelle ou ayant affecté ou cédé un bien en garantie.
C. com., art. L. 631-14, al. 7. – Les personnes coobligées ou ayant consenti une sûreté personnelle ou ayant affecté ou cédé un bien en garantie ne bénéficient pas de l'inopposabilité prévue au deuxième alinéa de l'article L. 622-26 et ne peuvent se prévaloir des dispositions prévues au premier alinéa de l'article L. 622-28.

L'ordonnance du 18 décembre 2008 a précisé, d'une part, la nature de la sanction du défaut de déclaration et, d'autre part, les conséquences de cette sanction sur les garants de l'entreprise en difficulté. Sur ce second point, elle est venue contredire, en partie, l'interprétation de la loi de 2005 suggérée plus haut.

Selon l'article L. 622-26, alinéa 2, du Code de commerce, les créances non déclarées sont inopposables au débiteur pendant l'exécution du plan de sauvegarde et à son issue, si les engagements mentionnés dans le jugement arrêtant ce plan ont été respectés. L'inopposabilité des créances non déclarées, qui était seulement suggérée par le premier alinéa, se trouve donc expressément consacrée, à tout le moins en cas de sauvegarde ou de redressement judiciaire[2].

L'alinéa 2 précise ensuite que cette *inopposabilité profite également aux garants personnes physiques, pendant l'exécution du plan de sauvegarde*. Il s'agit là d'une faveur législative supplémentaire à l'adresse des dirigeants sociaux, pour les encourager à demander l'ouverture d'une procédure collective avant même la cessation des paiements. Mais cet avantage est particulièrement sélectif : l'inopposabilité des créances non déclarées ne joue nullement en cas de redressement (C. com., art. L. 631-14, al. 7, qui n'opère

---

Enfin, en cas de défaut de déclaration d'une créance seulement chirographaire, la caution aurait encore pu tenter d'être déchargée, sur le fondement de la *responsabilité contractuelle*, et par voie de compensation entre sa propre dette et les dommages et intérêts qu'elle aurait réclamés au créancier, pour avoir omis de déclarer sa créance. Le risque de libération de la caution semblait cependant plus faible sur ce fondement, car, si le défaut de déclaration pourrait sans doute être qualifié de négligence fautive, le préjudice en rapport direct avec cette faute prête davantage à discussion, surtout si la caution, usant de sa faculté de déclaration (C. civ., art. 2309, 2°), dispose d'un recours personnel efficace.

1. Com. 12 juill. 2011, *Bull. civ.* IV, n° 118. Déjà en ce sens, Com. 16 oct. 2007, *Bull. civ.* IV, n° 218, statuant par application de l'ancien droit belge des procédures collectives (L. du 8 août 1997), qui ne prévoyait pas que la créance non déclarée dans le délai fixé par le jugement déclaratif était éteinte, mais seulement que le créancier était un créancier défaillant.

2. Sur les difficultés d'interprétation de l'alinéa 2 de l'article L. 622-26 du Code de commerce en cas de liquidation judiciaire, cf. not. P. Crocq, « L'ordonnance du 18 décembre 2008 et le droit des sûretés », *JCP E* 26 mars 2009, n° 13, p. 24 s.

aucune distinction tenant à la personnalité physique ou morale du garant) ou de liquidation judiciaire ; elle n'est prévue qu'en cas de sauvegarde et, plus précisément, que pendant l'exécution du plan et non plus une fois que le plan a été correctement exécuté (C. com., art. L. 622-26, al. 2) ; enfin, dans ce cadre restreint, elle ne profite qu'aux garants personnes physiques. Si ces conditions ne sont pas remplies, l'inopposabilité au débiteur de la créance non déclarée n'empêchera pas le créancier d'agir en paiement contre le garant, à condition, du moins, que celui-ci ne puisse pas se prévaloir d'une suspension des poursuites [1].

Si l'inopposabilité des créances non déclarées constitue, à l'évidence, une sanction moins redoutable, pour les créanciers négligents, que l'ancienne extinction pure et simple de ces créances, la protection des garants personnes physiques en période de sauvegarde organisée par l'ordonnance de 2008, et non remise en cause par la réforme de 2014, limite néanmoins le regain d'efficacité des garanties que la loi de 2005 avait pu laisser entrevoir.

555. ***La déclaration des créances dans la procédure de sauvegarde accélérée***

C. com., art. L. 628-7. – Sans préjudice de l'article L. 622-6, le débiteur établit la liste des créances de chaque créancier ayant participé à la conciliation qui doivent faire l'objet de la déclaration prévue par le premier alinéa de l'article L. 622-24. Cette liste comporte les indications prévues aux deux premiers alinéas de l'article L. 622-25. Elle est certifiée par le commissaire aux comptes ou, à défaut, fait l'objet d'une attestation de l'expert-comptable ; elle est déposée au greffe du tribunal par le débiteur.
Le mandataire judiciaire transmet à chaque créancier figurant sur la liste l'extrait de la liste déposée concernant sa créance.
Le dépôt de la liste au greffe du tribunal vaut déclaration au nom des créanciers si ceux-ci n'adressent pas la déclaration de leurs créances dans les conditions prévues aux articles L. 622-24 à L. 622-26.
L'actualisation des créances mentionnées sur la liste déposée est faite dans le délai prévu par le premier alinéa de l'article L. 622-24.
Un décret en Conseil d'État précise les modalités d'application du présent article.

Dans la procédure de sauvegarde accélérée, telle que réglementée par l'ordonnance du 12 mars 2014 et son décret d'application du 30 juin 2014, les créances des créanciers n'ayant pas participé à la conciliation doivent être déclarées par ceux-ci dans les conditions précédemment exposées. Au contraire, les *créances des créanciers ayant participé à la conciliation* [2] obéissent à un régime original. En effet, selon les articles L. 628-7, R. 628-8 et R. 628-9 du Code de commerce, une liste de ces créances est établie par le débiteur et certifiée par le commissaire aux comptes ou, à défaut, fait l'objet d'une attestation de la part de l'expert-comptable. Cette liste, qui contient les indications que doit comporter toute déclaration de créance (montant en principal en distinguant échu et à échoir, indication des intérêts dont le cours n'est pas arrêté, mention des sûretés), doit être déposée par le débiteur au greffe du tribunal dans les dix jours du jugement d'ouverture. Dans les huit jours suivant la remise de la liste par le greffier au mandataire judiciaire, celui-ci doit communiquer à chaque créancier un extrait de ladite liste. Les créanciers qui

1. V. ss 589 s.
2. Dans la procédure de sauvegarde accélérée, tous les créanciers ayant participé à la conciliation sont concernés. Dans la sauvegarde financière accélérée, seuls le sont les créanciers financiers, c'est-à-dire les membres du comité des établissements de crédit et assimilés et, s'il en existe, les membres de l'assemblée des obligataires, à condition d'avoir participé à la procédure de conciliation nécessairement préalable.

contestent l'exactitude des informations reçues doivent déclarer leurs créances dans les conditions prévues aux articles L. 622-24 à L. 622-26. À défaut de contestation, les créances sont réputées déclarées, sous réserve de leur actualisation.

556. ***L'absence de déclaration des créances dans la procédure de rétablissement professionnel***

> **C. com., art. L. 645-8.** – Le mandataire judiciaire informe sans délai les créanciers connus de l'ouverture de la procédure et les invite à lui communiquer, dans un délai de deux mois à compter de la réception de cet avis, le montant de leur créance avec indication des sommes à échoir et de la date des échéances ainsi que toute information utile relative aux droits patrimoniaux dont ils indiquent être titulaires à l'égard du débiteur.

L'article L. 645-8 du Code de commerce impose au mandataire judiciaire d'informer sans délai les créanciers connus de l'ouverture de la procédure de rétablissement professionnel. Dans cet avis, il doit les « inviter » à lui communiquer le montant de leur créance. Si un délai – deux mois – est prévu pour ce faire, aucune sanction n'assortit le défaut de communication. Cela s'explique par les spécificités de cette procédure créée par l'ordonnance du 12 mars 2014. Dans la mesure où elle ne profite qu'aux débiteurs personnes physiques dont l'actif est inférieur à 5 000 euros, la valeur de cet actif doit être rapidement établie. C'est pourquoi il est demandé aux créanciers d'apporter des précisions sur leurs créances et sur les droits patrimoniaux dont ils sont titulaires à l'égard du débiteur. Il n'est pas question ici de déclaration des créances, puisque le rétablissement professionnel n'est pas une nouvelle procédure collective de paiement impliquant une vérification du passif. Celui-ci a vocation à être effacé, à l'exclusion de certaines dettes, dont celles issues d'une sûreté personnelle (C. com., art. L. 645-11). Les garants, quels qu'ils soient, ne sauraient donc reprocher aux créanciers visés par l'article L. 645-8 du Code de commerce de ne pas avoir communiqué au mandataire judiciaire le montant de leurs créances.

§ 2. Droit du surendettement des particuliers

> **C. consom., art. L. 331-3** *(extraits)*. – I. – La procédure est engagée devant la commission à la demande du débiteur, qui lui déclare les éléments actifs et passifs de son patrimoine.
> La commission dispose d'un délai de trois mois à compter du dépôt du dossier pour examiner la recevabilité de la demande en vérifiant que le demandeur se trouve dans la situation définie au premier alinéa de l'article L. 330-1, notifier au demandeur la décision d'irrecevabilité du dossier ou notifier au demandeur, aux créanciers, aux établissements de paiement, aux établissements de monnaie électronique et aux établissements de crédit teneurs de comptes du déposant la décision de recevabilité du dossier, procéder à son instruction et décider de son orientation. Si, au terme de ce délai, la commission n'a pas décidé de l'orientation du dossier, le taux d'intérêt applicable à tous les emprunts en cours contractés par le débiteur est, au cours des trois mois suivants, le taux de l'intérêt légal, sauf décision contraire de la commission ou du juge intervenant au cours de cette période.
> En cas de rejet d'un avis de prélèvement postérieur à la notification de la décision de recevabilité, l'établissement de crédit, l'établissement de monnaie électronique ou l'établissement de paiement qui tient le compte du déposant et les créanciers ne peuvent percevoir des frais ou commissions y afférents.
> II. – La commission dresse l'état d'endettement du débiteur après avoir, le cas échéant, fait publier un appel aux créanciers.

Le débiteur, informé de cette faculté par la notification de la décision de recevabilité, est entendu à sa demande par la commission. Celle-ci peut également entendre toute personne dont l'audition lui paraît utile, sous réserve que celle-ci intervienne à titre gratuit.
Après avoir été informés par la commission de l'état du passif déclaré par le débiteur, les créanciers disposent d'un délai de trente jours pour fournir, en cas de désaccord sur cet état, les justifications de leurs créances en principal, intérêts et accessoires. À défaut, la créance est prise en compte par la commission au vu des seuls éléments fournis par le débiteur. L'information des créanciers peut être effectuée par télécopie ou par courrier électronique dans des conditions fixées par décret. Les créanciers indiquent également si les créances en cause ont donné lieu à une caution et si celle-ci a été actionnée.
Lorsque la commission constate que le remboursement d'une ou plusieurs dettes du débiteur principal est garanti par un cautionnement, elle informe la caution de l'ouverture de la procédure. La caution peut faire connaître par écrit à la commission ses observations.
Nonobstant toute disposition contraire, la commission peut obtenir communication, auprès des administrations publiques, des établissements de crédit, des établissements de monnaie électronique, des établissements de paiement, des organismes mentionnés au 5 de l'article L. 511-6 du Code monétaire et financier, des organismes de sécurité et de prévoyance sociale ainsi que des services chargés de centraliser les risques bancaires et les incidents de paiement, de tout renseignement de nature à lui donner une exacte information sur la situation du débiteur, l'évolution possible de celle-ci et les procédures de conciliation amiables en cours.
Les collectivités territoriales et les organismes de sécurité sociale procèdent, à sa demande, à des enquêtes sociales.
À tout moment de la procédure, si la situation du débiteur l'exige, la commission l'invite à solliciter une mesure d'aide ou d'action sociale qui peut comprendre un programme d'éducation budgétaire, et notamment une mesure d'accompagnement social personnalisé, dans les conditions prévues par le livre II du Code de l'action sociale et des familles. Dans chaque département, la commission de coordination des actions de prévention des expulsions locatives prévue à l'article 7-2 de la loi n° 90-449 du 31 mai 1990 visant à la mise en œuvre du droit au logement, le conseil général et la caisse d'allocations familiales désignent, chacun pour ce qui le concerne, un correspondant en vue de favoriser la coordination de leurs actions avec celles de la commission et notamment de faciliter la mise en place des mesures d'accompagnement social ou budgétaire prévues au présent titre.
Lorsque le débiteur a déjà bénéficié d'une mesure de rétablissement personnel prévue aux 1° et 2° de l'article L. 330-1 et qu'il saisit de nouveau la commission, celle-ci peut, si elle estime que la situation du débiteur est de nouveau irrémédiablement compromise et après avis du membre de la commission justifiant d'une expérience dans le domaine de l'économie sociale et familiale, recommander au juge que la mesure d'effacement des dettes soit assortie de la mise en place de mesures d'accompagnement social ou budgétaire.
Le règlement intérieur de la commission détermine les documents qui doivent être transmis aux membres de la commission, préalablement à la réunion de celle-ci.
C. consom., art. L. 332-7. – Le mandataire ou, à défaut, le juge procède aux mesures de publicité destinées à recenser les créanciers qui produisent leurs créances dans des conditions prévues par décret en Conseil d'État ; les créances qui n'ont pas été produites dans un délai fixé par ce décret sont éteintes, sauf à ce que soit prononcé par le juge un relevé de forclusion. Le mandataire dresse un bilan de la situation économique et sociale du débiteur, vérifie les créances et évalue les éléments d'actif et de passif. À compter du jugement prononçant l'ouverture de la procédure, le débiteur ne peut aliéner ses biens sans l'accord du mandataire ou, à défaut de mandataire désigné, du juge.

L'état du passif est établi dans des conditions très différentes dans la procédure se déroulant devant la commission de surendettement (C. consom., art. L. 331-3) et dans la procédure de rétablissement personnel (C. consom., art. L. 332-7).

557. ***Procédure devant la commission de surendettement des particuliers***. Dans le cadre de la procédure amiable se déroulant devant la commission départementale de surendettement, les créanciers n'ont pas, en principe, à déclarer leurs créances. C'est le débiteur qui doit déclarer à la commission les éléments actifs et passifs de son patrimoine (C. consom., art. L. 331-3, I, al. 1er). Il appartient ensuite à la commission de « dresser l'état d'endettement du débiteur ». Selon l'article L. 331-3, II du Code de la consommation, modifié par la loi du 1er juillet 2010, « après avoir été informés par la commission de l'état du passif déclaré par le débiteur, les créanciers disposent d'un délai de trente jours pour fournir, en cas de désaccord sur cet état, les justifications de leurs créances en principal, intérêts et accessoires. À défaut, la créance est prise en compte par la commission au vu des seuls éléments fournis par le débiteur. L'information des créanciers peut être effectuée par télécopie ou par courrier électronique dans des conditions fixées par décret. Les créanciers indiquent également si les créances en cause ont donné lieu à une caution et si celle-ci a été actionnée ».

Par exception, si la commission décide de publier un appel aux créanciers dans un journal d'annonces légales diffusé dans le département où elle siège, les créanciers doivent déclarer leurs créances dans le délai précisé par la commission. Le Code de la consommation ne précise pas la sanction du manquement à cette obligation. Bien que l'extinction des créances non déclarées soit la sanction la plus attentatoire aux droits des créanciers, elle pourrait s'imposer, non seulement pour favoriser l'apurement du passif et le redressement du débiteur, mais également par analogie avec la solution retenue dans la procédure de rétablissement personnel.

558. ***Procédure de rétablissement personnel avec liquidation judiciaire***. La loi *Borloo* du 1er août 2003 d'orientation et de programmation pour la ville et la rénovation urbaine a imposé aux créanciers de déclarer leurs créances en cas d'ouverture d'une procédure judiciaire de rétablissement personnel. Selon l'article L. 332-7 du Code de la consommation, après le jugement ouvrant cette procédure, le mandataire ou, à défaut, le juge, procède aux mesures de publicité destinées à recenser les créanciers[1]. Ceux-ci doivent alors produire leurs créances dans les conditions fixées par les articles R. 334-34 et R. 334-36, issus du décret n° 2010-1304 du 29 octobre 2010 : la déclaration doit être opérée par lettre recommandée avec accusé de réception dans le délai de deux mois à compter de la publicité du jugement d'ouverture au Bodacc. L'article L. 332-7 précise que le non-respect du délai de déclaration entraîne l'*extinction des créances*, sauf aux créanciers à obtenir du juge d'instance un relevé de forclusion[2]. Par voie accessoire, la caution devrait également être libérée. Cette cause d'extinction encourt les mêmes griefs qu'en matière de procédures collectives[3].

---

1. Cette publicité prend la forme d'une publication du jugement d'ouverture au Bodacc (C. consom., art. R. 334-34).

2. Sur le relevé de forclusion, cf. C. consom., art. R. 334-38.

3. Il convient de remarquer que, dans un autre domaine, celui du *droit des successions*, le législateur a institué une nouvelle déclaration de créances et décidé de sanctionner son défaut par l'extinction de la créance. En effet, l'une des innovations majeures de la loi du 23 juin 2006 en matière d'acceptation d'une succession à concurrence de l'actif net (auparavant appelée acceptation sous bénéfice d'inventaire), a été d'obliger les créanciers à déclarer leurs créances en notifiant leur titre au domicile élu de la succession (C. civ., art. 792). Cette déclaration a notamment pour fonction d'encadrer dans un temps raisonnable le règlement du passif successoral. En effet, le délai pour déclarer les créances a été fixé à quinze mois. À l'expiration de ce délai, toute créance chirographaire, mais seulement chirographaire (al. 2), non inscrite, est éteinte à l'égard de la succession toute entière, et non seulement de l'héritier acceptant à concurrence de l'actif net. Or, l'article 792, alinéa 2, a expressément étendu l'effet de l'extinction aux cautions, coobligés ainsi qu'aux garants à première demande. Sur l'ensemble de ce nouveau dispositif, cf. V. Brémond, « La nouvelle acceptation à concurrence de l'actif net », *JCP N* 2006. 1331.

Section 2

La transmission des contrats garantis au cessionnaire de l'entreprise

En cas de cession de l'entreprise débitrice, divers contrats peuvent être transmis au cessionnaire, parmi lesquels certains peuvent être garantis. Cette cession remet-elle en cause l'existence des sûretés personnelles ou les garants deviennent-ils les débiteurs du repreneur ?

559. ***Cession des contrats de crédit-bail, de location ou de fourniture de biens ou services***

C. com., art. L. 642-7. – Le tribunal détermine les contrats de crédit-bail, de location ou de fourniture de biens ou services nécessaires au maintien de l'activité au vu des observations des cocontractants du débiteur transmises au liquidateur ou à l'administrateur lorsqu'il en a été désigné.
Le jugement qui arrête le plan emporte cession de ces contrats, même lorsque la cession est précédée de la location prévue à l'article L. 642-13.
Ces contrats doivent être exécutés aux conditions en vigueur au jour de l'ouverture de la procédure, nonobstant toute clause contraire.
Le tribunal peut, si un contrat de bail soumis au chapitre V du titre IV du livre Ier portant sur un ou plusieurs immeubles ou locaux utilisés pour l'activité de l'entreprise figure dans le plan de cession, autoriser dans le jugement arrêtant le plan le repreneur à adjoindre à l'activité prévue au contrat des activités connexes ou complémentaires. Le tribunal statue après avoir entendu ou dûment appelé le bailleur.
En cas de cession d'un contrat de crédit-bail, le crédit-preneur ne peut lever l'option d'achat qu'en cas de paiement des sommes restant dues dans la limite de la valeur du bien fixée d'un commun accord entre les parties ou, à défaut, par le tribunal à la date de la cession.
La convention en exécution de laquelle le débiteur constituant conserve l'usage ou la jouissance de biens ou droits transférés à titre de garantie dans un patrimoine fiduciaire ne peut être cédée au cessionnaire, sauf accord des bénéficiaires du contrat de fiducie.
Le cocontractant dont le contrat n'a pas fait l'objet de la cession prévue par le deuxième alinéa peut demander au juge-commissaire qu'il en prononce la résiliation si la poursuite de son exécution n'en est pas demandée par le liquidateur.

L'article L. 642-7 du Code de commerce prévoit que les contrats de crédit-bail, de location ou de fourniture de biens ou services peuvent être transmis au cessionnaire de l'entreprise, à condition d'être nécessaires au maintien de l'activité.

La Cour de cassation considère que cette cession ne produit *aucun effet novatoire*[1]. Solution justifiée, puisque ladite cession intervient en vertu d'une décision de justice et non d'un accord de volonté des parties. Elle en déduit que la caution continue à garantir les dettes exigibles au jour de la cession, mais qu'elle est en revanche libérée pour l'avenir des dettes nées du chef du repreneur. Cela signifie que *seule l'obligation de couverture s'éteint* et non l'obligation de règlement[2]. L'existence même de la garantie n'est donc pas remise en cause, seule son étendue se trouve affectée.

1. Jurisprudence rendue sous l'empire de la loi du 25 janvier 1985 : Com. 12 oct. 1993, *Bull. civ.* IV, n° 333 ; 3 mai 1994, *RD bancaire et bourse* 1995. 42 et 86, obs. Campana et Calendini ; 14 févr. 1995, inédit, n° 93-11030 ; *Rev. proc. coll.* 1995-2, p. 171, note Soinne ; *Banque* mai 1995, p. 92, obs. Guillot ; *RTD com.* 1995. 848, obs. Martin-Serf ; 21 nov. 1995, *Bull. civ.* IV, n° 267 ; 13 avr. 1999, *Bull. civ.* IV, n° 87 ; 26 oct. 1999, inédit, n° 97-14866.

2. Sur cette distinction, v. ss 355 s.

560. ***Cession du prêt affecté au financement du matériel repris par le cessionnaire***

> **C. com., art. L. 642-12, al. 4.** – Toutefois, la charge des sûretés immobilières et mobilières spéciales garantissant le remboursement d'un crédit consenti à l'entreprise pour lui permettre le financement d'un bien sur lequel portent ces sûretés est transmise au cessionnaire. Celui-ci est alors tenu d'acquitter entre les mains du créancier les échéances convenues avec lui et qui restent dues à compter du transfert de la propriété ou, en cas de location-gérance, de la jouissance du bien sur lequel porte la garantie. Il peut être dérogé aux dispositions du présent alinéa par accord entre le cessionnaire et les créanciers titulaires des sûretés.

Un prêt affecté au financement de matériel constitue une dette présente, en ce sens que la dette de l'emprunteur naît intégralement lors de la remise des fonds, et non au fur et à mesure de l'exécution du contrat. Par conséquent, le transfert d'un tel prêt au cessionnaire de l'entreprise emprunteuse n'entraîne nullement une novation de l'obligation de remboursement. Cette solution emporte des conséquences fort différentes de celles qu'emporte la cession des contrats envisagés précédemment. En effet, ici, la cession du contrat de prêt n'a *aucune incidence*, ni sur l'existence des obligations de la caution, ni même sur leur étendue. La raison en est que, dans un cautionnement de dettes présentes, l'obligation de couverture de la caution se confond avec son obligation de règlement et qu'elle ne se trouve donc pas éteinte lors de la cession. La caution doit donc continuer de garantir le remboursement de « l'intégralité de l'emprunt dont les échéances constituent des créances nées avant l'ouverture de la procédure collective »[1]. Ceci vient contrebalancer, au profit du cessionnaire, le caractère forcé du transfert du prêt affecté au financement de matériel (C. com., art. L. 642-12, al. 4).

Section 3

La clôture de la procédure

561. La clôture pour insuffisance d'actif de la procédure de liquidation judiciaire des entreprises en difficulté empêche les créanciers de reprendre des poursuites individuelles contre le débiteur (C. com., art. L. 643-11). La clôture de la procédure de rétablissement personnel des particuliers surendettés avec liquidation judiciaire (C. consom., art. L. 332-9) ou sans liquidation judiciaire (C. consom., art. L. 332-5), et celle de la procédure de rétablissement professionnel (C. com., art. L. 645-11), emportent, quant à elles, l'effacement des dettes du débiteur[2]. Celui-ci ne pouvant plus être recherché en paiement, la question se pose de savoir si les garants restent au contraire tenus ou se trouvent entièrement libérés.

562. ***Clôture de la procédure de liquidation judiciaire des entreprises en difficulté***

> **C. com., art. L. 643-11-II.** – Les coobligés et les personnes ayant consenti une sûreté personnelle ou ayant affecté ou cédé un bien en garantie peuvent poursuivre le débiteur s'ils ont payé à la place de celui-ci.

---

1. Com. 13 avr. 1999, *Bull. civ.* IV, n° 87 ; 3 avr. 2002, inédit, n° 99-10932 ; 19 oct. 2010, *Bull. civ.* IV, n° 155.

2. Dans le cadre de la procédure de rétablissement personnel, l'effacement concerne les dettes non professionnelles et une seule espèce de dettes professionnelles, à savoir celles résultant d'un engagement de cautionner ou d'acquitter solidairement la dette d'un entrepreneur individuel ou d'une société (v. ss 307). Dans la procédure de rétablissement professionnel, l'effacement a un champ plus vaste, puisque l'origine professionnelle ou personnelle de la dette est indifférente.

La clôture pour insuffisance d'actif de la procédure de liquidation judiciaire empêche toujours la reprise des poursuites individuelles contre la personne morale débitrice, car la publication de cette clôture fait disparaître la société (C. civ., art. 1844-7, 7°). À l'égard d'un débiteur personne physique, l'article L. 643-11 du Code de commerce assortit le principe d'absence de reprise des poursuites individuelles de quelques exceptions venant sanctionner, pour l'essentiel, une faute du débiteur (par exemple, lorsque la dette résulte d'une condamnation pénale ou lorsque le débiteur a été reconnu coupable de banqueroute ou encore a commis une fraude à l'encontre d'un ou plusieurs créanciers).

Dans un arrêt du 8 juin 1993 [1], la chambre commerciale de la Cour de cassation a décidé que la clôture de la procédure pour insuffisance d'actif paralyse l'exercice du droit de poursuite contre l'entreprise débitrice, sans éteindre la créance elle-même. Elle a ainsi fait sienne l'analyse dualiste de l'obligation, distinguant le pouvoir de contrainte du créancier – *Haftung* – de la dette elle-même – *Schuld*. Cette analyse interdit l'extinction du cautionnement par voie accessoire et autorise, au contraire, les créanciers à agir contre leur caution [2].

La loi du 10 juin 1994 relative à la prévention et au traitement des entreprises en difficulté a implicitement consacré cette solution jurisprudentielle. En effet, en précisant que la caution dispose d'un recours contre le débiteur principal ayant profité de la clôture de la liquidation judiciaire pour insuffisance d'actif (C. com., anc. art. L. 622-32), cette loi a implicitement reconnu que la perte du droit de poursuite contre le débiteur n'empêche pas le créancier de réclamer paiement à la caution [3].

Ni la loi du 26 juillet 2005, ni les ordonnances du 18 décembre 2008 et du 12 mars 2014, n'ont apporté de modification sur ce point. L'article L. 643-11, II du Code de commerce réaffirme que « les coobligés et les personnes ayant consenti une sûreté personnelle ou ayant affecté ou cédé un bien en garantie [4] peuvent poursuivre le débiteur s'ils ont payé à la place de celui-ci » en cas de clôture de la procédure de liquidation judiciaire pour insuffisance d'actif. Saisie d'une question prioritaire de constitutionnalité relative à la conformité de ce texte au principe d'égalité devant la loi (article 6 de la Déclaration des droits de l'Homme et du citoyen de 1789), la Cour de cassation a décidé que « les dispositions de l'article L. 643-11, II du Code de commerce, en ce qu'elles dérogent à la règle de la libération du débiteur ne portent pas atteinte à l'égalité entre débiteurs cautionnés, dont la situation, distincte de celle des débiteurs non cautionnés, peut justifier une différence de traitement dans l'intérêt des cautions, lesquelles, en l'absence de ce texte, supporteraient définitivement une dette dont le débiteur principal serait lui-même déchargé » [5].

Il convient de relever que *l'absence d'extinction de la sûreté pour autrui* lors de la clôture pour insuffisance d'actif de la procédure de liquidation dirigée contre le débiteur principal est à la fois très protectrice des intérêts des créanciers et très dangereuse pour les garants. En

---

1. Com. 8 juin 1993, *Bull. civ.* IV, n° 230. Dans le même sens, cf. Com. 28 juin 1994, inédit, n° 90-12974 ; 28 mars 1995, inédit, n° 92-11943 ;Com. 19 nov. 2013, inédit, n° 12-24652.

2. La même solution s'applique aux codébiteurs solidaires (Com. 24 mars 2004, inédit, n° 01-17288).

3. Expressément en ce sens, v. Com. 2 déc. 2014, inédit, n° 13-22830 : « selon les dispositions de l'article L. 622-32 du Code de commerce applicables en la cause, les créanciers conservent le droit de poursuite à l'encontre de la caution du débiteur, en dépit de la clôture de la liquidation judiciaire pour insuffisance d'actif, dès lors que la dette principale n'est pas éteinte ».

4. Avant l'ordonnance du 12 mars 2014, seule la caution (ou le coobligé) ayant payé au lieu et place du débiteur était visée par ce texte.

5. Com. 21 juin 2011, inédit, n° 11-40015 (la question posée ne présentant pas de caractère sérieux, la Cour de cassation a refusé de la renvoyer au Conseil constitutionnel).

effet, lorsque le débiteur est une personne morale, le recours reconnu par l'article L. 643-11, II du Code de commerce est purement théorique, puisque la publication de la clôture de la procédure emporte la disparition de la personne morale débitrice. Lorsque le débiteur est une personne physique, le recours peut, au contraire, être effectivement exercé, mais l'insolvabilité du débiteur lui ôte, en pratique, toute efficacité. Il est dès lors à craindre que le défaut de remboursement du garant personne physique le conduise lui-même au surendettement[1].

563. ***Clôture de la procédure de rétablissement personnel des particuliers surendettés***

> **C. consom., art. L. 332-5, al. 2.** – Le rétablissement personnel sans liquidation judiciaire rendu exécutoire par le juge du tribunal d'instance entraîne l'effacement de toutes les dettes non professionnelles du débiteur, arrêtées à la date de l'ordonnance conférant force exécutoire à la recommandation, à l'exception des dettes visées à l'article L. 333-1, de celles mentionnées à l'article L. 333-1-2 et des dettes dont le prix a été payé au lieu et place du débiteur par la caution ou le coobligé, personnes physiques. Le rétablissement personnel sans liquidation judiciaire entraîne aussi l'effacement de la dette résultant de l'engagement que le débiteur a donné de cautionner ou d'acquitter solidairement la dette d'un entrepreneur individuel ou d'une société.
> **C. consom., art. L. 332-9, al. 2.** – La clôture entraîne l'effacement de toutes les dettes non professionnelles du débiteur, arrêtées à la date du jugement d'ouverture, à l'exception de celles dont le prix a été payé au lieu et place du débiteur par la caution ou le coobligé, personnes physiques. La clôture entraîne aussi l'effacement de la dette résultant de l'engagement que le débiteur a donné de cautionner ou d'acquitter solidairement la dette d'un entrepreneur individuel ou d'une société.

La loi *Borloo* du 1er août 2003 a été plus explicite au sujet de la clôture pour insuffisance d'actif de la procédure de rétablissement personnel des particuliers surendettés[2]. L'article L. 332-9 du Code de la consommation dispose, en effet, que cette clôture entraîne l'effacement de toutes les dettes non professionnelles du débiteur[3], arrêtées à la date du jugement d'ouverture[4], à l'exception de celles dont le prix a été payé au lieu et place du débiteur par la caution ou le coobligé[5]. La loi *Lagarde* du 1er juillet 2010 a étendu ce principe et cette exception à la procédure de rétablissement personnel sans liquidation judiciaire (C. consom., art. L. 332-5[6]), mais elle a en revanche réservé le recours contre le débiteur surendetté aux seuls cautions et coobligés personnes physiques[7].

---

1. Ainsi, l'article L. 330-1 du Code de la consommation admet-il expressément, au titre des dettes susceptibles de caractériser une situation de surendettement, celles résultant d'un cautionnement ou d'une convention de solidarité au profit d'un entrepreneur individuel ou d'une société ; v. ss 307.
2. Sous l'empire de cette loi, cette procédure impliquait la liquidation judiciaire des biens du débiteur surendetté.
3. La loi de modernisation de l'économie du 4 août 2008 a étendu cette cause d'effacement aux dettes résultant d'un engagement de cautionner ou d'acquitter solidairement la dette d'un entrepreneur individuel ou d'une société. Sur cette nouvelle bienveillance législative à l'égard des cautions dirigeantes, v. ss 307.
4. Précision apportée par la loi *ALUR* n° 2014-366 du 24 mars 2014. Déjà en ce sens, v. Civ. 2e, 6 juin 2013, *Bull. civ.* II, n° 118.
5. Pour une application, v. Civ. 2e, 26 juin 2014, inédit, n° 13-14576.
6. L'effacement porte ici sur les dettes non professionnelles du débiteur, « arrêtées à la date de l'ordonnance conférant force exécutoire à la recommandation » de la commission en faveur du rétablissement personnel sans liquidation (date précisée par la loi *ALUR* du 24 mars 2014).
7. Sur les raisons de cette restriction, v. ss 548.

564. ***Clôture de la procédure de rétablissement professionnel***

> **C. com., art. L. 645-11.** – La clôture de la procédure de rétablissement professionnel entraîne effacement des dettes à l'égard des créanciers dont la créance est née antérieurement au jugement d'ouverture de la procédure, a été portée à la connaissance du juge commis par le débiteur et a fait l'objet de l'information prévue à l'article L. 645-8. Ne peuvent être effacées les créances des salariés, les créances alimentaires et les créances mentionnées aux 1° et 2° du I et au II de l'article L. 643-11. Les dettes effacées sont mentionnées dans le jugement de clôture.

À l'instar des textes précités du droit du surendettement, l'article L. 645-11 du Code de commerce, issu de l'ordonnance du 12 mars 2014, prévoit que la clôture de la procédure de rétablissement professionnel entraîne l'effacement des dettes (professionnelles ou non, antérieures à l'ouverture de la procédure, portées à la connaissance du juge commis par le débiteur et à la condition que le créancier ait été informé par le mandataire judiciaire dans les conditions de l'article L. 645-8 [1]), mais il écarte celles du II de l'article L. 643-11, c'est-à-dire provenant d'une sûreté personnelle. Les garants, aussi bien personnes physiques que personnes morales, conservent donc leur recours en remboursement contre le débiteur. On peut en déduire qu'ils restent tenus envers le créancier et que l'effacement des dettes principales mentionnées dans l'ordonnance de clôture de la procédure de rétablissement professionnel ne constitue pas une cause d'extinction des sûretés personnelles, notamment du cautionnement. Si cette interprétation s'imposait [2], le caractère accessoire de cette sûreté serait nettement écarté, au profit de sa fonction de garantie des intérêts du créancier.

Section 4
Le soutien abusif de crédit

565. Pour restreindre leur obligation, les cautions tentent fréquemment d'engager la responsabilité civile du créancier, spécialement lorsque celui-ci est un professionnel, tel un organisme bancaire, et que l'entreprise débitrice fait l'objet d'une procédure collective. La faute reprochée à la banque créancière consiste à avoir aggravé la situation financière du débiteur au point de provoquer son dépôt de bilan, soit en le faisant artificiellement survivre par l'octroi de crédits prolongés et inconsidérés, soit en cessant trop tôt de lui accorder son concours financier [3]. La jurisprudence a ainsi été amenée à poser les conditions de la responsabilité pour octroi abusif ou rupture abusive de crédit (§ 1).

---

1. Sur cette information et sur la communication du montant des créances par les créanciers, qui n'est pas en revanche envisagée par l'article L. 645-11, v. ss 556.

2. *Contra*, cf. F. Macorig-Venier, « Le rétablissement professionnel », *Dr. et patr.* 2014, dossier 238 ; Ph. Pétel, « Entreprises en difficulté : encore une réforme ! », *JCP E* 2014. 1223.

3. Un arrêt de la chambre commerciale de la Cour de cassation en date du 22 septembre 2009 (inédit, n° 08-10389) a empêché une caution d'opposer au créancier la rupture abusive du crédit garanti en qualifiant cette rupture d'exception non inhérente. Outre que cette solution est discutable au regard du caractère accessoire renforcé du cautionnement, elle n'était guère compatible avec d'autres décisions de la Haute juridiction : d'une part, celles permettant aux cautions d'opposer la compensation survenue entre la dette principale et la dette de dommages et intérêts du créancier ayant rompu brutablement des crédits (v. ss 348) ; d'autre part, celles admettant qu'un tiers puisse invoquer, sur le fondement de la responsabilité délictuelle, la rupture brutale d'une relation commerciale dès lors que ce manquement lui a causé un préjudice (Com. 6 sept. 2011, *Bull. civ.* IV, n° 126).

L'arrêt du 22 septembre 2009 est heureusement resté isolé. En effet, depuis, la Haute juridiction a sanctionné à plusieurs reprises des juges du fond ayant écarté des demandes de dommages et intérêts présentées par des cautions, sans avoir suffisamment ou correctement apprécié les circonstances de la

La loi du 26 juillet 2005 a voulu contrecarrer cette jurisprudence, comprise comme un frein aux concours bancaires et, par conséquent, à la sauvegarde des entreprises. Pour ce faire, a été inscrit dans l'article L. 650-1 du Code de commerce un principe d'irresponsabilité des fournisseurs de crédit aux entreprises en difficulté, sauf en cas de fraude, d'immixtion caractérisée ou de disproportion des garanties couvrant les crédits consentis. En présence de l'une de ces trois exceptions, et si le crédit consenti présente bien un caractère excessif[1], l'existence des garanties se trouve remise en cause en tout ou en partie, puisqu'à la responsabilité du créancier s'ajoute la nullité, ou à tout le moins la réduction (précision apportée par l'ordonnance du 18 décembre 2008), des garanties prises en contrepartie des concours octroyés (§ 2).

§ 1. La responsabilité du créancier pour soutien abusif de crédit

566. ***Les conditions de la responsabilité***. Avant la réforme du 26 juillet 2005, la jurisprudence, conformément au droit commun de la responsabilité civile, subordonnait la condamnation du créancier pour soutien abusif de crédit à la réunion de trois conditions.

567. *D'abord*, ***une faute du créancier***[2]. La faute consistait dans le financement d'une opération non viable ou dans celui d'une entreprise se trouvant déjà dans une situation irrémédiablement compromise[3], même si elle n'était pas encore en état de cessation des paiements[4].

La faute devait être volontaire, en ce sens que le créancier devait avoir agi en connaissance de cause. Tel n'était pas le cas, par exemple, du créancier qui octroyait du crédit sur la base d'un rapport très positif, mais en réalité erroné, de l'expert-comptable de la société débitrice[5] ou sur la base d'un programme prévisionnel d'activité attesté par des bons de commande, lorsque la caution ne rapportait pas la preuve du caractère irréaliste de ces prévisions[6].

568. *Ensuite*, ***un dommage***. Pour le débiteur, il résidait dans la perte d'une chance de ne pas tomber en faillite. Pour la caution, il s'agissait de la perte d'une chance « de ne pas être inquiétée »[7] ou d'exercer avec succès un recours contre le débiteur. La réparation de ce préjudice pouvait être plus ou moins étendue, suivant la probabilité de réalisation de la chance perdue, mais elle n'aurait pas dû égaler le montant de la dette garantie[8].

569. *Enfin*, ***un lien de causalité*** entre la faute et le dommage. Il est apprécié avec rigueur afin que le créancier soit uniquement tenu de « réparer l'aggravation de l'actif

---

rupture du crédit (comme l'absence de notification écrite préalable au débiteur : Com. 18 mars 2014, *Bull. civ.* IV, n° 51) ou le préjudice subi par les cautions elles-mêmes, et non par les débiteurs principaux (Com. 24 mars 2015, n° 13-16076, à paraître au *Bulletin*), consistant dans la perte de chances de ne pas être appelées en paiement (Com. 30 mars 2010, inédit, n° 09-14287).

1. Condition logique rappelée par Com. 27 mars 2012, *Bull. civ.* IV, n° 68 ; v. ss 573.
2. Com. 28 avr. 1982, *Bull. civ.* IV, n° 143 ; 9 janv. 1985, *Bull. civ.* IV, n° 17 ; Civ. 1re, 18 juin 1985, *Bull. civ.* I, n° 188.
3. Com. 7 janv. 2004, *Bull. civ.* IV, n° 2.
4. Com. 22 juill. 1980, *Bull. civ.* IV, n° 317.
5. Com. 24 sept. 2003, *Bull. civ.* IV, n° 136.
6. Com. 22 mars 2005, *Bull. civ.* IV, n° 68.
7. Com. 22 avr. 1980, *Bull. civ.* IV, n° 163.
8. Com. 21 juin 2005, *RD banc. fin.* 2005, n° 169, D. Legeais.

qu'il a contribué à créer »[1]. Il a même pu être difficile à établir, car la défaillance du débiteur est souvent due à un faisceau de circonstances[2]. Ainsi, la responsabilité du créancier était-elle aisément écartée lorsque la caution était elle-même responsable de la défaillance du débiteur, en sa qualité de dirigeant de l'entreprise débitrice.

570. ***Régime particulier de la responsabilité mise en œuvre par des cautions dirigeantes.*** Depuis 1994, une jurisprudence constante de la Cour de cassation rejetait la responsabilité des banques pour octroi abusif de crédit, lorsqu'elle était invoquée par la caution dirigeante de l'entreprise débitrice[3], en raison de la parfaite connaissance par celle-ci de la situation de son entreprise[4]. Il est vrai que le fait pour une caution dirigeante de solliciter elle-même les crédits abusifs ou de ne pas contrôler suffisamment l'endettement du débiteur principal supprime le lien de causalité entre la faute du créancier et le préjudice qu'elle subit[5].

La responsabilité était néanmoins retenue en cas de « circonstances exceptionnelles », par exemple si le dirigeant manquait manifestement d'expérience ou de compétence, ou s'il ne disposait pas de toutes ses facultés mentales, ou encore s'il n'exerçait aucun pouvoir véritable[6]. Autrement dit, la caution dirigeante devait démontrer qu'en raison de ce type de circonstances elle ignorait la situation irrémédiablement compromise de sa société[7]. Cependant, il se peut qu'elle profite du devoir de mise en garde, si le créancier ne parvient pas à prouver que la caution, malgré sa qualité de dirigeant de l'entreprise débitrice, était « avertie »[8].

571. ***La nature de l'action en responsabilité.*** Il convient de préciser quelle était la nature de la responsabilité pour octroi ou soutien abusif de crédit.

La caution pouvait se prévaloir d'une *faute commise à l'encontre du débiteur principal*, que celui-ci n'avait pas encore invoquée. Elle agissait alors par *la voie oblique* (C. civ., art. 1166). En effet, en qualité de créancière potentielle du débiteur principal, elle pouvait pallier la carence de ce dernier en exerçant à sa place une action en responsabilité contre le dispensateur de crédit. Puis, toujours par la voie oblique, elle pouvait invoquer la compensation judiciaire entre la dette du débiteur et la dette de responsabilité du créancier. Par le jeu de la diminution, voire de l'extinction de la dette principale, l'engagement

---

1. Com. 23 avr. 2013, *Bull. civ.* IV, n° 65 ; Com. 28 janv. 2014, *Bull. civ.* IV, n° 20.
2. Com. 6 mars 1978, *D.* 1979. IR 362, obs. Vasseur ; 9 juin 1987, *Bull. civ.* IV, n° 137 ; 3 nov. 1992, *Bull. civ.* IV, n° 336.
3. Com. 15 févr. 1994, *Bull. civ.* IV, n° 60 ; 12 nov. 1997, *Bull. civ.* IV, n° 284 ; 11 mai 1999, *Bull. civ.* IV, n° 95 ; 6 févr. et 22 mai 2001, *Bull. Joly* août-sept. 2001, p. 847, note Ph. Delebecque ; *RD banc. fin.* 2001, n° 150, obs. D. Legeais ; 24 juin 2003, *Bull. civ.* IV, n° 103 ; 1er juill. 2003, inédit, n° 98-22286 ; *RJDA* 01/2004, n° 99 ; *RD banc. fin.* 2003, n° 226, obs. D. Legeais ; *RD banc. fin.* 2004, n° 13, obs. A. Cerles ; Civ. 3e, 22 juin 2005, inédit, n° 03-19694.
4. La responsabilité se trouvait en principe également écartée à l'égard de cautions non dirigeantes, dont les fonctions au sein de l'entreprise débitrice impliquaient cependant la connaissance de la situation financière de celle-ci. Par exemple, une secrétaire comptable signant les correspondances destinées à la banque créancière et lui adressant les ordres à exécuter (Com. 11 juin 2003, *Bull. civ.* IV, n° 94).
5. Com. 9 juin 1993, *Bull. civ.* IV, n° 384 ; 15 févr. 1994, *Bull. civ.* IV, n° 60.
6. Com. 19 nov. 2003, inédit, n° 01-00205 (jeune caution, soi-disant directrice technique, mais n'ayant en réalité aucun pouvoir sur les comptes de la société).
7. Com. 21 juin 2005, *RD banc. fin.* 2005, n° 170, D. Legeais ; 20 sept. 2005, *Bull. civ.* IV, n° 176 (en l'espèce, la société débitrice cautionnée par ses dirigeants était franchisée et avait souscrit un crédit-bail. Le plan de financement avait été établi par le franchiseur et transmis directement à l'établissement crédit-bailleur, sans que les cautions n'en aient pris connaissance. Or, le compte prévisionnel était alarmant. Le crédit-bailleur détenait ici des informations sur la viabilité de l'opération que les cautions, par suite de circonstances exceptionnelles, ignoraient).
8. Cass., ch. mixte, 29 juin 2007, *Bull. ch. mixte*, n° 7. Sur ce devoir de mise en garde, v. ss 258 s.

de la caution diminuait ou disparaissait lui-même par voie accessoire. Dans cette hypothèse, l'action en responsabilité était *nécessairement de nature contractuelle*, puisque la voie oblique ne modifie en rien la nature des droits et actions du débiteur à l'encontre de son cocontractant, que la caution est en droit d'exercer du fait de la carence du débiteur.

Il importe de souligner que le manquement du créancier à l'une de ses obligations contractuelles vis-à-vis du débiteur pourrait aujourd'hui être invoqué par la caution sur un autre fondement que l'action oblique. En effet, dans le prolongement de la jurisprudence *Myr'Ho* [1], la chambre commerciale de la Cour de cassation a jugé le 23 septembre 2014 que « le caractère contractuel d'un manquement n'exclut pas qu'il soit en relation directe avec un dommage subi par un tiers au contrat », en l'occurrence une caution (gérant de l'entreprise débitrice), qui peut ainsi « invoquer, sur le fondement de la *responsabilité délictuelle*, un manquement contractuel dès lors que ce manquement lui a causé un dommage » [2]. Cette solution mérite cependant d'être confirmée, puisque, quelques mois auparavant, la même chambre avait au contraire jugé qu' « une caution avertie n'est pas fondée à rechercher la responsabilité de la banque à raison de la faute commise par celle-ci lors de l'octroi d'un crédit abusif au débiteur principal » [3]. Or, dans cette affaire, c'est la responsabilité délictuelle du créancier qui avait également été invoquée par la caution, en qualité de tiers victime d'un manquement contractuel.

En présence d'une *faute commise à l'encontre de la caution* elle-même, la nature de la responsabilité du créancier pose également des difficultés. La faute consisterait alors dans le manquement à l'obligation de bonne foi de l'article 1134, alinéa 3, du Code civil, qui interdirait au créancier d'aggraver indirectement le sort de la caution, en augmentant le risque de défaillance du débiteur. Dans cette hypothèse, il est permis d'hésiter entre responsabilité délictuelle et contractuelle, car, même si la caution et le créancier sont unis par un contrat (le principe du non-cumul des deux ordres de responsabilité conduit alors à l'application de la responsabilité contractuelle), l'obligation de loyauté peut certainement être appréhendée comme un devoir général de comportement, dont la violation s'inscrit dans le champ de l'article 1382 du Code civil [4]. L'enjeu de ce débat est important, puisque l'on sait que les deux ordres de responsabilité ne sont pas soumis aux mêmes règles concernant, notamment, l'évaluation du préjudice réparable (il doit être prévisible en matière contractuelle) et les clauses limitatives ou exonératoires (elles sont propres à la responsabilité contractuelle).

572. ***La qualification procédurale de la demande de la caution***. Pendant quelques années, la Cour de cassation a décidé que la responsabilité du créancier dispensateur de crédit ne pouvait pas être invoquée à titre d'exception aux poursuites engagées par ce dernier contre la caution, mais seulement par *une action principale ou une demande reconventionnelle* [5]. Cette solution pouvait produire des effets pervers, car elle conduisait à opérer une compensation

1. Ass. plén. 6 oct. 2006, *Bull. ass. plén.* n° 9.

2. Com. 23 sept. 2014, inédit, n° 13-14241. Dans cette espèce, il était reproché au créancier d'avoir manqué à son obligation d'information précontractuelle. La solution, énoncée en termes généraux, est transposable à l'hypothèse étudiée d'un octroi ou soutien abusif de crédit.

3. Com. 28 janv. 2014, *Bull. civ.* IV, n° 20.

4. Sur cette analyse, qui conduit à retenir la responsabilité délictuelle en cas de violation d'un devoir général de comportement à l'occasion d'un contrat et à l'encontre d'un contractant, ou *a fortiori* d'un tiers, cf. not. G. Viney, *Introduction à la responsabilité*, LGDJ, n° 168, 215, 239-1 ; *Les conditions de la responsabilité*, LGDJ, 1998, p. 327, 363 et 376.

5. Com. 16 mars 1993 *Gandolfo*, *Bull. civ.* IV, n° 102 ; 22 avr. 1997, *Bull. civ.* IV, n° 96 ; Civ. 1re, 24 juin 1997, *Bull. civ.* I, n° 211.

entre les dommages et intérêts accordés par le juge à la caution en réponse à sa demande reconventionnelle et les sommes dues par ladite caution. Or, sur le fondement de ce paiement indirect résultant de la compensation, la caution était susceptible d'exercer contre le débiteur principal un recours en remboursement d'un montant supérieur à ce qu'elle avait finalement versé au créancier. Le premier effet pervers résidait ainsi dans le risque d'enrichissement de la caution. Le second effet pervers tenait au fait que le paiement par compensation consécutif à l'accueil de la demande reconventionnelle en responsabilité risquait de faire perdre au créancier son action contre le débiteur à concurrence des sommes compensées[1].

La Haute juridiction a entendu ces critiques, puisque, dans un premier temps, elle a offert à la caution invoquant la responsabilité du créancier dispensateur de crédit une option procédurale entre la simple défense au fond et la demande reconventionnelle[2] et, dans un second temps, une chambre mixte a même reconnu l'*indifférence de la qualification procédurale de la demande de la caution*[3]. Cette dernière solution facilite indéniablement la tâche des cautions au plan procédural, puisque la défense au fond permet leur décharge directe. Si la mise en jeu de la responsabilité des créanciers s'en est trouvée encouragée, au moins les effets pervers du paiement abrégé par compensation s'en sont-ils trouvés supprimés.

§ 2. La nullité ou la réduction des garanties pour soutien abusif de crédit

573. Bien que, comme il vient d'être dit, la jurisprudence se montrât relativement mesurée dans la mise en jeu de la responsabilité des fournisseurs de crédit, le législateur a estimé que cette jurisprudence constituait un frein sérieux à l'octroi de concours bancaires. Pour encourager au contraire le crédit aux entreprises en difficulté et favoriser, par là même, la pérennité de celles-ci, la loi du 26 juillet 2005 a introduit dans le Code de commerce un article L. 650-1[4], qui érige en principe l'absence de responsabilité, tout en l'assortissant de trois exceptions[5], susceptibles de conduire à l'annulation ou à

---

1. Pour plus de développements sur ces effets pervers, cf. not. S. Guinchard, « Le droit a-t-il encore un avenir ? (qui cassera les arrêts de la Cour de cassation ?) », *in L'avenir du droit. Mélanges F. Terré*, p. 761 ; M.-N. Jobard-Bachellier et V. Brémond, « De l'utilité du droit de la responsabilité pour assurer l'équilibre des intérêts des contractants », *RTD com.* 1999. 327 s.

2. Com. 26 oct. 1999, *Bull. civ.* IV, n° 182 ; 26 avr. 2000, *Bull. civ.* IV, n° 80 ; Civ. 1re, 4 oct. 2000, *Bull. civ.* I, n° 233 ; Com. 20 févr. 2001, inédit, n° 96-17557.

3. Cass., ch. mixte, 21 févr. 2003, *Bull. ch. mixte*, n° 3 : « les demandes reconventionnelles et les moyens de défense sont formés de la même manière à l'encontre des parties à l'instance ». La Cour de cassation en a déduit que la cour d'appel (celle-ci avait repris la jurisprudence *Gandolfo* de 1993) aurait dû répondre à la demande de la caution, quelle qu'en fût la qualification procédurale. La cassation a été prononcée au visa des articles 4, 64, 68 et 71 du Code de procédure civile. Dans le même sens, cf. Com. 24 juin 2003, *JCP* 2003. I. 176, n° 6, obs. Ph. Simler.

4. Sur cette disposition, abondamment commentée, cf. not. P. Crocq, « La réforme des procédures collectives et le droit des sûretés », *D.* 2006. Chron. 1306 s. ; P. Crocq, « Sûretés et proportionnalité », *in Mélanges Ph. Simler*, Dalloz-Litec, 2006, p. 291 s. ; P. Hoang, « De la suppression du dispositif prétorien de la responsabilité pour soutien abusif », *D.* 2006. Chron. 1458 s. ; D. Legeais, « Les concours consentis à une entreprise en difficulté », *JCP E* 2005. 1747 ; J. Moury, « La responsabilité du fournisseur de « concours » dans le marc de l'article L. 650-1 du Code de commerce », *D.* 2006. Chron. 1743 ; G. Piette, « Une nouvelle proportionnalité en droit des sûretés : brèves observations sur l'article L. 650-1 du Code de commerce », *RLDC* juin 2006, p. 27 s. ; D. Robine, « L'article L. 650-1 du Code de commerce : un « cadeau » empoisonné », *D.* 2006. Chron. 69 s.

5. Exceptions grâce auxquelles l'article L. 650-1 du Code de commerce a pu être validé par le Conseil constitutionnel : Cons. const. 22 juill. 2005, n° 2005-522 DC : « Considérant, en premier lieu,

la réduction (sanction alternative ajoutée par l'ordonnance du 18 décembre 2008) des garanties couvrant les concours consentis, à la condition que ceux-ci soient excessifs.

> **C. com., art. L. 650-1.** – Lorsqu'une procédure de sauvegarde, de redressement judiciaire ou de liquidation judiciaire est ouverte, les créanciers ne peuvent être tenus pour responsables des préjudices subis du fait des concours consentis, sauf les cas de fraude, d'immixtion caractérisée dans la gestion du débiteur ou si les garanties prises en contrepartie des concours sont disproportionnées à ceux-ci.
> Pour le cas où la responsabilité d'un créancier est reconnue, les garanties prises en contrepartie de ses concours peuvent être annulées ou réduites par le juge.

574. ***Champ d'application du principe d'irresponsabilité des fournisseurs de crédit.*** L'irresponsabilité des créanciers dans l'octroi de crédit a un domaine très étendu.

Quant aux « *concours* » consentis d'abord. Il s'agit de tout type de crédit, quelle qu'en soit la qualification : prêt, escompte, découvert, délai de paiement[1].

Ensuite, par rapport au *créancier*. L'article L. 650-1 du Code de commerce ne vise pas les seuls établissements de crédit, mais tous les créanciers. Peuvent donc en profiter, outre les banques, les entreprises dans le cadre du crédit interentreprises ou encore les fournisseurs qui accordent du crédit à leurs clients[2].

Quant au *débiteur* enfin. Dans sa version initiale, l'article L. 650-1 du Code de commerce ne comportait aucune précision sur ce point. Toutefois, son insertion dans le Livre VI du Code de commerce permettait d'en circonscrire l'application aux *entreprises en difficulté* à l'égard desquelles une procédure collective est ouverte. L'ordonnance du 18 décembre 2008 a confirmé cette interprétation en affirmant que le texte ne s'applique que « lorsqu'une procédure de sauvegarde, de redressement judiciaire ou de liquidation judiciaire est ouverte ». Par conséquent, si le débiteur n'est pas soumis à une *procédure collective présentant un caractère juridictionnel* (débiteur *in bonis* ou soumis à la procédure conventionnelle de conciliation[3]), la responsabilité du créancier pour soutien abusif pourra toujours être engagée dans les conditions définies par la jurisprudence[4].

---

que si la faculté d'agir en responsabilité met en œuvre l'exigence constitutionnelle posée par les dispositions de l'article 4 de la Déclaration des droits de l'Homme et du citoyen de 1789 aux termes desquelles : "La liberté consiste à pouvoir faire tout ce qui ne nuit pas à autrui ", cette exigence ne fait pas obstacle à ce que, en certaines matières, pour un motif d'intérêt général, le législateur aménage les conditions dans lesquelles la responsabilité peut être engagée ; Considérant, d'une part, que le législateur a expressément prévu que la responsabilité de tout créancier qui consent des concours à une entreprise en difficulté resterait engagée en cas de fraude, d'immixtion caractérisée dans la gestion du débiteur ou de prise de garanties disproportionnées ; qu'ainsi, contrairement à ce qui est soutenu, il n'a pas supprimé cette responsabilité ; Considérant, d'autre part, qu'en énonçant les cas dans lesquels la responsabilité des créanciers serait engagée du fait des concours consentis, le législateur a cherché à clarifier le cadre juridique de la mise en jeu de cette responsabilité ; que cette clarification est de nature à lever un obstacle à l'octroi des apports financiers nécessaires à la pérennité des entreprises en difficulté ; qu'elle satisfait ainsi à un objectif d'intérêt général suffisant ».

1. Com. 16 oct. 2012, *Bull. civ.* IV, n° 186.

2. Com. 16 oct. 2012, *Bull. civ.* IV, n° 186 (en l'espèce, une société d'édition avait conclu un contrat de diffusion et de distribution avec une autre société d'édition, à laquelle elle avait consenti des délais de paiement).

3. Cette exclusion de la procédure de conciliation du champ de l'article L. 650-1 du Code de commerce est surprenante, puisque la relative impunité que confère ce texte aux banquiers aurait pu les inciter à jouer le jeu de la conciliation, ce qui est précisément l'un des principaux objectifs de la réforme de 2008.

4. V. ss 566-572.

Même lorsqu'une procédure collective est ouverte contre le débiteur, trois régimes coexistent en raison des dispositions transitoires inscrites dans la loi du 26 juillet 2005, puis dans l'ordonnance du 18 décembre 2008 : d'abord, un régime pour les procédures ouvertes avant le 1er janvier 2006 (celui édifié par la jurisprudence) ; ensuite, un régime s'appliquant entre le 1er janvier 2006 et le 15 février 2009 (celui résultant de l'article L. 650-1 dans sa version initiale, puisque les modifications apportées en 2008 ont été déclarées inapplicables aux procédures en cours) ; enfin, un régime applicable aux procédures ouvertes postérieurement au 15 février 2009 (celui de l'article L. 650-1, tel que modifié par l'ordonnance).

575. ***Portée du principe d'irresponsabilité des fournisseurs de crédit.*** L'exclusion de responsabilité a une portée très générale : elle pourra être opposée à l'entreprise débitrice, aux autres créanciers de celle-ci, aux organes de la procédure collective, ainsi qu'aux garants des concours litigieux.

576. ***Exceptions.*** La responsabilité peut être engagée si des concours sont accordés dans l'une des trois hypothèses limitativement énumérées par l'article L. 650-1 du Code de commerce et à la condition, a ajouté la Cour de cassation, que les concours litigieux soient excessifs.

L'article L. 650-1 du Code de commerce reconnaît trois cas exceptionnels de responsabilité.

En premier lieu, *la fraude du créancier*. Simple application du principe général *fraus omnia corrumpit*, cette exception est définie de manière stricte par la Cour de cassation depuis 2012. En effet, la chambre commerciale décide que «la fraude, en matière civile ou commerciale, ne se démarque guère de la fraude pénale et qu'il s'agit d'un acte qui a été réalisé en utilisant des moyens déloyaux destinés à surprendre un consentement, à obtenir un avantage matériel ou moral indu ou réalisé avec l'intention d'échapper à l'application d'une loi impérative ou prohibitive» [1]. L'octroi d'un crédit à une entreprise en situation irrémédiablement compromise, fût-ce pour obtenir une sûreté personnelle, ne saurait donc suffire à caractériser une fraude [2]. Doit être établie la conscience de nuire du créancier. Cette interprétation est évidemment de nature à rendre la fraude exceptionnelle, partant à conforter l'immunité des dispensateurs de crédit.

En deuxième lieu, *l'immixtion caractérisée dans la gestion du débiteur*. Il faut supposer ici que le créancier dépasse son rôle normalement passif et qu'il devienne gérant de fait de l'entreprise débitrice.

En troisième et dernier lieu, l'existence de *garanties disproportionnées par rapport aux concours consentis*.

Le 27 mars 2012, la Haute juridiction a pour la première fois énoncé une condition supplémentaire : « lorsqu'une procédure de sauvegarde, de redressement judiciaire ou de liquidation judiciaire est ouverte, les créanciers ne peuvent être tenus pour responsables des préjudices subis du fait des concours consentis, sauf les cas de fraude, d'immixtion caractérisée dans la gestion du débiteur ou de disproportion des garanties prises, *que si les concours consentis sont en eux-mêmes fautifs* » [3]. Cette exigence semble tout à fait justifiée, si l'on admet que les trois hypothèses visées par l'article L. 650-1, alinéa 1er, *in fine*, du Code de commerce ne sont pas

---

1. Com. 2 oct. 2012, inédit, n° 11-23213 (en l'espèce, il a été jugé que la non-clôture d'un compte, malgré une lettre de dénonciation et la négociation de conventions d'amortissement du solde débiteur, ne relevait nullement de la fraude, que ce soit une fraude à la loi ou une fraude aux droits des tiers) ; Com. 16 oct. 2012, *Bull. civ.* IV, n° 186 (dans cette affaire, n'ont pas été jugés frauduleux l'octroi de délais de paiement et l'acceptation de paiements par compensation).

2. Com. 27 mars 2012, inédit, n° 11-13536.

3. Com. 27 mars 2012, *Bull. civ.* IV, n° 68. Dans le même sens, v. not. Com. 28 janv. 2014, inédit, n° 12-26156.

des cas de responsabilité en tant que tels, mais uniquement des exceptions au principe, énoncé plus haut par ce texte, d'irresponsabilité pour les « préjudices subis du fait des concours consentis ». Dans cette perspective, il est logique de ne pas dissocier ces trois hypothèses des préjudices en question, qui ne peuvent exister que si les concours octroyés à l'entreprise sont excessifs. Cette condition respecte en outre la *ratio legis*, puisque le législateur a entendu limiter la mise en jeu de la responsabilité des professionnels du crédit, afin de favoriser l'octroi de celui-ci et, ce faisant, la pérennité des entreprises.

577. ***La constitution de garanties disproportionnées par rapport au concours consenti.*** Nouvelle consécration de l'exigence de proportionnalité, dont la loi et la jurisprudence comportaient déjà de nombreuses applications [1], cette dérogation au principe d'irresponsabilité pourrait jouer fréquemment, tant elle est définie en termes généraux.

Ainsi, ne sont pas visées les sûretés, mais les *garanties*, autrement dit des mécanismes ayant pour effet de protéger les intérêts du créancier, même si ce n'est pas leur fonction exclusive (par exemple, la délégation imparfaite, le crédit-bail). Sont concernées, aussi bien les garanties personnelles, que les garanties réelles [2], quelles que soient leur forme, la qualité des parties, leur étendue…

L'article L. 650-1 du Code de commerce s'intéresse à la *disproportion entre la garantie consentie et les concours octroyés*, alors qu'en matière de cautionnement la disproportion était jusqu'ici logiquement appréciée à l'aune du patrimoine de la caution. Logiquement, car l'engagement de la caution, même indéfini, ne saurait excéder le crédit garanti et ce, en raison de son caractère accessoire renforcé (C. civ., art. 2290, anc. art. 2013). On peine dès lors à identifier les cas dans lesquels un cautionnement pourrait être disproportionné par rapport au concours octroyé à l'entreprise débitrice. Il faut sans doute considérer que la disproportion ne peut concerner le montant du cautionnement, mais son existence même, lorsqu'il est exigé par un créancier déjà garanti par d'autres sûretés. C'est alors le cumul de garanties, proche de la pratique du «coup du râteau», qui pourrait être jugé disproportionné au regard des concours consentis [3].

Les *caractéristiques de la disproportion* ne sont pas précisées dans la loi. En particulier, à quel moment convient-il d'apprécier l'existence de cette « surgarantie » ? Il n'est pas certain que la disproportion doive être appréciée uniquement au jour de la constitution de la garantie. Il pourrait en effet être reproché à un créancier de ne pas avoir procédé à un réexamen du risque à l'occasion d'un nouveau concours ou de tout événement important survenant dans la situation du débiteur [4]. Par ailleurs, quelle importance doit atteindre

---

1. Sur la proportionnalité entre le montant de l'engagement de la caution et sa surface financière, v. ss 243 s.

Sur la proportionnalité entre la valeur de l'immeuble hypothéqué et le montant de la créance garantie, v. ss 1074.

Sur la proportionnalité en matière de voies d'exécution, cf. C. pr. exéc., art. L. 111-7 et L. 121-2 (anc. L. de 9 juill. 1991, art. 22) : « Le créancier a le choix des mesures propres à assurer l'exécution ou la conservation de sa créance. L'exécution de ces mesures ne peut excéder ce qui se révèle nécessaire pour obtenir le paiement de l'obligation » ; « Le juge de l'exécution a le pouvoir d'ordonner la mainlevée de toute mesure inutile ou abusive et de condamner le créancier à des dommages-intérêts en cas d'abus de saisie ».

2. V. ss 1250 s., l'application de l'article L. 650-1 du Code de commerce aux sûretés réelles.

3. En ce sens, cf. Com. 27 mars 2012, *Bull. civ.* IV, n° 68 (en l'espèce, pour garantir un prêt de 200 000 euros, le prêteur avait sollicité un cautionnement à concurrence de 120 000 euros, alors qu'il bénéficiait par ailleurs d'un nantissement de bons de caisse d'une valeur de 200 000 euros).

4. *Contra*, sur le fondement du droit commun de la responsabilité contractuelle : Com. 31 janv. 2012, inédit, n° 10-26740, ayant censuré une cour d'appel qui avait apprécié la faute du créancier, non en fonction de la situation apparente de son débiteur au moment où il lui avait consenti le crédit litigieux, mais en fonction d'une situation révélée postérieurement.

la disproportion ? Aucun taux ne saurait être fourni, car tout dépend de la nature du risque à couvrir et des garanties constituées. Une appréciation au cas par cas par les juges du fond semble dès lors inévitable, avec le lot d'insécurité que cela comporte.

578. ***Portée des exceptions***. Les arrêts de la Cour de cassation rendus depuis 2012 sur le fondement de l'article L. 650-1 du Code de commerce ont restreint la portée des exceptions qu'il renferme et renforcé, par voie de conséquence, celle du principe d'irresponsabilité. L'octroi de crédit aux entreprises devrait, comme le législateur l'avait souhaité en 2005, être facilité. Mais il est douteux que cette jurisprudence, aussi bienveillante soit-elle à l'égard des dispensateurs de crédit, suffise à contrebalancer la frilosité de ceux-ci provoquée par la crise économique.

579. ***Sanctions***. En présence d'un concours fautif et, soit d'une fraude du créancier, soit d'une immixtion caractérisée dans la gestion du débiteur, soit encore d'une disproportion des garanties par rapport à ce concours, deux types de sanctions se cumulent : d'une part, la *responsabilité* du créancier, contractuelle à l'égard de l'entreprise débitrice, délictuelle envers les autres créanciers (en réparation de leur préjudice personnel), les organes de la procédure (en réparation du préjudice collectif) ou encore des garants ; d'autre part, aux termes du second alinéa de l'article L. 650-1 du Code de commerce, dans sa rédaction issue de l'ordonnance du 18 décembre 2008, *la nullité ou la réduction des garanties* prises en contrepartie des concours accordés [1]. La loi du 26 juillet 2005 avait uniquement envisagé une nullité de plein droit. L'ordonnance de 2008 a supprimé ce système excessif du tout ou rien et restauré le pouvoir d'appréciation des juges à deux égards : d'abord, la nullité n'est plus que facultative (il n'est plus dit que les garanties disproportionnées « sont nulles » mais seulement qu'elles « peuvent être annulées ») ; ensuite, les juges peuvent préférer à la nullité une simple réduction des garanties en fonction de la gravité de la faute commise par le créancier. Le nouveau système est incontestablement plus favorable aux créanciers. Cela mérite d'être relevé, non seulement parce que c'est la seule modification du droit des sûretés personnelles qui ne soit pas protectrice des garants, mais aussi parce que cette clémence à l'égard, notamment, des établissements de crédit est intervenue, paradoxalement, au moment même où le comportement des banques était mis à l'index dans le contexte de la crise financière.

En guise de conclusion, on peut se demander si l'article L. 650-1 du Code de commerce, qui concerne spécifiquement l'hypothèse d'une entreprise en difficulté soumise à une procédure collective, est susceptible d'infléchir la jurisprudence relative à l'octroi abusif de crédit en présence d'un débiteur *in bonis*, ce qui conforterait la sécurité des créanciers et aggraverait, au contraire, le sort des débiteurs et de leurs éventuels garants. Au regard de la multitude d'arrêts rendus sur le fondement du devoir de mise en garde au bénéfice des débiteurs *in bonis* non avertis [2], une réponse négative s'impose assurément. Il apparaît, en conséquence, que l'octroi abusif de crédit se trouve régi distinctement selon que le débiteur fait ou non l'objet d'une procédure collective.

---

1. Dans le cadre d'une action exercée par un garant, le « cumul » des sanctions ne doit pas être compris comme une possibilité donnée au garant de choisir l'action en responsabilité plutôt que l'action en nullité ou en réduction des garanties, car la démonstration de la responsabilité du créancier est, en réalité, une condition du succès de sa demande relative aux garanties disproportionnées.

2. V. ss 258 s.

Chapitre 2

Incidence des procédures d'insolvabilité sur le moment du règlement du garant

Le compromis que tentent de réaliser la loi et la jurisprudence entre la sécurité des créanciers et la sauvegarde des droits des garants en présence d'une procédure d'insolvabilité ouverte contre le débiteur est tout à fait manifeste au sujet du moment du règlement du garant. En effet, la protection des créanciers prime en cas de suspension des poursuites à l'encontre du débiteur (Section 1) et de vérification des créances (Section 2). Elle est, en revanche, pour l'essentiel sacrifiée lorsque des délais de paiement sont accordés au débiteur (Section 3) et par le fait que le garant bénéficie lui-même d'une suspension des poursuites (Section 4).

Section 1
La suspension des poursuites contre le débiteur

580. ***Hypothèses***

Droit des entreprises en difficulté. Il prévoit une suspension automatique des poursuites après que l'accord de conciliation entre l'entreprise en difficulté et certains de ses créanciers ait été constaté ou homologué (C. com., art. L. 611-10-1) et pendant toute la procédure de sauvegarde, de redressement ou de liquidation judiciaire (C. com., art. L. 622-21, L. 631-14 et L. 641-3). Dans le cadre de la procédure de rétablissement professionnel, instituée par l'ordonnance du 12 mars 2014, la suspension des poursuites n'est que facultative (C. com., art. L. 645-6 : « si le débiteur est mis en demeure ou poursuivi par un créancier au cours de la procédure, le juge commis peut, à la demande du débiteur, reporter le paiement des sommes dues dans la limite de quatre mois et ordonner, pour cette même durée, la suspension des procédures d'exécution qui auraient été engagées par le créancier. Toute stipulation contraire est réputée non écrite »).

Droit du surendettement des particuliers. Avant la loi *Lagarde* du 1er juillet 2010, seule l'ouverture d'une procédure de rétablissement personnel (avec liquidation judiciaire) emportait, de plein droit, la suspension ou l'interdiction des procédures d'exécution contre les biens du débiteur jusqu'au jugement de clôture (C. consom., art. L. 332-6). Au contraire, l'engagement de la procédure devant la commission n'emportait pas, à lui seul, la suspension des procédures d'exécution en cours contre le débiteur[1]. En

1. Civ. 1re, 19 nov. 1991, *Bull. civ.* I, n° 321 ; Civ. 2e, 22 mars 2001, *Bull. civ.* II, n° 60.

conséquence, sauf décision contraire du juge de l'exécution (C. consom., anc. art. L. 311-5), les créanciers pouvaient toujours engager ou continuer une procédure de recouvrement forcé, ce qui compromettait les chances de redressement du débiteur. Depuis la réforme de 2010, en vue d'inciter les débiteurs surendettés à effectuer le plus tôt possible une démarche pour se dégager de la spirale du surendettement et, une fois la procédure ouverte, afin de préserver la capacité de remboursement du débiteur et de favoriser par là même la conclusion du plan le plus profitable à tous, la suspension ou l'interdiction des procédures d'exécution est automatique à la suite de la décision de la commission déclarant la demande recevable (C. consom., art. L. 331-3-1)[1]. En amont, c'est-à-dire dans le délai de trois mois entre le dépôt du dossier et la décision de la commission portant sur sa recevabilité (C. consom., art. L. 331-3, I), l'interdiction des procédures d'exécution peut être prononcée par le juge, saisi par la commission à la demande du débiteur, en vue de mettre celui-ci à l'abri de pressions éventuelles de la part de ses créanciers (C. consom., art. L. 331-5)[2]. Par la suite, pendant la durée des mesures imposées ou recommandées par la commission, les créanciers auxquels ces mesures sont opposables ne peuvent pas non plus diligenter des procédures d'exécution (C. consom., art. L. 331-9). Enfin, selon l'article L. 331-7-3 du Code de la consommation, issu de la loi du 1er juillet 2010, l'interdiction des procédures d'exécution est obligatoire si la situation du débiteur devient irrémédiablement compromise en cours d'exécution d'un plan conventionnel ou des mesures imposées ou recommandées par la commission et que celle-ci recommande, à la demande du débiteur, un rétablissement personnel sans liquidation judiciaire ou saisit le juge d'instance aux fins d'ouverture d'une procédure de rétablissement personnel avec liquidation judiciaire[3]. Jusqu'à la clôture de cette dernière, toutes les procédures d'exécution sont encore suspendues ou interdites (C. consom., art. L. 332-6, al. 2).

581. ***Inopposabilité par les garants***. Dans le silence du droit des entreprises en difficulté et du droit du surendettement sur le sort des garants en cas de suspension des poursuites contre le débiteur, la jurisprudence a déjà refusé à des cautions le droit de retarder leur règlement sur le fondement de l'ancien article L. 621-40 du Code de commerce (C. com., art. L. 622-21)[4]. Cette solution, qui vaut certainement pour les autres causes de suspension précitées, est doublement justifiée. D'une part, elle préserve la fonction de garantie du cautionnement, puisque les différentes suspensions sont attachées à des procédures qui engendrent des risques contre lesquels l'obtention d'un cautionnement a justement pour but de lutter. D'autre part, elle respecte le caractère accessoire du

---

1. Le terme de l'interdiction est différent selon l'orientation donnée au dossier. Il peut s'agir, soit de l'approbation du plan amiable, soit de la décision de la commission imposant des mesures de redressement, soit de l'homologation par le juge des mesures recommandées par la commission, soit du jugement d'ouverture d'une procédure de rétablissement personnel avec liquidation judiciaire, soit encore du jugement prononçant un rétablissement personnel sans liquidation judiciaire (cette dernière solution a été ajoutée par la loi n° 2013-672 du 26 juillet 2013 et est en vigueur depuis le 1er janvier 2014). En tout état de cause, cette interdiction initiale des procédures d'exécution ne peut excéder deux ans (depuis l'entrée en vigueur de la loi du 26 juillet 2013 sur la séparation et la régulation des activités bancaires, c'est-à-dire le 1er janvier 2014 ; auparavant, la durée maximale de l'interdiction était d'un an).

2. Contrairement à la suspension générale des procédures de recouvrement forcé attachée à la décision de recevabilité, cette suspension facultative ne concerne que les procédures visées dans l'ordonnance du juge d'instance (C. consom., art. R. 331-11-1).

3. L'interdiction dure alors jusqu'à l'homologation par le juge de la recommandation ou jusqu'au jugement d'ouverture de la procédure de rétablissement personnel avec liquidation judiciaire ; mais elle ne saurait excéder deux ans.

4. Civ. 1re, 31 mars 1998, *Bull. civ.* IV, n° 135 ; Com. 22 juin 1999, *Bull. civ.* IV, n° 134.

cautionnement (spéc. C. civ., art. 2290, anc. art. 2013). En effet, dans toutes les hypothèses de suspension, si le droit de poursuite du créancier (*Haftung*) se trouve affecté, la dette principale (*Schuld*) n'en reste pas moins exigible [1].

Il convient *a fortiori* d'en déduire que les suspensions des poursuites contre le débiteur sont également inopposables par les garants non accessoires, comme les garants autonomes.

Section 2
La vérification des créances

582. La vérification des créances opérée par le juge-commissaire (C. com., art. L. 624-1 s.) peut prendre du temps. La Cour de cassation évite que les lenteurs de cette procédure ne retardent le règlement de la caution en décidant que le tribunal devant lequel le créancier poursuit la caution doit examiner son action sans attendre le résultat de la vérification des créances, sauf à surseoir à statuer dans l'intérêt d'une bonne justice [2].

Il convient de souligner que, symétriquement, la chambre commerciale retient que le juge-commissaire n'est pas tenu de surseoir à statuer dans l'attente de la décision du juge du cautionnement, car cette décision ne s'impose que dans les rapports entre le créancier et la caution [3].

Section 3
Les délais de paiement accordés au débiteur

583. Pour favoriser le redressement de la situation du débiteur, le droit des entreprises en difficulté et celui du surendettement encouragent les créanciers à consentir des délais de paiement, voire les y contraignent.

584. *Délais consentis par les créanciers*

Position du problème. On pourrait songer à traiter les délais de paiement qui procèdent d'un accord négocié entre le créancier et le débiteur comme des délais conventionnels. Or, en cas de *prorogation conventionnelle du terme* suspensif du contrat principal, le caractère accessoire du cautionnement interdit de poursuivre la caution alors que la dette principale n'est pas exigible, autrement dit la caution peut opposer au créancier le nouveau délai de paiement [4]. À l'inverse, eu égard à la *fonction de garantie* du cautionnement, on pourrait préconiser l'inopposabilité par la caution des délais consentis au débiteur dans le cadre des règlements amiables, car ceux-ci participent davantage d'une constatation collective de la défaillance du débiteur que d'une démarche de faveur de la part des créanciers.

---

1. V. ss 144 s., sur cette distinction entre la *Schuld* et l'*Haftung* ; v. ss 145, sur la jurisprudence relative aux remises de poursuites (Com. 22 mai 2007, *Bull. civ.* IV, n° 136).
2. Com. 30 juin 1987, *Bull. civ.* IV, n° 162 ; 28 mai 1991, *Bull. civ.* IV, n° 178 ; 18 janv. 2000, *Bull. civ.* IV, n°s 11 et 12 ; 17 sept ; 2002, *Bull. civ.* IV, n° 123 ; 5 nov. 2003, *Bull. civ.* IV, n° 158 ; 10 mars 2004, *Bull. civ.* IV, n° 50 ; 16 sept. 2008, inédit, n° 07-16499.
3. Com. 11 févr. 2004, inédit, n° 02-16475.
4. V. ss 203.

Solutions opposées dans la procédure conventionnelle de traitement du surendettement et dans la procédure de conciliation. Le Code de la consommation est muet sur l'incidence, en matière de cautionnement, des délais de paiement octroyés au débiteur. La Cour de cassation a pris position en faveur de l'inopposabilité des délais consentis dans le plan conventionnel de redressement. Dans un arrêt de principe du 13 novembre 1996, la première chambre civile a effectivement jugé que « les mesures consenties par les créanciers dans le plan conventionnel de règlement » ne peuvent bénéficier aux cautions [1]. Retenue au sujet de remises de dettes, l'inopposabilité vaut certainement pour les délais négociés dans le plan amiable de règlement. Cette solution, vivement critiquée au regard, surtout, du caractère accessoire du cautionnement et de l'obligation de bonne foi contractuelle [2], semble néanmoins justifiée par la fonction de garantie du cautionnement. De plus, préserver de la sorte l'efficacité de cette sûreté permet, non seulement de favoriser les accords entre les créanciers et le débiteur, partant le rebond de ce dernier, mais également, in fine, de protéger les personnes les moins à même d'obtenir du crédit [3].

> **C. com., art. L. 611-10-2, al. 1er.** – Les personnes coobligées ou ayant consenti une sûreté personnelle ou ayant affecté ou cédé un bien en garantie peuvent se prévaloir des mesures accordées au débiteur en application du cinquième alinéa de l'article L. 611-7 ainsi que des dispositions de l'accord constaté ou homologué.

En présence d'une entreprise en difficulté, la solution inverse s'est imposée. La chambre commerciale de la Cour de cassation a jugé en 2004 que « les remises ou délais accordés par un créancier dans le cadre d'un règlement amiable bénéficiaient à la caution » [4]. Les impératifs d'équilibre contractuel et de loyauté contractuelle ont été expressément avancés à l'appui de cette *opposabilité*. La solution a ensuite été reprise par la loi du 26 juillet 2005 dans le cadre de la procédure de conciliation. L'article L. 611-10-2 du Code de commerce permet aux « personnes ayant consenti une sûreté personnelle » de se prévaloir des dispositions de l'accord homologué ou même seulement constaté par le président du tribunal [5] à l'encontre d'un créancier ayant été partie à la procédure de conciliation. Il est clair que l'opposabilité ne procède nullement ici du caractère accessoire du cautionnement, puisque le texte adopte la même règle au bénéfice de l'ensemble des sûretés personnelles, qu'elles soient accessoires ou indépendantes de la créance garantie. En réalité, c'est la volonté d'inciter le dirigeant social à anticiper le traitement des difficultés de son entreprise par une demande d'ouverture d'une procédure de conciliation, qui a principalement inspiré la solution [6]. Celle-ci fait bien peu de cas de la raison d'être des garanties personnelles et elle contrevient, en outre, à l'indépendance des garanties autonomes et ce, d'autant plus que son champ d'application extrêmement vaste excède

---

1. Civ. 1re, 13 nov. 1996, *Bull. civ.* I, n° 401.

2. Le créancier ferait preuve de déloyauté en accordant au débiteur des délais de paiement dans le plan conventionnel, mais en poursuivant la caution au terme initialement convenu.

3. Cet argument a été essentiel, lors du vote de la loi relative à la lutte contre les exclusions, pour écarter un amendement visant à étendre aux cautions le bénéfice des mesures arrêtées en faveur du débiteur principal (*JO Ass. nat.* 19 mai 1998, p. 3962).

4. Com. 5 mai 2004, *Bull. civ.* IV, n° 84.

5. C'est l'ordonnance du 18 décembre 2008 qui a étendu l'opposabilité des dispositions de l'accord homologué, non seulement à l'ensemble des garants, mais également à l'accord seulement constaté. Ce dernier ajout est très important en pratique, puisque 90 % des accords amiables ne sont que constatés.

6. L'opposabilité par le garant des dispositions de l'accord poursuit un autre objectif, celui de préserver l'efficacité de l'accord amiable, en évitant que le garant ne soit contraint de payer et qu'il n'exerce immédiatement ensuite un recours contre le débiteur principal.

les motifs qui l'ont inspirée (alors que la protection du dirigeant ou de ses proches est recherchée, le texte ne vise pas les seuls garants personnes physiques).

585. *Délais imposés aux créanciers dans la procédure de conciliation*

C. com., art. L. 611-7, al. 5. – Au cours de la procédure, le débiteur mis en demeure ou poursuivi par un créancier peut demander au juge qui a ouvert celle-ci de faire application des articles 1244-1 à 1244-3 du Code civil. Le juge statue après avoir recueilli les observations du conciliateur. Il peut subordonner la durée des mesures ainsi prises à la conclusion de l'accord prévu au présent article. Dans ce cas, le créancier intéressé est informé de la décision selon des modalités fixées par décret en Conseil d'État.
C. com., art. L. 611-10-1, al. 2. – Si, au cours de cette même durée, le débiteur est mis en demeure ou poursuivi par l'un des créanciers appelés à la conciliation dans le but d'obtenir le paiement d'une créance qui n'a pas fait l'objet de l'accord, le juge qui a ouvert la procédure de conciliation peut, à la demande du débiteur et après avoir recueilli, le cas échéant, les observations du mandataire à l'exécution de l'accord, faire application des dispositions des articles 1244-1 à 1244-3 du Code civil, en prenant en compte les conditions d'exécution de l'accord. Les dispositions du présent alinéa ne sont pas applicables aux créanciers mentionnés au troisième alinéa de l'article L. 611-7.
C. com., art. L. 611-10-2, al. 1er. – Les personnes coobligées ou ayant consenti une sûreté personnelle ou ayant affecté ou cédé un bien en garantie peuvent se prévaloir des mesures accordées au débiteur en application du cinquième alinéa de l'article L. 611-7 ainsi que des dispositions de l'accord constaté ou homologué.

L'ordonnance du 12 mars 2014 a procédé à une nouvelle extension de *l'opposabilité* des exceptions dans le cadre de la procédure de conciliation, en autorisant l'ensemble des garants, personnes physiques comme personnes morales, à se prévaloir des délais que le débiteur mis en demeure ou poursuivi par un créancier peut obtenir du juge sur le fondement du droit commun des délais de grâce, *au stade de la recherche de l'accord* (C. com., art. L. 611-7, al. 5, et L. 611-10-2, al. 1er).

En revanche, *pendant la période d'exécution* de l'accord constaté ou homologué, si le débiteur est mis en demeure ou poursuivi en paiement d'une créance qui n'a pas fait l'objet de l'accord et qu'il obtient des délais sur le fondement des articles 1244-1 à 1244-3 du Code civil, ces délais imposés par le juge aux créanciers ne devraient pas profiter aux garants, puisque l'article L. 611-10-2 du Code de commerce ne renvoie pas à l'alinéa 2 de l'article L. 611-10-1, issu de l'ordonnance du 12 mars 2014, qui autorise ces délais de grâce.

586. *Délais imposés aux créanciers dans la procédure de redressement des entreprises en difficulté*

C. com., anc. art. L. 621-65. – Le jugement qui arrête le plan en rend les dispositions opposables à tous.
Toutefois, les cautions solidaires et coobligés ne peuvent s'en prévaloir.
C. com., art. L. 631-20. – Par dérogation aux dispositions de l'article L. 626-11, les coobligés et les personnes ayant consenti une sûreté personnelle ou ayant affecté ou cédé un bien en garantie ne peuvent se prévaloir des dispositions du plan.

Avant la réforme du 26 juillet 2005, l'article L. 621-65 du Code de commerce interdisait aux cautions solidaires de se prévaloir des dispositions du plan de redressement judiciaire, en particulier des délais de paiement arrêtés par le tribunal. Cette *inopposabilité* contredisait certes le caractère accessoire du cautionnement, mais s'expliquait en revanche parfaitement par le défaut d'accord des créanciers (dans un plan de redressement, les délais sont imposés aux créanciers par le juge-commissaire) et par la fonction de garantie du cautionnement au moment où il leur est le plus utile.

Il convient de rappeler que le texte opérait une distinction entre les cautions simples et les cautions solidaires, seules ces dernières se voyant refuser le bénéfice des dispositions du plan de redressement. Jugée constitutionnelle [1], cette distinction n'en était pas moins critiquable, car, dès lors que le législateur dérogeait au caractère accessoire de la sûreté au profit de sa fonction de protection des intérêts du créancier, le cautionnement simple aurait dû être aussi visé. *La loi du 26 juillet 2005* a supprimé cette incongruité en abandonnant toute référence au caractère solidaire du cautionnement. Elle a, en revanche, maintenu l'inopposabilité des dispositions du plan de redressement par les cautions, personnes physiques ou morales, et l'a même étendue aux garants autonomes.

L'ordonnance du 18 décembre 2008 a poursuivi ce mouvement d'extension en décidant que ne peuvent se prévaloir des dispositions du plan de redressement toutes « les personnes ayant consenti une sûreté personnelle ou ayant affecté ou cédé un bien en garantie » (C. com., art. L. 631-20). Il en résulte que *tous les garants*, quelles que soient les caractéristiques de leur engagement, doivent payer le créancier indépendamment des délais du plan de redressement. Dans la mesure où les garants sont fréquemment aux commandes de l'entreprise débitrice, les priver du droit d'opposer les mesures du plan, en particulier les délais accordés à l'entreprise, revient, en quelque sorte, à les sanctionner pour avoir laissé la situation de celle-ci se détériorer jusqu'à la cessation des paiements. Par ailleurs, le maintien, et même l'extension, de l'inopposabilité des dispositions du plan de redressement par les garants, quels qu'ils soient, peut s'expliquer par le souci des auteurs de la réforme d'accorder un avantage à ceux qui choisissent la sauvegarde [2].

587. ***Délais imposés aux créanciers dans la procédure de sauvegarde des entreprises en difficulté***

> **C. com., art. L. 626-11.** – Le jugement qui arrête le plan en rend les dispositions opposables à tous.
> À l'exception des personnes morales, les coobligés et les personnes ayant consenti une sûreté personnelle ou ayant affecté ou cédé un bien en garantie peuvent s'en prévaloir.

1. Cons. const. 6 févr. 2015, n° 2014-447-QPC. Pour écarter le grief de contrariété au principe d'égalité devant la loi, le Conseil constitutionnel a considéré que ce principe n'impose pas d'uniformiser les régimes juridiques du cautionnement simple et du cautionnement solidaire, que le Code civil lui-même distingue pour renforcer l'engagement des cautions solidaires.

2. La Cour de cassation (Com. 8 oct. 2012, inédit, n° 12-40060) a ainsi refusé de renvoyer au Conseil constitutionnel une question prioritaire de constitutionnalité portant sur l'article L. 631-20 du Code de commerce, aux motifs que, «en interdisant aux coobligés et aux personnes ayant consenti une sûreté personnelle ou ayant affecté ou cédé un bien en garantie de se prévaloir des dispositions du plan de redressement arrêté à l'égard du débiteur principal, cependant qu'à l'exception des personnes morales, les coobligés et les personnes ayant consenti une sûreté personnelle ou ayant affecté ou cédé un bien en garantie peuvent se prévaloir du plan de sauvegarde bénéficiant au débiteur principal, le législateur a entendu favoriser le développement de la procédure de sauvegarde dont l'objectif est de maintenir l'activité économique et les emplois, en incitant les chefs d'entreprises à anticiper les difficultés de l'entreprise par des mesures significatives dont fait partie cette possibilité ; que par la disposition contestée, le législateur n'a pas introduit une rupture caractérisée de l'égalité entre les cautions et garants, la différence de traitement qui en résulte étant en rapport direct avec l'objet de la loi qui l'établit».

Il n'est pas certain que la même réponse serait apportée au sujet de la procédure de sauvegarde accélérée, qui, contrairement à la procédure de sauvegarde de droit commun, peut profiter à un débiteur qui se trouve déjà en cessation des paiements depuis moins de 45 jours lors de la demande d'ouverture de la procédure de conciliation, nécessairement préalable (C. com., art. L. 628-1, al. 4). Sur cette difficulté, v. J. E. Degenhardt, « Sauvegarde accélérée en cessation des paiements : des faveurs injustifiées pour les garants personnes physiques ? », *BJE* 2015, n° 1, p. 60.

Dans la procédure de sauvegarde, qui prend place en amont de la cessation des paiements, la solution est exactement inverse de celle prévalant dans la procédure de redressement. Aux termes de l'article L. 626-11 du Code de commerce, les dispositions du plan de sauvegarde sont opposables, non seulement par les cautions, mais encore plus largement par *tout garant*[1], à condition toutefois qu'il s'agisse d'une *personne physique*. Le caractère accessoire du cautionnement se trouve respecté, mais sans que le législateur ne s'en soit véritablement préoccupé. Ce qui a inspiré la règle, c'est, en réalité, la volonté de protéger les garants personnes physiques et, plus précisément, les garants dirigeants, afin de les inciter à recourir à la procédure préventive de sauvegarde. Le souci de favoriser, par ce biais, la pérennité des entreprises est tout à fait légitime, mais il est incontestable que le moyen mis en œuvre à cette fin risque de diminuer l'attrait des garanties personnelles aux yeux des créanciers, spécialement celui de la garantie autonome, puisque son indépendance par rapport à la dette principale se trouve une nouvelle fois occultée.

Si, en application de l'article L. 626-11 du Code de commerce, le créancier peut donc se voir opposer par un garant personne physique les délais de paiement inscrits dans le plan de sauvegarde au bénéfice de l'entreprise débitrice, il peut néanmoins être autorisé à pratiquer une mesure conservatoire sur les biens dudit garant. Il doit alors, dans le mois qui suit l'exécution de cette mesure, à peine de caducité de celle-ci, introduire une procédure ou accomplir les formalités nécessaires à l'obtention d'un titre exécutoire (C. pr. exéc., art. R. 511-7). Mais, pour que la protection des garants physiques imposée par l'article L. 626-11 du Code de commerce soit effective, la mise en œuvre du titre exécutoire ainsi obtenu ne peut être immédiate. Après avoir jugé qu'elle se trouve « suspendue pendant la durée du plan ou jusqu'à sa résolution »[2], la Cour de cassation a récemment précisé que l'exécution forcée ne peut avoir lieu tant que le plan de sauvegarde est respecté[3]. Cela signifie que le créancier pourra faire exécuter le titre obtenu contre le garant, dès que le débiteur ne respectera pas une échéance du plan, dans la limite toutefois du montant des dettes principales devenues exigibles.

588. ***Délais imposés aux créanciers pour le traitement du surendettement des particuliers***

C. consom., art. L. 331-7 *(extrait)*. – En cas d'échec de sa mission de conciliation, la commission peut, à la demande du débiteur et après avoir mis les parties en mesure de fournir leurs observations, imposer tout ou partie des mesures suivantes :
1° Rééchelonner le paiement des dettes de toute nature, y compris, le cas échéant, en différant le paiement d'une partie d'entre elles, sans que le délai de report ou de rééchelonnement puisse excéder huit ans ou la moitié de la durée de remboursement restant à courir des emprunts en cours ; en cas de déchéance du terme, le délai de report ou de rééchelonnement peut atteindre la moitié de la durée qui restait à courir avant la déchéance ; [...]

À défaut de conciliation entre le débiteur et ses principaux créanciers, sur demande du débiteur, mais dans le respect du principe du contradictoire, la commission de surendettement

---

1. La loi du 26 juillet 2005 avait procédé à un premier élargissement en faveur des garants autonomes et l'ordonnance du 18 décembre 2008 a parachevé ce mouvement en visant « les personnes ayant consenti une sûreté personnelle ou ayant affecté ou cédé un bien en garantie ».

2. Com. 27 mai 2014, *Bull. civ.* IV, n° 94 ; v. ss 592 les arrêts dans le même sens relatifs aux mesures conservatoires prises pendant la suspension des poursuites contre le garant, en application de l'article L. 622-28, alinéa 3, du Code de commerce.

3. Com. 2 juin 2015, n° 14-10673, à paraître au *Bulletin*. Déjà en ce sens : Com. 10 janv. 2012, *Bull. civ.* IV, n° 5.

peut imposer des mesures propres à apurer entièrement le passif et ce, sans aucune intervention du juge[1]. Les mesures que la commission peut imposer, pour une durée maximale de huit ans en principe (sept ans à compter du 1er juillet 2016), sont énoncées limitativement par l'article L. 331-7 du Code de la consommation. Parmi elles figurent des délais de paiement. Le Code de la consommation est muet sur le sort des garants en présence de tels reports. C'est donc la jurisprudence qui a dû arbitrer entre le caractère accessoire du cautionnement et sa fonction de garantie. La Cour de cassation a pris position en faveur de l'*inopposabilité* des délais imposés aux créanciers[2], de sorte que les cautions doivent payer à l'échéance initialement prévue. Elle a ainsi privilégié la raison d'être du cautionnement, qui est de remédier au risque de défaillance du débiteur, défaillance qu'expriment justement les délais accordés à ce dernier. La loi du 1er juillet 2010 n'a pas remis en cause cette solution, ce qui peut surprendre, à tout le moins à l'égard des cautions personnes physiques, puisque celles-ci ont été au contraire protégées par d'autres dispositions de cette réforme[3].

Section 4
La suspension des poursuites contre le garant

> **C. com., art. L. 622-28, al. 2 et 3.** – Le jugement d'ouverture suspend jusqu'au jugement arrêtant le plan ou prononçant la liquidation toute action contre les personnes physiques coobligées ou ayant consenti une sûreté personnelle ou ayant affecté ou cédé un bien en garantie. Le tribunal peut ensuite leur accorder des délais ou un différé de paiement dans la limite de deux ans.
> Les créanciers bénéficiaires de ces garanties peuvent prendre des mesures conservatoires.

589. ***Champ de la suspension***. Les garants ne peuvent se prévaloir de la suspension des poursuites en faveur du débiteur. En revanche, ils bénéficient, à titre personnel, d'une telle suspension dans certaines procédures collectives professionnelles[4]. En effet, la loi du 10 juin 1994 relative à la prévention et au traitement des difficultés des entreprises a instauré une suspension automatique des poursuites au bénéfice des cautions personnes physiques ; la loi du 26 juillet 2005 a étendu cette règle aux garants autonomes personnes physiques ; l'ordonnance du 18 décembre 2008 a été plus loin encore en visant toutes les *personnes physiques ayant consenti une sûreté personnelle*[5]ou ayant affecté ou cédé un bien en garantie (C. com., art. L. 622-28, al. 2, relatif à la procédure de sauvegarde ; art. L. 631-14, par renvoi, pour la procédure de redressement).

---

1. Dans sa rédaction antérieure à la loi du 1er juillet 2010, l'article L. 331-7 du Code de la consommation ne reconnaissait aux commissions de surendettement que le pouvoir de formuler des recommandations qui devaient être homologuées par le juge de l'exécution. Il s'agit désormais d'un véritable pouvoir de décision.

2. Dans le cadre de l'ancien redressement judiciaire civil, c'est un arrêt de la première chambre civile de la Cour de cassation en date du 3 mars 1998 (*Bull. civ.* I, n° 82) qui a décidé que cette procédure « ne prive pas le créancier des garanties qui lui ont été consenties ; la caution ne peut se prévaloir, pour se soustraire à son engagement, des mesures arrêtées par le juge en faveur du débiteur surendetté » (en l'espèce, il s'agissait d'une mesure de report du paiement). Les mesures que les commissions peuvent désormais imposer devraient suivre le même sort.

3. V. ss 563.

4. La suspension des procédures d'exécution contre les biens de la caution n'est en revanche imposée par aucun texte du Code de la consommation.

5. Cf. cep. Paris, 3 déc. 2010, n° RG 08/04279 : l'article L. 622-28 du Code de commerce est inapplicable à la personne ayant consenti un porte-fort-exécution.

Alors que seule la « suspension » est légalement visée, les juges du fond ne se contentent pas d'appliquer le dispositif aux actions en cours au moment de l'ouverture de la procédure collective[1], ils interdisent également les actions nouvelles[2].

L'arrêt des poursuites joue pendant toute la *période d'observation de la procédure de sauvegarde ou de redressement*, c'est-à-dire du jugement d'ouverture de la procédure jusqu'au jugement arrêtant le plan de redressement ou prononçant la liquidation[3]. La suspension peut même durer plus longtemps, puisque le tribunal peut ensuite leur accorder des *délais ou un différé de paiement dans la limite de deux ans*.

590. *Raison d'être de la suspension*. Avant la loi de 1994, les cautions dirigeantes avaient tendance à retarder l'ouverture de la procédure pour éviter d'être elles-mêmes poursuivies en qualité de garants. La suspension des poursuites a dès lors eu pour but d'inciter les garants dirigeants à *déposer le bilan le plus tôt possible*[4]. *In fine*, c'est le redressement de l'entreprise que le législateur a cherché, une fois encore, à favoriser.

591. *Critiques de la suspension*. Si son but peut paraître légitime au regard de la logique du droit des entreprises en difficulté, l'arrêt des poursuites contre les garants personnes physiques est, au contraire, très critiquable au regard des principes régissant les garanties personnelles.

D'abord, la suspension obligatoire des poursuites pendant la période d'observation et sa prolongation éventuelle pendant les deux ans qui suivent déjouent l'attente des créanciers quant à la ponctualité du paiement dû par le garant.

Ensuite, en matière de cautionnement, elle ne saurait se recommander du caractère accessoire renforcé de cette sûreté, car la suspension dont bénéficient les cautions ne résulte pas de celle consentie au débiteur principal[5], mais leur est tout à fait propre. La preuve en est que le législateur n'a pas accordé l'arrêt des poursuites à toutes les cautions, mais uniquement aux personnes physiques.

Enfin, l'extension réalisée, d'abord par la loi du 26 juillet 2005 au profit des garants autonomes, puis par l'ordonnance du 18 décembre 2008 au bénéfice de l'ensemble des

---

1. La suspension des actions en cours se traduit notamment par le fait que le créancier ayant obtenu une inscription provisoire d'hypothèque sur un immeuble de la caution avant l'ouverture de la procédure collective contre le débiteur principal ne peut pas introduire une action au fond après cette ouverture pour obtenir l'inscription définitive (Civ. 2e, 30 avr. 2002, *Bull. civ.* II, n° 85).

2. TGI Saintes, 18 sept. 1998, *JCP* 1999. IV. 2179 ; *Banque et droit*, mai-juin 1999, p. 42, note Rontchevsky ; Paris, 8 oct. 2004, *D.* 2006. Pan. 86.

3. Com. 27 févr. 2007, *Bull. civ.* IV, n° 68 : il résulte de l'article L. 621-48 du Code de commerce dans sa rédaction antérieure à la loi du 26 juillet 2005, que le créancier est recevable à agir contre la caution personne physique d'un débiteur en redressement judiciaire dès le prononcé du jugement arrêtant le plan de redressement ou prononçant la liquidation judiciaire de ce débiteur, sans qu'il soit nécessaire de notifier préalablement ce jugement à la caution ; ainsi, la banque est recevable à poursuivre le recouvrement de ses créances contre la caution nonobstant l'existence d'un pourvoi formé contre les arrêts arrêtant les plans de cession des sociétés débitrices. Cette solution évite les recours dilatoires.

4. La Cour de cassation (Cass., ch. mixte, 16 nov. 2007, *Bull. ch. mixte*, n° 11) a déduit de cette *ratio legis* la qualification procédurale de la suspension des poursuites : édictée « dans le seul intérêt de la caution », il s'agit d'une fin de non-recevoir, et non d'une exception de procédure. En conséquence, la caution n'est pas tenue de s'en prévaloir *in limine litis* (avant toute défense au fond), mais peut le faire en tout état de cause. Cependant, comme cette fin de non-recevoir n'est pas considérée comme étant d'ordre public, elle ne pourrait, ni être soulevée d'office, ni être invoquée pour la première fois devant la Cour de cassation.

5. V. ss 580, 581, la suspension des poursuites contre l'entreprise débitrice, dont la caution ne jouit pas, par voie accessoire.

garants de la dette d'autrui, démontre clairement que la neutralisation des sûretés constitue un moyen législatif essentiel pour satisfaire les objectifs du droit des procédures collectives, en particulier celui d'anticiper le traitement des difficultés des entreprises.

592. ***Limites de la suspension***. Pendant la période de suspension, qui peut être longue, le garant peut être tenté d'organiser son insolvabilité. Pour éviter ce risque, susceptible d'accroître le tort déjà causé aux créanciers par la mesure de suspension des poursuites elle-même, le législateur leur reconnaît le droit de prendre des *mesures conservatoires* (C. com., art. L. 622-28, al. 3, qui n'est, en réalité, qu'un rappel du droit commun des mesures conservatoires [1]).

Une difficulté d'articulation existe entre l'article L. 622-28, alinéa 3, du Code de commerce et l'article R. 511-7 du Code des procédures civiles d'exécution (ancien article 215 du décret du 31 juillet 1992). Ce dernier texte impose au créancier, à peine de caducité de la mesure conservatoire, d'introduire une procédure ou d'accomplir les formalités nécessaires à l'obtention d'un titre exécutoire dans le mois qui suit l'exécution de la mesure. Or, les poursuites individuelles contre le garant personne physique sont suspendues. Dès lors, faute de pouvoir respecter cette exigence, la mesure conservatoire dirigée contre les biens du garant devient-elle caduque ? La deuxième chambre civile de la Cour de cassation a apporté une réponse positive à cette question, privant ainsi de tout intérêt l'article L. 622-28, alinéa 3, du Code de commerce [2]. La chambre commerciale a, quant à elle, adopté une solution plus complexe, mais plus protectrice des intérêts de chacun : le créancier doit introduire l'instance ou accomplir les formalités nécessaires à l'obtention du titre exécutoire dans le mois suivant l'exécution de la mesure conservatoire contre le garant, mais la mise en œuvre du titre exécutoire est suspendue « jusqu'au jugement arrêtant le plan de redressement [3] ou prononçant la liquidation judiciaire du débiteur principal » [4], dès lors toutefois que le plan de sauvegarde est bien respecté [5]. Si tel n'était pas le cas, le créancier devrait obtenir l'exécution des condamnations prononcées contre le garant personne physique au fur et à mesure des échéances du plan de sauvegarde.

---

1. C. pr. exéc., art. L. 511-1 s.
2. Civ. 2e, 30 avr. 2002, *Bull. civ.* II, n° 85.
3. Après l'adoption du plan de redressement, le créancier retrouve son droit d'agir sans être tenu de délivrer une nouvelle assignation (Com. 7 juin 2005, inédit, n° 03-18421).
4. Com. 24 mai 2005, *Bull. civ.* IV, n° 116 et 117.
5. Com. 2 juin 2015, n° 14-10673, à paraître au *Bulletin*.

Chapitre 3

Incidence des procédures d'insolvabilité sur la fixation du montant du règlement du garant

Dans le cadre des procédures d'insolvabilité, conformément à l'impératif de justice distributive, les dettes de l'entreprise en difficulté ou du particulier surendetté sont fréquemment réduites, soit par l'arrêt du cours des intérêts (Section 1), soit par des remises consenties ou imposées aux créanciers (Section 2). L'obligation de règlement des garants se trouve-t-elle diminuée d'autant ?

Section 1
L'arrêt du cours des intérêts dus par le débiteur

593. ***Avant la réforme du 26 juillet 2005.*** Sous l'empire de l'article 55 de la loi du 25 janvier 1985, le jugement d'ouverture de la procédure de redressement judiciaire des entreprises arrêtait le cours des intérêts légaux et conventionnels dus par le débiteur, ainsi que de tous les intérêts de retard et majorations pour les prêts d'une durée inférieure à un an. La Cour de cassation accordait le bénéfice de cette règle aux cautions, en qualifiant l'arrêt du cours des intérêts d'*exception inhérente à la dette*. Les cautions s'en trouvaient partiellement déchargées [1].

La loi du 10 juin 1994 a remis en cause cette jurisprudence en précisant que *les cautions ne peuvent se prévaloir de l'arrêt du cours des intérêts* (C. com., anc. art. L. 621-48, al. 1er, *in fine*). Le caractère accessoire du cautionnement était par conséquent écarté, puisque la caution était obligée de payer une dette dont le débiteur principal n'était plus tenu. La raison d'être du cautionnement se trouvait au contraire confortée, l'arrêt du cours des intérêts n'étant qu'un aménagement de la défaillance du débiteur.

594. ***La réforme opérée par la loi du 26 juillet 2005 et étendue par l'ordonnance du 18 décembre 2008.*** La loi de sauvegarde des entreprises en difficulté du 26 juillet 2005 a fait produire à l'arrêt du cours des intérêts des effets opposés selon le type de procédure

---

1. Com. 13 nov. 1990, *Bull. civ.* IV, n° 277 ; 14 déc. 1993, *Bull. civ.* IV, n° 467 ; 22 mars 1994, *Bull. civ.* IV, n° 122.
En revanche, la caution ayant reçu une mise en demeure sur le fondement de l'article 1153, alinéa 3, du Code civil restait tenue à titre personnel des intérêts moratoires afférents à son obligation de garantir (Com. 7 janv. 1992, *Bull. civ.* IV, n° 2 ; 11 mai 1993, *Bull. civ.* IV, n° 182 ; 22 mars 1994, *Bull. civ.* IV, n° 122).

ouverte. L'ordonnance du 18 décembre 2008 a conforté ces nouvelles solutions en les généralisant à l'ensemble des garants. L'ordonnance du 12 mars 2014 a apporté une précision favorable aux débiteurs et aux garants personnes physiques, en excluant l'anatocisme (C. com., art. L. 622-28, al. 1er, *in fine*).

C. com., art. L. 622-28, al. 1er. – Le jugement d'ouverture arrête le cours des intérêts légaux et conventionnels, ainsi que de tous intérêts de retard et majorations, à moins qu'il ne s'agisse des intérêts résultant de contrats de prêt conclus pour une durée égale ou supérieure à un an ou de contrats assortis d'un paiement différé d'un an ou plus. Les personnes physiques coobligées ou ayant consenti une sûreté personnelle ou ayant affecté ou cédé un bien en garantie peuvent se prévaloir des dispositions du présent alinéa. Nonobstant les dispositions de l'article 1154 du Code civil, les intérêts échus de ces créances ne peuvent produire des intérêts.
C. com., art. L. 631-14, al. 7. – Les personnes coobligées ou ayant consenti une sûreté personnelle ou ayant affecté ou cédé un bien en garantie ne bénéficient pas de l'inopposabilité prévue au deuxième alinéa de l'article L. 622-26 et ne peuvent se prévaloir des dispositions prévues au premier alinéa de l'article L. 622-28.

595. ***Dans la procédure de redressement judiciaire***, la règle édictée par la loi du 10 juin 1994 a été conservée, mais son champ d'application a été modifié. En effet, l'article L. 631-14, alinéa 7, du Code de commerce interdit aux « personnes ayant consenti une sûreté personnelle ou ayant affecté ou cédé un bien en garantie » d'invoquer l'arrêt du cours des intérêts dus par l'entreprise débitrice. L'*inopposabilité* de cette réduction de la dette principale est donc désormais imposée à *tous les garants*, que leur engagement présente un caractère accessoire ou indépendant (extension déjà opérée par la loi de 2005 à l'encontre des garants autonomes) et qu'il s'agisse de personnes physiques ou morales (l'ordonnance de 2008 a supprimé la référence que contenait la loi de 2005 aux personnes physiques et qui conduisait, paradoxalement, à accorder aux garants personnes morales un meilleur traitement).

596. ***Dans la procédure de sauvegarde***, la solution inverse a été adoptée. L'article L. 622-28, alinéa 1er, du Code de commerce accorde effectivement aux « personnes physiques ayant consenti une sûreté personnelle ou ayant affecté ou cédé un bien en garantie » le droit de se prévaloir de l'arrêt du cours des intérêts et d'obtenir ainsi une diminution de leur obligation de règlement[1]. La loi du 26 juillet 2005, puis l'ordonnance du 18 décembre 2008, ont voulu, par le biais de cette *opposabilité*, rendre plus attractive aux yeux des garants dirigeants la procédure de sauvegarde et favoriser, par là même, le redressement anticipé de l'entreprise en difficultés. Mais elles ont, dans le même temps, compromis l'intérêt pour les créanciers des *sûretés personnelles souscrites par des personnes physiques*, en particulier des garanties autonomes, dont l'indépendance se trouve une fois encore malmenée.

597. ***Procédure de surendettement***. Dans le cadre d'une procédure de traitement du surendettement, les intérêts des dettes du débiteur peuvent être affectés en de nombreuses

1. Si la sûreté personnelle garantit un contrat échappant à la règle de l'arrêt du cours des intérêts, c'est-à-dire un prêt conclu pour une durée égale ou supérieure à un an ou un contrat assorti d'un paiement différé d'un an ou plus, le garant personne physique peut néanmoins voir son obligation de règlement limitée grâce à l'éviction de l'anatocisme, que l'ordonnance du 12 mars 2014 a inscrite dans l'article L. 622-28, alinéa 1er (« nonobstant les dispositions de l'article 1154 du Code civil, les intérêts échus de ces créances ne peuvent produire des intérêts »).

occasions. D'abord, le taux d'intérêt des emprunts peut être réduit si la commission dépasse le délai de trois mois qui lui est imparti pour instruire la demande d'ouverture de la procédure (C. consom., art. L. 331-3)[1]. Ensuite, « les créances figurant dans l'état d'endettement du débiteur dressé par la commission ne peuvent produire d'intérêts ou générer de pénalités de retard à compter de la date de recevabilité et jusqu'à la mise en œuvre des mesures prévues aux 1° et 2° de l'article L. 330-1 et aux articles L. 331-6, L. 331-7, L. 331-7-1 et L. 331-7-2 » (C. consom., art. L. 331-3-1, tel que modifié par la loi n° 2013-672 du 26 juillet 2013, en vigueur depuis janvier 2014). Ni le Code de la consommation, ni la jurisprudence, n'ont apporté de réponse à la question de savoir si les cautions peuvent se prévaloir de l'arrêt du cours des intérêts ou de la diminution du taux d'intérêt pouvant survenir dans la procédure de traitement du surendettement.

Une réponse positive pourrait naturellement être donnée sur le fondement du caractère accessoire du cautionnement, qui interdit à la caution dc payer plus que le débiteur et qui lui permet d'opposer aux créanciers toutes les exceptions inhérentes à la dette garantie, ce qui est vraisemblablement le cas des réductions de son montant consécutives à l'arrêt ou à la diminution des intérêts.

Mais la réponse négative, consistant à refuser en tout état de cause aux cautions le bénéfice des modifications des intérêts, serait davantage justifiée au regard de la fonction de garantie du cautionnement. En outre, dans un souci de cohérence avec les décisions jurisprudentielles relatives aux délais de paiement[2] et aux réductions du principal de la dette[3], l'inopposabilité par les cautions des modifications des intérêts mériterait de s'imposer.

Section 2
Les remises de dettes accordées au débiteur

Les remises de dettes accordées au débiteur dans les procédures amiables ou judiciaires produisent, sur les garanties personnelles, des effets comparables à ceux résultant de l'octroi de délais de paiement[4].

598. *Procédures amiables*

Position du problème. Dans le cadre du règlement amiable des difficultés d'un particulier surendetté ou d'une entreprise en difficulté, les remises de dettes reposent sur le *consentement des créanciers*. On pourrait dès lors songer à leur appliquer l'article 1287, alinéa 1er, du Code civil aux termes duquel « la remise ou décharge conventionnelle accordée au débiteur principal libère les cautions »[5]. Mais, comme la remise de dette n'est, dans une procédure amiable, que la conséquence de la défaillance du débiteur, contre laquelle le créancier a justement cherché à se prémunir, la *finalité du cautionnement* pourrait, au contraire, justifier le maintien de l'obligation de règlement de la caution dans son intégralité.

---

1. La légitimité, si ce n'est la constitutionnalité, de cette mesure est pour le moins discutable, puisque ce sont les prêteurs qui se trouvent sanctionnés, alors que la carence est imputable à la commission.
2. V. ss 584, 588.
3. V. ss 598, 602.
4. V. ss 583 s., la reproduction des textes et leurs raisons d'être.
5. Sur la remise de dette comme cause d'extinction par voie accessoire du cautionnement, v. ss 349, 350.

Solution en matière de surendettement. Dans le silence du Code de la consommation sur la situation des garants, la première chambre civile de la Cour de cassation a nettement privilégié la raison d'être du cautionnement sur son caractère accessoire. En effet, dans un arrêt du 13 novembre 1996[1], elle a décidé que la caution ne pouvait *pas opposer au créancier les remises* de dettes accordées au débiteur dans le plan conventionnel de redressement. Cette solution, déjà ancienne, n'a nullement été contredite par les réformes du 1er août 2003, puis du 1er juillet 2010.

Solution en présence d'une entreprise en difficulté. Sous l'empire de la loi du 1er mars 1984 relative à la prévention et au règlement amiable des difficultés des entreprises, la chambre commerciale de la Cour de cassation a, au contraire, admis *l'opposabilité* des remises par la caution, en les assimilant aux remises conventionnelles régies par l'article 1287 du Code civil[2]. La loi du 26 juillet 2005 a conforté cette solution jurisprudentielle en reconnaissant, dans la procédure de conciliation, aux cautions, ainsi qu'aux garants autonomes, tant personnes physiques que morales, le droit d'opposer à leur créancier les remises contenues dans l'accord homologué. L'ordonnance du 18 décembre 2008 a procédé à deux nouvelles extensions, pour inciter un peu plus encore les dirigeants sociaux (très souvent garants des dettes de leur entreprise) à demander l'ouverture de la procédure préventive de conciliation. Ainsi, désormais, *tous les garants* de la dette d'autrui sont concernés (coobligés ou personnes ayant consenti, soit une sûreté personnelle, soit une sûreté réelle pour autrui) et l'opposabilité porte également sur les dispositions de l'accord seulement constaté par le président du tribunal (C. com., art. L. 611-10-2).

599. ***Règlement judiciaire des difficultés des entreprises avant la réforme du 26 juillet 2005***. L'article L. 621-65 du Code de commerce rendait les remises de dettes accordées à l'entreprise débitrice dans le plan de redressement judiciaire inopposables par les cautions solidaires. Cette solution était logique à deux égards. D'une part, ces remises ne sont qu'une solution procédurale à l'insolvabilité du débiteur, à laquelle le cautionnement a justement pour but de remédier. D'autre part, ces remises ne procèdent nullement de la volonté du créancier de soulager le débiteur ; elles leur sont imposées, ce qui exclut l'application par analogie de l'article 1287 du Code civil. La seule incohérence résidait dans la distinction injustifiée entre cautionnement simple et cautionnement solidaire[3].

600. ***Règlement judiciaire des difficultés des entreprises depuis la loi du 26 juillet 2005***. Le champ de l'inopposabilité des remises de dettes consenties dans le plan de redressement a été modifié. En effet, cette loi a supprimé l'incohérence sus-énoncée et visé les garants autonomes aux côtés des cautions (sans distinction tenant à la personnalité physique ou morale). L'ordonnance du 18 décembre 2008 a été encore plus loin en prévoyant que, « par dérogation aux dispositions de l'article L. 626-11, les coobligés et *les personnes ayant consenti une sûreté personnelle* ou ayant affecté ou cédé un bien en garantie *ne peuvent se prévaloir des dispositions du plan* » (C. com., art. L. 631-20[4]). La

---

1. Civ. 1re, 13 nov. 1996, *Bull. civ.* I, n° 401. Dans le même sens, Bourges, 28 févr. 2001, *Juris-Data* n° 2001-15220 ; Nancy, 9 sept. 2004, *Juris-Data* n° 2004-268896.

2. Com. 5 mai 2004, *Bull. civ.* IV, n° 84.

3. Privilégiant la lettre de l'article L. 621-65 du Code de commerce sur son esprit, la Cour de cassation refusait aux cautions solidaires le bénéfice des remises accordées au débiteur (Com. 17 nov. 1992, *Bull. civ.* IV, n° 355 ; 17 mai 1994, *Bull. civ.* IV, n° 177) et l'accordait, à l'inverse, aux cautions simples (Com. 23 nov. 2004, *Bull. civ.* IV, n° 203).

4. Sur la constitutionnalité de ce texte, v. ss 586.

fonction de protection des intérêts des créanciers, commune à l'ensemble des garanties, s'en trouve incontestablement confortée.

601. ***Sauvegarde des entreprises en difficulté.*** À l'inverse, l'article L. 626-11, alinéa 2, du Code de commerce reconnaît aux *personnes physiques ayant consenti une sûreté personnelle* ou ayant affecté ou cédé un bien en garantie le droit d'*opposer* les dispositions du plan de sauvegarde et d'être, en conséquence, partiellement libérées à hauteur des remises accordées à l'entreprise débitrice. On voit, là encore, que le « législateur a introduit une discrimination positive, pour favoriser la sauvegarde »[1].

602. ***Règlement judiciaire du surendettement des particuliers.*** Aucune des lois relatives au surendettement des particuliers n'a précisé le sort des cautions en cas d'allégement judiciaire des dettes du débiteur[2]. La jurisprudence a donc dû trancher entre le caractère accessoire du cautionnement et la protection des intérêts financiers des créanciers. Depuis la fin des années 1990, la Cour de cassation décide que les cautions *ne peuvent bénéficier des mesures arrêtées par le juge en faveur du débiteur surendetté*[3]. Cette solution, identique à celle qu'impose le Code de commerce dans la procédure de redressement judiciaire, n'a pas été consacrée par les réformes successives du droit du surendettement. En particulier, la loi *Lagarde* de 2010 n'a pas reconnu aux cautions et coobligés, personnes physiques, le droit de se prévaloir des mesures bénéficiant au débiteur surendetté, alors que, d'une part, elle leur a réservé un sort favorable au stade des recours contre le débiteur[4] et que, d'autre part, elle aurait pu s'inspirer des solutions protectrices des cautions prévalant au contraire dans les procédures de conciliation et de sauvegarde des entreprises en difficulté. Le silence de la loi de 2010 nous paraît devoir être interprété comme une confirmation implicite des décisions de la Cour de cassation refusant aux cautions, quelles qu'elles soient, le bénéfice des mesures octroyées au débiteur[5].

---

1. P.-M. Le Corre et E. Le Corre-Broly, *Droit des entreprises en difficulté*, 2e éd., Sirey, coll. « Université », 2006, p. 366.
2. Cf. les deux types de mesures recommandées par la commission de surendettement et soumises à homologation du juge, prévues par l'article L. 331-7-1 du Code de la consommation : d'une part, l'effacement partiel des dettes, qui doit être combiné avec l'une des mesures que la commission peut imposer sur le fondement de l'article L. 331-7 ; d'autre part, en cas de vente forcée ou amiable du logement principal du débiteur « grevé d'une inscription bénéficiant à un établissement de crédit ayant fourni les sommes nécessaires à son acquisition », et une fois le prix de vente imputé sur le capital restant dû, la réduction de celui-ci « dans des proportions telles que son paiement, assorti d'un rééchelonnement calculé conformément au 1° de l'article L. 331-7 soit compatible avec les ressources et les charges du débiteur ».
3. Civ. 1re, 14 oct. 1997, inédit, n° 96-04053 ; 3 mars 1998, *Bull. civ.* I, n° 82 ; 18 janv. 2000, inédit, n° 97-20391 ; 26 avr. 2000, *Bull. civ.* I, n° 122. Les solutions sont les mêmes à l'encontre de codébiteurs solidaires (Civ. 1re, 6 nov. 2001, *Bull. civ.* I, n° 269).
4. V. ss 604, 607.
5. *Contra* : D. Legeais, « La loi sur le crédit à la consommation et le droit des sûretés », *RD banc. fin.* 2010, n° 6, p. 89.

Chapitre 4

Incidence des procédures d'insolvabilité sur la détermination des recours du garant

Les garants disposent de recours contre le débiteur (Section 1) et contre les éventuelles autres personnes engagées à couvrir la même dette principale (Section 2). Ces deux types de recours sont-ils perturbés par l'ouverture d'une procédure d'insolvabilité à l'encontre du débiteur ?

Section 1
Les recours contre le débiteur principal

603. ***Recours avant paiement***. Aux termes de l'article 2309 du Code civil (anc. art. 2032), la caution, avant même d'avoir payé le créancier, peut exercer un recours contre le débiteur, lorsque celui-ci « a fait faillite, ou est en déconfiture ». Cette action ne saurait prendre la forme d'un appel en garantie du débiteur ou d'une demande d'indemnisation, car l'ouverture d'une procédure collective ou de surendettement emporte automatiquement ou sur décision judiciaire la suspension des poursuites individuelles contre le débiteur bénéficiaire [1] et l'interdiction du paiement des dettes antérieures [2].

En réalité, le recours anticipé de la caution ne peut prendre la forme que d'une *déclaration de sa créance future de remboursement*. Cette déclaration ne saurait être rejetée au motif que le créancier a déjà été admis au passif, car, la créance d'indemnité de la caution présente un caractère personnel [3]; ce n'est donc pas la même créance qui va figurer deux fois au passif du redressement du débiteur [4].

La Cour de cassation considère que l'action préventive, par voie de déclaration de créance, ne saurait être utilisée contre la caution, en la détournant de sa finalité, qui est de diminuer le risque d'absence de remboursement par le débiteur [5]. Avant la loi du 26 juillet 2005, c'est-à-dire lorsque le défaut de déclaration était encore sanctionné par l'extinction de la créance, la Haute juridiction en déduisait que la déclaration de la caution préservait son propre droit au remboursement, sans assurer la survie de la créance principale non

1. V. ss 580.
2. La dette du débiteur envers la caution est bien une dette antérieure, puisque « la créance de la caution qui agit avant paiement contre le débiteur principal, sur le fondement de l'article 2309 du Code civil, prend naissance à la date de l'engagement de la caution » (Com. 3 févr. 2009, *Bull. civ.* IV, n° 11).
3. Com. 2 mars 1993, *Bull. civ.* IV, n° 80 ; 25 oct. 1994, *Bull. civ.* IV, n° 305.
4. Com. 29 oct. 1991, *Bull. civ.* IV, n° 316.
5. Com. 19 juin 1984, *Bull. civ.* IV, n° 198.

déclarée[1]. Maintenant que le défaut de déclaration est sanctionné par l'inopposabilité de la créance à la procédure, la déclaration de la caution ne permettra pas au créancier non déclarant de participer aux répartitions ou au versement des dividendes du plan de sauvegarde ou de redressement.

604. ***Recours en remboursement : moment***

Procédures collectives professionnelles. L'entreprise faisant l'objet d'une procédure de sauvegarde ou de redressement judiciaire ne peut faire l'objet d'aucun recours en remboursement de la part d'un garant, en raison de la règle de l'interdiction des poursuites individuelles et des paiements après le jugement d'ouverture. Les garants retrouvent leur droit de poursuite lors de la *clôture de la procédure pour insuffisance d'actif*, dans les conditions définies par la loi (C. com., art. L. 643-11[2]) et la jurisprudence. Il en va de même en cas de *clôture de la procédure de rétablissement professionnel*, puisque l'article L. 645-11 du Code de commerce, issu de l'ordonnance du 12 mars 2014, exclut l'effacement des créances mentionnées au II de l'article L. 643-11, c'est-à-dire celles des « personnes ayant consenti une sûreté personnelle ou ayant affecté ou cédé un bien en garantie ». Cette protection est rendue effective par l'obligation que le décret n° 2014-736 du 30 juin 2014 a fait peser sur le mandataire judiciaire d'informer de l'ouverture de cette nouvelle procédure les garants dont l'existence a été portée à sa connaissance par le débiteur ou par un créancier (C. com., art. R. 645-11).

Procédures de surendettement. Compte tenu des multiples suspensions des procédures d'exécution contre le débiteur surendetté, ainsi que de l'interdiction qui lui est faite de payer la caution par l'article L. 331-3-1 du Code de la consommation[3], les cautions *solvens* ne peuvent exercer leur recours en remboursement qu'à des moments très précis : avant la décision de la commission déclarant la demande recevable et seulement alors si le juge n'a pas interdit les poursuites ; ou bien pendant l'exécution du plan conventionnel de redressement si celui-ci ne prévoit pas le report ou le rééchelonnement des paiements dus à la caution ; ou enfin, et c'est certainement l'hypothèse la plus probable, à tout le moins pour les cautions personnes physiques[4], à l'issue de la procédure de rétablissement personnel.

605. ***Recours en remboursement : condition de déclaration de la créance de la caution contre l'entreprise débitrice.*** Lorsque la caution *paye le créancier après l'ouverture de la procédure collective*, elle peut poursuivre le débiteur « soit en exerçant un recours subrogatoire sous réserve que le créancier ait déclaré sa créance soit en exerçant un recours personnel dès lors qu'elle a elle-même déclaré sa créance »[5]. En

---

1. Com. 17 juill. 1990, *Bull. civ.* IV, n° 215 ; 23 oct. 1990, *Bull. civ.* IV, n° 244 ; 12 juill. 1994, *Bull. civ.* IV, n° 260.

2. Ce texte a longtemps visé les seules cautions, l'ordonnance du 18 décembre 2008 ayant omis d'étendre à tous les autres garants la reprise des poursuites qu'il autorise. L'ordonnance du 12 mars 2014 a comblé cette lacune en inscrivant dans l'article L. 643-11, II l'expression « les personnes ayant consenti une sûreté personnelle ou ayant affecté ou cédé un bien en garantie », qui recouvre toutes les sûretés pour autrui.

3. Dans sa rédaction issue de la loi du 1er juillet 2010, ce texte interdit expressément au débiteur surendetté, sauf s'il y est autorisé par le juge d'instance, « de désintéresser les cautions qui acquitteraient des créances nées antérieurement à la suspension ou à l'interdiction » consécutive à la décision de la commission de surendettement déclarant recevable la demande d'ouverture de la procédure.

4. Sur l'exclusion des recours lorsque la caution est une personne morale, v. ss 607.

5. Com. 12 mai 2009, *Bull. civ.* IV, n° 67 ; 5 févr. 2013, inédit, n° 11-24587.

revanche, dans l'hypothèse où la caution aurait *payé le créancier avant l'ouverture de la procédure*, elle aurait seule qualité pour déclarer sa créance et ce, en raison de l'effet translatif attaché à la subrogation légale. En effet, la déclaration effectuée par le créancier subrogeant serait alors sans effet, puisque, du fait du paiement reçu de la caution, il aurait perdu qualité pour déclarer. La caution ne saurait donc se prévaloir, dans cette seconde hypothèse, de la déclaration effectuée par le créancier, à moins, a précisé la Cour de cassation, qu'une convention n'ait habilité celui-ci à déclarer la créance de la caution à la place de celle-ci [1].

606. *Recours en remboursement : montant*. Si le recours en remboursement ne peut pas être exercé immédiatement après le paiement de la caution, peut-il au moins être intégral ou souffre-t-il, au contraire, des mesures de protection spéciales accordées au débiteur ?

La Haute juridiction préserve le montant du remboursement de la caution en interdisant au débiteur surendetté d'opposer les réductions dont il a pu profiter à la caution exerçant un recours après paiement [2]. Cette solution, qui se justifie par le caractère subsidiaire du cautionnement, joue quelle que soit la nature du recours exercé – personnel ou subrogatoire – puisqu'elle a été rendue au double visa des anciens articles 2028 et 2029 du Code civil (C. civ., nouv. art. 2305 et 2306). En acceptant de la sorte le recours subrogatoire, alors que la caution ne devrait pas avoir plus de droits que le créancier dans les droits duquel elle se trouve subrogée, la Cour de cassation a nettement fait primer les intérêts de la caution sur ceux du débiteur principal, quitte à compromettre l'ensemble de la procédure de surendettement [3]. Cette solution n'a pas été démentie par les réformes du 1er août 2003 et du 1er juillet 2010.

Le Livre VI du Code de commerce n'apporte quant à lui aucune réponse à la question du montant des recours des garants.

607. *Recours en remboursement : exclusion*. La loi du 1er juillet 2010 a préservé le recours en remboursement des coobligés et cautions *personnes physiques* en interdisant l'effacement de la dette du débiteur surendetté à l'égard de ces garants, dans trois hypothèses : lorsque la commission de surendettement recommande, par proposition spéciale et motivée, un effacement partiel des dettes (C. consom., art. L. 331-7-1, 2°) ; en cas de rétablissement personnel sans liquidation judiciaire (C. consom., art. L. 332-5) ; en cas de clôture de la procédure de rétablissement personnel avec liquidation judiciaire pour insuffisance d'actif (C. consom., art. L. 332-9). *A contrario*, cela signifie que dans ces trois hypothèses les cautions *personnes morales* pourraient voir leurs créances effacées et donc leur recours en remboursement paralysé, totalement ou partiellement [4].

---

1. Com. 1er déc. 2009, *Bull. civ.* IV, n° 154 ; *contra* : Com. 23 janv. 2001, *Bull. civ.* IV, n° 21, qui avait jugé que le subrogé, que rien n'oblige à faire valoir ses droits, peut laisser au subrogeant le soin de les exercer (solution rendue à propos de la subrogation conventionnelle).

2. Civ. 1re, 15 juill. 1999, *Bull. civ.* I, n° 248 ; 28 mars 2000, *Bull. civ.* I, n° 107.

3. Ce risque ne doit pas être exagéré. Effectivement, le débiteur peut prévenir la commission des poursuites engagées contre lui par la caution et arguer de ce fait nouveau pour demander un nouvel examen de sa situation. Si le recours de la caution survient après la clôture pour insuffisance d'actif de la procédure de rétablissement personnel, le débiteur peut demander l'ouverture d'une nouvelle procédure.

4. Sur les justifications de cette nouvelle rigueur à l'encontre des cautions personnes morales, v. ss 548.

Section 2

Les recours contre d'autres garants

608. ***Recours de la caution contre les cofidéjusseurs***. Dans le contexte d'une procédure collective ouverte contre l'entreprise débitrice, la Cour de cassation admet que la caution *solvens* puisse demander remboursement aux cofidéjusseurs, même si elle n'a pas déclaré sa créance contre l'entreprise[1]. L'explication réside dans le fait que les autres cautions ont elles-mêmes la faculté de déclarer leur créance future contre le débiteur, sur le fondement de l'article 2309 du Code civil (anc. art. 2032).

Par ailleurs, il avait été décidé sous l'empire de l'ancien article L. 621-46, alinéa 4, du Code de commerce, que, même si la caution *solvens* payait une dette en réalité éteinte pour ne pas avoir été déclarée à la procédure par le créancier, elle pouvait néanmoins demander remboursement aux cofidéjusseurs à hauteur de leur part et portion dans la dette[2].

Le non-respect des exigences propres au droit des entreprises en difficulté, en particulier l'obligation de déclarer les créances, n'altérait donc pas déjà, pour l'essentiel, les relations entre les cofidéjusseurs.

609. ***Recours de la caution contre une sous-caution***. Les rapports entre une caution et son propre garant, appelé sous-caution, peuvent au contraire être perturbés par l'ouverture d'une procédure collective. En effet, une sous-caution peut refuser de payer la caution, en lui reprochant de ne pas avoir déclaré sa créance de remboursement contre le débiteur[3]. Cette solution s'explique par le souci de la Cour de cassation de ne pas autoriser un paiement de la sous-caution qui ne pourrait être remboursé. En effet, si la créance de la caution contre le débiteur principal n'est pas déclarée, la sous-caution ne peut pas se retourner contre ce dernier sur le fondement d'une subrogation personnelle. La sous-caution ne peut pas non plus agir contre le débiteur principal en se prévalant de la déclaration de créance effectuée par le créancier lui-même, car la sous-caution garantit, non pas la créance du créancier à l'égard du débiteur principal, mais celle de la caution à l'encontre de ce débiteur. Faute de pouvoir être subrogée dans les droits du créancier initial, la sous-caution est donc protégée lorsque la caution ayant négligé de déclarer sa créance contre le débiteur exerce un recours après paiement.

1. Com. 5 nov. 2003, *Bull. civ.* IV, n° 158.
2. Com. 5 févr. 2002, inédit, n° 98-21830.
3. Civ. 1re, 7 mai 2002, *Bull. civ.* I, n° 123 ; Com. 30 mars 2005, *Bull. civ.* IV, n° 71.

Conclusion prospective

Propositions de réforme du droit des sûretés personnelles

610. Les imperfections du droit positif sont telles que, depuis plusieurs années déjà, la crise des sûretés personnelles (cautionnement et sûretés personnelles alternatives) est unanimement dénoncée[1] et qu'un consensus existe sur la nécessité d'une réforme[2]. Cependant, le Parlement n'ayant pas estimé souhaitable, à l'occasion du vote de la loi n° 2005-842 pour la confiance et la modernisation de l'économie du 26 juillet 2005, d'habiliter le gouvernement à réformer par voie d'ordonnance une matière aussi sensible en termes de crédit et de surendettement, la question des solutions à déployer pour que règne la sécurité en matière de sûretés personnelles reste entière. Une *reconstruction complète* du droit des sûretés personnelles s'impose donc[3]. Seront successivement exposés les objectifs, l'étendue, la structure et le contenu, qui constituent les bases de cette réforme.

---

1. Cf. not. P. Ancel, « Nouvelles sûretés pour créanciers échaudés », *JCP* 1989 E, suppl. *Cahier droit des entreprises*, n° 5, p. 3 ; L. Aynès, « Les garanties du financement », *Defrénois* 1986, art. 33779, p. 913 ; L. Aynès, « Rapport français sur les sûretés personnelles », *in Travaux de l'Association H. Capitant*, « Les garanties de financement », journées portugaises, t. 47, 1996, LGDJ, p. 377 ; J.-L. Courtier, « La garantie à première demande : attention messieurs les bénéficiaires », *LPA* 24 juin 1994, n° 75, p. 4 s. ; P. Crocq, « L'évolution des garanties du paiement : de la diversité à l'unité », *in Mélanges C. Mouly*, Litec, 1998, p. 317 s. ; J.-J. Daigre, « Les substituts du cautionnement : de la lettre à la garantie. La revanche de la liberté », *JCP* 1992 E, *Cahier droit des entreprises* 6-92, p. 5 ; Ph. Delebecque, « Le cautionnement et le Code civil : existe-t-il encore un droit du cautionnement ? », *RJ com*. 2004. 226 s. ; D. Grimaud, *Le caractère accessoire du cautionnement*, PUAM, 2001 ; D. Legeais, « La réforme du droit des garanties ou l'art de mal légiférer », *in Mélanges Ph. Simler*, Dalloz-Litec, p. 367 s. ; Ph. Simler, *op. cit.*, n° 4 ; Ph. Simler, *Le cautionnement*, Litec, 1982, n° 4 ; Ph. Simler, « Les solutions de substitution au cautionnement », *JCP* 1990. I. 3427 ; J. Terray, « Le cautionnement : une institution en danger », *JCP* 1987. I. 3295 ; H., L. et J. Mazeaud et F. Chabas, par Y. Picod, *op. cit.*, n° 6-4 ; Ph. Théry, *op. cit.*, n° 8.
2. Cf. not. Ph. Dupichot, *Le pouvoir des volontés individuelles en droit des sûretés*, thèse, Paris II, 2003, n° 476, 965 ; D. Legeais, « Le cautionnement à première demande », *in Mélanges M. Vasseur*, Banque Éditeur, 2000, p. 96 ; D. Legeais, « L'imprévisible droit des garanties personnelles », *in Mélanges Y. Guyon*, Dalloz, 2003, p. 669 et 670 ; D. Legeais, « Le Code de la consommation siège d'un nouveau droit du cautionnement. Commentaire des dispositions relatives au cautionnement introduites par les lois du 1er août 2003 relatives à l'initiative économique et sur la ville », *JCP E* 2003. 1610 s., n° 31 ; D. Legeais, « Perspectives d'évolution du cautionnement », *Dr. et patr*. 2008, n° 174, p. 46 s. ; F. Pasqualini, « L'imparfait nouveau droit du cautionnement », *LPA* 3 févr. 2004, n° 24, p. 3 s., n° 2 ; H., L. et J. Mazeaud et F. Chabas, par Y. Picod, *op. cit.*, n° 53.
3. La reconstruction globale du droit des sûretés personnelles constitue le cœur de l'ouvrage de M. Bourassin (*L'efficacité des garanties personnelles*, LGDJ, 2006, n° 709 à 996), auquel il est renvoyé pour de plus amples développements sur les propositions ici faites.

611. ***Objectifs formels.*** La réforme du droit des sûretés personnelles devrait remédier aux défauts formels du droit en vigueur, en particulier son manque d'*accessibilité* (en matière de cautionnement, les textes sont dispersés hors du Code civil et l'activité jurisprudentielle est intense), de *stabilité* (les réformes ponctuelles se succèdent et la jurisprudence est assez souvent fluctuante), de *clarté* (les obscurités législatives par commission ou par omission se multiplient) et de *cohérence* (nombre de dispositions légales font double emploi et les contradictions, au sein de la jurisprudence, sont également légion)[1].

612. ***Objectifs substantiels.*** Sur le fond, la réforme du droit des sûretés personnelles devrait avoir pour objectif la *sécurité accrue des créanciers bénéficiaires*, seule capable d'assurer l'efficacité requise d'un droit des garanties et de favoriser, par contrecoup, le développement du crédit. Elle ne devrait toutefois pas sacrifier les *intérêts des garants*, mais développer, au contraire, une protection qui soit raisonnée (la délimitation du champ d'application des protections et la détermination de leurs sanctions sont à cet égard essentielles).

613. ***Étendue de la réforme.*** Seule une *réforme de l'ensemble des sûretés personnelles*, et non du seul cautionnement, pourrait supprimer toutes les lacunes du droit positif. En effet, la reconnaissance légale de toutes les sûretés personnelles, ainsi que la détermination légale des points essentiels de leur régime, rendraient le droit applicable prévisible et conforteraient, par conséquent, la rationalité des choix des créanciers. Par ailleurs, en permettant un choix positif du mécanisme de garantie, c'est-à-dire un choix uniquement dicté par les attraits propres de ce mécanisme au regard des besoins à satisfaire[2], la réglementation de l'ensemble des sûretés personnelles augmenterait les chances de satisfaction des attentes subjectives des créanciers. Enfin, une réforme de cette ampleur devrait rendre plus efficaces les sûretés personnelles alternatives au cautionnement, en empêchant leur requalification ou l'application de règles inattendues, tant du droit commun des contrats, que du droit du cautionnement.

614. ***Structure de la réforme.*** La structure de la réforme est au moins aussi importante que son contenu, car elle conditionne des composantes essentielles de l'impératif de sécurité juridique, à savoir l'accessibilité matérielle du droit et son intelligibilité.

Une réforme complète du droit des sûretés personnelles a également été proposée par la Commission présidée par M. Grimaldi, dans un rapport remis au garde des Sceaux le 31 mars 2005 (cf. www.ladocumentationfrancaise.fr ; M. Grimaldi, « Orientations générales de la réforme », *Dr. et patr.* 2005. 50 s. ; Ph. Simler, « Les sûretés personnelles », *Dr. et patr.* 2005. 55 s.).

Les principales divergences entre ces deux propositions concernent les points suivants : l'étendue de la réforme (le Rapport se concentre sur le cautionnement et propose seulement une définition de la garantie autonome et de la lettre d'intention) ; la structure de la réforme (le Rapport envisage les sûretés personnelles isolément et ne suggère, dès lors, aucune règle qui leur soit commune) ; l'incidence de la qualité des parties (dans le Rapport, la mention manuscrite limitant le montant de l'engagement, autant que l'obligation d'information annuelle, sont prescrites pour toutes les personnes physiques, alors que ces exigences pourraient légitimement bénéficier aux seuls garants profanes ; en revanche, dans le Rapport, l'exigence de proportionnalité profite uniquement aux cautions personnes physiques agissant à titre non professionnel, alors qu'il serait utile de l'étendre à l'ensemble des sûretés personnelles, sans distinction).

1. Sur les qualités formelles du droit des sûretés personnelles comme conditions de leur efficacité et pour des exemples précis des imperfections du droit en vigueur, cf. M. Bourassin, thèse préc., n°s 178 à 236 et 507 à 550.

2. Une sûreté peut être choisie positivement, c'est-à-dire en raison des avantages qu'elle présente au regard de la situation particulière des parties, ou bien négativement, c'est-à-dire dans le but d'éviter les défauts d'autres garanties.

Plutôt que de réduire la diversité actuelle des sûretés personnelles, en interdisant de manière générale certaines d'entre elles, ce qui entraverait la réalisation des attentes subjectives des bénéficiaires et ne ferait qu'encourager de nouveaux contournements, le législateur devrait encadrer cette diversité, tout en confortant les attraits propres des différentes garanties.

Pour ce faire, il devrait s'attacher, tant aux caractéristiques que partagent l'ensemble des sûretés personnelles, qu'à leurs spécificités, et faire application du principe de logique formelle selon lequel une identité de nature doit se traduire par une identité de régime et des différences de nature par des différences de régime [1]. Le nouveau droit des sûretés personnelles devrait dès lors présenter *une structure stratifiée : un régime primaire fondé sur leurs caractéristiques communes* [2], *et des groupes de règles spéciales, fondées sur leurs caractéristiques distinctives* [3]; autrement dit, un tronc commun de règles, complété par des catégories cumulatives de dispositions spécifiques, fondées sur des caractéristiques susceptibles de varier d'une sûreté personnelle à une autre [4]. Il convient de souligner que ce type de présentation rationnelle a largement été adopté par l'ordonnance du 23 mars 2006 en matière de sûretés réelles [5].

615. ***Place de la réforme.*** En vue d'une accessibilité et d'une cohérence accrues du droit des sûretés personnelles, le régime primaire et les règles spéciales devraient être inscrits dans *le Code civil.* Celui-ci devrait redevenir le siège du droit commun en la matière et comporter des règles générales, qui remplaceraient les textes épars qui font aujourd'hui fréquemment double emploi.

616. ***Contenu de la réforme.*** La réforme proposée devrait comporter un certain nombre de *règles impératives*, tant dans le régime primaire (§ 1), que dans trois corps de règles spéciales (§ 2, 3 et 4), tout en préservant néanmoins les principales expressions de la *liberté contractuelle :* liberté dans le choix de la sûreté et du garant, liberté quant à la forme sous seing privé ou notariée du contrat, liberté dans la détermination de l'étendue

---

1. Sur ce principe, cf. J.-L. Bergel, « Différence de nature = différence de régime », *RTD civ.* 1984. 255 s.

2. Un régime primaire améliorerait, tout d'abord, l'intelligibilité, la cohérence et la prévisibilité du droit des sûretés personnelles. Ensuite, en entravant la logique actuelle de contournement, le régime primaire pourrait empêcher l'inefficacité liée à l'assimilation des garanties personnelles jusqu'ici innomées à de simples substituts du cautionnement. Enfin, sous réserve de reposer sur des critères suffisamment généraux, les règles communes à toutes les garanties personnelles pourraient immédiatement s'appliquer à des mécanismes encore non utilisés à cette fin. Cela éviterait, non seulement l'inefficacité découlant de l'absence de réglementation spéciale, mais aussi l'obsolescence rapide de la réforme, et donc l'inefficacité résultant de l'instabilité des règles de droit.

3. Grâce aux règles propres aux différentes catégories de sûretés personnelles, une véritable complémentarité entre ces mécanismes pourrait être instaurée. Ce faisant, ils seraient choisis positivement, et les chances de satisfaction des attentes subjectives des créanciers nées lors de l'octroi de crédit s'en trouveraient renforcées.

4. En faveur d'une reconstruction du droit des sûretés personnelles reposant ainsi sur un régime général (des règles découlant de la pluralité de liens et d'autres découlant de l'unicité de cause) et sur des régimes spéciaux (des règles propres à la coobligation parfaite et des règles propres à la coobligation imparfaite), cf. J.-D. Pellier, *Essai d'une théorie des sûretés personnelles à la lumière de la notion d'obligation*, LGDJ, 2012.

5. La structure du nouveau droit des sûretés réelles, tel qu'il résulte de cette ordonnance, est articulée entre des « dispositions générales » et des « règles particulières », notamment en matière de gage de meubles corporels, d'hypothèques et de privilèges immobiliers (cf. M. Bourassin, *D.* 2006. Pan. 1386 à 1389).

en montant et en durée de l'engagement du garant. Autant d'espaces laissés à la liberté contractuelle qui pourraient favoriser la satisfaction des attentes spécifiques des créanciers, partant l'efficacité subjective des sûretés personnelles.

§ 1. Le régime primaire

617. Ce *corpus* fondamental regrouperait des règles applicables à toutes les sûretés personnelles, quelles que soient leur nature, les caractéristiques de la dette garantie ou encore la qualité des parties. Ces règles devraient être fondées sur les caractéristiques que les sûretés personnelles ont toutes en commun.

618. ***Règles fondées sur le caractère accessoire général, commun à l'ensemble des garanties.*** La qualité commune d'accessoire de la créance pourrait justifier que l'ensemble des sûretés personnelles soient soumises à deux principes. D'abord, le *caractère civil ou commercial de la sûreté personnelle,* si tant est que cette distinction mérite d'être conservée[1], serait déterminé au regard de la nature civile ou commerciale de la créance au service de laquelle elle se trouve affectée. Ensuite, la sûreté serait *transmise de plein droit avec la créance principale.*

619. ***Règles relatives à l'obligation de couverture.*** Le législateur devrait tirer les conséquences de l'existence de l'obligation de couverture dès la conclusion du contrat de garantie, en organisant notamment *la publicité* des sûretés personnelles par le biais d'un fichier d'endettement de type positif[2].

Par ailleurs, dans la mesure où l'extinction de l'obligation de couverture compromet partiellement, voire totalement, la réalisation de l'attente objective des créanciers, le législateur devrait interdire toute extinction de la garantie consécutive à la survenance de *termes extinctifs*

---

1. Sur son inutilité, cf. D. Legeais, « De la distinction des sûretés civiles et commerciales », *in Mélanges P. Didier*, Economica, 2008, p. 237 s.

2. La loi n° 2010-737 du 1er juillet 2010 portant réforme du crédit à la consommation a mis en place un Comité chargé de préfigurer la création d'un registre national des crédits aux particuliers. Ce Comité a remis en juillet 2011 un rapport au Gouvernement et au Parlement, dans lequel se trouvent détaillées les caractéristiques que présenterait ce fichier positif (cf. http://www.economie.gouv.fr/files/registre-national-des-credits.pdf). Sur la question des cautions, ce rapport a écarté, « pour des raisons de simplicité et de proportionnalité », deux solutions : « l'enregistrement systématique et spécifique des personnes qui se sont portées cautions » ; « l'enregistrement de l'information selon laquelle un crédit bénéficie d'une caution ». En revanche, le rapport a préconisé la consultation du registre au nom de la personne qui se porte caution, « d'une part afin de vérifier sa solvabilité qui constitue un élément d'appréciation important dans l'analyse d'une demande de crédit, d'autre part parce que des situations de surendettement peuvent résulter d'engagements en tant que caution, le cas échéant sans que les conséquences éventuelles de tels engagements aient été pleinement évaluées ».

Sur la base des préconisations de ce rapport, la loi *Hamon* relative à la consommation avait prévu la création d'un registre national des crédits aux particuliers (RNCP) permettant d'apprécier « la solvabilité des personnes physiques n'agissant pas pour des besoins professionnels qui sollicitent un crédit, et, le cas échéant, des personnes physiques n'agissant pas pour des besoins professionnels qui se portent caution » (la consultation du registre aurait été obligatoire pour les établissements de crédit à l'égard des emprunteurs, sous peine de déchéance des intérêts ; elle n'aurait été que facultative vis-à-vis des cautions). Mais ce fichier positif n'a pas passé le filtre du Conseil constitutionnel, qui a décidé qu'« eu égard à la nature des données enregistrées, à l'ampleur du traitement, à la fréquence de son utilisation, au grand nombre de personnes susceptibles d'y avoir accès et à l'insuffisance des garanties relatives à l'accès au registre, les dispositions contestées portent au droit au respect de la vie privée une atteinte qui ne peut être regardée comme proportionnée au but poursuivi » (Cons. const., 13 mars 2014, n° 2014-690 DC).

implicites, tels le décès du garant, la disparition de la société créancière ou débitrice, ou encore une modification des rapports entretenus par le garant et le débiteur principal.

620. ***Règles relatives à l'obligation de règlement***. L'inexécution de l'obligation de règlement du garant, c'est-à-dire la défaillance de ce dernier, pourrait être enregistrée dans un *fichier de type négatif* recensant des incidents de paiement.

Le régime primaire pourrait interdire que des perturbations soient apportées par *la procédure collective ou de surendettement* ouverte au bénéfice du débiteur principal à l'existence et à l'exécution de l'obligation de règlement. En faisant primer de la sorte la fonction de garantie en cas de défaillance judiciairement constatée du débiteur, le législateur renforcerait considérablement l'efficacité objective des garanties personnelles.

621. ***Règles relatives au caractère subsidiaire des sûretés personnelles***. En l'absence de dette préalable à l'égard du débiteur, le paiement effectué par le garant engendre un déséquilibre entre son propre patrimoine et celui du débiteur, déséquilibre que l'impératif de justice corrective interdit de laisser subsister. Cet impératif justifie ainsi que tous les garants non tenus envers le débiteur puissent exercer des recours contre celui-ci.

Les *recours* offerts aux cautions (recours avant paiement, recours personnel et recours subrogatoire en remboursement) pourraient être étendus aux autres garants [1].

Mériterait par ailleurs de profiter à l'ensemble des garants *l'exception de défaut de subrogation*, à condition d'en préciser le fondement (l'impératif d'éthique contractuelle), ainsi que le régime (le créancier engagerait sa responsabilité si, par sa faute, le garant non tenu envers le débiteur subissait un préjudice du fait de la perte d'une garantie de paiement dans laquelle il eût pu être subrogé).

622. ***Règles fondées sur l'impératif d'éthique contractuelle***. Sur le fondement de l'exigence de loyauté contractuelle, diverses obligations positives pourraient être mises à la charge des créanciers, notamment *la remise au garant d'un exemplaire du contrat de garantie et d'un exemplaire du contrat principal*. Le garant devrait, par ailleurs, être *informé du premier incident de paiement* du débiteur.

Par ailleurs, l'éthique contractuelle, dans sa dimension négative (ne pas abuser de sa position de force), pourrait conduire à imposer aux créanciers la tempérance : ils ne devraient pas faire souscrire au garant un engagement disproportionné par rapport à ses facultés financières. Cette *exigence de proportionnalité* pourrait accroître la sécurité des créanciers, à condition que la disproportion soit appréciée *in concreto*, et non de manière purement mathématique, et qu'elle soit sanctionnée par la réduction de l'engagement disproportionné ainsi que par le paiement échelonné du garant.

La loyauté devrait également être *imposée aux garants*. Sur le fondement de l'impératif d'éthique contractuelle, il conviendrait ainsi d'obliger les garants, d'une part, à répondre loyalement aux demandes de renseignements du créancier et, d'autre part, à rechercher les informations nécessaires à l'exécution de leur obligation de garantir.

§ 2. Les règles propres aux garants personnes physiques

623. ***Règles fondées sur les spécificités de la personnalité physique***. Devraient s'appliquer à toutes les sûretés personnelles souscrites par un garant personne physiquc, d'une

1. V. ss 484 s. en matière de lettre d'intention, et v. ss 535 s. pour la garantie autonome.

part, *les règles relatives à sa capacité ou à ses pouvoirs* (à cet égard, la protection du patrimoine conjugal réalisée par l'article 1415 du Code civil mériterait d'être étendue à toutes les sûretés personnelles) et, d'autre part, au *décès du garant :* le législateur pourrait prévoir que la transmission des sûretés personnelles aux héritiers du garant vaut, non seulement pour les dettes nées avant le décès du garant, mais aussi pour celles nées postérieurement, dans la limite posée par l'article 786 du Code civil.

624. ***Règles relatives aux risques financiers qu'une personne physique peut supporter***. Au nom de la justice distributive et de la protection de la dignité humaine, qui constitue un impératif que nul autre objectif ne peut écarter, le législateur devrait mettre le garant personne physique à l'abri des risques financiers les plus graves. Il pourrait ainsi étendre à tous les garants personnes physiques l'interdiction de priver le garant d'un minimum de ressources ; cette règle dite du *reste à vivre* ne devrait jouer, toutefois, que si les conditions de la procédure de surendettement n'étaient pas remplies.

§ 3. Les règles spéciales se rapportant aux raisons et aux buts de l'engagement du garant

625. Le niveau de protection accordée au garant devrait dépendre de la cause subjective de son obligation de couverture, de sorte qu'il y ait une adéquation entre les faiblesses éventuelles des garants et leur degré de protection.

626. ***Règles propres aux garants profanes***. Le garant personne physique, qui agit dans *un but pouvant être considéré comme étranger à son activité professionnelle*, en particulier pour rendre service au débiteur dont il est affectivement proche, dispose le plus souvent de *connaissances limitées* en matière de crédit et de garantie. De plus, il ne peut exercer à l'encontre du débiteur qu'un *pouvoir de nature psychologique et non juridique*. En outre, il ne retire pas nécessairement de son engagement un bénéfice d'ordre patrimonial. Pour toutes ces raisons, le législateur pourrait contraindre les créanciers, quelle que soit en principe leur qualité, à faire spécialement preuve de solidarité et de tempérance à l'égard de ce garant profane.

Certaines protections pourraient profiter à tous les garants profanes, *quelle que soit la forme* prise par le contrat de garantie.

Il en va ainsi, tout d'abord, de l'interdiction de faire souscrire à un garant profane un engagement indépendant.

Le législateur pourrait, ensuite, protéger tous les garants profanes en leur faisant profiter de mesures qui compensent leurs faiblesses : l'*information annuelle* sur le montant de la dette principale, pour combler leur manque de connaissances sur la situation financière du débiteur (sanctionnée, non par une déchéance partielle, mais par la responsabilité du créancier), et *un délai de carence* entre la défaillance du débiteur et l'appel de ces garants, pour conforter leur pouvoir de nature seulement psychologique à l'encontre du débiteur.

Parce qu'elles peuvent favoriser l'exécution par le débiteur lui-même ou l'exécution volontaire du garant (en raison d'une diminution du risque de contestation ou d'insolvabilité à l'échéance), ces protections profitant à tous les garants profanes augmenteraient les chances de satisfaction des créanciers.

D'autres formes de protection, en revanche, ne seraient accordées qu'aux garants profanes s'engageant *sous seing privé*. Tel pourrait être le cas du *délai d'acceptation*. Les limitations de l'engagement du garant, en montant et en durée, au sein d'une *mention manuscrite*, ne seraient pas exigées pour les garanties notariées [1].

627. ***Règles propres aux garants professionnels ou intégrés dans les affaires du débiteur.*** La cause de l'obligation de couverture des *garants professionnels* et des *garants intégrés dans les affaires du débiteur* (en particulier, le dirigeant qui garantit les dettes de son entreprise) est tout à fait éloignée de celle des garants profanes : la cause efficiente de leur engagement est en rapport avec leur activité professionnelle et la cause finale réside dans les avantages économiques qu'ils entendent retirer de l'octroi de crédit au débiteur principal. Ces garants ne souffrent pas, ainsi, des mêmes faiblesses que les garants profanes. Par conséquent, pour ne pas soumettre les créanciers à des contraintes excessives, qui entameraient l'efficacité de la garantie conclue, les garants professionnels ou intégrés ne devraient pas profiter des protections suggérées précédemment au bénéfice des garants profanes.

Cela ne veut pas dire pour autant que les garants agissant dans un but professionnel ne devraient faire l'objet d'aucune sollicitude de la part du législateur. En effet, en qualité de garant, ils devraient bénéficier des règles instituées par le régime primaire. En tant que personne physique, ils devraient se voir appliquer les règles relatives aux spécificités de la personnalité physique et celles définissant les risques financiers supportables par une personne physique.

Par ailleurs et plus particulièrement, un nouveau corps de règles pourrait être instauré au bénéfice des *sociétés garantes :* à l'égard des sociétés par actions, le législateur pourrait notamment modifier le champ d'application et la sanction de l'exigence d'autorisation préalable par le conseil d'administration ou de surveillance ; cette exigence d'autorisation serait généralisée à toutes les sûretés personnelles, mais il y serait fait exception en présence d'une communauté d'intérêts entre la société garante et le débiteur [2]; le défaut d'autorisation serait assorti d'une sanction interne au groupement, inopposable au créancier [3].

§ 4. Les règles spéciales se rapportant au degré d'« accessoriété » de la sûreté

628. ***Règles propres au cautionnement fondées sur son caractère accessoire renforcé.*** Le caractère accessoire renforcé du cautionnement devrait se traduire par *un principe d'opposabilité des exceptions*, sans distinction entre celles inhérentes à la dette et celles personnelles au débiteur, assorti de *dérogations limitativement énumérées*. Seraient ainsi inopposables par le garant les exceptions profitant au débiteur soumis à une procédure d'insolvabilité, toutes les causes d'incapacité, le défaut de pouvoir, voire les vices du consentement du débiteur.

629. ***Règles propres aux sûretés personnelles présentant un caractère accessoire restreint par rapport au cautionnement.*** Le législateur pourrait poser une *règle commune* à toutes les sûretés personnelles indépendantes, à savoir *un principe d'inopposabilité des*

---

1. Cette proposition de réforme a été satisfaite par la loi n° 2011-331 du 28 mars 2011 ayant dispensé des mentions légales, non seulement les actes notariés, mais également les actes sous seing privé contresignés par avocat (cf. *supra*, le formalisme lors de l'engagement de la caution).
2. Définie comme la relation juridique permettant à la société garante de profiter de la prospérité du débiteur.
3. V. ss 167.

exceptions, assorti de deux limites : en raison du caractère accessoire général, commun à l'ensemble des garanties, il conviendrait d'admettre l'opposabilité de la nullité absolue du contrat principal ; par ailleurs, l'impératif d'éthique contractuelle devrait justifier que soit sanctionné l'appel abusif de la garantie (l'abus tenant à la conscience de son caractère indu).

En outre, en matière de *garantie autonome*, il serait interdit au donneur d'ordre de s'opposer à la mise en œuvre de la garantie en se fondant sur une cause afférente au contrat de base.

S'agissant de la *lettre d'intention*, un critère objectif de qualification de l'engagement de son émetteur pourrait remplacer l'actuelle interprétation littérale. Ce critère tiendrait au rôle joué par le débiteur : l'obligation de l'émetteur de la lettre serait de moyens, si le débiteur conservait un rôle propre dans l'exercice de ses activités ; l'obligation serait de résultat en cas de contrôle de l'émetteur sur le débiteur, notamment par le fait des participations conséquentes de la société mère dans le capital de sa filiale.

630. ***Complémentarité entre les règles du régime primaire et les règles spéciales.*** Dans la mesure où une même sûreté personnelle s'inscrit dans diverses catégories juridiques, son régime devrait être déterminé par *l'addition* des règles du régime primaire et des règles spéciales qui la concernent[1].

631. ***Équilibre entre les intérêts des parties.*** L'efficacité des sûretés personnelles, *de lege ferenda*, serait donc subordonnée à la mise en place d'une réglementation d'ensemble stratifiée (un régime primaire complété par des règles spéciales), d'abord tournée vers la protection des intérêts des créanciers, mais néanmoins respectueuse des droits des garants.

Dans le régime primaire, autant que dans les différents corps de règles spéciales proposés, un équilibre devrait naturellement être recherché entre les intérêts antagonistes des créanciers et des garants, car l'efficacité des sûretés personnelles ne justifie pas le sacrifice des intérêts du garant au-delà du nécessaire. Plus généralement, dans tout contrat, synallagmatique, mais aussi unilatéral, l'efficacité commande de respecter un certain équilibre entre les intérêts des parties.

---

1. *Exemples*. Seraient applicables à un cautionnement souscrit par le dirigeant de l'entreprise débitrice, les règles du régime primaire, les règles propres aux garants personnes physiques et les règles propres au cautionnement, fondées sur son caractère accessoire renforcé.

Seraient applicables à une lettre d'intention souscrite par une société mère, les règles du régime primaire, les règles propres aux sociétés garantes et les règles propres aux engagements indépendants.

Seraient applicables à la délégation imparfaite, dans l'hypothèse où le garant serait un proche du délégant, les règles du régime primaire, les règles propres aux personnes physiques, les règles propres aux garants profanes et les règles propres aux engagements indépendants.

Seraient applicables à une garantie autonome souscrite par un établissement de crédit, les règles du régime primaire et les règles propres aux engagements indépendants.

Seconde partie

Les sûretés réelles

§ 1. Caractéristiques des sûretés réelles

632. ***Caractéristiques communes aux sûretés réelles et aux sûretés personnelles.*** Classiquement opposées, au point de parler d'ailleurs de *summa divisio*, les sûretés réelles et les sûretés personnelles n'en présentent pas moins, considérées en leur qualité de garanties, des caractéristiques communes : elles constituent des *accessoires* d'une créance, en ce sens qu'elles ne peuvent avoir d'existence autonome et que leur réalisation est au service de l'extinction de cette créance ; elles ont pour fonction d'accroître *la sécurité du créancier* en diminuant le risque qu'il ne subisse une perte financière et ont corrélativement pour effet d'augmenter les chances du débiteur d'accéder au *crédit* ou de conserver celui déjà octroyé.

633. ***Caractéristiques spécifiques des sûretés réelles.*** Si les sûretés, qu'elles soient personnelles ou réelles, produisent donc les mêmes effets principaux sur la situation du créancier bénéficiaire et sur celle du débiteur, elles ne parviennent pas à ces résultats en mettant en œuvre les mêmes moyens. C'est ainsi la *technique de garantie* qui leur confère leur spécificité et permet de les distinguer. La technique de garantie propre aux sûretés réelles réside dans l'*affectation d'un ou plusieurs biens en garantie du paiement de la dette du débiteur.*

L'*objet de cette affectation* doit être précisé : la finalité de protection des intérêts du créancier n'est pas conférée en réalité à un bien déterminé ou à un ensemble de biens, mais uniquement à la *valeur marchande* de ce(s) bien(s). Ceci emporte deux conséquences essentielles : d'une part, et sous réserve de quelques tempéraments, les sûretés réelles ne permettent pas au créancier d'accéder aux utilités du bien grevé, c'est-à-dire qu'il ne peut en faire usage, ni en percevoir les fruits ou les produits, même si le débiteur peut en être lui-même privé pour que l'affectation soit mieux respectée ; d'autre part, et en revanche, les sûretés réelles procurent à leur bénéficiaire l'avantage qu'il en attend lors de l'apparition de la valeur marchande du bien grevé, par exemple, à l'occasion de la vente forcée de celui-ci, une fois établie la défaillance du débiteur.

Sur la valeur du ou des biens affectés à la garantie de la dette, les sûretés réelles procurent toujours au créancier un *droit réel*. Il s'agit, le plus souvent, d'un droit réel accessoire, autrement appelé droit réel de garantie, par opposition au droit réel principal qu'est le droit de propriété. Le titulaire d'un droit réel accessoire ne dispose pas des prérogatives d'un propriétaire, à savoir l'*usus*, le *fructus* et l'*abusus*, mais possède un droit sur la valeur pécuniaire du bien offert en garantie. Il arrive cependant de plus en plus fréquemment que la propriété soit elle-même utilisée comme technique de garantie.

Le droit réel procure à son bénéficiaire une position avantageuse en cas de concours avec d'autres créanciers du débiteur, puisqu'il est assorti d'un *droit de préférence*, c'est-à-dire du droit d'être payé en priorité au moment de la distribution du prix de vente du ou des bien(s) grevé(s). La sûreté réelle constitue ainsi une technique de rupture d'égalité des créanciers d'un même débiteur.

Cependant, comme le droit de préférence ne peut jouer qu'après la vente du bien donné en garantie, il risque de n'y avoir aucune priorité de paiement et donc aucune rupture d'égalité avec les autres créanciers du débiteur, si le bien grevé sort du patrimoine du débiteur avant cet événement. Deux mécanismes limitent ce risque et rendent par conséquent plus sûr le paiement du créancier. Il s'agit, en premier lieu, du *dessaisissement du constituant*. Celui-ci doit alors remettre entre les mains du créancier le bien sur lequel porte son droit réel. Cette solution, certes assez fruste et radicale, conforte le droit de préférence du créancier, non seulement en facilitant son exercice (le créancier ayant le bien entre les mains, il n'a pas à pratiquer une saisie avant de le faire vendre), mais aussi en le rendant opposable aux tiers, en particulier à d'autres créanciers saisissants ou à un acquéreur du bien donné en garantie. Il s'agit, en second lieu, du *droit de suite*. Il permet au créancier, dans l'hypothèse où le constituant conserve le bien grevé et peut ainsi en disposer aisément, de saisir ce bien en quelques mains qu'il se trouve, à la condition toutefois que la sûreté soit opposable aux tiers. En l'absence de dessaisissement du constituant, l'opposabilité procède de la publicité de la sûreté (sous forme, par exemple, d'inscription au service de publicité foncière – ex Conservation des hypothèques – ou de mentions sur des registres spéciaux tenus par les greffes de différents tribunaux). Le droit de suite est surtout utile lorsque le dessaisissement du constituant n'est pas souhaitable (c'est le cas pour les immeubles), ou est inopportun (c'est le cas pour les objets qui n'ont de valeur que par l'usage que l'on peut en faire, comme les véhicules ou l'outillage utiles à l'activité du constituant), ou encore n'est pas possible (c'est le cas pour certains meubles incorporels, comme le fonds de commerce, mais aussi pour l'ensemble du patrimoine).

§ 2. Identification et catégorisation des sûretés réelles

634. ***La trilogie classique des sûretés réelles***. Le droit français reconnaît de longue date trois types de sûretés réelles présentant les caractéristiques sus-rappelées [1].

Le privilège. Il est défini par l'article 2324 du Code civil (anc. art. 2095) comme étant « un droit que la qualité de la créance donne à un créancier d'être préféré aux autres créanciers, même hypothécaires ». De cette définition ressortent les deux traits communs à tous les privilèges : d'une part, leur origine légale ; d'autre part, leur attribution en considération de la qualité de la créance. Ils peuvent porter, soit sur un ou plusieurs biens meubles du débiteur (privilèges mobiliers spéciaux), soit sur l'un de ses immeubles (privilèges immobiliers spéciaux), soit encore sur l'ensemble de son patrimoine (privilèges pleinement généraux).

Le nantissement. Dans le Code Napoléon, le terme nantissement recouvrait deux sûretés réelles : l'une mobilière, *le gage*, l'autre immobilière, *l'antichrèse*. Sous ces deux formes, le nantissement constituait une sûreté conventionnelle, qui impliquait le dessaisissement du

---

1. Cf. C. Juillet, « Les sûretés réelles traditionnelles entre passé et avenir », *in Mélanges C. Larroumet*, Economica, 2009, p. 241.

constituant et conférait corrélativement au créancier mis en possession de la chose nantie, outre un droit réel de garantie, le droit de retenir cette chose jusqu'à complet paiement. À une époque plus récente, le législateur employa surtout le terme nantissement pour qualifier des formes particulières de gage conventionnel sans dépossession (tels le nantissement sur outillage ou matériel d'équipement ou le nantissement sur fonds de commerce), ainsi que les sûretés mobilières dont l'inscription doit être autorisée par un juge (nantissement judiciaire). L'ordonnance du 23 mars 2006 a, quant à elle, réservé l'emploi du terme nantissement aux sûretés mobilières portant sur des biens incorporels et celui de gage aux sûretés mobilières portant sur des biens corporels. Ce changement terminologique s'est accompagné, par ailleurs, d'un véritable bouleversement substantiel : désormais, le gage n'implique plus nécessairement la dépossession du constituant. Un autre changement, strictement terminologique cette fois, a été opéré par la loi n° 2009-526 de simplification et de clarification du droit du 12 mai 2009, qui a remplacé, dans le Code civil, le terme antichrèse par l'expression « gage immobilier ».

L'hypothèque. L'article 2393 du Code civil (anc. art. 2114) la définit comme étant « un droit réel sur les immeubles affectés à l'acquittement d'une obligation » et il précise « qu'elle les suit dans quelques mains qu'ils passent ». Il en ressort que l'hypothèque confère au créancier, non seulement un droit de préférence, qui lui permet d'appréhender la valeur de l'immeuble grevé en priorité sur les créanciers chirographaires du débiteur, mais aussi un droit de suite, qui autorise à saisir ce bien, en quelques mains qu'il passe. L'hypothèque présente encore d'autres caractéristiques : elle peut être conventionnelle, légale ou judiciaire ; elle s'opère sans dessaisissement du constituant ; elle doit être publiée pour être opposable aux tiers (décret n° 55-22 du 4 janvier 1955 sur la publicité foncière).

635. ***Les sûretés réelles nouvelles***. Comme en matière de sûretés personnelles, certaines législations et jurisprudences contemporaines, plus protectrices des intérêts des débiteurs que de ceux des créanciers, ont conduit ces derniers à délaisser les sûretés réelles conventionnelles classiques au profit de garanties plus souples et *a priori* plus efficaces, qui ne confèrent pas seulement au créancier un droit de préférence en cas de concours, mais le mettent purement et simplement à l'abri du concours. Ainsi, le droit de rétention et le droit de propriété utilisés à des fins de garantie permettent-ils à leur titulaire d'être payé en exclusivité, avant que les autres créanciers ne puissent faire valoir leur droit [1]. Ces sûretés qui se situent *en dehors du concours*, auxquelles la pratique recourt abondamment depuis une trentaine d'années, ne figurent en tant que telles dans le Code civil que depuis l'ordonnance du 23 mars 2006 pour le droit de rétention (C. civ., nouv. art. 2286) et la propriété retenue à titre de garantie (C. civ., nouv. art. 2329 et 2373) et depuis l'ordonnance n° 2009-112 du 30 janvier 2009 pour la propriété cédée à titre de garantie (C. civ., nouv. art. 2372-1 à 2372-5 et 2488-1 à 2488-5), ce qui justifie de les qualifier de sûretés réelles nouvelles.

636. ***La catégorisation des sûretés réelles***. Bien que les sûretés réelles soient aujourd'hui fort nombreuses et diverses, il est possible de les ranger par catégories [2]. Plusieurs critères de liaison peuvent être utilisés à cette fin : leur source, leur technique et leur assiette.

---

1. Cf. L. Bougerol-Prud'homme, *Exclusivité et garanties de paiement*, LGDJ, 2012.
2. Cf. J.-D. Pellier, « Réflexions sur la classification des sûretés réelles », *LPA* 24 avr. 2014, n° 82, p. 7.

Selon leur source. Les sûretés réelles peuvent être *conventionnelles*, *légales* ou *judiciaires*. La principale source est le contrat : l'hypothèque, le gage et le nantissement sont le plus souvent conventionnels ; quant aux trois principales formes de propriété servant de garantie conventionnelle, elles sont, pour la propriété-retenue, la clause de réserve de propriété et le contrat de crédit-bail, et pour la propriété-cédée, la fiducie-sûreté. Mais la source des sûretés réelles peut être également légale, la loi accordant des sûretés à certains créanciers en raison de l'intérêt, de la qualité particulière de leurs créances ou de leur situation : ce sont les privilèges (ceux accordés au fisc, à la sécurité sociale et aux salariés sont particulièrement efficaces) et les hypothèques légales (par exemple, l'hypothèque légale des époux, des personnes placées sous tutelle, du légataire de sommes d'argent). Enfin, la source des sûretés réelles peut être judiciaire. Le juge peut notamment octroyer des sûretés conservatoires.

Selon leur technique. La distinction classique relative à la technique juridique retenue tient dans la présence ou non d'une *dépossession du constituant* de la sûreté[1]. Certaines sûretés réelles nécessitent la dépossession du débiteur. Tel est le cas du gage immobilier (antichrèse). D'autres, à l'inverse, n'entraînent jamais la dépossession du constituant. Il en va ainsi des hypothèques et des privilèges. Dans d'autres encore, le dessaisissement est laissé à la liberté des parties. Depuis l'ordonnance du 23 mars 2006, le gage mobilier peut ainsi être constitué avec ou sans dépossession. Une autre distinction fondée sur la technique juridique est aujourd'hui essentielle. Il s'agit de l'opposition entre *les sûretés hors concours et les sûretés par préférence dans le concours*, qui repose sur la nature du droit, exclusif ou préférentiel, procuré par la sûreté au créancier[2].

Selon leur assiette. La sûreté réelle peut porter sur un *meuble ou/et un immeuble*[3]. L'hypothèque porte presque toujours sur un immeuble (il existe cependant quelques hypothèques mobilières en matière maritime, fluviale et aérienne). Le gage porte toujours sur un meuble corporel (sous réserve du gage immobilier, ex antichrèse) et le nantissement sur un meuble incorporel. En revanche les privilèges peuvent porter sur des meubles et/ou des immeubles. La sûreté réelle peut être *spéciale* ou *générale*. Elle est spéciale lorsqu'elle porte sur un bien particulier. Elle est générale lorsqu'elle porte sur un ensemble de biens du débiteur (par exemple, le privilège mobilier général). Elle peut même être *pleinement générale* lorsqu'elle porte sur tous les meubles et tous les immeubles présents et à venir du débiteur. Mais elle a alors nécessairement une origine légale (privilège pleinement général). La tradition française est effectivement hostile à la possibilité d'une sûreté conventionnelle portant sur tout le patrimoine et ce, pour deux raisons. D'abord, l'idée que toute sûreté doit rester d'interprétation stricte, en tant qu'elle crée des causes de préférence et fait donc exception au principe d'égalité des créanciers. Les « causes légitimes de préférence » visées par l'article 2323 du Code civil (C. civ., anc. art. 2094) paraissent induire l'idée de spécialité à laquelle il ne saurait être dérogé sans légitimité vraiment avérée. En second lieu, une sûreté générale sur tout le patrimoine serait, d'une

---

1. Cf. N. Martial-Braz, « Sûretés avec ou sans dépossession, une *summa divisio* désuète ? », *RD banc. fin.* 2014, dossier 35 ; G. Piette, « La possession en droit des sûretés », *Dr. et patr.* 2013, n° 230, p. 58.
2. Cf. L. Bougerol, « Sûretés préférentielles et sûretés exclusives, une autre *summa divisio ?* », *RD banc. fin.* 2014, dossier 36.
3. Cf. M. Bourassin, « Sûretés mobilières et sûretés immobilières, une véritable *summa divisio* ? », *RD banc. fin.* 2014, dossier 34.

certaine manière, contraire au principe de l'unité du patrimoine, composé d'une face active et d'une face passive : on ne peut céder entre vifs tout son patrimoine (sauf désormais à créer un patrimoine d'affectation aux fins de consentir une fiducie-sûreté) ; la transmission de l'ensemble de l'actif et du passif n'est envisageable qu'à cause de mort.

§ 3. Efficacité des sûretés réelles

637. ***La liberté de choix et de réalisation des sûretés réelles.*** Le créancier a le libre choix des sûretés réelles qu'il souhaite prendre [1]. Par ailleurs, disposant de plusieurs sûretés réelles, il est libre de choisir celle qu'il entend réaliser. Ainsi, ne saurait-il normalement se voir imposer par le débiteur ou par le juge des modalités particulières de paiement, s'il ne les estime pas satisfactoires ou si d'autres lui paraissent devoir être recherchées de préférence [2].

Ce principe de liberté dans la réalisation des sûretés réelles trouve ses racines dans les articles 1243 (le créancier ne peut être contraint de recevoir une autre chose que celle qui lui est due) et 1244 du Code civil (le créancier ne peut être contraint de recevoir un paiement partiel). Il s'explique également par l'absence d'ordre hiérarchique imposé au créancier dans la mise en œuvre de ses poursuites (C. pr. exéc., art. L. 111-7).

Il existe, cependant, quelques limites à cette liberté appliquée aux conditions de la réalisation, venant du législateur [3], voire du juge [4].

---

1. Toutefois, le législateur permet exceptionnellement la remise en cause des garanties excessives prises lors des concours consentis à une entreprise faisant ultérieurement l'objet d'une procédure collective (C. com., art. L. 650-1) ; v. ss 1250 s.

Comp. les hypothèses de cantonnement des sûretés réelles légales et judiciaires (C. civ., art. 2444, anc. art. 2061).

2. La pluralité des sûretés détenues par un même créancier autorise celui-ci à opter pour celle qui lui convient le mieux. Cette liberté a été clairement énoncée à propos d'un choix entre sûretés personnelles, par la chambre commerciale de la Cour de cassation le 2 juin 2004 (*Bull. civ.* IV, n° 106) : « sauf fraude ou abus, le créancier qui bénéficie de plusieurs sûretés ne commet pas de faute en choisissant le moyen d'obtenir le paiement de sa créance ».

Cf. également, sur le défaut de caractère fautif, au titre du droit commun de la responsabilité civile, de la mise en œuvre d'une sûreté réelle (privilège de prêteur de deniers) au détriment d'une caution, Civ. 1re, 21 nov. 2006, *Bull. civ.* I, n° 505. Néanmoins, une telle inaction autoriserait la mise en œuvre de l'exception de défaut de subrogation de l'article 2314 du Code civil, ancien article 2037 : Civ. 1re, 3 avr. 2007, *Bull. civ.* I, n° 138.

Sur la liberté reconnue à un transporteur de marchandises d'exercer sur celles-ci un droit de rétention plutôt que de mettre en œuvre son privilège, v. Com. 13 mai 2014, inédit, n° 13-11296.

3. V. par exemple, l'article 2376 du Code civil (anc. art. 2105) : les créanciers bénéficiaires d'un privilège pleinement général doivent d'abord se servir sur les meubles avant d'entrer en concurrence avec des créanciers privilégiés sur les immeubles.

V. aussi C. pr. exéc., art. L. 161-1 : « Lorsque le titulaire d'une créance contractuelle ayant sa cause dans l'activité professionnelle d'un entrepreneur individuel entend poursuivre l'exécution forcée d'un titre exécutoire sur les biens de cet entrepreneur, celui-ci peut, nonobstant les dispositions du 5° de l'article L. 112-2 et s'il établit que les biens nécessaires à l'exploitation de l'entreprise sont d'une valeur suffisante pour garantir le paiement de la créance, demander au créancier que l'exécution soit en priorité poursuivie sur ces derniers.

Si le créancier établit que cette proposition met en péril le recouvrement de sa créance, il peut s'opposer à la demande.

La responsabilité du créancier qui s'oppose à la demande du débiteur ne peut pas être recherchée, sauf intention de nuire ».

4. Sans doute le juge pourrait-il considérer la réalisation d'une sûreté comme abusive ou frauduleuse en application de l'article L. 121-2 du Code des procédures civiles d'exécution (L. du 9 juill. 1991, anc. art. 22, al. 2), interprété de manière extensive.

638. ***Les facteurs d'efficacité des sûretés réelles.*** Le désintéressement du créancier grâce à la réalisation d'une sûreté réelle dépend, pour l'essentiel[1], du sort que la loi et la jurisprudence réservent à la sûreté en présence d'autres créanciers impayés du constituant, en particulier lorsque celui-ci fait l'objet d'une procédure collective. Lorsque la sûreté présente un caractère international, il existe un autre facteur d'efficacité : sa reconnaissance par la loi applicable.

La résolution du conflit entre créanciers impayés. Les sûretés réelles « nouvelles », qui confèrent un *droit exclusif* sur le bien qui en est l'objet (droit de propriété ou droit de rétention), mettent leur bénéficiaire à l'abri du risque de concours avec d'autres créanciers impayés du constituant sur le prix de vente du bien grevé. Leur efficacité peut sembler de ce point de vue absolue[2]. Au contraire, les sûretés réelles classiques, que sont le privilège, le gage, le nantissement, l'antichrèse (gage immobilier) et l'hypothèque confèrent uniquement un *droit de préférence*. Par conséquent, s'il existe plusieurs sûretés réelles portant sur un même bien appartenant au même constituant, les droits de préférence des différents titulaires vont entrer en concurrence. S'il y a égalité des droits de préférence, ce qui peut être le cas en présence de sûretés de même type et de même rang, les droits de préférence vont se neutraliser, les créanciers entrant alors en *concours* (tel est le cas, par exemple, lorsqu'un même bien fait l'objet de plusieurs gages successifs sans dépossession). S'il n'y a pas égalité des droits de préférence, ce qui sera notamment le cas en présence de sûretés de type différent (tels une hypothèque et un privilège spécial immobilier), il va falloir établir un *classement*, autrement dit attribuer un rang à ces différents droits de préférence. Certains créanciers vont alors en évincer d'autres. Ce classement, qui résulte généralement d'un choix de politique législative, pas toujours très cohérent, s'avère de plus en plus complexe à établir, notamment en raison du nombre croissant des sûretés réelles. Cette complexité nuit considérablement à l'efficacité des sûretés réelles, puisqu'un créancier n'est pas toujours certain, avant l'exécution de la sûreté, de connaître l'efficacité exacte de celle-ci.

Le sort des sûretés réelles dans les procédures d'insolvabilité. Le droit des sûretés et celui des procédures collectives ont partie liée. Globalement, le droit des entreprises en difficulté et le droit du surendettement, en privilégiant d'autres impératifs que le règlement des créanciers, jouent plutôt au détriment des titulaires de sûretés réelles (à tout le moins des sûretés réelles classiques) et compromettent donc l'efficacité de celles-ci[3].

La reconnaissance des sûretés étrangères. La reconnaissance d'une sûreté constituée selon une loi étrangère peut être subordonnée à des conditions plus ou moins contraignantes, qui affectent ainsi plus ou moins sérieusement leur efficacité. La condition la plus stricte, qui risque de rendre inopérante la sûreté constituée selon un droit étranger, réside dans le respect nécessaire des exigences de validité ou d'opposabilité du droit du

---

1. Pour une présentation de facteurs d'efficacité propres, d'une part, à certaines « sûretés réelles préférentielles » et, d'autre part, aux sûretés-propriétés, cf. Ph. Dupichot, « L'efficience économique du droit des sûretés réelles », *LPA* 16 avr. 2010, n° 76, p. 7. V. aussi M. Mignot, « Le rapport *Doing business* et l'analyse économique du droit français des sûretés réelles », in *Pratique des affaires. Les atouts du droit français*, Lamy, coll. « Axe Droit », 2010, p. 33 ; S. Vermeille et A. Bézert, « L'analyse économique du droit au secours du droit des sûretés et du droit des procédures collectives », *D.* 2014. 289.
2. Pour plus de nuances, cf. not. L. Bougerol-Prud'homme, thèse préc.
3. V. ss 1217 s.

juge saisi à raison du lieu de situation actuelle du bien grevé qui a été déplacé, droit applicable au titre de nouvelle loi réelle ou bien pris comme loi de police. L'efficacité de la sûreté dépendra alors de son degré d'originalité et de spécificité. Des conditions d'efficacité moins contraignantes consistent à admettre le jeu de la sûreté étrangère, même inconnue en tant que telle du droit du for, dès lors qu'elle entre suffisamment dans les catégories de celui-ci ; seule une contrariété à l'ordre public international du for justifiera l'éviction de tout ou partie des effets de la sûreté étrangère [1].

§ 4. Harmonisation des droits des sûretés réelles

A. Droit comparé des sûretés réelles

639. Si l'affectation d'un ou de plusieurs biens en garantie du paiement d'une dette constitue vraisemblablement une technique universelle de protection des intérêts des créanciers, tous les systèmes juridiques ne reconnaissent pas les mêmes sûretés réelles, ni ne les réglementent de manière identique. Quelles sont dès lors les principales originalités que recèlent les systèmes juridiques étrangers ?

640. ***L'unification des sûretés***. Aux États-Unis, toutes les sûretés mobilières ont été unifiées, par l'*Uniform Commercial Code* de 1951 [2], dans un instrument unique, le *security interest* [3] *:* il s'agit d'une sûreté sans dépossession, constituée par inscription, portant sur des biens présents ou futurs. Le jeu de la subrogation réelle y est prépondérant, puisque le *security interest* s'attache en pratique successivement aux produits ou marchandises donnés en garantie, puis aux titres qui les représentent, puis à la créance de leur prix et enfin au prix payé.

Au Québec, à l'occasion de la réforme du Code civil de 1994, quasiment toutes les formes antérieures de sûretés réelles mobilières ont été abolies. A été mise en place une sûreté unique pouvant porter sur un ou plusieurs immeubles ou meubles, corporels ou incorporels, présents ou futurs. L'unification n'a toutefois pas été absolue, puisque subsistent, aux côtés de cette sûreté hypothécaire unique, des privilèges et des mécanismes de garantie fondés sur la propriété. En outre, le champ d'application de la sûreté unique se trouve limité *ratione personae* lorsqu'elle est constituée sans dépossession ou qu'elle porte sur une universalité de biens meubles [4].

En Europe, au contraire, les divers systèmes juridiques laissent coexister plusieurs types de sûretés réelles mobilières, certaines reposant sur la dépossession du constituant, d'autres s'opérant sans dessaisissement [5]. Dans ce dernier cas, la majorité des

---

1. La récente reconnaissance de la fiducie-sûreté par le droit français pourrait ainsi conduire à une évolution favorable des solutions en matière de *trust*.
2. A. Levasseur, « L'article 9 du *Uniform Commercial Code*. Vers une systématisation du droit des sûretés », *in Mélanges Y. Guyon*, Dalloz, 2003.
3. Cf. J.-F. Riffard, *Le security interest ou l'approche fonctionnelle et unitaire des sûretés mobilières*, PU de la Faculté de droit de Clermont-Ferrand, 1997.
4. V. E. Charpentier, « Le droit québécois des sûretés », *RDBF* à paraître ; D. Pratte, *Priorités et hypothèques*, éd. Revue de Droit de l'Université de Sherbrooke, 2012, 3e éd.
5. Il convient cependant de relever qu'en Belgique, la diversité des sûretés mobilières a été réduite par les lois des 24 juin et 11 juillet 2013, qui ont en outre consacré une alternative entre le gage avec dépossession et le gage de registre et édicté des règles spécialement protectrices des constituants consommateurs (par exemple, la valeur de l'assiette du gage ne peut pas dépasser 300 % de la créance

droits européens exige la publicité du gage, pour protéger à la fois les droits des créanciers bénéficiaires et ceux des tiers [1].

641. ***Originalités des droits étrangers en matière d'hypothèque***. En matière d'hypothèque, les spécificités concernent essentiellement la source de la réglementation, le caractère accessoire et le formalisme.

En premier lieu, alors que tous les pays continentaux de l'Union européenne réglementent impérativement le droit hypothécaire, le droit anglais laisse à l'inverse le débiteur et le créancier fixer eux-mêmes toutes les modalités de l'hypothèque dans l'acte constitutif, ce qui est autant une source de souplesse que d'imprévisibilité.

Concernant, en deuxième lieu, le caractère accessoire de l'hypothèque, c'est-à-dire le lien direct qu'elle entretient avec la créance garantie, il est exigé par de nombreux États européens (en particulier la France, la Belgique, l'Espagne et l'Italie), mais écarté par d'autres. Ainsi, en Allemagne, la « dette foncière » (*Grundschuld*) n'est pas l'accessoire d'une créance immuable, puisque cette forme d'hypothèque peut garantir plusieurs créances successives. Dans la « cédule hypothécaire » suisse, l'indépendance est encore plus marquée, puisque le débiteur s'engage abstraitement à payer une somme et, de manière simultanée, il établit un titre, la cédule, qui confère un droit de gage immobilier et qui n'est pas liée à l'obligation principale au titre des exceptions opposables.

S'agissant, en troisième lieu, du formalisme hypothécaire, sa portée est fort variable d'un État européen à un autre [2] : en France comme en Belgique, l'acte notarié conditionne la validité de l'hypothèque, l'inscription, quant à elle, rend l'hypothèque opposable aux tiers et est attributive de rang ; en Allemagne, en Suisse, et en Italie, l'inscription sur un registre subordonne l'existence même de l'hypothèque ; en Espagne, l'inscription constitue un préalable au contrat de crédit immobilier, puisque c'est elle qui permet de mettre en œuvre le contrat principal.

642. ***Originalités des droits étrangers en matière de propriété-sûreté***. En matière de propriété-sûreté, la fiducie, c'est-à-dire l'aliénation d'un bien au profit d'un créancier, qui a l'obligation de le rétrocéder au constituant en cas de paiement de la dette garantie, est très diversement reçue : très largement admise par le droit anglais (le *trust* peut porter sur des biens corporels ou incorporels, présents ou futurs, et garantir n'importe quelle créance),

---

garantie en principal). Cf. M. Grégoire, « Le droit belge des sûretés », *RDBF* à paraître ; M. Julienne, « La réforme des sûretés réelles mobilières en Belgique. Note sous Loi numéro C-2013/09377, 11 juillet 2013 », *RDC* 2014/4, p. 656.

En droit roumain, l'unification des sûretés, tant mobilières qu'immobilières, semble également en marche, puisque le pluralisme résultant de la coexistence d'hypothèques, gages, privilèges, droit de rétention, clause de réserve de propriété est largement apparent, les principaux éléments de régime de ces sûretés ayant été rapprochés. Cf. D. Legeais, « Le droit russe et roumain des sûretés », *RDBF* à paraître.

1. Sur les nouvelles règles d'enregistrement applicables, en Angleterre, à la plupart des sûretés mobilières et immobilières, issues du *Companies Act 2006* (*Amendment of Part 25*) *Regulations 2013* entré en vigueur le 6 avril 2013, cf. A.-M. Toledo-Wolfsohn, « La réforme du droit anglais des sûretés », *RLDC* nov. 2014, n° 120, p. 31.

Par exception, en 1992, les Pays-Bas ont créé un gage sans dépossession occulte, c'est-à-dire sans enregistrement public à peine d'inopposabilité. Le seul enregistrement existant, dans un registre non public, vise à rendre impossible l'antidate, lorsque l'acte est constitué sous seing privé.

2. Est également très différent d'un État à un autre le coût de la constitution de l'hypothèque : en France, ce coût représente environ 2 % du capital emprunté (hors frais de mainlevée) ; il n'est que de 0,6 % en Angleterre et de 0,4 % en Allemagne.

interdite aux Pays-Bas depuis 1992, elle est le plus souvent encadrée plus ou moins explicitement et strictement (le nouveau Code civil du Québec de 1994 a reconnu que la fiducie pouvait être utilisée pour garantir l'exécution d'une obligation, mais il a limité les droits du fiduciaire, en cas de défaillance du constituant, en l'obligeant à suivre les règles prévues pour l'exercice des droits hypothécaires). En France, la fiducie-sûreté n'a été reconnue que fort récemment et par étapes : un régime général, commun à la fiducie utilisée à des fins de gestion ou de garantie, a d'abord été instauré par une loi du 19 février 2007 (C. civ., art. 2011 à 2031 ayant reçu des modifications importantes à l'occasion de la loi de modernisation de l'économie du 4 août 2008) ; des règles propres à la fiducie-sûreté ont ensuite été édictées par une ordonnance du 30 janvier 2009 et par sa loi de ratification en date du 12 mai 2009 (C. civ., nouv. art. 2372-1 à 2372-5 et 2488-1 à 2488-5).

643. ***Les sûretés flottant sur le patrimoine du débiteur***. Largement méconnues par notre droit, elles sont au contraire validées par certains droits étrangers, au premier rang desquels figure le droit anglais [1]. En Angleterre, les créanciers ont d'abord eu recours à la *fixed charge :* elle immobilise les biens (corporels ou incorporels, présents ou futurs) du débiteur, qui peut continuer à s'en servir, mais qui ne peut plus en revanche en disposer sans l'accord du créancier. Lorsque la *fixed charge* porte sur des actifs destinés à circuler, comme la trésorerie de l'entreprise débitrice ou les produits qu'elle fabrique, elle risque d'entraîner une paralysie totale de cette entreprise. C'est pourquoi, la pratique a mis au point la *floating charge* : la société débitrice conserve alors son pouvoir de disposition sur ses actifs, sans avoir à obtenir le consentement du créancier, jusqu'à la survenance d'un événement prévu dans l'acte constitutif (le plus souvent, l'ouverture d'une procédure collective). Pendant cette première période, la *charge* ne grève pas des actifs considérés individuellement, mais plutôt une universalité abstraite, constituée de ces actifs et de ceux qui peuvent les remplacer au fil du temps. C'est comme si la sûreté « planait » sur les actifs de l'entreprise (d'où son appellation). Lorsque l'entreprise se voit retirer son pouvoir de disposition, dans les conditions convenues dans l'acte constitutif, la *charge* cesse d'être en suspens et grève immédiatement les actifs qui composent, à ce moment-là, le patrimoine, ainsi que tous ceux qui y entreraient par la suite. Il y a *crystallisation* et la *floating charge* se transforme en *fixed charge*. La réalisation s'opère ensuite par la vente des actifs, qui peut être amiable [2]. Le droit anglais encadre depuis quelques années cette sûreté très originale : en 1985, il a imposé sa publicité à peine d'inopposabilité aux tiers ; l'*Entreprise Act 2002*, pour empêcher que la *floating charge* ne conduise à réserver l'intégralité des actifs d'une entreprise à un seul créancier, au détriment des chirographaires, a réservé à ceux-ci un pourcentage du produit de la réalisation des actifs objets de la *floating charge*, du moins lorsque cette réalisation est opérée par un *administrative receiver*, que l'on peut comparer à l'administrateur judiciaire d'une entreprise en redressement. Pour limiter l'effet exorbitant de la *floating charge*, ce texte a, en outre, prévu

1. Mérite également d'être mentionné le système retenu par le droit québécois : la sûreté hypothécaire unique créée en 1994 peut être stipulée « ouverte » lorsqu'elle porte sur les biens d'une entreprise, c'est-à-dire qu'elle est « flottante » et ne prend rang qu'à la suite de la défaillance du débiteur et de l'inscription d'un avis de clôture.

2. Comme il est de l'intérêt du créancier bénéficiaire d'une *charge* portant sur l'ensemble du patrimoine de l'entreprise de céder celle-ci en bloc, plutôt que de vendre séparément ses éléments d'actif, il convient de poursuivre l'exploitation pendant le temps nécessaire pour trouver un acheteur. Pour cela, le créancier place à la tête de l'entreprise un gestionnaire bénéficiant de larges pouvoirs : l'*administrative receiver*.

qu'elle se trouve primée par les privilèges des organismes de sécurité sociale et des salariés, et que, même si elle a été publiée, elle n'est pas opposable aux tiers avec qui le débiteur serait amené à traiter pendant la période de *crystallisation*. Ce régime de la *floating charge* ne donne pas aujourd'hui entière satisfaction. Des modifications, voire une suppression de cette sûreté du droit anglais, sont ainsi envisagées [1].

B. Rapprochement des droits nationaux

644. ***Justifications et manifestations du rapprochement.*** En matière de sûretés réelles, le rapprochement des droits nationaux, au sein de l'Union européenne et même au-delà, par voie d'harmonisation, voire d'unification, est une réalité [2], que de nombreux facteurs peuvent expliquer.

Les justifications. Certaines causes de rapprochement sont générales, en ce qu'elles dépassent le seul domaine des sûretés réelles : il s'agit, d'une part, du développement du commerce intra-européen et international et, d'autre part, dans les relations transfrontières, des risques liés à l'éloignement des parties, en particulier le risque d'ignorance de l'environnement politique, juridique et économique du cocontractant et de ses biens. D'autres causes de rapprochement concernent plus spécifiquement les sûretés réelles. En premier lieu, comme il vient d'être vu, des différences profondes séparent en cette matière les droits nationaux, ce qui pose le problème de la reconnaissance des sûretés constituées selon un système juridique différent. En deuxième lieu, les éléments d'extranéité peuvent être nombreux : le bien objet de la sûreté réelle peut se trouver à l'étranger ou être amené à circuler (tel est par exemple le cas d'une voiture vendue sous réserve de propriété, ou de marchandises gagées au cours de leur exportation ou de leur importation), l'obligation garantie peut devoir être exécutée dans un pays autre que celui dans lequel le bien grevé se trouve. En troisième lieu, les sûretés réelles rentrent dans plusieurs catégories de rattachement du droit international privé, ce qui complique leur constitution et compromet leur réalisation : la *lex contractus*, au titre de loi de la source de la garantie, pour les sûretés réelles conventionnelles ; la *lex rei sitae*, puisqu'elles touchent au statut réel ; la *lex concursus*, si le constituant fait l'objet d'une procédure collective [3].

---

1. Cf. le rapport, postérieur à la réforme de 2013, du *Secured Transaction Law Reform Project* (http://securedtransactionslawreformproject.org/the-case-for-reform/) ; A.-M. Toledo-Wolfsohn, « La réforme du droit anglais des sûretés », *RLDC* nov. 2014, n° 120, p. 31.

2. Sur laquelle cf. not. C. Nourissat, « Les sûretés réelles : perspectives de réformes internationales (Union européenne et CNUDCI) », *in Évolution des sûretés réelles : regards croisés université-notariat*, Litec, 2008, p. 129 s. ; J.-F. Riffard, « La loi type de la CNUDCI sur les opérations garanties », *RLDC* sept. 2014, n° 118, p. 32 ; J.-F. Riffard, « L'uniformisation du droit des sûretés mobilières : mirage ou réalité ? À propos de la loi type », *RDBF* à paraître.

Sur l'harmonisation des droits des seize pays d'Afrique subsaharienne membres de l'OHADA (Organisation pour l'harmonisation en Afrique du droit des affaires) réalisée par actes uniformes (celui entré en vigueur le 1er janvier 1998 a été remplacé, à compter du 16 mai 2011, par le nouvel Acte uniforme sur les sûretés adopté le 15 décembre 2010), cf. not. « Bientôt un nouveau droit des sûretés dans l'OHADA », dossier, *Dr. et patr.* 2010, n° 197 ; F. Chifflot Bourgeois, « Les garanties de paiement : l'apport des sûretés dans l'espace OHADA », *RD banc. fin.* 2011, n° 1, p. 17 ; P. Crocq, « Le nouvel Acte uniforme portant organisation des sûretés », *D.* 2011. 432 ; T. Giustini et A. Barry, « La réforme des sûretés en droit OHADA. Considérations pratiques », dossier, *Dr. et patr.* avr. 2012, n° 213.

3. Sur cette question, v. C. Nourissat, « Les garanties hypothécaires », *JCP N* 2013. 1176.

Les manifestations. Une certaine harmonisation s'opère d'abord par le biais de ce que les historiens et les sociologues appellent *les « transferts de droit » de nature horizontale :* des concepts ou règles propres à un système juridique migrent alors vers un autre, sous l'influence des praticiens et des universitaires [1]. Le droit français s'est rapproché de la sorte de droits voisins en consacrant la réserve de propriété et la fiducie, en admettant le pacte commissoire ou encore en apportant des assouplissements au principe de spécialité en matière d'hypothèque. De tels rapprochements améliorent la réception des sûretés constituées sous l'empire d'une loi étrangère, puisqu'ils atténuent leur « exotisme » et favorisent leur greffe sur le droit local.

Le rapprochement est encore plus net en présence de *règles matérielles uniformes applicables aux sûretés internationales* [2]. Il en existe par exemple au sujet des garanties internationales portant sur des matériels d'équipement mobiles d'une grande valeur qui franchissent les frontières dans le cours normal de leur utilisation ou qui évoluent dans l'espace extra-atmosphérique (comme les cellules d'aéronefs, les moteurs d'avions, les hélicoptères, le matériel ferroviaire roulant, les satellites) [3].

Au niveau européen, l'harmonisation a déjà commencé, avec notamment la directive du 6 juin 2002 relative aux contrats de garantie financière [4] et la directive du 16 février 2011 concernant la lutte contre les retards de paiement dans les transactions commerciales qui renferme des dispositions sur la réserve de propriété [5], et elle pourrait très vite gagner plus de terrain. En effet, la Commission européenne envisage des règles communes pour les transferts de propriété à titre de garantie et il est aussi aujourd'hui beaucoup question d'une « eurohypothèque », construite sur le modèle du droit allemand ou suisse, donc indépendante [6]. Si, depuis une trentaine d'années, de nombreux rapports et études ont préconisé la création d'une hypothèque conventionnelle commune aux États membres de l'Union [7], la Commission européenne ne s'est véritablement emparée du sujet que dans le Livre vert du 19 juillet 2005 sur le crédit hypothécaire. Elle y a lancé une consultation sur l'instauration d'un vingt neuvième régime de l'hypothèque, qui existerait aux côtés des 28 droits nationaux actuels, et qui serait optionnel pour les parties. Les réponses fournies jusqu'en décembre 2005 par des associations de consommateurs, des banques centrales et des notaires ont été mesurées. En effet, les avantages d'une « eurohypothèque » ont été soulignés : favoriser l'activité hypothécaire transfrontalière et, par

---

1. Pour des exemples de « transferts de droit » en matière de contrats, cf. C. Jamin, « Un droit européen des contrats ? », *in Le droit privé européen*, dir. P. de Vareilles-Sommières, Economica, 1998, p. 40 s.

2. P. Bloch, « Quelques réflexions sur les sources internationales du droit des sûretés réelles », *in Mélanges Ph. Jestaz*, Dalloz, 2006, p. 41 s.

3. Convention Unidroit du 16 novembre 2001.

4. Cette directive a été transposée par l'ordonnance n° 2005-171 du 24 février 2005 ayant simplifié le régime du gage de compte d'instruments financiers ; cf. S. Praicheux, « La garantie financière, esquisse d'une sûreté européenne », *RD banc. fin.* 2010, dossier 6.

5. La proposition de règlement relatif à un droit commun européen de la vente du 11 octobre 2011 ne contient pas, en revanche, de dispositions sur les clauses de réserve de propriété.

6. Sur l'« eurohypothèque », cf. not. C. Albiges, « L'hypothèque conventionnelle transfrontalière européenne », *Dr. et patr.* 2006, n° 150, p. 74 s. ; E. Muniz Espada, « L'eurohypothèque », *D.* 2007. 1712.

7. En 1987, l'Union internationale du notariat latin a remis à la Commission européenne une étude défendant la coexistence des hypothèques existant dans chaque État membre avec une « eurohypothèque » uniformément réglementée dans tous les États, sur le modèle de la cédule hypothécaire suisse et ce, pour éviter les désavantages juridiques et économiques liés au caractère accessoire. En 1992, une proposition de la Commission des affaires de l'UE s'est également inspirée de la cédule hypothécaire suisse. En décembre 2004, un rapport remis à la Commission européenne par un Groupe de discussion sur le crédit hypothécaire au logement s'est montré favorable à une « euro-hypothèque » non accessoire, qui permettrait d'adosser plusieurs crédits à une même hypothèque.

contrecoup, la croissance économique ; simplifier le rôle du notaire, en lui évitant les contraintes du droit international privé, comme la recherche de la loi applicable ; moderniser l'hypothèque, de sorte qu'elle résiste mieux aux mécanismes de substitution. Mais ont également été relevées les questions difficiles que soulève l'« eurohypothèque », notamment sur son champ d'application (tous les crédits ou uniquement les crédits transfrontaliers ?), sur sa forme (à quels moments le notaire devrait-il intervenir ?), sur sa publicité (les systèmes existants devraient-ils lui être appliqués ou faudrait-il créer une publicité qui lui soit propre ?) ou encore sur les modes de protection des consommateurs. La Commission européenne n'a pas encore apporté de réponse à ces interrogations.

§ 5. Droit positif des sûretés réelles

645. ***La réforme du 23 mars 2006***. Sous-tendue par une volonté politique forte [1], la réforme du droit des sûretés réelles a pu voir le jour en moins d'un an, malgré un remaniement ministériel (le Rapport Grimaldi a été remis au garde des Sceaux le 31 mars 2005 [2] et l'ordonnance portant réforme de la matière est entrée en vigueur le 24 mars 2006). Avant de présenter dans le détail ce nouveau droit issu, pour l'essentiel, de l'ordonnance n° 2006-346 du 23 mars 2006 [3], il importe de synthétiser les objectifs et les principaux apports formels et substantiels de la réforme.

Les objectifs. *Au niveau international*, la réforme s'est donné pour but de redonner de l'attrait au droit français et de le rendre plus compétitif, surtout par rapport aux systèmes de *Common Law* [4].

Au niveau national, cinq objectifs furent essentiellement poursuivis. En premier lieu, la *modernisation* : les textes datant pour la plupart de 1804, ils n'étaient plus en adéquation, ni avec les besoins des créanciers, ni avec l'évolution des patrimoines, tant des particuliers que des personnes morales. En deuxième lieu, *l'amélioration de la lisibilité et de la cohérence du droit des sûretés*, menacées par la multiplication de régimes spéciaux, surtout en matière de gage, ainsi que par la diversité des solutions mises en œuvre par les praticiens. En troisième lieu, la *simplification* du régime des sûretés réelles, aux stades de leur constitution, de leur réalisation et de leur extinction. En quatrième lieu, la *restauration de l'efficacité de certaines sûretés*, par l'élargissement de leur champ et l'admission de nouveaux modes de réalisation. En cinquième et dernier lieu, la relance de la consommation, de l'investissement

1. À l'initiative du ministère de la Justice et de la Direction des affaires civiles, le groupe de travail présidé par M. Grimaldi a commencé à élaborer un projet de réforme en juillet 2003. L'année suivante, lors des commémorations du bicentenaire du Code civil, le chef de l'État a annoncé la réécriture du droit des sûretés dans les cinq ans.

2. www.ladocumentationfrancaise.fr.

3. Cette ordonnance ayant été ratifiée par la loi n° 2007-212 du 20 février 2007 portant diverses dispositions intéressant la Banque de France, elle a désormais valeur législative et ne peut plus, en outre, être contestée sur le fondement d'un défaut de conformité à la loi d'habilitation du 26 juillet 2005. À l'occasion de cette loi de ratification certaines modifications ont été apportées à la réforme de 2006, qui a par ailleurs été complétée par divers décrets d'application.

4. « L'une des plus grandes réussites peut-être de cette réforme est son aptitude à l'exportation et son rôle d'influence dans la réforme des sûretés de l'Organisation pour l'harmonisation en Afrique du droit des affaires » (L. Aynès, « Réforme des sûretés : premiers bilans », dossier, *Dr. et patr.* avr. 2012, n° 213). Pour des comparaisons entre le droit français et le nouvel Acte uniforme portant organisation des sûretés, adopté le 15 décembre 2010 par le Conseil des ministres des États parties au Traité relatif à l'OHADA et entré en vigueur le 16 mai 2011, cf. not. P. Crocq, « Le nouvel Acte uniforme portant organisation des sûretés », *D.* 2011. 432.

et donc de la croissance économique, par le *développement du crédit immobilier*, en particulier auprès des jeunes ménages et des personnes âgées [1].

Les améliorations formelles. À de multiples égards, la réforme du 23 mars 2006 s'est montrée respectueuse du principe de sécurité juridique et, plus précisément, des impératifs à valeur constitutionnelle d'accessibilité et d'intelligibilité de la loi [2]. Les principaux facteurs du perfectionnement formel du droit des sûretés qui en est résulté sont les suivants : évolution et non révolution ; réforme globale et non « saupoudrage » de règles nouvelles ; création dans le Code civil d'un nouveau Livre consacré aux sûretés ; rapatriement de certaines sûretés dans le Code civil (tel le gage automobile) ; classifications claires et cohérentes (sûretés personnelles/sûretés réelles ; sûretés réelles immobilières/sûretés réelles mobilières ; gage/nantissement) ; complémentarité entre des dispositions générales (droit commun du gage, de l'hypothèque, de la réalisation) et des dispositions spéciales (gage portant sur un véhicule automobile ; hypothèque légale des époux) ; consécration de solutions jurisprudentielles (notamment au sujet des fondements du droit de rétention, de l'antichrèse-bail et du classement des privilèges mobiliers) ; sémantiques plus claires (par exemple, la distinction entre le gage de meubles corporels et le nantissement de meubles incorporels).

Les modifications substantielles. Les principales nouveautés sont : la généralisation du champ d'application du droit de rétention ; la reconnaissance de la propriété retenue comme sûreté ; la disparition du caractère réel du contrat de gage de meubles corporels et du nantissement de meubles incorporels ; l'élargissement du champ du gage et du nantissement, quant aux créances qu'ils peuvent garantir (créances futures) et quant à leur assiette (biens futurs ; ensemble de biens, tels des stocks) ; l'assouplissement du principe de spécialité de l'hypothèque quant à la créance garantie (une ou plusieurs créances, présentes ou futures ; rechargement de l'hypothèque) ; l'hypothèque rechargeable (une même hypothèque pourra garantir des créances autres que celles prévues dans l'acte constitutif) ; le prêt viager hypothécaire (principal et intérêts sont pour le tout remboursables *in fine*, soit au décès de l'emprunteur, soit lors de la vente de l'immeuble) ; la suppression de la prohibition du pacte commissoire ; l'extension de la faculté d'attribution judiciaire en matière d'hypothèque et d'antichrèse.

646. *Les réformes postérieures : fiducie, agent des sûretés, droit de rétention dans le gage sans dépossession…* Depuis 2006, le droit des sûretés réelles a connu d'autres évolutions majeures.

La *propriété cédée à titre de garantie* a été reconnue et précisément réglementée à l'occasion de lois et ordonnance successives sur la fiducie en général et la fiducie-sûreté en particulier (loi n° 2007-211 du 19 février 2007 instituant la fiducie ; loi n° 2008-776 du 4 août 2008 de modernisation de l'économie ; ordonnance n° 2009-112 du 30 janvier 2009 portant diverses mesures relatives à la fiducie ; loi n° 2009-526 du 12 mai 2009 de simplification et de clarification du droit et d'allègement des procédures).

Pour permettre des opérations de financement de dimension internationale impliquant plusieurs prêteurs regroupés en « pool » ou en « syndicat » (crédits syndiqués), qui

1. Dans un contexte de vieillissement de la population et de détérioration prévisible de la situation des retraités, le Gouvernement a souhaité transformer le capital immobilier des personnes âgées en trésorerie, afin qu'elles puissent faire face à de nouvelles dépenses, notamment de santé et de dépendance, ou qu'elles puissent réaliser des donations au profit de leurs proches.

2. Cons. const., Décis. n° 99-421 DC du 16 déc. 1999, *Rec. Cons. const.* 36.

changent fréquemment entre le début et la fin de l'opération, les lois du 19 février 2007 et du 4 août 2008 ont autorisé la constitution, la gestion ainsi que la réalisation, par une personne unique, de sûretés réelles détenues par plusieurs créanciers [1]. Ce fut la consécration, par le droit français, de l'« agent des sûretés », que connaissaient déjà les droits anglo-saxons (*security agent*). Cette nouvelle figure fut introduite au sein des dispositions générales relatives aux sûretés réelles, dans un nouvel article 2328-1 du Code civil, qui ne détaille pas, on peut le regretter, le régime applicable à cet « agent des sûretés » [2].

Au titre des réformes importantes que le droit des sûretés a connues depuis la refonte du 23 mars 2006, peut encore être citée la reconnaissance d'un droit de rétention au profit du gagiste non mis en possession (C. civ., art. 2286, 4°, issu de la loi de modernisation de l'économie du 4 août 2008), qui bouleverse la notion même de droit de rétention et qui complique un peu plus encore la délicate articulation entre ce droit et les autres sûretés réelles en présence d'un débiteur *in bonis* ou, surtout, dans le cadre d'une procédure d'insolvabilité.

Plan

Les sûretés réelles, qui protègent les intérêts du créancier en lui évitant d'entrer en concours avec les autres créanciers du débiteur : **les sûretés hors concours** (Sous-partie 1).

Les sûretés réelles classiques, qui renforcent la sécurité du créancier en lui conférant une priorité, un droit de préférence sur la valeur d'un ou plusieurs éléments de l'actif de son débiteur en cas de concours avec d'autres créanciers : **les sûretés par préférence dans le concours** (Sous-partie 2).

Le sort des sûretés réelles en présence d'une procédure collective professionnelle ou de surendettement : **les sûretés réelles dans les procédures d'insolvabilité** (Sous-partie 3).

---

1. V. cependant sur l'inaptitude de ce nouveau dispositif à atteindre son but, P. Crocq, « Le cœur du dispositif fiduciaire », *in Réflexions croisées : fiducie : intérêts et enjeux du nouveau dispositif*, *RLDC* 2007, n° 40, p. 64.

2. Le régime applicable à l'agent des sûretés est en revanche déjà précisément fixé dans le cadre de l'OHADA, au sein du nouvel Acte uniforme portant organisation des sûretés, adopté en décembre 2010 ; cf. T. Giustini, et A. Barry, « La réforme des sûretés en droit OHADA. Considérations pratiques », dossier, *Dr. et patr.* avr. 2012, n° 213 ; G.-A. Likillimba, « L'agent des sûretés en droit OHADA », *RTD com.* 2012. 475.

Sur les lacunes de l'article 2328-1 du Code civil et les améliorations à apporter au droit français, cf. not. J.-F. Adelle, « L'agent des sûretés en droit français : pour une clarification des régimes de l'article 2328-1 du Code civil et de la fiducie de sûretés », *RD banc. fin.* 2010, n° 5, étude 20 ; C. Jacomin, « L'agent des sûretés au service du syndicat bancaire », *RLDC* 2012, n° 93, p. 27 ; P. Nabet, « Pour un agent des sûretés efficace en droit français », *D.* 2012. 1901 ; 107e Congrès des notaires de France consacré, en juin 2011, au financement (http://www.congresdesnotaires.fr/fr/les-proposions-du-107eme-congres).

« L'heure d'une refonte d'ensemble du régime de l'agent des sûretés pourrait sonner prochainement. La Chancellerie s'orienterait, semble-t-il, vers l'abrogation de l'article 2328-1 et l'insertion d'un nouveau titre III dédié à l'agent des sûretés, à la suite des textes relatifs à la fiducie immobilière (art. 2488-6 s.) : ce nouveau régime serait logiquement généralisé aux sûretés ou garanties (réelles ou personnelles), l'agent des sûretés en étant réputé titulaire ; quant aux sommes provenant de la réalisation des sûretés, elles seraient tenues séparées du patrimoine personnel de l'agent, ainsi préservées des affres de la procédure collective… Affaire à suivre donc » (Ph. Dupichot, « *Parallel debt* vue du Belvédère », *Dr. et patr.* 2012, n° 211).

Sous-partie 1

Les sûretés hors concours

Les créanciers peuvent se prémunir de tout concours avec d'autres créanciers de deux manières, en quelque sorte opposées, du moins en apparence, au regard de l'étendue des droits retirés de la garantie.

La première, radicale, qui leur donne les droits les plus étendus sur le bien qui sert de garantie : rester ou devenir propriétaire. La ***propriété*** est alors utilisée dans une fonction de garantie (Titre 1).

La seconde, minimale, qui ne leur donne, en principe, que des droits d'attente sur le bien qui sert de garantie : profiter de la simple détention d'un bien. Cette détention leur confère le bénéfice du ***droit de rétention*** (Titre 2).

Titre 1

La propriété-sûreté

647. ***Deux formes de propriété-sûreté.*** La propriété peut être utilisée à des fins de garantie dans deux hypothèses distinctes.

D'une part, un créancier peut demeurer propriétaire du bien objet du contrat conclu, jusqu'à ce que son débiteur l'ait intégralement payé. Si la possession du bien est alors transférée au débiteur dès la conclusion du contrat, la propriété est en revanche *retenue à titre de garantie* par le créancier, jusqu'à son complet désintéressement. En cas de défaillance du débiteur, le créancier est en droit de revendiquer le bien, en qualité de propriétaire, ce qui le met à l'abri d'un éventuel concours avec d'autres créanciers sur le prix de ce bien.

D'autre part, un débiteur peut *transférer à titre de garantie* la propriété d'un ou plusieurs de ses biens à son créancier. En cas de paiement, le créancier doit retransférer au débiteur la propriété du ou des biens. À l'inverse, en cas d'inexécution, le créancier en demeure propriétaire, à concurrence de la valeur de sa créance et il évite, dans cette limite, le concours avec les autres créanciers de son débiteur.

648. ***Causes de l'absence traditionnelle de reconnaissance de la propriété-sûreté.*** Utilisée comme garantie par les Romains, puis sous l'Ancien droit, la propriété s'est vue au contraire déniée ce rôle de sûreté de 1804 jusqu'à une époque très récente et ce, pour deux types de raisons, d'inégale pertinence[1].

En premier lieu, la propriété-garantie fut accusée, essentiellement à tort, de contrevenir à certaines règles fondamentales du droit des sûretés et du droit des biens. D'abord, *la prohibition du pacte commissoire*, en matière de gage et d'hypothèque, puisque le créancier bénéficiaire d'un transfert de propriété à titre de garantie peut conserver le bien grevé du débiteur défaillant, sans contrôle judiciaire. Mais, cette prohibition, dont la jurisprudence avait d'ailleurs multiplié les exceptions, fut supprimée par l'ordonnance du 23 mars 2006[2]. Pour évincer la propriété-garantie, il fut ensuite avancé qu'elle contredirait *la nature du droit de propriété.* Mais, en réalité, même mise au service de l'exécution d'une créance, la propriété n'en demeure pas moins un droit réel principal. C'est enfin le prétendu *numerus clausus* des droits réels qui fut opposé à la propriété-garantie. Cette critique n'était cependant pas plus convaincante que les précédentes, puisque la limitation légale des droits réels est particulièrement contestable[3], et qu'à supposer même que le

1. Sur l'ensemble de la controverse affectant la propriété-garantie, cf. P. Crocq, *Propriété et garantie*, LGDJ, 1995.

2. Sur le pacte commissoire en matière de gage, v. ss 909 et, en matière d'hypothèque, v. ss 1088 s.

3. Aucun texte n'interdit la création d'autres droits réels que ceux expressément reconnus par la loi. L'article 543 du Code civil dispose, certes, qu'« on peut avoir sur les biens ou un droit de propriété, ou un simple droit de jouissance, ou seulement des services fonciers à prétendre », mais ce texte n'est

numerus clausus des droits réels fût admis, la reconnaissance de la propriété-garantie ne créerait pas un droit réel nouveau, mais tout au plus une sûreté réelle conventionnelle nouvelle, couverte par le principe de liberté contractuelle.

En second lieu, l'absence traditionnelle de consécration de la propriété-garantie peut s'expliquer par les risques qu'elle présente indubitablement. Sous ses deux formes, la propriété-garantie est en effet *dangereuse pour le débiteur :* le débiteur court le risque que le créancier, auquel il transfère la propriété d'un bien à titre de garantie, n'en dispose avant l'exigibilité de la créance et ne puisse dès lors le lui restituer à la suite du paiement ; dans le cadre de la propriété retenue à titre de garantie, si l'entreprise débitrice est défaillante, elle doit rendre le bien à son créancier, au risque de ne plus pouvoir fonctionner et de ne pouvoir, le cas échéant, être redressée. La propriété-garantie est en outre *dangereuse pour les autres créanciers du débiteur*. Les biens qui en sont l'objet sont effectivement soustraits à leur droit de poursuite, comme appartenant exclusivement au créancier bénéficiaire et ce, alors même que la publicité des garanties reposant sur la propriété peut être rudimentaire, voire inexistante. Ce caractère occulte est source de conflits entre créanciers et donc d'insécurité juridique.

649. ***Consécrations légales de la propriété-sûreté***. À partir du début des années quatre-vingt, en raison de l'affaiblissement des sûretés classiques, particulièrement dans le cadre d'une procédure collective [1], la pratique développa les garanties fondées sur la propriété, présentant l'avantage primordial, outre de ne point être réglementées pour les raisons précitées, de faire échapper leur bénéficiaire au concours avec les autres créanciers du débiteur. Si, par la suite, quelques textes ont partiellement encadré certaines formes particulières de propriété-garantie, il a fallu attendre l'ordonnance du 23 mars 2006 portant réforme du droit des sûretés pour que soit consacrée, de manière générale, ***la propriété retenue à titre de garantie*** (Chapitre 1), puis la loi du 19 février 2007 instituant la fiducie et surtout l'ordonnance du 30 janvier 2009 relative plus spécialement à la fiducie-sûreté pour que soit reconnue ***la propriété cédée à titre de garantie*** (Chapitre 2).

---

nullement exhaustif et limitatif, puisqu'il omet, notamment, les droits de superficie, que personne ne songerait à contester. Ainsi, la Cour de cassation a-t-elle consacré la liberté de création des droits réels dans l'arrêt *Caquelard* (Cass., Req., 13 févr. 1834, *GAJC*, 11e éd., n° 60), en des termes dénués d'équivoque : « les articles 544, 546 et 552 du Code civil sont déclaratifs du droit commun relativement à la nature et aux effets de la propriété, mais ne sont pas prohibitifs ; ni ces articles, ni aucune autre loi n'excluent les diverses modifications et décompositions dont le droit ordinaire de propriété est susceptible ». Dans le même sens, cf. l'arrêt *Maison de poésie* (Civ. 3e, 31 oct. 2012, *Bull. civ.* III, n° 159) : « le propriétaire peut consentir, sous réserve des règles d'ordre public, un droit réel conférant le bénéfice d'une jouissance spéciale de son bien » ; principe réitéré par Civ. 3e, 28 janv. 2015, n° 14-10013, à paraître au *Bulletin*.

1. V. ss 1217 s.

Chapitre 1

La propriété retenue à titre de garantie

650. ***Expressions***. La propriété peut être retenue à titre de garantie dans *les opérations ayant pour effet immédiat un transfert de possession d'un bien mobilier ou immobilier et pour objet essentiel ou seulement éventuel le transfert de propriété de ce bien.*

En matière de vente, il est ainsi possible, au moyen d'une *clause de réserve de propriété*, de retarder le transfert de propriété au profit du vendeur qui accorde un délai de paiement à l'acheteur mis d'ores et déjà en possession du bien. La sécurité du vendeur s'en trouve renforcée, puisque, s'il n'est pas payé, il peut revendiquer le bien vendu et éviter, par là même, le concours avec les autres créanciers de l'acheteur.

La propriété retenue à titre de garantie se rencontre également au sein d'une opération complexe, dans laquelle le transfert de propriété n'est qu'une faculté à l'issue d'une période de location, à savoir l'opération de *crédit-bail*. Ici, le créancier garanti est le crédit-bailleur : sa sécurité se trouve confortée par le fait qu'il demeure propriétaire du bien dont jouit le crédit-preneur et qu'il peut dès lors, en cas de non-paiement des loyers, demander la restitution du bien loué et échapper ce faisant au risque de concours avec les autres créanciers de son débiteur.

651. ***Réglementation***. Avant l'ordonnance du 23 mars 2006, la propriété retenue à titre de garantie fut largement ignorée du législateur. Ainsi, la loi n° 66-455 du 2 juillet 1966 a-t-elle réglementé le crédit-bail, sans s'attacher au rôle de garantie qu'y joue pourtant la propriété. Plus tard, l'effet de garantie produit par la clause de réserve de propriété fut reconnu, mais uniquement de manière implicite et dans le seul droit des entreprises en difficulté.

La propriété retenue à titre de garantie n'a accédé au rang de sûreté qu'avec l'ordonnance du 23 mars 2006, par son inscription dans le nouveau Livre IV du Code civil. À l'égard des immeubles, l'ordonnance s'est contentée d'indiquer que « la propriété de l'immeuble peut être retenue en garantie » (C. civ., art. 2373), sans en préciser le régime, ce qui peut s'expliquer par la faible utilisation de la réserve de propriété dans le domaine immobilier[1]. À l'égard des meubles, les articles 2367 à 2372 du Code civil détaillent, en revanche, le régime de la ***clause de réserve de propriété*** (Section 1). Ces dispositions générales consacrées à la propriété mobilière réservée ne modifient nullement le régime spécial du ***crédit-bail***, que développent les articles L. 313-7 à L. 313-11 du Code monétaire et financier (Section 2).

---

1. Le caractère exceptionnel de l'utilisation de la réserve de propriété par la pratique notariale s'explique surtout par les difficultés qu'elle rencontre dans l'organisation des relations des deux parties pendant la période de jouissance de l'acquéreur préalable au transfert de propriété à son profit.

Section 1
La clause de réserve de propriété

C. civ., art. 1138, al. 1er. – L'obligation de livrer la chose est parfaite par le seul consentement des parties contractantes.
C. civ., art. 1583. – Elle est parfaite entre les parties, et la propriété est acquise de droit à l'acheteur à l'égard du vendeur, dès qu'on est convenu de la chose et du prix, quoique la chose n'ait pas encore été livrée ni le prix payé.
C. civ., art. 2367. – La propriété d'un bien peut être retenue en garantie par l'effet d'une clause de réserve de propriété qui suspend l'effet translatif d'un contrat jusqu'au complet paiement de l'obligation qui en constitue la contrepartie.
La propriété ainsi réservée est l'accessoire de la créance dont elle garantit le paiement.

652. ***Caractéristiques de la clause de réserve de propriété.*** Aux termes des articles 1138 et 1583 du Code civil, le transfert de propriété d'un bien s'opère par le seul échange des consentements. Ces dispositions n'étant pas jugées impératives, sont valables les clauses qui dérogent au transfert *solo consensu* [1]. Il en va ainsi de la clause de réserve de propriété, dont l'*objet* est de retarder le transfert de propriété jusqu'au complet paiement de l'obligation qui en constitue la contrepartie, sans pour autant différer la délivrance du bien.

L'article 2367 du Code civil, issu de l'ordonnance du 23 mars 2006, reconnaît à cette clause un *domaine* étendu, puisqu'elle est susceptible d'être inscrite dans tout contrat produisant un effet translatif[2], et non seulement dans une vente, même si celle-ci reste certainement son terrain de prédilection.

Ce texte apporte en outre une précision importante sur la *nature* de la clause de réserve de propriété, manifestement reprise de la jurisprudence de la Cour de cassation, à savoir que « la propriété ainsi réservée est l'accessoire de la créance dont elle garantit le paiement » [3]. En conséquence, la clause de réserve de propriété ne saurait garantir une autre créance que celle qui constitue la contrepartie du transfert de propriété [4]. La qualification d'accessoire implique également la transmission de la réserve de propriété avec la créance de prix, par application de l'article 1692 du Code civil [5].

653. ***Régime général de la clause de réserve de propriété***

C. civ., art. 2368. – La réserve de propriété est convenue par écrit.
C. civ., art. 2369. – La propriété réservée d'un bien fongible peut s'exercer, à concurrence de la créance restant due, sur des biens de même nature et de même qualité détenus par le débiteur ou pour son compte.

---

1. En ce sens, cf. not. Cass., Req., 26 juin 1935 (*DH* 1935. 414) : il appartient aux parties de convenir que la propriété de la chose vendue ne sera transférée à l'acquéreur qu'après un certain délai, l'exécution de certaines conditions ou l'accomplissement de formalités prévues.

Cf. V. Wester-Ouisse, « Le transfert de propriété *solo consensu* : principe ou exception », *RTD civ.* 2013. 299.

2. La jurisprudence a admis le jeu de la clause de réserve de propriété stipulée au sein d'un contrat d'entreprise (Com. 19 nov. 2003, *Bull. civ.* IV, n° 174 ; Com. 11 déc. 2007, inédit, n° 06-14486).

3. Com. 15 mars 1988, *Bull. civ.* IV, n° 106.

La Haute juridiction ne tirait cependant pas toutes les conséquences de la qualification d'accessoire, puisqu'elle maintenait la réserve de propriété malgré l'extinction de la créance du vendeur pour défaut de déclaration à la procédure collective de l'acheteur (Com. 9 janv. 1996, *Bull. civ.* IV, n° 8 ; *JCP* 1996. I. 3935, n° 19, obs. M. Cabrillac ; *RTD civ.* 1996. 436, obs. P. Crocq).

4. La solution contraire prévaut en droit allemand.

5. Com. 15 oct. 1988, *Bull. civ.* IV, n° 106.

> **C. civ., art. 2370.** – L'incorporation d'un meuble faisant l'objet d'une réserve de propriété à un autre bien ne fait pas obstacle aux droits du créancier lorsque ces biens peuvent être séparés sans subir de dommage.
> **C. civ., art. 2371.** – À défaut de complet paiement à l'échéance, le créancier peut demander la restitution du bien afin de recouvrer le droit d'en disposer.
> La valeur du bien repris est imputée, à titre de paiement, sur le solde de la créance garantie.
> Lorsque la valeur du bien repris excède le montant de la dette garantie encore exigible, le créancier doit au débiteur une somme égale à la différence.
> **C. civ., art. 2372.** – Le droit de propriété se reporte sur la créance du débiteur à l'égard du sous-acquéreur ou sur l'indemnité d'assurance subrogée au bien.

Conditions de formation. Le formalisme, en matière de clause de réserve de propriété, est réduit à sa plus simple expression. Selon l'article 2368 du Code civil, la réserve de propriété doit être « convenue par écrit » entre les parties [1], au plus tard au jour de la livraison (C. com., art. L. 624-16, al. 2). L'*instrumentum*, support de la clause, peut régir « un ensemble d'opérations commerciales convenues entre les parties » (C. com., art. L. 624-16, al. 2). Il peut donc pratiquement s'agir de conditions générales de vente [2].

La souplesse est encore plus frappante à l'égard des tiers, puisqu'*aucune publicité* n'est imposée pour leur rendre opposable la clause de réserve de propriété [3], à tout le moins en matière mobilière.

654. ***Protections du créancier propriétaire***. La clause de réserve de propriété constitue une sûreté très efficace pour le créancier resté propriétaire, puisqu'à défaut de complet paiement à l'échéance, il peut demander la restitution du bien. La valeur de celui-ci est alors imputée, à titre de paiement, sur le solde de la créance garantie. Comme l'avait déjà admis la Cour de cassation [4], l'article 2371, alinéa 3, du Code civil précise que « lorsque la valeur du bien repris excède le montant de la dette garantie encore exigible, le créancier doit au débiteur une somme égale à la différence ». La clause de réserve de propriété, à l'instar de n'importe quelle sûreté, ne saurait en effet procurer un enrichissement au créancier bénéficiaire. Dans cette limite, la clause de réserve de propriété s'avère particulièrement protectrice du créancier demeuré propriétaire, dans la mesure où aucun autre créancier ne peut exercer de droit sur le bien revendiqué. C'est dans cette *absence de concours* que réside, pour l'essentiel, l'efficacité de la propriété retenue à titre de garantie.

Cette efficacité se trouve confortée par le fait que *la revendication*, partant le droit exclusif du créancier propriétaire, peuvent s'exercer quelles que soient la nature et la situation du bien transféré. En effet, la fongibilité du bien ne constitue pas un obstacle à sa reprise, puisque le créancier peut exercer son droit de propriété sur des biens de même nature et de même qualité détenus par le débiteur ou pour son compte (C. civ., art. 2369). L'incorporation d'un meuble dans un autre ne rend pas non plus irrecevable l'action en revendication, dès lors que les biens peuvent être séparés sans subir de dommage (C. civ., art. 2370).

---

1. La clause ne peut donc plus être stipulée unilatéralement par le vendeur sans que l'acheteur puisse s'y opposer, comme paraissait au contraire l'autoriser une loi du 1er juillet 1996 (C. com., anc. art. L. 621-122 al. 2, *in fine*, devenu art. L. 624-16).

2. Cf. D. Voinot, « Clause de réserve de propriété et négociations commerciales », *AJCA* 2014. 373.

3. La commission Grimaldi avait au contraire proposé de soumettre la clause de réserve de propriété à une forme de publicité obligatoire. Selon l'un des membres de cette commission, cette proposition n'a pas été retenue par l'ordonnance du 23 mars 2006 parce qu'elle aurait entraîné une modification importante du droit positif, alors que la loi d'habilitation du 26 juillet 2005 n'avait autorisé en la matière qu'une codification à droit constant (P. Crocq, « Commentaire de l'ordonnance du 23 mars 2006 relative aux sûretés. La réserve de propriété », *JCP* 2006, suppl. au no 20, p. 23 s.).

4. Com. 5 mars 1996, *Bull. civ.* IV, no 72.

La protection du créancier bénéficiaire de la clause de réserve de propriété est encore renforcée par le jeu de la *subrogation réelle*, puisque l'article 2372 du Code civil prévoit que le droit de propriété se reporte sur l'indemnité d'assurance subrogée au bien en cas de destruction de celui-ci [1].

655. ***Limites de l'efficacité de la clause de réserve de propriété.*** Efficace, la clause de réserve de propriété ne prémunit cependant pas le créancier contre tous les risques de conflit. En effet, n'ayant plus le bien entre les mains, le bénéficiaire de la clause risque de se heurter aux droits de tiers détenteurs ou possesseurs. Ainsi, le créancier resté propriétaire peut-il voir son action en revendication paralysée par un autre créancier exerçant un *droit de rétention* sur le bien [2]. À défaut de publicité de la clause, l'action en revendication d'un meuble corporel peut également se briser sur l'article 2276 du Code civil (anc. art. 2279), invoqué par un tiers acquéreur ou un créancier gagiste, entrés en *possession de bonne foi*, c'est-à-dire dans l'ignorance de l'absence de droit de propriété de leur contractant. En cas de conflit avec un tiers acquéreur, le créancier resté propriétaire ne peut certes pas exiger la restitution du bien, mais l'article 2372 du Code civil protège néanmoins ses intérêts en admettant que « le droit de propriété se reporte sur la créance du débiteur à l'égard du sous-acquéreur ». En cas de conflit avec un créancier gagiste mis en possession, la Cour de cassation faisait traditionnellement prévaloir les droits de celui-ci sur ceux du vendeur avec réserve de propriété impayé [3]. L'article 2335 du Code civil, en ce qu'il prohibe le gage de la chose d'autrui, pourrait cependant remettre en cause cette jurisprudence et restaurer, par conséquent, l'efficacité de la clause de réserve de propriété [4].

656. ***Régime de la clause de réserve de propriété dans le cadre d'une procédure collective professionnelle***

C. com., art. L. 624-9. – La revendication des meubles ne peut être exercée que dans le délai de trois mois suivant la publication du jugement ouvrant la procédure.
C. com., art. L. 624-16. – Peuvent être revendiqués, à condition qu'ils se retrouvent en nature, les biens meubles remis à titre précaire au débiteur ou ceux transférés dans un patrimoine fiduciaire dont le débiteur conserve l'usage ou la jouissance en qualité de constituant.
Peuvent également être revendiqués, s'ils se retrouvent en nature au moment de l'ouverture de la procédure, les biens vendus avec une clause de réserve de propriété. Cette clause doit avoir été convenue entre les parties dans un écrit au plus tard au moment de la livraison. Elle peut l'être dans un écrit régissant un ensemble d'opérations commerciales convenues entre les parties.
La revendication en nature peut s'exercer dans les mêmes conditions sur les biens mobiliers incorporés dans un autre bien lorsque la séparation de ces biens peut être effectuée sans qu'ils en subissent un dommage. La revendication en nature peut également s'exercer sur des biens fongibles lorsque des biens de même nature et de même qualité se trouvent entre les mains du débiteur ou de toute personne les détenant pour son compte.
Dans tous les cas, il n'y a pas lieu à revendication si, sur décision du juge-commissaire, le prix est payé immédiatement. Le juge-commissaire peut également, avec le consentement du

1. Déjà en ce sens, Com. 1er oct. 1985, *Bull. civ.* IV, n° 222 ; *D.* 1986. 246, note M. Cabrillac ; Com. 6 juill. 1993, *Bull. civ.* IV, n° 282 ; *JCP* 1993. 22153, note C. Larroumet.

2. Com. 3 oct. 1989, *Bull. civ.* IV, n° 244 ; *JCP* 1990. II. 21254, note M. Behar-Touchais.

Sur l'opposabilité du droit de rétention *erga omnes* et notamment au véritable propriétaire non débiteur du rétenteur, v. ss 761.

3. Civ. 19 juin 1928, *DP* 1929. 1. 45 ; Com. 28 nov. 1989, *Bull. civ.* IV, n° 300 ; Com. 26 sept. 2006, inédit, n° 05-12177 ; *JCP* 2006. I. 195, Ph. Delebecque.

4. Sur les difficultés d'interprétation de l'article 2335 du Code civil, v. ss 812.

créancier requérant, accorder un délai de règlement. Le paiement du prix est alors assimilé à celui des créances mentionnées au I de l'article L. 622-17.
C. com., art. L. 624-18. – Peut être revendiqué le prix ou la partie du prix des biens visés à l'article L. 624-16 qui n'a été ni payé, ni réglé en valeur, ni compensé entre le débiteur et l'acheteur à la date du jugement ouvrant la procédure. Peut être revendiquée dans les mêmes conditions l'indemnité d'assurance subrogée au bien.

Alors que la validité de la clause de réserve de propriété n'a jamais été contestée en raison du caractère supplétif des articles 1138 et 1583 du Code civil, son *opposabilité aux tiers*, en revanche, n'a pas toujours été reconnue par le droit des procédures collectives. La clause a d'abord été déclarée inopposable aux créanciers de la faillite, au motif qu'à défaut d'être publiée, ceux-ci devaient pouvoir s'en tenir à la solvabilité apparente du débiteur ayant le bien en sa possession. Dans le souci d'aligner le droit français sur la plupart des systèmes juridiques européens, notamment le droit allemand, qui reconnaissaient au contraire l'efficacité de la clause de réserve de propriété en cas de procédure collective ouverte au profit de l'acheteur, la loi *Dubanchet* n° 80-335 du 10 mai 1980 a consacré l'opposabilité de la clause aux créanciers de la procédure, à tout le moins lorsqu'elle avait été stipulée dans une vente de marchandises. Depuis, les réformes successives du droit des entreprises en difficulté ont eu tendance à assouplir les conditions de cette opposabilité, ainsi que les conditions de mise en œuvre de la clause, ce qui a favorisé son développement.

La *revendication* doit intervenir dans les trois mois suivant l'ouverture de la procédure (C. com., art. L. 624-9). Elle peut porter sur les biens vendus eux-mêmes « s'ils se retrouvent en nature au moment de l'ouverture de la procédure » (C. com., art. L. 624-16, al. 2), même s'ils ne sont pas alors détenus par le débiteur, mais par un tiers [1]. La revendication peut également s'exercer sur des *biens fongibles* à condition qu'ils soient *de même espèce et de même qualité* (C. com., art. L. 624-16, al. 3) [2].

En outre, l'article L. 624-18 du Code de commerce prévoit un cas de *subrogation réelle* lorsque les choses ont été revendues à un tiers par l'acquéreur : peut alors être revendiqué le prix ou la partie du prix qui n'a pas encore été payé par l'acheteur à la date du jugement ouvrant la procédure et ce, « sans que le sous-acquéreur puisse opposer au vendeur initial les exceptions qu'il pourrait faire valoir contre son propre vendeur » [3].

Section 2
Le crédit-bail

C. mon. fin., art. L. 313-7. – Les opérations de crédit-bail mentionnées par la présente sous-section sont :
1° les opérations de location de biens d'équipement ou de matériel d'outillage achetés en vue de cette location par des entreprises qui en demeurent propriétaires, lorsque ces opérations, quelle que soit leur qualification, donnent au locataire la possibilité d'acquérir tout ou partie des biens loués, moyennant un prix convenu tenant compte, au moins pour partie, des versements effectués à titre de loyers ;
2° les opérations par lesquelles une entreprise donne en location des biens immobiliers à usage professionnel, achetés par elle ou construits pour son compte, lorsque ces opérations, quelle que soit leur qualification, permettent aux locataires de devenir propriétaires de

1. Com. 3 déc. 1996, *Bull. civ.* IV, n° 301 ; Com. 10 mai 2012, *Bull. civ.* IV, n° 95.
2. Par ex., Com. 5 mars 2002, *Bull. civ.* IV, n° 48.
3. Com. 5 juin 2007, *Bull. civ.* IV, n° 152.

tout ou partie des biens loués, au plus tard à l'expiration du bail, soit par cession en exécution d'une promesse unilatérale de vente, soit par acquisition directe ou indirecte des droits de propriété du terrain sur lequel ont été édifiés le ou les immeubles loués, soit par transfert de plein droit de la propriété des constructions édifiées sur le terrain appartenant audit locataire. En cas d'opération de crédit-bail sur le droit au renouvellement d'un bail, ce droit ne peut être invoqué que par le crédit-bailleur, par dérogation aux dispositions de l'article L. 145-8 du Code de commerce. Les autres droits et obligations que le locataire tient des dispositions du décret précité sont répartis par contrat entre le propriétaire, le crédit-bailleur et le crédit-preneur ;
3° les opérations de location de fonds de commerce, d'établissement artisanal ou de l'un de leurs éléments incorporels, assorties d'une promesse unilatérale de vente moyennant un prix convenu tenant compte, au moins pour partie, des versements effectués à titre de loyers, à l'exclusion de toute opération de location à l'ancien propriétaire du fonds de commerce ou de l'établissement artisanal ;
4° les opérations de location de parts sociales ou d'actions prévues aux articles L. 239-1 à L. 239-5 du Code de commerce, assorties d'une promesse unilatérale de vente moyennant un prix convenu tenant compte, au moins pour partie, des versements effectués à titre de loyers.
C. mon. fin., art. L. 313-10. – Les opérations mentionnées à l'article L. 313-7 sont soumises à une publicité dont les modalités sont fixées par décret. Ce décret précise les conditions dans lesquelles le défaut de publicité entraîne l'inopposabilité aux tiers.
C. mon. fin., art. L. 313-11. – Pour les opérations de crédit-bail en matière mobilière, les inscriptions prises en vertu de l'article L. 313-10 se prescrivent par cinq ans, sauf renouvellement.

657. ***Caractéristiques du crédit-bail.*** Le crédit-bail est une opération originale et complexe : lorsqu'un professionnel a besoin de biens mobiliers d'équipement, d'outillages, d'un immeuble ou encore d'un fonds de commerce [1], sans avoir les moyens de les acquérir, il peut les faire acheter par un établissement de crédit, qui va les lui donner en location pour une certaine période, tout en lui reconnaissant une faculté d'achat à terme. À l'issue de la période convenue, correspondant à la durée normale d'amortissement, le crédit-preneur peut, soit restituer le bien, soit demander le renouvellement de la location pour un loyer plus faible, soit encore acheter le bien pour sa valeur résiduelle. Dans cette dernière hypothèse, il apparaît clairement que le crédit-bail constitue un mode de financement d'un investissement, que le crédit-preneur est davantage un emprunteur qu'un véritable locataire et que l'établissement crédit-bailleur est avant tout un prêteur.

Si l'opération de crédit-bail mêle ainsi plusieurs contrats nommés (vente, location et prêt), elle renferme également *un mécanisme de sûreté*. En effet, dès le début de l'opération, le crédit-bailleur acquiert la propriété du bien qui en est l'objet et la conserve au moins jusqu'au dénouement. Le crédit-bailleur transfert certes au locataire le bien lui-même, ainsi que l'essentiel de ses prérogatives sur celui-ci, mais il n'en reste pas moins propriétaire. De ce fait, si l'opération doit être arrêtée en cours d'exécution en raison du non-paiement des loyers, le crédit-bailleur peut puiser dans la propriété une garantie efficace, puisqu'il peut alors demander la restitution du bien et imputer sa valeur sur le solde de sa créance. Dans cette limite, le crédit-bailleur se trouve à l'abri d'un éventuel concours avec d'autres créanciers du crédit-preneur.

658. ***Régime général du crédit-bail.*** L'*opposabilité* du droit de propriété du crédit-bailleur aux tiers est conditionnée par la *publicité* du crédit-bail.

1. Les biens susceptibles d'être l'objet d'un crédit-bail sont énumérés par l'article L. 313-7 du Code monétaire et financier.

En matière immobilière, la publicité foncière est obligatoire ou facultative, dans les conditions fixées par les articles 28 et 37 du décret du 4 janvier 1955, auxquels les articles R. 313-12 et R. 313-13 du Code monétaire et financier renvoient.

En matière mobilière, la publicité prend la forme d'une inscription sur un registre spécial tenu par le greffe du tribunal de commerce (C. mon. fin., art. L. 313-10, R. 313-4 et R. 313-5). Sa portée diffère selon les tiers concernés. S'agissant des créanciers ou ayants cause à titre onéreux du crédit-preneur, le crédit-bailleur peut leur opposer son droit de propriété dès que les formalités de publicité sont accomplies ou, à défaut, à condition de prouver que ces tiers avaient connaissance de ses droits (C. mon. fin., art. R. 313-10)[1]. À l'égard d'un sous-acquéreur, la Cour de cassation décide, au contraire, que l'accomplissement de la publicité est sans effet, dès lors qu'il est entré de bonne foi en possession du bien[2]. Le jeu de l'article 2276 du Code civil (C. civ., anc. art. 2279) paralyse alors l'efficacité du crédit-bail, dont le sous-acquéreur pouvait légitimement ignorer l'existence.

659. ***Régime du crédit-bail dans le cadre d'une procédure collective ouverte contre le crédit-preneur***. Si, en cours d'exécution du contrat de crédit-bail, le crédit-preneur fait l'objet d'une procédure collective, l'administrateur peut imposer la continuation de ce contrat au crédit-bailleur et ce, « malgré le défaut d'exécution par le débiteur d'engagements antérieurs au jugement d'ouverture » (C. com., art. L. 622-13). Au terme du contrat poursuivi ou si l'administrateur a jugé inutile de continuer l'opération, le crédit-bailleur peut reprendre son bien. Pour cela, depuis la loi du 10 juin 1994, il n'a plus à faire reconnaître son droit de propriété. Dès lors que le crédit-bail a bien été publié avant le jugement d'ouverture de la procédure, il lui suffit de « réclamer la restitution de son bien dans des conditions fixées par décret en Conseil d'État » (C. com., art. L. 624-10)[3]. En outre, l'ordonnance du 18 décembre 2008 ayant réformé le droit des entreprises en difficulté a créé une nouvelle exception au principe d'interdiction du paiement des créances antérieures au profit des crédits-bailleurs. En cas de sauvegarde ou de redressement judiciaire, un tel paiement peut être autorisé par le juge-commissaire « pour lever l'option d'achat d'un contrat de crédit-bail, lorsque cette levée d'option est justifiée par la poursuite de l'activité » (C. com., art. L. 622-7, II, al. 2[4] et L. 631-14). En cas de liquidation judiciaire, le paiement est possible, sans être subordonné à la poursuite de l'activité (C. com., art. L. 641-3, al. 2).

---

1. Le défaut de publicité a pour seul effet d'empêcher le crédit-bailleur de se prévaloir envers les créanciers ou ayants cause à titre onéreux du crédit-preneur de son droit de propriété sur la chose louée. Il n'affecte pas, en revanche, ses droits sur les mensualités perçues antérieurement à l'ouverture de la procédure dont le crédit-preneur fait l'objet (Com. 29 avr. 2014, *Bull. civ.* IV, n° 73).

2. Com. 14 oct. 1997, *Bull. civ.* IV, n° 257.

3. C. com., art. R. 624-14 (article 116 du décret du 28 décembre 2005, pris en application de la loi du 26 juillet 2005 de sauvegarde des entreprises) : « pour l'application de l'article L. 624-10 du Code de commerce, la demande en restitution est faite par le propriétaire du bien par lettre recommandée avec demande d'avis de réception à l'administrateur, s'il en a été désigné, ou, à défaut, au débiteur. Une copie de cette demande est adressée au mandataire judiciaire.

À défaut d'accord dans le délai d'un mois à compter de la réception de la demande ou en cas de contestation, le juge-commissaire peut être saisi à la diligence du propriétaire afin qu'il soit statué sur les droits de ce dernier. Même en l'absence de demande préalable en restitution, le juge-commissaire peut également être saisi à cette même fin par l'administrateur ou par le débiteur. »

4. Avant l'ordonnance du 12 mars 2014, ce texte exigeait, outre la poursuite de l'activité, que le montant du paiement ait été inférieur à la valeur vénale du bien objet du contrat. Depuis la réforme, cette condition ayant été supprimée, le paiement à intervenir peut être d'un montant supérieur, mais ne doit pas dépasser ce qui reste dû.

Chapitre 2

La propriété cédée à titre de garantie

Expressions. Afin de garantir le crédit qui lui est octroyé, le débiteur peut céder la propriété d'un ou plusieurs de ses biens à son créancier. Si le débiteur honore ses obligations, le créancier doit lui retransférer la propriété desdits biens. À l'inverse, la défaillance du débiteur autorise le créancier à en demeurer propriétaire, à concurrence de la valeur de sa créance. Deux institutions font jouer au transfert de propriété ce rôle de garantie : la vente avec faculté de rachat et la fiducie-sûreté.

660. ***La vente avec faculté de rachat***. La faculté de rachat (depuis la loi de simplification et de clarification du droit du 12 mai 2009, cette expression remplace, dans le Code civil, le terme « réméré »[1]) est définie par l'article 1659 du Code civil comme « le pacte par lequel le vendeur se réserve de reprendre la chose vendue, moyennant la restitution du prix principal et le remboursement dont il est parlé à l'article 1673 », soit le remboursement des frais de la vente, ainsi que des réparations effectuées par l'acheteur, dès lors qu'elles ont pu être nécessaires ou avoir augmenté la valeur du bien. Cette faculté de rachat emporte un *effet de garantie* lorsque le prix d'achat est un prêt et donc lorsque le vendeur est, en réalité, un emprunteur et l'acheteur un prêteur. Dans cette hypothèse, si le vendeur-emprunteur exerce la faculté de rachat, c'est-à-dire s'il rembourse le prix-prêt, dans le délai convenu, qui ne peut excéder cinq ans (C. civ., art. 1660), la vente se trouve résolue et l'acquéreur-prêteur doit lui retransférer le bien. Au contraire, à défaut de rachat-remboursement à l'échéance stipulée, l'acquéreur-prêteur « demeure propriétaire irrévocable » (C. civ., art. 1662). La garantie reposant sur le transfert de propriété qu'emporte cette vente assortie d'une faculté de rachat présente un double avantage pour l'acquéreur-prêteur : la simplicité de sa constitution et de sa réalisation, à l'instar d'un pacte commissoire[2], et l'absence de concours sur le bien vendu. Néanmoins, si une telle vente n'est guère pratiquée en tant qu'instrument de crédit et de garantie, c'est parce que le montant du prêt ne peut être librement fixé : il est nécessairement égal au prix du bien.

661. ***La fiducie-sûreté***. La fiducie[3] constitue un transfert de propriété, limité dans son usage et dans le temps : une personne, le constituant, transfère tout ou partie de son patrimoine à une autre personne, le fiduciaire, à charge pour celui-ci d'agir au profit d'une troisième personne, le bénéficiaire, dans un but et pour une durée déterminés.

---

1. Du latin *redimere* : racheter.
2. Bien que le montage consistant à utiliser une vente avec faculté de rachat pour garantir et rémunérer un prêt distinct consenti par l'acquéreur au vendeur s'apparente à certains égards à un pacte commissoire, la requalification et la nullité qui en découlerait si la résidence principale du vendeur était concernée (C. civ., art. 2459) peuvent être écartées au vu des caractéristiques données par les parties au prêt, à la vente et au rachat. En ce sens, v. Civ. 3e, 21 mai 2014, *Bull. civ.* III, n° 71.
3. Du latin *fiducia* : confiance, cession de bonne foi.

Le *droit romain* développa trois types de fiducie, correspondant à trois finalités distinctes. D'abord, la *fiducie-gestion* (*fiducia cum amico*) : elle consistait à transférer en pleine propriété à un tiers de confiance des biens que celui-ci devait gérer. Elle palliait l'inexistence de certains contrats, tels le dépôt ou le prêt à usage. Ensuite, la *fiducie-transmission :* elle permettait de léguer un patrimoine à une personne déterminée, à charge pour celle-ci de le remettre à un tiers [1]. Enfin, la *fiducie-sûreté* (*fiducia cum creditore*) : un débiteur (constituant) transférait à titre de garantie à son créancier (fiduciaire-bénéficiaire) la propriété d'un ou plusieurs biens, qui devaient lui être restitués en cas d'apurement de la dette et que conservait au contraire le créancier en cas d'inexécution de l'obligation garantie.

Dans la fiducie-sûreté, l'aliénation n'est pas une vente, ce qui la distingue de la vente avec faculté de rachat. En effet, le transfert de propriété n'a pas pour contrepartie un prix, mais une créance, notamment un prêt consenti par le bénéficiaire au débiteur.

Réglementation de la fiducie-sûreté. Aucune des trois formes de fiducie que connut le droit romain ne fut inscrite dans le Code Napoléon [2]. Jusqu'à une époque fort récente, les aliénations fiduciaires à titre de garantie furent uniquement réglementées dans des domaines spéciaux et sans d'ailleurs recevoir cette dénomination (Section 1). La loi du 19 février 2007 a mis fin à cette situation en instituant un droit commun de la fiducie, applicable qu'elle soit utilisée à des fins de gestion ou de garantie. Puis, l'ordonnance du 30 janvier 2009 et la loi de ratification du 12 mai 2009 ont conféré un régime propre à la fiducie-sûreté (Section 2).

Section 1
Les fiducies-sûretés innomées

La fiducie-sûreté s'est développée dans le milieu professionnel des opérateurs financiers, avec pour objet des meubles incorporels, dont la valeur peut être fixée de manière objective et instantanée, à savoir, pour l'essentiel, les créances de somme d'argent et les instruments financiers. Les aliénations fiduciaires à titre de garantie portant sur ces biens sont régies par le Code monétaire et financier, même si elles ne sont pas qualifiées comme telles. En dehors de ces dispositions spéciales, la Cour de cassation refuse de consacrer d'autres formes de fiducie-sûreté.

662. ***Cession de créances professionnelles à titre de garantie***. La loi *Dailly* n° 81-1 du 2 janvier 1981 (C. mon. fin., art. L. 313-23 s.) a reconnu aux établissements de crédit la possibilité de se faire céder en propriété les créances professionnelles, présentes ou futures, de leurs clients [3]. « Lorsqu'elle est effectuée à titre de garantie et sans stipulation

---

1. La fiducie-gestion et la fiducie-transmission connurent un certain succès jusqu'au Moyen Âge. À l'époque des Croisades, elles ont permis aux seigneurs de transmettre la propriété de leur domaine à des tiers, à charge pour ces derniers de le leur restituer à leur retour ou de le remettre à leurs héritiers s'ils venaient à périr en Terre sainte.

2. Sur l'hostilité traditionnelle du droit français à l'encontre de la fiducie, v. ss 666.

3. La cession de créances professionnelles est réalisée par la remise d'un bordereau par un professionnel (« une personne morale de droit privé ou de droit public, ou une personne physique dans l'exercice par celle-ci de son activité professionnelle ») à son banquier. Ce document doit comporter diverses mentions obligatoires, énoncées par l'article L. 313-23 du Code monétaire et financier,

d'un prix, la cession de créance transfère au cessionnaire la propriété de la créance cédée » (C. mon. fin., art. L. 313-24). Si le client rembourse le crédit qui lui a été octroyé, les créances cédées doivent lui être restituées[1]. À l'inverse, la défaillance du client autorise l'établissement de crédit à en demeurer propriétaire. Le droit de propriété du cessionnaire est opposable à tous les autres créanciers du débiteur cédant, même privilégiés, et ce, dès la date apposée sur le bordereau constitutif de la cession (C. mon. fin., art. L. 313-27). Cette *opposabilité sans publicité* rend assurément la cession de créances professionnelles à titre de garantie attrayante aux yeux des établissements de crédit, particulièrement dans le contexte d'une procédure collective[2]. Il convient cependant de relativiser l'efficacité de cette garantie fiduciaire innomée en soulignant que son caractère occulte est à l'origine de multiples conflits[3] et, par conséquent, d'une insécurité peu compatible avec les exigences du crédit.

663. ***Aliénations fiduciaires d'instruments financiers***. Dans le domaine des marchés financiers, la rapidité et la sécurité des transactions sont essentielles. Pour satisfaire ces exigences, les règles traditionnelles en matière de crédit et de garantie doivent être adaptées. C'est ainsi que le législateur a introduit dans le droit des marchés financiers plusieurs formes particulières d'aliénation fiduciaire, tels les opérations de pension livrée[4], les prêts

---

notamment la désignation des créances transmises. La cession est efficace entre les parties et à l'encontre des tiers à la date apposée sur le bordereau (C. mon. fin., art. L. 313-27). La signification de la cession au débiteur des créances cédées n'est pas une condition d'opposabilité (en pratique, il est d'ailleurs rare qu'il soit averti), mais seulement un moyen de renforcer les droits du cessionnaire. En effet, si la cession lui est notifiée, le débiteur des créances cédées ne peut plus se libérer entre les mains de son créancier initial, le cédant (C. mon. fin., art. L. 313-28). L'établissement de crédit cessionnaire peut se ménager encore plus de sécurité en obtenant une acceptation expresse des débiteurs cédés, qui vaut engagement de payer et inopposabilité des exceptions qu'ils auraient pu opposer au cédant (C. mon. fin., art. L. 313-29).

1. Com. 22 nov. 2005, *Bull. civ.* IV, n° 230.

2. Sur l'efficacité de la cession de créances de loyers par bordereaux *Dailly* dans la procédure collective du cédant, cf. l'affaire *Cœur Défense*, en dernier lieu Versailles, 28 févr. 2013, n° 12/06573, qui a notamment jugé que : le cessionnaire n'a pas besoin d'exercer une action en revendication pour voir ses droits reconnus ; la notification de la cession peut être effectuée après l'ouverture de la procédure de sauvegarde (car les créances cédées ne figurent plus dans le patrimoine du cédant) et le principe de continuation des contrats en cours ne saurait être opposé au cessionnaire pour paralyser cette faculté de notification ; la cession est opposable à la procédure collective pour l'ensemble des créances de loyers cédées et ce, peu important que la conclusion du contrat de bail leur donnant naissance ou leur échéance soit antérieure ou postérieure à l'ouverture de la procédure de sauvegarde.

3. Conflit entre le cessionnaire et un créancier saisissant ou bénéficiaire d'un avis à tiers détenteur ; conflit entre cessionnaires successifs des créances ; conflit entre le cessionnaire et un affactureur ; conflit entre le cessionnaire et le porteur d'un effet de commerce ; conflit entre le cessionnaire et le banquier réceptionnaire des fonds ; conflit entre le cessionnaire et un sous-traitant du cédant ; conflit entre le cessionnaire et un fournisseur invoquant une clause de réserve de propriété…

4. La *pension dite « livrée »* est « l'opération par laquelle une personne morale, un fonds commun de placement, un fonds de placement immobilier ou un fonds commun de titrisation, cède en pleine propriété à une autre personne morale, à un fonds commun de placement, à un fonds de placement immobilier ou un fonds commun de titrisation, moyennant un prix convenu, des titres financiers et par laquelle le cédant (celui qui met en pension les effets) et le cessionnaire (celui qui les prend en pension) s'engagent respectivement et irrévocablement, le premier à reprendre les titres, le second à les rétrocéder pour un prix et à une date convenus » (C. mon. fin., art. L. 211-27, issu de l'Ord. n° 2009-15 du 8 janv. 2009).

Les opérations de pension donnent obligatoirement lieu à livraison des titres qui en sont l'objet. S'il s'agit de valeurs dématérialisées, la livraison s'opère par leur inscription à un compte ouvert au nom du cessionnaire chez un intermédiaire habilité ou un dépositaire central ou encore l'émetteur. Le cessionnaire étant propriétaire des titres qui lui ont été cédés, il peut à son tour les céder, les mettre en pension ou les nantir. En contrepartie du transfert de propriété des titres, le cédant reçoit des liquidités.

de titres [1] ou encore, plus généralement, les contrats de garantie financière [2]. Tous ces instruments financiers ont été profondément réformés par une ordonnance du 8 janvier 2009 [3].

Les garanties reposant sur le transfert de propriété d'instruments financiers présentent plusieurs *traits communs*. Elles répondent, d'abord, à des *attentes particulières :* le cessionnaire a généralement besoin d'instruments financiers pour respecter des ratios ou pour disposer de titres qu'il s'est engagé à livrer ; le cédant cherche quant à lui à se procurer des liquidités à taux réduit. Ensuite, le régime des aliénations fiduciaires du droit des marchés financiers est inspiré par trois impératifs : simplicité, souplesse et efficacité. La *simplicité* caractérise la constitution de ces garanties, soumise à peu de formalités, aussi bien entre les parties, que pour l'opposabilité aux tiers. La *souplesse* concerne l'assiette des aliénations, qui peut varier en fonction de l'évolution du montant de la créance garantie. L'*efficacité*, enfin, a principalement deux causes : d'une part, les contraintes et sacrifices imposés par le droit des procédures collectives aux créanciers sont fréquemment déclarés inapplicables ; d'autre part, la protection des créanciers cessionnaires découle de l'attribution immédiate et de plein droit à leur profit des valeurs remises en garantie.

Jurisprudence restrictive de la Cour de cassation. La Cour de cassation fait montre d'une certaine hostilité envers la cession fiduciaire innomée, en refusant la qualification de cession fiduciaire à deux types distincts de transfert de biens d'un débiteur à son créancier.

664. ***Gage-espèces***. Lorsqu'un gage avec dépossession porte sur des choses fongibles, comme une somme d'argent (billets, espèces ou monnaie scripturale), les biens gagés sont susceptibles de se confondre avec les choses de même nature et qualité appartenant au créancier. À défaut de procédé permettant l'individualisation des choses gagées, la mise en possession du créancier gagiste est *de facto* translative de propriété. *De jure*, la question s'est posée de savoir si la qualification de gage devait néanmoins être maintenue ou si celle de cession fiduciaire devait plutôt l'emporter. À plusieurs reprises, la Cour de cassation a préféré la qualification traditionnelle de gage [4]. Cette solution paraît en partie remise en cause par l'article 2341 du Code civil [5].

Lors du dénouement de l'opération, si le cédant paie le prix convenu lors de la conclusion de la pension, le cessionnaire doit lui restituer les titres initialement cédés ou d'autres, si le contrat de pension comportait une possibilité de substitution. À défaut de paiement par le cédant, les titres financiers restent acquis au cessionnaire. À défaut de rétrocession des titres par ce dernier, le cédant conserve le montant de la cession.

1. Le *prêt de titres financiers* est l'opération par laquelle un professionnel, qui ne dispose pas des titres qu'il s'est engagé à livrer, acquiert ces titres auprès d'un prêteur, à charge d'en restituer de semblables au terme convenu. Pour garantir la créance de restitution du prêteur, l'emprunteur lui remet d'autres titres ou espèces. Cette remise s'effectue « en pleine propriété » (C. mon. fin., art. L. 211-22).

2. Directive n° 2002/47/CE du 6 juin 2002, transposée par l'ordonnance du 24 février 2005 (C. mon. fin., art. L. 431-7 s.). Cf. not. S. Praicheux, « La garantie financière, esquisse d'une sûreté européenne », *RD banc. fin.* 2010, dossier 6.

3. Sur cette ordonnance n° 2009-15, cf. not. J.-J. Daigre et P. Pailler, « Commentaire de l'ordonnance du 8 janvier 2009 relative aux instruments financiers », *Rev. sociétés* 2009. 37 ; M. Dubertret et D. Mangenet, « Réforme du droit des titres : commentaire de l'ordonnance du 8 janvier 2009 », *D.* 2009. 448.

4. Com. 23 avr. 2003, inédit, n° 02-11015 ; Com. 17 mai 1994, *Bull. civ.* IV, n° 178 ; Civ. 1re, 15 nov. 2005, *Bull. civ.* IV, n° 415.

5. V. ss 818.

665. ***Cession de créance à titre de garantie.*** La Haute juridiction a par ailleurs refusé de consacrer de manière générale, c'est-à-dire en dehors d'une assise légale (en particulier celle de la loi *Dailly*), la cession de créance à titre de garantie. Le 19 décembre 2006, la chambre commerciale de la Cour de cassation a affirmé, sous le visa des articles 2075 et 2078 du Code civil (dans leur rédaction antérieure à l'ordonnance du 23 mars 2006) et en forme de principe, qu'« en dehors des cas prévus par la loi, l'acte par lequel un débiteur cède et transporte à son créancier, à titre de garantie, tous ses droits sur des créances, constitue un nantissement de créance »[1]. En l'espèce, la cession « à titre de garantie » des loyers dus par les locataires d'un centre commercial a donc été requalifiée en nantissement. La conséquence immédiate de cette requalification, qui constitue une conversion par réduction, est que le créancier, qui se croyait « cessionnaire », est, en réalité, seulement nanti (sous réserve que soient réunies les conditions de constitution d'un nantissement imposées par l'ancien article 2075 du Code civil), autrement dit nullement propriétaire des créances transférées. Il risque, dès lors, de subir le concours des autres créanciers du débiteur, surtout si celui-ci a été placé en redressement judiciaire après la pseudo-cession, ce qui était le cas de l'espèce.

Si la Cour de cassation n'a pas suivi cette proposition et déçu, ce faisant, les partisans des aliénations fiduciaires à titre de garantie, c'est très certainement parce qu'il lui a semblé préférable de laisser au législateur la responsabilité de décider de la place que doit occuper la propriété transmise à titre de garantie en droit des sûretés. La loi du 19 février 2007 instituant un droit commun de la fiducie et surtout l'ordonnance du 30 janvier 2009 relative plus spécialement à la fiducie-sûreté ont répondu à cette attente.

Cependant, depuis ces réformes, la Cour de cassation a réaffirmé la solution retenue le 19 décembre 2006. En effet, dans un arrêt rendu le 26 mai 2010 en application du droit antérieur à la réforme du 23 mars 2006[2], la chambre commerciale a décidé qu'une cession de loyers réalisée à titre de garantie, dès lors qu'elle avait été signifiée au locataire dans les conditions de l'article 1690 du Code civil (selon l'ancien article 2075 du Code civil, cette signification constituait une condition de validité du nantissement), conférait au bénéficiaire la qualité de créancier nanti et lui permettait de profiter des avantages du nantissement, c'est-à-dire obtenir paiement par le locataire (débiteur des créances nanties), même après l'ouverture de la procédure collective ouverte à l'encontre du débiteur constituant[3]. Si la requalification de la cession en nantissement ne porte donc pas nécessairement atteinte aux intérêts du créancier garanti (ni sur le fondement du formalisme propre au nantissement, ni en raison de la nature différente des droits conférés au créancier et des effets qui s'y attachent en particulier dans le contexte d'une procédure collective), il est néanmoins important de se demander si un revirement de jurisprudence serait

---

1. Com. 19 déc. 2006, *Bull. civ.* IV, n° 250.

La solution inverse avait pourtant été préconisée l'année précédente par l'avant-projet de réforme du droit des obligations : « une créance peut être cédée en propriété sans stipulation de prix à titre de garantie. Elle fait retour au cédant lorsque le cessionnaire a été rempli de ses droits ou que l'obligation garantie est éteinte pour une autre cause ».

2. Com. 26 mai 2010, *Bull. civ.* IV, n° 94.

3. Cette solution, très protectrice des intérêts du créancier, serait aujourd'hui fondée sur l'article 2363 du Code civil, issu de l'ordonnance de 2006 (« après notification, seul le créancier nanti reçoit valablement paiement de la créance donnée en nantissement tant en capital qu'en intérêts »).

L'arrêt comporte une autre anticipation, celle de l'abandon par l'ordonnance du 23 mars 2006 de la prohibition du pacte commissoire. En effet, y est validé le paiement du créancier nanti par le débiteur de la créance nantie (en l'espèce, le locataire), que l'on peut rapprocher de la mise en œuvre d'un tel pacte, alors que celui-ci était prohibé, avant la réforme, par l'ancien article 2078 du Code civil (v. ss 845 s., 1088 s.).

opportun. Dit autrement, la consécration de la cession de créance à titre de garantie, en dehors des cas prévus par la loi, est-elle souhaitable ?

L'utilité de la cession de créance à titre de garantie paraît moindre depuis que les dernières réformes de la fiducie ont renforcé l'attractivité de la fiducie-sûreté, en admettant, en particulier, sa constitution par des personnes physiques (abrogation de l'article 2014 du Code civil par la loi de modernisation de l'économie du 4 août 2008), son opposabilité dans des conditions simplifiées lorsqu'elle porte sur des créances (C. civ., art. 2018-2, issu de la LME), des modes de réalisation efficaces (C. civ., art. 2372-3, 2372-4, 2488-3 et 2488-4, issus de l'ordonnance du 30 janvier 2009) ou encore sa mise en œuvre même en présence d'un constituant soumis à une procédure collective (Ord. du 18 déc. 2008 [1]).

En dépit de toutes ces améliorations, un revirement de jurisprudence consacrant la validité de la cession de créance à titre de garantie est encore souhaitable, puisque cette cession et la fiducie, telle qu'elle est aujourd'hui réglementée dans le Code civil, se distinguent sur un point essentiel, à savoir le patrimoine vers lequel le transfert à titre de garantie est opéré : alors que, dans la fiducie, les biens et droits sont transférés dans un patrimoine d'affectation, qui n'est pas celui du fiduciaire, dans la cession de créance, au contraire, c'est le cessionnaire qui devient immédiatement pleinement propriétaire. Il en résulte des différences quant aux droits des bénéficiaires du transfert, mais aussi quant aux droits des propres créanciers desdits bénéficiaires : les créanciers personnels du fiduciaire ne disposent d'aucun droit sur le patrimoine d'affectation, alors que les créanciers du cessionnaire peuvent exercer leur droit de gage général sur les créances transférées. En conséquence, si des parties ne cherchaient pas à obtenir les effets du patrimoine d'affectation, c'est-à-dire si elles acceptaient que la créance cédée à titre de garantie entre dans le patrimoine du cessionnaire et fasse partie du gage des créanciers de celui-ci, il serait opportun d'écarter, tant le régime du nantissement de créance, que celui de la fiducie-sûreté [2].

Section 2
Le droit commun de la fiducie

666. ***Obstacles à la consécration de la fiducie***. Entre 1989 et 1995, trois textes visant à créer une fiducie en France ont avorté après s'être heurtés à une résistance particulièrement énergique. Cette hostilité, qui s'est traduite par une absence de proposition de loi au cours des dix années suivantes, fut dirigée contre les trois types de fiducie (fiducie-gestion, fiducie-transmission et fiducie-sûreté) et animée par des raisons variées, tant juridiques que financières [3].

L'obstacle juridique majeur résidait dans le principe selon lequel toute personne, physique ou morale, n'a qu'un seul et unique patrimoine. La fiducie, quelle que soit sa finalité (gestion, transmission ou sûreté), déroge à ce *principe d'unicité et d'indivisibilité du patrimoine* [4], en ce

---

1. V. ss 1281, 1297-1299.

2. En ce sens, cf. aussi L. Aynès, « La cession de créance à titre de garantie : quel avenir ? », *Dr. et patr.* avr. 2007, p. 28 s. ; M. Grimaldi et R. Dammann, « La fiducie sur ordonnances », *D.* 2009. 670.

3. Chacun des obstacles à la reconnaissance de la fiducie présentement exposés feront l'objet de plus amples développements au sein de l'analyse de la loi du 19 février 2007.

4. C. Aubry et C. F. Rau, *Droit civil*, t. IX, E. Bartin, Paris, 1917, § 573.

Dans l'avant-projet de réforme du droit des biens présenté à l'initiative de l'Association Henri Capitant le 12 novembre 2008 (www.henricapitant.org), il a été proposé de conserver ce principe, mais d'en atténuer la portée. En effet, le nouvel article 519, alinéa 2, du Code civil pourrait prévoir que « toute personne physique ou morale est titulaire d'un patrimoine et, sauf si la loi en dispose autrement, d'un seul ».

que le fiduciaire est titulaire d'au moins deux patrimoines, à savoir son patrimoine propre et le patrimoine fiduciaire, qui regroupe les biens transférés par le constituant.

D'autres obstacles juridiques concernaient plus spécifiquement, d'une part, la fiducie-transmission, suspectée de permettre le *contournement du droit des successions et des libéralités*, et d'autre part, la fiducie-sûreté, accusée de porter excessivement *atteinte aux droits des autres créanciers du constituant et de contrevenir, en outre, à la prohibition traditionnelle du pacte commissoire*.

D'un point de vue financier, c'est la fiducie-gestion qui souleva les critiques les plus vives, en raison des risques de *blanchiment d'argent sale* et d'*évasion fiscale* qu'elle engendrerait.

667. ***Motifs de la reconnaissance légale de la fiducie***. Si les arguments s'opposant à la consécration de la fiducie étaient donc sérieux, ceux militant, au contraire, en faveur de sa reconnaissance l'étaient au moins autant et finirent par l'emporter.

Fut certainement décisif à cet égard l'*isolement du droit français*. Dans les pays anglo-saxons, le transfert temporaire de propriété dans un but déterminé, pour l'essentiel celui d'une gestion de biens [1], est reconnu de très longue date (depuis le Moyen Âge en Angleterre) sous la forme du *trust*, qui permet à une personne, le *settlor*, de transmettre des biens lui appartenant à une autre personne, le *trustee*, lequel a pour mission de gérer ces biens dans l'intérêt d'un ou plusieurs bénéficiaires et pour obligation de restituer ces biens au *settlor* ou au(x) bénéficiaire(s) à une date convenue. Le *trust* a été adopté par la plupart des droits étrangers, soit dans sa version anglo-saxonne [2], soit dans sa version « civiliste », la fiducie [3].

Le fait que la France soit demeurée en retrait de ce mouvement [4] a pu empêcher les investisseurs étrangers familiers du *trust* anglo-saxon de se sentir en confiance avec le

---

La loi n° 2010-658 du 15 juin 2010 ayant créé le statut d'entrepreneur individuel à responsabilité limitée (EIRL) a expressement dérogé au principe de l'unicité du patrimoine en consacrant un patrimoine d'affectation et ce, en vue de limiter le risque entrepreneurial et d'encourager la création d'entreprise. En effet, selon le nouvel article L. 526-6 du Code de commerce, l'EIRL peut « affecter à son activité professionnelle un patrimoine séparé de son patrimoine personnel, sans création d'une personne morale ».

1. En effet, en droit anglais, il n'est pas certain que le *trust* soit utilisé comme technique de garantie autrement que sous la forme d'un recours au *security trustee*, qui est une simple technique de gestion des sûretés (cf. P. Crocq, « Le cœur du dispositif fiduciaire », *in Réflexions croisées : fiducie : intérêts et enjeux du nouveau dispositif*, *RLDC* 2007, n° 40, p. 64).

2. Écosse, Lichtenchtein, Afrique du sud, Éthiopie, Israël, Porto-Rico, Japon, Fédération de Russie, Chine et Uruguay.

3. Luxembourg, Québec, Liban, Italie.

4. Le mouvement de développement du *trust* dans la plupart des systèmes juridiques pose des problèmes de droit international privé, que s'est donnée pour objet de résoudre la Convention de La Haye du 1er juillet 1985 sur la loi applicable au *trust* et à sa reconnaissance (cf. C. Witz, « La fiducie française face aux expériences étrangères et à la convention de La Haye relative au "trust" », *D.* 2007, dossier p. 1369 s.). La ratification de cette convention par la France n'est pas à l'ordre du jour pour plusieurs raisons mises en avant dans une réponse ministérielle du 24 janvier 2008 (*JO déb. Sénat*, 24 janv. 2008, p. 160 ; *D.* 2008. 342) : d'abord, la ratification pourrait emporter la reconnaissance en France, sans aucun contrôle, de patrimoines d'affectation, créés selon un droit étranger, qui échapperaient aux mesures de transparence imposées aux fiducies françaises et qui pourraient sérieusement concurrencer ces nouvelles institutions ; ensuite, la ratification risquerait d'encourager les délocalisations de patrimoines et de rendre plus délicate la lutte contre le blanchiment et les fraudes, puisque les *trusts* constitués à l'étranger devraient être reconnus en droit interne.

En attendant cette éventuelle application de la Convention de La Haye, il appartient aux juges français de forger les solutions aux questions de droit international privé posées par les *trusts* constitués sous l'empire d'un droit étranger. La jurisprudence leur confère généralement de larges effets, sans les contraindre à intégrer l'une des catégories de rattachement du for, notamment la nouvelle fiducie des droit français et nuire ainsi à la *compétitivité* de celui-ci, partant à la compétitivité économique et à l'attractivité même de notre territoire.

Par ailleurs, faute de pouvoir disposer d'un instrument adapté en droit interne, de grandes entreprises françaises ont fréquemment eu recours à des *trusts* étrangers. Ainsi, certaines opérations financières d'envergure ont échappé au droit français, alors même qu'elles concernaient des sociétés ou groupes de sociétés de nationalité française [1]. La *délocalisation* de ces opérations a induit une délocalisation de richesses hors de nos frontières et rendu plus difficilement contrôlables par les services de l'État certains flux de capitaux.

Pour toutes ces raisons, l'institution de la fiducie a fait l'objet d'une proposition de loi en date du 8 février 2005, qui a été adoptée, après divers amendements, le 19 février 2007 [2]. Au cours des débats parlementaires relatifs à l'institution de la fiducie, il a beaucoup été question d'une « fiducie à la française », susceptible de remédier à la carence de notre droit en la matière, sans pour autant importer « tel quel » le *trust* anglo-saxon, très marqué par l'empreinte de la *common law*, système fort éloigné de notre tradition juridique, telle qu'issue du droit romain.

Ces caractéristiques spécifiques de « la fiducie à la française » seront d'abord présentées (§ 1). Sera ensuite analysé le régime général de la fiducie (commun à la fiducie-gestion et à la fiducie-sûreté), inscrit par la loi du 19 février 2007 puis par la loi de modernisation de l'économie du 4 août 2008 (LME) dans les articles 2011 à 2030 du Code civil (§ 2). Enfin, des développements seront consacrés au régime propre de la fiducie-sûreté mobilière (C. civ., nouv. art. 2372-1 à 2372-5) ou immobilière (C. civ., nouv. art. 2488-1 à 2488-5) instauré par l'ordonnance du 30 janvier 2009 et la loi de ratification du 12 mai 2009 (§ 3) [3].

§ 1. Caractéristiques de la « fiducie à la française »

C. civ., art. 2011. – La fiducie est l'opération par laquelle un ou plusieurs constituants transfèrent des biens, des droits ou des sûretés, ou un ensemble de biens, de droits ou de sûretés, présents ou futurs, à un ou plusieurs fiduciaires qui, les tenant séparés de leur patrimoine propre, agissent dans un but déterminé au profit d'un ou plusieurs bénéficiaires.

---

articles 2011 et suivants du Code civil. En témoigne le retentissant arrêt *Belvédère* ayant reconnu les pouvoirs du *trustee* étranger, en particulier celui de déclarer des créances dans la procédure collective de la société débitrice et ce, en qualité de créancier et « non comme mandataire ou représentant de la masse des obligataires ou noteholders » (Com. 13 sept. 2011, *Bull. civ.* IV, n° 131).

Le mouvement de développement du *trust* pose, par ailleurs, la question d'une éventuelle harmonisation matérielle, au niveau européen, voire international. Le Parlement européen a envisagé une telle harmonisation dans une résolution en date du 15 novembre 2001. Sur cette harmonisation, cf. P. Crocq, « Réformes du droit français et harmonisation des droits européens en matière de propriétés-sûretés », *in Mélanges J. Foyer*, Economica, 2008, p. 253.

1. Quelques exemples sont à cet égard topiques. En 1987, le groupe PSA s'est tourné vers le mécanisme américain du *trust* pour réaliser un transfert d'actifs et de dettes vers une structure chargée de les gérer, pendant que l'entreprise se concentrait sur son redressement commercial et industriel. Plus récemment, dans le cadre de sa restructuration, le groupe Alstom a été conduit à créer un *trust* anglo-saxon, alors même que l'État venait d'entrer dans son capital. C'est encore la société Française des Jeux qui, à l'occasion du lancement de l'« Euromillions », s'est vue contrainte de s'associer à ses homologues européennes dans le cadre d'un *trust* de droit anglais, faute de disposer d'un instrument adapté en droit français.

2. Sur les différences entre la proposition n° 178 (2004-2005) du sénateur Ph. Marini et la loi n° 2007-211 du 19 février 2007, cf. Ph. Marini, « Enfin la fiducie à la française », *D.* 2007, dossier p. 1347 s.

3. Loi n° 2007-211 du 19 février 2007 instituant la fiducie. Loi n° 2008-776 du 4 août 2008 de modernisation de l'économie. Ordonnance n° 2009-112 du 30 janvier 2009 portant diverses mesures relatives à la fiducie. Loi n° 2009-526 du 12 mai 2009 de simplification et de clarification du droit et d'allègement des procédures.

Les principales spécificités de la fiducie instituée par la loi du 19 février 2007 concernent sa structure (A) et ses finalités (B).

A. Structure de la fiducie

668. ***Création d'un patrimoine d'affectation***. La fiducie permet à une personne, le constituant, de transférer, par contrat, la propriété de tout type de biens, droits ou sûretés à une autre personne, le fiduciaire, et d'en fixer la destination. Le transfert s'opère dans un patrimoine autonome : il ne s'agit plus du patrimoine du constituant et il ne s'agit pas non plus du patrimoine personnel du fiduciaire, bien que celui-ci en soit titulaire, puisque l'article 2011 du Code civil exige des fiduciaires qu'ils tiennent les biens transmis « séparés de leur patrimoine propre ». Il s'agit, en réalité, d'un *patrimoine répondant à une finalité déterminée*. Ce patrimoine d'affectation est dénommé patrimoine fiduciaire.

La création de ce patrimoine d'affectation, inspirée du *trust* [1] et non de la fiducie du droit romain [2], fait indéniablement évoluer *le principe de l'unité et de l'indivisibilité du patrimoine*, puisque le fiduciaire est titulaire de deux patrimoines, son patrimoine propre et le patrimoine fiduciaire [3].

Comme le patrimoine propre du fiduciaire et le patrimoine fiduciaire sont juridiquement distincts, les opérations effectuées par le fiduciaire pour son propre compte doivent l'être sur son patrimoine personnel et celles effectuées au titre de la fiducie doivent l'être à partir des biens figurant dans le patrimoine fiduciaire.

669. ***Propriété limitée dans son usage et dans sa durée***. La fiducie n'emporte pas création d'un véritable droit réel nouveau au profit du fiduciaire [4]; elle n'intéresse donc pas directement la prétendue règle du *numerus clausus* des droits réels. Elle crée une forme de propriété, limitée par son affectation à un but déterminé [5] et limitée dans sa durée. Cette double limitation tempère singulièrement, il est vrai, deux caractères fondamentaux du droit de propriété.

D'une part, la fiducie déroge au *caractère absolu du droit de propriété*. En effet, le droit de propriété du fiduciaire est limité dans ses attributs, puisque ce dernier devrait, le

---

1. Le *trustee* est propriétaire des biens qui lui sont transférés par le *settlor*, dans l'intérêt de celui-ci et non dans son intérêt propre, et les biens *in trust* n'intègrent pas le patrimoine personnel du *trustee*.

2. En droit romain, il n'existait aucune séparation entre le patrimoine personnel du fiduciaire et les biens sur lesquels était constituée la fiducie. Ces derniers entraient dans le patrimoine du fiduciaire. En conséquence, les créanciers personnels du fiduciaire pouvaient saisir ces biens. Par ailleurs, en cas de décès du fiduciaire, ils faisaient partie de sa succession. Le constituant courait donc le risque que les biens objets de la fiducie ne lui soient pas restitués.

3. En pratique, il peut même être titulaire de plusieurs patrimoines fiduciaires s'il est désigné fiduciaire par plusieurs actes juridiques distincts. Cette hypothèse est rendue d'autant plus plausible par le fait que la qualité de fiduciaire est réservée par la loi à certains professionnels (v. ss 679).

4. Un courant doctrinal minoritaire estime, au contraire, que la fiducie n'emporte pas un transfert de propriété, mais seulement la constitution d'un droit réel sur le bien d'autrui. Cette conception non translative repose sur deux arguments essentiels. D'une part, la propriété du fiduciaire serait beaucoup trop particulière pour y voir une véritable propriété. D'autre part, il existe de nombreux indices du maintien de la propriété du constituant : c'est lui qui a la haute main sur le contrat (il peut décider des droits, obligations et pouvoirs du fiduciaire ; il peut éteindre le contrat de fiducie par révocation) ; c'est lui qui vient suppléer les insuffisances du patrimoine fiduciaire ; c'est lui, enfin, qui reste redevable des impôts afférents aux biens et droits transférés dans le patrimoine fiduciaire ; cf. R. Libchaber, « Les aspects civils de la fiducie dans la loi du 19 février 2007 », *Defrénois* 2007, art. 38631 et 38639.

5. En raison de cette affectation, certains parlent de propriété « modelée », « dégradée », « altérée » ou encore d'une « instrumentalisation de la propriété ».

plus souvent, être conventionnellement empêché de disposer des biens transférés [1]. Par ailleurs, le constituant peut conserver, malgré le transfert de propriété des biens ou des droits dans le patrimoine fiduciaire, un certain nombre de prérogatives sur ceux-ci, en particulier l'usage et la jouissance grâce à un contrat de mise à disposition [2]. Seul le bénéficiaire obtient, le cas échéant, au terme du contrat de fiducie, la propriété pleine et entière des biens qui lui auront été transmis par le fiduciaire [3].

D'autre part, la fiducie déroge au *caractère perpétuel du droit de propriété*, car le droit de propriété du fiduciaire ne saurait, à peine de nullité, excéder quatre-vingt-dix-neuf ans (C. civ., art. 2018 ; avant la loi du 4 août 2008, le délai était de trente-trois ans). À l'issue de cette durée ou de celle, plus courte, stipulée entre les parties, le fiduciaire doit nécessairement, soit retransférer la propriété des biens détenus au constituant, soit les transmettre à un tiers bénéficiaire, soit encore, dans le cadre d'une fiducie-sûreté dont il est le bénéficiaire, en conserver la propriété si le débiteur est défaillant.

670. ***Distinction de la fiducie et du trust. Fiducie et finance islamique***. Le transfert de propriété, tel que précédemment décrit, permet de distinguer la fiducie française du *trust* anglo-saxon. Ce dernier, en effet, ne réalise pas un véritable transfert de droit de propriété. Il superpose deux droits de propriété distincts sur les biens objets du *trust :* le *trustee* (fiduciaire) acquiert sur ces biens un droit de propriété au titre de la *common law* (*legal ownership*) et le *beneficiary* (bénéficiaire) acquiert, par l'effet du *trust*, un droit de propriété en équité (*equitable ownership*) [4].

Cette dernière caractéristique du *trust* a permis au Royaume-Uni d'accueillir les *sukuk* [5], puisqu'elle est en accord avec l'un des principes de la Chari'a selon lequel les porteurs de *sukuk* doivent avoir un droit réel sur ces actifs.

Afin d'accueillir en France la finance islamique [6] et de permettre l'émission de *sukuk* sur le fondement du droit français, une modification de la notion de fiducie a été votée par le Sénat et l'Assemblée nationale lors des travaux préparatoires de la loi tendant à favoriser

---

1. Dans le cadre d'une fiducie-sûreté, le fiduciaire ne devrait pas avoir l'*abusus*, puisqu'il a une obligation de restitution en cas d'exécution de ses obligations par le débiteur. Toutefois, dans un souci d'efficacité, les textes spéciaux relatifs aux fiducies innomées portant sur des instruments financiers reconnaissent le plus souvent au bénéficiaire du transfert un droit de réutilisation et l'obligation corrélative, en cas de rétrocession, de restitution de biens ou droits seulement semblables (v. ss 663).

2. Lorsque le constituant conserve de la sorte certaines prérogatives sur les biens transférés au fiduciaire, la fiducie ne constitue pas pour autant un démembrement de la propriété. En effet, alors que les usufruitiers et nu-propriétaires conservent, dans les limites que leur assigne leur droit de propriété démembré, toute latitude pour décider de l'usage qui peut en être fait, la propriété transférée au fiduciaire est nécessairement limitée par le but défini dans le contrat de fiducie : pour la fiducie-sûreté, il s'agit d'une propriété transférée en garantie.

3. Dans le cadre de la fiducie-sûreté, fiduciaire et bénéficiaire sont généralement une seule et même personne, de sorte que c'est le fiduciaire-bénéficiaire qui acquiert définitivement la pleine propriété des biens transférés en cas de défaillance du constituant.

4. Cf. D. Tallon, v° *Trust*, *Dictionnaire de la culture juridique*, dir. D. Alland s. Rials, coll. « Quadrige », PUF, 1re éd., 2003 ; F. Barrière, *La réception du trust au travers de la fiducie*, Litec, 2004.

5. « Les *sukuk* sont généralement définis comme des obligations islamiques. Mais le *sukuk* s'apparente plutôt à un titre de « copropriété » d'un actif : il tend précisément à octroyer à son porteur un droit réel sur l'actif afin de le faire participer au profit et au risque de l'activité financée. La performance de l'actif doit seule rémunérer l'investisseur, sans stipulation d'un intérêt, les *sukuks* étant donc à la finance islamique ce que les « *asset-backed securities* » sont à la finance classique » (Ph. Dupichot, « Fiducie et finance islamique », *D.* 2010. 1064) ; cf. aussi F. Barrière, « Propriété, fiducie et sukuk », *JCP E* 2011, n° 10, p. 23.

6. L'intérêt économique est évident puisque le marché mondial de la finance islamique est estimé à plus de 100 milliards d'euros et qu'il connaît une croissance de près de 15 % par an.

l'accès au crédit des petites et moyennes entreprises (L. n° 2009-1255 du 19 oct. 2009, art. 16). Il s'agissait de conférer un droit réel au bénéficiaire de la fiducie sur les biens figurant dans le patrimoine fiduciaire, en ajoutant dans l'article 2011 du Code civil un second alinéa ainsi rédigé : « Le fiduciaire exerce la propriété fiduciaire des actifs figurant dans le patrimoine fiduciaire, au profit du ou des bénéficiaires, selon les stipulations du contrat de fiducie ». Le manque de clarté de ce texte n'empêchait cependant pas d'en déduire que, contrairement à ce qu'affirme l'alinéa 1er de l'article 2011, le fiduciaire n'aurait pas profité d'un véritable transfert de propriété ; il aurait seulement exercé une « propriété fiduciaire », certainement distincte de la propriété au sens où on l'entend classiquement en droit français. Les travaux des Commissions des Finances du Sénat et de l'Assemblée nationale[1] confortaient d'ailleurs cette analyse, puisqu'il y était affirmé que l'objectif poursuivi était de dissocier la propriété en deux parties : une propriété dévolue au fiduciaire, qualifiée de « juridique » et limitée pour respecter les dispositions du contrat de fiducie ; une propriété dévolue au bénéficiaire, qualifiée d'« économique » mais procurant en réalité un véritable droit réel sur les biens fiduciés. Il y aurait donc eu « une superposition de deux droits de propriété et non un simple démembrement »[2]. Or, une telle superposition est incompatible avec la conception française du droit de propriété depuis 1804, qui repose sur la plénitude des pouvoirs du propriétaire et qui interdit donc qu'un même bien, à une même époque, fasse l'objet de deux formes de propriété différentes. Afin d'éviter cette incompatibilité[3], le nouvel article 2011, alinéa 2, du Code civil aurait dû être interprété comme n'instituant qu'une seule et même propriété. Il aurait alors fallu déterminer qui, du fiduciaire ou du bénéficiaire, était le véritable propriétaire. En application de la jurisprudence reconnaissant, en cas de démembrement de la propriété, la qualité de propriétaire à celui qui a vocation, *in fine*, à recouvrer toutes les prérogatives sur le bien[4], il aurait fallu reconnaître la qualité de propriétaire au bénéficiaire de la fiducie, qui peut recueillir à la fin de l'opération toutes les prérogatives sur les biens transférés, et la dénier, au contraire, au fiduciaire. Cela aurait introduit une contradiction au sein même de l'article 2011 du Code civil, entre ses deux alinéas, et cela aurait pu, de surcroît, compromettre très sérieusement l'utilité et l'efficacité de la fiducie-sûreté[5]. Toutes ces conséquences fâcheuses, qui auraient pu découler de l'application de l'article 16 de la loi du 19 octobre 2009, ne se sont heureusement pas produites, puisque le Conseil constitutionnel a invalidé cette disposition, non pas sur le terrain des atteintes au droit de propriété et à la notion de fiducie qu'elle renfermait, mais parce qu'elle constituait un cavalier législatif[6]. Si l'émission de *sukuk* en France n'a donc pu être favorisée par la loi du 19 octobre 2009, elle reste certainement possible sur d'autres fondements que la fiducie[7].

1. Cf. not. le rapport n° 442 fait au nom de la Commission des Finances du Sénat par le sénateur Marini, p. 83.
2. L. Aynès et P. Crocq, « La fiducie préservée des audaces du législateur », *D.* 2009. 2559.
3. On pourrait même parler d'inconstitutionnalité, puisque le Conseil constitutionnel considère que la plénitude des pouvoirs du propriétaire est de l'essence du droit de propriété.
4. Cf. not. Civ. 3e, 8 janv. 2009, *Bull. civ.* III, n° 27.
5. En ce sens, L. Aynès et P. Crocq, art. préc.
6. Décis. n° 2009-589 DC du 14 oct. 2009.
7. Cf. F. Barrière, article préc. ; J. Bertran de Balanda, « Fiducie et finance islamique », *Dr. et patr.* 2010, n° 192, p. 84 ; Ph. Dupichot, art. préc. ; J. Lasserre Capdeville, « Les principes de la finance islamique : présentation et illustration », *RD banc. fin.* 2011, n° 2, p. 24 ; A. Lienhard, *D.* 2009. Act. lég. 2412 ; F.-X. Lucas, « La fiducie au Pays de l'or noir », *Bull. Joly* 2009. 825 ; A. Raynouard, « Lorsque le Conseil constitutionnel sauve le Code civil d'un alinéa inutile et inefficace, tout en mettant la fiducie (encore) sous les feux de la rampe », *JCP N* 2010, n° 3, p. 32 ; M. Stork et I. Zeyyad Cekici, « Les sukuk : aspects de droit français et de droit musulman », *RD banc. fin.* 2011, n° 2, p. 38 ; *La finance islamique à la française*, dir. J.-P. Laramée, Secure Finance, 2008, spéc. p. 196, 216 et 235.

B. Finalités de la fiducie

C. civ., art. 2013. – Le contrat de fiducie est nul s'il procède d'une intention libérale au profit du bénéficiaire. Cette nullité est d'ordre public.

L'article 2011 du Code civil ne spécifie pas, dans la définition de la fiducie, l'objet précis de celle-ci. Le texte se contente de prévoir que le fiduciaire agit « dans un but déterminé ». Les parties disposent par conséquent d'une grande *liberté pour fixer la finalité de l'opération*. La fiducie peut être ainsi utilisée à des fins de gestion ou de garantie, ces finalités pouvant même être poursuivies cumulativement (contrat de fiducie mixte [1]). En revanche, la fiducie-transmission (ou fiducie-libéralité) est prohibée par l'article 2013 du Code civil.

671. ***La fiducie-gestion***. La fiducie-gestion consiste à confier la gestion de biens à un tiers de confiance, le fiduciaire, qui doit les rétrocéder à une date déterminée [2]. Elle présente plusieurs *avantages par rapport à l'institution classique du mandat*.

D'abord, l'avantage de la souplesse. La fiducie-gestion peut permettre, par exemple, lorsqu'il s'agit d'exercer des droits extra-pécuniaires dans le cadre d'une société, d'éviter les règles strictes qui encadrent la représentation aux assemblées générales.

Ensuite, l'avantage de la sécurité. Dans certaines hypothèses, il est souhaitable qu'une seule personne, le gérant, puisse accomplir les actes juridiques utiles ou nécessaires. Or, même lorsque le mandat est irrévocable, le mandataire n'exerce pas de pouvoir exclusif sur les biens qui lui sont confiés, puisque le mandant conserve toujours la possibilité d'accomplir lui-même les actes juridiques que le mandataire avait pour mission d'effectuer pour son compte.

672. ***La fiducie-sûreté***. La fiducie peut également garantir l'exécution d'une obligation [3] : un débiteur transfère, en qualité de constituant, la propriété d'un bien ou d'un

---

1. Cf. R. Dammann et D. Valdman, « Sauvetage d'un groupe de sociétés grâce à une double fiducie », *Gaz. Pal.* 2011, n° 209, p. 5.

2. Au cours des débats parlementaires ayant précédé l'adoption de la loi du 19 février 2007, quelques exemples de fiducie-gestion ont été spécialement mis en exergue pour convaincre de sa flexibilité et de son utilité économique : gestion de participations au sein d'un groupe de sociétés (elle pourrait rendre inutile la création d'une société *holding* possédant un actionnariat propre et éviter les lourdeurs administratives afférentes) ; gestion dans le cadre d'un rapprochement d'entreprises ; financement d'entreprises par l'émission de titres de dettes (titrisation) ; *defeasance* (une entreprise transfère à un fiduciaire un ensemble de dettes et d'actifs ; comme le fiduciaire est chargé du service de la dette, l'entreprise constituante peut se concentrer sur son activité économique et son redressement) ; gestion des droits de salariés actionnaires... Pour d'autres exemples d'utilisation de la fiducie-gestion, cf. not. « Les utilisations pratiques de la fiducie-gestion », dossier *Dr. et patr.* 2012, n° 212 (mode d'organisation des opérations immobilières ; moyen de sécuriser les pactes d'actionnaires ; apports dans les donations de parts de sociétés civiles ; outil d'organisation de l'actionnariat ; alternative au mandat de protection future) ; « Fiducie : nouvel instrument du droit patrimonial de la famille », dossier *AJ famille* avr. 2015 ; R. Dammann, « Le fractionnement du patrimoine par constitution d'une fiducie ou d'une société filiale », *RJC* 2015, n° 2, p. 267 ; O. Herrnberger, « Le point de vue du notaire sur la propriété en tant que sûreté », *in Réformes du droit civil et vie des affaires*, dir. M. Bourassin et J. Revel, Dalloz, coll. « Thèmes et commentaires », 2014, p. 95 ; S. Lerond et G. Dumont, « Quand la fiducie prend le relais de l'assurance-vie », *Dr. et patr.* 2011, n° 207, p. 20.

3. Pour des exemples d'utilisation de la fiducie-sûreté, cf. not. B. Bédaride, « Plaidoyer pour l'utilisation urgente de la fiducie-sûreté pour refinancer l'immobilier d'entreprise », *RD banc. fin.* 2012, étude 2 ; M. Collet et M. Dubertret, « Du recours à la fiducie-sûreté dans le cadre des opérations de LBO, pour une plus grande sécurité juridique et fiscale », *RTD fin.* 2012. 74 ; L. Galliez et

ensemble de biens à son créancier, en qualité de fiduciaire, qui, afin de se garantir contre la défaillance de son débiteur, est alors désigné bénéficiaire des biens du patrimoine fiduciaire. Le créancier-fiduciaire-bénéficiaire s'engage à rétrocéder le ou les biens transférés au débiteur-constituant si la garantie n'a plus lieu de jouer à raison de la disparition de la créance. Au contraire, si le débiteur ne s'acquitte pas de sa dette, le créancier acquiert définitivement la pleine propriété des biens en qualité de bénéficiaire. Il devrait par là même éviter le concours avec d'autres créanciers éventuels du constituant.

673. ***Prohibition de la fiducie-libéralité.*** La fiducie-libéralité ou fiducie-transmission consiste à confier à un tiers la gestion d'un bien ou d'un ensemble de biens, afin qu'à une date déterminée les biens placés dans le patrimoine fiduciaire soient transférés, à titre gratuit, à un bénéficiaire, en dehors des règles normales de dévolution successorale. Le *trust* anglo-saxon permet d'organiser de la sorte la succession des personnes physiques. Au contraire, la loi du 19 février 2007 a interdit cette utilisation. L'article 2013 du Code civil prescrit, en effet, la nullité absolue du contrat de fiducie inspiré par une intention libérale [1]. Par conséquent, pour être valable, le transfert des biens du patrimoine fiduciaire au bénéficiaire doit nécessairement être justifié par l'existence d'une contrepartie apportée par ce dernier, comme le versement d'une somme d'argent ou une prestation de services.

La prohibition de la fiducie-transmission fut justifiée de deux manières. D'une part, il s'est agi d'éviter le contournement des règles d'ordre public du droit des successions, notamment les atteintes au principe de la réserve héréditaire, que la réforme des successions du 23 juin 2006 a certes assoupli, mais maintenu. D'autre part, il est apparu que la reconnaissance de la fiducie-libéralité présentait un moindre intérêt alors que la réforme des successions avait déjà facilité l'administration et la transmission des biens successoraux, notamment en créant le mandat posthume [2] et en réglementant les libéralités graduelles [3] et résiduelles [4].

§ 2. Régime général de la fiducie

674. ***Un cadre unitaire, indifférent à la finalité de la fiducie.*** Alors que la proposition de loi de Ph. Marini nuançait le régime de la fiducie en fonction de sa finalité, la loi du

---

F. Pouzenc, « La fiducie-sûreté : modes d'emploi », *Dr. et patr.* 2011, n° 206, p. 34 (garantir les prêts *in fine* ; concurrencer le nantissement de comptes titres ; dégager le potentiel de crédit de biens complexes, tels des biens indivis, des parts sociales ou actions d'une société à liquider, des biens futurs).

1. L'article 792 *bis* du Code général des impôts prévoit, en outre, une sanction fiscale : la transmission dans une intention libérale de biens ou de droits faisant l'objet d'un contrat de fiducie ou des fruits tirés de l'exploitation de ces éléments patrimoniaux doit donner lieu à la perception de droits de mutation à titre gratuit au taux de 60 % et d'une majoration égale à 80 % de ces droits.

2. Régi par les articles 812 et suivants du Code civil, le mandat à effet posthume permet à une personne de donner à une ou plusieurs autres le mandat d'administrer ou de gérer, sous réserve des pouvoirs confiés à l'exécuteur testamentaire, tout ou partie de sa succession pour le compte et dans l'intérêt d'un ou de plusieurs héritiers identifiés. Ce mandat n'est valable que s'il est justifié par un intérêt sérieux et légitime au regard de l'héritier ou du patrimoine successoral. Il doit être accepté par le mandataire avant le décès du mandant.

3. Les libéralités graduelles, désormais expressément autorisées par les articles 1048 et suivants du Code civil, permettent à une personne de léguer ses biens à une seconde, ces biens étant transmis au décès de cette dernière à une troisième.

4. Les libéralités résiduelles ouvrent la possibilité de transmettre à titre gratuit des éléments d'un patrimoine à une personne qui sera tenue, par la suite, de transmettre les biens restant de ce patrimoine à une troisième personne (C. civ., art. 1057 s.). Se trouve par là même consacrée et étendue l'institution jurisprudentielle du legs *de residuo*.

19 février 2007 a finalement institué un cadre unique, pouvant servir aussi bien à la gestion qu'à la constitution d'une sûreté. Ce choix en faveur d'un cadre unitaire fut inspiré par le *trust*, dont le succès s'explique notamment par sa souplesse, puisqu'il s'agit d'un instrument juridique unique, adaptable à de multiples utilisations. Ce régime général présentait toutefois le très grand inconvénient de passer sous silence des aspects essentiels du régime propre à la fiducie-sûreté. Ces lacunes ont été, pour la plupart, comblées par l'ordonnance du 30 janvier 2009 [1]. Le régime général comportait par ailleurs des règles trop restrictives ou imprécises, qui risquaient de compromettre le recours à la fiducie. La loi de modernisation de l'économie du 4 août 2008, puis l'ordonnance du 30 janvier 2009 et la loi de ratification du 12 mai 2009, se sont efforcées de remédier à ces imperfections.

675. ***Articulation entre droits communs et droits spéciaux***. Plutôt que de créer des règles spécifiques et dérogatoires, la loi du 19 février 2007 a laissé s'appliquer, autant que possible, *le droit commun des obligations*, en particulier au sujet du transfert des risques [2] et de l'exercice d'actions en responsabilité. Par ailleurs, la loi n'a apporté aucune modification aux dispositions éparses réglementant, d'ores et déjà, certaines aliénations fiduciaires [3].

Le régime fiduciaire n'est donc pas unifié, puisque coexistent aujourd'hui *un droit commun de la fiducie*, un droit commun de la fiducie utilisée à des fins de garantie et des droits spéciaux en matière de fiducie-sûreté.

676. ***Articulation entre liberté contractuelle et règles impératives***. Le régime général de la fiducie, composé de règles intéressant le droit des obligations, le droit fiscal, le droit comptable ainsi que le droit pénal [4], favorise la *liberté contractuelle*, puisque peuvent être librement déterminés par les parties au contrat de fiducie le ou les bénéficiaires (C. civ., art. 2016), un éventuel tiers chargé de s'assurer de la préservation des intérêts du constituant (C. civ., art. 2017) [5], les obligations du fiduciaire (C. civ., art. 2018), les conditions de remplacement du fiduciaire (C. civ., art. 2027 dans sa rédaction issue de la loi du 4 août 2008) ou encore les modalités d'extinction de la fiducie (C. civ., art. 2029).

Cependant, pour que la fiducie ne soit pas détournée de ses objectifs, son utilisation à des fins tant de gestion que de sûreté est entourée de garde-fous. Les *règles impératives communes* concernent la prohibition de la fiducie-libéralité (C. civ., art. 2013), la qualité du fiduciaire (C. civ., art. 2015) [6], les mentions du contrat (C. civ., art. 2018), son enregistrement (C. civ., art. 2019), le régime de certains biens (ceux des mineurs, les biens

---

1. V. ss 698 s.

2. En vertu de l'adage *res perit domino*, les risques seront à la charge du fiduciaire, dès lors que l'on admet qu'il a, d'ores et déjà, la qualité de nouveau titulaire des biens transférés.

3. V. ss 662 s.

4. La loi du 19 février 2007 est divisée en cinq chapitres comportant respectivement : des dispositions générales modifiant le Code civil (dans le Livre III, a été restauré le Titre XIV, dans lequel était réglementé le cautionnement jusqu'à la réforme du 23 mars 2006) ; des dispositions relatives à la lutte contre le blanchiment de capitaux modifiant le Code monétaire et financier ; des dispositions fiscales modifiant le Code général des impôts et le Livre des procédures fiscales ; des dispositions comptables ; enfin, des dispositions diverses modifiant le Code civil, le Code de commerce et le Code pénal.

5. La loi de modernisation de l'économie du 4 août 2008 a restreint le champ de cette liberté en précisant que « lorsque le constituant est une personne physique, il ne peut renoncer à cette faculté » (C. civ., art. 2017, al. 2).

6. La loi de 2007 s'était également montrée très exigeante quant à la qualité du constituant (C. civ., anc. art. 2014). La loi du 4 août 2008 a supprimé toute restriction à cet égard ; v. ss 678.

communs ou indivis, le fonds de commerce, les créances), les droits des créanciers personnels du fiduciaire (C. civ., art. 2024) et ceux des créanciers du constituant (C. civ., art. 2025) et enfin la révocation du contrat (C. civ., art. 2028).

Il convient de détailler ces différents aspects du régime général de la fiducie en distinguant classiquement sa constitution (A), ses effets (B) et son extinction (C).

A. Constitution de la fiducie

La constitution de la fiducie est subordonnée à des conditions de fond (1°) et à des conditions de forme (2°).

1° Conditions de fond

C. civ., art. 2011. – La fiducie est l'opération par laquelle un ou plusieurs constituants transfèrent des biens, des droits ou des sûretés, ou un ensemble de biens, de droits ou de sûretés, présents ou futurs, à un ou plusieurs fiduciaires qui, les tenant séparés de leur patrimoine propre, agissent dans un but déterminé au profit d'un ou plusieurs bénéficiaires.

C. civ., anc. art. 2014 (abrogé par la LME). – Seules peuvent être constituants les personnes morales soumises de plein droit ou sur option à l'impôt sur les sociétés. Les droits du constituant au titre de la fiducie ne sont ni transmissibles à titre gratuit, ni cessibles à titre onéreux à des personnes autres que des personnes morales soumises à l'impôt sur les sociétés.

C. civ., art. 2015. – Seuls peuvent avoir la qualité de fiduciaires les établissements de crédit mentionnés à l'article L. 511-1 du Code monétaire et financier, les institutions et services énumérés à l'article L. 518-1 du même code, les entreprises d'investissement mentionnées à l'article L. 531-4 du même code ainsi que les entreprises d'assurance régies par l'article L. 310-1 du Code des assurances.

(LME) Les membres de la profession d'avocat peuvent également avoir la qualité de fiduciaire.

C. civ., art. 2016. – Le constituant ou le fiduciaire peut être le bénéficiaire ou l'un des bénéficiaires du contrat de fiducie.

C. civ., art. 2017. – Sauf stipulation contraire du contrat de fiducie, le constituant peut, à tout moment, désigner un tiers chargé de s'assurer de la préservation de ses intérêts dans le cadre de l'exécution du contrat et qui peut disposer des pouvoirs que la loi accorde au constituant.

(Ord. du 30 janv. 2009) Lorsque le constituant est une personne physique, il ne peut renoncer à cette faculté.

C. civ., art. 2018-1 (LME). – Lorsque le contrat de fiducie prévoit que le constituant conserve l'usage ou la jouissance d'un fonds de commerce ou d'un immeuble à usage professionnel transféré dans le patrimoine fiduciaire, la convention conclue à cette fin n'est pas soumise aux chapitres IV et V du titre IV du livre Ier du Code de commerce, sauf stipulation contraire.

C. civ., art. 408-1 (LME). – Les biens ou droits d'un mineur ne peuvent être transférés dans un patrimoine fiduciaire.

C. civ., art. 445, al. 3 (LME). – Le fiduciaire désigné par le contrat de fiducie ne peut exercer une charge curatélaire ou tutélaire à l'égard du constituant.

C. civ., art. 468, al. 2 (LME). – La personne en curatelle ne peut, sans l'assistance du curateur conclure un contrat de fiducie ni faire emploi de ses capitaux.

C. civ., art. 509 (LME). – Le tuteur ne peut, même avec une autorisation : 5° Transférer dans un patrimoine fiduciaire les biens ou droits d'un majeur protégé.

C. civ., art. 1424 (LME). – Les époux ne peuvent, l'un sans l'autre, aliéner ou grever de droits réels les immeubles, fonds de commerce et exploitations dépendant de la communauté, non plus que les droits sociaux non négociables et les meubles corporels dont l'aliénation est soumise à publicité. Ils ne peuvent, sans leur conjoint, percevoir les capitaux provenant de telles opérations. De même, ils ne peuvent, l'un sans l'autre, transférer un bien de la communauté dans un patrimoine fiduciaire.

677. ***L'assiette de la fiducie.*** Aux termes de l'article 2011 du Code civil, la fiducie permet le transfert de toute sorte de *biens* (biens meubles ou immeubles ; biens corporels ou incorporels), de *droits* (droits personnels, comme des créances ou des droits de propriété intellectuelle ; droits réels, tels que le droit de propriété, le droit d'usufruit ou une servitude) ou même de *sûretés* [1].

L'assiette de la fiducie peut être *présente ou future*, à condition d'être déterminable selon des critères spécifiés dans le contrat (C. civ., art. 2018).

La loi du 4 août 2008 a fixé des règles propres à certains biens ou droits.

D'abord, ceux des mineurs et des majeurs sous tutelle [2]. « Les biens ou droits d'un mineur ne peuvent être transférés dans un patrimoine fiduciaire » (C. civ., art. 408-1). Il en va de même en présence d'un majeur placé sous le régime de la tutelle (C. civ., art. 509, 5°) [3]. S'agissant des biens d'un majeur protégé par une mesure de curatelle, ils peuvent certes faire l'objet d'un contrat de fiducie, mais la validité de celui-ci dépend de l'assistance du curateur (C. civ., art. 468, al. 2) [4].

Ensuite, le transfert de biens communs dans un patrimoine fiduciaire relève de la cogestion, c'est-à-dire se trouve subordonné, à peine de nullité, au double consentement des époux (C. civ., art. 1424, al. 2).

Enfin, « lorsque le contrat de fiducie prévoit que le constituant conserve l'usage ou la jouissance d'un fonds de commerce ou d'un immeuble à usage professionnel transféré dans le patrimoine fiduciaire, la convention conclue à cette fin n'est pas soumise aux chapitres IV et V du titre IV du livre Ier du Code de commerce (chapitres régissant respectivement la location-gérance et le bail commercial), sauf stipulation contraire » (C. civ., art. 2018-1).

678. ***Le constituant.*** La fiducie peut être consentie par *un ou plusieurs constituants* (C. civ., art. 2011 et 2018). Dans cette dernière hypothèse, les biens, droits et sûretés transmis par chacun font alors partie du même patrimoine fiduciaire. Cette possibilité peut être intéressante dans le cadre, tant d'une fiducie-gestion [5], que d'une fiducie-sûreté garantissant une opération de crédit de grande envergure, faisant intervenir plusieurs débiteurs et plusieurs prêteurs [6].

---

1. La fiducie constituée à titre de garantie est la seule sûreté qui puisse ainsi grever indifféremment tout bien mobilier ou immobilier, corporel ou incorporel, présent ou futur, voire tout ensemble de biens. À cet égard, elle se rapproche d'un autre mécanisme de garantie anglosaxon que le *trust*, à savoir la *floating charge*.

Au-delà des enjeux propres à la fiducie-sûreté, il est intéressant de noter que la généralité des termes de l'article 2011 du Code civil autorise encore le transfert de *dettes*, dont la valeur peut être supérieure à celle des éléments d'actif présents. La fiducie peut ainsi être utilisée dans le cadre d'opérations de *defeasance*, c'est-à-dire d'opérations par lesquelles le constituant transfère à un fiduciaire une partie de ses dettes accompagnées de certains éléments d'actif, le fiduciaire étant chargé d'assurer le service de la dette ; *contra* : P. Crocq, « Le cœur du dispositif fiduciaire », *in Réflexions croisées : fiducie : intérêts et enjeux du nouveau dispositif*, *RLDC* 2007, n° 40, p. 64. Pour une position plus réservée, cf. les intervenants à la matinée-débat de la *Lettre des juristes d'affaires*, *RLDC* 2007, n° 40.

2. Cf. M. Bourassin, « Les sûretés sur le logement du majeur protégé », *RTD civ.* 2011. 433 s. ; F. Sauvage, « Réflexions sur les opportunités offertes par la fiducie aux fins de gestion du patrimoine de la personne vulnérable », *RJPF* 2009, n° 5, p. 8.

3. Pour une critique de cette prohibition, cf. J. Massip, « Le contrat de fiducie, les mineurs et les majeurs protégés », *Defrénois* 2009, art. 38982.

4. Si le majeur en curatelle, constituant, est désigné comme bénéficiaire de la fiducie, celle-ci peut constituer une alternative importante au mandat de protection future. Sur cette question, cf. J. Massip, *ibid.*

5. Ainsi, le *trust* de droit anglais « Euromillions » a-t-il été constitué par plusieurs loteries nationales, dont la Française des Jeux. On peut encore imaginer que des actionnaires de sociétés distinctes puissent décider de remettre à un fiduciaire des actions pour réaliser une opération déterminée.

6. En dehors de la fiducie-sûreté, le constituant peut être *le ou l'un des bénéficiaires* de la fiducie (C. civ., art. 2016).

La loi du 19 février 2007 avait cantonné la possibilité de constituer une fiducie aux seules « *personnes morales* soumises de plein droit ou sur option à l'impôt sur les sociétés » (C. civ., anc. art. 2014). Cette restriction avait reçu des justifications distinctes selon la finalité de la fiducie [1]. Concernant la fiducie-sûreté, l'application aux personnes physiques risquerait de compromettre la cohérence de la réforme du 23 mars 2006, qui a veillé à protéger les personnes physiques les plus vulnérables, notamment en interdisant le pacte commissoire en matière de crédit à la consommation [2]. Il a en outre été défendu que la constitution de fiducies par les seules personnes morales ne saurait nuire à l'attractivité de ce nouvel instrument, puisque les opérations commerciales ou de financement international seraient les principaux domaines dans lesquels le besoin de fiducie se ferait sentir [3].

Si l'interdiction, pour les personnes physiques, de constituer une fiducie reposait donc sur diverses justifications, elle n'était pas pour autant pleinement satisfaisante et ce, pour trois raisons. D'abord, une personne physique peut avoir besoin de constituer une fiducie-sûreté ou même une fiducie-gestion. Ensuite, les garde-fous instaurés par la loi du 19 février 2007 auraient été de nature à empêcher certaines dérives. Ainsi, à partir du moment où la fiducie-libéralité se trouve prohibée, il n'y a aucun risque d'atteinte à la réserve héréditaire. Enfin, l'exclusion des constituants personnes physiques isolait le droit français des systèmes juridiques étrangers, qui ne comportent aucune limitation de cette espèce.

Les auteurs de la loi de modernisation de l'économie du 4 août 2008 ont entendu ces diverses critiques et abrogé, en conséquence, l'article 2014 du Code civil. La qualité du constituant ne fait donc plus l'objet d'*aucune restriction*. Cela ne veut pas dire pour autant que le régime de la fiducie soit désormais parfaitement uniforme. En effet, en tant que parties réputées faibles, les constituants personnes physiques jouissent de quelques règles protectrices spécifiques [4].

679. ***Le fiduciaire***. Le fiduciaire peut être *le ou l'un des bénéficiaires* du contrat de fiducie (C. civ., art. 2016). Cette hypothèse correspond, pour l'essentiel, à l'utilisation de la fiducie à des fins de garantie. Mais il est également possible que le bénéficiaire de la

---

1. S'agissant de la fiducie-gestion, il a été soutenu que l'application aux personnes physiques risquerait de nuire aux incapables majeurs, en ce qu'elle serait plus opaque que les régimes de protection légale (réformés par la loi du 5 mars 2007) et rendrait ce faisant plus complexe, voire impossible, le contrôle des comptes par le juge des tutelles. La loi du 4 août 2008 n'a pas fait renaître ces risques en abrogeant l'article 2014 du Code civil, puisqu'elle a fondé la protection des incapables sur la prohibition du transfert des biens des mineurs ou des majeurs en tutelle dans un patrimoine fiduciaire et sur l'assistance des majeurs en curatelle.

Au sujet de la fiducie-libéralité, il a été soutenu, d'une part, que l'application aux personnes physiques pourrait encourager les situations de fraude au droit des successions et plus précisément aux règles relatives à la réserve héréditaire et, d'autre part, qu'elle ne répondrait pas à un réel besoin depuis que la réforme du droit des successions du 23 juin 2006 a développé les mécanismes d'anticipation successorale.

2. V. ss 846.

3. Ainsi, aux États-Unis, le *trust* serait employé, dans 90 % des cas, dans le cadre d'opérations commerciales.

4. Dans le régime général de la fiducie, ces règles concernent la capacité de conclure ce contrat (v. ss 677, 683, le régime des biens appartenant à certaines personnes physiques, les mineurs, les majeurs en tutelle ou en curatelle, les époux mariés sous le régime légal de la communauté), la présence d'un tiers « protecteur » des intérêts du constituant (v. ss 681), l'exigence d'authenticité lorsque les biens mis en fiducie appartiennent à une communauté conjugale (v. ss 683) et l'extinction du contrat par le décès du constituant (v. ss 696, 697). Dans le régime propre à la fiducie-sûreté, les règles n'intéressant que les personnes physiques ont trait au rechargement de la fiducie (v. ss 706) et à l'incidence de leur décès sur cette garantie (v. ss 712).

fiducie-sûreté soit un tiers. Le fiduciaire a alors pour mission de conserver le bien en garantie et, en cas de défaillance du débiteur, il doit, soit permettre au créancier bénéficiaire d'acquérir la libre disposition des biens mis en fiducie, soit faire procéder à la vente de ceux-ci et à la répartition du prix de vente entre les mains du ou des bénéficiaires.

La qualité du fiduciaire est, en outre, impérativement définie par l'article 2015 du Code civil. Seuls peuvent être fiduciaires, d'abord, certains *organismes financiers réglementés :* les établissements de crédit, les établissements et services autorisés à effectuer des opérations de banque, les entreprises d'investissement et les entreprises d'assurance. Ces divers établissements présentent des garanties réelles en termes, non seulement de solvabilité, mais aussi de compétence de gestion de patrimoine. De plus, dans la mesure où ces organismes financiers sont soumis à de stricts contrôles, le risque que la fiducie ne favorise le blanchiment de capitaux se trouve essentiellement écarté [1].

Ensuite, depuis la loi du 4 août 2008, « les membres de la profession d'avocat peuvent également avoir la qualité de fiduciaire » (C. civ., art. 2015, al. 2) [2]. Comme les *avocats* devront alors respecter l'ensemble des règles qui s'imposent aux fiduciaires, spécialement celles relatives à la lutte contre le blanchiment de capitaux et le financement des activités terroristes, la question s'est immédiatement posée d'un éventuel conflit entre le respect de ces obligations et les spécificités de la profession, particulièrement en termes de déontologie. L'ordonnance du 30 janvier 2009 y a apporté une réponse : afin d'être soumis aux obligations déclaratives et aux contrôles inhérents à l'activité de tout fiduciaire, l'avocat se trouve, vis-à-vis des autorités de contrôle (au premier rang desquelles, Tracfin), délié du secret professionnel [3]. La réglementation spécifique à l'activité fiduciaire prime donc, en la matière, à compter de la conclusion du contrat de fiducie [4]. Le décret n° 2009-1627 du 23 décembre 2009 est venu préciser les modalités d'exercice de l'activité fiduciaire par les avocats, notamment les garanties prudentielles, assurantielles et comptables [5]. Le décret n° 2011-1319 du 18 octobre 2011 a quant à lui fixé le régime

1. Afin qu'un contrôle réel puisse être exercé sur l'activité des fiducies constituées sous l'empire du droit français, le constituant et le fiduciaire doivent être résidants d'un État de l'Union européenne ou d'un État ayant conclu une convention fiscale prévoyant une clause d'assistance administrative en vue de lutter contre la fraude et l'évasion fiscale (article 13 de la loi du 19 février 2007).

2. L'extension n'embrasse pas, en revanche, le notariat, qui s'est montré hostile à cette diversification de leur activité.

3. Article 9 de l'ordonnance n° 2009-112 ayant modifié l'article 66-5 de la loi du 31 décembre 1971 portant réforme de certaines professions judiciaires et juridiques : « En toutes matières, que ce soit dans le domaine du conseil ou dans celui de la défense, les consultations adressées par un avocat à son client ou destinées à celui-ci, les correspondances échangées entre le client et son avocat, entre l'avocat et ses confrères à l'exception pour ces dernières de celles portant la mention « officielle », les notes d'entretien et, plus généralement, toutes les pièces du dossier sont couvertes par le secret professionnel. Ces dispositions ne font pas obstacle, à compter de la conclusion d'un contrat de fiducie, à l'application à l'avocat qui a la qualité de fiduciaire, de la réglementation spécifique à cette activité, sauf pour les correspondances, dépourvues de la mention « officielle », adressées à cet avocat par un confrère non avisé qu'il agit en cette qualité. »

4. Pour de plus amples développements sur le nouveau rôle des avocats et ses implications sur leur pratique professionnelle, cf. not. P. Berger, « L'avocat fiduciaire », *Dr. et patr.* 2009, n° 60, p. 69 ; L. Chambaz, « L'avocat et la fiducie », *RLDC* 2009, n° 56, p. 27 ; R. Dammann et A. Albertini, « L'avocat face à la fiducie. Guide pratique de bonne conduite », *JCP* 2011, n° spécial 41, p. 15.

5. Pour l'essentiel, ces garanties résultent : d'une déclaration préalable au Conseil de l'ordre ; de la souscription d'assurances propres à l'activité fiduciaire (contractées à titre individuel ou collectif) ou de garanties financières (pour couvrir la restitution des biens et droits placés en fiducie, tout avocat fiduciaire peut choisir de souscrire une assurance « au profit de qui il appartiendra », propre à son activité, ou contracter des garanties financières spécifiques) ; d'une comptabilité séparée ; d'un compte spécialement affecté à chaque fiducie.

des garanties financières que l'avocat fiduciaire doit obligatoirement conclure lorsqu'il n'a pas fait le choix de couvrir la restitution des biens et droits fiduciés en souscrivant une assurance dite « au profit de qui il appartiendra ».

680. ***Le bénéficiaire.*** Si l'encadrement législatif est donc prégnant à l'égard des fiduciaires, la liberté contractuelle règne, à l'inverse, à l'égard du ou des bénéficiaires (C. civ., art. 2011). Son identité peut même être indéterminée lors de la conclusion du contrat de fiducie, dès lors que celui-ci comporte des règles permettant sa désignation (C. civ., art. 2018-5°).

681. ***Le tiers « protecteur » des intérêts du constituant.*** Au rang des protagonistes de l'opération de fiducie, il convient d'ajouter le « tiers chargé de s'assurer de la préservation des intérêts (du constituant) dans le cadre de l'exécution du contrat », que l'article 2017 du Code civil permet au constituant de désigner, soit lors de la conclusion du contrat de fiducie, soit ultérieurement. Ce tiers « protecteur » dispose des pouvoirs reconnus par la loi au constituant.

Son intervention pourrait se révéler particulièrement utile dans l'hypothèse où le fiduciaire serait lui-même le ou l'un des bénéficiaires (hypothèse fort probable dans le cadre d'une fiducie-sûreté). En effet, dans ce cas de figure, un conflit risque de surgir entre les intérêts propres du fiduciaire et ceux relatifs au patrimoine fiduciaire. La présence du tiers chargé de veiller sur les intérêts du constituant et, par là même, sur le patrimoine fiduciaire est de nature à réduire ce risque.

En vue de conforter cette protection, l'ordonnance du 30 janvier 2009 a interdit les renonciations des constituants personnes physiques, réputés faibles, à la faculté de désigner un tiers « protecteur » (C. civ., art. 2017, al. 2).

682. ***L'« agent des sûretés ».*** Si la fiducie est amenée à garantir une opération de financement de grande ampleur impliquant de multiples crédits, octroyés par différents prêteurs et garantis par d'autres sûretés réelles, elle peut, tout comme ces dernières, être «constituée, inscrite, gérée et réalisée pour le compte des créanciers de l'obligation garantie par une personne qu'ils désignent à cette fin dans l'acte qui constate cette obligation», appelée «agent des sûretés» (C. civ., art. 2328-1, créé par la loi du 19 février 2007 et modifié par la loi de modernisation de l'économie du 4 août 2008)[1].

> **C. civ., art. 2328-1, modifié par la LME.** – Toute sûreté réelle peut être constituée, inscrite, gérée et réalisée pour le compte des créanciers de l'obligation garantie par une personne qu'ils désignent à cette fin dans l'acte qui constate cette obligation.

2° Conditions de forme

> **C. civ., art. 2012.** – La fiducie est établie par la loi ou par contrat. Elle doit être expresse. (Ord. du 30 janv. 2009) Si les biens, droits ou sûretés transférés dans le patrimoine fiduciaire dépendent de la communauté existant entre les époux ou d'une indivision, le contrat de fiducie est établi par acte notarié à peine de nullité.
> **C. civ., art. 2018, modifié par la LME.** – Le contrat de fiducie détermine, à peine de nullité :
> 1° les biens, droits ou sûretés transférés. S'ils sont futurs, ils doivent être déterminables ;
> 2° la durée du transfert, qui ne peut excéder quatre-vingt-dix-neuf ans à compter de la signature du contrat ;

1. V. ss 646.

3° l'identité du ou des constituants ;
4° l'identité du ou des fiduciaires ;
5° l'identité du ou des bénéficiaires ou, à défaut, les règles permettant leur désignation ;
6° la mission du ou des fiduciaires et l'étendue de leurs pouvoirs d'administration et de disposition.
C. civ., art. 2018-2 (LME). – La cession de créances réalisée dans le cadre d'une fiducie est opposable aux tiers à la date du contrat de fiducie ou de l'avenant qui la constate. Elle ne devient opposable au débiteur de la créance cédée que par la notification qui lui en est faite par le cédant ou le fiduciaire.
C. civ., art. 2019. – À peine de nullité, le contrat de fiducie et ses avenants sont enregistrés dans le délai d'un mois à compter de leur date au service des impôts du siège du fiduciaire ou au service des impôts des non-résidents si le fiduciaire n'est pas domicilié en France.
Lorsqu'ils portent sur des immeubles ou des droits réels immobiliers, ils sont, sous la même sanction, publiés dans les conditions prévues aux articles 647 et 657 du Code général des impôts.
La transmission des droits résultant du contrat de fiducie et, si le bénéficiaire n'est pas désigné dans le contrat de fiducie, sa désignation ultérieure doivent, à peine de nullité, donner lieu à un acte écrit enregistré dans les mêmes conditions.
C. civ., art. 2020. – Un registre national des fiducies est constitué selon des modalités précisées par décret en Conseil d'État.
CGI, art. 1133 *quater*. – Sous réserve des dispositions de l'article 1020, les actes constatant la formation, la modification ou l'extinction d'un contrat de fiducie ou constatant le transfert de biens ou droits supplémentaires au fiduciaire sont soumis à un droit fixe de 125 euros. Toutefois, l'article 1020 ne s'applique pas aux actes constatant le retour de tout ou partie du patrimoine fiduciaire au constituant.

683. ***Caractère solennel du contrat de fiducie.*** Selon l'article 2012 du Code civil, la fiducie doit être *expresse*. Cela signifie, à l'instar du cautionnement, que la fiducie ne saurait être présumée et que le juge saisi d'un contentieux relatif à un transfert de biens, droits ou sûretés ne devrait pas qualifier l'acte juridique en cause de fiducie en l'absence de volonté claire et univoque en ce sens des parties.

Cette difficulté, en réalité, ne devrait pas se poser, car le contrat de fiducie ne doit pas être seulement exprès, mais *écrit*. Le caractère formel de la fiducie s'évince, en effet, de l'exigence de mentions, d'un enregistrement et même des publicités requises, il faut le souligner puisque la solution est inhabituelle, à peine de nullité.

L'article 2018 du Code civil requiert, à peine de nullité, plusieurs *mentions*, qui devraient permettre aux autorités publiques (administration fiscale et juge, le cas échéant) d'assurer un réel contrôle et de déceler d'éventuelles manœuvres frauduleuses [1]. Ces mentions *ad validitatem* portent sur l'assiette du transfert de propriété ; la durée de ce transfert, qui ne peut excéder quatre-vingt-dix-neuf ans (trente-trois ans avant la loi du 4 août 2008) [2] ; l'identité des parties à l'opération ; la mission du ou des fiduciaires, ce qui revient à déterminer la finalité de l'opération ; l'étendue des pouvoirs d'administration et de disposition du ou des fiduciaires.

L'ordonnance du 30 janvier 2009 a renforcé le caractère solennel du contrat de fiducie, non seulement en ajoutant des mentions propres à la fiducie-sûreté [3], mais également en imposant la *forme notariée*, à peine de nullité, dans le droit commun de la fiducie (C. civ.,

---

1. Les modalités de déclaration du contrat de fiducie ont été précisées par le décret n° 2007-725 du 7 mai 2007 (*RLDC* 2007/39 n° 2569).

2. L'allongement de la durée maximale de la fiducie devrait faciliter le financement de grands projets d'infrastructures dont la durée peut excéder trente-trois ans et permettre la mise en place d'opérations de financement ou de refinancement successives.

3. V. ss 702-703.

art. 2012, al. 2), dès lors que sont concernés par le transfert fiduciaire des biens dépendant d'une communauté conjugale ou indivis. Les époux ne pouvaient déjà, l'un sans l'autre, transférer un bien de la communauté dans un patrimoine fiduciaire (C. civ., art. 1424, al. 2, issu de la loi du 4 août 2008) ; ils devront dorénavant donner leur consentement devant notaire. La référence aux biens indivis, quant à elle, confère à l'authenticité un champ très vaste, puisque les propriétaires constituants peuvent être aussi bien des personnes physiques [1] que morales. Apparaît ainsi très clairement la foi du législateur dans le devoir du conseil du notaire, censé protéger les parties contre un acte jugé dangereux [2].

684. ***Enregistrement du contrat de fiducie et de ses avenants***. Pour que la fiducie ne soit pas utilisée à des fins d'évasion fiscale, l'article 2019 du Code civil impose que tous les actes constatant la formation ou la modification d'un contrat de fiducie, ou un transfert complémentaire ou encore la désignation du bénéficiaire soient enregistrés auprès du service des impôts, *à peine de nullité*, dans un délai d'un mois à compter de leur date. Ils sont alors soumis à un droit fixe de 125 euros (CGI, art. 1133, *quater*).

685. ***Publicité***. Le transfert de propriété portant sur des immeubles ou des droits réels immobiliers doit faire l'objet d'une *publicité* au fichier immobilier de la situation de l'immeuble, dans les deux mois du contrat de fiducie ou de l'avenant le prévoyant. Selon l'article 2019, alinéa 2, du Code civil, cette formalité peut être fusionnée avec celle de l'enregistrement, dans les conditions prévues aux articles 647 et 657 du Code général des impôts.

S'agissant de la *cession de créances* dans un patrimoine fiduciaire, les conditions de son opposabilité aux tiers ont été clarifiées par la loi du 4 août 2008, dans le sens d'un assouplissement par rapport au droit commun de l'article 1690 du Code civil. En effet, selon le nouvel article 2018-2 du Code civil, « la cession de créances réalisée dans le cadre d'une fiducie est opposable aux tiers à la date du contrat de fiducie ou de l'avenant qui la constate. Elle ne devient opposable au débiteur de la créance cédée que par la notification qui lui en est faite par le cédant ou le fiduciaire ». Le régime de la cession de créances dans un patrimoine fiduciaire se trouve ainsi simplifié, par alignement sur celui des cessions de créances professionnelles régies par la loi *Dailly*.

L'article 2020 du Code civil prévoit, en outre, la création d'un *registre national* recensant l'ensemble des contrats de fiducie, ainsi que les mentions rendues obligatoires par l'article 2018 du Code civil. Il vise à rendre plus efficace le contrôle des services de l'État chargés de lutter contre les activités illicites, ce qu'a confirmé le décret du 2 mars 2010 pris en application de l'article 2020 [3]. Ce décret a également listé les informations traitées (art. 2), précisé le délai de conservation (art. 3 : dix ans après l'extinction du contrat de fiducie), ainsi que les modalités de consultation (art. 6). En revanche, la sanction du défaut

---

1. L'authenticité est requise, par exemple, pour une fiducie constituée sur des biens acquis conjointement par des époux séparés de biens, sur des biens dépendant d'une communauté dissoute, sur des biens acquis par un partenaire lié par un pacte civil de solidarité stipulant une clause d'indivision ou encore sur des biens dépendant d'une indivision successorale.

2. Lorsqu'une fiducie, à fin de garantie ou de gestion, a pour objet une copropriété *lato sensu*, elle n'est sans doute pas, en elle-même, plus dangereuse qu'une fiducie portant sur des biens dont le constituant serait l'unique propriétaire. En réalité, le danger semble bien davantage provenir de la nouveauté de l'institution, encore très récemment bannie de notre droit. Le champ de l'authenticité serait alors mal délimité : tous les constituants personnes physiques, quelle que soit la composition du patrimoine fiduciaire, n'auraient-ils pas mérité d'être informés par un notaire des spécificités de l'opération fiduciaire ?

3. Décr. n° 2010-219, art. 1er : « Un traitement automatisé de données à caractère personnel dénommé « Registre national des fiducies » est mis en œuvre par le ministre chargé du budget

de publicité n'a nullement été prévue. Dans la mesure où cette publicité n'a pas pour but d'informer les tiers intéressés (ils ne le seront que si les transferts fiduciaires portent sur des biens soumis à une publicité obligatoire), la sanction par l'inopposabilité semble inadéquate. Une nullité du contrat de fiducie pour violation d'une règle d'ordre public serait davantage justifiée, mais elle risquerait de fragiliser, un peu plus encore, ce contrat.

B. Effets de la fiducie

Quelle que soit sa finalité – gestion ou garantie – la fiducie confère des pouvoirs et impose des obligations au fiduciaire, proches de ceux du mandataire (1°). L'originalité de la fiducie apparaît, en revanche, dans le fonctionnement du patrimoine d'affectation, le patrimoine fiduciaire (2°).

1° Pouvoirs et obligations du fiduciaire

C. civ., art. 2022. – Le contrat de fiducie définit les conditions dans lesquelles le fiduciaire rend compte de sa mission au constituant.
(LME) Toutefois, lorsque pendant l'exécution du contrat le constituant fait l'objet d'une mesure de tutelle, le fiduciaire rend compte de sa mission au tuteur à la demande de ce dernier au moins une fois par an, sans préjudice de la périodicité fixée par le contrat. Lorsque pendant l'exécution du contrat le constituant fait l'objet d'une mesure de curatelle, le fiduciaire rend compte de sa mission, dans les mêmes conditions, au constituant et à son curateur.
Le fiduciaire rend compte de sa mission au bénéficiaire et au tiers désigné en application de l'article 2017, à leur demande, selon une périodicité fixée par le contrat.
C. civ., art. 2023. – Dans ses rapports avec les tiers, le fiduciaire est réputé disposer des pouvoirs les plus étendus sur le patrimoine fiduciaire, à moins qu'il ne soit démontré que les tiers avaient connaissance de la limitation de ses pouvoirs.
C. civ., art. 2026. – Le fiduciaire est responsable, sur son patrimoine propre, des fautes qu'il commet dans l'exercice de sa mission.
C. civ., art. 2027, modifié par la LME. – En l'absence de stipulations contractuelles prévoyant les conditions de son remplacement, si le fiduciaire manque à ses devoirs ou met en péril les intérêts qui lui sont confiés ou encore s'il fait l'objet d'une procédure de sauvegarde ou de redressement judiciaire, le constituant, le bénéficiaire ou le tiers désigné en application de l'article 2017 peut demander en justice la nomination d'un fiduciaire provisoire ou solliciter le remplacement du fiduciaire. La décision judiciaire faisant droit à la demande emporte de plein droit dessaisissement du fiduciaire originaire et transfert du patrimoine fiduciaire en faveur de son remplaçant.

686. ***Pouvoirs du fiduciaire***. Le fiduciaire n'a pas autant de pouvoirs qu'un propriétaire, puisque, en tout état de cause, son droit de propriété sur les biens transférés est « modelé »[1]. Ainsi, *dans ses rapports avec le constituant ou avec le bénéficiaire*, sa responsabilité est susceptible d'être engagée si ses actes ne concourent pas effectivement à

(direction générale des finances publiques). Ce traitement a pour finalité de centraliser les informations relatives aux contrats de fiducie nécessaires pour faciliter les contrôles permettant la lutte contre l'évasion fiscale, le blanchiment des capitaux et le financement du terrorisme ».

Art. 5 : « Sont destinataires des informations faisant l'objet du traitement, pour l'exercice des missions qui leur sont confiées, le juge d'instruction, le procureur de la République, les officiers de police judiciaire, les agents des douanes mentionnés à l'article 28-1 du Code de procédure pénale, les agents du service TRACFIN et les agents habilités de la direction générale des finances publiques chargés du contrôle et du recouvrement en matière fiscale ».

1. V. ss 669.

la réalisation du but inscrit dans l'acte constitutif de fiducie (C. civ., art. 2018, 6°). En revanche, « *dans ses rapports avec les tiers*, le fiduciaire est réputé disposer des pouvoirs les plus étendus sur le patrimoine fiduciaire » (C. civ., art. 2024). Par conséquent, les restrictions aux pouvoirs du fiduciaire, de quelque nature qu'elles soient, qui découleraient du contrat de fiducie ne sont pas, en principe, opposables aux tiers. Cette présomption peut néanmoins être écartée s'il est démontré que les tiers avaient eu connaissance de la limitation des pouvoirs du fiduciaire (C. civ., art. 2023). Il s'agit là d'une règle classique des droits du mandat et des sociétés.

L'étendue des pouvoirs du fiduciaire peut en outre dépendre de la conclusion d'une *convention de mise à disposition des actifs transférés au profit du constituant*. Cette convention permettant à ce dernier de conserver l'usage ou la jouissance des biens mis en fiducie, le fiduciaire n'exercera aucune prérogative matérielle à leur égard et se trouvera corrélativement à l'abri d'éventuelles contraintes de gestion ou de stockage [1].

687. ***Obligations du fiduciaire***. Le fiduciaire doit, d'abord, prendre les mesures propres à préserver la séparation entre son patrimoine personnel et le patrimoine fiduciaire (C. civ., art. 2011). Matériellement, cette obligation ne peut se concrétiser que par l'ouverture d'un compte spécifique dédié aux opérations effectuées par le fiduciaire en cette qualité.

Le fiduciaire est, ensuite, soumis à diverses obligations déclaratives envers l'administration fiscale.

Enfin, comme un mandataire (C. civ., art. 1993), le fiduciaire supporte une obligation de reddition de comptes, dans les conditions fixées par le contrat de fiducie (C. civ., art. 2022). Cette obligation est due au constituant [2]. En revanche, comme le contrat de fiducie peut comporter un grand nombre de bénéficiaires et que la désignation du tiers « protecteur » des intérêts du constituant n'est qu'une faculté, la reddition de compte n'est pas obligatoire à leur égard. C'est à eux qu'il appartient de demander au fiduciaire les comptes rendus d'exercice de sa mission, selon une périodicité fixée par le contrat.

688. ***Sanctions du fiduciaire***. Le fiduciaire doit répondre, outre d'éventuels excès de pouvoir, des dommages résultant des biens et droits qu'il détient en sa qualité de fiduciaire, ainsi que de ses fautes de gestion (C. civ., art. 2026). À défaut de disposition spéciale, le droit commun de la responsabilité contractuelle est applicable, si l'action en responsabilité est exercée par le constituant ou par un bénéficiaire ayant accepté la fiducie [3]. C'est, en revanche, le droit commun de la responsabilité délictuelle qui a vocation à s'appliquer si la responsabilité du fiduciaire est recherchée par un bénéficiaire n'ayant pas accepté la fiducie ou par d'autres tiers.

Par ailleurs, comme l'opération fiduciaire suppose une relation de confiance entre le constituant, le fiduciaire et le bénéficiaire, si le fiduciaire venait à manquer à ses obligations

---

1. Relativement aux pouvoirs et aux obligations du créancier, le régime de la fiducie sans dépossession du constituant s'apparente à celui du gage sans dépossession (v. ss 832-837).

2. Si le constituant fait l'objet d'une mesure de tutelle pendant l'exécution du contrat, le fiduciaire doit rendre compte de sa mission au tuteur à la demande de ce dernier au moins une fois par an, sans préjudice de la périodicité fixée par le contrat. Si le constituant fait l'objet d'une mesure de curatelle pendant l'exécution du contrat, le fiduciaire rend compte de sa mission, dans les mêmes conditions, au constituant et à son curateur. Ces précisions ont été ajoutées dans l'article 2022, alinéa 2, du Code civil, par la loi du 4 août 2008.

3. En présence d'une fiducie-gestion, le droit spécial du mandat devrait s'appliquer, en particulier la règle de l'article 1992 du Code civil d'atténuation de la responsabilité en présence d'un mandataire agissant à titre gratuit. La rémunération du fiduciaire n'est pas, en effet, nécessaire.

ou à mettre en péril les intérêts qui lui sont confiés, son remplacement pourrait avoir lieu, soit selon les conditions prévues à cet égard par le contrat de fiducie, soit, à défaut, par décision judiciaire[1] (le juge pouvant être saisi par le constituant ou par le bénéficiaire ou encore par le tiers chargé de préserver les intérêts du constituant). Ce jugement « emporte de plein droit dessaisissement du fiduciaire originaire et transfert du patrimoine fiduciaire en faveur de son remplaçant » (C. civ., art. 2027). La loi du 4 août 2008 a précisé que le dessaisissement du fiduciaire peut intervenir dans ces conditions en conséquence d'un autre événement que le manquement à ses devoirs, à savoir l'ouverture à son égard d'une procédure de sauvegarde ou de redressement judiciaire.

2° Fonctionnement du patrimoine d'affectation

C. civ., art. 2021. – Lorsque le fiduciaire agit pour le compte de la fiducie, il doit en faire expressément mention.
De même, lorsque le patrimoine fiduciaire comprend des biens ou des droits dont la mutation est soumise à publicité, celle-ci doit mentionner le nom du fiduciaire ès qualités.
C. civ., art. 2024. – L'ouverture d'une procédure de sauvegarde, de redressement judiciaire ou de liquidation judiciaire au profit du fiduciaire n'affecte pas le patrimoine fiduciaire.
C. civ., art. 2025. – Sans préjudice des droits des créanciers du constituant titulaires d'un droit de suite attaché à une sûreté publiée antérieurement au contrat de fiducie et hors les cas de fraude aux droits des créanciers du constituant, le patrimoine fiduciaire ne peut être saisi que par les titulaires de créances nées de la conservation ou de la gestion de ce patrimoine.
En cas d'insuffisance du patrimoine fiduciaire, le patrimoine du constituant constitue le gage commun de ces créanciers, sauf stipulation contraire du contrat de fiducie mettant tout ou partie du passif à la charge du fiduciaire.
Le contrat de fiducie peut également limiter l'obligation au passif fiduciaire au seul patrimoine fiduciaire. Une telle clause n'est opposable qu'aux créanciers qui l'ont expressément acceptée.
C. civ., art. 2026. – Le fiduciaire est responsable, sur son patrimoine propre, des fautes qu'il commet dans l'exercice de sa mission.

Les biens, droits ou sûretés remis en fiducie forment un patrimoine autonome, qui n'est plus celui du constituant et qui ne se confond pas davantage avec celui du fiduciaire. La constitution de ce patrimoine distinct, affecté à un but déterminé, emporte plusieurs conséquences (a) et connaît certaines limites (b).

a) Conséquences de la séparation des patrimoines

689. ***Information des tiers***. La constitution d'un patrimoine d'affectation implique, en premier lieu, que les tiers soient informés de cette situation. À cette fin, le fiduciaire doit mentionner sa qualité lorsqu'il agit pour le compte de la fiducie, notamment à l'occasion des formalités d'enregistrement ou d'inscription des biens ou droits transférés, dont la mutation est soumise à publicité (C. civ., art. 2021).

690. ***Droit de gage des créanciers***. La séparation des patrimoines a pour conséquence, en deuxième lieu, que les créanciers de l'un des patrimoines n'aient comme droit de gage qu'un seul patrimoine et non l'ensemble.

1. Depuis la loi de modernisation de l'économie du 4 août 2008, c'est seulement à défaut de stipulation contractuelle relative au remplacement du fiduciaire qu'une décision judiciaire en ce sens est nécessaire. La liberté contractuelle a donc gagné du terrain par rapport à la loi du 19 février 2007.

Ainsi, parce que le patrimoine fiduciaire est juridiquement distinct de celui du constituant et de celui du fiduciaire, les *créanciers personnels* de ceux-ci ne peuvent exiger paiement en saisissant des biens formant le patrimoine d'affectation. Cela explique, en particulier, que le fiduciaire réponde de ses fautes de gestion sur son patrimoine propre, et non sur le patrimoine fiduciaire (C. civ., art. 2026). Cela explique également que les procédures collectives ouvertes au bénéfice du fiduciaire n'affectent pas les biens remis en fiducie. Le sort de ces biens est, en revanche, beaucoup plus complexe lorsque ces procédures concernent le constituant[1].

En réalité, le patrimoine fiduciaire constitue, en principe, le gage des seuls *titulaires de créances nées de la gestion ou de la conservation de ce patrimoine* par le fiduciaire (C. civ., art. 2025, al. 1er). Ces créanciers conservent leur droit sur le patrimoine d'affectation, même si le fiduciaire est remplacé à la suite d'un manquement grave à ses devoirs ou de la mise en péril des intérêts du constituant.

691. ***Disparition du fiduciaire***. En troisième et dernier lieu, en cas de dissolution de la personne morale fiduciaire, les droits compris dans le patrimoine fiduciaire ne font pas partie de l'actif partageable ou transmissible à titre universel.

b) Limites à la séparation des patrimoines

692. ***Droit exceptionnel des créanciers du constituant sur le patrimoine fiduciaire***. L'article 2025, alinéa 1er, du Code civil retient deux exceptions au principe selon lequel les créanciers du constituant n'ont plus de droit sur les biens transférés au fiduciaire.

D'une part, peuvent saisir les éléments du patrimoine fiduciaire les créanciers du constituant *titulaires d'un droit de suite* attaché à une garantie publiée antérieurement au contrat de fiducie. Le transfert de biens dans un patrimoine fiduciaire n'entraîne donc pas la purge des sûretés dont il peut être grevé, ce qui constitue une solution de bon sens.

D'autre part, peuvent également saisir les actifs du patrimoine fiduciaire les créanciers du constituant *victimes d'une fraude* et ce, pour éviter que le transfert des biens du patrimoine du constituant vers un patrimoine fiduciaire n'ait d'autre but que de les faire échapper à ses créanciers. Cette seconde exception constitue un rappel bienvenu de la règle classique selon laquelle la fraude est sanctionnée par l'inopposabilité de la situation juridique créée dans ce seul but.

693. ***Droit subsidiaire des créanciers du patrimoine fiduciaire sur le patrimoine du constituant ou du fiduciaire***. Constitue, au contraire, une règle surprenante et directement contraire à l'étanchéité des patrimoines consécutive à la création d'un patrimoine d'affectation, la règle de l'article 2025, alinéa 2, du Code civil, selon laquelle, en cas d'insuffisance du patrimoine fiduciaire pour répondre des créances nées de sa gestion ou de sa conservation, les créanciers disposent d'un patrimoine subsidiaire, à savoir celui du constituant, voire celui du fiduciaire si le contrat de fiducie le prévoit.

694. L'article 2025, alinéa 3, du Code civil introduit, toutefois, une limite à cette exception « invraisemblable »[2], en prévoyant que le contrat de fiducie peut écarter cette subsidiarité, c'est-à-dire limiter le droit de gage des créanciers concernés au

---

1. V. ss 1281, 1297-1299.

2. C. Larroumet, « La loi du 19 février 2007 sur la fiducie. Propos critiques », *D.* 2007, dossier p. 1350 s.

seul patrimoine fiduciaire. Cette stipulation contractuelle n'est cependant pas opposable aux créanciers qui ne l'auraient pas expressément acceptée. En pratique, comme il est difficile d'imaginer que des créanciers acceptent une telle restriction à leur droit de poursuite, le patrimoine personnel du fiduciaire risque donc bien de supporter le recouvrement des créances nées de la gestion ou de la conservation du patrimoine fiduciaire.

695. ***Neutralité fiscale.*** La « fiducie à la française » a été conçue comme un outil juridique et non comme un instrument d'optimisation fiscale susceptible de favoriser l'évasion fiscale. Pour cette raison, un régime de neutralité fiscale a été mis en place [1]. Cela signifie que, même si, sur le plan juridique, le transfert de propriété a bien eu lieu vers le fiduciaire, *le constituant demeure fiscalement titulaire des droits mis en fiducie* et, à ce titre, redevable de l'impôt. Il en va ainsi que le constituant soit une personne physique soumise à l'impôt sur le revenu [2] ou une personne morale assujettie à l'impôt sur les sociétés. En conséquence, les taxations directes [3] et l'imposition des bénéfices (soumise au régime fiscal des sociétés de personnes) sont payées sur le patrimoine du constituant pendant la durée du contrat de fiducie et tant que les biens n'auront pas été transmis à un bénéficiaire. Seuls les impôts liés à l'activité du fiduciaire sont payés par celui-ci, telles la TVA ou la taxe professionnelle et ce, sur la base de la fiscalité de droit commun.

C. Extinction de la fiducie

C. civ., art. 2028. – Le contrat de fiducie peut être révoqué par le constituant tant qu'il n'a pas été accepté par le bénéficiaire.
Après acceptation par le bénéficiaire, le contrat ne peut être modifié ou révoqué qu'avec son accord ou par décision de justice.
C. civ., art. 2029, modifié par la LME. – Le contrat de fiducie prend fin par le décès du constituant personne physique, par la survenance du terme ou par la réalisation du but poursuivi quand celle-ci a lieu avant le terme. Lorsque la totalité des bénéficiaires renonce à la fiducie, il prend également fin de plein droit, sauf stipulations du contrat prévoyant les conditions dans lesquelles il se poursuit.
Sous la même réserve, il prend fin lorsque le fiduciaire fait l'objet d'une liquidation judiciaire ou d'une dissolution ou disparaît par suite d'une cession ou d'une absorption et, s'il est avocat, en cas d'interdiction temporaire, de radiation ou d'omission du tableau.
C. civ., art. 2030. – Lorsque le contrat de fiducie prend fin en l'absence de bénéficiaire, les droits, biens ou sûretés présents dans le patrimoine fiduciaire font de plein droit retour au constituant.
(LME) Lorsqu'il prend fin par le décès du constituant, le patrimoine fiduciaire fait de plein droit retour à la succession.

---

1. P. Fumenier, J. Hayden Miller, S. Dorin, « Le régime fiscal de la fiducie », *D.* 2007, dossier p. 1364 s. ; Ph. Rebattet, « Un nouvel outil pour la construction de la fiducie », *Dr. et patr.* avr. 2009, p. 24 ; M. Tirard, « Le dispositif de la loi du 19 février 2007 », *RLDC* 2007, n° 40, p. 66 s.

2. L'ordonnance du 30 janvier 2009 a adapté la législation fiscale à l'ouverture de la fiducie aux personnes physiques en insérant quatre nouveaux articles dans le Code général des impôts (CGI, nouv. art. 238 *quater* N à 238 *quater* Q).

3. En matière d'impôt sur le revenu, le principe de neutralité fiscale conduit à imposer le constituant personne physique comme s'il était demeuré propriétaire des biens mis en fiducie. En outre, le transfert vers le patrimoine fiduciaire ne change pas la nature du revenu tiré des biens concernés : revenus fonciers et plus-values immobilières pour les immeubles, revenus de capitaux mobiliers et plus-values mobilières pour les placements financiers.

C. civ., anc. art. 2031, abrogé par la LME. – En cas de dissolution du constituant, lorsque les ayants droit ne sont pas des personnes morales soumises à l'impôt sur les sociétés, le patrimoine fiduciaire ne peut être attribué à ces ayants droit ès qualités avant la date à laquelle le contrat de fiducie prend fin. Dans cette situation, les droits des ayants droit au titre de la fiducie ne sont pas transmissibles à titre gratuit entre vifs ni cessibles à titre onéreux.

Les articles 2028 à 2030 du Code civil présentent les causes et certains effets de l'extinction de la fiducie.

696. ***Causes d'extinction***. Le contrat de fiducie peut être *révoqué par le constituant*. Dès lors que ce contrat est nécessairement à titre onéreux, c'est-à-dire qu'il suppose une contrepartie de la part du bénéficiaire [1], ce dernier risque de pâtir de cette révocation. C'est pourquoi l'article 2028 du Code civil sécurise sa position : si le bénéficiaire a accepté le contrat de fiducie, celui-ci ne peut être modifié ou révoqué qu'avec son accord. Il s'agit là d'une application du mécanisme de la stipulation pour autrui.

Selon l'article 2029 du Code civil, la fiducie peut également prendre fin de plein droit en cas de *survenance du terme* fixé (la fiducie est toujours conclue pour une durée déterminée ne pouvant excéder quatre-vingt-dix-neuf ans) ou de *réalisation du but* poursuivi avant ce terme.

Ce texte ajoute que la fiducie peut encore s'éteindre de plein droit, sauf si le contrat de fiducie prévoit les conditions dans lesquelles il se poursuit, dans deux hypothèses. D'une part, à la suite de la liquidation, ou de la dissolution, ou de la *disparition du fiduciaire* par cession ou absorption, ou encore, s'il est avocat, en cas d'interdiction temporaire, de radiation ou d'omission du tableau. D'autre part, en cas de *renonciation de la totalité des bénéficiaires* à la fiducie.

Depuis la loi du 4 août 2008, l'article 2029 du Code civil comporte une dernière cause d'extinction du contrat de fiducie : *le décès du constituant personne physique*. Mais, en réalité, cette cause d'extinction ne concerne que la fiducie-gestion, puisque la loi du 12 mai 2009 ayant ratifié l'ordonnance du 30 janvier 2009 l'a exclue en matière de fiducie-sûreté (C. civ., art. 2372-1, al. 2, et 2488-1, al. 2) [2].

697. ***Effets de l'extinction***. Lorsque le contrat de fiducie-gestion prend fin par le décès du constituant, le patrimoine fiduciaire fait de plein droit retour à la succession (C. civ., art. 2030, al. 2).

Lorsque le contrat de fiducie prend fin *en l'absence de bénéficiaire* (notamment en raison d'une renonciation expresse de sa part), les droits, biens ou sûretés présents dans le patrimoine fiduciaire font de plein droit retour au constituant (C. civ., art. 2030, al. 1er) [3]. Si le constituant a alors disparu par l'effet d'une dissolution, la transmission s'opère auprès du successeur de son patrimoine en cas de transmission universelle ou des ayants droit au *prorata* de leurs droits dans le partage du constituant.

Le régime général de la fiducie est muet, en revanche, sur le sort du patrimoine fiduciaire au terme du contrat en présence de bénéficiaires. Cette lacune a été en partie comblée dans le cadre du régime propre à la fiducie-sûreté.

---

1. V. ss 673.
2. V. ss 712.
3. Le retour de tout ou partie du patrimoine fiduciaire au constituant ne donne pas lieu à perception de la taxe sur la publicité foncière (CGI, art. 1133 *quater*).

§ 3. Régime propre à la fiducie-sûreté

C. civ., art. 2372-1. – La propriété d'un bien mobilier ou d'un droit peut être cédée à titre de garantie d'une obligation en vertu d'un contrat de fiducie conclu en application des articles 2011 à 2030.
Par dérogation à l'article 2029, le décès du constituant personne physique ne met pas fin au contrat de fiducie constitué en application de la présente section.
C. civ., art. 2372-2. – En cas de fiducie conclue à titre de garantie, le contrat mentionne à peine de nullité, outre les dispositions prévues à l'article 2018, la dette garantie et la valeur estimée du bien ou du droit transféré dans le patrimoine fiduciaire.
C. civ., art. 2372-3. – À défaut de paiement de la dette garantie et sauf stipulation contraire du contrat de fiducie, le fiduciaire, lorsqu'il est le créancier, acquiert la libre disposition du bien ou du droit cédé à titre de garantie.
Lorsque le fiduciaire n'est pas le créancier, ce dernier peut exiger de lui la remise du bien, dont il peut alors librement disposer, ou, si le contrat de fiducie le prévoit, la vente du bien ou du droit cédé et la remise de tout ou partie du prix.
La valeur du bien ou du droit cédé est déterminée par un expert désigné à l'amiable ou judiciairement, sauf si elle résulte d'une cotation officielle sur un marché organisé au sens du Code monétaire et financier ou si le bien est une somme d'argent. Toute clause contraire est réputée non écrite.
C. civ., art. 2372-4. – Si le bénéficiaire de la fiducie a acquis la libre disposition du bien ou du droit cédé en application de l'article 2372-3, il verse au constituant, lorsque la valeur mentionnée au dernier alinéa de cet article excède le montant de la dette garantie, une somme égale à la différence entre cette valeur et le montant de la dette, sous réserve du paiement préalable des dettes nées de la conservation ou de la gestion du patrimoine fiduciaire.
Sous la même réserve, si le fiduciaire procède à la vente du bien ou du droit cédé en application du contrat de fiducie, il restitue au constituant la part du produit de cette vente excédant, le cas échéant, la valeur de la dette garantie.
À peine de nullité, la convention de rechargement établie selon les dispositions de l'article 2372-2 est enregistrée sous la forme prévue à l'article 2019. La date d'enregistrement détermine, entre eux, le rang des créanciers.
Les dispositions du présent article sont d'ordre public et toute clause contraire à celles-ci est réputée non écrite.
C. civ., anc. art. 2372-6 *(abrogé par la loi du 12 mai 2009)*. – Les dispositions du présent chapitre ne sont pas applicables aux fiducies constituées à titre de garantie par les personnes morales.
C. civ., art. 2488-1. – La propriété d'un bien immobilier peut être cédée à titre de garantie d'une obligation en vertu d'un contrat de fiducie conclu en application des articles 2011 à 2030.
Par dérogation à l'article 2029, le décès du constituant personne physique ne met pas fin au contrat de fiducie constitué en application du présent chapitre.
C. civ., art. 2488-2. – En cas de fiducie conclue à titre de garantie, le contrat mentionne à peine de nullité, outre les dispositions prévues à l'article 2018, la dette garantie et la valeur estimée de l'immeuble transféré dans le patrimoine fiduciaire.
C. civ., art. 2488-3. – À défaut de paiement de la dette garantie et sauf stipulation contraire du contrat de fiducie, le fiduciaire, lorsqu'il est le créancier, acquiert la libre disposition du bien cédé à titre de garantie.
Lorsque le fiduciaire n'est pas le créancier, ce dernier peut exiger de lui la remise du bien, dont il peut alors librement disposer, ou, si la convention le prévoit, la vente du bien et la remise de tout ou partie du prix.
La valeur du bien est déterminée par un expert désigné à l'amiable ou judiciairement. Toute clause contraire est réputée non écrite.
C. civ., art. 2488-4. – Si le bénéficiaire de la fiducie a acquis la libre disposition du bien en application de l'article 2488-3, il verse au constituant, lorsque la valeur mentionnée au dernier alinéa de cet article excède le montant de la dette garantie, une somme égale à la différence

entre cette valeur et le montant de la dette, sous réserve du paiement préalable des dettes nées de la conservation ou de la gestion du patrimoine fiduciaire.
Sous la même réserve, si le fiduciaire procède à la vente du bien en application du contrat de fiducie, il restitue au constituant la part du produit de cette vente excédant, le cas échéant, la valeur de la dette garantie.
C. civ., art. 2488-5. – La propriété cédée en application de l'article 2488-1 peut être ultérieurement affectée à la garantie de dettes autres que celles mentionnées par l'acte constitutif pourvu que celui-ci le prévoie expressément.
(L. du 12 mai 2009) Le constituant peut l'offrir en garantie, non seulement au créancier originaire, mais aussi à un nouveau créancier, encore que le premier n'ait pas été payé. Lorsque le constituant est une personne physique, le patrimoine fiduciaire ne peut alors être affecté en garantie d'une nouvelle dette que dans la limite de sa valeur estimée au jour de la recharge.
À peine de nullité, la convention de rechargement établie selon les dispositions de l'article 2488-2 est publiée sous la forme prévue à l'article 2019. La date de publication détermine, entre eux, le rang des créanciers.
Les dispositions du présent article sont d'ordre public et toute clause contraire à celles-ci est réputée non écrite.
C. civ., anc. art. 2488-6 *(abrogé par la loi du 12 mai 2009)*. – Les dispositions du présent chapitre ne sont pas applicables aux fiducies constituées à titre de garantie par les personnes morales.

698. ***Les insuffisances du régime de la fiducie-sûreté dans la loi du 19 février 2007.*** Dans le système de 2007, la fiducie utilisée à des fins de garantie présentait deux caractéristiques particulièrement appréciables en matière de sûretés, à savoir la flexibilité et l'exclusivité.

La *flexibilité*, qui favorise l'adéquation entre les besoins des parties et la garantie conclue, résultait des espaces laissés par la loi de 2007 à la liberté contractuelle, au sujet notamment des *missions et obligations du fiduciaire*. La souplesse se rapportait également à l'*assiette* de la fiducie-sûreté, définie en des termes particulièrement larges par l'article 2011 du Code civil, qui vise sans aucune restriction les biens, droits et sûretés du débiteur constituant, qu'ils soient présents ou futurs [1].

L'*exclusion du concours*, quant à elle, paraissait devoir procéder du fonctionnement du patrimoine d'affectation. En effet, au cours de l'opération de fiducie, la loi de 2007 a clairement prévu que, sous réserve d'une fraude, les créanciers qui ne disposent d'aucune sûreté publiée antérieurement à la constitution de la fiducie sur les biens du constituant, ne peuvent saisir ceux de ces biens qui ont été transférés dans le patrimoine fiduciaire. En cas de défaillance du débiteur, dans le silence de la loi de 2007, il était permis de penser que le créancier bénéficiaire aurait dû acquérir définitivement un droit de propriété exclusif sur ce patrimoine fiduciaire, paralysant ainsi les poursuites des autres créanciers du constituant.

Au regard de ces deux avantages, consacrés ou au moins autorisés par la loi du 19 février 2007, la fiducie-sûreté pouvait donc apparaître comme un instrument de protection attractif pour les créanciers dispensateurs de crédit. En réalité, cette appréciation

1. Si la fiducie-sûreté portant sur des créances futures est certainement protectrice des intérêts du créancier, elle risque de s'avérer excessivement préjudiciable pour les entreprises débitrices, en ce qu'elle pourrait empêcher celles-ci de bénéficier d'un plan de sauvegarde ou de redressement judiciaire. En effet, en pratique, dès l'ouverture d'une procédure collective, le crédit fournisseur est rompu, de sorte que l'entreprise ne peut envisager la poursuite de son activité qu'en compensant cette perte par la mobilisation de ses créances commerciales, ce qui sera naturellement impossible si ces créances ont déjà été transférées dans un patrimoine fiduciaire.

positive devait être relativisée en raison des très nombreuses *zones d'ombre* que comportait le régime de cette nouvelle sûreté dans la loi de 2007. Les incertitudes concernaient *les éléments les plus fondamentaux du régime de la garantie* : son caractère accessoire, sa réalisation et son articulation avec le droit des procédures collectives [1].

699. ***Le régime propre à la fiducie-sûreté instauré par l'ordonnance du 30 janvier 2009 et la loi de ratification du 12 mai 2009.*** Prise en habilitation de la loi de modernisation de l'économie du 4 août 2008, l'ordonnance du 30 janvier 2009 renferme diverses mesures relatives à la fiducie, les unes générales [2], les autres propres à la fiducie conclue à titre de garantie, qui viennent ainsi combler l'essentiel des lacunes de cette « œuvre inachevée » que constituait la loi du 19 février 2007 [3] et font, par là même, tomber les principaux obstacles à son essor.

Depuis l'entrée en vigueur de l'ordonnance (le 1er février 2009), la fiducie figure dans le Code civil auprès des sûretés réelles classiques [4]. En effet, les articles 2329 et 2373 ont été modifiés pour étendre la liste qu'ils dressent respectivement des sûretés sur les meubles et des sûretés sur les immeubles à la propriété cédée à titre de garantie [5]. Par ailleurs et surtout, le régime de la fiducie-sûreté se trouve désormais détaillé dans les nouveaux articles 2372-1 à 2372-5 (fiducie portant sur des meubles) et 2488-1 à 2488-5 (fiducie portant sur des immeubles) [6].

L'existence de ces deux corps de règles s'explique par la classification bipartite du Code civil distinguant les sûretés réelles mobilières et les sûretés réelles immobilières. D'un point de vue formel, ce double emplacement n'est guère satisfaisant [7], puisqu'il entrave l'accessibilité matérielle du droit de la fiducie, qui est déjà rendue difficile par le cumul nécessaire entre ces règles spéciales et le régime général inscrit dans les articles 2011 à 2030 du Code civil. En revanche, d'un point de vue substantiel, l'existence des deux corps de règles n'est nullement source d'incohérence, puisque la fiducie-sûreté fait l'objet de dispositions semblables quelle que soit la nature des biens qui en constituent l'assiette (les articles relatifs à la fiducie-sûreté immobilière sont les doublons de ceux relatifs à la fiducie-sûreté mobilière).

---

1. Sur cette articulation, v. ss 1281, 1297-1299.

2. Sur le statut de l'avocat fiduciaire, v. ss 679 ; sur la désignation du tiers « protecteur », v. ss 681 ; sur le périmètre de l'authenticité, v. ss 683 ; sur la neutralité fiscale, v. ss 695.

3. G. Blanluet et J.-P. Gall, « La fiducie, une œuvre inachevée. Un appel à la réforme après la loi du 19 février 2007 », *JCP* 2007. I. 169. Dans le même sens, cf. not. R. Libchaber, « Les aspects civils de la fiducie dans la loi du 19 février 2007 », *Defrénois* 2007, art. 38631 et 38639 (« une loi en trompe-l'œil (votée) à seule fin de préparer le terrain de la suivante, plus efficace »).

4. L'ordonnance du 30 janvier 2009 a modifié et complété le Livre IV du Code civil consacré aux sûretés, alors que la loi du 19 février 2007 a inscrit le régime général de la fiducie dans le Livre III déclinant les « différentes manières dont on acquiert la propriété ». Dans la loi de 2007, les termes « sûreté » ou même « garantie » n'étaient d'ailleurs pas employés ; l'utilisation de la fiducie à des fins de garantie était seulement implicitement autorisée par la référence de l'article 2011 du Code civil à un « but déterminé ».

5. Sur l'article 2329 du Code civil, v. ss 807 ; sur l'article 2373, v. ss 1011.

6. L'ordonnance du 30 janvier 2009 avait, en réalité, créé deux textes supplémentaires, les articles 2372-6 et 2488-6. Ces dispositions ne figurent toutefois déjà plus dans le Code civil, puisqu'elles ont été abrogées par la loi de ratification du 12 mai 2009 afin d'étendre aux constituants personnes morales le régime que l'ordonnance avait au contraire réservé aux seules personnes physiques.

7. En ce sens, cf. L. Andreu, « Les insuffisances de la nomenclature légale des sûretés réelles (à propos de l'ordonnance du 30 janvier 2009 portant diverses mesures relatives à la fiducie) », *LPA* 5 juin 2009, nº 112 (une classification de substitution est proposée, distinguant les sûretés réelles monovalentes, c'est-à-dire ayant spécifiquement pour objet un bien meuble ou immeuble, et les sûretés réelles polyvalentes, pouvant indifféremment porter sur des meubles ou sur des immeubles ; la fiducie-sûreté serait alors entièrement réglementée au sein de cette seconde catégorie).

Ce régime propre à la fiducie conclue à titre de garantie comporte des règles intéressant sa constitution (A), son rechargement (B), sa réalisation en cas de défaillance du constituant (C) et son extinction (D). Dans le silence de l'ordonnance et de sa loi de ratification en date du 12 mai 2009 sur d'autres aspects du régime de la fiducie-sûreté, il convient de faire application du régime général de la fiducie exposé précédemment et, à défaut, du droit commun des obligations. Ainsi, les effets de la fiducie-sûreté antérieurs à la défaillance du débiteur ne faisant l'objet d'aucune règle, ni dans le régime spécial, ni dans le régime général de la fiducie, la liberté contractuelle devrait trouver à s'exprimer, pour fixer, par exemple, les conditions de conservation des biens transférés ou le sort des revenus du patrimoine fiduciaire.

A. Constitution de la fiducie-sûreté

La constitution de la fiducie-sûreté[1] n'est pas subordonnée à des conditions de fond originales par rapport à celles figurant dans le régime général (1°). Au contraire, le formalisme y est plus contraignant (2°).

1° Conditions de fond

700. ***Transfert nécessaire de propriété mais possible absence de dépossession du constituant.*** Dans le régime mis en place par l'ordonnance du 30 janvier 2009, le caractère translatif de propriété de la fiducie-sûreté ne fait aucun doute (C. civ., art. 2329, 2372-1, 2373, 2488-1), là où, à l'inverse, la nature du « transfert » envisagé par l'article 2011 du Code civil peut davantage prêter à discussion[2]. Simplement, il s'agit d'un *transfert de propriété provisoire et incomplet*, comme dépourvu du droit de disposer, dont l'acquisition n'est qu'éventuelle, puisqu'elle se trouve subordonnée au non-paiement de la dette garantie. En effet, les articles 2372-3 et 2488-3, alinéa 1er, du Code civil n'envisagent l'acquisition de la « libre disposition du bien cédé à titre de garantie » par le bénéficiaire qu'à titre de mode de réalisation de la fiducie-sûreté.

Si le constituant cède donc la propriété des biens faisant l'objet du contrat de fiducie, l'ordonnance ne formule en revanche aucune exigence de dépossession. Se trouve ainsi implicitement confirmée la validité de la *convention de mise à disposition*, visée par le nouvel article 2018-1 du Code civil, qui permet au constituant de conserver l'usage ou la jouissance des biens transférés dans le patrimoine fiduciaire. L'existence d'une telle convention est particulièrement déterminante lorsque le constituant fait l'objet d'une procédure collective, puisque c'est la poursuite de l'activité qu'elle favorise qui justifie, alors, que les droits du créancier bénéficiaire soient paralysés[3].

701. ***Qualité du constituant.*** Selon l'ordonnance du 30 janvier 2009, l'application des nouvelles dispositions propres à la fiducie-sûreté devait dépendre de la qualité du constituant. En effet, les articles 2372-6 et 2488-6 énonçaient qu'elles « ne sont pas applicables aux fiducies constituées à titre de garantie par les personnes morales ». Cette restriction était pour le moins paradoxale, puisque seules les personnes morales pouvaient, avant

---

1. Pour un exemple de formule notariale, cf. S. Prigent, « Constitution d'une fiducie-sûreté », *Defrénois* 2010, art. 39141, p. 1555.
2. V. ss 669.
3. V. ss 1281, 1297-1299.

l'élargissement réalisé par la loi du 4 août 2008, avoir la qualité de constituant. En réalité, cette limitation ne s'expliquait qu'au regard du champ de l'habilitation donnée au gouvernement par cette loi de 2008, restreint aux personnes physiques. C'est pourquoi la loi de ratification du 12 mai 2009 l'a remise en cause, en abrogeant les articles 2372-6 et 2488-6 du Code civil. À l'exception de la règle relative au plafond du rechargement de la fiducie, qui ne concerne que les constituants personnes physiques (C. civ., art. 2372-5, al. 2 et 2488-5, al. 2)[1], le nouveau régime de la fiducie-sûreté s'applique donc désormais quelle que soit la qualité du constituant.

Il convient par ailleurs de remarquer que, les nouveaux textes faisant référence au « constituant » et non au débiteur, un tiers à la dette garantie pourrait céder la propriété de ses biens en couverture de celle-ci. La fiducie peut donc, comme les sûretés réelles traditionnelles, être conclue *pour autrui*[2].

2° Conditions de forme

Le caractère solennel du contrat de fiducie-sûreté a été renforcé par l'ordonnance du 30 janvier 2009, puisque sa validité dépend, en plus des mentions déjà imposées par l'article 2018 du Code civil, de deux nouvelles mentions visant à protéger le constituant (C. civ., art. 2372-2 et 2488-2). En revanche, aucune règle de publicité propre à la fiducie-sûreté n'a été adoptée, ce qui, malheureusement, laisse présager d'épineux conflits.

702. ***Mention ad validitatem de la dette garantie***. À peine de nullité, le contrat de fiducie-sûreté doit désormais préciser « la dette garantie ». Cette mention est tout à fait classique en matière de sûretés réelles conventionnelles, où, désignée sous l'expression «*principe de spécialité quant à la créance garantie* », elle vise à empêcher que ladite créance ne soit modifiée après la conclusion du contrat, au détriment du débiteur et de ses autres créanciers. La nouvelle mention devrait dès lors être interprétée à l'aune des précisions déjà inscrites dans les droits du gage et de l'hypothèque[3] : le principe de spécialité ne fait pas obstacle à ce que le contrat mentionne, non pas une seule dette garantie, mais plusieurs ; il autorise également la couverture de créances futures, pourvu qu'elles soient déterminables ; en matière immobilière, afin de renforcer la protection du constituant, la mention de la cause de la créance pourrait même être exigée.

Il importe de relever que, dans la fiducie-sûreté, l'exigence de spécialité ne saurait avoir la portée absolue qu'elle développe traditionnellement dans les sûretés réelles, puisque la fiducie-sûreté peut être affectée à la garantie de créances autres que celles mentionnées dans l'acte constitutif (C. civ., art. 2372-5 et 2488-5). Cette *faculté de recharge* constitue un tempérament important au principe de spécialité quant à la créance garantie et même, plus avant, au caractère accessoire de la sûreté[4].

703. ***Mention ad validitatem de l'estimation de la valeur du meuble ou de l'immeuble transféré***. Les nouveaux articles 2372-2 et 2488-2 du Code civil imposent, ensuite, une mention bien plus inhabituelle, à savoir une estimation (pouvant sans doute être amiablement

---

1. V. ss 706.

2. L'ordonnance du 18 décembre 2008 ayant réformé le droit des entreprises en difficulté a expressément validé cette possibilité en alignant sur le sort des cautions personnelles celui des personnes « ayant cédé un bien en garantie » de la dette de l'entreprise débitrice ; v. ss 1203.

3. En matière de gage, v. ss 815, 821 ; en matière d'hypothèque, v. ss 1032, 1033, 1063.

4. V. ss 707.

convenue, sans expertise) de « la valeur » des biens transférés dans le patrimoine fiduciaire. Cette exigence supplémentaire par rapport à celle que renferme l'article 2018, 1° du Code civil, qui impose seulement de désigner les biens eux-mêmes, a été justifiée par le souci de « garantir une parfaite connaissance par le constituant personne physique de la portée de son engagement », motif pris que « la fiducie peut avoir de graves conséquences sur le patrimoine du constituant » [1]. Ces motifs ne sont pas pleinement convaincants, puisque, s'il est vrai que la réalisation de la fiducie-sûreté est particulièrement radicale pour le constituant défaillant, qui perd définitivement la propriété des biens transférés, cette réalisation doit impérativement s'accompagner d'une estimation de la valeur des biens au jour où elle a lieu, de sorte que le dépouillement du débiteur ne saurait être aggravé par un enrichissement injustifié du créancier. En outre, dans les sûretés réelles classiques, la stipulation d'un pacte commissoire peut aussi engendrer « de graves conséquences sur le patrimoine du constituant » et pourtant la mention d'une estimation de la valeur des biens grevés n'y est pas imposée à peine de nullité. Dans ces conditions, ladite mention révèle surtout l'ancestrale défiance de notre droit envers l'institution fiduciaire [2].

704. ***Incertitudes persistantes quant à l'opposabilité aux tiers (ayants cause du constituant).*** L'ordonnance du 30 janvier 2009 n'ayant fixé aucune règle de publicité, les fiducies constituées à titre de garantie continuent de relever du régime général, qui comporte lui-même des lacunes en la matière [3]. Si les fiducies-sûretés immobilières seront portées à la connaissance des tiers par un régime de publicité habituel et si celles opérant une cession de créances font dorénavant l'objet d'une publicité simplifiée, en revanche celles qui porteront *sur des meubles corporels ou incorporels* autres que des créances resteront *occultes*, leur enregistrement, requis certes à peine de nullité (C. civ., art. 2019), ne pouvant constituer une mesure d'information à l'égard des tiers. Seule une *dépossession* de ces biens remis entre les mains du fiduciaire pourrait être un élément d'information et pourrait éviter qu'un ayant-cause à titre particulier du constituant n'entre lui-même en possession des biens et ne se prévale en conséquence du jeu de l'article 2276 du Code civil (anc. art. 2279) pour faire obstacle à la revendication du créancier (bénéficiaire de la fiducie) impayé.

Deux solutions peuvent être imaginées pour résoudre cette difficulté majeure concernant principalement les fiducies-sûretés sans dépossession : soit considérer que, faute de dépossession du constituant, l'exigence de publicité prévue pour les gages par l'article 2337 du Code civil soit respectée pour chaque meuble transmis au fiduciaire ; soit modifier le fonctionnement du registre appelé à recevoir les déclarations de fiducie pour le transformer d'un registre à des fins d'ordre public en un registre à des fins de publicité, au moins pour les fiducies-sûretés mobilières.

B. Rechargement de la fiducie-sûreté

705. ***Reconnaissance et encadrement du rechargement de la fiducie-sûreté.*** Une fiducie est dite rechargeable lorsqu'elle peut être affectée à la garantie d'autres créances

---

1. Rapport au président de la République relatif à l'ordonnance n° 2009-112 du 30 janvier 2009 portant diverses mesures relatives à la fiducie (*JO* 31 janv. 2009, p. 1851).
2. En ce sens, cf. Ph. Dupichot, « La fiducie-sûreté en pleine lumière. À propos de l'ordonnance du 30 janvier 2009 », *JCP* 2009. I. 132, n° 7, qui y voit « un réflexe déplacé de méfiance envers la fiducie ».
3. V. ss 685.

que celles mentionnées dans l'acte qui la constitue. Elle présente, pour le constituant, le double intérêt de pouvoir obtenir de nouveaux crédits après avoir remboursé une partie de la créance initiale, d'une part, et de pouvoir pleinement tirer les bénéfices économiques des biens transférés dont la valeur serait supérieure à la créance garantie *ab initio*, d'autre part.

L'ordonnance du 30 janvier 2009 a consacré à ce rechargement de la fiducie deux volumineux articles (C. civ., art. 2372-5 et 2488-5) et la loi de ratification du 12 mai 2009 est venue leur apporter une modification importante. Avant d'analyser ces nouveaux textes, il convient de remarquer que le rechargement était déjà possible avant leur entrée en vigueur. En effet, la loi du 19 février 2007 était suffisamment vague au sujet de la créance garantie par la fiducie pour autoriser les parties à exercer en ce sens leur liberté contractuelle[1]. Par la suite, cette liberté a été expressément consacrée par l'ordonnance du 18 décembre 2008 ayant réformé le droit des entreprises en difficulté, selon laquelle la nullité de la période suspecte concerne « tout avenant à un contrat de fiducie affectant des droits ou biens déjà transférés dans un patrimoine fiduciaire à la garantie de dettes contractées antérieurement à cet avenant » (C. com., art. 632-1, 10°). Les nouveaux articles 2372-5 et 2488-5 du Code civil viennent donc encadrer un mécanisme qui était « déjà possible en droit positif »[2].

Le nouveau dispositif attire particulièrement l'attention à trois égards : d'abord, les emprunts qu'il opère à l'hypothèque rechargeable ; ensuite, la particularité qu'il développe au sujet de la limite du rechargement ; enfin, les conséquences qu'il emporte sur le degré d'accessoriété de la fiducie-sûreté.

706. ***Les règles de fonctionnement empruntées à l'hypothèque rechargeable***. Faisant écho à l'article 2422 du Code civil relatif à l'hypothèque rechargeable[3], les articles 2372-5 et 2488-5 énoncent, en leur premier alinéa, que « la propriété cédée (...) peut être ultérieurement affectée à la garantie de dettes autres que celles mentionnées par l'acte constitutif ». Il s'agit là de la définition même du rechargement. Son régime est ensuite précisé, également sur le modèle de celui de l'hypothèque rechargeable.

En premier lieu, la fiducie-sûreté n'est jamais rechargeable de droit ; le rechargement doit être *expressément stipulé* dans l'acte constitutif (C. civ., art. 2372-5, al. 1er et art. 2488-5, al. 1er, *in fine :* « pourvu que celui-ci (l'acte constitutif) le prévoie expressément »).

En deuxième lieu, la faculté de rechargement peut être exercée au bénéfice, soit du *créancier originaire*, soit, pour protéger la libre concurrence entre prêteurs, d'un *nouveau créancier* « encore que le premier n'ait pas été payé » (C. civ., art. 2372-5, al. 2, et 2488-5, al. 2).

---

1. La proposition de loi du 8 février 2005 autorisait un rechargement ; en effet, elle prévoyait que la fiducie ne s'éteint pas automatiquement à la suite de l'extinction de la créance garantie, puisqu'elle peut jouer au profit d'une nouvelle créance postérieure, sans qu'il soit nécessaire de créer une nouvelle fiducie. La loi du 19 février 2007 n'a pas repris cette règle. Au contraire, l'article 2029 du Code civil semble imposer l'extinction de plein droit du contrat de fiducie en cas de paiement de la créance garantie, puisqu'il y est précisé que la fiducie prend fin « par la réalisation du but poursuivi ». Cependant, cette disposition ne suffisait pas, à elle seule, à faire obstacle à un rechargement, car un autre texte du régime général de la fiducie paraît conférer à celle-ci une certaine autonomie par rapport à la créance garantie. Il s'agit de l'article 2018 du Code civil, qui ne rend pas obligatoire la mention, dans le contrat de fiducie, de la ou des créances garanties. Cette *absence de spécialité quant à la créance garantie* pouvait être interprétée en faveur de la liberté laissée aux parties de stipuler un rechargement de la fiducie.
2. Rapport au président de la République relatif à l'ordonnance du 30 janvier 2009, préc.
3. V. ss 1034 s.

En troisième lieu, la convention de rechargement est assujettie aux mêmes *formes* que la convention initiale. Ce parallélisme concerne le formalisme de constitution[1], mais aussi les formalités d'enregistrement au service des impôts (C. civ., art. 2372-5, al. 3) et de publicité foncière (C. civ., art. 2488-5, al. 3). C'est d'ailleurs la date de ces dernières formalités qui détermine le rang des créanciers bénéficiaires du rechargement.

En quatrième et dernier lieu, il est précisé que toutes ces règles de fonctionnement du rechargement « sont d'*ordre public* » et que « toute clause contraire à celles-ci est réputée non écrite » (C. civ., art. 2372-5, al. 4, et art. 2488-5, al. 4).

707. ***Les spécificités de la fiducie-sûreté rechargeable.*** Une particularité de la fiducie-sûreté a été malheureusement oubliée par les auteurs de la réforme de 2009 dans leur entreprise de façonnage de cette garantie sur le modèle de l'hypothèque rechargeable, à savoir la possible dissociation entre les qualités de fiduciaire et de bénéficiaire[2]. Pour le cas, certes sans doute assez rare, où ces deux protagonistes de l'opération de fiducie-sûreté ne feraient pas qu'un, il aurait été opportun de prévoir une information du fiduciaire sur la survenance d'un rechargement. Dans le silence de l'ordonnance à ce sujet, il appartiendra aux parties d'organiser cette information.

Au contraire, une spécificité a été conférée à la fiducie-sûreté rechargeable, alors qu'elle ne s'imposait pas, relativement au *montant maximal du rechargement*. En matière hypothécaire, l'article 2422, alinéa 2, du Code civil cantonne le rechargement au montant devant être mentionné dans l'acte constitutif à peine de nullité. Cette limitation, imposée par l'ordonnance du 23 mars 2006 pour éviter que la recharge ne favorise un endettement excessif du constituant, n'a pas été transposée à la fiducie-sûreté. En effet, les articles 2372-5 et 2488-5, alinéa 2, du Code civil, tels qu'ils ont été modifiés par la loi de ratification du 12 mai 2009, renferment un régime original, qui varie selon la qualité du constituant : si le constituant est une personne physique, le rechargement doit être limité à *la valeur du patrimoine fiduciaire*, estimée au jour de la recharge ; en présence d'un constituant personne morale, la loi du 12 mai 2009 a écarté cette limitation, de sorte que le rechargement pourra être opéré en toute liberté. Ce système encourt la critique à plusieurs égards. D'abord, l'estimation de la valeur du patrimoine fiduciaire au jour de la recharge est source de lourdeurs : perte de temps et d'argent, surtout à défaut d'accord des parties pour procéder elles-mêmes à cette seconde évaluation[3]. Ensuite, le possible alignement du montant du rechargement sur celui des immeubles transférés accroît, en période de hausse des prix de l'immobilier, le risque de surendettement, et en cas de retournement du marché immobilier, le risque d'une défaillance de masse des emprunteurs, comme l'a tristement démontré la crise américaine des *subprimes*[4], alors, pourtant, que le nouveau dispositif se voulait protecteur des intérêts des constituants personnes

---

1. V. ss 683, 702, 703.
2. Au contraire, au stade de la réalisation de la fiducie-sûreté, cette possible dissociation a été opportunément prise en compte par le législateur ; v. ss 709.
3. Une première évaluation est en effet requise à peine de nullité de l'acte constitutif ; v. ss 703.
4. Aux États-Unis, la souscription de nouveaux crédits ne dépend pas nécessairement d'une amélioration de la solvabilité des débiteurs, puisque les emprunteurs peuvent se réendetter du montant de la progression supposée de la valeur de leurs biens hypothéqués. Lorsque les prix de l'immobilier se sont retournés à la baisse dans l'ensemble du pays, la valeur des habitations hypothéquées est devenue inférieure à la valeur des crédits qu'elles étaient supposées garantir ; l'afflux des défaillances des emprunteurs et des reventes de leurs maisons hypothéquées a accéléré la baisse des prix de l'immobilier ; les pertes se sont alors accumulées du côté des prêteurs ; des établissements de crédit spécialisés se sont, les premiers, retrouvés en difficulté, avant la propagation à l'ensemble du système financier.

physiques (l'objectif affiché était d'éviter une anticipation sur l'éventuelle prise de valeur ultérieure du bien mis en fiducie). Enfin, le déficit de protection de ces débiteurs résulte de l'absence de reprise du volet consumériste du droit de l'hypothèque rechargeable, en particulier l'interdiction du rechargement pour garantir un crédit *revolving*.

708. ***Le degré d'accessoriété de la fiducie-sûreté***. La consécration et l'encadrement du rechargement de la fiducie suscitent des réflexions sur le caractère accessoire de cette sûreté. S'agissant du *caractère accessoire général*, inhérent à la notion même de garantie, il est certainement présent dans la fiducie-sûreté, puisque, d'une part, celle-ci n'a pas d'existence autonome, mais vient au contraire nécessairement s'adjoindre à une obligation principale (en atteste la mention *ad validitatem* de la dette garantie inscrite par l'ordonnance de 2009 dans les articles 2372-2 et 2488-2 du Code civil), quand bien même cette obligation viendrait à changer à la suite d'un rechargement et, d'autre part, la fiducie-sûreté se trouve au service de cette obligation garantie, en ce sens que sa réalisation emporte l'extinction de ladite obligation[1]. S'agissant du *caractère accessoire renforcé*, que présentent les sûretés dont le régime se trouve dans l'étroite dépendance de celui de la dette du constituant envers le créancier bénéficiaire (dépendance manifestée, pour l'essentiel, par l'opposabilité des exceptions tirées de l'obligation garantie pour faire échec à la mise en œuvre de la sûreté), l'analyse mérite d'être bien plus nuancée, tant le rechargement vient tempérer l'accessoriété de la sûreté. Trois situations doivent ainsi être distinguées.

En premier lieu, si les parties ne stipulent pas de clause de rechargement dans l'acte constitutif, le sort de la dette garantie, qui est celle visée dans cet acte et qui doit alors demeurer la même jusqu'à l'extinction de la sûreté, devrait profondément influer sur le sort de la fiducie. Plus précisément, si la fiducie constituée à titre de garantie n'est pas rechargeable, elle devrait être transmise et éteinte par voie accessoire. Ainsi, le constituant, voire le fiduciaire s'il n'est pas le bénéficiaire, pourraient-ils opposer au créancier, par exemple, la nullité ou la résolution du contrat de base, ou son exécution ou encore son inexécution pour cause de force majeure. Par ailleurs, la transmission de la créance garantie devrait entraîner, de plein droit, le transfert de la fiducie au profit du cessionnaire.

En deuxième lieu et au contraire, si les parties usent de la faculté d'inscrire dans l'acte constitutif de fiducie une clause de recharge, cette sûreté, avant que le rechargement n'ait éventuellement lieu, développe certainement une autonomie par rapport à la dette garantie, puisqu'elle devrait survivre à l'extinction de celle-ci, ainsi qu'à la possible renonciation du créancier à sa sûreté[2]. En outre, la transmission de la créance mentionnée dans le contrat initial de fiducie ne devrait pas emporter une transmission automatique de la garantie ; ce dernier transfert devrait dépendre de la désignation expresse d'un nouveau créancier bénéficiaire et ce, dans le respect de l'ensemble des conditions de fond et de forme précédemment décrites.

Cf. P. Crocq, « La nouvelle fiducie-sûreté : une porte ouverte sur une prochaine crise des *subprimes* en France ? », *D.* 2009. 716.

1. La réalisation de la fiducie-sûreté, qu'elle soit ou non rechargeable, doit donner satisfaction au créancier bénéficiaire par la seule extinction de la dette garantie et non par un enrichissement supplémentaire résultant de l'acquisition de la propriété de biens d'une valeur supérieure à celle de cette dette. Sur l'obligation du créancier de verser au débiteur une soulte pour éviter un tel enrichissement qu'aucune sûreté ne devrait procurer, v. ss 710.

2. En matière hypothécaire, ces dérogations au caractère accessoire sont expressément énoncées par l'article 2488 du Code civil, selon lequel « les privilèges et hypothèques s'éteignent : 1° par l'extinction de l'obligation principale sous réserve du cas prévu à l'article 2422 (c'est-à-dire celui d'une hypothèque rechargeable) ; 2° par la renonciation du créancier à l'hypothèque, sous la même réserve ».

En troisième et dernier lieu, si les parties ont stipulé la fiducie rechargeable et que le rechargement est effectivement opéré pour garantir une nouvelle créance (au profit du créancier initial ou d'un nouveau créancier), la sûreté devrait alors redevenir accessoire par rapport à cette créance qui lui sert désormais de cause, avec toutes les conséquences envisagées plus haut concernant sa transmission et son extinction.

La fiducie-sûreté présente donc une nature et un régime fort variables selon que la faculté de rechargement est ou non prévue et, si elle l'est, selon que l'on envisage la sûreté avant ou après sa recharge. Ces diverses facettes, en termes d'accessoriété, loin de constituer une complexification inutile du mécanisme, révèlent, au contraire, une polyvalence que la pratique ne devrait pas manquer d'apprécier.

C. Réalisation de la fiducie-sûreté

709. ***Silence de la loi du 19 février 2007 sur les modalités de réalisation de la fiducie constituée à des fins de garantie.*** La loi du 19 février 2007 ne comportait aucune disposition sur la défaillance du débiteur et la réalisation consécutive de la fiducie-sûreté par le bénéficiaire. Ce silence était particulièrement critiquable puisque l'efficacité d'une sûreté dépend des conditions de sa mise en œuvre. Pour combler cette lacune, il paraissait opportun d'appliquer le droit commun de la réalisation des sûretés réelles conventionnelles mobilières et immobilières (gage, nantissement et hypothèque), tel qu'il ressort de l'ordonnance du 23 mars 2006, plus précisément les règles relatives au pacte commissoire : la valeur des biens transférés aurait dû, alors, être déterminée à dire d'expert, sauf s'il s'agissait de sommes d'argent, de créances ou d'instruments financiers admis aux négociations sur un marché réglementé ; en outre, aurait due être réputée non écrite la clause autorisant le fiduciaire à s'approprier la différence entre la valeur des droits et biens constituant l'assiette de la garantie et celle des créances garanties [1].

710. ***Définition précise par l'ordonnance du 30 janvier 2009 des modes de réalisation propres à la fiducie-sûreté.*** L'un des apports majeurs de l'ordonnance du 30 janvier 2009 est d'avoir dissipé les incertitudes de la loi de 2007 relatives à la mise en œuvre de la fiducie-sûreté. Les nouveaux articles 2372-3 et 2488-3 du Code civil distinguent, à cet effet, selon que le fiduciaire est le créancier garanti lui-même ou un tiers.

En présence d'un fiduciaire-bénéficiaire, la réalisation s'opère très simplement, puisque celui-ci « acquiert la libre disposition du bien » mobilier ou immobilier cédé à titre de garantie. Rappelons que, comme le fiduciaire est propriétaire du patrimoine fiduciaire dès la conclusion du contrat de fiducie, l'acquisition dont il s'agit n'a nullement pour objet le droit de propriété, mais seulement une *liberté de disposition nouvelle* [2]. Dit autrement, la propriété fiduciaire, qui revêtait jusque-là une singularité indéniable (absence de droit de disposition, caractère temporaire), en particulier si le constituant jouissait d'une convention de mise à disposition des actifs transférés (absence de droit

1. Ces règles de transfert et d'évaluation sont énoncées, en matière de gage de meubles corporels, par l'article 2348 du Code civil (v. ss 846) ; en matière de nantissement de meubles incorporels, par l'article 2366 du Code civil (v. ss 909) ; en matière d'hypothèque, par l'article 2460 du Code civil (v. ss 1089).

2. La situation du fiduciaire-bénéficiaire est, sur ce point, tout à fait comparable à celle d'un créancier s'étant réservé la propriété d'un bien, à l'égard duquel l'article 2371, alinéa 1er, du Code civil dispose qu'« à défaut de complet paiement à l'échéance, le créancier peut demander la restitution du bien afin de recouvrer le droit d'en disposer ».

d'usage et de jouissance pour le fiduciaire), se transforme en une propriété ordinaire, caractérisée par ses trois attributs – *usus, fructus* et *abusus* – et la force résultant de son absolutisme, de son exclusivité et de sa perpétuité[1]. Les articles 2372-3 et 2488-3, alinéa 1er, réservent la possibilité d'une mention contraire du contrat de fiducie. Par conséquent, les parties pourraient préférer à l'acquisition de la libre disposition des biens cédés *la vente* de ces biens pour employer le prix au paiement du créancier[2].

Si le fiduciaire n'est pas le créancier bénéficiaire, les articles 2372-3 et 2488-3, alinéa 2, du Code civil précisent que le créancier peut exiger du fiduciaire « la remise du bien » afin de pouvoir en disposer librement[3] ou, à la condition que la convention l'ait prévu, que le fiduciaire peut être tenu de vendre le bien contre remise de tout ou partie du prix au créancier.

On le voit, que le fiduciaire soit ou non le créancier garanti, la réalisation de la fiducie-sûreté présente deux avantages considérables pour ses bénéficiaires. Le premier consiste dans la situation d'*exclusivité* sur les biens transférés que confère le droit de propriété et qui permet aux bénéficiaires d'échapper à tout concours avec les autres créanciers du constituant. Le second avantage essentiel réside dans la *souplesse* de la réalisation. Effectivement, outre les espaces laissés à la volonté des parties, certaines des prohibitions qui entament l'efficacité de la réalisation des sûretés réelles classiques (gage et hypothèque) n'ont pas cours ici, que l'on songe à l'interdiction de la clause de voie parée[4] ou à celle de stipuler un pacte commissoire au sein d'une hypothèque portant sur la résidence principale du constituant[5].

711. ***Garde-fous institués par l'ordonnance du 30 janvier 2009 sur le modèle du droit du gage et de l'hypothèque***. Néanmoins, toutes les protections du constituant et de ses créanciers, que l'ordonnance du 23 mars 2006 a consacrées en matière de gage et d'hypothèque, n'ont pas été écartées du régime fiduciaire. Pour prévenir les abus que la souplesse de réalisation de la fiducie-sûreté pouvait laisser augurer, les auteurs de l'ordonnance du 30 janvier 2009 ont, en effet, puisé dans le droit du gage et de l'hypothèque, plus précisément dans les règles relatives à leur réalisation par voie d'acquisition de la propriété (à la suite d'une attribution judiciaire ou de la mise en œuvre d'un pacte commissoire), deux garde-fous contre l'enrichissement injustifié du bénéficiaire (en cas d'acquisition de la libre disposition d'un bien d'une valeur supérieure à la créance impayée) et contre la spoliation corrélative du constituant et de ses autres créanciers (notamment en cas de vente des biens à un prix, certes suffisant pour désintéresser le bénéficiaire de la fiducie, mais inférieur à leur véritable valeur).

Le premier garde-fou procède de l'exigence d'une *détermination de la valeur des biens*, conservés ou vendus, par un *expert* désigné à l'amiable ou judiciairement, sauf le cas où cette valeur résulterait en matière mobilière d'une cotation officielle sur un marché

---

1. « Une propriété-richesse succède alors à une propriété finalisée » (Ph. Dupichot, « Le nouveau régime de la fiducie-sûreté », *Dr. et patr.* avr. 2009, p. 127).

2. Sur les avantages et les modalités de cette vente, cf. L. Galliez et F. Pouzenc, « La fiducie-sûreté : modes d'emploi », *Dr. et patr.* 2011, n° 206, p. 34.

3. Sur les discussions relatives à l'objet de l'obligation du fiduciaire (faire ou donner ?), cf. not. C. de Lajarte, « La nature juridique des droits du bénéficiaire d'une fiducie », *RLDC* 2009, n° 60, p. 71.

4. La fiducie échappe à la prohibition de la clause de voie parée (clause écartant les formalités légales de la vente forcée, notamment les saisies préalables), puisqu'il suffit que mandat ait été donné au fiduciaire de réaliser le bien pour échapper aux contraintes imposées par le droit des voies d'exécution.

5. Sur l'interdiction de la clause de voie parée en matière de gage et d'hypothèque, v. ss 839, 1083. Sur l'interdiction du pacte commissoire lorsque l'hypothèque porte sur la résidence principale du constituant, v. ss 1089.

organisé (par exemple, pour les titres financiers cotés en bourse) ou si le bien était une somme d'argent. Les articles 2372-3 et 2488-3, alinéa 3, du Code civil précisent que toute clause contraire est réputée non écrite [1].

Le second garde-fou résulte de l'exigence de versement au constituant d'une *soulte* égale à la différence entre, d'une part, suivant le cas, la valeur d'expertise des biens ou le produit de leur vente et, d'autre part, le solde de la créance garantie, le tout sous déduction éventuelle du montant des dettes qui ont pu naître de la conservation ou de la gestion du patrimoine fiduciaire (C. civ., art. 2372-4 et 2488-4) [2]. Bien que l'ordonnance ne l'ait pas expressément précisé, cette exigence est certainement aussi d'ordre public.

712. ***Paralysie partielle de la fiducie-sûreté dans la procédure collective du constituant***. Il importe de souligner que, lorsque le constituant fait l'objet d'une *procédure collective* professionnelle, la réalisation de la fiducie-sûreté n'est pas seulement entourée de garde-fous ; elle se trouve, dans certains cas qui seront détaillés plus loin, *purement et simplement paralysée*, afin de ne pas compromettre le sauvetage de l'entreprise en difficulté [3].

D. Extinction de la fiducie-sûreté

713. ***Extinction par voie accessoire***. L'extinction de la fiducie-sûreté en conséquence de l'extinction de la dette qu'elle garantit, c'est-à-dire par voie accessoire, n'est pas aussi nécessaire qu'elle l'est au contraire dans les sûretés traditionnelles. Tout dépend, en réalité, de la stipulation d'une clause de rechargement. En effet, la fiducie-sûreté non rechargeable présente certainement un caractère accessoire renforcé qui implique que les causes d'extinction de la dette principale puissent être opposées par le constituant ou par le fiduciaire (s'il n'est pas le créancier garanti) pour paralyser sa mise en œuvre. À l'inverse, la fiducie stipulée rechargeable ne s'éteint pas en cas de paiement de la dette initialement garantie et reste, au contraire, réutilisable en couverture de nouvelles créances.

714. ***Extinction par voie principale***. La loi de modernisation de l'économie du 4 août 2008 a ouvert aux personnes physiques la possibilité de conclure un contrat de fiducie et a érigé le décès de cette nouvelle catégorie de constituants en cause supplémentaire d'extinction dudit contrat par voie principale. Dans le régime général de la fiducie, l'article 2029 du Code civil prévoit, en effet, que « le contrat de fiducie prend fin par le *décès du constituant personne physique* ». L'efficacité de la fiducie constituée à titre de garantie pouvait s'en trouver complètement ruinée, pour le créancier bénéficiaire, puisque le patrimoine fiduciaire aurait dû faire retour à la succession. La loi de ratification du 12 mai 2009 a supprimé cette source importante d'inefficacité de la fiducie-sûreté en inscrivant dans les articles 2372-1 et 2488-1 du Code civil le nouvel alinéa suivant : « Par dérogation à l'article 2029, le décès du constituant personne physique ne met pas fin au contrat de fiducie constitué en application de la présente section ». En conséquence, à la suite du décès du constituant personne physique, la fiducie-sûreté continuera avec les héritiers,

---

1. En matière de gage, ce premier garde-fou est imposé par l'article 2348, alinéa 2, du Code civil (v. ss 846) ; en matière d'hypothèque, par l'article 2460, alinéa 1er (v. ss 1089).

2. L'exigence de versement d'une soulte figure, en matière de gage, à l'article 2348, alinéa 3, du Code civil (v. ss 846) et, en matière d'hypothèque, à l'article 2460, alinéa 2 (v. ss 1089).

3. Sur le régime de la fiducie-sûreté en présence d'une procédure collective du constituant, v. ss 1281, 1297-1299.

sous réserve que les biens transférés dans le patrimoine fiduciaire soient attribués dans le partage à l'un des héritiers, qui deviendra alors le successeur du constituant. Cette transmission semble devoir concerner, non seulement les dettes antérieures au décès, mais également celles qui naîtraient postérieurement [1]. Pour cette raison encore, l'efficacité de la fiducie-sûreté est, depuis les réformes de 2009, absolument indéniable [2].

1. Sur ce point, rappelons que, en matière de sûretés personnelles, l'efficacité du cautionnement de dettes futures est moindre, puisque le décès de la caution constitue une cause d'extinction de l'obligation de couverture, de sorte que seules les dettes nées antérieurement à ce décès sont transmises aux héritiers (v. ss 393-395).

2. Pour une analyse comparée de l'efficacité de la fiducie-sûreté et des sûretés réelles classiques, cf. J.-J. Ansault, « Fiducie-sûreté et sûretés réelles traditionnelles : que choisir ? », *Dr. et patr.* 2010, n° 192, dont la conclusion est nuancée : « L'ensemble de ces éléments converge pour faire de la fiducie-sûreté la garantie idéale pour des opérations d'envergure dans lesquelles les créanciers accepteront sans mal de se soumettre à une procédure constitutive pesante dans la mesure où elle leur assure en contrepartie une position d'exception en cas d'inexécution de ses obligations par le débiteur. Symétriquement, pour les opérations ponctuelles de crédit, souscrites notamment par les particuliers, la fiducie-sûreté aura sans doute plus de mal à s'imposer. C'est dire que cette garantie n'a pas vocation à occuper tout l'espace dévolu aux sûretés réelles traditionnelles en se substituant à elles mais plutôt à s'insérer harmonieusement dans le tableau du droit français des sûretés que le législateur essaie sans relâche de parfaire. Tel est l'esprit de ce droit qui refuse d'enfermer le créancier dans le carcan d'une sûreté conventionnelle unique et aime les multiplier. À chacun sa sûreté pourrait-on dire ! Reste enfin la force de l'habitude que l'on ne saurait négliger ici. Les opérateurs économiques rodés aux sûretés réelles classiques ne rechigneront-ils pas à aller vers cette nouvelle garantie réelle ? Quoi qu'il en soit, leur arbitrage fera de ce contrat de fiducie-sûreté un roi soleil ou… un roi fainéant ! ».

Sur la position favorable du notariat à l'égard de la fiducie-sûreté, cf. les travaux de la 4ᵉ commission au Congrès des notaires de France 2011 relatif au financement.

Titre 2
Le droit de rétention

C. civ., art. 2286. – Peut se prévaloir d'un droit de rétention sur la chose :
1° celui à qui la chose a été remise jusqu'au paiement de sa créance ;
2° celui dont la créance impayée résulte du contrat qui l'oblige à la livrer ;
3° celui dont la créance impayée est née à l'occasion de la détention de la chose ;
4° celui qui bénéficie d'un gage sans dépossession.
Le droit de rétention se perd par le dessaisissement volontaire.

715. Le droit de rétention est la faculté pour un créancier, qui détient matériellement, voire fictivement, un bien appartenant en principe à son débiteur, d'en refuser la restitution tant qu'il n'a pas reçu complet paiement.

Il s'agit d'un *moyen de pression purement défensif*, non seulement contre le débiteur, pour l'inciter à s'exécuter, mais aussi contre les autres créanciers qui ne peuvent appréhender, pour le faire vendre, le bien détenu par le rétenteur. Ces créanciers peuvent, en effet, avoir intérêt à payer la dette du débiteur entre les mains du rétenteur lorsque la valeur du bien retenu excède nettement le montant de la dette garantie par le droit de rétention. Ce faisant, ils pourront saisir la chose restituée par le rétenteur et recouvrer leur propre créance.

La rétention, bien qu'elle constitue une sorte de voie de fait et qu'elle présente un caractère antiéconomique, puisqu'elle stérilise la chose qui en est l'objet en privant le propriétaire de son usage, est parfaitement *légitime :* il serait en effet injuste qu'un créancier fût tenu d'exécuter une obligation de restitution au profit d'un débiteur qui n'a pas lui-même exécuté toutes ses obligations. Répondant ainsi à un souci d'équité, le droit de rétention fut d'abord reconnu dans divers textes spéciaux, puis généralisé par la jurisprudence, avant d'acquérir une valeur de principe dans l'ordonnance du 23 mars 2006 (C. civ., art. 2286).

Cette reconnaissance n'a cependant pas supprimé toutes les zones d'ombre. Divers débats subsistent quant à la nature du droit de rétention (Chapitre 1), à son domaine (Chapitre 2) ou encore à son régime (Chapitre 3). Quelques incertitudes ont même été renforcées par la loi de modernisation de l'économie du 4 août 2008, qui a assorti le gage sans dépossession d'un droit de rétention fictif (C. civ., art. 2286, 4°).

Chapitre 1

La nature du droit de rétention

Le droit de rétention est un mécanisme original à deux égards. Il présente, en effet, des spécificités, aussi bien au regard de certaines techniques de garantie issues du droit commun des obligations (Section 1), que par rapport aux sûretés réelles (Section 2).

Section 1
Spécificité au regard des techniques de garantie issues du droit des obligations

Le droit de rétention, bien qu'il s'en rapproche par certains traits, ne doit pas être confondu avec deux mécanismes issus du droit des obligations, qui ont également une fonction de garantie, à savoir la compensation (§ 1) et l'exception d'inexécution (§ 2).

§ 1. Droit de rétention et compensation

716. La compensation est un mode d'extinction de deux dettes réciproques ayant pour objet des choses fongibles. À cette fonction de double paiement abrégé s'ajoute une fonction de garantie [1], qui la rapproche du droit de rétention : celui qui fait jouer la compensation obtient satisfaction par voie indirecte, en évitant tout concours avec les autres créanciers. En effet, plutôt que de payer sa propre dette puis de se retourner contre son débiteur et d'affronter le risque d'une solvabilité insuffisante de ce dernier, un débiteur s'exécute, en quelque sorte, en retenant la créance réciproque existant contre lui ; à cet égard, la compensation « ressemble à… l'appropriation d'une créance par son propre débiteur avec extinction par confusion » [2].

Toutefois le rapprochement de la compensation et du droit de rétention s'arrête là. En effet, la compensation a un *effet extinctif définitif*, c'est-à-dire qu'elle éteint les dettes réciproques à due concurrence, alors que le droit de rétention est purement *défensif et provisoire :* il autorise simplement le créancier à suspendre la restitution du bien, tant que le débiteur ne s'est pas exécuté ; en aucun cas, le créancier rétenteur ne peut s'approprier ce bien.

---

1. Cf. P. Crocq, « L'évolution des garanties du paiement : de la diversité à l'unité », *in Mélanges C. Mouly*, préc., p. 328.

2. P. Crocq, *Propriété et garantie*, LGDJ, 1995, préf. M. Gobert, n° 12. Sur ce rôle de garantie attaché à la compensation, particulièrement important lorsque l'un des deux débiteurs réciproques fait l'objet d'une procédure collective, cf. not. O. Lutun, « La compensation en droit des procédures collectives », *JCP E* 2003. 230.

§ 2. Droit de rétention et exception d'inexécution

717. Lorsque le droit de rétention est invoqué dans le cadre d'une convention synallagmatique, il se rapproche singulièrement[1] du mécanisme de l'exception d'inexécution, moyen défensif et provisoire par lequel l'une des parties refuse d'exécuter la prestation à laquelle elle est tenue tant qu'elle n'a pas reçu la prestation réciproque qui lui est due. Les deux mécanismes constituent une forme de justice privée destinée à faire pression sur le débiteur.

Ils ne doivent cependant pas être confondus : d'une part, le droit de rétention a un *domaine d'application* plus étendu que l'exception d'inexécution, puisque son champ d'application dépasse celui des contrats synallagmatiques ; d'autre part, leurs *conditions de mise en œuvre* ne sont pas strictement identiques : en particulier, alors que le droit de rétention repose, sauf dérogation légale, sur la condition de connexité entre la créance garantie et la chose retenue[2], l'exception d'inexécution est, quant à elle, soumise à une condition de proportionnalité imposant que le refus d'exécution de celui qui invoque l'exception ne soit pas excessif par rapport à l'inexécution de son propre débiteur[3].

Section 2
Spécificité au regard des sûretés réelles

Le droit de rétention est une garantie. Nul ne le conteste. En revanche, constitue-t-il un droit réel (§ 1) et peut-il être qualifié de sûreté réelle (§ 2) ? Des doutes subsistent quant à ces deux qualifications.

§ 1. Le droit de rétention est-il un droit réel ?

718. ***Arguments en présence***. *En faveur de la nature réelle* du droit de rétention, deux arguments peuvent sembler essentiels : d'abord, il porte incontestablement sur une chose en ce sens que le rétenteur, soit exerce une appréhension matérielle sur une chose (droit de rétention effectif), soit dispose d'un pouvoir de blocage des prérogatives pouvant s'exercer sur la chose (droit de rétention fictif) ; ensuite, la jurisprudence reconnaît qu'il développe une opposabilité *erga omnes*[4].

Mais, en réalité, chacun de ces arguments est sujet à objections.

En effet, le rétenteur ne dispose, à proprement parler, d'*aucune prérogative juridique sur la chose elle-même*, dans la mesure où, même lorsqu'il la détient, il n'en a ni l'*usus*, ni le *fructus* et pas davantage l'*abusus* ; son unique pouvoir consiste à paralyser l'utilité de la chose, le plus souvent, lorsque la rétention est effective, en conservant la détention de la chose contre le gré de son propriétaire. Le rétenteur ne dispose *pas davantage de prérogatives sur la valeur de la chose*, puisqu'il n'a ni droit de préférence, ni droit de suite, de sorte que si le rétenteur entreprend de faire vendre la chose, il ne sera admis à se

---

1. Voire tend à se confondre, selon certains auteurs : cf. A. Aynès, « La consécration légale des droits de rétention », *D.* 2006, dossier p. 1301.
2. V. ss 737 s.
3. Sur cette condition de proportionnalité, cf. par exemple Soc. 21 oct. 1954, *Bull. civ.* V, n° 613 ; Civ. 3e, 21 nov. 1973, *Bull. civ.* III, n° 593.
4. V. ss 758 s.

faire payer sur sa valeur qu'en simple qualité de créancier chirographaire ; en d'autres termes, le droit de rétention ne lui apporte aucune prérogative sur la valeur de la chose de son débiteur qu'il ne détienne déjà en vertu de son droit de gage général.

Par ailleurs, *l'opposabilité* du droit de rétention à l'égard de tous n'implique pas nécessairement de lui reconnaître la qualification de droit réel ; en effet, les droits personnels sont pareillement opposables *erga omnes* en ce sens que, sans enfreindre le principe de l'effet relatif des conventions, il est parfaitement admis que les tiers sont tenus d'en respecter l'existence et de ne pas en perturber l'exécution, de sorte que le droit de rétention développerait sans doute une opposabilité identique si la qualification de droit personnel lui était reconnue[1].

Du reste, certains estiment que le droit de rétention est *un droit personnel*, plus précisément une modalité affectant l'obligation – personnelle – de restituer pesant sur le rétenteur (lorsque la rétention est effective), c'est-à-dire un terme suspensif à l'exécution de cette obligation[2]. Toutefois, la qualification de droit personnel n'est pas beaucoup plus convaincante que celle de droit réel. En effet, il a été relevé[3], d'une part, que la qualification de droit personnel attribuée au droit de rétention devrait autoriser celui-ci à porter sur des choses incorporelles, ce qui reste discuté[4], d'autre part, que le fondement du terme suspensif à l'obligation de restitution de la chose paraît assez obscur, d'autant plus lorsque le droit de rétention existe en dehors de tout rapport contractuel. En tout état de cause, la qualification de droit personnel ne saurait concerner que le seul droit de rétention effectif, puisqu'il n'existe, par hypothèse même, aucune obligation de restitution lorsque la rétention est uniquement fictive, par autorisation de la loi.

À vrai dire, la recherche de la nature exacte du droit de rétention s'avère sans doute être une chimère. Plus exactement, vouloir à tout prix inscrire le droit de rétention dans la dichotomie classique des droits personnels et des droits réels est vraisemblablement une entreprise vaine. À l'instar d'une fraction de la doctrine, il est sans doute préférable de reconnaître l'originalité du droit de rétention au regard des classifications traditionnelles et d'admettre que « fondamentalement, elle [la rétention] est une *voie de fait*, exceptionnellement admise à raison de sa considérable efficacité »[5].

719. ***Solution jurisprudentielle***. Dans un arrêt du 7 janvier 1992[6], la Cour de cassation a reconnu au droit de rétention la qualification de *droit réel* et en a déduit qu'un garagiste pouvait opposer son droit de rétention à l'acheteur de l'automobile détenue, non débiteur de la dette. En réalité, c'est probablement ce résultat – l'opposabilité au vrai propriétaire non débiteur – qui a inspiré la qualification, et non l'inverse. Si la pertinence d'une qualification fondée sur un raisonnement téléologique peut laisser sceptique, on ne saurait en revanche douter de la volonté de la Cour de cassation d'imposer cette qualification du droit de rétention en droit réel. Effectivement, dans un arrêt du 24 septembre 2009, la Haute juridiction a repris la règle énoncée en 1992, selon laquelle « le droit de rétention est un droit réel, opposable à tous, y compris aux tiers non tenus de la dette », et

1. En ce sens, not. R. Libchaber, obs. sous Com. 20 mai 1997, *D.* 1998. Somm. 115.
2. En ce sens, not. M.-J. Campana et J.-M. Calendini, « Droit de rétention et procédures collectives : la dissipation des dernières ambiguïtés ? », *JCP E* 1998. 1083, n° 34, qui considèrent le droit de rétention « comme l'accessoire d'un droit personnel contre le débiteur dont il épouse la nature ».
3. J. Mestre, E. Putman, M. Billiau, *op. cit.*, p. 59.
4. V. ss 732.
5. R. Libchaber, obs. sous Com. 20 mai 1997, *D.* 1998. Somm. 115.
6. Civ. 1re, 7 janv. 1992, *Bull. civ.* I, n° 4 ; *RTD civ.* 1992. 586, obs. P.-Y. Gautier ; *JCP* 1992. I, n° 3583, obs. Ph. Delebecque ; *JCP* 1992. II, n° 21971, note Ramarolanto-Ratiaray ; comp. CE 2 juill. 2003, *RTD civ.* 2004. 324, obs. P. Crocq.

elle l'a même étendue à un droit de rétention portant seulement sur les documents administratifs représentant les véhicules vendus par le rétenteur[1].

§ 2. Le droit de rétention est-il une sûreté réelle ?

Outre l'intérêt intellectuel de la question, la qualification de sûreté, et plus spécialement de sûreté réelle, développe certaines conséquences juridiques, de sorte que l'intérêt de savoir si le droit de rétention constitue ou non une sûreté est quant à lui incontestable[2].

720. ***Solutions jurisprudentielles***. Dans une affaire jugée par la Cour de cassation le 20 mai 1997[3], l'enjeu de la qualification de sûreté résidait dans le point de savoir si le rétenteur devait déclarer son droit à la procédure collective de son débiteur, sous peine de déchéance, comme y soumettait l'article 51 de la loi du 25 janvier 1985 tout créancier muni d'une sûreté. La Cour de cassation a écarté la qualification de sûreté et a donc dispensé le rétenteur de déclarer son droit[4].

Le 9 juin 1998[5], la chambre commerciale a tiré une autre conséquence du rejet de la qualification de sûreté : au contraire du gage, le droit de rétention ne confère pas au créancier une faculté d'attribution judiciaire.

721. ***Justifications du rejet de la qualification de sûreté réelle***. Le rejet de la qualification de sûreté réelle peut sans doute s'expliquer par le fait que le rétenteur ne dispose d'aucun des deux attributs de la sûreté réelle, à savoir l'existence d'un droit de préférence sur la valeur du bien grevé et, parfois, du prolongement de celui-ci en un droit de suite. Ainsi, le rétenteur, qui déciderait de faire vendre judiciairement la chose retenue, se présentera en qualité de créancier simplement chirographaire pour la distribution du prix de vente. Plus largement, le droit de rétention « ne confère pas un pouvoir d'agir, directement destiné à obtenir la satisfaction du créancier par l'extinction de la créance »[6]. Seule une disposition légale pourrait en décider autrement[7].

---

1. Civ. 1re, 24 sept. 2009, *Bull. civ.* I, n° 178. En l'espèce, un fabricant avait vendu des camping-cars à un distributeur, qui les avait lui-même revendus à des clients, avant même d'en avoir payé le prix. Le fabricant avait conservé le certificat de conformité et l'intégralité des documents administratifs relatifs aux véhicules. Les sous-acquéreurs ne pouvaient donc utiliser ces véhicules, alors même que, pour leur part, ils avaient payé leur vendeur (le distributeur débiteur). Les sous-acquéreurs avaient obtenu des juges du fond la remise forcée des documents retenus par le fabricant, au motif que celui-ci avait commis un abus de droit en exerçant son droit de rétention. L'arrêt est cassé au visa de l'article 1612 du Code civil (relatif au droit de rétention du vendeur), ainsi que des « règles gouvernant le droit de rétention » : « le droit de rétention exercé par la société SEA (fabriquant), qui pouvait légitimement prétendre au paiement du prix des véhicules, était opposable aux sous-acquéreurs, la bonne foi de ceux-ci et l'insolvabilité de la société Hecla tourisme (le distributeur ayant fait l'objet d'une liquidation judiciaire) ne pouvant faire dégénérer en abus l'exercice de ce droit ».
2. En faveur de la qualification de sûreté, v. not. Ph. Simler et Ph. Delebecque, *op. cit.*, n° 480 ; S. Piedelièvre, obs. sous Com. 20 mai 1997, *D.* 1998. Somm. 102. Contre la qualification de sûreté, v. not. J. Mestre, E. Putman, M. Billiau, *op. cit.*, p. 70 ; R. Libchaber, obs. préc. ; P. Crocq, obs. sous Com. 20 mai 1997, *RTD civ.* 1997. 707. Pour une analyse d'ensemble du droit de rétention, cf. K. Luciano, « Analyse juridique du droit de rétention », *Rev. proc. coll.* 2012, étude 29.
3. Com. 20 mai 1997, *Bull. civ.* IV, n° 141 ; *RTD civ.* 1997. 707, obs. P. Crocq ; *Defrénois* 1997. 1427, obs. L. Aynès ; *JCP* 1998. I, n° 103, obs. Ph. Delebecque ; *D.* 1998. Somm. 102, obs. S. Piedelièvre, et 115, obs. R. Libchaber ; *D.* 1998. 479, note F. Kenderian.
4. En revanche, le rétenteur, comme tout créancier, doit déclarer sa créance.
5. Com. 9 juin 1998, *Bull. civ.* IV, n° 181.
6. J. Mestre, E. Putman et M. Billiau, *op. cit.*, p. 70.
7. Sur de telles dérogations en matière de procédure collective, v. ss 1278 s.

722. *Rapprochement entre le droit de rétention et les sûretés réelles*. Cependant, le droit de rétention *ressemble à une sûreté réelle* à plusieurs égards.

D'abord, il se caractérise par l'affectation d'un bien à la garantie d'une créance et par un lien de principal à accessoire qui le met au service de cette créance.

Ensuite, comme les sûretés réelles classiques, le droit de rétention constitue un droit indivisible : la rétention porte sur le bien tout entier tant que la créance reste non complètement payée, même seulement d'un euro.

Enfin, si le rétenteur ne dispose pas d'un droit de préférence, il est toutefois un créancier préférentiel *de facto*. Effectivement, comme le rétenteur peut retenir la chose tant qu'il n'a pas été payé, le débiteur, qui désire récupérer son bien, a tout intérêt à le désintéresser de préférence à d'autres créanciers. De même, d'autres créanciers du débiteur peuvent avoir intérêt à acquitter la créance du rétenteur afin de libérer la chose retenue. En définitive, par la force d'obstruction qu'il détient, le rétenteur sera donc, le plus souvent, payé avant les autres créanciers.

La Cour de cassation a souligné cette nature spécifique du droit de rétention dans un arrêt du 21 mars 2006 : « si le droit de rétention n'est pas un privilège, il en a les effets en ce qu'il est opposable à la procédure collective et confère à son titulaire le droit de refuser la restitution de la chose jusqu'à complet paiement de sa créance ou d'être payé sur son prix en cas de vente par le liquidateur » [1].

723. *Ordonnance du 23 mars 2006*. A-t-elle fait disparaître cette difficulté de qualification ? Le droit de rétention figure depuis la réforme dans le nouveau Livre IV du Code civil intitulé « Des sûretés ». Il n'est cependant pas permis d'en déduire que la jurisprudence précitée rejetant la qualification de sûreté réelle s'en trouve remise en cause. En effet, le droit de rétention n'est nullement développé dans le titre consacré aux sûretés réelles. Par ailleurs, le fait qu'il figure dans les dispositions générales placées en tête du nouveau Livre IV ne signifie pas nécessairement qu'il doive désormais être qualifié de « sûreté », car dans ces mêmes dispositions générales figurent les règles relatives au droit de gage général (C. civ., art. 2284 et 2285, anc. art. 2092 et 2093) ; or, ce dernier ne saurait bien évidemment lui-même recevoir la qualification de « sûreté ». La présence du droit de rétention en tête du nouveau Livre consacré aux sûretés vise sans doute plutôt à attirer l'attention sur le fait qu'il peut perturber le jeu des sûretés réelles.

---

1. Com. 21 mars 2006, n° 04-19794, *JCP* 2006. I. 195, Ph. Delebecque.
Sur les effets du droit de rétention en période de procédure collective, v. ss 1279, 1280, 1324, 1325.

Chapitre 2

Le domaine du droit de rétention

D'abord ponctuellement consacré par divers textes spéciaux (Section 1), le droit de rétention a ensuite été généralisé par la jurisprudence (Section 2), pour finalement devenir, à l'occasion de la réforme de 2006, un principe légal (Section 3). Depuis la loi de modernisation de l'économie du 4 août 2008, le domaine du droit de rétention est encore plus vaste, puisque ce texte a procédé à l'extension du principe légal au gage sans dépossession (Section 4). Il est utile de consacrer des développements propres à ce nouveau droit de rétention fictif, car sa consécration compromet la cohérence de bon nombre de solutions jusque-là admises concernant, tant le fondement, que le régime du droit de rétention.

Section 1
Les applications légales spéciales

C. civ., art. 1612. – Le vendeur n'est pas tenu de délivrer la chose, si l'acheteur n'en paye pas le prix, et que le vendeur ne lui ait pas accordé un délai pour le paiement.
C. civ., art. 1653. – Si l'acheteur est troublé ou a juste sujet de craindre d'être troublé par une action, soit hypothécaire, soit en revendication, il peut suspendre le paiement du prix jusqu'à ce que le vendeur ait fait cesser le trouble, si mieux n'aime celui-ci donner caution, ou à moins qu'il n'ait été stipulé que, nonobstant le trouble, l'acheteur paiera.
C. civ., art. 1749. – Les locataires ne peuvent être expulsés sans qu'ils ne soient payés par le bailleur ou, à son défaut, par le nouvel acquéreur, des dommages et intérêts ci-dessus expliqués.
C. civ., art. 1948. – Le dépositaire peut retenir le dépôt jusqu'à l'entier paiement de ce qui lui est dû à raison du dépôt.
C. civ., art. 2277, al. 1er (anc. art. 2280). – Si le possesseur actuel de la chose volée ou perdue l'a achetée dans une foire ou dans un marché, ou dans une vente publique, ou d'un marchand vendant des choses pareilles, le propriétaire originaire ne peut se la faire rendre qu'en remboursant au possesseur le prix qu'elle lui a coûté.

Le Code Napoléon et de multiples textes postérieurs ont reconnu à certains créanciers un droit de rétention, aussi bien au sein de relations contractuelles (§ 1) qu'en l'absence de tout contrat (§ 2). Quelques exemples, parmi les plus courants, peuvent être fournis pour chacune de ces deux hypothèses.

§ 1. Les droits de rétention au sein d'une relation contractuelle

724. ***Droits de rétention matériels***. La plupart des applications légales relèvent de circonstances dans lesquelles le créancier, à l'occasion d'un rapport contractuel lui procurant la détention d'un ou plusieurs biens de son cocontractant, retient physiquement ceux-ci afin d'obtenir le paiement de ce qui lui est dû.

C'est le cas dans la *vente* : aux termes des articles 1612 et 1653 du Code civil, le vendeur au comptant est autorisé à conserver la chose vendue tant qu'il n'a pas été complètement payé.

C'est le cas également du *dépôt* : aux termes de l'article 1948 du Code civil, le dépositaire ayant dû engager des frais pour la conservation de la chose peut retenir la chose confiée tant qu'il n'a pas été remboursé de ses dépenses.

En matière de *bail*, ce sont les articles 1749 du Code civil et L. 145-28 du Code de commerce qui reconnaissent au locataire le droit de rester dans les lieux loués, tant qu'il n'a pas reçu l'indemnité d'éviction à laquelle il peut prétendre.

Les *notaires* (Décr. du 8 mars 1978, art. 8), les *avoués* (Décr. du 30 juill. 1980, art. 6) et les *huissiers* (Décr. du 13 déc. 1996, art. 22) bénéficient, eux aussi, d'un droit de rétention sur les dossiers de leurs clients pour assurer le paiement des frais et avances, plus rarement les honoraires, qui leur sont dus. En revanche, vraisemblablement pour des raisons d'éthique professionnelle, l'avocat n'est pas autorisé à retenir les pièces fournies par ses clients dont il est le dépositaire (Décr. du 27 nov. 1991, art. 157).

Il convient encore de mentionner le droit de rétention du créancier *gagiste mis en possession* du meuble gagé (C. civ., art. 2340, anc. art. 2082) et celui de l'*antichrésite* (gagiste immobilier), qui est nécessairement mis en possession de l'immeuble donné en garantie (C. civ., art. 2387 et 2391, anc. art. 2087).

725. ***Droits de rétention fictifs***. Avant la loi du 4 août 2008, un droit de rétention a été exceptionnellement reconnu à des créanciers n'ayant pourtant *aucune maîtrise matérielle* du bien en faisant l'objet. L'exigence de détention a ainsi été éludée dans le cadre de certaines sûretés mobilières constituées sans dépossession en raison, soit de l'inopportunité de la dépossession du débiteur, soit du caractère incorporel des biens grevés.

Tel est le cas dans le *gage sur véhicule automobile* [1]. Le décret du 30 septembre 1953 a organisé une possession fictive du gagiste (vendeur à crédit de l'automobile ou prêteur de deniers ayant permis l'acquisition de celle-ci) par le biais d'une mesure de publicité réalisée à la suite d'une déclaration de gage en préfecture. La jurisprudence en a déduit l'existence d'un droit de rétention lui aussi fictif, mais néanmoins utile, puisqu'il permet de s'opposer à la vente du véhicule par un autre créancier, même privilégié [2].

Un droit de rétention fictif a été expressément consacré par le législateur, en conséquence de la reconnaissance d'une fiction de possession dans le cadre du *nantissement de compte d'instruments financiers* [3]. En effet, depuis la loi de modernisation des activités financières du 2 juillet 1996, le créancier nanti « bénéficie en toute hypothèse d'un droit de rétention sur les instruments financiers et sommes en toute monnaie figurant au compte gagé » (C. mon. fin., art. L. 211-20, IV).

La « dématérialisation » [4] du droit de rétention peut encore être relevée en matière de *nantissement de créance* depuis que l'ordonnance du 23 mars 2006 a prévu qu'« après notification, seul le créancier nanti reçoit valablement paiement de la créance donnée en

1. V. ss 854 s.
2. Cf. not. Com. 15 janv. 1957, *JCP* 1957. II. 10006, note J. Becqué (opposabilité du droit de rétention fictif au Trésor).
3. Sur ce nantissement, rebaptisé « nantissement de comptes-titres » par l'ordonnance du 8 janvier 2009, v. ss 920 s.
4. F. Derrida, « La dématérialisation du droit de rétention », *in Études Voirin*, LGDJ, 1967, p. 177 s.

nantissement tant en capital qu'en intérêts » (C. civ., art. 2363). Cette faculté offerte au créancier nanti de bloquer le paiement de la créance donnée en garantie à son seul profit peut être assimilée à un droit de rétention[1].

Lorsque la loi autorise de tels droits de rétention fictifs, le pouvoir de blocage du créancier rétenteur ne procède pas d'une mainmise sur la chose, mais de la faculté d'empêcher, tant le propriétaire de celle-ci d'en retirer toutes les utilités, que les autres créanciers de s'en saisir pour recevoir paiement.

§ 2. Les droits de rétention au sein d'une relation extra-contractuelle

726. Plus exceptionnellement, le droit de rétention est accordé dans des hypothèses où n'existe pas de rapport contractuel entre le rétenteur et le propriétaire de la chose.

C'est le cas visé par l'article 2277, alinéa 1er, du Code civil (anc. art. 2280) : l'acquéreur d'un meuble perdu ou volé est, en principe, tenu de restituer le bien au propriétaire qui le revendique. Mais, dès lors que cet acquéreur est un *possesseur de bonne foi* (notamment s'il a acheté le meuble litigieux dans une foire ou un marché), il a le droit d'obtenir le remboursement du prix qu'il a payé pour l'acquérir et, à cette fin, il est autorisé à retenir la chose jusqu'à complet remboursement.

Peut également être citée l'hypothèse de l'*expropriation pour cause d'utilité publique*. L'article 545 du Code civil la subordonne à une juste et préalable indemnité. L'exproprié dispose ainsi d'un droit de rétention tant qu'il n'a pas reçu cette indemnité.

De même, le *tiers constructeur sur le terrain d'autrui*, qui bénéficie d'une indemnité au titre de l'article 555, alinéa 3, du Code civil, peut exercer un droit de rétention sur les constructions[2].

Section 2
Le principe jurisprudentiel

727. À partir des diverses dispositions textuelles, la jurisprudence a mis au jour un principe général du droit de rétention. Depuis 1958[3], la Cour de cassation rend ainsi des arrêts au visa des « principes applicables au droit de rétention » lorsqu'aucun texte spécial ne vient régir la rétention litigieuse. Les conditions auxquelles la Haute juridiction subordonne l'existence du droit de rétention concernent la créance garantie (§ 1), la détention (§ 2) et, enfin, le lien de connexité entre la créance garantie et la détention du bien (§ 3).

§ 1. La créance garantie

728. ***L'objet de la créance garantie***. Le droit de rétention garantit le plus souvent une *créance de somme d'argent*. Il peut s'agir, par exemple, pour un garagiste, de la créance de

1. V. ss 912.
2. La reconnaissance d'un droit de rétention à l'exproprié et au tiers constructeur induit l'admission du droit de rétention sur les immeubles ; pour une application expresse, cf. Civ. 3e, 23 avr. 1974, *Bull. civ.* III, no 164 ; v. ss 731.
3. Com. 19 févr. 1958, *Bull. civ.* IV, no 82.

réparation et de gardiennage d'un véhicule[1]. Mais le droit de rétention peut tout aussi bien conforter *une créance de faire ou de ne pas faire*. La Cour de cassation a déjà ainsi autorisé un établissement thermal à retenir la carte d'un client qui refusait de se plier à un contrôle[2].

729. *Les caractères de la créance garantie*. Le droit de rétention développe une finalité identique à celle d'une voie d'exécution, à savoir contraindre le débiteur à payer. Il serait, dès lors, concevable que la créance garantie doive avoir les mêmes caractères que celle dont le recouvrement forcé est possible, c'est-à-dire présenter les caractères de certitude, de liquidité et d'exigibilité. Cependant, en l'absence d'un quelconque pouvoir d'agir permettant au rétenteur de contraindre positivement le débiteur à s'exécuter, *le droit de rétention ne peut constituer une voie d'exécution* : le créancier rétenteur dispose seulement du droit de ne pas restituer le bien tant que son débiteur ne l'aura pas payé. Cette impossibilité d'assimilation du droit de rétention à une voie d'exécution explique que les conditions relatives à la créance garantie soient moins strictes.

Certes, la jurisprudence exige que la créance garantie soit *certaine* ou du moins incontestable en son principe[3]. Tel n'est pas le cas si le rétenteur ne peut invoquer aucun principe de créance, ou si celle-ci est éteinte[4] ou encore inexistante. Dans ces différentes hypothèses d'absence de certitude de la créance, la rétention pourrait être sanctionnée au titre de l'abus de confiance[5].

En revanche, bien que la jurisprudence requière l'*exigibilité* de la créance garantie[6], cette condition est appréciée avec une grande souplesse. La Cour de cassation décide, en effet, que « les principes régissant le droit de rétention ne font pas obstacle à ce qu'une décision de justice confère ce droit au titulaire d'une créance certaine, qu'elle rend liquide et exigible, dès lors que ladite créance a pris naissance à l'occasion de la chose retenue »[7], c'est-à-dire lorsque la créance garantie entretient une connexité matérielle avec la chose retenue[8].

La même souplesse règne au sujet de la *liquidité* de la créance garantie. En effet, bien que la créance ne soit pas encore liquide, ce qui est assez souvent le cas en matière extra-contractuelle, le droit de rétention peut se déployer, à titre conservatoire, dans l'attente de la reconnaissance de ce caractère.

§ 2. La détention

Il importe de préciser la nature du pouvoir qu'exerce le rétenteur sur la chose (A), puis l'objet de la détention, c'est-à-dire les caractères de la chose retenue (B) et, enfin, les caractères de la détention (C).

A. Nature du pouvoir sur la chose retenue

730. *Détention et non possession*. La mainmise du créancier sur la chose appartenant à son débiteur (voire à un tiers) peut être exercée en qualité de possesseur. L'article 2277,

1. Com. 3 mai 2006, *Bull. civ.* IV, n° 106 ; *JCP* 2006. I. 195, Ph. Delebecque.
2. Com. 5 déc. 1934, *S.* 1935. 1. 46.
3. Com. 14 juin 1988, *Bull. civ.* IV, n° 199 ; 7 avr. 1998, *Bull. civ.* IV, n° 123 ; *JCP* 1998. 1143, note J. Stoufflet ; Com. 13 nov. 2012, n° 11-25035 ; Com. 26 mars 2013, n° 12-12204.
4. Civ. 3e, 28 juin 2000, *Bull. civ.* III, n° 132.
5. Crim. 5 avr. 1973, *Bull. crim.*, n° 177.
6. Com. 7 janv. 1992, *Bull. civ.* I, n° 10.
7. Civ. 3e, 23 avr. 1974, *Bull. civ.* III, n° 164 ; *JCP* 1975. II. 18170, note H. Thuillier.
8. Sur la notion de connexité matérielle, v. ss 740.

alinéa 1er, du Code civil (anc. art. 2280) en fournit un exemple. Mais, le plus souvent, le pouvoir sur la chose n'est que *précaire*, puisque le créancier est tenu d'une obligation de restitution. La mainmise constitue alors une simple *détention* et non une possession. Le rétenteur n'est pas, en effet, un possesseur de la chose retenue, car, à aucun moment, il ne prétend être titulaire d'un droit réel sur la chose de son débiteur. Aussi n'est-il pas nécessaire que la détention du rétenteur remplisse les conditions d'une possession régulière.

B. Objet de la détention : les caractères de la chose retenue

731. ***Bien meuble ou immeuble***. Avant la réforme du 23 mars 2006, la jurisprudence semblait vouloir limiter l'assiette du droit de rétention aux seuls biens meubles (exemples : des documents remis pour l'exécution d'un mandat ; la carte grise d'un véhicule ; des œuvres littéraires ou artistiques ; un véhicule), du moins dans le cadre d'une procédure collective. En effet, la Cour de cassation avait jugé que le droit de rétention exercé par un entrepreneur chargé de l'édification d'un bâtiment, jusqu'au paiement du prix des travaux, était inopposable à un créancier hypothécaire[1], ainsi qu'au liquidateur de l'entreprise débitrice[2].

Toutefois, la reconnaissance d'un droit de rétention en cas d'expropriation pour cause d'utilité publique ou de construction sur le terrain d'autrui[3] impliquait, que ce droit s'exerçât encore sur des immeubles.

732. ***Bien corporel ou incorporel***. Traditionnellement, le droit de rétention était réservé aux biens corporels, seuls susceptibles d'une mainmise physique[4]. Puis, un mouvement de « dématérialisation » du droit de rétention s'est opéré, aussi bien en législation qu'en jurisprudence. Le législateur a, en effet, institué divers droits de rétention incorporels[5].

La jurisprudence a, quant à elle, admis l'existence d'un droit de rétention sur un fichier client inscrit sur une bande magnétique[6]. Cependant, cette décision ne remet peut-être pas en cause l'exigence de corporalité de la chose retenue, car il est possible de considérer que ce qui était retenu, c'était l'objet matériel permettant l'accès à l'information, en l'occurrence la bande magnétique, donc le contenant, et non les informations qui y étaient inscrites, c'est-à-dire le contenu. Il convient toutefois de souligner que cette interprétation manque de réalisme, puisque le contenant ne vaut rien en lui-même, à l'inverse du contenu immatériel qui représente une valeur importante aux yeux du débiteur. Plus clairement encore, la jurisprudence a reconnu l'existence d'un droit de rétention incorporel, jugeant que le droit de rétention puisse porter sur la créance constituée par le solde du compte-courant d'une société[7].

1. Civ. 3e, 23 juin 1999, *Bull. civ.* III, n° 150.
2. Civ. 3e, 23 oct. 2002, *Bull. civ.* III, n° 209.
3. V. ss 726 ; v., par ailleurs, la reconnaissance légale expresse d'un droit de rétention sur les immeubles en matière d'antichrèse, v. ss 1131.
4. Sur le refus de reconnaître un droit de rétention sur une créance, v. Caen, 28 janv. 1972. *D*. 1972. 760, note R. Koering-Joulin.
5. V. par ex. le droit de rétention des créanciers nantis sur comptes-titres (C. mon. fin., art. L. 211-20, IV) ; le droit de rétention des notaires sur les créances de leurs clients, tel le solde créditeur d'un compte d'indivision (Décr. n° 78-262 du 8 mars 1978 et Civ. 2e, 26 mars 2015, n° 14-14163, à paraître au *Bulletin*).
6. Com. 8 févr. 1994, *Bull. civ.* IV, n° 56 ; *JCP E* 1994. I. 365, n° 17, obs. Ph. Delebecque.
7. Com. 7 avr. 1998, *Bull. civ.* IV, n° 123.

Qui plus est, l'article 2363 du Code civil, issu de l'ordonnance du 23 mars 2006, relatif au nantissement de créance admet qu'après notification seul le créancier nanti reçoit valablement paiement de la créance donnée en nantissement. Cet article peut être interprété comme mettant à l'abri le créancier nanti de toute concurrence sur la créance donnée en nantissement, à l'instar du résultat auquel conduirait l'admission d'un droit de rétention au profit du créancier nanti [1].

En définitive, l'important ne serait pas tant que le créancier dispose de la mainmise physique sur la chose, mais plutôt que *le débiteur soit privé de ses prérogatives sur le bien par le fait de son créancier*. Le droit de rétention révèle alors sa nature essentielle de moyen de pression à l'encontre du débiteur.

733. ***Valeur marchande ou non***. La chose retenue n'a pas nécessairement de valeur marchande. On voit ainsi de plus en plus le droit de rétention porter sur les pièces composant un dossier [2], une comptabilité ou des documents administratifs [3]. Ce n'est pas alors la valeur de la chose que le rétenteur a en vue, mais la contrainte, la gêne, qu'il occasionne au débiteur. Cette particularité montre bien l'originalité du droit de rétention.

734. ***Dans le commerce***. Le droit de rétention ne peut s'exercer que sur des choses dans le commerce. Il ne peut porter, *a contrario*, sur un cadavre [4] ou sur une prothèse [5]. Si le droit de rétention ne doit donc pas porter atteinte à l'intégrité de la personne du débiteur (C. civ., art. 16 et 16-1), il ne doit pas non plus contredire des droits de la personnalité, comme le droit moral de l'auteur [6]. Ont également été jugées hors commerce et donc insusceptibles de faire l'objet d'un droit de rétention des marchandises contrefaites [7].

C. Caractères de la détention

735. ***Détention matérielle ou fictive***. La détention doit être effective, c'est-à-dire que la chose doit être entre les mains du créancier lui-même ou entre celles d'un tiers convenu (entiercement) ou d'un préposé. L'emprise sur la chose est alors réalisée *corpore alieno*.

Ce principe d'effectivité de la détention reçoit *deux tempéraments*.

D'une part, si la détention est *involontairement perdue*, le rétenteur peut récupérer la chose afin de pouvoir à nouveau exercer ses droits. En revanche, lorsque la détention est volontairement perdue, le droit de rétention ne peut définitivement plus s'exercer.

---

1. V. ss 912.

2. Civ. 2ᵉ, 6 avr. 2006, *Bull. civ.* II, nº 102 ; *D.* 2006. IR 1130 (un arrêt revêtu de la formule exécutoire constitue un titre sur lequel un avoué peut exercer le droit de rétention que lui reconnaît le décret du 30 juillet 1980).

3. Civ. 1ʳᵉ, 24 sept. 2009, *Bull. civ.* I, n° 178 (une carte grise) ; Civ. 1ʳᵉ, 9 juin 2011, inédit, n° 10-14414 (un dossier administratif relatif à l'examen du permis de conduire, retenu par l'auto-école à laquelle des leçons de conduite n'avaient pas été payées). Mais, refus d'exercer un droit de rétention sur les documents d'identification des équidés, au motif que l'article D. 212-47 du Code rural exige que ces documents accompagnent l'équidé lors des déplacements hors de son lieu de stationnement et prévoit que nul ne peut détenir ce document s'il n'est pas détenteur de l'équidé (Pau, 16 sept. 2014, n° 14/3052).

4. T. com. Seine, 20 déc. 1932, *S.* 1933. 2. 44, à propos de la rétention exercée par une entreprise de pompes funèbres sur un cadavre.

5. Civ. 1ʳᵉ, 9 oct. 1985, *Bull. civ.* I, nº 251 (prothèse dentaire non posée).

6. Civ. 1ʳᵉ, 4 juin 1971, *Bull. civ.* I, n° 178 ; *D.* 1971. 489, concl. Lindon (à condition que l'œuvre ait déjà fait l'objet d'une diffusion auprès du public).

7. Com. 26 oct. 1999, *Bull. civ.* IV, nº 185.

D'autre part, la loi admet que la détention puisse n'être que *fictive* dans certaines sûretés mobilières sans dépossession, comme le gage sur véhicule automobile, le nantissement de comptes-titres ou encore le nantissement de créance. Des conflits peuvent ainsi survenir entre un rétenteur fictif et un rétenteur effectif ; ce sera le cas, par exemple, du garagiste, rétenteur de l'automobile sur laquelle il a effectué des réparations, opposé au prêteur de deniers ayant permis l'acquisition du véhicule, ayant inscrit son gage sur celui-ci. La jurisprudence fait alors primer la détention matérielle, en permettant au garagiste réparateur de faire état de sa mainmise effective sur le véhicule à l'encontre du créancier gagiste bénéficiant d'une possession fictive antérieure [1].

736. ***Détention régulière***. La jurisprudence refuse qu'un droit de rétention puisse prospérer sur une chose dont la détention a été acquise au moyen d'un acte illicite, d'une voie de fait, d'un acte frauduleux ou encore d'une faute. Ce serait le cas du créancier qui violerait le droit de propriété de son débiteur en s'emparant de l'un de ses biens.

Au-delà de ces irrégularités, la question s'est posée de savoir si le rétenteur devait être de *bonne foi*, au sens des articles 550 et 555, alinéa 4, du Code civil, c'est-à-dire avoir reçu la chose en vertu d'un titre translatif dont il ignorait les vices. La jurisprudence ne semble pas l'imposer, puisqu'elle a admis que le possesseur d'un immeuble, créancier d'une indemnité au titre des dépenses effectuées sur celui-ci, est titulaire d'un droit de rétention sur cet immeuble, quand bien même il aurait connu les vices de sa possession [2]. En d'autres termes, les éléments nécessaires à la constitution de la possession ne sont pas indispensables pour autoriser la rétention. Le rétenteur est, rappelons-le, un simple détenteur, et non un possesseur. Aussi ne faut-il pas se méprendre lorsque certaines décisions relèvent la bonne foi du rétenteur : il ne s'agit pas de la bonne foi, au sens strict d'ignorance d'un vice affectant l'acte duquel le rétenteur tient son droit, mais, plus largement et communément, de la loyauté.

§ 3. La connexité

737. La jurisprudence exige la présence d'une connexité entre la créance garantie et la détention de la chose. Cette connexité peut être *juridique* (encore appelée intellectuelle ou subjective) ou *matérielle* (ou encore objective). Il arrive souvent que la connexité entre la créance et la détention de la chose soit tout à la fois juridique et matérielle.

738. ***Connexité juridique***. La connexité juridique existe lorsque, d'une part, la détention de la chose par le créancier est consécutive à la conclusion ou à l'exécution d'un contrat et, d'autre part, que ce contrat est lui-même à l'origine de la créance pour le paiement de laquelle le rétenteur prétend se garantir en retenant la chose du débiteur. Autrement dit, la connexité juridique existe lorsque *la créance et la détention trouvent leur source dans un même rapport de droit*, le plus souvent un contrat, mais également un quasi-contrat [3].

Parfois, la connexité juridique peut être décelée, non dans l'existence d'un contrat isolé, mais dans une relation contractuelle englobant une pluralité de contrats entretenant un lien d'indivisibilité. C'est le cas, par exemple, du garagiste se prévalant d'un contrat

1. Com. 11 juin 1969, *D.* 1970. 244, note Ph. Bihr.
2. Civ. 3e, 23 avr. 1974, *Bull. civ.* III, n° 164.
3. C'est ainsi que le gérant d'affaires bénéficie d'un droit de rétention sur la chose gérée.

général d'entretien pour retenir la totalité d'un parc automobile en garantie de la créance de réparations effectuées sur un seul véhicule [1].

739. Les premières décisions ayant reconnu l'existence d'un droit de rétention fondé sur la connexité juridique datent du milieu du XXe siècle et concernent des hypothèses dans lesquelles des salariés travaillant à domicile ont été autorisés, afin de contraindre leur employeur à payer leur salaire, à retenir les machines leur permettant d'exécuter leur tâche [2]. Plus récemment, la connexité juridique a été admise au profit de professionnels, notamment les officiers ministériels et les comptables, retenant les dossiers de clients n'ayant pas acquitté les honoraires qui leur étaient dus [3].

740. ***Connexité matérielle***. Selon une décision de la Cour de cassation du 22 mai 1962 [4], la connexité nécessaire à l'existence du droit de rétention est constituée dans tous les cas où *la créance a pris naissance à l'occasion de la chose retenue*. En d'autres termes, la connexité existe lorsque la créance est née d'un travail ou d'une dépense afférents à la chose retenue. C'est par exemple le cas du joaillier qui retient le bijou dont le façonnage n'a pas été acquitté par son propriétaire ou celui du séquestre, qui retient le bien pour lequel il a exposé, dans l'intérêt des parties, des frais de garde et de conservation.

La jurisprudence accepte de donner effet à la connexité matérielle y compris lorsque le débiteur n'est pas le propriétaire de la chose retenue [5]. Il en va ainsi, par exemple, lorsque le locataire d'un véhicule auprès d'un loueur confie celui-ci à un garagiste aux fins de le faire entretenir. Ce dernier peut alors opposer au propriétaire son droit de rétention, tant que son débiteur, c'est-à-dire le locataire du véhicule, ne lui a pas payé les frais d'entretien, quand bien même n'existe-t-il aucun contrat entre le garagiste et le propriétaire du véhicule. Il en irait de même du dépositaire retenant le meuble qui lui a été confié par un déposant non-propriétaire du meuble jusqu'au complet paiement des dépenses de conservation engagées.

741. ***Connexité juridique et matérielle***. Il n'est pas rare que la connexité entretenue par la créance garantie et la chose retenue soit à la fois juridique et matérielle. Ainsi, lorsqu'un salarié à domicile retient les vêtements qu'il a confectionnés, la connexité est non seulement juridique, parce que la détention de la chose et la créance de salaire trouvent toutes deux leur source dans le contrat de façonnage, mais encore matérielle, car la créance est née à l'occasion de la chose, c'est-à-dire constitue la contrepartie d'une prestation effectuée sur la chose. De la même façon, lorsqu'un dépositaire expose des dépenses sur le bien qui lui est confié, la rétention de la chose est justifiée, non seulement en raison de l'existence du contrat de dépôt par lequel la chose a été remise au dépositaire, mais aussi parce que celui-ci a engagé des frais relatifs à la chose.

Cette double connexité n'emporte pas d'effet particulier pour le rétenteur qui, pour se voir reconnaître un droit de rétention plein et entier, doit seulement remplir les conditions de l'une ou de l'autre des connexités.

742. ***Droit de rétention conventionnel***. Les professionnels du crédit, confrontés au phénomène de l'impayé, sont évidemment séduits par l'efficacité et la souplesse du droit

---

1. Com. 20 nov. 1967, *Bull. civ.* IV, n° 372.
2. Soc. 9 janv. 1958, *Bull. civ.* IV, n° 56.
3. Civ. 1re, 17 juin 1969, *Bull. civ.* I, n° 232 ; *JCP* 1970. II. 16162, note N. Catala ; 27 oct. 1970, *Bull. civ.* I, n° 282.
4. Civ. 1re, 22 mai 1962, *D.* 1965. 58, note R. Rodière.
5. Sur l'opposabilité *erga omnes* du droit de rétention, v. ss 758 s.

de rétention. Cependant, l'organisme de crédit, créancier du remboursement d'une somme d'argent destinée à l'acquisition d'un bien, ne dispose pas, « naturellement », d'un droit de rétention sur une chose appartenant à son débiteur : le contrat de prêt n'entraîne, en effet, aucune remise d'une chose au prêteur et la créance de remboursement ne résulte pas d'une dépense relative à une chose. Aussi, ces créanciers ont-ils songé rapidement à créer un droit de rétention ayant pour source une convention de rétention. C'est le droit de rétention conventionnel.

À l'image du droit de rétention accordé au créancier gagiste mis en possession, le droit de rétention conventionnel peut avoir pour objet une chose qui n'entretient aucun rapport ni avec la créance garantie ni avec le contrat qui l'a fait naître. Cependant, il est fréquent que la chose conventionnellement remise au créancier ait un lien avec le bien acquis par le débiteur au moyen du crédit qui lui a été accordé par l'organisme de crédit. Ainsi, celui-ci réclame-t-il souvent que le bénéficiaire du crédit lui remette, à titre de garantie, certains documents accessoires au bien acquis, nécessaires à la bonne utilisation de ce dernier. C'est le cas du prêteur de deniers ayant servi à l'acquisition d'un véhicule qui exige de l'emprunteur qu'il lui remette la carte grise du véhicule[1]. Quand bien même les documents (ou plus généralement la chose) retenus entretiennent un rapport d'accessoire avec le bien financé par le crédit, il convient de souligner que le droit de rétention porte exclusivement sur cet accessoire et ne se reporte pas sur le bien principal. Ainsi, la jurisprudence a-t-elle décidé, en présence d'un droit de rétention conventionnel ayant pour objet les certificats administratifs d'un véhicule, que « ces documents ne représentent pas le véhicule dont ils ne sont que les accessoires »[2]. Autrement dit, la rétention ne porte pas sur le véhicule lui-même, mais seulement sur certains documents qui lui sont relatifs. Par conséquent, il est concevable que l'automobile acquise au moyen d'un crédit fasse l'objet, tout à la fois d'un gage automobile[3] au profit du vendeur à crédit de l'automobile[4], et d'un droit de rétention conventionnel sur les documents afférents au véhicule au profit du prêteur de deniers destinés à l'acquisition. L'assiette des deux garanties n'étant pas identique, celles-ci n'entrent pas en concours.

743. La validité du droit de rétention conventionnel a été discutée, l'interrogation principale portant sur la subordination ou non d'un tel droit de rétention à la condition de connexité. Alors que certains ont considéré que le droit de rétention conventionnel ne reposait pas sur une quelconque connexité, la volonté des parties suppléant à cette absence[5], d'autres l'ont fondé sur une troisième connexité, la connexité conventionnelle[6]. La jurisprudence a, quant à elle, semble-t-il rattaché, de façon quelque peu forcée, le droit de rétention conventionnel à la connexité juridique en affirmant que « la détention des documents et la créance [de remboursement du prêt] avaient leur source dans un même rapport juridique »[7].

1. Com. 25 nov. 1997, *Bull. civ.* IV, n° 301 ; *D.* 1998. 232, note J. François ; Com. 22 mars 2005 n° 02-12881 ; v., déjà auparavant, des hypothèses similaires : Com. 16 mars 1965, *Bull. civ.* IV, n° 200 ; Com. 31 mai 1994, *Bull. civ.* IV, n°s 195 et 196.

2. Com. 11 juill. 2000, *Bull. civ.* IV, n° 142, *JCP* 2000. I, n° 259, spéc. n° 16, obs. Ph. Delebecque ; *D.* 2001. 465, note S. Piedelièvre ; *RD bancaire et boursier* 2001. 17, note D. Legeais ; *RJDA* 11/2000, p. 751, concl. M.-C. Piniot.

3. V. ss 854 s.

4. Ou d'un gage ordinaire au profit d'un autre créancier de l'acquéreur du véhicule.

5. J. François, note sous Com. 25 nov. 1997, *D.* 1998. 232.

6. En ce sens, not., Ph. Salvage, *La rétention*, thèse, Grenoble, 1968, p. 92 ; C. Jubault, note sous Com. 31 mai 1994, préc. ; *JCP* 1996. II, n° 22622.

7. Com. 16 mars 1965 et Com. 31 mai 1994, préc. Pour une récente illustration, Besançon, 27 mai 2015, n° 14/00832.

La consécration jurisprudentielle du droit de rétention conventionnel suscitait, en aval de sa validité même, des interrogations relatives à son régime. En effet, moins « naturel » que le droit de rétention fondé sur une connexité juridique ou matérielle, le droit de rétention conventionnel développe d'incontestables originalités. Ainsi, la doctrine s'est-elle interrogée sur la formation de ce droit de rétention en suggérant que la remise de la chose intervienne à titre de validité, faisant du droit de rétention conventionnel un contrat réel [1]. De même, le droit de rétention conventionnel semblait devoir s'affranchir de certains traits du régime général du droit de rétention, en particulier le caractère exigible de la créance garantie. En effet, un tel droit de rétention n'a de réel intérêt qu'à la condition de pouvoir être constitué au moment de la fourniture du crédit, et par conséquent de garantir une créance à terme.

744. Le nouvel article 2286 du Code civil, reconnaissant l'existence d'un principe général du droit de rétention, est venu consacrer la validité du droit de rétention conventionnel et dissiper certaines interrogations relatives à son régime.

Ainsi, en reconnaissant l'existence d'un droit de rétention dans trois hypothèses générales, dont celle où « la chose a été remise [au rétenteur] jusqu'au paiement de sa créance », le nouvel article 2286 du Code civil admet, semble-t-il, trois connexités distinctes [2], dont une connexité conventionnelle lorsque la rétention a pour source un accord entre le créancier et le débiteur portant sur la remise d'une chose en garantie de la créance.

Si le nouvel article 2286 du Code civil reste muet sur les conditions de formation du droit de rétention conventionnel, en revanche, il suggère clairement que, contrairement aux deux autres hypothèses générales de rétention, la créance garantie par un droit de rétention n'a pas besoin de remplir la condition d'exigibilité.

Section 3
Le principe légal (C. civ., art. 2286)

C. civ., art. 2286. – Peut se prévaloir d'un droit de rétention sur la chose :
1° celui à qui la chose a été remise jusqu'au paiement de sa créance ;
2° celui dont la créance impayée résulte du contrat qui l'oblige à la livrer ;
3° celui dont la créance impayée est née à l'occasion de la détention de la chose ;
4° celui qui bénéficie d'un gage sans dépossession.
Le droit de rétention se perd par le dessaisissement volontaire.

745. ***Champ d'application général.*** L'ordonnance du 23 mars 2006 a reconnu une valeur de principe au droit de rétention. En effet, en énonçant de manière synthétique ses fondements, le nouvel article 2286 du Code civil confère au droit de rétention un champ d'application général, qui excède celui des dispositions spéciales visant des hypothèses particulières. Ces textes spéciaux demeurent, mais ils doivent désormais être interprétés à l'aune du nouveau texte, qui fait figure de droit commun du droit de rétention.

La généralité du champ d'application du droit de rétention est également attestée par la place de l'article 2286 : inscrit en tête du nouveau Livre IV du Code civil, le droit de rétention a vocation à s'appliquer *tant en matière mobilière qu'immobilière*. Au demeurant,

---

1. En ce sens, J. François, note préc.
2. En ce sens, A. Aynès, « La consécration légale des droits de rétention », *D.* 2006, dossier p. 1301.

l'article 2286 du Code civil emploie le terme de « chose » qui se caractérise par son sens générique. Si la lettre et la place de l'article 2286 du Code civil devraient ainsi conforter une jurisprudence antérieure admettant le droit de rétention exercé sur un immeuble d'un débiteur *in bonis*, il n'est pas certain, en revanche, qu'elles conduisent à rendre la rétention immobilière opposable au liquidateur de l'entreprise débitrice, l'article 2287 du Code civil réservant de manière générale l'application des règles propres aux procédures collectives. Or, la jurisprudence interprète restrictivement certaines de ces règles intéressant le droit de rétention en excluant leur application pour les immeubles [1].

La généralité du principe retenu par l'article 2286 du Code civil autorise-t-elle, par ailleurs, à étendre le domaine du droit de rétention aux biens incorporels ? S'il est vrai que le terme de « chose » renvoie habituellement à un objet matériel, et que la locution « bien » paraît davantage adaptée lorsqu'il s'agit d'embrasser *tant le corporel que l'incorporel* [2], il convient de reconnaître que le terme de « chose » est suffisamment ambivalent, comme en témoigne l'article 1128 du Code civil relatif aux choses dans le commerce, pour conduire à une application générale.

746. ***Fondements***. Les rédacteurs de l'ordonnance du 23 mars 2006 ont consacré, sans la nommer expressément, la condition jurisprudentielle de connexité entre la créance garantie et la détention de la chose, et ce dans tous ses aspects, puisque le nouvel article 2286 du Code civil adosse le droit de rétention aux trois formes de connexité – conventionnelle, juridique et matérielle – mises au jour par la jurisprudence et la doctrine.

La connexité conventionnelle (« Celui à qui la chose a été remise jusqu'au paiement de sa créance »). Ce premier fondement recouvre, non seulement la mise en gage avec dépossession (C. civ., art. 2340), mais encore la création d'un droit de rétention conventionnel, qui a donc désormais une assise légale.

La connexité juridique (« Celui dont la créance impayée résulte du contrat qui l'oblige à la livrer »). À la lecture de l'article 2286, 2°, la connexité juridique semble limitée à l'hypothèse dans laquelle la créance garantie et l'obligation de livrer résultent du même contrat, tels un contrat de vente ou un contrat de dépôt. L'emploi du singulier (« du contrat ») ne devrait cependant pas interdire aux juges de continuer à prendre en compte des créances issues de contrats successifs et indivisibles entre les mêmes parties. L'emploi du terme « contrat » et non de l'expression plus générale « rapport juridique » ne devrait pas non plus remettre en cause la reconnaissance d'un droit de rétention dans le cadre d'un quasi-contrat comme la gestion d'affaires ou dans le cadre de restitutions consécutives à l'anéantissement d'un contrat.

La connexité matérielle (« Celui dont la créance impayée est née à l'occasion de la détention de la chose »). Les termes de l'article 2286, 3° étant exactement les mêmes que ceux employés par la Cour de cassation depuis 1962, les solutions jurisprudentielles relatives à la connexité matérielle devraient continuer à pleinement s'appliquer.

747. ***Conditions***. L'article 2286 du Code civil, dans sa rédaction issue de l'ordonnance du 23 mars 2006, n'ayant développé que la condition de connexité, les conditions propres

---

1. Cette exclusion a visé spécifiquement les entrepreneurs constructeurs ; v. Civ. 3e, 23 juin 1999, *Bull. civ.* III, no 150 et Civ. 3e, 23 oct. 2002, *Bull. civ.* III, no 209.
2. *Contra* : cf. A. Aynès, « La consécration légale des droits de rétention », *D.* 2006, dossier p. 1301.

à *la créance garantie* et à *la détention* devraient continuer d'être celles consacrées par la jurisprudence, que le nouveau texte n'a nullement contredites, mais peut-être seulement quelque peu édulcorées, la détention n'étant pas expressément mentionnée dans l'hypothèse de la connexité juridique (art. 2286, 2°). L'exigence de détention a été plus directement malmenée à l'occasion de la modification de l'article 2286 du Code civil par la loi de modernisation de l'économie du 4 août 2008 (C. civ., art. 2286, 4°).

Section 4
L'extension du principe légal au gage sans dépossession (C. civ., nouv. art. 2286, 4°)

748. ***« Peut se prévaloir d'un droit de rétention sur la chose celui qui bénéficie d'un gage sans dépossession »***. La loi de modernisation de l'économie du 4 août 2008 a créé au sein de l'article 2286 du Code civil un quatrième cas de rétention au profit de « celui qui bénéficie d'un gage sans dépossession » (C. civ., art. 2286, 4°). Cette extension poursuivait un objectif précis, celui de renforcer l'efficacité du gage sans dépossession en cas de procédure collective, efficacité jusqu'alors compromise, puisque le droit des entreprises en difficulté subordonne les diverses protections accordées aux gagistes (notamment le paiement exceptionnel pendant la période d'observation de la procédure de sauvegarde ou de redressement judiciaire et, en cas de liquidation, la primauté sur les créanciers postérieurs privilégiés) à l'existence d'un droit de rétention sur les biens gagés. Alors que le but poursuivi était donc limité par la sûreté concernée, à savoir le seul gage sans dépossession, et le contexte visé, celui des procédures collectives professionnelles, la portée de la nouvelle disposition risque d'être, au contraire et malheureusement, tout à fait générale. En effet, même s'il existe encore des incertitudes sur le champ d'application de l'article 2286, 4° du Code civil, ce sont les fondements mêmes du droit de rétention qui s'en trouvent remis en question et c'est l'efficacité de l'ensemble des sûretés conférant un droit de préférence qui s'en trouve potentiellement affectée. Par ailleurs, la création du droit de rétention fictif au profit des gagistes non mis en possession constitue une source de nouveaux conflits entre créanciers d'un même débiteur. Chacune de ces critiques appelle des développements.

749. ***Champ d'application incertain***. L'article 2286, 4° du Code civil laisse perplexe quant à son champ d'application. Quelles sûretés sans dépossession vont désormais conférer un droit de rétention fictif ? La seule certitude concerne le *gage sans dépossession de droit commun*, c'est-à-dire celui que l'ordonnance du 23 mars 2006 a validé et dont le régime figure dans le Code civil (art. 2337 à 2340 ; 2342 ; art. 2344, al. 2)[1]. C'est effectivement à son égard que l'absence de reconnaissance d'un droit de rétention par l'ordonnance du 23 mars 2006 avait été dénoncée comme compromettant l'utilité même de ce nouveau gage, particulièrement dans le contexte d'une procédure collective du constituant. Au-delà, les gages sans dépossession régis par des textes spéciaux sont-ils également concernés par la réforme du 4 août 2008 ? On songe ici surtout au *gage des stocks* régi par les articles L. 527-1 à L. 527-11 du Code de commerce[2] et à celui portant sur de *l'outillage ou du matériel d'équipement* que réglementent les

1. V. ss 822, 823, 829-831, 832-837.
2. V. ss 873 s.

articles L. 525-1 à L. 525-20 du Code de commerce[1] ou encore aux warrants à domicile[2]. Plusieurs arguments militent en faveur de leur insertion dans le champ de l'article 2286, 4° du Code civil. D'abord, ce dernier texte n'opère aucune distinction au sein des gages sans dépossession ; or, « *ubi lex non distinguit, nec nos distinguere debemus* » (là où la loi ne distingue pas, nous ne devons pas distinguer). Ensuite, la loi du 4 août 2008 ayant eu pour objet de moderniser l'économie, notamment en favorisant « la reprise, la transmission, le rebond » des entreprises (intitulé du chapitre de la loi dans lequel la modification de l'article 2286 du Code civil a été inscrite), il semble tout à fait logique de l'appliquer aux gages constitués justement, à titre principal, par des entreprises. Enfin, dans la mesure où la raison avancée par les auteurs de la loi pour créer un droit de rétention fictif dans le gage sans dépossession réside dans le renforcement de l'efficacité de cette sûreté dans le cadre des procédures collectives professionnelles, la logique impose encore de prendre en compte les gages réservés aux personnes soumises à ces procédures, ce qui est le cas de ceux portant sur le matériel d'équipement ou sur les stocks[3]. Toutefois, compte tenu des perturbations qu'emporte la reconnaissance du droit de rétention dans le gage sans dépossession[4], ne doit pas d'ores et déjà être exclue la possibilité que des juges adoptent une interprétation stricte de l'article 2286, 4° du Code civil, exclusive de tous les gages régis par des lois spéciales n'ayant pas elles-mêmes consacré un droit de rétention fictif.

Si le champ d'application du nouveau texte est donc encore incertain à l'égard des sûretés portant sur des meubles corporels (gages), le sort des sûretés grevant des biens incorporels (nantissements) paraît plus prévisible. En effet, l'ordonnance du 23 mars 2006 ayant imposé une distinction, à la fois terminologique et substantielle, entre le gage de meubles corporels et le nantissement de meubles incorporels[5], la référence de l'article 2286, 4° du Code civil au seul gage devrait interdire la reconnaissance d'un droit de rétention dans les *nantissements* qui ne confèrent pas déjà ce droit en vertu d'un autre texte[6]. En matière de nantissement de fonds de commerce, la Cour de cassation a entériné cette interprétation en décidant que l'article 2286, 4° « n'est applicable qu'aux biens corporels, ce qui exclut les nantissements »[7]. Cette motivation générale laisse penser que la solution sera appliquée à d'autres nantissements, notamment celui portant sur les parts de sociétés commerciales[8].

---

1. V. ss 889 s.

2. V. ss 899 s. Pour la reconnaissance au créancier bénéficiant d'un warrant agricole du droit de rétention de l'article 2286, 4° du Code civil, v. E. Le Corre-Broly, « La situation du porteur d'un warrant agricole après l'ordonnance du 23 mars 2006 et la LME », *JCP E* 2013. 1446, n° 8 ; Com. 26 janv. 2010, inédit, n° 08-21340 (l'arrêt qui reconnait un droit de rétention au créancier warranté ne dit cependant pas qu'il s'agit du droit de rétention de l'article 2286, 4° du Code civil).

3. Dans le même sens, il convient d'ajouter que, dans le rapport remis au président de la République sur l'ordonnance du 18 décembre 2008 ayant réformé le droit des entreprises en difficulté, les dispositions portant sur le gage sans dépossession ont été illustrées par le gage des stocks soumis aux articles L. 527-1 et suivants du Code de commerce, avec la précision suivante : « Le titulaire d'un tel gage tient en effet son droit de rétention de l'article 2286 (4°) du Code civil » (*JO* 19 déc. 2008).

4. V. ss 750-753.

5. V. ss 808.

6. Rappelons qu'un droit de rétention fictif est expressément attribué aux créanciers nantis sur des comptes-titres (C. mon. fin., art. L. 211-20, IV) et qu'il est permis de déduire de l'article 2363 du Code civil un même droit de rétention au profit des créanciers nantis sur créances (v. ss 912).

7. Com. 26 nov. 2013, inédit, n° 12-27390.

8. *Contra* au sujet du nantissement des parts de SARL ou de SNC : cf. R. Dammann et G. Podeur, « Le nouveau paysage du droit des sûretés : première étape de la réforme de la fiducie et du gage sans dépossession », *D.* 2008. Chron. 2300 s.

750. ***Dénaturation du droit de rétention***. L'article 2286 du Code civil, dans sa rédaction initiale, fondait le droit de rétention sur l'existence d'une connexité entre la créance garantie et la détention de la chose [1]. Dès lors, d'une part, que le droit de rétention du gagiste non mis en possession est désormais inscrit dans cet article 2286 et que, d'autre part, dans un gage sans dépossession, faute de détention, la rétention ne saurait être justifiée, ni par une connexité matérielle, ni par une connexité juridique, *le lien essentiel entre le droit de rétention et la connexité paraît rompu*. Dit autrement, en inscrivant le droit de rétention du gagiste non détenteur dans un texte qui explicitait jusque-là les fondements du droit de rétention, la loi du 4 août 2008 a, si ce n'est dénaturé celui-ci [2], du moins jeté un sérieux doute sur la place que doit y occuper la détention [3]. Ce trouble aurait pu être aisément atténué en insérant la règle nouvelle dans les textes du Code civil relatifs au gage de meubles corporels [4], voire seulement dans ceux du Code de commerce déterminant les droits des créanciers gagistes confrontés à la procédure collective du constituant (la place du texte aurait alors reflété son objectif, ce qui n'est pas le cas actuellement) [5].

Le fondement du droit de rétention en matière de gage sans dépossession ne réside donc pas dans la détention du meuble retenu, mais dans la seule *volonté du législateur de généraliser une fiction* qu'il n'avait jusqu'alors consacrée que dans quelques sûretés mobilières sans dépossession déterminées (notamment le gage sur véhicule automobile et le nantissement de comptes-titres). En présence d'un droit de rétention fictif d'origine exclusivement légale, comme le pouvoir de nuisance du rétenteur à l'encontre du débiteur et des autres créanciers de celui-ci ne saurait, par définition même, procéder de la détention matérielle d'un bien, la loi doit assortir la fiction de détention et de rétention qu'elle instaure de prérogatives permettant au rétenteur de bloquer, non pas le bien lui-même, mais ses utilités [6]. À défaut, le droit de rétention cesserait d'être le moyen de pression

1. V. ss 746.

2. En ce sens, cf. P. Crocq, *D.* 2008. 2104 ; S. Piedelièvre, « Le nouvel article 2286, 4° du Code civil », *D.* 2008, Point de vue, p. 2950.

3. Nié par l'ajout de la loi du 4 août 2008, le rôle fondamental de la détention par le créancier rétenteur ressort au contraire, non seulement des trois premiers cas de rétention énoncés par l'article 2286, mais encore du dernier alinéa de ce texte aux termes duquel « le droit de rétention se perd par le dessaisissement volontaire ».

4. En ce sens, cf. A. Aynès, « L'extension du droit de rétention dans le projet de réforme des procédures collectives », *JCP* 2008. Act. 300.

5. Telle était la solution initialement envisagée par le gouvernement, qui avait inséré la modification de l'article 2286 du Code civil dans l'avant-projet d'ordonnance portant diverses dispositions en faveur des entreprises en difficulté. Cette solution avait pour elle la cohérence au regard de l'objectif de la modification, mais elle impliquait une réelle lourdeur procédurale. En effet, l'article 2286 du Code civil étant issu d'une ordonnance (celle du 23 mars 2006) ayant reçu ratification par la loi du 20 février 2007, il a acquis une valeur législative qui complique nécessairement sa réécriture, qui ne peut procéder que d'une autre loi ou d'une nouvelle habilitation donnée par le parlement au gouvernement de modifier l'ordonnance du 23 mars 2006. Afin d'éviter ce processus législatif contraignant, le Sénat, au cours de l'examen du projet de loi de modernisation de l'économie, a ajouté à celui-ci, le 10 juillet 2008, un amendement précisant que la mesure tendant à doter le gage sans dépossession du Code civil d'un droit de rétention devait être inscrite directement dans le projet de loi et qu'il appartiendrait ensuite au pouvoir réglementaire de déterminer les conditions matérielles dans lesquelles ce droit de rétention se concrétiserait en pratique.

6. Par exemple, le créancier titulaire d'un nantissement de compte-titres peut priver le propriétaire des instruments financiers de tout ou partie du pouvoir de réaliser ces titres (C. mon. fin., art. L. 211-20, IV : « Le créancier nanti définit avec le titulaire du compte-titres les conditions dans lesquelles ce dernier peut disposer des titres financiers et des sommes en toute monnaie figurant dans le compte nanti ») ; le droit de rétention fictif de ce créancier est donc justifié.

Il en va de même en matière de nantissement de créance où le pouvoir de blocage du créancier nanti résulte du droit que lui reconnaît l'article 2363 du Code civil, après notification, d'empêcher son débiteur de percevoir le paiement des créances nanties.

qu'il doit être et tous les avantages qui y sont attachés, en particulier par le droit des entreprises en difficulté [1], perdraient leur légitimité.

La question se pose dès lors de savoir de *quel pouvoir de blocage* dispose le gagiste non mis en possession. Il est évidemment impossible de considérer, en l'absence d'emprise matérielle sur la chose gagée, que ce pouvoir consiste à refuser la restitution de celle-ci. Il serait par ailleurs excessif de déceler un véritable pouvoir de blocage du bien dans deux règles inscrites dans le droit commun du gage sans dépossession : d'une part, à la condition que ce gage ait été régulièrement publié, la règle de l'inopposabilité de l'article 2276 du Code civil (anc. art. 2279) par les ayants cause à titre particulier du constituant (C. civ., art. 2337, al. 3) ; d'autre part, sous la même condition, la règle de primauté du gage sans dépossession sur un gage postérieur avec dépossession (C. civ., art. 2340, al. 2). Il est vrai que, *de facto*, ces deux règles peuvent rendre périlleuses et donc difficiles la cession ou la constitution d'une nouvelle sûreté sans l'accord du gagiste non mis en possession. Cependant, *de jure*, ces opérations demeurant possibles, on peine à identifier le pouvoir de blocage de ce gagiste [2]. Partant, c'est la légitimité même de la généralisation du droit de rétention fictif au gage sans dépossession qui fait difficulté, et ce d'autant plus que ledit droit de rétention est pourtant susceptible de nuire profondément aux droits des autres créanciers du débiteur.

751. ***Fragilisation des sûretés offrant un droit de préférence sur le bien fictivement retenu***. En matière de garanties, la théorie des vases communicants joue un rôle prépondérant, en ce sens que le renforcement de l'efficacité de l'une d'elles s'accompagne souvent de l'affaiblissement d'une ou de plusieurs autres. Ce constat est particulièrement vrai lorsque le droit de rétention est en jeu, puisque sa force réside précisément dans l'exclusion du concours avec les autres créanciers du débiteur, en particulier ceux qui disposent d'un droit de préférence sur le bien retenu. Par conséquent, en offrant au gagiste non mis en possession un droit de rétention, l'article 2286, 4° du Code civil étend le rôle perturbateur du droit de rétention sur le classement des sûretés réelles mobilières [3]. Le déclin du droit de préférence est d'autant plus contestable, ici, que le droit de rétention du gagiste non détenteur n'est pas sous-tendu par un véritable pouvoir de blocage des utilités du meuble fictivement retenu.

752. ***Articulation avec le droit des entreprises en difficulté***. Le rôle perturbateur du droit de rétention trouve son terrain d'élection dans la procédure collective ouverte au bénéfice du débiteur, et ce pour trois raisons essentielles : d'abord, dans les procédures de sauvegarde et de redressement judiciaire, il autorise une dérogation au principe d'interdiction du paiement des créances antérieures, à la condition que le bien retenu soit nécessaire à la poursuite de l'activité ; ensuite, le droit de rétention est maintenu si la chose sur laquelle il porte est englobée dans un plan de cession ; enfin, en cas de liquidation judiciaire, par le jeu de la subrogation réelle, il est de plein droit reporté sur le prix de vente

1. Sur le paiement exceptionnel du rétenteur aux différentes étapes de la procédure, v. ss 1280 ; sur l'opposabilité du droit de rétention au cessionnaire de l'entreprise, v. ss 1287 ; sur le droit de préférence exceptionnel du créancier rétenteur en cas de liquidation judiciaire, v. ss 1324.

2. S'il est vrai que, lorsque la détention par le rétenteur est matérielle, le débiteur conserve également son droit de disposition, de sorte que le blocage n'est pas non plus juridique, mais seulement factuel, le débiteur rencontre certainement plus de difficultés à vendre son bien ou à le constituer en garantie lorsqu'il ne l'a pas entre les mains que lorsqu'il peut le présenter à un acquéreur ou à un dispensateur de crédit.

3. Sur ce classement, v. ss 990 s.

de la chose, de sorte que le rétenteur peut être désintéressé avant tout créancier privilégié[1]. L'application de ces protections exceptionnelles au gagiste non mis en possession satisferait certes pleinement l'objectif ayant présidé à la modification de l'article 2286 du Code civil (renforcer l'efficacité du gage sans dépossession dans le cadre de la procédure collective du constituant), mais emporterait deux conséquences tout à fait indésirables : d'une part, les règles du droit des entreprises en difficulté fondées sur le principe d'égalité des créanciers pourraient être facilement contournées par la simple constitution d'un gage sans dépossession ; d'autre part, l'efficacité du nouveau droit de rétention pourrait entraver le sauvetage des entreprises en difficulté, ne serait-ce qu'en raison de l'amoindrissement de la valeur des privilèges de la procédure.

Afin d'empêcher ces effets pervers, sans toutefois compromettre l'utilité du droit de rétention nouvellement créé, la loi du 4 août 2008 a habilité le gouvernement à « accroître l'efficacité (...) du gage sans dépossession, en liquidation judiciaire et (à) adapter (ses) effets aux procédures de sauvegarde et de redressement judiciaire » (art. 74, I, 9°).

L'ordonnance du 18 décembre 2008 ayant réformé le droit des entreprises en difficulté a réalisé ce *compromis* de la manière suivante : pour permettre au débiteur d'exploiter le bien gagé et faciliter ainsi la poursuite de l'activité de l'entreprise, le droit de rétention accordé par l'article 2286, 4° du Code civil est inopposable à la procédure pendant la période d'observation et pendant l'exécution du plan de sauvegarde ou de redressement ; au contraire, il retrouve sa pleine efficacité lorsque le bien objet du gage est compris dans une cession d'activité (il est alors opposable au repreneur) [2] ou lorsqu'un jugement de liquidation est prononcé[3]. Le gagiste non mis en possession jouit donc désormais d'un droit de rétention « à double vitesse »[4]. Il n'est pas sûr que cela suffise à rendre le gage sans dépossession suffisamment attractif aux yeux des dispensateurs de crédit[5] ; si tel ne devait pas être le cas, la modification de l'article 2286 du Code civil semblerait bien inutile et les conséquences fâcheuses qu'elle emporte encore plus regrettables.

753. ***Multiplication des conflits de droits de rétention***. Un dernier effet malencontreux du nouveau droit de rétention fictif octroyé au gagiste non détenteur doit être relevé. Il s'agit du risque de multiplication des conflits entre droits de rétention.

Entre droits de rétention fictifs, la résolution du conflit est aisément prévisible, puisqu'il suffit de transposer la solution déjà adoptée en présence de gages successifs avec dépossession du constituant et mise en possession d'un tiers convenu (entiercement[6]) : en vertu de la règle *prior tempore potior jure* (premier en date, préférable en droit), le créancier ayant le premier respecté les formalités de publicité suppléant l'absence de mise en possession devrait pouvoir opposer son droit de rétention fictif.

Entre un droit de rétention effectif et le nouveau droit de rétention fictif né ultérieurement, le conflit devrait logiquement être résolu en faveur du premier, qui repose sur un véritable pouvoir de blocage que ne pouvait ignorer le gagiste dont les droits sont nés postérieurement.

---

1. Sur ces diverses expressions de l'efficacité du droit de rétention dans le cadre d'une procédure collective professionnelle, v. ss 1280, 1287, 1324.

2. V. O. Buisine, « L'opposabilité du droit de rétention « fictif » dans le cadre d'un plan de cession », *Rev. proc. coll.* 2011. Étude 31.

3. Pour plus de développements sur ces nouvelles règles, v. ss 1280, 1287, 1324, 1325.

4. M. Farge et O. Gout, « L'impact du nouveau droit des entreprises en difficulté sur le droit des sûretés », *RLDC* n° 58, 2009. 25 s. ; S. Piedelièvre, article préc.

5. En ce sens, cf. G. Marraud des Grottes, « Reste-t-il un intérêt à conclure un gage sans dépossession ? », *RLDC* 2009, n° 3302.

6. Sur cette forme de gage avec dépossession autorisée par l'article 2337, alinéa 2, du Code civil (anc. art. 2076), v. ss 826.

Entre le gagiste non mis en possession et un gagiste mis en possession ultérieurement, le conflit est plus problématique, car deux modes de résolution conduisant à des solutions opposées sont envisageables : soit, en vertu de la jurisprudence relative au gage automobile, la rétention effective du gagiste détenteur devrait l'emportait [1]; soit, au contraire, par analogie avec l'article 2340 du Code civil relatif au classement des droits de préférence des gagistes [2], la rétention fictive devrait primer en raison de l'antériorité de l'inscription du gage sans dépossession sur la mise en possession du second gagiste. Afin de conserver au droit de rétention sa nature profonde (un moyen de pression résultant du blocage d'un bien), la première solution semble plus opportune.

1. V. ss 735.

2. C. civ., art. 2340, al. 2 : « Lorsqu'un bien donné en gage sans dépossession fait ultérieurement l'objet d'un gage avec dépossession, le droit de préférence du créancier gagiste antérieur est opposable au créancier gagiste postérieur lorsqu'il est régulièrement publié nonobstant le droit de rétention de ce dernier. »

Chapitre 3

Le régime du droit de rétention

Quels effets produit le droit de rétention[1] (Section 1) et comment s'éteint-il (Section 2) ?

Section 1
Les effets du droit de rétention

754. À condition d'être invoqué devant le juge compétent[2], le droit de rétention produit divers effets. Comme l'article 2286 du Code civil ne réglemente pas ces effets, demeurent applicables les solutions dégagées par la jurisprudence, qui devraient, vraisemblablement, s'appliquer de façon univoque quelle que soit la nature du lien de connexité fondant le droit de rétention effectif[3].

755. ***Les prérogatives que ne confère pas le droit de rétention***. Le rétenteur n'a *aucun pouvoir juridique sur la chose :* il n'en a, ni l'usage, ni la jouissance, ni la disposition. Cela s'explique par le fait que le rétenteur ne constitue qu'un détenteur précaire, dénué d'*animus domini*.

Le rétenteur ne dispose d'*aucun droit de préférence* sur la valeur de la chose retenue.

Le droit de rétention ne confère *aucun droit de suite*. En conséquence, si le rétenteur se départit volontairement de la chose, il ne peut la reprendre, au risque de commettre un vol[4].

À la différence d'un créancier gagiste, le rétenteur n'a *pas la faculté de demander l'attribution judiciaire de la chose*[5]. Ainsi, le créancier ayant fourni les fonds nécessaires à l'acquisition d'un véhicule et s'étant fait remettre les documents d'immatriculation à titre

1. Seuls seront exposés ici les effets du droit de rétention en présence d'un débiteur *in bonis*. Sur ses effets dans le cadre d'une procédure collective ouverte contre le débiteur, v. ss 1278-1280, 1287, 1324, 1325.

2. La première chambre civile de la Cour de cassation a rappelé cette élémentaire condition d'efficacité dans un arrêt en date du 9 juin 2011 (inédit, n° 10-14414). En l'espèce, le créancier « ne s'était pas prévalu d'un quelconque droit de rétention de sorte qu'elle (la juridiction de proximité) n'avait pas à se prononcer sur la légitimité d'un tel droit. »

3. A. Aynès (*Le droit de rétention : unité ou pluralité*, Economica, 2005) soutient une solution différente : en consacrant trois formes de connexité, comme autant de sources distinctes de rétention, l'article 2286 du Code civil (dans sa rédaction initiale) devrait conduire à l'application de règles partiellement différentes pour chacun des trois droits de rétention effectifs. Par exemple, seul le droit de rétention fondé sur une connexité matérielle pourrait jouir d'une véritable opposabilité absolue ; à l'inverse, en cas de connexité juridique, qui ne serait, en définitive, qu'une manifestation particulière du mécanisme de l'exception d'inexécution, la rétention ne devrait pas être indivisible, car elle nécessiterait une inexécution d'une certaine gravité.

4. Crim. 12 oct. 1976, *Bull. crim.*, n° 289 ; *RTD com.* 1977. 170, obs. P. Bouzat.

5. Com. 9 juin 1998, *Bull. civ.* IV, n° 181.

de garantie de sa créance (hypothèse type de droit de rétention conventionnel), ne dispose ni du droit de se faire remettre ledit véhicule [1], ni de celui de se faire attribuer le prix de vente de ce véhicule [2].

756. ***Le droit de refuser la restitution de la chose effectivement retenue.*** L'unique prérogative que confère le droit de rétention effectif est celle de ne pas délivrer la chose et de paralyser, *de facto*, l'exercice des différents droits réels portant sur la chose : le droit réel principal de propriété, mais aussi les droits réels accessoires dont d'autres créanciers du propriétaire pourraient être titulaires (privilèges). Ce droit s'exerce sous la forme d'une exception opposée à une demande de restitution.

Il a pour corollaire l'obligation faite au rétenteur de *conserver la chose*, c'est-à-dire de répondre de la perte ou de la détérioration survenue par sa faute [3].

757. ***Un droit indivisible.*** La faculté de refuser la restitution est indivisible : elle demeure intacte sur la totalité de la chose tant que la dette n'a pas été entièrement acquittée.

Cette indivisibilité emporte deux conséquences. D'une part, quand bien même la chose serait-elle divisible, le créancier est autorisé à la conserver dans sa totalité jusqu'au complet paiement de la dette, sans avoir à tenir compte du ou des paiements partiels opérés par le débiteur. D'autre part, en cas de division de la dette entre plusieurs titulaires, ce qui se produira lorsque le débiteur décède en laissant une pluralité d'héritiers, le fait que certains d'entre eux se soient acquittés de la fraction qui leur incombe n'interdit pas au rétenteur de refuser la restitution de la totalité de la chose, quand bien même serait-elle matériellement divisible.

Cette indivisibilité rapproche le droit de rétention des droits réels accessoires et le distingue, à l'inverse, de l'exception d'inexécution, qui ne peut être légitimement invoquée qu'à la condition que l'obligation inexécutée soit suffisamment importante.

758. ***Un droit opposable à tous.*** Le droit de rétention jouit d'une très large opposabilité, *nullement subordonnée à sa publicité* [4].

759. Il est d'abord opposable au *propriétaire débiteur*, ainsi qu'à ses *héritiers*.

760. Il est ensuite opposable aux *créanciers du propriétaire débiteur*, qu'ils soient chirographaires ou privilégiés [5]. En cas de saisie de la chose effectuée par l'un de ces créanciers, le rétenteur doit informer l'huissier de son droit, soit par déclaration, soit par lettre recommandée ultérieure. Il appartient alors au saisissant de contester le droit de rétention dans un délai d'un mois. En l'absence de contestation, la prétention du rétenteur est « réputée fondée pour les besoins de la saisie » (C. pr. exéc., art. R. 221-29, Décr. du 31 juill. 1992, anc. art. 106), ce qui a, pratiquement, pour effet de paralyser la chose. L'adjudicataire de la chose devra alors préalablement désintéresser le rétenteur s'il veut la récupérer.

---

1. Com. 11 juill. 2000, *Bull. civ.* IV, n° 142.
2. Com. 8 juill. 2003, n° 00-21569 ; Com. 23 avr. 2013, *Bull. civ.* IV, n° 66.
3. Civ. 1re, 4 juin 1971, *Bull. civ.* I, n° 178 ; *JCP* 1971. II. 16913 ; Civ. 1re, 7 nov. 2006, *Bull. civ.* I, n° 459 (en l'espèce les prunes retenues sont devenues impropres à la commercialisation et à la consommation, en raison du manque de soins du rétenteur).
4. Civ. 3e, 16 déc. 1998, *Bull. civ.* III, n° 253 (au sujet de la publicité foncière).
5. Com. 18 déc. 1990, *Bull. civ.* IV, n° 329 ; *Gaz. Pal.* 24 juill. 1992, note Hatoux (opposabilité aux douanes).

761. ***La question de l'opposabilité du droit de rétention au propriétaire non débiteur.*** Deux hypothèses peuvent se présenter selon que le débiteur de la dette garantie n'est *pas* ou n'est *plus* le propriétaire de la chose retenue.

Dans le premier cas de figure, *le débiteur n'était pas propriétaire de la chose lorsque le droit de rétention est né.* Par exemple, le locataire ou l'acquéreur d'un bien meuble sous réserve de propriété le confie en réparation à un tiers, qui devient rétenteur[1]. Il peut alors apparaître peu satisfaisant, voire injuste, de contraindre le propriétaire d'une chose à devoir acquitter une dette qui n'est pas la sienne[2] afin de récupérer la jouissance de son bien. N'y a-t-il pas là un détournement de la finalité du droit de rétention ?[3] Mais, à l'inverse, le rétenteur n'est-il pas en droit de croire que son débiteur a la libre disposition de la chose qu'il lui remet ? En outre, on peut relever que certains privilèges mobiliers[4] prospèrent sur des biens qui n'appartiennent pas au débiteur de la dette garantie, de sorte qu'il ne serait pas choquant qu'il en allât de même au sujet du droit de rétention. Enfin, si le droit de rétention était déclaré inopposable au propriétaire non débiteur de la dette, il conviendrait logiquement d'étendre cette inopposabilité à l'hypothèse du conflit entre un gagiste et un vendeur bénéficiant d'une clause de réserve de propriété ; or, ce n'est pas la solution traditionnellement retenue par la jurisprudence[5].

Dans le second cas, *le débiteur n'est plus propriétaire de la chose retenue lorsque le droit de rétention est invoqué.* Il en va ainsi lorsque le débiteur, propriétaire de la chose qu'il a remise au créancier, a, postérieurement, cédé ses droits à un ayant-cause à titre particulier[6]. Il va de soi que, dans ce second cas de figure, le droit de rétention est opposable au nouveau propriétaire de la chose, non débiteur de la dette garantie, car il suffirait, dans le cas contraire, au débiteur propriétaire de la chose de céder celle-ci pour faire échec au droit de rétention. Au demeurant, l'article 1749 du Code civil consacre cette opposabilité dans le cadre du bail en autorisant le locataire à retenir le local loué tant que les dommages et intérêts qui lui sont dus en vertu de cet article ne lui ont pas été payés « par le bailleur ou, à son défaut, par le nouvel acquéreur [du local] ». Aussi, la jurisprudence a-t-elle, de manière constante, consacré l'opposabilité du droit de rétention au propriétaire de la chose qui ne l'est devenu qu'après la naissance du droit de rétention[7].

---

1. Com. 3 oct. 1989, *Bull. civ.* IV, n° 244 ; *JCP* 1990. II. 21254, note M. Behar-Touchais ; Com. 21 févr. 2012, n° 10-28679. Comp. Colmar, 9 oct. 2013, n° 12/00469, jugeant que le sous-acquéreur du véhicule vendu sous réserve de propriété au vendeur intermédiaire, mais qui ignorait l'existence de cette stipulation, dispose d'un intérêt propre à obtenir les papiers des véhicules puisqu'il est tenu lui-même à une obligation de délivrance à l'égard de ses propres acquéreurs. Sa demande de remise des documents est donc bien recevable. Le sous-acquéreur qui se trouve être l'acquéreur final dans une chaîne de contrats successifs, et compte tenu de l'effet relatif des contrats, de son ignorance de l'existence de cette clause et de son entrée en possession des véhicules de bonne foi, ne saurait se voir opposer un droit de rétention sur les documents administratifs par le vendeur originaire. Ce droit ne présente en effet aucun lien de connexité juridique avec cette clause inopposable à l'acquéreur.
2. Si le propriétaire de la chose retenue acquitte la dette, il disposera d'un recours contre le débiteur dont il a éteint la dette.
3. En ce sens, M. Cabrillac, C. Mouly, S. Cabrillac et Ph. Pétel, *op. cit.*, n° 632.
4. Par exemple, le privilège du bailleur d'immeuble ou le privilège du conservateur.
5. Sur la résolution de ce conflit en faveur du gagiste et la possible remise en cause de cette solution sur le fondement du nouvel article 2335 du Code civil, v. ss 812.
6. Si cette hypothèse est concevable, elle est rendue peu probable au regard du fait qu'il est pratiquement difficile de vendre un bien que l'on ne peut pas présenter, ni délivrer à l'acquéreur. Il peut en aller autrement, toutefois, lorsque le droit de rétention ne porte pas sur le bien même vendu aux sous-acquéreurs, mais seulement sur des documents administratifs qui le représentent, telle la carte grise pour un véhicule (Civ. 1re, 24 sept. 2009, *Bull. civ.* I, n° 178).
7. Civ. 3e, 2 mars 1851, *D.* 1851. 1. 65 ; Com. 24 janv. 1973, *Bull. civ.* IV, n° 40 ; 31 mai 1994, *Bull. civ.* IV, n° 195 ; Civ. 1re, 24 sept. 2009, *Bull. civ.* I, n° 178.

À vrai dire, la question de l'opposabilité du droit de rétention au propriétaire non débiteur se pose sans doute dans des termes différents selon que le droit de rétention est fondé sur une *connexité matérielle* ou sur une *connexité juridique ou conventionnelle*. Dans le premier cas, par hypothèse, la dette garantie a porté sur la chose elle-même de sorte que, sans en être débiteur, le propriétaire en aura très vraisemblablement tiré un profit, si bien qu'il ne paraît pas injuste de lui opposer le droit de rétention [1]. À cet égard, il n'est pas surprenant que la plupart des décisions ayant retenu l'opposabilité du droit de rétention au propriétaire non débiteur de la dette l'aient été à l'occasion d'un droit de rétention fondé sur une connexité matérielle [2]. En revanche, en cas de connexité juridique ou conventionnelle, il ne serait pas inconcevable de subordonner l'opposabilité du droit de rétention au propriétaire non débiteur de la dette à la bonne foi du rétenteur, conçue comme la croyance qu'avait ce dernier dans le pouvoir de libre disposition de la chose dont le débiteur qui le lui a remise était titulaire.

Quoi qu'il en soit, la jurisprudence confère à l'opposabilité du droit de rétention au propriétaire non tenu à la dette une portée très générale et elle la justifie par la nature réelle du droit de rétention : « le droit de rétention est un droit réel, opposable à tous, y compris aux tiers non tenus à la dette » [3]. Le silence de l'article 2286 du Code civil au sujet de la question de l'opposabilité du droit de rétention, bien que regrettable, constitue vraisemblablement un argument en faveur d'une opposabilité *erga omnes*.

762. Cette très large opposabilité du droit de rétention tempère singulièrement l'affirmation classique selon laquelle le droit de rétention ne confère, ni droit de préférence, ni droit de suite. Grâce à cette opposabilité *erga omnes*, le rétenteur, tout en restant passif, a de grandes chances d'être payé en priorité, sans entrer en concours avec d'autres créanciers, puisque ceux-ci ont tout intérêt à le désintéresser s'ils veulent récupérer le bien pour le faire vendre et exercer ensuite leur éventuel droit de préférence sur le prix de vente [4].

763. ***Un droit discrétionnaire ou susceptible d'abus ?*** La question de l'abus du droit de rétention se pose, d'abord, au sujet de l'*assiette de ce droit*, notamment, lorsqu'il porte sur une chose rapidement périssable, ou sur une chose particulièrement utile pour le débiteur, ou encore sur une chose d'une très grande valeur en regard de la dette garantie d'un faible montant. Dans ce dernier cas, l'indivisibilité du droit de rétention donne une justification technique à la validité du droit de rétention. Cette indivisibilité contribue, précisément, à distinguer le droit de rétention de l'exception d'inexécution dont l'exercice doit être proportionné [5]. Toutefois, il a été proposé de tempérer l'indivisibilité du droit de rétention lorsque celui-ci est fondé sur une connexité juridique, en raison de sa forte proximité, dans un tel cas, avec le mécanisme de l'exception d'inexécution [6].

---

1. En ce sens, P. Crocq, note préc.
2. Not. Civ. 1re, 22 mai 1962, *Bull. civ.* I, nº 258 ; Civ. 1re, 7 janv. 1992, *Bull. civ.* I, nº 4 (décision autorisant un garagiste à opposer son droit de rétention au propriétaire du véhicule confié en réparation par son locataire) ; Com. 3 mai 2006, *RJDA* 10/06, nº 1073 ; *JCP* 2006. I. 195, obs. Ph. Delebecque (même hypothèse).
3. Civ. 1re, 7 janv. 1992, préc. ; Com. 3 mai 2006, préc ; Civ. 1re, 24 sept. 2009, préc. La plus haute juridiction administrative adopte une position contraire : CE 2 juill. 2003, préc. : « l'exercice du droit de rétention constitue une atteinte grave et manifestement illégale au droit de propriété du propriétaire non débiteur ».
4. Cette affirmation se révélera le plus souvent exacte, y compris lorsque la chose retenue n'a pas de valeur marchande ; par exemple, afin de faire vendre le véhicule appartenant au débiteur, les créanciers de ce dernier ont besoin de récupérer les documents administratifs retenus qui s'y rapportent.
5. Soc. 21 oct. 1954, *Bull. civ.* V, nº 613.
6. En ce sens, A. Aynès, thèse préc., nº 306 ; P. Crocq, « Sûretés et proportionnalité », *in Études offertes au doyen Ph. Simler*, Litec-Dalloz, 2007, p. 308, note 42.

764. La question de l'abus se pose également au sujet de l'*exercice du droit de rétention*. Si l'abus dans la réalisation d'une sûreté est assez rarement retenu, il l'est encore moins en matière de droit de rétention [1]. En effet, s'agissant d'une situation de fait, ses éléments constitutifs sont réunis ou ne le sont pas, et dans cette dernière hypothèse le rétenteur n'utilise pas abusivement son droit mais, plus radicalement, invoque un droit qu'il ne possède pas [2]. Ce sera le cas, par exemple, lorsque le créancier s'est emparé de la chose par violence ou en commettant un acte frauduleux.

Cependant, il serait envisageable de se référer à l'article L. 111-7 du Code des procédures civiles d'exécution aux termes duquel « l'exécution ne peut excéder ce qui se révèle nécessaire pour obtenir le paiement de l'obligation » et à l'article L. 121-2 du même code qui accorde au juge de l'exécution « le pouvoir d'ordonner la mainlevée de toute mesure inutile ou abusive et de condamner le créancier à des dommages-intérêts en cas d'abus de saisie ». Ces textes placent la mise en œuvre du droit de créance, qu'il soit chirographaire ou garanti par une sûreté, sous l'empire d'un véritable *principe de proportionnalité*, commandant de rechercher « ce qui se révèle nécessaire pour obtenir le paiement ». Ces dispositions traduisent l'idée qu'il conviendrait d'imposer au créancier, y compris s'il est titulaire d'une sûreté, un comportement prudent et mesuré dans la recherche de l'exécution efficace de ses droits. L'abus dans la réalisation des sûretés, constitué par le recours à des mesures disproportionnées par rapport à la satisfaction recherchée, constituerait dès lors un manquement à une obligation de prudence et de modération. Jusqu'à présent, la jurisprudence ne s'est jamais fondée sur cette idée de proportionnalité pour déclarer abusif l'exercice d'un droit de rétention [3]. Cela n'est guère surprenant et doit être approuvé car, comme l'a souligné un auteur [4] « l'examen du droit des sûretés et du droit de l'exécution forcée montre que l'exigence de proportionnalité n'inspire la lutte contre un éventuel abus commis par le créancier bénéficiaire d'une sûreté que dans deux hypothèses : lorsqu'il y a un risque de surendettement du garant, au stade de la constitution des sûretés personnelles, et lorsqu'il y a un risque de spoliation du constituant de la sûreté, au stade de la réalisation des sûretés réelles ».

765. La Cour de cassation a déjà jugé que l'exercice du droit de rétention n'est pas abusif lorsqu'il cause un *préjudice important* au débiteur : un comptable peut retenir des documents en garantie de ses honoraires et refuser de les communiquer à l'administration fiscale, même si cela fait encourir à son débiteur des pénalités [5]. Cette solution semble justifiée, puisque la finalité du droit de rétention est justement de causer une gêne pour le débiteur, pouvant, le cas échéant, donner lieu à la réalisation d'un préjudice, afin de l'inciter à s'exécuter.

La Haute juridiction a par ailleurs eu l'occasion de préciser que la bonne foi du propriétaire non débiteur auquel le droit de rétention est opposé, ainsi que l'insolvabilité du débiteur, ne suffisent pas à faire dégénérer en abus l'exercice du droit de rétention [6].

---

1. Sur la liberté reconnue à un transporteur de marchandises d'exercer sur celles-ci un droit de rétention plutôt que de mettre en œuvre son privilège, v. Com. 13 mai 2014, inédit, n° 13-11296.
2. Pourtant, l'amalgame est souvent commis par les juridictions du fond : Paris, 27 févr. 2015, n° 13/02415 (rétention abusive parce que les prestations n'étaient pas dues) ; Douai, 28 août 2014, n° 448/2014 (rétention abusive parce que la créance apparaissait mal fondée).
3. Cf. Versailles, 10 mars 2015, n° 13/05398 : « en vertu des articles 1948 et 2286 du Code civil, le dépositaire impayé peut retenir la marchandise ; ce droit, étant discrétionnaire et indivisible, l'on ne saurait lui reprocher la disproportion entre le montant de sa créance (24 748 euros) et le prix des marchandises bloquées (724 468 euros) ».
4. P. Crocq, article préc., p. 308.
5. Civ. 1re, 17 juin 1969, préc. ; *JCP* 1970. II. 16162, note N. Catala.
6. Civ. 1re, 24 sept. 2009, *Bull. civ.* I, n° 178.

Section 2

L'extinction du droit de rétention

Comme la plupart des garanties, le droit de rétention connaît des causes d'extinction par voie accessoire (§ 1) et par voie principale (§ 2).

§ 1. Extinction par voie accessoire

766. Quand bien même l'article 2286 du Code civil ne le précise pas, il est indéniable que le droit de rétention constitue un accessoire de la créance qu'il conforte [1]. En cette qualité, il s'éteint lorsque la créance garantie disparaît en totalité pour cause de paiement, de compensation intervenue entre le débiteur et le rétenteur ou encore de confusion intervenue entre ces derniers.

En revanche, en cas de résolution ou d'annulation du contrat ayant donné naissance à la dette garantie, le droit de rétention demeure, vraisemblablement, pour garantir les restitutions consécutives à l'anéantissement du contrat, en raison de la connexité juridique qui existe entre la détention de la chose et la créance de restitution [2].

§ 2. Extinction par voie principale

767. Le droit de rétention peut également s'éteindre seul, sans que la créance garantie n'en soit affectée.

L'extinction par voie principale peut d'abord résulter d'une *renonciation* au droit de rétention émanant du rétenteur, que ce soit par anticipation ou au moment où le propriétaire réclame la chose.

768. L'extinction peut ensuite découler de la *destruction ou de l'endommagement de la chose*, puisque le rétenteur, à l'inverse d'un créancier bénéficiaire d'une sûreté réelle classique, ne bénéficie d'aucun droit de préférence sur l'indemnité d'assurance remplaçant le bien détruit ou endommagé.

769. L'extinction par voie principale peut, enfin, procéder du *dessaisissement volontaire*, comme le précise l'article 2286, *in fine*, du Code civil. L'abandon de la détention peut prendre la forme d'une remise matérielle, mais aussi d'une saisie que le rétenteur pratiquerait entre ses propres mains, car la saisie a pour conséquence de rendre indisponible l'objet saisi [3].

Cette extinction par dessaisissement volontaire soulève la question de savoir si, dans l'hypothèse où la chose serait à nouveau remise au créancier, celui-ci pourrait exercer un droit de rétention pour obtenir paiement de la créance afférente à la première remise. Ce

---

1. Sur cette qualification, cf. F. Pérochon, « Le droit de rétention, accessoire de la créance », *in Mélanges M. Cabrillac*, Litec, 1999.

2. L'hypothèse dans laquelle le propriétaire de la chose n'est pas le débiteur de la dette garantie soulève la question de savoir s'il pourrait soulever les exceptions que le débiteur peut invoquer à l'encontre du créancier rétenteur. L'exercice de l'action oblique devrait lui permettre d'agir au nom du débiteur.

3. Civ. 1re, 10 oct. 1962, *Bull. civ.* I, n° 413 ; *JCP* 1962. II. 12926 ; Rouen, 18 oct. 2005, *JCP* 2006. I. 195, Ph. Delebecque.

problème de la renaissance du droit de rétention se pose, notamment, au sujet du garagiste impayé, auquel le client confie son véhicule pour une nouvelle réparation. La Cour de cassation distingue selon que les remises successives du véhicule ont ou non été effectuées en vertu de contrats ou de titres distincts. Si les remises ont été effectuées en vertu de contrats ou titres distincts, le droit de rétention ne peut être exercé pour une créance antérieure à la remise, faute de connexité juridique [1]. Si, au contraire, les remises ont été effectuées en vertu d'un contrat ou titre unique, le droit de rétention, qui est indivisible, peut être exercé pour une créance antérieure à la dernière remise [2]. Sur ce fondement, la rétention est largement admise, car la jurisprudence a tendance à dilater la notion de convention unique. C'est ainsi que les tribunaux déduisent volontiers l'existence d'une convention unique de la similitude des réparations successives effectuées sur un véhicule ou découvrent l'existence d'un contrat général d'entretien dans la circonstance que le client confiait habituellement son véhicule au même garagiste. Le raisonnement jurisprudentiel, quelque peu acrobatique, pourrait être évité par le recours à la connexité matérielle, qui existe dans la plupart des cas, à la condition, cependant, d'en admettre une conception large faisant abstraction des reprises du bien, pour ne retenir que le dernier dessaisissement en date.

770. ***Exception de défaut de subrogation***. Il convient de rappeler que, dans l'hypothèse où le créancier est garanti, non seulement par le droit de rétention, mais aussi par un cautionnement, si le droit de rétention s'est éteint, par voie accessoire comme par voie principale, en raison de la faute exclusive du créancier (par exemple, en cas de renonciation au droit de rétention, de destruction fautive ou de dessaisissement volontaire de la chose jusque-là retenue), la caution peut demander à être déchargée, sur le fondement du défaut de subrogation par le fait du créancier, à hauteur du préjudice subi (C. civ., art. 2314) [3].

---

1. Com. 4 déc. 1984, *Bull. civ.* IV, n° 328.
2. Civ. 1re, 25 avr. 1967, *Bull. civ.* I, n° 145 ; Com. 20 nov. 1967, *Bull. civ.* III, n° 372.
3. Com. 25 nov. 1997, *Bull. civ.* IV, n° 301.

Sous-partie 2

Les sûretés par préférence dans le concours

771. Les sûretés par préférence dans le concours sont des mécanismes juridiques qui offrent à un créancier, confronté au concours d'autres créanciers du même débiteur, le droit d'être préféré à ces derniers ou à certains d'entre eux. Les sûretés par préférence dans le concours conduisent donc, par dérogation au principe du « paiement au marc l'euro » posé par l'article 2285 du Code civil (anc. art. 2093), à établir une *hiérarchie* entre les créanciers d'un même débiteur.

> **C. civ., art. 2285.** – Les biens du débiteur sont le gage commun de ses créanciers ; et le prix s'en distribue entre eux par contribution, à moins qu'il n'y ait entre les créanciers des causes légitimes de préférence.

Catégorisations des sûretés réelles classiques qui confèrent un droit de préférence

772. ***Catégorisation fondée sur l'origine***. Les sûretés réelles peuvent naître directement de la loi ou d'une décision judiciaire ou encore d'un contrat.

Les *sûretés légales* sont celles que la loi attache de plein droit à une créance en raison de sa qualité ou de celle du créancier. Cette première catégorie englobe tous les privilèges et les hypothèques légales.

Les *sûretés judiciaires* sont celles que les créanciers peuvent faire inscrire, à titre conservatoire[1], sur un bien de leur débiteur, moyennant une autorisation ou, au moins, un contrôle du juge. Ces sûretés judiciaires sont réglementées dans le Titre III du Livre V du Code des procédures civiles d'exécution. Cette deuxième catégorie comprend pour l'essentiel l'hypothèque immobilière conservatoire[2], le nantissement conservatoire du fonds de commerce et le nantissement conservatoire des actions, parts sociales et valeurs mobilières[3].

Enfin, les *sûretés conventionnelles* sont celles qui naissent de la commune volonté d'un créancier et d'un constituant, qui peut être le débiteur de la dette garantie ou un tiers consentant une sûreté réelle pour autrui. Il s'agit du gage de meubles corporels,

---

1. Il existe, toutefois, de rares cas de sûreté mobilière judiciaire non conservatoire. Ainsi est-ce le cas du gage que le juge peur ordonner, en remplacement ou en complément, de l'hypothèque, judiciaire elle aussi, prévue par l'article 2404 du Code civil en cas de transfert judiciaire des pouvoirs d'un époux sur certains biens.
2. V. ss 1176 s.
3. V. ss 940 s.

du nantissement de meubles incorporels, du gage immobilier (antichrèse) et de l'hypothèque[1]. Cette catégorisation fondée sur l'origine est importante, mais elle ne s'accompagne pas nécessairement de différences de régime. En effet, sous réserve d'exceptions relativement minimes, le régime du gage est le même qu'il soit conventionnel ou judiciaire ; il en va de même pour l'hypothèque.

773. ***Catégorisation fondée sur la technique d'affectation***. Pour affecter un bien à la garantie du paiement d'une dette, la technique la plus fruste, mais sans doute aussi la plus efficace, est celle du dessaisissement du constituant et de la remise corrélative du bien entre les mains du créancier ou d'un tiers convenu. L'affectation peut être plus élaborée, c'est-à-dire purement intellectuelle, dans l'hypothèse où le constituant conserve la possession du bien donné en garantie. Il est ainsi permis de distinguer *les sûretés réelles avec dessaisissement* et *sans dessaisissement*. Dans la première catégorie, figuraient traditionnellement le gage et l'antichrèse et, dans la seconde, l'hypothèque et les privilèges. La netteté de cette classification fondée sur l'existence ou l'absence de dépossession fut altérée, à partir des années cinquante, par la création de divers gages sans dépossession, au sujet desquels le législateur organisa, néanmoins, une mise en possession fictive du créancier, emportant un droit de rétention lui aussi fictif (le gage sur véhicule automobile en constitue l'exemple topique). Devenue trop floue, cette classification n'a pas été retenue à l'occasion de la réforme du droit des sûretés[2].

774. ***Catégorisations fondées sur l'assiette***. Il en existe deux, selon que l'on prend en compte l'amplitude de l'assiette ou sa nature.

Au regard de l'*amplitude de l'assiette de la sûreté*, se distinguent les sûretés générales et les sûretés spéciales. Une sûreté est dite générale lorsqu'elle porte, soit sur la totalité de l'actif du débiteur, soit sur tous les meubles ou sur tous les immeubles du débiteur. Une sûreté est dite spéciale lorsqu'elle porte sur un ou des biens déterminés. Les sûretés spéciales constituent la règle et les sûretés générales l'exception. Les sûretés générales sont d'ailleurs nécessairement d'origine légale.

Au regard de la *nature de l'assiette de la sûreté*, se distinguent les sûretés mobilières et les sûretés immobilières[3]. C'est cette classification que la réforme du 23 mars 2006 a adoptée. En effet, le nouveau Titre II du Livre IV consacré aux sûretés réelles comporte un sous-titre relatif aux sûretés sur les meubles et un sous-titre réservé aux sûretés sur les immeubles.

775. ***Catégorisation fondée sur la qualité du constituant***. Le constituant de la sûreté réelle est, le plus souvent, le débiteur de la créance garantie. Toutefois, il est possible qu'un tiers se porte garant de ce débiteur en affectant l'un de ses biens au profit du créancier de ce dernier. On est alors en présence d'une sûreté réelle pour autrui.

---

1. V. ss 808 s., 903 s., 1128 s., 1012 s.
2. Cf. N. Martial-Braz, « Sûretés avec ou sans dépossession, une *summa divisio* désuète ? », *RD banc. fin.* 2014, dossier 35 ; G. Piette, « La possession en droit des sûretés », *Dr. et patr.* 2013, n° 230, p. 58.
3. Cf. M. Bourassin, « Sûretés mobilières et sûretés immobilières, une véritable *summa divisio* ? », *RD banc. fin.* 2014, dossier 34.

Plan. Ces différents critères de catégorisation présentent tous une pertinence. Deux d'entre eux serviront, plus particulièrement, à ordonner les développements consacrés aux sûretés par préférence dans le concours : l'assiette de la sûreté pour les trois premiers titres de cette étude et la qualité du constituant pour le quatrième et dernier titre de celle-ci.

Titre 1

Les sûretés portant sur la totalité de l'actif

776. Contrairement au droit anglo-saxon qui admet l'existence de sûretés réelles conventionnelles portant sur la totalité de l'actif du débiteur[1], le droit français, conscient du risque d'atteinte au crédit du débiteur et à l'égalité des créanciers, répugne à ce qu'un débiteur grève la totalité de son patrimoine au profit d'un seul créancier.

Seule la loi institue, exceptionnellement, des sûretés portant sur la totalité de l'actif d'un débiteur : ce sont les privilèges pleinement généraux.

L'étude de ces privilèges pleinement généraux (Chapitre 2) sera précédée d'une présentation générale de la notion de privilège (Chapitre 1).

1. V. ss 639 s.

Chapitre 1

Notion de privilège

Si les privilèges partagent suffisamment de traits communs pour que l'on puisse évoquer l'unicité de la notion (Section 1), il n'en demeure pas moins que leur foisonnement favorise une certaine diversité (Section 2).

Section 1
Unité

> **C. civ., art. 2324 (anc. art. 2095).** – Le privilège est un droit que la qualité de la créance donne à un créancier d'être préféré aux autres créanciers, même hypothécaires.

777. La définition proposée par l'article 2324 du Code civil souligne les trois traits caractéristiques des privilèges, tenant à leur source, à leur fondement et à leur portée.

778. ***Source légale***. La source des privilèges est nécessairement *légale*[1]. Il n'existe pas de privilège sans texte. Ainsi, la Cour de cassation rappelle-t-elle régulièrement cette exigence de légalité : « on ne saurait chercher dans la nature ou dans le caractère plus ou moins favorable de la créance prétendument privilégiée une raison de préférence qui n'est point écrite dans la loi »[2]. Pas davantage le juge ne peut instaurer ou modifier un privilège[3].

779. ***Fondements***. La reconnaissance des privilèges repose sur la « *qualité de la créance* »[4]. Sous couvert de cette notion un peu mystérieuse, qui puise ses racines dans le droit romain, ce sont principalement des considérations de politique juridique (tenant aux qualités intrinsèques d'une créance et à la condition particulière de certains créanciers) qui font ériger certaines créances au rang de créances privilégiées[5]. Mais, comme ces considérations politiques sont par nature fluctuantes, hétérogènes et fréquemment dictées par l'histoire, il s'avère bien délicat de distinguer quels sont les critères constitutifs de la « qualité » d'une créance. La difficulté d'identification de critères pertinents est amplifiée, en outre, par le constat que certains privilèges ne sont vraisemblablement pas justifiés par une quelconque notion de qualité de la créance. C'est le cas, en particulier, du

1. L'origine légale des privilèges justifie qu'en droit international privé ils relèvent de la loi française dès lors que le bien qui en est l'objet est situé en France.
2. V., déjà, Civ. 31 mai 1880, *DP* 80. 1. 271.
3. Com. 19 juill. 1988, *Bull. civ.* IV, n° 255.
4. Cf. la synthèse et les nombreuses références *in* M. Rouland, *La qualité de la créance*, thèse, Paris X-Nanterre, 2007.
5. En ce sens, cf. not. Ph. Théry, *op. cit.*, p. 334.

privilège dit « de la séparation des patrimoines » (C. civ., art. 878 à 881), mû par des considérations de préservation du droit de gage général du créancier[1], ou encore des privilèges traditionnellement fondés sur l'idée de gage tacite[2]. En réalité, les critères constitutifs de la « qualité de la créance » semblent s'inspirer, tantôt de la justice distributive, tantôt de la justice commutative[3].

780. ***Justice distributive.*** Au titre des préoccupations de justice distributive, deux critères peuvent être distingués.

Le premier critère est celui du *caractère nécessaire des créances garanties*. Il recouvre les privilèges dits d'incitation, destinés à encourager, par renforcement du crédit du débiteur, la souscription de certaines dettes jugées opportunes. C'est le cas des privilèges garantissant les fournitures de subsistance du débiteur, les soins du débiteur ou encore les frais d'obsèques du défunt.

Le second critère est celui du *caractère souhaitable du paiement de certaines créances*, en raison, soit de l'intérêt du créancier (par exemple, les salaires pour celui qui fournit sa force de travail), soit d'un intérêt général (par exemple, les taxes, impôts et cotisations sociales pour l'État ou les organismes sociaux), soit encore d'un besoin particulier (par exemple, les créances du syndicat des copropriétaires pour garantir la pérennité financière des copropriétés).

781. ***Justice commutative.*** Certains privilèges puisent leur source dans l'existence d'un mouvement de valeur entre le patrimoine du créancier et celui du débiteur[4]. C'est ainsi que certains privilèges sont traditionnellement fondés, soit sur l'idée qu'*une valeur a été introduite par un créancier dans le patrimoine de son débiteur* (tels le vendeur de meubles, le prêteur de deniers, le copartageant ou encore l'entrepreneur ayant édifié un bâtiment), soit sur l'idée qu'*une valeur du patrimoine du débiteur a été conservée par le créancier* (par exemple, le conservateur de meubles ou celui qui a engagé des frais en vue de conserver le patrimoine du débiteur aux fins de sa réalisation). Ce faisant, ces créanciers accroissent la composition, conservent l'intégrité ou encore facilitent la réalisation du patrimoine du débiteur qui constitue, rappelons-le, le gage commun de tous les créanciers du débiteur. Dit autrement, le créancier ayant introduit ou conservé une valeur dans le patrimoine de son débiteur contribue, indirectement, à améliorer la situation d'une fraction ou de la totalité des autres créanciers de ce dernier. Dès lors, si ces créanciers pouvaient se faire payer sur le ou les biens introduits ou conservés sans que le créancier introducteur ou conservateur soit lui-même désintéressé, un transfert de valeur indu interviendrait, en quelque sorte, entre les patrimoines des créanciers d'un même débiteur. Le privilège dont bénéficie le créancier introducteur ou conservateur est institué pour empêcher un tel transfert indu de valeur.

---

1. En effet, comment expliquer que les créanciers du défunt voient, soudain (c'est-à-dire après le décès de leur débiteur), leur créance dotée d'une qualité qu'elle n'avait pas auparavant, lors de sa naissance (le même raisonnement est symétriquement applicable aux créanciers personnels de l'héritier) ? (sur ce privilège, cf. Y. Lequette et V. Brémond, *J.-Cl. Civ.*, art. 878 à 881). S'il est vrai qu'exceptionnellement certaines créances deviennent privilégiées après leur naissance (par exemple, le « super privilège » des salaires ou le privilège de la conciliation), la qualité de ces créances est déjà présente dès leur naissance, seul un évènement particulier, en l'occurrence l'ouverture d'une procédure collective contre le débiteur, déclenchant le privilège, car c'est à ce moment précis que celui-ci devient utile.

2. Effectivement, l'idée d'un consentement tacite du débiteur peut sembler incompatible, voire contradictoire, avec celle de qualité de la créance. En ce sens, cf. M. Rouland, thèse préc.

3. Pour plus de développements, cf. M. Rouland, thèse préc.

4. Développée par la doctrine, cette idée est reprise à son compte par la jurisprudence. Cf. not. Com. 9 mars 1977, *Bull. civ.* IV, n° 81 ; *JCP* 1978. II. 18822, note G. Flécheux ; Com. 6 mars 1979, *Bull. civ.* IV, n° 90.

Toutefois, on remarquera que ces deux fondements n'ont pas été jugés suffisamment puissants pour justifier l'octroi d'un privilège à tous les créanciers ayant introduit ou conservé une valeur dans le patrimoine de leur débiteur [1] : une telle circonstance ne donne naissance à un privilège que dans des cas limitativement énumérés par la loi.

782. *Portée*. À la toute fin du processus d'exécution de la créance garantie, c'est-à-dire lors de la distribution de la valeur du ou des biens saisis qui composent l'assiette du privilège, celui-ci révèle ses effets en conférant au créancier bénéficiaire le *droit d'être préféré aux créanciers chirographaires* sur la valeur de ces biens. L'unité de la portée des privilèges se forge autour de ce seul droit réel de préférence sur le prix de vente du bien composant son assiette. Effectivement, il est le seul droit qui soit commun à l'ensemble des privilèges ; tous les autres droits ou prérogatives que l'on peut rencontrer en la matière sont propres à certaines catégories seulement de privilèges. Ainsi, le privilège du vendeur de meubles octroie au créancier une action en « revendication de possession » [2]; le privilège du bailleur d'immeuble permet au créancier d'exiger le retour des biens meubles sortis des lieux loués [3]; les privilèges immobiliers spéciaux offrent un droit de suite que ne confèrent, en principe, ni les privilèges généraux, ni les privilèges mobiliers spéciaux ; enfin, la réalisation par voie d'attribution judiciaire, plutôt que par vente amiable ou forcée, est propre aux privilèges immobiliers spéciaux [4].

L'unité de la portée des privilèges réside, non seulement dans l'existence même du droit de préférence, mais également dans certains aspects importants de son régime. Par exemple, quel que soit le privilège en cause, le droit de préférence se reportera sur « les indemnités dues par suite d'assurance contre l'incendie, contre la grêle, contre la mortalité du bétail, ou les autres risques » (C. assur., art. L. 121-13, al. 1er) [5], et ce par application du mécanisme de la subrogation réelle. Il incombe alors à tout créancier privilégié sur l'un des biens assurés de faire « opposition » auprès de l'assureur du débiteur afin que les indemnités lui soient attribuées prioritairement, car « les paiements faits de bonne foi [par l'assureur] avant opposition sont valables » (C. assur., art. L. 121-13, al. 2).

> **C. assur., art. L. 121-13, al. 1er et 2.** – Les indemnités dues par suite d'assurance contre l'incendie, contre la grêle, contre la mortalité du bétail, ou les autres risques, sont attribuées, sans qu'il y ait besoin de délégation expresse, aux créanciers privilégiés ou hypothécaires, suivant leur rang.
> Les paiements faits de bonne foi avant opposition sont valables.

Section 2
Diversité

Au-delà de ces traits communs conduisant à unifier la notion de privilège, les privilèges n'en présentent pas moins une certaine diversité.

---

1. L'exemple le plus frappant est, sans doute, l'absence de privilège du conservateur d'un immeuble.
2. V. ss 984.
3. V. ss 964.
4. C'est la loi du 20 février 2007 ayant ratifié l'ordonnance du 23 mars 2006 qui a étendu aux privilèges immobiliers la faculté d'attribution judiciaire, en supprimant, au sein du chapitre V relatif à « l'effet des privilèges et hypothèques » la distinction entre, d'une part, les dispositions générales et, d'autre part, les règles propres aux hypothèques conventionnelles. En ce sens, Rép. min. Q n° 9227, *JOAN Q* 30 avr. 2013, p. 4796 ; Rép. min. n° 28606, *JOAN Q* 1er avr. 2014, p. 3052 ; *contra* : cf. P. Crocq, *RTD civ.* 2013. 656.
5. Pour un exemple, cf. Civ. 13 nov. 1940, *JCP* 1941. II. 1614, 4e esp., note E. Becqué.

783. *Assiette*. Relativement à leur assiette, les privilèges peuvent être classés en quatre catégories : les privilèges portant sur la *totalité des meubles* du débiteur (par exemple, les privilèges de la Sécurité sociale ou les privilèges du Trésor)[1]; les privilèges portant sur un ou plusieurs *meubles particuliers* du débiteur (par exemple, le privilège du conservateur ou celui du bailleur d'immeuble)[2]; les privilèges portant sur un ou plusieurs *immeubles particuliers* du débiteur (par exemple, le privilège du vendeur d'immeuble)[3]; les privilèges portant sur la *totalité de l'actif* du débiteur (par exemple, les privilèges des frais de justice ou des salaires)[4].

784. *Régime*. Alors que les privilèges généraux ainsi que les privilèges portant sur un meuble ne développent pas, en principe, de *droit de suite*, les privilèges immobiliers spéciaux offrent cette prérogative à leur titulaire.

De manière plus générale, on peut observer qu'aux côtés des privilèges de droit commun figurent des privilèges mobiliers spéciaux présentant un régime dérogatoire, très spécifique. Ainsi est-ce le cas des privilèges sur les aéronefs et sur les navires. Ces biens meubles peuvent faire l'objet des privilèges mobiliers du droit terrestre, mais ces privilèges seront primés par les privilèges relevant spécifiquement du droit maritime ou du droit aérien, ainsi que par l'hypothèque maritime ou l'hypothèque aérienne[5].

---

1. V. ss 952, 953. À noter que les privilèges sur la totalité des meubles sont systématiquement doublés d'hypothèques légales portant sur la totalité des immeubles du débiteur et qui ne prennent rang qu'au jour de leur inscription individualisée.
2. V. ss 985, 958.
3. V. ss 1150.
4. V. ss 791, 795.
5. V. ss 937 s.

Chapitre 2

Les privilèges pleinement généraux

Les caractères des privilèges pleinement généraux seront exposés (Section 1) avant d'en présenter les applications propres au Code civil (Section 2) et, enfin, d'en déterminer leur portée (Section 3).

Section 1
Caractères

C. civ., art. 2376. – Lorsqu'à défaut de mobilier les créanciers privilégiés énoncés en l'article précédent se présentent pour être payés sur le prix d'un immeuble en concurrence avec les autres créanciers privilégiés sur l'immeuble, ils priment ces derniers et exercent leurs droits dans l'ordre indiqué audit article.
C. civ., art. 2378. – Sont exceptées de la formalité de l'inscription les créances énumérées à l'article 2375 et les créances du syndicat de copropriétaires énumérées à l'article 2374.

Comme tous les privilèges, les privilèges pleinement généraux constituent des sûretés légales fondées sur « la qualité de la créance » (C. civ., art. 2324, anc. art. 2095). Pour autant, ils présentent certaines caractéristiques propres qui tendent à leur conférer des spécificités (§ 1). Une fois celles-ci mises au jour, une brève énumération en sera faite (§ 2).

§ 1. Caractéristiques et spécificités

785. ***Assiette générale.*** La première spécificité des privilèges pleinement généraux tient à leur assiette générale : ils portent sur tous les meubles et tous les immeubles du débiteur. Ils constituent, pour cette raison, des sûretés efficaces pour les créanciers bénéficiaires et, corrélativement, des sûretés nocives pour le débiteur, dont ils affectent profondément le crédit. Toutefois, en raison de la protection dont bénéficie historiquement la propriété immobilière, de l'idée selon laquelle le débiteur engage plus volontiers ses biens mobiliers, ainsi qu'en raison de la protection des créanciers titulaires d'une sûreté réelle sur les seuls immeubles du débiteur, la saisie des immeubles est en principe subordonnée à la preuve préalable de l'insuffisance des meubles : c'est le *principe de subsidiarité* posé par l'article 2376 du Code civil (anc. art. 2105). Le titulaire du privilège pleinement général n'en est pas obligé pour autant de « discuter » préalablement l'actif mobilier. La règle de subsidiarité contraint seulement les créanciers contestants, qui bénéficient eux-mêmes d'un privilège pleinement général ou qui disposent d'une sûreté spéciale sur les immeubles (hypothèque ou privilège immobilier spécial)[1], à démontrer, soit l'existence d'un actif mobilier

1. Les créanciers chirographaires ne peuvent exiger cette « discussion », faute d'intérêt.

suffisant pour désintéresser le saisissant, soit que ce dernier n'a pas été payé sur l'actif mobilier déjà réalisé en raison de sa négligence ou de sa fraude [1].

Toutefois, certains privilèges pleinement généraux pourraient échapper au principe de subsidiarité. D'abord, selon une partie de la doctrine, ce principe ne s'appliquerait pas au privilège des frais de justice, au moins lorsque celui-ci ne peut s'exercer que sur un ou plusieurs immeubles du débiteur en raison de l'engagement de frais relatifs à ces immeubles par le créancier. Lui opposer le principe de subsidiarité « reviendrait purement et simplement à le priver de son privilège » [2].

Ensuite, selon certains, ce principe ne s'appliquerait pas non plus aux privilèges pleinement généraux qui apparaissent lors de l'ouverture d'une procédure collective professionnelle. Ainsi, en raison des prérogatives qu'ils offrent à leur bénéficiaire [3], tant le « superprivilège » des salaires [4], que le privilège de la procédure [5], autoriseraient leur bénéficiaire à s'affranchir du principe de subsidiarité.

Cependant, il n'est pas sûr que les deux prérogatives qu'offrent ces deux derniers privilèges, à savoir un droit de prélèvement et un privilège proprement dit, suivent le même régime. S'il est, en effet, logique qu'une prérogative hors concours (le droit de prélèvement) soit affranchie de tout obstacle juridique, cela l'est moins pour une garantie organisant le concours entre créanciers (le privilège). En outre, écarter le principe de subsidiarité pour ces deux privilèges (en sus du privilège des frais de justice), qui sont ceux d'application la plus fréquente, ne conduit-il pas à vider le principe de sa substance ?

786. ***Caractère occulte***. La seconde particularité des privilèges pleinement généraux réside dans leur caractère occulte : ils sont opposables aux tiers sans avoir à être publiés. L'article 2378 du Code civil (anc. art. 2107) précise, en effet, que sont exceptés de la formalité de l'inscription les privilèges portant sur la totalité de l'actif du débiteur énumérés à l'article 2375 du Code civil (anc. art. 2104). Ce sont, à quelques rares exceptions près [6], les seules sûretés immobilières occultes. Pour limiter l'atteinte au crédit immobilier résultant de l'absence de publicité et de la généralité de l'assiette de ces privilèges, le décret du 4 janvier 1955 a considérablement réduit la liste des privilèges pleinement généraux, en transformant la plupart d'entre eux, soit en privilèges généraux mobiliers, soit en hypothèques légales devant faire l'objet d'une inscription et prenant rang à la date de celle-ci [7].

787. ***Nature***. L'assiette généralisée ainsi que la dispense d'inscription des privilèges pleinement généraux impriment une originalité certaine à cette catégorie de privilèges en abolissant le *principe de spécialité* auquel le droit français des sûretés réelles est, pourtant, attaché.

---

1. Civ. 24 févr. 1932, *DH* 1932. 217. Encore faut-il, pour que le principe de subsidiarité s'impose, que les privilèges ou hypothèques en conflit sur un même immeuble soient issus d'un même propriétaire, et non de deux propriétaires successifs du même immeuble : Civ. 1re, 20 mars 1956, *D.* 1956. 374.
2. M. Rouland, thèse préc., note 333. Dans le même sens, C. Brenner, *L'acte conservatoire*, LGDJ, 1999, n° 1040 et 1041, p. 584 et 585 ; M. Cabrillac, C. Mouly, S. Cabrillac, Ph. Pétel, *op. cit.*, n° 655 ; M. Dagot, *Les sûretés*, PUF, 1981, p. 153 ; Ph. Théry, *op. cit.*, n° 275, p. 340 ; *contra* : Ph. Simler et Ph. Delebecque, *op. cit.*, n° 720 ; v. ss 793.
3. V. ss 1275, 1283, 1319, 1322, 1323.
4. En ce sens, F. Derrida, « Le crédit et le droit des procédures collectives », *in Études Rodière*, Dalloz, 1981, p. 67, spéc. notes 60 et 61 ; J. Mestre, E. Putman, M. Billiau, *Droit spécial des sûretés réelles*, n° 590, p. 37 ; M. Cabrillac, C. Mouly, S. Cabrillac, Ph. Pétel, *op. cit.*, n° 664 ; M. Rouland, thèse préc., n° 191.
5. *Contra* : M. Cabrillac, C. Mouly, S. Cabrillac, Ph. Pétel, *op. cit.*, n° 651.
6. Dont l'important privilège immobilier spécial accordé au syndicat de copropriété (v. ss 1160 s).
7. V. ss 1138 s.

Cependant, ce particularisme ne doit sans doute pas être exagéré. En effet, il n'existe pas en droit français de voie d'exécution portant sur l'ensemble du patrimoine du débiteur, de sorte que le privilège pleinement général va nécessairement se « spécialiser » lors de la saisie de tel ou tel actif du débiteur. À l'image de la *floating charge* britannique [1], le privilège pleinement général « plane » sur l'ensemble du patrimoine du débiteur avant de se « cristalliser » sur tels éléments individualisés lors des poursuites. Certains ont pu en déduire que le privilège pleinement général présenterait une nature particulière de droit réel à réalisation progressive, le droit de son titulaire naissant personnel avant de devenir réel (et encore, de façon incomplète, puisque ne présentant pas de droit de suite) [2]. Sans nier le particularisme du privilège pleinement général, il ne semble pas, toutefois, que sa nature doive être distinguée des autres sûretés réelles en général et des autres privilèges en particulier [3].

§ 2. Énumération

C. civ., art. 2331, 1° et 4°. – Les créances privilégiées sur la généralité des meubles sont celles ci-après exprimées, et s'exercent dans l'ordre suivant :
1° les frais de justice ;
4° sans préjudice de l'application éventuelle des dispositions des articles L. 143-10, L. 143-11, L. 742-6 et L. 751-15 du Code du travail :
– les rémunérations des gens de service pour l'année échue et l'année courante :
– le salaire différé résultant du contrat de travail institué par l'article 63 du décret du 29 juillet 1939 relatif à la famille et à la natalité françaises, pour l'année échue et l'année courante ;
– la créance du conjoint survivant instituée par l'article 14 de la loi n° 89-1008 du 31 décembre 1989 relative au développement des entreprises commerciales et artisanales et à l'amélioration de leur environnement économique, juridique et social et la créance du conjoint survivant instituée par l'article L. 321-21-1 du Code rural et de la pêche maritime ;
– les rémunérations pour les six derniers mois des salariés, apprentis et l'indemnité due par l'employeur aux jeunes en stage d'initiation à la vie professionnelle, telle que prévue à l'article L. 980-11-1 du Code du travail ;
– l'indemnité de fin de contrat prévue à l'article L. 122-3-4 du Code du travail et l'indemnité de précarité d'emploi prévue à l'article L. 124-4-4 du même code ;
– l'indemnité due en raison de l'inobservation du délai-congé prévue à l'article L. 122-8 du Code du travail et l'indemnité compensatrice prévue à l'article L. 122-32-6 du même code ;
– les indemnités dues pour les congés payés ;
– les indemnités de licenciement dues en application des conventions collectives de travail, des accords collectifs d'établissement, des règlements de travail, des usages, des dispositions des articles L. 122-9, L. 122-32-6, L. 761-5 et L. 761-7 du Code du travail pour la totalité de la portion inférieure ou égale au plafond visé à l'article L. 143-10 du Code du travail et pour le quart de la portion supérieure audit plafond ;
– les indemnités dues, le cas échéant, aux salariés, en application des articles L. 122-3-8, deuxième alinéa, L. 122-14-4, L. 122-14-5, deuxième alinéa, L. 122-32-7 et L. 122-32-9 du Code du travail.
C. civ., art. 2375. – Les créances privilégiées sur la généralité des immeubles sont :
1° les frais de justice ;
2° sans préjudice de l'application éventuelle des dispositions des articles L. 143-10, L. 143-11, L. 742-6 et L. 751-15 du Code du travail :
– les rémunérations des gens de service pour l'année échue et l'année courante ;

1. V. ss 643.
2. M. Cabrillac, *La protection du créancier dans les sûretés mobilières conventionnelles sans dépossession*, Sirey, 1954, n° 210. Rappr. M. Dagot, « La notion de privilège », *in Mélanges C. Mouly*, t. II, Litec, 1998, p. 235, selon qui le privilège général « participe à la nature du droit de gage général, dont il n'est qu'une modalité ».
3. Rappr. J. Mestre, E. Putman et M. Billiau, *op. cit.*, p. 121.

– le salaire différé résultant du contrat de travail institué par l'article 63 du décret du 29 juillet 1939 relatif à la famille et à la natalité françaises, pour l'année échue et l'année courante ;
– la créance du conjoint survivant instituée par l'article 14 de la loi n° 89-1008 du 31 décembre 1989 relative au développement des entreprises commerciales et artisanales et à l'amélioration de leur environnement économique, juridique et social et la créance du conjoint survivant instituée par l'article L. 321-21-1 du Code rural et de la pêche maritime ;
– les rémunérations pour les six derniers mois des salariés, apprentis et l'indemnité due par l'employeur aux jeunes en stage d'initiation à la vie professionnelle, telle que prévue à l'article L. 980-11-1 du Code du travail ;
– l'indemnité de fin de contrat prévue à l'article L. 122-3-4 du Code du travail et l'indemnité de précarité d'emploi prévue à l'article L. 124-4-4 du même code ;
– l'indemnité due en raison de l'inobservation du délai-congé prévue à l'article L. 122-8 du Code du travail et l'indemnité compensatrice prévue à l'article L. 122-32-6 du même code ;
– les indemnités dues pour les congés payés ;
– les indemnités de licenciement dues en application des conventions collectives de travail, des accords collectifs d'établissement, des règlements de travail, des usages, des dispositions des articles L. 122-9, L. 122-32-6, L. 761-5 et L. 761-7 ainsi que l'indemnité prévue à l'article L. 321-6 du Code du travail pour la totalité de la portion inférieure ou égale au plafond visé à l'article L. 143-10 du Code du travail et pour le quart de la portion supérieure audit plafond ;
– les indemnités dues, le cas échéant, aux salariés en application des articles L. 122-3-8, deuxième alinéa, L. 122-14-4, L. 122-14-5, deuxième alinéa, L. 122-32-7 et L. 122-32-9 du Code du travail.

788. Au regard notamment de leur caractère occulte et de l'importance de leur assiette, les privilèges pleinement généraux ne sont pas sans danger pour le crédit du débiteur. Aussi, leur réduction puis leur cantonnement prévu par la loi sont-ils apparus comme une priorité pour le législateur contemporain.

789. C'est ainsi que seulement deux privilèges pleinement généraux [1] ont survécu à la réforme du 4 janvier 1955, en raison du grand intérêt des créances qu'ils garantissent et du fait qu'ils n'entamaient pas trop, au moins à cette époque, le crédit du débiteur. Il s'agit du *privilège des frais de justice* (C. civ., art. 2331, 1° et 2375, 1°, anc. art. 2101, 1° et art. 2104, 1°) et du *privilège des salaires* (C. civ., art. 2331, 4°, et art. 2375, 2°, anc. art. 2101, 4° et art. 2104, 2°) [2]. Postérieurement, des privilèges pleinement généraux ont été reconnus en dehors du Code civil, plus précisément par le *droit des entreprises en difficulté*, à l'occasion notamment des réformes du 25 janvier 1985 et du 26 juillet 2005 [3].

Section 2
Applications

790. Les créances garanties par un droit de préférence général sont les frais de justice (§ 1), les salaires et créances assimilées (§ 2).

1. Auquel il convient d'ajouter, depuis, le privilège pleinement général des redevances dues aux auteurs, compositeurs et artistes, à l'occasion de la cession de l'exploitation ou de l'utilisation de leurs œuvres (L. du 11 mars 1957, art. 58), ainsi que le privilège pleinement général des assurés sur l'actif mobilier et immobilier des sociétés d'assurances prévu par l'article L. 327-2 du Code des assurances. Ce privilège prend rang après les privilèges visés par le 6° de l'article 2331 du Code civil et le 2° de l'article 2375 du Code civil.

2. Il convient de noter que l'existence de privilèges pleinement généraux n'apparaît qu'en combinant l'article relatif aux créances privilégiées sur la totalité de l'actif mobilier (C. civ., art. 2331) et l'article relatif aux créances privilégiées sur la totalité de l'actif immobilier (C. civ., art. 2375).

3. Sur ceux-ci, v. ss 1221 s.

Il convient de noter que tant les frais de justice que les créances de salaires se rencontrent, tout particulièrement, lorsque le débiteur fait l'objet d'une procédure collective de paiement, celle-ci requérant de nombreux actes destinés à la réalisation de l'actif du débiteur et ayant comme objectif, notamment, le paiement des salariés. Aussi n'est-il pas étonnant que ces privilèges pleinement généraux déploient principalement leurs effets dans le contexte d'une procédure collective. Mieux encore, ce contexte justifie l'instauration de privilèges pleinement généraux spécifiques qui seront étudiés à l'occasion de la confrontation des sûretés réelles et du droit des procédures d'insolvabilité [1].

§ 1. Les frais de justice

791. ***Fondement.*** Les frais de justice sont des frais nécessaires à la conservation ou à la réalisation du patrimoine du débiteur. Ils constituent une créance dotée d'une « qualité » indéniable. En effet, celui qui les a engagés permet que des sommes puissent être distribuées à d'autres créanciers du même débiteur, comme s'il avait géré l'affaire de ces derniers [2]. Dès lors, il est normal qu'avant cette distribution, rendue précisément possible par les frais de justice, celui qui les a exposés soit récompensé de son action en étant remboursé prioritairement [3].

792. Le privilège des frais de justice diffère des autres privilèges en ce que la créance qu'il garantit n'est pas, à proprement parler, une créance contre le débiteur. Il peut s'agir, en effet, soit d'une créance née d'une prestation effectuée par le créancier même (honoraires, vente judiciaire), soit d'une créance de remboursement du prix de prestations réalisées par d'autres (scellés, inventaire, expertise, actes d'huissier...) [4]. Le débiteur n'est pas alors directement tenu des frais nécessaires à la conservation ou à la réalisation de son patrimoine. Ce sont, en réalité, les créanciers auxquels les divers frais ont pu profiter qui sont les véritables débiteurs. Le privilège s'exerce, dès lors, moins sur un bien du débiteur, que sur un prix qui devait revenir aux créanciers [5].

793. ***Condition d'attribution.*** Il est de jurisprudence constante que les frais de justice sont privilégiés à la double condition d'avoir été, d'une part, utiles à la conservation, à la liquidation ou à la réalisation de l'actif du débiteur et, d'autre part, exposés dans l'intérêt commun des créanciers [6].

La notion de frais de justice ne postule *pas nécessairement une action en justice.* Elle embrasse toute procédure au sens large, toute formalité destinée à préserver ou à faire valoir le droit de gage général, sans qu'il soit nécessaire que les frais soient exposés en exécution d'une obligation légale ou judiciaire. Sont d'abord concernés les frais qui permettent la

---

1. V. ss 1226 s., 1275, 1276, 1319, 1320, 1325.

2. Par ce fondement propre, il serait le seul de sa catégorie (M. Rouland, *La qualité de la créance*, thèse, Paris X-Nanterre, 2007, n° 90).

3. Pour cette raison, le privilège des frais de justice est parfois assimilé à un droit de prélèvement (Ph. Jestaz, *Droit civil, Les sûretés et la publicité foncière*, 2e éd., Sirey, 1987, n° 126, p. 94 et 95 ; Ph. Simler et Ph. Delebecque, *op. cit.*, n° 718).

4. Sans même qu'il soit besoin que celui qui a payé les frais de justice ait été subrogé dans les droits de celui qui a exécuté ces prestations.

5. G. Marty, P. Raynaud et P. Jestaz, *op. cit.*, n° 126.

6. Cass., Req., 1er avr. 1890, *DP* 91. 1. 364 ; Com. 5 déc. 1995, *Bull. civ.* IV, n° 285 ; *JCP* 1996. I. 3942, n° 10, obs. Ph. Simler et Ph. Delebecque. Cette condition est appréciée souverainement par les juges du fond : Com. 5 déc. 1995, préc.

conservation juridique des biens du débiteur, c'est-à-dire leur présence au sein du patrimoine du débiteur : scellés [1]; rémunération du séquestre, de l'administrateur [2] et du liquidateur judiciaire ; dépenses effectuées par ces mandataires dans le cadre de leurs missions [3]; frais d'action oblique. Sont, en revanche, exclus les frais engagés pour la conservation matérielle des biens, qui sont éventuellement garantis par des privilèges spéciaux [4]. Sont ensuite concernés les frais de *réalisation des biens* composant l'actif du débiteur (saisie, vente forcée) [5] et les frais des *procédures de répartition du prix*. C'est la créance de remboursement de ces différents frais qui se trouve garantie par le privilège.

Ainsi peut-on observer que les frais de justice peuvent être engagés au sujet d'un bien précis du débiteur, par exemple la mise sous scellés d'un meuble, ou à l'égard de l'ensemble du patrimoine du débiteur [6], par exemple les frais de procédure relatifs à l'acceptation d'une succession à concurrence de l'actif net Cette distinction suggérerait, selon certains [7], que le privilège des frais de justice aurait, selon les cas, une assiette spéciale, limitée au bien ayant fait l'objet de frais, ou une assiette générale incluant l'ensemble du patrimoine. Pourtant, cette interprétation apparaît contraire à la lettre et au fondement du privilège des frais de justice [8].

Quels qu'ils soient, ces frais doivent être *exposés dans l'intérêt commun des créanciers*, intérêt apprécié au moment de la distribution du prix de vente des biens du débiteur [9]. Cette condition d'existence du privilège est concrètement difficile à distinguer de l'exigence d'utilité, qui en commande l'opposabilité.

794. ***Condition d'opposabilité***. Il existe un lien nécessaire entre le résultat des frais exposés et l'opposabilité du privilège. En effet, des frais de justice peuvent n'avoir contribué, ni à la conservation, ni à la réalisation du patrimoine du débiteur, de sorte qu'ils n'ont pas lieu d'être privilégiés. Plus subtilement, des frais de justice ont pu être utiles à certains créanciers, et inutiles, voire nuisibles, pour d'autres. Cette dernière hypothèse met en lumière le *caractère relatif* du privilège des frais de justice : *il ne peut être opposé qu'aux seuls créanciers qui ont retiré un avantage de la dépense faite* [10]. Ainsi, le créancier qui a pris l'initiative d'une saisie vente peut opposer son privilège pour les frais occasionnés par cette mesure aux créanciers opposants qui participent à la répartition du prix de vente, mais il ne peut pas, en revanche, l'opposer au bailleur d'immeuble, qui fait valoir son propre privilège sur la même somme, en dehors de la procédure de distribution [11]. De même, le créancier qui

1. Cass., Req., 14 févr. 1894, *DP* 94. 1. 296.
2. Com. 15 févr. 1971, *Bull. civ.* IV, n° 45.
3. Civ. 15 févr. 1938, *DH* 1938. 177 (frais engagés par un séquestre pour l'exécution de travaux ayant pour but la conservation d'un immeuble).
4. Sur le privilège mobilier spécial du conservateur, v. ss 985.
5. V., par exemple, les émoluments d'un huissier ayant procédé à une saisie : Poitiers, 29 juin 1994, *Juris-Data* n° 1994-053314.
6. Caen, 27 nov. 2014, n° 13/01885 (frais consistant en la contestation (victorieuse), par une société d'avocats, d'une créance d'un créancier qui représentait plus d'un tiers du passif total du débiteur).
7. Not. Ph. Théry, *op. cit.*, p. 340 ; M. Dagot, *op. cit.*, p. 153 et 278 ; C. Brenner, « L'acte conservatoire » préc., n°s 1040 et 1041, p. 584-585 ; M. Rouland, thèse préc., n° 94 ; rappr. Civ. 27 nov. 1912, *D.* 1913. 1. 96.
8. V. not., Ph. Simler et Ph. Delebecque, *op. cit.*, n° 719 ; H., L. et J. Mazeaud, F. Chabas, Y. Picod, *op. cit.*, n° 145.
9. Cass., Req., 1er avr. 1890, *DP* 91. 1. 364 ; Com. 5 déc. 1995, *Bull. civ.* IV, n° 285 ; *JCP* 1996. I. 3942, obs. Ph. Simler et Ph. Delebecque.
10. Com. 17 nov. 1970, *Bull. civ.* IV, n° 305 ; 5 déc. 1995, *Bull. civ.* IV, n° 285.
11. Civ. 5 juill. 1911, *DP* 1912. 1. 513, note P. de Loynes ; Com. 19 oct. 1970, *Bull. civ.* IV, n° 272 (frais de justice inutiles pour le Trésor, parce que concernant une procédure d'ordre sur saisie immobilière à laquelle il ne participait pas).

exerce une action en résolution pour faire réintroduire dans le patrimoine du débiteur l'immeuble que celui-ci a vendu ne peut opposer son privilège pour les frais occasionnés par cette action aux créanciers disposant d'une hypothèque sur le même immeuble, puisqu'en raison de leur droit de suite, ceux-ci ne souffrent nullement de la vente de l'immeuble par le constituant de l'hypothèque et ne retirent donc aucun avantage de l'action résolutoire[1].

§ 2. Salaires et créances assimilées

795. ***Fondement***. Le fondement du privilège des salaires et créances assimilées[2] est, d'abord, *humanitaire*. L'idée de sûreté au sens de garantie du crédit est ici absente[3]. En effet, les salariés n'ont pas fait crédit de leur force de travail à leur employeur et l'existence du privilège garantissant le paiement de la créance de salaire ne facilite, ni ne fait obstacle, à la conclusion de la relation de travail entre le salarié et l'employeur donnant naissance à la créance de salaire, celle-ci relevant de bien d'autres facteurs.

796. Les salaires et créances assimilées font l'objet d'une triple protection : un privilège ordinaire, lorsque l'employeur est *in bonis* ; un « super-privilège », en cas de procédure collective de l'employeur[4]; une assurance fournie à titre subsidiaire par l'Association pour la gestion du régime d'assurance des créances des salariés (AGS), en cas d'absence de fonds de l'employeur soumis à une procédure collective[5].

797. Le privilège « ordinaire » des salaires (art. 2331, 4° et art. 2375, 2°, anc. art. 2101, 4° et art. 2104, 2°), indépendant de l'ouverture d'une procédure collective contre l'employeur, connaît plusieurs *justifications :* d'abord, la créance de salaire présente le plus souvent un caractère alimentaire ; ensuite, la protection du travail est une composante de la protection de la dignité humaine ; enfin, comme le salarié ne participe pas aux profits de l'entreprise, il ne doit pas supporter le risque de son insolvabilité.

798. ***Bénéficiaires***. Le privilège profite non seulement aux salariés et apprentis, mais également aux auteurs, compositeurs et artistes pour le paiement des redevances et rémunérations qui leur sont dues (CPI, art. 131-8).

799. ***Créances garanties***. Le privilège garantit les *rémunérations* dues en vertu de la relation de travail, quelles que soient leurs modalités et la qualification donnée par les parties (salaire, commissions…). Aux rémunérations, sont assimilées les primes présentant un caractère périodique (comme les primes d'ancienneté ou de rendement). Le privilège est cependant limité à la rémunération des six derniers mois impayés (ce délai correspond au délai de prescription extinctive des créances de salaires). Progressivement, le privilège a été étendu par le législateur à diverses *indemnités*, comme l'indemnité de fin de contrat, l'indemnité de précarité d'emploi, les indemnités de congés payés, l'indemnité de licenciement. À l'égard de ces différentes indemnités, le plafonnement de six mois ne joue pas[6].

---

1. Civ. 8 mars 1848, *DP* 48. 5. 304.
2. Sur l'historique de ce privilège, v. not. V. Brémond, *J.-Cl. Civ.*, art. 2330 et 2331, n° 31.
3. Aussi, a-t-on pu considérer que le privilège des salaires est « octroyé davantage en considération de la personne que de la qualité de la créance » (Ph. Théry, *op. cit.*, p. 341).
4. V. ss 1227.
5. V. ss 1229.
6. Pour des développements plus substantiels, v. not. V. Brémond, *J.-Cl. Civ.*, art. 2330 et 2331, n°s 36 s.

Section 3
Portée

Les privilèges pleinement généraux ne confèrent aucun droit de suite (§ 1). Ils procurent, en revanche, un droit de préférence avantageux (§ 2).

§ 1. Absence de droit de suite

800. Bien que ce principe ait pu être discuté [1], il est généralement admis, aujourd'hui, que les créanciers titulaires d'un privilège pleinement général ne peuvent pratiquer aucune saisie entre les mains d'un tiers acquéreur, que le bien soit un meuble ou un immeuble.

À l'égard des meubles corporels, le droit de suite se heurterait à l'article 2276 du Code civil (anc. art. 2279), chaque fois qu'ils se trouveraient entre les mains d'un possesseur de bonne foi [2].

À l'égard des immeubles et des meubles incorporels, l'absence de droit de suite est la conséquence logique de l'exemption pour le créancier de toute mesure de publicité de son privilège. Il serait effectivement injuste que les tiers acquéreurs des biens du débiteur subissent le droit de suite d'un créancier titulaire d'un privilège, dont ils n'ont aucun moyen de connaître l'existence [3].

§ 2. Droit de préférence avantageux

801. ***Indivisibilité du privilège***. Le privilège s'exerce sur tout élément d'actif du débiteur, dans la limite du principe de subsidiarité [4], pour la totalité de la somme qu'il garantit. Lorsque le débiteur possède plusieurs immeubles, l'indivisibilité signifie que le juge ne peut pas imposer au créancier titulaire du privilège pleinement général un règlement proportionnel de sa créance sur chaque immeuble du débiteur.

802. ***Classement hors procédure collective***. En dehors d'une procédure collective [5], il convient de distinguer selon que le classement intervient seulement entre privilèges pleinement généraux ou que ce classement intervient entre privilèges pleinement généraux et d'autres privilèges.

803. ***Classement des privilèges pleinement généraux entre eux***. Le classement des privilèges pleinement généraux entre eux est établi par les articles 2331 et 2375 du Code civil (anc. art. 2101 et 2104). La combinaison de ces deux textes place au premier rang le privilège des frais de justice et au second rang le privilège des salaires, auxquels il faut ajouter les redevances dues aux auteurs, compositeurs et artistes. En troisième rang, prend place le privilège des créances nées d'opérations d'assurances et de capitalisation (C. assur., art. L. 327-2, al. 2).

---

1. V. not., M. Planiol et G. Ripert, *op. cit.*, t. XII par E. Becqué, n° 310.

2. En ce sens, Cass., Req., 21 déc. 1910, *DP* 1912. 1. 23 ; *S.* 1912. 1. 189 (privilège des salariés) ; Com. 2 mai 1955, *Bull. civ.* III, n° 146 (privilèges du Trésor).

3. En ce sens, not., L. Aynès et P. Crocq, *op. cit.*, n° 610 ; Ph. Simler et Ph. Delebecque, *op. cit.*, n° 619.

4. V. ss 785.

5. Pour le classement des privilèges pleinement généraux dans le cadre d'une procédure collective, v. ss 1319 s.

804. ***Classement des privilèges pleinement généraux en concours avec d'autres privilèges***. L'établissement précis de ce classement impose de distinguer selon que le privilège pleinement général s'exerce sur les meubles ou sur les immeubles du débiteur, étant rappelé qu'en application du principe de subsidiarité posé par l'article 2376 du Code civil le privilège pleinement général doit d'abord s'exercer sur les meubles puis, en cas d'insuffisance de ceux-ci, sur les immeubles.

805. ***Classement en cas d'exercice du privilège pleinement général sur les immeubles***. À l'égard des immeubles du débiteur, le classement des privilèges s'exerce de la façon suivante :

1° Le privilège des frais de justice (à la condition d'être opposable aux créanciers concurrents) ;

2° Le privilège des salaires et le privilège des redevances dues aux auteurs, compositeurs et artistes ;

3° Le privilège des créances nées d'opérations d'assurances et de capitalisation ;

4° Les privilèges immobiliers spéciaux selon leur rang respectif (C. civ., art. 2374) [1].

806. ***Classement en cas d'exercice du privilège pleinement général sur les meubles***. À l'égard des meubles du débiteur le classement des privilèges s'exerce de la façon suivante :

1° Le privilège des frais de justice (à la condition d'être opposable aux créanciers concurrents) ;

2° Le privilège mobilier spécial pour frais de conservation [2] ;

3° Les privilèges du Trésor de premier rang [3];

4° Les privilèges mobiliers spéciaux de droit commun [4] autres que le privilège pour frais de conservation, selon leur rang respectif [5] ;

5° Le privilège des frais de justice lorsque les frais couverts n'ont pas profité au Trésor (à la condition d'être opposable aux créanciers munis de l'un des privilèges qui suivent) ;

6° Le privilège des frais funéraires ;

7° Le privilège des frais de dernière maladie ;

8° Le privilège des salaires (ainsi que le privilège des redevances des auteurs) et le privilège des caisses de sécurité sociale ;

9° Le privilège de fournitures de subsistances ;

10° Le privilège de la victime d'accident du travail ;

11° Le privilège des créances nées d'opérations d'assurances et de capitalisation (C. assur., art. L. 327-2, al. 1er) ; on relèvera que ce onzième rang demeure très théorique dans la mesure

---

1. Sur ces privilèges, v. ss 1147 s

2. Civ. 14 févr. 1900, *DP* 1900. 1. 175.

3. V. not. Com. 15 janv. 1957, 2e et 3e esp., *JCP N* 1957. II. 10006, note Becqué ; *D*. 1957. 267, note Hémard ; *RTD com*. 1957. 438, obs. Hémard et *ibid*. 469, obs. Houin ; Civ. 26 oct. 1926, *Gaz. Pal.* 1926. 2. 735.

4. Dans le cadre de ce classement, nous ne prenons pas en compte les privilèges mobiliers spéciaux très dérogatoires, comme par exemple les privilèges aériens, maritimes ou fluviaux : sur ces privilèges, entrant en concurrence avec les hypothèques mobilières, v. ss 937 s.

5. Civ. 19 janv. 1864, *DP* 64. 1. 80 ; Civ. 18 juin 1889, *DP* 89. 1. 399 ; Civ. 15 mars 1875, *DP* 75. 1. 273 ; Civ. 29 nov. 1937, *DH* 1938. 49 ; *Gaz. Pal.* 1938. 1. 192 ; Com. 25 oct. 1976, *Bull. civ.* IV, n° 267 ; *D*. 1977. 380, note Taisne (le privilège spécial mobilier résultant du nantissement d'un fonds de commerce prime le privilège général mobilier de la Sécutité sociale) ; M. Dagot, *op. cit.*, p. 258 ; G. Marty, P. Raynaud et P. Jestaz, *op. cit.*, n° 486 ; M. Planiol et G. Ripert, *op. cit.*, T. XII, par E. Becqué, n° 217 ; Ph. Simler et Ph. Delebecque, *op. cit.*, n° 618. Sur le classement des privilèges mobiliers spéciaux entre eux, v. ss 997 s.

où, en pratique, il est inconcevable que le privilège des créances nées d'opérations d'assurances et de capitalisation, exercé donc contre une société d'assurances, entre en concurrence avec le privilège des frais funéraires ou le privilège des frais de dernière maladie ;

12° Le privilège des allocations dues aux ouvriers et employés par les caisses de compensation ;

13° Le privilège des créances des caisses de compensation ;

14° Les privilèges du Trésor de second rang [1].

1. Aix-en-Provence, 24 déc. 1951, *JCP* 1952. II. 6811, note Becqué.

Titre 2

Les sûretés mobilières

C. civ., art. 2329. – Les sûretés sur les meubles sont :
1° les privilèges mobiliers ;
2° le gage de meubles corporels ;
3° le nantissement de meubles incorporels ;
4° la propriété retenue ou cédée à titre de garantie.

807. Avant la réforme du 23 mars 2006, la catégorisation des sûretés mobilières reposait habituellement sur le critère du dessaisissement du constituant, puisque le gage se caractérisait par la dépossession de celui-ci et la mise en possession corrélative du créancier, alors que les nantissements et privilèges mobiliers conféraient au contraire à ce dernier un droit de préférence sur le meuble sans dessaisissement du débiteur. Depuis la réforme, comme le gage peut exister avec ou sans dépossession, la distinction entre sûretés mobilières avec dessaisissement et sûretés mobilières sans dessaisissement a perdu de son intérêt. La classification par la source de la sûreté est au contraire toujours d'actualité, comme en témoigne l'article 2329 du Code civil[1]. C'est pourquoi, seront d'abord étudiées les sûretés *conventionnelles* (Chapitre 1), puis les sûretés *judiciaires* (Chapitre 2) et enfin les sûretés mobilières *légales*, que sont les privilèges mobiliers (Chapitre 3).

1. Sur la propriété retenue ou cédée à titre de garantie, qui ne confère pas un droit de préférence, mais place plus radicalement le créancier en dehors du concours, v. ss 647 s.

Chapitre 1

Les sûretés mobilières conventionnelles

808. ***Distinction terminologique et substantielle entre le gage de meubles corporels et le nantissement de meubles incorporels***. Le Code civil de 1804 ne connaissait qu'une seule sûreté mobilière conventionnelle, le gage, qui, selon l'ancien article 2072, constituait une variété de nantissement (« le nantissement d'une chose mobilière s'appelle gage. Celui d'une chose immobilière s'appelle antichrèse »). Le nantissement était défini par l'ancien article 2071 du Code civil comme le « contrat par lequel un débiteur remet une chose à son créancier pour sûreté de la dette ». À l'origine, le terme « gage » s'appliquait ainsi, tant aux meubles corporels, qu'incorporels [1].

À l'époque contemporaine, le législateur et la pratique prirent l'habitude de réserver le terme « gage » aux biens meubles corporels et celui de « nantissement » aux meubles incorporels. L'ordonnance du 23 mars 2006 a consacré cette distinction. Désormais, les termes « gage » et « nantissement » ne doivent donc plus être employés comme des synonymes. L'article 55 de l'ordonnance a précisé en ce sens que : « dans toutes les dispositions législatives et réglementaires en vigueur, la référence au gage et au créancier gagiste s'entend de la référence au nantissement et au créancier nanti lorsque la sûreté a pour objet un bien meuble incorporel. Réciproquement, la référence au nantissement et au créancier nanti s'entend de la référence au gage et au créancier gagiste lorsque la sûreté a pour objet un meuble corporel ».

Si les sûretés portant sur des meubles corporels et celles portant sur des meubles incorporels font aujourd'hui l'objet d'une terminologie différente, elles font également l'objet d'un régime spécifique [2], alors qu'avant la réforme, sous réserve de quelques adaptations nécessitées par la nature incorporelle du bien grevé, elles étaient soumises aux mêmes règles.

Il importe dès lors de présenter successivement le régime du *gage de meubles corporels* (Section 1) et celui du *nantissement de meubles incorporels* (Section 2), tels qu'ils résultent de la réforme de mars 2006, en précisant dans les deux cas si le nouveau droit modifie ou reprend au contraire le droit antérieur. Quelques développements méritent par ailleurs d'être apportés au sujet de sûretés conventionnelles portant sur des meubles

1. Cette unité cachait cependant une véritable *polysémie*, qui existe d'ailleurs toujours. Le terme gage désigne en effet les droits des créanciers chirographaires. On parle alors de *droit de gage général* (C. civ., art. 2285, anc. art. 2093 : « les biens du débiteur sont le gage commun de ses créanciers »). Le terme gage désigne aussi une sûreté portant sur un meuble corporel. Dans ce cadre, il revêt encore plusieurs significations : le *contrat constitutif* de la sûreté ; la *chose donnée en gage*, sur laquelle porte la sûreté ; enfin, le *droit de préférence* que le gage fait naître au profit du créancier gagiste. La polysémie s'est récemment accentuée, puisque la loi de simplification et de clarification du droit du 12 mai 2009 a remplacé, dans le Code civil, le terme antichrèse par l'expression « gage immobilier » (C. civ., art. 2287 s.).

2. Les auteurs de la réforme ont délibérément écarté la conception moniste et fonctionnelle des sûretés mobilières inspirée des droits anglo-saxons.

corporels particuliers, comme devant faire l'objet d'une immatriculation. Il s'agit des *hypothèques mobilières maritimes, fluviales et aériennes* (Section 3).

Section 1
Le gage de meubles corporels

> **C. civ., art. 2333.** – Le gage est une convention par laquelle le constituant accorde à un créancier le droit de se faire payer par préférence à ses autres créanciers sur un bien mobilier ou un ensemble de biens mobiliers corporels, présents ou futurs.
> Les créances garanties peuvent être présentes ou futures ; dans ce dernier cas, elles doivent être déterminables.

809. Le nouveau chapitre du Code civil consacré au gage de meubles corporels comporte trois sections : la première porte sur le « droit commun du gage » ; la deuxième sur le gage d'un véhicule automobile ; la troisième ne comprend qu'un seul article, qui réserve l'application des règles particulières prévues en matière commerciale. Le régime du gage de meubles corporels s'articule donc autour d'un droit commun (Sous-section 1) et de droits spéciaux (Sous-section 2).

Sous-section 1
Droit commun du gage

810. Le droit commun du gage[1] figurant dans les articles 2333 à 2350 du Code civil couvre les trois éléments essentiels du régime de cette sûreté, à savoir sa constitution (§ 1), ses effets (§ 2) et enfin son extinction (§ 3). Ces trois éléments étaient auparavant réglementés par les articles 2073 à 2084, abrogés depuis le 24 mars 2006, date d'entrée en vigueur de l'ordonnance portant réforme du droit des sûretés[2].

§ 1. Constitution du gage

La constitution du gage est subordonnée à des conditions de fond (A) et à des conditions de forme (B).

A. Conditions de fond

Le contrat de gage est conclu entre un créancier gagiste et un constituant. Que le constituant soit le débiteur lui-même, ce qui est le cas le plus fréquent, ou un tiers garantissant la dette de ce dernier[3], la validité du gage est subordonnée à sa capacité et à son droit de propriété sur le bien grevé (1°). Les autres conditions de fond concernent la créance garantie (2°) et la chose donnée en garantie (3°).

---

1. Cf. J.-J. Ansault, « Le gage du Code civil : gage de droit commun ou droit commun du gage ? », *RD banc. fin.* 2014, dossier 39.
2. Pour une appréciation très positive de cette réforme en matière de gage, cf. Ph. Stoffel-Munck, « Premier bilan de la réforme des sûretés en droit français », dossier, *Dr. et patr.* avr. 2012, n° 213.
3. V. ss 1185 s., les sûretés réelles pour autrui.

1° Conditions relatives au constituant

811. ***Capacité du constituant.*** Le constituant, qu'il s'agisse du débiteur ou d'un tiers, doit avoir la *capacité d'aliéner*, car le défaut de paiement de la dette garantie confère au créancier le droit de faire vendre le bien grevé ou d'en devenir propriétaire [1]. Un gage constitué par un mineur ou un majeur en tutelle est donc nul, de nullité relative, et son représentant peut exiger la restitution du bien, sans que la bonne foi du créancier gagiste ne puisse y faire obstacle [2].

812. ***Droit de propriété du constituant.*** Le constituant doit en outre être propriétaire de la chose gagée hors, évidemment, l'hypothèse de gages constitués sur des biens futurs. En effet, selon l'article 2335 du Code civil, créé par l'ordonnance du 23 mars 2006, « le gage de la chose d'autrui est nul ».

Cette règle nouvelle semble aller à l'encontre d'une jurisprudence constante, qui reconnaissait au gagiste mis en possession de bonne foi (c'est-à-dire ignorant le défaut de propriété du constituant) le droit d'invoquer l'article 2276, alinéa 1er, du Code civil (anc. art. 2279), pour s'opposer aux effets d'une revendication du *verus dominus* [3]. En vertu de cette jurisprudence, le gage *a non domino* l'emportait sur la clause de réserve de propriété et permettait au créancier gagiste d'opposer à celui qui était resté propriétaire du meuble son droit de gage. Cette solution pouvait s'expliquer par le fait que le créancier gagiste mis en possession de produits vendus sous réserve de propriété bénéficie de la règle « en fait de meuble, la possession vaut titre » [4] (titre constitutif du droit réel accessoire de gage) et ce, sans que le vendeur resté propriétaire ne puisse lui reprocher de ne pas avoir vérifié si les marchandises étaient grevées d'une clause de réserve de propriété, car ni la loi ni les usages n'imposent une telle recherche [5].

L'article 2335 du Code civil remet-il en cause ces solutions ? Une réponse négative pourrait s'imposer si la prohibition du gage de la chose d'autrui devait être interprétée de la même manière que la nullité de la vente de la chose d'autrui, c'est-à-dire comme une nullité de protection [6], que seul le gagiste pourrait alors invoquer, à l'exclusion notamment d'un vendeur avec réserve de propriété du bien donné en gage par l'acheteur. Le fait que l'article 2335 du Code civil soit rédigé sur le modèle de l'article 1599 du Code civil relatif à la vente de la chose d'autrui accrédite cette interprétation et pourrait par conséquent justifier le maintien de la jurisprudence faisant profiter au créancier gagiste de l'ancien article 2279 du Code civil. En sens inverse, il importe de relever que le créancier gagiste n'ayant guère d'intérêt à soulever la nullité de sa sûreté, l'article 2335 du Code civil n'aurait aucune utilité s'il ne pouvait être invoqué par le véritable propriétaire du

---

1. Sur les modes de réalisation du gage, v. ss 838 s.
2. Ces règles de capacité ne sont énoncées, ni par la loi, ni par la jurisprudence, qui n'a jamais eu l'occasion de se prononcer sur cette condition de validité du gage. Elles semblent cependant s'imposer au titre d'un droit commun des sûretés réelles, puisque la capacité d'aliéner est expressément imposée en matière d'hypothèque (C. civ., art. 2413, anc. art. 2124) et d'antichrèse (Civ. 1re, 8 janv. 1955, *Bull. civ.* I, n° 10).
3. Civ. 19 juin 1928, *DP* 1929. 1. 45 ; Com. 30 nov. 2004, inédit, n° 01-16737 ; 26 sept. 2006, inédit, n° 05-12177 ; *JCP* 2006. I. 195, Ph. Delebecque.
4. Com. 28 nov. 1989, *Bull. civ.* IV, n° 300 ; 26 mai 2010, *Bull. civ.* IV, n° 98.
5. Com. 14 nov. 1989, *Bull. civ.* IV, n° 290 ; 11 sept. 2012, inédit, n° 11-22240.
6. La Cour de cassation juge avec constance que l'article 1599 du Code civil édicte une nullité relative en faveur de l'acheteur, qui a seul qualité pour l'invoquer (cf. not. Civ. 1re, 4 déc. 1967, *Bull. civ.* I, n° 354 ; Civ. 3e, 16 avr. 1973, *Bull. civ.* III, n° 303 ; 8 déc. 1999, *Bull. civ.* III, n° 241 ; 9 mars 2005, *Bull. civ.* III, n° 63).

bien gagé, fût-il un vendeur avec réserve de propriété. Si ce dernier était ainsi autorisé à agir en nullité du gage, plutôt qu'en revendication, l'article 2276 du Code civil (anc. art. 2279) ne pourrait plus lui être opposé par le gagiste et la jurisprudence précitée devrait dès lors être abandonnée[1]. Par conséquent, seuls des dommages et intérêts seraient dus au pseudo-gagiste de bonne foi, versés par le constituant, et non par le propriétaire, qui reprendrait quant à lui sa chose libre de tout gage. Cependant, la question se pose des effets d'un droit de rétention qui serait exercé par le pseudo-gagiste, droit dont on peut se demander, d'abord, s'il existe et, ensuite, s'il serait opposable ou non à un propriétaire non débiteur[2].

Pour l'heure, ces débats n'ont pas encore été tranchés par nos juridictions[3], mais une réponse ministérielle s'est déjà prononcée, en revanche, en faveur du maintien de la jurisprudence protectrice du gagiste dès lors que les conditions de l'article 2276 du Code civil sont remplies, ce qui suppose d'être en présence d'un gage avec dépossession (ce qui n'est pas le cas, notamment, d'un gage des stocks). Cette solution a été principalement justifiée par le fait qu'il serait inopportun d'obliger les établissements de crédit à procéder à des vérifications sur la propriété des biens gagés, vérifications rendues délicates par le caractère occulte des clauses de réserve de propriété[4].

C. civ., art. 2335. – Le gage de la chose d'autrui est nul. Il peut donner lieu à des dommages et intérêts lorsque le créancier a ignoré que la chose fût à autrui.
C. civ., art. 1599. – La vente de la chose d'autrui est nulle : elle peut donner lieu à des dommages-intérêts lorsque l'acheteur a ignoré que la chose fût à autrui.
C. civ., art. 2276 (anc. art. 2279). – En fait de meubles, la possession vaut titre.
Néanmoins celui qui a perdu ou auquel il a été volé une chose peut la revendiquer pendant trois ans à compter du jour de la perte ou du vol, contre celui dans les mains duquel il la trouve ; sauf à celui-ci son recours contre celui duquel il la tient.

813. Si un bien se trouve en *indivision*, le gage doit être autorisé par tous les indivisaires (C. civ., art. 815-3). Par conséquent, le gage conserve son effet, quel que soit le résultat du partage, s'il a été consenti par tous les indivisaires. En revanche, à défaut de consentement unanime, les effets du gage d'un meuble indivis se trouvent subordonnés au sort des droits du constituant lors du partage : si le meuble grevé n'est pas attribué en tout ou en partie au constituant, l'effet déclaratif du partage anéantit rétroactivement les droits qu'il pouvait avoir sur ce bien et donc le gage constitué sur ce bien.

2° Conditions relatives à la créance garantie

C. civ., art. 2333, al. 2. – Les créances garanties peuvent être présentes ou futures ; dans ce dernier cas, elles doivent être déterminables.

---

1. En ce sens, cf. L. Aynès, « Sûretés : "une réforme plutôt réussie" », *Dr. et patr.* avr. 2006, p. 10 s. En ce sens également, mais sur une toute autre argumentation, cf. E. Le Corre-Broly, « La situation du porteur d'un warrant agricole après l'ordonnance du 23 mars 2006 et la LME », *JCP E* 2013. 1446, n° 18, invoquant le fait que les tiers à l'égard desquels la publicité du gage est opposable sont les seuls ayants cause d'un auteur commun, le constituant.
2. V. ss 761.
3. La Cour de cassation a confirmé sa jurisprudence traditionnelle donnant la priorité au créancier gagiste sur le vendeur réservataire (Com. 26 mai 2010, *Bull. civ.* IV, n° 98 ; 11 sept. 2012, inédit, n° 11-22240), mais les gages litigieux ayant été conclus avant l'entrée en vigueur de l'ordonnance du 23 mars 2006, le nouvel article 2335 ne pouvait logiquement pas encore fonder la solution inverse.
4. Rép. min. n° 16491, *JO déb. Ass. nat.*, 29 avr. 2008, p. 3667.

814. ***Nécessité d'une créance principale valable.*** Comme toute sûreté, le gage est l'accessoire d'une créance, dont il est destiné à garantir le paiement. En conséquence, il ne peut exister de gage sans créance à garantir et le gage n'est valable que si la créance garantie est elle-même valable.

815. ***Caractéristiques de la créance garantie.*** La créance garantie peut être *présente* (par exemple, un prêt), soit qu'elle naisse immédiatement garantie par un gage, soit qu'elle lui préexiste. Dans ce dernier cas, une limite est apportée par le droit des entreprises en difficulté : tout gage garantissant des dettes antérieurement contractées est nul de plein droit dès lors qu'il est constitué par le débiteur après la cessation des paiements (C. com., art. L. 632-1, 6°). En conséquence de cette nullité de la période suspecte, le créancier gagiste cesse d'être privilégié pour redevenir chirographaire.

Depuis la réforme de 2006, la créance garantie peut également être *future* (par exemple, une ouverture de crédit), mais alors l'article 2333, alinéa 2, du Code civil impose qu'elle soit déterminable.

La créance garantie peut être *pure et simple* ou être affectée de modalités, c'est-à-dire comporter *un terme* ou *une condition.*

La créance garantie peut être *civile ou commerciale.* De cette nature dépend la qualification du contrat de gage : le gage est civil si la créance garantie est civile, il est commercial si la créance garantie est commerciale. La qualification du gage s'opère ainsi uniquement par voie accessoire, sans que la qualité du constituant n'interfère [1]. Cette qualification emporte essentiellement des conséquences sur le tribunal compétent, sur la validité d'une clause attributive de juridiction, sur la preuve du contrat de gage et les modes de réalisation [2].

3° Conditions relatives à la chose donnée en garantie

C. civ., art. 2333, al. 1er. – Le gage est une convention par laquelle le constituant accorde à un créancier le droit de se faire payer par préférence à ses autres créanciers sur un bien mobilier ou un ensemble de biens mobiliers corporels, présents ou futurs.
C. civ., art. 2341. – Lorsque le gage avec dépossession a pour objet des choses fongibles, le créancier doit les tenir séparées des choses de même nature qui lui appartiennent. À défaut, le constituant peut se prévaloir des dispositions du premier alinéa de l'article 2344.
Si la convention dispense le créancier de cette obligation, il acquiert la propriété des choses gagées à charge de restituer la même quantité de choses équivalentes.
C. civ., art. 2342. – Lorsque le gage sans dépossession a pour objet des choses fongibles, le constituant peut les aliéner si la convention le prévoit à charge de les remplacer par la même quantité de choses équivalentes.

816. ***Un bien mobilier ou un ensemble de biens mobiliers corporels, présents ou futurs, corps certains ou choses fongibles.*** Le meuble gagé doit nécessairement être *aliénable*, car il sera vendu ou attribué au créancier gagiste si la dette garantie n'est pas payée. Par conséquent, les choses rendues indisponibles par la loi ne peuvent valablement faire l'objet d'un gage. Mais lorsque l'indisponibilité n'est que temporaire, ce qui est nécessairement le cas en présence d'une clause d'inaliénabilité, la Cour de cassation admet qu'elle ne constitue pas un obstacle à une affectation en garantie [3].

---

1. Com. 11 juin 1974, *Bull. civ.* IV, n° 190.
2. Sur le gage commercial, v. ss 868 s.
3. Com. 30 sept. 2008, *Bull. civ.* IV, n° 165. La solution, rendue au sujet d'un nantissement de valeurs mobilières, vaut certainement en presence d'autres types de biens. Elle risque d'être délicate à mettre en œuvre si la créance garantie est échue avant que l'objet du gage ne devienne disponible, c'est-à-dire, concrètement, avant l'expiration du délai stipulé dans la clause d'inaliénabilité.

Depuis la réforme de 2006, le gage ne peut plus porter que sur un meuble *corporel* (par exemple, un meuble meublant, un objet d'art, un bijou, des marchandises, un animal, une récolte), le nantissement étant désormais réservé aux meubles incorporels.

En revanche, l'ordonnance du 23 mars 2006 a étendu l'assiette du gage de plusieurs manières. D'abord, le gage peut grever un *ensemble de biens* (C. civ., art. 2333, al. 1er). Ensuite, ne constituant plus un contrat réel [1], il peut dorénavant porter sur des *biens futurs* (C. civ., art. 2333, al. 1er), à condition de fournir des éléments permettant de les identifier. Les biens naîtront alors grevés d'un gage dans le patrimoine du constituant, sans nouvelle formalité. Enfin, le gage peut avoir pour objet, soit un *corps certain*, tels un bijou, une œuvre d'art, un objet de collection, soit une *chose fongible*, comme de l'argent [2], des matières premières, des denrées ou boissons, des médicaments ou encore des produits industriels fabriqués en série (C. civ., art. 2341 et 2342). Le gage portant sur des choses fongibles soulève des questions pratiques et théoriques très importantes [3].

817. ***Le remplacement des choses fongibles gagées par des choses équivalentes.*** Le gage peut-il être « tournant », « flottant », c'est-à-dire se reporter sur des choses équivalentes à celles initialement gagées ? La Cour de cassation admet de longue date la validité du report sur de nouveaux biens, à condition qu'il ait été stipulé dans le contrat de gage [4]. La Haute juridiction a réaffirmé cette solution en 2010 en énonçant le principe suivant : « la substitution de nouvelles marchandises, de nature et de qualité différentes de celles initialement gagées, ne peut résulter que de l'exécution d'une *clause de substitution* conventionnelle, résultant d'un accord de volontés des parties, disposant que les biens substitués seront remplacés par le débiteur constituant par la même quantité de choses équivalentes » [5]. Il importe de remarquer que l'équivalence en question est appréciée avec beaucoup de souplesse, puisqu'elle peut résulter, outre de la nature et de la qualité des biens, de leur seule valeur marchande, dès lors que les parties se sont bien mises d'accord sur ce point [6]. L'ordonnance du 23 mars 2006 a confirmé cette place prépondérante laissée à la liberté contractuelle, puisque les articles 2341 et 2342 du Code civil prévoient désormais que, «si la convention dispense le créancier de cette obligation (d'individualisation des choses reçues), il acquiert la propriété des choses gagées à charge de restituer la même quantité de choses équivalentes» et « lorsque le gage sans dépossession a pour objet des choses fongibles, le constituant peut les aliéner si la convention le prévoit à charge de les remplacer par la même quantité de choses équivalentes ».

---

1. V. ss 819 s. sur les conditions de forme.

2. La remise au créancier d'une somme d'argent (monnaie métallique ou fiduciaire) constitue un gage de choses fongibles. En revanche, les autres sûretés sur l'argent, à savoir celles portant sur le solde d'un compte en fonctionnement ou sur de la monnaie scripturale sous forme de virement ou de chèque, sont des nantissements de créance.

3. Cf. M. Bourassin, « L'attrait limité du gage de choses fongibles de droit commun », *in Réformes du droit civil et vie des affaires*, dir. M. Bourassin et J. Revel, Dalloz, coll. « Thèmes et commentaires », 2014, p. 71 ; Y. Blandin, *Sûretés et bien circulant*, thèse, Paris II, 2014.

4. Cass., Req., 30 mars 1926, *D.* 1926. 1. 217 : « les choses qui ne sont pas fongibles par leur nature peuvent devenir telles par la convention des parties ».

5. Com. 26 mai 2010, *Bull. civ.* IV, n° 98. Dans le même sens, Com. 11 sept. 2012, inédit, n° 11-22240.

6. Dans l'espèce ayant donné lieu à l'arrêt du 26 mai 2010, le gage renfermait une clause de substitution, aux termes de laquelle les deux produits litigieux, à savoir des jambons en cours d'affinage (donnés initialement en gage) et les noix de jambons livrées comme produits finis (sur lesquelles le créancier impayé entendait réaliser son gage), pouvaient être assimilés pourvu que la valeur de chaque pièce soit identique. La Cour de cassation a validé cette fongibilité reposant sur la seule identité de valeur entre les deux types de marchandises.

818. ***Les difficultés de qualification du gage de choses fongibles***. En cas de remise à titre de garantie de choses fongibles, et en l'absence d'individualisation de celles-ci, le créancier en devient-il propriétaire ? La garantie ainsi constituée est-elle *un gage ou une forme de propriété-sûreté* ? [1] Les enjeux sont considérables dans la mesure où la constitution, les effets et la réalisation de ces deux sûretés sont réglementés de manière différente par le droit civil et par le droit des entreprises en difficulté.

Au soutien de la qualification de gage, deux arguments peuvent être avancés : d'une part, le transfert de propriété qu'emporte la garantie constituée sur des choses fongibles n'est pas de l'essence de cette sûreté, mais résulte uniquement du caractère essentiellement fongible de son objet ; d'autre part, le transfert de propriété ne porte que sur l'élément matériel, le *corpus* de la propriété, et non sur son élément intentionnel, l'*animus*, puisque le créancier, simple détenteur des choses fongibles reçues, n'a pas l'intention de se comporter en véritable propriétaire.

Une analyse plus pragmatique, fondée sur les prérogatives que peut concrètement exercer le créancier sur les choses fongibles remises, conduit à une qualification dualiste : si le constituant remet au créancier des choses dont il peut librement disposer, il existe un véritable transfert de propriété, qui exclut la qualification de gage au profit de celle de propriété-sûreté ; si, au contraire, les choses fongibles données en garantie sont individualisées (par exemple, si la somme d'argent remise à titre de garantie est inscrite sur un nouveau compte), il n'y a pas de transfert de propriété et la garantie constituée est alors un gage.

Avant la réforme de 2006, la Cour de cassation a apporté des solutions opposées à ce problème de qualification du gage portant sur des choses fongibles et, plus précisément, du gage ayant pour objet une somme d'argent. Ainsi, dans un arrêt du 23 avril 2003, la chambre commerciale a-t-elle décidé d'appliquer à un gage-espèces l'ancien article 2074 du Code civil[2], et en a déduit que, faute d'avoir été constitué par un écrit ayant date certaine, ce gage était inopposable aux tiers[3]. Dans un arrêt du 15 novembre 2005, la première chambre civile a elle aussi jugé que la garantie portant sur les sommes déposées sur un plan d'épargne populaire constituait un gage emportant dépossession[4]. Au contraire, le 17 mai 1994, la chambre commerciale a considéré que, « dès l'instant de leur remise, les sommes déposées à titre de garantie (...) sont devenues, en raison de leur nature fongible, la propriété de la COGEMCO à l'égard de laquelle M. X... ne disposait plus que d'un droit de créance »[5].

L'article 2341 du Code civil n'a pas levé toutes ces incertitudes. Une distinction y est opérée selon que le créancier gagiste est ou non autorisé par le contrat à confondre les choses fongibles remises avec des choses de même nature lui appartenant. Dans le silence de la convention sur ce point, l'article 2341, alinéa 1er, oblige le gagiste à individualiser

---

1. Sur ces difficultés de qualification, cf. not. S. Bros, « Le gage-espèces », *Dr. et patr.* juill.-août 2007, p. 77 s. ; D. Legeais, « Le gage-espèces après la réforme des sûretés », *Dr. et patr.* 2007, n° 162, p. 70 s. ; F. Leduc, « Le gage translatif de propriété, mythe ou réalité ? », *RTD civ.* 1995. 307 ; D. R. Martin, « Du gage-espèces », *D.* 2007. 2556 ; S. Torck, *Essai d'une théorie générale des droits réels sur choses fongibles*, thèse dactyl., Paris II, 2001.

2. Code civil, ancien article 2074 : « Ce privilège n'a lieu qu'à l'égard des tiers qu'autant qu'il y a un acte authentique ou sous seing privé, dûment enregistré, contenant la déclaration de la somme due, ainsi que l'espèce et la nature des biens donnés en gage, ou un état annexé de leurs qualités, poids et mesures. »

3. Com. 23 avr. 2003, inédit, n° 02-11015 ; *JCP* 2003. II. 10140, note D. Schmidt ; *JCP* 2003. I. 176, obs. Ph. Delebecque.

4. Civ. 1re, 15 nov. 2005, *Bull. civ.* I, n° 415.

5. Com. 17 mai 1994, *Bull. civ.* IV, n° 178.

les biens gagés. La qualification et le régime du gage avec dépossession s'imposent alors nécessairement. À l'inverse, si une clause dispense le créancier de conserver les choses fongibles reçues, l'alinéa 2 admet qu'« il acquiert la propriété des choses gagées à charge de restituer la même quantité de choses équivalentes ». On peut y voir la consécration en matière de gage d'une théorie bien connue en d'autres domaines (dépôt, prêt de consommation, mandat ou encore usufruit), à savoir la théorie de la détention irrégulière, selon laquelle, en cas de remise à titre précaire de choses fongibles et à défaut d'individualisation, le détenteur peut disposer des choses reçues fusionnant avec celles identiques lui appartenant, le remettant n'étant quant à lui titulaire que d'une créance de restitution. Mais il existe toujours une incertitude quant à la nature de la sûreté dans cette hypothèse de mise en possession du créancier et de dispense d'individualisation : gage irrégulier, puisque translatif de propriété, ou espèce de fiducie-sûreté ? Il nous semble que la qualification de gage mérite de l'emporter, non seulement parce que l'article 2341 envisage lui-même « la propriété des choses gagées », mais surtout afin de préserver l'efficacité de la sûreté contre les sanctions que pourrait emporter le non-respect des règles propres à la fiducie [1].

B. Conditions de forme

C'est au sujet des conditions de formation entre les parties et d'opposabilité aux tiers que l'ordonnance du 23 mars 2006 a le plus profondément modifié le droit du gage. En effet, l'ordonnance a transformé l'établissement d'un écrit, auparavant nécessaire pour rendre le gage opposable aux tiers, en condition de formation du gage entre les parties (1°). Elle a, par ailleurs, et à l'inverse, transformé la dépossession du constituant, autrefois exigée pour la validité même du gage, en condition d'opposabilité aux tiers, tout en créant une formalité d'opposabilité alternative à la dépossession, à savoir la publicité du gage (2°).

1° L'établissement d'un écrit

C. civ., art. 2336. – Le gage est parfait par l'établissement d'un écrit contenant la désignation de la dette garantie, la quantité des biens donnés en gage ainsi que leur espèce ou leur nature.

819. ***L'exigence d'écrit dans les anciens articles 2074 et 2075 du Code civil.*** L'ancien article 2074 du Code civil relatif au gage sur meuble corporel et l'ancien article 2075 du Code civil relatif au gage sur meuble incorporel imposaient la rédaction d'« un acte authentique ou sous seing privé, dûment enregistré, contenant la déclaration de la somme due, ainsi que l'espèce et la nature des biens donnés en gage, ou un état annexé de leurs qualité, poids et mesure ». Quelle était la portée de cet écrit ?

Entre le créancier gagiste et le constituant, le gage civil [2] était valablement formé, même si l'écrit exigé par les articles 2074 et 2075 du Code civil faisait défaut. En effet, la jurisprudence déclarait ces articles *inapplicables entre les parties* [3]. Le constituant ne pouvait donc se prévaloir de l'inobservation de ces formalités pour réclamer la restitution de la chose remise à titre de gage.

---

1. En faveur du gage, cf. aussi L. Aynès, « Le nouveau droit du gage », *Dr. et patr.* 2007, n° 161, p. 48 ; F. Leduc, art. préc. ; D. Legeais, « Le gage de meubles corporels », *JCP* 10 mai 2006, n° spécial 20, p. 12 ; *contra*, en faveur d'un nouveau cas de propriété-sûreté : cf. R. Dammann, « La réforme des sûretés mobilières : une occasion manquée », *D.* 2006. 1298.
2. Sur le gage commercial, v. ss 869.
3. Civ. 1re, 25 mai 1976, *Bull. civ.* I, n° 201.

Comme l'indiquait lui-même l'article 2074 du Code civil, renfermant l'expression « à l'égard des tiers », la rédaction d'un écrit constituait une *condition d'opposabilité du gage aux tiers*, ayant pour but d'empêcher le débiteur d'avantager indûment l'un de ses créanciers, en prétendant lui avoir donné tel ou tel bien en gage (fraude par antidate)[1]. Ainsi, à défaut d'un écrit ayant date certaine par l'effet de l'enregistrement et respectant par ailleurs le double principe de spécialité quant au montant de la somme due et quant à la nature des biens gagés, le créancier gagiste ne pouvait opposer son droit de préférence aux autres créanciers du débiteur. Le défaut d'écrit n'aurait pu être suppléé, ni par un aveu, ni par un serment, ni encore par un commencement de preuve par écrit corroboré par des témoignages[2]. Le défaut d'enregistrement, privant le gage sous seing privé de date certaine à l'égard des créanciers auquel le gagiste voulait opposer son droit de préférence, ne pouvait être remplacé que par l'un des moyens visés par l'article 1328 du Code civil, à savoir le décès de l'un des signataires ou la constatation de la substance du gage dans un acte authentique.

820. ***L'exigence d'écrit du nouvel article 2336 du Code civil.*** Selon le nouvel article 2336 du Code civil, « le gage est parfait par l'établissement d'un écrit contenant la désignation de la dette garantie, la quantité des biens donnés en gage ainsi que leur espèce ou leur nature ». Ce texte intéresse les relations qu'entretiennent le créancier gagiste et le constituant. Par conséquent, le contrat de gage est désormais un contrat *formel entre les parties* et l'écrit paraît imposé à peine de nullité[3]. Cet écrit n'a plus à être enregistré. L'abandon de cette dernière formalité paraît tout à fait justifié en présence d'un gage sans dépossession, soumis à une publicité, qui permet d'éviter l'antidate. Cet abandon est en revanche plus discutable à l'égard des gages avec dépossession, puisque la date de celle-ci ne fait l'objet d'aucune constatation officielle.

821. ***Le double principe de spécialité.*** Le nouvel article 2336 du Code civil a conservé en revanche l'exigence de spécialité quant à la dette garantie, d'une part, et quant à la chose donnée en gage, d'autre part.

La *désignation de la dette garantie* a pour but d'éviter que la somme due et garantie ne soit ultérieurement modifiée. Si le montant de la créance doit donc être spécifié, il n'est pas nécessaire, en revanche, de mentionner, ni sa cause, ni sa date d'exigibilité. Lorsque le montant de la créance garantie est indéterminé (depuis la réforme de 2006, cette créance peut être future) ou que le gage garantit une obligation de faire, il convient de procéder à une évaluation.

La *désignation des choses données en gage* évite quant à elle la fraude consistant à substituer à la chose initialement engagée une chose d'une plus grande valeur.

2° La mise en possession du gagiste ou la publicité du gage

822. ***L'exigence de mise en possession du créancier gagiste avant la réforme.*** L'ancien article 2076 du Code civil énonçait que, « dans tous les cas (c'est-à-dire que le gage

---

1. La fraude aurait pu prendre corps de la façon suivante : au moment où une saisie aurait été entreprise par un créancier chirographaire, le débiteur et l'un de ses autres créanciers auraient décidé de conférer un rang préférentiel à ce dernier sur l'un des meubles du débiteur en réalisant un acte de constitution de gage antidaté. L'acte authentique ou l'enregistrement donnent date certaine à l'acte écrit et empêche ce type de fraude.

2. La jurisprudence n'a jamais eu l'occasion d'exclure ces modes de preuve. Il n'est cependant pas douteux qu'elle aurait retenu cette solution eu égard à la nature qu'elle conférait aux formalités de l'ancien article 2074 du Code civil (formalités d'opposabilité aux tiers et non de preuve).

3. Le doute est cependant de rigueur, car le terme « parfait » est beaucoup moins clair que l'expression « à peine de nullité » retenue en matière de nantissement de créance par l'article 2356 du Code civil.

porte sur un meuble corporel ou sur un meuble incorporel), le privilège ne subsiste sur le gage qu'autant que ce gage a été mis et est resté en la possession du créancier, ou d'un tiers convenu entre les parties ». En matière de gage sur meuble corporel, la jurisprudence décidait, depuis le 18 mai 1898, que la remise de la chose était une *condition de validité*, autrement dit que le gage constituait un *contrat réel*[1]. Cette qualification emportait deux conséquences essentielles. En premier lieu, à défaut de remise de la chose au créancier gagiste, le contrat conclu n'était qu'une *promesse de gage*[2], insusceptible d'exécution forcée, car la dépossession ne peut être que volontaire. Le créancier ne pouvait obtenir de son cocontractant que des dommages et intérêts, pour lesquels il venait concourir au marc-le-franc avec les autres créanciers. En second lieu, le caractère réel du gage en limitait considérablement l'assiette : il ne pouvait porter sur un meuble futur et, sauf entiercement, il ne pouvait guère être pratiqué sur un ensemble de meubles, comme des stocks.

823. ***La faculté de mise en possession depuis la réforme***. La principale innovation de l'ordonnance du 23 mars 2006 réside dans *la suppression du caractère réel du gage*[3]. Au regard du nouvel article 2337 du Code civil, il apparaît en effet que la mise en possession du créancier gagiste n'est plus une condition de validité du gage. Elle conditionne uniquement *l'opposabilité du gage aux tiers* et peut être remplacée par une autre formalité, la publicité du gage.

> **C. civ., art. 2337.** – Le gage est opposable aux tiers par la publicité qui en est faite.
> Il l'est également par la dépossession entre les mains du créancier ou d'un tiers convenu du bien qui en fait l'objet.
> Lorsque le gage a été régulièrement publié, les ayants cause à titre particulier du constituant ne peuvent se prévaloir de l'article 2276 (ancienne rédaction : 2279).

Cette *alternative entre le gage avec dépossession et le gage publié*[4] présente, pour l'essentiel, deux avantages : d'une part, une meilleure adaptation du gage à l'hétérogénéité des attentes des créanciers (certains préféreront le gage publié, pour éviter les contraintes liées à la conservation des choses remises, d'autres le gage avec dépossession, pour le droit de rétention effectif qu'il confère) et des besoins des constituants (certains privilégieront la dépossession pour éviter la publicité de leur endettement qu'implique l'inscription du gage sur un registre spécial ; d'autres préféreront au contraire la publicité, qui autorise des gages successifs sur le même bien sans nécessiter de procéder à un entiercement) ; d'autre part,

1. Civ. 18 mai 1898, *DP* 1900. 1. 481, note L. Sarrut ; *S.* 1898. 1. 433, note C. Lyon-Caen : « les effets du contrat de gage entre créancier et débiteur sont subordonnés à la mise en possession du créancier, le gage étant un contrat réel ».

2. Civ. 1re, 6 janv. 1994, *Bull. civ.* I, n° 4 ; Com. 28 janv. 1997, *Bull. civ.* IV, n° 35 ; *D.* 1998. Somm. 140, obs. M.-N. Jobard-Bachellier.

3. La catégorie des contrats réels tend ainsi à devenir résiduelle, puisque le prêt a lui aussi perdu ce caractère lorsqu'il est régi par les articles L. 312-7 et suivants du Code de la consommation (Civ. 1re, 27 mai 1998, *Bull. civ.* I, n° 186) ou lorsqu'il est consenti par un professionnel du crédit (Civ. 1re, 28 mars 2000, *Bull. civ.* I, n° 105 ; 5 juill. 2006, *Bull. civ.* I, n° 358). Le prêt qui n'est pas consenti par un établissement de crédit et qui suppose toujours la remise de la chose constitue ainsi l'une des dernières figures de contrat réel (Civ. 1re, 7 mars 2006, *Bull. civ.* I, n° 138 ; *JCP* 2006. II. 10109, note S. Piedelièvre).

4. Sur l'option entre gage avec ou sans dépossession, cf. not. L. Andreu, « Gage avec dépossession contre gage sans dépossession », *D.* 2012. 1761 ; A. Aynès, « Les nouveaux droits de rétention : gage sans dépossession et nantissement de créance », *in Réformes du droit civil et vie des affaires*, dir. M. Bourassin et J. Revel, Dalloz, coll. « Thèmes et commentaires », 2014, p. 85 ; M.-P. Dumont-Lefrand, « Le gage des meubles corporels », *in Évolution des sûretés réelles : regards croisés université-notariat*, Litec, 2008, p. 31 s.

une plus large attractivité du droit français, qui se rapproche ainsi de nombreux systèmes juridiques étrangers reconnaissant depuis longtemps les sûretés réelles mobilières conventionnelles sans dépossession.

824. ***Caractéristiques de la mise en possession***. Il est essentiel de ne pas se méprendre sur le terme possession : le gagiste ne possède pas à titre de propriétaire, c'est-à-dire qu'il n'a pas la volonté de se considérer comme le propriétaire de la chose. Il possède néanmoins son droit de gage, *droit réel accessoire* conféré par la possession. Ce n'est que dans cette mesure que l'on peut parler de possession (certains évoquent une « quasi-possession ») et reconnaître au gagiste le droit de se prévaloir, le cas échéant, de l'article 2276 du Code civil (anc. art. 2279)[1].

L'ordonnance du 23 mars 2006 ayant peu développé les modalités et caractères de la mise en possession du créancier gagiste, la jurisprudence rendue sous l'empire de l'ancien article 2076 du Code civil devrait perdurer.

825. ***Forme de la mise en possession***. La mise en possession s'opère, en principe, par *tradition* : le constituant se dessaisit matériellement de la chose gagée pour la remettre entre les mains du créancier. Si, au moment de la constitution du gage, la chose est déjà entre les mains du créancier, par exemple à titre de dépôt ou de prêt à usage, l'interversion de titre du créancier satisfait l'exigence de mise en possession[2]. Si, au moment de la constitution du gage, la chose n'est pas en la possession du débiteur, mais se trouve, soit en dépôt dans un autre lieu, soit en cours de transport, la *remise au créancier du titre qui permet de réclamer l'objet* (comme une lettre de voiture ou un connaissement) constitue une mise en possession suffisante[3].

826. ***Destinataire de la mise en possession***. En vertu du nouvel article 2337, alinéa 2, du Code civil qui reprend sur ce point l'ancien article 2076, la chose peut être mise en la possession du créancier lui-même ou d'un « tiers convenu ». Cette détention de la chose par un tiers, au nom et pour le compte du créancier gagiste, s'appelle l'*entiercement*[4]. Il présente divers avantages : il dispense le créancier d'avoir à détenir une chose qui peut être encombrante ; il décharge également le créancier de la responsabilité civile éventuelle encourue en cas de perte de l'objet gagé ; il met le constituant à l'abri du détournement que pourrait commettre le créancier malhonnête en vendant l'objet ; il évite le gaspillage du crédit du débiteur, lorsque la chose donnée en gage a une valeur supérieure à la créance garantie, puisque le débiteur peut alors donner ce bien en gage à plusieurs créanciers. Mais l'entiercement ne peut procurer ces avantages qu'à la condition d'être opposable aux tiers, ce qui n'est pas le cas, par exemple, si les biens gagés sont détenus par un sous-locataire, alors que le contrat de bail interdit la sous-location, et que la mise en possession de ce tiers convenu s'opère alors en fraude des droits du bailleur[5].

---

1. V. ss 812.
2. L'interversion de titre consiste en une modification du fondement juridique de la détention : d'abord fondée sur un contrat de dépôt ou de commodat (prêt à usage), la détention repose ensuite sur le contrat de gage.
3. Com. 26 avr. 1994, inédit, n° 92-15173 ; *JCP E* 1995. I. 482, obs. Ph. Delebecque.
4. Il est surtout pratiqué en matière commerciale : le débiteur donne en gage des marchandises, qui sont déposées dans un magasin général et représentées par un titre (sur le warrant, v. ss 899 s.). Sur le régime du gage avec entiercement, cf. J.-F. Quievy, « Du gage avec dépossession, par tierce détention, de la chose d'autrui », *Gaz. Pal.* 2009, n° 279, doct., p. 3.
5. Com. 23 sept. 2014, inédit, n° 12-26203.

827. ***Moment de la mise en possession***. Ni l'ordonnance du 23 mars 2006 ni l'ancien article 2076 du Code civil n'imposent de délai pour procéder à la mise en possession du gagiste. Celui-ci a cependant tout intérêt à ce qu'elle intervienne le plus tôt possible, puisque deux événements pourraient y faire obstacle[1]. Il s'agit, d'une part, de la saisie pratiquée par un autre créancier, qui rend la chose indisponible et, d'autre part, de l'ouverture d'une procédure collective contre le constituant, qui fait perdre à ce dernier le droit d'administrer son patrimoine[2].

828. ***Caractères de la mise en possession***. La mise en possession doit être effective, apparente et permanente. Les juges du fond sont souverains pour apprécier chacun de ces caractères.

La dépossession du constituant doit d'abord être *effective*, pour qu'il ne puisse plus se servir de la chose pour augmenter son crédit. Corrélativement, la possession du créancier gagiste doit être réelle et exclusive, semblable à celle qu'exige l'article 2276 du Code civil (anc. art. 2279). Le créancier ne devrait donc pas pouvoir profiter du gage en cas de tradition feinte, notamment s'il laissait la chose entre les mains du constituant à titre de louage ou de dépôt. Certaines décisions se montrent toutefois très (trop ?) compréhensives. En témoigne un arrêt rendu par la chambre commerciale de la Cour de cassation le 12 janvier 2010 dans lequel le caractère effectif de la mise en possession du gagiste a été reconnu, alors que le champagne gagé se trouvait toujours dans les locaux du constituant (certes, ces locaux avaient été prêtés à un tiers convenu) et qu'il recevait des « soins » de la part des salariés du constituant et ce, au motif que « le fait de constituer mandataire une personne par ailleurs salariée du constituant n'enlève rien au caractère effectif de la dépossession »[3]. La liberté contractuelle quant aux conditions de mise en possession du gagiste est donc particulièrement étendue.

La dépossession doit ensuite être *apparente*, c'est-à-dire de nature à avertir les tiers que le constituant est dessaisi. Tel n'est pas le cas, par exemple, si du bois donné en gage par un industriel à sa banque est déposé auprès de l'usine du débiteur, ou lorsque la dépossession d'un véhicule de collection n'est réalisée que par la remise au créancier du certificat d'immatriculation et des plaques.

La dépossession doit enfin être *continue*. Si le constituant reprend possession de son bien par surprise ou par fraude, le gagiste peut en exiger la restitution et opposer son droit de préférence aux créanciers qui n'auraient pas encore acquis de droit sur elle. Au contraire, si le gagiste se dessaisit volontairement de la chose, même temporairement (sauf si la remise momentanée a pour but de permettre au constituant de faire valoir des droits attachés à la chose ou de donner à celle-ci des soins particuliers qu'il est le seul en mesure de fournir[4]), le contrat de gage cesse d'être opposable aux tiers (avant la réforme, il devenait caduc). Lorsque le dessaisissement n'est pas volontaire, mais qu'il résulte d'un vol ou d'une perte, le gagiste peut exercer pendant trois ans à compter de cet événement une action réelle en revendication de son droit de gage contre le détenteur de bonne foi de la chose (C. civ., art. 2276, al. 2), à charge d'en rembourser le prix d'achat au détenteur si celui-ci l'a achetée dans un marché, une foire ou chez un marchand vendant

1. Ces deux obstacles concernent également la publicité du gage.
2. Comme la mise en possession peut être comprise comme une forme de publicité, il est permis de retenir une interprétation *a pari* de l'article L. 622-30 du Code de commerce, qui interdit l'inscription des sûretés réelles postérieurement au jugement d'ouverture de la procédure collective.
3. Com. 12 janv. 2010, inédit, n° 08-17420.
4. Cass., Req., 11 avr. 1933, *Gaz. Pal.* 1933. 2. 172.

des choses pareilles (C. civ., art. 2277, anc. art. 2280)[1]. Contre le possesseur de mauvaise foi, qui ne peut invoquer le bénéfice de l'article 2276 du Code civil, le gagiste dépossédé involontairement peut revendiquer son gage pendant trente ans. Rappelons que l'exigence d'une dépossession permanente ne s'oppose pas à ce que le bien initialement mis en gage, s'il s'agit d'un bien fongible, soit remplacé par un autre, si la convention prévoit clairement cette substitution[2].

829. ***Caractéristiques de la publicité du gage.*** Depuis la réforme de 2006, le gage sans dépossession n'est plus un gage spécial, faisant exception au droit commun du gage auparavant fondé sur le dessaisissement nécessaire du constituant, mais l'une des deux formes que peut revêtir le gage de droit commun (C. civ., art. 2337). Ce gage sans dépossession repose sur une publicité, qui autorise l'exercice d'un droit de suite[3].

> **C. civ., art. 2338.** – Le gage est publié par une inscription sur un registre spécial dont les modalités sont réglées par décret en Conseil d'État.
> **C. civ., art. 2339.** – Le constituant ne peut exiger la radiation de l'inscription ou la restitution du bien gagé qu'après avoir entièrement payé la dette garantie en principal, intérêts et frais.

830. ***Forme de la publicité.*** Pour informer les tiers et leur rendre opposable le gage sans dépossession, celui-ci doit être « publié par une inscription sur un registre spécial dont les modalités sont réglées par un décret en Conseil d'État » (C. civ., art. 2338). C'est un décret du 23 décembre 2006[4] qui a apporté ces précisions, en soumettant la publicité du gage sans dépossession à des formalités souvent très proches de celles de la publicité foncière[5].

L'initiative de l'inscription du gage sans dépossession revient au créancier. Il doit, à cette fin, remettre au greffier du tribunal de commerce dans le ressort duquel le constituant est immatriculé ou, à défaut, a son siège ou son domicile, d'une part, l'un des originaux de l'acte constitutif de la sûreté ou une expédition si l'acte a été dressé en la forme authentique et, d'autre part, deux bordereaux comportant des mentions obligatoires, tels que la désignation du constituant, la date de l'acte constitutif, le montant de la créance garantie et la désignation du bien gagé. Comme en matière hypothécaire, l'inscription doit ainsi respecter un double principe de spécialité, quant à la créance garantie et quant à l'assiette de la sûreté.

Les inscriptions respectant ces formalités prennent effet à leur date[6] et elles conservent le gage pendant cinq ans à compter du jour de sa naissance. Passé ce délai et à défaut de renouvellement de l'inscription, celle-ci doit être radiée d'office par le greffier.

---

1. À supposer que l'on puisse encore assimiler le créancier gagiste au « propriétaire originaire », tel qu'indiqué par l'article 2277 du Code civil pour désigner le débiteur de l'obligation de remboursement.
2. V. ss 817.
3. V. ss 847, l'article 2337, alinéa 3, du Code civil.
4. Décret n° 2006-1804, complété par un arrêté du 1er février 2007, énumérant dix-sept catégories de biens pouvant faire l'objet d'un gage sans dépossession (cette liste demeure très ouverte, puisque la dernière catégorie consiste dans les « autres biens »).
5. Sur la publicité des hypothèques et privilèges immobiliers, v. ss 1066 s., 1154.
6. Le moment de l'inscription n'est pas imposé par la loi. Il est cependant souhaitable qu'elle intervienne le plus tôt possible, puisque, comme à l'égard de la mise en possession, deux événements peuvent y faire échec : d'une part, la saisie pratiquée par un autre créancier, qui rend la chose indisponible ; d'autre part, l'ouverture d'une procédure collective contre le constituant (C. com., art. L. 622-30).

La radiation peut procéder de deux autres causes : soit une demande du créancier ou du constituant, s'il peut justifier d'un acte donnant mainlevée de l'inscription ou d'un accord avec son créancier en vue de la radiation ; soit une décision judiciaire passée en force de chose jugée.

Outre la publicité du gage sans dépossession au greffe du tribunal de commerce, le décret du 23 décembre 2006 a créé un fichier électronique national, sur lequel est mentionnée l'existence des inscriptions prises en application de l'article 2338 du Code civil. Ce fichier, tenu par le Conseil national des greffiers des tribunaux de commerce, a vocation à être consulté gratuitement sur Internet (infogreffe.fr).

831. ***Règlement des conflits***. La publicité du gage sans dépossession va permettre de déterminer le rang du créancier gagiste.

C. civ., art. 2337, al. 3. – Lorsque le gage a été régulièrement publié, les ayants cause à titre particulier du constituant ne peuvent se prévaloir de l'article 2276 (ancienne rédaction : 2279).
C. civ., art. 2340. – Lorsqu'un même bien fait l'objet de plusieurs gages successifs sans dépossession, le rang des créanciers est réglé par l'ordre de leur inscription.
Lorsqu'un bien donné en gage sans dépossession fait ultérieurement l'objet d'un gage avec dépossession, le droit de préférence du créancier gagiste antérieur est opposable au créancier gagiste postérieur lorsqu'il est régulièrement publié nonobstant le droit de rétention de ce dernier.

En cas de conflit entre créanciers gagistes sans dépossession, l'article 2340, alinéa 1er, du Code civil prévoit que « le rang des créanciers est réglé par l'ordre des inscriptions ».

En cas de conflit entre deux créanciers gagistes sur le même bien, le premier sans dépossession et le second avec dépossession, l'article 2340, alinéa 2, du Code civil donne la préférence au premier dont le droit est régulièrement publié, « nonobstant le droit de rétention » du second. Aucune faveur n'est donc plus conférée à la possession. Ceci est confirmé par l'article 2337, alinéa 3, du Code civil, selon lequel « lorsque le gage a été régulièrement publié, les ayants cause à titre particulier du constituant ne peuvent se prévaloir de l'article 2276 » [1]. La publicité empêche ainsi le détenteur du bien grevé d'exercer une possession utile, à quelque titre que ce soit, sur celui-ci.

L'article 2340 du Code civil est silencieux, en revanche, sur le conflit inverse entre un premier gagiste avec dépossession et un second gagiste sans dépossession [2]. Si une mise en possession effective avant l'inscription du second gage devrait permettre au premier créancier de l'emporter, que décider si cette mise en possession tarde et n'intervient qu'après l'inscription du second gage ? Faut-il alors prendre en compte la date de l'acte constitutif du premier gage ou la date de la mise en possession effective ? La seconde solution semble préférable, dans la mesure où la mise en possession a pour fonction de rendre le gage opposable.

§ 2. Effets du gage

Régulièrement constitué, le gage fait peser sur les parties des obligations (A) et confère au créancier des droits, qui diminuent le risque d'impayé (B).

---

1. Sur l'interprétation de ce texte, cf. G. Ansaloni, « Sur l'opposabilité du gage sans dépossession de droit commun », *JCP E* 2009. 1672 ; R. Boffa, « L'opposabilité du nouveau gage sans dépossession », *D*. 2007. Chron. 1161.

2. Il ne s'agit pas d'une hypothèse d'école, puisque, si la valeur du bien gagé est élevée et que le montant de la créance garantie par le premier gage avec dépossession est, au contraire, relativement modique, le constituant et ses créanciers postérieurs ont un réel intérêt à conclure un nouveau gage sur ce bien, sans dépossession cette fois.

A. Obligations des parties

À l'époque où le gage était nécessairement un contrat réel, il ne faisait naître d'obligations (de conservation et de restitution) qu'à la charge du créancier gagiste. En effet, comme la remise du bien était concomitante à sa formation, le débiteur n'était quant à lui tenu d'aucune obligation. Le gage présentait donc un caractère unilatéral, mais, à l'inverse du cautionnement, du côté du créancier et non du constituant. Depuis que la réforme de 2006 a ouvert une option entre le gage avec ou sans dépossession, ces principes ont évolué, au point qu'il est désormais nécessaire d'envisager, non seulement les obligations du créancier gagiste (1°), mais également celles du constituant (2°), en distinguant selon que le bien gagé est remis ou non entre les mains du créancier ou d'un tiers convenu.

1° Obligations du créancier gagiste

832. ***Des obligations résultant de la mise en possession***. La constitution d'un gage laisse en principe intact le droit de propriété du constituant sur la chose grevée. Si l'ordonnance du 23 mars 2006 ne l'a pas expressément rappelé, il ne fait aucun doute qu'est toujours d'actualité la règle posée par l'ancien article 2079 du Code civil, selon laquelle « jusqu'à l'expropriation du débiteur s'il y a lieu, il reste propriétaire du gage, qui n'est, dans la main du créancier, qu'un dépôt assurant le privilège de celui-ci ». Toutefois, lorsque le gage porte sur des choses fongibles et que la convention dispense le créancier de les tenir séparées des choses de même nature lui appartenant, le nouvel article 2341, alinéa 2, du Code civil admet que le gagiste « acquiert la propriété des choses gagées à charge de restituer la même quantité de choses équivalentes »[1].

Sous cette réserve, si la chose gagée est remise au créancier, celui-ci ne doit nullement porter atteinte au droit fondamental de propriété du constituant, en causant un dommage à cette chose ou en se l'appropriant injustement. Le créancier gagiste mis en possession supporte dès lors deux obligations essentielles, la première conditionnant d'ailleurs la seconde : une *obligation de conserver la chose* et une *obligation de restituer la chose*[2]. Ces deux obligations sont expressément prévues par l'article 2344 du Code civil, qui ne concerne que le gage avec dépossession.

En revanche, en présence d'un gage sans dépossession, aucune obligation ne pèse sur le créancier, puisque, par hypothèse, celui-ci n'a pas le bien grevé entre les mains.

> **C. civ., art. 2344.** – Lorsque le gage est constitué avec dépossession, le constituant peut réclamer la restitution du bien gagé, sans préjudice de dommages-intérêts, si le créancier ou le tiers convenu ne satisfait pas à son obligation de conservation du gage.
> Lorsque le gage est constitué sans dépossession, le créancier peut se prévaloir de la déchéance du terme de la dette garantie ou solliciter un complément de gage si le constituant ne satisfait pas à son obligation de conservation du gage.

833. ***L'obligation de conserver la chose remise***. L'article 2344, alinéa 1er, du Code civil consacre, à la charge du créancier gagiste, une obligation de conservation du gage, sans en détailler le régime. Il convient dès lors de se reporter au droit antérieurement applicable pour préciser son domaine et sa portée.

---

1. V. ss 818.
2. Sur cette dernière obligation, v. ss 853, l'extinction du gage.

Modalités. L'obligation de conservation prend des formes particulières selon la nature de la chose gagée. Si cette chose est *périssable*, comme des quintaux de blé, le gagiste pourrait avoir à sa charge une obligation d'information du constituant en cas de menace de dépérissement, à moins qu'il ne prenne l'initiative de vendre la chose[1], mais il devra alors restituer, soit une chose semblable, soit sa valeur appréciée au jour de la restitution. Si la chose est consomptible, sans être périssable, comme du vin, le gagiste a une obligation de la conserver, sauf clause de substitution l'autorisant à restituer une chose pareille[2].

Portée. L'obligation de conservation est une *obligation de moyens* (C. civ., art. 1137). Pour conserver la chose gagée en bon père de famille, le gagiste doit, par exemple, donner à la chose tous les soins dont elle a besoin, à moins qu'il ne s'agisse de soins exigeant des connaissances particulières possédées par le seul constituant ; il doit procéder aux formalités de déclaration du sinistre en cas de destruction, de perte ou de vol du bien gagé.

Sanctions. Si l'objet engagé périt ou est détérioré par la négligence ou la faute, même légère, du gagiste, celui-ci peut être condamné à des dommages et intérêts, qui se compenseront à due concurrence avec sa créance. En cas de négligence ou d'abus, le gagiste peut en outre être condamné à la restitution anticipée du gage, sans que le débiteur ne perde en revanche le bénéfice du terme. Le gagiste n'est pas responsable si la perte, la détérioration ou la dépréciation de la chose engagée ne lui est pas imputable. C'est à lui qu'il appartient de prouver la cause étrangère.

834. ***L'obligation de ne pas faire usage de la chose***. L'obligation négative de ne pas se servir de la chose gagée constitue le prolongement de l'obligation positive de conservation, puisque l'utilisation risquerait d'user, voire de détériorer, la chose du constituant. Impliquée par l'ancien article 2079 du Code civil, qui assimilait le créancier gagiste mis en possession à un dépositaire, cette obligation fut mise en lumière par la chambre commerciale de la Cour de cassation dans un arrêt du 12 juillet 2005 : la dépossession, qui fait perdre au constituant une partie de ses prérogatives sur la chose donnée en gage, ne les confère pas pour autant au créancier, qui dispose, en sa qualité de dépositaire de cette chose jusqu'à restitution, du seul pouvoir de la garder et conserver, sans acquérir celui d'en user et de l'administrer[3]. Dans le contrat de gage lui-même ou dans une convention spécifique, le créancier ou un tiers convenu devraient toutefois pouvoir se voir reconnaître le droit d'exploiter les biens gagés[4].

---

1. On notera que, dans un domaine proche, celui du droit de rétention, la Cour de cassation a refusé de considérer comme abusif le défaut de renoncement à un droit de rétention s'exerçant sur des biens périssables (Com. 19 nov. 2002, *Bull. civ.* IV, n° 172 ; *RD banc. fin.* 2003, n° 21, obs. D. Legeais ; *JCP E* 2003. 852, n° 17, obs. Ph. Delebecque).

2. V. ss 817.

3. Com. 12 juill. 2005, *Bull. civ.* IV, n° 175 ; *D.* 2005. AJ 2142, obs. X. Delpech ; *Dr. et patr.* n° 145, Ph. Dupichot ; *RD banc. fin.* 2005, n° 174, D. Legeais. La Cour de cassation en a déduit que le souscripteur de la police d'assurance-vie nantie conservait, à titre de principe, la liberté de gérer les avoirs qu'il avait investis et qu'en l'absence de stipulation expresse l'y autorisant, le créancier s'opposait donc fautivement à l'exécution de l'ordre donné par le souscripteur.

4. « On peut imaginer le cas du propriétaire d'une flotte de véhicules destinés à la location ; la flotte peut être gagée tout en continuant à être exploitée si on nomme les agences de location « tiers convenu ». On peut aussi imaginer le cas du producteur de pétrole qui met certains volumes en gage tout en les faisant raffiner ; c'est possible si le raffineur est nommé « tiers convenu ». (…) Cet exemple pourrait être généralisé à tous les biens industriels. L'intérêt économique qui s'attache à pouvoir les offrir en garantie sans suspendre leur cycle de transformation paraît considérable. Cette hypothèse de l'exploitation du bien par le gagiste ou par un tiers convenu mériterait donc quelques précisions » (Ph. Stoffel-Munck, « Premier bilan de la réforme des sûretés en droit français », *Dr. et patr.* 2012, n° 213).

835. ***Le droit de percevoir les fruits***. L'obligation de conservation n'induit pas l'obligation de ne pas jouir de la chose, c'est-à-dire de ne pas en percevoir les fruits.

Avant la réforme de 2006, la jouissance n'était admise qu'à l'égard des créances nanties productives d'intérêts : le créancier pouvait imputer ces intérêts sur ceux qui pouvaient lui être dus pour sa propre créance, voire sur le capital lui-même, ce qui entraînait la diminution de la créance garantie à concurrence des intérêts perçus (C. civ., anc. art. 2081).

Aujourd'hui, la jouissance est également le principe à l'égard des meubles corporels frugifères. L'article 2345 du Code civil précise, en effet, que « sauf convention contraire, lorsque le détenteur du bien gagé est le créancier de la dette garantie, il perçoit les fruits de ce bien et les impute sur les intérêts ou, à défaut, sur le capital de la dette ».

2° Obligations du constituant

Depuis la réforme, les obligations du constituant varient sensiblement selon que le gage est avec ou sans dépossession.

C. civ., art. 2343. – Le constituant doit rembourser au créancier ou au tiers convenu les dépenses utiles ou nécessaires que celui-ci a faites pour la conservation du gage.
C. civ., art. 2344, al. 2. – Lorsque le gage est constitué sans dépossession, le créancier peut se prévaloir de la déchéance du terme de la dette garantie ou solliciter un complément de gage si le constituant ne satisfait pas à son obligation de conservation du gage.

836. ***L'obligation de conserver la chose gardée en possession***. C'est l'article 2344, alinéa 2, du Code civil qui impose cette obligation et en précise la sanction. La *déchéance du terme* est la sanction de droit commun de la perte d'une sûreté par le débiteur (C. civ., art. 1188). L'originalité réside dans l'option offerte au créancier entre cette déchéance, qui lui permet d'exiger un paiement immédiat, et le *complément de gage* à hauteur du dommage causé par le constituant à la chose engagée. Ces sanctions manquent malheureusement de précision et compromettent par conséquent la sécurité du créancier. En effet, comme la nature et l'étendue de la perte de la sûreté ne sont nullement détaillées, on peut craindre que le droit du créancier de se prévaloir de la déchéance du terme ne soit exercé abusivement et qu'il génère ainsi du contentieux. À l'égard de la sanction générale alternative, qui réside dans le complément de gage, il est permis de déplorer la même imprécision quant au défaut de conservation susceptible de la déclencher. Ces lacunes législatives peuvent, certes, être comblées par des clauses (appelées « clauses d'arrosage » par la pratique). Mais nul doute que l'interprétation et la validité même de ces clauses, en particulier au regard des textes régissant les clauses abusives, pourraient être discutées.

837. ***L'obligation de rembourser les dépenses faites par le créancier pour la conservation de la chose remise***. En présence d'un gage avec dépossession, le constituant doit tenir compte au créancier des impenses nécessaires ou utiles à la conservation de la chose. Cette obligation de remboursement est inscrite dans l'article 2343 du Code civil. Pour son interprétation, la théorie des impenses peut servir de guide.

Les *dépenses nécessaires* devraient être remboursées en totalité, même si la chose gagée venait à périr ultérieurement. Pour s'en faire rembourser, le créancier pourrait invoquer le privilège des frais de conservation d'une chose mobilière (C. civ., art. 2332, 3°, anc. art. 2102, 3°).

Pour les *dépenses utiles ou d'amélioration*, le remboursement devrait être limité à la plus-value conférée à la chose. Le paiement de cette somme ne pourrait être garanti par le privilège de conservation, mais il pourrait l'être par la rétention de la chose remise en gage.

S'agissant des *dépenses voluptuaires*, leur remboursement devrait être subordonné à leur agrément par le constituant.

B. Droits du créancier gagiste

Que le gage soit avec ou sans dépossession, le défaut de paiement de la dette garantie ouvre au créancier, d'une part, le droit de réaliser sa sûreté et ce, de diverses manières (1°) et, d'autre part, le droit de retenir, matériellement ou fictivement, le bien gagé (2°). En revanche, un autre droit est propre au gage sans dépossession publié ; il s'agit du droit de suite (3).

1° Droit de réaliser le gage

Si le créancier n'est pas payé à l'échéance de la dette garantie et qu'il entend réaliser son gage (ce qui n'est pas une obligation [1] sauf, sous certaines conditions, en présence d'un cautionnement garantissant la même dette en raison de l'exception de défaut de subrogation [2]), les articles 2346, 2347 et 2348 du Code civil lui ouvrent trois voies, que le gage soit avec ou sans dépossession : la vente forcée du bien gagé (a), son attribution judiciaire (b) ou encore l'exécution d'un pacte commissoire (c).

a) La vente forcée

C. civ., art. 2346. – À défaut de paiement de la dette garantie, le créancier peut faire ordonner en justice la vente du bien gagé. Cette vente a lieu selon les modalités prévues par les procédures civiles d'exécution sans que la convention de gage puisse y déroger.

838. ***Les modalités de la vente***. Si le gagiste est en possession du bien gagé, il n'a pas à procéder à une *saisie appréhension*. À l'inverse, si le bien est resté entre les mains du constituant, le créancier doit d'abord saisir le bien, dans le respect des règles édictées par le Code des procédures civiles d'exécution, avant de pouvoir faire ordonner sa vente.

La vente forcée présente effectivement un *caractère judiciaire :* même si le gagiste dispose d'un titre exécutoire, il doit demander au tribunal d'ordonner la vente. À cette occasion, le créancier doit mettre en cause le débiteur et, le cas échéant, le tiers constituant.

Le juge peut surseoir à la réalisation du gage en accordant au débiteur un délai de grâce, dans les conditions de l'article 1244-1 du Code civil.

Après estimation de la valeur du bien par un *expert*, la vente a lieu *aux enchères* [3]. Le créancier gagiste a le droit de se porter adjudicataire.

839. ***La prohibition de la clause de voie parée***. Toutes ces formalités sont impératives : les parties ne peuvent stipuler que le créancier sera dispensé d'obtenir l'autorisation du tribunal ou qu'il pourra vendre la chose gagée à l'amiable. Une telle clause,

---

1. Com. 10 oct. 2000, *Bull. civ.* IV, n° 151 : la responsabilité du créancier gagiste ne peut être recherchée pour ne pas avoir réalisé son gage.
2. V. ss 366 s.
3. Cf. les articles R. 221-33 et suivants du Code des procédures civiles d'exécution pour les formes de la mise aux enchères.

appelée clause de voie parée[1], était interdite par l'ancien article 2078 du Code civil et l'est aujourd'hui par l'article 2346 du Code civil. La nullité de la clause de voie parée n'entraîne pas la nullité du contrat de gage dans sa totalité, à moins qu'elle n'en ait été la cause impulsive et déterminante[2].

Cette prohibition s'explique par le risque que la clause de voie parée ferait courir au constituant et à ses créanciers : si le gagiste pouvait vendre la chose gagée à l'amiable, il pourrait se contenter d'un prix inférieur à la valeur réelle de la chose, dès l'instant où ce prix serait suffisant pour le désintéresser. Le risque est donc celui d'un appauvrissement du débiteur et d'une spoliation de ses autres créanciers.

Sous l'empire de l'ancien article 2078, alinéa 2, du Code civil, la jurisprudence validait la clause dans une hypothèse où ce danger semblait moins prégnant, à savoir lorsque la clause était stipulée entre les parties après la conclusion du contrat de gage[3]. Dans la mesure où l'ordonnance du 23 mars 2006 n'a pas repris cette exception, il est permis de s'interroger sur son maintien.

C. civ., anc. art. 2078. – Le créancier ne peut, à défaut de paiement, disposer du gage : sauf à lui à faire ordonner en justice que ce gage lui demeurera en paiement et jusqu'à due concurrence, d'après une estimation faite par experts, ou qu'il sera vendu aux enchères.
Toute clause qui autoriserait le créancier à s'approprier le gage ou à en disposer sans les formalités ci-dessus est nulle.

840. ***Les effets de la vente***. Si le créancier gagiste impayé décide de réaliser sa sûreté en faisant vendre le bien gagé, alors que *le gage ne garantit sa créance que partiellement*, « le versement résultant de sa réalisation s'impute sur le montant pour lequel la sûreté a été consentie »[4]. Il en résulte que, si ce versement n'est pas suffisant pour couvrir la totalité de la dette, mais que la partie garantie de celle-ci a été réglée, le gage est éteint et le créancier n'est alors qu'un créancier chirographaire pour le reliquat. Cette solution, qui peut paraître sévère au premier abord pour le créancier, est néanmoins parfaitement justifiée, car l'extinction du gage résulte ici de sa réalisation et non d'un paiement partiel effectué par le débiteur, qui aurait conduit à la solution inverse en application du caractère indivisible du gage et des règles d'imputation des paiements[5].

Si le créancier fait vendre la chose gagée, alors que *le gage garantit l'intégralité de sa créance*, il a « le droit de se faire payer par préférence » (C. civ., art. 2333)[6].

1. L'étymologie provient de « *parata* », qui donne l'image d'une voie préparée d'avance par le créancier pour la réalisation de son gage.
2. Civ. 1re, 16 mars 1983, *Bull. civ.* I, n° 100.
3. Civ. 25 mars 1903, *DP* 1904. 1. 273, note Guenée (validité de la convention postérieure à la conclusion de la sûreté, par laquelle le débiteur, en vue de sa libération, donne à son créancier mandat de vendre le bien grevé dans un intérêt commun).
4. Cass., ass. plén., 6 nov. 2009, *Bull. ass. plén.*, n° 7. La solution n'est pas applicable, en revanche, au privilège général mobilier prévu par l'article 1928 du Code général des impôts, qui « est distinct de la sûreté conventionnelle que constitue le gage » (Com. 17 mai 2011, *Bull. civ.* IV, n° 76).
5. En cas de *paiement partiel par le débiteur d'une dette partiellement garantie*, le gage n'est pas éteint, car il présente un caractère indivisible qui implique que chaque partie du gage réponde de la totalité de la dette et que chaque partie de la dette soit garantie par la totalité du gage (v. ss 851). Un tel paiement partiel devrait s'imputer en priorité sur la partie non garantie de la dette, comme une jurisprudence constante le décide en matière de cautionnement (v. ss 344).
6. L'ancien article 2073 du Code civil reconnaissait un droit au paiement « par privilège et préférence aux autres créanciers ». Cette formulation était plus ambiguë, puisque le privilège est un droit d'origine légale, alors que le gage est une sûreté conventionnelle.

Ce *droit de préférence* permet au gagiste d'être payé, à hauteur du montant de sa créance, avant tous les créanciers chirographaires, mais aussi avant les autres gagistes dont le titre est postérieur, même s'ils disposent d'un droit de rétention [1].

Si le gagiste est en conflit avec des créanciers jouissant d'un privilège mobilier, se pose un délicat problème de classement de droits de préférence, qui sera examiné plus loin dans le détail [2]. Il importe néanmoins de souligner d'ores et déjà que le droit de préférence du gagiste n'a pas un très bon rang : le créancier qui a exposé des frais pour la conservation de la chose gagée, postérieurement à la constitution du gage, prime le gagiste ; les privilèges pleinement généraux, comme le superprivilège des salariés, le privilège des frais de justice et certains privilèges fiscaux, priment également le droit de préférence du gagiste. Il apparaît ainsi que, s'il existe de tels créanciers privilégiés, le gagiste n'a pas intérêt à réaliser son gage par la voie de la vente forcée. Il est pour lui plus opportun, soit d'exercer son droit de rétention [3], soit de demander l'attribution de la propriété de ce bien.

b) L'attribution judiciaire

C. civ., art. 2347. – Le créancier peut aussi faire ordonner en justice que le bien lui demeurera en paiement.
Lorsque la valeur du bien excède le montant de la dette garantie, la somme égale à la différence est versée au débiteur ou, s'il existe d'autres créanciers gagistes, est consignée.

841. ***Le domaine de l'attribution judiciaire***. Le gagiste non payé à l'échéance peut demander au tribunal d'ordonner que la chose gagée lui soit attribuée en propriété, à titre de paiement de sa créance. L'article 2347 du Code civil ne restreint nullement cette faculté aux seuls gagistes possesseurs. Avant la réforme de 2006, le domaine de l'attribution judiciaire était déjà aussi étendu, puisque la Cour de cassation considérait que tout créancier gagiste pouvait demander l'attribution judiciaire, même s'il ne pouvait exercer un droit de rétention, c'est-à-dire même s'il ne détenait pas le bien gagé [4].

842. ***Les formalités de l'attribution***. Le juge saisi par le créancier gagiste d'une demande d'attribution de la chose gagée doit *vérifier l'existence des conditions de fond et de forme du gage*. Si ces conditions sont réunies, le juge a compétence liée, c'est-à-dire qu'il est obligé d'ordonner l'attribution. Le jugement opère alors transfert de propriété au profit du gagiste.

Pour éviter que ce transfert ne lèse les intérêts du constituant et ceux de ses autres créanciers, l'ancien article 2078 du Code civil imposait une *estimation par experts* de la valeur du bien gagé. La Cour de cassation et la doctrine avaient tendance à assouplir cette exigence : d'une part, le juge pouvait lui-même procéder à l'estimation s'il possédait des éléments d'appréciation suffisants [5]; d'autre part, l'estimation de l'expert ne semblait pas lier le juge [6]. L'ordonnance du 23 mars 2006 a été encore plus loin, puisque l'article 2347 du Code civil ne comporte plus aucune référence à l'expertise.

---

1. V. ss 831, les règles de classement entre créanciers gagistes, selon qu'ils sont mis ou non en possession.

2. V. ss 990 s.

3. V. ss 847, 848.

4. Com. 6 mars 1990, *Bull. civ.* IV, n° 67 ; 6 janv. 1998, *Bull. civ.* IV, n° 9.

5. Civ. 1er juill. 1856, *DP* 56. 1. 274 (estimation par le juge lui-même d'actions négociables à la bourse, dont la valeur était ainsi attestée par une côte publique et officielle).

6. Opinion doctrinale reposant sur le rapprochement entre l'expert et le tiers arbitre de l'article 1592 du Code civil, dont l'estimation du prix de la vente ne s'impose pas au juge, ou encore

La protection du constituant et de ses autres créanciers n'est pas pour autant compromise, puisque le nouveau texte a repris et précisé, en revanche, la règle de l'ancien article 2078 du Code civil selon laquelle l'attribution judiciaire n'a lieu que *jusqu'à due concurrence*. L'article 2347 du Code civil précise en effet que, « lorsque la valeur du bien excède le montant de la dette garantie, la somme égale à la différence est versée au débiteur ou, s'il existe d'autres créanciers, est consignée ». La soulte qui peut ainsi être due au débiteur à la suite de l'attribution judiciaire étant comparable au prix d'un contrat translatif de propriété, son paiement devrait être couvert par les mêmes garanties, à savoir le privilège du vendeur et le droit de résolution.

843. ***Les avantages et inconvénients de l'attribution pour le gagiste***. L'attribution judiciaire constitue un mode efficace de réalisation du gage. D'une part, les formalités de l'attribution judiciaire sont plus réduites que celles de la vente forcée. D'autre part, l'attribution judiciaire est exclusive des règles relatives à l'ordre dans lequel s'exercent les divers droits de préférence sur le prix de vente du bien gagé[1]. En effet, dès lors que le prix d'estimation de la chose gagée est égal ou supérieur au montant de la créance garantie, l'attribution évite purement et simplement le conflit avec les créanciers privilégiés du constituant.

En revanche, si la valeur de la chose est inférieure au montant de la créance garantie, le gagiste conserve certes sa créance pour le solde, mais seulement en tant que chirographaire, donc il risque d'être primé par des créanciers privilégiés. L'autre inconvénient de l'attribution judiciaire réside dans le fait que le créancier va devenir propriétaire d'un bien dont il n'a peut-être nul besoin : il va dès lors devoir vendre le bien, ce qui va lui faire perdre du temps et le contraindre à exposer des frais, qui vont diminuer d'autant le montant qui lui reviendra au terme de la procédure.

844. ***L'attribution judiciaire en cas de procédure collective professionnelle***. La faculté d'attribution judiciaire connaît certaines restrictions lorsque le constituant fait l'objet d'une procédure collective.

Avant l'ouverture de la procédure. Si l'attribution du gage est ordonnée avant l'ouverture de la procédure, elle transfère la propriété du bien gagé au créancier et éteint la créance de celui-ci à concurrence de sa valeur. La Cour de cassation en a déduit que le créancier n'est pas alors soumis à l'obligation de déclarer la créance pour la partie correspondant à la valeur des marchandises qui lui ont été attribuées[2].

Période d'observation. En raison de l'arrêt des poursuites contre le débiteur, l'attribution judiciaire ne saurait être demandée au cours de la période d'observation de la procédure de sauvegarde ou de redressement judiciaire.

Plan de continuation. Après l'adoption d'un plan de continuation, le gagiste doit respecter les modalités du plan concernant le règlement de la dette garantie. La voie de l'attribution judiciaire lui est donc en principe fermée.

Plan de cession. Si le bien gagé est intégré dans un plan de cession, le créancier ne peut pas faire obstacle à ce plan en demandant l'attribution. Il conserve néanmoins la possibilité d'obtenir l'attribution judiciaire à l'encontre du cessionnaire, si celui-ci n'honore pas les créances échues.

---

sur la nécessité de contrôler le sérieux des opérations d'expertise.

1. Com. 31 janv. 1983, *Bull. civ.* IV, n° 43.
2. Com. 24 janv. 2006, *Bull. civ.* IV, n° 15.

Liquidation judiciaire. Le créancier gagiste dispose à nouveau de la faculté de demander l'attribution du bien gagé après le jugement prononçant la liquidation judiciaire (C. com., art. L. 642-20-1, al. 2)[1]. Il doit, à cette fin, former une demande nouvelle devant le juge-commissaire[2].

c) Le pacte commissoire

> **C. civ., art. 2348.** – Il peut être convenu, lors de la constitution du gage ou postérieurement, qu'à défaut d'exécution de l'obligation garantie le créancier deviendra propriétaire du bien gagé.
> La valeur du bien est déterminée au jour du transfert par un expert désigné à l'amiable ou judiciairement, à défaut de cotation officielle du bien sur un marché organisé au sens du Code monétaire et financier. Toute clause contraire est réputée non écrite.
> Lorsque cette valeur excède le montant de la dette garantie, la somme égale à la différence est versée au débiteur ou, s'il existe d'autres créanciers gagistes, est consignée.
> **C. consom., art. L. 311-23, al. 3.** – En cas de défaillance de l'emprunteur, seuls les modes de réalisation du gage autorisés par les articles 2346 et 2347 du Code civil sont ouverts aux créanciers gagistes, à l'exclusion du pacte commissoire prévu à l'article 2348 qui est réputé non écrit.
> **C. com., art. L. 622-7, I.** – Le jugement ouvrant la procédure emporte, de plein droit, interdiction de payer toute créance née antérieurement au jugement d'ouverture, à l'exception du paiement par compensation de créances connexes. Il emporte également, de plein droit, interdiction de payer toute créance née après le jugement d'ouverture, non mentionnée au I de l'article L. 622-17. Ces interdictions ne sont pas applicables au paiement des créances alimentaires.
> De même, il emporte, de plein droit, inopposabilité du droit de rétention conféré par le 4° de l'article 2286 du Code civil pendant la période d'observation et l'exécution du plan, sauf si le bien objet du gage est compris dans une cession d'activité décidée en application de l'article L. 626-1.
> Il fait enfin obstacle à la conclusion et à la réalisation d'un pacte commissoire.

845. ***La prohibition du pacte commissoire par l'ancien article 2078, alinéa 2, du Code civil***. L'ancien article 2078, alinéa 2, du Code civil imposait la nullité de « toute clause qui autoriserait le créancier à s'approprier le gage », sans avoir besoin de solliciter l'autorisation judiciaire. Cette clause est appelée pacte commissoire. L'arrêt de la chambre commerciale de la Cour de cassation en date du 19 décembre 2006, qui a refusé la consécration générale de la cession de créance à titre de garantie, en fournit une illustration[3]. En effet, la cassation, au visa de l'article 2078 du Code civil (encore applicable à une sûreté consentie en 1992), d'un arrêt ayant admis qu'une banque avait acquis la propriété de créances à titre de garantie d'un prêt, dès la conclusion de celui-ci, et donc sans aucune autorisation judiciaire, signifie que la cession de créance à titre de garantie non fondée sur une disposition spéciale constitue un pacte commissoire interdit.

La prohibition de l'ancien article 2078 du Code civil avait essentiellement pour objectif de protéger le constituant contre les velléités usuraires du créancier, et d'instaurer corrélativement un certain ordre en droit des sûretés : il s'agissait d'empêcher que le créancier ne s'attribue un bien dont la valeur serait supérieure à la dette garantie. Le risque pourfendu était donc celui, comme au sujet de la clause de voie parée, de l'enrichissement du créancier aux dépens du constituant et des autres créanciers de celui-ci.

---

1. Com. 6 mars 1990, *Bull. civ.* IV, n° 67 ; 28 mai 1996, *Bull. civ.* IV, n° 144.
2. Com. 14 oct. 1997, *Bull. civ.* IV, n° 265.
3. Com. 19 déc. 2006, *Bull. civ.* IV, n° 250. Sur les fiducies-sûretés innomées, v. ss 662 s.

La jurisprudence avait cependant sérieusement limité la portée de cette prohibition. En premier lieu, la nullité n'étant que relative, le constituant pouvait y renoncer[1]. En deuxième lieu, la nullité n'atteignait que le pacte lui-même et non le contrat de gage dans sa totalité, sauf si le pacte constituait la cause impulsive et déterminante du contrat[2]. En troisième lieu, la nullité n'était plus encourue lorsque le pacte n'était pas inséré dans le contrat constitutif de gage, mais convenu ultérieurement, au motif que le constituant aurait alors été mieux armé contre les exigences abusives du créancier[3]. En quatrième et dernier lieu, était également validé le pacte inscrit dans un gage-espèces[4], car, lorsque la chose gagée est une somme d'argent, le montant du gage est susceptible d'être évalué avec précision et le créancier ne risque donc pas de s'enrichir indûment aux dépens de son débiteur.

846. ***La levée de la prohibition par l'ordonnance du 23 mars 2006***. La réforme de 2006 a assoupli les modes de réalisation du gage en supprimant la prohibition du pacte commissoire, à l'égard des contrats conclus postérieurement à son entrée en vigueur, soit le 24 mars 2006[5]. L'article 2348, alinéa 1er, du Code civil admet, en effet, qu'« il peut être convenu, lors de la constitution du gage ou postérieurement, qu'à défaut d'exécution de l'obligation garantie le créancier deviendra propriétaire du bien gagé »[6]. Le créancier dispose ainsi d'un mode de réalisation simple, rapide et peu onéreux[7].

Les intérêts du constituant et de ses créanciers ne sont pas pour autant menacés. D'abord, la prohibition demeure dans une hypothèse jugée particulièrement dangereuse pour le débiteur, celle dans laquelle le gage garantit un crédit à la consommation (C. consom., art. L. 311-23). Ensuite, pour éviter le risque d'enrichissement du créancier aux dépens du constituant, l'article 2348, alinéa 2, du Code civil exige que la valeur du bien gagé soit déterminée par un « procédé objectif », c'est-à-dire, soit par référence à sa cotation officielle sur un marché organisé au sens du Code monétaire et financier, soit, à défaut, par « un expert désigné à l'amiable ou judiciairement ». Le texte précise que « toute clause contraire est réputée non écrite ». Enfin, et comme dans le cadre de la vente forcée, si la valeur du bien gagé « excède le montant de la dette garantie, la somme égale à la différence est versée au débiteur ou, s'il existe d'autres créanciers gagistes, est consignée » (C. civ., art. 2348, al. 3).

---

1. Com. 5 oct. 2004, *Bull. civ.* IV, n° 176.
2. Civ. 1re, 4 déc. 2001, *Bull. civ.* I, n° 100.
3. Com. 5 oct. 2004, *Bull. civ.* IV, n° 176.
4. Com. 9 avr. 1996, *Bull. civ.* IV, n° 116 ; 3 juin 1997, *Bull. civ.* IV, n° 165.
5. Sous réserve des restrictions apportées par la jurisprudence à la règle de l'ancien article 2078 du Code civil, les pactes insérés dans des contrats de gage conclus antérieurement à l'entrée en vigueur de l'ordonnance du 23 mars 2006 demeurent annulables.
6. Sur la rédaction des pactes commissoires, cf. S. Perus, « Des aspects pratiques du pacte commissoire », *RLDC* juin 2008, n° 50, p. 29. Sur la date du transfert de propriété consécutif à la mise en œuvre du pacte, cf. A. Dadoun, « La date du transfert de propriété en exécution du pacte commissoire », *Dr. et patr.* nov. 2009, p. 42.
7. Pour une analyse plus nuancée, cf. D. Bazin-Beust, « Une analyse du pacte commissoire… ou prudence est mère de sûreté chez les financeurs ? », *LPA* 19 mai 2011, p. 50, qui met en avant « les raisons possibles du manque d'attractivité du pacte commissoire », tenant aux nombreuses incertitudes qui l'entourent (notamment quant à sa nature, à sa publicité s'il est inclus dans un gage avec dépossession, aux modalités de l'expertise lors de sa mise en œuvre et, surtout, à son opposabilité aux tiers) et aux limites à la liberté contractuelle que l'ordonnance de 2006 a imposées (en particulier, en cas de procédure collective du constituant). L'auteur met également en lumière la sanction des éventuels abus (théories des clauses abusives et de la fraude).

La levée de la prohibition du pacte commissoire reçoit cependant une exception de taille, qui réduit considérablement l'utilité de sa validation : au moment où le créancier gagiste en aurait le plus besoin, c'est-à-dire en présence d'une procédure collective ouverte contre le constituant, le pacte ne peut être ni conclu, ni mis en œuvre (C. com., art. L. 622-7, I, al. 3).

2° Droit de rétention

> **C. civ., anc. art. 2082.** – Le débiteur ne peut, à moins que le détenteur du gage n'en abuse, en réclamer la restitution qu'après avoir entièrement payé, tant en principal qu'intérêts et frais, la dette pour sûreté de laquelle le gage a été donné.
> S'il existait de la part du même débiteur, envers le même créancier, une autre dette contractée postérieurement à la mise en gage, et devenue exigible avant le paiement de la première dette, le créancier ne pourra être tenu de se dessaisir du gage avant d'être entièrement payé de l'une et de l'autre dette, lors même qu'il n'y aurait eu aucune stipulation pour affecter le gage au paiement de la seconde.
> **C. civ., art. 2286 :** Peut se prévaloir d'un droit de rétention sur la chose :
> 1° celui à qui la chose a été remise jusqu'au paiement de sa créance ; […]
> 4° celui qui bénéficie d'un gage sans dépossession.

847. ***Gage avec dépossession***. Dans le gage avec mise en possession du créancier, une faculté de blocage était reconnue à ce dernier par l'ancien article 2082, alinéa 1er, du Code civil, et elle est aujourd'hui autorisée par l'article 2286, 1°.

Ce *droit de rétention effectif* du gagiste mis en possession jouit d'une très large *opposabilité*. Il peut en effet paralyser les prétentions du constituant, d'un acquéreur de la chose gagée (cette hypothèse est rendue possible par le fait que le constituant demeure propriétaire de la chose et peut donc en principe valablement l'aliéner), du véritable propriétaire (notamment un vendeur bénéficiaire d'une clause de réserve de propriété[1]), des créanciers chirographaires du constituant, mais aussi des créanciers privilégiés, même ceux dont le privilège prime normalement le droit de préférence du gagiste[2].

L'opposabilité du droit de rétention du gagiste mis en possession n'est cependant plus absolue depuis la réforme de 2006. En effet, lorsqu'un même bien fait successivement l'objet d'un gage sans dépossession, puis d'un gage avec dépossession, le droit de préférence du premier est opposable au second, « nonobstant le droit de rétention (effectif) de ce dernier » (C. civ., art. 2340, al. 2). Cette limite au droit de rétention effectif du gagiste mis en possession était nécessaire pour assurer l'efficacité du nouveau gage de meubles corporels sans dépossession.

> **C. civ., art. 2340.** – Lorsqu'un même bien fait l'objet de plusieurs gages successifs sans dépossession, le rang des créanciers est réglé par l'ordre de leur inscription.
> Lorsqu'un bien donné en gage sans dépossession fait ultérieurement l'objet d'un gage avec dépossession, le droit de préférence du créancier gagiste antérieur est opposable au créancier gagiste postérieur lorsqu'il est régulièrement publié nonobstant le droit de rétention de ce dernier.

848. ***Gage sans dépossession***. Cette recherche d'efficacité est allée jusqu'à la création, par la loi de modernisation de l'économie du 4 août 2008, d'un *droit de rétention*

---

1. Com. 3 oct. 1989, *Bull. civ.* IV, n° 244 ; *JCP* 1990. II. 21454, note M. Behar-Touchais.
2. V. ss 1278 s., le paiement à l'échéance du gagiste rétenteur dans le contexte d'une procédure collective ouverte au bénéfice du débiteur.

fictif au profit du créancier gagiste non mis en possession (C. civ., art. 2286, 4°). Cependant, cette efficacité ayant été en partie paralysée par l'ordonnance du 18 décembre 2008 ayant réformé le droit des entreprises en difficulté [1], il est permis de douter de l'opportunité de ce nouveau droit de rétention [2].

3° Droit de suite

849. ***Gage sans dépossession***. Le gage sans dépossession, à condition d'être régulièrement *publié*, confère au créancier un droit de suite. En effet, l'article 2337, alinéa 3, du Code civil précise que, sous cette condition, « les ayants cause à titre particulier du constituant ne peuvent se prévaloir de l'article 2276 ». Ainsi, en cas de vente du bien gagé par le débiteur, le créancier, une fois connue l'identité de l'acquéreur (cette information passe nécessairement par le débiteur, puisque l'aliénation des meubles, contrairement à celle des immeubles, n'est pas soumise à publicité), pourra saisir le bien entre les mains de celui-ci, sans que la possession de bonne foi ne puisse lui être opposée [3].

850. ***Gage avec dépossession***. Dans le cadre du gage avec dépossession, comme cette dernière doit être continue [4], le créancier gagiste ne saurait, au contraire, se prévaloir d'un droit de suite s'il se dessaisit volontairement de la chose gagée. En revanche, en cas de dessaisissement involontaire par perte ou vol, le créancier gagiste dispose d'un succédané de droit de suite, puisqu'il peut revendiquer la chose gagée entre les mains du tiers qui la détient. Il doit, pour ce faire, respecter les conditions de la revendication des meubles posées par les articles 2276 et 2277 du Code civil (anc. art. 2279 et 2280) : le gagiste peut agir en revendication pendant trente ans contre l'inventeur, le voleur ou encore le détenteur de mauvaise foi ; le délai est ramené à trois ans si le détenteur est de bonne foi.

§ 3. Extinction

Comme toute sûreté, le gage peut s'éteindre, soit à titre accessoire, c'est-à-dire à la suite de l'extinction de la créance garantie, soit à titre principal, pour des causes qui lui sont propres. Dans les deux cas, en principe, il donne lieu à restitution du bien grevé.

851. ***L'extinction par voie accessoire***. Le gage s'éteint en principe par voie accessoire lorsque la créance garantie s'éteint elle-même.

Il en va ainsi en cas de *paiement*, *compensation*, *remise de dette*, *confusion* ou encore *novation*.

Comme le gage est une sûreté *indivisible* (C. civ., art. 2349, anc. art. 2083), il ne s'éteint que si la dette garantie est elle-même totalement éteinte, en principal, intérêts et frais (C. civ., art. 2339). Par conséquent, un paiement partiel de la dette n'oblige nullement le créancier à une restitution partielle, si tant est qu'elle soit possible [5]. L'indivisibilité subsiste en cas de décès du créancier ou du débiteur. Elle joue également lorsqu'un

---

1. V. ss 1280, 1287, 1324.
2. V. ss 748 s., l'analyse critique du droit de rétention fictif de l'article 2286, 4° du Code civil.
3. Sur cette neutralisation de l'article 2276 du Code civil, cf. G. Ansaloni, « Sur l'opposabilité du gage sans dépossession de droit commun », *JCP E* 2009. 1672.
4. V. ss 828.
5. Ce principe n'est nullement remis en cause par l'arrêt de l'Assemblée plénière de la Cour de cassation rendu le 6 novembre 2009 (v. ss 840).

même bien ou ensemble de biens se trouve gagé au profit d'une pluralité de créanciers, de sorte notamment que, si un créancier gagiste renonce totalement ou partiellement à sa garantie, l'assiette du gage reste la même et le débiteur n'est pas en droit d'en exiger la réduction corrélative. Toutefois, l'indivisibilité peut être écartée par la convention des parties, car elle est conçue dans l'intérêt du créancier [1].

L'extinction par voie accessoire d'un gage avec dépossession ne peut résulter, en revanche, de la *prescription* de la créance garantie, car « le maintien du gage entre les mains du créancier ou du tiers convenu, en ce qu'il emporte reconnaissance tacite permanente du droit du créancier par le débiteur, interrompt la prescription » [2].

S'agissant de l'extinction de la créance garantie par *annulation* ou *résolution* du contrat dont elle est issue, elle pose le problème du *report du gage sur les restitutions* consécutives à l'anéantissement rétroactif dudit contrat. Dans un arrêt du 5 mars 1991 [3], la Haute juridiction a rejeté la survie du gage pour garantir les restitutions consécutives à l'annulation du contrat de prêt garanti. Cette décision ne clôt toutefois pas la discussion. En effet, outre le fait que l'arrêt n'a pas été publié au *Bulletin des arrêts de la Cour de cassation*, la solution inverse a été au contraire clairement adoptée en matière de cautionnement [4] et d'hypothèque [5]. Ce report de la sûreté sur les restitutions paraît dès lors transposable au gage.

C. civ., art. 2349. – Le gage est indivisible nonobstant la divisibilité de la dette entre les héritiers du débiteur ou ceux du créancier.
L'héritier du débiteur qui a payé sa portion de dette ne peut demander la restitution de sa portion dans le gage tant que la dette n'est pas entièrement acquittée.
Réciproquement, l'héritier du créancier, qui a reçu sa portion de créance, ne peut remettre le gage au préjudice de ceux de ses cohéritiers qui ne sont pas payés.

852. *L'extinction par voie principale*. Il en va d'abord ainsi en cas de *vente* de la chose gagée, sauf lorsque celle-ci présente un caractère fongible, car le mécanisme de la subrogation réelle assure alors la survie du gage [6].

L'extinction par voie principale peut ensuite résulter de la *perte* de la chose. Mais, par l'effet de la subrogation réelle, et en vertu de l'article L. 121-13 du Code des assurances, si le bien gagé est assuré, le créancier gagiste bénéficie, dès la survenance du sinistre affectant ce bien, d'une attribution de l'indemnité d'assurance [7].

Le gage s'éteint encore indépendamment de la créance garantie en cas d'*abus* du gagiste. La déchéance pour abus résulte du manquement du gagiste mis en possession à son obligation de conserver la chose gagée [8] (C. civ., art. 2344, al. 1er, anc. art. 2082,

1. Sur cette liberté contractuelle, cf. par ex. Com. 10 juill. 2012, inédit, n° 11-22846.
2. Com. 31 oct. 2006, *Bull. civ.* IV, n° 212 ; *D.* 2006. AJ 3052, obs. X. Delpech.
3. Civ. 1re, 5 mars 1991, inédit, n° 89-17167 ; *D.* 1993. 508, note L. Collet.
4. Civ. 1re, 25 mai 1992, *Bull. civ.* I, n° 154 : « tant que les parties n'ont pas été remises en l'état antérieur à la conclusion de leur convention annulée, l'obligation de restitution inhérente au contrat de prêt demeure valable [...] ; le cautionnement en considération duquel le prêt a été consenti subsiste tant que cette obligation valable n'est pas éteinte ». Sur cette jurisprudence, v. ss 177.
5. Civ. 3e, 5 nov. 2008, *Bull. civ.* III, n° 167 : « l'obligation de restituer inhérente à un contrat de prêt demeurant tant que les parties n'ont pas été remises en l'état antérieur à la conclusion de leur convention annulée, l'hypothèque en considération de laquelle ce prêt a été consenti subsiste jusqu'à l'extinction de cette obligation ». Sur cette jurisprudence, v. ss 1114.
6. V. ss 817.
7. Com. 12 mai 1998, *Bull. civ.* IV, n° 153.
8. Sur cette obligation, v. ss 832.

al. 1er). Si la dette était couverte, non seulement par le gage, mais également par une caution, celle-ci pourrait invoquer cette déchéance pour être libérée sur le fondement de l'article 2314 du Code civil (exception de défaut de subrogation). À ces sanctions civiles peuvent s'ajouter les sanctions pénales de l'abus de confiance (C. pén., art. 314-1).

L'extinction par voie principale peut enfin procéder de la *renonciation* du gagiste à sa sûreté.

C. civ., art. 2344, al. 1er. – Lorsque le gage est constitué avec dépossession, le constituant peut réclamer la restitution du bien gagé, sans préjudice de dommages-intérêts, si le créancier ou le tiers convenu ne satisfait pas à son obligation de conservation du gage.

853. ***L'obligation de restituer la chose.*** L'article 2344 du Code civil vise expressément l'obligation de restituer la chose (avant la réforme, cette obligation résultait d'une lecture *a contrario* de l'ancien article 2082 du Code civil). Il s'agit d'une obligation essentielle, qu'une clause du contrat de gage ne saurait écarter.

L'extinction du gage, par voie accessoire ou principale, oblige le créancier à restituer la chose gagée, ainsi que tous les accessoires qui en dépendaient au moment de la conclusion du contrat et tous ceux qu'elle a pu recevoir depuis. Si le gage porte sur une chose fongible, le créancier doit restituer une quantité égale de choses équivalentes (C. civ., art. 2341, al. 2), l'évaluation se faisant au jour du paiement.

Sous-section 2
Droits spéciaux du gage

Le nouveau chapitre du Code civil consacré au gage de meubles corporels comporte trois sections : la première porte sur le « droit commun du gage », qui vient d'être étudié ; la deuxième sur le gage ayant pour objet un véhicule automobile ; la troisième se résume au seul article 2354, qui réserve l'application des règles particulières prévues en matière commerciale.

Au titre des droits spéciaux du gage, il convient dès lors de distinguer le régime du gage portant sur un véhicule automobile (§ 1), et les règles particulières prévues en matière commerciale (§ 2).

§ 1. Le gage portant sur un véhicule automobile

854. L'ordonnance du 23 mars 2006 a inscrit dans le Code civil trois articles précisant le régime du gage portant sur un véhicule automobile. Mais, l'entrée en vigueur de ces articles 2351 à 2353 du Code civil ayant été reportée à « une date qui sera fixée par décret » et celui-ci n'ayant toujours pas été adopté à ce jour[1], le décret du 30 septembre 1953 relatif à la vente à crédit des véhicules automobiles continue de s'appliquer[2]. Cette disposition transitoire conduit à présenter, d'abord, le régime du gage sur véhicule automobile tel qu'il résulte du décret du 30 septembre 1953 (A), puis les règles issues de l'ordonnance, dont la date d'entrée en vigueur n'est pas encore arrêtée (B).

---

1. Pourtant, aux termes mêmes de l'article 2351 du Code civil, la date d'entrée en vigueur des trois nouveaux textes n'aurait pas dû être postérieure au 1er juillet 2008.
2. En ce sens, cf. E. Le Corre-Broly, « Le gage sur véhicule automobile source d'interrogations », *D.* 2014. 440.

A. Le décret du 30 septembre 1953

Le domaine du gage sur véhicule automobile est limité quant aux biens susceptibles d'être gagés et quant à ses bénéficiaires (1°). Sa constitution suppose que des formalités soient remplies (2°). L'inscription du gage permet d'assurer une possession fictive au créancier gagiste (3°) qui dispose de conditions favorables pour la réalisation de son gage (4°).

> **Art. 1er.** – Tout contrat de vente à crédit ou de prêt destiné à l'achat de véhicules automobiles, de tracteurs agricoles, de cycles à moteurs et remorques tractées ou semi-portées assujettis à la déclaration de mise en circulation et à l'immatriculation doit faire l'objet d'un acte sous seing privé dans les conditions fixées à l'article 2074 du Code civil. L'enregistrement de cet acte sera fait au droit fixe conformément à l'article 1er de la loi du 29 décembre 1934 susvisée.
> Toutefois, les véhicules automobiles ou engins ci-dessus circulant en France en franchise temporaire des droits de douane et immatriculés à ce titre dans les séries spéciales ne peuvent faire l'objet d'une inscription de gage dans les conditions prévues par le présent décret.
> **Art. 2.** – Les vendeurs, cessionnaires de créance, escompteurs et prêteurs de deniers pour l'achat des véhicules ou engins visés à l'article 1er devront, pour conserver leur gage, en faire mention sur un registre spécial à souche qui sera ouvert à cet effet dans toutes les préfectures. Cette mention rappellera la constitution de gage dont le véhicule ou l'engin est l'objet, le nom de l'acheteur et du créancier et la date de l'enregistrement du contrat.
> La déclaration sera faite à la préfecture qui aura délivré la carte grise.
> Un reçu de cette déclaration devra être délivré au créancier gagiste et ce reçu répétera littéralement la mention portée à la souche. Par la délivrance de ce reçu le créancier gagiste sera réputé avoir conservé la marchandise en sa possession.
> Le créancier sera seul responsable de l'insuffisance ou de l'irrégularité de la déclaration.
> La mention au registre prévu ci-dessus conserve le gage pendant cinq années à compter du jour de sa date ; elle peut être renouvelée une seule fois pour le même laps de temps avant l'expiration du délai. Les mentions inscrites antérieurement à la mise en vigueur du présent décret conservent le gage jusqu'au 30 septembre 1958. Elles peuvent être renouvelées avant cette date, pour un délai de cinq ans.
> La radiation de la mention peut être requise par le créancier ou le débiteur. Celui-ci devra justifier de l'extinction de la dette garantie ou produire l'acte donnant mainlevée de l'inscription. Le reçu qui sera délivré au requérant constatera que la mention se trouve désormais anéantie.
> **Art. 3.** – La réalisation du gage se fera, quelle que soit la qualité du débiteur, conformément aux dispositions de l'article 93 du Code de commerce.
> **Art. 4.** – Le texte des articles 1er, 2, 3 et 5 du présent décret sera imprimé sur les récépissés de déclaration de mise en circulation.
> **Art. 5.** – Le gage constitué sur un véhicule automobile ou un engin visé à l'article premier du présent décret doit être déclaré dans les trois mois de la délivrance du récépissé de déclaration de mise en circulation. Le droit du créancier gagiste n'est opposable aux tiers qu'à dater de l'inscription de gage.
> Toutefois, le délai de trois mois fixé à l'alinéa précédent n'est pas applicable aux déclarations de gages effectuées par le Trésor public.
> **Art. 6.** – Sont abrogés, sauf en ce qui est dit à l'article 1er, *in fine*, ci-dessus, la loi du 29 décembre 1934 facilitant l'acquisition de véhicules ou tracteurs automobiles, les articles 1er, 3, 4 et 5 de la loi du 2 novembre 1941 étendant le champ d'application de ladite loi du 29 décembre 1934 et la loi n° 49-1476 du 17 novembre 1949 complétant la même loi.

1° Domaine

855. ***Bien gagé***. Le gage peut être constitué sur tout véhicule ou engin, qu'il soit acheté neuf ou d'occasion, dès lors qu'il est assujetti à l'immatriculation obligatoire pour sa mise en circulation. C'est le cas des véhicules automobiles, des tracteurs agricoles ou routiers, des cycles à moteur, des remorques tractées.

856. ***Créanciers garantis***. Le décret du 30 septembre 1953 dresse une liste limitative des bénéficiaires du gage. Il ne peut s'agir que du vendeur à crédit, du prêteur de deniers qui finance l'achat du véhicule, ou du cessionnaire de la créance de prix de vente (art. 2). Le recours au gage n'est qu'une faculté pour ces créanciers. En conséquence, l'existence du gage, dès lors qu'il n'est pas utilisé, ne s'oppose pas à la stipulation d'une réserve de propriété ou même, sans doute, à l'exercice d'un simple droit de rétention sur la carte grise. D'ailleurs, depuis quelques années, ces diverses garanties, ainsi que le crédit-bail automobile, concurrencent sérieusement le gage spécial sur véhicule automobile, qui demeure cependant utile en raison de l'essor de l'achat à crédit de ce type de biens.

2° Constitution

857. Le décret de 1953 paraît attacher de plein droit le gage à tout contrat de vente à crédit ou de financement d'un achat d'automobile. Il ne s'agit toutefois pas d'une sûreté légale, mais bien d'une *sûreté conventionnelle*, dont seul le fait générateur est légal, puisque la Cour de cassation subordonne la constitution du gage sur véhicule automobile aux formalités de l'ancien article 2074 du Code civil, c'est-à-dire un acte notarié ou sous seing privé enregistré constatant la vente ou le prêt consenti en vue de l'achat et précisant les caractéristiques du véhicule [1].

3° Publicité et possession fictive du créancier gagiste

858. ***Publicité***. Le gage doit être inscrit sur un registre spécial tenu par la préfecture qui a délivré la carte grise. L'administration préfectorale doit vérifier que le véhicule est bien immatriculé au nom du débiteur et qu'il n'a pas été l'objet d'une autre inscription. Cette publicité doit être effectuée dans les trois mois de la délivrance de la carte grise (art. 5) [2].

Elle ne conditionne pas la validité du gage automobile, mais uniquement son *opposabilité aux tiers* [3]. Bien qu'elle ait ainsi un rôle de première importance, la publicité n'est guère pratiquée, les organismes titulaires d'un gage automobile n'inscrivant qu'un nombre de gages correspondant à leur pourcentage d'impayés.

L'inscription d'un gage ne fait pas obstacle à une nouvelle immatriculation du véhicule, que ce soit au profit du débiteur dans un autre département ou d'un tiers. La mention du gage est alors reportée sur la nouvelle immatriculation.

L'inscription est périmée au terme d'un délai de cinq ans. Mais, avant l'expiration de ce délai, le créancier peut en demander le renouvellement pour cinq nouvelles années [4]. La radiation est opérée sur présentation d'un acte de mainlevée, d'une quittance pour solde de tout compte ou d'une décision de justice constatant l'extinction de la dette (art. 2).

---

1. Crim. 10 mars 1976, *Bull. crim.*, n° 89.
2. En tout état de cause, l'inscription ne peut pas avoir lieu après le jugement déclarant le débiteur en redressement ou en liquidation judiciaire ; à cet égard, v. ss 1260 s., sur les rapports entre sûretés réelles et procédures collectives.
3. Civ. 1re, 3 juill. 1996, *Bull. civ.* I, n° 298 ; 10 juill. 1996, *Bull. civ.* I, n° 312.
4. L'omission de cette demande de renouvellement empêche le gagiste d'opposer son droit de préférence aux tiers (Com. 12 déc. 1995, *Bull. civ.* IV, n° 295).

859. ***Possession effective de l'acheteur débiteur.*** Le véhicule gagé reste entre les mains de l'acheteur débiteur, qui peut s'en servir à sa guise, sous réserve d'en assurer la conservation, c'est-à-dire de ne pas l'endommager, ni l'aliéner lorsqu'une clause interdit la cession. Le manquement à cette obligation est sanctionné pénalement pour détournement de gage (C. pén., art. 314-5), même lorsque celui-ci n'est pas encore inscrit ou qu'il l'a été irrégulièrement.

860. ***Dépossession fictive par le biais de la publicité du gage.*** L'acheteur débiteur gardant ainsi la possession du véhicule, le gage automobile aurait logiquement dû être un gage sans dépossession. Le décret de 1953 en a décidé autrement. Son article 2, alinéa 3, prévoit que, par la *délivrance du récépissé* lors de la publicité, « le créancier sera réputé avoir conservé la marchandise en sa possession ». Le récépissé de la déclaration de gage représente ainsi le véhicule et met fictivement le créancier en possession de celui-ci. Ce reçu le constitue possesseur, et même *rétenteur fictif*.

861. ***Droit de rétention.*** De la possession fictive du créancier gagiste, reposant sur le seul reçu d'inscription, la jurisprudence a déduit l'existence à son profit d'un droit de rétention. Cette prérogative est précieuse, puisqu'elle permet au créancier de s'opposer à la vente poursuivie par un créancier de rang préférable, comme le Trésor[1]. Le droit de rétention peut même être opposé à l'administration en cas de confiscation du véhicule. Dans ce cas, le droit de rétention se reporte sur le prix de la vente effectuée par l'administration[2]. Le créancier gagiste, qui n'est qu'un détenteur fictif, se trouve en revanche dans une situation délicate si un détenteur effectif, en particulier le garagiste auquel le véhicule a été confié pour réparation par le débiteur, entend également se prévaloir d'un droit de rétention. En présence d'un tel conflit entre détenteur fictif et détenteur réel, la jurisprudence donne en effet la préférence à la détention matérielle[3]. Conformément au droit commun, le gagiste sur véhicule automobile perd son droit de rétention s'il se dessaisit volontairement du bien. La possession étant ici fictive, ce dessaisissement volontaire ne peut prendre que deux formes : soit le gagiste provoque lui-même la vente forcée du véhicule, soit il donne son accord à la vente poursuivie par un tiers[4].

862. ***Droit de suite.*** Le gage automobile confère encore, par son inscription, un droit de suite, qui permet au créancier de reprendre le véhicule entre quelques mains qu'il se trouve, notamment celles d'un sous-acquéreur[5]. Cette prérogative ne lui est pas expressément attribuée par le décret, mais elle découle de la publicité du gage, qui rend tout possesseur de mauvaise foi et paralyse de ce fait le jeu de l'article 2276 du Code civil (C. civ., anc. art. 2279). À l'inverse, il était admis qu'en l'absence d'inscription du gage, le droit de suite ne pouvait être exercé, même si le tiers acquéreur connaissait l'existence de la sûreté, puisque c'est la publicité qui investit le créancier de la possession fictive et qui rend le gage

---

1. Com. 15 janv. 1957, *JCP* 1957. II. 10006, note J. Becqué.
2. Le droit de rétention se reporte également sur le prix de la vente réalisée par le liquidateur dans la procédure collective ouverte contre le débiteur ; v. ss 1324.
3. Com. 11 juin 1969, *Bull. civ.* IV, n° 221.
4. Com. 12 juin 1963, *Bull. civ.* III, n° 293.
5. Civ. 1re, 20 mars 1990, *Bull. civ.* I, n° 70 ; *JCP* 1 992. II. 21 787, note Amlon.

C'est la raison pour laquelle tout acquéreur potentiel doit s'informer auprès de la préfecture, qui lui délivrera un certificat de gage (si le véhicule est gagé) ou un certificat de non-gage (si le véhicule n'est pas gagé).

opposable aux tiers[1]. Cette solution est partiellement remise en cause par un arrêt de 2013 ayant curieusement admis que le créancier gagiste qui inscrit son gage dans le délai légal peut l'opposer à l'acquéreur du véhicule qui a acquis son droit antérieurement à l'inscription quand bien même serait-il de bonne foi[2]. À l'image des privilèges immobiliers spéciaux[3], l'inscription du gage automobile rétroagit, en quelque sorte, à la date de naissance du gage[4], si bien que les acquéreurs d'un véhicule automobile doivent prendre garde à ce que le délai d'inscription d'un éventuel gage automobile soit bien expiré.

4° Réalisation du gage

863. ***Vente forcée***. Pour réaliser son gage, le créancier peut faire ordonner en justice la vente de l'automobile. L'article 3 du décret de 1953 précise que, quelle que soit la qualité du débiteur, cette réalisation du gage est soumise aux dispositions du Code de commerce[5]. Mais, la loi du 9 juillet 1991 (aujourd'hui les articles L. 223-1 et L. 223-2 du Code des procédures civiles d'exécution) a créé au profit du gagiste muni d'un titre exécutoire deux voies d'exécution spécifiques aux véhicules automobiles : la saisie par déclaration à la préfecture et la saisie par immobilisation[6]. Par ailleurs, le décret du 31 juillet 1992 (aujourd'hui les articles R. 221-30 et R. 221-31 du Code des procédures civiles d'exécution) a instauré avant toute vente forcée une faculté de vente amiable pour le débiteur. Dans un avis du 5 mai 1995[7], la Cour de cassation a déduit de ces dispositions que l'article 3 du décret de 1953 avait été tacitement abrogé. L'appréhension du véhicule gagé et sa vente en vue de la réalisation du gage ne seraient donc plus soumises aux règles commerciales, mais aux dispositions spéciales du Code des procédures civiles d'exécution[8].

Sur le prix de la vente forcée, le gagiste peut exercer un *droit de préférence*, dont le rang est celui du gage de droit commun. Il devrait également pouvoir exercer son droit de préférence sur l'indemnité d'assurance due en cas de perte ou de vol du véhicule, par application de l'article L. 121-13 du Code des assurances[9]. Cependant, si l'assureur, dans l'ignorance du gage, verse l'indemnité au débiteur plutôt qu'au créancier gagiste, la jurisprudence décide qu'il ne peut être considéré de mauvaise foi en dépit de la publicité du gage, car il n'est pas un tiers au sens de la publicité réelle[10].

---

1. Civ. 1re, 3 juill. 1996, préc.

2. Civ. 1re, 16 janv. 2013, n° 12-12 226 ; *Gaz. Pal.* 20-21 mars 2013, p. 22, obs. C. Albiges ; *JCP* 2013. 585, n° 17, obs. Ph. Delebecque ; *RLDC* mars 2013, p. 37, obs. C. Gijsbers. Contre une telle solution, v. C. Lapp, « La loi Malingre », *in* J. Hamel (dir.), *Le gage commercial*, Dalloz, 1953, p. 211 s., spéc. p. 241 ; M. Cabrillac, C. Mouly, S. Cabrillac et Ph. Pétel, *op. cit.*, n° 806.

3. V. ss 1147 s.

4. L'origine légale du fait générateur est peut-être l'explication de cette solution.

5. V. ss 872.

6. En pratique, ces voies d'exécution sont peu utilisées, car le gagiste sur véhicule automobile est rarement muni d'un titre exécutoire.

7. Avis, 5 mai 1995, *Bull. civ.*, n° 4.

8. Paris, 2 avr. 1998, *D.* 1999. Somm. 215, obs. Julien.

9. L'article L. 121-13 du Code des assurances dispose que, lorsque les biens grevés subissent un sinistre, les indemnités d'assurance dues en conséquence « sont attribuées, sans qu'il soit besoin de délégation expresse, aux créanciers privilégiés ou hypothécaires, suivant leur rang ». Ce texte, en ce qu'il vise les « créanciers privilégiés », s'applique à tous les créanciers titulaires d'un droit de préférence, dont font partie les créanciers bénéficiaires d'un gage sur véhicule automobile.

10. Civ. 1re, 17 juin 1969, *Bull. civ.* I, n° 232 ; *D.* 1970. 21, note Besson ; *RTD com.* 1969. 1078, obs. Hémard. La Cour de cassation en a déduit que s'applique alors l'alinéa 2 de l'article L. 121-13 du Code des assurances, selon lequel « les paiements faits de bonne foi avant opposition sont valables ».

864. ***Faculté d'attribution judiciaire***. Pour éviter de subir la priorité de créanciers mieux classés, le gagiste peut requérir en justice l'attribution de la propriété du véhicule.

B. Les nouveaux articles 2351 à 2353 du Code civil

L'ordonnance du 23 mars 2006 n'a inséré dans le Code civil que trois articles au sujet du gage portant sur un véhicule automobile. Cette concision peut s'expliquer par le fait que seules les dispositions relevant de la matière législative doivent figurer dans le Code civil, le surplus relevant du domaine réglementaire. Un décret devra ainsi préciser, non seulement le régime du gage, mais aussi la date d'entrée en vigueur des nouveaux articles 2351 à 2353 du Code civil et l'abrogation corrélative du décret du 30 septembre 1953.

C. civ., art. 2351. – Lorsqu'il porte sur un véhicule terrestre à moteur ou une remorque immatriculés, le gage est opposable aux tiers par la déclaration qui en est faite à l'autorité administrative dans les conditions fixées par décret en Conseil d'État.
C. civ., art. 2352. – Par la délivrance du reçu de la déclaration, le créancier gagiste sera réputé avoir conservé le bien remis en gage en sa possession.
C. civ., art. 2353. – La réalisation du gage est soumise, quelle que soit la qualité du débiteur, aux règles prévues aux articles 2346 à 2348.

865. ***Domaine***. Dans un souci de simplification et d'uniformisation, l'article 2351 du Code civil vise *l'ensemble des gages portant sur un véhicule automobile*, et non plus seulement les gages consentis en faveur des vendeurs à crédit et prêteurs de deniers pour l'achat de ces véhicules.

866. ***Publicité***. L'opposabilité aux tiers restera soumise à la formalité de *déclaration administrative*. C'est parce que les préfectures devront être dotées d'un nouveau fichier informatique adapté aux exigences de la réforme, que l'entrée en vigueur des nouvelles mesures se trouve reportée.

L'article 2352 du Code civil maintient la *possession fictive* du gagiste attachée à la délivrance du reçu de la déclaration. Par conséquent, la jurisprudence reconnaissant un droit de rétention et un droit de suite fondés sur cette possession fictive devrait se maintenir.

867. ***Réalisation***. L'article 2353 du Code civil innove en décidant que « la réalisation du gage est soumise, quelle que soit la qualité du débiteur, aux règles prévues aux articles 2346 à 2348 ». La réalisation du gage portant sur un véhicule automobile ne sera donc plus soumise aux règles applicables en matière commerciale, mais aux règles du nouveau droit commun du gage. Les formalités de la vente forcée s'en trouveront compliquées[1]. En revanche, il sera permis de conclure un pacte commissoire.

§ 2. Les règles particulières prévues en matière commerciale

C. civ., art. 2354. – Les dispositions du présent chapitre ne font pas obstacle à l'application des règles particulières prévues en matière commerciale ou en faveur des établissements de prêt sur gage autorisés.

1. Alors que la vente forcée suppose, en matière civile, une saisie-appréhension du bien gagé, puis la saisine d'un juge, une expertise et enfin une vente aux enchères, elle est moins formaliste en matière commerciale, puisque le créancier impayé peut, huit jours après une simple signification au débiteur, faire procéder à la vente publique du bien grevé.

L'article 2354 du Code civil réserve l'application des règles particulières prévues en matière commerciale, pour tenir compte des impératifs qui lui sont propres, en particulier celui du maintien du bien gagé entre les mains du constituant. Obliger une entreprise à se déposséder de ses biens pour les remettre en garantie peut effectivement présenter de graves inconvénients économiques : d'une part, le constituant, qui est le plus souvent le débiteur de la dette garantie, ne doit pas être privé des biens indispensables à l'exercice de son activité ; d'autre part, le créancier n'a généralement, ni le temps, ni les moyens, d'entreposer les biens de son débiteur dans ses propres locaux. Pour éviter ces désagréments, et pour satisfaire également les exigences de rapidité et de simplicité, la matière commerciale déroge au droit commun du gage inscrit dans le Code civil. Il existe, d'abord, des règles générales applicables au gage commercial, qui ont été en partie réformées pour tirer les conséquences des modifications apportées en 2006 au gage civil (A). Il existe, ensuite, des règles propres à trois types de gages offerts aux professionnels, qui peuvent être civils ou commerciaux : le gage des stocks, qui est l'une des principales innovations de la réforme (B), le nantissement de l'outillage et du matériel d'équipement (C) et enfin les warrants à domicile (D). Ces deux derniers types de gages de meubles corporels n'ont subi aucune transformation à l'occasion de la réforme.

A. Les dispositions générales sur le gage commercial

868. ***Critère de la commercialité.*** Le gage est commercial dès lors que la dette garantie revêt elle-même un caractère commercial, peu important la qualité du débiteur[1]. L'article L. 521-1 du Code de commerce prévoit, en effet, que le gage peut être constitué « soit par un commerçant, soit par un individu non commerçant, pour un acte de commerce ». Il convient de souligner que cette *commercialité par accessoire* est beaucoup plus facile à identifier que la commercialité du cautionnement par référence à l'intérêt personnel et patrimonial de la caution[2].

869. ***Constitution : établissement d'un écrit.*** Selon l'article L. 521-1 du Code de commerce, le gage commercial « se constate à l'égard des tiers, comme à l'égard des parties contractantes, conformément aux dispositions de l'article L. 110-3 » relatif à la liberté de la preuve[3]. Un écrit n'est donc pas exigé au titre de la preuve[4]. L'article L. 521-1 ne règle pas, en revanche, la question de l'écrit *ad validitatem*. Ce silence du droit spécial aurait dû conduire à l'application du droit commun du gage, qui impose désormais un écrit entre les parties, à peine de nullité du contrat de sûreté[5]. C'est la solution inverse qu'a consacrée la Cour de cassation le 17 février 2015, en déduisant de la liberté de la preuve du gage commercial la non-application du formalisme requis à titre de validité par l'article 2336 du Code civil[6]. Si le résultat est conforme à l'exigence de rapidité et de simplicité des opérations commerciales, le fondement est en revanche tout à fait contestable au regard de la hiérarchie existant classiquement entre les règles de forme *ad validitatem* et *ad probationem*.

---

1. Civ. 9 janv. 1905, *S.* 1907. 1. 115 ; Com. 11 juin 1974, *Bull. civ.* IV, n° 190.

2. V. ss 110.

3. C. com., art. L. 110-3 : « À l'égard des commerçants, les actes de commerce peuvent se prouver par tous moyens à moins qu'il n'en soit autrement disposé par la loi ».

4. Com. 10 févr. 1964, *Bull. civ.* III, n° 62.

5. V. ss 820 sur le gage de meubles corporels (C. civ., art. 2336) et v. ss 905 sur le nantissement de créances (C. civ., art. 2356).

6. Com. 17 févr. 2015, n° 13-27080, à paraître au *Bulletin* : « l'article L. 521-1, alinéa 1er, du Code de commerce, qui n'a pas été modifié par l'ordonnance n° 2006-346 du 23 mars 2006, permettant de

870. ***Constitution : mise en possession du gagiste ou inscription du gage sans dépossession***. Avant la réforme, l'article L. 521-2 du Code de commerce subordonnait la constitution du gage commercial au dessaisissement du constituant[1]. L'ordonnance du 23 mars 2006 a abrogé ce texte pour tenir compte de la reconnaissance du gage sans dépossession dans le Code civil. Par conséquent, que le gage soit civil ou commercial, la dépossession du constituant n'est plus une condition de formation et le contrat n'est plus réel. Le dessaisissement du constituant n'est qu'une formalité d'opposabilité du gage aux tiers, comme l'est également l'inscription sur un registre. Si le gage commercial est constitué sans mise en possession du créancier, il doit effectivement être inscrit sur un registre tenu par le greffe du tribunal de commerce pour être opposable aux tiers. Alors, il est évident que cette opposabilité nécessite d'établir le contrat de gage par écrit.

C. com., anc. art. L. 521-2, al. 1er. – Dans tous les cas, le privilège ne subsiste sur le gage qu'autant que le gage a été mis et est resté en la possession du créancier ou d'un tiers convenu entre les parties.

871. ***Constitution : principe de spécialité***. En matière civile, la quantité des biens donnés en gage, ainsi que leur espèce ou leur nature, doivent être précisées dans l'acte constitutif, à peine de nullité (C. civ., art. 2336), et elles doivent également être spécifiées lors de l'inscription du gage sans dépossession, à peine d'inopposabilité (décret n° 2006-1804 du 23 déc. 2006, art. 2, 4°). Dans la mesure où aucun texte du Code de commerce ne déroge à ces règles de droit commun, le gage commercial s'y trouve soumis. Mais, en admettant l'opposabilité d'un gage qui visait l'intégralité des stocks d'une société, sans autre précision, la Cour de cassation atténue tellement la rigueur du principe de spécialité[2], que le gage commercial se rapproche d'une garantie mobilière générale, c'est-à-dire sur catégorie, et polyvalente[3].

872. ***Réalisation***. La réalisation du gage commercial peut s'opérer par *vente forcée* du bien gagé (avant la réforme, il s'agissait de la seule voie ouverte par l'article L. 521-3 du Code de commerce). Le formalisme y est moins contraignant qu'en matière civile. En effet, le créancier impayé peut, huit jours après une simple signification au débiteur et, le cas échéant, au tiers constituant (« tiers bailleur de gage »), faire procéder à la vente publique des objets gagés. Le contrat de gage ne peut dispenser le créancier de l'accomplissement de cette formalité. La clause de voie parée, comme dans un gage civil, est nulle (C. com., art. L. 521-3, anc. al. 4). L'ordonnance de 2006 n'a pas modifié ces règles sur le fond. Elle les a seulement regroupées au sein de l'alinéa 1er de l'article L. 521-3 du Code de commerce.

---

constater par tous moyens le gage commercial, rend inapplicable à ce dernier les dispositions de l'article 2336 du Code civil qui subordonne la validité du gage à la rédaction d'un écrit ». Cf. not. N. Borga, « Le gage commercial résiste au formalisme… et à l'abrogation implicite », *D.* 2015. 787.

1. La jurisprudence en déduisait que le gage commercial n'avait pas à être établi par écrit pour être opposable aux tiers : Civ. 9 janv. 1905, préc. ; Paris, 29 sept. 1994, *RJ com.* 1996. 100, note N. Rontchevsky (l'article 2074 du Code civil n'est pas applicable au gage commercial).

2. Com. 17 févr. 2015, n° 13-27080, à paraître au *Bulletin* : « la cour d'appel, qui a relevé que le bordereau d'inscription publié le 21 août 2009 au greffe du tribunal de commerce visait l'intégralité de la production des boîtes fromagères et des matériaux nécessaires à leur production, a pu en déduire que, ces éléments renseignant utilement et valablement les tiers sur la nature, la qualité et la quantité considérées, le gage était opposable aux tiers ».

3. Cf. C. Dauchez, « Gage commercial : la Cour de cassation défie le législateur ! », *LPA à paraître*.

Avant la réforme, la jurisprudence admettait que le créancier bénéficiaire d'un gage commercial puisse préférer à la vente forcée *l'attribution judiciaire de la propriété du bien gagé*[1]. L'ordonnance du 23 mars 2006 a consacré cette faculté. L'article L. 521-3, alinéa 4, du Code de commerce prévoit désormais que « le créancier peut également demander l'attribution judiciaire du gage ».

Ce texte a en outre offert au gagiste un troisième mode de réalisation : convenir de l'appropriation du bien gagé conformément aux articles 2347 et 2348 du Code civil, c'est-à-dire par le biais d'un *pacte commissoire*.

> **C. com., art. L. 521-3, al. 1er et 4.** – À défaut de paiement à l'échéance, le créancier peut faire procéder à la vente publique des objets donnés en gage huit jours après une simple signification faite au débiteur et au tiers bailleur de gage, s'il y en a un, et selon les modalités prévues par le présent article, sans que la convention puisse y déroger.
> Le créancier peut également demander l'attribution judiciaire du gage ou convenir de son appropriation conformément aux articles 2347 et 2348 du Code civil.

B. Le gage des stocks

La réforme du 23 mars 2006 a institué, dans la partie du Code de commerce consacrée aux garanties, un nouvel instrument juridique dérogatoire au droit commun. Il s'agit du gage des stocks régi par les articles L. 527-1 à L. 527-11 du Code de commerce, créé pour développer le crédit aux entreprises, en permettant à celles-ci de donner en garantie leurs matières premières, leurs marchandises ou produits. Ce nouveau gage spécial fut critiqué par une doctrine quasi unanime[2] et ignoré semble-t-il par la pratique. Cet échec a été imputé au régime du gage des stocks, qui ne présenterait pas les avantages recherchés par les créanciers dispensateurs de crédit, tant au stade de sa constitution (1°), qu'au moment où il est amené à produire ses effets (2°).

873. ***Articulation entre le gage des stocks et le gage de droit commun***. La pratique lui ayant préféré le gage de droit commun, en particulier le nouveau gage sans dépossession pouvant porter sur des choses futures et fongibles, tels des stocks, s'est rapidement posée la question du caractère impératif du gage spécial ou, au contraire, de la liberté de recourir au gage régi par le Code civil. En 2011, la cour d'appel de Paris a laissé aux parties le choix entre ces deux instruments de garantie[3]. La plupart des commentateurs ont salué cette option[4], en mettant en exergue les justifications suivantes : l'inapplicabilité de la maxime *specialia generalibus derogant* (en raison de la concomitance entre la création du

---

1. Com. 31 mai 1960, *Bull. civ.* III, n° 211 ; *D.* 1960. 601, note Y. Guyon.
2. L. Aynès, « Le nouveau droit du gage », *Dr. et patr.* 2007, n° 161, p. 48 ; P. Bouteiller, « Le gage de stocks de biens ou de marchandises », *JCP E* 2006. 1698 ; S. Cabrillac, « Le gage sur stock du Code de commerce », *in Évolution des sûretés réelles, regards croisés université-notariat*, Litec, coll. « Colloques et débats », 2008, p. 45 ; A. Cerles, « Gage sans dépossession : gage de droit commun du Code civil et gage des stocks », *RDBF* sept. 2011, n° 5, comm. 166 ; P. Crocq, *D.* 2008. 2104 ; R. Dammann, « La réforme des sûretés mobilières : une occasion manquée », *D.* 2006. 1298 ; D. Legeais, « Le gage de meubles corporels », *JCP* 10 mai 2006, n° spécial 20, p. 12 ; D. Legeais, « Gage sur stock », *RTD com.* 2006. 639 ; Ph. Stoffel-Munck, « Premier bilan de la réforme des sûretés en droit français », *Dr. et patr.* 2012, n° 213.
3. Paris, 3 mai 2011, n° RG 10/13656.
4. A. Cerles, note préc. ; P. Crocq, « Gage de choses fongibles du Code civil ou gage des stocks du Code de commerce : le choix est-il possible ? », *RTD civ.* 2011. 785 ; M.-P. Dumont-Lefrand, « Le gage sur stocks de l'article L. 527-1 du Code de commerce est-il exclusif du gage sans dépossession de

gage des stocks et la consécration, dans le Code civil, du gage sans dépossession) ; la volonté des auteurs de la réforme (les membres de la commission Grimaldi et le Gouvernement, qui avaient souhaité favoriser le gage des stocks en réformant le seul droit commun du gage) ; un arrêté du 1er février 2007 relatif à la nomenclature des différentes catégories de biens susceptibles de faire l'objet d'un gage sans dépossession publié [1] ; la liberté contractuelle, qui devrait demeurer le principe à défaut de disposition expresse rendant un régime impératif, et qui a été privilégiée par la réforme du 23 mars 2006 en matière de gage ; l'exigence d'efficacité de la sûreté (le gage spécial des stocks étant jugé moins efficace que le gage de droit commun, il serait opportun de l'écarter pour ne pas freiner l'octroi de crédit aux entreprises).

La chambre commerciale de la Cour de cassation n'a pas adhéré à ces nombreux arguments. Le 19 février 2013, elle a cassé l'arrêt de la cour d'appel de Paris pour fausse application de l'article 2333 du Code civil et pour refus d'application de l'article L. 527-1 du Code de commerce, en décidant que, « s'agissant d'un gage portant sur des éléments visés à l'article L. 527-3 du Code de commerce, les parties, dont l'une est un établissement de crédit, ne peuvent soumettre leur contrat au droit commun du gage de meubles sans dépossession » [2]. Dans le champ ainsi circonscrit *ratione materiae* (gage portant sur « les matières premières et approvisionnements, les produits intermédiaires, résiduels et finis ainsi que les marchandises ») et *personae* (gage bénéficiant à un établissement de crédit [3]), le gage spécial des stocks exclut donc le gage sans dépossession de droit commun [4]. Cette solution, à laquelle la cour d'appel de renvoi a resisté [5], nous semble pourtant justifiée [6], essentiellement parce que les articles L. 527-1 et suivants du Code de commerce reflètent davantage que les textes du Code civil relatifs au gage de choses fongibles (notamment les articles 2342 et 2344 [7]), les spécificités des stocks d'ordre économique, à savoir leur caractère nécessairement évolutif et leur caractère vital pour la poursuite de l'activité de l'entreprise constituante. C'est

---

droit commun ? », *Gaz. Pal.* 21 déc. 2011, p. 21 ; Ph. Delebecque, « Gage sur stocks et/ou gage sans dépossession de droit commun ? », *JCP E* 28 juin 2012, p. 35. Pour une position plus réservée, cf. R. Dammann, art. préc.

1. Cet arrêté (*JO* 10 févr. 2007) fait expressément état de catégories de biens susceptibles d'être stockés et il comporte en outre une dix-septième catégorie intitulée « autres » dans laquelle il est possible, *a priori*, de faire entrer un ensemble de biens constitutifs d'un stock.

2. Com. 19 févr. 2013, *Bull. civ.* IV, n° 29.

3. Tous les autres créanciers peuvent donc continuer à recourir au gage sans dépossession de droit commun. Cette solution n'est guère satisfaisante, car, si l'on considère que les stocks doivent faire l'objet d'une protection particulière en raison de leur caractère vital pour la poursuite de l'activité de l'entreprise, il n'est pas cohérent de faire dépendre cette protection de la qualité du créancier.

4. Cela signifie, *a contrario*, que le gage spécial des stocks, qui est nécessairement un gage sans dépossession, n'exclut pas le gage de droit commun avec dépossession, régi par l'article 2341du Code civil lorsque les choses gagées sont fongibles. Si les parties veulent éviter le régime spécial du gage des stocks, et notamment la prohibition du pacte commissoire, elles doivent donc conclure un gage avec mise en possession du gagiste lui-même ou d'un tiers convenu.

5. Paris, pôle 5, chambre 9, 27 févr. 2014, n° 13/03840.

D'autres juges du fond ont au contraire suivi la Cour de cassation (v. not. Amiens, 26 sept. 2013, n° 12/65024).

6. Cf. M. Bourassin, « La force d'attraction du gage des stocks », *D.* 2013. Chron. 1363. Pour une autre appréciation positive de l'arrêt du 19 février 2013, cf. L. Andreu et J.-F. Quievy, « L'exclusivité du gage de stocks du Code de commerce : regards convergents d'un universitaire et d'un praticien », *LPA* 29 mai 2013, p. 7.

7. V. ss 816 s., 836. V. aussi M. Bourassin, « L'attrait limité du gage de choses fongibles de droit commun », *in Réformes du droit civil et vie des affaires*, dir. M. Bourassin et J. Revel, Dalloz, coll. « Thèmes et commentaires », 2014, p. 71.

véritablement ce second caractère qui justifie l'existence même du gage spécial des stocks et sa primauté par rapport au gage sans dépossession du Code civil.

1° Constitution

Le gage spécial des stocks est soumis à des conditions de fond (a) et de forme (b) très spécifiques.

> **C. com., art. L. 527-1.** – Tout crédit consenti par un établissement de crédit à une personne morale de droit privé ou à une personne physique dans l'exercice de son activité professionnelle peut être garanti par un gage sans dépossession des stocks détenus par cette personne.
> Le gage des stocks est constitué par acte sous seing privé.
> À peine de nullité, l'acte constitutif du gage doit comporter les mentions suivantes :
> 1° la dénomination : « acte de gage des stocks » ;
> 2° la désignation des parties ;
> 3° la mention que l'acte est soumis aux dispositions des articles L. 527-1 à L. 527-11 ;
> 4° le nom de l'assureur qui garantit contre l'incendie et la destruction ;
> 5° la désignation de la créance garantie ;
> 6° une description permettant d'identifier les biens présents ou futurs engagés, en nature, qualité, quantité et valeur ainsi que l'indication du lieu de leur conservation ;
> 7° la durée de l'engagement.
> Les dispositions de l'article 2335 du Code civil sont applicables.
> Un gardien peut être désigné dans l'acte de gage.
> **C. com., art. L. 527-3.** – Peuvent être donnés en gage, à l'exclusion des biens soumis à une clause de réserve de propriété, les stocks de matières premières et approvisionnements, les produits intermédiaires, résiduels et finis ainsi que les marchandises appartenant au débiteur et estimés en nature et en valeur à la date du dernier inventaire.
> **C. com., art. L. 527-4.** – Le gage des stocks ne produit effet que s'il est inscrit sur un registre public tenu au greffe du tribunal dans le ressort duquel le débiteur a son siège ou son domicile.
> L'inscription doit être prise, à peine de nullité du gage, dans le délai de quinze jours à compter de la formation de l'acte constitutif.
> Le rang des créanciers gagistes entre eux est déterminé par la date de leur inscription. Les créanciers inscrits le même jour viennent en concurrence.

a) Conditions de fond

874. ***Créance garantie***. Selon l'article L. 527-1, alinéa 1er, du Code de commerce, le gage des stocks peut garantir « tout crédit ».

875. ***Parties***. La qualité des parties fait en revanche l'objet de restrictions : le créancier ne peut être qu'un établissement de crédit [1] et le débiteur [2] « une personne morale de droit privé ou une personne physique dans l'exercice de son activité professionnelle » (art. L. 527-1, al. 1er).

---

1. Selon les auteurs de la réforme, les établissements de crédit disposent « seuls des moyens leur permettant d'évaluer la consistance de l'objet donné en garantie » (dossier de presse du Gouvernement sur l'ordonnance du 23 mars 2006, www.presse.justice.gouv.fr). Cette justification est peu convaincante dans la mesure où, les stocks étant des biens destinés à être commercialisés, leur évaluation pose peu de difficultés. En réalité, la restriction aux seuls établissements de crédit n'est peut-être que le fruit de la reprise du régime de la cession et du nantissement par bordereau Dailly, qui a fortement inspiré celui du gage des stocks.

2. Le gage des stocks semble interdit en garantie de la dette d'autrui (alors qu'il est autorisé par l'article 2334 du Code civil), puisque l'article L. 527-1 vise les « stocks détenus » par le débiteur.

En outre, le débiteur doit être propriétaire des stocks gagés. Cette exigence figure à la fois dans l'article L. 527-1, alinéa 4, du Code de commerce, qui déclare applicable au gage des stocks l'article 2335 du Code civil prohibant le gage de la chose d'autrui [1], et dans l'article L. 527-3 du Code de commerce, qui prohibe le gage portant sur des biens soumis à une clause de réserve de propriété [2].

876. ***Assiette***. L'article L. 527-3 du Code de commerce précise la notion de stocks [3]. Il s'agit des « matières premières et approvisionnements, des produits intermédiaires, résiduels et finis ainsi que des marchandises appartenant au débiteur et estimés en nature et en valeur à la date du dernier inventaire ». Tous les biens, présents ou futurs (art. L. 527-1, al. 3), constitutifs des stocks sont contenus dans cette énumération. Par exemple, un fabricant de pièces détachées peut mettre en gage ses matières premières ainsi que les pièces en cours de fabrication ou invendues, afin d'avoir suffisamment de trésorerie pour investir dans de nouvelles machines.

Les composantes de la garantie peuvent évoluer et ce, de deux manières. D'abord, par le jeu de la subrogation réelle, le gage « passe de plein droit des stocks aliénés à ceux qui leur sont substitués » (art. L. 527-5, al. 2). Ensuite, « les parties peuvent convenir que la part des stocks engagés diminue à proportion du désintéressement du créancier » (art. L. 527-8).

b) Conditions de forme

877. ***Exclusion de la dépossession***. En raison du caractère vital des stocks pour la continuité de l'entreprise débitrice, le gage s'y rapportant constitue un gage sans dépossession (C. com., art. L. 527-1, al. 1er). Comme dans la *floating charge* du droit anglo-saxon [4], le débiteur conserve ses stocks et il a toute latitude pour les gérer, sous réserve de les maintenir à une valeur équivalente à celle du gage initial.

878. ***Établissement d'un écrit***. Comme en droit commun (C. civ., art. 2336), un écrit conditionne la validité du gage. Mais, l'article L. 527-1 subordonne en outre la validité du gage des stocks à la rédaction de sept mentions : la dénomination « acte de gage des stocks » ; la désignation des parties ; l'application des articles L. 527-1 à L. 527-11 du Code de commerce ; le nom de l'assureur qui garantit les stocks contre l'incendie et la destruction ; la désignation de la créance garantie (principe de spécialité) ; une description permettant d'identifier les biens engagés (principe de spécialité), ainsi que l'indication du lieu de leur conservation ; la durée de l'engagement. L'inconvénient de ce formalisme *ad validitatem* [5] nous semble avoir été exagéré, car certaines de ces mentions sont

1. V. ss 812.
2. L'interdiction de gager des stocks faisant l'objet d'une clause de réserve de propriété peut recevoir plusieurs justifications : d'abord, éviter un conflit fréquent en pratique (mais, faute de publicité de cette clause, l'efficacité de cette mesure préventive dépend des vérifications du créancier) ; ensuite, faire respecter la primauté du droit de propriété ; faire respecter également la primauté du créancier ayant introduit la valeur sur laquelle un autre prétend exercer un droit de préférence ; enfin, favoriser l'approvisionnement de l'entreprise en marchandises, nécessaire à son bon fonctionnement.
Sur le conflit néanmoins possible entre un gagiste sur stocks et un vendeur réservataire, v. ss 888.
3. Il s'inspire pour cela de la définition des stocks inscrite dans le décret n° 83-1020 du 29 novembre 1983 relatif aux obligations comptables des commerçants et de certaines sociétés.
4. V. ss 643.
5. La nullité qui en sanctionne le non-respect présente certainement un caractère absolu et elle devrait probablement jouer en présence d'une irrégularité mineure, car le formalisme imposé par l'article L. 527-1 vise à protéger un intérêt général, à savoir la sécurité du crédit, et non le consentement du débiteur.

également requises par le Code civil (la désignation des parties et celle de la créance garantie, en application du principe de spécialité) ; d'autres sont très faciles à satisfaire (la dénomination « acte de gage des stocks » ; la mention que l'acte est soumis aux dispositions des articles L. 527-1 à L. 527-11) ; d'autres encore sont protectrices du créancier (le nom de l'assureur et la description détaillée des biens gagés).

879. ***Publicité***. Les formalités de publicité du gage des stocks sont plus strictes que celles du gage sans dépossession de droit commun. Le gage des stocks doit effectivement être inscrit sur un registre public tenu par le greffe du tribunal de commerce dans le ressort duquel le débiteur a son siège ou son domicile, dans les quinze jours de l'établissement de l'acte constitutif. L'article L. 527-4 du Code de commerce précise que cette publicité conditionne les effets du gage. Il ne s'agit pas seulement des effets à l'égard des tiers, c'est-à-dire de l'opposabilité du gage, comme en droit commun, puisque le texte poursuit en disposant : « l'inscription doit être prise, à peine de nullité du gage ». Ainsi, l'inscription du gage remplit-elle *deux rôles*. D'une part, elle est attributive de rang en cas de conflit avec d'autres créanciers[1]. D'autre part, elle conditionne la validité même du gage entre les parties.

Un décret du 23 décembre 2006 est venu décrire les formalités applicables à cette inscription du gage des stocks[2]. L'initiative en revient au créancier, qui doit remettre au greffier du tribunal de commerce, d'une part, l'un des originaux de l'acte constitutif de la sûreté ou une expédition si l'acte a été dressé en la forme authentique et, d'autre part, un bordereau en deux exemplaires comportant des mentions obligatoires : la désignation des parties ; la date de l'acte constitutif ; le montant de la créance garantie en principal et celui des intérêts (principe de spécialité) ; la date d'exigibilité de la créance ; les éléments permettant de déterminer les créances futures ; une description des stocks présents et futurs engagés, en nature, qualité, quantité et valeur (principe de spécialité) ; le lieu de conservation des stocks et, le cas échéant, la désignation du gardien.

Le greffier constate ensuite le dépôt de ces documents dans un registre, qui peut être électronique. Le greffier tient par ailleurs un fichier alphabétique des noms des débiteurs avec l'indication des numéros des inscriptions les concernant. À partir de ce fichier, qui peut également être électronique, ainsi que du registre, le greffier doit délivrer à tous ceux qui le demandent, à leurs frais, l'état des inscriptions existant sur les stocks engagés.

Les inscriptions respectant les formalités ci-dessus décrites prennent effet à leur date et elles conservent le gage pendant cinq ans. Passé ce délai, et à défaut de renouvellement de l'inscription, celle-ci doit être radiée d'office par le greffier.

La radiation peut procéder de deux autres causes : soit une demande du créancier ou du constituant, s'il peut justifier d'un acte donnant mainlevée de l'inscription ou d'un accord avec son créancier en vue de la radiation ; soit une décision judiciaire ordonnant la mainlevée passée en force de chose jugée.

2° Effets

880. Le gage des stocks étant une sûreté sans dépossession portant sur des biens destinés à circuler, le débiteur peut continuer à les gérer au mieux des intérêts de son entreprise, notamment en les aliénant. Mais cette liberté de gestion ne doit pas porter atteinte

1. V. ss 886.
2. Décret n° 2006-1803.

au droit du gagiste sur la valeur des stocks initialement affectés en garantie. À cette fin, des obligations pèsent sur le débiteur (a) et des droits spécifiques sont reconnus à l'établissement de crédit bénéficiaire (b).

a) À l'égard du débiteur

> **C. com., art. L. 527-6.** – Le débiteur est responsable de la conservation des stocks en quantité et en qualité dans les conditions prévues à l'article 1137 du Code civil.
> Il justifie que les stocks sont assurés contre les risques d'incendie et de destruction.
> **C. com., art. L. 527-7.** – Le débiteur tient à la disposition du créancier un état des stocks engagés ainsi que la comptabilité de toutes les opérations les concernant.
> Il s'engage à ne pas diminuer de son fait la valeur des stocks.
> Lorsque l'état des stocks fait apparaître une diminution de 20 % de leur valeur telle que mentionnée dans l'acte constitutif, le créancier peut mettre en demeure le débiteur, soit de rétablir la garantie, soit de rembourser une partie des sommes prêtées en proportion de la diminution constatée. S'il ne lui est pas donné satisfaction, le créancier peut exiger le remboursement total de la créance, considérée comme échue.

881. ***Droits du débiteur : maintien de tous les attributs du droit de propriété sur les stocks ; remboursement anticipé.*** Sans qu'aucune clause ne soit nécessaire[1], le débiteur conserve toute latitude pour gérer les stocks engagés (l'article L. 527-7 vise « toutes les opérations les concernant »). Cette liberté laissée au débiteur est indolore pour le créancier, non seulement parce que la loi impose une reconstitution en valeur des stocks aliénés, mais aussi parce qu'elle protège de différentes manières le créancier contre la diminution, voire la perte du gage[2].

Par ailleurs, l'article L. 527-9 du Code de commerce autorise et encourage même le remboursement anticipé de la dette garantie. D'une part, même si le créancier refuse cette offre de paiement, le débiteur peut se libérer en consignant la somme offerte. D'autre part, le paiement de la dette avant l'échéance du terme fixé dispense le débiteur de payer les intérêts qui restaient à courir.

> **C. com., art. L. 527-9.** – En cas de remboursement anticipé de la créance, le débiteur n'est pas tenu des intérêts restant à courir jusqu'à son échéance.
> Si le créancier refuse les offres du débiteur, celui-ci peut, pour se libérer, consigner la somme offerte.

882. ***Obligation de conserver les stocks.*** L'absence de dépossession rend le débiteur responsable de la conservation des stocks. Il s'agit d'une obligation de moyens, à laquelle le débiteur doit satisfaire en « bon père de famille », puisque l'article L. 527-6, alinéa 1er, du Code de commerce, renvoie aux conditions de la responsabilité contractuelle de l'article 1137 du Code civil. L'obligation de conservation contraint le débiteur « à ne pas diminuer de son fait la valeur des stocks » (art. L. 527-7, al. 2). Elle a pour corollaire les droits reconnus au créancier pour préserver cette valeur et pour en faire sanctionner la diminution.

883. ***Obligation d'assurer les stocks.*** Le débiteur doit assurer les stocks contre les risques d'incendie et de destruction[3] (art. L. 527-6, al. 2). Le nom de l'assureur constitue l'une des mentions imposées à peine de nullité de l'acte constitutif de gage (art. L. 527-1, al. 3).

---

1. Au contraire, en présence d'un gage sans dépossession de droit commun, le constituant n'a le droit d'aliéner les choses fongibles qui en sont l'objet que si une clause lui reconnaît expressément ce droit (C. civ., art. 2342).
2. V. ss 884.
3. Il est dommage que d'autres sinistres n'aient pas été envisagés, en particulier le vol et l'endommagement.

b) À l'égard de l'établissement de crédit bénéficiaire

884. ***Droits du gagiste sur la valeur des stocks gagés.*** À peine de nullité, le contrat de gage des stocks doit comporter « une description permettant d'identifier les biens présents ou futurs engagés, en nature, qualité, quantité et valeur ainsi que l'indication du lieu de leur conservation » (art. L. 527-1). Cette description, bien plus détaillée que dans le gage de droit commun [1], permet une meilleure appréciation de l'évolution de la valeur des stocks depuis « la date du dernier inventaire » (art. L. 527-3) et facilite dès lors la mise en œuvre des droits reconnus au gagiste.

Tout d'abord, la conservation des stocks est favorisée par la possibilité qu'ont les parties de désigner un « *gardien* » (art. L. 527-1, dern. al.), qui n'a pas pour rôle, contrairement au tiers convenu en cas de gage avec dépossession, de détenir les stocks en lieu et place du créancier, mais dont la mission consiste à surveiller, au nom et pour le compte de celui-ci, l'état des stocks que le constituant continue de détenir et de gérer. Cette désignation conventionnelle d'un «gardien» est de nature à dissuader le débiteur de porter atteinte aux intérêts du gagiste et elle permet à ce dernier de réagir plus rapidement en cas d'atteinte à la valeur des stocks gagés.

Ensuite, et dans la même optique, l'article L. 527-5, alinéa 3, reconnaît au créancier le droit de faire constater, à tout moment et à ses frais, l'état des stocks engagés et l'article L. 527-7, alinéa 1er, oblige le débiteur à tenir à la disposition du créancier un état des stocks engagés ainsi que la comptabilité de toutes les opérations les concernant.

Enfin, si ce contrôle révèle une *diminution de 20 %* par rapport à la valeur des stocks mentionnée dans l'acte constitutif[2], que cette baisse soit imputable aux opérations de gestion du débiteur ou à des causes étrangères, comme une variation des cours ou la vétusté des stocks, l'article L. 527-7, alinéa 3, autorise le créancier à « mettre en demeure le débiteur, soit de rétablir la garantie, soit de rembourser une partie des sommes prêtées en proportion de la diminution constatée » et, « s'il ne lui est pas donné satisfaction, le créancier peut exiger le remboursement total de la créance, considérée comme échue ». Ces sanctions légales, qui évitent de stipuler une clause dite d'arrosage, rendent effective la protection des établissements de crédit bénéficiaires et pourraient les convaincre de l'utilité de recourir au gage spécial des stocks, même si, en cas de non-paiement de la dette garantie et de concours avec d'autres créanciers, l'efficacité de cette sûreté n'est pas, il est vrai, optimale.

885. ***Réalisation du gage des stocks en cas d'inexécution de la dette garantie***

Droit de rétention incertain. Le créancier ne peut pas exercer un droit de rétention effectif sur les stocks, parce qu'il n'en a pas la possession. Jouit-il en revanche d'un *droit de rétention fictif* ? Bien qu'il n'ait pas été consacré par l'ordonnance du 23 mars 2006, ce droit pourrait être reconnu sur le fondement d'une interprétation large du nouvel article 2286, 4° du Code civil englobant tous les gages sans dépossession, à savoir non seulement celui de droit commun mais aussi les gages spéciaux, tel le gage des stocks[3]. Il

---

1. L'article 2336 du Code civil se contente d'« un écrit contenant (...) la quantité des biens donnés en gage ainsi que leur espèce et leur nature ».

2. Ce pourcentage est censé traduire un compromis entre l'exigence de sécurité juridique pour le créancier gagiste et la nécessité de préserver la liberté du débiteur dans la gestion de son activité.

3. Sur les difficultés d'interprétation de l'article 2286, 4° du Code civil quant aux gages sans dépossession concernés par le nouveau droit de rétention fictif, v. ss 749.

convient toutefois de reconnaître que, même si cette interprétation venait à s'imposer, le créancier gagiste ne retirerait de ce droit de rétention fictif qu'un intérêt limité, particulièrement en cas de procédure collective ouverte contre le débiteur[1].

Prohibition du pacte commissoire. Par dérogation au droit commun du gage, l'article L. 527-2 du Code de commerce interdit le pacte commissoire qui autoriserait le créancier à devenir propriétaire des stocks en cas de non-paiement de la dette garantie. Cette interdiction, qui vaut certainement pour le pacte inscrit dans l'acte constitutif lui-même, aussi bien que pour celui faisant l'objet d'un avenant, a cristallisé les critiques contre le gage des stocks. Il est vrai que la prohibition du pacte commissoire entrave la liberté contractuelle, qui est un facteur d'efficacité des sûretés, et elle complique indéniablement la réalisation du gage des stocks, alors que la simplicité de mise en œuvre des sûretés constitue un autre facteur d'efficacité que l'ordonnance du 23 mars 2006 avait pourtant pour but de renforcer[2]. Même si l'inefficacité résultant de cette prohibition mérite d'être relativisée compte tenu de l'interdiction du pacte commissoire lorsque le constituant fait l'objet d'une procédure collective, elle n'en demeure pas moins. L'interdiction du pacte commissoire est cependant opportune si l'on se place du côté de l'entreprise constituante, car elle permet d'éviter la perte des stocks, sans contrôle judiciaire. Cette prohibition se justifie donc par le caractère vital des stocks.

C. com., art. L. 527-2. – Est réputée non écrite toute clause prévoyant que le créancier deviendra propriétaire des stocks en cas de non-paiement de la dette exigible par le débiteur.

En vue de réaliser son gage, l'établissement de crédit se voit donc contraint de requérir en justice, soit la vente forcée des stocks gagés, soit leur attribution en propriété.

Vente forcée. L'établissement de crédit impayé peut faire ordonner en justice la vente des stocks, en respectant les conditions prévues par l'article 2346 du Code civil[3] (C. com., art. L. 527-10) et non les formes simplifiées du gage commercial. La vente forcée est ainsi soumise aux procédures civiles d'exécution, sans qu'une clause de voie parée ne puisse y déroger.

Attribution judiciaire. Afin d'éviter ce concours et l'éventuelle primauté de créanciers d'un meilleur rang, le gagiste peut demander l'attribution de la propriété des stocks gagés. Cette attribution judiciaire doit respecter les conditions fixées par l'article 2347 du Code civil[4] (C. com., art. L. 527-10).

886. ***Droit de préférence.*** Sur le prix de la vente forcée, le gagiste peut exercer un droit de préférence, qui lui permet d'être payé avant les créanciers chirographaires et avant ceux bénéficiant d'un privilège général mobilier.

Compte tenu de l'exclusion du gage sans dépossession de droit commun lorsque les conditions du gage des stocks sont réunies[5], il ne saurait y avoir de concours entre ces

1. V. ss 1280, 1287, 1324, 1325.
2. Pour contester la prohibition, on peut encore ajouter que le risque d'enrichissement indu du créancier, par le jeu du pacte commissoire, est d'autant moins important dans le gage des stocks qu'il s'agit de biens faciles à évaluer.
3. V. ss 838 s.
4. V. ss 841 s.
5. Cf. Com. 19 févr. 2013, v. ss 873.

deux gages sans dépossession. Le conflit peut en revanche opposer des créanciers garantis sur les mêmes stocks, dans le respect des articles L. 527-1 et suivants du Code de commerce. L'article L. 527-4, alinéa 2, prévoit alors que « le rang des créanciers gagistes entre eux est déterminé par la date de leur inscription. Les créanciers inscrits le même jour viennent en concurrence » [1].

S'agissant du conflit entre le gage des stocks et un gage postérieur avec dépossession, il n'est pas sûr que la publicité du premier suffise à rendre de mauvaise foi le bénéficiaire du second et à paralyser par là même le jeu de l'article 2276 du Code civil, car cette publicité a des effets très limités à l'égard des tiers et qu'il n'existe pas, dans le régime spécial du gage des stocks, de disposition analogue à celle de l'article 2340, alinéa 2, du Code civil, qui accorde la primauté au gage sans dépossession, malgré le droit de rétention attaché au gage postérieur avec mise en possession.

887. ***Absence de droit de suite***. La publicité du gage des stocks ne confère pas de droit de suite. En effet, l'article L. 527-5, alinéa 2, du Code de commerce reconnaît implicitement que le privilège du gagiste ne suit pas les stocks aliénés, lorsqu'il précise que ce privilège «passe de plein droit» sur ceux qui leur sont substitués [2]. De plus, le Code de commerce n'a pas interdit aux ayants cause à titre particulier, à l'instar de l'article 2337, alinéa 2, du Code civil, d'invoquer la règle «en fait de meubles, possession vaut titre».

888. ***Concours entre un gagiste sur stocks et un vendeur réservataire***. Le Code de commerce rend en apparence impossible le conflit entre un gage des stocks et une clause de réserve de propriété, en interdisant que ce gage ne porte sur des stocks soumis à une telle clause [3]. Mais l'absence de publicité de celle-ci risque, en pratique, d'occasionner ce conflit. Il sera probablement résolu en faveur du vendeur réservataire, dont l'action en revendication ne saurait être paralysée, ni par l'article 2276 du Code civil, faute de mise en possession du gagiste [4], ni par une publicité si peu efficace que celle du gage des stocks. Toutefois, à défaut de publicité de la clause de réserve de propriété, le gagiste pourrait certainement agir en responsabilité contre le débiteur ne l'ayant pas averti de l'existence de cette clause. En revanche, si la clause de réserve de propriété avait été publiée et que le gagiste n'avait pas vérifié la propriété du débiteur [5], cette négligence devrait lui interdire de réclamer à ce dernier des dommages et intérêts.

C. Le nantissement de l'outillage et du matériel d'équipement

Le nantissement [6] de l'outillage et du matériel d'équipement a été créé par une loi du 18 janvier 1951 [7] et incorporé ensuite dans le nouveau Code de commerce, aux

---

1. Cette dernière règle de classement est critiquable à l'égard de ceux qui fournissent les deniers nécessaires à l'acquisition des stocks, dans la mesure où priorité est classiquement donnée au vendeur le plus ancien (C. civ., art. 2332-3, al. 3, relatif au classement des privilèges spéciaux des vendeurs de meubles).
2. Ce report ne s'explique nullement par la publicité. Il est consacré par la loi en application du mécanisme de la subrogation réelle.
3. C. com., art. L. 527-1 et L. 527-3 ; v. ss 875.
4. En ce sens, Rép. min. n° 16491, *JO Ass. nat. Q*, 29 avr. 2008, p. 3667.
5. Le gagiste peut opérer cette vérification en demandant au débiteur qu'il lui présente les contrats d'approvisionnement et les conditions générales de vente auxquelles il est soumis.
6. Terminologie inchangée alors que l'ordonnance du 23 mars 2006 a réservé le terme de nantissement aux sûretés portant sur des meubles incorporels.
7. Après la Seconde Guerre mondiale, les besoins de reconstitution de l'équipement des entreprises furent très importants. Le législateur a voulu favoriser le renouvellement des biens de production en

articles L. 525-1 à L. 525-20[1]. Il connaît un réel succès, même s'il est de plus en plus concurrencé par le crédit-bail et la réserve de propriété. L'ordonnance du 23 mars 2006 n'a apporté aucune modification, ni à sa constitution (1°), ni à ses effets (2°).

1° Constitution

Tant les conditions de fond (a) que les conditions de forme (b) relatives à la constitution du nantissement sont adaptées à son objet.

> **C. com., art. L. 525-1.** – Le paiement du prix d'acquisition de l'outillage et du matériel d'équipement professionnel peut être garanti, soit vis-à-vis du vendeur, soit vis-à-vis du prêteur qui avance les fonds nécessaires au paiement du vendeur, par un nantissement restreint à l'outillage ou au matériel ainsi acquis.
> Si l'acquéreur a la qualité de commerçant, ce nantissement est soumis, sous réserve des dispositions ci-après, aux règles édictées par les chapitres II et III du titre IV du livre Ier, sans qu'il soit nécessaire d'y comprendre les éléments essentiels du fonds.
> Si l'acquéreur n'a pas la qualité de commerçant, le nantissement est soumis aux dispositions de l'article L. 525-16.
> **C. com., art. L. 525-2.** – Le nantissement est consenti par un acte authentique ou sous seing privé enregistré au droit fixe.
> Lorsqu'il est consenti au vendeur, il est donné dans l'acte de vente.
> Lorsqu'il est consenti au prêteur qui avance les fonds nécessaires au paiement du vendeur, le nantissement est donné dans l'acte de prêt.
> Cet acte doit mentionner, à peine de nullité, que les fonds versés par le prêteur ont pour objet d'assurer le paiement du prix des biens acquis.
> Les biens acquis doivent être énumérés dans le corps de l'acte et chacun d'eux doit être décrit d'une façon précise, afin de l'individualiser par rapport aux autres biens de même nature appartenant à l'entreprise. L'acte indique également le lieu où les biens ont leur attache fixe ou mentionne, au cas contraire, qu'ils sont susceptibles d'être déplacés.
> Sont assimilés aux prêteurs de fonds les garants qui interviennent en qualité de caution, de donneur d'aval ou d'endosseur dans l'octroi des crédits d'équipements. Ces personnes sont subrogées de plein droit aux créanciers. Il en est de même des personnes qui endossent, escomptent, avalisent ou acceptent les effets créés en représentation desdits crédits.
> **C. com., art. L. 525-3.** – À peine de nullité, le nantissement doit être conclu au plus tard dans le délai de deux mois à compter du jour de la livraison du matériel d'équipement sur les lieux où il doit être installé.
> À peine de nullité également, le nantissement doit être inscrit dans les conditions requises par les articles L. 142-3 et L. 142-4, et dans un délai de quinze jours à compter de la date de l'acte constitutif du nantissement.
> Lorsque la livraison du matériel intervient après la date prévue dans le contrat ou si elle n'est pas faite au lieu primitivement fixé, les créances inscrites deviennent de plein droit exigibles si le débiteur n'a pas fait connaître, dans les quinze jours de cette livraison, au créancier nanti, la date ou le lieu auquel elle est intervenue.

---

encourageant leur achat à crédit. Pour cela, les vendeurs à crédit et les prêteurs de deniers destinés à financer ces acquisitions devaient pouvoir être garantis par des sûretés efficaces. Or, avant la loi du 18 janvier 1951, le gage traditionnel était inopérant, puisqu'il supposait une dépossession du débiteur, inenvisageable à l'égard de biens d'équipement ; les autres garanties en ce domaine, à savoir essentiellement la clause de réserve de propriété et le privilège du vendeur de meubles, étaient quant à elles globalement inappropriées, puisque largement inefficaces en cas de procédure collective du débiteur.

1. Cette insertion dans le Code de commerce ne s'imposait pas, puisque le nantissement de biens d'équipement, bien qu'offert aux seuls professionnels, peut aussi bien être commercial que civil, selon la nature de l'entreprise pour les besoins de laquelle le bien est acheté (C. com., art. L. 525-1, al. 2 et 3).

> Le nantissement ne peut être opposé aux tiers si, dans la quinzaine de l'avis à lui notifié ou dans la quinzaine du jour où il aura eu connaissance de la date ou du lieu de la livraison, le créancier nanti n'a pas requis du greffier du tribunal où a été prise l'inscription du nantissement, que mention soit faite de cette date ou de ce lieu en marge de ladite inscription.
> **C. com., art. L. 525-4.** – Les biens donnés en nantissement par application du présent chapitre peuvent, en outre, à la requête du bénéficiaire du nantissement, être revêtus sur une pièce essentielle et d'une manière apparente d'une plaque fixée à demeure indiquant le lieu, la date et le numéro d'inscription du privilège dont ils sont grevés.
> Sous peine des sanctions prévues à l'article L. 525-19, le débiteur ne peut faire obstacle à cette apposition, et les marques ainsi apposées ne peuvent être détruites, retirées ou recouvertes avant l'extinction ou la radiation du privilège du créancier nanti.
> **C. com., art. L. 525-11.** – L'inscription conserve le privilège pendant cinq années à compter de sa régularisation définitive.
> Elle garantit, en même temps que le principal, deux années d'intérêts. Elle cesse d'avoir effet si elle n'a pas été renouvelée avant l'expiration du délai ci-dessus ; elle peut être renouvelée deux fois.

a) Conditions de fond

889. ***Créances garanties***. Ne peuvent être garanties par le nantissement spécial de l'outillage et du matériel d'équipement *que les créances nées de l'achat à crédit de ces biens professionnels*. Il peut s'agir de la créance du vendeur ou du prêteur de fonds (art. L. 525-1, al. 1er) ou encore celle des garants couvrant cette opération d'achat à crédit et subrogés dans les droits du prêteur (art. L. 525-2, al. 6).

890. ***Assiette***. Le nantissement ne peut porter que sur de l'outillage et du matériel d'équipement professionnel, pour lequel il n'existe aucune autre loi spéciale (art. L. 525-18)[1]. Il ne saurait davantage avoir pour assiette un fonds de commerce[2]. Ce qui importe, c'est la *destination professionnelle* du bien (commerciale, artisanale, agricole ou libérale), à l'exclusion d'une utilisation domestique. Il est en revanche indifférent que le matériel soit acheté neuf ou d'occasion.

b) Conditions de forme

891. ***Exclusion de la dépossession***. Comme le gage des stocks, et pour la même raison (nécessité des biens gagés à l'activité du constituant), le nantissement des biens d'équipement professionnel est un gage sans dépossession. Il présente l'intérêt pour le débiteur de pouvoir utiliser les outils de production tout en en retirant du crédit.

892. ***Établissement d'un écrit***. Qu'il soit civil ou commercial, le nantissement des biens d'équipement professionnel doit être constitué, *à peine de nullité*, par *acte authentique ou sous seing privé enregistré* (art. L. 525-2, al. 1er), et ce au plus tard dans les deux mois de la livraison du matériel sur les lieux où il doit être installé. La Cour de cassation décide que « l'installation et la mise au point de la machine n'ont pas à être prises en considération », car l'article L. 525-3, alinéa 1er, du Code de commerce vise uniquement la livraison du bien[3].

---

1. Ce qui exclut les véhicules automobiles, les navires, bateaux et aéronefs.
2. Com. 23 nov. 1999, *Bull. civ.* IV, n° 209 ; v. ss 918, le régime spécial du nantissement de fonds de commerce.
3. Com. 7 avr. 2004, n° 00-15713 ; *RJDA* 2004, n° 1049.

Lorsqu'il est consenti au vendeur, le nantissement est donné dans l'acte de vente lui-même (art. L. 525-2, al. 2). Lorsqu'il est consenti au prêteur qui avance les fonds nécessaires au paiement du vendeur, il est donné dans l'acte de prêt, qui doit alors mentionner, à peine de nullité, que les fonds versés par le prêteur ont pour objet d'assurer le paiement du prix des biens acquis (art. L. 525-2, al. 3 et 4).

En vertu du *principe de spécialité*, l'acte constitutif doit décrire l'objet du nantissement avec une précision suffisante pour permettre de l'individualiser par rapport aux autres biens de même nature appartenant à l'entreprise débitrice[1]. L'acte doit également indiquer le lieu où les biens ont leur attache fixe ou, à défaut, mentionner qu'ils sont susceptibles d'être déplacés (art. L. 525-2, al. 2).

893. *Publicité*. Le nantissement de biens d'équipement professionnel doit être inscrit sur un registre spécial tenu par le greffe du tribunal de commerce dans le ressort duquel le fonds auquel il est affecté est exploité, dans les quinze jours de l'acte constitutif (art. L. 525-3, al. 2, renvoyant aux art. L. 142-3 et L. 142-4). Cette publicité est requise « *à peine de nullité* » (art. L. 525-3, al. 2), « sans que la démonstration d'un grief soit requise »[2]. Elle constitue également une *condition d'opposabilité aux tiers* (art. L. 525-3, al. 4) : elle conserve le droit de préférence du créancier pendant cinq ans pour le principal et deux ans pour les intérêts. Mais l'inscription peut en réalité faire l'objet de deux renouvellements successifs, de cinq ans chacun (art. L. 525-11).

En plus de cette publicité obligatoire, l'article L. 525-4 du Code de commerce organise une *publicité facultative* : à la requête du créancier, les biens donnés en nantissement peuvent être « revêtus sur une pièce essentielle et d'une manière apparente d'une *plaque fixée à demeure*[3] indiquant le lieu, la date et le numéro d'immatriculation du privilège dont ils sont grevés ».

2° Effets

C. com., art. L. 525-7. – Sous peine des sanctions prévues à l'article L. 525-19, le débiteur qui, avant paiement ou remboursement des sommes garanties conformément au présent chapitre, veut vendre à l'amiable tout ou partie des biens grevés, doit solliciter le consentement préalable du créancier nanti, et à défaut, l'autorisation du juge des référés du tribunal de commerce statuant en dernier ressort.

Lorsqu'il a été satisfait aux exigences de publicité requises par le présent chapitre et que les biens grevés ont été revêtus d'une plaque conformément à l'article L. 525-4, le créancier nanti ou ses subrogés disposent pour l'exercice du privilège résultant du nantissement, du droit de suite prévu à l'article L. 143-12.

C. com., art. L. 525-9. – I. – Le privilège du créancier nanti en application des dispositions du présent chapitre s'exerce sur les biens grevés par préférence à tous autres privilèges, à l'exception :

1° du privilège des frais de justice ;

1. Com. 1er oct. 2013. *Bull. civ.* IV, n° 146 : en l'espèce, l'acte de prêt ne mentionnait, ni la marque des matériels, ni les numéros de série, ni les types de modèle, ni les dimensions des matériels concernés : la cour d'appel a considéré, dans l'exercice de son pouvoir souverain, que cette description était insuffisante pour permettre l'individualisation des biens nantis.

2. Com. 1er oct. 2013, *Bull. civ.* IV, n° 146 (en l'espèce, l'inscription du nantissement avait été prise au greffe du tribunal de commerce du lieu du siège social de la société constituante, et non de l'exploitation du fonds auquel le matériel était affecté).

3. Une plaque auto-adhésive n'est pas conforme à cette exigence de fixation à demeure (Aix-en-Provence, 22 juin 1993, *JCP* 1993. I. 3765, obs. Ph. Delebecque).

2° du privilège des frais faits pour la conservation de la chose ;
3° du privilège accordé aux salariés par l'article L. 143-10 du Code du travail.
II. – Il s'exerce, notamment, à l'encontre de tout créancier hypothécaire et par préférence au privilège du Trésor, au privilège visé à l'article L. 243-4 du Code de la sécurité sociale, au privilège du vendeur du fonds de commerce à l'exploitation duquel est affecté le bien grevé, ainsi qu'au privilège du créancier nanti sur l'ensemble dudit fonds.
III. – Toutefois, pour que son privilège soit opposable au créancier hypothécaire, au vendeur du fonds de commerce et au créancier nanti sur l'ensemble dudit fonds, préalablement inscrits, le bénéficiaire du nantissement conclu en application du présent chapitre doit signifier auxdits créanciers, par acte extrajudiciaire, une copie de l'acte constatant le nantissement. Cette signification doit, à peine de nullité, être faite dans les deux mois de la conclusion du nantissement.
C. com., art. L. 525-19. – Est puni des peines prévues pour l'abus de confiance par les articles 314-1 et 314-10 du Code pénal, le fait, pour tout acquéreur ou détenteur de biens nantis en application du présent chapitre, de les détruire ou tenter de les détruire, les détourner ou tenter de les détourner, ou enfin les altérer ou tenter de les altérer d'une manière quelconque en vue de faire échec aux droits du créancier.
Sont punies des mêmes peines toutes manœuvres frauduleuses destinées à priver le créancier de son privilège sur les biens nantis ou à le diminuer.

a) Obligations du débiteur

894. En contrepartie de l'absence de dépossession, le débiteur supporte de nombreuses obligations, sévèrement sanctionnées.

Il doit veiller à la conservation du bien (art. L. 525-19) ; permettre, et ne pas altérer, l'apposition de marques sur ledit bien si le créancier le requiert (art. L. 525-4, al. 2) ; demander l'autorisation du créancier pour déplacer le bien [1]; demander l'autorisation du créancier ou du juge des référés commerciaux pour aliéner le bien nanti [2] (art. L. 525-7) ; remettre le bien à la demande du créancier impayé.

La violation de ces diverses obligations emporte la déchéance du terme. Elle peut en outre être pénalement sanctionnée par le délit de détournement de matériel nanti (art. L. 525-19, qui renvoie aux peines prévues pour l'abus de confiance par les articles 314-1 et 314-10 du Code pénal).

b) Droits du créancier

895. ***Droit de rétention***. Comme le créancier n'est pas en possession des biens d'équipement professionnel nantis et que la loi du 18 janvier 1951 ne lui a pas reconnu une possession fictive, la jurisprudence en déduisait l'absence de tout droit de rétention [3]. Cette solution pourrait toutefois évoluer si le nouvel article 2286, 4° du Code civil, issu de la loi du 4 août 2008, trouvait à s'appliquer à tous les gages sans dépossession, sans distinction entre celui de droit commun et ceux régis par des textes spéciaux, telle la loi de 1951 [4].

---

1. Crim. 26 mars 1963, *Bull. crim.*, n° 130.
2. D'une manière plus générale, il est interdit de mettre le bien en possession d'un tiers (Crim. 14 déc. 1967, *Bull. crim.*, n° 327).
3. Com. 4 janv. 2005, *Bull. civ.* IV, n° 1. En l'espèce, le créancier nanti s'est vu refuser l'exercice d'un droit de rétention sur le prix des biens gagés en cas de vente par le liquidateur judiciaire de l'entreprise débitrice.
4. En ce sens, M. Cabrillac, C. Mouly, S. Cabrillac et Ph. Pétel, *op. cit.*, n° 820. Sur les difficultés d'interprétation de l'article 2286, 4° du Code civil quant aux gages sans dépossession concernés par le nouveau droit de rétention fictif, v. ss 865.

896. ***Droit de préférence***. Le créancier dispose indubitablement, en revanche, d'un droit de préférence, dont le rang est précisément fixé par l'article L. 525-9 du Code de commerce : primé par le privilège des frais de justice, le privilège du conservateur et le « superprivilège » des salariés [1], il passe au contraire devant le fisc et la Sécurité sociale. Ce droit de préférence peut s'exercer, soit sur le prix de vente des biens nantis [2], soit, en cas de sinistre, sur l'indemnité d'assurance [3].

897. ***Droit de suite***. Par l'effet de la règle « en fait de meubles possession vaut titre » de l'article 2276 du Code civil (anc. art. 2279), le créancier nanti ne peut en principe revendiquer son droit réel accessoire sur le bien qu'en prouvant la mauvaise foi du tiers acquéreur, la publicité par inscription au greffe du tribunal de commerce n'étant pas jugée suffisante pour faire présumer cette mauvaise foi [4]. Par exception, le créancier dispose d'un droit de suite complet s'il a, non seulement fait inscrire son gage, mais également fait apposer une plaque sur le bien gagé. En effet, comme cette publicité matérielle manifeste de manière tangible l'existence d'un droit réel de garantie, le tiers détenteur se trouve de mauvaise foi.

898. ***Faculté d'attribution judiciaire***. Ce droit a occasionné de vifs débats doctrinaux et des arrêts importants de la Cour de cassation. Une partie de la doctrine soutenait qu'il devait y avoir une corrélation entre l'attribution judiciaire et le droit de rétention, car ce mode de réalisation du gage offrirait une issue harmonieuse à l'impasse dans laquelle l'exercice du droit de rétention enferme les intéressés [5]. Selon d'autres auteurs, l'attribution devait être dissociée du droit de rétention, non seulement parce qu'il s'agirait d'un mode de réalisation général, mais aussi parce que, en présence d'un bien grevé de peu de valeur ou sujet à dépréciation ou dépérissement à bref délai, il serait nécessaire d'offrir au gagiste une alternative rapide et peu coûteuse à la vente forcée [6]. L'Assemblée plénière de la Cour de cassation a tranché ce débat doctrinal le 26 octobre 1984, en décidant que le créancier nanti sur biens d'équipement professionnel pouvait se voir attribuer judiciairement ces biens [7]. Cette faculté d'attribution ne serait donc *pas subordonnée à l'existence d'un droit de rétention*. Dans un arrêt du 5 avril 1994, la chambre commerciale a nuancé cette solution : la faculté d'attribution ne peut plus être exercée si le matériel d'équipement nanti a été antérieurement remis en la possession du vendeur bénéficiaire d'une clause de réserve de propriété [8]. Il convient d'en déduire que, en l'absence de droit de rétention, la chose gagée doit être, à tout le moins, détenue par le débiteur constituant de la garantie pour que le créancier nanti puisse requérir son attribution en propriété.

La faculté d'attribution judiciaire a soulevé une autre difficulté importante dans l'hypothèse de *la coexistence du nantissement de l'outillage et du matériel avec un cautionnement garantissant la même dette* : la caution peut-elle alors demander à être déchargée, sur le

---

1. Sur ces divers privilèges, v. ss 791, 985, 1227.
2. Les modalités de cette vente forcée sont régies par les articles L. 525-14 à L. 525-16 du Code de commerce.
3. Com. 4 févr. 1986, *Bull. civ.* IV, n° 2 ; *D.* 1988. Somm. 6, obs. F. Derrida.
4. Com. 9 mai 1990, *Bull. civ.* IV, n° 141.
5. Marty, Raynaud et Jestaz, n° 98 ; Ph. Delebecque, « Les sûretés dans les nouvelles procédures collectives », *JCP N* 1986. I. 185, n° 24 ; F. Derrida, note sous Com. 12 févr. 1979, *D.* 1979. 356.
6. Ph. Théry, *op. cit.*, n° 262.
7. Cass., ass. plén., 26 oct. 1984, *Bull. ass. plén.*, n° 4 ; *D.* 1985. 33, concl. Cabannes, note F. Derrida.
8. Com. 5 avr. 1994, *Bull. civ.* IV, n° 146.

fondement de l'article 2314 du Code civil (exception de défaut de subrogation), si le créancier nanti impayé ne demande pas en justice l'attribution de la propriété des biens grevés ? La chambre commerciale de la Cour de cassation a décidé que, même si l'attribution judiciaire ne constitue qu'une faculté, le créancier, lorsqu'il est par ailleurs garanti par un cautionnement, commet une faute, au sens de l'article 2037 du Code civil (C. civ., nouv. art. 2314) si, en s'abstenant de la requérir, il prive la caution d'un droit qui pouvait lui profiter par voie de subrogation [1]. Au contraire, à la même époque, la première chambre civile a réaffirmé la solution classique consistant à ne pas imposer au créancier nanti l'obligation de demander l'attribution judiciaire et à écarter, par voie de conséquence, le bénéfice de subrogation [2]. Un arrêt rendu par une chambre mixte, le 10 juin 2005, n'a pas clairement mis fin à cette divergence [3]. En effet, la décharge de la caution y est certes admise, ce qui semble conforter la position de la chambre commerciale, mais, en l'espèce, comme le créancier avait non seulement omis de demander l'attribution de la propriété, mais en outre renoncé au bénéfice du nantissement en acceptant sa mainlevée, il était en réalité délicat de rattacher la décharge de la caution au défaut d'exercice de la faculté d'attribution judiciaire. Des arrêts rendus ultérieurement au sujet d'autres facultés laissent toutefois penser que la Haute juridiction entend protéger les intérêts des cautions au détriment des créanciers, qui se voient donc indirectement contraints d'exercer de simples facultés [4].

D. Les warrants à domicile

899. ***Caractéristiques***. Le warrant (« garant » en ancien français) est un procédé de *constitution du gage par entiercement* : le bien gagé est remis entre les mains d'un tiers (par exemple, les magasins généraux) et, si sa valeur le permet, il est ainsi possible de constituer plusieurs gages successifs sur le même bien.

Les warrants dits à domicile sont *réservés à certains professionnels*. Il s'agit de leur permettre d'obtenir du crédit en donnant en gage des éléments de leur exploitation, présents ou futurs, individualisés ou fongibles. La garantie est représentée par un *titre à ordre*, qui peut circuler par voie d'endossement. Cela permet au créancier, qui est généralement un prêteur, de mobiliser sa créance en transmettant le gage.

Exemples

900. ***Warrant agricole*** (C. rur. et pêche mar., art. L. 342-1 à 342-17) [5]. Il permet à un agriculteur d'emprunter en donnant en gage le matériel agricole, les récoltes ou les animaux. L'absence de dépossession est en ce domaine indispensable, puisque l'agriculteur ne peut se séparer de ces biens et que les établissements de crédit ne sauraient en assurer la conservation. Pourtant, la jurisprudence, assimilant le warrant à un gage, décidait que le warrant emportait une dépossession fictive du constituant, alors même que les dispositions relatives au warrant agricole ne prévoyaient pas une telle dépossession fictive [6]. La

1. Com. 13 mai 2003, *Bull. civ.* IV, n° 73.
2. Civ. 1re, 8 juill. 2003, inédit, n° 01-03177.
3. Cass., ch. mixte, 10 juin 2005, *Bull. ch. mixte*, n° 5.
4. V. ss 373.
5. M.-A. Dupuis-Flandin, « Le warrant agricole, une sûreté à redécouvrir », *in Clés pour le siècle*, Paris II, Dalloz, 2000, p. 789 s.
6. Civ. 23 avr. 1918, *DP* 1919. I. 3, note Capitant ; Civ. 1re, 18 janv. 2000, *Bull. civ.* I, n° 17 (l'arrêt évoque la dépossession du créancier warranté, ce qui suppose qu'il ait été en possession) ; v. M. Cabrillac, C. Mouly, S. Cabrillac, Ph. Pétel, *op. cit.*, n° 821.

publicité de ce warrant, par inscription au greffe du tribunal d'instance, était censée permettre son opposabilité aux tiers. Mais, en réalité, la Cour de cassation en avait réduit considérablement l'efficacité, puisqu'elle décidait que le bénéficiaire d'un warrant agricole ne pouvait exercer ses droits contre un tiers acquéreur entré de bonne foi en possession de la récolte warrantée, en raison de la perte de possession du gage que la vente de la récolte warrantée emportait [1].

Il n'est pas certain que cette solution, contestable en ce qu'elle conduit à dénier tout effet à la publicité du warrant [2], prospère après l'ordonnance du 23 mars 2006 qui conduit à renouveler l'analyse du warrant [3]. En effet, le gage étant désormais, en principe, une sûreté sans dépossession, et le warrant agricole ayant toujours été assimilé à un gage, il faut en déduire que le warrant constitue, aujourd'hui, une sûreté n'emportant aucune dépossession du constituant. Pas davantage ne peut-on soutenir que le warrant emporterait dépossession fictive du constituant puisque, au contraire de certains gages spéciaux comme le gage automobile, les dispositions relatives au warrant agricole ne prévoient aucune dépossession fictive. Comme tout gage sans dépossession, le warrant doit être publié pour être opposable aux tiers. Dès lors, devraient logiquement s'appliquer au warrant publié les effets que la loi attache à la publicité du gage. À cet égard, l'article 2337, alinéa 3, du Code civil dispose que « lorsque le gage a été régulièrement publié, les ayants cause à titre particulier du constituant ne peuvent se prévaloir de l'article 2276 ».

La nature du warrant sort également modifiée de la loi du 4 août 2008 créant le nouveau droit de rétention fictif de l'article 2286, 4° du Code civil. Le warrant étant assimilé à un gage sans dépossession, il devrait donc bénéficier du droit de rétention fictif de l'article 2286, 4° du Code civil [4]. C'est, semble-t-il, ce qu'a décidé la Cour de cassation dans un arrêt de 2010 [5], autorisant le créancier warranté, en cas de liquidation judiciaire du débiteur, à reporter son droit de rétention sur le prix de vente du stock de paille warranté (C. com., art. L. 642-20-1, al. 3).

L'absence de dépossession du créancier warranté devrait également le rendre plus vulnérable s'il est opposé à un créancier bénéficiant d'une clause de réserve de propriété sur la chose ultérieurement warrantée [6].

901. ***Warrant hôtelier*** (C. com., art. L. 523-1 à L. 523-15). Il permet à l'hôtelier de se procurer du crédit en engageant les meubles de l'hôtel. Mais, lorsque l'hôtelier n'est que locataire du local, son bailleur dispose d'un privilège sur ces mêmes meubles [7], qui prime le

---

1. Civ. 1re, 18 janv. 2000, *Bull. civ.* I, n° 17 ; 18 déc. 2001, *Bull. civ.* I, n° 326 ; cf. M. Cabrillac, C. Mouly, S. Cabrillac et Ph. Pétel, *op. cit.*, n° 827.

2. Cf. M.Cabrillac, C. Mouly, S. Cabrillac et Ph. Pétel, *op. cit.*, n° 827, qui expliquent cette solution par la faible efficacité de la publicité portant sur des biens usuels et négociables, cette publicité étant dès lors incapable, à elle seule, de constituer le tiers acquéreur de mauvaise foi.

3. Pour une nouvelle analyse du warrant, conduisant, selon son auteur, à une fragilisation de la garantie, v. E. Le Corre-Broly, « La situation du porteur d'un warrant agricole après l'ordonnance du 23 mars 2006 et la LME », *JCP E* 2013. 1446.

4. En ce sens, E. Le Corre-Broly, *ibid.*, n° 8.

5. Com. 26 janv. 2010, inédit, n° 08-21340 (l'arrêt reconnait un droit de rétention au créancier warrenté, sans toutefois préciser qu'il s'agit du droit de rétention de l'article 2286, 4° du Code civil). Avant cet arrêt, la jurisprudence était encore moins claire, puisqu'il avait été seulement jugé que le warrant confère au porteur « une possession équivalente à la possession réelle » (Civ. 23 avr. 1918, *DP* 1919. 1. 33).

6. En ce sens, E. Le Corre-Broly, *ibid.*, n° 18 ; alors qu'auparavant une jurisprudence, certes ancienne, semblait donner gain de cause au créancier warranté : Civ. 23 avr. 1918, *DP* 1919. I. 3, note Capitant.

7. Sur le privilège mobilier spécial du bailleur d'immeuble (C. civ., art. 2332, 1°, anc. art. 2102, 1°), v. ss 958.

droit de préférence du créancier bénéficiaire du warrant. Le warrant hôtelier est ainsi peu utilisé[1], d'autant que les biens qui peuvent lui servir d'assiette (mobilier commercial et matériel servant à l'exploitation) peuvent faire l'objet d'une autre sûreté, le nantissement de l'outillage et du matériel d'équipement, qui confère au créancier un rang plus avantageux.

902. ***Warrant pétrolier*** (C. com., art. L. 524-1 à L. 524-21). Il donne aux compagnies pétrolières la possibilité d'emprunter en donnant en gage les stocks de produits pétroliers qu'elles ont l'obligation de conserver.

Section 2
Le nantissement de meubles incorporels

> **C. civ., art. 2355.** – Le nantissement est l'affectation, en garantie d'une obligation, d'un bien meuble incorporel ou d'un ensemble de biens meubles incorporels, présents ou futurs.
> Il est conventionnel ou judiciaire.
> Le nantissement judiciaire est régi par les dispositions applicables aux procédures civiles d'exécution.
> Le nantissement conventionnel qui porte sur les créances est régi, à défaut de dispositions spéciales, par le présent chapitre.
> Celui qui porte sur d'autres meubles incorporels est soumis, à défaut de dispositions spéciales, aux règles prévues pour le gage de meubles corporels.

L'article 2355 du Code civil définit le nantissement comme « l'affectation, en garantie d'une obligation, d'un bien meuble incorporel ou d'un ensemble de biens meubles incorporels, présents ou futurs ». Au sein du nantissement de meubles incorporels, dont le régime est dissocié de celui du gage de meubles corporels[2], l'ordonnance du 23 mars 2006 a opéré une césure entre le nantissement conventionnel de créances et les nantissements portant sur d'autres meubles incorporels. L'article 2355 du Code civil énonce en effet que « le nantissement conventionnel qui porte sur les créances est régi, à défaut de dispositions spéciales, par le présent chapitre. Celui qui porte sur d'autres meubles incorporels est soumis, à défaut de dispositions spéciales, aux règles prévues pour le gage de meubles corporels ». Il convient dès lors de présenter le régime du nantissement de créance (§ 1), avant de fournir quelques illustrations de nantissements portant sur d'autres meubles incorporels (§ 2).

§ 1. Le nantissement de créance

Avant la réforme du 23 mars 2006, sous réserve de l'ancien article 2075 du Code civil, le nantissement de créance ordinaire ne faisait l'objet d'aucune disposition spécifique. Son régime était aligné sur celui du gage de meubles corporels. Désormais, le nantissement de créance est soumis à un corps de règles distinct et complet, détaillant sa constitution (A) et sa réalisation (B)[3]. Ce nouveau *droit commun du nantissement de créance* énoncé par les

---

1. Sur les causes de cette désaffection, v. not. M. Cabrillac, C. Mouly, S. Cabrillac, Ph. Pétel, *op. cit.*, n° 826.
2. L'ordonnance du 23 mars 2006 a consacré des chapitres distincts à ces deux types de sûretés mobilières.
3. Sur l'efficacité des « métamorphoses » que le nantissement de créance a connues depuis l'ordonnance de 2006, cf. M. Julienne, *Le nantissement de créance*, Economica, 2012. V. aussi

articles 2356 à 2366 du Code civil laisse subsister les dispositions spéciales régissant les nantissements portant sur des créances particulières, telles les créances professionnelles [1].

A. Constitution

L'assiette du nantissement de créance est diverse dans sa composition (1°). Ses conditions de constitution entre les parties en font, désormais, un contrat solennel (2°) alors que ses conditions d'opposabilité aux tiers ont été simplifiées (3°).

C. civ., art. 2355, al. 1er. – Le nantissement est l'affectation, en garantie d'une obligation, d'un bien meuble incorporel ou d'un ensemble de biens meubles incorporels, présents ou futurs.
C. civ., art. 2357. – Lorsque le nantissement a pour objet une créance future, le créancier nanti acquiert un droit sur la créance dès la naissance de celle-ci.
C. civ., art. 2358, al. 2. – Il peut porter sur une fraction de créance, sauf si celle-ci est indivisible.
C. civ., art. 2359. – Le nantissement s'étend aux accessoires de la créance à moins que les parties n'en conviennent autrement.
C. civ., art. 2360. – Lorsque le nantissement porte sur un compte, la créance nantie s'entend du solde créditeur, provisoire ou définitif, au jour de la réalisation de la sûreté sous réserve de la régularisation des opérations en cours, selon les modalités prévues par les procédures civiles d'exécution.
Sous cette même réserve, au cas d'ouverture d'une procédure de sauvegarde, de redressement judiciaire, de liquidation judiciaire ou d'une procédure de traitement des situations de surendettement des particuliers contre le constituant, les droits du créancier nanti portent sur le solde du compte à la date du jugement d'ouverture.

1° Assiette

903. Le nantissement peut porter sur *une seule créance* (par exemple, un vendeur peut nantir la créance de prix de vente) ou sur *un ensemble de créances* (un bailleur peut nantir ses créances de loyer). Dans les deux cas, le créancier nanti est amené à réclamer le paiement au débiteur de son propre débiteur (dans les exemples précédents, l'acquéreur ou le preneur). Le nantissement réalise ainsi une opération à trois personnes. Ce caractère triangulaire le rapproche des sûretés personnelles. Mais la ressemblance s'arrête là, puisque le créancier nanti dispose, non pas d'un droit personnel contre le débiteur de la créance nantie, mais d'un droit réel sur cette créance, qui se trouve affectée en garantie d'un rapport juridique principal [2].

A. Aynès, « Les nouveaux droits de rétention : gage sans dépossession et nantissement de créance », *in Réformes du droit civil et vie des affaires*, dir. M. Bourassin et J. Revel, Dalloz, coll. « Thèmes et commentaires », 2014, p. 85 ; Ph. Delebecque, « Les sûretés sur créances monétaires », *in Le droit des affaires d'aujourd'hui à demain, en hommage à Y. Chaput*, LexisNexis, 2014, p. 85.

1. La loi n° 81-1 du 2 janvier 1981, dite « loi Dailly », a créé un nantissement en forme simplifiée pour les créances professionnelles. L'ordonnance du 23 mars 2006 n'a apporté aucune modification à son régime énoncé par les articles L. 313-23 et suivants du Code monétaire et financier. Elle s'en est plutôt inspirée pour simplifier la constitution et la réalisation du nantissement de créance de droit commun. Seuls ces emprunts seront signalés. L'ensemble du régime du nantissement Dailly ne mérite pas, en effet, d'être détaillé, car cette sûreté spéciale est très peu utilisée depuis que la loi du 24 janvier 1984 a instauré un mécanisme de propriété fiduciaire plus efficace à l'égard des créances professionnelles (v. ss 662).

2. Sur cette analyse du nantissement de créance, cf. D. Legeais, *Les garanties conventionnelles sur créances*, Economica, 1986 ; M. Mignot, « L'indisponibilité de la créance nantie : une pièce manquante essentielle du dispositif législatif issu de l'ordonnance du 23 mars 2006 », *RD banc. fin.* 2010, n° 1, étude 2.

Les créances garanties peuvent être *présentes* (ainsi des loyers, même s'ils ne sont pas encore exigibles, car ils naissent dès la conclusion du contrat de bail) ou *futures*[1] (la créance de prix afférente à une vente à venir ; des flux de créances, comme le chiffre d'affaires futur d'une entreprise). L'article 2355 du Code civil a généralisé sur ce point une jurisprudence fondée sur l'ancien article 2075 du Code civil, qui admettait le nantissement d'une créance seulement éventuelle, dont l'existence était proche de la certitude (par exemple, des sommes dues en exécution d'un marché de travaux publics à effectuer, des subventions versées chaque année sous forme de primes à certains agriculteurs, en application d'un texte de loi[2]). Selon l'article 2356, alinéa 3, du Code civil, le contrat de nantissement doit permettre l'individualisation des créances futures ou contenir des éléments permettant celle-ci, « tels que l'indication du débiteur, le lieu de paiement, le montant des créances ou leur évaluation et, s'il y a lieu, leur échéance ». À défaut de telles précisions, les créances nanties seraient indéterminables et le nantissement annulable[3]. L'article 2357 du Code civil ajoute que « lorsque le nantissement a pour objet une créance future, le créancier nanti acquiert un droit sur la créance dès la naissance de celle-ci ».

Le nantissement peut grever *la totalité ou une fraction seulement de la créance*, sauf si celle-ci est indivisible (art. 2358, al. 2).

Le nantissement de créance peut encore avoir pour assiette un *compte*. Il porte alors plus précisément sur le « solde créditeur, provisoire ou définitif, au jour de la réalisation de la sûreté sous réserve de la régularisation des opérations en cours, selon les modalités prévues par les procédures civiles d'exécution » (art. 2360, al. 1er)[4].

Enfin, en application du principe *accessorium sequitur principale*, l'article 2359 du Code civil précise que « le nantissement s'étend aux accessoires de la créance à moins que les parties n'en conviennent autrement ».

2° Conditions de constitution entre les parties

> **C. civ., anc. art. 2075.** – Lorsque le gage s'établit sur des meubles incorporels, tels que les créances mobilières, l'acte authentique ou sous seing privé, dûment enregistré, est signifié au débiteur de la créance donnée en gage, ou accepté par lui dans un acte authentique.
> **C. civ., art. 2356.** – À peine de nullité, le nantissement de créance doit être conclu par écrit.
> Les créances garanties et les créances nanties sont désignées dans l'acte.
> Si elles sont futures, l'acte doit permettre leur individualisation ou contenir des éléments permettant celle-ci tels que l'indication du débiteur, le lieu de paiement, le montant des créances ou leur évaluation et, s'il y a lieu, leur échéance.

904. ***Ancien article 2075 du Code civil.*** Avant la réforme de 2006, l'« acte authentique ou sous seing privé dûment enregistré » imposé par l'article 2075 du Code civil ne conditionnait pas la constitution du nantissement entre les parties, mais seulement son

---

1. Cf. M. Moulière, « Le nantissement de créances futures, un nouveau contrat aléatoire », *RTD com.* 2011. 677.

2. Douai, 19 avr. 1956, *D.* 1956. 343.

3. Colmar, 24 nov. 2011, n° 11/02000 ; *Juris-Data* n° 2011-026292. En l'espèce, a été annulé le nantissement *omnibus* constitué par le client d'une banque portant sur « l'ensemble de ses comptes actuels et futurs en raison de toute avance, prêt ou crédit de toute nature, opération de bourse ou autre opération sur titres ou sur instruments financiers et au titre de toute prestation de service ».

4. En cas d'ouverture d'une procédure d'insolvabilité (procédure collective professionnelle ou procédure de surendettement), c'est à la date du jugement d'ouverture qu'il convient de prendre en considération le solde du compte (art. 2360, al. 2).

opposabilité aux tiers. La portée de l'écrit en matière de nantissement de créance était ainsi la même qu'à l'égard du gage de meubles corporels, sur le fondement de l'ancien article 2074 [1].

La formation du nantissement entre les parties dépendait quant à elle des formalités visées par l'article 2075 en remplacement de la tradition matérielle, par hypothèse impossible à l'égard d'un bien incorporel, à savoir la *signification* du nantissement au débiteur de la créance nantie ou l'*acceptation* du nantissement par ce débiteur dans un acte authentique. Ces formalités ne constituaient donc pas de simples mesures de publicité. Elles remplissaient une *fonction de mise en possession* du créancier nanti [2] et conditionnaient la naissance du droit réel de celui-ci [3]. Tant qu'elles n'avaient pas été accomplies, le créancier pouvait tout au plus se prévaloir d'une promesse de gage [4].

905. ***Nouvel article 2356 du Code civil.*** L'ordonnance du 23 mars 2006 a bouleversé les conditions de constitution du nantissement de créance entre les parties [5]. L'écrit est désormais une condition de validité, et le nantissement de créance est devenu par là même un *contrat solennel*. Le nouvel article 2356 du Code civil dispose en effet, sans équivoque possible [6], qu'« à peine de nullité, le nantissement de créance doit être conclu par écrit ».

La *spécialité* quant à la créance garantie, d'une part, et la spécialité quant à l'assiette du nantissement, c'est-à-dire à la créance nantie [7], d'autre part, paraissent également requises pour la validité même de la sûreté.

Le nantissement de créance prend donc effet entre les parties à la date de l'acte constitutif respectant le double principe de spécialité (C. civ., art. 2361), sans n'avoir plus à être signifié au débiteur de la créance nantie ou accepté par ce dernier dans un acte authentique.

3° Conditions d'opposabilité aux tiers

C. civ., art. 2361. – Le nantissement d'une créance, présente ou future, prend effet entre les parties et devient opposable aux tiers à la date de l'acte.
C. civ., art. 2362. – Pour être opposable au débiteur de la créance nantie, le nantissement de créance doit lui être notifié ou ce dernier doit intervenir à l'acte.
À défaut, seul le constituant reçoit valablement paiement de la créance.

---

1. V. ss 819.
2. Civ. 1re, 10 mai 1983, *Bull. civ.* I, n° 141.
Avant la réforme, l'exigence de mise en possession du créancier n'était pas limitée aux gages de meubles corporels, dans lesquels elle peut être réalisée matériellement. Elle s'imposait également en matière de nantissement de créance, sous la forme alors purement juridique, intellectuelle, de la signification de la sûreté au débiteur de la créance nantie. En effet, l'ancien article 2071 du Code civil définissait le nantissement par la remise de la chose au créancier, sans s'attacher à la nature corporelle ou incorporelle de cette chose. De plus, l'ancien article 2076 du Code civil énonçait que « dans tous les cas, le privilège ne subsiste sur le gage qu'autant que ce gage a été mis et est resté en la possession du créancier ».
3. Com. 23 janv. 2001, *Bull. civ.* IV, n° 20 ; 9 mai 2007, *Bull. civ.* IV, n° 127 (la signification au débiteur de la créance nantie est une condition substantielle de la naissance du droit réel au profit du créancier gagiste et elle peut intervenir jusqu'au moment où le juge statue).
4. Civ. 1re, 6 janv. 1994, *Bull. civ.* I, n° 4 ; Com. 28 janv. 1997, *Bull. civ.* IV, n° 35.
5. Les modifications opérées se sont inspirées du régime simplifié du nantissement Dailly des créances professionnelles.
6. À l'inverse, en matière de gage de meubles corporels, la formule de l'article 2336 du Code civil, « le gage est parfait », prête à interprétation (v. ss 819).
7. Si les créances nanties sont futures, l'exigence de spécialité est respectée dès lors que l'acte constitutif permet leur individualisation, notamment en précisant le nom du « débiteur, le lieu de paiement, le montant des créances ou leur évaluation et, s'il y a lieu, leur échéance » (art. 2356, al. 3).

C. civ., art. 2363. – Après notification, seul le créancier nanti reçoit valablement paiement de la créance donnée en nantissement tant en capital qu'en intérêts.
Chacun des créanciers, les autres dûment appelés, peut en poursuivre l'exécution.
C. civ., art. 2364. – Les sommes payées au titre de la créance nantie s'imputent sur la créance garantie lorsqu'elle est échue.
Dans le cas contraire, le créancier nanti les conserve à titre de garantie sur un compte ouvert auprès d'un établissement habilité à les recevoir à charge pour lui de les restituer si l'obligation garantie est exécutée. En cas de défaillance du débiteur de la créance nantie et huit jours après une mise en demeure restée sans effet, le créancier affecte les fonds au remboursement de sa créance dans la limite des sommes impayées.

906. ***Avant la réforme.*** L'opposabilité aux tiers du nantissement de créance était subordonnée, soit à la *signification* de l'acte constitutif au débiteur de la créance nantie, soit à *l'acceptation* de ce débiteur dans un acte authentique[1]. Tant que l'une de ces formalités n'avait pas été accomplie, le créancier nanti ne pouvait, ni exiger le paiement du débiteur de la créance nantie, ni opposer son droit de préférence à d'autres créanciers.

907. ***Depuis la réforme.*** L'ordonnance du 23 mars 2006 a *simplifié* l'opposabilité du nantissement de créance[2].

À l'égard des *tiers*, le nouvel article 2361 du Code civil énonce que le nantissement devient opposable à la date de l'acte. L'opposabilité aux tiers n'est donc plus conditionnée par la signification préalable de l'acte au débiteur de la créance nantie.

À l'égard du *débiteur de la créance nantie*, le nouvel article 2362, alinéa 1er, du Code civil subordonne l'opposabilité du nantissement, soit à sa notification audit débiteur[3], soit à l'intervention de celui-ci à l'acte. Si le créancier n'accomplit pas l'une de ces formalités allégées, « seul le constituant reçoit valablement paiement de la créance » (art. 2362, al. 2). En revanche, « après notification, seul le créancier nanti reçoit valablement paiement de la créance donnée en nantissement tant en capital qu'en intérêts » (art. 2363, al. 1er). Si le créancier reçoit ce paiement après l'échéance de la créance garantie, le nouvel article 2364, alinéa 1er, du Code civil prévoit que « les sommes payées au titre de la créance nantie s'imputent sur la créance garantie ». Ce paiement constitue dès lors un mode de réalisation du nantissement. À l'inverse, si le créancier reçoit paiement du débiteur de la créance nantie avant que la créance garantie ne soit échue, le nouvel article 2364, alinéa 2, du Code civil précise que le créancier doit conserver ces sommes sur un compte ouvert auprès d'un établissement habilité à les recevoir, à charge pour lui de les restituer si l'obligation garantie est exécutée.

B. Réalisation

C. civ., art. 2363. – Après notification, seul le créancier nanti reçoit valablement paiement de la créance donnée en nantissement tant en capital qu'en intérêts.
Chacun des créanciers, les autres dûment appelés, peut en poursuivre l'exécution.

---

1. Il convient de remarquer que ces exigences sont exactement celles que l'article 1690 du Code civil relatif à la cession de créance prescrit afin d'avertir le débiteur cédé de l'existence de la cession et de lui interdire ainsi de payer entre les mains du cédant.

2. Les simplifications opérées en matière d'opposabilité se sont elles aussi inspirées du nantissement spécial de créances professionnelles.

3. Seule une notification est exigée, et non plus une signification. Cette simplification n'empêche cependant pas les parties de recourir à une signification si elles le souhaitent.

C. civ., art. 2364. – Les sommes payées au titre de la créance nantie s'imputent sur la créance garantie lorsqu'elle est échue.
Dans le cas contraire, le créancier nanti les conserve à titre de garantie sur un compte ouvert auprès d'un établissement habilité à les recevoir à charge pour lui de les restituer si l'obligation garantie est exécutée. En cas de défaillance du débiteur de la créance nantie et huit jours après une mise en demeure restée sans effet, le créancier affecte les fonds au remboursement de sa créance dans la limite des sommes impayées.
C. civ., art. 2365. – En cas de défaillance de son débiteur, le créancier nanti peut se faire attribuer, par le juge ou dans les conditions prévues par la convention, la créance donnée en nantissement ainsi que tous les droits qui s'y rattachent.
Il peut également attendre l'échéance de la créance nantie.
C. civ., art. 2366. – S'il a été payé au créancier nanti une somme supérieure à la dette garantie, celui-ci doit la différence au constituant.

En cas de défaillance du débiteur, l'article 2365 du Code civil ouvre **trois voies** au créancier pour réaliser son nantissement.

908. D'abord, requérir en justice l'*attribution en propriété* de la créance nantie. Les formalités n'étant pas précisées, le droit commun de l'article 2347 du Code civil [1] paraît devoir s'appliquer.

909. Ensuite, devenir titulaire de la créance nantie « dans les conditions prévues par la convention », c'est-à-dire sur le fondement d'un *pacte commissoire*. Avant la réforme, la validité de ce pacte était déjà admise par la jurisprudence en matière de gage-espèces [2]. La validité du pacte a désormais un champ d'application général, dans la limite toutefois essentielle de l'article L. 622-7 du Code de commerce, qui prohibe la conclusion ou la réalisation du pacte commissoire après le jugement d'ouverture d'une procédure collective.

910. Enfin, *attendre l'échéance de la créance nantie*. Si le créancier a bien notifié le nantissement au débiteur de la créance nantie, il est le seul à pouvoir recevoir le paiement de celle-ci (art. 2363, al. 1er). Il n'est plus alors question d'un droit de préférence [3], mais d'une véritable *exclusivité*, qui rapproche sensiblement le nantissement de créance des mécanismes de propriété fiduciaire [4].

Le paiement réalisé par le débiteur de la créance nantie s'impute sur la créance garantie (art. 2364, al. 1er). Si les sommes ainsi payées sont d'un montant supérieur à celui de la créance garantie, le créancier doit la différence au constituant (art. 2366), car une sûreté, en raison de son caractère accessoire, ne doit procurer aucun enrichissement au créancier.

Ce troisième mode de réalisation, qui peut sembler le plus simple, pourrait cependant être privé d'efficacité après l'ouverture d'une procédure collective contre le débiteur principal s'il venait à être assimilé à un pacte commissoire [5].

---

1. V. ss 841.
2. Com. 9 avr. 1996, *Bull. civ.* IV, n° 116 ; 3 juin 1997, *Bull. civ.* IV, n° 165.
3. À moins que l'article 2363, alinéa 1er, du Code civil ne soit interprété comme autorisant seulement le créancier à percevoir le paiement pour le compte de tous les ayants droit et comme lui imposant, le cas échéant, de le restituer à ceux qui lui sont préférables. Seule cette interprétation serait de nature à ramener le nantissement de créance vers le droit commun du gage, qui n'accorde qu'un droit de préférence, et à l'éloigner, au contraire, de la propriété fiduciaire, dont l'efficacité repose sur le droit exclusif au paiement qu'elle confère.
4. En ce sens, cf. L. Aynès, « Le nantissement de créance : entre gage et fiducie », *Dr. et patr.* sept. 2007, n° 162, p. 66 s. ; M. Julienne, thèse préc.
5. *Contra* : H. Synvet, « Le nantissement de compte », *Dr. et patr.* juill.-août 2007, p. 62 s., selon lequel l'article L. 622-7 du Code de commerce rendant le pacte commissoire inefficace est sans incidence sur l'efficacité du nantissement puisque le créancier ne prétend pas à l'attribution d'une créance appartenant à son débiteur.

911. L'ordonnance du 23 mars 2006 n'a pas fait figurer la *vente judiciaire* parmi les modes de réalisation du nantissement de créance. Il s'agit d'une simplification logique, puisque la vente aux enchères d'une créance n'a guère de sens.

912. *Quid du droit de rétention ?* L'ordonnance n'a pas davantage expressément reconnu un droit de rétention au créancier nanti sur créance. Cependant, l'article 2363 du Code civil peut être interprété comme instituant un tel droit de rétention, puisqu'il prévoit qu'après la notification du nantissement au débiteur de la créance nantie, le constituant ne peut plus percevoir le paiement de la créance nantie. La notification privant ainsi le constituant de ce qui fait l'utilité même du bien affecté en garantie et empêchant le paiement dans d'autres mains que celles du créancier nanti, elle place ce dernier dans la position d'un rétenteur[1]. Cette interprétation semble d'autant plus légitime que la loi reconnaît un droit de rétention dans le cadre d'un autre nantissement portant sur un meuble incorporel spécial, celui du compte-titres (C. mon. fin., art. L. 211-20). Si cette interprétation devait être retenue par la Cour de cassation[2], le droit de rétention serait particulièrement utile au créancier nanti sur créance pour éviter, non seulement les contraintes de la procédure d'attribution judiciaire, mais aussi et surtout la prohibition, en cas de procédure collective, du pacte commissoire (C. com., art. L. 622-7).

§ 2. Le nantissement d'autres meubles incorporels

913. Certains nantissements portant sur des meubles incorporels autres que des créances font l'objet de *dispositions spéciales*. Tel est notamment le cas des nantissements des parts de sociétés civiles (C. civ., art. 1866 à 1868)[3], des polices d'assurance sur la vie (C. assur., art. L. 132-10)[4], des droits sur une œuvre cinématographique ou audiovisuelle (C. cinéma

---

1. En ce sens, cf. A. Aynès, « La consécration légale des droits de rétention », *D.* 2006, dossier p. 1301 ; B. Dupont-Legrand, « Droit de rétention fictif et nantissement de créances : l'exclusivité au paiement ? », *RRJ* 2012, n° 4, p. 1825 ; M. Julienne, thèse préc. ; *contra* : cf. M. Mignot, « L'indisponibilité de la créance nantie : une pièce manquante essentielle du dispositif législatif issu de l'ordonnance du 23 mars 2006 », *RD banc. fin.* 2010, n° 1, étude 2, qui distingue le droit de rétention et le pouvoir de blocage, qui ne serait qu'une conséquence de l'indisponibilité de la créance nantie dès la conclusion du contrat de nantissement.

2. À ce jour, la Cour de cassation elle-même ne s'est pas prononcée sur l'existence d'un droit de rétention au profit des créanciers nantis sur créances. En revanche, son service de documentation a consacré l'existence de ce droit dans le résumé qui précède au *Bulletin* l'arrêt rendu par la chambre commerciale le 26 mai 2010 (*Bull. civ.* IV, n° 94). En effet, alors que, dans l'arrêt même, il n'est nullement fait état d'un droit de rétention, le résumé mentionne que « le prêteur avait la qualité de créancier nanti lui conférant un droit de rétention ». « Bien que la méthode soit fort discutable, l'affirmation semble heureuse car elle correspond à l'évolution du droit de rétention qui peut être aujourd'hui conçu comme un pouvoir de blocage susceptible de s'exercer sur n'importe quel bien, même si, dans le cas d'une créance, ce droit de rétention n'aura qu'une efficacité nécessairement limitée car celle-ci suppose que le débiteur de la créance nantie respecte l'obligation qui lui est faite par la signification ou la notification de ne payer que le bénéficiaire du nantissement » (P. Crocq, *D.* 2011. 406).

3. Cf. E. Fiszelson et V. Marly, « Pacte commissoire et nantissement de parts de sociétés civiles : quand le général chasse le spécial ? », *RTDI* 2013, n° 1, 4.

4. La loi n° 2007-1775 du 17 décembre 2007 sur le nantissement de contrat d'assurance-vie a ajouté trois alinéas à l'article L. 132-10 du Code des assurances : d'abord, lorsque l'acceptation du bénéficiaire de l'assurance-vie est antérieure au nantissement, ce dernier est subordonné à l'accord du bénéficiaire ; ensuite, lorsque l'acceptation du bénéficiaire est postérieure au nantissement, celle-ci est sans effet à l'égard des droits du créancier nanti ; enfin, sauf clause contraire, le créancier nanti peut provoquer le rachat nonobstant l'acceptation du bénéficiaire. Cette dernière disposition revient sur la

et image animée, art. L. 123-1 et L. 123-2)[1], du fonds de commerce (A) ou encore des comptes-titres (B). À défaut de dispositions spéciales, l'article 2355 du Code civil déclare applicables les règles prévues pour le gage de meubles corporels (C).

A. Nantissement de fonds de commerce

> **C. com., art. L. 142-1.** – Les fonds de commerce peuvent faire l'objet de nantissements, sans autres conditions et formalités que celles prescrites par le présent chapitre et le chapitre III ci-après.
> Le nantissement d'un fonds de commerce ne donne pas au créancier gagiste le droit de se faire attribuer le fonds en paiement et jusqu'à due concurrence.
> **C. com., art. L. 142-2.** – Sont seuls susceptibles d'être compris dans le nantissement soumis aux dispositions du présent chapitre comme faisant partie d'un fonds de commerce : l'enseigne et le nom commercial, le droit au bail, la clientèle et l'achalandage, le mobilier commercial, le matériel ou l'outillage servant à l'exploitation du fonds, les brevets d'invention, les licences, les marques, les dessins et modèles industriels, et généralement les droits de propriété intellectuelle qui y sont attachés.
> Le certificat d'addition postérieur au nantissement qui comprend le brevet auquel il s'applique suit le sort de ce brevet et fait partie, comme lui, du gage constitué.
> À défaut de désignation expresse et précise dans l'acte qui le constitue, le nantissement ne comprend que l'enseigne et le nom commercial, le droit au bail, la clientèle et l'achalandage.
> Si le nantissement porte sur un fonds de commerce et ses succursales, celles-ci doivent être désignées par l'indication précise de leur siège.
> **C. com., art. L. 142-3.** – Le contrat de nantissement est constaté par un acte authentique ou par un acte sous seing privé, dûment enregistré.
> Le privilège résultant du contrat de nantissement s'établit par le seul fait de l'inscription sur un registre public tenu au greffe du tribunal de commerce dans le ressort duquel le fonds est exploité.
> La même formalité doit être remplie au greffe du tribunal de commerce dans le ressort duquel est située chacune des succursales du fonds comprise dans le nantissement.
> **C. com., art. L. 142-4.** – L'inscription doit être prise, à peine de nullité du nantissement, dans les trente jours suivant la date de l'acte constitutif.
> En cas de redressement ou de liquidation judiciaires, les articles L. 632-1 à L. 632-4 sont applicables aux nantissements de fonds de commerce.
> **C. com., art. L. 142-5.** – Le rang des créanciers gagistes entre eux est déterminé par la date de leurs inscriptions. Les créanciers inscrits le même jour viennent en concurrence.

Le *fonds de commerce* est une universalité mobilière, formée d'éléments disparates, corporels et incorporels, ayant une unité comme étant au service d'une même activité commerciale. Il comprend la clientèle, qui en est l'élément central, les marchandises, le matériel, l'outillage, le droit au bail, les droits de propriété industrielle (marque, brevet, nom commercial). Il ne comprend pas, en revanche, les droits immobiliers, les immeubles par destination, les créances et dettes liées à l'exploitation, les contrats passés par l'exploitant.

914. ***Caractéristiques générales***. Le nantissement de fonds de commerce, créé par une loi du 17 mars 1909 et non modifié par l'ordonnance du 23 mars 2006, permet aux

---

jurisprudence selon laquelle le droit au rachat doit, en principe, être refusé au créancier nanti, parce qu'il s'agit d'une prérogative personnelle au souscripteur (Com. 26 mars 2008, inédit, n° 06-15003 ; *contra* : Paris, 10 juin 2010, *Juris-Data* n° 2010-014337).

Cf. N. Leblond, « Les droits du créancier nanti sur un contrat d'assurance-vie », *RD banc. fin.* 2015, n° 1, p. 83.

1. Cf. Ph. Simler et Ph. Delebecque, « Nantissement de films et cession de recettes à titre de garantie : quelle efficacité ? », *JCP E* 2013, n° 22, p. 42.

commerçants de retirer de leur fonds du crédit, tout en en poursuivant l'exploitation. Il s'agit, en effet, d'une sûreté, en principe conventionnelle [1], *sans dépossession* [2].

Elle est *très présente dans la vie des affaires*, surtout dans le cadre de la vente du fonds de commerce à crédit, où elle complète utilement le privilège du vendeur de fonds [3]. Lorsqu'elle est utilisée pour financer l'activité elle-même, elle est également très pratiquée, même si son efficacité est alors fréquemment douteuse. En effet, le commerçant grève bien souvent le fonds en raison des difficultés qu'il rencontre dans ses affaires et c'est donc une valeur en déclin qui est donnée en garantie.

915. ***Assiette***. L'article L. 142-2 du Code de commerce énumère les biens susceptibles d'être compris dans le nantissement de fonds de commerce : l'enseigne et le nom commercial, le droit au bail (s'il y a lieu), la clientèle et l'achalandage, le mobilier commercial, le matériel ou l'outillage servant à l'exploitation du fonds, les brevets d'invention, les licences, les marques, les dessins et modèles industriels et, généralement, les droits de propriété intellectuelle qui y sont attachés. Il s'agit là de l'étendue maximale du nantissement, qui peut au contraire être restreinte par les parties. Si les parties ne délimitent pas l'assiette, le nantissement ne comprend que l'enseigne, le nom commercial, le droit au bail, la clientèle et l'achalandage.

Sont exclus du nantissement : les immeubles par nature et les droits réels immobiliers [4] ; les objets personnels du commerçant [5] ; les marchandises [6], bien qu'elles se distinguent parfois difficilement du matériel.

916. ***Conditions de constitution***. S'agissant des *conditions substantielles*, elles concernent d'abord le fonds de commerce : il doit en principe exister lors de la conclusion de la sûreté, c'est-à-dire que l'activité doit déjà être entreprise et la clientèle constituée ; une promesse de nantissement sur un fonds futur est toutefois valable. Des conditions se rapportent ensuite au constituant : il doit être titulaire du fonds et avoir le droit d'en disposer ; en outre, si le constituant est une personne morale, doivent être respectées les contraintes sociétaires, tels le principe de spécialité et l'exigence d'autorisation pour les sociétés anonymes. Concernant, enfin, les créances garanties, elles peuvent être présentes, futures et même éventuelles.

Les *conditions formelles*, requises *à peine de nullité* du nantissement, sont de deux types. D'une part, le contrat de nantissement doit être établi par *écrit* : acte sous seing privé enregistré ou acte authentique (C. com., art. L. 142-3). D'autre part, sous la même sanction, il doit être inscrit sur un registre spécial tenu au greffe du tribunal de commerce dans le ressort duquel le fonds est exploité. Cette *publication* doit être effectuée dans les

---

1. Sur le nantissement judiciaire de fonds de commerce, v. ss 940.

2. L'absence de dépossession a longtemps rendu le nantissement de fonds de commerce plus proche de l'hypothèque que du gage. Ainsi, le régime de ce nantissement a-t-il été emprunté, pour une large part, à celui de l'hypothèque et, en cas de vide législatif, il était habituel d'appliquer le régime hypothécaire. Cette méthode interprétative paraît critiquable depuis que l'ordonnance du 23 mars 2006 a cessé de réserver l'absence de dépossession à l'hypothèque et a consacré, au contraire, le gage sans dépossession.

3. La raison en est que le nantissement est indivisible, alors que le privilège ne l'est pas. Sur ce privilège du vendeur de fonds de commerce, v. ss 981.

4. Cass., Req., 28 juill. 1937, *Gaz. Pal.* 1937. 2. 639 ; Com. 14 oct. 1965, *Bull. civ.* III, n° 499.

5. Nancy, 4 déc. 1936, *S.* 1937. 2. 90.

6. Cass., Req., 21 juin 1933, *DH* 1933. 426. Il s'agit là d'une différence importante par rapport au privilège du vendeur de fonds de commerce, qui porte, au contraire, sur les marchandises (v. ss 981), ainsi que par rapport au nantissement de fonds rural, qui s'étend aux stocks.

trente jours de l'acte constitutif[1] (C. com., art. L. 142-4, mod. par la loi *Macron* n° 2015-990 du 6 août 2015). Elle est requise non seulement *ad validitatem*, mais aussi pour l'information des tiers[2] ; certains juges se montrent d'ailleurs particulièrement attentifs à cette seconde fonction[3].

917. *Obligations du constituant*. Comme le constituant conserve le droit d'administrer le fonds et d'en disposer et qu'il risque, dès lors, d'accomplir des actes susceptibles de diminuer la valeur du fonds et donc de préjudicier aux intérêts du créancier nanti, la loi encadre la plupart des actes que le constituant est susceptible de réaliser au cours de la vie du nantissement. Quelques exemples peuvent en être donnés. En cas de déplacement du fonds, le créancier nanti doit être informé quinze jours avant, à peine de déchéance du terme (C. com., art. L. 143-1), car ce déplacement est susceptible de dévaluer le fonds si sa valeur est en partie liée à sa localisation ; si le créancier accepte le déplacement, il doit régulariser l'inscription auprès du greffe compétent, à défaut de quoi le privilège serait inopposable aux autres créanciers[4]. En cas de changement d'activité, le débiteur doit solliciter l'autorisation du bailleur et notifier cette demande aux créanciers inscrits, qui peuvent alors demander que le « changement d'activité soit subordonné aux conditions de nature à sauvegarder leurs intérêts » (C. com., art. L. 145-49). En cas d'abandon de l'exploitation, le débiteur constituant encourt la déchéance du terme et le créancier pourrait demander, en outre, la nomination d'un administrateur provisoire (C. com., art. L. 143-4). En cas de vente du fonds, les créanciers inscrits ont un droit d'opposition, qui rend le prix de vente indisponible ; ils ont également le droit de faire des surenchères pour éviter que la cession ne soit consentie à un prix dérisoire, mais au risque alors d'être déclarés adjudicataires (C. com., art. L. 141-19).

918. *Droits du créancier*. Le créancier nanti sur fonds de commerce dispose d'un *droit de préférence* sur le produit de la vente judiciaire du fonds[5]. Selon l'article L. 142-5 du Code de commerce, « le rang des créanciers gagistes entre eux est déterminé par la date de leurs inscriptions. Les créanciers inscrits le même jour viennent en concurrence ». Le droit de préférence du créancier nanti sur fonds de commerce est fragile pour trois raisons essentielles. D'abord, il s'exerce sur une valeur qui risque d'être dérisoire, car la valeur du fonds est liée à la prospérité du commerçant et que, par hypothèse, le nantissement est réalisé lorsque le débiteur est insolvable, c'est-à-dire, généralement, lorsque la

1. Si l'acte constitutif ne mentionne aucune date, le délai de quinze jours court à compter de l'enregistrement (Com. 17 sept. 2002, *Bull. civ.* IV, n° 127).

2. Ainsi, à défaut de publication dans les quinze jours de l'acte constitutif, le créancier ne saurait-il être considéré comme un « créancier inscrit » au sens de l'article L. 143-2 du Code de commerce, qui prescrit au propriétaire poursuivant la résiliation du bail de l'immeuble dans lequel s'exploite un fonds de commerce grevé d'inscriptions de notifier sa demande aux créanciers antérieurement inscrits (Civ. 3e, 15 févr. 2012, *Bull. civ.* III, n° 30). Mais la nullité n'est pas encourue, faute de grief, lorsque le bordereau d'inscription, établi huit jours après l'acte constitutif, contient une erreur matérielle de date (interversion entre la date de la promesse de cession du fonds de commerce et la date de la cession du fonds de commerce) : Paris, 16 juin 2015, n° 2013/04596.

3. Ainsi, la cour d'appel d'Orléans a-t-elle jugé le 23 mars 2006 (*RJDA* 6/06, n° 704) que le seul fait que, dans le bordereau d'inscription, le créancier n'ait pas identifié la société débitrice par sa dénomination sociale exacte, suivie du patronyme des associés, devait rendre le nantissement inopposable aux tiers, même s'il n'existait aucun doute sur l'identification du fonds grevé, car une telle erreur interdisait aux tiers toute recherche utile auprès du greffe du tribunal.

4. Com. 7 juill. 2009, *Bull. civ.* IV, n° 101.

5. Sont applicables les formes simplifiées prévues pour la réalisation des gages commerciaux : la vente aux enchères est possible dans les huit jours suivant la sommation de payer adressée au débiteur et, le cas échéant, au tiers détenteur.

valeur du fonds est déjà très faible. Ensuite, le nantissement de fonds de commerce étant indivisible, le droit de préférence ne peut s'exercer que sur la valeur du fonds envisagé globalement, et non sur des éléments qui en sont détachés ; il en résulte que l'aliénation d'un élément isolé représente un réel danger pour le créancier nanti. Enfin, le droit de préférence du créancier nanti est primé par le privilège du Trésor, par le privilège du vendeur du fonds ayant inscrit antérieurement (sauf cession d'antériorité).

Par ailleurs, la publicité du nantissement confère au créancier un *droit de suite* (C. com., art. L. 143-12), particulièrement utile en cas de cession du fonds de commerce. Ainsi, l'acheteur qui paierait le vendeur après qu'un créancier ait inscrit son nantissement, s'exposerait à payer une seconde fois entre les mains du créancier nanti. Cependant, comme en matière d'hypothèque, la purge des inscriptions est possible pour faire échec au droit de suite.

En raison de la nature spécifique du fonds de commerce, le créancier nanti ne dispose pas, en revanche, de la faculté d'*attribution judiciaire* (C. com., art. L. 142-1, al. 2)[1], car certaines qualités, dont celle de commerçant, sont nécessaires pour être titulaire de ce type de bien. La Cour de cassation en déduit logiquement que le créancier garanti à la fois par un nantissement de fonds de commerce et par un cautionnement ne saurait perdre cette sûreté personnelle sur le fondement de l'ancien article 2037 du Code civil (C. civ., nouv. art. 2314) pour ne pas avoir requis l'attribution judiciaire du fonds[2].

Enfin, le créancier nanti, qui n'est pas en possession du fonds de commerce, ne saurait exercer matériellement un *droit de rétention*[3]. Aucun texte du Code de commerce ne lui reconnaît un droit de rétention fictif. Celui que la loi de modernisation de l'économie du 4 août 2008 a conféré au gagiste non mis en possession ne profite pas non plus au créancier nanti sur fonds de commerce, d'une part, parce que le droit de rétention fictif de l'article 2286, 4° du Code civil « n'est applicable qu'aux biens corporels, ce qui exclut les nantissements » et, d'autre part, parce que, selon l'article 2355, alinéa 5, du Code civil, les règles prévues pour le gage de meubles corporels ne peuvent jouer à l'égard de nantissements qu'à défaut de dispositions spéciales, ce qui n'est pas le cas du nantissement de fonds de commerce, régi par les articles L. 142-1 et suivants du Code de commerce[4].

919. Le régime du nantissement du fonds de commerce est, pour l'essentiel, applicable au nantissement du ***fonds artisanal*** (article 22 de la loi n° 96-603 du 5 juillet 1996 relative au développement et à la promotion du commerce et de l'artisanat), ainsi qu'au nantissement du ***fonds rural*** créé par la loi d'orientation agricole n° 2006-11 du 5 janvier 2006[5] (C. rur., art. L. 311-3 s., mod. par L. n° 2010-874 du 27 juill. 2010).

B. Nantissement de comptes-titres

C. mon. fin., art. L. 211-20. – I. – Le nantissement d'un compte-titres est réalisé, tant entre les parties qu'à l'égard de la personne morale émettrice et des tiers, par une déclaration signée par le titulaire du compte. Cette déclaration comporte les énonciations fixées par décret. Les

---

1. Civ. 3e, 6 avr. 2005, *Bull. civ.* III, n° 87 ; *RJDA* 08-09/05, n° 1047 ; *RD banc. fin.* 2005, n° 137, D. Legeais ; *RDC* 2005-4, p. 1083, G. Lardeux.
2. Com. 13 oct. 1998, *Bull. civ.* IV, n° 233.
3. Com. 28 oct. 1971, *Bull. civ.* IV, n° 260.
4. Com. 26 nov. 2013, inédit, n° 12-27390.

Sur les difficultés d'interprétation de l'article 2286, 4° du Code civil quant aux sûretés sans dépossession concernées par le nouveau droit de rétention fictif, v. ss 749

5. Cf. I. Pétel-Teyssié, « Une nouvelle sûreté : le nantissement du fonds agricole », *RD rur.* 2006. Étude 4.

titres financiers figurant initialement dans le compte nanti, ceux qui leur sont substitués ou les complètent en garantie de la créance initiale du créancier nanti, de quelque manière que ce soit, ainsi que leurs fruits et produits en toute monnaie, sont compris dans l'assiette du nantissement. Les titres financiers et les sommes en toute monnaie postérieurement inscrits au crédit du compte nanti, en garantie de la créance initiale du créancier nanti, sont soumis aux mêmes conditions que ceux y figurant initialement et sont considérés comme ayant été remis à la date de déclaration de nantissement initiale. Le créancier nanti peut obtenir, sur simple demande au teneur de compte, une attestation de nantissement de compte-titres, comportant inventaire des titres financiers et sommes en toute monnaie inscrits en compte nanti à la date de délivrance de cette attestation.

II. – Le compte nanti prend la forme d'un compte spécial ouvert au nom du titulaire et tenu par un intermédiaire mentionné à l'article L. 211-3, un dépositaire central ou, le cas échéant, l'émetteur.

À défaut d'un compte spécial, sont réputés constituer le compte nanti les titres financiers mentionnés au premier alinéa, ainsi que les sommes en toute monnaie ayant fait l'objet d'une identification à cet effet par un procédé informatique.

III. – Lorsque les titres financiers figurant dans le compte nanti sont inscrits dans un compte tenu par l'émetteur et que celui-ci n'est pas une personne autorisée à recevoir des fonds du public au sens de l'article L. 312-2, les fruits et produits mentionnés au I versés en toute monnaie doivent être inscrits au crédit d'un compte spécial ouvert au nom du titulaire du compte nanti dans les livres d'un intermédiaire mentionné à l'article L. 211-3 ou d'un établissement de crédit. Ce compte spécial est réputé faire partie intégrante du compte nanti à la date de signature de la déclaration de nantissement. Le créancier nanti peut obtenir, sur simple demande au teneur du compte spécial, une attestation comportant l'inventaire des sommes en toute monnaie inscrites au crédit de ce compte à la date de la délivrance de cette attestation.

IV. – Le créancier nanti définit avec le titulaire du compte-titres les conditions dans lesquelles ce dernier peut disposer des titres financiers et des sommes en toute monnaie figurant dans le compte nanti. Le créancier nanti bénéficie en toute hypothèse d'un droit de rétention sur les titres financiers et sommes en toute monnaie figurant au compte nanti.

V. – Le créancier nanti titulaire d'une créance certaine, liquide et exigible peut, pour les titres financiers, français ou étrangers, négociés sur un marché réglementé, les parts ou actions d'organismes de placement collectif, ainsi que pour les sommes en toute monnaie, réaliser le nantissement, civil ou commercial, huit jours – ou à l'échéance de tout autre délai préalablement convenu avec le titulaire du compte – après mise en demeure du débiteur remise en mains propres ou adressée par courrier recommandé. Cette mise en demeure du débiteur est également notifiée au constituant du nantissement lorsqu'il n'est pas le débiteur ainsi qu'au teneur de compte lorsque ce dernier n'est pas le créancier nanti. La réalisation du nantissement intervient selon des modalités fixées par décret.

Pour les instruments financiers autres que ceux mentionnés à l'alinéa précédent, la réalisation du nantissement intervient conformément aux dispositions de l'article L. 521-3 du Code de commerce.

VI. – Les dispositions du V du présent article relatives à la réalisation du nantissement s'appliquent aux nantissements de titres financiers constitués antérieurement au 4 juillet 1996.

920. La loi n° 83-1 du 3 janvier 1983 relative au développement des investissements et à la protection de l'épargne avait créé le gage de valeurs mobilières en compte. La loi n° 96-597 du 2 juillet 1996, dite de modernisation des activités financières, a étendu son champ d'application en créant le gage de compte d'instruments financiers, dont relèvent, non seulement les valeurs mobilières, qui sont dématérialisées depuis 1981 (elles doivent faire l'objet d'une inscription en compte tenu par la société émettrice), mais aussi les créances financières sur des personnes morales et les instruments financiers à terme (notamment les obligations et les bons du Trésor)[1]. Le régime de ce nantissement spécial a été modifié par l'ordonnance n° 2005-171 du 24 février 2005, ayant transposé la directive communautaire du 6 juin 2002 sur les contrats de garantie financière[2], puis par l'ordonnance n° 2009-15 du 8 janvier 2009 relative aux instruments financiers (C. mon. fin., art. L. 211-20)[3] et son décret d'application n° 2009-297 du 16 mars suivant.

Assiette. Depuis la loi du 2 juillet 1996, l'assiette du nantissement de compte d'instruments financiers n'est plus constituée par des valeurs mobilières, mais par une universalité de fait, à savoir *le compte lui-même* où sont inscrits les instruments financiers, de sorte que l'ensemble du contenu du compte se retrouve nanti. Lorsqu'un élément d'actif faisant partie du compte se trouve aliéné, puis remplacé par un autre, le nantissement se reporte automatiquement sur ce nouvel actif, par le mécanisme de la subrogation réelle. Il peut donc y avoir modification de la substance du compte pendant la vie du nantissement. Toutefois, l'article L. 211-20, IV du Code monétaire et financier limite cette faculté de modification des composantes du compte en exigeant qu'elle soit autorisée par le créancier lors de la constitution du gage.

Conditions de constitution. La constitution du nantissement de compte-titres « est réalisée, tant entre les parties qu'à l'égard de la personne morale émettrice et des tiers, par une *déclaration signée par le titulaire du compte* » (C. mon. fin., art. L. 211-20, I)[4]. Cette déclaration doit comporter des énonciations fixées par décret, qui établissent la volonté de donner en garantie les avoirs figurant sur un compte, ainsi que des mentions relatives à la date, au montant des créances garanties et à la nature des composantes du compte (C. mon. fin., art. D. 211-10). La déclaration du titulaire du compte est une *condition de validité* du nantissement, qui constitue dès lors un contrat solennel. Elle subordonne également l'*opposabilité* du nantissement aux tiers.

Droits du créancier. Le créancier nanti dispose classiquement d'un *droit de préférence* et de la faculté de requérir l'*attribution en pleine propriété* des instruments financiers grevés. L'originalité tient à ce qu'il « bénéficie en toute hypothèse d'un *droit de rétention* sur les instruments financiers et sommes en toute monnaie figurant au compte gagé » (C. mon. fin., art. L. 211-20, IV). Il s'agit d'un droit de rétention fictif.

Réalisation. L'article L. 211-20, V du Code monétaire et financier fait une distinction selon que les instruments financiers nantis sont ou non négociés sur un marché réglementé.

En présence d'*instruments financiers négociés sur un marché réglementé*, le créancier nanti peut « réaliser le nantissement, civil ou commercial, huit jours – ou à l'échéance de tout autre délai préalablement convenu avec le titulaire du compte – après mise en

1. Cf. H. Synvet, « L'objet du gage de compte d'instruments financiers », *in Mélanges J. Béguin*, Litec, 2005, p. 719.

2. Sur cette ordonnance, cf. not. F. Auckenthlaer, « Le gage de compte d'instruments financiers après l'ordonnance du 24 février 2005 », *JCP E* 2005. 1728 ; J.-J. Daigre et M. Roussille, « L'ordonnance du 24 février 2005 sur les garanties financières », *Dr. et patr*. 2005. 24 s.

3. Sur cette ordonnance, cf. not. J.-J. Daigre et P. Pailler, « Commentaire de l'ordonnance du 8 janvier 2009 relative aux instruments financiers », *Rev. sociétés* 2009. 37 ; M. Dubertret et D. Mangenet, « Réforme du droit des titres : commentaire de l'ordonnance du 8 janvier 2009 », *D*. 2009. Chron. 448 ; S. Praicheux, « La garantie financière, esquisse d'une sûreté européenne », *RD banc. fin*. 2010, n° 1, dossier 6.

4. Sur cette condition de déclaration, cf. Versailles, 4 févr. 2010, *Juris-Data* n° 2010-003078.

demeure du débiteur remise en mains propres ou adressée par courrier recommandé[1]. Cette mise en demeure du débiteur est également notifiée au constituant du gage lorsqu'il n'est pas le débiteur ainsi qu'au teneur de compte lorsque ce dernier n'est pas le créancier nanti ». Pour les sommes en monnaie qui figureraient sur le compte, la réalisation s'opère alors par simple transfert direct sur le propre compte du créancier nanti (C. mon. fin., art. D. 211-12, 1°). Cette attribution automatique des sommes démontre que le pacte commissoire n'a jamais été interdit en ce domaine. Pour les instruments financiers, le créancier peut demander, soit l'attribution en pleine propriété (est alors prise en considération la valeur de l'instrument financier au dernier jour de cotation), soit le virement de leur contre-valeur après la vente des titres en bourse (C. mon. fin., art. D. 211-12, 2°). C'est le teneur du compte qui procède à ces opérations de réalisation jusqu'à concurrence de la créance garantie.

La réalisation du nantissement portant sur des *instruments financiers non négociés sur un marché réglementé* s'opère quant à elle conformément aux dispositions de l'article L. 521-3 du Code de commerce relatif au gage commercial (C. mon. fin., art. L. 211-20, V, *in fine*), c'est-à-dire, soit par vente publique huit jours après une simple signification faite au débiteur et, le cas échéant, au tiers constituant, soit par attribution judiciaire, soit encore en application d'un pacte commissoire.

C. Nantissements non régis par des dispositions spéciales

921. L'article 2355 du Code civil déclare que les règles prévues pour le gage de meubles corporels sont applicables aux nantissements portant sur des meubles incorporels autres que des créances qui ne seraient pas régis par des dispositions spéciales[2] (par exemple, le nantissement de monnaie scripturale, que l'ordonnance du 23 mars 2006 n'a pas réglementé ; le nantissement de parts d'une SARL ou d'une SNC[3]). Ce renvoi au droit des meubles corporels confirme l'idée selon laquelle la notion de bien en droit civil est empreinte de matérialisme et il révèle une tendance actuelle du législateur et des juges à faire passer « l'immatériel à la trappe »[4]. Ce renvoi laisse par ailleurs quelque peu dubitatif : pourquoi ne pas avoir plutôt déclaré applicables les règles du nantissement de

1. Sur la sanction du non-respect des conditions formelles entourant cette mise en demeure, cf. Com. 28 mars 2006, *Bull. civ.* IV, n° 83 ; *JCP* 2006. I. 195, Ph. Delebecque ; Com. 18 nov. 2008, *Bull. civ.* IV, n° 196 : « le défaut de mise en demeure, par le créancier gagiste d'un compte d'instruments financiers, du débiteur fait obstacle à la réalisation du gage, de sorte que le premier doit restituer au second l'intégralité du portefeuille de titres indûment réalisés ».

2. Sur l'objet et la portée de ce renvoi de l'article 2355 du Code civil au droit commun du gage, cf. M. Julienne, « Le régime du gage : droit commun du nantissement ? », *RD banc. fin.* 2014, dossier 40. Pour un exemple de neutralisation de ce texte en matière de nantissement de fonds de commerce, v. ss 918.

3. Sur ce nantissement, cf. not. F. Jacob, « Le nantissement de parts sociales », *Dr. et patr.* juill.-août 2007, p. 68. Pour un exemple d'application du droit commun du gage de meubles corporels à un nantissement de parts sociales, v. Paris, 5 sept. 2013, n° 11/21225, *Juris-Data* n° 2013-020230.

4. Sont révélateurs de cette tendance : le Code du patrimoine adopté par l'ordonnance n° 2004-178 du 20 février 2004, qui ne fait quasiment aucune place aux biens culturels immatériels ; le Code général de la propriété des personnes publiques issu de l'ordonnance n° 2006-460 du 21 avril 2006, qui a écarté la propriété publique incorporelle ; l'arrêt de la chambre commerciale de la Cour de cassation du 7 mars 2006 (*Bull. civ.* IV, n° 62), qui a réservé l'application de l'ancien article 2279 du Code civil (C. civ., nouv. art. 2276) aux seuls meubles corporels individualisés, à l'exclusion des meubles incorporels, telle la licence d'exploitation d'un débit de boissons. Sur cette tendance, cf. M. Bruguière, « L'immatériel à la trappe », *D.* 2006, Point de vue, p. 2804 ; M. Vivant, « L'immatériel en sûreté », *in Mélanges M. Cabrillac*, Litec, 1999.

créance, qui font pourtant aujourd'hui figure de droit commun à l'égard des meubles incorporels ? La mise en œuvre de ce renvoi pourrait en outre se révéler délicate, surtout au sujet des nouvelles conditions d'opposabilité aux tiers [1]. En effet, en dehors des cas exceptionnels dans lesquels le droit du constituant est représenté par un titre au porteur, la dépossession dudit constituant ne paraît guère concevable. Par conséquent, l'opposabilité aux tiers ne pourrait résulter que de l'inscription du nantissement sur un registre.

922. ***Conclusion sur les gages et nantissements***. L'ordonnance du 23 mars 2006 n'a que partiellement réalisé son ambition de créer un droit des sûretés mobilières conventionnelles moderne et lisible [2]. Certes, le gage des meubles corporels et le nantissement de créance sont soumis, respectivement, à des règles communes. Mais les régimes spéciaux subsistent, et la plupart n'ont fait l'objet d'aucune harmonisation. Ainsi, le gage automobile, le gage des stocks, le nantissement de fonds de commerce et le nantissement de comptes-titres sont-ils soumis à des règles dérogatoires qui leur sont propres. Faute d'avoir simplifié et harmonisé la multitude de régimes spéciaux, faute également d'avoir véritablement favorisé les sûretés mobilières sans dépossession à travers la reconnaissance d'un droit de rétention fictif, rendu efficace en cas de procédure collective du débiteur, faute encore d'avoir institué un registre central d'inscription des diverses sûretés mobilières, la réforme de 2006 n'a sans doute pas modernisé en profondeur notre droit en la matière et ne l'a pas rendu significativement plus attractif dans un contexte de concurrence accrue entre les systèmes juridiques.

La loi de modernisation de l'économie du 4 août 2008 a certes tenté de corriger l'une de ces lacunes en assortissant le gage sans dépossession d'un droit de rétention fictif (C. civ., nouv. art. 2286, 4°). Mais, l'ordonnance du 18 décembre 2008 ayant neutralisé l'efficacité attendue de celui-ci pendant la période d'observation, ainsi que pendant l'exécution du plan de sauvegarde ou de redressement [3], il est permis de douter de l'intérêt de conclure un gage sans dépossession [4], dont la création fut pourtant présentée comme l'une des innovations majeures de la réforme des sûretés de 2006.

Section 3
Les hypothèques mobilières

923. ***Reconnaissance des hypothèques mobilières***. Plusieurs textes du Code civil paraissent restreindre l'assiette des hypothèques aux seuls immeubles : l'article 2393, alinéa 1er (anc. art. 2114) dispose que « l'hypothèque est un droit réel sur les immeubles » ; l'article 2397 (anc. art. 2118) précise que « sont seuls susceptibles d'hypothèques : 1° Les biens immobiliers qui sont dans le commerce… » ; l'article 2398 (anc. art. 2119) ajoute que « les meubles n'ont pas de suite par hypothèque ». Ces dispositions s'expliquent essentiellement par le défaut de fixité des meubles, qui rend délicates leur publicité et

1. En ce sens, cf. R. Dammann, « La réforme des sûretés mobilières : une occasion manquée », *D.* 2006, dossier p. 1298 ; J. Stoufflet, « Commentaire de l'ordonnance du 23 mars 2006 relative aux sûretés. Le nantissement de meubles incorporels », *JCP* 2006, suppl. au n° 20, p. 19 s.
2. En ce sens, cf. R. Dammann, *ibid.* ; D. Legeais, « Commentaire de l'ordonnance du 23 mars 2006 relative aux sûretés. Le gage de meubles corporels », *JCP* 2006, suppl. au n° 20, p. 12 s.
3. V. ss 1280.
4. En ce sens, cf. G. Marraud des Grottes, « Reste-t-il un intérêt à conclure un gage sans dépossession ? », *RLDC* 2009, n° 3302.

l'organisation d'un droit de suite, et ce d'autant qu'à leur égard la possession vaut titre (C. civ., art. 2276, anc. art. 2279)[1]. Mais si, à l'inverse, un meuble dispose d'un point d'attache fixe, le rendant facilement identifiable et permettant aisément la publication des droits dont il est l'objet, à l'instar d'un immeuble, il n'y a plus de raison d'exclure l'hypothèque. C'est ainsi qu'ont été reconnues, à partir de la fin du XIXe siècle, les hypothèques portant sur des engins de transport pouvant être facilement localisés grâce à leur immatriculation obligatoire, à savoir les navires, les bateaux de rivière et les aéronefs[2].

924. *Caractéristiques communes*. Les trois hypothèques mobilières par détermination de la loi – hypothèques maritimes, fluviales et aériennes – sont des sûretés conventionnelles[3] *sans dépossession* du constituant[4].

Leur originalité tient à leur assiette : elles ont pour objet des *biens nécessairement immatriculés* et disposant d'un port d'attache. Bien que meubles par nature, les engins de transport par eau ou par air visés présentent donc une certaine fixité, qui autorise une publicité efficace des sûretés dont ils peuvent être grevés.

Régulièrement publiées, les hypothèques mobilières confèrent un *droit de préférence* et un *droit de suite* complet tenant en échec la règle de l'article 2276 du Code civil (anc. art. 2279).

925. *Nature des hypothèques mobilières*. Ces diverses caractéristiques, ainsi que la qualification légale d'« hypothèque » peuvent conduire, lorsque les textes spéciaux présentent des lacunes ou des obscurités, à appliquer par analogie aux hypothèques mobilières le régime de l'hypothèque immobilière[5].

Cependant, il pourrait sembler que ce rapprochement fût devenu moins pertinent depuis que l'ordonnance du 23 mars 2006 a supprimé le caractère réel du gage et consacré de manière générale les gages sans dépossession. En conséquence de cette réforme, il est permis de se demander si, à l'avenir, le nouveau droit commun du gage publié n'aurait pas vocation aussi à s'appliquer, pour compléter le régime de l'hypothèque mobilière sur les points où son organisation légale est silencieuse ou ambiguë.

---

1. E. Putman, « Sur l'origine de la règle "meubles n'ont pas de suite par hypothèque" », *RTD civ.* 1994. 543 s. Le droit romain connaissait l'hypothèque mobilière, en particulier sur les meubles du locataire, dont le privilège du bailleur d'immeuble (C. civ., art. 2332, 1°) est un lointain descendant : J. Mestre, E. Putman et M. Billiau, *Droit spécial des sûretés réelles*, LGDJ, 1996, n° 755.

2. Sur l'admission de procédés proches de l'hypothèque mobilière en droit comparé, v. P. Bonassies et Scapel, *Traité de droit maritime*, LGDJ, 2006 ; Ph. Delebecque et V. Brémond, *J.-Cl. Civ.*, art. 2398 et 2399, Hypothèques mobilières – Hypothèques sur navires, bateaux et aéronefs, n° 16.

3. Les hypothèques mobilières sont exclusivement conventionnelles : ce sont seulement des instruments de crédit. Il n'existe, en matière mobilière, ni hypothèques légales, ni hypothèques judiciaires. V., toutefois, l'hypothèse visée par l'article L. 6122-4, alinéa 2, du Code des transports en matière d'aéronef.

4. Sur les hypothèques mobilières, v., not., Ph. Delebecque et V. Brémond, *J.-Cl. Civ.*, art. 2398 et 2399, Hypothèques mobilières – Hypothèques sur navires, bateaux et aéronefs.

5. La réforme en profondeur du gage opérée par l'ordonnance du 23 mars 2006 (abandon de l'exigence de mise en possession du créancier gagiste à peine de nullité au profit d'une consécration générale du gage sans dépossession) pourrait, en outre, remettre en cause certaines suggestions doctrinales relatives à de nouvelles qualifications ou à de nouveaux regroupements en matière de sûretés mobilières, telle la qualification d'hypothèque mobilière pour certains gages sans dépossession, comme le nantissement de fonds de commerce (M. Cabrillac, C. Mouly, S. Cabrillac et Ph. Pétel, *op. cit.*, n° 801) ; telle la généralisation des hypothèques mobilières (D. Legeais, *Les garanties conventionnelles sur créances*, Economica, 1986). Pour une comparaison générale de ces différents mécanismes, v. Ph. Delebecque et V. Brémond, *J.-Cl. Civ.*, art. 2398 et 2399, Hypothèques mobilières – Hypothèques sur navires, bateaux et aéronefs, n°s 19 à 31.

Mais, en réalité, la question peut aussi bien être posée d'une requalification des gages sans dépossession, publiés, en hypothèques mobilières, dont le régime serait inspiré de celui de l'hypothèque immobilière. Si le défaut de dépossession, la publicité et le bénéfice du droit de suite sont bien les marques de l'hypothèque immobilière, une différence majeure subsiste entre gages publiés et hypothèques immobilières, qui tient au cadre dans lequel s'inscrit l'exigence de publicité des droits réels affectant les uns et les autres. Simple information permettant l'opposabilité de la sûreté aux tiers pour les gages publiés, l'inscription propre à l'hypothèque immobilière relève d'un système de publicité beaucoup plus complet : la publicité foncière. Cette dernière vise à faire connaître aux tiers, grâce au fichier immobilier, la situation juridique complète de l'immeuble. Tous les actes de mutation ou de constitution des droits réels principaux et accessoires sur l'immeuble font l'objet d'une publicité qui permet d'avoir une représentation exacte de l'évolution juridique de l'immeuble par consultation des registres tenus au service chargé de la publicité foncière (ex Conservation des hypothèques). Or, de ce point de vue, les hypothèques maritimes, fluviales et aériennes doivent être rapprochées des hypothèques immobilières. En effet, les bureaux des douanes[1], le greffe du tribunal de commerce [2] et le ministère chargé de l'aviation civile[3] ont, de fait, les mêmes fonctions que les services chargés de la publicité foncière [4] : outre l'inscription des hypothèques, la publicité des actes translatifs, constitutifs ou déclaratifs des droits réels sur les navires, les bateaux de navigation intérieure et les aéronefs. Ces meubles sont, en réalité, par le fait de leur immatriculation obligatoire, en quelque sorte « immobilisés » juridiquement[5].

926. ***Réglementation***. Les hypothèques maritimes, fluviales et aériennes ont longtemps été régies par des lois spéciales et éparses, auxquelles l'ordonnance du 23 mars 2006 n'a apporté aucune modification, laissant au contraire subsister la règle selon laquelle « il n'est rien innové par le présent code aux dispositions des lois maritimes concernant les navires et bâtiments de mer » (C. civ., art. 2399, anc. art. 2120)[6]. Ces hypothèques ont été codifiées ou recodifiées, « à droit inconstant »[7], par l'ordonnance n° 2010-1307 du 28 octobre 2010.

Les engins de transport étant amenés, par définition même, à franchir facilement les frontières, les hypothèques portant sur les navires, les bateaux et les aéronefs sont en outre soumises à de nombreuses conventions internationales[8].

---

1. Décr. du 27 oct. 1967, art. 93.
2. C. dom. publ. fluv., art. 101 et 110.
3. C. av. civ., art. L. 121-2 et L. 121-11 s.
4. Décr. du 4 janv. 1955, art. 28.
5. La publicité est même plus « parfaite » qu'en matière immobilière, car elle est réelle et non personnelle, les formalités étant faites non par le nom du propriétaire, mais par le meuble immatriculé (G. Ripert, *Traité de droit maritime*, t. II, n° 1080).
6. La question se pose de savoir s'il est possible de transposer à l'hypothèque maritime (et plus généralement aux hypothèques mobilières) les innovations apportées au régime de l'hypothèque immobilière par l'ordonnance du 23 mars 2006. Sur cette question, v. Ph. Delebecque et V. Brémond, *J.-Cl. Civ.*, préc., n° 42.
7. Ph. Delebecque, « Une codification à droit "inconstant" », *RD transp*. 2011. Repère 9.
8. Au titre de ces conventions internationales figurent notamment : la Convention de Bruxelles du 10 avril 1926, portant unification de certaines règles relatives aux privilèges et hypothèques maritimes (en vigueur en France depuis 1936), qui s'est efforcée d'assurer la reconnaissance des hypothèques régulièrement constituées à l'étranger et a largement inspiré le droit positif ; la Convention internationale du 27 mai 1967 pour l'unification de certaines règles relatives aux hypothèques et privilèges maritimes ; la Convention de Genève du 25 janvier 1965, ratifiée par la France par une loi

L'étude de l'hypothèque maritime (§ 1), de l'hypothèque fluviale (§ 2) et de l'hypothèque aérienne (§ 3) ne sera cependant menée qu'à la lumière du droit interne.

§ 1. L'HYPOTHÈQUE MARITIME

Créée par la loi du 10 décembre 1874, en réponse aux besoins de financement à grande échelle des entreprises d'armement, l'hypothèque maritime est aujourd'hui encore très répandue, même si elle souffre de la concurrence du crédit-bail [1]. Sa constitution (A) et les droits qu'elle procure à son titulaire (B) sont actuellement régis « par la section 7 du chapitre Ier du titre IX du Code des douanes » (C. transp., art. L. 5114-6) et figurent aux articles 241 et suivants du Code des douanes. Toutefois, les articles 43 à 57 de la loi du 3 janvier 1967, relatifs à l'hypothèque maritime, n'ont pas été abrogés par l'ordonnance du 28 octobre 2010 (art. 7) : certains de ces textes sont codifiés dans le Code des douanes tandis que d'autres, non codifiés et non abrogés, restent applicables, ce qui altère l'intelligibilité de la législation en vigueur. En cas de silence ou d'obscurité de ces textes spéciaux, le droit commun de l'hypothèque immobilière trouve à s'appliquer.

A. Constitution

927. ***Conditions de fond***. L'hypothèque maritime répond à des conditions de fond spécifiques [2] : elle peut être constituée sur n'importe quel type de navire (engin capable d'affronter les périls de la mer), quel que soit son tonnage. Elle peut également porter sur des bâtiments de mer, tels que ponton, grue flottante, plate-forme de forage (C. douanes, art. 241), et s'étend aux accessoires du bâtiment (C. douanes, art. 244, al. 1). Rien ne s'oppose, par ailleurs, à ce que l'hypothèque soit prise sur un navire en construction, sous réserve que la déclaration de la construction soit faite au receveur des douanes habilité à tenir le fichier d'inscription du navire (C. douanes, art. 245 et Décr. n° 67-967 du 27 oct. 1967, art. 13 et 5). En revanche, l'hypothèque dite de flotte, portant sur l'ensemble des navires appartenant à un même propriétaire, n'est pas autorisée.

Le navire ou bâtiment de mer, objet de l'hypothèque, doit nécessairement être francisé (C. douanes, art. 241) [3] ou susceptible de l'être après l'achèvement de sa construction.

928. ***Conditions de forme***. La constitution d'une hypothèque maritime est subordonnée à des conditions de validité et d'opposabilité.

---

du 23 octobre 1970, relative à l'immatriculation des bateaux de navigation intérieure ; la Convention de Genève du 19 juin 1948 relative à la reconnaissance internationale des droits sur les aéronefs ; la Convention Unidroit du Cap relative aux garanties internationales portant sur les matériels d'équipement mobiles, signée le 16 novembre 2001 par vingt-et-un États, dont la France : elle prévoit un droit matériel uniforme des sûretés largement dérogatoire au droit commun interne français (par exemple, la sûreté ainsi créée est protéiforme, puisqu'elle regroupe la garantie conférée en vertu d'un contrat constitutif de sûreté, d'une clause de réserve de propriété ou d'un crédit-bail).

1. V. J.-Y. Thomas, « Faut-il réformer l'exercice de l'hypothèque maritime ? », *Gaz. Ch. arb. mar. de Paris* 2004, n° 4, p. 5. Dans les montages fiscaux, encouragés par la loi du 2 juillet 1998 instituant le GIE fiscal maritime, la technique du crédit-bail est courante. Sur cette technique, cf. M. Pape et D. Richter-Hannes, « Nature juridique du contrat de leasing pour les navires », *DMF* 1973. 387 s.

2. Les conditions de fond nécessaires à la validité de l'hypothèque de droit commun sont, naturellement, transposables ici. Par exemple, la créance garantie doit exister et être licite : Com. 18 févr. 2003, n° 99-20524, *Le Phocéa*.

3. La francisation est un acte administratif qui attribue à un navire le droit de porter le pavillon français.

Condition de validité. À peine de nullité, l'hypothèque maritime doit être constituée par écrit (C. douanes, art. 241, al. 2). Un acte authentique n'est cependant pas requis, alors qu'il l'est en matière immobilière [1]. Un acte sous seing privé suffit, à condition toutefois que deux originaux soient établis, l'un devant être remis lors de l'inscription de l'hypothèque (C. douanes, art. 241, al. 2).

Condition d'opposabilité. Pour être opposable aux tiers, l'hypothèque maritime doit être publiée au bureau des douanes (Décr. du 27 oct. 1967, art. 14 et 15) [2], sur des registres tenus par le conservateur des hypothèques maritimes, d'abord au lieu de construction du navire ou bâtiment, ensuite au lieu de francisation, port d'attache français du navire, s'il est différent [3]. L'inscription peut être réalisée à n'importe quel moment après la constitution de l'hypothèque. Il faut néanmoins tenir compte des événements de droit commun qui arrêtent le cours des inscriptions, en particulier l'ouverture d'une procédure collective à l'encontre du constituant. Les modalités de renouvellement, de péremption et de radiation de l'inscription suivent également le régime de l'hypothèque immobilière [4].

B. Droits du créancier

L'hypothèque maritime confère au créancier bénéficiaire les deux prérogatives traditionnellement attachées aux sûretés réelles sans dépossession, soumises à publicité, à savoir un droit de préférence et un droit de suite.

929. ***Droit de préférence.*** En cas de défaillance du constituant, le désintéressement du créancier ne saurait procéder, ni de l'exercice d'un droit de rétention, faute de possession réelle ou fictive du bien grevé, ni de l'appropriation de celui-ci par voie judiciaire ou sur le fondement d'un pacte commissoire, faute de reconnaissance légale de ces modes de réalisation [5]. La satisfaction du créancier hypothécaire peut uniquement procéder d'un paiement par préférence, à la suite de la saisie [6] et de la vente du bien grevé.

Assiette du droit de préférence. Le créancier hypothécaire peut saisir et faire vendre le navire lui-même, ainsi que tous ses accessoires (C. douanes, art. 244) [7]. Sauf convention contraire, le droit de préférence s'étend à tous les éléments incorporés au navire, quel que

---

1. V. ss 1055.

2. Pour des développements plus approfondis sur les formalités de publicité, v. Ph. Delebecque et V. Brémond, *J.-Cl. Civ.*, préc., n°s 67 s.

3. L'article 16 du décret du 27 octobre 1967 prévoit, s'il y a lieu, un système de report des inscriptions d'un registre à l'autre.

4. C. douanes, art. 250. Sur le régime des inscriptions hypothécaires, v. ss 1067 s.

5. Dans la mesure où l'ordonnance du 23 mars 2006 a consacré l'attribution judiciaire et le pacte commissoire en matière d'hypothèque conventionnelle immobilière et que ces deux modes de réalisation sont pareillement reconnus en matière de gage et de nantissement, on pourrait considérer qu'il existe désormais un droit de la réalisation commun à l'ensemble des sûretés réelles conventionnelles et envisager, par conséquent, son application aux hypothèques mobilières. Une telle application *a pari* paraît cependant interdite par la règle inscrite dans l'article 2399 du Code civil (anc. art. 2120), selon laquelle « il n'est rien innové par le présent code aux dispositions des lois maritimes concernant les navires et bâtiments de mer ».

6. La saisie est organisée par les articles L. 5114-20 et suivants du Code des transports. Dans le silence de la loi, le droit de la saisie immobilière devrait servir de référence.

7. Sur la question des accessoires appartenant à un tiers, v., not., Ph. Delebecque et V. Brémond, *J.-Cl. Civ.*, préc., n° 88, et les réf.

soit l'auteur de cette incorporation et même si un nantissement sur outillage ou matériel grève ces éléments, car « la loi de 1951 ne permet pas à un emprunteur de donner en nantissement à son prêteur le matériel d'équipement qu'il incorpore au bâtiment de mer » [1].

Si le navire est perdu ou endommagé, le droit de préférence se reporte, par le jeu de la subrogation réelle, sur les indemnités d'assurance dues au propriétaire (article 47 de la loi du 3 janvier 1967, qui n'est que le décalque, au sujet de l'assurance maritime, de l'article L. 121-3 du Code des assurances relatif aux assurances terrestres, qui subroge de plein droit sur le montant de l'assurance les créanciers hypothécaires inscrits sur l'immeuble détruit) [2].

En revanche, le droit de préférence ne se reporte pas sur le montant de la prime que le propriétaire du navire hypothéqué reçoit des pouvoirs publics après la démolition de celui-ci, car l'opération d'arrêt définitif de l'activité d'un navire par démolition ne s'analyse pas, en l'absence de transfert de propriété, en une vente du navire réalisant le droit de préférence du créancier hypothécaire [3].

Créances garanties. Le créancier titulaire d'une hypothèque maritime peut exercer son droit de préférence sur le prix de vente du navire ou sur les indemnités qui lui sont subrogées pour recouvrer le principal de sa créance, ainsi que deux années d'intérêts et l'année courante (C. douanes, art. 248, al. 2).

Efficacité du droit de préférence. Les créanciers hypothécaires en concours sont payés en fonction de leur rang d'inscription (C. douanes, art. 247).

L'hypothèque maritime l'emporte sur les privilèges de droit commun (C. transp., art. L. 5114-14), mais elle est primée, en revanche, par les privilèges maritimes de premier rang déterminés par les articles L. 5114-8 et L. 5114-13 du Code des transports.

L'exercice du droit de préférence du titulaire d'une hypothèque maritime peut, en outre, être paralysé par le droit de propriété du vendeur d'un élément du navire. La Cour de cassation décide, en effet, que le moteur, incorporé à un navire grevé d'une hypothèque maritime, peut être revendiqué par le vendeur qui s'en est réservé la propriété « dès lors qu'il se retrouve en nature sur le navire et qu'il demeure identifiable et dissociable » des autres parties du navire [4]. Le droit de propriété exclusif d'un crédit-bailleur devrait pareillement tenir en échec le droit de préférence du créancier hypothécaire.

930. ***Droit de suite***. L'article 55, alinéa 1er, de la loi du 3 janvier 1967 autorise le créancier hypothécaire à saisir le navire entre les mains d'un tiers acquéreur. Ce droit de suite

---

1. L'exégèse de l'article 19-2° de la loi du 18 janvier 1951 (C. com., art. L. 525-18), aux termes duquel « ne sont pas soumis à l'application des dispositions du présent chapitre : 2° Les navires de mer, ainsi que les bateaux de navigation fluviale… », a conduit la Cour de cassation à trancher le conflit entre l'hypothèque d'un navire et le nantissement du matériel d'équipement en faveur de la première (Com. 1er juin 1970, *Bull. civ.* IV, n° 180 ; *D.* 1970. 681, note R. Rodière, au sujet du nantissement sur des congélateurs et un générateur d'eau douce, pris par l'établissement de crédit ayant financé l'acquisition de ces biens, dans les conditions de la loi du 18 janvier 1951).

2. Com. 24 avr. 2007, *Bull. civ.* IV, n° 111 ; *D.* 2007. AJ 1269, X. Delpech (dès la survenance du sinistre affectant le navire hypothéqué, la société créancière bénéficie, en vertu de l'article 47 de la loi du 3 janvier 1967, de l'attribution de l'indemnité d'assurance, de sorte que celle-ci n'entre pas dans le patrimoine de la société débitrice, en redressement judiciaire, et que l'établissement financier ne peut se voir privé de ses droits sur elle). L'article L. 5114-11 du Code des transports précise, en outre, que l'indemnité d'assurance échappe aux créanciers privilégiés et est réservée aux créanciers hypothécaires.

3. Com. 25 juin 1996, *Bull. civ.* IV, n° 187 ; *Rapport annuel de la Cour de cassation*, p. 327.

4. Com. 15 mars 1994, *Bull. civ.* IV, n° 110.

complet découle de la publicité de l'hypothèque maritime, qui empêche le tiers acquéreur de se prévaloir de la règle de l'article 2276 du Code civil (anc. art. 2279). Pour s'affranchir de ce droit de suite, le tiers acquéreur dispose des options offertes par le droit commun de l'hypothèque immobilière [1] : il peut payer le créancier hypothécaire ou délaisser le bâtiment [2] ou encore engager une procédure de purge [3].

Afin que le droit de suite conserve toute son efficacité, l'article 57 de la loi du 3 janvier 1967 sanctionne la perte volontaire de la francisation au profit de la nationalité d'un pays d'accueil qui ignorerait ou restreindrait ce droit. Ainsi, le créancier hypothécaire peut demander la nullité de toute vente contrevenant à ce texte. Par ailleurs, l'auteur de l'aliénation du navire à l'étranger est passible de sanctions pénales.

§ 2. L'HYPOTHÈQUE FLUVIALE

L'hypothèque sur les bateaux de navigation intérieure présente de nombreuses similitudes avec l'hypothèque maritime. L'étude de sa constitution (A) et des droits qu'elle confère (B), tels qu'ils sont organisés, depuis l'ordonnance n° 2010-1307 du 28 octobre 2010, par le Code des transports (art. L. 4122-1 à L. 4122-21) [4], permet de s'en convaincre.

A. Constitution

931. ***Conditions de fond.*** Tout bateau de navigation intérieure d'un tonnage égal ou supérieur à vingt tonnes peut être hypothéqué (C. transp., art. L. 4122-1). Pour cela, il doit avoir été préalablement immatriculé auprès d'un bureau des Ponts et Chaussées. Un certificat d'immatriculation doit effectivement être produit avant toute vente ou constitution de droit réel sur un tel bien.

Comme en matière maritime, l'hypothèque peut être consentie sur un bateau en construction, à condition d'être alors précédée d'une déclaration faite au bureau d'immatriculation dans la circonscription duquel le bateau est construit (C. transp., art. L. 4122-1, al. 2 et R. 4122-1, créé par le décret n° 2013-253 du 23 mars 2013).

932. ***Conditions de forme.*** La validité et l'opposabilité de l'hypothèque fluviale sont subordonnées à des conditions de forme identiques à celles rencontrées au sujet des navires et bâtiments de mer.

Condition de validité. Le contrat d'hypothèque doit être établi par écrit (C. transp., art. L. 4122-3, al. 1er). Il peut s'agir d'un simple acte sous seing privé, étant entendu que, dans ce cas, l'acte doit être établi en double, car un original est nécessaire pour la publicité.

Condition d'opposabilité. À peine d'inopposabilité aux tiers, l'hypothèque fluviale doit être inscrite au greffe du tribunal de commerce dans le ressort duquel se trouve le

---

1. Sur le droit de suite afférent aux hypothèques immobilières, v. ss 1100 s.
2. Civ. 6 nov. 1945, *D.* 1946. 36.
3. Com. 24 nov. 1975, *Bull. civ.* IV, n° 279.
4. À noter que certains textes figurant dans le Code du domaine public fluvial et de la navigation intérieure, abrogés par l'ordonnance du 28 octobre 2010, sont maintenus en vigueur faute d'adoption de dispositions réglementaires devant emporter leur abrogation, tandis que d'autres ont été abrogés par le décret n° 2013-253 du 23 mars 2013. Ce morcellement des textes ne rend pas intelligible la législation applicable à la matière.

bureau d'immatriculation du bateau (C. transp., art. L. 4121-2). Cette publicité conditionne les effets qu'est susceptible de produire cette sûreté.

B. Droits du créancier

L'hypothèque sur les bateaux de navigation intérieure confère à son bénéficiaire les mêmes droits qu'une hypothèque maritime, à savoir un droit de préférence sur le prix de vente du bateau et un droit de suite contre un tiers acquéreur (C. transp., art. L. 4122-8). Si le droit de suite ne présente guère d'originalité par rapport à celui portant sur les navires et bâtiments de mer, le droit de préférence n'a pas, en revanche, exactement la même efficacité qu'en matière maritime.

933. ***Droit de préférence***. Le créancier hypothécaire impayé peut réaliser sa sûreté en procédant à la saisie, puis à la vente forcée du bien grevé (C. transp., art. R. 4123-2 s., créés par le Décr. n° 2013-253 du 23 mars 2013). Sur le prix de vente, il jouit d'un droit de préférence.

Assiette du droit de préférence. L'hypothèque fluviale grève le bateau lui-même, ainsi que ses accessoires, c'est-à-dire les objets qui lui sont attachés à demeure par leur destination (C. transp., art. L. 4122-2). Par analogie avec la solution retenue par la Cour de cassation en matière maritime[1], même le matériel nanti dans les conditions de la loi du 18 janvier 1951 devrait pouvoir être saisi et vendu par le créancier bénéficiaire d'une hypothèque fluviale[2].

À la suite d'un sinistre (perte ou avarie), le droit de préférence se reporte sur les indemnités d'assurance dues au propriétaire, qui se trouvent subrogées au bateau (C. transp., art. L. 4122-9).

Créances garanties. Le droit de préférence joue à hauteur du principal de la dette, ainsi que de trois années d'intérêts et de l'année courante (C. transp., art. L. 4122-7). La garantie procurée par l'hypothèque fluviale est donc un peu plus large qu'en matière maritime. Mais son efficacité en cas de conflit avec d'autres créanciers paraît moindre.

Efficacité du droit de préférence. Les créanciers hypothécaires sont classés en fonction de la date d'inscription de leur sûreté (C. transp., art. L. 4122-6).

L'hypothèque sur les bateaux de navigation intérieure l'emporte sur les privilèges du droit civil[3]. En revanche, elle se trouve primée par les privilèges de droit fluvial de première catégorie énumérés par l'article L. 4122-16 du Code des transports[4], ainsi que par le privilège général mobilier du Trésor[5].

---

1. V. ss 929.
2. L'article L. 525-18, 2° du Code de commerce exclut, en effet, du domaine d'application du nantissement sur outillage et matériel « les bateaux de navigation fluviale visés par les articles 78 et suivants du Code du domaine public fluvial et de la navigation intérieure ».
3. Toutefois, ces privilèges prennent rang avant l'hypothèque fluviale, si les faits constitutifs de la créance sont antérieurs à l'inscription de l'hypothèque et si, en outre, avant cette inscription, le créancier était en possession du bateau ou l'avait fait saisir à titre conservatoire (C. transp., art. L. 4122-15, al. 2).
4. Mais cette primauté ne joue, pour les indemnités dues à raison des dommages causés par abordage ou autre accident de navigation, que si les faits générateurs de ces créances sont antérieurs à l'inscription de l'hypothèque (C. transp., art. L. 4122-16, 5°).
5. Com. 3 févr. 1998, *Bull. civ.* IV, n° 59 ; *D.* 1998. Somm. 375, obs. S. Piedelièvre ; *JCP* 1998. I. 1219, n° 27 et obs. Ph. Delebecque.

Par ailleurs, le droit de préférence du créancier hypothécaire risque d'être paralysé par le droit de propriété exclusif d'un crédit-bailleur ou d'un vendeur garanti par une clause de réserve de propriété [1].

934. ***Droit de suite***. Aux termes de l'article L. 4122-8 du Code des transports, les créanciers hypothécaires suivent le bateau en quelque main qu'il passe pour être colloqués et payés suivant l'ordre de leurs inscriptions et après les créanciers privilégiés. Le tiers acquéreur peut engager une procédure de purge, en respectant les conditions des articles 113 à 117 du Code du domaine public et fluvial et de la navigation intérieure, qui reprennent, pour l'essentiel, les exigences prévues en matière immobilière.

Afin de conforter le droit de suite, la loi punit des peines de l'abus de confiance « tout fait tendant à détourner frauduleusement un bateau grevé d'une hypothèque régulièrement inscrite » (C. dom. publ. fluv., art. 132).

§ 3. L'hypothèque aérienne

Le créancier de l'exploitant ou du propriétaire d'un aéronef [2] peut prendre une hypothèque sur cet engin de transport, depuis une loi du 31 mai 1924, qui s'était largement inspirée des précédents maritimes et fluviaux. Le régime de l'hypothèque dite aérienne, plus précisément sa constitution (A) et les droits du créancier (B), a par la suite été précisé par une loi du 31 décembre 1964, qui a longtemps figuré dans les articles L. 122-1 à L. 122-18, L. 123-1 et L. 123-2 du Code de l'aviation civile et commerciale. En vertu de l'ordonnance n° 2010-1307 du 28 octobre 2010 (art. 7), relative à la partie législative du Code des transports, les dispositions relatives à l'hypothèque aérienne et aux privilèges sur aéronefs figurant dans le Code de l'aviation civile ont été abrogées et transférées dans le Code des transports (6e partie, livre 1er, titre II, chapitre 2), tandis que la partie réglementaire, dans l'attente des règlements du Code des transports, est demeurée dans le Code de l'aviation civile [3].

A. Constitution

935. ***Conditions de fond***. Une hypothèque conventionnelle [4] peut grever un aéronef (C. transp., art. L. 6122-3), même s'il est encore en construction (C. transp., art. L. 6122-5).

---

1. En ce sens, Ph. Delebecque et V. Brémond, *J.-Cl. Civ.*, préc., n° 138.
2. L'article L. 6100-1 du Code des transports définit l'aéronef comme tout appareil capable de s'élever et de circuler dans les airs.
3. Sur les sources internationales, notamment la Convention de Genève du 19 juin 1948, v., not., Ph. Delebecque et V. Brémond, *J.-Cl. Civ.*, préc., nos 144, 145 et 147.
4. Cf. cep. C. transp., art. L. 6122-4, al. 2 : « La mention dans l'acte de vente d'un aéronef que tout ou partie du prix reste dû au vendeur entraîne, sauf stipulation contraire, hypothèque à son profit en garantie de la somme indiquée comme restant due à condition que le vendeur requière l'inscription de cette hypothèque dans la forme prévue par voie réglementaire ». L'hypothèque ne pouvant être, ni tacite, ni présumée, il faut vraisemblablement en déduire que cette disposition, qui ressemble étrangement au privilège de droit civil du vendeur de meubles (C. civ., art. 2332, 4°), institue une hypothèque légale, en dérogation implicite à l'article L. 6122-1 du Code des transports (en ce sens, J.-P. Le Gall, *J.-Cl. Transport*, fasc. 950).

Il a également été admis qu'un aéronef pouvait faire l'objet du droit de rétention de l'article 2286 du Code civil. Toutefois, en vertu de la Convention de Genève, ce droit devra s'incliner devant les droits reconnus par la Convention, telle l'hypothèque, et régulièrement inscrits : Com. 6 juill. 2010, n° 08-70.190 ; *RD transp. et mobilité* 2010, comm. 252, note Ph. Delebecque ; Orléans, 19 juill. 2012, n° 11/01645.

L'hypothèque peut porter sur une flotte aérienne, ce qui singularise l'hypothèque aérienne par rapport à l'hypothèque maritime (C. transp., art. L. 6122-4). En effet, l'hypothèque peut grever par un seul acte tout ou partie de la flotte aérienne appartenant à un même propriétaire, à condition que les différents éléments de la flotte soient individualisés dans l'acte.

En tout état de cause, une hypothèque ne peut être constituée que sur des appareils immatriculés sur un registre tenu par le ministère de l'Aviation civile (C. transp., art. L. 6122-5 ; sur la procédure, v. C. av. civ., art. D. 121-16).

936. ***Conditions de forme***

Condition de validité. L'hypothèque aérienne, comme les hypothèques maritimes et fluviales, est un contrat solennel. L'écrit est en effet exigé *ad validitatem* (C. transp., art. L. 6122-2). Mais il peut là encore s'agir d'un acte authentique ou d'un acte sous seing privé.

Condition d'opposabilité. Pour être opposable aux tiers, l'hypothèque doit en outre être inscrite sur le registre d'immatriculation tenu par le ministère de l'Aviation civile (C. transp., art. L. 6122-8) [1]. L'inscription conserve l'hypothèque pendant dix ans à compter du jour où elle est effectuée (C. transp., art. L. 6122-11 ; sur la procédure d'inscription, v. C. av. civ., art. R. 122-1).

B. Droits du créancier

937. ***Droit de préférence***. Le créancier titulaire d'une hypothèque aérienne peut saisir le bien qui forme l'objet de sa sûreté, afin d'exercer ensuite son droit de préférence sur le prix de vente.

Assiette du droit de préférence. L'hypothèque grève l'appareil et tous ses accessoires : cellule, moteurs, hélices, appareils de bord et toutes pièces destinées de façon continue au service de l'aéronef, qu'elles fassent corps avec lui ou qu'elles en soient temporairement détachées (C. transp., art. L. 6122-3). L'hypothèque aérienne peut en effet porter sur des pièces de rechange à condition qu'elles soient individualisées [2]. Lorsque c'est le cas, deux obligations pèsent sur le débiteur : d'abord, celle d'aviser le créancier qu'il a utilisé l'une des pièces figurant dans le stock (C. transp., art. L. 6122-6, al. 3) ; ensuite, celle de remplacer immédiatement cette pièce (C. transp., art. L. 6122-6, al. 2) [3].

En cas de perte ou d'avarie, le créancier hypothécaire est, pour le montant de sa créance et sauf convention contraire, subrogé à l'assuré dans l'indemnité due par l'assureur (C. transp., art. L. 6122-9).

---

1. À noter que, pour les pièces de rechange, une publicité spéciale par voie d'affichage est prévue par l'article L. 122-4, alinéa 2, du Code de l'aviation civile ; ce texte a été abrogé par l'article L. 6122-7 du Code des transports, mais cette abrogation ne prendra effet qu'à compter de la publication des dispositions réglementaires du Code des transports, non encore parues.

2. Pour cela, les pièces de rechange doivent être entreposées en un ou plusieurs emplacements (C. transp., art. L. 6122-6), qui font l'objet de la publicité prévue par l'article L. 6122-7 du Code des transports. À noter que l'article L. 6122-7 du Code des transports ne donne pas de définition des pièces de rechange, comme le faisait l'article L. 122-4 du Code de l'aviation civile qu'il abroge. Le nouvel article renvoie à des textes réglementaires le soin de les définir.

3. Sur les sanctions de la violation de ces obligations, v. Ph. Delebecque et V. Brémond, *J.-Cl. Civ.*, préc., n°s 172 et 173.

Créances garanties. Le droit de préférence sur le prix de vente des biens grevés ou sur les indemnités qui les remplacent couvre, à l'instar de celui conféré par une hypothèque fluviale, le capital de la créance, trois années d'intérêts et l'année courante (C. transp., art. L. 6122-12).

Efficacité du droit de préférence. En cas de collocation des créanciers sur le prix d'un aéronef immatriculé en France, c'est le droit français qui fixera l'ordre des créanciers [1]. Certains conflits sont réglés par la loi, d'autres demeurent irrésolus.

Conflits réglés par le Code des transports. En premier viennent les créances privilégiées visées à l'article L. 6122-16 du Code des transports : frais de justice, rémunérations pour sauvetage et frais de conservation [2].

Viennent ensuite les hypothèques aériennes dont l'inscription est « antérieure à la naissance des privilèges autres que ceux de l'article L. 6122-16 » (C. transp., art. L. 6122-19). « S'il y a plusieurs hypothèques sur le même aéronef, leur rang est déterminé par l'ordre des dates d'inscription » (C. transp., art. L. 6122-10, al. 1er). Néanmoins, « les hypothèques inscrites le même jour viennent en concurrence nonobstant l'heure de leur inscription » (C. transp., art. L. 6122-10, al. 2).

Viennent en troisième rang les privilèges autres que ceux prévus par l'article L. 6122-16 du Code des transports [3] et enfin les hypothèques aériennes dont l'inscription est postérieure à la naissance de ces derniers privilèges (C. transp., art. L. 6122-19 *a contrario*) [4].

Conflits non résolus. Le Code des transports n'a pas tranché certains conflits : celui opposant le créancier hypothécaire sur aéronef au vendeur de pièces détachées bénéficiant du privilège du vendeur de meubles prévu par l'article 2332, 4° du Code civil ; celui opposant le créancier hypothécaire sur aéronef et le super-privilège des salariés ; ou encore celui opposant le créancier hypothécaire sur aéronef et le vendeur de l'aéronef avec clause de réserve de propriété.

Le conflit entre le créancier hypothécaire sur aéronef et un vendeur de pièces détachées achetées par le débiteur pour constituer le stock de pièces hypothéquées ou pour remplacer des pièces usagées de l'appareil hypothéqué : le créancier hypothécaire de l'aéronef est-il fondé à s'opposer à la « revendication » de ces pièces dont se prévaut le vendeur sur le fondement de l'article 2332, 4° du Code civil ? On peut le penser, mais une disposition expresse aurait certainement été souhaitable, en raison de la spécificité des sûretés sur aéronefs.

Le conflit entre le créancier hypothécaire sur aéronef et le super-privilège des salariés [5] : les textes applicables apparaissent en contradiction. Tandis que le droit aérien

---

1. Sur la collocation des créanciers sur le prix d'un aéronef immatriculé dans un État contractant à la Convention de Genève, v. Ph. Delebecque et V. Brémond, *J.-Cl. Civ.*, préc., nos 207 et 208.

2. Ces créances sont privilégiées « dans l'ordre de leur énumération » (C. transp., art. L. 6122-18, al. 1er), tandis que « les créances de même rang viennent en concurrence et sont payées, en cas d'insuffisance en proportion de leur montant » (C. transp., art. L. 6122-18, al. 2), c'est-à-dire par contribution au marc l'euro. Toutefois, les rémunérations pour sauvetage et les frais de conservation sont payés dans l'ordre inverse de celui des événements qui leur ont donné naissance (C. transp., art. L. 6122-18, al. 3).

3. En particulier, le privilège général du Trésor : Com. 3 févr. 1998, n° 95-18690 (solution implicite).

4. À cet égard, l'hypothèque aérienne s'avère donc moins puissante que ne le sont les deux autres hypothèques sur moyens de transports.

5. Qui se poserait, sans doute, de façon similaire au sujet des autres privilèges pleinement généraux, en particulier le privilège de la conciliation et le privilège de la procédure.

prescrit la primauté de l'hypothèque aérienne sur les privilèges autres que les privilèges aériens de l'article L. 6122-16 du Code des transports, le droit des entreprises en difficulté prévoit que les créances garanties par le « super privilège » des salaires priment toute autre créance (C. com., art. L. 622-17, II, L. 631-14, I, L. 641-13). La jurisprudence des juges du fond est apparue divisée [1]. Au soutien de la primauté de l'hypothèque aérienne, il a été invoqué, d'une part, que le droit la régissant est issu de la Convention de Genève qui prévoit, sauf exceptions, la prééminence de l'hypothèque régulièrement inscrite sur un aéronef sur tous autres droits et privilèges que pourrait reconnaître la loi nationale d'un autre pays, d'autre part, que les travaux préparatoires de la loi du 31 décembre 1963 qui a inséré l'ancien article L. 122-14 dans le Code de l'aviation civile (C. transp., nouv. art. L. 6122-16) indiquent que le privilège des salaires, qui ne constitue qu'une catégorie de privilège, ne s'intègre dans les sûretés sur aéronef qu'au rang que lui consent ce texte, c'est-à-dire après l'hypothèque, sauf si celle-ci a été inscrite postérieurement à la naissance de ce privilège [2]. Un arrêt de la Cour de cassation [3] viendrait à l'appui de cette solution. Il s'agissait en l'espèce de déterminer si le privilège général mobilier du Trésor public l'emporte sur l'hypothèque fluviale. La Cour a décidé qu'en l'absence de texte dérogatoire organisant différemment le classement des hypothèques et privilèges fluviaux par rapport à ceux du droit fiscal, et à la différence des textes relatifs aux hypothèques et privilèges sur navires et aéronefs, doit être maintenu le principe de la primauté des privilèges généraux du droit fiscal.

Le conflit entre le créancier hypothécaire sur aéronef et le vendeur de l'aéronef avec clause de réserve de propriété : un arrêt [4] l'a dénoué au profit du créancier hypothécaire au motif que « l'absence de toute publicité de la clause de réserve de propriété qui grèverait l'appareil au profit du vendeur interdit d'en exciper l'existence pour obtenir l'annulation de cette hypothèque ». Quels que soient le bien-fondé et l'opportunité de cette solution, il convient de remarquer qu'elle diverge, sans cohérence aucune, avec la solution retenue en matière d'hypothèque maritime.

938. ***Droit de suite.*** « Les créanciers ayant hypothèque inscrite sur les aéronefs suivent leur gage en quelques mains qu'il passe » (C. transp., art. L. 6122-15) [5], y compris sur les pièces de rechange à condition qu'elles puissent être identifiées, c'est-à-dire qu'elles aient été maintenues dans les lieux prévus (C. transp., art. L. 6122-6 et L. 6122-3). Le tiers acquéreur, contre lequel ce droit de suite est exercé, peut éviter de se laisser saisir en engageant une procédure de purge (C. av. civ., art. R. 122-3 s.).

L'article L. 6122-18 du Code des transports conforte l'efficacité du droit de suite en précisant que, « sauf le cas de vente forcée dans les formes prévues par décret,

---

1. Dans le sens d'une primauté du super privilège des salaires : T. com. Pointe-à-Pitre, 20 févr. 1981, *JCP* 1981. II. 19598, note crit. J.-P. Le Gall ; TGI Paris, 1re ch., 26 janv. 1995, *JCP* 1995. I. 3889, n° 23, obs. approb. Ph. Delebecque ; Paris, 28 juin 1996, *BICC* 1er déc. 1996, n° 1260. Dans le sens d'une primauté de l'hypothèque aérienne : TGI Le Puy, 21 nov. 1986, *JCP* 1987. II. 20756, note J.-P. Le Gall, approuvant la décision et citant une autre dans le même sens, T. confl. Tulle, 8 nov. 1976, *DS* 1988. Somm. 74, obs. F. Derrida.

2. TGI Le Puy, 21 nov. 1986, préc.

3. Com. 3 févr. 1998, n° 95-18690 ; *JCP* 1998. II. 10076, obs. Ph. Delebecque ; *RJDA* 1998. 182, Rapp. Rémery.

4. Toulouse, 2e ch., 17 oct. 1995, *Sté Air Toulouse c/ Sté Caixa Bank Monaco*, *Juris-Data* n° 1995-053544 ; *JCP* 1997. I. 4033, n° 23.

5. Il en va de même pour le privilège, alignant ainsi les privilèges aériens sur les privilèges immobiliers spéciaux (C. transp., art. L. 6122-16).

l'immatriculation d'un aéronef ne peut être transférée dans un autre État, sans mainlevée préalable des droits inscrits ou sans le consentement des titulaires. Jusqu'à ce qu'il ait été satisfait à cette condition, le fonctionnaire chargé de la tenue du registre d'immatriculation doit refuser toute radiation ». Par ailleurs, l'article L. 150-11 du Code de l'aviation civile punit des peines de l'abus de confiance toutes manœuvres frauduleuses destinées à priver le créancier de sa garantie.

Chapitre 2

Les sûretés mobilières conservatoires

Le droit français n'admet que de manière limitative des sûretés judiciaires mobilières (Section 1). Un régime commun leur est applicable depuis la loi du 9 juillet 1991 ayant réformé les procédures civiles d'exécution, dont les dispositions ont été insérées dans le Code des procédures civiles d'exécution (Section 2).

Section 1
L'identification des sûretés judiciaires mobilières

939. Les quelques sûretés judiciaires mobilières consacrées par le législateur portent sur des meubles spécifiés : d'une part, le fonds de commerce et, d'autre part, les actions, parts sociales et valeurs mobilières. Par ailleurs et surtout, selon l'article L. 531-1 du Code des procédures civiles d'exécution (L. du 9 juill. 1991, anc. art. 77), elles constituent des sûretés *conservatoires* [1].

Ces sûretés conservatoires « n'entretiennent qu'un rapport très indirect avec le développement du crédit » [2] et s'éloignent, ce faisant, des garanties, dont le crédit est la source naturelle. Si la Cour de cassation affirme clairement, au contraire, que « l'inscription provisoire de nantissement est une mesure de sûreté judiciaire, et non une saisie » [3], il est néanmoins possible de considérer que les sûretés conservatoires s'apparentent davantage, au moins dans leur finalité, aux saisies et, plus spécialement, aux saisies conservatoires.

---

1. Toutefois, il existe une sûreté mobilière, visant toutes sortes de meubles, dont le caractère conservatoire est spécifique. Il s'agit de l'hypothèse visée par l'article 2404 du Code civil aux termes duquel, le juge qui a prononcé le transfert des pouvoirs d'un époux commun en biens en application de l'article 1426 ou de l'article 1429 du Code civil peut décider de la constitution d'un gage sur un ou plusieurs meubles de l'époux qui aura la charge d'administrer les biens communs ou les biens propres de son conjoint. On peut s'interroger sur le caractère véritablement judiciaire de cette sûreté, le juge se contentant d'ordonner la substitution d'un gage au jeu de l'hypothèque légale des époux. Si le fait générateur du gage est sans doute judiciaire, ce n'est pas le juge, et pas davantage la loi, qui constitue le gage, mais les parties elles-mêmes, à l'instar de ce qu'on appelle le cautionnement judiciaire (v. ss 80). Quant au caractère conservatoire du gage qui sera ainsi pris, il n'apparaît plus qu'à travers le constat de « circonstances nouvelles » appelant une intervention du juge pour décider de la constitution du gage et non pas par l'effet d'une vérification des conditions précises qu'exige l'article L. 511-1 du Code des procédures civiles d'exécution (L. du 9 juill. 1991, anc. art. 67), c'est-à-dire les menaces qui pèsent sur le recouvrement de la créance.

2. C. Hugon et B. Menut, « Une réforme envisageable : la réforme des sûretés conservatoires présentées sous la forme d'un dialogue entre deux personnages pas tout à fait imaginaires », *in Le droit des sûretés à l'épreuve des réformes*, dir. Y. Picod et P. Crocq, coll. « Droit et procédures », 2006, p. 56 ; cf., plus généralement, M. Dagot, *Sûretés judiciaires provisoires*, Litec, 1994.

3. Civ. 2e, 2 déc. 2010, *Bull. civ.* II, n° 199. En conséquence, il a été décidé, d'une part, que les dispositions statutaires prévoyant l'agrément des associés en cas de cession des parts sociales nanties

En effet, elles visent toutes deux à anticiper le risque d'insolvabilité d'un débiteur récalcitrant ou confronté à des difficultés pouvant se révéler, dans un proche avenir, irrémédiables. C'est ainsi que, dans l'article L. 511-1 du Code des procédures civiles d'exécution (L. du 9 juill. 1991, anc. art. 67), les sûretés judiciaires figurent aux côtés des mesures conservatoires qui peuvent être prises pour sauvegarder le recouvrement des créances menacées. De plus, les articles L. 511-1 à L. 511-4 du Code des procédures civiles d'exécution (L. du 9 juill. 1991, anc. art. 67 et 74), ainsi que les articles R. 511-1 à R. 511-8 du Code des procédures civiles d'exécution (Décr. du 31 juill. 1992, anc. art. 210 à 220) établissent un régime commun applicable à toutes les mesures conservatoires : saisies et sûretés. En définitive, il semble que la sûreté judiciaire conservatoire constitue la garantie de paiement offerte à celui qui n'a pas éprouvé le besoin ou n'a pas pris le soin de réclamer une sûreté ou encore à celui dont la sûreté est devenue illusoire[1].

L'article L. 531-1 Code des procédures civiles d'exécution (L. du 9 juill . 1991, anc. art. 77) prévoit, à côté de l'hypothèque judiciaire conservatoire propre aux immeubles[2], deux sûretés judiciaires mobilières conservatoires : le nantissement sur fonds de commerce ; le nantissement sur actions, parts sociales et valeurs mobilières.

C. pr. exéc., art. L. 531-1. – Une sûreté judiciaire peut être constituée à titre conservatoire sur les immeubles, les fonds de commerce, les actions, parts sociales et valeurs mobilières.

940. ***Nantissement judiciaire du fonds de commerce.*** Une loi du 12 novembre 1955, relative aux mesures conservatoires, avait admis, à titre exceptionnel, en cas d'urgence et si le recouvrement de la créance semblait en péril (anc. C. pr. civ., art. 48, abrogé), que le créancier justifiant d'une créance fondée en son principe puisse inscrire un nantissement sur le fonds de commerce de son débiteur (anc. C. pr. civ., art. 52, abrogé)[3]. La loi du 9 juillet 1991(dont les dispositions sont désormais insérées dans le Code des procédures civiles d'exécution) a soumis le nantissement judiciaire du fonds, pour l'essentiel, au même régime que celui de l'hypothèque judiciaire conservatoire[4].

941. ***Nantissement judiciaire sur les actions, parts sociales et valeurs mobilières.*** Avant la loi du 9 juillet 1991, qui a créé ce nantissement, il existait un gage judiciaire, apparu avec une loi du 5 juillet 1972 (C. civ., art. 2075-1, abrogé), portant sur les « sommes, effets ou valeurs ». Cette sûreté judiciaire ne pouvait être établie, cependant, sans le concours du débiteur qui devait, sur ordre du juge, déposer ou consigner ces biens meubles. La loi du 9 juillet 1991 a considérablement élargi l'assiette de ce gage qui porte, désormais, sur des biens d'importance économique plus considérable (C. pr. exéc., art. L. 531-1)[5]. C'est encore, pour l'essentiel, le régime de l'hypothèque conservatoire qui s'applique.

(en l'espèce, parts sociales d'une EARL) ne peuvent entraver la prise du nantissement et, d'autre part, que l'article 39 du décret du 31 juillet 1992 (C. pr. exéc., art. R. 112-2), qui liste les biens insaisissables comme étant nécessaires à la vie et au travail du débiteur saisi, ne s'applique pas aux parts sociales.

1. Toutefois, rien n'interdit à un créancier déjà titulaire d'une sûreté, même si celle-ci est efficace, de solliciter le prononcé du bénéfice d'une sûreté conservatoire.

2. V. ss 1176 s.

3. V. not., A. Weill et R. Maus, « Le nantissement judiciaire du fonds de commerce », *D.* 1956. Chron. 87.

4. V. ss 1176 s.

5. V. not., D. Baraderie, « Le nantissement judiciaire des droits d'associé et des valeurs mobilières », *Gaz. Pal.* 1993. 2. doctr. 910 ; Ph. Delebecque, « Nantissement et saisie », *Rev. sociétés* 1999. 599. Ce

Section 2
Dispositions communes aux deux nantissements

942. ***Conditions d'obtention de l'autorisation judiciaire***. Elles sont celles posées par le législateur pour toute mesure conservatoire : saisie ou sûreté (C. pr. exéc., art. L. 511-1 et R. 511-1). Il doit être noté que, s'agissant du fonds de commerce, le nantissement judiciaire peut être obtenu alors même que la créance litigieuse est sans rapport avec l'exploitation commerciale du titulaire du fonds. Par ailleurs, cette créance peut être civile ; la nature civile ou commerciale de la créance commandera la compétence du juge (C. pr. exéc., art. L. 511-3).

> **C. pr. exéc., art. L. 511-1.** – Toute personne dont la créance paraît fondée en son principe peut solliciter du juge l'autorisation de pratiquer une mesure conservatoire sur les biens de son débiteur, sans commandement préalable, si elle justifie de circonstances susceptibles d'en menacer le recouvrement.
> La mesure conservatoire prend la forme d'une saisie conservatoire ou d'une sûreté judiciaire.
> **C. pr. exéc., art. R. 511-1.** – La demande d'autorisation prévue à l'article L. 511-1 est formée par requête.
> Sauf dans les cas prévus à l'article L. 511-2, une autorisation préalable du juge est nécessaire.

943. ***Procédure***. Les règles de la procédure qui doit être suivie sont très proches de celles gouvernant l'hypothèque judiciaire conservatoire [1], avec des formalités de constitution adaptées à l'objet du nantissement. Concernant le fonds de commerce, il est exigé de procéder à un dépôt de bordereaux portant les mentions légales requises au greffe du tribunal de commerce (C. pr. exéc., art. R. 532-2). Concernant les parts sociales, il doit être procédé à la signification à la société d'un acte portant les mentions légales obligatoires et, éventuellement, à la publicité de l'acte au registre du commerce (pour les sociétés civiles immatriculées) (C. pr. exéc., art. R. 532-3). Enfin, relativement aux valeurs mobilières, il doit être procédé à la signification d'une déclaration à la société émettrice ou à un intermédiaire habilité, teneur du compte, comprenant les mentions légales requises (C. pr. exéc., art. R. 532-4).

944. ***Effets***. Le titulaire du nantissement judiciaire jouit des mêmes droits que le titulaire d'un nantissement conventionnel mais, faute de déplacement, les biens grevés de la sûreté judiciaire demeurent aliénables.

Deux observations peuvent être faites, propres à chaque nantissement : pour le nantissement du fonds de commerce, l'assiette du nantissement n'étant pas déterminée par les parties, elle comprend tous les éléments incorporels du fonds (à l'exception des droits de propriété industrielle, ainsi que le matériel et l'outillage). Pour les valeurs mobilières

---

nantissement se double d'une procédure de saisie conservatoire des actions, parts sociales et valeurs mobilières, créée par la même loi (L. du 9 juill. 1991, art. 74 à 76 ; Décr. du 31 juill. 1992, art. 220 et 244 s. ; désormais, C. pr. exéc., art. R. 524-1 à R. 524-6). Ces deux mécanismes, dont les conditions de mise en œuvre sont relativement proches, font vraisemblablement double emploi (cf. P. Le Cannu, « Les mesures conservatoires portant sur des droits d'associé ou des valeurs mobilières », *Bull. Joly* 1993. 16). Toutefois, les effets de ces deux mesures ne sont pas identiques : tandis que la saisie conservatoire rend indisponibles les biens qui en font l'objet, le nantissement judiciaire conservatoire offre à son bénéficiaire un droit de préférence et un droit de suite sur les actions, parts sociales et valeurs mobilières.

1. V. ss 1176 s.

inscrites sur un compte tenu et géré par un intermédiaire habilité, leur prix de vente peut être utilisé pour acquérir d'autres valeurs qui sont alors subrogées aux valeurs vendues (C. pr. exéc., art. L. 531-2).

C. pr. exéc., art. L. 532-1. – Les sûretés judiciaires sont opposables aux tiers du jour de l'accomplissement des formalités de publicité prescrites par décret en Conseil d'État.
Cette publicité cesse de produire effet si, dans un délai fixé par le même décret, elle n'a pas été confirmée par une publicité définitive.
C. pr. exéc., art. L. 531-2 – Les biens grevés d'une sûreté judiciaire demeurent aliénables. Le prix en est payé et distribué dans les conditions fixées par décret en Conseil d'État.
Toutefois, en cas de vente de valeurs mobilières inscrites sur un compte tenu et géré par un intermédiaire habilité, le prix peut être utilisé pour acquérir d'autres valeurs qui sont alors subrogées aux valeurs vendues.

945. ***Nature juridique***. La nature juridique du nantissement conservatoire est identique à celle des hypothèques mobilières. Le créancier nanti ne dispose pas des avantages liés à la mise en possession, mais bénéficie du droit de suite sur le bien grevé dès lors que des mesures de publicité ont été prises.

Lorsque le créancier dispose d'un titre exécutoire, il est dispensé de l'obtention d'une autorisation judiciaire (C. pr. exéc., art. L. 511-2), de sorte que le nantissement conservatoire n'est plus tout à fait judiciaire, ni même légal[1].

1. Comp., en matière d'hypothèque judiciaire conservatoire : v. ss 1179.

Chapitre 3

Les sûretés mobilières légales

Les sûretés légales portant sur un meuble sont les *privilèges*[1] mobiliers. Ils peuvent être généraux, c'est-à-dire avoir pour assiette l'ensemble des meubles du débiteur, ou spéciaux, c'est-à-dire ne porter que sur un ou plusieurs meubles particuliers du débiteur.

946. ***Notion de meuble***. C'est, en principe, la notion de meuble la plus générale qui doit être retenue, c'est-à-dire celle issue des articles 527 et suivants du Code civil[2]. Toutefois, comme en d'autres domaines, la notion de meuble peut soulever, en cette matière, quelques difficultés. La principale consiste en l'identification du meuble grevé. Celle-ci peut être rendue délicate pour deux raisons principales : l'immobilisation du meuble et la confusion du meuble avec d'autres meubles semblables d'origine différente.

Quant à l'*immobilisation* par incorporation, elle fait perdre au meuble par nature sa qualification : de meuble, il devient immeuble et accroît donc l'assiette des sûretés immobilières (hypothèque, privilège immobilier)[3]. S'agissant de l'immobilisation d'un meuble par destination, elle produit un effet moins définitif[4]. En effet, il est possible, le plus souvent, d'identifier le meuble et de mettre fin à l'immobilisation, afin de rendre à la chose sa nature de meuble[5]. Mais la jurisprudence décide que les aliénations de meubles immobilisés séparément de l'immeuble hypothéqué sont en principe inopposables au créancier hypothécaire[6].

---

1. Sur la notion de privilège, v. ss 777 s.
2. Ainsi, les privilèges mobiliers peuvent-ils porter sur des meubles incorporels, tel des créances, soit que le privilège portait dès l'origine sur une créance (cession de créance, article 19 *in fine* de la loi n° 65-557 du 10 juillet 1965 en matière de privilège de la copropriété « sur les loyers dus par le locataire », lorsque le copropriétaire, débiteur des charges, n'occupe pas lui-même l'appartement, mais l'a loué non meublé), soit que son assiette s'est modifiée en cours de vie en application de la subrogation réelle (C. assur., art. L. 121-13, al. 1er et 2). Pour une application aux privilèges du Trésor : Civ. 13 nov. 1940, *JCP* 1941. II. 1614, 4e esp. note E. Becqué.
3. V., par ex., Civ. 22 janv. 1833, *S.* 33. 1. 446, pour des machines industrielles ; Req. 18 mars 1840, *S.* 1840. 1. 412, pour des pièces de serrurerie.
4. L'effet de l'immobilisation par destination est, parfois, tout simplement écarté par certains privilèges mobiliers. Ainsi est-ce le cas de l'article 1920 du Code général des impôts qui précise : « Le privilège du Trésor en matière de contributions directes et taxes assimilées s'exerce avant tout autre sur les meubles et effets mobiliers appartenant aux redevables en quelque lieu qu'ils se trouvent. Ce privilège s'exerce, lorsqu'il n'existe pas d'hypothèques conventionnelles, sur tout le matériel servant à l'exploitation d'un établissement commercial, même lorsque ce matériel est réputé immeuble par application des dispositions du premier alinéa de l'article 524 du Code civil ». Rappr. une solution identique en matière de nantissement sur l'outillage et le matériel d'équipement : C. com., art. L. 525-8 et L. 525-9.
5. V., par ex., Dijon, 16 août 1842, *DP* 45. 2. 65.
6. Com. 18 mai 1978, *Bull. civ.* IV, n° 138 : la cour d'appel est censurée pour ne pas avoir vérifié que les créanciers hypothécaires, en laissant procéder à la vente séparée, avaient renoncé sans

Quant à la *confusion* du meuble avec d'autres meubles de même nature, elle constitue un obstacle, sinon de fond au moins probatoire, à l'exercice de tous les droits réels, qu'ils soient principaux ou accessoires. Le droit réel de préférence ne peut, en effet, s'exercer que sur un meuble identifié [1].

947. ***Caractère occulte.*** En principe, les privilèges mobiliers, qu'ils soient spéciaux ou généraux, ne sont *pas publiés*. Ce caractère occulte ne leur ôte pas leur *opposabilité de plein droit*, sans aucune formalité, à l'égard des autres créanciers du débiteur [2]. En revanche, il est généralement déduit de leur caractère occulte leur *absence de droit de suite* à l'égard des tiers ayant acquis un droit réel sur le meuble [3] ; certains privilèges mobiliers dérogent toutefois à cette règle [4]. Par ailleurs, lorsque, exceptionnellement, certains privilèges mobiliers généraux sont soumis à une publicité, ce n'est pas uniquement au regard de leur nature, mais également au regard des montants des créances qu'ils garantissent [5]. L'inscription à laquelle sont assujettis ces privilèges ne leur octroie normalement pas de droit de suite.

S'agissant des privilèges mobiliers, deux questions retiennent particulièrement l'attention : d'une part, leur identification quant aux créances garanties et quant aux meubles grevés (Section 1) ; d'autre part, leur classement lorsque deux ou plusieurs d'entre eux ont pour objet un même bien (Section 2).

Section 1
L'identification des privilèges mobiliers

> **C. civ., art. 2330 (anc. art. 2100).** – Les privilèges sont ou généraux, ou particuliers sur certains meubles.

équivoque à se prévaloir de leur droit de préférence sur les immeubles par destination ; solution certainement transposable aux créanciers munis d'un privilège immobilier. Toutefois, le droit du créancier hypothécaire ou privilégié sur les meubles cédés risque d'achopper fréquemment sur la règle de l'article 2276 du Code civil (« en fait de meubles, possession vaut titre »).

En revanche, les créanciers bénéficiant d'un privilège mobilier pourront l'opposer aux créanciers seulement chirographaires (Civ. 9 déc. 1830, *S.* 1836. 1. 177 ; not., Ph. Simler et Ph. Delebecque, *op. cit.*, n° 803).

1. Comp. le cas du privilège du commissionnaire de transport au sujet duquel il est décidé que « les nouvelles marchandises confiées au commissionnaire de transport servent aussi de gage aux anciennes créances appartenant au même créancier contre le même débiteur » : Com. 11 mai 1976, *Bull. civ.* IV, n° 161 ; *JCP* 1976. II. 18452, note R. Rodière. Plus généralement, sur la question des sûretés réelles portant sur une chose fongible, v. spéc. S. Torck, *Essai d'une théorie générale des droits réels sur choses fongibles*, thèse, Paris II, p. 331 s.

2. V. not. Soc. 29 avr. 1954, *Bull. civ.* IV, n° 266 (privilège du bailleur d'immeubles) ; Com. 17 févr. 1981, *Bull. civ.* IV, n° 91 (privilège du conservateur).

3. Civ. 19 févr. 1894, *S.* 95. 1. 457, note A.W. ; Com. 8 mars 1954, *Bull. civ.* III, n° 94. Y compris, semble-t-il, lorsque l'acquéreur connaissait l'existence du privilège : Civ. 4 août 1852, *DP* 52. 1. 297. En revanche, le privilège mobilier demeure opposable au tiers simplement détenteur de la chose : Civ. 1re, 23 févr. 1965, *Bull. civ.* I, n° 149 (opposabilité du privilège des frais de récolte au nouveau fermier).

4. Ainsi est-ce le cas du privilège général mobilier du Trésor institué par l'article 1920 du Code général des impôts. La Cour de cassation en a déduit que le privilège du Trésor en garantie de taxes foncières impayées portait sur les loyers de l'immeuble assujetti quand bien même la propriété de l'immeuble avait été transférée à un nouveau propriétaire (qui ne l'était pas au moment où les taxes sont nées) : Com. 28 mars 2006, *Bull. civ.* IV, n° 80 ; *JCP* 2006. I. 195, obs. Ph. Delebecque.

5. V. ss 952, 955.

Il est possible de distinguer deux sortes de privilèges mobiliers : les privilèges mobiliers généraux, qui portent sur l'ensemble des meubles du débiteur (§ 1), et les privilèges mobiliers spéciaux, dont l'assiette est limitée à des meubles déterminés (§ 2).

Cette distinction n'emporte pas, à proprement parler, de différences de régime[1].

§ 1. Les privilèges mobiliers généraux

Les privilèges mobiliers généraux constituent des sûretés que la loi attache de plein droit à certaines créances, en regard de leur qualité, portant sur l'ensemble du patrimoine mobilier du débiteur. Il est habituel de distinguer en leur sein ceux relevant du droit privé (A) et ceux appartenant au Trésor (B).

A. Les privilèges de droit privé

948. La plupart des privilèges mobiliers généraux de droit privé sont énumérés, dans l'ordre de leur classement, par l'article 2331 du Code civil (anc. art. 2101)[2].

C. civ., art. 2331 (anc. art. 2101). – Les créances privilégiées sur la généralité des meubles sont celles ci-après exprimées, et s'exercent dans l'ordre suivant :
1° les frais de justice ;
2° les frais funéraires ;
3° les frais quelconques de la dernière maladie, quelle qu'en ait été la terminaison, concurremment entre ceux à qui ils sont dus ;
4° sans préjudice de l'application éventuelle des dispositions des articles L. 143-10, L. 143-11, L. 742-6 et L. 751-15 du Code du travail :
– les rémunérations des gens de service pour l'année échue et l'année courante ;
– le salaire différé résultant du contrat de travail institué par l'article 63 du décret du 29 juillet 1939 relatif à la famille et à la natalité françaises, pour l'année échue et l'année courante ;
– la créance du conjoint survivant instituée par l'article 14 de la loi n° 89-1008 du 31 décembre 1989 relative au développement des entreprises commerciales et artisanales et à l'amélioration de leur environnement économique, juridique et social et la créance du conjoint survivant instituée par l'article L. 321-21-1 du Code rural et de la pêche maritime ;
– les rémunérations pour les six derniers mois des salariés, apprentis et l'indemnité due par l'employeur aux jeunes en stage d'initiation à la vie professionnelle, telle que prévue à l'article L. 980-11-1 du Code du travail ;
– l'indemnité de fin de contrat prévue à l'article L. 122-3-4 du Code du travail et l'indemnité de précarité d'emploi prévue à l'article L. 124-4-4 du même code ;
– l'indemnité due en raison de l'inobservation du délai-congé prévue à l'article L. 122-8 du Code du travail et l'indemnité compensatrice prévue à l'article L. 122-32-6 du même code ;
– les indemnités dues pour les congés payés ;
– les indemnités de licenciement dues en application des conventions collectives de travail, des accords collectifs d'établissement, des règlements de travail, des usages, des dispositions des articles L. 122-9, L. 122-32-6, L. 761-5 et L. 761-7 ainsi que l'indemnité prévue à l'article L. 321-6 du Code du travail pour la totalité de la portion inférieure ou égale au plafond visé à l'article L. 143-10 du Code du travail et pour le quart de la portion supérieure audit plafond ;

1. En particulier, faute de publicité, les privilèges mobiliers spéciaux comme généraux se voient refuser un droit de suite : Civ. 19 févr. 1894, *S.* 95. 1. 457, note A. Wahl (privilège mobilier spécial) ; Com. 2 mai 1955, *Bull. civ.* III, n° 146 (privilège mobilier général).

2. Figurent également dans ce texte les privilèges pleinement généraux en ce qu'ils constituent des privilèges généraux mobiliers : les privilèges des frais de justice et des salaires. Sur les privilèges mobiliers généraux, v. not. V. Brémond, *J.-Cl. Civ.*, art. 2330 et 2331.

– les indemnités dues, le cas échéant, aux salariés, en application des articles L. 122-3-8, deuxième alinéa, L. 122-14-4, L. 122-14-5, deuxième alinéa, L. 122-32-7 et L. 122-32-9 du Code du travail ;
5° les fournitures de subsistances faites au débiteur et à sa famille pendant la dernière année et, pendant le même délai, les produits livrés par un producteur agricole dans le cadre d'un accord interprofessionnel à long terme homologué, ainsi que les sommes dues par tout contractant d'un exploitant agricole en application d'un contrat type homologué ;
6° la créance de la victime de l'accident ou de ses ayants droit relative aux frais médicaux, pharmaceutiques et funéraires, ainsi qu'aux indemnités allouées à la suite de l'incapacité temporaire de travail ;
7° les allocations dues aux ouvriers et employés par les caisses de compensation et autres institutions agréées pour le service des allocations familiales ou par les employeurs dispensés de l'affiliation à une telle institution en vertu de l'article 74 f du livre Ier du Code du travail ;
8° les créances des caisses de compensation et autres institutions agréées pour le service des allocations familiales à l'égard de leurs adhérents, pour les cotisations que ceux-ci se sont engagés à leur verser en vue du paiement des allocations familiales et de la péréquation des charges résultant du versement desdites prestations.

949. ***Les « petits privilèges »***. Certains privilèges mobiliers généraux de droit privé garantissent des sommes insignifiantes ou présentent un domaine très étroit, voire archaïque. Ils sont appelés les « petits privilèges ». Certains d'entre eux mériteraient vraisemblablement d'être abrogés [1], mais en matière de privilèges, plus que dans toute autre peut-être, un phénomène de sédimentation, tout à fait nuisible à la bonne compréhension de la matière, peut être observé.

Deux exemples de ces « petits privilèges » peuvent être exposés, avant d'évoquer un privilège beaucoup plus important en pratique, celui dont jouissent les caisses de Sécurité sociale pour le recouvrement des cotisations qui leur sont dues (CSS, art. L. 243-4 s.).

950. ***Le privilège des frais funéraires***. Il profite à celui qui a fourni les services funéraires ou à celui qui a avancé les frais à cette fin. Il ne garantit que les frais d'ensevelissement et de la cérémonie qui l'accompagne [2]. Ce privilège est justifié par la volonté d'assurer des inhumations décentes aux personnes décédées, en apportant le crédit nécessaire à leur succession ou à des proches non héritiers. Cette volonté explique qu'il soit classé au deuxième rang. Outre la relative modestie des sommes qu'il garantit, ce privilège est, dans la réalité, rendu largement inutile, d'une part, en raison de la qualification de charge successorale attribuée aux dépenses funéraires, cette qualification offrant au créancier l'avantage de pouvoir poursuivre le patrimoine successoral et le patrimoine personnel des héritiers, d'autre part, en raison de l'article 806 du Code civil, issu de la loi du 23 juin 2006, obligeant l'héritier renonçant à contribuer au paiement de la dette de frais funéraires.

951. ***Le privilège de fourniture de subsistance***. Lui aussi inspiré par un souci humanitaire, il est destiné à favoriser la fourniture à crédit des biens indispensables à la survie du débiteur. Les créances garanties par ce privilège sont celles relatives à la nourriture, l'électricité, le chauffage et les vêtements [3]. Les subsistances ne doivent pas nécessairement être destinées au débiteur lui-même ; elles peuvent l'être à sa famille. La somme garantie par le privilège est limitée au prix des fournitures de la dernière année, c'est-à-dire l'année ayant précédé, soit la procédure de distribution dans le cadre de laquelle ce privilège est invoqué, soit l'ouverture de la procédure collective contre le débiteur. Là encore, ce privilège est,

1. En particulier, les privilèges des articles 2331, 6° et 7° du Code civil, et dans une moindre mesure le privilège de l'article 2331, 3°, que la création de la Sécurité sociale a rendu sans objet.
2. Civ. 15 mars 1897, *DP* 97. 1. 280.
3. Civ. 11 avr. 1933, *DH* 1933. 297.

concrètement, supplanté par les faveurs accordées aux créanciers alimentaires par le droit des voies d'exécution [1] ou encore par des règles de droit civil comme l'article 220 du Code civil instituant la solidarité ménagère entre époux.

952. ***Le privilège de la Sécurité sociale et des organismes de prévoyance (CSS, art. L. 243-4 s.)*** [2]. En permettant un meilleur financement des prestations de la Sécurité sociale et des institutions de retraite et de prévoyance (comme les allocations maladie, maternité, chômage ou retraite), ce privilège assure la pérennité de ces organismes d'intérêt public et, par conséquent, contribue à la protection des assurés sociaux eux-mêmes. Bien que garantissant les cotisations et pénalités de retard pendant une seule année à compter de leur date d'exigibilité, il avait tendance à absorber la totalité des actifs mobiliers du débiteur, le caractère périodique de ces créances conduisant fréquemment à une accumulation d'un montant très élevé. Aussi, pour limiter le passif privilégié, le législateur a-t-il soumis ce privilège à une *publicité*, qui, en cas de redressement ou de liquidation judiciaire du redevable, conditionne son opposabilité aux autres créanciers (la même évolution s'est produite, pour une raison identique, à l'égard du privilège du Trésor [3]). Cette formalité n'est cependant obligatoire qu'au sujet des cotisations dont le montant excède un certain seuil [4], dues par un commerçant, une personne immatriculée au répertoire des métiers, une personne physique exerçant une activité professionnelle indépendante, y compris une profession libérale, ou une personne morale de droit privé. En outre, « l'organisme créancier n'est pas tenu d'inscrire ces créances lorsque le débiteur respecte un plan d'apurement échelonné de sa dette » (CSS, art. L. 243-5, al. 2) [5]. La publicité prend la forme d'une inscription sur un registre spécial tenu au greffe du tribunal de grande instance ou du tribunal de commerce, dans les neuf mois qui suivent l'échéance de la cotisation impayée [6]. L'inscription conserve le privilège pendant deux années et six mois à compter du jour où elle est effectuée. Elle ne peut être renouvelée (CSS, art. L. 243-5, al. 4). Le rang du privilège est le même que celui des salariés (C. civ., art. 2332-2).

B. Les privilèges du Trésor

> **C. civ., art. 2327 (anc. art. 2098).** – Le privilège, à raison des droits du Trésor royal (public) et l'ordre dans lequel il s'exerce, sont réglés par les lois qui les concernent.
> Le Trésor public ne peut cependant obtenir de privilège au préjudice des droits antérieurement acquis à des tiers.

---

1. Cf. C. pr. exéc., art. L. 112-3 et L. 112-4.
2. V. les modifications apportées à l'article L. 243-5 du Code de la Sécurité sociale par la loi n° 2011-525 du 17 mai 2011 de simplification et d'amélioration de la qualité du droit.
3. V. ss 955.
4. CSS, art. D. 243-3 (Décr. du 30 déc. 2008) : « Le montant mentionné au premier alinéa de l'article L. 243-5 est fixé à : a) 10 000 euros pour les créances dues, à titre personnel, par les travailleurs indépendants ; b) 15 000 euros pour les créances dues par les employeurs occupant moins de 50 salariés ; c) 20 000 euros pour les autres créances. Pour la détermination du seuil applicable, l'effectif des salariés est calculé au 31 décembre de chaque année. »

Pour une application de l'article L. 243-4 du Code de la sécurité sociale en présence de créances, dépassant certes le seuil, mais contestées par le débiteur, cf. Civ. 2e, 13 févr. 2014, *Bull. civ.* II, n° 42.

5. Curieusement, la jurisprudence a ajouté une seconde dispense en jugeant, sans guère de justification, que les caisses de congés payés ne sont pas astreintes à cette inscription : Com. 14 mars 1995, *Bull. civ.* IV, n° 90 ; *JCP* 1995. I. 3851, n° 23, obs. Ph. Delebecque.
6. En réponse à la crise économique, le régime de publicité et d'inscription du privilège a été assoupli par la loi de finances rectificative du 30 décembre 2008. Ainsi, le délai à partir duquel le privilège doit être publié ou inscrit a été porté de six à neuf mois. Par ailleurs, c'est seulement depuis cette loi que la publicité est écartée lorsque le débiteur respecte un plan d'apurement échelonné de sa dette.

953. Les privilèges du Trésor relèvent, pour l'essentiel, de la législation fiscale[1]. Le Code civil ne leur consacre qu'une seule disposition, l'article 2327 (anc. art. 2098, al. 2). Ils n'en jouent pas moins un rôle de tout premier plan dans la vie des particuliers et la vie des affaires, en raison de l'ampleur des sommes qu'ils garantissent et de leur classement avantageux[2]. Ils exercent par ailleurs une influence décisive sur l'évolution des sûretés mobilières conventionnelles, car ils encouragent indirectement l'essor de celles qui peuvent en esquiver la primauté, notamment par le jeu de la propriété ou de la détention.

954. Les privilèges du Trésor sont si nombreux, qu'il serait difficile et fastidieux d'en dresser une liste exhaustive. Quelques exemples suffisent à se convaincre de leur diversité et de leur importance : le privilège des contributions directes et taxes assimilées, qui couvre aussi bien les impôts de l'État que les impôts locaux ; le privilège des taxes sur le chiffre d'affaires ; le privilège des contributions indirectes ; le privilège des droits de douane… [3]

Tous sont justifiés par le caractère impérieux de la continuité des services de l'État[4].

955. Tous ces privilèges font l'objet d'une *publicité* sous la forme d'une inscription prise sur un registre spécial tenu au greffe du tribunal de grande instance ou du tribunal de commerce. La publicité n'est toutefois obligatoire que sous plusieurs conditions : d'abord, le redevable doit être une personne éligible au bénéfice d'une procédure collective ; ensuite, les sommes dues à un même poste comptable ou service assimilé doivent représenter au moins un semestre civil resté impayé et atteindre un certain seuil[5]; enfin, le redevable doit encourir une majoration pour retard ou faire l'objet d'un titre exécutoire. Si ces conditions très restrictives sont remplies et que le Trésor n'inscrit pas son privilège, la créance devient chirographaire[6]. Mais cette sanction ne joue qu'en cas de redressement ou de liquidation judiciaire du redevable. En outre, en réponse à la crise économique, le régime de publicité du privilège fiscal a été assoupli par la loi de finances rectificative du

---

1. En revanche, parce que les privilèges du Trésor mettent principalement en cause les intérêts privés du débiteur, le Conseil d'État décide logiquement que les contestations relatives au privilège mobilier du Trésor de l'article 1920 du Code général des impôts ne relèvent pas de la compétence de la juridiction administrative (CE 21 mars 2008, n° 293828, publié au *Lebon* ; *JCP* 2008. I. 152, chron. Ph. Delebecque, n° 21).

2. Jusqu'en 2006, l'efficacité des privilèges fiscaux résultait, en outre, du principe énoncé par la Cour de cassation selon lequel « celui qui se constitue caution solidaire d'un redevable devient lui-même débiteur direct » (Com. 29 nov. 1988, *Bull. civ.* IV, n° 327), principe fort discutable qui autorisait le Trésor public à exercer ses privilèges, non seulement sur les biens du débiteur principal, mais aussi sur ceux de la caution des dettes fiscales de ce dernier. Un revirement de jurisprudence a été heureusement opéré le 19 décembre 2006, en des termes dénués d'équivoque : « après avoir énoncé que les dispositions relatives aux privilèges doivent être interprétées restrictivement, l'arrêt retient à bon droit que le privilège du Trésor, reconnu aux articles 1920 et 1926 du Code général des impôts comme s'exerçant avant tout autre sur les meubles et effets mobiliers appartenant aux redevables en quelque lieu qu'ils se trouvent ne saurait être étendu à leur caution solidaire » (Com. 19 déc. 2006, *Bull. civ.* IV, n° 264).

3. Pour des développements plus substantiels, v. not. M. Betch, *J.-Cl. Civ.*, art. 2327, fasc. 10, 20 et 30.

4. Sur l'appréciation critique de cette justification, v. not. M. Rouland, *La qualité de la créance*, thèse, Paris X-Nanterre, 2007, n° 117, s'inspirant d'exemples étrangers ayant abrogé le statut privilégié des créances de l'État.

5. Le seuil déclenchant la publicité obligatoire du privilège du Trésor a été une nouvelle fois modifié par des décrets du 18 février 2009 (n° 2009-195 et n° 2009-197). Ce seuil est désormais uniforme et décorrélé du chiffre d'affaires, puisqu'il est fixé à 15 000 euros.

6. Com. 2 mai 1989, *Bull. civ.* IV, n° 141 : si le Trésor ne peut, en cas de règlement ou de liquidation judiciaire, exercer son privilège pour les créances qui étaient soumises obligatoirement à la publicité au moment de l'ouverture de la procédure collective, il conserve son privilège pour les créances qu'il n'était pas tenu d'inscrire et pour celles mises en recouvrement depuis la date du jugement.

30 décembre 2008, dans les mêmes conditions que pour le privilège de la Sécurité sociale : d'une part, le délai à partir duquel le privilège doit être publié a été porté de six à neuf mois ; d'autre part, la publicité est écartée lorsque le débiteur respecte un plan d'apurement échelonné de sa dette.

§ 2. Les privilèges mobiliers spéciaux

C. civ., art. 2332 (anc. art. 2102). – Les créances privilégiées sur certains meubles sont :
1° les loyers et fermages des immeubles, sur les fruits de la récolte de l'année, et sur le prix de tout ce qui garnit la maison louée ou la ferme, et de tout ce qui sert à l'exploitation de la ferme ; savoir, pour tout ce qui est échu, et pour tout ce qui est à échoir, si les baux sont authentiques, ou si, étant sous signature privée, ils ont une date certaine ; et, dans ces deux cas, les autres créanciers ont le droit de relouer la maison ou la ferme pour le restant du bail, et de faire leur profit des baux ou fermages, à la charge toutefois de payer au propriétaire tout ce qui lui serait encore dû ;
et, à défaut de baux authentiques, ou lorsque étant sous signature privée ils n'ont pas une date certaine, pour une année à partir de l'expiration de l'année courante.
Le même privilège a lieu pour les réparations locatives et pour tout ce qui concerne l'exécution du bail. Il a lieu également pour toute créance résultant, au profit du propriétaire ou bailleur, de l'occupation des lieux à quelque titre que ce soit.
Néanmoins, les sommes dues pour les semences, pour les engrais et amendements, pour les produits anticryptogamiques et insecticides, pour les produits destinés à la destruction des parasites végétaux et animaux nuisibles à l'agriculture, ou pour les frais de la récolte de l'année, seront payées sur le prix de la récolte, et celles dues pour ustensiles, sur le prix de ces ustensiles, par préférence au propriétaire, dans l'un et l'autre cas.
Le propriétaire peut saisir les meubles qui garnissent sa maison ou sa ferme, lorsqu'ils ont été déplacés sans son consentement, et il conserve sur eux son privilège, pourvu qu'il ait fait la revendication, savoir, lorsqu'il s'agit du mobilier qui garnissait une ferme, dans le délai de quarante jours ; et dans celui de quinzaine, s'il s'agit des meubles garnissant une maison ;
2° la créance sur le gage dont le créancier est saisi ;
3° les frais faits pour la conservation de la chose ;
4° le prix d'effets mobiliers non payés, s'ils sont encore en la possession du débiteur, soit qu'il ait acheté à terme ou sans terme ;
si la vente a été faite sans terme, le vendeur peut même revendiquer ces effets tant qu'ils sont en la possession de l'acheteur, et en empêcher la revente, pourvu que la revendication soit faite dans la huitaine de la livraison et que les effets se trouvent dans le même état dans lequel cette livraison a été faite ;
le privilège du vendeur ne s'exerce toutefois qu'après celui du propriétaire de la maison ou de la ferme, à moins qu'il ne soit prouvé que le propriétaire avait connaissance que les meubles et autres objets garnissant sa maison ou sa ferme n'appartenaient pas au locataire ;
il n'est rien innové aux lois et usages du commerce sur la revendication ;
5° les fournitures d'un aubergiste, sur les effets du voyageur qui ont été transportés dans son auberge ;
6° (*abrogé*) ;
7° les créances résultant d'abus et prévarications commis par les fonctionnaires publics dans l'exercice de leurs fonctions, sur les fonds de leur cautionnement et sur les intérêts qui en peuvent être dus ;
8° les créances nées d'un accident au profit des tiers lésés par cet accident ou leurs ayants droit, sur l'indemnité dont l'assureur de la responsabilité civile se reconnaît ou a été judiciairement reconnu débiteur à raison de la convention d'assurance.
Aucun paiement fait à l'assuré ne sera libératoire tant que les créanciers privilégiés n'auront pas été désintéressés ;
9° les créances nées du contrat de travail de l'auxiliaire salarié d'un travailleur à domicile répondant à la définition de l'article L. 721-1 du Code du travail sur les sommes dues à ce travailleur par les donneurs d'ouvrage.

956. Les privilèges mobiliers spéciaux sont des sûretés attribuées de plein droit par la loi, en raison de la qualité de la créance, sur un ou plusieurs meubles déterminés du débiteur[1]. À la longue énumération de l'article 2332 du Code civil (anc. art. 2102), doivent être ajoutés tous ceux qui ont été institués par les multiples textes particuliers. Si une liste exhaustive ne saurait dès lors en être fournie, des catégories peuvent être mises en lumière. Depuis le XIXe siècle, la doctrine s'accorde, davantage par tradition et volonté de pédagogie que par la totale pertinence de la distinction, à reconnaître trois catégories de privilèges spéciaux mobiliers : les privilèges fondés sur la constitution d'un gage tacite (A) ; les privilèges fondés sur l'introduction d'une valeur dans le patrimoine du débiteur (B) ; et le privilège fondé sur la conservation d'une chose (C).

A. Les privilèges fondés sur la constitution d'un gage tacite

957. Plusieurs privilèges sont accordés par la loi au motif que, dans l'intention des parties ou conformément à un usage, les biens sur lesquels ils portent sont censés avoir été donnés en gage au profit du créancier qui exerce, ainsi, une certaine appréhension à leur égard[2] : le privilège du bailleur d'immeuble (1°), le privilège de l'hôtelier (2°), le privilège du transporteur (3°), le privilège du commissionnaire (4°), notamment.

1° Le privilège du bailleur d'immeuble

958. Visé par l'article 2332, 1° du Code civil (anc. art. 2102, 1°), le privilège du bailleur d'immeuble est, sans doute, le plus utilisé[3] des privilèges fondés sur l'idée de gage tacite. En vertu de cette idée[4], le bailleur disposerait d'un certain pouvoir sur les biens meubles du locataire qui viennent garnir les lieux loués[5]. Du reste, l'article 1752 du Code civil fait obligation au locataire de garnir ces lieux de meubles suffisants, « à moins qu'il ne donne des sûretés capables de répondre du loyer ».

Bien que l'idée de gage tacite puisse être critiquée[6], la réforme du gage ayant abandonné la condition de dépossession du constituant la rend davantage crédible, en ce qu'elle légitime les effets d'une possession seulement indirecte du bailleur sur les meubles garnissant les lieux loués[7].

---

1. Mais il se peut que certains meubles faisant partie de l'assiette du privilège appartiennent à un tiers. Tel est le cas dans le privilège du bailleur d'immeuble (v. ss 962).

2. Pour une référence à cette idée, v. not. Com. 11 mai 1976, *Bull. civ.* IV, n° 161 ; *JCP* 1976. II. 18452, note R. Rodière ; Com. 14 févr. 1977, *Bull. civ.* IV, n° 43.

3. Le bailleur se contente cependant rarement de cette sûreté : il exige le plus souvent un cautionnement. Mais, comme le champ du cautionnement de dettes locatives a été fortement restreint par la loi de mobilisation pour le logement et la lutte contre l'exclusion du 25 mars 2009 (v. ss 229), l'utilité du privilège du bailleur d'immeuble pourrait encore augmenter.

4. Sur l'origine romaine de cette idée, v. not. R. T. Troplong, *Des privilèges et hypothèques*, t. I, n° 149, p. 218-220.

5. Pour une conséquence audacieuse tirée de cette idée de gage tacite, v. Nancy, 5 sept. 1986, *Juris-Data* n° 046888.

6. V. not. Ph. Malinvaud, « Le privilège du bailleur et les meubles qui n'appartiennent pas au preneur », *in Mélanges Voirin*, p. 582, n° 8 ; J. Mestre, E. Putman, M. Billiau, *Droit spécial des sûretés réelles*, n° 751, p. 158-159 ; *adde* la forte démonstration de M. Rouland, thèse préc., nos 137 s., qui propose de l'abandonner au profit d'autres critères.

7. En outre, les principes de classement des privilèges, consacrés par la réforme de 2006, avalisent également cette idée ; v. ss 997 s.

959. ***Bénéficiaires***. Le privilège est accordé à tout bailleur d'immeuble et, depuis une loi du 25 août 1948, au propriétaire dont l'immeuble est occupé par une personne qui ne dispose pas d'un bail (hypothèses de l'occupation sans titre et de l'occupation en vertu d'une réquisition). La destination des lieux loués (bail rural, commercial, à usage professionnel ou d'habitation) est indifférente, de même que le sont la forme du bail (écrit ou verbal) ou encore la qualité du bailleur (propriétaire, usufruitier, locataire principal[1]). La jurisprudence n'accorde pas, cependant, le privilège au crédit-bailleur, en raison de la nature hybride de l'opération de crédit-bail[2].

960. ***Créances garanties***. En principe, le privilège garantit toutes les créances nées de l'occupation des lieux : loyers et fermages, indemnités d'occupation[3], remboursement des charges locatives dont le bailleur a fait l'avance, réparations locatives, sommes dues en raison de l'inexécution de ses obligations par le preneur ou de dégradations des lieux loués. Toutefois, pour ne pas compromettre le crédit du locataire et afin de ne pas conférer au bailleur un avantage excessif qui pourrait l'inciter, conforté qu'il est par son privilège, à ne pas se préoccuper de la perception régulière des loyers[4], le législateur a limité le montant des loyers et des fermages garantis par le privilège.

Pour les baux urbains, les loyers garantis dépendent du caractère authentique (ou ayant date certaine) ou non du bail. En présence d'un bail authentique ou ayant une date certaine, tous les loyers échus et non prescrits ainsi que tous les loyers à échoir sont garantis par le privilège. En revanche, si le bail n'est pas authentique ou n'a pas de date certaine, le privilège ne garantit que les loyers échus et non atteints par la prescription quinquennale, ainsi que ceux de l'année courante et ceux de l'année à échoir à l'expiration de l'année courante.

Pour les baux ruraux, le privilège ne garantit que les deux dernières années échues de loyers, l'année courante et l'année suivante.

Une limite à l'étendue des créances garanties par le privilège est, en outre, spécialement apportée lorsque le preneur fait l'objet d'une procédure de sauvegarde, d'un redressement ou d'une liquidation judiciaire : l'article L. 622-16 du Code de commerce restreint le privilège aux deux dernières années précédant le jugement d'ouverture de la procédure. Cependant, la Cour de cassation a refusé d'interpréter restrictivement ce texte en décidant que « le privilège du bailleur d'immeuble s'applique à toute créance résultant de l'occupation des lieux à quelque titre que ce soit », ce qui recouvre des indemnités d'occupation pour les deux années précédant le jugement d'ouverture[5].

961. ***Assiette***. Le privilège porte sur « tout ce qui garnit la maison louée ou la ferme »[6], tels les meubles meublants, la vaisselle, le linge de maison, les objets d'art, le matériel mobilier du fonds de commerce…, quel que soit le moment auquel ils ont été introduits

---

1. La sous-location régulière ou irrégulière emporte des règles particulières : v. not. Civ. 20 févr. 1911, *DP* 1912. 1. 425, note P. de Loynes ; *S*. 1913. 1. 193, note L. Hugueney (sous-location régulière) ; Cass., Req., 11 avr. 1892, *DP* 92. 1. 345, note P. de Loynes ; *D*. 1892. 1. 433, note J. E. Labbé (sous-location irrégulière).
2. Com. 9 avr. 1991, *Bull. civ*. IV, n° 124.
3. Com. 25 oct. 2011, *Bull. civ*. IV, n° 171.
4. Ce qui risquerait de se retourner contre les autres créanciers du locataire, confrontés au bailleur invoquant une créance privilégiée d'un montant élevé.
5. Com. 25 oct. 2011, *Bull. civ*. IV, n° 171 ; Com. 23 avr. 2013, n° 12-17520.
6. L'article 1752 du Code civil oblige le locataire à garnir les lieux de manière suffisante.

dans les lieux loués. Toutefois, une certaine continuité est exigée par la jurisprudence ; ainsi a-t-il été jugé qu'un bagage, entreposé pour une nuit dans le local, ne « garnissait » pas les lieux loués [1].

Certains meubles ne font cependant pas partie de l'assiette du privilège : les meubles insaisissables en vertu d'une disposition spéciale. Par ailleurs, la jurisprudence a également apporté des restrictions à l'assiette du privilège. D'abord, en sont exclus les meubles incorporels, par exemple le fonds de commerce [2]. Ensuite, ne sont pas grevés les meubles qui n'ont pas de rapport direct avec l'occupation des lieux loués (il en va notamment ainsi de la monnaie fiduciaire, des valeurs incorporées dans des titres) [3].

962. La jurisprudence considère, en revanche, que le bailleur a, par application de l'idée de gage tacite, la possession des meubles garnissant les lieux loués par l'intermédiaire du locataire [4]. Elle en déduit, sur le fondement de l'article 2276 du Code civil (anc. art. 2279) [5], que le bailleur peut exercer son privilège sur les *meubles appartenant à un tiers* (tels des meubles vendus avec une clause de réserve de propriété ou loués par le débiteur [6]) et qui se trouvent dans les lieux loués. Pour cela, le bailleur doit être de bonne foi [7] et il ne doit pas s'agir de meubles perdus ou volés, lesquels sont susceptibles d'être revendiqués pendant trois ans par le *verus dominus*. La mauvaise foi du bailleur, qui réside dans la connaissance de l'origine des meubles au moment de leur introduction dans l'immeuble [8], peut être établie par tous moyens et notamment par présomption. Ainsi, la jurisprudence déduit habituellement la mauvaise foi du bailleur de sa connaissance de la profession du preneur, qui le conduit à accueillir des biens appartenant à des tiers, afin, par exemple, de les réparer ou de les exposer [9].

963. ***Prérogatives du bailleur***. Le bailleur dispose d'un *droit de préférence*, qu'il va exercer sur le prix de vente des meubles qu'il aura préalablement fait saisir [10]. En cas de sinistre affectant les biens grevés, le droit de préférence se reporte, par le jeu de la

---

1. Civ. 1re, 10 nov. 1964, *Bull. civ.* I, nº 496 ; *JCP* 1965. II. 14071, note RD ; *D.* 1965. 305.

2. Mais, la jurisprudence, afin d'éviter un morcellement préjudiciable du fonds de commerce, a autorisé le bailleur à saisir l'ensemble du fonds pour, ensuite, n'exercer son privilège que sur la fraction du prix correspondant aux biens meubles corporels (marchandises, outillage...) : Cass., Req., 19 janv. 1938, *DH* 1938. 161 ; *S.* 1938. 1. 366.

3. Sur le critère du « rapport avec l'occupation des lieux », v. not. Ph. Simler et Ph. Delebecque, *op. cit.*, nº 666. La doctrine reste, cependant, partagée sur l'introduction de ces biens dans l'assiette du privilège : pour, G. Ripert, et J. Boulanger, *Traité de droit civil*, d'après le *Traité* de Planiol, t. 3, 1er fasc., LGDJ, 1958, nº 1104 ; contre, M. Dagot, *Les sûretés*, PUF, coll. « Thémis », 1981, p. 177 ; G. Marty, P. Raynaud et P. Jestaz, *op. cit.*, nº 424.

4. V. not. J.-E. Labbé, note sous Cass., Req., 14 déc. 1892, *S.* 93. 1. 169.

5. Pourtant, il a été remarqué que, le créancier privilégié ne tenant pas son droit d'un quelconque ayant-cause, mais de la loi elle-même, l'article 2276 (anc. art. 2279) ne devrait pas avoir vocation à s'appliquer : F. Zenati, obs. sous Com. 3 oct. 1989, *Bull. civ.* IV, n° 244, *RTD civ.* 1990. 306-307 (arrêt rendu au sujet du privilège du commissionnaire) ; *adde* : M. Rouland, thèse préc., nº 149.

6. Cf. G. Ansaloni et E. Billiet, « Remarques sur le conflit entre le privilège du bailleur d'immeuble et le *leasing* des biens d'équipement », *RD banc. fin.* 2009, n° 6, étude 35.

7. Cass., Req., 28 nov. 1898, *DP* 99. 1. 35 ; *S.* 1902. 2. 142 ; Civ. 1re, 12 mai 1969, *Bull. civ.* I, n° 176, *D.* 1970. 43, note Ph. Malinvaud ; Bordeaux, 8 avr. 2008, *Juris-Data* n° 2008-363712 ; Civ. 3e, 24 juin 2009, *Bull. civ.* III, n° 154 ; Com. 16 nov. 2010, *Bull. civ.* IV, n° 178.

8. Peu importe que le bailleur ait appris, après leur introduction dans le local, que les biens appartenaient à autrui (Soc. 13 févr. 1953, *Bull. civ.* IV, nº 143) ou que les biens soient devenus la propriété d'autrui après leur introduction dans le local (Civ. 3e, 4 févr. 1976, *Bull. civ.* III, nº 47).

9. Civ. 1re, 12 mai 1969, *Bull. civ.* I, nº 176 ; *D.* 1970. 43, note P. Malinvaud (galerie d'art).

10. Sur le rang de ce droit de préférence, v. ss 990 s.

subrogation réelle, sur l'indemnité d'assurance qui peut être due au locataire. Le droit des procédures collectives influence, ici encore, le régime du privilège du bailleur d'immeuble. En effet, l'administrateur judiciaire peut, avec l'accord du juge-commissaire, vendre les meubles garnissant les lieux loués dans les hypothèses prévues par l'article L. 622-16, alinéa 4, du Code de commerce [1]. Le bailleur ne peut alors exercer son privilège sur le prix de vente qu'après le jugement de redressement ou en cas de liquidation, sauf si le juge-commissaire lui accorde le paiement provisionnel, moyennant la fourniture d'une garantie bancaire (C. com., art. L. 622-8).

964. Bien que la question de savoir si, en lui-même, un privilège mobilier – droit réel légal – développe ou non un *droit de suite*, soit discutée, la conjugaison de l'absence de publicité de ces privilèges et de la protection du possesseur de bonne foi par la règle de l'article 2276 du Code civil (anc. art. 2279) conduit à ce que, au moins *de facto* [2], le titulaire ne puisse exercer son privilège entre quelques mains que se trouve le bien grevé. Toutefois, certains privilèges développent un « embryon » de droit de suite, qui prend la forme d'une *action en revendication très particulière*, puisqu'elle ne porte pas sur la propriété des meubles, mais en quelque sorte sur leur rétention. En effet, cette action a pour objet la réintégration dans les lieux loués des meubles déplacés. Le privilège du bailleur d'immeuble confère cet ersatz de droit de suite. Aux termes de l'article 2332, 1° du Code civil (anc. art. 2102, 1°), le bailleur peut revendiquer les biens grevés contre le tiers détenteur, y compris de bonne foi [3], dans un délai de quinze jours pour le mobilier de la maison, et dans un délai de quarante jours pour le mobilier de la ferme. La revendication n'est accueillie, semble-t-il, que sous la réserve que les meubles restant dans les lieux loués présentent une valeur insuffisante pour garantir la créance du bailleur [4].

La revendication prévue par l'article 2332, 1° du Code civil pouvant se révéler aléatoire, le bailleur dispose d'une dernière prérogative : la faculté de s'opposer au déplacement des meubles se trouvant dans les lieux loués, en exerçant sur eux une saisie conservatoire.

2° Le privilège de l'hôtelier

965. Visé par l'article 2332, 5° du Code civil (anc. art. 2102, 5°), ce privilège fondé, lui aussi, sur l'idée de gage tacite est important, en raison du développement du tourisme, mais il ne donne pas lieu à un contentieux nourri, sans doute en raison de la modicité des sommes en jeu et de la possibilité pour l'hôtelier impayé d'exercer, avec davantage d'efficacité, un droit de rétention sur les effets du voyageur.

---

1. « Meubles soumis à dépérissement prochain, à dépréciation imminente ou dispendieux à conserver, ou dont la réalisation ne met pas en cause, soit l'existence du fonds, soit le maintien de garanties suffisantes pour le bailleur. »

2. Mais invoquer la règle de l'article 2276 pour nier l'existence d'un droit de suite n'est-il pas contradictoire dans la mesure où, en l'absence de réunion des conditions nécessaires au déclenchement de la règle de l'article 2276, plus rien ne devrait faire obstacle à l'exercice du privilège ? En d'autres termes, si le tiers détenteur du meuble grevé a besoin de la protection de la possession pour faire obstacle à l'exercice du privilège, n'est-ce pas, précisément, parce que le droit de suite existe ?

Rappr. le nouveau régime du gage conventionnel sans dépossession qui refuse la protection de l'article 2276 « aux ayants cause à titre particulier du constituant », lorsque le gage a été régulièrement publié (C. civ., art. 2337, al. 3) ; v. ss 831.

3. Sous réserve du bénéfice de l'article 2277 du Code civil (anc. art. 2280).

4. En ce sens, Besançon, 21 mai 1897, *DP* 98. 1. 127.

966. ***Créances garanties***. L'aubergiste, c'est-à-dire celui qui fait profession d'héberger des voyageurs, bénéficie d'un privilège pour garantir les créances nées du contrat d'hôtellerie, comprenant le prix de l'hébergement, éventuellement celui de la nourriture, ainsi que celui des prestations annexes (garage, téléphone…).

967. ***Assiette***. Font l'objet du privilège tous les biens meubles apportés par le voyageur, y compris, selon la doctrine, des sommes d'argent[1]. L'extension de l'assiette du privilège aux biens appartenant à des tiers est discutée[2]. À l'encontre de la solution retenue au sujet du privilège du bailleur d'immeuble, il convient de souligner que la formule « effets du voyageur » semble davantage propice à une limitation de l'assiette du privilège aux choses appartenant au seul débiteur.

968. ***Prérogatives de l'hôtelier***. L'hôtelier étant présent sur les lieux où s'effectue la prestation, il dispose d'un pouvoir de fait plus important que le bailleur sur les biens de son débiteur, qui lui permet d'exercer un véritable droit de rétention. En revanche, si les meubles du débiteur sont extraits de l'établissement à l'insu de l'hôtelier, celui-ci ne bénéficie pas, à l'inverse du bailleur, d'un droit de suite même limité[3]. L'hôtelier dispose, enfin, d'un droit de préférence sur le produit de la vente des meubles qu'il aura préalablement fait saisir[4].

3° Le privilège du transporteur

969. Initialement prévu par l'ancien article 2102, 6° du Code civil, le privilège du transporteur, dit aussi « du voiturier », est régi, depuis la loi *Gayssot* du 6 février 1998, par l'article L. 133-7 du Code de commerce[5].

> **C. com., art. L. 133-7.** – Le voiturier a privilège sur la valeur des marchandises faisant l'objet de son obligation et sur les documents qui s'y rapportent pour toutes créances de transport, même nées à l'occasion d'opérations antérieures, dont son donneur d'ordre, l'expéditeur ou le destinataire restent débiteurs envers lui, dans la mesure où le propriétaire des marchandises sur lesquelles s'exerce le privilège est impliqué dans lesdites opérations.
> Les créances de transport couvertes par le privilège sont les prix de transport proprement dits, les compléments de rémunération dus au titre de prestations annexes et d'immobilisation du véhicule au chargement ou au déchargement, les frais engagés dans l'intérêt de la marchandise, les droits, taxes, frais et amendes de douane liés à une opération de transport et les intérêts.

970. ***Bénéficiaires***. Le privilège profite aux transporteurs terrestres, fluviaux ou aériens, c'est-à-dire ceux qui exécutent le transport[6] quel que soit le moyen de locomotion utilisé. Sont en revanche exclus les contrats dont l'exécution emporte un déplacement, mais non assimilables au transport, comme le contrat de remorquage ou de louage de véhicule.

---

1. Le terme « effets » inclinant à étendre l'assiette du privilège à l'ensemble des choses transportées par le voyageur : V. Brémond, *J.-Cl. Civ.*, art. 2328, n° 8.
2. La jurisprudence est très ancienne et contradictoire : pour l'extension aux biens d'autrui, Dijon, 11 juill. 1872, *DP* 73. 2. 215 ; contre l'extension aux biens d'autrui, Colmar, 26 avr. 1816.
3. En ce sens, not. G. Marty, P. Raynaud et P. Jestaz, *op. cit.*, n° 431.
4. Sur le rang de ce droit de préférence, v. ss 997 s.
5. O. Cachard, « Réforme du privilège du commissionnaire et de celui du transporteur ou voiturier », *in Mélanges Goubeaux*, Dalloz-LGDJ, 2009, p. 55.
6. Et non celui qui organise le transport, nommé commissionnaire, celui-ci bénéficiant d'un privilège propre prévu par l'article L. 132-2 du Code de commerce (v. ss 974 s.).

971. ***Créances garanties***. Le privilège garantit le prix du transport et de ses accessoires, tels des frais de chargement, de livraison ou encore les frais engagés dans l'intérêt de la marchandise, les droits, taxes, frais et amendes de douane liés à l'opération de transport[1]. Les créances résultant d'un transport initial, dont l'expéditeur ou le destinataire restent débiteurs envers le transporteur, peuvent être couvertes par les biens remis à l'occasion d'un transport ultérieur, à condition qu'il y ait une « unité d'expédition », c'est-à-dire que les déplacements successifs aient été effectués en vertu d'un contrat unique et qu'ils constituent une opération indivisible[2].

972. ***Assiette***. Le privilège porte sur les marchandises transportées[3], que celles-ci appartiennent au débiteur ou à un tiers (en particulier, le destinataire), à la condition, dans ce dernier cas, que le transporteur soit de bonne foi[4].

973. ***Prérogatives du transporteur***. Le transporteur étant pleinement détenteur des marchandises transportées, il peut les retenir jusqu'à complet paiement[5]. S'il n'use pas de cette prérogative, il pourra faire vendre les marchandises et être payé par préférence sur leur prix de vente.

4° Le privilège du commissionnaire

974. Régi par l'ancien article 95 du Code de commerce, devenu l'article L. 132-2 du Code de commerce, le privilège du commissionnaire est encore fondé sur l'idée d'un gage tacite donné par le client sur la chose servant d'objet aux obligations du commissionnaire.

975. ***Bénéficiaires***. Le privilège profite aux commissionnaires de transport[6], vendeurs, acheteurs..., professionnels, voire occasionnels.

976. ***Créances garanties***. Le privilège garantit les créances de commission dues par le commettant même à l'occasion d'opérations antérieures.

977. ***Assiette***. Le privilège du commissionnaire porte « sur la valeur des marchandises faisant l'objet de son obligation et sur les documents qui s'y rapportent ». La question de

---

1. Ainsi peut-on relever que le privilège du transporteur s'inspire, tant de l'idée de gage tacite, que de celle de conservation de la chose.

2. Com. 27 juin 2006, *Bull. civ.* IV, n° 155 ; *D.* 2006. AJ 1888, X. Delpech ; *JCP* 2006. I. 195, Ph. Delebecque (les juges du fond doivent préciser en quoi le propriétaire des marchandises était impliqué dans les opérations de transport antérieures).

3. Il convient de relever que l'article L. 133-7 du Code de commerce, ainsi que l'article L. 132-2 du Code de commerce instituant le privilège du commissionnaire, prévoient que le privilège s'étend aux documents qui se rapportent aux marchandises transportées. Or, s'agissant des documents, il ne s'agit pas d'un privilège, celui-ci ne pouvant s'exercer sur des biens qui ne présentent, le plus souvent, aucune valeur sur laquelle pourrait se reporter le droit de préférence. Il s'agit, en réalité, d'un droit de rétention : en ce sens, not. Z. Zerbo, « Privilège et droit de rétention du voiturier : halte à la confusion ! », *D.* 2001. Chron. 2290-2293.

4. Cette solution, jugée au sujet du privilège du commissionnaire (Com. 12 nov. 1964, *Bull. civ.* III, n° 493 ; Com. 5 févr. 1980, *Bull. civ.* IV, n° 63) doit être, vraisemblablement, transposée au privilège du transporteur.

5. Besançon, 8 mars 2000, *JCP* 2000. I. 259, obs. Ph. Delebecque.

6. Le commissionnaire agréé en douane ne bénéficie du privilège du commissionnaire de l'article L. 132-2 du Code de commerce que dans le cas où il agit pour le compte d'un commettant, mais sous son nom propre (Com. 2 oct. 2007, n° 06-16316 ; *JCP* 2008. I. 152, chron. Ph. Delebecque, n° 22). Il arrive en effet fréquemment que le « commissionnaire » agisse, en réalité, comme un mandataire, c'est-à-dire au nom et pour le compte d'autrui.

savoir si le privilège s'étend à des biens qui n'appartiennent pas ou plus au débiteur est controversée ; elle est importante en pratique tant il est fréquent que les marchandises transportées soient déjà la propriété du destinataire. La jurisprudence décide, généralement, que le commissionnaire de transport peut exercer son privilège sur les marchandises qui n'appartiennent pas au débiteur à la condition qu'il soit de bonne foi, celle-ci étant constituée par la croyance du commissionnaire dans la propriété de son débiteur [1].

978. ***Prérogatives du commissionnaire.*** Le commissionnaire, outre le droit de préférence que lui confère le privilège, bénéficie d'un droit de rétention (fondé sur une connexité juridique). L'ancien article 95 du Code de commerce liait le maintien du privilège à la possession des marchandises objets du contrat, de telle sorte que, si le commissionnaire se dessaisissait de ces biens, il perdait également son privilège. La jurisprudence tirait des conséquences complexes de ce lien [2]. Les difficultés devraient persister, d'autant plus que l'article L. 132-2 du Code de commerce, issu de la loi *Gayssot* du 6 février 1998, ne lie même plus expressément les deux prérogatives du commissionnaire.

B. Les privilèges fondés sur l'introduction d'une valeur dans le patrimoine du débiteur : l'exemple du privilège du vendeur de meubles

979. Certains privilèges mobiliers spéciaux reposent sur l'idée équitable selon laquelle, si une personne enrichit le patrimoine d'autrui au moyen d'une prestation dont elle n'est pas réglée, elle doit être payée par priorité sur la valeur ayant augmenté l'actif du débiteur [3]. Le principal privilège ainsi fondé sur l'introduction d'une valeur dans le patrimoine du débiteur est *le privilège du vendeur de meubles* [4]. Une autre raison vient justifier l'existence du privilège du vendeur de meubles : le principe du transfert de propriété *solo consensu* (C. civ., art. 1138) qui laisse le vendeur impayé dans une position fragile.

980. Avant de détailler les caractéristiques du privilège de l'article 2332, 4° du Code civil (anc. art. 2102, 4°), il convient de rappeler que d'autres techniques permettent au vendeur de meubles d'éviter un impayé : la clause de réserve de propriété [5]; la rétention du meuble jusqu'à sa livraison, en cas de vente au comptant (C. civ., art. 1612) ; la résolution du contrat de vente,

---

1. En ce sens, not., M. Cabrillac, C. Mouly, S. Cabrillac et Ph. Pétel, *op. cit.*, n° 715 ; Paris, 31 mai 2012, n° 11/11583 ; Rennes, 27 nov. 2007, *JCP* 2008. I. 152, n° 23.

2. La Cour de cassation a lié, sans ambiguïté, la perte du droit de rétention à la perte du privilège, consécutive au défaut de déclaration de la sûreté dans la procédure collective du débiteur (Com. 8 juin 1999, *Bull. civ.* IV, n° 125).

En revanche, les raisons de la perte du droit de rétention sont beaucoup moins évidentes dans un arrêt ayant considéré que : en application de l'article 33, alinéa 1er, de la loi du 25 janvier 1985 (règle de l'interdiction des paiements de créances antérieures après le jugement d'ouverture), « le commissionnaire ne peut valablement exercer son droit de rétention sur des marchandises confiées après le jugement d'ouverture pour obtenir le paiement de créances antérieures » (Com. 13 nov. 2001, *Bull. civ.* IV, n° 179).

3. Pour une critique de cette idée et le souhait d'une abrogation générale des privilèges fondés sur l'introduction d'une valeur dans le patrimoine du débiteur, v. M. Rouland, thèse préc., nos 122 s.

4. Autres exemples de privilèges fondés sur l'introduction d'une valeur dans le patrimoine du débiteur : le privilège sur le prix de la récolte et des ustensiles agricoles ; le privilège des ouvriers et fournisseurs des titulaires de marchés publics, dit « privilège de pluviôse » ; le privilège des clients des sociétés de crédit foncier sur les sommes par elles prêtées ; le privilège des sociétés immobilières de construction sur les parts sociales de leurs membres.

5. V. ss 652 s.

qui permet de revendiquer la chose vendue, à condition toutefois qu'elle n'ait pas été transformée ou qu'elle ne se trouve pas entre les mains d'un tiers de bonne foi qui pourrait alors se prévaloir de la règle de l'article 2276 du Code civil (anc. art. 2279)[1].

981. ***Bénéficiaires***. Le privilège est en principe accordé à tout vendeur[2] de biens mobiliers quels qu'ils soient, même incorporels. Certaines ventes relèvent cependant de régimes spéciaux. Tel est notamment le cas de la vente du fonds de commerce[3] ou d'un office ministériel. En revanche, le vendeur d'un véhicule automobile, bien qu'il dispose d'un gage spécial[4], bénéficie malgré tout du privilège du vendeur de meubles.

982. ***Créances garanties***. Le privilège garantit la créance du prix (ou la soulte en cas d'échange), ses intérêts et les autres accessoires, comme les frais d'établissement du contrat. Mais il ne couvre, ni les dommages et intérêts consécutifs au défaut de paiement, ni la somme due en vertu d'une clause pénale.

983. ***Assiette***. Le privilège porte sur la chose vendue et livrée. En cas de sinistre, par le jeu de la subrogation réelle, il se reporte sur les indemnités remplaçant la chose endommagée ou détruite.

---

1. Si l'acquéreur fait l'objet d'une procédure collective, d'autres conditions entourent l'action en revendication (v. ss 1288 s.).

2. Par analogie, le privilège bénéficie également à l'échangiste, qui doit percevoir une soulte : Paris, 21 oct. 1933, *DH* 1933. 577.

3. Le privilège du vendeur de fonds de commerce ne concerne pas les vendeurs de fonds artisanaux, qui ne disposent que du privilège de droit commun du vendeur de meubles. Les principaux éléments du régime du privilège du vendeur de fonds de commerce (C. com., art L. 141-5 à L. 141-22) sont les suivants.

Il suppose la vente à crédit de l'intégralité d'un fonds de commerce. Les seules créances qu'il puisse garantir sont la créance de prix de vente et ses accessoires, ainsi que deux ans d'intérêts (il s'agit là d'une différence importante par rapport au nantissement de fonds de commerce qui peut garantir, au contraire, toutes sortes de créances ; v. ss 916). Il a pour assiette les éléments du fonds énumérés dans l'acte de vente et dans l'acte d'inscription (y compris, si les parties le précisent, les marchandises, ce qui constitue une autre différence importante par rapport au nantissement ; v. ss 915) ; à défaut de désignation précise, le privilège porte sur les éléments incorporels essentiels du fonds ; en tout état de cause, il ne porte que sur les éléments du fonds existants au jour de la cession ou sur ceux renouvelés par le jeu de la subrogation réelle ou encore sur les indemnités d'assurance remplaçant un élément compris dans le fonds.

Quant aux conditions de forme, elles sont de deux types. D'une part, l'acte de vente du fonds de commerce doit respecter un certain formalisme : il doit notamment être écrit et enregistré dans les quinze jours de la vente et le prix des éléments incorporels et celui des éléments corporels doivent y être mentionnés distinctement. D'autre part, le privilège doit être inscrit selon les mêmes formalités que pour le nantissement de fonds de commerce (C. com., art. L. 143-16 s.). Toutefois, si le vendeur souhaite bénéficier, outre de son privilège, d'un tel nantissement, il devra procéder à deux inscriptions. Ce qui est particulièrement original dans l'inscription du privilège du vendeur de fonds de commerce, c'est que les différents éléments de la créance garantie doivent être distingués (les portions afférentes aux marchandises, au matériel et aux éléments incorporels doivent être indiquées séparément) ; cette ventilation s'explique par le fait que le privilège n'est pas indivisible comme le sont normalement les sûretés réelles. En effet, à la suite de sa réalisation par la vente du fonds (dans les conditions de l'article L. 143-5 du Code de commerce), le privilège confère un droit de préférence sur le prix de vente, mais qui s'exerce séparément sur les différents éléments du fonds. Enfin, il convient de relever que le vendeur privilégié dispose d'un droit de suite (C. com., art. L. 143-12), susceptible d'être paralysé, comme dans le nantissement de fonds de commerce, par l'aliénation de certains éléments du fonds.

Sur le privilège du vendeur de fonds de commerce, v. not. Ph. Simler, *J.-Cl. Civ.*, art. 2332, fasc. 30, *Privilèges mobiliers*, n°s 26 s. et les réf.

4. V. ss 854 s.

Le meuble vendu quitte l'assiette du privilège s'il est incorporé dans un immeuble, en raison de la perte d'identité que cette incorporation provoque. Une même perte d'identité se produit en cas de transformation matérielle de la chose la rendant méconnaissable ou de son incorporation dans un autre bien mobilier ou encore de son mélange avec d'autres biens identiques [1].

984. ***Prérogatives du vendeur***. Si l'acquéreur a encore le bien en sa possession et que celui-ci est demeuré dans l'état même qu'il présentait lors de la livraison, l'article 2332, 4° du Code civil (anc. art. 2102, 4°) permet au vendeur d'en reprendre la possession, par la voie d'une saisie-revendication, dans le délai préfix de huit jours à compter de la livraison.

Si l'acheteur a déjà revendu le bien, le vendeur peut exercer son droit de préférence sur la créance de prix non encore acquittée.

Si la créance de prix de revente a déjà été payée par un tiers acquéreur de bonne foi, le vendeur ne peut exercer un droit de suite à l'encontre de celui-ci, en raison de la protection apportée par l'article 2276 du Code civil (anc. art. 2279) [2]. L'acquéreur d'un meuble peut, ainsi, aisément faire disparaître le privilège dont ce meuble est grevé.

Enfin, lorsque l'acheteur est soumis à une procédure collective, le privilège disparaît si le vendeur a livré le meuble avant l'ouverture de la procédure (C. com., art. L. 624-11) [3]. Ce privilège est donc très largement inefficace, puisqu'il est écarté dans l'hypothèse où le vendeur en aurait le plus besoin. Pour contrebalancer cette inefficacité, la loi du 12 mai 1980 a reconnu qu'en cas de procédure collective de l'acheteur, le vendeur demeuré propriétaire de la chose en vertu d'une clause de réserve de propriété pouvait revendiquer celle-ci (C. com., art. L. 624-16). La facilité avec laquelle les vendeurs peuvent se ménager cette garantie l'a, dès lors, rendue quasi systématique, occultant encore davantage le privilège du vendeur de meuble.

C. Le privilège fondé sur la conservation d'une chose

985. L'article 2332, 3° du Code civil (anc. art. 2102, 3°) accorde une cause de préférence à la conservation de la chose mobilière d'autrui [4]. Le privilège des frais de conservation est, sans nul doute, le plus vivant et le plus important des privilèges mobiliers spéciaux. En effet, à l'inverse des précédents privilèges, il n'est pas accordé à un créancier contractuel strictement déterminé (bailleur d'immeuble, vendeur de meubles, transporteur...), mais profite à tous ceux qui, à l'occasion d'un contrat ou d'un quasi-contrat, sont amenés à déployer des frais de conservation sur la chose mobilière d'autrui, que ces frais constituent l'objet principal (contrat de réparation) ou seulement une prestation accessoire (obligation accessoire de conservation présente, fréquemment, dans les contrats de dépôt, d'entreprise ou encore de mandat) de la relation juridique qui le lie à ce dernier.

---

1. Comp. Com. 9 oct. 1967, *Bull. civ.* III, n° 312.

2. Civ. 19 févr. 1894, *GAJC*, 11e éd., n° 284 (solution applicable au sous-acquéreur qui savait que le prix de la chose n'avait pas été payé au précédent propriétaire).

3. Si les marchandises vendues n'ont pas encore été livrées à l'acheteur, la situation du vendeur est beaucoup plus favorable, puisqu'il conserve son droit de rétention et n'est alors tenu de livrer que moyennant paiement (C. com., art. L. 624-14).

4. Curieusement, la conservation de la chose immobilière d'autrui n'est pas revêtue, de manière générale, de la même vertu. Toutefois, un privilège immobilier, strictement encadré, est offert aux architectes et aux entrepreneurs ayant engagé certains frais sur un immeuble (C. civ., art. 2374, anc. art. 2103, 4°).

Ce privilège puise ses fondements dans l'idée que la conservation d'un meuble conduit à conserver un élément composant le droit de gage général offert à tous les créanciers qui, sans les dépenses de conservation, aurait disparu pour tous. Dès lors, apparaît-il juste qu'en cas d'insolvabilité du débiteur, le conservateur soit prioritaire sur le prix de vente de la chose conservée.

986. ***Créances garanties***. Le privilège garantit « les frais faits pour la conservation de la chose ».

La chose conservée. Elle doit être de nature mobilière. Il peut s'agir d'un bien corporel ou incorporel (par exemple, un fonds de commerce [1], un brevet, une créance [2]), d'une chose inanimée, d'un animal… Elle doit, par ailleurs, être déterminée. L'ensemble de l'actif du débiteur ne peut être considéré comme la « chose conservée » [3]. Ainsi, le privilège du conservateur ne saurait-il garantir la créance d'honoraires d'un avocat, qui allègue avoir pu, par son intervention, obtenir une diminution de la condamnation pécuniaire du débiteur [4]; de même, le privilège a-t-il été refusé au banquier qui a consenti des crédits à l'un de ses clients, faute d'établir que les fonds prêtés ont servi à la conservation d'une chose [5].

987. ***Les frais de conservation***. Le terme « frais » peut être entendu plus ou moins largement : il peut recouvrir les dépenses exposées directement pour la conservation de la chose, mais aussi la rémunération du service rendu par le créancier. La notion de « conservation » est, elle aussi, assez complexe, de sorte que les frontières du privilège sont relativement incertaines.

La conservation peut être conçue de manière purement *physique*. Elle vise alors les seuls frais sans lesquels la chose eût péri totalement ou en partie [6]. Mais la jurisprudence, depuis 1981, n'exige plus le caractère urgent de l'intervention : « exiger que les frais faits pour la conservation de la chose aient été exposés non dans des conditions normales d'exploitation mais dans des circonstances exceptionnelles serait ajouter une condition que la loi ne contient pas » [7].

La conservation peut également être appréhendée d'un point de vue plus *économique*. Elle s'étend dans ce cas aux frais sans lesquels la chose serait devenue impropre à l'usage qui lui donne sa valeur, autrement dit aux interventions sans lesquelles la chose aurait cessé de remplir sa destination [8]. La jurisprudence retient, à cet égard, l'usage générique de la chose, c'est-à-dire celui qui est commun à toutes les choses d'un même type (la navigation pour un navire), et non son usage spécifique (la pêche pour un navire).

Le privilège ne garantit pas les frais engagés pour l'exploitation de la chose, telles des dépenses d'énergie nécessaires à son fonctionnement. Sont également exclues de son champ d'application les dépenses relatives à la chose qui n'ont pas pour principal objet d'en éviter la perte mais, seulement, d'en améliorer l'exploitation [9] ou d'en augmenter sa

---

1. Civ. 31 juill. 1913, *DP* 1915. 1. 65, note P. de Loynes ; *S*. 1920. 1. 154.
2. Paris, 3 juill. 1941, *Gaz. Pal*. 1941. 2. 256 ; *RTD civ*. 1940-41. 618, obs. H. Solus.
3. Civ. 1re, 7 janv. 1997, *Bull. civ*. I, no 3.
4. Com. 18 juill. 1974, *Bull. civ*. IV, no 235.
5. Civ. 30 janv. 1939, *DH* 1939. 161 ; *RTD civ*. 1939. 512, obs. H. Solus.
6. Cass., Req., 12 juin 1939, *DH* 1939. 453 ; Com. 5 janv. 1981, *Bull. civ*. IV, no 2.
7. Com. 5 janv. 1981, *Bull. civ*. IV, no 2.
8. Com. 12 janv. 1988, *Bull. civ*. IV, no 23 (remplacement du moteur d'un camion).
9. Com. 11 déc. 1968, *Bull. civ*. IV, no 356.

valeur[1]. Il est vrai que la distinction entre la conservation, l'amélioration ou encore la meilleure exploitation de la chose peut s'avérer délicate, comme en témoignent les frais engagés pour accroître la sécurité d'un bien[2].

988. ***Assiette***. Le privilège du conservateur porte sur la totalité de la chose conservée et non sur la seule plus-value procurée par l'intervention du créancier[3]. Encore faut-il, cependant, que la chose puisse être identifiée comme celle ayant bénéficié des frais de conservation[4]. La transformation de la chose peut ainsi faire obstacle au privilège.

En cas de sinistre, le privilège se reporte sur l'indemnité d'assurance (C. assur., art. L. 121-13).

989. ***Prérogatives du conservateur***. Le conservateur bénéficie d'un *droit de préférence* d'un très bon rang[5].

Il n'a *pas de droit de suite*[6], mais lorsque la chose conservée a été vendue et que le prix n'a pas encore été payé, il peut saisir la créance de prix et faire valoir son droit de préférence sur cette créance[7].

Par ailleurs, si son intervention le conduit à détenir la chose, il dispose d'un *droit de rétention* fondé sur la connexité matérielle (C. civ., art. 2086, 3°). Dans cette hypothèse, le privilège lui sera normalement de peu d'intérêt.

Section 2
Le classement des privilèges mobiliers

990. Tous les privilèges mobiliers, généraux comme spéciaux, confèrent un droit de préférence. Mais tous n'ont pas le même rang. Il existe une hiérarchie au sein des droits de préférence attachés à chacun des privilèges. Dit autrement, toutes les créances privilégiées ne présenteraient pas la même « qualité ». Un conflit de privilèges va survenir chaque fois que l'assiette de deux ou plusieurs privilèges entrant en concurrence est totalement ou partiellement identique. Dès lors, la question se pose de savoir laquelle des créances privilégiées va l'emporter. Une réponse simple aurait consisté à retenir le principe d'antériorité (*prior tempore, potior jure*) des privilèges. Toutefois, ce principe simple est, sans doute, à la fois trop brutal et imprécis en ce que l'antériorité peut viser tant la naissance du privilège que sa date d'inscription lorsque celle-ci est requise[8]. Aussi ne peut-il constituer l'unique critère de classement des privilèges entre eux. D'autres s'y adjoignent et se combinent.

991. À l'inverse, toute velléité de hiérarchie aurait pu être abandonnée au profit d'une égalité des privilèges entrant en concurrence[9]. Ce n'est pas le choix qui a été retenu par le

---

1. Com. 16 mai 1966, *Bull. civ.* III, n° 254 ; *D.* 1967. 139, note P. Bourdon ; *Gaz. Pal.* 1966. 2. 80 ; Paris, 9 juin 1980, *RJ com.* 1981. 98, note J.L.F.
2. En 1984, la Cour de cassation a reconnu le bénéfice du privilège du conservateur à des installateurs de radios de guidage sur des chalutiers, au motif que cette installation contribuait à la sécurité des navires (Com. 9 oct. 1984, *Bull. civ.* IV, n° 259).
3. Comp. le privilège immobilier de l'architecte et de l'entrepreneur.
4. Com. 30 oct. 1968, *Bull. civ.* IV, n° 300.
5. V. ss 1001 s.
6. Com. 20 juin 1978, *Bull. civ.* IV, n° 174.
7. Montpellier, 11 déc. 1959, *Gaz. Pal.* 1960. 1. 102.
8. Cf. J. Mestre, E. Putman, M. Billiau, *op. cit.*, p. 461.
9. En faveur de cette solution, cf. M. Rouland, thèse préc., n° 170.

législateur, qui consacre un classement des privilèges selon leur qualité respective (C. civ., art. 2325 ; anc. art. 2096)[1], sans, toutefois et le plus souvent, préciser quelle est la qualité respective des différents privilèges. Cependant, lorsque plusieurs privilèges sont de même rang, c'est-à-dire présentent une qualité identique, les créanciers qui en sont titulaires sont payés par concurrence, au marc l'euro (C. civ., art. 2326, anc. art. 2097).

Outre ces règles légales, des circonstances extérieures peuvent influer sur le classement. Ainsi, l'existence ou non d'une procédure collective ouverte contre le débiteur ou l'exercice de certaines voies d'exécution par l'un des créanciers vont-elles modifier les résultats du classement.

Il importe dès lors de présenter le classement de droit commun (§ 1) et ses éventuelles perturbations (§ 2).

C. civ., art. 2325 (anc. art. 2096). – Entre les créanciers privilégiés, la préférence se règle par les différentes qualités des privilèges.
C. civ., art. 2326 (anc. art. 2097). – Les créanciers privilégiés qui sont dans le même rang, sont payés par concurrence.

§ 1. Le classement de droit commun

Plusieurs types de conflits peuvent mettre en concours les privilèges mobiliers. Certains d'entre eux sont réglés par la loi, en particulier par les articles 2332-1 à 2332-3 du Code civil, issus de l'ordonnance du 23 mars 2006, qui, en consacrant des règles de classement, en assurent une meilleure lisibilité. La résolution des autres demeure l'œuvre de la jurisprudence.

Ainsi distinguera-t-on le conflit opposant plusieurs privilèges mobiliers généraux (A), puis celui mettant en présence des privilèges mobiliers généraux et des privilèges mobiliers spéciaux (B), enfin le conflit survenant entre plusieurs privilèges mobiliers spéciaux (C).

A. Conflit entre privilèges mobiliers généraux

Un conflit peut survenir entre créanciers titulaires d'un privilège mobilier général identique ou entre créanciers titulaires d'un privilège mobilier général différent.

992. ***Conflit entre privilèges généraux identiques***. L'article 2326 du Code civil (anc. art. 2097) règle ce conflit en décidant que les créanciers privilégiés de même rang entrent en concours, comme le feraient des créanciers chirographaires, de sorte qu'ils sont payés « par concurrence », c'est-à-dire par contribution, à hauteur de leurs créances respectives, sans que la date de naissance de la créance, et donc du privilège, ne soit prise en considération.

C. civ., art. 2326 (anc. art. 2097). – Les créanciers privilégiés qui sont dans le même rang sont payés par concurrence.

993. ***Conflit entre privilèges généraux différents***. La hiérarchie est ici fermement établie par l'article 2332-2 du Code civil, qui renvoie à l'ordre institué par l'article 2331 du Code civil (anc. art. 2101), en réservant toutefois le sort des privilèges du Trésor et des caisses de sécurité sociale.

1. Cette règle, d'apparence générale, ne s'applique, en réalité, qu'aux privilèges mobiliers.

C. civ., art. 2332-2. – Les privilèges généraux s'exercent dans l'ordre de l'article 2331, à l'exception du privilège du Trésor public, dont le rang est déterminé par les lois qui le concernent, et du privilège des caisses de sécurité sociale, qui vient au même rang que le privilège des salariés.
C. civ., art. 2331. – Les créances privilégiées sur la généralité des meubles sont celles ci-après exprimées, et s'exercent dans l'ordre suivant :
1° les frais de justice ;
2° les frais funéraires ;
3° les frais quelconques de la dernière maladie, quelle qu'en ait été la terminaison, concurremment entre ceux à qui ils sont dus ;
4° sans préjudice de l'application éventuelle des dispositions des articles L. 143-10, L. 143-11, L. 742-6 et L. 751-15 du Code du travail :
– les rémunérations des gens de service pour l'année échue et l'année courante :
– le salaire différé résultant du contrat de travail institué par l'article 63 du décret du 29 juillet 1939 relatif à la famille et à la natalité françaises, pour l'année échue et l'année courante :
– la créance du conjoint survivant instituée par l'article 14 de la loi n° 89-1008 du 31 décembre 1989 relative au développement des entreprises commerciales et artisanales et à l'amélioration de leur environnement économique, juridique et social et la créance du conjoint survivant instituée par l'article L. 321-21-1 du Code rural et de la pêche maritime.
– Les rémunérations pour les six derniers mois des salariés, apprentis et l'indemnité due par l'employeur aux jeunes en stage d'initiation à la vie professionnelle, telle que prévue à l'article L. 980-11-1 du Code du travail ;
– l'indemnité de fin de contrat prévue à l'article L. 122-3-4 du Code du travail et l'indemnité de précarité d'emploi prévue à l'article L. 124-4-4 du même code ;
– l'indemnité due en raison de l'inobservation du délai-congé prévue à l'article L. 122-8 du Code du travail et l'indemnité compensatrice prévue à l'article L. 122-32-6 du même code.
– les indemnités dues pour les congés payés ;
– les indemnités de licenciement dues en application des conventions collectives de travail, des accords collectifs d'établissement, des règlements de travail, des usages, des dispositions des articles L. 122-9, L. 122-32-6, L. 761-5 et L. 761-7 du Code du travail pour la totalité de la portion inférieure ou égale au plafond visé à l'article L. 143-10 du Code du travail et pour le quart de la portion supérieure audit plafond ;
– les indemnités dues, le cas échéant, aux salariés, en application des articles L. 122-3-8, deuxième alinéa, L. 122-14-4, L. 122-14-5, deuxième alinéa, L. 122-32-7 et L. 122-32-9 du Code du travail ;
5° les fournitures de subsistances faites au débiteur et à sa famille pendant la dernière année et, pendant le même délai, les produits livrés par un producteur agricole dans le cadre d'un accord interprofessionnel à long terme homologué, ainsi que les sommes dues par tout contractant d'un exploitant agricole en application d'un contrat type homologué ;
6° la créance de la victime de l'accident ou de ses ayants droit relative aux frais médicaux, pharmaceutiques et funéraires, ainsi qu'aux indemnités allouées à la suite de l'incapacité temporaire de travail ;
7° les allocations dues aux ouvriers et employés par les caisses de compensation et autres institutions agréées pour le service des allocations familiales ou par les employeurs dispensés de l'affiliation à une telle institution en vertu de l'article 74 f du livre Ier du Code du travail ;
8° les créances des caisses de compensation et autres institutions agréées pour le service des allocations familiales à l'égard de leurs adhérents, pour les cotisations que ceux-ci se sont engagés à leur verser en vue du paiement des allocations familiales et de la péréquation des charges résultant du versement desdites prestations.

994. Les privilèges du Trésor[1] priment les privilèges mobiliers généraux de l'article 2331 du Code civil, à l'exception du privilège des frais de justice, dès l'instant où le Trésor a, comme n'importe quel autre créancier, tiré profit des frais engagés[2].

---

1. Au moins est-ce vrai pour les privilèges du Trésor de premier rang. Les privilèges de second rang, c'est-à-dire essentiellement les privilèges des douanes, sont primés par les privilèges de l'article 2331 du Code civil : Aix-en-Provence, 24 déc. 1951, *JCP* 1952. II. 6811, note Becqué.
2. V. not., Com. 24 mai 1965, *Bull. civ.* III, 1965, n° 329 ; Com. 19 oct. 1970, *Bull. civ.* IV, n° 272.

B. Conflit entre privilèges mobiliers généraux et privilèges mobiliers spéciaux

995. Depuis 1849[1], en l'absence de directive légale[2], la Cour de cassation tranche constamment ce conflit en faveur des privilèges spéciaux, en faisant application du principe selon lequel le spécial déroge au général (*generi per speciem derogatur*). Cette solution procède également du bon sens : par hypothèse, le créancier titulaire d'un privilège mobilier spécial ne dispose d'un avantage que sur un ou quelques biens de son débiteur, alors que le titulaire d'un privilège mobilier général dispose d'une préférence sur l'ensemble du patrimoine mobilier du débiteur ; par conséquent, faire primer le privilège mobilier spécial permet de le rendre efficace sans pour autant ôter son efficacité au privilège mobilier général, qui peut développer ses effets sur tous les autres meubles du débiteur.

996. ***Le principe de primauté des privilèges spéciaux*** reçoit néanmoins ***deux dérogations*** importantes : d'une part, les privilèges mobiliers spéciaux, à l'exception notable du privilège pour frais de conservation[3], sont primés par les privilèges généraux mobiliers du Trésor[4], en raison, vraisemblablement du caractère impérieux de la continuité des services publics[5]; d'autre part, les privilèges mobiliers spéciaux passent après les privilèges pleinement généraux, qui portent sur l'ensemble du patrimoine du débiteur, en particulier le privilège des frais de justice et le « super privilège » des salaires[6].

L'article 2332-1 du Code civil, issu de l'ordonnance du 23 mars 2006, a consacré ces solutions.

> **C. civ., art. 2332-1.** – Sauf dispositions contraires, les privilèges spéciaux priment les privilèges généraux.

C. Conflit entre privilèges mobiliers spéciaux

> **C. civ., art. 2332-3.** – Les privilèges spéciaux du bailleur d'immeuble, du conservateur et du vendeur de meuble s'exercent dans l'ordre qui suit :
> 1° le privilège du conservateur, lorsque les frais de conservation sont postérieurs à la naissance des autres privilèges ;
> 2° le privilège du bailleur d'immeuble, qui ignorait l'existence des autres privilèges ;
> 3° le privilège du conservateur, lorsque les frais de conservation sont antérieurs à la naissance des autres privilèges ;
> 4° le privilège du vendeur de meuble ;
> 5° le privilège du bailleur d'immeuble, qui connaissait l'existence des autres privilèges.
> Entre les conservateurs du même meuble, la préférence est donnée au plus récent.

---

1. Cass., Req., 20 mars 1849, *DP* 49. 1. 250 ; Com. 25 oct. 1976, *Bull. civ.* IV, n° 267 ; *D.* 1977. 380, note J. Taisne.
2. Au contraire, la loi tranche le conflit entre les titulaires d'un privilège immobilier général et les titulaires d'un privilège immobilier spécial au profit des premiers (C. civ., art. 2376).
3. Civ. 14 févr. 1900, *DP* 1900. 1. 175.
4. V. not. Com. 15 janv. 1957, 2e et 3e esp., *JCP N* 1957. II. 10006, note Becqué ; *D.* 1957. 267, note Hémard ; *RTD com.* 1957. 438, obs. Hémard et *ibid.* 469, obs. Houin ; Civ. 26 oct. 1926, *Gaz. Pal.* 1926. 2. 735. Cette solution s'induit des textes instituant les différents privilèges fiscaux qui précisent expressément qu'ils s'exercent avant tout autre.
5. Pour une relativisation de cet impératif, v. M. Rouland, thèse préc., n° 117.
6. V. Com. 14 janv. 1980, *Bull. civ.* IV, n° 14 (conflit opposant le nantissement sur marchés publics et le « super privilège » des salaires).

> Entre les vendeurs du même meuble, elle est donnée au plus ancien.
> Pour l'application des règles ci-dessus, le privilège de l'hôtelier est assimilé au privilège du bailleur d'immeuble ; le privilège de l'auxiliaire salarié d'un travailleur à domicile l'est au privilège du vendeur de meuble.

997. L'article 2332-3 du Code civil (datant de l'ordonnance du 23 mars 2006) consacre certaines solutions dégagées par la doctrine et par la jurisprudence. Ce faisant, il reconnaît, implicitement, l'existence de trois catégories de privilèges mobiliers spéciaux, selon le fondement qui les justifierait : les privilèges fondés sur l'idée de gage tacite (privilège du bailleur d'immeuble ; privilège de l'hôtelier) ; les privilèges fondés sur l'introduction d'une valeur dans le patrimoine du débiteur (privilège du vendeur de meuble ; privilège de l'auxiliaire salarié d'un travailleur à domicile) ; privilège du conservateur.

Ces trois catégories de privilèges, lorsqu'elles entrent en concurrence, sont classées selon trois critères qui se combinent : la qualité respective des créances ; la date de naissance du privilège ; la pseudo possession développée par certains privilèges.

Toutefois, l'article 2332-3 ne règle qu'une fraction des conflits potentiels. Pour les autres conflits, il convient de se référer aux règles dégagées, précédemment à la réforme de 2006, par la jurisprudence et par la doctrine.

Méritent d'être distingués les conflits entre privilèges mobiliers spéciaux identiques (1°) et les conflits entre privilèges mobiliers spéciaux différents (2°).

1° Conflits entre privilèges spéciaux identiques

En présence d'un conflit entre privilèges spéciaux identiques, il convient de distinguer selon le fondement du privilège.

998. ***Conflit opposant plusieurs conservateurs successifs de la même chose***. Lorsqu'un même meuble a fait l'objet de dépenses successives de conservation de la part de plusieurs créanciers distincts, la primauté est accordée au dernier en date, car si la chose n'avait pas été sauvegardée par l'intervenant le plus récent, l'intervenant antérieur aurait vu l'objet de son droit disparaître ou sa valeur s'amoindrir. Cette solution est aujourd'hui inscrite dans l'article 2332-3, alinéa 2, du Code civil.

999. ***Conflit opposant deux ou plusieurs privilèges fondés sur l'idée de gage tacite***. Lorsque le conflit oppose, par exemple, un transporteur et le bailleur d'immeuble dans le local duquel le meuble transporté a été entreposé, la jurisprudence fait reposer la primauté sur la règle *prior tempore*, de sorte que c'est la date d'opposabilité du droit de préférence aux tiers qui importe : le droit de préférence le plus ancien l'emporte sur le plus récent[1].

1000. ***Conflit opposant deux ou plusieurs privilèges fondés sur l'introduction d'une valeur dans le patrimoine du débiteur***. Lorsque le conflit oppose, par exemple, les vendeurs successifs d'un même meuble restés impayés, et à supposer que le privilège du vendeur initial ne soit pas éteint, c'est également le vendeur dont la créance est la plus ancienne qui prime[2]. Cette solution a été consacrée par l'article 2332-3, alinéa 3, du Code civil.

---

1. Civ. 1re, 7 mai 1974, *Bull. civ.* I, n° 130 (conflit opposant un gagiste automobile et le privilège du bailleur) ; Com. 14 févr. 1977, *Bull. civ.* IV, n° 43 (conflit opposant un nantissement sur fonds de commerce et le privilège du bailleur).

2. Une solution identique est apportée au conflit opposant les vendeurs successifs d'un même immeuble (art. 2333, 1° ; anc. art. 2103, 1°, al. 2).

2° Conflits entre privilèges spéciaux différents

1001. L'ancien article 2102 du Code civil ne présentant pas les privilèges spéciaux dans l'ordre de leur rang et ne contenant pas davantage de règle générale de classement, la jurisprudence a dû établir une hiérarchie. Elle l'a fait en arbitrant entre les intérêts protégés par les divers privilèges, ce qui l'a amenée à combiner la qualité des créances avec leurs dates de naissance. Certaines de ces solutions ont été consacrées par l'ordonnance du 23 mars 2006 (C. civ. art. 2332-3).

1002. ***Conflit entre les privilèges fondés sur l'idée de gage et ceux fondés sur l'introduction d'une valeur***. Dans le cas particulier du conflit entre le bailleur d'immeuble et le vendeur de meuble, le Code civil a donné, dès 1804, la préférence au bailleur, « à moins qu'il soit prouvé que le propriétaire avait connaissance que les meubles et autres objets garnissant sa maison ou sa ferme n'appartenaient pas au locataire » (C. civ., anc. art. 2102, nouv. art. 2232 ; dans le même sens, C. civ., nouv. art. 2332-3, 2°)[1]. La jurisprudence a étendu cette solution : tous les privilèges reposant sur l'idée de gage l'emportent sur ceux accordés au créancier ayant fait entrer un bien ou une valeur dans le patrimoine de son débiteur[2]. Par exemple, le privilège du transporteur prime celui du vendeur de meubles, même si le voiturier sait que le vendeur n'a pas été payé[3]. Ce classement s'expliquerait par le fait que l'idée de gage induit une certaine possession du créancier sur la chose.

1003. ***Conflit entre les privilèges fondés sur l'idée de gage et le privilège du conservateur***. Lorsque le conflit oppose, par exemple, le conservateur du meuble et le bailleur d'immeuble dans lequel le meuble est entreposé, son règlement dépend de la date de naissance respective des deux privilèges. Le conservateur doit s'incliner si son intervention est antérieure à la naissance du privilège fondé sur l'idée de gage, car le créancier considéré comme gagiste a, en quelque sorte, sous son emprise un bien qu'il pouvait croire libre de toute charge. L'article 2332-3, 2° du Code civil fait ainsi primer le privilège du bailleur d'immeuble sur le privilège du conservateur, lorsque les frais de conservation sont antérieurs à l'introduction des meubles dans le local, et à la condition qu'il ignorât l'existence de la créance de conservation impayée[4]. Cette solution, bien que consacrée par l'article 2332-3, 2° du Code civil, ressort pourtant affaiblie au regard du nouveau régime du contrat de gage qui n'est plus fondé sur la possession et au sujet duquel, donc, la protection de l'article 2276 du Code civil (anc. art. 2279) est hors de propos[5]. Si le privilège du bailleur doit l'emporter sur le privilège du conservateur antérieur, ce n'est vraisemblablement plus en raison de sa prétendue et artificielle assimilation avec le gage[6].

---

1. En revanche, la préférence est toujours donnée au vendeur de semences ou d'engrais sur le propriétaire du fonds agricole (art. 2332, 1°, anc. art. 2102, 1°).

2. Com. 6 mars 1979, *Bull. civ.* IV, n° 90 (conflit opposant un nantissement sur marchés publics et le privilège conféré au fournisseur ou sous-traitant d'un entrepreneur de travaux publics) ; 14 janv. 1980, *Bull. civ.* IV, n° 15.

3. La même solution prévaut pour régler le conflit opposant le commissionnaire de transport et le vendeur de meuble : Com. 8 juill. 1981, *Bull. civ.* IV, n° 311 ; *D.* 1981. IR 541, note B. Mercadal.

4. Civ. 31 juill. 1913, *DP* 1915. 1. 65, note de Loynes.

5. Aussi n'est-il pas certain que la solution édictée par l'article 2332-3 du Code civil au sujet du conflit opposant le bailleur d'immeuble ou l'hôtelier et le conservateur antérieur soit transposée aux conflits opposant ce même conservateur antérieur à d'autres créanciers dont le privilège est traditionnellement fondé sur l'idée de gage tacite.

6. Cf. M. Rouland, thèse préc., n° 156.

À l'inverse, le privilège du conservateur né postérieurement au privilège fondé sur l'idée de gage l'emporte, car le bailleur profite dans ce cas directement de l'intervention du conservateur. Cette solution est aujourd'hui inscrite dans l'article 2332-3, 1° du Code civil. Il est donc, désormais, peu probable que le créancier assimilé à un gagiste qui dispose d'une sorte de droit de rétention [1], puisse résister victorieusement face au privilège du conservateur postérieur.

1004. ***Conflit entre les privilèges fondés sur l'introduction d'une valeur dans le patrimoine du débiteur et le privilège du conservateur***. Lorsque le conflit oppose, par exemple, le vendeur d'une chose et le conservateur de cette même chose, sa résolution est favorable au conservateur. Ce conflit est toujours résolu en faveur du conservateur. Cette primauté qu'exprime l'article 2332-3 du Code civil à l'égard du vendeur de meuble, s'explique par le fait que l'intervention du conservateur, qu'elle soit antérieure [2] ou postérieure à l'introduction d'une valeur dans le patrimoine du débiteur, profite au créancier introducteur.

1005. ***Conflit entre privilèges mobiliers généraux et sûretés mobilières conventionnelles*** [3]. Le droit de préférence du créancier gagiste ou nanti vient au même rang que les privilèges spéciaux. Par conséquent, il passe avant les privilèges généraux du droit privé, mais est primé par les privilèges généraux du Trésor. Cet inconvénient peut être cependant aisément évité grâce au droit de rétention ou à la faculté d'attribution judiciaire, voire à la stipulation d'un pacte commissoire.

1006. ***Conflit entre privilèges mobiliers spéciaux et sûretés mobilières conventionnelles***. Certains textes spéciaux règlent ce conflit. Par exemple, selon l'article L. 525-9 du Code de commerce, le conservateur est préféré au créancier nanti sur matériel d'équipement professionnel pour les frais postérieurs à la constitution de ce nantissement. En l'absence d'une disposition spéciale de classement, les solutions, précédemment posées, régissant les conflits entre privilèges spéciaux doivent être appliquées, car les sûretés mobilières conventionnelles confèrent un droit de préférence assimilable aux privilèges fondés sur l'idée de gage. Ainsi, le titulaire d'un gage automobile est-il primé par le conservateur lorsque les frais de conservation sont postérieurs à l'inscription du gage.

§ 2. Les perturbations

1007. ***Les perturbations apportées par le droit des voies d'exécution***. La loi du 9 juillet 1991 a, par différents mécanismes, atténué l'efficacité des privilèges mobiliers [4].

> **C. pr. exéc., art. L. 211-2.** – L'acte de saisie emporte, à concurrence des sommes pour lesquelles elle est pratiquée, attribution immédiate au profit du saisissant de la créance saisie, disponible entre les mains du tiers ainsi que de tous ses accessoires. Il rend le tiers personnellement débiteur des causes de la saisie dans la limite de son obligation.

1. V. ss 961, 962.
2. Ce qui suppose, vraisemblablement, que le meuble soit encore entre les mains du vendeur.
3. Hors hypothèques mobilières qui suivent un régime dérogatoire : v. ss 937 s.
4. V. not., C. Hugon, « Les incidences sur les sûretés réelles des voies d'exécution », *in Évolution des sûretés réelles : regards croisés université-notariat*, Litec, 2008, p. 115 s. ; Ph. Théry, *op. cit.*, p. 336-337.

La notification ultérieure d'autres saisies ou de toute autre mesure de prélèvement, même émanant de créanciers privilégiés, ainsi que la survenance d'un jugement portant ouverture d'une procédure de sauvegarde, de redressement judiciaire ou de liquidation judiciaire ne remettent pas en cause cette attribution.
Toutefois, les actes de saisie notifiés au cours de la même journée entre les mains du même tiers sont réputés faits simultanément. Si les sommes disponibles ne permettent pas de désintéresser la totalité des créanciers ainsi saisissants, ceux-ci viennent en concours. Lorsqu'une saisie-attribution se trouve privée d'effet, les saisies et prélèvements ultérieurs prennent effet à leur date.
C. pr. exéc., art. L. 221-5. – Seuls sont admis à faire valoir leurs droits sur le prix de la vente les créanciers saisissants ou opposants qui se sont manifestés avant la vente.

1008. Ainsi, en matière de ***saisie-attribution*** (portant sur une créance de somme d'argent), l'article L. 211-2 du Code des procédures civiles d'exécution (L. du 9 juill. 1991, anc. art. 43) dispose que l'acte de saisie emporte, à concurrence des sommes pour lesquelles elle est pratiquée, attribution immédiate au profit du saisissant de la créance saisie et de tous ses accessoires[1]. Le premier saisissant qui se voit ainsi attribuer la créance est le premier payé, quel que soit l'ordre de sa propre créance, y compris si elle n'est que chirographaire. Un saisissant ultérieur, même s'il est privilégié, ne pourra appréhender que le reliquat laissé par le premier saisissant. C'est donc la règle *prior tempore* qui prévaut et le paiement n'est, en définitive, que le prix de la course récompensant le créancier le plus diligent. Cette très importante règle vient relativiser la distinction existant entre un créancier chirographaire et un créancier muni de sûretés.

L'attribution immédiate au premier saisissant ne constitue pas, à proprement parler, un privilège, mais davantage un droit de prélèvement qui place le saisissant hors concours, excepté dans le cas où plusieurs créanciers ont engagé une saisie le même jour (C. pr. exéc., art. L. 211-2, al. 3). La situation du premier saisissant est ainsi très proche de celle d'un cessionnaire de la créance[2].

1009. De même, en matière de ***saisie vente***, les créanciers privilégiés ne pourront faire valoir leur droit de préférence qu'à la condition de s'être manifestés avant la vente (C. pr. exéc., art. L. 221-5, L. du 9 juill. 1991, anc. art. 60).

1010. ***Les perturbations apportées par le droit des procédures collectives***. L'ouverture d'une procédure collective professionnelle à l'encontre du débiteur modifie le classement des privilèges mobiliers.

La première perturbation tient à l'irruption de *privilèges pleinement généraux spécifiques à la procédure collective*[3].

La seconde perturbation réside dans la *primauté éventuelle d'un créancier rétenteur* (en particulier un gagiste mis en possession du meuble gagé). En effet, le droit de rétention, lorsqu'il repose sur une détention matérielle, permet à son titulaire de paralyser la réalisation de l'objet grevé et, par conséquent, le droit de préférence de tous les créanciers bénéficiant de privilèges mobiliers. Pour éviter ce blocage, qui nuit non seulement à ces

1. Civ. 2e, 7 avr. 2011, *Bull. civ.* II, n° 88 : la saisie-attribution ne transfère, en sus de la créance, que les accessoires exprimés en argent (comme la TVA, les intérêts ou encore le montant d'une clause pénale), et non des sûretés, tel le privilège du prêteur de deniers garantissant la créance dont était titulaire le débiteur saisi et qui avait été transférée au saisissant par l'effet translatif de la saisie-attribution.
2. En ce sens, J. Mestre, E. Putman, M. Billiau, *op. cit.*, p. 116.
3. V. ss 1221 s.

derniers mais aussi à l'entreprise débitrice, la loi autorise l'administrateur judiciaire ou le débiteur à retirer le bien en payant la dette garantie (C. com., art. L. 622-7)[1]. Par ailleurs, en cas de liquidation judiciaire, si le liquidateur décide de ne pas retirer le bien retenu il dispose d'un délai de six mois pour demander au juge-commissaire l'autorisation de procéder à sa réalisation. Le droit de rétention est alors reporté sur le prix dans la limite de la créance garantie par le gage (C. com., art. L. 642-20-1)[2]. Le rétenteur bénéficie ainsi d'une priorité absolue, à tout le moins lorsqu'il détient effectivement un bien du débiteur utile au bon déroulement de la procédure collective.

1. Sur ce paiement direct, qui déroge à la règle d'interdiction des paiements des créances antérieures, v. ss 1279.
2. Sur ce droit de préférence exceptionnel du créancier rétenteur, v. ss 1324.

Titre 3
Les sûretés immobilières

C. civ., art. 2373. – Les sûretés sur les immeubles sont les privilèges, le gage immobilier et les hypothèques.
La propriété de l'immeuble peut également être retenue ou cédée en garantie.

1011. L'article 2373 du Code civil reprend la trilogie habituelle des sûretés réelles immobilières : privilèges, hypothèques et gage immobilier (nouvelle dénomination de l'antichrèse depuis la loi de simplification et de clarification du droit n° 2009-526 du 12 mai 2009). Il y ajoute la propriété retenue ou cédée à titre de garantie. Ainsi, la réserve de propriété peut désormais, par l'effet de dispositions légales expresses, porter sur des biens immobiliers autant que sur des biens mobiliers. Mais, alors qu'un régime légal est établi pour les réserves de propriété mobilière par les articles 2367 à 2372 du Code civil [1], le législateur en 2006 s'est contenté de reconnaître la possibilité d'une réserve de propriété immobilière [2]. Par conséquent, le régime de celle-ci doit être recherché dans le droit commun contractuel. S'agissant de la propriété immobilière cédée en garantie, l'ordonnance n° 2009-112 du 30 janvier 2009 relative à la fiducie l'a dotée d'un régime plus complet que ne l'avait fait la loi n° 2007-211 du 19 février 2007, régime qui est d'ailleurs identique à celui de la fiducie-sûreté mobilière [3].

Le Code civil présente successivement, dans ses articles 2374 à 2488, les privilèges immobiliers, le gage immobilier (antichrèse) et les hypothèques.

Il existe cependant des éléments fondamentaux communs à certaines de ces sûretés, dictés par leur *source*, qui expliquent des éléments essentiels de leur régime et justifient donc une présentation différente des sûretés immobilières.

Celles-ci peuvent être conventionnelles, l'hypothèque le plus souvent, le gage immobilier toujours. Elles peuvent être légales, l'hypothèque parfois, les privilèges nécessairement. Elles peuvent être judiciaires et sont alors conservatoires et nécessairement hypothécaires.

Plan

Chapitre 1 Les sûretés immobilières conventionnelles
Chapitre 2 Les sûretés immobilières légales
Chapitre 3 L'hypothèque judiciaire conservatoire

1. V. ss 650 s.
2. Ce minimalisme législatif fait écho à la très rare utilisation de la clause de réserve de propriété immobilière dans la pratique notariale. Cf. « Les dangers de la clause de réserve de propriété dans les ventes immobilières », *JCP N* 1986. Prat. 639 ; G. Daublon, « Les prêts à l'accession immobilière : remarques sur les hypothèques, les privilèges et quelques autres sûretés », *Defrénois* 1994. 1057, n° 6.
3. Sur les articles 2488-1 à 2488-5 (fiducie-sûreté immobilière) et les articles 2372-1 à 2372-5 du Code civil (fiducie-sûreté mobilière), v. ss 698 s.

Chapitre 1

Les sûretés immobilières conventionnelles

Les sûretés immobilières conventionnelles offrant un droit de préférence à leur bénéficiaire sont, en droit français, au nombre de deux. L'une laisse le constituant en possession de son bien : c'est l'hypothèque (Section 1). L'autre opère dépossession du constituant : c'est l'antichrèse, rebaptisée « gage immobilier » en 2009 (Section 2).

Section 1
L'hypothèque

C. civ., art. 2393 (anc. art. 2114). – L'hypothèque est un droit réel sur les immeubles affectés à l'acquittement d'une obligation.
Elle est, de sa nature, indivisible, et subsiste en entier sur tous les immeubles affectés, sur chacun et sur chaque portion de ces immeubles.
Elle les suit dans quelques mains qu'ils passent.
C. civ., art. 2394 (anc. art. 2115). – L'hypothèque n'a lieu que dans les cas et suivant les formes autorisés par la loi.
C. civ., art. 2395 (anc. art. 2116). – Elle est légale, ou judiciaire, ou conventionnelle.
C. civ., art. 2396 (anc. art. 2117). – L'hypothèque légale est celle qui résulte de la loi.
L'hypothèque judiciaire est celle qui résulte des jugements.
L'hypothèque conventionnelle est celle qui résulte des conventions.
C. civ., art. 2397 (anc. art. 2118). – Sont seuls susceptibles d'hypothèques :
1° Les biens immobiliers qui sont dans le commerce, et leurs accessoires réputés immeubles ;
2° L'usufruit des mêmes biens et accessoires pendant le temps de sa durée.
(Ord. du 23 mars 2006) L'hypothèque s'étend aux améliorations qui surviennent sur l'immeuble.
C. civ., art. 2398 (anc. art. 2119). – Les meubles n'ont pas de suite par hypothèque.
C. civ., art. 2399 (anc. art. 2120). – Il n'est rien innové par le présent code aux dispositions des lois maritimes concernant les navires et bâtiments de guerre.

1012. ***Définition***. L'hypothèque est une sûreté immobilière sans dépossession du constituant, en vertu de laquelle le créancier qui a procédé à l'inscription hypothécaire dispose de la faculté, en cas de défaillance de son débiteur, soit de faire vendre l'immeuble grevé en quelques mains qu'il se trouve (droit de suite), pour être payé en priorité sur le prix (droit de préférence), soit de devenir propriétaire de l'immeuble (faculté admise depuis la réforme du 23 mars 2006).

1013. ***Principaux caractères de l'hypothèque***. L'hypothèque constitue un droit réel immobilier, accessoire, indivisible et sans dépossession.

1014. ***Absence de dépossession du constituant***. L'hypothèque offre la possibilité au propriétaire d'un immeuble de se procurer des liquidités représentant tout ou partie de la valeur de cet immeuble, sans en perdre pour autant, ni la jouissance, ni la disposition. Ainsi, permet-elle aussi bien à des promoteurs de trouver un financement approprié à leurs projets immobiliers, qu'aux ménages de se loger en qualité de propriétaire en favorisant l'emprunt des sommes nécessaires à l'acquisition dudit logement.

1015. ***Droit réel***. Le créancier hypothécaire n'est pas mis en possession. Il n'a pas l'appréhension directe de l'immeuble. Il dispose cependant d'un droit réel. Il ne s'agit pas du droit réel principal de propriété, mais d'un droit réel de garantie, appelé aussi droit réel « au second degré »[1], c'est-à-dire d'un droit réel portant lui-même sur le droit réel du constituant, qui est le plus souvent un droit de propriété, mais qui peut également être l'un de ses démembrements, tel le droit d'usufruit ou de nue-propriété. Le droit hypothécaire porte sur la *valeur* du droit réel grevé. L'hypothèque confère au créancier bénéficiaire toutes les prérogatives attachées à un droit réel accessoire, accroissant ainsi ses chances d'être payé. Le créancier hypothécaire dispose, d'une part, d'un *droit de préférence* opposable aux créanciers chirographaires et aux créanciers privilégiés de rang inférieur sur le même immeuble et, d'autre part, d'un *droit de suite*, qui lui permet de saisir le bien hypothéqué en quelques mains qu'il se trouve, notamment celles d'un tiers acquéreur.

1016. ***Droit réel immobilier***. L'hypothèque emprunte son caractère immobilier, non pas à la créance garantie, mais à son assiette, qui est normalement immobilière. En effet, « les meubles n'ont pas de suite par hypothèque » (C. civ., art. 2398, anc. art. 2119)[2]. Aussi la capacité juridique requise du constituant est-elle celle nécessaire à la disposition d'un bien immobilier.

1017. ***Droit accessoire***. Aux termes de l'article 2393 du Code civil (anc. art. 2114), l'hypothèque est un droit réel « affecté à l'acquittement d'une obligation ». Le droit du créancier hypothécaire est donc nécessairement un droit accessoire à une créance, dont il garantit le paiement. Le droit français ne reconnaît pas, à l'inverse de certains systèmes étrangers, les hypothèques autonomes, qui se trouvent, au stade de l'opposabilité des exceptions, détachées de la créance à garantir[3]. Le caractère accessoire de l'hypothèque emporte plusieurs conséquences : la créance garantie doit être valable ; si cette créance est conditionnelle, l'hypothèque le devient à son tour ; lorsque la créance garantie est transmise, par cession, endossement ou subrogation personnelle, l'hypothèque se transmet automatiquement avec elle ; l'hypothèque s'éteint par voie accessoire.

1018. ***Droit indivisible***. L'hypothèque « subsiste en entier sur tous les immeubles affectés, sur chacun et sur chaque portion de ces immeubles » (C. civ., art. 2393, anc. art. 2114). Plusieurs conséquences sont attachées à cette indivisibilité.

D'abord, si plusieurs immeubles sont hypothéqués pour garantir une même créance, chacun d'eux répond de la totalité de la dette et le créancier est donc « en droit de choisir celui des immeubles sur le prix duquel il veut être colloqué pour la totalité de sa créance », sauf s'il exerce cette faculté d'option frauduleusement ou sans intérêt légitime[4].

---

1. M. Planiol, G. Ripert et E. Becqué, *Traité pratique de droit civil français*, t. XI, n° 328.
2. Cf. E. Putman, « Sur l'origine de la règle "meubles n'ont point de suite par hypothèque" », *RTD civ.* 1994. 543. Il existe, toutefois, des hypothèques dites « mobilières » (v. ss 923 s.).
3. V. ss 641.
4. Civ. 3e, 15 févr. 1972, *Bull. civ.* III, n° 98 ; *D.* 1972. 463, note E. Franck.

Ensuite, la division de l'immeuble hypothéqué (par exemple, à la suite d'un partage ou d'une vente partielle ou encore du décès de son propriétaire) n'entraîne pas celle de l'hypothèque et n'oblige pas le créancier à diviser ses poursuites entre les différents propriétaires d'une fraction de l'immeuble [1].

Enfin, la division de la créance garantie n'entraîne pas celle de l'hypothèque. Ainsi, lorsqu'un créancier hypothécaire décède et laisse plusieurs héritiers, chacun d'entre eux, titulaire d'une fraction de la créance garantie, peut saisir la totalité de l'immeuble hypothéqué. À l'inverse, lorsqu'un débiteur décède, sa succession étant dévolue à plusieurs héritiers, celui d'entre eux qui hérite de l'immeuble hypothéqué, bien qu'il ne soit personnellement tenu que d'une fraction de la dette, peut être poursuivi hypothécairement pour le tout (C. civ., art. 1221).

Sous ces diverses formes, l'indivisibilité n'est pas de l'essence de l'hypothèque, mais seulement de sa nature. Le créancier, qui peut seul l'invoquer, peut donc y renoncer [2]. Par ailleurs, dans certaines hypothèses, le constituant peut obtenir la réduction de l'hypothèque excessive [3].

1019. *Évolution historique*. Le terme hypothèque n'apparaît qu'au XVIe siècle, sans doute parce qu'il s'agit d'une sûreté sophistiquée qui devait mûrir avant d'être nommée et qui ne pouvait s'épanouir que dans un contexte juridique dans lequel le créancier avait une confiance suffisante dans ce droit sur un bien laissé à la disposition du débiteur.

Il a d'abord été admis qu'il fallait *distinguer entre les meubles et les immeubles* : seuls ces derniers peuvent donner lieu à un système de publicité efficace et soutenir le droit de suite [4].

L'usage s'est ensuite établi d'insérer dans les actes notariés une clause d'affectation des immeubles du débiteur à la garantie des dettes que ces actes constataient : les actes notariés, puis par assimilation les jugements, entraînaient *tacitement et de plein droit hypothèques générales sur les immeubles du débiteur*. Ce système présentait le grand danger de l'insécurité juridique en raison des caractères général et occulte de ces hypothèques.

Il a fallu attendre des lois de 1795 et de 1798 pour que soit organisée la *publicité* des hypothèques sous la forme d'une inscription prise auprès du bureau de la conservation des hypothèques. Ces mêmes lois supprimèrent le caractère général de l'hypothèque : le *principe de spécialité* de l'hypothèque quant à la créance garantie et quant aux biens grevés était né.

L'avènement du Code civil emporta un recul, puisqu'il permit la réapparition des *hypothèques occultes*.

La loi du 23 mars 1855, relative à la transcription en matière d'hypothèque aux fins de faciliter les opérations de crédit foncier, soumit de nouveau à publicité les aliénations et les constitutions de droits réels immobiliers. La *publicité foncière* fut ensuite profondément réformée par le décret n° 55-22 du 4 janvier 1955. Cette réforme a généralisé le principe de spécialité de l'inscription hypothécaire à toutes les hypothèques et l'a étendu aux privilèges immobiliers.

---

1. Civ. 3e, 6 mars 1996, *Bull. civ.* III, n° 63.

2. Pour une renonciation expresse, cf. Cass., Req., 29 juill. 1858, *DP* 59. 1. 125. Pour des renonciations tacites, cf. Cass., Req., 11 avr. 1902, *DP* 1903. 1. 465 ; Civ. 9 mai 1905, *S.* 1906. 1. 489, note Bernard.

3. V. ss 1074.

4. V. ss 634.

Les *dernières refontes* datent des ordonnances du 23 mars 2006 et du 21 avril 2006. Le premier texte, portant réforme du droit des sûretés, a clarifié la présentation formelle du droit hypothécaire, en articulant, de manière quasi systématique, des règles communes et des régimes spéciaux [1]. C'est ainsi que l'ensemble des hypothèques, qu'elles soient légales, judiciaires ou conventionnelles, se trouvent désormais soumises à des « dispositions générales », portant pour l'essentiel sur leurs caractères (C. civ., art. 2393 et 2394, anc. art. 2114 et 2115), leur source (art. 2395 et 2396, anc. art. 2116 et 2117) et leur assiette (art. 2397 à 2399, anc. art. 2118 à 2120). Sur le fond, l'ordonnance du 23 mars 2006 a principalement innové, d'une part, en simplifiant les modes de réalisation et de purge des hypothèques et, d'autre part, en greffant sur le système en vigueur deux « produits » d'origine anglo-saxonne, à savoir l'hypothèque rechargeable et le prêt viager hypothécaire. L'ordonnance n° 2006-461 du 21 avril 2006 et son décret d'application n° 2006-936 du 27 juillet 2006, ayant réformé la saisie immobilière, n'ont quant à eux modifié que la réalisation de l'hypothèque par voie de vente, forcée ou amiable, de l'immeuble grevé.

Depuis 2006, le droit hypothécaire a continué d'évoluer, sous l'effet, pour l'essentiel, de : la loi n° 2007-212 du 20 février 2007 ayant ratifié, en lui apportant quelques modifications, l'ordonnance du 23 mars 2006 ; plusieurs décrets adoptés en 2007 et 2008 pour organiser la publicité de conventions reconnues en 2006 (pacte commissoire et hypothèque rechargeable) ; l'ordonnance n° 2008-1345 du 18 décembre 2008 et l'ordonnance n° 2014-326 du 12 mars 2014 ayant réformé le droit des entreprises en difficulté (le régime de l'hypothèque n'a pas été directement modifié ; en revanche, son efficacité risque de pâtir du renforcement des droits des créanciers bénéficiaires de sûretés conférant une situation d'exclusivité) ; l'ordonnance n° 2010-638 du 10 juin 2010 ayant supprimé le régime des conservateurs des hypothèques au profit, depuis le 1er janvier 2013, de services chargés de la publicité foncière ou fichier immobilier [2].

En dépit des améliorations apportées par les textes récents, sous-tendus par une volonté politique affirmée de favoriser le crédit hypothécaire, l'hypothèque continue de souffrir, d'une part, de la concurrence opérée par d'autres garanties réelles, tels le crédit-bail immobilier ou les privilèges, et même par les sûretés personnelles, en particulier le cautionnement [3], d'autre part, des lourdeurs et lenteurs du système de la publicité foncière. Le caractère relativement intangible, en nature comme en valeur, et non dissimulable du bien faisant l'objet de l'hypothèque devrait pourtant faire de celle-ci l'instrument idéal de garantie des prêts à long terme (quinze, vingt ou vingt-cinq ans).

---

1. Des « dispositions générales » sur les hypothèques précèdent les sections respectivement consacrées aux hypothèques légales, judiciaires, conventionnelles et à leur classement. Les hypothèques légales sont d'abord régies par des « dispositions générales », puis par des « règles particulières à l'hypothèque légale des époux » et des « règles particulières à l'hypothèque légale des personnes en tutelle ». Au sujet de la radiation et de la réduction des inscriptions, la même distinction est opérée entre les « dispositions générales » et les « dispositions particulières relatives aux hypothèques des époux et des personnes en tutelle ». Enfin, aussi bien à l'égard de l'effet des hypothèques, que de leur purge, des « dispositions particulières aux hypothèques conventionnelles » venaient compléter des « dispositions générales » ; mais cette dernière distinction a été abrogée par la loi du 20 février 2007 ayant ratifié l'ordonnance du 23 mars 2006.

2. Sur la mise en œuvre de cette ordonnance, cf. Décr. n° 2012-1462 du 26 déc. 2012.

3. Sur cette concurrence, cf. not. Institut d'études juridiques du Conseil supérieur du Notariat, « L'hypothèque et les sûretés personnelles, brève comparaison », *RD banc. fin.* 2012. Étude 6 ; « Sûretés réelles, sûretés personnelles. Lesquelles choisir ? », colloque Université de Bourgogne 23 mars 2012, *JCP N* 2012, n° 40, dossier 1338 ; Y. Delecraz et M. Chetaille, « Caution mutuelle ou hypothèque : faire le bon choix », *RJDA* 2011. 355.

La physionomie générale de l'hypothèque étant rappelée, méritent d'être détaillés sa constitution (§ 1), ses effets (§ 2), sa transmission et son extinction (§ 3). Quelques précisions seront en outre apportées sur la responsabilité des professionnels du droit (les notaires surtout et les avocats plus exceptionnellement) en matière hypoyhécaire (§ 4).

§ 1. Constitution de l'hypothèque

La convention de constitution d'hypothèque est soumise aux règles générales de formation des contrats. En tant qu'il constitue une sûreté réelle immobilière, le contrat d'hypothèque est, en outre, soumis à toute une série de règles originales, de fond (A) et de forme (B), énoncées par les articles 2413 à 2424 du Code civil (anc. art. 2124 à 2133).

A. Conditions de fond

Les conditions de fond de l'hypothèque conventionnelle sont relatives au constituant (1°), à la créance garantie (2°) et au bien hypothéqué (3°).

1° Conditions relatives au constituant

Pour être valable, l'hypothèque doit satisfaire des conditions de fond relatives au constituant, qui peut être, comme en matière de gage et de nantissement, soit le débiteur lui-même, soit un tiers garant[1]. Le constituant doit avoir, d'une part, la propriété du bien ou du droit qu'il offre en hypothèque (a) et, d'autre part, la capacité de constituer une hypothèque (b).

a) Propriété du constituant

1020. Le constituant doit être propriétaire de l'immeuble ou titulaire du droit réel immobilier qu'il entend hypothéquer. Cette exigence emporte deux conséquences essentielles.

1021. ***La nullité de l'hypothèque de la chose d'autrui***. Le constituant doit être propriétaire de l'immeuble hypothéqué. L'hypothèque de la chose d'autrui est nulle. Cette nullité est plus radicale que celle qui affecte la vente de la chose d'autrui (C. civ., art. 1599), puisqu'elle présente un *caractère absolu*[2]. Tout intéressé, et en particulier le véritable propriétaire dont l'action en revendication ne suffirait pas à lui restituer un bien vierge de charge réelle, peut donc l'invoquer et elle n'est pas susceptible de régularisation, notamment dans le cas où le constituant deviendrait ultérieurement propriétaire. Cette solution s'induit de l'article 2419 du Code civil (anc. art. 2130), en vertu duquel « l'hypothèque ne peut, en principe, être consentie que sur des immeubles présents ».

1022. Néanmoins, conformément au droit commun, *la théorie de l'apparence* peut permettre d'écarter la nullité, si l'hypothèque a été constituée par une personne qui passait pour être propriétaire aux yeux des tiers (par exemple, un héritier[3] ou un acquéreur dont le titre serait ultérieurement annulé). La théorie de l'apparence ne peut jouer qu'au

---

1. Les sûretés réelles pour autrui, v. ss 1185 s.
2. Civ. 24 mai 1892, *DP* 92. 1. 327.
3. Civ. 26 janv. 1897, *DP* 1 900. 1. 33.

bénéfice des créanciers de bonne foi, c'est-à-dire qui ont cru traiter avec le véritable propriétaire, et ayant commis une erreur commune, c'est-à-dire une erreur que toute autre personne aurait pu commettre [1].

1023. ***La portée incertaine de l'hypothèque constituée sur un bien indivis.*** L'hypothèque constituée sur un immeuble ou un droit indivis soulève des difficultés, car le constituant n'est propriétaire du bien hypothéqué que pour une fraction abstraite [2]. L'article 2414, alinéas 2 et 3, du Code civil y apporte désormais des réponses complètes, largement inspirées de solutions jurisprudentielles, en distinguant trois situations : l'hypothèque consentie sur l'immeuble indivis par tous les indivisaires (al. 2) ; l'hypothèque consentie sur l'immeuble indivis par un seul (ou plusieurs) indivisaire(s) (al. 2) ; l'hypothèque consentie par un indivisaire sur sa quote-part dans un immeuble indivis (al. 3).

C. civ., art. 2414. – Ceux qui n'ont sur l'immeuble qu'un droit suspendu par une condition, ou résoluble dans certains cas, ou sujet à rescision, ne peuvent consentir qu'une hypothèque soumise aux mêmes conditions ou à la même rescision (anc. art. 2125, al. 1er).
L'hypothèque d'un immeuble indivis conserve son effet quel que soit le résultat du partage si elle a été consentie par tous les indivisaires. Dans le cas contraire, elle ne conserve son effet que dans la mesure où l'indivisaire qui l'a consentie est, lors du partage, alloti du ou de ces immeubles indivis ou, lorsque l'immeuble est licité à un tiers, si cet indivisaire est alloti du prix de la licitation.
L'hypothèque d'une quote-part dans un ou plusieurs immeubles indivis ne conserve son effet que dans la mesure où l'indivisaire qui l'a consentie est, lors du partage, alloti du ou de ces immeubles indivis ; elle le conserve alors dans toute la mesure de cet allotissement sans être limitée à la quote-part qui appartenait à l'indivisaire qui l'a consentie ; lorsque l'immeuble est licité à un tiers, elle le conserve également si cet indivisaire est alloti du prix de la licitation.

1024. Si l'hypothèque portant sur un bien indivis est *consentie par tous les indivisaires* pour garantir la dette de l'un d'entre eux, ou même d'un tiers, elle conserve son efficacité même si l'immeuble est, ultérieurement, attribué rétroactivement à un autre coindivisaire que le débiteur de la dette garantie. L'article 2414, alinéa 2, du Code civil déroge, dans cette hypothèse, à l'effet déclaratif du partage (l'ancien article 2125 allait déjà en ce sens), et permet donc au créancier hypothécaire de l'un seulement des indivisaires de poursuivre la saisie et la vente de l'immeuble indivis avant, comme après, le partage [3].

1025. Si l'hypothèque sur un bien indivis est *consentie par un seul indivisaire*, qui n'a pas obtenu ou n'a pas sollicité le consentement de ses consorts, les droits du créancier hypothécaire sont beaucoup plus fragiles. D'abord, le créancier ne peut pas saisir l'immeuble avant le partage [4]. Il peut seulement provoquer celui-ci afin de voir se dénouer la

---

1. Sur ces deux conditions, cf. not. Civ. 3e, 24 sept. 2003, *Bull. civ.* 2003, III, no 162 ; *JCP* 2004. I. 141, p. 1057, obs. Ph. Delebecque ; *JCP* 2004. II. 10 113, note J.-G. Mahinga ; *Defrénois* 2004, art. 37 882, p. 305, obs. S. Piedelièvre ; *RD banc. fin.* no 1, janv.-févr. 2004, no 18, p. 23, obs. D. Legeais.

2. L'hypothèque portant sur un lot dépendant d'une copropriété immobilière reçoit également un traitement particulier exposé à l'article 2429 du Code civil (anc. art. 2 148-1).

3. Civ. 1re, 20 nov. 1990, *Bull. civ.* I, no 259. Même en cas de procédure collective de l'un des indivisaires, dès lors que le caractère indivis préexistait à l'ouverture de cette procédure (Civ. 1re, 14 juin 2000, *Bull. civ.* I, no 182 ; 28 juin 2005, *Bull. civ.* I, no 283).

4. Sauf à ce qu'il entre dans la catégorie des créanciers bénéficiaires de l'article 815-17, alinéa 1er, du Code civil.

situation de l'immeuble. Ensuite, l'hypothèque ne pourra développer ses effets que si, à l'occasion du partage, l'immeuble est attribué à l'indivisaire constituant[1]. Dans ce cas, l'hypothèque se trouve rétroactivement validée[2]. Dans le cas contraire, c'est-à-dire si l'immeuble est attribué à un autre indivisaire que le constituant, l'hypothèque disparaît rétroactivement, comme ayant été consentie par une personne qui n'a jamais eu un droit de propriété sur l'immeuble[3].

1026. Enfin, dans le cas où l'un des indivisaires a *constitué l'hypothèque sur sa quote-part* dans l'immeuble indivis, l'article 2414, alinéa 3, du Code civil règle la question de manière nouvelle. Comme auparavant, l'efficacité d'une telle hypothèque est assujettie à l'attribution, lors du partage, de l'immeuble à l'indivisaire qui l'a consentie, mais, désormais, la portée de l'hypothèque s'étend à la totalité de l'immeuble alloti, et non plus seulement à la seule quote-part qui appartenait à l'indivisaire.

b) Capacité et pouvoir du constituant

1027. ***Existence du constituant***. Pour valablement hypothéquer, il faut naturellement que le constituant existe juridiquement. La Cour de cassation décide toutefois qu'une hypothèque consentie par une société fictive, avant que la fictivité ne soit déclarée, demeure valable, car la nullité de la société opère alors sans rétroactivité[4].

1028. ***Capacité du constituant***. Aux termes de l'article 2413 du Code civil (anc. art. 2124), le constituant doit avoir la *capacité d'aliéner un immeuble*[5]. En effet, l'hypothèque offre au créancier impayé la faculté, soit de saisir et de faire vendre le bien, soit, depuis la réforme de 2006, d'en obtenir la propriété judiciairement ou conventionnellement. Cette règle ayant essentiellement pour but de protéger le constituant, elle est sanctionnée par la nullité relative.

La conclusion d'une hypothèque sur le logement (résidence principale ou secondaire) d'un *majeur protégé* (sous tutelle, sous curatelle, sous sauvegarde de justice ou encore couvert par un mandat de protection future) doit respecter les formalités, protectrices du cadre de vie, qu'impose l'article 426 du Code civil : en principe, le logement doit être conservé à la disposition du majeur le plus longtemps possible ; la conclusion d'un acte de disposition[6] sur le logement d'un majeur protégé n'est exceptionnellement admise qu'à la condition d'être autorisée par le juge des tutelles, qui doit en apprécier la nécessité

---

1. Civ. 1re, 10 juill. 2013, *Bull. civ.* I, n° 150 ; cf. F. Julienne, « L'hypothèque à l'épreuve du droit des successions et des libéralités », *D.* 2013. 2156.
2. Civ. 3e, 21 oct. 1980, *Bull. civ.* III, n° 160 ; *RTD civ.* 1984. 348, obs. J. Patarin.
3. Civ. 1re, 26 oct. 1976, *Bull. civ.* I, n° 307 ; Civ. 3e, 7 mai 1986, *Bull. civ.* III, n° 66 ; *JCP* 1987. II. 20737, note M. Dagot.
4. Com. 22 juin 1999, *Bull. civ.* IV, n° 136 ; *JCP* 2000. II. 10266, note M. Menjucq ; *JCP* 2000. I. 209, n° 17, obs. Ph. Delebecque ; *JCP E* 2000. 181, note C. Cutajar ; *Bull. Joly* 1999. 978, obs. A. Couret ; *RTD com.* 1999. 903, obs. Y. Reinhard.
5. En revanche, à l'égard du créancier, la conclusion de l'hypothèque constitue seulement un acte conservatoire.
6. Lors des travaux préparatoires de la loi n° 2007-308 du 5 mars 2007 ayant réformé la protection juridique des majeurs et notamment celle de son cadre de vie (C. civ., nouv. art. 426 ; C. civ., anc. art. 490-2), il a été clairement affirmé que « l'interdiction d'aliénation (inscrite dans le nouvel article 426) recouvre, non seulement la vente, mais aussi les actes qui risqueraient de priver le majeur de son logement, comme la constitution d'une hypothèque » (rapport n° 3557 d'E. Blessig). Dans le même sens, le décret d'application n° 2008-1484 du 22 décembre 2008 a retenu la qualification d'acte de disposition pour la constitution de sûretés réelles sur les immeubles du majeur sous tutelle.

ou, à tout le moins, l'intérêt pour le majeur ; l'acte de disposition ainsi autorisé ne peut être valablement conclu par le majeur sous tutelle ou sous curatelle, seul, le premier devant être représenté par son tuteur et le second assisté de son curateur[1].

> **C. civ., art. 2413 (anc. art. 2124).** – Les hypothèques conventionnelles ne peuvent être consenties que par ceux qui ont la capacité d'aliéner les immeubles qu'ils y soumettent.
> **C. civ., art. 426.** – Le logement de la personne protégée et les meubles dont il est garni, qu'il s'agisse d'une résidence principale ou secondaire, sont conservés à la disposition de celle-ci aussi longtemps qu'il est possible.
> Le pouvoir d'administrer les biens mentionnés au premier alinéa ne permet que des conventions de jouissance précaire qui cessent, malgré toutes dispositions ou stipulations contraires, dès le retour de la personne protégée dans son logement.
> S'il devient nécessaire ou s'il est de l'intérêt de la personne protégée qu'il soit disposé des droits relatifs à son logement ou à son mobilier par l'aliénation, la résiliation ou la conclusion d'un bail, l'acte est autorisé par le juge ou par le conseil de famille s'il a été constitué, sans préjudice des formalités que peut requérir la nature des biens. L'avis préalable d'un médecin inscrit sur la liste prévue à l'article 431 est requis si l'acte a pour finalité l'accueil de l'intéressé dans un établissement.
> Dans tous les cas, les souvenirs, les objets à caractère personnel, ceux indispensables aux personnes handicapées ou destinés aux soins des personnes malades sont gardés à la disposition de l'intéressé, le cas échéant par les soins de l'établissement dans lequel celui-ci est hébergé.

1029. ***Pouvoirs du représentant***. La constitution d'une hypothèque par un intermédiaire exige un mandat exprès (C. civ., art. 1988, al. 2), à peine de nullité absolue[2].

Ainsi, le dirigeant d'une société ne peut-il consentir une hypothèque sur les biens de celle-ci qu'à la condition de justifier d'un pouvoir spécial.

> **C. civ., art. 1988.** – Le mandat conçu en termes généraux n'embrasse que les actes d'administration. S'il s'agit d'aliéner ou hypothéquer, ou de quelque autre acte de propriété, le mandat doit être exprès.

1030. ***Pouvoirs entre époux***. Lorsque le constituant est marié sous le régime de la communauté et que l'immeuble hypothéqué constitue un bien commun, l'article 1424 du Code civil impose *l'accord des deux époux* pour constituer l'hypothèque[3], à peine de nullité relative (C. civ., art. 1427) La même règle s'applique, quel que soit le régime matrimonial cette fois, en ce qui concerne l'immeuble assurant le logement familial (C. civ., art. 215, al. 3)[4]. En revanche, la promesse d'hypothèque ne constituant pas un acte de disposition, elle peut être valablement constituée sur le logement de la famille par un seul des époux[5].

---

1. Cf. M. Bourassin, « Les sûretés sur le logement du majeur protégé », *RTD civ.* 2011. 433 s.
2. Civ. 1re, 9 juin 1976, *Bull. civ.* I, n° 213.
3. Civ. 1re, 29 janv. 1975, *Bull. civ.* I, n° 37 ; *JCP* 1975. II. 18081, note J. Patarin.
La solution est identique en présence d'une hypothèque portant sur un immeuble faisant partie de la société d'acquêts stipulée entre époux séparés de biens (Civ. 1re, 28 nov. 1978, *Bull. civ.* I, n° 365).
4. Civ. 1re, 17 nov. 1981, *Bull. civ.* I, n° 337 ; 17 déc. 1991, *Bull. civ.* I, n° 357.
La Cour de cassation a précisé en 2010 que, « si l'article 215 du Code civil désigne l'époux dont le consentement n'a pas été donné comme ayant seul qualité pour exercer l'action en nullité de l'acte de disposition, par son conjoint, des droits par lesquels est assuré le logement de la famille, cet époux doit justifier d'un intérêt actuel à demander l'annulation de l'acte », ce qui n'est pas le cas si ledit époux ne résidait plus dans l'immeuble litigieux lors de l'assignation (Civ. 3e, 3 mars 2010, *Bull. civ.* III, n° 53).
5. Civ. 3e, 29 mai 2002, *Bull. civ.* III, n° 118 ; pour une critique de cette solution, v. V. Brémond, « Hypothèque et promesse d'hypothèque : les liaisons dangereuses », *JCP N* 2003, nos 1369 et 1374.

C. civ., art. 215, al. 3. – Les époux ne peuvent l'un sans l'autre disposer des droits par lesquels est assuré le logement de la famille, ni des meubles meublants dont il est garni. Celui des deux qui n'a pas donné son consentement à l'acte peut en demander l'annulation : l'action en nullité lui est ouverte dans l'année à partir du jour où il a eu connaissance de l'acte, sans pouvoir jamais être intentée plus d'un an après que le régime matrimonial s'est dissous.
C. civ., art. 1424. – Les époux ne peuvent, l'un sans l'autre, aliéner ou grever de droits réels les immeubles, fonds de commerce et exploitations dépendant de la communauté, non plus que les droits sociaux non négociables et les meubles corporels dont l'aliénation est soumise à publicité. Ils ne peuvent, sans leur conjoint, percevoir les capitaux provenant de telles opérations.

1031. ***Constituant soumis à une procédure collective professionnelle.*** L'hypothèque constituée, depuis la date de cessation des paiements (période dite suspecte), sur les biens du débiteur en garantie d'une dette antérieurement contractée est nulle, de plein droit (C. com., art. L. 632-1, I, 6°), même si une promesse d'hypothèque a été consentie avant cette date [1]. Si l'hypothèque a été conclue dans ces conditions sur un immeuble commun, elle est nulle pour le tout, puisque la communauté répond des dettes de l'époux faisant l'objet de la procédure (C. civ., art. 1413) et que, pendant la communauté, les droits de l'un ou l'autre des époux ne peuvent être individualisés sur tout ou partie des biens communs ou sur l'un d'entre eux [2].

C. com., art. L. 632-1-I-6°. – I. – Sont nuls, lorsqu'ils sont intervenus depuis la date de cessation des paiements, les actes suivants :
6° Toute hypothèque conventionnelle, toute hypothèque judiciaire ainsi que l'hypothèque légale des époux et tout droit de nantissement ou de gage constitués sur les biens du débiteur pour dettes antérieurement contractées ;

2° Conditions relatives à la créance garantie

Au sujet de la créance garantie, l'ordonnance du 23 mars 2006 a fait preuve d'innovation. D'abord, selon l'article 2421, alinéa 1er, du Code civil, l'hypothèque peut désormais « être consentie pour sûreté d'une ou plusieurs créances, présentes ou futures » (a). Ensuite, elle peut être « affectée à la garantie de créances autres que celles mentionnées par l'acte constitutif » (C. civ., art. 2422). L'hypothèque est alors dite rechargeable (b). Enfin, la créance garantie peut prendre la forme d'un prêt remboursable seulement au décès de l'emprunteur ou lors de l'aliénation de l'immeuble hypothéqué. Il s'agit du prêt viager hypothécaire (c).

a) Une ou plusieurs créances présentes ou futures

C. civ., art. 2421. – L'hypothèque peut être consentie pour sûreté d'une ou plusieurs créances, présentes ou futures. Si elles sont futures, elles doivent être déterminables.
La cause en est déterminée dans l'acte.
C. civ., art. 2423. – L'hypothèque est toujours consentie, pour le capital, à hauteur d'une somme déterminée que l'acte notarié mentionne à peine de nullité. Le cas échéant, les parties évaluent à cette fin les rentes, prestations et droits indéterminés, éventuels ou conditionnels. Si la créance est assortie d'une clause de réévaluation, la garantie s'étend à la créance réévaluée, pourvu que l'acte le mentionne.

1. Com. 12 nov. 1997, *Bull. civ.* IV, n° 287.
2. Com. 2 avr. 1996, *Bull. civ.* IV, n° 106.

L'hypothèque s'étend de plein droit aux intérêts et autres accessoires.
Lorsqu'elle est consentie pour sûreté d'une ou plusieurs créances futures et pour une durée indéterminée, le constituant peut à tout moment la résilier sauf pour lui à respecter un préavis de trois mois. Une fois résiliée, elle ne demeure que pour la garantie des créances nées antérieurement.

1032. Depuis la réforme de 2006, l'hypothèque peut garantir des créances *futures*, comme celles qui naissent au fil du temps entre des personnes liées par une relation continue, notamment un fournisseur de biens ou de services et ses clients. Cette souplesse accrue se trouve contrebalancée par plusieurs protections du constituant.

1033. En premier lieu, les créances futures doivent être « déterminables » (C. civ., art. 2421, al. 1er), c'est-à-dire qu'il doit être possible relativement aisément d'en déterminer la nature, la cause et le montant.

En deuxième lieu, même si l'hypothèque garantit des créances futures, elle ne peut pas être, au contraire d'un cautionnement, *omnibus*[1]. En effet, l'hypothèque doit toujours être consentie à concurrence d'une somme déterminée en capital, que l'acte notarié constitutif et l'inscription hypothécaire doivent préciser (C. civ., art. 2423, al. 1er). Cela peut nécessiter une évaluation de la créance en cas de prestations ou de droits éventuels ou conditionnels.

En troisième lieu, lorsque l'hypothèque est consentie pour sûreté d'une ou plusieurs créances futures et pour une durée indéterminée, le constituant peut la *résilier* à tout moment, en respectant un préavis de trois mois. Une fois résiliée, l'hypothèque ne demeure que pour la garantie des créances nées antérieurement à la résiliation (C. civ., art. 2423, al. 3), ce qui n'est pas sans rappeler la distinction retenue par la jurisprudence en matière de cautionnement entre l'obligation de couverture et l'obligation de règlement[2].

b) Hypothèque rechargeable

C. civ., art. 2422. – L'hypothèque constituée à des fins professionnelles par une personne physique ou morale peut être ultérieurement affectée à la garantie de créances professionnelles autres que celles mentionnées dans l'acte constitutif pourvu que celui-ci le prévoie expressément.
Le constituant peut alors l'offrir en garantie, dans la limite de la somme prévue dans l'acte constitutif et mentionnée à l'article 2423, non seulement au créancier originaire, mais aussi à un nouveau créancier encore que le premier n'ait pas été payé.
La convention de rechargement qu'il passe, soit avec le créancier originaire, soit avec le nouveau créancier, revêt la forme notariée.
Elle est publiée, sous la forme prévue à l'article 2430, à peine d'inopposabilité aux tiers.
Sa publication détermine le rang des créanciers bénéficiaires de la même hypothèque.
Sans préjudice du second alinéa de l'article 2424, le présent article est d'ordre public et toute clause contraire à celui-ci est réputée non écrite.
C. consom., anc. art. L. 313-14 (abrogé par la loi n° 2014-344 du 17 mars 2014). – Les dispositions de la présente section s'appliquent aux opérations de crédit consenties à titre habituel par toute personne physique ou morale relevant soit des dispositions du chapitre Ier relatif au crédit à la consommation, soit des dispositions du chapitre II relatif au crédit immobilier du présent titre et garanties par une hypothèque rechargeable au sens de l'article 2422 du Code civil.
Les opérations mentionnées à l'article L. 311-16 ne peuvent donner lieu à un crédit garanti par une hypothèque rechargeable.
C. consom., anc. art. L. 313-14-1 (abrogé par la loi n° 2014-344 du 17 mars 2014). – Est annexé au contrat de crédit un document intitulé « situation hypothécaire » dont un exemplaire est remis à l'emprunteur dans les mêmes conditions que le contrat de crédit lui-même.

1. Sur le cautionnement *omnibus*, v. ss 185.
2. V. ss 355 s.

Ce document comporte :
1° la mention de la durée de l'inscription hypothécaire ;
2° l'identification du bien immobilier, objet de la garantie, et sa valeur estimée à la date de la convention constitutive d'hypothèque ;
3° le montant maximal garanti prévu par la convention constitutive d'hypothèque ;
4° le montant de l'emprunt initial souscrit ;
5° le cas échéant, le montant du ou des emprunts ultérieurement souscrits ;
6° une évaluation par le prêteur du coût du rechargement de l'hypothèque garantissant le ou les nouveaux crédits ;
7° une évaluation par le prêteur du coût total de l'hypothèque ;
8° la mention que, sans préjudice de l'application des articles L. 311-23 et L. 311-24, s'il s'agit d'un crédit à la consommation, ou des articles L. 312-22 et L. 312-23, s'il s'agit d'un crédit immobilier, la défaillance de l'emprunteur peut entraîner la vente du bien hypothéqué selon les dispositions des articles 2464 et suivants du Code civil.

C. consom., anc. art. L. 313-14-2 (abrogé par la loi n° 2014-344 du 17 mars 2014). – Le fait pour le prêteur d'accorder un prêt garanti par une hypothèque rechargeable sans saisir l'emprunteur d'une offre préalable de crédit accompagnée d'un document satisfaisant aux conditions fixées par l'article L. 313-14-1 est puni d'une amende de 3 750 euros.
En outre, le prêteur est déchu du droit aux intérêts et l'emprunteur n'est tenu qu'au seul remboursement du capital suivant l'échéancier prévu. Les sommes perçues au titre des intérêts sont restituées par le prêteur ou imputées sur le capital restant dû ; elles sont productives d'intérêt au taux légal du jour de leur versement.

C. com., art. L. 526-5. – Les dispositions des articles L. 313-14 à L. 313-14-2 du Code de la consommation sont applicables aux opérations de prêt consenties à toute personne physique immatriculée à un registre de publicité légale à caractère professionnel, à toute personne physique exerçant une activité professionnelle agricole ou indépendante ainsi qu'au gérant associé unique d'une société à responsabilité limitée, et garanties par une hypothèque rechargeable inscrite sur l'immeuble où l'intéressé a fixé sa résidence principale.

1034. *Présentation*. L'article 2422 du Code civil caractérise l'hypothèque rechargeable par sa potentielle *affectation à la garantie de créances autres que celles mentionnées dans l'acte constitutif*. Elle permet donc au constituant d'offrir la même hypothèque en garantie de nouvelles créances souscrites envers le créancier originaire ou un autre créancier. L'hypothèque rechargeable constitue ainsi une sorte d'« enveloppe, qu'il sera loisible au constituant d'utiliser ensuite à son gré » [1].

Inspirée d'une pratique anglo-saxonne et déjà connue d'autres législations européennes [2], l'hypothèque rechargeable a été introduite par l'ordonnance du 23 mars 2006 en droit français (C. civ., art. 2422, C. consom., art. L. 313-14 et suivants, C. com., art. L. 526-5), en vue de favoriser le crédit à la consommation. Le cas de figure typique mis en exergue par le gouvernement de l'époque illustre cet objectif.

L'**exemple** était le suivant : pour financer l'achat de sa résidence principale, un jeune ménage contracte un prêt immobilier d'un montant de 150 000 euros remboursable sur 25 ans auprès de la banque A. Ce prêt est garanti par une hypothèque rechargeable constituée au profit de la banque A. Celle-ci inscrit son hypothèque pour une durée de 27 ans. Le montant maximal pouvant être garanti par l'hypothèque a été fixé à 200 000 euros. Quelques mois plus tard, ce ménage contracte un nouveau prêt d'un montant de 20 000 euros auprès de la banque B, pour financer des travaux de réparation et d'embellissement dans la maison.

1. M. Grimaldi, « L'hypothèque rechargeable et le prêt viager hypothécaire », *D.* 2006, dossier p. 1294.
2. Notamment le droit espagnol, depuis la loi hypothécaire du 7 décembre 2007. Cf. E. Muniz Espada, « Le droit espagnol des sûretés », *RDBF* à paraître.

Ce prêt est remboursable sur 5 ans et garanti par la même hypothèque en vertu d'une convention de rechargement passée entre les emprunteurs et la banque B, chez un notaire. La banque B publie ensuite, au fichier immobilier, la convention de rechargement sous forme de mention en marge de l'inscription prise initialement par la banque A.

Il convient de préciser que si l'hypothèque rechargeable a été créée pour diminuer le coût des crédits à la consommation, elle n'a pas été réservée aux particuliers souscrivant de tels crédits. Initialement, toute personne, physique ou morale, pouvait recourir à cette nouvelle forme d'hypothèque, pour garantir n'importe quel type de crédit, à usage privé ou professionnel, à la seule exception des crédits *revolving* à la consommation (C. consom., anc. art. L. 313-14, al. 2). Aujourd'hui, le champ de l'hypothèque rechargeable est au contraire limité : depuis l'entrée en vigueur de la loi du 20 décembre 2014, l'hypothèque rechargeable ne peut plus être constituée à des fins personnelles, en garantie de créances non professionnelles. Il s'agit désormais d'un mécanisme réservé à la vie des affaires [1].

1035. ***Originalités***. L'hypothèque rechargeable présente plusieurs originalités.

D'abord, elle ne doit *pas être confondue avec l'hypothèque garantissant des créances futures* : dans cette dernière, les créances futures doivent, lors de la constitution, être déterminables, leur cause et leur source devant être indiquées et le créancier potentiel être connu. Au contraire, dans l'hypothèque rechargeable, les créances pouvant faire l'objet de la recharge sont purement hypothétiques, donc inconnues, et l'identité du créancier bénéficiaire de la recharge est elle aussi ignorée. Il pourra s'agir, soit du créancier originaire, soit d'un nouveau créancier (C. civ., art. 2422, al. 2).

Si l'hypothèque rechargeable est un mécanisme original, c'est ensuite parce qu'elle réalise *un assouplissement du caractère accessoire* de l'hypothèque [2]. En effet, d'une part, le montant du rechargement peut être supérieur à celui de la créance initiale [3] et, d'autre part, l'hypothèque rechargeable ne s'éteint pas à la suite de l'extinction de la créance initialement garantie (C. civ., art. 2488, 1°).

Enfin, l'hypothèque rechargeable opère un aménagement du principe de spécialité de la créance garantie [4].

1036. ***Avantages pour le constituant***. L'hypothèque rechargeable permet au débiteur, qui a déjà consenti une hypothèque, de ne pas avoir à en constituer une nouvelle (avec tout ce que cela implique en termes de coût et de complexité), pour garantir une nouvelle dette. Le rechargement est susceptible de stimuler le crédit hypothécaire, car il est moins complexe et surtout moins coûteux que la constitution d'une hypothèque classique. Effectivement, *l'inscription du rechargement n'est pas soumise à la taxe de publicité foncière* [5], car elle s'opère par une simple mention en marge de l'inscription initiale ; elle donne uniquement lieu au paiement des émoluments du notaire et de la contribution de sécurité immobilière prévue par l'article 879 du Code général des impôts (ex salaire du conservateur) [6].

---

1. V. ss 1039.
2. Sur les difficultés que pose cet assouplissement du caractère accessoire en cas de transfert de la créance garantie et donc sur le jeu ou non de l'article 1692 du Code civil, cf. D. Houtcieff, *J.-Cl. notarial*, fasc. 50, n°s 116 à 122.
3. V. ss 1040.
4. V. ss 1062.
5. La taxe de publicité foncière due pour l'inscription d'une hypothèque est perçue au taux de 0,70 % du montant inscrit (CGI, art. 663, 1° et 844, issu de la loi de finance pour 2010 n° 2009-1673 du 30 décembre 2009).
6. En conséquence, pour un crédit de 50 000 euros, le coût du rechargement s'élève à environ 520 euros, alors que pour garantir ce même montant, l'inscription d'une hypothèque classique coûte 1 000 euros.

1037. ***Avantages pour les créanciers*.** Le rechargement présente, pour les créanciers, plusieurs avantages, qui pourraient permettre à l'hypothèque de concurrencer les deux sûretés aujourd'hui les plus utilisées en matière de crédit immobilier, que sont, dans l'ordre, le cautionnement (environ 60 %) et le privilège immobilier du prêteur de deniers (environ 25 %)[1].

D'abord, pour éviter que l'emprunteur ne soit « prisonnier » de son banquier et que ne soit entravée la libre concurrence entre les organismes de crédit, le bénéficiaire du rechargement peut être *un nouveau créancier*[2], même si le premier n'a pas encore été payé (C. civ., art. 2422, al. 2). L'avantage pour un tel créancier ultérieur réside dans *l'effet rétroactif de l'inscription de la convention de rechargement*, qui prend rang à la date de l'inscription initiale, sans que cette rétroactivité ne préjudicie toutefois au créancier hypothécaire initial, puisque si ce dernier n'a pas encore été payé, le créancier bénéficiaire du rechargement n'arrivera qu'au second rang[3].

Ensuite, aux termes de l'article 59 de l'ordonnance du 23 mars 2006, « les dispositions de l'article 2422 du Code civil peuvent s'appliquer à la dernière hypothèque, sans limite de date, inscrite antérieurement à la date de publication de la présente ordonnance, dès lors qu'un avenant prévoit que l'hypothèque peut être affectée à la garantie d'autres créances dans les conditions de l'article 2422 du Code civil et publié dans les formes prévues à l'article 2428 de ce code ». La loi de finances pour 2007, en date du 21 décembre 2006, a encouragé la conclusion d'un tel avenant et, par là même, le rechargement de l'hypothèque, en l'exonérant des droits fixes d'enregistrement et de la taxe de publicité foncière[4]. L'efficacité de l'avenant doit toutefois être tempérée, puisqu'il est inopposable aux créanciers qui ont inscrit une hypothèque avant la date de publication de l'ordonnance et à ceux qui ont procédé à une inscription entre cette date et celle de l'inscription de l'avenant.

Enfin, la loi de ratification du 20 février 2007 a prévu, temporairement et sous certaines conditions, la faculté de *transformer des privilèges de prêteur de deniers en hypothèques rechargeables* : pendant un délai de deux ans ayant pris fin le 20 février 2009, les prêteurs dont le privilège avait été inscrit avant le 20 février 2007 (peu importe, en revanche, qu'il ait été inscrit avant ou après l'ordonnance du 23 mars 2006) ont pu renoncer à ce privilège en contrepartie de la constitution, par le débiteur, d'une hypothèque rechargeable en garantie de la créance initialement privilégiée. La renonciation et la constitution d'hypothèque devaient être consenties dans un même acte notarié et être inscrites au bureau des hypothèques

---

1. Ces chiffres s'expliquent essentiellement par le coût d'établissement de la sûreté. Pour garantir un crédit immobilier de 100 000 euros, le coût initial du cautionnement consenti par le Crédit logement est d'environ 550 euros (1 300 – 750 qui sont remboursés *in fine*), celui du privilège du prêteur de deniers de 800 euros et enfin celui de l'hypothèque de 1 750 euros.

Pour une étude comparative de l'hypothèque conventionnelle, du privilège du prêteur de deniers et du cautionnement avec mutualisation du risque de crédit, cf. Ph. Dupichot, « Les sûretés du financement d'acquisition immobilière », *JCP N* 2015, n° 11, dossier 1095.

2. Sur la question de savoir si le rechargement de l'hypothèque au profit d'un nouveau créancier devrait s'accompagner de l'information du créancier originaire, voire d'une notification de l'opération de rechargement suivant les formalités de l'article 1690 du Code civil, cf. M. Dagot, *L'hypothèque rechargeable*, LexisNexis, coll. « Carré Droit », 2006, n° 218 ; D. Houtcieff, préc., n°s 74 et 75.

3. Sur le classement des droits de préférence en présence d'une hypothèque rechargeable, v. ss 1098.

4. Pour les avenants dressés par actes notariés à compter du 27 septembre 2006, dans les conditions prévues par l'article 59 de l'ordonnance, ces exonérations ont été subordonnées au respect des deux conditions suivantes. D'une part, que l'avenant ait été conclu par une personne physique et qu'il ait concerné une hypothèque inscrite en garantie d'une obligation qu'elle aurait elle-même contractée. D'autre part, que l'avenant ait été inscrit avant le 1er janvier 2009.

conformément à l'article 2428 du Code civil[1]. Les hypothèques rechargeables nées dans ces conditions conservent le rang du privilège antérieurement inscrit, sans toutefois pouvoir être opposées par le créancier bénéficiaire du rechargement aux créanciers ayant inscrit une hypothèque entre la date de publication du privilège et la date de l'acte notarié de conversion.

1038. ***Dangers***. L'hypothèque rechargeable présente certains dangers économiques, que la Banque de France avait soulignés au cours de la préparation de la réforme de 2006[2], et qui ont conduit aux évolutions législatives que cette hypothèque a connues en 2014.

D'abord, parce qu'elle *encourage l'endettement*, l'hypothèque rechargeable aurait pu mettre en péril le logement des débiteurs, pour des dépenses courantes ou l'accumulation de telles dépenses ; elle aurait pu conduire au *surendettement des particuliers* et fragiliser par là même le système bancaire dans sa totalité[3]. Le droit américain, ayant conduit à la crise des *subprimes*, mérite à cet égard d'être rappelé. Aux États-Unis, les emprunteurs peuvent se réendetter du montant de la progression de la valeur de leurs biens hypothéqués. Ce système fut en partie responsable de la crise des *subprimes*[4], car, lorsque les prix de l'immobilier se sont retournés à la baisse dans l'ensemble des États-Unis, la valeur des habitations hypothéquées est devenue inférieure à la valeur des crédits qu'elles étaient supposées garantir ; l'afflux des défaillances des emprunteurs et des reventes de leurs maisons hypothéquées a accéléré la baisse des prix de l'immobilier ; les pertes se sont alors accumulées du côté des prêteurs ; des établissements de crédit spécialisés se sont, les premiers, retrouvés en difficulté, avant la propagation à l'ensemble du système financier[5].

L'hypothèque rechargeable engendre un deuxième type de risque, inverse de celui précédemment décrit : développer le lien entre la valorisation du patrimoine immobilier et la consommation des ménages peut être dangereux pour la consommation elle-même. En effet, en cas de retournement du marché immobilier (prix à la baisse) et d'augmentation des taux d'intérêt des prêts à la consommation, les ménages risquent d'accéder au crédit moins facilement et donc de freiner leur consommation.

Enfin, la diminution des coûts de transaction des emprunts immobiliers peut entraîner une demande de logement et donc une surchauffe du secteur de l'immobilier.

1039. ***Remèdes : garde-fous ; abrogation de l'hypothèque rechargeable ; confinement dans la vie des affaires***. Pour atténuer ces différents risques, et particulièrement celui de surendettement des ménages, l'ordonnance du 23 mars 2006 avait entouré l'hypothèque rechargeable de plusieurs garde-fous : les protections du constituant inscrites dans le Code

1. Sur les modalités de cette inscription, cf. Décr. n° 2008-466 du 19 mai 2008. Sur son coût, cf. R. Crône et L. Ricco, « Hypothèque rechargeable : avenant consenti à la suite d'un privilège de prêteur de deniers », *Defrénois* 2008, art. 38700, p. 48.

2. *Bulletin de la Banque de France*, déc. 2004.

3. Sur la crise financière déclenchée par la déconfiture des prêts immobiliers américains à risque (*subprime mortgages*), au mois d'août 2007, v. ss 1040.

4. La crise des *subprimes* repose également sur les spécificités de ces crédits : ils étaient destinés à des emprunteurs ne disposant pas de revenus suffisants pour bénéficier des taux d'intérêt préférentiels (« *prime rate* ») ; ils étaient dès lors accordés à des taux moins préférentiels (« *subprime* »). Pour autant, au moment de leur conclusion, ces taux d'intérêt étaient très bas (la Banque centrale des États-Unis – la FED – avait imposé cette politique à partir de 2001, après la crise boursière sur les valeurs « internet »), ce qui avait encouragé l'endettement des ménages américains. Mais ces taux ont souvent été stipulés variables et indexés sur le taux directeur de la FED. Or, cette banque centrale a progressivement relevé ses taux (de 1 % en 2004 à plus de 5 % en 2006), pour tenir compte de l'évolution de l'inflation et de la croissance américaine. Les charges financières des emprunts se sont ainsi considérablement alourdies et un nombre croissant de ménages n'a pu y faire face.

5. La titrisation a joué le rôle de courroie de transmission.

civil sont aujourd'hui encore applicables[1] ; celles qui étaient prévues par le Code de la consommation ont été depuis abrogées[2].

Malgré cet encadrement et bien qu'elle fut peu pratiquée[3], l'hypothèque rechargeable a été accusée d'être un « dispositif particulièrement dangereux pour les débiteurs qui non seulement engagent leur bien immobilier pour garantir du crédit à la consommation mais risquent également de s'endetter démesurément dès lors que la valeur de leur bien, et non leurs revenus, déterminent l'octroi du crédit à la consommation »[4]. Ces griefs ont conduit à l'abrogation de l'hypothèque rechargeable[5], à compter du 1er juillet 2014, par la loi relative à la consommation n° 2014-344 du 17 mars 2014[6].

Prenant conscience de l'intérêt que peut présenter l'hypothèque rechargeable, en dehors des rapports de consommation, c'est-à-dire pour favoriser l'accès au crédit des entreprises et des entrepreneurs individuels, donc pour soutenir leur activité et relancer par là même la croissance économique, le législateur a fait revivre l'hypothèque rechargeable, mais en en limitant le champ d'application. La loi n° 2014-1545 du 20 décembre 2014 relative à la simplification de la vie des entreprises[7] a en effet réintroduit dans le Code civil l'article 2422, qui prévoit désormais que l'hypothèque rechargeable doit être « constituée à des fins professionnelles par une personne physique ou morale (...) » en garantie de « créances professionnelles »[8].

---

1. V. ss 1040.

2. Pour mémoire donc : le constituant bénéficiait de protections supplémentaires *si l'hypothèque rechargeable garantissait un crédit à la consommation ou immobilier* (C. consom., anc. art. L. 313-14 à L. 313-14-2). D'abord, l'hypothèque rechargeable ne pouvait garantir un crédit *revolving* (C. consom., anc. art. L. 313-14, al. 2), c'est-à-dire « une ouverture de crédit qui, assortie ou non de l'usage d'une carte de crédit, offre à son bénéficiaire la possibilité de disposer de façon fractionnée, aux dates de son choix, du montant du crédit consenti » (C. consom., art. L. 311-16). Ensuite, l'ancien article L. 314-14-1 du Code de la consommation réglementait précisément la conclusion du contrat de crédit à la consommation ou immobilier garanti par une hypothèque rechargeable, afin de protéger le consentement de l'emprunteur. Devait ainsi lui être remis un document intitulé « situation hypothécaire », qui devait comporter diverses mentions informatives obligatoires. Le non-respect de ce formalisme pointilleux était sanctionné civilement par la déchéance du droit aux intérêts du prêteur, ainsi que pénalement, par une amende de 3 750 euros.

3. Peu de temps après sa création, spécialement à la suite de la crise économique de 2008, « le resserrement de l'offre de crédit a mis un coup d'arrêt à l'expérience : la pratique s'en est rapidement détournée, tandis que les hypothèques déjà constituées selon ce nouveau mode restaient généralement sans suite, faute de nouvelle créance à garantir » (O. Salvat, « De quelques singularités de l'hypothèque rechargeable », *JCP N* 2012, n° 29, p. 23).

4. L. Grandguillaume, rapporteur pour avis sur le projet de loi *Hamon* relatif à la consommation (Rapp. AN n° 1156, 13 juin 2013), à l'origine de l'amendement adopté en juin 2013 par la commission des affaires économiques de l'Assemblée nationale, ayant conduit à l'abrogation de l'hypothèque rechargeable par la loi n° 2014-344 du 17 mars 2014.

5. La fiducie-sûreté rechargeable, créée par l'ordonnance n° 2009-112 du 30 janvier 2009, n'a pas subi le même sort, alors que les risques qu'elle présente sont bien plus importants qu'en matière d'hypothèque, puisque le montant du rechargement s'opère à hauteur de la valeur des biens transférés au fiduciaire.

6. Une bévue législative mérite d'être signalée : la loi *Hamon* du 17 mars 2014 a abrogé l'article 2422 du Code civil et les articles L. 313-14 à L. 313-14-2 du Code de la consommation, mais a oublié l'article L. 526-5 du Code de commerce, qui déclare ces textes applicables aux « opérations de prêt consenties à toute personne physique immatriculée à un registre de publicité légale à caractère professionnel, à toute personne exerçant une activité professionnelle agricole ou indépendante ainsi qu'au gérant associé unique d'une société à responsabilité limitée, et garanties par une hypothèque rechargeable inscrite sur l'immeuble où l'intéressé a fixé sa résidence principale ».

7. L'article 48 de la loi du 20 décembre 2014, redonnant vie à l'hypothèque rechargeable, est d'application immédiate.

8. Alors que les petits entrepreneurs visés par l'article L. 526-5 du Code de commerce entrent dans le nouveau champ d'application de l'hypothèque rechargeable défini par la loi du 20 décembre 2014, celle-ci n'a pas supprimé l'incohérence que cet article renferme depuis la loi *Hamon*, à savoir le renvoi à des articles du Code de la consommation abrogés.

1040. ***Encadrement de la constitution de l'hypothèque rechargeable.*** L'article 2422 du Code civil organise la protection du constituant d'une hypothèque rechargeable, en précisant que toute clause contraire est réputée non écrite (al. 6) [1], sous réserve d'une cession d'antériorité entre bénéficiaires de rechargements [2]. Les garde-fous sont de quatre types.

Caractère facultatif et exprès du rechargement. En premier lieu, le rechargement ne constitue qu'une faculté, qui doit être expressément prévue dans l'acte constitutif d'hypothèque (al. 1er).

Montant du rechargement. En deuxième lieu, l'hypothèque rechargeable est nécessairement constituée pour un *montant maximal*. Trois précisions méritent d'être apportées à son sujet.

Tout d'abord, ce montant doit nécessairement être *inscrit dans l'acte constitutif* (al. 2). Par conséquent, il ne saurait varier en fonction de la hausse de la valeur de l'immeuble. Il s'agit là d'une différence fondamentale distinguant l'hypothèque rechargeable française du mécanisme américain l'ayant inspirée [3]. Alors que le gouvernement français a donc fait preuve de sagesse en 2006 en dissociant le montant du rechargement de l'hypothèque de celui de l'immeuble grevé, il est déroutant de constater qu'en 2009, à un moment où les causes de la crise étaient pourtant bien connues, fut autorisé le rechargement d'une fiducie-sûreté à hauteur de la valeur du bien (mobilier ou immobilier) transféré au fiduciaire (C. civ., art. 2372-5, al. 2 et 2488-5, al. 2, issus de l'ordonnance n° 2009-112 du 30 janvier 2009) [4].

La deuxième précision relative au montant du rechargement de l'hypothèque concerne la possibilité que ce montant soit *plus élevé que celui de la créance initiale garantie* (qui ne constituerait alors pas un plafond), dès lors qu'il reflète bien la valeur de l'immeuble grevé au jour de la constitution de l'hypothèque. Âprement discutée [5], cette solution, qui

---

1. Devraient par exemple être annulées : la clause qui conférerait une exclusivité au créancier hypothécaire originaire, interdisant à tout autre créancier de bénéficier du rechargement ; la clause qui limiterait la faculté de rechargement à un certain nombre de nouvelles créances à garantir ou à un certain nombre de créanciers bénéficiaires ; la clause qui subordonnerait le rechargement au paiement préalable d'une certaine somme, ou à l'absence d'incident de paiement, ou à la constitution d'une garantie supplémentaire, ou à l'arrivée d'une échéance, ou encore au respect d'un délai minimum entre les différents rechargements.

2. C'est la loi du 20 décembre 2014 qui a inscrit ce tempérament dans le dernier alinéa de l'article 2422, en y ajoutant « Sans préjudice du second alinéa de l'article 2424 ».

3. V. ss 1038.

4. Cf. P. Crocq, « La nouvelle fiducie-sûreté : une porte ouverte sur une prochaine crise des *subprimes* en France ? », *D.* 2009. 716.

5. *En faveur d'un rechargement limité au montant de la créance initiale*, deux arguments ont pu être avancés : l'un d'opportunité, à savoir la limitation du risque de surendettement ; l'autre, d'ordre textuel, puisque l'article 2423 du Code civil, en visant « la créance », laisse entendre que le montant garanti par l'hypothèque doit être identique à celui du crédit garanti.

Cependant, les arguments *en faveur d'un rechargement d'un montant supérieur à celui de la créance initiale* étaient plus nombreux et convaincants : telle était l'intention des auteurs de l'ordonnance de 2006 (v. ss 1034 l'exemple d'utilisation de l'hypothèque rechargeable donné par le Gouvernement) ; l'hypothèque rechargeable ne peut profiter à un autre créancier, comme l'autorise l'article 2422, alinéa 2, que s'il existe une marge entre le maximal garanti et le montant de la créance initiale ; l'article L. 313-14-1 du Code de la consommation, qui énumérait les mentions devant figurer dans le document annexé à l'offre préalable de crédit (v. ss 1039) distinguait « le montant maximal garanti prévu par la convention constitutive d'hypothèque » (3°) et « le montant de l'emprunt initial souscrit » (4°) ; pour stimuler le crédit hypothécaire, le rechargement doit pouvoir être opéré avant le remboursement du premier créancier, ce qui se trouve favorisé par un montant d'inscription supérieur à la créance initiale.

rompt un peu plus encore avec le caractère normalement accessoire de la sûreté, a finalement été adoptée par la loi n° 2007-212 du 20 février 2007 ayant ratifié l'ordonnance du 23 mars 2006 [1]. Il convient de souligner qu'elle n'est pas avantageuse d'un point de vue fiscal, puisque la taxe de publicité foncière est liquidée sur la plus élevée des deux sommes figurant dans le bordereau d'inscription initiale [2].

Le montant du rechargement appelle une ultime remarque, à savoir que l'hypothèque rechargeable ne devrait pouvoir garantir de nouvelles créances, dans la limite du montant stipulé, que déduction faite des créances antérieures restant à acquitter [3]. Autrement dit, on peut penser que *le montant effectif du rechargement sera limité par les paiements préalables des créanciers antérieurs* [4].

---

1. La loi du 20 février 2007, dans l'hypothèse d'une transformation d'un privilège du prêteur de deniers en hypothèque rechargeable (v. ss 1038), a interdit que le montant de l'inscription de l'hypothèque rechargeable soit supérieur à celui de la créance initiale, tout en précisant que cette solution constitue une « dérogation à l'article 2423 ». *A contrario*, il en ressort qu'en dehors de cette hypothèse particulière de transformation, le principe est celui de la possibilité de stipuler un montant de rechargement supérieur à celui de la créance initiale garantie. Le décret n° 2008-466 du 19 mai 2008 relatif à la publicité foncière a expressément repris cette possibilité en prévoyant que, « dans le cas où la créance est assortie d'une clause de réévaluation, l'inscription doit mentionner le montant originaire de la créance ainsi que la clause de réévaluation » (Décr. du 14 oct. 1955, art. 55-4°).

Cependant, sur le site Internet de l'administration française (www.vosdroits.service-public.fr), il est encore indiqué que « le montant de la clause de rechargement est plafonné à hauteur du montant initialement garanti par l'hypothèque, diminué des montants de créances restant à payer ».

2. Exemple fourni par l'instruction fiscale du 1er décembre 2006 : un bordereau d'inscription d'hypothèque conventionnelle rechargeable mentionne deux sommes, d'une part, celle de la créance garantie en capital (200 000 euros) et accessoires (15 000 euros) et, d'autre part, la somme rechargeable pouvant être affectée à la garantie d'autres créances (240 000 euros). La TPF est alors assise sur la somme rechargeable. Cet exemple montre que la constitution d'une garantie qui excède les sommes empruntées a pour inconvénient de majorer le coût de l'emprunt initial.

3. En pratique, comme le remboursement des prêts porte d'abord surtout sur les intérêts et que seul importe, au contraire, le montant du capital pour déterminer l'étendue du rechargement, celui-ci ne devrait intervenir qu'après plusieurs années de remboursement du prêt initialement garanti.

4. *Au soutien du paiement préalable des créanciers antérieurs*, trois éléments paraissent déterminants. D'abord, le rechargement n'est intéressant pour le créancier bénéficiaire que dans la mesure où les créanciers antérieurs ont déjà été payés, au moins en partie, puisque, dans le cas contraire, il sera primé par ceux-ci et verra donc ses chances d'être remboursé fortement diminuées. Ce risque sera particulièrement fort si la première créance est une créance future au montant incertain, tels le solde débiteur d'un compte courant, un crédit *revolving* à un non consommateur ou encore le prix de la fourniture à venir de biens ou services. Ensuite, cette solution est de nature à inciter le constituant à rembourser ses dettes avant d'affecter l'hypothèque à la garantie de nouvelles créances. Enfin, une instruction fiscale du 1er décembre 2006 paraît exiger le remboursement des créances antérieures, puisque la valeur du rechargement y est présentée comme étant « égale à la différence entre la somme maximale prévue dans l'acte constitutif d'hypothèque conventionnelle rechargeable (ou l'avenant) pour laquelle l'hypothèque peut être affectée à la garantie d'autres créances et le montant de la créance restant dû ».

Il est vrai, cependant, que divers arguments peuvent étayer *la thèse de l'absence d'exigence de paiement préalable*. Le premier est un argument de texte : le rechargement alors que la créance originaire n'est, ni partiellement, ni intégralement payée, paraît admis par l'article 2422, alinéa 2, *in fine*, du Code civil lui-même, qui doit, en application de la hiérarchie des normes, prévaloir sur une simple instruction fiscale. Simplement, le nouveau créancier se trouvera alors, par rapport au premier, dans la situation d'un créancier de second rang. Après tout, le nouveau créancier peut espérer, en acceptant néanmoins le rechargement, que la créance originaire impayée le sera un jour, transformant ainsi sa créance pour l'heure précaire, en une créance solidement garantie. Le deuxième argument repose sur une analogie avec le mécanisme de la cession d'antériorité (v. ss 1099) : « si l'on admet que la convention de rechargement est fondamentalement une convention sur une hypothèque existante, il n'est pas inutile de rappeler que l'on n'a jamais subordonné la conclusion d'une subrogation à l'hypothèque ou d'une cession de rang au fait qu'elle permette à son bénéficiaire d'être garanti en totalité » (Ph. Théry, « L'hypothèque rechargeable », *Dr. et patr.* 2007, n° 159, p. 45). Le dernier

Formalisme notarié ad validitatem. En troisième lieu, la convention de rechargement doit être passée devant notaire (al. 3), à peine de nullité absolue [1], afin que le constituant puisse bénéficier des conseils de l'officier public. Le cas échéant, celui-ci devrait, en outre, veiller à ce que le conjoint du constituant donne son consentement au rechargement, qui constitue certainement un acte de disposition au sens des articles 215, alinéa 3, et 1424 du Code civil [2].

Publicité de la convention de rechargement. En quatrième et dernier lieu, la convention de rechargement doit être publiée [3], sous forme de *mention en marge de l'inscription initiale* [4], à peine d'inopposabilité aux tiers (al. 4) [5], afin que ceux-ci soient informés du fait qu'une inscription postérieure à celle de l'hypothèque rechargeable risque d'avoir une efficacité limitée [6].

c) Prêt viager hypothécaire

C. consom., art. L. 314-1. – Le prêt viager hypothécaire est un contrat par lequel un établissement de crédit ou un établissement financier consent à une personne physique un prêt sous forme d'un capital ou de versements périodiques, garanti par une hypothèque constituée sur un bien immobilier de l'emprunteur à usage exclusif d'habitation et dont le remboursement-principal et intérêts capitalisés annuellement ne peut être exigé qu'au décès de l'emprunteur ou lors de l'aliénation ou du démembrement de la propriété de l'immeuble hypothéqué s'ils surviennent avant le décès.
Son régime est déterminé par les dispositions du présent chapitre.
C. consom., art. L. 314-2. – À peine de nullité, le prêt viager hypothécaire ne peut être destiné à financer les besoins d'une activité professionnelle.
C. consom., art. L. 314-3. – Toute publicité faite, reçue ou perçue en France qui, quel que soit son support, porte sur une opération de prêt viager hypothécaire défini à l'article L. 314-1, est loyale et informative.
À ce titre, elle doit mentionner :
1° l'identité du prêteur, la nature de l'opération proposée, son coût total et le taux effectif global, à l'exclusion de tout autre taux, calculé par tranches de cinq ans, ainsi que les perceptions forfaitaires ;

---

argument a trait à la *ratio legis* : « il n'y a guère de raison de brider la liberté contractuelle, en contredisant la volonté législative de permettre de recourir dans le plus grand nombre de cas possibles à l'hypothèque rechargeable » (D. Houtcieff, préc., n° 84).

1. Cette sanction n'est pas expressément prévue par la loi, mais elle se déduit du caractère impératif du régime de l'hypothèque rechargeable (C. civ., art. 2422, al. 6).

2. En faveur de la qualification du rechargement de l'hypothèque en acte de disposition et sur ses conséquences en matière matrimoniale, mais aussi dans le cadre d'une saisie (en vertu de l'article L. 321-2 du Code des procédures civiles d'exécution, selon lequel l'acte de saisie rend l'immeuble indisponible, le rechargement ne pourrait avoir lieu après une saisie) ou d'une procédure collective professionnelle (après le jugement d'ouverture, le rechargement porterait atteinte à l'égalité des créanciers), cf. Ph. Théry, « L'hypothèque rechargeable », *Dr. et patr.* n° 159, p. 42 s.

3. Cf. décret n° 2007-201 du 15 février 2007 relatif au contenu du bordereau. Entre les différents créanciers bénéficiaires d'un rechargement, la date de la convention de rechargement importe peu ; c'est le premier créancier qui procède à la mention en marge qui l'emporte sur les autres.

4. Ce type d'inscription en marge est avantageux pour le débiteur, car, non soumis à la TPF, il est moins coûteux qu'une inscription initiale, qui y est au contraire assujettie.

5. Cette sanction est étonnante, au premier abord, puisque le défaut d'une mention en marge n'est pas sanctionné ordinairement lorsqu'elle renseigne sur un événement qui n'aggrave pas la situation du débiteur. En réalité, cette originalité se comprend, car, comme l'hypothèque rechargeable permet de multiplier les affectations de l'hypothèque, elle accroît les risques de non-recouvrement, de sorte que la recharge aggrave bien la situation du constituant.

6. V. ss 1098.

2° les modalités du terme de l'opération proposée.
Elle reproduit les deux premiers alinéas de l'article L. 314-7.
Lorsque la publicité est écrite et quel qu'en soit le support, les informations relatives à la nature de l'opération, aux conditions de détermination du taux effectif global et, s'il s'agit d'un taux promotionnel, à la période durant laquelle ce taux s'applique, doivent figurer dans une taille de caractères au moins aussi importante que celle utilisée pour indiquer toute autre information relative aux caractéristiques du financement et s'inscrire dans le corps principal du texte publicitaire.
Sont interdites dans toute publicité :
1° la mention qu'un prêt peut être octroyé sans élément d'information permettant d'apprécier la situation financière et patrimoniale de l'emprunteur ;
2° l'indication de la ressource supplémentaire qu'offre le prêt si elle n'est suivie d'une information sur les modalités du terme de l'opération telles que prévues par les articles L. 314-13 et L. 314-14.
L'offre préalable de crédit doit être distincte de tout support ou document publicitaire.
C. consom., art. L. 314-4. – Une opération de prêt viager hypothécaire ne peut faire l'objet d'un démarchage au sens du septième alinéa de l'article L. 341-1 du Code monétaire et financier.
C. consom., art. L. 314-5. – L'opération de prêt viager hypothécaire est conclue dans les termes d'une offre préalable comportant les mentions suivantes :
1° l'identité des parties et la date d'acceptation de l'offre ;
2° la désignation exacte du bien hypothéqué, conforme aux exigences de la publicité foncière ;
3° la valeur du bien hypothéqué estimée par un expert choisi par les parties et les frais afférents à l'expertise mis à la charge de l'emprunteur ;
4° la nature du prêt ;
5° les modalités du prêt et, notamment, les dates et les conditions de mise à disposition des fonds ;
6° en cas de versements échelonnés du capital, l'échéancier des versements périodiques distinguant la part du capital de celle des intérêts accumulés sur ces sommes durant la durée prévisionnelle du prêt et permettant à l'emprunteur de connaître le moment où il aura épuisé l'actif net de son logement ;
7° lorsque le capital est versé en une seule fois, un état des intérêts accumulés sur ces sommes durant la durée prévisionnelle du prêt, permettant à l'emprunteur de connaître le moment où il aura épuisé l'actif net de son logement ;
8° à partir d'exemples représentatifs établis en fonction d'hypothèses relatives, notamment, à la durée du prêt, le coût global du crédit, le taux effectif global défini conformément à l'article L. 313-1 ainsi que, s'il y a lieu, les modalités de l'indexation ;
9° la durée de validité de l'offre.
L'offre reproduit les dispositions des articles L. 314-6 à L. 314-9 et L. 314-13.
C. consom., art. L. 314-6. – La remise de l'offre oblige le prêteur à maintenir les conditions qu'elle comporte pendant une durée minimale de trente jours à compter de son émission.
C. consom., art. L. 314-7. – À peine de nullité du contrat, l'acceptation de l'offre ne peut intervenir que dix jours après sa réception par l'emprunteur. Elle fait alors l'objet d'un acte notarié.
Jusqu'à l'acceptation de l'offre par l'emprunteur, aucun versement sous quelque forme que ce soit ne peut être fait, au titre de l'opération en cause, par le prêteur à l'emprunteur ou pour le compte de celui-ci, ni par l'emprunteur au prêteur.
Jusqu'à cette acceptation, l'emprunteur ne peut, au même titre, faire aucun dépôt, souscrire ou avaliser aucun effet de commerce ou signer aucun chèque. Si une autorisation de prélèvement sur compte bancaire ou postal est signée par l'emprunteur, sa validité et sa prise d'effet sont subordonnées à celle du contrat de crédit.
C. consom., art. L. 314-8. – L'emprunteur doit apporter à l'immeuble hypothéqué tous les soins d'un bon père de famille. Ainsi qu'il est dit à l'article 1188 du Code civil, le débiteur ne peut plus réclamer le bénéfice du terme lorsque par son fait, il a diminué la valeur de la sûreté qu'il avait donnée par le contrat à son créancier.

Le débiteur perd également le bénéfice du terme lorsqu'il change l'affectation du bien hypothéqué ou lorsqu'il refuse au créancier l'accès de l'immeuble hypothéqué pour s'assurer de son bon état d'entretien et de conservation.
C. consom., art. L. 314-9. – La dette de l'emprunteur ou de ses ayants droit ne peut jamais excéder la valeur de l'immeuble appréciée lors de l'échéance du terme.
Lorsque le créancier hypothécaire met en jeu sa garantie à l'échéance du terme, si la dette est alors inférieure à la valeur de l'immeuble, la différence entre cette valeur et le montant de la créance est versée, selon le cas, à l'emprunteur ou à ses héritiers.
En cas d'aliénation du bien, la valeur de l'immeuble est égale à la valeur indiquée dans l'acte de cession sous réserve des dispositions de l'article L. 314-14.
C. consom., art. L. 314-10. – L'emprunteur peut toujours, à son initiative, mettre un terme au contrat de prêt qui lui a été consenti en remboursant la totalité des sommes déjà versées en principal et intérêts.
Si l'emprunteur a opté pour un versement du capital en une seule fois, il peut, à son initiative, rembourser une partie des sommes versées. Toutefois, le prêteur peut refuser un remboursement partiel inférieur à un montant fixé par décret en Conseil d'État.
Dans les cas de remboursement prévus aux deux premiers alinéas, le prêteur est en droit d'exiger une indemnité qui ne peut, sans préjudice de l'application de l'article 1152 du Code civil, excéder un montant qui, dépendant de la durée du contrat déjà réalisée, est fixée selon des modalités déterminées par décret en Conseil d'État.
C. consom., art. L. 314-11. – Le remboursement anticipé ne peut donner lieu à aucune indemnité ni à aucun coût à la charge de l'emprunteur autres que ceux qui sont mentionnés à l'article L. 314-10.
C. consom., art. L. 314-12. – L'emprunteur peut, en cas de versements périodiques du capital, demander une suspension ou une modification de l'échéancier des versements. Ces aménagements se font au taux conventionnel défini au contrat principal et donnent lieu à l'établissement d'un nouvel état des versements périodiques et des intérêts accumulés sur ces sommes pour la durée prévisionnelle du prêt restant à courir. La part du capital et celle des intérêts doivent apparaître de manière distincte. Les modifications visant à accélérer les versements peuvent intervenir conformément aux stipulations contractuelles.
C. consom., art. L. 314-13. – Lors du décès de l'emprunteur ou du dernier vivant des co-emprunteurs, les héritiers peuvent payer la dette plafonnée à la valeur de l'immeuble estimée au jour de l'ouverture de la succession. Il est procédé à cette estimation en tant que de besoin par un expert choisi d'un commun accord par le créancier et l'emprunteur ou désigné sur requête.
À défaut et nonobstant les règles applicables en matière d'acceptation sous bénéfice d'inventaire, le créancier hypothécaire peut à son choix :
– poursuivre la saisie et la vente de l'immeuble dans les conditions du droit commun, auquel cas la dette est plafonnée au prix de la vente ;
– ou se voir attribuer la propriété de l'immeuble par décision judiciaire ou en vertu d'un pacte commissoire alors même que celui-ci constituait la résidence principale de l'emprunteur.
Le créancier hypothécaire dispose de la même option en cas de succession vacante.
C. consom., art. L. 314-14. – En cas d'aliénation de l'immeuble par l'emprunteur ou ses héritiers, le projet de cession est notifié au créancier hypothécaire.
En cas de contestation par celui-ci de la valeur de l'immeuble retenue dans l'acte de cession, il est procédé à l'estimation du bien par un expert choisi d'un commun accord par le créancier et l'emprunteur ou désigné sur requête.
Si la valeur de l'immeuble s'avère finalement inférieure à cette estimation, la créance du prêteur est alors plafonnée :
– soit au prix d'adjudication de l'immeuble si le créancier hypothécaire fait procéder à la saisie et à la vente du bien en vertu de son droit de suite ;
– soit à la valeur d'expertise de l'immeuble si le créancier hypothécaire demande l'attribution judiciaire du bien ou se prévaut du pacte commissoire par lui conclu.
Les dispositions du présent article s'appliquent également au démembrement de la propriété de l'immeuble hypothéqué.

1041. ***Caractéristiques***. Autre innovation majeure de l'ordonnance du 23 mars 2006, le prêt viager hypothécaire s'inspire du *reverse mortgage* (hypothèque inversée) pratiqué notamment aux États-Unis, en Angleterre et au Canada. Il ne s'agit pas d'une hypothèque particulière, mais d'un ensemble contractuel constitué de deux contrats indivisibles, à savoir un prêt et une hypothèque, et c'est le prêt qui fait l'objet d'une réglementation particulière.

En effet, défini par l'article L. 314-1 du Code de la consommation, le prêt viager hypothécaire se caractérise par un *remboursement aléatoire à deux égards*. D'une part, le prêt n'est remboursable, en principal et intérêts [1], qu'à une date inconnue au jour de la constitution, à savoir, soit le décès de l'emprunteur, soit l'aliénation à titre onéreux ou gratuit de l'immeuble donné en garantie ou encore le démembrement de la propriété de cet immeuble [2]. D'autre part, le remboursement a lieu pour un montant lui aussi aléatoire au jour de la constitution de l'hypothèque, puisqu'il est limité à la valeur de l'immeuble à l'échéance du terme quand bien même cette valeur serait inférieure au montant du prêt.

Son *champ d'application* est strictement circonscrit : le prêteur doit être un établissement de crédit ou un établissement financier [3] et l'emprunteur [4] une personne physique (C. consom., art. L. 314-1, al. 1er) ; le prêt doit être accordé dans un but privé (l'article L. 314-2 du Code de la consommation prohibe le prêt viager hypothécaire consenti en garantie du financement des besoins d'une activité professionnelle) ; l'immeuble hypothéqué doit être à usage exclusif d'habitation (C. consom., art. L. 314-1, al. 1er).

Par exemple, une personne âgée [5] pourrait hypothéquer sa résidence secondaire pour garantir un crédit versé sous forme de rente viagère, lui permettant de faire face aux frais liés à son état de dépendance [6]. Ou bien, une personne âgée, propriétaire de sa maison principale, mais ne disposant que de faibles liquidités, pourrait consentir une hypothèque sur cette résidence, afin de garantir un prêt lui permettant d'effectuer des travaux d'amélioration ou de réparation de sa résidence. On le voit, bien qu'elle engage un immeuble, l'opération de prêt viager hypothécaire n'est normalement pas destinée à financer d'importants achats immobiliers, mais plutôt à permettre la conclusion de crédits de faible montant.

1042. ***Avantages***. Le prêt viager hypothécaire présente plusieurs avantages *pour l'emprunteur* : il obtient une somme d'argent versée sous forme de capital ou de rente, pour

---

1. La loi de modernisation de l'économie du 4 août 2008 a modifié l'article L. 314-1, alinéa 1er, du Code de la consommation pour prévoir la capitalisation annuelle de ces intérêts.

2. Dans la mesure où, à défaut d'aliénation ou de démembrement, le remboursement du prêt viager hypothécaire n'est pas exigible du vivant du débiteur, cette dette ne peut être traitée dans le cadre d'un plan de désendettement (Civ. 2e, 4 sept. 2014, *Bull. civ.* II, n° 180).

3. Lors du 107e Congrès des notaires de France consacré au financement, en juin 2011, il a été au contraire proposé que le prêt viager hypothécaire soit ouvert entre particuliers, pour devenir « un outil d'assistance financière, particulièrement entre proches ».

4. L'emploi du terme « emprunteur » (C. consom., art. L. 314-1) semble exclure que la garantie soit constituée par un tiers au bénéfice de l'emprunteur.

5. La population âgée, en augmentation constante et durable, constitue la principale cible du dispositif légal, dont le but est de « permettre à des personnes âgées propriétaires de leur logement de transformer en trésorerie le capital qui y est immobilisé » (N. Jachiet, J. Friggit, B. Vorms, C. Taffin, *Rapport sur le prêt viager hypothécaire et la mobilisation de l'actif résidentiel des personnes âgées*, La documentation française, 2004), étant précisé que près de 60 % du patrimoine des personnes âgées de plus de 70 ans réside dans leur logement.

6. Cet exemple laisse penser que « le prêt viager hypothécaire pourrait bien annoncer une transformation sociale en profondeur : ne constitue-t-il pas un moyen potentiel de financer les dépenses médicales des personnes âgées, au cas où le système actuel des retraites ou de l'assurance-maladie, fondé sur la solidarité, atteindrait ses limites ? Les opérations de *reverse morgage* sont ainsi souvent conclues aux États-Unis afin de financer des dépenses médicales » (D. Houtcieff, *J.-Cl. Civ.*, art. 1905 à 1908, fasc. 40, n° 6).

financer des projets ou, simplement, améliorer son train de vie, tout en continuant de jouir de son bien pendant toute la durée du prêt et ce, sans subir aucune diminution de son pouvoir d'achat pendant cette durée, puisque le prêt n'est remboursable qu'à son décès ou en cas de cession de l'immeuble hypothéqué, dans la limite de la valeur de cet immeuble à l'échéance du terme.

Ces avantages pourraient permettre au prêt viager hypothécaire de constituer une solution de substitution, soit à la vente en viager avec réserve du droit d'usage et d'habitation, soit à la vente de l'immeuble suivie de la conclusion d'un contrat de location au bénéfice du vendeur [1].

1043. ***Dangers***. Le prêt viager hypothécaire fait encourir au créancier prêteur *un risque dit « de dépassement »*, c'est-à-dire un risque que le crédit octroyé soit finalement d'un montant supérieur à celui de l'immeuble hypothéqué, en raison de la longévité exceptionnelle de l'emprunteur, qui conduit à une accumulation des intérêts, et/ou d'un retournement du marché immobilier. Or, si la valeur de cession du bien s'avère *in fine* inférieure au montant de la dette, les héritiers [2] ne sont pas tenus de compenser la différence, puisque le remboursement du prêt est limité à la valeur de l'immeuble. Pour prémunir les établissements de crédit contre ces risques, l'ordonnance du 23 mars 2006 n'a pas instauré une garantie de l'État, comme il en existe aux États-Unis. En conséquence, la *protection des banques* va prendre les formes suivantes : d'abord, une expertise minutieuse du bien immobilier qui sera donné en garantie ; ensuite, la fixation du montant maximal du prêt en fonction de trois critères essentiels, à savoir l'âge du candidat emprunteur, son sexe (les femmes ayant une espérance de vie plus élevée que les hommes, les banques devraient se montrer moins généreuses à leur égard) et la valeur du bien (le montant des prêts ne devrait pas excéder 30 % de la valeur de l'immeuble hypothéqué et ce pourcentage sera d'autant moins important que l'emprunteur sera jeune) ; enfin, la stipulation de frais (de souscription et d'hypothèque) et d'intérêts élevés (autour de 9 %) [3]. Pour l'heure, ces

---

1. Sur les coûts de chacune de ces trois opérations, cf. L. Galliez et F. Pouzenec, « Compléter ses ressources : comparaison entre la vente en viager et le prêt viager hypothécaire », *AJDI* 2011, n° 5, p. 351 ; S. Prigent, « Prêt viager hypothécaire et solutions alternatives : les éléments du conseil », *Defrénois* 2009. 414 s. Cette dernière étude fait apparaître que le prêt viager hypothécaire est systématiquement désavantageux comparé à la vente viagère au regard des sommes obtenues, aussi bien en cas de versement unique, que de versements périodiques. Ce désavantage, qui tend toutefois à se resserrer avec l'âge (plus un emprunteur est âgé, plus il peut prétendre à une somme importante), s'explique par le fait que, dans le cadre du prêt viager hypothécaire, si l'emprunteur ne vit pas trop longtemps, ses héritiers bénéficient de la plus-value enregistrée par l'immeuble entre la date de constitution du prêt et le décès du constituant. Au contraire, le vendeur en viager ne léguant en aucun cas une partie de la valeur du logement à ses héritiers, il peut extraire de ce bien des liquidités d'un montant plus élevé.

2. Sur les difficultés d'application du prêt viager hypothécaire en présence d'un conjoint survivant, notamment l'opposabilité par celui-ci, d'une part, du droit temporaire au logement de l'article 763 du Code civil et, d'autre part, du droit viager au logement de l'article 764, cf. A. Karm, « Régimes matrimoniaux et sûretés », *in Mélanges J. Foyer, Le monde du droit*, Economica, 2008 ; N. Randoux, « L'avenir du prêt viager hypothécaire (Faut-il l'aménager ou le supprimer ?) », *Defrénois* 2009, art. 39036.

3. Prenons l'exemple d'un homme de 75 ans, propriétaire d'un immeuble de 350 000 euros, qui solliciterait un prêt de 112 000 euros. La banque lui fera certainement cadeau des 600 euros de frais d'expertise, mais elle prélèvera d'autres frais : des frais de souscription à hauteur d'environ 4 % du montant demandé (soit 4 450 euros) et des frais d'hypothèque (1 350 euros environ). Un chèque ou un virement de 107 520 euros sera donc fait par la banque au notaire, qui reversera environ 106 200 euros

protections ne semblent pas suffire à convaincre les établissements de crédit de proposer des prêts viagers hypothécaires, dont le nombre est encore très faible [1].

Du côté de l'emprunteur, le prêt viager hypothécaire peut également s'avérer dangereux. Il est clairement destiné à relancer la consommation des personnes âgées, lesquelles sont ordinairement plus vulnérables aux abus. Il emporte un risque de dilapidation des fortunes familiales. Par ailleurs, il engendre un effet pervers : en raison des risques du prêt hypothécaire pour l'établissement de crédit, les taux d'intérêt en ce domaine sont nécessairement plus élevés. Enfin, le coût global du crédit dépasse largement celui d'un prêt classique, car les intérêts s'y accumulent pendant toute la durée de l'opération et produisent eux-mêmes des intérêts [2].

1044. ***Protections du souscripteur***. Pour minimiser les dangers du prêt viager hypothécaire pour l'emprunteur, des protections lui sont accordées tout au long de la vie de l'opération [3].

Dans la phase de conclusion du prêt, toutes les mesures, aujourd'hui habituelles, de protection du consentement du consommateur bénéficient au candidat emprunteur : la *publicité* doit être loyale et informative (C. consom., art. L. 314-3) ; le *démarchage* est interdit (C. consom., art. L. 314-4) ; une *offre préalable* doit mentionner les principaux éléments du prêt et être maintenue pendant une durée minimale de trente jours (C. consom., art. L. 314-5 et L. 314-6) ; l'emprunteur dispose d'un *délai de réflexion* de dix jours, pendant lequel il ne peut accepter l'offre (C. consom., art. L. 314-7) ; la rédaction d'un *acte notarié* est requise à peine de nullité (l'officier public doit exercer son devoir de conseil sur les conséquences tant patrimoniales que successorales de l'acte considéré). Sous toutes ces manifestations, le formalisme est sanctionné par un impressionnant arsenal de sanctions pénales (C. consom., art. L. 314-16 à L. 314-19).

1045. ***Remboursement anticipé***. Les articles L. 314-10 à L. 314-12 du Code de la consommation encadrent le remboursement anticipé de l'emprunteur [4].

à l'emprunteur, une fois ses propres émoluments déduits. Cependant, pendant toute la durée de vie de l'emprunteur, des intérêts s'élevant à près de 9 % courront sur le montant de 112 000 euros, c'est-à-dire le montant du prêt, frais compris, et non le montant effectivement versé à l'emprunteur.

1. Sur ce relatif échec, en pratique, du prêt viager hypothécaire (entre juin 2007 et juillet 2008, 4 400 prêts de ce type ont été autorisés pour un total de 380 millions d'euros) et sur l'espoir que la tendance s'inversera prochainement, cf. Rép. min. 16 mars 2010 (*JO Ass. nat. Q*, n° 70333 ; *Defrénois* 2010. 791).

2. Cf. l'exemple donné par le secrétaire d'État chargé du commerce, de l'artisanat, des petites et moyennes entreprises, du tourisme, des services, des professions libérales et de la consommation (Réponse à une question orale, *JO Sénat*, 21 déc. 2011, p. 10093) : « ce prêt viager hypothécaire a un coût non négligeable : une publicité récente du Crédit foncier de France, qui distribue ce type de produit, vient le confirmer : pour un prêt viager hypothécaire de 57 600 euros, la valeur du bien immobilier apporté en garantie étant de 320 000 euros, le coût global du crédit sera de 262 265 euros et le taux effectif global de 9,30 %. En d'autres termes, les emprunteurs, ou leurs héritiers, rembourseront à l'issue d'une période de vingt ans près de cinq fois la somme empruntée, ce qui semble tout de même excessif. En comparaison, si un prêt *in fine* pouvait leur être accordé sur une période de vingt ans, avec le même taux d'intérêt de 9,30 %, la même garantie hypothécaire et les mêmes frais, le coût global du crédit ne serait que de 164 720 euros, soit le capital de 57 600 euros, augmenté des intérêts, c'est-à-dire 446,33 euros mensuels multipliés par 240 mois, soit 107 120 euros ».

3. En contrepartie, *l'emprunteur supporte quelques obligations*, sous peine de déchéance du terme (C. consom., art. L. 314-8) : apporter à l'immeuble tous les soins d'un bon père de famille ; ne pas modifier l'affectation du bien hypothéqué ; ne pas refuser au créancier l'accès de l'immeuble en vue de s'assurer de son bon état d'entretien et de conservation.

4. Ces textes sont complétés par le décret n° 2006-1540 du 6 décembre 2006 relatif au remboursement anticipé des prêts viagers hypothécaires.

1046. ***Terme de l'opération***. En cas de décès de l'emprunteur, la dette pesant sur les héritiers [1] est limitée à la valeur de l'immeuble estimée au jour de l'ouverture de la succession (C. consom., art. L. 314-9 et L. 314-13). En cas d'aliénation de l'immeuble par l'emprunteur, si la valeur de cet immeuble s'avère inférieure à l'estimation faite par le prêteur, la créance de celui-ci est plafonnée, soit au prix d'adjudication, soit à la valeur de l'expertise en cas d'attribution judiciaire du bien ou en vertu d'un pacte commissoire (C. consom., art. L. 314-14) [2].

3° Conditions relatives à la chose hypothéquée

1047. ***Les droits réels susceptibles d'hypothèque***. Le plus souvent l'hypothèque est constituée sur le droit réel de propriété [3]. Mais elle peut également porter sur d'autres droits réels, démembrements de la propriété : la nue-propriété [4] ; le droit d'usufruit (C. civ., art. 2397, 2°, anc. art. 2118, 2°), mais comme ce droit est temporaire, l'hypothèque est fragile, puisqu'elle s'éteint au décès de l'usufruitier ou à l'expiration du temps pour lequel l'usufruit a été constitué ; le droit de superficie ; le droit du preneur d'un bail emphytéotique [5].

Sont en revanche insusceptibles d'hypothèque les droits réels incessibles, ce qui est le cas des droits d'usage et d'habitation (C. civ., art. 631 et 634) ; il en va de même des servitudes [6], car elles ne peuvent pas être détachées du fonds dominant pour être aliénées séparément.

> **C. civ., art. 2397 (anc. art. 2118).** – Sont seuls susceptibles d'hypothèque :
> 1° les biens immobiliers qui sont dans le commerce, et leurs accessoires réputés immeubles ;
> 2° l'usufruit des mêmes biens et accessoires pendant le temps de sa durée.
> L'hypothèque s'étend aux améliorations qui surviennent à l'immeuble.

1048. ***Les biens susceptibles d'hypothèque***. « Les meubles n'ont pas de suite par hypothèque » (C. civ. art. 2398, anc. art. 2119). À l'inverse, tous les immeubles peuvent être hypothéqués, à condition qu'ils soient *dans le commerce* (C. civ., art. 2397, 1°, anc. art. 2118, 1°), et *susceptibles d'être vendus* [7].

1049. ***Immeubles par nature***. Seuls les immeubles par nature peuvent servir d'assiette à une hypothèque. Mais, une fois constituée, l'hypothèque peut porter, aussi bien sur l'immeuble par nature, que sur les biens qui, en s'agrégeant à lui, deviennent immeubles par destination (C. civ., art. 2397, 1°, anc. art. 2118, 1°).

---

1. Sur l'articulation entre les règles du droit des successions et celles du prêt viager hypothécaire, cf. N. Randoux, « L'avenir du prêt viager hypothécaire (Faut-il l'aménager ou le supprimer ?) », *Defrénois* 2009, art. 39044.
2. Sur ces modes de réalisation de l'hypothèque, v. ss 1078 s.
3. Sur les hypothèques portant sur des biens indivis, v. ss 1023 s.
4. Com. 13 mars 2012, *Bull. civ.* IV, n° 55 : « l'affectation hypothécaire de la nue-propriété d'un bien grevé d'usufruit a nécessairement pour objet en cas d'extinction de l'usufruit la pleine propriété de ce bien, c'est à bon droit que la cour d'appel, qui a constaté le décès de l'usufruitière, a rejeté la demande de nullité du commandement aux fins de saisie immobilière portant sur la pleine propriété du bien ».
5. Civ. 3e, 15 mai 1991, *Bull. civ.* III, n° 140 ; 13 mai 1998, *Bull. civ.* III, n° 101 ; 7 oct. 2009, *Bull. civ.* III, n° 218.
6. Paris, 10 mai 1898, *DP* 98. 2. 497, note M. Planiol.
7. Les biens frappés d'inaliénabilité ne sont pas susceptibles d'hypothèque, car ils ne se trouvent pas dans le commerce au sens de l'article 2397, 1° du Code civil (Civ. 3e, 29 juin 1983, *Bull. civ.* III, n° 152 ; Civ. 1re, 23 févr. 2012, *Bull. civ.* I, n° 39), mais aussi parce qu'en cas de non-paiement de la dette garantie, cette inaliénabilité empêcherait la réalisation de l'hypothèque.

1050. ***Améliorations***. L'hypothèque, quelle que soit sa source, s'étend à toutes les améliorations apportées à l'immeuble grevé (C. civ., art. 2397, anc. art. 2133), soit par le constituant lui-même, soit par un tiers détenteur[1]. Les améliorations peuvent notamment résulter des travaux réalisés sur celui-ci.

1051. ***Immeubles présents***. L'article 2419 du Code civil énonce que « l'hypothèque ne peut, en principe, être consentie que sur des immeubles présents ». L'ancien article 2130, alinéa 1er, du Code civil formulait le même principe, mais de manière négative, en interdisant l'hypothèque des biens à venir, c'est-à-dire l'hypothèque portant sur des biens sur lesquels le constituant n'a encore aucun droit, ni actuel, ni conditionnel (par exemple, un immeuble que le constituant espère recueillir dans la succession de ses parents ou qu'il envisage d'acheter ou de construire). Cette interdiction est sanctionnée par la nullité absolue de l'hypothèque, même si le constituant devient ultérieurement propriétaire[2].

> **C. civ., art. 2419.** – L'hypothèque ne peut, en principe, être consentie que sur des immeubles présents.

1052. La raison d'être de l'exigence d'immeubles présents, propre au droit hypothécaire, tient au respect du *principe de spécialité*, qui impose de décrire avec précision, dans l'acte constitutif d'hypothèque et dans son inscription, l'immeuble grevé, afin d'empêcher que ne soit constituée une hypothèque générale, nuisible tant aux autres créanciers du débiteur qu'au crédit du débiteur lui-même[3]. Toutefois, cette interdiction d'hypothéquer des biens futurs est quelque peu archaïque : d'une part, les hypothèques légales portent sur les biens présents et à venir du débiteur[4]; d'autre part, rien n'interdit au constituant de consentir une multiplicité d'hypothèques en garantie de la même dette sur les immeubles qui lui adviennent au fur et à mesure de leur apparition. Il n'est pas étonnant, dès lors, que l'exigence d'immeubles présents reçoive plusieurs exceptions.

> **C. civ., art. 2420.** – Par exception à l'article précédent, l'hypothèque peut être consentie sur des immeubles à venir dans les cas et conditions ci-après :
> 1° celui qui ne possède pas d'immeubles présents et libres ou qui n'en possède pas en quantité suffisante pour la sûreté de la créance peut consentir que chacun de ceux qu'il acquerra par la suite sera affecté au paiement de celle-ci au fur et à mesure de leur acquisition ;
> 2° celui dont l'immeuble présent assujetti à l'hypothèque a péri ou subi des dégradations telles qu'il est devenu insuffisant pour la sûreté de la créance le peut pareillement, sans préjudice du droit pour le créancier de poursuivre dès à présent son remboursement ;
> 3° celui qui possède un droit actuel lui permettant de construire à son profit sur le fonds d'autrui peut hypothéquer les bâtiments dont la construction est commencée ou simplement projetée ; en cas de destruction de ceux-ci, l'hypothèque est reportée de plein droit sur les nouvelles constructions édifiées au même emplacement.

1053. L'article 2420 du Code civil regroupe aujourd'hui les *trois exceptions* qui étaient, avant la réforme de 2006, éparpillées dans plusieurs dispositions.

En premier lieu, si les biens présents sont insuffisants pour garantir la créance, le débiteur peut hypothéquer ses biens futurs, à la condition que les parties au contrat

---

1. Cass., Req., 2 juill. 1901, *DP* 1909. 1. 342.
2. Civ. 24 mai 1892, *DP* 92. 1. 327.
3. Sur le principe de spécialité quant à l'assiette de l'hypothèque, v. ss 1065.
4. V. ss 1140.

d'hypothèque fassent une déclaration pour constater cette insuffisance (anc. art. 2130, al. 2). Avant que celle-ci n'intervienne, le créancier, qui n'a pas un droit actuel sur l'immeuble, ne peut inscrire son hypothèque [1].

En deuxième lieu, en cas de perte ou de dégradation de l'immeuble hypothéqué, le créancier peut obtenir un supplément d'hypothèque, y compris sur les biens à venir (anc. art. 2131). Il est nécessaire que la dégradation matérielle de l'immeuble soit constatée et qu'elle rende la garantie insuffisante.

En troisième lieu, le débiteur peut hypothéquer un bâtiment dont la construction est commencée ou simplement projetée (anc. art. 2133, al. 2). Cette dérogation facilite le crédit à la construction.

1054. En sus de ces trois exceptions légales, la jurisprudence apporte un tempérament à l'interdiction de l'hypothèque des biens futurs, en opérant une réduction par conversion : une hypothèque de biens à venir nulle constitue une *promesse d'hypothèque* [2].

B. Conditions de forme

À peine de *nullité*, l'hypothèque doit être consentie par acte notarié (1°). Par ailleurs, à peine *d'inopposabilité* aux tiers, elle doit faire l'objet d'une publicité, par inscription au fichier immobilier (2°).

1° Conditions de validité

Pour être valable, le contrat d'hypothèque doit être constitué par un acte notarié (a), qui identifie tant la créance garantie, que l'assiette de la sûreté (b).

a) Acte notarié

C. civ., art. 2416 (anc. art. 2127). – L'hypothèque conventionnelle ne peut être consentie que par acte notarié.
C. civ., art. 710-1. – Tout acte ou droit doit, pour donner lieu aux formalités de publicité foncière, résulter d'un acte reçu en la forme authentique par un notaire exerçant en France, d'une décision juridictionnelle ou d'un acte authentique émanant d'une autorité administrative.
Le dépôt au rang des minutes d'un notaire d'un acte sous seing privé, contresigné ou non, même avec reconnaissance d'écriture et de signature, ne peut donner lieu aux formalités de publicité foncière. Toutefois, même lorsqu'ils ne sont pas dressés en la forme authentique, les procès-verbaux des délibérations des assemblées générales préalables ou consécutives à l'apport de biens ou droits immobiliers à une société ou par une société ainsi que les procès-verbaux d'abornement peuvent être publiés au bureau des hypothèques à la condition d'être annexés à un acte qui en constate le dépôt au rang des minutes d'un notaire.
Le premier alinéa n'est pas applicable aux formalités de publicité foncière des assignations en justice, des commandements valant saisie, des différents actes de procédure qui s'y rattachent et des jugements d'adjudication, des documents portant limitation administrative au droit de propriété ou portant servitude administrative, des procès-verbaux établis par le service du cadastre, des documents d'arpentage établis par un géomètre et des modifications provenant de décisions administratives ou d'événements naturels.

1. Cass., Req., 4 mars 1902, *DP* 1902. 1. 214.
2. Civ. 3e, 7 janv. 1987, *Bull. civ.* III, n° 4 ; cf. V. Brémond, « Hypothèque et promesse d'hypothèque : les liaisons dangereuses », *JCP N* 2003, n° 1369 et 1374.

C. civ., art. 2417 (anc. art. 2128). – Les contrats passés en pays étranger ne peuvent donner d'hypothèque sur les biens de France, s'il n'y a des dispositions contraires à ce principe dans les lois politiques ou dans les traités.

1055. ***Caractère solennel de l'hypothèque***. L'ancien article 2127 du Code civil disposait que « l'hypothèque conventionnelle ne peut être consentie que par un acte passé en forme authentique ». L'article 2416 du Code civil vise, plus précisément, un acte notarié.

1056. Les ***raisons*** de cette solennité sont d'abord historiques : dans l'Ancien droit, il était habituel que les actes notariés emportent hypothèque générale en garantie des créances qu'ils relataient. Aujourd'hui, cette exigence se justifie par la nécessité d'inscrire l'hypothèque pour assurer son efficacité, cette inscription étant subordonnée à l'existence d'un acte authentique (C. civ., art. 710-1, créé par la loi n° 2011-331 du 28 mars 2011 de modernisation des professions judiciaires ou juridiques), mais également, bien que cela soit parfois contesté [1], par le souci de protection du consentement du constituant. L'hypothèque est, en effet, un acte grave, comme le sont tous les actes de disposition relatifs à un immeuble, et elle est en plus, à l'inverse de la plupart de ces derniers, un acte apparemment indolore pour le constituant, qui ne se dépouille pas immédiatement et nécessairement de son bien. Enfin, si la souscription de l'hypothèque n'est pas, au moins dans le cas le plus fréquent où la dette garantie est celle du constituant, créatrice d'un endettement de ce dernier, elle n'en demeure pas moins la condition de l'obtention du crédit convoité, de sorte que la constitution de la sûreté réelle, sans être la source directe de l'endettement, le facilite incontestablement. En définitive, à travers l'hypothèque, c'est la propension du constituant à emprunter qui fait l'objet d'une protection. Le passage devant un notaire permet ainsi à l'officier public d'informer le constituant sur la portée de son acte.

1057. La ***sanction*** de l'absence de formalité est la nullité absolue du contrat d'hypothèque, insusceptible de ratification [2]. Alors que la forme notariée se veut protectrice des intérêts particuliers du constituant et que son absence pourrait, à ce titre, n'être sanctionnée que par la nullité relative, la jurisprudence retient la nullité absolue, car l'authenticité vise également à assurer le bon fonctionnement du crédit dans l'intérêt général.

1058. ***Limites à l'exigence d'authenticité***. L'exigence d'authenticité est écartée en trois occasions.

D'abord, depuis 1903 [3], la jurisprudence dispense de formalité *l'acceptation de l'hypothèque* par le créancier. Constituée dans l'intérêt de celui-ci, l'hypothèque peut être acceptée sous n'importe quelle forme et même tacitement. La même règle vaut à l'égard du mandat donné par le créancier à un tiers d'accepter la constitution de l'hypothèque.

1059. Ensuite, la ***promesse d'hypothèque*** [4], c'est-à-dire la convention contenant l'engagement du promettant de constituer une hypothèque sur l'un de ses biens en garantie

1. V. not., J. Flour, J.-L. Aubert, É. Savaux, *Droit civil. Les obligations*. 1. *L'acte juridique*, Sirey, coll. « Université », 13e éd., 2008, n° 306.
2. Civ. 7 févr. 1854, *DP* 54. 1. 49.
3. Cass., Req., 3 nov. 1903, *DP* 1906. 1. 529.
4. Cf. V. Brémond, « Hypothèque et promesse d'hypothèque : les liaisons dangereuses », *JCP N* 2003, nos 1369 et 1374 ; M. Mathieu, « Une vraie fausse garantie : la promesse d'affectation hypothécaire », *RD bancaire et bourse* mars-avr. 1992, p. 48 s.

d'une dette qui est la sienne ou celle d'un tiers, peut être établie sous seing privé [1]. Une telle promesse, dont la validité est souvent critiquée par la doctrine [2], ne vaut pas hypothèque. Elle fait uniquement naître à la charge de son auteur une obligation de faire qui, en cas d'inexécution, confère au créancier une action personnelle pour tenter d'obtenir la constitution de l'hypothèque promise [3]. En cas de refus du débiteur, le créancier ne peut obtenir que des dommages et intérêts, puisque le jugement ne peut valoir acte constitutif d'hypothèque [4]. Le préjudice réparable réside dans une perte de chance, celle, pour le créancier, d'être remboursé à la suite de la procédure de saisie diligentée. Il ne s'agit pas en revanche de la chance d'obtenir une inscription d'hypothèque permettant de faire saisir l'immeuble et d'obtenir le remboursement de la créance [5].

1060. Enfin, par dérogation à la règle du parallélisme des formes, qui impose le caractère authentique du *mandat* donné pour constituer une hypothèque [6], l'article 1844-2 du Code civil dispose qu'« il peut être consenti hypothèque ou toute autre sûreté réelle sur les biens d'une société en vertu de pouvoirs résultant de délibérations ou délégations établies sous signatures privées, alors même que la constitution de l'hypothèque ou de la sûreté doit l'être par acte authentique ».

1061. ***Contrat d'hypothèque conclu à l'étranger et réitération par acte notarié français***. Selon l'article 2417 du Code civil (anc. art. 2128), seuls les notaires français peuvent donner des hypothèques valables sur des immeubles situés en France, à moins qu'un texte européen ou international n'en dispose autrement. Décriée pour son anachronisme [7], mais néanmoins utile pour faciliter la publicité foncière, cette disposition, que n'a pas modifiée l'ordonnance du 23 mars 2006, a été appliquée par la Cour de cassation en 2013 au sujet de la réitération, en France, d'une hypothèque reçue par un notaire ivoirien et portant sur des immeubles situés sur le sol français. La première chambre civile a rappelé que c'est la réitération authentique, conforme aux articles 2416 et suivants du Code civil, qui permet de valider une telle hypothèque [8].

b) Principe de spécialité

1062. Afin de ménager le crédit du constituant et conformément à l'idée selon laquelle il ne serait pas souhaitable qu'une cause de préférence puisse évincer les créanciers du

---

1. Cass., Req., 5 nov. 1860, *DP* 61. 1. 300 ; Civ. 3e, 7 janv. 1987, *Bull. civ.*, n° 4 ; Civ. 3e, 7 avr. 1993, *Bull. civ.* III, n° 55 ; *JCP E* 1993. pan. n° 360, obs. Ph. Delebecque ; *Defrénois* 1993, art. 35617, obs. L. Aynès ; Com. 13 févr. 2001, inédit, n° 97-21460.

Mais il n'est pas rare que la promesse d'hypothèque soit constituée par acte authentique : v. not., Com. 2 mai 2001, inédit, n° 98-10413 ; Civ. 1re, 10 juin 1997, *Bull. civ.* I, n° 197 ; Civ. 1re, 2 juill. 1991, *Bull. civ.* I, n° 225.

2. V. not. M.-A. Guerriéro, *L'acte juridique solennel*, LGDJ, 1975, p. 415-416 ; J. Ghestin, *Traité de droit civil. Le contrat, formation*, LGDJ, 3e éd., n° 433 ; Starck, Roland et Boyer, *Droit civil. Les obligations*, T. 2, *Le contrat*, 4e éd., Litec, n° 186 ; F. Terré, Ph. Simler et Y. Lequette, *Les obligations*, 7e éd., Dalloz, n° 138.

3. Civ. 3e, 29 mai 2002, *Bull. civ.* III, n° 118.

4. Civ. 3e, 7 janv. 1987, préc. ; Civ. 3e, 7 avr. 1993, préc. ; Civ. 1re, 3 nov. 2004, *Bull. civ.* I, n° 243.

5. Civ. 1re, 5 févr. 2014, inédit, n° 12-19425.

6. En effet, la jurisprudence, après des hésitations, décide depuis 1854 (Civ. 7 févr. 1854, *DP* 54. 1. 49) qu'est nulle l'hypothèque consentie en vertu d'un mandat sous seing privé. Sur la contradiction de la validité de la promesse d'hypothèque avec cette jurisprudence, v. not., M.-A. Guerriéro, *op. cit.*, p. 417.

7. M. Cabrillac, C. Mouly, S. Cabrillac et Ph. Pétel, *op. cit.*, n° 914.

8. Civ. 1re, 12 juin 2013, *Bull. civ.* I, n° 122.

débiteur sur l'ensemble de son patrimoine [1], l'acte constitutif d'hypothèque doit respecter un double principe de spécialité : quant à la *créance garantie* et quant au *bien grevé*.

1063. ***Principe de spécialité quant à la créance garantie***. À peine de nullité, l'acte notarié constitutif d'hypothèque doit individualiser la créance garantie, c'est-à-dire indiquer *sa cause* [2] (C. civ., art. 2421, al. 2) et *son montant* (C. civ., art. 2423). L'article 2423, alinéa 1er, du Code civil précise que, « le cas échéant, les parties évaluent à cette fin les rentes, prestations et droits indéterminés, éventuels ou conditionnels ».

Cette exigence de spécialité quant à la créance garantie a cependant été considérablement atténuée par l'ordonnance du 23 mars 2006, afin que l'hypothèque puisse garantir des relations suivies de crédit et offrir une réelle alternative au cautionnement *omnibus*, caractérisé par sa souplesse.

1064. ***Les assouplissements sont de trois ordres***.

En premier lieu, l'exigence de détermination de la somme garantie par l'hypothèque ne porte que sur le capital de la dette et non sur ses accessoires. L'article 2423, alinéa 2, du Code civil précise, en effet, que « l'hypothèque s'étend de plein droit aux intérêts et autres accessoires ».

En deuxième lieu, l'hypothèque peut désormais garantir des créances futures, à la seule condition qu'elles soient déterminables (C. civ., art. 2421, al. 1er) [3].

En troisième lieu, l'hypothèque peut être affectée à la garantie de créances autres que celles mentionnées par l'acte constitutif (C. civ., art. 2422). Il s'agit de la nouvelle hypothèque rechargeable [4].

C. civ., art. 2421. – L'hypothèque peut être consentie pour sûreté d'une ou plusieurs créances, présentes ou futures. Si elles sont futures, elles doivent être déterminables.
La cause en est déterminée dans l'acte.
C. civ., art. 2423. – L'hypothèque est toujours consentie, pour le capital, à hauteur d'une somme déterminée que l'acte notarié mentionne à peine de nullité. Le cas échéant, les parties évaluent à cette fin les rentes, prestations et droits indéterminés, éventuels ou conditionnels. Si la créance est assortie d'une clause de réévaluation, la garantie s'étend à la créance réévaluée, pourvu que l'acte le mentionne.
L'hypothèque s'étend de plein droit aux intérêts et autres accessoires.
Lorsqu'elle est consentie pour sûreté d'une ou plusieurs créances futures et pour une durée indéterminée, le constituant peut à tout moment la résilier sauf pour lui à respecter un préavis de trois mois. Une fois résiliée, elle ne demeure que pour la garantie des créances nées antérieurement.

1065. ***Principe de spécialité quant à l'assiette de l'hypothèque***. L'acte notarié constitutif d'hypothèque doit déclarer spécialement la nature et la situation de chacun des immeubles grevés (C. civ., art. 2418, anc. art. 2129). Cette exigence permet de cantonner la charge hypothécaire, dans l'intérêt du constituant, de ses ayants cause et créanciers. Toutefois, le principe de spécialité n'empêche nullement le constituant de grever tous ses immeubles par des désignations particulières successives. L'exigence de spécialité quant

1. Cf. J. Mestre, E. Putman et M. Billiau, *op. cit.*, p. 300 ; P. Crocq, « Le principe de spécialité des sûretés réelles : chronique d'un déclin annoncé », *Dr. et patr.* avr. 2001, p. 58.
2. Civ. 6 févr. 1939, *GAJC*, 11e éd., no 287.
3. V. ss 1032.
4. V. ss 1034 s.

à l'assiette de l'hypothèque est également une condition de validité. Le vice résultant de l'absence de spécialité dans le contrat hypothécaire ne peut être purgé par la désignation complète qui en serait faite dans l'inscription prise ultérieurement [1].

> **C. civ., art. 2418 (anc. art. 2129).** – La constitution d'une hypothèque conventionnelle n'est valable que si le titre authentique constitutif de la créance ou un acte authentique postérieur déclare spécialement la nature et la situation de chacun des immeubles sur lesquels l'hypothèque est consentie, ainsi qu'il est dit à l'article 2426 ci-après.

2° Condition d'opposabilité aux tiers : la publicité de l'hypothèque

> **C. civ., art. 2425, al. 1er (anc. art. 2134).** – Entre les créanciers, l'hypothèque, soit légale, soit judiciaire, soit conventionnelle, n'a rang que du jour de l'inscription prise par le créancier au fichier immobilier, dans la forme et de la manière prescrites par la loi.
> **C. civ., art. 2427 (anc. art. 2147).** – Les créanciers privilégiés ou hypothécaires ne peuvent prendre utilement inscription sur le précédent propriétaire, à partir de la publication de la mutation opérée au profit d'un tiers. Nonobstant cette publication, le vendeur, le prêteur de deniers pour l'acquisition et le copartageant peuvent utilement inscrire, dans les délais prévus aux articles 2108 et 2109, les privilèges qui leur sont conférés par l'article 2103.
> L'inscription ne produit aucun effet entre les créanciers d'une succession si elle n'a été faite par l'un d'eux que depuis le décès, dans le cas où la succession n'est acceptée qu'à concurrence de l'actif net ou est déclarée vacante. Toutefois, les privilèges reconnus au vendeur, au prêteur de deniers pour l'acquisition, au copartageant, ainsi qu'aux créanciers et légataires du défunt, peuvent être inscrits dans les délais prévus aux articles 2379, 2381 et 2383, nonobstant l'acceptation à concurrence de l'actif net ou la vacance de la succession.
> En cas de saisie immobilière ou de procédure de sauvegarde, de redressement judiciaire ou de liquidation judiciaire ou encore en cas de procédure de traitement des situations de surendettement des particuliers, l'inscription des privilèges et hypothèques produit les effets réglés par les dispositions du titre XIX du livre III du présent code et par celles des titres II, III ou IV du livre sixième du Code de commerce.
> Dans les départements du Bas-Rhin, du Haut-Rhin et de la Moselle, en cas d'exécution forcée immobilière, l'inscription des privilèges et hypothèques produit les effets réglés par les dispositions de la loi du 1er juin 1924.
> **C. civ., art. 2428.** – L'inscription des privilèges et hypothèques est opérée par le service chargé de la publicité foncière sur le dépôt de deux bordereaux datés, signés et certifiés conformes entre eux par le signataire du certificat d'identité prévu aux articles 5 et 6 du décret du 4 janvier 1955 ; un décret en Conseil d'État détermine les conditions de forme auxquelles le bordereau destiné à être conservé par ce service doit satisfaire. Au cas où l'inscrivant ne se serait pas servi d'une formule réglementaire, le service chargé de la publicité foncière accepterait cependant le dépôt, sous réserve des dispositions de l'avant-dernier alinéa du présent article.
> Toutefois, pour l'inscription des hypothèques et sûretés judiciaires, le créancier présente en outre, soit par lui-même, soit par un tiers, audit service :
> 1° L'original, une expédition authentique ou un extrait littéral de la décision judiciaire donnant naissance à l'hypothèque, lorsque celle-ci résulte des dispositions de l'article 2123.
> 2° L'autorisation du juge, la décision judiciaire ou le titre pour les sûretés judiciaires conservatoires.
> Chacun des bordereaux contient exclusivement les indications et mentions fixées par décret en Conseil d'État.
> Le dépôt est refusé :
> 1° À défaut de présentation du titre générateur de la sûreté pour les hypothèques et sûretés judiciaires.

1. Civ. 26 avr. 1852, *DP* 52. 1. 131.

2° À défaut de la mention visée de la certification de l'identité des parties prescrite par les articles 5 et 6 du décret du 4 janvier 1955, ou si les immeubles ne sont pas individuellement désignés, avec indication de la commune où ils sont situés.
Si le service chargé de la publicité foncière, après avoir accepté le dépôt, constate l'omission d'une des mentions prescrites, ou une discordance entre, d'une part, les énonciations relatives à l'identité des parties ou à la désignation des immeubles contenues dans le bordereau, et, d'autre part, ces mêmes énonciations contenues dans les bordereaux ou titres déjà publiés depuis le 1er janvier 1956, la formalité est rejetée, à moins que le requérant ne régularise le bordereau ou qu'il ne produise les justifications établissant son exactitude, auxquels cas la formalité prend rang à la date de la remise du bordereau constatée au registre de dépôts.
La formalité est également rejetée lorsque les bordereaux comportent un montant de créance garantie supérieur à celui figurant dans le titre pour les hypothèques et sûretés judiciaires ainsi que, dans l'hypothèse visée au premier alinéa du présent article, si le requérant ne substitue pas un nouveau bordereau sur formule réglementaire au bordereau irrégulier en la forme.
Le décret prévu ci-dessus détermine les modalités du refus du dépôt ou du rejet de la formalité.
C. civ., art. 2450. – I. – L'État est responsable du préjudice résultant des fautes commises par chaque service chargé de la publicité foncière dans l'exécution de ses attributions, notamment :
1° Du défaut de publication des actes et décisions judiciaires déposés dans les services chargés de la publicité foncière et des inscriptions requises, toutes les fois que ce défaut de publication ne résulte pas d'une décision de refus ou de rejet ;
2° De l'omission, dans les certificats délivrés par les services chargés de la publicité foncière, d'une ou plusieurs des inscriptions existantes, à moins dans ce dernier cas que l'erreur ne provienne de désignations insuffisantes ou inexactes qui ne pourraient leur être imputées.
II. – L'action en responsabilité de l'État pour les fautes commises par chaque service chargé de la publicité foncière est exercée devant le juge judiciaire et, sous peine de forclusion, dans le délai de dix ans suivant le jour où la faute a été commise.

1066. Dès le début du XIXe siècle, la jurisprudence a subordonné l'opposabilité de l'hypothèque aux tiers à sa publicité[1]. Cette exigence fut consacrée par le décret n° 55-22 du 4 janvier 1955 et inscrite dans l'ancien article 2134 du Code civil, devenu l'article 2425, modifié par l'ordonnance n° 2010-638 du 10 juin 2010[2]. Le régime de cette publicité[3], prévu par les articles 2426 à 2457 du Code civil, vaut pour toutes les hypothèques (conventionnelles, légales ou judiciaires), ainsi que pour les privilèges immobiliers spéciaux.

1067. ***Forme de la publicité.*** La publicité de l'hypothèque s'accomplit au moyen d'une *inscription au fichier immobilier*. Le service chargé de la publicité foncière ne pouvant y

1. Civ. 11 juin 1817, *S.* 18. 1. 41.
2. Depuis le 1er janvier 2013, date d'entrée en vigueur de cette ordonnance portant suppression du régime des conservateurs des hypothèques, de nombreux termes se rapportant à la publicité foncière ont changé : les services chargés de la publicité foncière ont remplacé les conservateurs des hypothèques ; on parle du fichier immobilier ou du service de publicité foncière et non plus des bureaux des hypothèques ; le salaire du conservateur a été remplacé par une taxe appelée contribution de sécurité immobilière, désormais directement perçue par l'État. L'ordonnance du 10 juin 2010 a en outre substitué la responsabilité de l'État à celle des conservateurs, dans les conditions prévues à l'article 2450 du Code civil. Les mesures d'application de cette réforme ont été précisées par le décret n° 2012-1462 du 26 décembre 2012 ; cf. S. Bérard, « Publicité foncière et formalités : ce qui change au 1er janvier 2013 », *JCP N* 2013, n° 1-2, p. 5 ; A.-M. Leroyer, *RTD civ.* 2013. 195.
3. Sur la publicité foncière, cf. not. M. Dagot, « Le temps et la publicité foncière », *in Mélanges P. Hébraud*, 1981 ; P.-Y. Gautier, « "Bien-aimée" responsabilité civile : exercice de controverse doctrinale sur le thème de la publicité foncière », *in Mélanges M. Gobert*, Economica, 2004 ; M. Gobert, « La publicité foncière française, cette mal aimée », *in Mélanges J. Flour*, Defrénois, 1979 ; I. Takizawa, « La publicité foncière française : le pourquoi de sa difficulté », *in Mélanges M. Gobert*, Economica, 2004 ; I. Takisawa, « Les problèmes jurisprudentiels de la publicité foncière française », *in Mélanges Ph. Simler*, Dalloz, 2006, p. 829 s.

procéder d'office (C. civ., art. 2426, al. 2, anc. art. 2146), c'est le notaire du créancier, ou une autre personne mandatée par lui, qui doit déposer au fichier immobilier une *expédition*, c'est-à-dire une copie certifiée, délivrée par le notaire, de l'acte constitutif d'hypothèque. Le notaire remplit alors un bordereau en deux exemplaires (C. civ., art. 2428, anc. art. 2148) : l'un est inséré dans le registre des inscriptions et l'autre est restitué au créancier pour valoir preuve de son inscription.

1068. Conformément au ***principe de spécialité***, ces bordereaux doivent désigner l'immeuble grevé d'hypothèque, le titre qui est la cause de l'inscription, la créance garantie et ses accessoires [1]. Au stade de l'inscription de l'hypothèque, l'exigence de spécialité est indispensable afin que les tiers puissent connaître l'étendue de la créance garantie dans son principal et ses accessoires.

Les bordereaux doivent en outre mentionner la publication préalable du titre du propriétaire de l'immeuble grevé (Décr. n° 55-1350, art. 55, 2, 6° [2]), en raison du ***principe de l'effet relatif de la publicité foncière*** (C. civ., art. 2427, al. 1er, anc. art. 2147) empêchant la publication d'un droit réel sur un immeuble à l'égard duquel le constituant n'a pas lui-même publié son droit. Le but est d'organiser une publicité complète des droits réels affectant l'immeuble, aux fins d'éviter des lacunes dans la chaîne des titulaires successifs d'un droit réel sur le même immeuble, et de donner une information complète sur tous les actes de constitution d'hypothèque ou de vente qui ont été réalisés au cours du temps.

Traditionnellement, la responsabilité personnelle du conservateur des hypothèques pouvait être engagée, par exemple s'il ne s'assurait pas de la concordance du document déposé et des documents publiés antérieurement ou s'il procédait à l'inscription d'une hypothèque constituée par l'ancien propriétaire du bien visé, autrement dit s'il ne vérifiait pas que le constituant de l'hypothèque et le titulaire actuel du droit de propriété sur l'immeuble étaient bien une même personne [3] ou encore s'il délivrait un état hypothécaire ne portant pas mention d'une hypothèque [4]. Ce régime dérogatoire [5] a été supprimé par l'ordonnance du 10 juin 2010, entrée en vigueur le 1er janvier 2013. Désormais, la responsabilité de l'État est substituée à celle des services chargés de la publicité foncière, dans les conditions prévues par l'article 2450 du Code civil et le décret n° 2012-1462 du 26 décembre 2012. Il y est notamment prévu que le tribunal de grande instance de Paris est seul compétent pour connaître des actions intentées sur ce fondement.

1069. ***Moment de la publicité***. En principe, l'inscription peut être prise *à tout moment* [6]. Le créancier a intérêt, cependant, à y procéder le plus rapidement possible, puisque, selon

---

1. Chaque bordereau comporte des énonciations énumérées par l'article 55 du décret n° 55-1350 du 14 octobre 1955, tel qu'il a été modifié par le décret n° 2012-1462 du 26 décembre 2012 pris pour l'application de l'ordonnance n° 2010-638 du 10 juin 2010. Antérieurement, ces énonciations étaient prévues par l'article 2428 du Code civil (anc. art. 2148).

2. Cette disposition impose l'indication de la date, du volume et du numéro sous lequel a été publié le titre de propriété du débiteur (ou du propriétaire s'il n'est pas le débiteur) lorsque ce titre est postérieur au 1er janvier 1956.

3. Civ. 3e, 12 juin 1996, *Bull. civ.* III, n° 145.

4. Civ. 3e, 6 nov. 2013, inédit, n° 12-25678, ayant retenu la responsabilité du conservateur des hypothèques, dont la faute avait fait perdre à un créancier le bénéfice d'une sûreté. La Cour de cassation a cependant reconnu que le conservateur, condamné à payer le montant de la créance, est légalement subrogé dans les droits et actions de ce créancier contre celui dont il a éteint la dette.

5. Depuis l'arrêt *Pelletier* rendu par le Tribunal des conflits le 30 juillet 1873 (*Lebon* 117), lorsqu'un dommage est causé par une faute de service commise par un fonctionnaire, c'est la responsabilité de la puissance publique qui est en principe engagée, et non celle de l'agent lui-même.

6. Civ. 3e, 10 juill. 2002, *Bull. civ.* III, n° 167.

l'article 2425 du Code civil (anc. art. 2134), la date d'inscription de l'hypothèque est constitutive de son rang[1] et détermine donc l'efficacité de la sûreté. Par exception, *quatre événements interrompent le cours des inscriptions* dans l'intérêt des tiers (acquéreur de l'immeuble, héritier du constituant, créancier saisissant l'immeuble, créanciers du constituant soumis à une procédure d'insolvabilité).

1070. Il s'agit, en premier lieu, de la *publication de l'aliénation de l'immeuble* réalisée par le constituant au profit d'un tiers (C. civ., art. 2427, al. 1er, anc. art. 2147)[2]. Si le créancier hypothécaire a fait inscrire son droit avant cette publication, le bien est vendu grevé de l'hypothèque[3], puisque le créancier hypothécaire bénéficie du droit de suite. À l'inverse, si le créancier hypothécaire a négligé d'inscrire son hypothèque, la publication de la vente de l'immeuble arrête définitivement le cours des inscriptions intervenant du chef du vendeur. L'hypothèque ne peut plus être inscrite et est alors privée d'efficacité. Cette règle vise à protéger le tiers acquéreur d'un immeuble, qui doit pouvoir se fier à la publicité foncière lorsqu'elle révèle, au moment de la conclusion de la vente, que le bien acheté n'est pas hypothéqué.

1071. En deuxième lieu, c'est le décès du constituant qui est susceptible d'empêcher l'inscription d'une hypothèque née de son chef. Il en va ainsi, plus précisément, lorsque sa succession est acceptée, non pas purement et simplement, mais à concurrence de l'actif net (C. civ., art. 2427, al. 2). La raison en est qu'en cas d'*acceptation d'une succession à concurrence de l'actif net*, c'est-à-dire lorsqu'existent de fortes suspicions relativement à la solvabilité de la succession, il est procédé à une sorte de procédure collective de paiement des créanciers successoraux imposant le gel du patrimoine successoral dans l'état où il se trouvait au moment du décès[4].

1072. Le cours des inscriptions est interrompu, en troisième lieu, par la *publication d'un commandement valant saisie immobilière* (C. civ., art. 2427, al. 3), car cette publication prive le constituant du droit de disposer de l'immeuble et donc de la possibilité de constituer des droits réels sur celui-ci.

1073. En quatrième et dernier lieu, l'hypothèque ne peut plus être inscrite postérieurement à *l'ouverture d'une procédure collective professionnelle* (C. com., art. L. 622-30) *ou de surendettement* (art. 2427, al. 3)[5].

---

1. La règle de classement de l'article 2425 du Code civil ne joue pas lorsque deux inscriptions hypothécaires ont été prises le même jour sur un même immeuble, et que les biens du débiteur sont insuffisants pour remplir leurs titulaires de leurs droits. La répartition des deniers du débiteur se fait alors par contribution, c'est-à-dire à proportion du montant des créances (Com. 5 mai 2015, n° 14-17941, à paraître au *Bulletin*).

La prise de rang prévue par l'article 2425 du Code civil ne saurait non plus permettre à un même créancier, qui détient plusieurs créances à l'encontre du propriétaire de l'immeuble, de contourner les dispositions de l'article 1256 du Code civil et de déterminer, à la place du débiteur, la dette que ce dernier a le plus intérêt d'acquitter. Ainsi, en présence de deux prêts, chacun garanti par une hypothèque et un seul des deux par un cautionnement, le paiement partiel s'impute sur la dette cautionnée, peu important l'ordre des inscriptions prises sur l'immeuble (Civ. 3e, 12 juin 2014, *Bull. civ.* III, n° 82).

2. C'est la date de publication de la mutation qui doit être prise en compte dans l'application de l'article 2147 du Code civil (C. civ., nouv. art. 2427), et non la date de la vente (Civ. 3e, 1er mars 2006, inédit, n° 04-20253).
3. Quand bien même le contrat de vente aurait-il une date antérieure à la date du contrat d'hypothèque.
4. Cf. V. Brémond, « La nouvelle acceptation à concurrence de l'actif net », *JCP N* 2006. 1331.
5. V. ss 1262, 1263.

1074. ***Réduction de l'inscription***. Pour les hypothèques légales (C. civ., art. 2401) et celles attachées aux jugements de condamnation (C. civ., art. 2412), le débiteur peut demander la réduction de l'assiette de l'hypothèque si l'inscription est *excessive*, c'est-à-dire lorsque la valeur du droit hypothéqué est disproportionnée par rapport au montant de la dette garantie[1]. Aux termes de l'article 2444, alinéa 2, du Code civil (anc. art. 2161), « sont réputées excessives les inscriptions qui grèvent plusieurs immeubles lorsque la valeur d'un seul ou de quelques-uns d'entre eux excède une somme égale au double du montant des créances en capital et accessoires légaux, augmenté du tiers de ce montant ».

À l'égard des hypothèques conventionnelles, le champ de la réduction est bien plus étroit : selon l'article 2445 du Code civil (anc. art. 2162), ne peuvent être réduites que « les inscriptions (sous-entendu excessives) prises d'après l'évaluation faite par le créancier des créances conditionnelles, éventuelles ou indéterminées dont le montant n'a pas été réglé par la convention ».

> **C. civ., art. 2444.** – Lorsque les inscriptions prises en vertu des articles 2401 et 2412 sont excessives, le débiteur peut demander leur réduction en se conformant aux règles de compétence établies dans l'article 2442.
> Sont réputées excessives les inscriptions qui grèvent plusieurs immeubles lorsque la valeur d'un seul ou de quelques-uns d'entre eux excède une somme égale au double du montant des créances en capital et accessoires légaux, augmenté du tiers de ce montant.
> **C. civ., art. 2445.** – Peuvent aussi être réduites comme excessives les inscriptions prises d'après l'évaluation faite par le créancier des créances conditionnelles, éventuelles ou indéterminées dont le montant n'a pas été réglé par la convention.
> L'excès, dans ce cas, est arbitré par les juges d'après les circonstances, les probabilités et les présomptions de fait, de manière à concilier les droits du créancier avec l'intérêt du crédit à conserver au débiteur, sans préjudice des nouvelles inscriptions à prendre avec hypothèque du jour de leur date, lorsque l'événement aura porté les créances indéterminées à une somme plus forte.

§ 2. Effets de l'hypothèque

L'hypothèque met en scène plusieurs rapports juridiques.

En premier lieu, une relation entre le créancier hypothécaire et le constituant, dans laquelle celui-ci, débiteur ou tiers garant, se voit reconnaître des droits et imposer des obligations (A).

En deuxième lieu, des rapports entre le créancier hypothécaire et les autres créanciers du débiteur, qui peuvent être amenés à pâtir du droit de préférence du premier (B).

Enfin, une relation entre le créancier hypothécaire et un éventuel tiers détenteur de l'immeuble grevé, qui peut subir le droit de suite du créancier (C).

A. Rapports entre le créancier hypothécaire et le constituant

L'hypothèque présente l'intérêt essentiel, pour le constituant, de tirer crédit de son immeuble (pour lui-même ou au profit d'un débiteur principal), sans s'en déposséder. Sa marge de manœuvre est de ce fait très large tant que le créancier ne subit aucun impayé (1°).

---

1. Cf. P. Crocq, « Sûretés et proportionnalité », *in Mélanges Ph. Simler*, Dalloz-Litec, 2006, p. 291 s. ; A. Gallois, « Quelle proportionnalité pour les sûretés réelles ? », *D.* 2010. 335 ; S. Piedelièvre, « La réduction des inscriptions hypothécaires excessives », *Defrénois* 2000, art. 37190.

Au contraire, le défaut de paiement de la dette garantie conduit à la réalisation de l'hypothèque et au dessaisissement du constituant de toutes ses prérogatives sur son bien (2°).

1° Avant la réalisation de l'hypothèque

Le constituant d'une hypothèque conserve la maîtrise totale du ou des biens grevés : comme tout propriétaire, il peut en user, en jouir et en disposer. L'exercice de ces prérogatives ne doit cependant pas entamer les droits du créancier hypothécaire sur la valeur du ou des immeubles affectés en garantie. Dans ces conditions, il importe de préciser quels sont les droits que le constituant peut valablement exercer avant la réalisation de l'hypothèque.

1075. ***Droit d'administration.*** Après l'inscription de l'hypothèque, le constituant peut consentir à des actes d'administration, en particulier donner à *bail* l'immeuble grevé. Mais le bail d'une durée supérieure à douze ans, qui doit être obligatoirement publié au fichier immobilier (Décr. du 4 janv. 1955, art. 28, 1°, b), n'est pas opposable au créancier pour la durée supérieure aux douze premières années [1].

S'agissant des baux constitués avant l'inscription de l'hypothèque, ils sont opposables pour toute leur durée s'ils ont été publiés.

1076. ***Droit de jouissance.*** Le constituant perçoit les *fruits et revenus* de l'immeuble hypothéqué. En revanche, il ne peut pas toujours les céder librement : la *cession de loyers* correspondant à moins de trois annuités est toujours opposable au créancier hypothécaire, qu'elle ait été signifiée avant ou après l'inscription de l'hypothèque ; la cession de loyers de plus de trois annuités, parce qu'elle constitue un acte d'administration grave, proche d'un acte de disposition, n'est intégralement opposable que si sa publication est antérieure à l'inscription de l'hypothèque ; dans le cas contraire, elle n'est opposable que dans la limite des trois ans.

1077. ***Droit de disposition.*** Rien n'interdit au constituant de disposer des biens objets de la sûreté. Il peut, par exemple, aliéner ces biens, ou les grever d'autres droits réels [2]. Le créancier hypothécaire n'a rien à craindre de ces actes, puisqu'ils lui sont inopposables dès l'instant où ils sont postérieurs à son inscription (Décr. 4 janv. 1955, art. 30, 1°). Le constituant peut, également, grever le bien de nouvelles hypothèques qui ne représentent pas une menace pour le créancier hypothécaire déjà inscrit puisque les hypothèques subséquentes seront d'un rang inférieur.

2° La réalisation de l'hypothèque

Le créancier hypothécaire qui n'est pas payé à l'échéance peut procéder à la réalisation de l'hypothèque [3]. Avant la réforme de 2006, il ne pouvait recouvrer sa créance qu'en engageant une procédure de saisie immobilière, pour faire vendre l'immeuble aux enchères et

---

1. Cass., Req., 8 avr. 1863, *DP* 63. 1. 411.
2. Civ. 3e, 18 juin 2008, *Bull. civ.* III, n° 109 : « l'existence d'un privilège ou d'une hypothèque sur un immeuble ne fait obstacle ni à sa vente ni à l'inscription d'une nouvelle sûreté réelle sur ce bien ».
3. Le créancier hypothécaire doit, en priorité, réaliser ses droits sur les immeubles hypothéqués. Il ne pourra saisir les immeubles qui ne le sont pas que dans le cas où cette réalisation ne lui aura pas permis d'être rempli de ses droits. Cette règle, formulée par l'article L. 311-5, alinéa 2 du Code des procédures civiles d'exécution (anc. C. civ., art. 2192), constitue une forme de *subsidiarité* appliquée aux

exercer son droit de préférence sur le prix de vente (a). L'ordonnance du 23 mars 2006 a ouvert au créancier hypothécaire deux autres modes de réalisation : l'attribution judiciaire de l'immeuble grevé (b) et l'attribution conventionnelle par mise en œuvre d'un pacte commissoire (c), qui emportent toutes deux transfert de la propriété de l'immeuble hypothéqué au créancier, en paiement de sa créance. L'objectif recherché par les pouvoirs publics a été de favoriser le crédit hypothécaire afin de peser sur la relance de la consommation.

a) Vente de l'immeuble hypothéqué

C. pr. exéc., art. L. 311-1. – La saisie immobilière tend à la vente forcée de l'immeuble du débiteur ou, le cas échéant, du tiers détenteur en vue de la distribution de son prix.
C. pr. exéc., art. L. 311-2. – Tout créancier muni d'un titre exécutoire constatant une créance liquide et exigible peut procéder à une saisie immobilière dans les conditions fixées par le présent livre et par les dispositions qui ne lui sont pas contraires du livre Ier.
C. pr. exéc., art. L. 311-3. – Est nulle toute convention portant qu'à défaut d'exécution des engagements pris envers lui, le créancier peut faire vendre les immeubles de son débiteur en dehors des formes prescrites pour la saisie immobilière.
C. pr. exéc., art. L. 311-4. – Lorsque la poursuite est engagée en vertu d'une décision de justice exécutoire par provision, la vente forcée ne peut intervenir qu'après une décision définitive passée en force de chose jugée.
Toutefois, pendant le délai de l'opposition, aucune poursuite ne peut être engagée en vertu d'une décision rendue par défaut.
C. pr. exéc., art. L. 311-5. – Le créancier qui a procédé à la saisie d'un immeuble de son débiteur ne peut engager une nouvelle procédure de saisie sur un autre bien immobilier de celui-ci que dans le cas d'insuffisance du bien déjà saisi.
Le créancier ne peut saisir les immeubles qui ne sont pas hypothéqués en sa faveur que dans le cas où l'hypothèque dont il bénéficie ne lui permet pas d'être rempli de ses droits.
C. pr. exéc., art. L. 311-6. – Sauf dispositions législatives particulières, la saisie immobilière peut porter sur tous les droits réels afférents aux immeubles, y compris leurs accessoires réputés immeubles, susceptibles de faire l'objet d'une cession.
C. pr. exéc., art. L. 311-7. – La saisie des immeubles communs est poursuivie contre les deux époux.
C. pr. exéc., art. L. 311-8. – Les immeubles d'un mineur, même émancipé, ou d'un majeur en curatelle ou en tutelle ne peuvent être saisis avant la discussion de leurs meubles.

---

immeubles. Ce texte ne joue pas lorsque le créancier est titulaire de deux sûretés (par exemple, un privilège du prêteur de deniers et une hypothèque judiciaire définitive) et qu'il ne cherche pas à saisir un immeuble non grevé ; il a alors une liberté totale de choix (Civ. 2e, 10 juin 2010, inédit, n° 09-12565).

La liberté de réalisation se trouve en revanche restreinte par d'autres textes. D'abord, l'article L. 111-7 du Code des procédures civiles d'exécution (ancien article 22 de la loi du 9 juillet 1991), selon lequel les mesures d'exécution ne peuvent excéder ce qui se révèle nécessaire pour obtenir le paiement de l'obligation. Ensuite, l'article L. 311-5, alinéa 1er, du Code des procédures civiles d'exécution, qui fait une application particulière du principe de *proportionnalité* inscrit dans l'article L. 111-7 précité en cas de pluralité de saisies immobilières par le même créancier : le créancier, qui a déjà saisi un bien immobilier du débiteur, ne peut initier la saisie d'un autre bien immobilier, que dans le cas d'insuffisance du bien déjà saisi. Comme on ne peut connaître la valeur du bien saisi qu'en attendant le résultat de l'adjudication, l'article L. 311-5, alinéa 1er, interdit, en pratique, d'entreprendre simultanément plusieurs saisies immobilières. La liberté de réalisation peut encore être limitée sur le fondement de l'article L. 321-6 du Code des procédures civiles d'exécution (anc. C. civ., art. 2196), qui permet au débiteur, en cas de saisie simultanée de plusieurs de ses immeubles, de solliciter le cantonnement de la saisie à un ou plusieurs biens ou sa conversion partielle en hypothèque. Enfin, une dernière restriction procède de l'article L. 311-8 du Code des procédures civiles d'exécution (anc. C. civ., art. 2197), qui renferme une exigence de subsidiarité à l'égard des immeubles d'un mineur ou d'un majeur sous tutelle ou curatelle, qui ne peuvent faire l'objet d'une saisie qu'après de vaines poursuites à l'encontre des biens mobiliers (sur ce texte, cf. M. Bourassin, « Les sûretés sur le logement du majeur protégé », *RTD civ.* 2011. 433 s.).

Toutefois, la discussion des meubles n'est pas requise avant la saisie des immeubles indivis entre un majeur et un mineur ou un majeur en curatelle ou en tutelle, si la dette leur est commune. Elle ne l'est pas non plus dans le cas où les poursuites ont commencé alors que le majeur n'était pas encore placé sous curatelle ou sous tutelle.

C. pr. exéc., art. L. 321-1. – Le créancier saisit l'immeuble par acte signifié au débiteur ou au tiers détenteur.

C. pr. exéc., art. L. 321-2. – L'acte de saisie rend l'immeuble indisponible et restreint les droits de jouissance et d'administration du saisi.

Celui-ci ne peut ni aliéner le bien ni le grever de droits réels sous réserve des dispositions de l'article L. 322-1.

À moins que le bien soit loué, le saisi en est constitué séquestre sauf à ce que les circonstances justifient la désignation d'un tiers ou l'expulsion du débiteur pour cause grave.

C. pr. exéc., art. L. 321-3. – L'acte de saisie d'un immeuble emporte saisie de ses fruits, sauf l'effet d'une saisie antérieure.

C. pr. exéc., art. L. 321-4. – Les baux consentis par le débiteur après l'acte de saisie sont, quelle que soit leur durée, inopposables au créancier poursuivant comme à l'acquéreur.

La preuve de l'antériorité du bail peut être faite par tout moyen.

C. pr. exéc., art. L. 321-5. – La saisie immobilière est opposable aux tiers à partir de sa publication au fichier immobilier.

Les aliénations non publiées ou publiées postérieurement et qui n'ont pas été faites dans les conditions prévues à l'article L. 322-1 sont inopposables au créancier poursuivant comme à l'acquéreur, sauf consignation auprès de la Caisse des dépôts et consignations d'une somme suffisante pour acquitter en principal, intérêts et frais, ce qui est dû aux créanciers inscrits ainsi qu'au créancier poursuivant ; la somme ainsi consignée leur est affectée spécialement.

Sont pareillement inopposables les inscriptions du chef du saisi qui n'ont pas été prises antérieurement à la publication de la saisie, sous réserve du droit pour le vendeur, le prêteur de deniers pour l'acquisition et le copartageant d'inscrire, dans les délais prévus par les articles 2379 à 2381 du Code civil, le privilège qui leur est conféré par l'article 2374 du même code.

C. pr. exéc., art. L. 321-6. – En cas de saisies simultanées de plusieurs de ses immeubles, le débiteur peut demander au juge le cantonnement de celles-ci.

Il peut également solliciter du juge une conversion partielle des saisies en hypothèque sur certains de ses immeubles qui prendra rang au jour de la publication de la saisie, sous réserve de l'inscription de la sûreté dans le mois de la notification de la décision.

C. pr. exéc., art. L. 322-1. – Les biens sont vendus soit à l'amiable sur autorisation judiciaire, soit par adjudication.

C. pr. exéc., art. L. 322-2. – L'huissier de justice instrumentaire peut pénétrer dans les lieux et, le cas échéant, faire procéder à l'ouverture des portes et des meubles, afin de décrire l'immeuble saisi.

En l'absence de l'occupant du local ou si ce dernier en refuse l'accès, l'huissier de justice procède comme il est dit aux articles L. 142-1 et L. 142-2. Lorsque les lieux sont occupés par un tiers en vertu d'un droit opposable au débiteur, l'huissier de justice ne peut y pénétrer que sur autorisation préalable du juge de l'exécution, à défaut d'accord de l'occupant.

C. pr. exéc., art. L. 322-3. – La vente amiable sur autorisation judiciaire produit les effets d'une vente volontaire. Elle ne peut pas donner lieu à rescision pour lésion.

C. pr. exéc., art. L. 322-4. – L'acte notarié de vente n'est établi que sur consignation du prix et des frais de la vente auprès de la Caisse des dépôts et consignations et justification du paiement des frais taxés.

C. pr. exéc., art. L. 322-5. – L'adjudication de l'immeuble a lieu aux enchères publiques à l'audience du juge.

C. pr. exéc., art. L. 322-6. – Le montant de la mise à prix est fixé par le créancier poursuivant. À défaut d'enchère, celui-ci est déclaré adjudicataire d'office à ce montant.

Le débiteur peut, en cas d'insuffisance manifeste du montant de la mise à prix, saisir le juge afin de voir fixer une mise à prix en rapport avec la valeur vénale de l'immeuble et les conditions du marché. Toutefois, à défaut d'enchère, le poursuivant ne peut être déclaré adjudicataire que pour la mise à prix initiale.

C. pr. exéc., art. L. 322-7. – Sous réserve des incapacités tenant aux fonctions qu'elle exerce, toute personne peut se porter enchérisseur si elle justifie de garanties de paiement.
C. pr. exéc., art. L. 322-8. – L'adjudication ne peut donner lieu à déclaration de command.
C. pr. exéc., art. L. 322-9. – L'adjudicataire verse le prix sur un compte séquestre ou le consigne auprès de la Caisse des dépôts et consignations et paye les frais de la vente.
Il ne peut, avant le versement ou la consignation et le paiement, accomplir un acte de disposition sur le bien à l'exception de la constitution d'une hypothèque accessoire à un contrat de prêt destiné à financer l'acquisition de ce bien.
C. pr. exéc., art. L. 322-10. – L'adjudication emporte vente forcée du bien saisi et en transmet la propriété à l'adjudicataire.
Elle ne confère à celui-ci d'autres droits que ceux appartenant au saisi. Ce dernier est tenu, à l'égard de l'adjudicataire, à la délivrance du bien et à la garantie d'éviction.
C. pr. exéc., art. L. 322-11. – Le titre de vente n'est délivré à l'adjudicataire que sur justification du paiement des frais taxés.
C. pr. exéc., art. L. 322-12. – À défaut de versement du prix ou de sa consignation et de paiement des frais, la vente est résolue de plein droit.
L'adjudicataire défaillant est tenu au paiement de la différence entre son enchère et le prix de la revente, si celui-ci est moindre. Il ne peut prétendre à la répétition des sommes qu'il a acquittées.
C. pr. exéc., art. L. 322-13. – Le jugement d'adjudication constitue un titre d'expulsion à l'encontre du saisi.
C. pr. exéc., art. L. 322-14. – Le versement du prix ou sa consignation et le paiement des frais de la vente purgent de plein droit l'immeuble de toute hypothèque et de tout privilège du chef du débiteur à compter de la publication du titre de vente.
C. pr. exéc., art. L. 331-1. – Seuls sont admis à faire valoir leurs droits sur le prix de la vente le créancier poursuivant, les créanciers inscrits sur l'immeuble saisi à la date de la publication du commandement de payer valant saisie, les créanciers inscrits sur l'immeuble avant la publication du titre de vente et qui sont intervenus dans la procédure ainsi que les créanciers énumérés au 1° *bis* de l'article 2374 et à l'article 2375 du Code civil.
C. pr. exéc., art. L. 331-2. – Les créanciers sommés de déclarer leur créance et qui ont omis de le faire sont déchus du bénéfice de leur sûreté pour la distribution du prix de vente de l'immeuble.
C. pr. exéc., art. L. 334-1. – Si la distribution du prix n'est pas intervenue dans un délai fixé par voie réglementaire, son versement ou sa consignation produit, à l'égard du débiteur, tous les effets d'un paiement à hauteur de la part du prix de vente qui sera remise aux créanciers après la distribution.

1078. ***La procédure de saisie immobilière.*** Le créancier qui entend réaliser son hypothèque au moyen d'une vente doit engager une procédure de saisie immobilière. Cette procédure[1] a été réformée par l'ordonnance n° 2006-461 du 21 avril 2006 et ses décrets d'application[2], avec pour principaux objectifs de « simplifier les procédures civiles

1. Pour le détail de cette nouvelle procédure, cf. not. J.-J. Bourdiallat, « Les conditions de la saisie », *D.* 2007, dossier p. 235 s. ; H. Croze et C. Laporte, « Réforme de la saisie immobilière. À propos de l'ordonnance du 21 avril 2006 », *JCP* 2006. 1035 ; H. Croze et C. Laporte, « Décret du 27 juillet 2006 relatif aux procédures de saisie immobilière et de distribution du prix d'un immeuble », *JCP* 2006. 1874 ; A. Leborgne, « Les formalités et actes préparatoires », *D.* 2007, dossier p. 238 s. ; A. Leborgne, « La vente forcée », *D.* 2007, dossier p. 249 s. ; F.-J. Pansier, « La vente amiable », *D.* 2007, dossier p. 246 s. ; F. Pommier, « Saisie immobilière : l'achèvement de la réforme (à propos du décret n° 2009-160 du 12 février 2009) », *LPA* 6 avr. 2009, p. 3.

2. D'abord inscrits dans les articles 2191 à 2216 du Code civil, les nouveaux textes régissant la saisie immobilière figurent, depuis l'ordonnance n° 2011-1895 du 19 décembre 2011 et le décret n° 2012-783 du 30 mai 2012, entrés en vigueur le 1er juin 2012, dans le Livre III du Code des procédures civiles d'exécution ; cf. not. C. Laporte, « Codification à droit constant dans la saisie immobilière ? », *JCP* 2012, n° 27, p. 1306 ; F. de la Vaissière, « Codification des procédures civiles d'exécution : acte I », *AJDI* 2012, n° 3, p. 186.

d'exécution immobilière et les rapprocher des procédures civiles d'exécution mobilières, renforcer le contrôle du juge et favoriser la vente amiable »[1].

1079. Pour engager la procédure de saisie, le créancier hypothécaire n'a pas besoin d'obtenir au préalable un *titre exécutoire*, puisque l'acte notarié constitutif d'hypothèque représente déjà un tel titre (C. pr. exéc., art. L. 111-3, 4°).

La procédure de saisie immobilière commence dès lors par un *commandement de payer* adressé au débiteur et publié au fichier immobilier dans les deux mois de sa signification. Dès cette publication, le commandement rend l'immeuble indisponible et est opposable aux tiers (C. pr. exéc., art. L. 321-2 et L. 321-5).

S'en suivent divers *actes préparatoires à la vente* : procès-verbal de description ; assignations à comparaître à l'audience d'orientation, tant du débiteur que des créanciers inscrits ; dépôt au greffe du tribunal du lieu de situation de l'immeuble d'un cahier des conditions de vente (avant la réforme de 2006, il s'agissait d'un cahier des charges) ; déclarations de créances.

Se tient ensuite une *audience d'orientation* (forme rénovée de l'audience éventuelle), particulièrement importante, puisque c'est à cette occasion que le juge de l'exécution règle les contestations et incidents antérieurs. Par exemple, il peut fixer la créance du poursuivant et déterminer « les modalités de poursuite de la procédure, en autorisant la vente amiable à la demande du débiteur ou en ordonnant la vente forcée » (C. pr. exéc., art. R. 322-15). L'une des innovations majeures de la réforme de la procédure de saisie immobilière réside, en effet, dans l'option ouverte par l'article L. 322-1 du Code des procédures civiles d'exécutions (C. civ., anc. art. 2201) entre la vente amiable sur autorisation judiciaire et la vente par adjudication[2].

Si le juge de l'exécution fait droit à la demande de *vente amiable*, la procédure de saisie immobilière se trouve suspendue. Le juge doit alors fixer le montant minimum du prix de vente amiable eu égard aux « conditions économiques du marché ainsi que, le cas échéant, les conditions particulières de la vente » (C. pr. exéc., art. R. 322-21)[3]. C'est ensuite sur le débiteur que pèse l'obligation d'accomplir les diligences nécessaires à la conclusion de la vente amiable. En cas de carence de sa part, le créancier peut demander la reprise de la procédure de vente forcée.

1080. La *vente forcée* constitue une vente aux *enchères publiques*. Le montant de la *mise à prix* est fixé par le créancier poursuivant (C. pr. exéc., art. L. 322-6, al. 1er). Si le débiteur estime que ce montant est manifestement insuffisant, il peut saisir le juge de

1. Article 24 de la loi d'habilitation n° 2005-842 du 26 juillet 2005.

2. Avant la réforme, la seule issue de la saisie immobilière était l'adjudication du bien aux enchères publiques, qui présente un inconvénient majeur pour le saisi, celui de voir son bien vendu à vil prix. Un rapport de 2004 (« L'hypothèque et le crédit hypothécaire », La documentation française, nov. 2004), fondé sur des données de plusieurs conservations d'hypothèques, est tout à fait éloquent à cet égard : un quart des adjudicataires revendraient le bien moins de deux ans après l'avoir acquis, moyennant un prix en moyenne majoré de 70 % par rapport au prix d'acquisition.

Pour d'autres avantages de la vente amiable, cf. J.-L. Puygauthier, « L'intérêt de la vente amiable réalisée dans le cadre d'une saisie immobilière pour la pratique notariale », *JCP N* 2013, n° 30-34, p. 31 ; M. Roger-Carel, « Créanciers institutionnels et professionnels : ne craignez plus les saisies immobilières ! », *AJDI* 2012, n° 11, p. 743.

3. Comme la vente amiable emporte l'extinction automatique des inscriptions, sans possibilité de purge, ni d'appel (Décr. du 27 juill. 2006, art. 58), l'efficacité de l'hypothèque se trouve désormais soumise au prix de la vente amiable fixé par les juges de l'exécution. Il faut dès lors espérer que ceux-ci aient une bonne connaissance de l'état du marché immobilier.

l'exécution « afin de voir fixer une mise à prix en rapport avec la valeur vénale de l'immeuble et les conditions du marché » (C. pr. exéc., art. L. 322-6, al. 2). À défaut d'enchère, le créancier poursuivant est déclaré adjudicataire d'office de l'immeuble, au montant qu'il avait initialement fixé, même si le débiteur avait obtenu une augmentation de la mise à prix (C. pr. exéc., art. L. 322-6, al. 2)[1]. Tout intéressé peut former, par ministère d'avocat, une *surenchère* du dixième du prix principal de la vente dans les quinze jours de l'adjudication. En l'absence d'une telle surenchère et d'une *réitération des enchères* (dans l'hypothèse où l'adjudicataire ne paierait pas le prix ou les frais de la vente dans les deux mois de l'adjudication), l'adjudicataire doit faire publier son titre au fichier immobilier dans les deux mois du jugement, à peine de *revente sur « folle enchère »*, c'est-à-dire que « l'adjudicataire défaillant est tenu au paiement de la différence entre son enchère et le prix de la revente, si celui-ci est moindre » et qu'« il ne peut prétendre à la répétition des sommes qu'il a acquittées » (C. pr. exéc., art. L. 322-12).

1081. ***Les effets de la publication du jugement d'adjudication***. Deux effets considérables sont attachés à la publication du jugement d'adjudication. D'une part, le droit du créancier hypothécaire est transformé en un *droit préférentiel sur le prix d'adjudication*, droit qui va s'exercer contre l'adjudicataire. D'autre part, la publication du jugement d'adjudication *purge, de plein droit, les hypothèques et privilèges* qui frappaient l'immeuble du chef du constituant saisi (C. pr. exéc., art. L. 322-14). Cela signifie que les créanciers préférentiels perdent leur sûreté sur cet immeuble et qu'ils doivent donc se satisfaire du prix d'adjudication, ce qui ne permet pas toujours leur entier désintéressement.

1082. ***Les droits du constituant***. Dès que la procédure de saisie immobilière est engagée, les droits du constituant se trouvent entamés (C. pr. exéc., art. L. 321-2 et L. 321-4)[2]. D'abord, il ne peut rester en possession de l'immeuble jusqu'à la vente qu'en qualité de séquestre judiciaire. Ensuite, s'il continue à habiter l'immeuble sans payer d'indemnité, le créancier hypothécaire peut à tout moment demander son expulsion. Enfin, le constituant ne peut plus donner efficacement son immeuble à bail, ni l'aliéner, ni le grever de droits réels, en raison de l'indisponibilité résultant de la saisie.

1083. ***La clause de voie parée***. La procédure de saisie immobilière et les contraintes qu'elle comporte pour le créancier peuvent-elles être éludées ? La clause de voie parée[3], qui permettrait au créancier hypothécaire de vendre l'immeuble sans respecter la procédure de saisie immobilière, serait dangereuse pour le constituant et ses autres créanciers. Elle est pour cette raison interdite par l'article 2458 du Code civil et l'article L. 311-3 du Code des procédures civiles d'exécution (anc. C. civ., art. 2201, alinéa 2 ; anc. C. proc. civ., anc. art. 742). La jurisprudence a cependant limité la portée de cette prohibition en

---

1. Il s'agit d'éviter, dans ce cas, que le transfert de propriété ne soit imposé au créancier moyennant un prix auquel il n'aurait pas consenti. Ce dispositif respecte les exigences fixées par le Conseil constitutionnel dans sa décision du 29 juillet 1998 portant sur la loi d'orientation relative à la lutte contre les exclusions (Décis. n° 98-403 DC), à savoir le respect du « principe du libre consentement qui doit présider à l'acquisition de la propriété, indissociable de l'exercice du droit de disposer librement de son patrimoine », qui « est lui-même un attribut essentiel du droit de propriété » ; cf. Ph. Hoonakker, « Réflexions sur l'adjudication au poursuivant à défaut d'enchère », *in Mélanges Ph. Simler*, Dalloz, 2006, p. 867 s.

2. A. Leborgne, « La procédure de saisie immobilière est-elle respectueuse des droits fondamentaux des parties ? », *in Mélanges P. Julien*, Edilaix, 2003.

3. L'étymologie provient de « *parata* », qui donne l'image d'une voie préparée d'avance par le créancier pour la réalisation de son gage.

admettant que le débiteur puisse, à une époque postérieure à la conclusion de l'acte générateur de la dette, donner à son créancier le mandat de vendre l'immeuble dans un intérêt commun[1]. Cette jurisprudence ne paraît pas contredite par l'article 2458 du Code civil, qui interdit de déroger, dans « la convention d'hypothèque » elle-même, aux modalités de la vente prévues par le Code des procédures civiles d'exécution.

b) L'attribution judiciaire de l'immeuble hypothéqué

> **C. civ., art. 2458.** – À moins qu'il ne poursuive la vente du bien hypothéqué selon les modalités prévues par les lois sur les procédures civiles d'exécution, auxquelles la convention d'hypothèque ne peut déroger, le créancier hypothécaire impayé peut demander en justice que l'immeuble lui demeure en paiement. Cette faculté ne lui est toutefois pas offerte si l'immeuble constitue la résidence principale du débiteur.
> **C. civ., art. 2460.** – Dans les cas prévus aux deux articles précédents, l'immeuble doit être estimé par expert désigné à l'amiable ou judiciairement.
> Si sa valeur excède le montant de la dette garantie, le créancier doit au débiteur une somme égale à la différence ; s'il existe d'autres créanciers hypothécaires, il la consigne.

1084. La réforme du 23 mars 2006 a institué une alternative plus flexible à la procédure de saisie immobilière, pour favoriser le crédit hypothécaire. L'article 2458 du Code civil prévoit que le créancier, au lieu d'engager une procédure de saisie immobilière en cas de non-paiement, peut « demander en justice que l'immeuble lui demeurera en paiement ». L'attribution judiciaire[2], qui était jusqu'alors une procédure simplifiée propre au gage, constitue désormais un mode de réalisation commun à l'ensemble des sûretés réelles[3].

1085. ***Risques***. Si ce mode de réalisation simplifié est longtemps resté absent en matière hypothécaire, c'est sans doute parce qu'il y rencontre des obstacles : historiquement, l'aura de l'immeuble au sein de l'actif patrimonial est particulièrement forte, en raison de sa valeur, tant économique que sentimentale ; par ailleurs, l'évaluation d'un immeuble peut soulever des difficultés. L'attribution judiciaire de l'immeuble hypothéqué engendre en outre des craintes : celle de l'enrichissement indu du créancier hypothécaire et de l'appauvrissement corrélatif du constituant et de ses autres créanciers ; la crainte que l'attribution en pleine propriété ne favorise les reventes, par les créanciers institutionnels, de biens immobiliers sur des marchés parallèles[4]. Ces dangers peuvent sembler d'autant plus prégnants que le juge saisi d'une demande d'attribution a compétence liée, autrement dit l'attribution est de droit si l'hypothèque remplit toutes les conditions de fond et de forme imposées par la loi et que le créancier hypothécaire ne reçoit pas paiement de la créance garantie.

---

1. Civ. 25 mars 1903, *DP* 1904. 1. 273.

2. Sur la compétence juridictionnelle, en particulier celle du juge des référés, cf. P.-F. Cuif, *J.-Cl. Civ.*, art. 2458 à 2460, n° 38 ; P.-F. Cuif, « L'attribution judiciaire de l'immeuble hypothéqué : spécificité et efficacité », *RLDC* n° 69, 2010. 25.

3. Sur l'attribution judiciaire en matière de gage et de nantissement, v. ss 841, 908 ; en matière d'antichrèse, v. ss 1136.

À la suite de l'ordonnance du 23 mars 2006, le chapitre V relatif à « l'effet des privilèges et hypothèques » distinguait, dans deux sections, les dispositions particulières relatives aux hypothèques conventionnelles et les dispositions générales. La loi de ratification du 20 février 2007 a mis fin à cette subdivision en supprimant les deux sections. Par conséquent, l'attribution judiciaire concerne désormais l'ensemble des hypothèques (sur les hypothèques légales, v. ss 1142) et les privilèges immobiliers spéciaux (v. ss 1147).

4. En ce sens, cf. Ph. Delebecque, « Commentaire de l'ordonnance du 23 mars 2006 relative aux sûretés. Le régime des hypothèques », *JCP* 2006, suppl. au n° 20, p. 29 s.

1086. ***Encadrement***. Pour écarter ces risques, l'attribution judiciaire est entourée de garanties pour le constituant, mais aussi pour les autres créanciers, comme elle l'est également en matière de gage et de nantissement.

D'abord, l'attribution en propriété est en principe exclue lorsque l'immeuble hypothéqué constitue la *résidence principale* du débiteur (art. 2458, *in fine*). Plus que par l'attachement du débiteur à son bien, cette restriction se justifie par le lien étroit existant entre le logement d'habitation et la dignité du débiteur, à laquelle la mise en œuvre de l'hypothèque ne saurait porter atteinte.

Ensuite, pour éviter l'enrichissement du créancier hypothécaire, l'article 2460 du Code civil prévoit deux autres garde-fous : d'une part, l'immeuble doit être *estimé par expert*[1], désigné à l'amiable ou judiciairement ; d'autre part, si la valeur dégagée par l'expert excède le montant de la dette garantie, le créancier doit au débiteur une somme égale à *la différence* et, s'il existe d'autres créanciers hypothécaires, il doit consigner cette somme.

Au vu de ces contraintes, il est permis de se demander si l'attribution judiciaire emporte véritablement une simplification pour les créanciers[2] : les opérations d'expertise peuvent être longues, complexes et engendrer du contentieux ; le créancier peut devoir faire encore preuve de patience une fois l'immeuble attribué, le temps qu'il vende celui-ci.

1087. ***Effets***. La procédure d'attribution se termine par le transfert de propriété de l'immeuble. Le paiement du créancier prend ainsi la forme d'une dation.

Le bien est transmis dans l'état dans lequel il se trouve au moment de l'attribution. Il l'est avec ses charges, comme des servitudes actives et passives (C. civ., art. 2472, al. 1er) ; les contrats en cours dont l'immeuble peut être l'objet, tels un bail ou un contrat d'assurance, sont également transférés. Ce qui est très important, en pratique, c'est que l'immeuble est attribué au créancier grevé, le cas échéant, des hypothèques et privilèges existant au moment de la transmission. Il appartient alors au créancier attributaire d'obtenir l'extinction de ces sûretés, soit par le jeu de la purge[3], soit en désintéressant les autres créanciers privilégiés ou hypothécaires avec la soulte représentant l'excédent de valeur de l'immeuble par rapport au montant de sa propre créance[4].

L'attribution permet à son bénéficiaire, comme en matière de gage, d'échapper au concours sur le prix de vente de l'immeuble. Elle suscite pour cette raison deux questions importantes non envisagées par les textes, que la jurisprudence aura donc certainement à résoudre.

En premier lieu, afin que les règles relatives au classement des droits de préférence ne soient aisément contournées, l'attribution ne devrait-elle pas être réservée au créancier hypothécaire de premier rang ? Une comparaison avec la jurisprudence rendue au sujet

---

1. Le législateur ne précise pas la nature exacte de cette expertise et la doctrine est pour le moins divisée sur ce point (cf. P.-F. Cuif, *J.-Cl. Civ.*, art. 2458 à 2460, n° 53, et les références citées). Pour certains, l'expert visé par l'article 2460 du Code civil se rapprocherait de celui de l'article 1843-4 du même code, en matière de détermination de la valeur des droits sociaux, ou de celui de l'article 1592, relatif à la détermination du prix de vente. Il s'agirait alors d'un mandataire exerçant sa mission dans l'intérêt commun des deux parties et dont l'estimation lierait le juge. Pour d'autres, à l'inverse, l'expert de l'article 2460 ne donnerait qu'un avis, par définition non définitif, dont les termes pourraient être modifiés par le juge saisi d'une éventuelle contestation sur l'évaluation proposée.

2. En ce sens, cf. Ph. Delebecque, article préc. ; S. Piedelièvre, « Premier aperçu sur la réforme du droit des sûretés par l'ordonnance du 23 mars 2006 », *Defrénois* 2006, art. 38393, p. 791 s.

3. V. ss 1106 s.

4. Pour des exemples chiffrés, cf. P.-F. Cuif, *J.-Cl. Civ.*, art. 2458 à 2460, nos 56 s.

des sûretés mobilières permet d'en douter. En effet, en matière de nantissement de parts de société civile, les juges ont déjà admis que l'attribution judiciaire puisse être demandée par un créancier de second rang, dans la mesure où cette attribution est indépendante de l'ordre dans lequel s'exercent sur le prix de vente les différents privilèges [1]. La solution pourrait être étendue à l'attribution de l'immeuble hypothéqué, en tenant compte toutefois du droit de suite attaché aux hypothèques et privilèges des autres créanciers inscrits, comme il a été dit précédemment.

En second lieu, dans le cadre d'une procédure d'insolvabilité contre le débiteur, l'attribution judiciaire ne devrait-elle pas être paralysée, pour éviter que l'ordre des créanciers [2] ne soit bouleversé ? Elle pourrait l'être, pour l'essentiel, sur deux fondements : d'une part, l'article 2427 du Code civil, selon lequel, dans le cadre d'une procédure collective, l'inscription des hypothèques produit les effets réglés par les titres II, III et IV du livre VI du Code de commerce, puisque ces dispositions n'envisagent nullement la possibilité d'une telle attribution ; d'autre part, une interprétation *a pari* de l'article L. 622-7, I, alinéa 3, du Code de commerce, qui prohibe la réalisation du pacte commissoire, c'est-à-dire l'attribution conventionnelle de la propriété de l'immeuble grevé, après le jugement d'ouverture de la procédure. Cependant, deux arguments pourraient, au contraire, conforter l'efficacité de l'attribution judiciaire de l'immeuble hypothéqué : d'abord, aucun texte ne prohibe expressément cette attribution dans le droit des entreprises en difficulté, qui interdit le seul pacte commissoire ; ensuite, en matière de gage, l'attribution judiciaire est autorisée lors de la phase de liquidation judiciaire (C. com., art. L. 642-25) et la jurisprudence en fait même profiter les créanciers non rétenteurs [3].

c) Le pacte commissoire

C. civ., art. 2459. – Il peut être convenu dans la convention d'hypothèque que le créancier deviendra propriétaire de l'immeuble hypothéqué. Toutefois, cette clause est sans effet sur l'immeuble qui constitue la résidence principale du débiteur.

1088. ***Reconnaissance***. En matière d'hypothèque, avant l'ordonnance du 23 mars 2006, aucun texte n'interdisait expressément le pacte commissoire, c'est-à-dire la clause ou convention par laquelle le créancier devient propriétaire du bien affecté en garantie, faute de paiement à l'échéance, et sans contrôle judiciaire. Une large doctrine soutenait cependant *l'interdiction du pacte commissoire* en cette matière et ce, pour plusieurs raisons. D'abord, les justifications des anciens articles 2078 et 2088 du Code civil, qui prohibaient le pacte inscrit dans un gage ou une antichrèse, à savoir la protection du débiteur contre les pressions du créancier, existeraient pareillement dans le cadre d'une hypothèque. Ensuite, l'article 742 de l'ancien Code de procédure civile, qui prohibait la clause de voie parée, aurait dû *a fortiori* interdire les clauses jouant en amont de la procédure de saisie immobilière et tendant indirectement au même résultat. Enfin, le pacte commissoire serait contraire à l'essence de l'hypothèque, qui devrait uniquement conférer au créancier un droit sur la valeur du bien objet de la sûreté.

L'ordonnance du 23 mars 2006 n'a pas retenu ces divers arguments. En effet, comme l'article 2348 du Code civil au sujet du gage [4], l'article 2459 du Code civil autorise la

1. Com. 3 juin 2008, *Bull. civ.* IV, n° 114.
2. Sur cet ordre dans le contexte d'une procédure collective, v. ss 1293 s.
3. V. ss 1293, 1294.
4. V. ss 846.

stipulation d'un pacte commissoire au sein d'une hypothèque[1]. Aucune condition de forme n'est prévue. Il appartient dès lors au notaire d'éclairer ses clients sur les conséquences d'un tel pacte, ce qui alourdit son devoir de conseil. Le notaire doit également intervenir pour formaliser le transfert de propriété consécutif au pacte.

1089. ***Encadrement***. Le pacte commissoire est entouré des mêmes garanties que l'attribution judiciaire (C. civ., art. 2459 et 2460) : l'interdiction à l'égard de la résidence principale du débiteur[2], probablement si l'immeuble hypothéqué remplit cette fonction lors de la mise en œuvre du pacte[3] ; l'évaluation de la valeur de l'immeuble par un expert[4] ; l'obligation pour le créancier de verser au débiteur une soulte représentant l'excédent de la valeur de l'immeuble attribué.

Mais, comme le pacte commissoire est encore plus expéditif que l'attribution judiciaire, il fait l'objet d'un encadrement supplémentaire : il doit être *notarié*[5] et faire l'objet d'une *publicité* spécifique organisée par un décret du 19 mai 2008[6]. Dans la mesure où le pacte est inscrit au fichier immobilier, son existence peut être aisément connue des tiers, notamment d'un acquéreur de l'immeuble hypothéqué ou des autres créanciers du débiteur.

---

1. À la suite de l'ordonnance du 23 mars 2006, le chapitre V relatif à « l'effet des privilèges et hypothèques » distinguait, dans deux sections, les dispositions particulières relatives aux hypothèques conventionnelles et les dispositions générales. La loi de ratification du 20 février 2007 a mis fin à cette subdivision en supprimant les deux sections. Par conséquent, le pacte commissoire intéresse désormais l'ensemble des hypothèques (sur les hypothèques légales, v. ss 1142) et les privilèges immobiliers spéciaux (v. ss 1147).

2. Sauf dans le cadre d'un prêt viager hypothécaire. Un montage contractuel permet par ailleurs de contourner valablement la prohibition du pacte commissoire relatif à la résidence principale du débiteur. Il s'agit de garantir le prêt par une vente avec faculté de rachat (v. ss 660). Même si les deux actes sont concomitants, la requalification en pacte commissoire prohibé peut être évitée au vu des circonstances de l'espèce, en particulier si le prix de rachat du bien est proche de la valeur du marché immobilier, si le taux du prêt n'est pas usuraire et encore si les parties n'ont pas prévu que le vendeur resterait dans les lieux (Civ. 3e, 21 mai 2014, *Bull. civ.* III, n° 71).

3. Il est préférable de retenir cette date, plutôt que celle de la stipulation du pacte, c'est-à-dire, le plus souvent, celle de la constitution de l'hypothèque, non seulement par souci de symétrie avec l'attribution judiciaire, mais également dans le but d'assurer la meilleure protection au débiteur (en ce sens, D. Bazin-Beust, « Une analyse du pacte commissoire… ou prudence est mère de sûreté chez les financeurs ? », *LPA* 19 mai 2011, p. 50 ; Ph. Delebecque, « Le régime des hypothèques », *JCP* 2006. I. 8, n° 26).

4. On peut craindre qu'en pratique le choix de l'expert soit dicté par le seul créancier, s'il se trouve en position de force. Cependant, si la désignation de l'expert est opérée à l'avance, c'est-à-dire dans l'acte constitutif d'hypothèque lui-même, le notaire devra veiller à ce que les conditions d'intervention de l'expert ne soient pas manifestement contraires à l'exigence d'impartialité.

5. Dans la mesure où le pacte commissoire est nécessairement accessoire à la convention d'hypothèque, il doit être, comme elle, notarié. Le notaire devra donc exercer son devoir de conseil envers le constituant de l'hypothèque et l'informer précisément des conséquences de la clause.

6. Décret n° 2008-466 du 19 mai 2008 modifiant le régime de la publicité foncière et, plus particulièrement, la section I (inscriptions de privilège ou d'hypothèque) du chapitre 1er (publicité des privilèges et des hypothèques) du titre II (de la publicité des droits sur les immeubles) du décret n° 55-1350 du 14 octobre 1955 pour l'application du décret du 4 janvier 1955. Il complète les conditions de forme du bordereau d'inscription du privilège ou de l'hypothèque par la mention d'une « clause prévoyant que le créancier hypothécaire impayé deviendra propriétaire de l'immeuble hypothéqué ».

Ce décret laisse subsister une difficulté concernant les pactes qui auraient été inclus dans des hypothèques constituées après l'entrée en vigueur de l'ordonnance du 23 mars 2006, mais inscrites avant sa propre entrée en vigueur. En faveur de leur opposabilité, en raison de « l'opposabilité naturelle de tous les actes juridiques » en l'absence de texte exigeant expressément une publicité, cf. P. Crocq, *D.* 2008. 2104 s.

1090. ***Effets***. La mise en œuvre du pacte commissoire transfert au créancier la pleine propriété de l'immeuble [1]. Le *notaire*, qui devra nécessairement intervenir pour formaliser ce transfert (pour les besoins de la publicité foncière), devra vérifier au préalable que les conditions d'exécution du pacte sont bien réunies, c'est-à-dire que le créancier peut se prévaloir d'une créance exigible à la suite de la défaillance du débiteur. Il devra également s'assurer que l'expertise se déroule dans des conditions satisfaisantes, en particulier au regard de l'exigence d'impartialité de l'expert. Il établira ensuite l'acte de transfert, qui devra reprendre toutes les conditions de constitution et de réalisation de l'opération et qui devra, en outre, renfermer les clauses usuelles d'une vente immobilière traditionnelle. Le notaire devra veiller, ainsi, à ce que l'immeuble soit *transmis libre de tout privilège ou hypothèque*. Pour cela, le cas échéant, il devra consigner la soulte due par le créancier bénéficiaire du pacte, au bénéfice des autres créanciers hypothécaires ou privilégiés. Le notaire devra-t-il, en outre, procéder à la *purge d'éventuels droits de préemption* portant sur l'immeuble objet du pacte ? Une réponse positive s'impose certainement, car le transfert de propriété en exécution du pacte commissoire ne devrait pas avoir lieu si des tiers ont acquis une priorité sur l'immeuble litigieux avant la conclusion de ce pacte et tant que ces droits de préemption antérieurs à sa stipulation n'ont pas été purgés.

Pour finir, il convient de souligner que le pacte commissoire est privé d'efficacité dans une circonstance particulièrement importante en pratique, celle de l'ouverture d'une *procédure collective professionnelle* (article L. 622-7, I du Code de commerce et, par renvoi à cet article, les articles L. 631-14, alinéa 1er, et L. 641-3) [2]. On ne peut s'empêcher de se demander s'il était bien utile de valider ce pacte si c'était pour empêcher le créancier de l'utiliser quand il en a le plus besoin.

B. Les rapports entre le créancier hypothécaire et les autres créanciers

Les rapports entre le créancier hypothécaire et les autres créanciers mettent en jeu le droit de préférence. Après avoir précisé quelle en est l'assiette (1°), il convient d'envisager son exercice, autrement dit le règlement des conflits avec les autres créanciers (2°).

1° Assiette du droit de préférence

1091. Le droit de préférence s'exerce en principe sur la totalité de la *valeur de l'immeuble hypothéqué et de ses accessoires* (C. pr. exéc., art. L. 311-6). Cette valeur est représentée par le prix de vente forcée ou amiable de l'immeuble. Le droit de préférence s'exerce également sur les *fruits* produits par le bien à compter du jour du commandement de saisie (C. pr. exéc., art. L. 321-3).

1092. La coïncidence entre l'assiette de l'hypothèque et celle du droit de préférence n'est cependant pas inéluctable. En effet, en cas de perte de l'immeuble, le droit de préférence se reporte automatiquement, par le jeu de la subrogation réelle, sur les éventuelles *indemnités d'assurance*. L'article L. 121-13 du Code des assurances prévoit ainsi que « les indemnités dues par suite d'assurance contre l'incendie, contre la grêle, contre la mortalité du bétail, ou les autres risques, sont attribuées, sans qu'il y ait besoin de

---

1. Cf. A. Dadoun, « La date du transfert de propriété en exécution du pacte commissoire », *Dr. et patr.* nov. 2009, p. 42.
2. V. ss 1295 s.

délégation expresse, aux créanciers privilégiés ou hypothécaires, suivant leur rang ». Les indemnités dues par l'assureur ne transitent donc même pas par le patrimoine de l'assuré [1], ce qui est particulièrement protecteur du créancier lorsque le débiteur assuré fait l'objet d'une procédure d'insolvabilité [2]. La subrogation joue également à l'égard des indemnités dues en cas d'incendie causé, soit par le locataire de l'immeuble hypothéqué, soit par un voisin (C. assur., art. L. 121-15).

En revanche, aucune subrogation réelle ne s'opère du fait de la vente de l'immeuble par le débiteur et du remploi de la somme dans l'achat d'un autre immeuble : si le créancier n'a pas fait valoir ses droits lors de la vente, il conserve naturellement son droit de suite sur l'immeuble vendu, mais n'acquiert pas de droit hypothécaire sur le bien acheté par le débiteur en remploi.

2° Exercice du droit de préférence

1093. ***Étendue du droit de préférence***. Si le créancier hypothécaire est le seul créancier du débiteur, le prix dégagé par la vente de l'immeuble (amiable ou forcée) lui est attribué jusqu'à concurrence du montant de la créance garantie mentionné à la fois dans l'acte notarié et dans l'inscription au fichier immobilier [3]. Lorsque la créance garantie est productive d'*intérêts*, l'article 2432, alinéa 1er, du Code civil (anc. art. 2151) précise que le droit de préférence ne couvre en principe, outre *le capital*, que trois années échues d'intérêts. Si le créancier hypothécaire souhaite être garanti pour une part plus importante d'intérêts, il doit prendre une inscription supplémentaire spéciale. Il est toutefois fait exception à cette règle en matière de prêt viager hypothécaire : en ce domaine, le droit de préférence peut être exercé « pour la totalité des intérêts, au même rang que le principal » (C. civ., art. 2432, al. 2).

> **C. civ., art. 2432.** – Le créancier privilégié dont le titre a été inscrit, ou le créancier hypothécaire inscrit pour un capital produisant intérêt et arrérages, a le droit d'être colloqué, pour trois années seulement, au même rang que le principal, sans préjudice des inscriptions particulières à prendre, portant hypothèque à compter de leur date, pour les intérêts et arrérages autres que ceux conservés par l'inscription primitive.
> Toutefois, le créancier a le droit d'être colloqué pour la totalité des intérêts, au même rang que le principal, lorsque l'hypothèque a été consentie en garantie du prêt viager défini au I de l'article L. 314-1 du Code de la consommation.

1094. ***Conflit entre créancier hypothécaire et créanciers chirographaires***. Si le créancier hypothécaire est en concours avec des créanciers chirographaires, son droit de préférence lui permet d'être payé en priorité. Par conséquent, à l'issue de la distribution du prix de vente aux créanciers hypothécaires, si les créances de ces derniers n'ont pas absorbé la totalité de ce prix, le solde est distribué entre les créanciers chirographaires. Dans le cas contraire, ceux-ci ne reçoivent aucun paiement.

1095. ***Procédure de distribution du prix de vente de l'immeuble saisi***. Si le débiteur a plusieurs créanciers qui peuvent se prévaloir d'un droit de préférence sur le prix de vente de l'immeuble, mais que les fonds dégagés par cette vente ne sont pas suffisants

---

1. Civ. 1re, 21 janv. 1997, *Bull. civ.* I, n° 27.
2. Civ. 1re, 28 oct. 1997, *Bull. civ.* I, n° 294.
3. Sur le principe de spécialité quant à la créance garantie comme condition de validité et d'opposabilité aux tiers, v. ss 1063, 1068.

pour tous les désintéresser, il est nécessaire d'établir entre eux un classement. Avant l'ordonnance du 21 avril 2006 relative à la saisie immobilière, cette répartition du prix de vente de l'immeuble en fonction du rang de chacun des créanciers était réalisée dans le cadre de la procédure d'ordre (anc. C. proc. civ., art. 749 s.), qui était d'une complexité et d'une lenteur redoutables. Ces dispositions ont été abrogées par l'ordonnance du 21 avril 2006[1]. La distribution du prix est désormais réglementée dans le Livre III du Titre III du Code des procédures civiles d'exécution.

Pour garantir l'efficacité et la rapidité de la procédure de distribution, la réforme a introduit deux innovations (C. pr. exéc., art. L. 331-2 et L. 334-1, anc. C. civ., art. 2215 et 2216). D'une part, les créanciers susceptibles de participer à la distribution[2] doivent *déclarer leurs créances* en temps voulu. Mais, pour éviter que leur éventuelle carence ne paralyse l'ensemble des opérations, l'article L. 331-2 du Code des procédures civiles d'exécution (anc. C. civ., art. 2215) dispose que les créanciers ayant fait l'objet d'une sommation de déclarer au cours de la procédure de saisie immobilière sont déchus de leur sûreté en cas d'omission. D'autre part, l'article L. 334-1 du Code des procédures civiles d'exécution (anc. C. civ., art. 2216) incite les créanciers à la célérité en prévoyant que, « si la distribution du prix n'est pas intervenue dans un délai fixé par voie réglementaire[3], son versement ou sa consignation produit, à l'égard du débiteur, tous les effets d'un paiement à hauteur de la part du prix de vente qui sera remise aux créanciers après la distribution », c'est-à-dire, pour l'essentiel, que la consignation du prix va alors arrêter le cours des intérêts. Ces deux nouvelles dispositions ont vocation à jouer dans toutes les procédures de distribution, qu'elles aient lieu devant un juge (ce qui est classique) ou qu'elles soient amiables (ce que la réforme de 2006 a autorisé).

En effet, les divers intéressés – créanciers visés par l'article L. 331-1 du Code des procédures civiles d'exécution (anc. C. civ., art. 2214), débiteur saisi, adjudicataire – peuvent organiser une *distribution amiable* du prix. En l'absence de contestation des créanciers concernés, le juge de l'exécution homologue le projet de distribution[4]. En revanche, en cas de contestation de l'un des créanciers, doit se tenir, au plus tard dans un délai d'un mois, une réunion des créanciers parties à la procédure et du débiteur. Si un accord survient au cours de cette réunion, il en est dressé procès-verbal, auquel le juge confère force exécutoire[5].

---

1. Cf. not. R. Martin, « La distribution du prix de vente de l'immeuble après saisie », *Annales des loyers* 2007, n° 1, p. 113 ; F.-J. Pansier, « De l'ordre à la distribution du prix », *D.* 2007. 253.

2. Énumérés par l'article L. 331-1 du Code des procédures civiles d'exécution (anc. C. civ., art. 2214) : « le créancier poursuivant, les créanciers inscrits sur l'immeuble saisi à la date de la publication du commandement de payer valant saisie, les créanciers inscrits sur l'immeuble avant la publication du titre de vente et qui sont intervenus dans la procédure ainsi que les créanciers énumérés au 1° *bis* de l'article 2374 et à l'article 2375 du Code civil ».

3. C. pr. exéc., art. R. 334-3 : « Le délai à l'expiration duquel le versement du prix de vente ou sa consignation auprès de la Caisse des dépôts par l'acquéreur produit à l'égard du débiteur tous les effets d'un paiement est de six mois ».

4. C. pr. exéc., art. R. 332-6 : « À défaut de contestation ou de réclamation dans les quinze jours suivant la réception de la notification, la partie poursuivante, ou, à défaut, toute partie au projet de distribution sollicite son homologation par le juge. À peine d'irrecevabilité, la requête est formée dans un délai d'un mois à compter de l'expiration du délai précédent.

Le juge de l'exécution confère force exécutoire au projet de distribution après avoir vérifié que tous les créanciers parties à la procédure et le débiteur ont été en mesure de faire valoir leurs contestations ou réclamations dans le délai prévu à l'article R. 332-5 ».

5. C. pr. exéc., art. R. 332-7 : « Lorsque le projet de distribution fait l'objet d'une contestation, le requérant convoque les créanciers parties à la procédure et le débiteur. Les intéressés sont réunis dans un délai compris entre quinze jours et un mois suivant la première contestation ».

À défaut d'accord, le créancier poursuivant ou, en cas de carence de ce dernier, tout intéressé, peut saisir le juge de l'exécution aux fins de *distribution judiciaire*[1]. Dans ce cas, le juge doit établir l'état des répartitions, c'est-à-dire fixer le classement des créanciers par voie d'autorité. En pratique, seuls les créanciers colloqués dans les premiers rangs ont des chances d'obtenir un paiement, ne serait-ce que partiel, car les fonds dégagés par la vente des immeubles grevés sont généralement insuffisants pour désintéresser l'ensemble des créanciers.

1096. ***Classement des créanciers hypothécaires***. Plusieurs créanciers hypothécaires tirant leurs droits du même auteur peuvent être en conflit sur le même immeuble, puisque l'inscription d'une hypothèque ne retire pas au débiteur propriétaire son droit de disposition[2]. Le critère de classement réside en principe uniquement dans la *date d'inscription* de l'hypothèque (C. civ., art. 2425, al. 1er, anc. art. 2134). Il n'y a pas lieu de tenir compte, ni de la nature et de l'assiette de l'hypothèque, ni de la date de l'acte notarié constitutif, ni encore du caractère éventuel ou conditionnel de la créance garantie. Par application de la règle *prior tempore*, c'est donc le créancier qui inscrit en premier son hypothèque qui l'emporte sur les suivants. Si plusieurs inscriptions ont été prises le même jour, la préférence est donnée au créancier dont le titre est le plus ancien (C. civ., art. 2425, al. 2).

C. civ., art. 2425, al. 1er et 2 (anc. art. 2134). – Entre les créanciers, l'hypothèque, soit légale, soit judiciaire, soit conventionnelle, n'a rang que du jour de l'inscription prise par le créancier au fichier immobilier, dans la forme et de la manière prescrites par la loi.
Lorsque plusieurs inscriptions sont requises le même jour relativement au même immeuble, celle qui est requise en vertu du titre portant la date la plus ancienne est réputée d'un rang antérieur, quel que soit l'ordre qui résulte du registre prévu à l'article 2453.

1097. ***Classement entre créanciers hypothécaires et créanciers privilégiés***. En cas de conflit entre créanciers hypothécaires et créanciers privilégiés (par exemple, le vendeur de l'immeuble), l'article 2324 du Code civil (anc. art. 2095) donne la priorité à ces derniers. Il y a là une atteinte importante à l'efficacité de l'hypothèque, qui s'explique par le caractère rétroactif de l'inscription des privilèges immobiliers spéciaux, dès lors qu'elle a lieu dans le délai légal requis (deux mois le plus souvent après la naissance de la dette qui leur donne naissance). Cette rétroactivité s'explique elle-même par le fait que le privilège repose sur « la qualité de la créance », qui naît ainsi privilégiée, et qu'il confère dès lors un rang qui remonte à une époque antérieure à sa publicité[3].

C. pr. exéc., art. R. 332-8 : « Si les créanciers parties à la procédure et le débiteur parviennent à un accord sur la distribution du prix et, lorsqu'il est fait application de l'article R. 331-3, sur la mainlevée des inscriptions et publications, il en est dressé un procès-verbal signé des créanciers et du débiteur.
Une copie en est remise ou adressée au débiteur et aux créanciers.
À la requête de la partie la plus diligente, le juge de l'exécution confère force exécutoire au procès-verbal d'accord sur production de celui-ci, après en avoir vérifié la régularité ».

1. C. pr. exéc., art. R. 333-1 : « À défaut de procès-verbal d'accord revêtu de la formule exécutoire, la partie poursuivante saisit le juge de l'exécution en lui transmettant le projet de distribution, un procès-verbal exposant les difficultés rencontrées ainsi que tous documents utiles. À défaut de diligence de la partie poursuivante, toute partie intéressée peut saisir le juge de l'exécution d'une requête aux fins de distribution judiciaire. Lorsque la distribution porte sur des sommes provenant d'une saisie immobilière, la demande est formée conformément à l'article R. 311-6. À défaut, elle est formée par assignation ».

2. Sur les droits du constituant avant la réalisation de l'hypothèque, v. ss 1075 s.

3. V. ss 1154 pour le privilège du vendeur d'immeuble et v. ss 1159 pour le privilège de prêteur de deniers.

> **C. civ., art. 2324 (anc. art. 2095).** – Le privilège est un droit que la qualité de la créance donne à un créancier d'être préféré aux autres créanciers, même hypothécaires.

1098. ***Classement en présence d'une hypothèque rechargeable***. La convention de rechargement, dès lors qu'elle est publiée sous forme de mention en marge au fichier immobilier, prend rang à la date de l'inscription initiale. Cette *rétroactivité* permet, en principe, au bénéficiaire du rechargement d'être préféré aux créanciers ayant procédé, en vertu d'un privilège immobilier spécial ou d'une nouvelle hypothèque constituée par le débiteur, à une inscription entre la date de l'inscription initiale de l'hypothèque et celle de l'inscription de la convention de rechargement [1].

L'effet rétroactif de l'inscription de la convention de rechargement *ne préjudicie pas au créancier hypothécaire initial*, puisque si ce dernier n'a pas encore été payé, le créancier bénéficiaire du rechargement n'arrivera qu'au second rang. Celui-ci peut donc se trouver dans une position précaire si la créance originaire est susceptible, le moment venu, d'absorber l'intégralité de la garantie hypothécaire (ce risque est accru en présence d'une créance initiale future) [2].

Par ailleurs, afin de préserver l'efficacité de *l'hypothèque judiciaire conservatoire*, l'article 2425 du Code civil apporte une exception à ce principe de primauté du créancier bénéficiaire du rechargement : « l'inscription d'une hypothèque judiciaire conservatoire est réputée d'un rang antérieur à celui conféré à la convention de rechargement lorsque la publicité de cette convention est postérieure à l'inscription de l'hypothèque judiciaire conservatoire » [3]. Cette dérogation a été étendue à l'inscription de l'hypothèque légale du Trésor [4] et aux inscriptions hypothécaires des organismes de recouvrement des cotisations et contributions de sécurité sociale [5]. On peine à justifier pourquoi ne bénéficient pas de cette exception toutes les hypothèques légales, notamment celle des époux ou des personnes en tutelle ou encore celle attachée aux jugements de condamnation.

1099. ***Cession d'antériorité***. Les créanciers ne peuvent déroger aux règles de classement, en créant conventionnellement des droits de préférence en dehors des permissions légales [6]. En revanche, le titulaire d'une sûreté réelle immobilière (privilège ou hypothèque) peut céder son rang, c'est-à-dire accepter d'être primé par le bénéficiaire d'une hypothèque d'un rang inférieur sur le même immeuble. En pratique, de telles cessions de priorité interviennent au profit des établissements de crédit, qui n'acceptent de prêter qu'à la condition de bénéficier d'une garantie de premier rang [7]. Simplement évoquée par l'an-

---

1. La primauté de la convention de rechargement sur un privilège immobilier spécial n'aura pas lieu, toutefois, si celui-ci a été publié dans le délai légal permettant à son inscription de rétroagir au jour de la naissance de la créance garantie.

2. Pour des exemples chiffrés de classement de créanciers inscrits sur l'immeuble, cf. O. Salvat, « De quelques singularités de l'hypothèque rechargeable », *JCP N* 2012, n° 29, p. 23.

3. Par exemple, une hypothèque rechargeable est constituée et inscrite au profit de A, le 15 mars 2007. Le 15 mai 2007, une hypothèque judiciaire conservatoire est autorisée par le juge au profit de B. Cette hypothèque est inscrite le 1er juin 2007. Enfin, une convention de rechargement est conclue et inscrite au profit de A le 15 juin 2007. Bien que le rang de l'hypothèque rechargeable rétroagisse normalement au jour de l'hypothèque originaire, l'hypothèque conservatoire, pourtant née postérieurement à cette dernière va primer l'hypothèque rechargeable en raison de son inscription antérieure à celle de la convention de rechargement.

4. Loi de finances pour 2007 n° 2006-1666 du 21 décembre 2006.

5. Loi de financement de la sécurité sociale pour 2007 n° 2006-1640 du 21 décembre 2006.

6. Civ. 1re, 31 mars 1992, *Bull. civ.* I, n° 102 ; 9 mars 1994, *Bull. civ.* I, n° 94.

7. Exemple : un propriétaire souhaite ériger une construction sur son terrain, qu'il a déjà hypothéqué. À cette fin, il doit emprunter. Sa banque n'accepte de lui prêter les fonds nécessaires qu'à

cien article 2149 du Code civil, la cession d'antériorité est expressément validée par le nouvel article 2424, alinéa 2, du Code civil. Pour être opposable aux tiers, elle doit être mentionnée en marge de l'inscription hypothécaire (C. civ., art. 2430, anc. art. 2149). Elle ne joue alors qu'à concurrence des droits du cédant, « sans pouvoir modifier les droits ou les obligations des autres créanciers, ni du débiteur ou de ses coobligés »[1].

> **C. civ., art. 2424.** – L'hypothèque est transmise de plein droit avec la créance garantie. Le créancier hypothécaire peut subroger un autre créancier dans l'hypothèque et conserver sa créance. Il peut aussi, par une cession d'antériorité, céder son rang d'inscription à un créancier de rang postérieur dont il prend la place.

C. Les rapports entre le créancier hypothécaire et un tiers détenteur

> **C. civ., art. 2393 (anc. art. 2114).** – L'hypothèque est un droit réel sur les immeubles affectés à l'acquittement d'une obligation.
> Elle est, de sa nature, indivisible, et subsiste en entier sur tous les immeubles affectés, sur chacun et sur chaque portion de ces immeubles.
> Elle les suit dans quelques mains qu'ils passent.
> **C. civ., art. 2461 (anc. art. 2166).** – Les créanciers ayant privilège ou hypothèque inscrits sur un immeuble, le suivent en quelques mains qu'il passe, pour être payés suivant l'ordre de leurs créances ou inscriptions.

Si, avant la réalisation de l'hypothèque, le constituant aliène l'immeuble grevé[2], le créancier hypothécaire dispose d'un *droit*[3] *de suite*[4] à l'encontre du tiers acquéreur,

---

la condition de bénéficier d'une hypothèque de premier rang. À la demande du propriétaire débiteur, le premier créancier hypothécaire peut accepter de céder son rang à la banque. Il peut y trouver lui-même un avantage, en raison de l'augmentation de la valeur du terrain grevé qu'emportera la construction.

1. Civ. 3e, 23 janv. 1973, *Bull. civ.* III, n° 69.
Par exemple, si un créancier X dispose d'une hypothèque de premier rang de 100 000 euros, le créancier Y d'une hypothèque de deuxième rang de 200 000 euros et le créancier Z d'une hypothèque de troisième rang de 1 000 000 euros, et que Y cède son rang à Z, Z ne peut opposer son rang à Y qu'à hauteur de 200 000 euros. Viendront ensuite, dans la distribution, si la valeur du bien le permet, Y pour 200 000 euros et Z pour 800 000 euros.

2. Civ. 3e, 18 juin 2008, *Bull. civ.* III, n° 109 : « l'existence d'un privilège ou d'une hypothèque sur un immeuble ne fait obstacle ni à sa vente ni à l'inscription d'une nouvelle sûreté réelle sur ce bien ».

3. Il peut arriver que ce « droit » de suivre le bien hypothéqué en quelques mains qu'il se trouve se transforme en obligation (à rapprocher de la jurisprudence rendue au sujet de l'exception de défaut de subrogation en matière de cautionnement, v. ss 373). Tel est le cas si le créancier hypothécaire poursuit en responsabilité le notaire ayant reçu la vente entre le débiteur et le tiers acquéreur, pour ne pas avoir remis les fonds de cette vente au débiteur. En effet, la Cour de cassation a décidé, dans cette hypothèse, que le défaut d'exercice par le créancier hypothécaire de son droit de suite contre le tiers acquéreur supprime le préjudice qu'il aurait pu subir en conséquence de la faute du notaire et l'empêche donc d'engager la responsabilité de celui-ci (Civ. 1re, 11 févr. 2010, inédit, n° 08-21565).

4. Le droit de suite, prérogative du créancier hypothécaire, ne doit pas être confondu avec le droit de suite qu'il est d'usage d'attacher à tout droit réel. En effet, ce dernier (qui, au demeurant, n'est jamais évoqué par les textes) a davantage à voir avec l'opposabilité aux tiers du droit réel, et ne vise, en définitive, que la possibilité de faire sanctionner son droit à l'égard d'un usurpateur (possesseur, détenteur…). Tout au contraire, le droit de suite hypothécaire constitue une véritable prérogative originale qui s'exerce contre une personne qui, loin d'être un usurpateur, a acquis parfaitement régulièrement son droit (v. not., l'argumentation de C. Gijsbers, *Sûretés réelles et droit des biens*, thèse, Paris II, 2012, n° 144 et s., qui conteste la qualification de droit de suite attaché au droit réel, quelle que soit l'analyse qui en est faite, et le distingue fermement du droit de suite hypothécaire ; C. Dauchez, *Le principe de spécialité en droit des sûretés réelles*, thèse, Paris II, 2013, n° 32 ; M. Cabrillac, C. Mouly, S. Cabrillac et Ph. Pétel, *op. cit.*, n° 978). Pour des développements approfondis sur le droit de suite en matière hypothécaire, v., not. V. Brémond, *J.-Cl. Civ.*, art. 2461 à 2474.

c'est-à-dire du droit de saisir l'immeuble entre les mains de celui-ci [1], afin d'exercer sur le prix résultant de la vente son droit de préférence (C. civ., art. 2393, al. 3, et 2461, anc. art. 2114 et 2166). Le tiers détenteur subit ainsi un risque considérable, celui de perdre la propriété qu'il a acquise. Il peut cependant échapper à cette conséquence fâcheuse de diverses manières. Il importe dès lors de mettre en lumière, d'abord, les conditions d'opposabilité du droit de suite (1°), puis son exercice (2°), avant de présenter son correctif, dénommé la purge de l'hypothèque (3°).

1° Conditions d'opposabilité du droit de suite

1100. Pour que le droit de suite soit opposable à tous et, plus particulièrement, aux tiers détenteurs, plusieurs conditions doivent être réunies.

En premier lieu, le créancier hypothécaire doit être titulaire d'une créance valable, exigible et non éteinte.

En deuxième lieu, l'hypothèque doit avoir été inscrite, donc rendue opposable aux tiers, avant l'aliénation de l'immeuble grevé [2].

En troisième lieu, l'inscription doit être encore valable au moment où le créancier hypothécaire exerce des poursuites contre le tiers, ce qui suppose, le cas échéant, que l'inscription ait été renouvelée [3].

En quatrième et dernier lieu, l'aliénation de l'immeuble grevé au profit du tiers acquéreur doit être opposable au créancier, c'est-à-dire avoir été publiée et ne pas avoir été opérée frauduleusement [4]. À défaut, le créancier hypothécaire peut saisir l'immeuble, comme si le débiteur en était encore propriétaire.

Si toutes ces conditions sont remplies, le droit de suite est opposable à tout acquéreur de l'immeuble donné en garantie et ce, indépendamment de sa bonne foi [5].

2° Exercice du droit de suite

1101. ***Droits et obligations du tiers détenteur***. Aux termes de l'article 2462 du Code civil (anc. art. 2167), le tiers détenteur « jouit des termes et délais accordés au débiteur originaire ». Cela s'explique par le fait que la vente de l'immeuble grevé n'emporte pas la déchéance du terme assortissant la créance garantie.

À l'échéance de cette créance, si le débiteur est défaillant, le créancier hypothécaire peut diligenter une procédure de saisie immobilière à l'encontre du tiers détenteur (C. civ., art. 2464), car celui-ci est, « par l'effet seul des inscriptions, obligé comme

---

1. Il est de prime abord paradoxal qu'au moment même où le bien grevé de l'hypothèque fait apparaître sa valeur « soit sous forme d'un prix, soit sous celle d'une évaluation » (M. et S. Cabrillac, C. Mouly et Ph. Pétel, *op. cit.*, n° 1041), le droit de préférence qui a, précisément, pour objet cette valeur, ne s'exerce pas directement sur ce prix. Ce paradoxe n'en est, en réalité, pas un : l'exercice du droit de préférence n'est pas, et ne peut être, général et automatique lors du transfert du droit grevé (en ce sens, en cas de vente amiable, Civ. 3e, 27 janv. 1999, *Bull. civ.* III, n° 26 ; pour des développements sur cette question, v.V. Brémond, *J.-Cl. Civ.* art. 2461 à 2474, n° 138). De nombreuses raisons expliquent ce phénomène au rang desquelles l'inexigibilité de la créance garantie, interdisant tout exercice des prérogatives du droit hypothécaire ou le principe de libre disposition de l'immeuble grevé par le constituant de l'hypothèque (V., également, M. et S. Cabrillac, C. Mouly, et Ph. Pétel, *ibid.*).
2. Civ. 1re, 1er févr. 2005, *Bull. civ.* I, n° 55.
3. Sur le renouvellement de l'inscription hypothécaire, v. ss 1112.
4. Civ. 3e, 20 mars 1996, *Bull. civ.* III, n° 71.
5. Civ. 3e, 6 nov. 2002, *Bull. civ.* III, n° 219.

détenteur à toutes les dettes hypothécaires » (C. civ., art. 2462). Sous la menace de cette saisie, le créancier va faire sommation au tiers détenteur de payer la dette ou de délaisser le bien. Le détenteur dispose alors de plusieurs options.

C. civ., art. 2462 (anc. art. 2167). – Si le tiers détenteur ne remplit pas les formalités qui seront ci-après établies pour purger sa propriété, il demeure, par l'effet seul des inscriptions, obligé comme détenteur à toutes les dettes hypothécaires, et jouit des termes et délais accordés au débiteur originaire.
C. civ., art. 2463 (anc. art. 2168). – Le tiers détenteur est tenu, dans le même cas, ou de payer tous les intérêts et capitaux exigibles, à quelque somme qu'ils puissent monter, ou de délaisser l'immeuble hypothéqué, sans aucune réserve.
C. civ., art. 2464. – Faute par le tiers détenteur de satisfaire à l'une de ces obligations, chaque créancier titulaire d'un droit de suite sur l'immeuble a le droit de poursuivre la saisie et la vente de l'immeuble dans les conditions du titre XIX du livre III. *NOTA : Ord. n° 2011-1895 du 19 déc. 2011, art. 4 : Le titre XIX du livre III du Code civil est abrogé. Ses dispositions sont reprises dans le livre III du Code des procédures civiles d'exécution.*
C. civ., art. 2465 (anc. art. 2170). – Néanmoins, le tiers détenteur qui n'est pas personnellement obligé à la dette, peut s'opposer à la vente de l'héritage hypothéqué qui lui a été transmis, s'il est demeuré d'autres immeubles hypothéqués à la même dette dans la possession du principal ou des principaux obligés, et en requérir la discussion préalable selon la forme réglée au titre Du cautionnement ; pendant cette discussion, il est sursis à la vente de l'héritage hypothéqué.
C. civ., art. 2466 (anc. art. 2171). – L'exception de discussion ne peut être opposée au créancier privilégié ou ayant hypothèque spéciale sur l'immeuble.
C. civ., art. 2467 (anc. art. 2172). – Quant au délaissement par hypothèque, il peut être fait par tous les tiers détenteurs qui ne sont pas personnellement obligés à la dette, et qui ont la capacité d'aliéner.
C. civ., art. 2473 (anc. art. 2178). – Le tiers détenteur qui a payé la dette hypothécaire, ou délaissé l'immeuble hypothéqué, ou subi la vente forcée de cet immeuble, a le recours en garantie, tel que de droit, contre le débiteur principal.

Les options du tiers détenteur. Le tiers détenteur peut réagir à la sommation du créancier hypothécaire de quatre manières.

1102. *Opposer des exceptions.* Il peut d'abord opposer au créancier toutes les exceptions qui appartenaient au débiteur principal et que celui-ci aurait pu lui-même opposer au créancier[1], tant relativement au contrat faisant naître la créance garantie (par exemple, la nullité ou la résolution du contrat principal, l'arrêt du cours des intérêts dans le cadre d'une procédure de liquidation judiciaire), qu'à l'égard du contrat d'hypothèque lui-même (par exemple, la nullité de l'hypothèque pour non-respect des conditions de formation). Il a pu, d'ailleurs, être relevé que ce principe « ressemble fort à l'opposabilité des exceptions dont jouit la caution »[2], ce qui n'est guère surprenant au regard du lien d'accessoire qui caractérise l'hypothèque. La jurisprudence, même récente, consacre régulièrement ce principe[3].

---

1. J. Mestre, E. Putman et M. Billiau, *Droit spécial des sûretés réelles*, t. 2, LGDJ 1996, n° 1560.
2. C. Gijsbers, *Sûretés réelles et droit des biens*, thèse, Paris II, 2012, n° 305.
3. V., not., Com. 17 déc. 2003, *Bull. civ.* IV, n° 210, qui juge, dans le cadre d'une procédure collective ouverte contre le débiteur principal, que « le tiers détenteur ne peut opposer au créancier qui exerce son droit de suite que l'extinction de la créance résultant du défaut de déclaration au passif du débiteur en procédure collective et non le fait qu'elle n'ait pas encore été admise par le juge-commissaire » ; Com. 22 janv. 2008, inédit, n° 07-10221, jugeant que « l'acquéreur à titre particulier d'un immeuble hypothéqué, étranger à la dette garantie au paiement de laquelle il n'est pas personnellement obligé, peut opposer au créancier poursuivant les exceptions que le débiteur aurait pu lui opposer » (l'arrêt du cours des intérêts dans le cadre d'une procédure de liquidation judiciaire) ;

Pourtant, un important arrêt rendu le 19 février 2015 par la deuxième chambre civile de la Cour de cassation [1] vient remettre en cause ce principe en refusant au tiers détenteur, « débiteur du droit de suite », de se prévaloir de la créance principale à l'appui de sa demande de mainlevée du commandement de payer valant saisie. Ayant la possibilité – exorbitante – d'éviter une perte en exerçant son droit de purger l'immeuble des hypothèques [2], et ne l'ayant pas saisie, le tiers détenteur serait, désormais, tenu, en tant que « débiteur du droit de suite », de payer ou de délaisser la dette « sans réserve » [3], c'est-à-dire sans pouvoir soulever une quelconque exception tenant à la dette garantie, à l'image d'un garant indépendant ! Cette solution n'emporte pas l'adhésion car elle contredit tout l'équilibre du droit de suite et remet partiellement en cause le caractère accessoire de l'engagement hypothécaire. Comment, en effet, justifier un tel enrichissement du créancier qui, s'il avait exercé son droit hypothécaire contre le constituant, se serait vu opposer l'extinction de la dette garantie [4], et donc de son droit hypothécaire ? [5] Le droit de suite est, précisément, fondé sur un équilibre subtil visant à ce que le créancier ne pâtisse, ni ne profite de la cession du bien grevé [6].

Ensuite, le tiers détenteur se voit octroyer par l'article 2465 du Code civil (anc. art. 2170) la même exception qu'à la caution simple : le *bénéfice de discussion*. Cependant, outre qu'elle se trouve soumise à de strictes conditions [7], cette exception présente un champ d'application très limité : le tiers détenteur peut uniquement l'opposer à un créancier titulaire d'une hypothèque générale, c'est-à-dire une hypothèque légale [8] et non conventionnelle, puisque l'article 2466 du Code civil (anc. art. 2171) précise que « l'exception de discussion ne peut être opposée au créancier privilégié ou ayant hypothèque spéciale sur l'immeuble ».

1103. ***Payer la dette hypothécaire.*** Le tiers détenteur peut ensuite choisir de payer la dette du débiteur principal, c'est-à-dire les « intérêts et capitaux exigibles » qui ont été mentionnés

---

Civ. 2e, 8 janv. 2015, n° 13-21044, à paraître au *Bulletin*, qui relève, pour valider la saisie contre le tiers détenteur, que celui-ci « ne rapportait pas la preuve de l'extinction de l'hypothèque à la suite du paiement du prêt garanti », ce qui suggère qu'il le pouvait.

1. Civ. 2e, 19 févr. 2015, n° 13-27691, à paraître au *Bulletin* ; *JCP* 2015. 496, note V. Brémond ; *D.* 2015. 964, note crit. Ph. Théry ; *JCP* 2015, obs. Ph. Delebecque.

2. Sur la procédure de purge, v. ss 1106 s.

3. Selon les termes de l'article 2463 du Code civil, bien que ces termes ne soient pas reproduits dans l'attendu de la Cour de cassation.

4. Ce qui sera le cas pour le tiers détenteur qui, ayant acquitté la dette garantie, disposera d'un recours subrogatoire contre le débiteur qui échouera puisque le débiteur lui opposera l'exception de prescription de la dette, ce qui conduit à imposer le poids définitif de la dette sur le tiers détenteur.

5. En ce sens également, v. Ph. Delebecque, obs. préc.

6. Pour une analyse plus approfondie de cette décision, v. V. Brémond, note préc. ; Ph. Théry, note préc.

7. Le tiers détenteur peut retarder les poursuites exercées à son encontre, en obligeant le créancier hypothécaire à saisir d'abord les autres immeubles du débiteur hypothéqués à la garantie de la même dette et qui se trouvent entre les mains du principal ou des principaux obligés. Il doit, à cette fin, respecter les formes imposées en matière de cautionnement. Selon l'article 2299 du Code civil (anc. art. 2022), le bénéfice de discussion doit être opposé « sur les premières poursuites », c'est-à-dire après signification de la sommation de payer ou délaisser et avant publication du commandement de saisie (Civ. 3e, 21 févr. 1978, *Bull. civ.* III, n° 91 ; *Defrénois* 1978, art. 31686, note Franck). Par ailleurs, en application de l'article 2300 du Code civil (anc. art. 2023), le tiers détenteur doit faire l'avance des frais de la discussion et indiquer au créancier les immeubles à discuter. Pour de plus amples développements sur les conditions du bénéfice de discussion en matière de cautionnement, v. ss 279 s.

8. Sur les hypothèques légales, v. ss 1139 s.

dans l'inscription (C. civ., art. 2463, anc. art. 2168). Il y trouve intérêt s'il n'a pas déjà payé le prix de l'immeuble au débiteur et si la créance hypothécaire de premier rang est inférieure ou égale à ce prix. Dans ce cas, en effet, le risque que le détenteur soit ensuite exproprié par les créanciers de second rang est minime, car ayant payé le créancier de premier rang, il se trouve subrogé dans les droits de celui-ci et dispose donc d'une hypothèque de premier rang sur son propre bien, qui lui permet de primer les créanciers hypothécaires de rang inférieur.

1104. ***Délaisser le bien***. Le tiers détenteur peut encore préférer délaisser le bien hypothéqué, c'est-à-dire en faire abandon (C. civ., art. 2467, anc. art. 2172). L'article 2469 du Code civil (anc. art. 2174) précise que, jusqu'à l'adjudication, il reste propriétaire. Par conséquent, si la répartition du prix de vente laisse un reliquat, il a droit à celui-ci.

1105. ***Se laisser exproprier***. Le tiers détenteur peut enfin laisser le créancier mener la procédure de saisie immobilière jusqu'à son terme, c'est-à-dire jusqu'au désintéressement des créanciers selon leur rang. Une fois exproprié, le tiers acquéreur dispose contre son vendeur (le débiteur principal) d'un recours en remboursement du prix de vente (C. civ., art. 2473, anc. art. 2178), ainsi que d'une action en garantie d'éviction fondée sur le droit de la vente.

3° Purge de l'hypothèque

1106. La purge de l'hypothèque[1] est un *correctif au droit de suite*, qui permet au tiers détenteur d'éviter de se laisser saisir, tout en préservant les intérêts des créanciers inscrits. L'idée sous-jacente est que, si les créanciers inscrits peuvent exercer leur droit de préférence sur une somme d'argent qui corresponde au véritable prix de l'immeuble affecté en garantie, il n'y a pas de raison de maintenir leur droit de suite. La procédure de purge constitue, en réalité, la clé de voute[2] de l'exercice du droit de suite : permettre de dégager l'exacte valeur du bien grevé, puisque cette valeur est l'objet même et exclusif du droit hypothécaire. Nonobstant les contraintes, principalement procédurales[3] que doit supporter le créancier hypothécaire exerçant son droit de suite, il n'en reste pas moins que celui-ci est placé dans la situation de dégager la même valeur de l'immeuble grevé que s'il exerçait son droit directement à l'égard du débiteur. Mieux, si l'on suppose que la vente de gré à gré de l'immeuble grevé est davantage de nature à dégager l'exacte valeur de ce dernier que sa vente par adjudication judiciaire[4], l'efficacité du droit hypothécaire trouverait donc sa plénitude dans l'exercice du droit de suite. L'existence de la purge montre, en ombre portée, que le droit de suite hypothécaire n'est supportable qu'à la condition… de ne pas s'exercer ![5]

---

1. À la suite de l'ordonnance du 23 mars 2006, le chapitre sur la purge des privilèges et hypothèques distinguait, dans deux sections, les dispositions particulières relatives aux hypothèques conventionnelles et les dispositions générales. La loi de ratification du 20 février 2007 a mis fin à cette subdivision en supprimant les deux sections. Par conséquent, le droit de la purge est désormais commun à l'ensemble des hypothèques, ainsi qu'aux privilèges immobiliers spéciaux.

2. « La pièce maitresse du régime hypothécaire » écrivent Ph. Malaurie, L. Aynès et P. Crocq, *op. cit.*, n° 692.

3. Mais pas seulement, puisque la procédure de purge « retire aux créanciers la possibilité de décider du temps des poursuites » (Mazeaud et Chabas, *op. cit.*, par Y. Picod, n° 505) et les contraint à un désintéressement avant l'échéance (rappr. J. Mestre, E. Putman et M. Billiau, *op. cit.*, n° 1592, qui considèrent que « la purge est tout de même plus avantageuse pour le tiers acquéreur que pour eux [les créanciers hypothécaires] »).

4. Ce qui resterait, à vrai dire, à démontrer…

5. Rappr. D. Legeais, *op. cit.*, n° 609 ; Ph. Simler et Ph. Delebecque, *op. cit.*, n° 532, selon qui la purge a « une valeur prophylactique ».

Cette purge de l'hypothèque, par laquelle l'immeuble se trouve soustrait au droit de suite, et qui reporte les droits de préférence sur le prix, peut aujourd'hui avoir trois origines.

1107. ***Les aliénations valant purge par elles-mêmes.*** Certaines aliénations ne donnent pas lieu au droit de suite parce qu'elles emportent de plein droit purge des droits hypothécaires sur le bien vendu et report du droit de préférence sur le prix de vente de l'immeuble ou sur l'indemnité représentant sa valeur. C'est le cas notamment des ventes amiables ou forcées sur saisie immobilière (C. pr. exéc., art. L. 322-14, C. civ., anc. art. 2213), de l'expropriation pour cause d'utilité publique[1], des ventes réalisées dans le cadre d'un redressement ou d'une liquidation judiciaire (C. com., art. L. 642-18) ou encore du rétablissement personnel du particulier surendetté précédé d'une liquidation de son actif immobilier (C. consom., art. R. 334-44, R. 334-48 et 334-59)[2].

Quatre raisons principales, parfois conjuguées, viennent expliquer cette purge du droit de suite. D'abord, le fait que ces aliénations sont encadrées de telle sorte qu'elles vont, normalement, dégager la valeur exacte de l'immeuble grevé. Ensuite, le fait que ces aliénations ont permis aux créanciers hypothécaires d'y être appelés, et donc de protéger leurs droits[3]. En troisième lieu, le fait que certaines d'entre elles se justifient par un motif d'utilité publique rendant impérieuse la libération du bien cédé de toutes charges hypothécaires, au besoin au prix d'un certain « sacrifice des intérêts des créanciers inscrits à un intérêt général »[4]. Enfin, le souci de favoriser la continuité de l'entreprise en difficulté en libérant le cessionnaire des charges des actifs immobiliers cédés, au prix parfois d'un sacrifice des créanciers hypothécaires qui ne vont, en réalité, pas percevoir la valeur réelle du bien grevé[5].

1108. ***La procédure de purge (C. civ., art. 2476 à 2487, anc. art. 2181 s.).*** Le tiers détenteur peut s'abstenir de payer le prix d'achat au vendeur et proposer aux créanciers inscrits de leur offrir ce prix moyennant purge de l'hypothèque. Cette proposition doit revêtir la forme d'une *notification*, soit avant les poursuites, soit au plus tard dans le mois à compter de la sommation de payer ou de délaisser (C. civ., art. 2478, anc. art. 2183).

Si les créanciers *acceptent cette offre*, leur droit de préférence se reporte sur le prix d'achat dû par le détenteur et ils seront réglés selon leur rang. L'immeuble est quant à lui libéré de toutes ses charges au moment du paiement ou de la consignation du prix (C. civ., art. 2481, anc. art. 2186). Cette purge a lieu même si le prix d'achat est insuffisant pour désintéresser tous les créanciers inscrits.

Si les créanciers ont le sentiment que le prix proposé, c'est-à-dire celui convenu entre le débiteur vendeur et le tiers acquéreur, est nettement inférieur à la valeur réelle de l'immeuble, ils peuvent *refuser l'offre* de purge. Ils doivent alors requérir, dans les quarante

---

1. C. expr., art. L. 12-3, al. 1er : « Les droits des créanciers régulièrement inscrits sur les immeubles expropriés, soit avant la publication au fichier immobilier de l'ordonnance d'expropriation, de l'ordonnance de donné acte ou de l'acte de cession consentie après la déclaration d'utilité publique, soit postérieurement à ladite publication en ce qui concerne les privilèges conservés suivant les prescriptions des articles 2379 et 2380 du Code civil, sont reportés sur l'indemnité compte tenu du rang de préférence qui leur est reconnu par les textes qui les régissent ».

2. Pour des développements relatifs aux différentes hypothèses d'aliénations emportant purge, v., not., V. Brémond, *J.-Cl. Civ.*, art. 2461 à 2474, n° 36 à 56.

3. V. not., Ph. Théry, *op. cit.*, n° 191.

4. J. Mestre, E. Putman et M. Billiau, *op. cit.*, n° 1592, qui visent l'intérêt de l'autorité expropriante ou l'intérêt du sauvetage de l'entreprise.

5. V. not., M. Cabrillac, C. Mouly, S. Cabrillac et Ph. Pétel, *op. cit.*, n° 979.

jours de la notification à fin de purge, *l'adjudication de l'immeuble*, en offrant eux-mêmes un *prix supérieur d'un dixième par rapport au prix proposé*[1], et en s'engageant à se porter eux-mêmes acquéreurs s'il n'existe pas d'autres intéressés (C. civ., art. 2480, anc. art. 2185). Cette obligation est évidemment de nature à les faire réfléchir : ils ne s'engageront dans cette voie que si le prix proposé est véritablement très inférieur au prix réel de l'immeuble. Celui-ci est ensuite vendu et le prix distribué aux créanciers[2]. Le tiers acquéreur évincé est réputé n'avoir jamais été propriétaire de l'immeuble et n'a plus aucun titre pour prétendre au reliquat du prix après paiement de toutes les dettes inscrites, ce reliquat revenant au vendeur primitif[3]. En revanche, cet effet rétroactif de la surenchère est sans influence sur les actes de jouissance et d'administration exercés ou passés par l'acquéreur surenchéri, lorsqu'ils ont eu lieu sans fraude. L'acquéreur surenchéri conserve donc les fruits qu'il a perçus pendant sa possession[4].

C. civ., art. 2478 (anc. art. 2183). – Si le nouveau propriétaire veut se garantir de l'effet des poursuites autorisées dans le chapitre VI du présent titre, il est tenu, soit avant les poursuites, soit dans le mois, au plus tard, à compter de la première sommation qui lui est faite, de notifier aux créanciers, aux domiciles par eux élus dans leurs inscriptions :
1° extrait de son titre, contenant seulement la date et la qualité de l'acte, le nom et la désignation précise du vendeur ou du donateur, la nature et la situation de la chose vendue ou donnée ; et, s'il s'agit d'un corps de biens, la dénomination générale seulement du domaine et des arrondissements dans lesquels il est situé, le prix et les charges faisant partie du prix de la vente, ou l'évaluation de la chose, si elle a été donnée ;
2° extrait de la publication de l'acte de vente ;
3° (*Ord. du 23 mars 2006*) un état hypothécaire sommaire sur formalités faisant apparaître les charges réelles qui grèvent l'immeuble.
C. civ., art. 2479 (anc. 2184). – L'acquéreur ou le donataire déclarera, par le même acte, qu'il est prêt à acquitter, sur-le-champ, les dettes et charges hypothécaires, jusqu'à concurrence seulement du prix (*Ord. du 23 mars 2006*) « ou, s'il a reçu l'immeuble par donation, de la valeur qu'il a déclarée », sans distinction des dettes exigibles ou non exigibles.
C. civ., art. 2480 (anc. art. 2185). – Lorsque le nouveau propriétaire a fait cette notification dans le délai fixé, tout créancier dont le titre est inscrit, peut requérir la mise de l'immeuble aux enchères et adjudications publiques, à la charge :
1° que cette réquisition sera signifiée au nouveau propriétaire dans quarante jours, au plus tard, de la notification faite à la requête de ce dernier ;
2° qu'elle contiendra soumission du requérant, de porter ou faire porter le prix à un dixième en sus de celui qui aura été stipulé dans le contrat, ou déclaré par le nouveau propriétaire ;
3° que la même signification sera faite dans le même délai au précédent propriétaire, débiteur principal ;
4° que l'original et les copies de ces exploits seront signés par le créancier requérant, ou par son fondé de procuration expresse, lequel, en ce cas, est tenu de donner copie de sa procuration ;
5° qu'il offrira de donner caution jusqu'à concurrence du prix et des charges.
Le tout à peine de nullité.
C. civ., art. 2481 (anc. art. 2186). – À défaut, par les créanciers, d'avoir requis la mise aux enchères dans le délai et les formes prescrites, la valeur de l'immeuble demeure définitivement

1. Le fait que l'immeuble vendu de gré à gré sur ordonnance du juge-commissaire soit la propriété d'un débiteur en liquidation judiciaire n'est pas de nature à exclure le droit de surenchère du créancier dont le titre est inscrit (Civ. 3e, 17 janv. 2007, *Bull. civ.* III, n° 4).

2. La purge des hypothèques n'est achevée que par le paiement que le nouveau propriétaire fait aux créanciers inscrits ou par la consignation du prix (Civ. 15 févr. 1938, *DH* 1938. 177 ; Civ. 2e, 25 mai 1987, *Bull. civ.* II, n° 115 ; Civ. 3e, 24 févr. 1999, *Bull. civ.* III, n° 49).

3. Cass., Req., 15 déc. 1862, *DP* 63. 1. 161.

4. Civ. 19 avr. 1865, *DP* 65. 1. 208 ; 18 nov. 1924, *DP* 1925. 1. 25.

fixée au prix stipulé dans le contrat, ou déclaré par le nouveau propriétaire, lequel est, en conséquence, libéré de tout privilège et hypothèque, en payant ledit prix aux créanciers qui seront en ordre de recevoir, ou en le consignant.

1109. ***La purge amiable***. Comme la procédure de purge est très lourde, la *pratique notariale* y substituait depuis longtemps une solution conventionnelle lorsque le prix de vente du bien grevé était équivalent au montant des créances inscrites : l'acquéreur ne versait pas le prix au vendeur, mais le confiait au notaire pour qu'il le distribue aux créanciers, moyennant renonciation de ceux-ci à exercer leur droit de suite.

Cette pratique de la purge amiable a été consacrée par l'ordonnance du 23 mars 2006. Selon l'article 2475 du Code civil, qui concerne toutes les hypothèques et les privilèges immobiliers spéciaux depuis la loi du 20 février 2007, le débiteur peut convenir avec tous les créanciers inscrits d'affecter à leur désintéressement total ou partiel le prix de cession. Le droit de préférence des créanciers se reporte alors sur ce prix et leur paiement a pour effet de purger l'immeuble du droit de suite attaché à l'hypothèque. Le bien est donc vendu libre de toutes charges [1].

C. civ., art. 2475. – Lorsque, à l'occasion de la vente d'un immeuble hypothéqué, tous les créanciers inscrits conviennent avec le débiteur que le prix en sera affecté au paiement total ou partiel de leurs créances ou de certaines d'entre elles, ils exercent leur droit de préférence sur le prix et ils peuvent l'opposer à tout cessionnaire comme à tout créancier saisissant de la créance de prix.
Par l'effet de ce paiement, l'immeuble est purgé du droit de suite attaché à l'hypothèque.
À défaut de l'accord prévu au premier alinéa, il est procédé aux formalités de purge conformément aux articles ci-après.

§ 3. Transmission et extinction de l'hypothèque

L'hypothèque est une sûreté accessoire et en même temps un contrat distinct du contrat principal, qui obéit à des règles qui lui sont propres. Cette ambivalence est particulièrement marquée au sujet de la transmission (A) et de l'extinction de l'hypothèque (B), qui peuvent chacune se produire, soit à titre principal, soit à titre accessoire.

A. Transmission de l'hypothèque

C. civ., art. 2424. – L'hypothèque est transmise de plein droit avec la créance garantie. Le créancier hypothécaire peut subroger un autre créancier dans l'hypothèque et conserver sa créance.
Il peut aussi, par une cession d'antériorité, céder son rang d'inscription à un créancier de rang postérieur dont il prend la place.
C. civ., art. 2430, al. 1er (anc. art. 2149). – Sont publiés au fichier immobilier, sous forme de mentions en marge des inscriptions existantes, les subrogations aux privilèges et hypothèques, mainlevées, réductions, cessions d'antériorité et transferts qui ont été consentis, prorogations de délais, changements de domicile et, d'une manière générale, toutes modifications, notamment dans la personne du créancier bénéficiaire de l'inscription, qui n'ont pas pour effet d'aggraver la situation du débiteur.

---

1. Pour de plus amples développements, cf. J. Combarieu, « La purge amiable des privilèges et hypothèques, article 2475 du Code civil », *JCP N* 2008. 1059.

1110. ***Transmission à titre accessoire***. Chaque fois que la créance principale est transmise, l'hypothèque, qui en est l'accessoire, est transmise de plein droit avec elle (C. civ., art. 2424, al. 1er). Ce transfert, qui doit être publié sous forme d'une simple mention en marge des inscriptions existantes lorsqu'il n'emporte aucune aggravation de la situation du débiteur (C. civ., art. 2430, anc. art. 2149), s'opère, aussi bien lorsque la transmission a lieu à cause de mort, lors d'une *succession*, que lorsqu'elle a lieu entre vifs, par cession de créance (C. civ., art. 1690). La jurisprudence confère à cette publicité un rôle d'information, et non d'inscription nouvelle, considérant que le changement dans la personne du créancier bénéficiaire de l'inscription n'a pas pour effet d'aggraver la situation du débiteur[1].

S'agissant de la *subrogation personnelle*, elle peut être le fait du créancier, lorsqu'il reçoit le paiement d'une autre personne que le débiteur (C. civ., art. 1250, 1°), ou le fait du débiteur, lorsqu'il emprunte une somme afin de payer sa dette (C. civ., art. 1250, 2°). Dans les deux cas, le subrogé acquiert la totalité des droits du subrogeant. La jurisprudence décide que les droits du subrogeant, transmis au subrogé, sont opposables aux tiers, même si la subrogation (légale ou conventionnelle) n'a pas été mentionnée en marge de l'inscription[2].

S'agissant de la *cession de la créance principale*, elle permet au créancier hypothécaire de mobiliser sa créance avant l'échéance.

1111. ***Transmission à titre principal***. L'hypothèque peut également être cédée indépendamment de la créance garantie. C'est l'hypothèse de la *cession d'antériorité*, consacrée par l'article 2424, alinéa 2, du Code civil[3]. La publicité prévue par l'article 2430, alinéa 1er, du Code civil est nécessaire pour rendre cette cession opposable aux tiers, quand bien même ceux-ci en auraient eu connaissance[4].

B. Extinction de l'hypothèque

En matière d'hypothèque, l'extinction[5] peut avoir deux objets distincts : d'une part, l'inscription hypothécaire (1°) ; d'autre part, le droit hypothécaire lui-même (2°).

1° Extinction de l'inscription hypothécaire

L'inscription de l'hypothèque peut s'éteindre par péremption ou radiation.

> **C. civ., art. 2434 (anc. art. 2154).** – L'inscription conserve le privilège ou l'hypothèque jusqu'à la date que fixe le créancier en se conformant aux dispositions qui suivent.
> Si le principal de l'obligation garantie doit être acquitté à une ou plusieurs dates déterminées, la date extrême d'effet de l'inscription prise avant l'échéance ou la dernière échéance prévue est, au plus, postérieure de un an à cette échéance, sans toutefois que la durée de l'inscription puisse excéder cinquante années.

1. Ainsi, dès lors qu'il n'est justifié d'aucune aggravation de la situation du débiteur principal ou du tiers détenteur, l'absence des mentions relatives aux modifications intervenues dans l'état du créancier, à la suite par exemple d'une fusion absorption ou d'une liquidation, n'entraîne pas l'annulation d'un renouvellement d'inscription hypothécaire (Civ. 3e, 11 oct. 2006, *Bull. civ.* III, n° 199 ; 8 févr. 2012, *Bull. civ.* III, n° 26).

2. Civ. 3e, 16 juill. 1987, *Bull. civ.* III, n° 145 ; 20 déc. 1989, *Bull. civ.* III, n° 246 ; 19 déc. 1990, *Bull. civ.* III, n° 269 ; 17 nov. 2010, *Bull. civ.* III, n° 204.

3. V. ss 1099.

4. Com. 6 janv. 1987, *Bull. civ.* IV, n° 5.

5. Sur la responsabilité du notaire ou de l'avocat dans cette extinction, v. ss 1059-1061.

Si l'échéance ou la dernière échéance est indéterminée, notamment dans le cas prévu à l'article L. 314-1 du Code de la consommation, ou si l'hypothèque est assortie d'une clause de rechargement prévue à l'article 2422, la durée de l'inscription est au plus de cinquante années au jour de la formalité.
Si l'échéance ou la dernière échéance est antérieure ou concomitante à l'inscription, la durée de l'inscription est au plus de dix années au jour de la formalité.
Lorsque la sûreté garantit plusieurs créances et que celles-ci sont telles que plusieurs des trois alinéas précédents sont applicables, le créancier peut requérir soit, pour chacune d'elles, des inscriptions distinctes, soit une inscription unique pour l'ensemble jusqu'à la date la plus éloignée. Il en est de même lorsque le premier de ces trois alinéas étant seul applicable, les différentes créances ne comportent pas les mêmes échéances ou dernières échéances.
C. civ., art. 2435 (anc. art. 2154-1). – L'inscription cesse de produire effet si elle n'a pas été renouvelée au plus tard à la date visée au premier alinéa de l'article 2434.
Chaque renouvellement est requis jusqu'à une date déterminée. Cette date est fixée comme il est dit à l'article 2434 en distinguant suivant que l'échéance ou la dernière échéance, même si elle résulte d'une prorogation de délai, est ou non déterminée et qu'elle est ou non postérieure au jour du renouvellement.
Le renouvellement est obligatoire, dans le cas où l'inscription a produit son effet légal, notamment en cas de réalisation du gage, jusqu'au paiement ou à la consignation du prix.
C. civ., art. 2436 (anc. art. 2154-2). – Si l'un des délais prévus aux articles 2434 et 2435 n'a pas été respecté, l'inscription n'a pas d'effet au-delà de la date d'expiration de ce délai.
C. civ., art. 2440. – Les inscriptions sont rayées du consentement des parties intéressées et ayant capacité à cet effet, ou en vertu d'un jugement en dernier ressort ou passé en force de chose jugée.
(Ord. du 23 mars 2006). – La radiation s'impose au créancier qui n'a pas procédé à la publication, sous forme de mention en marge, prévue au quatrième alinéa de l'article 2422.
C. civ., art. 2441. – Dans l'un et l'autre cas, ceux qui requièrent la radiation déposent au service chargé de la publicité foncière l'expédition de l'acte authentique portant consentement, ou celle du jugement.
Aucune pièce justificative n'est exigée à l'appui de l'expédition de l'acte authentique en ce qui concerne les énonciations établissant l'état, la capacité et la qualité des parties, lorsque ces énonciations sont certifiées exactes dans l'acte par le notaire ou l'autorité administrative.
La radiation de l'inscription peut être requise par le dépôt au service chargé de la publicité foncière d'une copie authentique de l'acte notarié certifiant que le créancier a, à la demande du débiteur, donné son accord à cette radiation ; le contrôle opéré par ce service se limite à la régularité formelle de l'acte à l'exclusion de sa validité au fond.

1112. ***Péremption de l'inscription***. À l'expiration d'un certain délai, l'inscription de l'hypothèque est périmée (C. civ., art. 2436, anc. art. 2154-2), c'est-à-dire que le droit hypothécaire subsiste [1], mais qu'il ne peut plus être opposé aux tiers [2].

---

1. Admettre que le terme stipulé mette fin à l'insciption et non au droit hypothécaire lui-même « permet à son titulaire de procéder à une nouvelle inscription produisant effet à partir de sa date » (Civ. 3e, 25 avr. 2007, *Bull. civ.* III, no 60 ; Civ. 3e, 22 oct. 2014, inédit, n° 13-28477). Grâce à cette interprétation, le créancier peut également engager une procédure de saisie immobilière contre le constituant de l'hypothèque au-delà de la durée inscrite dans l'acte constitutif (Civ. 1re, 12 janv. 2012, *Bull. civ.* I, n° 2).

Si le terme stipulé dans le contrat d'hypothèque est analysé comme celui de l'engagement hypothécaire lui-même, le créancier ne saurait au contraire exercer valablement des poursuites après son échéance (Com. 12 mai 1998, *Bull. civ.* IV, n° 151 ; Com. 7 juin 2005, *Bull. civ.* IV, n° 125 ; Civ. 3e, 17 janv. 2007, inédit, n° 05-21871) ou procéder au renouvellement de l'inscription (Civ. 3e, 27 mai 2010, inédit, n° 09-15064).

Sur cette distinction entre la durée de l'inscription hypothécaire et la durée de l'hypothèque, cf. M. Grimaldi et Ph. Dupichot, « Durée et sûretés », *RDC* 2004. 95.

2. Civ. 3e, 8 janv. 1974, *Bull. civ.* III, no 4.

Le délai de péremption est à la fois *volontaire* et *contrôlé*. En effet, selon l'article 2434 du Code civil (anc. art. 2154), le créancier fixe lui-même la durée de l'inscription. Mais ce texte impose des *maxima*. Si la dette garantie est à durée déterminée, l'inscription de l'hypothèque prend fin au plus tard un an après l'échéance de la dette (deux ans avant la réforme de 2006), sans toutefois que la durée de l'inscription ne puisse excéder cinquante années (trente-cinq ans avant la réforme). Si la date d'exigibilité de la créance principale est indéterminée (par exemple, lorsque la dette principale est une ouverture de crédit en compte-courant) ou si l'hypothèque est assortie d'une clause de rechargement, l'inscription dure au plus cinquante ans (dix ans avant la réforme).

Pour éviter la péremption, le créancier doit prendre, avant qu'elle ne s'accomplisse, une *inscription en renouvellement*, qui est permise même en présence de l'un des quatre événements qui arrêtent le cours des inscriptions [1]. L'article 2435, alinéa 3, du Code civil (anc. art. 2154-1) précise que l'inscription doit être renouvelée tant que le créancier n'a pas été payé ou que le prix n'a pas été consigné [2]. Le renouvellement conserve le rang de l'inscription primitive. Au contraire, si les conditions du renouvellement n'ont pas été satisfaites, une nouvelle inscription reste possible (sauf en présence de l'un des événements qui empêchent l'inscription), mais elle n'a pas le rang de l'inscription initiale. Cette inscription nouvelle ne prend rang qu'au jour où elle est accomplie [3].

1113. ***Radiation de l'inscription***. La radiation, mentionnée en marge de l'inscription, a pour *effet* de retirer son efficacité à une inscription qui, par hypothèse, n'est pas périmée. Elle peut être totale ou partielle. Dans ce dernier cas, elle constitue une réduction de l'hypothèque [4]. Elle est toujours définitive [5]. La radiation peut procéder de trois *causes* (C. civ., art. 2440, anc. art. 2157).

Elle peut d'abord être *volontaire*. Elle prend alors la forme d'un acte du créancier, appelé *mainlevée*, qui, en raison de sa gravité, doit en principe être constaté devant notaire [6]. Généralement, le créancier donne mainlevée après l'extinction de sa créance, notamment à la suite d'un paiement ou d'une remise de dette [7]. Cependant, la mainlevée

---

1. V. ss 1069 s.

2. Même en cas de vente par adjudication de l'immeuble grevé (Civ. 3e, 20 nov. 2002, *Bull. civ.* III, n° 233), même en cas d'admission de la créance à titre hypothécaire dans la procédure collective du débiteur (Com. 23 févr. 1981, *Bull. civ.* IV, n° 97).

En revanche, en cas d'affectation spéciale aux droits des créanciers inscrits d'une quote-part du prix, par application des articles L. 622-8 ou L. 626-22 ou encore L. 642-12 Code de commerce (v. ss 1310 s.), cette affectation étant légale, le dépôt des fonds à la Caisse des dépôts et consignations équivaut à une consignation, ce qui dispense les créanciers à partir de cette date de procéder au renouvellement des inscriptions (Com. 1er févr. 2000, *Bull. civ.* IV, n° 25). Pour qu'il en aille ainsi, encore faut-il toutefois que l'immeuble hypothéqué ait bien été compris dans le plan de cession (Civ. 3e, 28 janv. 2015, n° 13-24040, à paraître au *Bulletin*).

3. Com. 23 févr. 1981, *Bull. civ.* IV, n° 97 ; Civ. 3e, 25 avr. 2007, *Bull. civ.* III, n° 60.

4. Sur la réduction, v. ss 1074.

5. Si un notaire dresse un acte de mainlevée totale, alors qu'il avait uniquement pour instructions de donner mainlevée partielle, la Cour de cassation décide que la nouvelle inscription prise par le notaire après s'être aperçu de son erreur ne peut avoir pour effet de faire revivre des droits réels éteints et des inscriptions radiées (Civ. 3e, 4 nov. 1980, *Bull. civ.* III, n° 168).

Si le créancier hypothécaire donne mainlevée sur la base d'un décompte de créance d'un montant erroné, la mainlevée vaut néanmoins renonciation à l'inscription hypothécaire (Civ. 3e, 9 juin 2010, *Bull. civ.* III, n° 119).

6. Il est fait exception à cette règle lorsque la mainlevée est consentie par un dirigeant de société.

7. En l'absence d'offres réelles de paiement, une banque ne commet pas de faute en refusant de donner mainlevée des hypothèques qui garantissent son prêt, car « le débiteur ne peut imposer au créancier de substituer une garantie à celle dont il dispose » (Civ. 1re, 5 juill. 2006, *Bull. civ.* I, n° 357).

peut tout aussi bien n'avoir pour objet que l'hypothèque, le créancier conservant alors sa créance, qui devient chirographaire. L'ordonnance du 23 mars 2006 a simplifié la procédure de mainlevée, pour en diminuer le coût, en supprimant les contrôles superflus et en allégeant le formalisme préalable (C. civ., art. 2441, al. 3). Ainsi, le contrôle du service chargé de la publicité foncière relatif à l'acte nécessaire à la mainlevée se limite désormais à sa régularité formelle, à l'exclusion de tout contrôle portant sur la validité au fond de l'acte déjà dressé par le notaire. Par ailleurs, la radiation de l'inscription peut être opérée par dépôt au fichier immobilier d'une copie authentique de l'acte notarié certifiant l'accord du créancier à la radiation.

Ensuite, en l'absence de consentement des parties intéressées, la radiation ne peut être que *judiciaire*[1]. Sont à cet égard incompétents le juge des référés, parce qu'il ne peut rendre que des décisions provisoires[2], et le juge de l'exécution[3].

Enfin, depuis la réforme de 2006, « la radiation s'impose au créancier qui n'a pas procédé à la publication, sous forme de mention en marge, prévue au quatrième alinéa de l'article 2422 » (C. civ., art. 2440, al. 2). La radiation concerne ici la *convention de rechargement* de l'hypothèque.

2° Extinction du droit hypothécaire

> **C. civ., art. 2488 (anc. art. 2180).** – Les privilèges et hypothèques s'éteignent :
> 1° par l'extinction de l'obligation principale sous réserve du cas prévu à l'article 2422 ;
> 2° par la renonciation du créancier à l'hypothèque sous la même réserve ;
> 3° par l'accomplissement des formalités et conditions prescrites aux tiers détenteurs pour purger les biens par eux acquis ;
> 4° par la prescription.
> La prescription est acquise au débiteur, quant aux biens qui sont dans ses mains, par le temps fixé pour la prescription des actions qui donnent l'hypothèque ou le privilège.
> Quant aux biens qui sont dans la main d'un tiers détenteur, elle lui est acquise par le temps réglé pour la prescription de la propriété à son profit : dans le cas où la prescription suppose un titre, elle ne commence à courir que du jour où ce titre a été publié au fichier immobilier.
> Les inscriptions prises par le créancier n'interrompent pas le cours de la prescription établie par la loi en faveur du débiteur ou du tiers détenteur.
> 5° Par la résiliation permise au dernier alinéa de l'article 2423 et dans la mesure prévue par ce texte.

1114. ***Contours de la notion d'extinction***. L'article 2488 du Code civil (C. civ., anc. art. 2180) énumère les causes d'extinction des privilèges et hypothèques. Celles-ci sont au nombre de cinq : l'extinction de l'obligation principale ; la renonciation du créancier à l'hypothèque ; la purge de l'hypothèque ; la prescription ; la résiliation.

Si la jurisprudence a pu considérer que cette liste était limitative[4], en réalité il existe d'autres causes d'extinction des hypothèques et privilèges que celles visées par

1. Com. 17 janv. 1995, *Bull. civ.* IV, n° 17.
2. Civ. 3e, 9 oct. 1979, *Bull. civ.* III, n° 168 ; 19 oct. 1988, *Bull. civ.* III, n° 143 ; Civ. 2e, 8 juin 1995, *Bull. civ.* II, n° 176 (cour d'appel statuant en référé).
3. Civ. 2e, 19 oct. 2000, *Bull. civ.* II, n° 142.
4. Com. 2 juin 1980, *Bull. civ.* IV, n° 229, décision écartant les fautes commises par le créancier au profit de qui l'hypothèque a été constituée, comme cause d'extinction de l'hypothèque.

l'article 2488 du Code civil. En particulier, mais pas seulement, l'ouverture d'une procédure collective de paiement, civile ou commerciale, constitue la source de nombreuses causes d'extinction des privilèges et hypothèques [1].

À vrai dire, exposer les causes d'extinction de l'hypothèque nécessite de s'appesantir sur la notion même d'extinction. En effet, à l'instar du cautionnement, l'extinction de l'hypothèque est un concept protéiforme en ce qu'elle peut porter distinctement sur plusieurs éléments. En particulier, l'extinction du droit hypothécaire peut affecter la totalité des prérogatives issues de ce droit ou seulement l'une d'entre elles [2].

En outre, la notion d'extinction de l'hypothèque apparaît floue en ce qu'elle peut faire intervenir des mécanismes, distincts sur le plan conceptuel, emportant des effets fort proches. Ainsi, la nullité de l'hypothèque (par exemple, en raison de l'absence d'acte authentique) n'est-elle pas, sur le strict plan juridique, une cause d'extinction de celle-ci, puisque l'hypothèque n'aura, en réalité, jamais existé [3], bien qu'elle entraîne un anéantissement certain du droit hypothécaire. C'est ce qui se produit, normalement, en cas d'anéantissement du contrat par lequel le propriétaire du bien grevé l'a acquis, ainsi qu'en cas d'annulation de l'acte constitutif de l'hypothèque [4]. Le législateur entretient, du reste, ce flou lorsque, par exemple, il évoque le cas où « les droits de privilège ou d'hypothèque sont effacés par les voies légales » (C. civ., art. 2443) : « effacement », paralysie, « annulation », disparition, « perte », « déchéance »..., autant de mécanismes qui convergent vers une certaine « ineffectivité » de l'hypothèque.

Aussi, sans méconnaître la rigueur des concepts, opterons-nous ici pour une appréhension assez lâche de l'extinction de l'hypothèque, vue comme toute forme d'ineffectivité frappant le droit hypothécaire lui-même dans sa totalité ou dans l'une de ses composantes.

1115. ***Extinction totale ou partielle de l'hypothèque***. L'extinction seulement partielle de l'hypothèque, au sens où celle-ci se verrait amputée d'une fraction de son assiette, ne se conçoit *a priori* pas [5] ; au demeurant, la réduction volontaire ou imposée de l'assiette de l'hypothèque n'altère en rien les prérogatives (droit de préférence et droit de suite) que possède le créancier hypothécaire. Toutefois, il existe des circonstances dans lesquelles le droit hypothécaire lui-même, et non plus seulement son assiette, ne s'éteint que partiellement, cette extinction partielle se caractérisant par *l'extinction du droit de suite et la survie corrélative du droit de préférence*. On peut alors parler d'extinction partielle du droit hypothécaire.

Au-delà de cette appréhension, couramment admise, de la notion d'extinction partielle de l'hypothèque, la question se pose de savoir si l'extinction, elle-même partielle, de la *dette garantie*, emporte extinction partielle de l'hypothèque. De prime abord, le caractère indivisible de l'hypothèque implique une réponse négative : le

1. V. ss 1217 s.
2. V. ss 1115.
3. En ce sens, Aubry et Rau, *op. cit.*, t. III, § 292, n° 347 ; Colin et Capitant, *op. cit.*, t. II, n° 1918 ; Planiol et Ripert, *op. cit.*, t. XIII, n° 1344 ; Marty et Raynaud, *op. cit.*, t. III, vol. 1, n° 384 ; Weill, *op. cit.*, n° 585 ; Ph. Simler, *J.-Cl. Civ. Code*, art. 1234.
4. Cette dernière situation est propre à l'hypothèque conventionnelle et ne peut se produire à l'égard des hypothèques légales.
5. En dehors des cas de réduction de l'hypothèque, non traités ici ; v., not., en matière d'hypothèque légale des époux, *J.-Cl. Civ.*, art. 2402 à 2408.

droit hypothécaire demeure intact, tant dans ses prérogatives que dans son assiette, aussi longtemps que la dette garantie n'est pas entièrement éteinte. Pour autant, une analyse plus réaliste met en lumière le fait que l'extinction partielle de la dette garantie vient diminuer la portée de l'hypothèque en ce que cette dernière ne vient plus garantir que la créance subsistante. À l'image de l'extinction, partielle ou totale, de l'obligation de couverture de la caution personnelle, il est possible de soutenir que la couverture de l'hypothèque s'en trouve également diminuée : constituée pour garantir une dette de 100, l'hypothèque ne vient plus garantir qu'une dette de 20. Le droit réel accessoire a beau être intact dans les prérogatives qu'il propose, le principal et/ou les accessoires qu'il garantit sont, pour leur part, altérés, ce qui n'est guère surprenant dans le cadre d'une sûreté marquée par un rapport de dépendance vis-à-vis de la dette garantie. En ce sens, particulier, il ne paraît pas incongru de soutenir l'existence de causes d'extinction partielle du droit hypothécaire, tout particulièrement dans le cadre des causes d'extinction consécutives à l'ouverture d'une procédure collective [1]. Au demeurant, l'ordonnance du 23 mars 2006 a introduit dans l'article 2488 du Code civil une cinquième cause d'extinction du droit hypothécaire : la résiliation de l'hypothèque. Or, lorsque cette cause d'extinction survient, l'hypothèque demeure, avec tous ses attributs, en garantie des créances nées antérieurement à la résiliation. La résiliation, en définitive, n'éteint ni le droit de suite ni le droit de préférence mais se contente de réduire l'assiette des dettes garanties en mettant fin à l'obligation hypothécaire de couverture.

1116. ***Classification des causes d'extinction***. Classiquement, les causes d'extinction des hypothèques (et privilèges immobiliers) sont classées par la doctrine [2] en deux catégories : les causes d'extinction *à titre accessoire*, par suite de l'extinction de la créance garantie (C. civ., art. 2488, 1° ; anc. art. 2180, 1°) ; les causes d'extinction *à titre principal*, affectant le droit hypothécaire, tout en laissant intacte la créance garantie. Toutefois, cette distinction, pour pertinente qu'elle soit, masque [3] l'existence des causes d'extinction qui ne portent atteinte que partiellement au droit hypothécaire en ne produisant effet qu'à l'égard du droit de suite tandis qu'elles laissent intact le droit de préférence sur le prix de l'immeuble.

En outre, cette distinction classique demeure imparfaite en ce qu'elle est indifférente aux *personnes tenues hypothécairement*, alors même que, précisément, les causes d'extinction du droit hypothécaire ne seront pas identiques selon ces personnes que l'on peut regrouper en trois catégories : le débiteur constituant de l'hypothèque ; le tiers constituant de l'hypothèque en garantie de la dette d'autrui, traditionnellement appelé « caution réelle » ou « caution hypothécaire » [4] ; le tiers détenteur de l'immeuble grevé [5].

---

1. V. ss 1246 s.
2. Pour l'adoption de cette classification, v., not., M. Dagot, *op. cit.*, p. 495 ; L. Aynès et P. Crocq, *op. cit.*, n° 699 ; M. Cabrillac, C. Mouly, S. Cabrillac et Ph. Pétel, *op. cit.*, n° 992 ; Ph. Simler et Ph. Delebecque, *op. cit.*, n° 549 ; D. Legeais, *op. cit.*, n° 621. V., pour d'autres classifications, J. Mestre, E. Putman et M. Billiau, *Droit spécial des sûretés réelles*, LGDJ, 1996, n° 1100, qui distinguent les causes d'extinction avec satisfaction du créancier et les causes d'extinction sans satisfaction du créancier.
3. Bien que l'article 2488, 3° du Code civil vise la principale d'entre elles.
4. V. ss 1185 s.
5. V. ss 1100 s.

En conséquence, une autre classification des causes d'extinction du droit hypothécaire sera retenue. Nous distinguerons ainsi les *causes « générales » d'extinction* de l'hypothèque, en ce que ces causes d'extinction s'appliquent à toute personne tenue hypothécairement[1], et les *causes « particulières » d'extinction* de l'hypothèque, en ce que ces causes d'extinction ne vont bénéficier qu'à certaines personnes tenues hypothécairement : le constituant de l'hypothèque en garantie de la dette d'autrui ou le tiers détenteur[2].

1117. ***Causes générales d'extinction du droit hypothécaire***. Les causes générales d'extinction des privilèges et hypothèques, en ce qu'elles s'appliquent à toute personne tenue hypothécairement, visent classiquement deux catégories d'exceptions : les causes d'extinction de l'hypothèque par voie accessoire et les causes d'extinction par voie principale. Il convient d'ajouter une troisième catégorie de causes générales d'extinction : les causes d'extinction partielle de l'hypothèque, mettant fin au droit de suite tout en maintenant le droit de préférence.

1118. ***Extinction par voie accessoire***. L'hypothèque est un droit accessoire à une créance (C. civ., art. 2424). Lorsque cette dernière s'éteint, la sûreté réelle qui la garantit s'éteint, conformément au principe « *accessorium sequitur principale* ». C'est la signification de la première cause d'extinction énoncée par l'article 2488 du Code civil : « Les privilèges et hypothèques s'éteignent : 1° Par l'extinction de l'obligation principale » (C. civ., art. 2488, 1° ; anc. art. 2180, 1°). Toutes les causes d'extinction de la créance garantie produisent, en principe, le même effet extinctif de l'hypothèque ou du privilège qui la garantissait.

Toutefois, pour que l'extinction de la créance conduise à l'extinction de l'hypothèque, il faut que l'extinction soit, d'une part, *totale*, en raison du caractère indivisible de la sûreté (C. civ., art. 2393 ; anc. art. 2114), d'autre part, *définitive*, en ce sens que la renaissance rétroactive de la créance fait revivre l'hypothèque[3]. Mais, dans ce dernier cas, l'hypothèque « ressuscitée » devra faire l'objet d'une nouvelle inscription au service chargé de la publicité foncière[4]. Par exception au principe précédent, et à l'instar de la solution retenue en matière de cautionnement personnel, il a été jugé qu'en cas d'annulation du prêt garanti par l'hypothèque, celle-ci demeure en garantie de l'obligation de restitution des fonds empruntés pesant sur l'emprunteur[5].

Dès lors, et sous ces réserves, l'effet extinctif de l'hypothèque par voie accessoire interviendra en présence de n'importe quelle cause d'extinction de la créance garantie : le

---

1. Quand bien même existerait-il certaines conditions d'application spécifiques à certains constituants de l'hypothèque : v., par ex., en matière de novation de la dette garantie où la situation de l'hypothèque constituée en garantie de la dette d'autrui présente des particularités, V. Brémond, *J.-Cl. Civ.*, art. 2488, n° 47-48.

2. Toutes les causes d'extinction, qu'elles soient générales ou particulières, par voie accessoire ou par voie principale, totales ou partielles, sont, en principe, communes aux privilèges immobiliers spéciaux et aux hypothèques, quelle que soit leur source. Bien que relevant alternativement des causes générales ou particulières d'extinction des privilèges et hypothèques, les causes d'extinction propres au droit des procédures collectives seront traitées séparément (v. ss 1178 s.).

3. En ce sens, Marty et Raynaud, *op. cit.*, n° 383 ; M. Cabrillac, C. Mouly, S. Cabrillac et Ph. Pétel, *op. cit.*, n° 994.

4. L'hypothèque, ainsi réinscrite, « est opposable aux créanciers qui avaient inscrit avant la radiation et inopposable à ceux qui avaient inscrit entre la radiation et la nouvelle inscription » : J. Mestre, E. Putman et M. Billiau, *op. cit.*, n° 1101.

5. Civ. 3e, 5 nov. 2008, *Bull. civ.* III, n° 167 ; Civ. 1re, 20 déc. 2012, inédit, n° 11-22815.

paiement[1], la dation en paiement[2], la novation sans réserve des sûretés[3], la délégation[4], la compensation[5], la confusion de l'obligation garantie[6], la prescription[7]...

1119. ***Extinction par voie principale.*** L'article 2488 du Code civil (C. civ., anc. art. 2180) évoque plusieurs causes d'extinction de l'hypothèque par voie principale. Elles sont au nombre de quatre : la renonciation du créancier à l'hypothèque, sous réserve du cas prévu à l'article 2422 du Code civil (C. civ., art. 2488, 2°)[8]; l'accomplissement des formalités de purge de l'hypothèque (C. civ., art. 2488, 3°)[9] ; la prescription acquisitive de l'hypothèque (C. civ., art. 2488, 4°, al. 3) ; la résiliation de l'hypothèque, conformément à l'article 2423 du Code civil (C. civ., art. 2488, 5°)[10]. Toutefois, il convient de

---

1. En cas de dette partiellement garantie par une hypothèque, le paiement partiel de la dette a longtemps été réputé, à l'instar de ce qui est décidé en matière de cautionnement, porter sur la fraction non garantie de la dette, laissant intacte l'hypothèque : v. J. Mestre, E. Putman, M. Billiau, *op. cit.*, n° 1101. Toutefois, une solution contraire a été retenue en 2009 en matière de gage garantissant une partie seulement de la dette (Ass. plén., 6 nov. 2009, *Bull. ass. plén.*, n° 7 : « le gage devient sans objet en cas de remboursement intégral du montant garanti par la dette »). Il a été préconisé d'appliquer une même solution à l'hypothèque. En ce sens, cf. S. Piedelièvre, *JCP E* 2010. 1069 ; O. Salati, *Annales loyers* 2009. 2461.

2. S'inspirant de l'article 2315 du Code civil (C. civ., anc. art. 2038), qui dispose que la dation en paiement décharge la caution même en cas d'éviction ultérieure du créancier, la jurisprudence et la doctrine majoritaire enseignent que la dation en paiement éteint d'une manière définitive, sauf réserve expresse contraire, les privilèges et les hypothèques attachés à l'ancienne créance. Cf. Req., 10 mai 1858, *S.* 1859. 1. 161 ; Planiol et Ripert, *op. cit.*, t. VII par Radouant, n° 1252 ; t. XIII, par E. Becqué, n° 1314 ; Ripert et Boulanger, *op. cit.*, t. II, n° 4015 ; Weill, *op. cit.*, n° 584 ; Ph. Simler et Ph. Delebecque, *op. cit.*, n° 551.

3. V., par ex., Req., 15 nov. 1886, *DP* 1887, 1, p. 449 ; Civ. 9 déc. 1891, *DP* 1892. 1. 68. Sur la novation avec réserve des sûretés, v. les développements de V. Brémond, *J.-Cl. Civ.*, art. 2488, n° 32 à 48. Pour un exemple important de novation avec réserve des sûretés, v. l'article L. 311-8, al. 1er, du CCH, réglementant les prêts spéciaux à la construction consentis par le Crédit foncier de France ou le Comptoir des entrepreneurs, qui emportent, de plein droit, une double transmission à l'acquéreur de l'immeuble : d'une part, le prêt souscrit par le vendeur, qui en est donc déchargé ; d'autre part, l'hypothèque sur l'immeuble vendu (cf. Ph. Simler et Ph. Delebecque, *op. cit.*, n° 552).

4. La délégation dite imparfaite laissant subsister l'engagement du délégant à l'égard du délégataire et n'emportant aucun effet novatoire, elle n'emporte, par suite, aucun effet extinctif de l'hypothèque garantissant cet engagement. Cf. Req. 8 févr. 1888, *DP* 1888. 1. 372 ; *S.* 1890. 1. 85 ; F. Terré, Ph. Simler et Y. Lequette, *op. cit.*, n° 1448.

5. L'article 1299 du Code civil s'oppose à ce que le débiteur qui paie sa dette, alors qu'elle se trouvait de plein droit éteinte, puisse, « en exerçant la créance dont il n'a point opposé la compensation, se prévaloir, au préjudice des tiers, des privilèges ou hypothèques qui y étaient attachés » car ceux-ci ont été immédiatement éteints par l'effet automatique de la compensation légale. Sauf lorsque celui qui a payé a eu « une juste cause d'ignorer la créance qui devait compenser sa dette » (art. 1299 *in fine*).

6. Qu'il convient de distinguer de la confusion du droit hypothécaire qui constitue, elle aussi, une cause d'extinction de l'hypothèque, mais à titre principal cette fois.

7. L'article 2488, 4° du Code civil, qui prévoit l'extinction de l'hypothèque par prescription distingue en réalité deux situations, selon que le bien grevé est entre les mains du débiteur (C. civ., art. 2488, 4°, al. 2), ou du tiers détenteur de l'immeuble grevé (C. civ., art. 2488, 4°, al. 3). Dans la première situation, la prescription ne peut entraîner l'extinction de l'hypothèque qu'indirectement, lorsque la créance, garantie par l'hypothèque, est elle-même éteinte par la prescription libératoire. Dans la seconde situation, la prescription entraîne l'extinction de l'hypothèque à titre principal, par prescription du droit hypothécaire lui-même, tout en laissant subsister la créance garantie.

8. V. V. Brémond, *J.-Cl. Civ.*, art. 2488, n° 88 à 103.

9. V. ss 1106 s.

10. L'ordonnance du 23 mars 2006 a introduit une nouvelle cause d'extinction, par voie principale, de l'hypothèque : la résiliation prévue par le dernier alinéa de l'article 2423 du Code civil (C. civ., art. 2488, 5°). Dans cette situation l'engagement hypothécaire devient un engagement à durée indéterminée offrant une faculté de résiliation à son débiteur (sur la mise en œuvre de la résiliation, v. S. Becque, « Les réformes de l'hypothèque », *in Évolutions des sûretés réelles, regards croisés université-notariat*, Litec 2008, p. 79 s., spéc. p. 83). Cette disposition réalise une transposition à l'hypothèque à durée indéterminée souligner que la deuxième (purge) et la troisième (prescription acquisitive) ne sont pas des causes générales d'extinction, mais des causes particulières d'extinction en ce qu'elles sont réservées à certaines personnes tenues hypothécairement.

En outre, l'article 2488 du Code civil (C. civ., anc. art. 2180) omet d'autres causes d'extinction par voie principale. Parmi ces causes omises, certaines sont consécutives à des circonstances (nullité, résolution, droit de retour[1]...) qui font, en réalité, disparaître rétroactivement les sûretés, ou n'entraînent que leur inopposabilité[2]. À ce titre, et pour être parfaitement rigoureux juridiquement, ces circonstances n'engendrent pas une véritable extinction de l'hypothèque. En revanche, d'autres causes, ne figurant pas dans l'énumération de l'article 2488 du Code civil, constituent de véritables causes d'extinction de l'hypothèque. Au nombre de celles-ci, non visées par la loi, nous pouvons citer : l'échéance du terme de l'engagement hypothécaire lui-même[3] ; la perte matérielle ou juridique de l'assiette de l'hypothèque [4] ; la confusion du droit hypothécaire lui-même[5]

---

de dettes futures de la distinction, forgée en matière de cautionnement, entre les obligations de couverture et de règlement. À la vérité, il peut apparaître discutable de voir dans l'hypothèse visée par l'article 2488, 5° du Code civil une véritable cause d'extinction, au sens strict, de l'hypothèque. Certes, l'obligation de couverture des dettes futures s'éteint, mais l'hypothèque demeure bien vigoureuse en ses deux prérogatives que sont le droit de préférence et le droit de suite. Ainsi, selon certains auteurs, en cas de résiliation, l'hypothèque ne s'éteint pas, la résiliation ayant seulement « pour effet de fixer définitivement la créance garantie » (M. Cabrillac, C. Mouly, S. Cabrillac et Ph. Pétel, *op. cit.*, n° 1002).

1. Pour un exemple récent, cf. Lyon, 21 mai 2015, n° 13/07707.

2. Sur ces hypothèses, v. V. Brémond, *J.-Cl. Civ.*, art. 2488, n° 73 à 84.

3. L'échéance du droit hypothécaire lui-même doit être distinguée de l'échéance du terme de l'inscription hypothécaire, emportant péremption de l'inscription. Si le terme de l'inscription est échu, l'hypothèque ne peut plus être opposée aux tiers, ce qui constitue, certes, une cause d'inefficacité partielle (en ce qu'elle demeure opposable aux créanciers chirographaires) de l'hypothèque, mais pas une cause d'extinction de celle-ci : le droit hypothécaire subsiste et une nouvelle inscription est toujours possible « produisant effet à partir de sa date ; cette nouvelle inscription n'est pas soumise à l'accord du débiteur qui a consenti l'hypothèque pour garantir le règlement de sa dette » (Civ. 3e, 25 avr. 2007, *Bull. civ.* III, n° 60). En revanche, l'échéance du droit hypothécaire lui-même met fin à l'hypothèque. Ainsi est-ce le cas lorsque les parties décident dans l'acte constitutif de l'hypothèque que celle-ci est affectée d'un terme, fixé par exemple six mois après l'échéance de l'ouverture de crédit garantie (Civ. 3e, 17 janv. 2007, inédit, n° 05-21871) ou à une date fixe (Civ. 3e, 27 mai 2010, inédit, n° 09-15064 ; Civ. 1re, 12 janv. 2012, *Bull. civ.* I, n° 2 ; Civ. 2e, 10 janv. 2013, inédit, n° 11-25800). Il convient d'ajouter que, si toutes ces décisions ont été rendues au sujet de cautions hypothécaires, c'est-à-dire d'une hypothèque souscrite en garantie de la dette d'autrui, cette durée spécifique est, *a priori*, concevable dans le cadre de l'hypothèque souscrite par le débiteur de la dette garantie, même si cette situation risque de se présenter rarement, la durée de l'hypothèque étant, dans ce cas, indexée sur l'extinction de la dette garantie (M. Grimaldi et Ph. Dupichot, « Durée et sûretés », *RDC* 2004, p. 95).

4. V., not., Marty et Raynaud, *op. cit.*, t. III, vol. 1, n° 389 ; Weill, *op. cit.*, n° 603 ; M. Dagot, *op. cit.*, p. 502. Pour des développements approfondis, v., V. Brémond, *J.-Cl. Civ.*, art. 2488, n° 108 à 120. Il convient de rappeler que, dans de nombreuses circonstances de disparition matérielle ou juridique du bien hypothéqué, le droit hypothécaire ne disparaît pas, mais se reporte sur une indemnité (v., not., C. ass., art. L. 121-13 ; L. n° 67-1253, art. 55, al. 1er ; L. n° 46-2389 du 28 oct. 1946, art. 35 ; C. urb., art. L. 123-17 ; C. urb., art. L. 213-5), voire sur d'autres immeubles (v., not., C. expr., art. L. 22-4 ; C. rur., art. L. 123-13, al. 1er et 3 ; C. rur., art. L. 124-1 ; C. urb., L. 322-6, al. 4).

5. Ce sera le cas lorsque le créancier hypothécaire acquiert le bien hypothéqué ou hérite du constituant de l'hypothèque. Si ces deux dernières sources de confusion sont sans doute relativement rares en pratique, l'ordonnance du 23 mars 2006 en a rajouté deux autres qui peuvent se présenter beaucoup plus fréquemment. En effet, le créancier hypothécaire dispose aujourd'hui de deux nouveaux modes d'exécution de l'hypothèque : l'attribution judiciaire (C. civ., art. 2458) et le pacte commissoire (C. civ., art. 2459). Une fois transférée la propriété du bien grevé, le créancier « se trouve dans la même situation que l'acquéreur d'un immeuble grevé d'hypothèque, à la différence près qu'il peut également se prévaloir de la qualité de créancier hypothécaire » (P.-F. Cuif, *J.-Cl. Civ.*, art. 2458 à 2460). À vrai dire la confusion ou consolidation ne constitue pas une véritable cause d'extinction de la sûreté : en devenant propriétaire

et le défaut de production à la procédure de distribution du prix[1]. En outre, et peut-être même surtout, l'hypothèque se trouve éteinte, à titre principal (mais pas seulement), pour des causes tenant au droit des procédures d'insolvabilité (procédures collectives professionnelles et procédures de surendettement des particuliers)[2].

1120. ***Extinction partielle de l'hypothèque : survie du droit de préférence au droit de suite.*** Il existe des hypothèses dans lesquelles l'extinction du droit de suite laisse survivre le droit de préférence[3]. L'hypothèque perd alors son effet à l'égard des tiers acquéreurs du bien grevé et le créancier hypothécaire n'est plus en droit de saisir l'immeuble entre quelques mains qu'il se trouve. La sûreté conserve cependant son efficacité envers les autres créanciers du débiteur en ce qu'elle permet au créancier hypothécaire de se faire payer préférentiellement, à son rang, sur le prix de l'immeuble. Si ce démantèlement de l'hypothèque peut, de prime abord, surprendre, dans la mesure où le droit de suite est le corolaire du droit de préférence, il se comprend pourtant aisément, particulièrement en cas d'aliénation de l'immeuble hypothéqué. Dans cette situation, la disparition du droit de suite satisfait le tiers acquéreur tandis que le maintien du droit de préférence protège les créanciers hypothécaires sans présenter d'inconvénients majeurs pour l'acquéreur du bien lorsque celui-ci n'a pas encore versé le prix d'achat. Dans d'autres circonstances, la perte du droit de suite peut être contrainte. Ainsi en est-il de la destruction de l'immeuble hypothéqué. Faute d'objet, le droit de suite s'éteint tandis que le droit de préférence est, en quelque sorte, artificiellement et exceptionnellement maintenu sur l'indemnité représentant la valeur du bien détruit.

Outre l'hypothèse de la purge, de loin la plus importante en pratique, la disparition du droit de suite peut intervenir en d'autres occasions, concomitantes à l'aliénation de l'immeuble[4]. Si l'on fait abstraction de la renonciation du créancier hypothécaire à son droit de suite, devenue fort rare[5], l'hypothèse se rencontre lorsque des immeubles par destination ont été détachés de l'immeuble afin de les aliéner séparément. Sous réserve de l'action paulienne qui, en cas de fraude, permettrait au créancier hypothécaire de revendiquer le meuble entre les mains de l'acquéreur de mauvaise foi[6], l'aliénation de ces meubles, anciennement immeubles par destination, fait donc, en principe, perdre au créancier son droit de suite sur ces biens dès lors que l'acquéreur en a la possession effective et peut

---

de l'immeuble grevé, le créancier dispose désormais d'une hypothèque sur sa propre chose et ne peut donc l'exercer. La confusion des qualités de créancier hypothécaire et de propriétaire du bien grevé est plus exactement une cause de paralysie de son droit (M. Dagot, *op. cit.*, p. 502). En outre, l'hypothèque est indéniablement maintenue toutes les fois qu'il existe d'autres créanciers inscrits sur l'immeuble (v., not., M. Cabrillac, C. Mouly, S. Cabrillac et Ph. Pétel, *op. cit.*, n° 998).

1. C. proc. civ. ex., art. L. 331-2, C. civ., anc. art. 2215.

2. V. ss 1246 s.

3. À l'inverse, il n'est guère concevable que le droit de suite survive à l'extinction du droit de préférence. V., cependant, une hypothèse qui, *mutatis mutandis*, s'en rapproche : la « promesse d'abstention » qui constitue l'engagement du créancier hypothécaire vis-à-vis d'un autre créancier (hypothécaire ou chirographaire) de ne pas invoquer contre lui le droit de préférence issu de son hypothèque.

4. V. J.-L. Bergel, *Les ventes d'immeubles existants*, Litec, 1983, spéc. n° 189, 314, 366.

5. Cette situation était fréquente sous l'empire du droit antérieur au décret du 4 janvier 1955, au sujet de l'hypothèque légale de la femme mariée. Celle-ci, créancière hypothécaire de son mari en vertu de son hypothèque légale, renonçait fréquemment à son droit pour faciliter la vente de l'immeuble hypothéqué. Interprétant la portée de cette renonciation, la jurisprudence et la loi (L. du 23 mars 1855, réd. L. du 13 févr. 1889, art. 9, al. 6) lui reconnaissaient une portée limitée au seul droit de suite, la femme conservant son droit de préférence puisque ce droit ne gênait que le mari et ses créanciers, mais pas l'acquéreur.

6. Req., 21 nov. 1894, *DP* 1895. 1. 277.

opposer l'article 2276 du Code civil (C. civ., anc. art. 2279)[1]. En revanche, les créanciers hypothécaires conservent leur droit de préférence sur le prix de vente des meubles tant que celui-ci reste dû, ainsi que le droit d'exiger sa consignation[2].

1121. ***Hypothèque rechargeable.*** Certaines de ces causes générales d'extinction sont écartées en présence d'une hypothèque rechargeable. Cette exclusion s'explique principalement par le caractère accessoire, *atténué*, de ce mécanisme[3].

– *Exclusion de l'article 2488, 1° du Code civil* : puisque l'hypothèque rechargeable est conçue pour garantir une succession de dettes, on en déduit que, ni l'extinction de la créance garantie lors de la constitution de l'hypothèque rechargeable, ni l'extinction d'une créance issue d'un rechargement ultérieur, ne mettent fin à l'hypothèque. « Par définition, l'hypothèque rechargeable survit à cet événement puisqu'elle constitue une « enveloppe » que le propriétaire de l'immeuble hypothéqué peut utiliser à sa guise pour obtenir de nouveaux crédits »[4]. Cette solution est expressément consacrée par l'article 2488, 1° du Code civil, qui dispose que les privilèges et hypothèques s'éteignent « par l'extinction de l'obligation principale sous réserve du cas prévu à l'article 2422 »[5].

– *Exclusion de l'article 2488, 2° du Code civil* : la renonciation du créancier hypothécaire à l'hypothèque ne s'applique pas à l'hypothèque rechargeable. Il paraît, en effet, évident que le créancier originaire, ou même n'importe quel créancier successif, ne peut mettre fin au mécanisme de la recharge hypothécaire et ne peut donc pas porter atteinte aux droits des créanciers ayant bénéficié de la recharge hypothécaire[6]. Le seul protagoniste pouvant renoncer à la faculté de recharge ne peut être que le constituant de l'hypothèque. Cette renonciation s'apparenterait à une résiliation pour l'avenir, qui ne serait pas soumise aux conditions de résiliation prévues par l'article 2423 du Code civil[7].

– *Incertitudes sur la portée de la résiliation prévue à l'article 2488, 5° du Code civil* : ce texte n'écarte pas l'hypothèque rechargeable de son champ d'application et, bien que l'hypothèse paraisse peu probable, on peut, en effet, imaginer que l'hypothèque rechargeable ait été constituée pour garantir des créances futures et à durée indéterminée. Cependant, on peut s'interroger, dans ce cas, sur la portée de la résiliation : a-t-elle pour seul effet de cristalliser la ou les dettes garanties par l'hypothèque, à l'instar de l'hypothèque non rechargeable ou emporte-t-elle extinction également de la faculté de rechargement ?

1122. ***Causes particulières d'extinction du droit hypothécaire.*** Certaines causes d'extinction de l'hypothèque sont propres au tiers détenteur[8], tandis que d'autres sont

---

1. Civ. 1er mai 1906, *S.* 1909. 1. 9, note Naquet. Toutefois, le créancier hypothécaire pouvait s'opposer à la livraison des meubles vendus si celle-ci n'avait pas encore eu lieu (T. civ. Troyes, 23 janv. 1930, *Gaz. Pal.* 1930, 1, p. 633 ; G. Goubeaux, *La règle de l'accessoire en droit privé*, LGDJ, 1969, n° 268).
2. Civ. 31 janv. 1870, *DP* 1871. 1. 117 ; *S.* 1871, 1, p. 70 ; Com. 18 mai 1978, *Bull. civ.* IV, n° 138.
3. V. ss 1034 s.
4. M. Cabrillac, C. Mouly, S. Cabrillac et Ph. Pétel, *op. cit.*, n° 995 ; D. Houtcieff, *JCl. Civ.*, art. 2421 à 2423, fasc. 20 ; A. Gourio, « L'hypothèque rechargeable », *RD banc. fin.* 2006, étude 14.
5. Toutefois, un auteur a pu relativiser cette solution : il pourrait en aller différemment « quand est prononcée la nullité de la créance pour la garantie de laquelle l'hypothèque a été créée. Car, dans un tel cas, l'hypothèque n'a pas été établie dans les termes de l'article 2421 du Code civil (« La cause en est déterminée dans l'acte »). Ce défaut de validité met à néant la sûreté. Et en vertu du principe suivant lequel « ce qui est nul, ne produit aucun effet », tout éventuel rechargement serait lui-même frappé de nullité » (O. Salvat, « De quelques singularités de l'hypothèque rechargeable », *JCP N* 2012. 1299, n° 8).
6. En ce sens, V. D. Houtcieff, *op. cit.*, n° 129 ; O. Salvat, art. préc., n° 7 ; A. Gourio, art. préc.
7. A. Gourio, *ibid.*
8. Cependant, il convient d'évoquer une hypothèse, complexe mais qui n'est absolument pas d'école, dans laquelle la qualité de la personne tenue hypothécairement peut évoluer dans le temps, de sorte que

réservées au constituant de l'hypothèque en garantie de la dette d'un tiers (« caution hypothécaire »). Nous les présenterons successivement.

1123. ***Causes d'extinction propres au tiers détenteur***. L'aliénation de l'immeuble hypothéqué offre l'occasion, d'abord, au tiers acquéreur de s'affranchir du droit de suite, ce qui constitue une cause d'extinction partielle de l'hypothèque ; ensuite, la prescription du droit hypothécaire lui-même emporte extinction totale de l'hypothèque.

– *L'aliénation de l'immeuble hypothéqué* : deux circonstances peuvent, à l'occasion de la cession de l'immeuble grevé, produire l'extinction du droit de suite.

D'une part, l'omission de l'inscription dans l'état délivré au tiers acquéreur par le service chargé de la publicité foncière : l'article 2451 du Code civil (C. civ., anc. art. 2198) décide, par exception au droit commun de la publicité foncière, que « le droit demeure dans les mains du nouveau titulaire, affranchi du privilège ou de l'hypothèque non révélé, pourvu que la délivrance du certificat ait été requise par l'intéressé en conséquence de la publication de son titre ». Cette disposition, inspirée par l'idée de sécurité du commerce immobilier, a pour objet d'éviter que l'acquéreur ne subisse l'effet d'une hypothèque qu'il n'a pas pu connaître[1]. Le créancier hypothécaire conserve, toutefois, son droit de préférence, au rang qui était le sien « tant que le prix n'a pas été payé par l'acquéreur ou que l'intervention dans l'ordre ouvert entre les autres créanciers est autorisée » ; il dispose, par ailleurs, d'un recours en réparation de son préjudice contre l'État en application de l'article 2450, 2° du Code civil (C. civ., anc. art. 2198).

D'autre part, la purge proprement dite de l'hypothèque : l'article 2488, 3° du Code civil (C. civ., anc. art. 2180, 3°) vise, parmi les modes d'extinction de l'hypothèque, la purge des hypothèques. S'il est vrai qu'il s'agit d'une cause d'extinction de l'hypothèque par voie principale[2], sa particularité est d'être une cause d'extinction partielle de l'hypothèque, en ce qu'elle n'emporte extinction que du droit de suite. Cette cause d'extinction est, en outre, réservée au seul tiers détenteur.

– *La prescription du droit hypothécaire* : cette cause d'extinction, à titre principal, puisqu'elle porte sur le droit hypothécaire lui-même, est visée par l'article 2488, 4° du Code civil (C. civ., anc. art. 2180, 4°, al. 2). Puisant ses racines dans le droit romain, qui la réservait au tiers qui avait acquis le bien[3], cette exception, au caractère « hybride »

---

la distinction exposée se dilue : la situation est celle où une personne a constitué une hypothèque en garantie de la dette d'autrui puis a, comme elle en a le droit, cédé l'immeuble grevé à un tiers (qui peut, pourquoi pas, être le débiteur de la dette garantie ! Pour l'illustration de ce cas de figure, v. Com. 10 mars 2004, *Bull. civ.* IV, n° 47), ce dernier devenant tiers détenteur. Doit probablement être assimilée à cette hypothèse la situation dans laquelle le créancier, bénéficiaire d'une hypothèque constituée par un tiers, se fait attribuer l'immeuble par le mécanisme de l'attribution judiciaire (C. civ., art. 2458) ou par celui du pacte commissoire (C. civ., art. 2459). Le créancier attributaire se retrouve alors dans la position de tiers détenteur. Dans ces cas, l'hypothèque pèse successivement sur deux personnes non tenues de la dette garantie (sauf dans le cas où le tiers acquéreur est le débiteur de la dette garantie). On peut se demander, alors, si le tiers détenteur peut bénéficier, tout à la fois, des causes d'extinction de l'hypothèque (et plus généralement des faveurs) propres à sa situation de tiers détenteur (procédure de purge…) et de celles propres au constituant de l'hypothèque en garantie de la dette d'un tiers.

1. Mazeaud et Chabas, *op. cit.*, t. III, vol. 1, n° 586 ; Weill, *op. cit.*, n° 610 ; pour des approfondissements, v. V. Brémond, *J.-Cl. Civ.*, art. 2488, n° 149 à 153.

2. En ce sens, M. Cabrillac, C. Mouly, S. Cabrillac et Ph. Pétel, *op. cit.*, n° 1000 ; v., toutefois, certaines circonstances conduisant plutôt à considérer la purge comme une cause d'extinction par voie accessoire : V. Brémond, *J.-Cl. Civ.*, art. 2488, n° 157.

3. Cf. V. Brémond, *J.-Cl. Civ.*, art. 2488, n° 166 à 183, et les nombreuses réf. Elle est très généralement refusée au constituant de l'hypothèque en garantie de la dette d'autrui : en ce sens, G. Baudry-Lacantinerie et P. de Loynes, *op. cit.*, t. III, n° 2276 ; A. Colin et H. Capitant, *op. cit.*, t. II,

empruntant à la prescription extinctive comme à la prescription acquisitive[1], est, aujourd'hui, passablement désuète, principalement en raison de la publicité obligatoire de l'hypothèque ; sa suppression est parfois souhaitée par la doctrine[2].

1124. ***Causes d'extinction propres au constituant de l'hypothèque en garantie de la dette d'autrui***. La situation du constituant de l'hypothèque en garantie de la dette d'autrui au regard des causes d'extinction de son engagement reste incertaine. D'un côté, ce constituant ne fait pas l'objet d'une sollicitude particulière au regard du droit hypothécaire, contrairement au tiers détenteur : le droit hypothécaire ne prévoit donc pas directement de causes d'extinction de l'hypothèque propres au constituant de l'hypothèque en garantie de la dette d'autrui. Aussi, les causes générales d'extinction du droit hypothécaire, qu'elles interviennent par voie accessoire ou par voie principale, qu'elles soient totales ou partielles, sont *a priori* pareillement applicables au constituant de l'hypothèque en garantie de la dette d'un tiers. De l'autre côté, le constituant de l'hypothèque en garantie de la dette d'autrui, partageant avec le tiers détenteur le fait de n'être pas débiteur de la dette garantie, est tenté de solliciter à son profit les causes d'extinction propres au tiers détenteur[3]. Enfin, les points communs que partagent le constituant de l'hypothèque en garantie de la dette d'autrui de la caution personnelle incitent le premier à solliciter le bénéfice des causes d'extinction de l'engagement propres au second, mais lui font, également, courir le risque de se voir appliquer certaines règles défavorables que doit supporter la caution personnelle[4].

Au regard de la complexité que ces questions soulèvent, elles seront traitées dans les développements spécifiques consacrés aux sûretés constituées en garantie de la dette d'autrui[5].

§ 4. Responsabilité des professionnels du droit en matière hypothécaire

1125. ***Responsabilité en principe étendue des notaires***. Le rôle des notaires en matière hypothécaire est prépondérant, de sorte que leur responsabilité est fréquemment recherchée, notamment par l'une ou l'autre des parties au contrat d'hypothèque[6]. La jurisprudence se

---

n° 1932 ; M. Planiol et G. Ripert, *op. cit.*, t. XIII, n° 1328 ; A. Weill, *op. cit.*, n° 595. *Contra*, au moins pour la prescription par possession trentenaire, la prescription abrégée étant de toutes façons inapplicable au regard des conditions requises, cf. C. Aubry et C. Rau, *op. cit.*, t. III, § 293, p. 667, texte et note 16.

1. « Une sorte d'usucapion libératoire » (J. Mestre, E. Putmann, M. Billiau, *op. cit.*, n° 1113).
2. V., not., Marty et Raynaud, *op. cit.*, t. III, vol. 1, n° 386 ; Mazeaud et Chabas, *op. cit.*, t. III, vol. 1, n° 578 ; Weill, *op. cit.*, n° 597.
3. Ce mouvement, s'il a pu un temps être accueilli, est plutôt rejeté aujourd'hui.
4. Notamment, se pose la question de savoir si la « caution hypothécaire » peut, ou non, soulever les exceptions personnelles au débiteur garanti pour provoquer l'extinction de son engagement hypothécaire, alors que cette question ne se pose naturellement pas lorsque le constituant de l'hypothèque est le débiteur.
5. V. ss 1185 s.
6. Cf. not. C. Albiges, « Responsabilité notariale et sûretés réelles. L'exemple de la convention d'hypothèque », in Évolution des sûretés réelles : regards croisés université-notariat, Litec, 2008, p. 15 s. ; J.-L. Aubert, *Responsabilité professionnelle des notaires*, 5e éd., Defrénois, 2008 ; M. Latina et J.-F. Sagaut, « Responsabilité du notaire en matière de sûretés », *Defrénois* 2011, art. 40001 ; J.-L. Mangel, « Les sûretés et la pratique notariale », *JCP N* 2012, dossier, 1336 ; S. Piedelièvre, « La

montre relativement sévère à l'encontre des notaires (le fait que ces professionnels soient assurés, et donc solvables, n'est certainement pas étranger à ce phénomène), comme en témoigne la liste ci-dessous, pourtant non exhaustive, des cas dans lesquels la responsabilité notariale est susceptible d'être engagée.

Le notaire est tout d'abord tenu de *s'assurer de l'efficacité de l'acte* auquel il prête son concours. Divers devoirs en découlent pour éviter la nullité ou l'inopposabilité de cet acte.

Il doit vérifier que le constituant dispose bien de la capacité juridique d'aliéner et qu'il est propriétaire de l'immeuble donné en garantie. Il s'agit là de missions traditionnelles du notaire, qui sont appréciées, logiquement, avec rigueur.

Le notaire doit vérifier la situation hypothécaire de l'immeuble offert en garantie et révéler, le cas échéant, l'existence d'hypothèques dont le rang serait préférable[1]. Il doit aussi s'assurer de la suffisance de la valeur de cet immeuble en vue du remboursement de la somme prêtée.

Afin de garantir l'efficacité juridique des sûretés, le notaire doit encore, sauf s'il en est dispensé expressément par les parties, veiller à l'accomplissement des formalités nécessaires à leur mise en place ; le client, quelles que soient ses compétences personnelles, s'en trouve alors complètement déchargé[2]. Le défaut d'inscription ou la disparition de celle-ci par nullité ou péremption peuvent être invoqués, non seulement par les parties au contrat d'hypothèque, mais également par tous ceux à qui l'exercice du droit de suite ou du droit de préférence du créancier causerait un préjudice (par exemple, l'acquéreur de l'immeuble grevé, les autres créanciers privilégiés ou hypothécaires du débiteur ou ses créanciers chirographaires). Ces tiers sont d'autant plus incités à agir que la jurisprudence décide que leur « connaissance personnelle des prêts consentis par la banque et des sûretés les ayant garantis ne peut suppléer à l'inscription, seul mode légal de publicité »[3].

Ensuite, le notaire est tenu d'une *obligation d'information et de conseil*[4]. Il doit éclairer ses clients sur les conditions de validité des actes, sur la nature et la portée des engagements. Sa responsabilité peut ainsi être engagée s'il ne met pas en garde le constituant sur la disproportion entre la valeur de l'immeuble et le crédit garanti[5]. Il a même été jugé que le notaire commet une faute s'il n'attire pas l'attention des souscripteurs d'un « cautionnement

---

responsabilité du notaire en matière hypothécaire », *RLDC* 2005/16, n° 644 ; F. Vauvillé, « La responsabilité notariale en cas d'inscription intermédiaire », *Defrénois* 2005, art. 38248 ; F. Vauvillé, « Responsabilité du notaire et hypothèque intercalaire », *JCP N* 2014. 1256.

1. Civ. 1re, 12 avr. 1972, *Bull. civ.* I, n° 99 ; 30 janv. 1973, *Bull. civ.* I, n° 38 ; 18 janv. 1978, *Bull. civ.* I, n° 29 ; 21 mai 1985, *Bull. civ.* I, n° 155.

2. Civ. 1re, 16 oct. 2008, *Bull. civ.* I, n° 226 ; 3 mars 2011, *Bull. civ.* I, n° 44.

3. Civ. 3e, 17 juill. 1986, *Bull. civ.* III, n° 118 ; Civ. 2e, 11 juill. 2002, *Bull. civ.* II, n° 170.

4. C'est au notaire qu'il appartient de prouver qu'il a mis en garde ses clients contre les risques encourus (Civ. 1re, 25 juin 1991, *Bull. civ.* I, n° 212) et, plus généralement, de prouver le conseil donné (Civ. 1re, 3 févr. 1998, *Bull. civ.* I, n° 44). Il résulte de ce glissement de la charge de la preuve que les notaires ont tout intérêt à se préconstituer des preuves permettant d'établir qu'ils ont respecté leurs obligations d'information. Les tribunaux admettent l'efficacité de tout écrit signé par les clients prouvant l'exécution par le notaire de ces obligations, tel un acte distinct de l'acte authentique dans lequel le créancier reconnaîtrait avoir été informé de la teneur des garanties.

5. Civ. 1re, 28 mai 2009, *Bull. civ.* I, n° 109 : « S'il n'est pas tenu d'une obligation de conseil et de mise en garde concernant l'opportunité économique d'une opération en l'absence d'éléments d'appréciation qu'il n'a pas à rechercher, le notaire est, en revanche, tenu d'une telle obligation pour que les droits et obligations réciproques légalement contractés par les parties répondent aux finalités révélées de leur engagement, soient adaptés à leurs capacités ou facultés respectives et soient assortis des stipulations propres à leur conférer leur efficacité, quand bien même leur engagement procéderait d'un accord antérieur, dès lors qu'au moment de l'authentification cet accord n'a pas produit tous ses effets ou ne revêt pas un caractère immuable ».

hypothécaire » sur l'importance et les risques des engagements pris, fussent-ils proportionnés à leurs facultés[1]. Il importe de relever que le devoir de conseil a un caractère absolu en ce sens que le notaire y est soumis quelles que soient les compétences personnelles de ses clients[2]. Il en va de même dans l'hypothèse où le client serait assisté par un avocat ou un conseiller personnel[3], fût-il lui-même notaire[4]. Tout au plus, la considération des compétences ou connaissances personnelles du client permet-elle, « le cas échéant, d'estimer que celui-ci a commis une faute ayant contribué à la production de son préjudice »[5], ce qui autorise un partage de responsabilité.

Enfin, le notaire peut être *chargé par les parties d'obligations particulières*, comme opérer une substitution de garantie[6] ou procéder au renouvellement des inscriptions prises en vertu d'actes passés en son étude[7]. Il prend alors la qualité de mandataire du créancier hypothécaire et sa responsabilité, contractuelle alors[8], peut être recherchée sur le fondement des règles relatives au mandat rémunéré (C. civ., art. 1992, al. 2).

Si la responsabilité notariale en matière hypothécaire est donc aisément retenue, il ne faut toutefois pas occulter les cas dans lesquels elle ne saurait être engagée.

1126. ***Les limites à la responsabilité du notaire***. Certains devoirs ne sont pas mis à la charge des notaires.

Par exemple, si la valeur du bien grevé a été expertisée par le notaire au moment de la conclusion du prêt et qu'il est établi qu'elle était bien suffisante, à cette époque, pour garantir celui-ci, le notaire ne saurait se voir reprocher une *perte de valeur* survenant ultérieurement[9].

Autre exemple : « le notaire, recevant un acte en l'état de déclarations erronées d'une partie quant aux *faits rapportés*, engage sa responsabilité seulement s'il est établi qu'il disposait d'éléments de nature à faire douter de leur véracité ou de leur exactitude »[10]. Tel n'a pas été le cas dans une affaire jugée en 2012 dans laquelle un notaire avait établi un acte de prêt sans connaître l'existence d'une vente antérieure, et donc sans savoir qu'elle comportait une clause d'inaliénabilité, qui rendait impossible toute souscription d'une hypothèque conventionnelle[11].

---

1. Civ. 1re, 7 nov. 2000, *Bull. civ.* I, n° 282.

2. Civ. 1re, 4 juin 1996, inédit, n° 94-12170 ; 25 nov. 1997, *Bull. civ.* I, n° 329 ; 4 avr. 2001, *Bull. civ.* I, n° 104 ; 12 juill. 2005, *Bull. civ.* I, n° 323 ; 19 déc. 2006, *Bull. civ.* I, n° 556.

3. Civ. 1re, 21 févr. 1995, *Bull. civ.* I, n° 95 ; 10 juill. 1995, *Bull. civ.* I, n° 312 ; 12 déc. 1995, *Bull. civ.* I, n° 459 ; 18 juin 1996, *Bull. civ.* I, n° 260 ; 13 nov. 1997, *Bull. civ.* I, n° 308 ; 9 juin 1998, *Bull. civ.* I, n° 205.

4. Civ. 1re, 26 nov. 1996, *Bull. civ.* I, n° 418.

5. Civ. 1re, 19 mai 1999, *Bull. civ.* I, n° 166 ; 12 juill. 2005, *Bull. civ.* I, n° 323.

6. Civ. 1re, 12 avr. 2005, *Bull. civ.* I, n° 178.

7. Civ. 1re, 25 mai 1982, *Bull. civ.* I, n° 190 ; 26 juin 1984, *Bull. civ.* I, n° 209 ; 12 janv. 1999, inédit, n° 97-19996 ; 12 janv. 1999, *Bull. civ.* I, n° 15.

8. Civ. 1re, 28 oct. 1991, *Bull. civ.* I, n° 288 ; 12 avr. 2005, *Bull. civ.* I, n° 178 (« si les obligations du notaire, qui ne tendent qu'à assurer l'efficacité d'un acte instrumenté par lui et qui ne constituent que le prolongement de sa mission de rédacteur d'actes, relèvent de sa responsabilité délictuelle, il en va différemment lorsque celui-ci a souscrit une obligation contractuelle à l'égard de son client ») ; 19 sept. 2007, inédit, n° 04-16086 ; 23 janv. 2008, *Bull. civ.* I, n° 27.

9. Civ. 1re, 2 févr. 1970, *Bull. civ.* I, n° 43.

Notons qu'à l'inverse, le notaire ne peut se prévaloir d'une plus-value de l'immeuble affecté en garantie, résultant d'opérations postérieures à la conclusion du contrat de prêt, pour écarter sa responsabilité (Civ. 1re, 21 mai 1985, *Bull. civ.* I, n° 155).

10. Civ. 1re, 8 janv. 2009, *Bull. civ.* I, n° 1.

11. Civ. 1re, 23 févr. 2012, *Bull. civ.* I, n° 39 (en l'espèce, l'inaliénabilité de l'immeuble, assiette de la sûreté, avait été dissimulée au notaire par son client, le constituant de l'hypothèque, et par la banque créancière).

Certaines diligences sont par ailleurs écartées en cas d'*inscription intercalaire* : dès lors que le notaire a bien pris soin de lever, avant la vente, un état hypothécaire pour s'assurer de la situation de l'immeuble, « aucun élément ne justifie qu'il demande un état plus récent » [1]. Toutefois, selon une réponse ministérielle en date du 8 avril 2014, « la demande de renseignement du notaire doit intervenir à une date relativement proche de la date de l'acte. (...) En l'absence de diligences suffisantes pour vérifier l'état des inscriptions hypothécaires qui causerait un préjudice à l'acquéreur, le notaire, sous réserve de l'appréciation souveraine des juridictions en fonction des cas d'espèce, pourrait voir retenir sa responsabilité professionnelle » [2].

La Cour de cassation n'impose pas aux notaires de « se substituer aux banques dans la recherche de solvabilité des acquéreurs et des *risques des opérations spéculatives* » [3].

Par ailleurs et naturellement, le manquement éventuel du notaire ne peut permettre, à lui seul, d'engager sa responsabilité. Il est nécessaire que s'y ajoutent un *préjudice* direct, actuel et certain, par exemple pour le créancier inscrit [4], ainsi qu'un *lien de causalité*. Ce dernier peut faire défaut, par exemple, lorsque le notaire agit comme simple authentificateur du contrat de prêt négocié, voire signé, en dehors de lui et qu'il établit un acte d'affectation hypothécaire *a posteriori* [5].

Enfin, il convient de souligner que, sans être entièrement écartée, la responsabilité du notaire peut être atténuée si le client du notaire a lui-même commis une faute à l'origine de son préjudice [6].

---

1. Civ. 1re, 15 mars 2005, *Bull. civ.* I, n° 132 ; 23 nov. 2004, *Bull. civ.* I, n° 285.

2. Rép. min. n° 26995, *JOAN Q* 8 avr. 2014, p. 3241.

3. Civ. 1re, 28 juin 2007, *Bull. civ.* I, n° 246. En l'espèce, le manquement au devoir de conseil a pu être écarté car le notaire n'était pas intervenu dans la négociation des différents prêts et qu'il avait pu, en conséquence, légitimement ignorer que les emprunteurs avaient dissimulé aux banques l'existence de nombreuses autres acquisitions et des prêts servant à les financer.

Rappr. Civ. 1re, 8 déc. 2009, *Bull. civ.* I, n° 238 : le notaire « n'a pas à répondre, dès lors qu'ont été prises les mesures propres à garantir la bonne exécution du montage choisi, des aléas financiers liés à la conjoncture boursière acceptés par ses clients ».

4. Civ. 1re, 1er févr. 2005, *Bull. civ.* I, n° 55 (inscription certes tardive d'une hypothèque, mais néanmoins antérieure à la publication par des tiers de droits concurrents, de sorte que le créancier hypothécaire ne pouvait en pâtir) ; 11 févr. 2010, inédit, n° 08-21565 (un notaire avait commis une faute en se dessaisissant des fonds reçus pour une vente alors que l'immeuble était grevé d'une hypothèque judiciaire provisoire convertie en hypothèque définitive, mais sa responsabilité a été écartée en l'absence d'un préjudice certain du créancier, puisque celui-ci n'avait pas usé de la faculté d'exercer son droit de suite à l'encontre des acquéreurs) ; 27 févr. 2013, *Bull. civ.* I, n° 27 (ne justifie pas d'un dommage certain à l'égard du notaire en faute pour avoir omis, à l'occasion d'une vente immobilière, de régler les créanciers et de purger les inscriptions, le créancier hypothécaire n'ayant pas exercé son droit de suite, lequel constitue, non une voie de droit qui ne serait que la conséquence de la situation dommageable imputée à faute, mais un effet attaché à l'hypothèque).

5. Il a été jugé, en cas de remise des fonds prêtés avant l'établissement de l'acte authentique (qui constituait alors une simple reconnaissance de dette), que l'absence de vérification de la situation hypothécaire des immeubles donnés en garantie était sans lien de causalité avec le préjudice du prêteur résultant du non-remboursement du prêt (Civ. 1re, 15 janv. 1985, *Defrénois* 1985, art. 33568, p. 934, obs. J.-L. Aubert). Certains arrêts refusent cependant la décharge du notaire au motif qu'il aurait seulement authentifié l'acte établi par les parties (Civ. 3e, 18 oct. 2005, *Bull. civ.* III, n° 196).

6. Pour un exemple de partage de responsabilité, cf. Civ. 1re, 1er juill. 2010, *Bull. civ.* I, n° 152 (le notaire avait commis une faute en ne révélant pas l'existence de deux inscriptions primant celle de sa cliente, qui était une banque garantie par une hypothèque sur l'immeuble acheté par l'emprunteur dans le cadre d'une vente en l'état futur d'achèvement ; la banque avait également commis une faute en ne remettant pas, contrairement à ce que prévoyait l'acte notarié de vente et de prêt, les fonds entre les mains du notaire au fur et à mesure de l'avancement des travaux sur attestation de l'architecte, mais entre celles du promoteur).

1127. ***Responsabilité exceptionnelle des avocats.*** Si la responsabilité notariale est la plus fréquemment recherchée en matière d'hypothèque, il arrive néanmoins que ce soit celle d'un avocat qui soit mise en cause. La jurisprudence semble se montrer plus clémente avec ce second professionnel du droit, comme en attestent les deux arrêts suivants rendus par la première chambre civile de la Cour de cassation.

Dans le premier, en date du 17 juin 2010, a été rejetée la responsabilité d'un avocat auquel son client, un créancier hypothécaire, reprochait de n'avoir pas renouvelé l'inscription de sa sûreté, ni de l'avoir alerté sur la nécessité de procéder à cette formalité afin d'éviter la péremption de l'inscription [1]. Pour statuer en ce sens, la Cour de cassation s'est retranchée derrière le pouvoir souverain d'appréciation des juges du fond quant à l'étendue du mandat *ad litem* de l'avocat, qui n'avait été chargé, expressément, que de défendre à une action principale en nullité engagée par l'emprunteur ayant constitué l'hypothèque litigieuse, et d'obtenir la condamnation à paiement de ce débiteur. Selon les juges du fond, comme le client de l'avocat « s'était préoccupé de l'existence et de la validité de sa garantie » plusieurs mois avant la signature du mandat *ad litem*, notamment en « consultant un notaire sur ce point », il fallait en déduire que ce client avait fait « volontairement le choix de ne pas mandater l'avocat à ce sujet, ni pour le charger du renouvellement de l'inscription ni même pour obtenir des conseils ». Deux enseignements peuvent être tirés de cet arrêt en l'interprétant *a contrario* et en le rapprochant de décisions antérieures. D'une part, la responsabilité pour non-renouvellement d'une inscription hypothécaire pourrait être engagée si l'avocat avait reçu mandat d'inscrire la sûreté [2]. D'autre part, la transmission à l'avocat du bordereau d'inscription pourrait révéler la volonté du client de voir l'avocat se charger de l'efficacité de la sûreté [3] (à l'inverse, comme dans l'arrêt étudié, si le client conserve ce genre de documents, il ne donne pas les moyens à son avocat de procéder au renouvellement et les juges du fond peuvent d'autant plus facilement en déduire que le mandat ne couvre pas cette mission). On peut en outre se demander si l'arrêt ne marque pas un certain infléchissement du principe jurisprudentiel selon lequel le concours d'autres professionnels du droit (en particulier celui d'un notaire, comme en l'espèce) n'est pas de nature à exonérer l'avocat de sa responsabilité.

Dans un second arrêt, en date du 16 septembre 2010 [4], il a été décidé que la responsabilité de l'avocat ne saurait être engagée pour non-renouvellement d'une inscription dès lors que cette inscription est nulle comme ayant été faite au nom d'une société dépourvue de la personnalité morale [5]. Cette solution est parfaitement logique, puisque la responsabilité ne repose pas uniquement sur une faute (en l'espèce, le défaut de renouvellement de l'inscription hypothécaire alors que cette mission avait été expressément confiée à l'avocat) ; elle nécessite, en outre, un préjudice, qui n'existait pas en l'occurrence, puisque l'inscription hypothécaire initiale n'était pas valable. L'arrêt renferme une autre solution de nature à limiter la responsabilité susceptible de peser sur les avocats en matière hypothécaire. La Cour de cassation a effectivement précisé la nature du préjudice résultant du

---

1. Civ. 1re, 17 juin 2010, *Bull. civ.* I, n° 135.
2. En ce sens, cf. Civ. 1re, 19 mai 1999, *Bull. civ.* I, n° 169.
3. En ce sens, cf. Civ. 1re, 5 févr. 1991, *Bull. civ.* I, n° 46.
4. Civ. 1re, 16 sept. 2010, *Bull. civ.* I, n° 172.
5. En l'espèce, une société absorbante avait fait inscrire, au nom de la société absorbée, une hypothèque judiciaire provisoire que cette dernière avait été autorisée à prendre sur l'immeuble de son débiteur. L'avocat de la société absorbante avait négligé de faire renouveler l'inscription initiale, puis de faire procéder à une nouvelle inscription. Sa responsabilité n'est pas mise en jeu pour autant, car la société absorbée, au nom de laquelle l'inscription avait été prise, ayant été radiée du registre du commerce et des sociétés près de deux mois avant cette inscription, cette dernière était nulle.

défaut d'inscription d'une sûreté : il ne s'agit pas, contrairement à ce que le pourvoi affirmait, « de l'impossibilité, pour le créancier, d'être payé par préférence sur le prix de vente de l'immeuble », mais seulement « d'une perte de chance d'obtenir au moins partiellement le règlement de sa créance ». L'enjeu résidait évidemment dans l'étendue de la réparation, qui est seulement partielle en présence d'une perte de chance. Cette qualification nous paraît parfaitement logique dans la mesure où l'inscription d'une hypothèque ne donne jamais au créancier une absolue certitude de recevoir un paiement préférentiel. Il demeure toujours un aléa, au moins sur le montant que le créancier percevra finalement.

Section 2
Le gage immobilier (antichrèse)

C. civ., art. 2387. – Le gage immobilier est l'affectation d'un immeuble en garantie d'une obligation ; il emporte dépossession de celui qui la constitue.

1128. L'antichrèse a longtemps vécu dans l'ombre de l'autre sûreté réelle immobilière conventionnelle qu'est l'hypothèque [1], et ce pour deux raisons essentielles. D'une part, à l'inverse de l'hypothèque, l'antichrèse est une sûreté *avec dépossession*. Cette exigence, formulée avant la réforme de 2006 par les articles 2071 et 2072 du Code civil [2] et reprise par l'article 2387 du Code civil, peut être jugée antiéconomique, aussi bien par le constituant, qui perd l'usage du bien grevé et voit diminuer son crédit, que par le créancier, sur lequel pèsent des contraintes d'entretien et de conservation. D'autre part, alors que l'hypothèque a toujours reposé sur l'affectation d'un immeuble, l'antichrèse ne permettait traditionnellement au créancier d'acquérir « que la faculté de percevoir *les fruits* de l'immeuble » (C. civ., anc. art. 2085, al. 2). Sur ce dernier point, l'ordonnance du 23 mars 2006 a renforcé l'efficacité de l'antichrèse, puisque l'article 2387 du Code civil la définit comme « l'affectation d'un immeuble en garantie d'une obligation » [3].

De manière générale, l'ordonnance a rendu le régime de l'antichrèse plus complet, plus sûr et sans doute plus attractif aux yeux des créanciers. Cette sûreté risque néanmoins de demeurer dans l'ombre de l'hypothèque, puisque, même si elle est soumise à quelques règles propres (§ 1), l'essentiel de son régime procède de renvois à celui de l'hypothèque (§ 2). En raison de cet emprunt de régime à l'hypothèque et de la distance prise, au contraire, à l'égard du gage de meubles corporels (la dépossession du constituant n'y est plus essentielle), n'apparaît pas cohérente la substitution du terme « antichrèse » par l'expression « gage immobilier », dans un prétendu souci de simplification et de clarification du droit (L. du 12 mai 2009) [4].

---

1. Cf. en ce sens Ph. Dupichot (« Commentaire de l'ordonnance du 23 mars 2006 relative aux sûretés. L'antichrèse », *JCP* 2006, suppl. au n° 20, p. 26 s.), qui la qualifie d' « *outsider* du droit des sûretés réelles immobilières conventionnelles ».

2. Ancien article 2071 du Code civil : « Le nantissement est un contrat par lequel un débiteur remet une chose à son créancier pour sûreté de la dette. »

Ancien article 2072 du Code civil : « Le nantissement d'une chose mobilière s'appelle gage. Le nantissement d'une chose immobilière s'appelle antichrèse. »

L'ordonnance du 23 mars 2006 a abandonné cette terminologie. Le terme nantissement étant désormais réservé au gage de meubles incorporels (C. civ., art. 2329), l'antichrèse ne peut plus recevoir cette qualification. En revanche, l'exigence de dépossession inscrite dans l'ancien article 2071 du Code civil a été maintenue.

3. Cf. M. Mignot, « La nature juridique du gage immobilier », *LPA* 4 déc. 2014, n° 242, p. 7.

4. F. Pérochon, « Gage immobilier, antichrèse, nantissement : la valse des étiquettes », *Rev. proc. coll.* 2010, n° 2, p. 55 s.

§ 1. Régime propre

> **C. civ., art. 2389.** – Le créancier perçoit les fruits de l'immeuble affecté en garantie à charge de les imputer sur les intérêts, s'il en est dû, et subsidiairement sur le capital de la dette.
> Il est tenu, à peine de déchéance, de pourvoir à la conservation et à l'entretien de l'immeuble et peut y employer les fruits perçus avant de les imputer sur la dette. Il peut à tout moment se soustraire à cette obligation en restituant le bien à son propriétaire.
> **C. civ., art. 2390.** – Le créancier peut, sans en perdre la possession, donner l'immeuble à bail, soit à un tiers, soit au débiteur lui-même.
> **C. civ., art. 2391.** – Le débiteur ne peut réclamer la restitution de l'immeuble avant l'entier acquittement de sa dette.
> **C. civ., art. 2392.** – Les droits du créancier titulaire d'un droit de gage immobilier s'éteignent notamment :
> 1° par l'extinction de l'obligation principale ;
> 2° par la restitution anticipée de l'immeuble à son propriétaire.

Mise en possession du créancier. La caractéristique distinctive du contrat de gage immobilier (antichrèse) réside dans la dépossession du débiteur (ou du constituant, s'il n'est pas débiteur) au profit du créancier (C. civ., art. 2387). Cette exigence soulève une question quant à la nature de ce contrat et emporte diverses conséquences sur les droits et obligations du créancier.

1129. ***Contrat réel ?*** Avant la réforme de 2006, la Cour de cassation jugeait que la dépossession était de l'essence même de l'antichrèse[1]. L'ordonnance du 23 mars 2006 est plus équivoque sur la nature réelle ou consensuelle de cette sûreté. En effet, le verbe « emporter », employé par l'article 2387 du Code civil, peut laisser penser que la dépossession n'est qu'un effet du gage immobilier, et non l'une de ses conditions de validité. Cette interprétation n'aurait d'ailleurs rien de surprenant à l'heure où la catégorie des contrats réels connaît un véritable déclin, comme en témoignent le nouveau droit commun du gage de meubles corporels et la jurisprudence rendue en matière de prêt[2]. L'exclusion du caractère réel du gage immobilier serait par ailleurs cohérente au regard de son nouveau caractère solennel[3]. Il est effectivement difficile de concevoir qu'un contrat puisse être à la fois solennel et réel[4] : que vaudrait dans ce cas la mise en possession sans l'intervention d'un notaire ou, à l'inverse, l'acte authentique sans la remise de l'immeuble ?

Toutefois, la mise en possession du créancier n'en demeure pas moins une condition essentielle du gage immobilier, en ce sens, qu'à l'inverse du gage de meubles corporels[5], les parties ne peuvent constituer un gage immobilier dispensant le débiteur de se déposséder du bien[6]. De même, la mise en possession du créancier ne peut être réduite à une condition d'opposabilité aux tiers de la sûreté.

1130. ***Obligations du créancier***. Le créancier titulaire d'un droit de gage immobilier doit pourvoir à l'entretien et à la conservation du bien dont il est mis en possession, au besoin en y employant les fruits perçus (C. civ., art. 2389, al. 2, anc. art. 2086, al. 2).

---

1. Civ. 1re, 22 mars 1966, *Bull. civ.* I, n° 201 et 203.
2. V. ss 822 s.
3. V. ss 1135.
4. Sur cette articulation, cf. not. G. Piette, « La nature de l'antichrèse après l'ordonnance n° 2006-346 du 23 mars 2006 », *D.* 2006. Chron. 1688.
5. V. ss 823.
6. L'hypothèse de l'antichrèse-bail ne constitue pas une exception à cette affirmation : v. ss 1131.

L'ordonnance ne fait plus état, en revanche, d'une autre obligation qu'imposait l'ancien article 2086, alinéa 1er, du Code civil, à savoir celle de payer les contributions et les charges annuelles de l'immeuble. Ce paiement incombe donc désormais au constituant propriétaire de l'immeuble grevé.

1131. ***Droits du créancier***. La mise en possession procure au créancier plusieurs prérogatives. Il peut d'abord *percevoir les fruits* de l'immeuble affecté en garantie « à charge de les imputer sur les intérêts, s'il en est dû, et subsidiairement sur le capital de la dette » (C. civ., art. 2389 al. 1er, anc. art. 2085, al. 2). Le gage immobilier produit ainsi des effets avant même l'échéance de la créance garantie. Ensuite, la possession de l'immeuble confère au créancier un *droit de rétention* (C. civ., art. 2391), qui peut le prémunir contre les incertitudes du concours avec d'autres créanciers [1]. Enfin, aux termes de l'article 2390 du Code civil, « le créancier peut, sans en perdre la possession, donner l'immeuble à bail, soit à un tiers, soit au débiteur lui-même ». La dépossession devient alors juridique. La Cour de cassation avait déjà admis en 2002 la validité de cette pratique dite de l'*antichrèse-bail* [2].

1132. ***Extinction***. L'article 2392 du Code civil énonce deux causes d'extinction du gage immobilier.

La première est *l'extinction de l'obligation principale*. Elle atteste du fait que le gage immobilier, comme toute sûreté, présente un caractère accessoire général. L'article 2391 du Code civil révèle, quant à lui, un autre caractère partagé par l'ensemble des sûretés réelles. Il s'agit de l'indivisibilité : le gage immobilier ne s'éteint et, par conséquent, le débiteur ne peut réclamer la restitution de son bien, qu'après « l'entier acquittement de sa dette ».

La seconde cause d'extinction visée par l'article 2392 du Code civil consiste dans « la restitution anticipée de l'immeuble à son propriétaire ». Il s'agit cette fois d'une cause d'extinction par voie principale, qui atteste de l'exigence de possession du créancier, soit par lui-même, soit *corpore alieno*. Toutefois, comme l'article 2390 du Code civil admet que cette exigence puisse être respectée même en cas de bail de l'immeuble, une restitution de l'immeuble à son propriétaire, à seule fin qu'il en devienne locataire, n'emportera donc pas l'extinction de la sûreté. Le constituant-locataire possède alors pour le compte du créancier [3].

Cet énoncé des causes d'extinction n'a rien de limitatif, puisque le texte dispose : « les droits du créancier titulaire d'un droit de gage immobilier s'éteignent notamment... ». L'emploi de ce dernier adverbe autorise l'application au gage immobilier d'autres causes d'extinction, en particulier celles propres à l'hypothèque, puisque l'article 2388 du Code civil opère lui-même un renvoi à divers éléments du régime de cette sûreté.

§ 2. Régime emprunté à l'hypothèque

> **C. civ., art. 2388.** – Les dispositions relatives à l'hypothèque conventionnelle prévues au dernier alinéa de l'article 2397 et aux articles 2413, 2414, 2416, 2417 et 2421 sont applicables au gage immobilier.

1. Un arrêt très ancien de la cour d'appel de Paris a néanmoins limité l'efficacité du droit de rétention de l'antichrésiste en décidant que ce droit n'est opposable qu'aux tiers dont les droits sont postérieurs à la transcription de l'antichrèse, à l'exclusion des créanciers hypothécaires inscrits sur l'immeuble avant l'accomplissement de cette formalité (Paris, 12 janv. 1895, *DP* 96. 2. 57, note Cézar-Bru). Cette solution n'est pas en conformité avec le droit commun du droit de rétention : v. ss 758-761.
2. Civ. 3e, 18 déc. 2002, *Bull. civ.* III, no 261.
3. Cf. Civ. 3e, 18 déc. 2002, préc.

Le sont également les dispositions relatives aux effets de l'hypothèque prévues aux articles 2458 à 2460.

1133. Traditionnellement, l'antichrèse était considérée comme une variété de nantissement (C. civ., anc. art. 2071 et 2072) et se voyait appliquer les règles du gage compatibles avec sa nature immobilière. Cette analogie était d'ailleurs autorisée par l'ancien article 2090 du Code civil, qui déclarait applicable à l'antichrèse les articles 2077 et 2083, portant respectivement sur le gage constitué par un tiers et sur le caractère indivisible du gage.

Comme l'ordonnance du 23 mars 2006 a totalement remanié la terminologie en matière de sûretés réelles, en particulier en réservant le terme « nantissement » aux sûretés portant sur des meubles incorporels [1], l'antichrèse ne doit plus recevoir cette qualification et son régime doit être détaché de celui du gage, au sujet notamment du droit de préférence sur le prix de vente de l'immeuble ou du droit de suite en cas de dépossession involontaire [2]. Ce nécessaire détachement contribue à alimenter la critique déjà formulée à l'encontre de la nouvelle appellation de « gage immobilier ».

Depuis la réforme de 2006, l'antichrèse est classée parmi les sûretés sur les immeubles (C. civ., art. 2373) et une partie de son régime doit être emprunté à celui de l'hypothèque. L'article 2388 du Code civil impose effectivement l'application de nombreuses règles du droit hypothécaire, tant pour sa constitution, que pour ses effets.

Constitution. Le premier alinéa de l'article 2388 du Code civil renvoie à six articles du régime de l'hypothèque conventionnelle intéressant la constitution de la sûreté.

1134. ***Conditions de fond***. D'abord, le gage immobilier portant sur un bien situé en France ne peut être conclu en pays étranger (C. civ., art. 2417, anc. art. 2128). Ensuite, le constituant doit être propriétaire du bien grevé et avoir la capacité de l'aliéner (C. civ., art. 2413, anc. art. 2124). Si ses droits sur l'immeuble sont suspendus par une condition, ou indivis, ou encore sujets à résolution ou rescision, il convient d'appliquer les solutions énoncées par l'article 2414 du Code civil. S'agissant par ailleurs de l'assiette du gage immobilier, elle comprend les « améliorations qui surviennent à l'immeuble » (C. civ., art. 2397, dern. al.). Enfin, les créances garanties peuvent être présentes ou futures, à condition, dans ce dernier cas, d'être déterminables, et leur cause doit être déterminée dans l'acte constitutif (C. civ., art. 2421).

1135. ***Conditions de forme***. L'acte constitutif doit être un acte notarié (C. civ., art. 2416). Le contrat de gage immobilier présente donc un caractère *solennel*, alors qu'avant la réforme de 2006, l'écrit visé par l'ancien article 2085, alinéa 1er, du Code civil était considéré par la doctrine comme une exigence de nature seulement probatoire. Il ne s'agit pas d'une révolution, mais plutôt d'une évolution, à resituer dans celle plus générale du droit immobilier, dans laquelle l'intervention d'un notaire devient incontournable. Le changement devrait, en effet, avoir un impact limité, puisqu'avant l'ordonnance du 23 mars 2006, le notaire devait déjà intervenir pour accomplir les formalités de publicité au fichier immobilier, nécessaires pour rendre l'antichrèse opposable aux tiers [3].

---

1. V. ss 808.

2. En faveur d'un détachement plus nuancé, cf. N. Borga, « L'autonomie conceptuelle de l'antichrèse, source d'effets imprévus », *D.* 2006, Point de vue p. 2090.

3. Dans la mesure où l'intervention d'un notaire est donc en tout état de cause nécessaire, « qu'importe que le terme antichrèse soit peu compréhensible pour le citoyen (puisque) cette sûreté n'est destinée qu'à être utilisée dans des cas très particuliers où l'intervention d'un professionnel permettra toujours au constituant d'être éclairé » (P. Crocq, « Des chrysanthèmes pour l'antichrèse ? », *RLDC* 2008, n° 55, p. 65 s.).

1136. ***Réalisation***. Le second alinéa de l'article 2388 du Code civil déclare également applicables au gage immobilier les articles 2458 à 2460 du Code civil, qui régissent la réalisation de la sûreté. Comme l'hypothèque, l'antichrèse peut être mise en œuvre de trois manières différentes (et avec les mêmes garde-fous) : par vente amiable ou forcée de l'immeuble ; par attribution de sa propriété ordonnée en justice ; sur le fondement d'un pacte commissoire, qui était auparavant prohibé par l'article 2088 du Code civil. Il existe ainsi un véritable droit commun de la réalisation des sûretés réelles immobilières conventionnelles.

Chapitre 2

Les sûretés immobilières légales

1137. Les sûretés immobilières légales sont, d'une part, les *hypothèques légales* et, d'autre part, les *privilèges immobiliers spéciaux*[1]. Ce sont, tous deux, des sûretés réelles sans dépossession conférant un droit de préférence et, le plus souvent, un droit de suite.

Traditionnellement distinguées par leur fondement et par leur régime, les hypothèques légales se sont significativement rapprochées des privilèges spéciaux immobiliers[2] depuis le décret du 4 janvier 1955. En effet, avant cette réforme, les privilèges immobiliers généraux présentaient un caractère occulte et le nombre des privilèges immobiliers spéciaux était très important. Le décret du 4 janvier 1955 a transformé en hypothèques légales de nombreux privilèges généraux et spéciaux. Aussi, désormais, de nombreuses hypothèques légales empruntent aux privilèges leur fondement, à savoir la « qualité de la créance ». Depuis la loi du 20 février 2007 ayant ratifié l'ordonnance du 23 mars 2006, les points communs sont encore plus nombreux, puisque les dispositions régissant la réalisation et la purge sont désormais communes à l'ensemble des hypothèques et privilèges immobiliers. Il subsiste toutefois une différence de portée capitale entre les deux espèces de sûretés immobilières légales : les hypothèques légales ont un rang inférieur à celui des privilèges immobiliers spéciaux. Il est ainsi usuel de qualifier les privilèges immobiliers spéciaux d'« hypothèques légales privilégiées ».

L'étude des hypothèques légales (Section 1) précédera celle des privilèges immobiliers spéciaux (Section 2).

Section 1
Les hypothèques légales

Une fois déterminées les caractéristiques des hypothèques légales (§ 1), l'exemple sera donné de l'une des plus importantes d'entre elles, dont l'étude ressortit, à titre principal, au droit des sûretés : l'hypothèque attachée aux jugements de condamnation (§ 2).

§ 1. Les caractéristiques

> **C. civ., art. 2396, al. 1er (anc. art. 2117).** – L'hypothèque légale est celle qui résulte de la loi.

1. Il n'existe pas, à proprement parler, de privilèges immobiliers généraux, en ce sens que les créances privilégiées sur la totalité de l'actif immobilier du débiteur le sont également sur la totalité de l'actif mobilier. Sur les privilèges portant sur la totalité de l'actif, v. ss 785 s.
2. À moins que cela ne soit l'inverse…

C. civ., art. 2400 (anc. art. 2121). – Indépendamment des hypothèques légales résultant d'autres codes ou de lois particulières, les droits et créances auxquels l'hypothèque légale est attribuée sont :
1° (*L. n° 65-570 du 13 juill. 1965*) ceux d'un époux, sur les biens de l'autre ;
2° ceux des mineurs ou majeurs en tutelle, sur les biens du tuteur ou de l'administrateur légal ;
3° ceux de l'État, des départements, des communes et des établissements publics, sur les biens des receveurs et administrateurs comptables ;
4° ceux du légataire, sur les biens de la succession, en vertu de l'article 1017 ;
5° ceux énoncés en l'article 2331, 2°, 3°, 5°, 6°, 7° et 8°.
C. civ., art. 2401 (anc. art. 2122). – Sous réserve tant des exceptions résultant du présent code, d'autres codes ou de lois particulières que du droit pour le débiteur de se prévaloir des dispositions des articles 2444 et suivants, le créancier bénéficiaire d'une hypothèque légale peut inscrire son droit sur tous les immeubles appartenant actuellement à son débiteur, sauf à se conformer aux dispositions de l'article 2426. Il peut, sous les mêmes réserves, prendre des inscriptions complémentaires sur les immeubles entrés, par la suite, dans le patrimoine de son débiteur.

1138. ***Définition***. Aux termes de l'article 2396 du Code civil (anc. art. 2117), « l'hypothèque légale est celle qui résulte de la loi ». Elle joue *de plein droit*, par le seul effet de la loi, sans qu'une convention n'ait besoin d'être conclue entre le créancier et le débiteur [1].

1139. ***Causes***. Dans certains cas, une hypothèque est accordée par la loi à des créanciers qui ont besoin d'une protection particulière. C'est normalement la *qualité du créancier* qui justifie l'existence d'une hypothèque légale [2]. Il en va ainsi des époux pour les créances que l'un détiendrait contre l'autre et des mineurs ou majeurs en tutelle pour les créances relatives à la gestion de la tutelle contre leur tuteur ou administrateur légal (art. 2400, 1° et 2°, anc. art. 2121), ces deux catégories de personnes étant réputées, de par leur position vis-à-vis du débiteur, n'avoir pu requérir une garantie conventionnelle. Dans d'autres cas, l'hypothèque légale vise à favoriser le recouvrement de certaines créances, par exemple celles qui résultent du fonctionnement de la copropriété (L. du 10 juill. 1965) ou les aides sociales avancées par les départements (CASF, art. L. 132-9). Dans d'autres cas encore, l'hypothèque légale est accordée en raison de l'autorité de la source de la créance. Il en va ainsi des créances qui procèdent d'un jugement de condamnation. Cette hypothèque attachée aux jugements de condamnation est dite « judiciaire » [3].

Plusieurs hypothèques légales mériteraient, certainement, d'être supprimées. Ainsi en est-il des hypothèques légales garantissant les créances de l'article 2331, 2°, 3°, 5°, 6°, 7° et 8° du Code civil (en particulier, les frais funéraires, les frais de dernière maladie ou les fournitures de subsistances), dont le montant est, souvent, relativement faible [4]. De même l'hypothèque légale du syndicat des copropriétaires est devenue inutile depuis qu'a été créé le privilège spécial immobilier de l'article 2374, 1° *bis* du Code civil [5].

1140. ***Assiette***. La différence essentielle entre l'hypothèque conventionnelle et l'hypothèque légale tient dans le fait que cette dernière est, en principe [6], *générale* [7], c'est-à-dire

1. Sur les hypothèques légales, v., les développements de V. Brémond, *J.-Cl. Civ.*, art. 2400 et 2401.
2. Sur l'intrication des notions de qualité de la créance et de qualité du créancier, v., spéc., M. Rouland, *La qualité de la créance*, thèse, Paris X-Nanterre, 2007, n°s 23 s.
3. V. ss 1144 s.
4. À l'inverse il est parfois proposé de supprimer certains privilèges immobiliers spéciaux et de les remplacer par des hypothèques légales : v. ss 1175.
5. V. ss 1160 s.
6. Par exception, certaines hypothèques légales portent sur certains immeubles seulement du débiteur ; c'est le cas, par exemple, de l'hypothèque légale du légataire qui ne grève que les immeubles de la succession (C. civ., art. 1017).
7. Sur le principe contraire de spécialité de l'assiette des hypothèques conventionnelles, v. ss 1062 s.

porte sur l'ensemble des biens immobiliers du débiteur (C. civ., art. 2401, anc. art. 2122). Elle ne devient *spéciale* qu'au moment de sa publicité, chaque immeuble grevé devant être individualisé par une inscription.

1141. ***Publicité.*** Pendant longtemps, les hypothèques légales ont échappé à toute publicité. Le décret du 4 janvier 1955 a mis fin à cette clandestinité, qui nuisait au crédit immobilier, en imposant leur inscription, à peine d'inopposabilité aux tiers. Comme en matière d'hypothèque conventionnelle, cette inscription est attributive de rang (C. civ., art. 2425, anc. art. 2134). Si, sous réserve des causes d'empêchement de droit commun énumérées à l'article 2427 du Code civil (procédure collective, saisie, mutation de l'immeuble...), l'inscription de l'hypothèque légale peut normalement avoir lieu à tout moment, celle-ci est, exceptionnellement, soumise à un délai [1].

1142. ***Droit commun des hypothèques.*** Toutes les hypothèques – conventionnelles, légales et judiciaires – sont soumises à des règles communes [2]. Les principales portent sur leurs caractères accessoire et indivisible, leur assiette (C. civ., art. 2397 et 2398, anc. art. 2118 et 2119), leur inscription (art. 2426 à 2445 et 2449 à 2457), leur classement (art. 2425, anc. art. 2134), leur effet à l'égard d'un tiers détenteur, c'est-à-dire le droit de suite (art. 2461 à 2474), et leur extinction (art. 2488, anc. art. 2180). La loi du 20 février 2007 a complété ce droit commun des hypothèques en supprimant, au sein des chapitres consacrés, d'une part, à « l'effet des privilèges et des hypothèques » et, d'autre part, à « la purge des privilèges et des hypothèques », la division en deux sections distinguant les règles propres aux hypothèques conventionnelles et les règles générales. Il en résulte, notamment, l'extension aux hypothèques légales de mécanismes que l'ordonnance du 23 mars 2006 avait consacrés pour renforcer l'efficacité des hypothèques conventionnelles, à savoir l'attribution judiciaire (C. civ., art. 2458 et 2460) et la purge amiable (C. civ., art. 2475).

1143. ***Règles particulières.*** Certaines hypothèques légales font l'objet, dans le Code civil [3], de règles particulières, qui s'ajoutent au droit commun des hypothèques. Tel est le cas de l'hypothèque légale des époux (C. civ., art. 2402 à 2408 et 2446 à 2448, anc. art. 2136 à 2142 et 2163 à 2165) [4], de celle des personnes en tutelle (art. 2409 à 2411 et 2446

---

1. Par exemple, l'hypothèque légale des époux de l'article 2402 du Code civil (anc. art. 2136) doit être inscrite dans l'année suivant la dissolution du régime matrimonial.

2. Sur l'ensemble de ces règles, v. ss 1012 s. les développements consacrés à l'hypothèque conventionnelle. Seules, peut-être, les hypothèques mobilières échappent, partiellement, à cette unicité du droit hypothécaire : v. ss 926.

3. D'autres codes ou lois particulières comportent également des règles spéciales, comme le Code général des impôts pour les hypothèques légales du Trésor.

4. Trois hypothèques non conventionnelles existent entre époux. Deux sont légales, une troisième est judiciaire.

L'hypothèque prévue par l'article 2402 vient garantir la créance de participation entre époux mariés sous le régime de la participation aux acquêts.

L'hypothèque prévue par l'article 2403 est commune à tous les époux, et vient garantir une créance « conjugale » d'un époux vis-à-vis de son conjoint. Lors d'une demande en justice ayant pour fin d'établir l'existence de cette créance, l'époux demandeur se voit autorisé par la loi (et non par le juge : Civ. 1re, 31 janv. 1984, *Bull. civ.* I, n° 39) à procéder à une inscription provisoire d'hypothèque en garantie de cette créance. Si cette dernière est reconnue, l'inscription définitive pourra avoir lieu, et son rang sera fixé au jour de l'inscription provisoire (comme pour l'hypothèque judiciaire provisoire).

L'hypothèque prévue par l'article 2404 en cas de transfert de l'administration de certains biens d'un époux à l'autre en application de l'article 1426 ou de l'article 1429 du Code civil est subordonnée à la décision du tribunal, « soit dans le jugement même qui ordonne le transfert, soit dans un jugement postérieur » qui « peut décider qu'une inscription de l'hypothèque légale sera prise sur les immeubles du à 2448, anc. art. 2143 à 2145 et 2163 à 2165)[1] et de l'hypothèque légale attachée aux jugements de condamnation (art. 2412, anc. art. 2123).

Cette dernière fera seule, ici, l'objet de développements, en raison de son importance.

§ 2. L'HYPOTHÈQUE ATTACHÉE AUX JUGEMENTS DE CONDAMNATION

C. civ., art. 2412 (anc. art. 2123). – L'hypothèque judiciaire résulte des jugements, soit contradictoires, soit par défaut, définitifs ou provisoires, en faveur de celui qui les a obtenus. Elle résulte également des décisions arbitrales revêtues de l'ordonnance judiciaire d'exécution ainsi que des décisions judiciaires rendues en pays étrangers et déclarées exécutoires par un tribunal français.
Sous réserve du droit pour le débiteur de se prévaloir, soit en cours d'instance, soit à tout autre moment, des dispositions des articles 2161 et suivants, le créancier qui bénéficie d'une hypothèque judiciaire peut inscrire son droit sur tous les immeubles appartenant actuellement à son débiteur, sauf à se conformer aux dispositions de l'article 2146. Il peut, sous les mêmes réserves, prendre des inscriptions complémentaires sur les immeubles entrés par la suite dans le patrimoine de son débiteur.

1144. ***Nature.*** Contrairement à l'hypothèque judiciaire conservatoire[2], l'hypothèque attachée aux jugements de condamnation, bien que qualifiée de « judiciaire » par l'article 2412 du Code civil (anc. art. 2123), n'est pas, au sens strict, une sûreté judiciaire, car il n'est pas nécessaire d'obtenir une décision de justice pour la constituer. C'est *par l'effet de la loi* que le jugement de condamnation emporte automatiquement le bénéfice d'une hypothèque, qui est donc légale. L'existence de cette hypothèque légale s'explique par le fait que, dans l'ancien droit, les jugements de condamnation étaient assimilés aux actes notariés, qui, eux-mêmes, emportaient hypothèque légale de plein droit. Mais, précisément, cette dernière raison ayant aujourd'hui disparu, certains critiquent l'existence de l'hypothèque légale attachée aux jugements de condamnation[3]. Elle apparaît pourtant utile en ce qu'elle rassure le créancier muni d'un titre chirographaire et ne le décourage pas d'accorder des délais au débiteur[4].

La nature légale de l'hypothèque attachée aux jugements de condamnation emporte une conséquence importante sur son régime, soulignée par la Cour de cassation : elle n'est « pas soumise aux dispositions de la loi du 9 juillet 1991 et de son décret d'application du 31 juillet 1992, relatives aux mesures conservatoires provisoires [aujourd'hui codifiées dans le Code des procédures d'exécution] »[5].

---

conjoint qui aura la charge d'administrer ». « Si, par la suite, des circonstances nouvelles paraissent l'exiger, le tribunal peut toujours décider, par jugement, qu'il sera pris, soit une première inscription, soit des inscriptions complémentaires ou qu'un gage sera constitué ». L'hypothèque résultant d'une décision judiciaire, et non de la loi elle-même, cette dernière hypothèque doit être rangée parmi les hypothèques judiciaires. Pour des développements substantiels, v. not. V. Brémond, *J.-Cl. Civ.*, art. 2402 à 2408.

1. Pour des développements, v. not., V. Brémond, *J.-Cl. Civ.*, art. 2409 à 2411.

2. V. ss 1176 s. Encore faut-il relever que l'hypothèque judiciaire conservatoire n'a pas, non plus, toujours une source judiciaire, v. ss 1179.

3. Pour d'autres critiques, v. not. F. Boussougou-Bou-Mbine, *J.-Cl. Civ.*, art. 2412, n° 3 et les réf.

4. En ce sens not., Marty, Raynaud et Jestaz, *op. cit.*, n° 242 ; Ph. Simler et Ph. Delebecque, *op. cit.*, n° 358.

5. Civ. 3e, 17 juin 2009, *Bull. civ.* III, nos 151 et 152 (l'enjeu résidait dans le respect ou non de l'article 255 du décret du 31 juillet 1992 – C. pr. exéc., art. R. 532-5 – et dans la mise en jeu subséquente de la responsabilité du notaire n'ayant pas fait respecter ce texte : comme la Cour de

1145. ***Conditions***. L'hypothèque n'existe qu'en présence d'un jugement de condamnation rendu par une juridiction française. Peu importe la nature de la juridiction (civile, commerciale, administrative). Peu importe aussi que le jugement soit définitif, provisoire [1], rendu par défaut ou susceptible de recours ; elle naît le jour de ce jugement, et non le jour de son inscription [2]. Le jugement doit contenir une condamnation ou constater une créance [3]. À cet égard, la jurisprudence ne se montre pas rigoureuse, puisqu'elle attache l'hypothèque aux jugements qui se bornent à affirmer le principe d'une condamnation, sans en fixer immédiatement le montant [4]. Aux jugements, sont assimilées les sentences arbitrales pourvu qu'elles aient reçu l'exequatur. Une décision d'exequatur est également nécessaire pour les jugements de tribunaux étrangers, et il faut, en outre, interroger le droit du pays étranger pour savoir s'il accorde une telle sûreté aux jugements de condamnation.

1146. ***Caractères***. L'hypothèque attachée aux jugements de condamnation est *spéciale quant à la créance garantie*, qui est celle résultant de la condamnation judiciaire. Ainsi, une partie ne saurait se prévaloir de l'inscription prise à la suite d'un premier jugement pour garantir une créance née d'un jugement postérieur [5]. En revanche, elle est *générale quant à son assiette*, puisqu'elle porte sur tous les immeubles du débiteur, présents et à venir [6]. La généralité de l'assiette est néanmoins contrebalancée par la nécessité d'une inscription individualisée pour chacun des immeubles grevés. Le débiteur peut demander la réduction de cette inscription à un montant suffisant pour garantir la condamnation.

Section 2
Les privilèges immobiliers spéciaux

Il existe davantage de différences entre les privilèges pleinement généraux et les privilèges immobiliers spéciaux qu'entre ces derniers et les hypothèques légales. Les privilèges immobiliers spéciaux ne constituent, en définitive, que des hypothèques légales assorties d'un rang supérieur en raison de la qualité de la créance garantie.

1147. ***Caractéristiques***. Une comparaison entre les privilèges immobiliers spéciaux et l'hypothèque légale permet de mettre en exergue leurs principales caractéristiques.

Identités de régime entre les privilèges immobiliers spéciaux et les hypothèques légales. Les privilèges immobiliers spéciaux et l'hypothèque légale sont soumis à des règles identiques concernant : leur *nature*, c'est-à-dire celle d'un droit réel accessoire et indivisble ; leur *constitution*, qui s'opère sans dépossession du débiteur et suppose le respect du double principe de spécialité, quant à la créance garantie et quant à l'assiette de la

---

cassation décide que l'hypothèque attachée aux jugements de condamnation n'est pas soumise au droit des voies d'exécution, le non-respect de l'article 255 n'emporte pas la responsabilité du notaire) ; Civ. 1re, 14 mars 2012, *Bull. civ.* I, n° 57.

1. Une ordonnance de référé portant condamnation au paiement d'une somme provisionnelle permet l'inscription d'une hypothèque (Civ. 3e, 26 sept. 2001, *Bull. civ.* III, n° 107).
2. Com. 3 juill. 1978, *Bull. civ.* IV, n° 184 ; *D.* 1979. 601, note D. Corrignan-Carsin.
3. En conséquence, l'hypothèque n'est pas attachée aux jugements gracieux.
4. En ce sens, not., Cass., Req., 11 mars 1919, *S.* 1921. 1. 172 ; Civ. 20 nov. 1946, *JCP N* 1947. IV. 6.
5. Civ. 3e, 25 oct. 1976, *Bull. civ.* III, n° 368.
6. Y compris sur les immeubles communs d'un époux marié sous le régime de la communauté : Civ. 1re, 5 févr. 1985, *Bull. civ.* I, n° 53 ; *JCP N* 1986. II. 72, obs. Ph. Simler ; *Defrénois* 1986, art. 33662, p. 186, note Ph. Théry.

sûreté ; les modalités et la durée de leur *inscription* ; les *droits* qu'ils font naître au profit du créancier, c'est-à-dire le droit de préférence, le droit de requérir en justice l'attribution de l'immeuble grevé [1] et le droit de suite ; leur *purge* [2]; leur *transmission* ; leur *extinction*. En outre, leur origine légale commune explique qu'ils puissent, tous deux, grever les immeubles appartenant à des majeurs protégés [3].

1148. ***Spécificités des privilèges immobiliers spéciaux par rapport aux hypothèques légales.*** Si les hypothèques légales, comme les privilèges immobiliers spéciaux, sont créées par la loi en raison, le plus souvent, de la qualité de la créance qu'elles garantissent ou de la qualité du créancier (en ce qui concerne les hypothèques légales), et si ces deux catégories de sûretés légales doivent être publiées pour être opposables aux tiers, en revanche, la fixation du rang des privilèges immobiliers spéciaux diffère de celle des hypothèques légales. En effet, contrairement à l'hypothèque légale [4], la publicité du privilège immobilier spécial, c'est-à-dire son inscription, n'est pas attributive de rang. Le rang des privilèges immobiliers spéciaux dépend de deux variables : d'une part, mais dans une mesure très relative, la qualité de la créance garantie ; d'autre part, et surtout, la date de naissance de la créance garantie, puisque le privilège spécial immobilier prend en principe rang à cette date et non à celle de son inscription qui, en quelque sorte, rétroagit à une date antérieure. Les créanciers privilégiés sont ainsi mieux lotis que les créanciers hypothécaires. Cette *rétroactivité* s'explique par le fait que la créance « naît privilégiée » de certains actes, comme, par exemple, la vente d'immeuble, le partage. La rétroactivité est cependant subordonnée à l'exigence que la publicité du privilège soit réalisée dans un bref délai légal, souvent dans les deux mois à compter de la naissance de la créance privilégiée. Si ce délai n'est pas respecté, le privilège peut encore être inscrit, mais il « dégénère » alors en hypothèque, perdant ainsi son rang avantageux et se voyant appliquer le régime de l'hypothèque conventionnelle.

> **C. civ., art. 2374 (anc. art. 2103).** – Les créanciers privilégiés sur les immeubles sont :
> 1° le vendeur, sur l'immeuble vendu, pour le paiement du prix ;
> S'il y a plusieurs ventes successives dont le prix soit dû en tout ou en partie, le premier vendeur est préféré au second, le deuxième au troisième, et ainsi de suite ;
> 1° *bis* Conjointement avec le vendeur et, le cas échéant, avec le prêteur de deniers mentionné au 2°, le syndicat des copropriétaires, sur le lot vendu, pour le paiement des charges et travaux mentionnés à l'article 10, au c du II de l'article 24 et à l'article 30 de la loi n° 65-557 du 10 juillet 1965 fixant le statut de la copropriété des immeubles bâtis et des cotisations au fonds de travaux mentionné à l'article 14-2 de la même loi, relatifs à l'année courante et aux quatre dernières années échues ainsi que des dommages et intérêts alloués par les juridictions et des dépens ;
> Toutefois, le syndicat est préféré au vendeur et au prêteur de deniers pour les créances afférentes aux charges et travaux de l'année courante et des deux dernières années échues ;
> 1° *ter* Conjointement avec le vendeur et, le cas échéant, avec le prêteur de deniers mentionné au 2° du présent article, l'opérateur mentionné à l'article L. 615-10 du code de la construction et de l'habitation, si le bien vendu est assorti d'une servitude sur des biens d'intérêt collectif.
> Toutefois, l'opérateur est préféré au vendeur et au prêteur de deniers pour les redevances prévues au même article L. 615-10 de l'année courante et des deux dernières années échues ;

1. Ce droit résulte de l'extension, par la loi du 20 février 2007, des règles relatives à la réalisation des hypothèques conventionnelles ; en ce sens, Rép. min. Q n° 9227, *JOAN Q* 30 avr. 2013, p. 4796 et Rép. min. n° 28606, *JOAN Q* 1er avr. 2014, p. 3052 ; *contra* : P. Crocq, *RTD civ.* 2013. 656.

2. Depuis la loi du 20 février 2007, le droit de la purge, notamment la faculté de procéder à une purge amiable, est commun à l'ensemble des hypothèques et privilèges immobiliers.

3. M. Planiol et G. Ripert, *op. cit.*, t. XII, par Becqué, n° 621.

4. Et aussi à l'hypothèque conventionnelle, v. ss 129.

2° même en l'absence de subrogation, ceux qui ont fourni les deniers pour l'acquisition d'un immeuble, pourvu qu'il soit authentiquement constaté, par l'acte d'emprunt, que la somme était destinée à cet emploi et, par quittance du vendeur, que ce paiement a été fait des deniers empruntés ;
3° les cohéritiers, sur les immeubles de la succession, pour la garantie des partages faits entre eux, et des soultes ou retours de lots ; pour la garantie des indemnités dues en application de l'article 924, les immeubles donnés ou légués sont assimilés aux immeubles de la succession ;
4° les architectes, entrepreneurs, maçons et autres ouvriers employés pour édifier, reconstruire ou réparer des bâtiments, canaux ou autres ouvrages quelconques, pourvu néanmoins que, par un expert nommé d'office par le tribunal de grande instance dans le ressort duquel les bâtiments sont situés, il ait été dressé préalablement un procès-verbal, à l'effet de constater l'état des lieux relativement aux ouvrages que le propriétaire déclarera avoir dessein de faire, et que les ouvrages aient été, dans les six mois au plus de leur perfection, reçus par un expert également nommé d'office ;
mais le montant du privilège ne peut excéder les valeurs constatées par le second procès-verbal, et il se réduit à la plus-value existante à l'époque de l'aliénation de l'immeuble et résultant des travaux qui y ont été faits ;
5° ceux qui ont prêté les deniers, pour payer ou rembourser les ouvriers, jouissent du même privilège, pourvu que cet emploi soit authentiquement constaté par l'acte d'emprunt, et par la quittance des ouvriers, ainsi qu'il a été dit ci-dessus pour ceux qui ont prêté les deniers pour l'acquisition d'un immeuble ;
6° (loi du 23 juin 2006) les créanciers du défunt et les légataires de sommes d'argent sur les immeubles de la succession, ainsi que les créanciers personnels de l'héritier sur les immeubles de ce dernier, pour la garantie des droits qu'ils tiennent de l'article 878 ;
7° les accédants à la propriété titulaires d'un contrat de location-accession régi par la loi n° 84-595 du 12 juillet 1984 définissant la location-accession à la propriété immobilière sur l'immeuble faisant l'objet du contrat, pour la garantie des droits qu'ils tiennent de ce contrat ;
8° (Ord. n° 2007-42 du 11 janv. 2007) l'État ou la commune, pour la garantie des créances nées de l'application de l'article L. 1331-30 du Code de la santé publique, de l'article L. 123-3 du Code de la construction et de l'habitation lorsqu'elles sont relatives à des mesures édictées sous peine d'interdiction d'habiter ou d'utiliser les locaux ou de fermeture définitive de l'établissement, ou des articles L. 129-4, L. 511-4 et L. 521-3-2 de ce dernier code.

1149. ***Énumération.*** Aux termes de l'article 2374 du Code civil (ancien article 2103 issu de la réforme du 4 janvier 1955), les privilèges immobiliers profitent : au *vendeur d'immeuble* (art. 2374, 1°), au *syndicat de copropriété* (art. 2374, 1 *bis*), *à l'opérateur mentionné à l'article L. 615-10 du Code de la construction et de l'habitation* (art. 2374, 1 *ter*)[1] au *prêteur de deniers destinés à l'acquisition d'un immeuble* (art. 2374, 2°), aux

1. Ce nouveau privilège, issu de la loi ALUR n° 2014-366 du 24 mars 2014, a été créé pour répondre à une situation nouvelle, celle de l'expropriation des parties communes d'une copropriété, suivie de l'attribution de la propriété ou de l'entretien de ces biens d'intérêt collectif à un opérateur désigné par la commune ou l'établissement public de coopération intercommunale compétent en matière d'habitat. Aux biens privatifs mentionnés dans l'état de division est attachée une servitude des biens d'intérêt collectif, en contrepartie de laquelle les propriétaires sont tenus de verser à l'opérateur une redevance mensuelle proportionnelle à la superficie de leurs parties privatives. Cette redevance est garantie par le privilège nouvellement créé. Un « superprivilège » est même accordé pour les redevances de l'année courante et des deux dernières années échues, de sorte que l'opérateur primera le vendeur de l'immeuble et le prêteur de deniers. En revanche, le conflit opposant l'opérateur et le syndicat de la copropriété expropriée n'est pas réglé, si bien que les deux privilèges devraient entrer en concours.

On soulignera qu'aucune disposition n'a été consacrée à l'inscription de ce nouveau privilège. Il ne semble pourtant pas être dispensé d'inscription puisque l'article 2378 du Code civil, énonçant les privilèges dispensés d'inscription, demeure inchangé et n'exempte de l'inscription que le privilège du syndicat des copropriétaires *copartageants* (art. 2374, 3°) [1], aux *architectes, entrepreneurs et ouvriers* (art. 2374, 4°) [2], aux *prêteurs de deniers pour payer ou rembourser les architectes, entrepreneurs et ouvriers* (art. 2374, 5°), aux *créanciers successoraux* et aux *créanciers personnels de l'héritier* (art. 2374, 6°) [3], aux *accédants à la propriété* (art. 2374, 7°) [4] et, enfin, à l'*État* et aux *communes* pour la garantie de créances relatives à la sauvegarde de la sécurité et de la salubrité des immeubles [5].

Parmi cette liste exhaustive [6], seuls les privilèges les plus importants [7] mériteront une étude particulière. Seront ainsi brièvement exposés le privilège du vendeur d'immeuble (§ 1), le privilège du prêteur de deniers destinés à l'acquisition d'un immeuble (§ 2), le privilège du syndicat de copropriétaires (§ 3) et, enfin, le récent privilège de l'État et des communes (§ 4). Une attention toute particulière sera enfin portée au classement des privilèges spéciaux immobiliers (§ 5).

§ 1. Le privilège du vendeur d'immeuble

1150. ***Les garanties du vendeur d'immeuble.*** Le privilège du vendeur d'immeuble coexiste avec d'autres garanties, que le vendeur a, parfois, davantage intérêt à faire jouer : si la vente est au comptant, le *droit de rétention* permet au vendeur de refuser de se

2. Ce privilège repose sur l'idée d'accroissement du gage commun par l'introduction d'une valeur dans le patrimoine du débiteur, bien davantage que sur l'idée de conservation de la chose (v. not. M. Rouland, thèse préc., n° 123). En effet, il ne garantit le paiement des loueurs d'ouvrages qu'à concurrence de la plus-value procurée à l'immeuble par les travaux, constatée lors de la vente forcée de celui-ci. Son exercice est tellement complexe qu'il est rarement invoqué.

3. Ce privilège, qui garantit les créances nées du partage et pèse sur les biens des copartageants, a deux fondements : l'égalité des copartageants et le fait que le créancier a introduit une chose dans le patrimoine du débiteur. Cf. Ph. Delebecque, F.-J. Pansier et V. Brémond, *J.-Cl. Civ.*, art. 2374.

4. Ce privilège repose sur l'idée d'accroissement du gage commun par l'introduction d'une valeur dans le patrimoine du débiteur, bien davantage que sur l'idée de conservation de la chose (v. not. M. Rouland, thèse préc., n° 123). En effet, il ne garantit le paiement des loueurs d'ouvrages qu'à concurrence de la plus-value procurée à l'immeuble par les travaux, constatée lors de la vente forcée de celui-ci. Son exercice est tellement complexe qu'il est rarement invoqué.

3. Ce privilège, dit « de la séparation des patrimoines », a été bilatéralisé par la réforme du droit des successions du 23 juin 2006 : à l'origine, il permettait aux seuls créanciers successoraux d'être payés sur les immeubles de la succession par priorité aux créanciers personnels de l'héritier ; depuis la loi du 23 juin 2006, il confère symétriquement aux créanciers personnels de l'héritier une priorité sur les immeubles de ce dernier, non recueillis au titre de la succession, par rapport aux créanciers successoraux ; cf. Y. Lequette et V. Brémond, *J.-Cl. Civ.*, art. 878 à 881 et Ph. Delebecque, F.-J. Pansier et V. Brémond, *J.-Cl. Civ.*, art. 2374.

4. Ce privilège s'apparente au privilège du vendeur d'immeuble, à ces différences près qu'il ne peut couvrir plus de la moitié de la valeur de l'immeuble et qu'il présente un caractère subsidiaire, c'est-à-dire qu'il ne peut jouer que s'il n'existe aucun privilège ou hypothèque lors de la conclusion du contrat de location-accession.

5. V. ss 1166.

6. Lors du 107e Congrès des notaires de France, en juin 2011, il a été proposé que cette liste soit allongée au profit de ceux qui prêtent les fonds nécessaires au paiement d'une soulte et de toutes les autres sommes dues à l'occasion d'un partage. Pour justifier la création de ce nouveau privilège, qui pourrait suivre le régime de celui du prêteur de deniers reconnu par l'article 2374, 2° du Code civil, il a été avancé que la subrogation actuelle de ce prêteur dans le privilège de copartageant n'est pas satisfaisante, car elle ne garantit aujourd'hui que les intérêts au taux légal et doit donc être complétée par une hypothèque garantissant les intérêts du prêt au taux conventionnel.

7. Parmi ces privilèges importants figurent le privilège des copartageants et le privilège dit de séparation des patrimoines : ils ne feront toutefois pas l'objet de développements ici en raison de leur traitement dans les ouvrages relatifs au droit des successions et des libéralités.

dessaisir de l'immeuble, tant que le prix n'en est pas payé (C. civ., art. 1612)[1]; l'*exception d'inexécution* lui permet de ne pas délivrer l'immeuble en cas d'inexécution de ses obligations par l'acquéreur ; l'*action en résolution judiciaire* peut être exercée pour défaut de paiement du prix (C. civ., art. 1654)[2]; une *clause de réserve de propriété* peut être invoquée, même si le privilège du vendeur d'immeuble a été publié[3].

Le privilège du vendeur d'immeuble est fondé sur l'idée d'enrichissement de l'acheteur résultant de l'entrée de l'immeuble dans son patrimoine, ainsi que sur la nécessité de protéger le vendeur contre les risques induits par le principe du transfert *solo consensu* de la propriété[4].

1151. ***Conditions d'existence du privilège***. Le privilège du vendeur d'immeuble naît à l'occasion de la cession à titre onéreux d'un immeuble ou d'un droit immobilier susceptible d'hypothèque, à la date de l'acte de vente. Il est ainsi attaché à tout contrat de vente[5] immobilière (amiable ou aux enchères ; au comptant[6] ou à terme ; immeuble existant ou à construire[7]) ; à l'échange avec soulte[8]; à la dation en paiement, lorsque le débiteur livre à son créancier, en paiement de la somme due, un immeuble de valeur supérieure à la dette ; à l'apport en société, lorsque l'apporteur reçoit une rémunération en argent en sus des parts sociales[9].

Le privilège ne joue pas, en revanche, dans le cadre d'une donation avec charge, car cette charge n'est pas assimilée à un prix partiel[10], ni en cas de vente avec faculté de rachat[11].

---

1. L'article 1613 du Code civil prévoit, également, un droit de rétention lorsque la vente a été conclue à terme et que l'acheteur est tombé en déconfiture.

2. L'action résolutoire a partie liée avec le privilège du vendeur d'immeuble : v. ss 1154.

3. Com. 28 sept. 2004, *Bull. civ.* IV, n° 172. Le privilège naît, en effet, même si le transfert de la propriété est conventionnellement reporté dans le temps. Il a été jugé en ce sens qu'une clause de réserve de propriété pouvait être invoquée alors que le vendeur bénéficiaire de la clause avait dans le même temps publié le privilège du vendeur d'immeuble en contradiction, d'une certaine manière, avec le maintien de sa qualité de propriétaire au moment de la vente et de la publication du privilège.

On pourrait penser qu'un tel conflit entre vendeur d'immeuble et bénéficiaire d'une clause de réserve de propriété risque encore de survenir dans l'hypothèse de la vente à terme d'immeuble à construire, puisque, l'article 1601, 2° du Code civil prévoit alors une réserve légale de propriété. Mais, selon l'article 2380 du Code civil (anc. art. 2108-1), le privilège du vendeur doit être publié dans les deux mois de l'achèvement de l'immeuble pour être efficace et prendre rang à la date de la vente. Or, la réserve de propriété sera privée d'effet par le fait même de l'achèvement, qui emporte transfert de plein droit et rétroactif de la propriété de l'immeuble, de sorte que les deux garanties ne peuvent coexister.

4. M. Dagot, *Les sûretés*, PUF, 1981, p. 386 ; H., L. et J. Mazeaud et F. Chabas, *Sûretés, Publicité foncière*, 7e éd. par. Y. Picod, Montchrestien, 1999, n° 326 ; G. Marty, P. Raynaud, Ph. Jestaz, *Les sûretés. La publicité foncière*, préc., nos 244 et 435 ; A. Piedelièvre, *Droit des biens*, Masson, 1977, n° 320.

5. Ce qui suppose l'existence d'un prix : v. Civ. 3e, 17 mars 1981, *Bull. civ.* III, n° 56 ; *D.* 1981. IR 442, obs. C. Larroumet ; *RDI* 1981. 537, obs. M. Dagot.

6. Tant que le prix n'est pas payé. Une fois le prix payé, le privilège disparaît.

7. Sur la vente d'immeuble à construire conclue à terme, cf. l'article 2380 du Code civil (anc. art. 2108-1).

8. Cass., Req., 11 mai 1863, *DP* 64. 1. 191.

9. En ce sens, M. Cabrillac et C. Mouly, S. Cabrillac, Ph. Pétel, *op. cit.*, n° 758.

10. Civ. 11 juin 1909, *DP* 1910. 1. 263.

11. Cass., Req., 26 avr. 1827, *S.* 1827. 1. 400.

1152. ***Assiette du privilège***. Le privilège porte sur l'immeuble vendu, ainsi que, par analogie avec le régime de l'hypothèque (C. civ., art. 2397, anc. art. 2133), sur les constructions qui en sont les accessoires et sur les améliorations apportées à l'immeuble, même s'il s'agit de constructions nouvelles[1] et que ce n'est pas alors le vendeur qui a introduit cette valeur dans le patrimoine de l'acheteur.

Lorsque la vente porte sur une *part indivise* de l'immeuble, il a été jugé que cette part seule est grevée par le privilège[2]. Toutefois, on peut s'interroger sur la pérennité de cette solution au regard du nouvel article 2414, alinéa 3, du Code civil, issu de l'ordonnance du 23 mars 2006, qui précise, dans le cas proche de l'hypothèque conventionnelle portant sur une quote-part indivise, qu'en cas d'allotissement par partage de la totalité de l'immeuble indivis à l'indivisaire qui a consenti l'hypothèque, celle-ci s'étend à la totalité de l'immeuble. Au demeurant, on peut observer que, dans le cadre du privilège des architectes et entrepreneurs, la garantie porte sur tout l'immeuble faisant l'objet des constructions, alors même qu'ils n'ont fait entrer dans le patrimoine du maître d'ouvrage que le montant de la plus-value procurée par leurs travaux.

1153. ***Créances garanties par le privilège***. Le privilège garantit la créance du prix de vente (ou la soulte dans le cadre d'un échange ou d'une dation en paiement), telle que la constate l'acte de vente. Se trouve ainsi exclu le supplément de prix qui pourrait être ajouté par un acte occulte (contre-lettre) entre les parties au contrat de vente. Il couvre aussi les accessoires du prix, notamment les intérêts légaux ou conventionnels pour une période de trois ans (C. civ., art. 2432, anc. art. 2151), les charges imposées à l'acheteur au profit du vendeur [3] ou encore les frais du contrat dont le vendeur a dû faire l'avance et qui sont expressément mentionnés dans l'acte[4]. En revanche, le vendeur ne peut prétendre au privilège pour récupérer les dommages et intérêts qui pourraient lui être dus en cas de résolution de la vente, puisque cette résolution anéantit le privilège.

1154. ***Publicité du privilège***. Pour être opposable aux tiers, le privilège doit être inscrit au fichier immobilier[5]. En raison de l'effet relatif de la publicité foncière, l'inscription ne peut être prise que si la vente a, elle-même, été publiée. Dans la pratique, l'inscription est souvent faite en même temps que la publication de la vente. Contrairement à l'hypothèque, le privilège doit, pour produire ses effets avantageux, être inscrit dans un délai légal de deux mois à compter de l'acte de vente[6]. Si ce délai est respecté, le rang du privilège rétroagit à la date de l'acte de vente (C. civ., art. 2379, anc. art. 2108). Passé le délai de deux mois, il peut toujours être inscrit, mais il dégénère alors en hypothèque et le privilège ne prend donc rang qu'au jour de son inscription (art. 2386, al. 2, anc. art. 2113). En outre, le défaut d'inscription dans le délai a pour

1. Cass., Req., 15 juill. 1867, *D*. 68. 1. 269.
2. Civ. 13 juill. 1841, *S*. 1841. 1. 731.
3. Cass., Req., 17 nov. 1936, *DH* 1937. 86.
4. Cass., Req., 22 févr. 1909, *DP* 1912. 1. 347 ; 17 nov. 1936, *DH* 1937. 86.
5. Sur les modalités de l'inscription, qui sont communes aux privilèges et hypothèques, cf. les articles 2426 à 2428 du Code civil (anc. art. 2146 à 2148) et v. ss 1067 s. Pour des développements, v., not., J. Mestre et V. Brémond, *J.-Cl. Civ.*, art. 2377 à 2386, fasc. 10.
6. Il en va autrement s'il s'agit d'une vente d'immeuble à construire. Dans une telle vente, le transfert de propriété s'opère par la constatation par acte authentique de l'achèvement de l'immeuble et produit ses effets rétroactivement au jour de la vente (C. civ., art. 1601-2). Selon l'article 2380 du Code civil (C. civ., anc. art. 2108-1, issu de la loi du 7 juillet 1967), c'est à partir de cet acte authentique et non du jour de la vente que court le délai de deux mois imparti au vendeur pour inscrire son privilège.

autre conséquence d'empêcher le vendeur d'immeuble d'exercer l'action résolutoire prévue par l'article 1654 du Code civil[1], afin de protéger les tiers qui ont acquis des droits concurrents sur l'immeuble et les ont publiés (art. 2379, al. 2, anc. art. 2108). Il convient, enfin, de relever que l'inscription ne peut plus être prise après l'ouverture d'une procédure collective contre l'acheteur[2].

C. civ., art. 2377 (anc. art. 2106). – Entre les créanciers, les privilèges ne produisent d'effet à l'égard des immeubles qu'autant qu'ils sont rendus publics par une inscription au fichier immobilier, de la manière déterminée par les articles suivants et par les articles 2426 et 2428.
C. civ., art. 2379 (anc. art. 2108). – Le vendeur privilégié, ou le prêteur qui a fourni les deniers pour l'acquisition d'un immeuble, conserve son privilège par une inscription qui doit être prise, à sa diligence, en la forme prévue aux articles 2426 et 2428, et dans le délai de deux mois à compter de l'acte de vente ; le privilège prend rang à la date dudit acte.
L'action résolutoire établie par l'article 1654 ne peut être exercée après l'extinction du privilège du vendeur, ou à défaut d'inscription de ce privilège dans le délai ci-dessus imparti, au préjudice des tiers qui ont acquis les droits sur l'immeuble du chef de l'acquéreur et qui les ont publiés.
C. civ., art. 2386 (anc. art. 2113). – Les hypothèques inscrites sur les immeubles affectés à la garantie des créances privilégiées, pendant le délai accordé par les articles 2379, 2381 et 2383 pour requérir l'inscription du privilège, ne peuvent préjudicier aux créanciers privilégiés.
Toutes créances privilégiées soumises à la formalité de l'inscription, à l'égard desquelles les conditions ci-dessus prescrites pour conserver le privilège n'ont pas été accomplies, ne cessent pas néanmoins d'être hypothécaires, mais l'hypothèque ne prend rang, à l'égard des tiers, que de la date des inscriptions.

§ 2. Le privilège du prêteur de deniers

1155. Cette sûreté légale, autonome par rapport au privilège du vendeur d'immeuble[3], est relativement importante en pratique pour deux raisons essentielles : d'une part, l'acquisition des immeubles à usage d'habitation ou à usage commercial est, le plus souvent, financée, au moins en partie, à l'aide de prêts consentis par des établissements de crédit (en incitant ces établissements à financer les opérations immobilières, le privilège contribue au développement de l'accession à la propriété et, plus largement, au développement économique) ; d'autre part, les privilèges immobiliers spéciaux ne sont pas soumis au paiement

1. En cas de nullité ou de résolution de la vente, le vendeur, qui a par hypothèse inscrit son privilège dans les délais, reprend son immeuble libre de toute sûreté qui aurait pu être inscrite du fait de l'acheteur, sauf jeu de la propriété apparente (Civ. 1re, 3 avr. 1963, *D.* 1964. 306, note J. Calais-Auloy ; Civ. 3e, 24 sept. 2003, *Bull. civ.* III, no 162).

2. En revanche, malgré la publication d'une mutation ou d'une saisie immobilière ou malgré l'acceptation à concurrence de l'actif net ou la vacance de la succession du débiteur, le privilège du vendeur peut toujours être inscrit dans le délai de deux mois de la vente (C. civ., art. 2427, al. 1er et 2, qui vise aussi, notamment, le privilège du prêteur de deniers).

3. Depuis la loi du 16 juillet 1971, le privilège du prêteur de deniers joue « même en l'absence de subrogation ». Cette autonomie emporte des conséquences sur les intérêts garantis (v. ss 1158) et en cas de résolution de la vente (v. ss 1156). Elle dispense, en outre, du paiement des droits fiscaux relatifs à la subrogation. Cependant, rien n'interdit au prêteur de se faire subroger dans les droits du vendeur. Il suffit pour cela que le vendeur établisse, au moment même du paiement, une déclaration expresse de subrogation dans la quittance (C. civ., art. 1250, 1°). Le prêteur subrogé dans les droits du vendeur recueillera alors le bénéfice de l'action résolutoire.

de la taxe de publicité foncière [1]. Le privilège du prêteur de deniers garantit ainsi, aujourd'hui, environ un quart des prêts immobiliers et supplante nettement l'hypothèque [2].

Plusieurs textes récents ont cherché à inverser cette tendance. D'abord, la loi du 20 février 2007 a permis, pour un délai de deux ans à compter de sa promulgation (donc jusqu'au 20 février 2009), la transformation d'un privilège de prêteur de deniers inscrit avant sa promulgation en hypothèque rechargeable [3], sans que le rang du droit de préférence n'en soit affecté. Cette transformation supposait un accord entre le créancier et le débiteur, constaté par acte notarié et publié sous forme de mention en marge. Ensuite, la loi de finances pour 2007 du 21 décembre 2006 a fiscalement encouragé cette transformation [4]. Enfin, un décret du 19 mai 2008 l'a rendue opérationnelle en organisant sa publicité.

1156. ***Conditions d'existence du privilège.*** Le privilège suppose, d'une part, un contrat de vente immobilière ou un contrat assimilé [5] et, d'autre part, un prêt (peu important la qualité du prêteur), dont le montant doit être affecté au paiement de l'acquisition. Le prêt n'est pas nécessairement concomitant à la vente, il peut lui être antérieur ou postérieur. Mais, le plus souvent, les deux contrats sont contenus dans le même acte.

Au cas de résolution et probablement aussi de nullité de la vente, le privilège de prêteur de deniers pourrait subsister en raison de l'autonomie du privilège et de son caractère légal si l'on en croit une décision des juges du fond [6].

1157. ***Assiette du privilège.*** À l'instar du privilège du vendeur d'immeuble, le privilège porte sur l'immeuble acquis et ses accessoires, telles des constructions qui y sont incorporées par voie d'accession [7].

---

1. La TPF, pour une inscription hypothécaire, s'élève à 0,70 % du montant garanti (CGI, art. 663, 1° et art. 844, issu de la loi de finances pour 2010 du 30 décembre 2009). En revanche, l'inscription d'un privilège de prêteur de deniers, comme celle d'une hypothèque, requiert le paiement de la contribution de sécurité immobilière prévue à l'article 879 du Code général des impôts – ex-salaire du conservateur des hypothèques (0, 05 % du montant garanti) et celui de l'émolument du notaire (0, 4 %). En application des articles L. 312-8, 4° et L. 312-33 du Code de la consommation, l'offre de prêt immobilier couvert par le privilège du prêteur de deniers ne doit pas se borner à énoncer le coût approximatif de la garantie, mais mentionner l'évaluation des différents frais que sa constitution occasionne, sous peine de déchéance du droit aux intérêts (Civ. 1re, 9 avr. 2014, inédit, n° 12-28914).

2. La garantie la plus utilisée en matière de crédit immobilier est le cautionnement consenti par des sociétés de caution mutuelle (v. Inspection générale des Finances et Inspection générale des Services judiciaires, « L'hypothèque et le crédit hypothécaire », Rapport du 12 novembre 2004, p. 10), notamment le Crédit logement (60 %). Viennent ensuite le privilège de prêteur de deniers (25 %) et l'hypothèque (10 %), celle-ci étant préconisée dans le cas du financement d'une vente d'immeuble à construire.

Pour une étude comparative de l'hypothèque conventionnelle, du privilège du prêteur de deniers et du cautionnement avec mutualisation du risque de crédit, cf. Ph. Dupichot, « Les sûretés du financement d'acquisition immobilière », *JCP N* 2015, n° 11, dossier 1095.

3. Le caractère rechargeable n'est toutefois pas opposable aux créanciers dont l'inscription serait antérieure à la mention de la transformation en marge de l'inscription initiale.

4. Exonération du droit d'enregistrement et de la taxe de publicité foncière lorsque le propriétaire du bien grevé est une personne physique et que cette inscription intervient avant le 1er janvier 2009.

5. Il semblerait qu'un échange avec soulte ne puisse pas, ici, être assimilé à la vente immobilière. Sur cette exclusion surprenante, cf. Rép. min. Just. n° 3452, *JO déb. Ass. nat.*, 18 janv. 1982, p. 199 ; *JCP N* 1982. Prat. 8302-1°.

6. TGI Paris, 19 avr. 1982, *RDI* 1983. 488, note critique M. Dagot. Une solution identique existe au profit du créancier gagiste qui a prêté des deniers pour l'achat d'un véhicule. Le vendeur reprendra donc l'immeuble ou la voiture grevé du privilège ou du gage. Une autre solution consisterait à utiliser le prix restitué pour éteindre en priorité la créance du créancier privilégié ou gagiste ; mais la Cour de cassation a écarté cette possibilité (Com. 5 déc. 1995, *Bull. civ.* IV, n° 286).

7. Civ. 3e, 10 juin 1981, *Gaz. Pal.* 1982. 1. Pan. 32, obs. Piedelièvre ; *RDI* 1982. 122, obs. Dagot.

1158. ***Créances garanties par le privilège.*** Le privilège garantit la somme prêtée et ses intérêts au taux stipulé dans le contrat de prêt[1], dans la limite fixée par l'article 2432 du Code civil (anc. art. 2151), c'est-à-dire trois ans[2]. Il ne peut garantir que le remboursement de fonds directement affectés au paiement du prix de vente d'un bien immobilier. En conséquence, un prêt (ou une fraction de prêt) destiné à financer des travaux ou les frais de notaire ne peut donner lieu à l'inscription d'un privilège de prêteur de deniers.

1159. ***Opposabilité aux tiers du privilège.*** L'article 2374, 2° (anc. art. 2103) exige que *l'emprunt* et *la quittance* du vendeur auquel les fonds doivent être versés soient constatés par *acte notarié* et qu'ils comportent une *double déclaration de destination et d'origine des fonds*[3] : le contrat de prêt doit mentionner que la somme est destinée à l'acquisition de l'immeuble ; la quittance doit mentionner que le paiement du prix a été effectué avec la somme empruntée. Ces formalités, destinées à empêcher que le débiteur ne favorise frauduleusement l'un de ses créanciers en prétendant que celui-ci lui a prêté des deniers destinés au financement d'un achat immobilier, ne tendent qu'à certifier l'origine des deniers vis-à-vis des tiers[4].

L'opposabilité du privilège aux tiers[5] est, en outre, subordonnée à son *inscription*[6]. Si celle-ci a lieu dans le délai de deux mois à compter de l'acte de vente[7], le privilège rétroagit à la date de la vente (C. civ., art. 2379, anc. art. 2108)[8] ; dans le cas contraire, le privilège dégénère en hypothèque et il ne prend donc rang, à l'égard des tiers, qu'à la date de son inscription (C. civ., art. 2386, al. 2, anc. art. 2113)[9].

Il convient de relativiser l'intérêt qui s'attache à la *rétroactivité* du privilège du prêteur de deniers et ce, pour des raisons pratiques découlant du principe de l'effet relatif de la publicité foncière (Décr. du 4 janv. 1955, art. 3). En vertu de ce principe, aucune inscription ne peut être formalisée du chef du débiteur si le titre qui rend ce dernier propriétaire

---

1. Un des principaux avantages de l'autonomie du privilège du prêteur de deniers par rapport à celui du vendeur concerne la garantie du paiement des intérêts. Avant la loi du 16 juillet 1971, en l'absence d'autonomie, le prêteur subrogé aux droits du vendeur ne pouvait faire garantir par le privilège que les intérêts au taux convenu dans le contrat de vente ; en conséquence, si le taux des intérêts du prêt était supérieur à celui des intérêts du prix de vente, le prêteur devait se faire consentir par l'emprunteur une hypothèque conventionnelle en garantie de la différence. L'autonomie du privilège du prêteur de deniers permet d'éviter ces complications, puisque les intérêts qu'il garantit sont alors ceux prévus par le contrat de prêt.

2. Civ. 3e, 31 mars 2005, *Bull. civ.* III, n° 79.

3. Il s'agit des mêmes conditions que celles inscrites dans l'article 1250, 2° du Code civil régissant la subrogation à l'initiative du débiteur.

4. Civ. 3e, 18 févr. 1987, *Bull. civ.* III, n° 31.

5. Pour des développements, v., not., J. Mestre et V. Brémond, *J.-Cl. Civ.*, art. 2377 à 2386, fasc. 10.

6. En cas de défaut d'inscription du privilège, si le prêteur était par ailleurs garanti par un cautionnement, la caution pourrait se prévaloir de l'exception de défaut de subrogation de l'article 2314 du Code civil, puisque, selon la Cour de cassation, « le prêteur de deniers, bénéficiaire du privilège institué par l'article 2374 du Code civil, qui se garantit par un cautionnement, s'oblige envers la caution à inscrire son privilège » (Civ. 1re, 3 avr. 2007, *Bull. civ.* I, n° 138).

7. En cas de vente d'immeuble à construire, c'est à partir de la date d'achèvement des travaux que commence à courir le délai de deux mois.

8. Cette rétroactivité ne permet pas d'autoriser une inscription postérieure au jugement d'ouverture d'une procédure collective. En effet, selon la Cour de cassation, « les hypothèques, nantissements et privilèges ne peuvent plus être inscrits postérieurement au jugement d'ouverture (...) il n'est pas fait exception à cette règle en faveur du titulaire du privilège institué au profit du prêteur de deniers ayant servi à l'acquisition d'un immeuble (...) peu important que l'inscription (de ce privilège) ait été faite dans le délai de deux mois à compter de l'acte de vente » (Com. 24 mars 2009, inédit, n° 08-11055).

9. À l'encontre du vendeur de l'immeuble (v. ss 1150), le prêteur de deniers ne dispose pas de l'action en résolution de la vente à laquelle il n'est pas partie, de sorte que l'inscription tardive du privilège ne risque pas de lui faire perdre une action qu'il ne possède pas. Toutefois, il est assez fréquent que le prêteur de deniers se fasse subroger par le vendeur dans l'action résolutoire.

n'a pas été préalablement publié. En conséquence, les notaires ont pris l'habitude de publier en même temps ce titre (en l'occurrence, l'acte de vente) et le privilège du prêteur de deniers. Partant, l'avantage essentiel dudit privilège, qui est de conférer à son bénéficiaire une primauté par rapport à d'autres créanciers du même débiteur qui inscriraient une sûreté sur le même immeuble pendant la période intercalaire de deux mois maximum entre la date de la vente et celle de l'inscription du privilège, est purement théorique, puisque cette période n'existe pas en pratique. Cela accrédite certainement la thèse selon laquelle il serait opportun de transformer le privilège du prêteur de deniers et, pour les mêmes raisons, d'autres privilèges immobiliers spéciaux (tels ceux du vendeur ou du copartageant) en hypothèques légales pures et simples.

§ 3. Le privilège du syndicat de copropriétaires

1160. ***Caractéristiques***. La situation du syndicat de copropriété, devenue difficile, d'une part, pour des raisons sociales, d'autre part, faute de moyens efficaces de recouvrement des charges et des travaux engagés au profit de la copropriété, a fait l'objet, depuis la loi n° 65-557 du 10 juillet 1965, d'une constante attention du législateur. Ainsi, ce dernier lui a attribué une hypothèque légale (L. du 10 juill. 1965, art. 19) et une faculté d'opposition sur le prix de vente du lot du copropriétaire débiteur (L. du 10 juill. 1965, art. 20). La première, subordonnée à une mise en demeure et à une inscription à la conservation des hypothèques (aujourd'hui fichier immobilier), attributive de rang, était d'une faible utilité, tandis que la seconde était fréquemment prise en défaut lorsque le montant des inscriptions portant sur le lot était supérieur à son prix de vente.

Aussi, la loi n° 94-624 du 21 juillet 1994 sur l'habitat a-t-elle créé un privilège spécial immobilier ayant pour *assiette* le lot de copropriété du copropriétaire défaillant (C. civ., art. 2374, 1° *bis*), destiné à garantir le paiement des loyers et charges récentes [1]. La loi *ALUR* n° 2014-366 du 24 mars 2014 a étendu le domaine du privilège en prévoyant qu'à compter du 1er janvier 2017, il pourra également garantir les cotisations au fonds de travaux mentionné à l'article 14-2 de la loi de 1965, les créances afférentes aux travaux de restauration immobilière réalisés en application du *c)* du II de l'article 24 de cette même loi, les dommages-intérêts alloués par les juridictions au syndicat des copropriétaires, ainsi que le remboursement des dépens.

La caractéristique la plus remarquable de ce privilège tient au fait qu'il est *dispensé de toute inscription* au fichier immobilier, contrairement à tous les autres privilèges immobiliers spéciaux. Ainsi, le rang de préférence du privilège ne dépend plus de sa publicité ni même, au moins dans une certaine mesure [2], de sa date de naissance puisqu'il prime le privilège du vendeur né antérieurement. La fin souhaitée – lui attribuer le premier rang – a justifié les moyens retenus – le dispenser de toute publicité [3].

---

1. Sur ce privilège, v. not. P. Lebatteux, « Le recouvrement des charges de copropriété après l'entrée en vigueur des dispositions de la loi du 21 juillet 1994 sur la copropriété », *Administrer*, avr. 1995, p. 4 ; D. Sizaire, « Le privilège de la loi du 21 juillet 1994 », *Administrer*, mars 1996, p. 42.

2. Pour le paiement des créances afférentes aux charges et travaux de l'année courante et des deux dernières années échues (C. civ., art. 2374, 1° *bis*).

3. V. Ph. Théry, *op. cit.*, p. 196.

Cette dispense d'inscription n'était pas et n'est toujours pas sans inconvénient. En effet, seuls les créanciers ayant publié leur sûreté sont informés personnellement de l'ouverture d'une procédure collective et de l'obligation afférente de déclarer leur créance pour préserver pleinement leurs droits (C. com., art. L. 622-24, al. 1er). Le privilège du syndicat des copropriétaires n'étant pas publié, son

1161. ***Double condition d'existence du privilège.*** D'abord, pour exister, le privilège doit procéder d'une aliénation d'un lot de copropriété. Ensuite, il doit être mis en œuvre par le créancier suivant une procédure précise. Quant à la première condition, elle présente des solutions identiques à celles observées au sujet du privilège du vendeur d'immeuble [1]. Seule la procédure à suivre sera donc brièvement exposée. Il convient, à cet égard, de distinguer selon que le lot de copropriété fait l'objet d'une vente amiable ou d'une vente forcée.

1162. ***Vente amiable.*** Sollicité par le notaire chargé d'établir l'acte de vente, le syndic doit adresser à ce dernier un *état des charges* indiquant de manière approximative les charges correspondant à la quote-part que représente le lot du copropriétaire vendeur [2]. Le notaire doit, ensuite, faire parvenir au syndic un *avis de mutation*, par lettre recommandée avec avis de réception [3]. Le défaut de notification de l'avis de mutation au syndic de la copropriété entraîne l'inopposabilité de l'acte d'aliénation, et surtout, l'inopposabilité de la remise des fonds au cédant par le cessionnaire. Cette notification, si elle est régulière fait courir le délai d'opposition de quinze jours à compter de la réception de l'avis de mutation, imparti au syndic pour former opposition au versement du prix entre les mains du vendeur.

1163. ***Vente forcée.*** En matière de vente aux enchères publiques, la même information relative au transfert de propriété doit être donnée au syndicat. Si le lot fait l'objet d'une vente sur licitation ou sur saisie immobilière, l'avis de mutation précité est donné au syndic, selon le cas, soit par le notaire, soit par l'avocat du demandeur ou du créancier poursuivant.

1164. ***Opposition du syndic.*** L'opposition doit respecter un certain nombre de règles : elle doit être formée au domicile élu dans l'avis [4] et ce, par acte extrajudiciaire [5] ; elle doit énoncer le montant et les causes de la créance [6]. La jurisprudence sanctionne le

---

bénéficiaire ne sera donc pas toujours informé de l'ouverture d'une procédure collective ; v., sous l'empire des articles 50 et 53, alinéa 2, de la loi du 25 janvier 1985, Aix-en-Provence, 11 avr. 2001, n° 97/16057, *Juris-Data* 2001-143538, jugeant que le syndicat de copropriétaires, créancier privilégié en vertu de l'article 2103 du Code civil, ne saurait échapper à la forclusion au motif qu'il n'a pas été directement averti par le représentant des créanciers. Il importe peu, en effet, que la loi le dispense des formalités de l'inscription à la conservation des hypothèques tout en lui conférant un privilège immobilier, le caractère occulte de sa sûreté l'empêche de se prévaloir des dispositions précitées (L. du 25 janv. 1985, art. 50 et 53, al. 2). C'est à bon droit que le premier juge a rejeté sa demande en relevé de forclusion, le syndicat connaissant les difficultés financières du débiteur ; Com. 4 mars 2003, *Bull. civ.* IV, n° 35.

1. V. ss 1151.

2. Les charges et travaux sont énumérés par l'article 5 du décret n° 67-223 du 17 mars 1967, dans sa rédaction modifiée par le décret n° 2004-479 du 27 mai 2004 ; la liste en est limitative ; le syndic ne peut réclamer des informations plus étendues : Civ. 3e, 17 nov. 1999, *Bull. civ.* III, n° 219 ; *Loyers et copr.* 2000, comm. n° 33, note Vigneron ; *D.* 2000. Somm. 136, obs. Bouyeure ; *RDI* 2000. 94, obs. Giverdon.

3. Il a été jugé que « aucun délai légal n'est applicable à la délivrance de l'avis de mutation » : Paris, 13 mars 2001, n° 1999/14509 ; *Juris-Data* 2001-141106.

4. Civ. 3e, 28 févr. 2001, *Bull. civ.* III, n° 24 ; *Gaz. Pal.* 2001. 2, somm. p. 935 ; *D.* 2002. Somm. 1523, obs. P. Capoulade ; *JCP* 2001. I. 358, chron. H. Périnet-Marquet.

5. Besançon, 28 oct. 2003, *Juris-Data* n° 2003-223778.

6. Civ. 3e, 25 oct. 2006, *Bull. civ.* III, n° 206 ; *JCP E* 2008. 1036, obs. Ph. Delebecque ; Civ. 3e, 15 mai 2002, *Bull. civ.* III, n° 103 ; *Gaz. Pal.* 2002. 2, somm. p. 1151 ; *Loyers et copr.* 2002, comm. p. 215 et 247, note G. Vigneron, jugeant que le remboursement anticipé pour cause de cession de lot, d'une quote-part du capital d'un emprunt contracté par le syndicat pour effectuer des travaux de conservation et d'entretien

non-respect de ces règles par la nullité de l'acte et, par conséquent, par l'extinction de la possibilité de faire opposition.

L'article 5-1 du décret du 17 mars 1967 prévoit encore que l'opposition doit répartir la créance réclamée selon quatre origines distinctes : les charges et travaux garantis en vertu du privilège hors concours ou « superprivilège », soit l'année en cours et les deux dernières années ; les charges et travaux garantis au titre du privilège en concours avec le privilège du vendeur d'immeuble et du prêteur de deniers, soit les deux années antérieures aux deux années échues ; les sommes garanties par une hypothèque légale et non déclarées à titre superprivilégié ou privilégié ; les sommes dues à titre chirographaire. Est nulle l'opposition ne procédant pas à cette ventilation quadripartite de la créance [1].

L'opposition bloque entre les mains du notaire le prix de vente, qui constitue la somme à distribuer suivant l'ordre de préférence établi par la loi, auquel ne peuvent déroger les conventions que pourraient conclure les parties et qui sont inopposables au syndicat [2].

1165. ***Rang du privilège.*** Conformément à l'article 2374, 1° *bis* du Code civil (anc. art. 2103, 1° *bis*), il convient de distinguer deux types de créances, le privilège n'ayant pas la même force à l'égard des deux types.

Les créances de l'année en cours et des deux années précédentes : à leur égard, le syndicat de copropriétaires a un rang « superprivilégié », puisqu'il va primer tous les privilèges immobiliers spéciaux, y compris les privilèges du prêteur de deniers et du vendeur d'immeuble.

Les créances des deux années antérieures aux deux années échues : à leur égard, le privilège permet au syndicat d'être réglé en concours avec les privilèges du prêteur de deniers et du vendeur d'immeuble.

§ 4. Le privilège de l'État ou de la commune

C. civ., art. 2374, 8°. – L'État ou la commune, pour la garantie des créances nées de l'application de l'article L. 1331-30 du Code de la santé publique, de l'article L. 123-3 du Code de la construction et de l'habitation lorsqu'elles sont relatives à des mesures édictées sous peine d'interdiction d'habiter ou d'utiliser les locaux ou de fermeture définitive de l'établissement, ou des articles L. 129-4, L. 511-4 et L. 521-3-2 de ce dernier code.

C. civ., art. 2384-1. – Le titulaire de la créance conserve son privilège par la double inscription faite :

1° Par leur auteur, soit de l'arrêté de police, pris en application de l'article L. 1331-28 du Code de la santé publique, de l'article L. 123-3 du Code de la construction et de l'habitation pour les mesures édictées sous peine d'interdiction d'habiter ou d'utiliser les locaux ou de fermeture définitive de l'établissement, ou des articles L. 129-2, L. 129-3, L. 511-2 ou L. 511-3 de ce dernier code, comportant une évaluation sommaire du coût des mesures ou des travaux à exécuter, soit de la mise en demeure effectuée en application de l'article L. 1331-26-1 ou du II de l'article L. 1331-29 du Code de la santé publique, de l'article L. 123-3 du Code de la construction et de l'habitation pour la mise en œuvre de mesures édictées sous peine d'interdiction d'habiter ou d'utiliser les locaux ou de fermeture définitive de l'établissement, de l'article L. 129-2 ou du IV de l'article L. 511-2 de ce dernier code, comportant l'évaluation du coût des mesures ou travaux à exécuter ;

---

d'un immeuble n'est pas assimilable au paiement de charges de copropriété dues pour l'année courante et les années antérieures échues, et le recouvrement de cette quote-part sur le vendeur de lot n'entre pas dans les prévisions du texte susvisé ; Civ. 3e, 3 nov. 2011, *Bull. civ.* III, n° 179.

1. Toulouse, 16 juin 2003, n° 2002/05178.
2. Paris, 18 nov. 1999, *Defrénois* 2000, art. 37112, n° 19, note Atias.

2° Du titre de recouvrement de la créance par son auteur.
Pour les créances nées de l'application de l'article L. 521-3-2 du Code de la construction et de l'habitation, du I de l'article L. 511-2 du même code ou du I de l'article L. 1331-28 du Code de la santé publique lorsque la démolition du bâtiment déclaré insalubre ou menaçant ruine a été ordonnée, le privilège prend rang à concurrence du montant évalué ou de celui du titre de recouvrement, s'il lui est inférieur, à compter de la première inscription et à compter de la deuxième inscription pour la fraction du montant du titre de recouvrement qui serait supérieure au montant résultant de la première inscription.
Pour les autres créances, le privilège est conservé à concurrence du montant évalué ou de celui du titre de recouvrement, s'il lui est inférieur.
C. civ., art. 2384-2. – Par dérogation à l'article 2384-1, le privilège peut également être conservé par la seule inscription du titre de recouvrement, à concurrence de sa valeur.
Dans ce cas pour les créances nées de l'application de l'article L. 521-3-2 du Code de la construction et de l'habitation, du I de l'article L. 511-2 du même code ou du I de l'article L. 1331-28 du Code de la santé publique lorsque la démolition du bâtiment déclaré insalubre ou menaçant ruine a été ordonnée, le privilège prend rang à compter de l'émission du titre s'il est présenté à l'inscription dans un délai de deux mois à compter de l'émission.
C. civ., art. 2384-3. – Les frais d'inscription sont à la charge des débiteurs.
C. civ., art. 2384-4. – Lorsque les mesures prescrites par l'arrêté ou la mise en demeure mentionnés au 1° de l'article 2384-1 ont été exécutées par le propriétaire ou l'exploitant, la publication à leurs frais d'un arrêté de mainlevée avant l'inscription du titre de recouvrement prévue au 2° du même article emporte caducité de la première inscription. Mention est faite de la radiation résultant de cette caducité en marge de l'inscription, aux frais du propriétaire ou de l'exploitant.
La radiation de la seconde inscription ne peut intervenir que conformément aux dispositions des articles 2440 et suivants.

1166. Le privilège de l'État ou de la commune prévu par l'article 2374, 8° du Code civil est le plus récent des privilèges immobiliers spéciaux [1]. Il a été créé par l'ordonnance n° 2007-42 du 11 janvier 2007, relative au recouvrement des créances de l'État et des communes résultant des mesures de lutte contre l'habitat insalubre ou dangereux (art. 1). Il garantit l'État ou la commune pour le paiement « des créances nées de l'application de l'article L. 1331-30 du Code de la santé publique, de l'article L. 123-3 du Code de la construction et de l'habitation lorsqu'elles sont relatives à des mesures édictées sous peine d'interdiction d'habiter ou d'utiliser les locaux ou de fermeture définitive de l'établissement, ou des articles L. 129-4, L. 511-4 et L. 521-3-2 de ce dernier code » (C. civ., art. 2374, 8°).

Afin de *lutter contre l'habitat insalubre ou dangereux*, phénomène des « marchands de sommeil », la loi a autorisé l'État ou la commune dans laquelle est sis l'immeuble à usage total ou partiel d'habitation, d'une part, à exécuter des travaux d'office sur celui-ci en application de mesures de police administratives, d'autre part, à assurer l'hébergement d'urgence ou le relogement des occupants de l'immeuble insalubre ou dangereux [2]. Au soutien de cette action, l'ordonnance du 11 janvier 2007 a offert à l'État ou à la commune un privilège spécial immobilier venant garantir le remboursement de ces dépenses [3].

1. Ce privilège vient se substituer à l'ancienne hypothèque légale prévue par les articles L. 511-4 et L. 521-3-2 du Code de la construction et de l'habitation et par l'article L. 1331-30 du Code de la santé publique, pour les créances couvertes par cette hypothèque. Il vient, par ailleurs, garantir des créances nouvelles qui n'étaient pas couvertes par l'hypothèque.

2. V. CSP, art. L. 1331-30 ; CCH, art. L. 123-3, L. 129-4, L. 511-4 et L. 521-3-2.

3. La loi a prévu, en outre, une deuxième garantie consistant en une *solidarité entre les propriétaires successifs de l'immeuble* faisant l'objet d'un arrêté de police administrative (CCH, art. L. 511-2, IV, L. 541-2 et L. 541-3 ; CSP, art. L. 1331-29). À la condition que l'arrêté de police ait été publié au livre

1167. ***Assiette du privilège***. Le privilège institué par l'article 2374, 8° du Code civil peut grever quatre types d'immeubles : les immeubles faisant l'objet d'un arrêté d'insalubrité (CSP, art. L. 1331-30) ; les immeubles faisant l'objet d'un arrêté de péril (CCH, art. L. 511-4) ; les immeubles collectifs à usage principal d'habitation pour lesquels des travaux de sécurité portant sur les équipements communs ont été imposés par arrêté (CCH, art. L. 129-4) ; les immeubles exploités en tant qu'établissements d'hébergement, classés en établissements recevant du public, en particulier les « hôtels meublés », pour lesquels ont été ordonnées des mesures de sécurité sous peine de fermeture définitive de l'établissement ou d'interdiction d'habiter ou d'utiliser les lieux (CCH, art. L. 123-3), à l'exclusion toutefois des immeubles concernés par une situation d'urgence ou pour lesquels des mesures immédiates à caractère ponctuel ou palliatif à frais limités ont été prescrites.

1168. ***Créances garanties***. Le privilège de l'État ou de la commune vise à garantir les créances résultant de mesures de lutte contre l'habitat insalubre et dangereux. Ces créances se rapportent à des mesures urgentes ou à des travaux exécutés d'office par les collectivités publiques du fait de la carence des propriétaires. Elles portent d'abord sur les frais d'exécution de travaux, qu'ils soient ordonnés d'office ou qu'ils résultent d'une substitution de la collectivité publique (CSP, art. L. 1331-30, II). Elles portent ensuite sur les frais d'hébergement ou de relogement des occupants des lieux (CSP, art. L. 1331-30, II). Le privilège couvre également les intérêts moratoires calculés au taux d'intérêt légal produits par ces créances, « à compter de la date de notification par l'autorité administrative de la décision de substitution aux copropriétaires défaillants » (CSP, art. L. 1331-30, II).

1169. ***Mise en œuvre du privilège***. Les prescriptions ordonnées par arrêté sont préalablement adressées au(x) propriétaire(s) de l'immeuble visé. Ce n'est qu'à défaut d'exécution par le(s) propriétaire(s) que sont engagés les travaux et frais d'office. Une mise en demeure de payer ces dépenses est alors adressée au(x) propriétaire(s). Lorsqu'elle est faite en exécution d'un arrêté d'insalubrité, la mise en demeure est effectuée par le maire au nom de l'État ou pour le préfet. Lorsqu'elle est faite en exécution d'un arrêté de police du maire, la mise en demeure est effectuée par le maire.

Le titre de recouvrement de la créance garantie est établi postérieurement à l'exécution d'office de travaux, ou à la substitution de la collectivité publique aux copropriétaires défaillants. Il répertorie l'ensemble des frais engagés par la collectivité publique en lieu et place du propriétaire défaillant.

1170. ***Publicité du privilège***. Le privilège prévu par l'article 2374, 8° du Code civil doit être publié au fichier immobilier. Son inscription repose, en principe, sur une procédure en deux phases, décrite aux articles 2384-1 à 2384-4 du Code civil (réd. L. n° 2009-323 du 25 mars 2009). Toutefois, par exception, une seule inscription est également

---

foncier, les propriétaires successifs qui ont acquis l'immeuble postérieurement à cette publicité sont solidairement tenus avec le propriétaire de l'immeuble à la date de l'arrêté du paiement des sommes résultant des mesures exécutées d'office et des frais d'hébergement ou de relogement des occupants. Cette solidarité est également étendue aux exploitants successifs de fonds de commerce utilisés aux fins d'habitation (c'est-à-dire les hôtels meublés) lorsqu'un arrêté a été publié sur le registre public tenu au greffe du tribunal dans le ressort duquel le fonds est exploité. Cette solidarité est, enfin, étendue à l'hypothèse dans laquelle une personne possède les murs de l'immeuble dans lequel est exploité un fonds de commerce utilisé aux fins d'habitation. Ce dispositif est agrémenté de sanctions pénales et de peines complémentaires contre les propriétaires refusant sans motif légitime d'exécuter les prescriptions ordonnées par arrêté (CCH, art. L. 123-3, II à V).

possible (C. civ., art. 2384-2). Par cette option, il s'agit d'offrir à l'État ou à la commune, créanciers, d'obtenir la garantie la plus adaptée, au regard des spécificités de la situation (notamment, pour tenir compte de l'importance et du caractère plus ou moins prévisible des travaux, de la gravité de l'infraction). Dans tous les cas, les frais de l'inscription sont à la charge du ou des débiteurs (C. civ., art. 2384-3).

L'inscription en deux phases. L'article 2384-1 du Code civil prévoit que le créancier privilégié doit, pour conserver son privilège, procéder à une double inscription consistant. Dans un premier temps, l'inscription, soit de l'arrêté de police [1], soit de la mise en demeure adressée au propriétaire ou/et à l'exploitant [2] (dans les deux cas, le document inscrit contiendra une évaluation sommaire du coût des mesures ou des travaux à exécuter [3]). Dans un second temps, l'inscription du titre de recouvrement de la créance (C. civ., art. 2384-1, 2°). Curieusement, l'article 2384-1 du Code civil (à l'encontre de l'article 2384-2) ne prévoit aucun délai dans lequel cette double inscription doit avoir lieu. En réalité, si la première inscription n'est, semble-t-il, pas assujettie à une condition de délai, cela s'explique pour deux raisons : d'une part, le créancier n'est pas obligé de réaliser cette première inscription puisqu'il peut se contenter de la seconde ; d'autre part, si la première inscription est réalisée, elle ne rétroagit pas à un fait générateur antérieur (qui pourrait être l'édiction de l'arrêté ou la notification de la mise en demeure) ; le privilège prend rang lors de l'inscription, ce qui constitue une particularité par rapport aux autres privilèges spéciaux immobiliers. En revanche, la seconde inscription (celle du titre de recouvrement de la créance) rétroagissant à la date de la première (au moins pour les sommes évaluées dans la première inscription), il serait logique que cette seconde inscription soit enfermée dans un délai [4]. Toutefois, aucun délai ne semble prévu dans le cadre de la double inscription.

L'inscription du seul titre de recouvrement. Par exception, et pour certaines créances garanties par le privilège (énumérées à l'article 2384-2, alinéa 2, du Code civil), il est possible pour le créancier privilégié de conserver son privilège par la seule inscription, dans les deux mois de son émission, du titre de recouvrement et « à concurrence de sa valeur » (C. civ., art. 2384-2). « Dans ce cas pour les créances nées de l'application de l'article L. 521-3-2 du Code de la construction et de l'habitation, du I de l'article L. 511-2 du même code ou du I de l'article L. 1331-28 du Code de la santé publique lorsque la démolition du bâtiment déclaré insalubre ou menaçant ruine a été ordonnée, le privilège prend rang à compter de l'émission du titre ».

Différences de dates de prise de rang du privilège. Selon la procédure de publicité, le privilège ne prend pas rang à la même date. Il prend rang au jour de l'émission du titre de recouvrement en cas d'inscription de ce seul titre, et à la condition que l'inscription intervienne dans un délai de deux mois à compter de l'émission, et seulement pour certaines créances [5]. Si l'inscription a lieu postérieurement à ce délai, conformément au régime commun

---

1. Pris en application des articles L. 1331-28 du Code de la santé publique ou L. 123-3, L. 129-2 ou encore L. 511-2 du Code de la construction et de l'habitation.
2. En application des articles L. 1331-29, II du Code de la santé publique, L. 123-3, L. 129-2 et L. 511-2, IV du Code de la construction et de l'habitation.
3. C. civ., art. 2384-1, 1°.
4. C'est du reste ce qui est prévu dans le cadre de l'inscription unique prévue par l'article 2384-2 du Code civil.
5. Les créances visées par ce dispositif simplifié sont, d'une part, les dépenses de « réparations nécessaires pour mettre fin durablement au péril ou les travaux de démolition, ainsi que, s'il y a lieu,

des privilèges immobiliers spéciaux, le privilège doit dégénérer en hypothèque légale prenant rang à la date de son inscription. Le privilège prend rang au jour de la première inscription (donc avant l'émission du titre de recouvrement) en cas de double inscription, mais seulement à concurrence du montant évalué lors de la première inscription. Si le montant du titre de recouvrement est supérieur, la fraction excédant l'évaluation n'est garantie par le privilège qu'à la date de l'inscription du titre de recouvrement, et non à la date de son émission.

1171. ***Montant garanti par le privilège***. Lorsque la procédure d'inscription en deux temps est effectuée, l'article 2384-1, 2° du Code civil distingue selon les montants respectifs de la première et de la deuxième inscription, ainsi que selon les créances garanties.

« Pour les créances nées de l'application de l'article L. 521-3-2 du Code de la construction et de l'habitation, du I de l'article L. 511-2 du même code ou du I de l'article L. 1331-28 du Code de la santé publique lorsque la démolition du bâtiment déclaré insalubre ou menaçant ruine a été ordonnée, le privilège développe ses effets à concurrence du montant évalué ou de celui du titre de recouvrement, s'il lui est inférieur, à compter de la première inscription et à compter de la deuxième inscription pour la fraction du montant du titre de recouvrement qui serait supérieure au montant résultant de la première inscription ». Les créances visées par ce dispositif sont, d'une part, les dépenses de « réparations nécessaires pour mettre fin durablement au péril ou les travaux de démolition, ainsi que, s'il y a lieu, [...] les mesures indispensables pour préserver les bâtiments contigus » (CCH, art. L. 511-2, I), d'autre part, les dépenses d'hébergement ou de relogement des occupants (CCH, art. L. 521-3-2, I), enfin, toutes les « mesures nécessaires pour empêcher l'accès et l'usage de l'immeuble au fur et à mesure de son évacuation » (CSP, art. L. 1331-28, I).

« Pour les autres créances, le privilège est conservé à concurrence du montant évalué ou de celui du titre de recouvrement, s'il lui est inférieur » (C. civ., art. 2384-1, 2° *in fine*). À défaut de précision, il faut certainement en déduire que le privilège prend nécessairement rang au jour de la première inscription. Ces autres créances sont, d'une part, celles visées par l'article L. 123-3 du Code de la construction et de l'habitation (mesures nécessaires pour faire cesser la situation d'insécurité constatée par la commission de sécurité et, le cas échéant, les travaux d'aménagement), d'autre part, celles visées par l'article L. 129-4 du Code de la construction et de l'habitation (mesures de remise en état de fonctionnement ou de remplacement des équipements communs d'un immeuble collectif à usage principal d'habitation présentant un fonctionnement défectueux ou un défaut d'entretien de nature à créer des risques sérieux pour la sécurité des occupants ou à compromettre gravement leurs conditions d'habitation), en troisième lieu, les mesures visées par l'article L. 511-3 du Code de la construction et de l'habitation (mesures provisoires pour garantir la sécurité en cas de péril grave et imminent, notamment l'évacuation de l'immeuble), enfin, les mesures prévues aux articles L. 1331-22, L. 1331-24, L. 1331-26-1, L. 1331-28, II et L. 1331-29 du Code de la santé publique.

[...] les mesures indispensables pour préserver les bâtiments contigus » (CCH, art. L. 511-2, I), d'autre part, les dépenses d'hébergement ou de relogement des occupants (CCH, art. L. 521-3-2, I), enfin, toutes les « mesures nécessaires pour empêcher l'accès et l'usage de l'immeuble au fur et à mesure de son évacuation » (CSP, art. L. 1331-28, I). À défaut de précision, il est permis de penser que, pour les autres créances que celles visées par l'article 2384-2, alinéa 2, du Code civil, l'inscription du seul titre de recouvrement permet de conserver le privilège, mais n'emporte pas rétroactivité du rang au jour de l'émission du titre. Le privilège prendrait rang, dans ce cas, au jour de son inscription.

§ 5. Le classement des privilèges immobiliers spéciaux

Les créanciers titulaires d'un privilège immobilier spécial peuvent entrer en concours avec un autre créancier muni d'un droit réel de préférence sur le même immeuble. Ce peut être un créancier titulaire d'un privilège pleinement général (A), un créancier titulaire d'un autre privilège immobilier spécial (B) ou, enfin, un créancier titulaire d'une hypothèque, conventionnelle ou légale (C).

A. Conflit entre les privilèges immobiliers spéciaux et les privilèges pleinement généraux

1172. Selon l'article 2376 du Code civil (anc. art. 2105), les privilèges portant sur la totalité de l'actif (tels les privilèges des frais de justice et des salaires) priment les sûretés immobilières inscrites sur l'immeuble (privilèges spéciaux, hypothèque ou antichrèse) du chef du même débiteur [1], lorsque le prix des biens meubles de ce dernier est insuffisant pour acquitter intégralement les créances pleinement privilégiées [2]. La priorité des créanciers titulaires d'un privilège pleinement général présente donc un caractère *subsidiaire*, celle-ci ne devant prospérer qu'en l'absence de meubles suffisants pour les désintéresser, ce qui risque, toutefois, d'être assez fréquent en pratique.

C. civ., art. 2376 (anc. art. 2105). – Lorsqu'à défaut de mobilier les créanciers privilégiés énoncés en l'article précédent se présentent pour être payés sur le prix d'un immeuble en concurrence avec les autres créanciers privilégiés sur l'immeuble, ils priment ces derniers et exercent leurs droits dans l'ordre indiqué dans ledit article.

B. Conflit entre privilèges immobiliers spéciaux

1173. Ce conflit peut opposer deux ou plusieurs privilèges immobiliers spéciaux identiques, par exemple lorsque le même immeuble a fait l'objet de ventes successives, ou deux ou plusieurs privilèges immobiliers spéciaux différents, par exemple lorsque le vendeur de l'immeuble a consenti un terme pour la partie du prix laissée en dehors de l'emprunt finançant partiellement l'acquisition.

Dans le premier cas, l'article 2374, 1° du Code civil (anc. art. 2103, 1°) prévoit que « le premier vendeur est préféré au second, le deuxième au troisième, et ainsi de suite ». Il est, en effet, normal que le premier vendeur soit payé avant le deuxième vendeur qui est son débiteur [3].

---

1. La priorité des privilèges pleinement généraux sur les privilèges spéciaux immobiliers ne s'applique qu'au conflit entre les créanciers d'un même propriétaire de l'immeuble et non au conflit entre les créanciers à privilège spécial ou général d'un propriétaire antérieur et les créanciers à privilège général du propriétaire actuel (Civ. 1re, 20 mars 1956, *D.* 1956. 374 ; Versailles, 26 mars 1998, *D.* 1998. Somm. 381, note S. Piedelièvre).

2. Il appartient aux créanciers bénéficiant d'un privilège immobilier spécial, qui contestent la priorité du privilège pleinement général, de prouver la suffisance du prix du mobilier du débiteur (Civ. 24 févr. 1932, *DH* 1932. 217 ; Lyon, 12 juin 1984, *Gaz. Pal.* 1984. 2. 686).

3. En cas de conflit entre plusieurs privilèges du prêteur de deniers, ceux-ci viennent en concurrence sans égard aux dates respectives de paiement qu'ils ont permis d'effectuer : v. Aubry et Rau, par Esmein et Ponsard, *Cours de droit civil français*, t. III, par Esmein et Ponsard, Litec, 7e éd., 1968, § 290, n° 340 ; sur l'ensemble de la question, v. B. Pacaud, « Les sûretés immobilières en cas de pluralité d'emprunteurs ou d'acquéreurs », *Defrénois* 2000, art. 37109.

Dans le second cas, par exemple le conflit opposant le privilège du vendeur d'immeuble et le privilège du prêteur de deniers, aucune disposition légale ne vient trancher la difficulté, les deux privilèges étant réputés inscrits à la même date, celle de la vente. Aussi est-il permis d'hésiter entre deux solutions : soit accorder la primauté au vendeur, au motif qu'il est le premier à introduire un bien dans le patrimoine du débiteur[1]; soit tenir les deux créanciers privilégiés à égalité, en considérant que l'introduction du bien dans le patrimoine du débiteur n'aurait pas eu lieu sans le concours du prêteur[2]. La jurisprudence n'a pas eu l'occasion de trancher ce conflit, sans doute parce qu'il se présente rarement en pratique. La raison en est que les établissements de crédit prêteurs prennent habituellement la précaution de se faire consentir par le vendeur une cession d'antériorité[3] et exigent, en outre, soit une subrogation dans l'action résolutoire[4], soit une renonciation du vendeur à cette action.

Dans d'autres cas de conflit opposant des privilèges immobiliers spéciaux différents, la solution est dictée par la date respective des privilèges. Ainsi est-ce l'antériorité qui primera en cas de conflit opposant le vendeur d'un immeuble et le copartageant de l'héritier de l'acquéreur ayant reçu cet immeuble dans son lot. À l'inverse, ce sera la postériorité qui l'emportera dans le conflit opposant le vendeur d'un immeuble et l'architecte ou l'entrepreneur ayant procuré une plus-value à l'immeuble grevé, car le privilège de l'architecte est limité à la plus-value produite et celle-ci n'existait pas au moment où les sûretés antérieures sont nées[5].

Enfin, le conflit opposant le vendeur d'immeuble ou le prêteur de deniers au syndicat de copropriétaires est réglé par l'article 2374, 1° *bis* du Code civil en faveur de ce dernier pour le paiement des créances afférentes aux charges et travaux de l'année courante et des deux dernières années échues.

C. Conflit entre privilèges immobiliers spéciaux et hypothèques

1174. Alors que l'article 2324 du Code civil paraît poser un principe général de priorité du créancier privilégié sur le créancier hypothécaire, pour résoudre ce concours, il convient de respecter un critère général d'ordre chronologique (*prior tempore*). En effet, chaque sûreté prend rang à une date donnée, date qui est celle de l'inscription pour l'hypothèque et celle de la date de naissance du privilège immobilier (par exemple, celle de la vente de l'immeuble pour le privilège immobilier spécial du vendeur ou du prêteur de

1. Pour une primauté du vendeur, v. not. Ph. Théry, *op. cit.*, n° 205 ; Ph. Malaurie, L. Aynès, par P. Crocq, *op. cit.*, n° 705. L'arrêt de la chambre commerciale de la Cour de cassation en date du 5 décembre 1995 (*Bull. civ.* IV, n° 286), parfois invoqué au soutien de cette solution, ne tranche pas réellement cette question puisqu'il se contente de préciser que les fonds prêtés en cas de résolution de la vente doivent être restitués à l'acquéreur et non au prêteur de deniers sans que celui-ci puisse faire valoir un droit de préférence. Au demeurant, en cas de résolution de la vente, le privilège du vendeur disparaît nécessairement puisque l'ex-vendeur redevient propriétaire de son bien de sorte que le conflit n'existe plus.

2. En ce sens, v. Marty et Raynaud, *op. cit.*, par Ph. Jestaz, n° 253 ; M. Cabrillac, C. Mouly, S. Cabrillac et Ph. Pétel, *op. cit.*, n° 876 ; Rémy, « La subrogation du prêteur de deniers dans l'action résolutoire du vendeur d'immeuble », *JCP N* 1978. I. 79, n° 2. Un même raisonnement peut être tenu au sujet du concours entre le privilège de l'architecte et le privilège de prêteur de deniers ayant financé les travaux.

3. Sur la cession d'antériorité en matière d'hypothèque, v. ss 1099.

4. Sur cette subrogation, cf. not. Com. 1er févr. 1977, *Bull. civ.* IV, n° 36 ; *D.* 1977. 206, note A. Honorat ; 7 déc. 1981, *Bull. civ.* IV, n° 427.

5. Cass., ch. réunies, 31 janv. 1898 (solution implicite), *DP* 98. 1. 233, note de Loynes ; *S.* 98. 1. 257, note Demante ; Civ. 7 févr. 1911, *DP* 1911. 1. 259. Ce privilège est ainsi le seul à primer tous les autres créanciers antérieurs, y compris les créanciers qui tiennent leur sûreté d'un précédent propriétaire, à l'exception des créanciers bénéficiant d'un privilège pleinement général (C. civ., art. 2375 et 2376).

deniers)[1]. Il résulte de cet élément chronologique que les privilèges immobiliers spéciaux priment nécessairement les hypothèques nées du chef d'un même auteur[2], sauf s'ils n'ont pas été inscrits dans le délai propre à chaque privilège, auquel cas il convient de comparer leur date d'inscription avec celle de l'hypothèque.

1175. ***Vers l'abrogation des privilèges immobiliers spéciaux ?*** La rétroactivité de l'inscription des privilèges immobiliers spéciaux est aujourd'hui souvent considérée comme inutile ; d'une part, si l'on prend l'exemple du privilège du vendeur[3], dans l'immense majorité des cas l'inscription du privilège est concomitante à celle de la vente elle-même, de sorte qu'il est purement théorique que des créanciers de l'acquéreur puissent inscrire une hypothèque du chef de ce dernier dans l'intervalle des deux mois consécutifs à la vente ; d'autre part, elle n'a plus guère de sens à une époque où, grâce aux nouvelles technologies, les formalités peuvent être accomplies dans de brefs délais ; cette rétroactivité constitue une spécificité française, qui entrave les crédits transfrontaliers. Pour ces raisons, le Rapport Grimaldi du 31 mars 2005 avait proposé de *transformer les privilèges spéciaux immobiliers en hypothèques légales spéciales non rétroactives*. Cette transformation aurait pour avantages, d'une part, d'unifier le droit hypothécaire en faisant de l'hypothèque la sûreté spéciale immobilière de droit commun[4] et, d'autre part, de simplifier le règlement des conflits entre créanciers titulaires d'un droit de préférence : toute hypothèque – légale, judiciaire ou conventionnelle – n'aurait rang que du jour de son inscription ; si plusieurs hypothèques portant sur le même immeuble étaient inscrites le même jour, la priorité accordée par l'article 2425, alinéa 3, du Code civil (anc. art. 2134) à l'hypothèque légale sur l'hypothèque judiciaire ou conventionnelle devrait jouer, de sorte que, si le vendeur et le créancier hypothécaire de l'acheteur accomplissaient le même jour les formalités de publicité, le premier devrait l'emporter. Ces propositions n'ont pas trouvé écho dans l'ordonnance du 23 mars 2006, car le Parlement n'avait pas habilité le Gouvernement à réformer les privilèges par cette voie.

Les autres privilèges immobiliers, notamment le privilège des architectes, celui du prêteur des deniers ayant financé les travaux, celui de l'accédant, ainsi que le privilège de la séparation des patrimoines, ne sont pas liés à une transmission immobilière et ne connaissent donc pas cette technique de publicité simultanée du titre translatif et du privilège, qui aboutit à écarter les risques d'inscriptions intermédiaires. Cependant, si la

---

1. À la condition, rappelons-le, que le privilège ait été inscrit dans les deux mois à compter de la vente : v. ss 1154, 1159.

Il existait toutefois une exception à ce principe en cas d'hypothèque prise sur un bien indivis par tous les indivisaires lorsque le bien était mis dans le lot du copartageant grevé du privilège. En effet, l'ancien article 2125, alinéa 2, du Code civil (actuel art. 2414, al. 2) décidait que, quel que soit le résultat du partage, l'hypothèque établie pendant l'indivision conservait exceptionnellement ses effets lorsqu'elle avait été consentie par tous les coindivisaires et ce, en dépit de l'effet déclaratif du partage. C'est pourtant la solution inverse qui a été retenue par la jurisprudence décidant que l'effet déclaratif du partage se communique au privilège du copartageant inscrit dans les délais, de sorte que le privilège prend rang à la date du début de l'indivision et prime l'hypothèque (légale en l'espèce, mais l'attendu de la Cour de cassation précise que la solution serait identique pour l'hypothèque conventionnelle) inscrite au cours de celle-ci : Civ. 1re, 13 juill. 2004, *Bull. civ.* I, n° 206 ; *Defrénois* 2005, art. 38111, obs. Ph. Théry et art. 38133, obs. S. Piedelièvre ; *JCP E* 2005. 915, obs. Ph. Delebecque ; *JCP N* 2006. 1071, obs. Le Guidec.

2. V., par exemple, pour le privilège du copartageant : Civ. 29 mars 1892, *DP* 93. 1. 168.

3. Mais l'argumentation peut être étendue à tous les privilèges liés à une transmission immobilière, c'est-à-dire les privilèges du vendeur et du prêteur de deniers et, dans une moindre mesure, le privilège du copartageant.

4. Puisqu'existe, aux côtés de l'hypothèque, le gage immobilier (ex. antichrèse).

question de leur éventuelle abrogation devait se poser, ce serait en raison de leur faible application pratique [1]. Toutefois, le privilège de la séparation des patrimoines nous semble se distinguer des autres privilèges par son rôle important dans le cadre du règlement du passif successoral, d'autant plus depuis que la loi du 23 juin 2006 l'a « bilatéralisé » au profit des créanciers personnels de l'héritier.

Restent le privilège du syndicat des copropriétaires, dont l'intérêt n'est plus à démontrer, mais qui, précisément, ne met en œuvre aucun mécanisme de rétroactivité en raison de son caractère occulte, et le privilège de l'État et de la commune dont l'avenir nous dira s'il présente une réelle application pratique [2].

C. civ., art. 2324 (anc. art. 2095). – Le privilège est un droit que la qualité de la créance donne à un créancier d'être préféré aux autres créanciers, même hypothécaires.

1. V. P. Derouvroy, Rapp. au 69ᵉ Congrès des notaires, p. 109 s., spéc. p. 112.
2. Un auteur a pu faire une distinction selon la raison justifiant le privilège. Ainsi, propose-t-il de supprimer tous les privilèges fondés sur l'idée d'introduction d'une valeur dans le patrimoine du débiteur et de ne garder que ceux fondés exclusivement ou également sur une idée de justice distributive (M. Rouland, thèse préc., n° 126). Au nombre de ces derniers figureraient le privilège du copartageant en ce qu'il contribue à l'égalité dans le partage, le privilège du syndicat de copropriété, le privilège de la séparation des patrimoines, le privilège de l'accédant et le privilège de l'État et de la commune.

Chapitre 3

L'hypothèque judiciaire conservatoire

C. pr. exéc., art. L. 511-1. – Toute personne dont la créance paraît fondée en son principe peut solliciter du juge l'autorisation de pratiquer une mesure conservatoire sur les biens de son débiteur, sans commandement préalable, si elle justifie de circonstances susceptibles d'en menacer le recouvrement.
La mesure conservatoire prend la forme d'une saisie conservatoire ou d'une sûreté judiciaire.
C. pr. exéc., art. L. 511-2. – Une autorisation préalable du juge n'est pas nécessaire lorsque le créancier se prévaut d'un titre exécutoire ou d'une décision de justice qui n'a pas encore force exécutoire. Il en est de même en cas de défaut de paiement d'une lettre de change acceptée, d'un billet à ordre, d'un chèque ou d'un loyer resté impayé dès lors qu'il résulte d'un contrat écrit de louage d'immeubles.
C. pr. exéc., art. L. 511-3. – L'autorisation est donnée par le juge de l'exécution. Toutefois, elle peut être accordée par le président du tribunal de commerce lorsque, demandée avant tout procès, elle tend à la conservation d'une créance relevant de la compétence de la juridiction commerciale.
C. pr. exéc., art. L. 511-4. – À peine de caducité de la mesure conservatoire, le créancier engage ou poursuit, dans les conditions et délais fixés par décret en Conseil d'État, une procédure permettant d'obtenir un titre exécutoire s'il n'en possède pas.
C. pr. exéc., art. L. 512-1. – Même lorsqu'une autorisation préalable n'est pas requise, le juge peut donner mainlevée de la mesure conservatoire s'il apparaît que les conditions prescrites par l'article L. 511-1 ne sont pas réunies.
À la demande du débiteur, le juge peut substituer à la mesure conservatoire initialement prise toute autre mesure propre à sauvegarder les intérêts des parties.
La constitution d'une caution bancaire irrévocable conforme à la mesure sollicitée dans la saisie entraîne mainlevée de la mesure de sûreté, sous réserve des dispositions de l'article L. 511-4.
C. pr. exéc., art. L. 512-2. – Les frais occasionnés par une mesure conservatoire sont à la charge du débiteur, sauf décision contraire du juge.
Lorsque la mainlevée a été ordonnée par le juge, le créancier peut être condamné à réparer le préjudice causé par la mesure conservatoire.
C. pr. exéc., art. L. 531-1. – Une sûreté judiciaire peut être constituée à titre conservatoire sur les immeubles, les fonds de commerce, les actions, parts sociales et valeurs mobilières.
C. pr. exéc., art. L. 531-2. – Les biens grevés d'une sûreté judiciaire demeurent aliénables.
Le prix en est payé et distribué dans les conditions fixées par décret en Conseil d'État.
Toutefois, en cas de vente de valeurs mobilières inscrites sur un compte tenu et géré par un intermédiaire habilité, le prix peut être utilisé pour acquérir d'autres valeurs qui sont alors subrogées aux valeurs vendues.
C. pr. exéc., art. L. 532-1. – Les sûretés judiciaires sont opposables aux tiers du jour de l'accomplissement des formalités de publicité prescrites par décret en Conseil d'État.
C. pr. exéc., art. L. 533-1. – La publicité provisoire cesse de produire effet si, dans un délai fixé par décret, elle n'a pas été confirmée par une publicité définitive.
C. pr. exéc., art. R. 511-1. – La demande d'autorisation prévue à l'article L. 511-1 est formée par requête.

Sauf dans les cas prévus à l'article L. 511-2, une autorisation préalable du juge est nécessaire.
C. pr. exéc., art. R. 511-2. – Le juge compétent pour autoriser une mesure conservatoire est celui du lieu où demeure le débiteur.
C. pr. exéc., art. R. 511-3. – Toute clause contraire aux articles L. 511-3 ou R. 511-2 est réputée non avenue. Le juge saisi doit relever d'office son incompétence.
C. pr. exéc., art. R. 511-4. – À peine de nullité de son ordonnance, le juge détermine le montant des sommes pour la garantie desquelles la mesure conservatoire est autorisée et précise les biens sur lesquels elle porte.
C. pr. exéc., art. R. 511-5. – En autorisant la mesure conservatoire, le juge peut décider de réexaminer sa décision ou les modalités de son exécution au vu d'un débat contradictoire.
En ce cas, il fixe la date de l'audience, sans préjudice du droit pour le débiteur de le saisir à une date plus rapprochée.
Le débiteur est assigné par le créancier, le cas échéant, dans l'acte qui dénonce la mesure.
C. pr. exéc., art. R. 511-6. – L'autorisation du juge est caduque si la mesure conservatoire n'a pas été exécutée dans un délai de trois mois à compter de l'ordonnance.
C. pr. exéc., art. R. 511-7. – Si ce n'est dans le cas où la mesure conservatoire a été pratiquée avec un titre exécutoire, le créancier, dans le mois qui suit l'exécution de la mesure, à peine de caducité, introduit une procédure ou accomplit les formalités nécessaires à l'obtention d'un titre exécutoire.
Toutefois, en cas de rejet d'une requête en injonction de payer présentée dans le délai imparti au précédent alinéa, le juge du fond peut encore être valablement saisi dans le mois qui suit l'ordonnance de rejet.
C. pr. exéc., art. R. 511-8. – Lorsque la mesure est pratiquée entre les mains d'un tiers, le créancier signifie à ce dernier une copie des actes attestant les diligences requises par l'article R. 511-7, dans un délai de huit jours à compter de leur date. À défaut, la mesure conservatoire est caduque.
C. pr. exéc., art. R. 512-1. – Si les conditions prévues aux articles R. 511-1 à R. 511-8 ne sont pas réunies, le juge peut ordonner la mainlevée de la mesure à tout moment, les parties entendues ou appelées, même dans les cas où l'article L. 511-2 permet que cette mesure soit prise sans son autorisation.
Il incombe au créancier de prouver que les conditions requises sont réunies.
C. pr. exéc., art. R. 512-2. – La demande de mainlevée est portée devant le juge qui a autorisé la mesure. Si celle-ci a été prise sans autorisation préalable du juge, la demande est portée devant le juge de l'exécution du lieu où demeure le débiteur. Toutefois, lorsque la mesure est fondée sur une créance relevant de la compétence d'une juridiction commerciale, la demande de mainlevée peut être portée, avant tout procès, devant le président du tribunal de commerce de ce même lieu.
C. pr. exéc., art. R. 512-3. – Les autres contestations sont portées devant le juge de l'exécution du lieu d'exécution de la mesure.
C. pr. exéc., art. R. 531-1. – Sur présentation de l'autorisation du juge ou du titre en vertu duquel la loi permet qu'une mesure conservatoire soit pratiquée, une sûreté peut être prise sur un immeuble, un fonds de commerce, des parts sociales ou des valeurs mobilières appartenant au débiteur.
C. pr. exéc., art. R. 532-1. – L'inscription provisoire d'hypothèque est opérée par le dépôt au service de la publicité foncière de deux bordereaux dans les conditions prévues par l'article 2428 du Code civil. Elle contient, en outre, l'indication du capital de la créance et de ses accessoires.
C. pr. exéc., art. R. 532-5. – À peine de caducité, huit jours au plus tard après le dépôt des bordereaux d'inscription ou la signification du nantissement, le débiteur en est informé par acte d'huissier de justice.
Cet acte contient à peine de nullité :
1° Une copie de l'ordonnance du juge ou du titre en vertu duquel la sûreté a été prise ; toutefois, s'il s'agit d'une obligation notariée ou d'une créance de l'État, des collectivités territoriales ou de leurs établissements publics, il n'est fait mention que de la date, de la nature du titre et du montant de la dette ;

2° L'indication, en caractères très apparents, que le débiteur peut demander la mainlevée de la sûreté comme il est dit à l'article R. 512-1 ;
3° La reproduction des articles R. 511-1 à R. 512-3 et R. 532-6.
C. pr. exéc., art. R. 532-6. – Lorsque le créancier est déjà titulaire d'un titre exécutoire, la mainlevée de la publicité provisoire peut être demandée jusqu'à la publicité définitive, laquelle ne peut intervenir moins d'un mois après la signification de l'acte prévu à l'article R. 532-5.
C. pr. exéc., art. R. 532-7. – La publicité provisoire conserve la sûreté pendant trois ans. Elle peut être renouvelée pour la même durée.
Le renouvellement est effectué dans les conditions prévues aux articles 61 et suivants du décret n° 55-1350 du 14 octobre 1955 pris pour l'application du décret n° 55-22 du 4 janvier 1955 portant réforme de la publicité foncière, pour l'inscription provisoire d'hypothèque, et dans les mêmes formes que la publicité initiale pour les autres sûretés judiciaires.
C. pr. exéc., art. R. 532-8. – Si le bien est vendu avant que la publicité définitive ait été accomplie, le créancier titulaire de la sûreté judiciaire jouit des mêmes droits que le titulaire d'une sûreté conventionnelle ou légale. Toutefois, la part qui lui revient dans la distribution du prix est consignée auprès de la Caisse des dépôts et consignations.
Cette part lui est remise s'il justifie de l'accomplissement de la publicité définitive dans le délai prévu. À défaut, elle est remise aux créanciers en ordre de la recevoir ou au débiteur.
C. pr. exéc., art. R. 532-9. – Lorsque la valeur des biens grevés est manifestement supérieure au montant des sommes garanties, le débiteur peut faire limiter par le juge les effets de la sûreté provisoire s'il justifie que les biens demeurant grevés ont une valeur double du montant de ces sommes.
C. pr. exéc., art. R. 533-1. – La publicité provisoire doit être confirmée par une publicité définitive. Cette publicité donne rang à la sûreté à la date de la formalité initiale, dans la limite des sommes conservées par cette dernière.
C. pr. exéc., art. R. 533-2. – La publicité définitive est opérée, pour l'hypothèque, conformément à l'article 2428 du Code civil et, pour le nantissement du fonds de commerce, conformément aux articles L. 143-16 et R. 143-6 et suivants du Code de commerce.
Il n'est dû qu'un seul émolument ou qu'une seule contribution de sécurité immobilière prévue à l'article 879 du Code général des impôts pour les inscriptions provisoire et définitive.
C. pr. exéc., art. R. 533-3. – La publicité définitive du nantissement des parts sociales et valeurs mobilières est opérée dans les mêmes formes que la publicité provisoire.
Après avoir accompli cette formalité, le créancier peut demander l'agrément du nantissement, s'il y a lieu.
C. pr. exéc., art. R. 533-4. – La publicité définitive est effectuée dans un délai de deux mois courant selon le cas :
1° Du jour où le titre constatant les droits du créancier est passé en force de chose jugée ;
2° Si la procédure a été mise en œuvre avec un titre exécutoire, du jour de l'expiration du délai d'un mois mentionné à l'article R. 532-6 ou, si une demande de mainlevée a été formée, du jour de la décision rejetant cette contestation ; toutefois, si le titre n'était exécutoire qu'à titre provisoire, le délai court comme il est dit au 1° ;
3° Si le caractère exécutoire du titre est subordonné à une procédure d'exequatur, du jour où la décision qui l'accorde est passée en force de chose jugée.
Le créancier présente tout document attestant que les conditions prévues ci-dessus sont remplies.
C. pr. exéc., art. R. 533-5. – Si, après la vente du bien, le prix en a été régulièrement versé pour être distribué, la publicité définitive est remplacée par la signification du titre du créancier à la personne chargée de la répartition du prix, dans le délai de deux mois prévu à l'article R. 533-4.
C. pr. exéc., art. R. 533-6. – À défaut de confirmation dans le délai, la publicité provisoire est caduque et sa radiation peut être demandée au juge de l'exécution.
En cas d'extinction de l'instance introduite par le créancier ou si sa demande est rejetée, la radiation est demandée au juge saisi du fond ; à défaut, elle est ordonnée par le juge de l'exécution.

La radiation est effectuée sur présentation de la décision passée en force de chose jugée.
Les frais sont supportés par le créancier.
Si la part du créancier titulaire de la sûreté provisoire a été consignée, elle est remise, selon le cas, aux créanciers en ordre de la recevoir ou au débiteur.

1176. Créée par la loi du 12 novembre 1955 relative aux mesures conservatoires et régie aujourd'hui par le Code des procédures civiles d'exécution (L. du 9 juill. 1991, anc. art. 67, 68, 77 à 79 ; Décr. du 31 juill. 1992, anc. art. 210 à 219 et 250 à 265), l'hypothèque judiciaire conservatoire permet au titulaire d'une créance, dont le principe est avéré et dont le recouvrement est menacé, d'obtenir par anticipation une sûreté, sans attendre le jugement de condamnation de son débiteur. L'hypothèque judiciaire conservatoire constitue, ce faisant, un *remède contre les risques liés à la lenteur des procès :* risque d'aliénation de l'immeuble ou de constitution sur celui-ci d'une autre sûreté ; risque de saisie par un autre créancier ; risque d'organisation frauduleuse de son insolvabilité par le débiteur. Elle met ainsi en lumière les limites de l'hypothèque légale attachée aux jugements de condamnation [1]. L'hypothèque judiciaire conservatoire peut également constituer un *moyen de pression* lorsque des biens du débiteur sont inaliénables et/ou insaisissables. En effet, cette hypothèque est d'abord une mesure conservatoire, qui ne doit pas être assimilée à une saisie immobilière. L'inscription d'une hypothèque judiciaire est dès lors possible sur un bien faisant l'objet d'une clause d'inaliénabilité [2] ou d'une déclaration notariée d'insaisissabilité [3].

L'hypothèque judiciaire conservatoire se caractérise par un processus en *trois phases :* le créancier doit, d'abord, obtenir une autorisation judiciaire ou disposer d'un titre qui l'en dispense (§ 1); il procède, ensuite, à une inscription provisoire à l'insu de son débiteur (§ 2); lorsqu'il a obtenu définitivement la condamnation de son débiteur ou dès qu'il dispose d'un titre exécutoire contre celui-ci, il peut, enfin, prendre une inscription définitive, qui rétroagit à la date de l'inscription provisoire (§ 3).

§ 1. L'AUTORISATION JUDICIAIRE OU LE TITRE Y SUPPLÉANT

Grever d'une hypothèque un ou plusieurs immeubles de son débiteur, contre son gré ou à son insu, constitue un acte grave et dérogatoire au droit commun [4]. Aussi est-il fermement encadré.

1177. ***Les conditions de l'autorisation judiciaire***. L'autorisation judiciaire de pratiquer une mesure conservatoire est subordonnée à deux conditions, énoncées par l'article L. 511-1 du Code des procédures d'exécution (anc. L. du 9 juill. 1991, art. 67).

---

1. V. ss 1144 s.

2. Civ. 1re, 9 oct. 1985, *Bull. civ.* I, n° 252.

3. Com. 11 juin 2014, *Bull. civ.* IV, n° 106 : « l'article L. 526-1 du Code de commerce, d'interprétation stricte (parce qu'il s'agit d'une exception au droit de gage général de l'article 2284 du Code civil ; sur ce droit et ses principales dérogations, v. ss 4), interdit la saisie du bien objet de la déclaration d'insaisissabilité, mais non l'inscription d'une hypothèque judiciaire à titre conservatoire sur ce bien ». Cette inscription constitue un moyen de pression contre le débiteur, entrepreneur individuel, et présente bien d'autres avantages, notamment en cas de cessation de l'insaisissabilité ou de saisie de l'immeuble visé par la déclaration à l'initiative des créanciers auxquels celle-ci est inopposable.

4. Ce qui justifie l'interprétation stricte des règles qui la gouvernent : v. not. Civ. 2e, 12 janv. 1968, *Bull. civ.* II, n° 20.

En premier lieu, le requérant doit établir qu'il dispose d'« une créance qui paraît fondée en son principe ». L'interprétation souveraine [1] des juges du fond sur ce point est très souple. En effet, la créance, quelle qu'en soit la source, peut être contestée, même sérieusement [2]; elle peut être conditionnelle [3]; elle peut, semble-t-il, être en nature [4].

En second lieu, le créancier doit apporter la preuve de « circonstances susceptibles d'en menacer le recouvrement », c'est-à-dire que *son recouvrement est en péril*, sans que, pour autant, l'urgence de la menace n'ait besoin, semble-t-il, d'être présente. C'est le cas lorsqu'il est démontré que la solvabilité du débiteur est « incertaine » [5] ou que son insolvabilité est imminente, ou encore lorsque plusieurs immeubles du débiteur sont déjà grevés d'hypothèques [6].

1178. ***La procédure d'autorisation***. La demande du créancier doit prendre la forme d'une requête (C. pr. exéc., art. R. 511-1 ; anc. Décr. du 31 juill. 1992, art. 210), soit devant le juge de l'exécution, soit devant le président du tribunal de commerce si la créance alléguée relève de la compétence de la juridiction consulaire (C. pr. exéc., art. R. 511-2 ; anc. Décr. préc., art. 211). Le *caractère unilatéral* du déclenchement de la procédure d'autorisation se justifie par la volonté de ne pas informer immédiatement le débiteur, afin d'éviter qu'il n'en profite pour organiser son insolvabilité. Toutefois, en vue de préserver les intérêts du débiteur, le juge « peut décider de réexaminer sa décision ou les modalités de son exécution au vu d'un débat contradictoire » (C. pr. exéc., art. R. 511-5 ; anc. L. du 9 juill. 1991, art. 69, al. 3).

À peine de nullité, l'ordonnance qui autorise l'inscription doit indiquer la somme pour laquelle celle-ci peut être prise et le ou les immeubles qui peuvent être grevés (C. pr. exéc., art. R. 511-2 ; anc. Décr. préc., art. 255).

Le débiteur doit, en outre, être averti par acte d'huissier dans les huit jours de l'inscription, à peine de caducité de celle-ci (C. pr. exéc., art. R. 532-5 ; anc. Décr. préc., art. 212) [7]. Il a, alors, la faculté de saisir le juge qui a délivré l'autorisation pour obtenir la mainlevée de l'inscription ou la réduction des sommes garanties ou encore le cantonnement de la sûreté à un ou plusieurs biens (C. pr. exéc., art. R. 512-1 et R. 532-9 ; anc. Décr. préc., art. 217 à 219) [8].

1179. ***Les dispenses d'autorisation***. En vertu de l'article L. 511-2 du Code des procédures d'exécution (L. du 9 juill. 1991, anc. art. 68), une autorisation préalable du juge n'est pas nécessaire lorsque le créancier dispose de certains titres. Sont ainsi dispensés d'autorisation les créanciers munis d'un titre exécutoire [9] ou d'un titre qui confère à leur

---

1. Civ. 3e, 27 juin 1978, *Bull. civ.* III, no 270.
2. V. not. Paris, 21 juill. 1982, *Gaz. Pal.* 1982. 2. somm. 311.
3. TGI Dijon, 22 déc. 1959, *JCP* 1960. II. 11670, note Rameau.
4. En ce sens, not., M. Cabrillac, C. Mouly, S. Cabrillac et Ph. Pétel, *op. cit.*, no 932.
5. Caen, 10 déc. 1963, *JCP* 1963. II. 13716, obs. J.A.
6. Civ. 2e, 13 oct. 1982, *Bull. civ.* II, no 123.
7. La simple signification faite au débiteur de l'ordonnance rendue par le juge de l'exécution autorisant le créancier à prendre une inscription d'hypothèque provisoire ne suffit pas ; il faut que le créancier informe le débiteur qu'il a procédé à l'inscription : Civ. 2e, 2 févr. 2012, *Bull. civ.* II, n° 21.
8. Pour faire application de la faculté de cantonnement, il convient de déterminer la valeur des biens grevés en tenant compte des sûretés qui ont pu être constituées sur ces biens au profit d'autres créanciers (Civ. 3e, 7 juill. 2004, *Bull. civ.* III, no 149). Le cantonnement ne peut être prononcé que si la valeur des immeubles restant représente le double du montant des sommes inscrites pour lequel la mesure conservatoire a été autorisée : Civ. 2e, 21 mars 2013, *Bull. civ.* II, n° 56.
9. Si un acte de prêt notarié est bien un titre exécutoire, il ne saurait dispenser d'autorisation la banque souhaitant garantir au moyen de l'hypothèque judiciaire conservatoire le paiement du découvert

créance un grand degré de crédibilité. Il peut s'agir d'une décision de justice qui n'a pas encore force exécutoire, d'une lettre de change acceptée, d'un chèque, d'un billet à ordre ou encore d'un loyer resté impayé dès lors qu'il résulte d'un contrat écrit de louage d'immeuble. Ces dispenses édulcorent le caractère judiciaire de la sûreté [1].

§ 2. L'inscription provisoire

1180. ***Modalités***. L'inscription provisoire d'hypothèque doit être prise dans un délai de *trois mois* à compter de l'ordonnance d'autorisation, celle-ci devenant caduque au terme de ce délai (C. pr. exéc., art. R. 511-6 ; anc. Décr. préc., art. 214). Elle s'opère par le dépôt au fichier immobilier de deux bordereaux, qui doivent comporter les mentions énumérées par l'article R. 532-1 du Code des procédures d'exécution (Décr. du 31 juill. 1992, anc. art. 251), notamment la publication du titre de propriété du débiteur [2], en vertu du principe dit « de l'effet relatif » de la publicité foncière.

1181. ***Effets***. L'inscription provisoire rend l'hypothèque opposable aux autres créanciers du débiteur et aux titulaires de droits réels sur l'immeuble. Elle prend rang à la date où elle est prise.

L'inscription n'est valable que pendant trois ans, afin de ne pas laisser se perpétuer une mesure provisoire. Son renouvellement est cependant possible, dans les mêmes conditions que la publicité initiale (C. pr. exéc., art. R. 532-7 ; anc. Décr. préc., art. 257) [3].

L'inscription provisoire ne rend pas l'immeuble indisponible entre les mains du propriétaire (C. pr. exéc., art. L. 531-2 ; anc. L. du 9 juill. 1991, art. 7, al. 1er). Si le débiteur aliène cet immeuble avant que la publicité définitive n'ait eu lieu, le créancier peut exercer un droit de suite contre le tiers acquéreur, en vue d'exercer son droit de préférence. L'article R. 532-8 du Code des procédures d'exécution (anc. art. 258 du Décr. de 1992) précise, cependant, que la part qui lui revient dans la distribution du prix doit être consignée, tant qu'il ne justifie pas de l'accomplissement de l'inscription définitive, celle-ci devant intervenir dans les deux mois.

§ 3. La procédure au fond et l'inscription définitive

1182. ***La procédure au fond***. Excepté lorsque le créancier est déjà muni d'un *titre exécutoire*, une procédure judiciaire au fond doit être engagée et ce, dans le délai d'*un mois* à compter de l'inscription provisoire, à peine de caducité de cette dernière (C. pr. exéc., art. R. 511-7 [4] ; anc. Décr. préc., art. 215). À l'assignation au fond, et plus généralement à

---

du compte courant sur lequel elle a inscrit le montant du remboursement partiel et le solde de ce prêt (Civ. 2e, 13 nov. 2014, n° 13-25193), car la créance constatée dans l'acte de prêt notarié, distincte de la créance cause de la sûreté, s'était éteinte par son inscription en compte courant.

1. Il existe même des cas d'hypothèque conservatoire n'ayant d'autre source que la loi, ce qui contribue, également, à obscurcir les distinctions : ainsi, l'hypothèque prévue par l'article 2403 du Code civil autorise-t-elle un époux, sans que celui-ci n'ait à recueillir l'accord du juge, à procéder à une inscription provisoire d'hypothèque en garantie de la créance contre son conjoint dont il entend faire reconnaître l'existence en justice.

2. Civ. 3e, 13 mai 1987, *Bull. civ.* III, n° 103.

3. La réinscription de la publicité provisoire n'est pas nécessaire lorsqu'avant le délai de péremption l'hypothèque a produit son effet légal. Il en est ainsi en cas de cession du bien hypothéqué et de consignation par le débiteur du prix recueilli : Civ. 1re, 22 mars 2012, *Bull. civ.* I, n° 64.

4. Sur l'articulation entre ce texte et ceux du droit des entreprises en difficulté imposant une suspension des poursuites contre les cautions personnes physiques, v. ss 587, 592.

toute procédure ayant pour finalité l'obtention d'un jugement de condamnation du débiteur, sont assimilées les formalités nécessaires à l'obtention d'un titre exécutoire autre qu'un jugement de condamnation (C. pr. exéc., art. R. 511-7 ; anc. Décr. préc., art. 215).

1183. ***L'inscription définitive***. Une fois remplies les exigences posées par l'article R. 511-7 du Code des procédures d'exécution (anc. art. 215 du décret), l'inscription provisoire doit être confirmée par une inscription définitive [1] requise *sur la base d'un titre exécutoire*. Elle doit être prise, à peine de caducité de l'inscription provisoire [2], dans un délai de *deux mois* qui court, lorsque le créancier a dû engager une procédure au fond, à compter du moment où le jugement de condamnation est passé en force de chose jugée (C. pr. exéc., art. R. 533-4 ; anc. Décr. préc., art. 263) [3]. L'inscription définitive peut être prise, même après l'ouverture d'une procédure collective contre le débiteur, dès lors que l'inscription provisoire est antérieure tout à la fois au jugement d'ouverture et à la date de cessation des paiements [4]. L'inscription définitive rend irrecevable la demande en mainlevée et en radiation de l'hypothèque provisoire prévue par l'article R. 532-6 du Code des procédures d'exécution [5].

1184. L'inscription définitive *rétroagit* à la date de l'inscription provisoire (C. pr. exéc., art. R. 533-1 ; anc. Décr. préc., art. 260). Ceci conforte l'efficacité de l'hypothèque judiciaire conservatoire. Dans le même sens, il convient de souligner que l'ordonnance du 23 mars 2006 a réglé le conflit entre une hypothèque conventionnelle rechargée (dont l'inscription est, elle aussi, rétroactive [6]) et une hypothèque judiciaire conservatoire en faveur de cette dernière. En effet, l'article 2425 du Code civil dispose que « l'inscription d'une hypothèque judiciaire conservatoire est réputée d'un rang antérieur à celui conféré à la convention de rechargement lorsque la publicité de cette convention est postérieure à l'inscription de l'hypothèque judiciaire conservatoire ».

C. civ., art. 2425, al. 5. – L'inscription de l'hypothèque légale du Trésor ou d'une hypothèque judiciaire conservatoire est réputée d'un rang antérieur à celui conféré à la convention de rechargement lorsque la publicité de cette convention est postérieure à l'inscription de cette hypothèque.

---

1. Lorsque l'hypothèque porte sur un bien commun, la conversion de l'hypothèque judiciaire provisoire en inscription définitive ne peut être autorisée que si l'emprunt à l'origine de la dette a été souscrit par un époux avec le consentement exprès de son conjoint : Civ. 1re, 29 mai 1996, *Bull. civ.* I, n° 220.

2. Cette caducité emporte des conséquences graves pour le créancier. Les deux arrêts suivants en fournissent l'illustration. La chambre commerciale de la Cour de cassation a jugé, le 12 mai 2009 (*Bull. civ.* IV, n° 68), que le créancier n'ayant pas procédé à l'inscription définitive de son hypothèque ne peut conserver les sommes qui lui ont été payées par les organes de la procédure collective du débiteur sur le fondement de l'inscription provisoire de son hypothèque. Par ailleurs, la première chambre civile de la Cour de cassation a décidé, dans un arrêt du 23 juin 2011 (inédit, n° 10-17244), que le défaut d'inscription définitive de l'hypothèque judiciaire conservatoire empêche le créancier d'engager la responsabilité du notaire ayant remis le prix de vente de l'immeuble hypothéqué au vendeur sans vérifier l'état hypothécaire de ce bien, et ce en raison de l'absence de lien de causalité entre cette faute du notaire et le préjudice subi par le créancier.

3. L'inscription définitive d'une hypothèque judiciaire n'est pas subordonnée à la signification préalable au débiteur du jugement de condamnation (Civ. 2e, 12 oct. 2006, *JCP* 2006. I. 195, Ph. Delebecque).

4. Com. 17 nov. 1992, *Bull. civ.* IV, n° 358 ; *D.* 1993. 96, note F. Derrida.

5. Civ. 2e, 25 juin 2015, n° 14-18924, à paraître au *Bulletin*.

6. V. ss 1038.

Titre 4
Les sûretés réelles pour autrui

1185. Dans la plupart des cas, une sûreté réelle est consentie par le débiteur même de la dette garantie. Toutefois, l'existence d'une personne tenue réellement sur l'un de ses biens en garantie de la dette d'un tiers est une hypothèse relativement fréquente[1]. Le Code civil atteste de l'existence de ce cas de figure. Ainsi, l'article 2334 du Code civil, venu modifier l'ancien article 2077, vise-t-il le cas où le gage est constitué « par un tiers » ; de même, l'affectation hypothécaire par un tiers non débiteur de la dette est admise de longue date et relativement répandue, tel qu'en témoigne l'article 1020 du Code civil[2]; plus généralement encore, l'article 1422, alinéa 2, du Code civil (issu de l'ordonnance du 23 mars 2006) réglemente l'affectation, par un époux, d'un bien commun à la garantie de la dette d'un tiers. La jurisprudence a, elle aussi, consacré la validité du droit de rétention s'exerçant sur un bien appartenant à un autre que le débiteur[3]. Enfin, les ordonnances du 18 décembre 2008 et du 12 mars 2014 ayant réformé le droit des procédures collectives ont consacré plusieurs dispositions aux personnes « ayant affecté ou cédé un bien en garantie » de la dette de l'entreprise en difficulté.

C. civ., art. 1020. – Si, avant le testament ou depuis, la chose léguée a été hypothéquée pour une dette de la succession, ou même pour la dette d'un tiers, ou si elle est grevée d'un usufruit, celui qui doit acquitter le legs n'est point tenu de la dégager, à moins qu'il n'ait été chargé de le faire par une disposition expresse du testateur.
C. civ., art. 1422. – Les époux ne peuvent, l'un sans l'autre, disposer entre vifs, à titre gratuit, des biens de la communauté.
Ils ne peuvent non plus, l'un sans l'autre, affecter l'un de ces biens à la garantie de la dette d'un tiers.
C. civ., art. 2334 (anc. art. 2077). – Le gage peut être consenti par le débiteur ou par un tiers ; dans ce dernier cas, le créancier n'a d'action que sur le bien affecté en garantie.
C. civ., art. 2428, al. 3, 1° (anc. art. 2148). – Chacun des bordereaux contient exclusivement, sous peine de rejet de la formalité :
1° La désignation du créancier, du débiteur ou du propriétaire, si le débiteur n'est pas propriétaire de l'immeuble grevé, conformément au 1er alinéa des articles 5 et 6 du décret du 4 janvier 1955.

1186. Si toutes ces hypothèses font apparaître la présence d'un propriétaire voyant l'un de ses biens grevé en garantie de la dette d'autrui, il convient, vraisemblablement, de

1. Cf. l'utilisation qui en est faite dans le cadre des SCI (CCH, art. L. 212-7 et L. 213-9).
2. Au demeurant, dès l'instant où un droit de suite est attaché à une sûreté réelle, existe le risque potentiel de l'absence d'identité du propriétaire du bien grevé et du débiteur de la dette garantie. La situation d'une personne, tenue de garantir autrui sur l'un de ses biens, est, en définitive inhérente aux sûretés réelles, au moins celles offrant un droit de suite au créancier.
3. V. ss 761.

distinguer les cas dans lesquels ce propriétaire a constitué la sûreté réelle, en endossant l'habit de garant de la dette d'autrui, de ceux dans lesquels ce même propriétaire voit, fortuitement, l'un de ses biens grevé d'une sûreté réelle constituée par un autre [1]. Dans le premier cas de figure, c'est le *constituant* de la sûreté qui n'est pas le débiteur de la créance garantie ; dans le second, c'est le *propriétaire* du bien faisant l'objet de la sûreté qui n'est pas le débiteur de la créance garantie. L'exemple topique de ce dernier cas de figure est, naturellement, le tiers détenteur de l'immeuble hypothéqué, atteint par le droit de suite du créancier. Outre qu'une différence ontologique, tenant à la volonté ou non de se porter garant, distingue le tiers détenteur du constituant d'une sûreté réelle en garantie de la dette d'un tiers, le sort du tiers détenteur a déjà été exposé à l'occasion de l'étude du droit de suite [2], de sorte que les développements qui suivent seront circonscrits à la figure du constituant d'une sûreté réelle pour autrui.

1187. Tout au plus peut être soulevée la question d'une éventuelle identité de régime applicable au constituant d'une sûreté réelle pour autrui et au simple propriétaire du bien grevé, non débiteur de la créance garantie. Bien que ces deux personnes méritent certainement une protection, il n'est pas certain, toutefois, que celle-ci soit identique dans les deux cas [3]. En effet, alors que dans l'hypothèse où un propriétaire voit l'un de ses biens grevé par une sûreté qu'il n'a pas constituée, le droit réel, en l'occurrence le droit de suite, apparaît au premier plan, la personne du propriétaire du bien grevé s'effaçant derrière le bien, en revanche, lorsque le propriétaire du bien grevé a constitué la sûreté, sa personne réapparaît au grand jour : il est volontairement un garant et ne peut, sans doute pas, être réduit à un propriétaire tenu d'une charge réelle sur l'un de ses biens.

À titre d'exemple, il est possible de s'interroger sur la faculté pour le « tiers détenteur » de requérir, si tant est que la situation se présente, le bénéfice de la réduction de l'hypothèque [4] afin de protéger son propre crédit, alors qu'il semblerait, de prime abord, que cette faculté soit plus facilement accordée au constituant [5] d'une hypothèque pour autrui, la dimension de garant de ce dernier encourageant l'octroi du bénéfice.

Ainsi circonscrite à l'hypothèse d'un droit réel accessoire constitué par un tiers non débiteur de la dette garantie, son étude s'arrêtera d'abord sur la notion de sûreté réelle pour autrui (Chapitre 1), puis sur le régime de la sûreté réelle pour autrui (Chapitre 2) [6].

---

1. Le décret n° 2006-936 du 27 juillet 2006 relatif aux procédures de saisie immobilière et de distribution du prix d'un immeuble (*D.* 2006. Pan. 2856, P. Crocq), opère, du reste, clairement la distinction entre le constituant non débiteur de la dette garantie et le tiers détenteur : v. ss 1207.

2. V. ss 1100 s. ; c'est également le cas du propriétaire du bien retenu, non débiteur de la dette : v. ss 761.

3. L'exemple le plus évident de cette différence de traitement est l'octroi au tiers détenteur de la faculté de purger son bien du droit réel qui le grève alors que cette faculté est, unanimement, refusée au constituant d'une hypothèque en garantie de la dette d'autrui.

4. V., refusant l'action en réduction de l'hypothèque au tiers acquéreur, Planiol et Ripert, *op. cit.*, t. XIII, 2e éd., par E. Becqué, n° 869.

5. L'article 2444 du Code civil n'accorde littéralement cette faculté qu'au seul « débiteur » de la créance garantie.

6. Sur ces deux aspects, cf. J.-J. Ansault, *Le cautionnement réel*, Defrénois, coll. « Doctorat et notariat », 2009.

Chapitre 1

La notion de sûreté réelle pour autrui

1188. La notion de sûreté réelle pour autrui est très difficile à cerner. Cette difficulté trouve sa source, d'une part, dans l'absence d'un texte légal en dessinant les traits et, d'autre part, dans l'indigence et l'imprécision dont font souvent preuve les conventions constatant un tel mécanisme juridique.

En effet, la notion de sûreté réelle pour autrui, fréquemment appelée « cautionnement réel » [1], dénomination dont le caractère presque antinomique contribue à son imprécision, est susceptible d'une variété de figures (Section 1), au sein desquelles, depuis quinze ans, une évolution profonde de la notion s'est produite (Section 2).

Section 1
Variété des figures

Les figures de la sûreté réelle pour autrui empruntent aux techniques, tant des sûretés réelles que personnelles (§ 1), dont la combinaison offre plusieurs illustrations de la variété (§ 2).

§ 1. Les causes de la variété

1189. Accorder une priorité ou une exclusivité sur l'un des biens composant son patrimoine à l'un de ses créanciers constitue l'une des réponses à la faiblesse du droit de gage général. Une autre réponse réside dans l'adjonction, au profit du créancier, d'un second droit de gage général à l'encontre d'un tiers non débiteur de la dette garantie.

Si elles s'opposent radicalement par leur technique, ces deux options ne sont toutefois pas incompatibles en ce sens qu'elles peuvent être conjuguées, voire cumulées, au sein d'une même et unique garantie [2]. En effet, c'est précisément parce que ces deux techniques constituent des réponses adéquates à des problèmes distincts, mais tous deux inhérents au droit de gage général dont dispose le créancier chirographaire, que ce dernier peut souhaiter les voir se conjuguer ou se cumuler.

1190. La sûreté réelle pour autrui *conjugue* ces deux voies lorsqu'un créancier se voit octroyer [3] un droit préférentiel ou exclusif sur un élément d'actif composant le patrimoine

1. Même si ce vocable semble avoir été récemment banni : v. ss 1198.
2. Il est possible, parfois, d'observer un glissement imperceptible de l'une à l'autre technique dans le cadre de la promesse d'hypothèque consentie par un tiers non débiteur de la dette garantie : cf. V. Brémond, « Hypothèque et promesse d'hypothèque : les liaisons dangereuses », *JCP N* 2003, n°s 1369 et 1374.
3. Il n'existe de sûreté réelle pour autrui que conventionnelle.

d'un tiers non débiteur de la dette garantie. Une telle garantie emprunte aux sûretés réelles sa technique juridique et aux sûretés personnelles l'absence d'identité du débiteur et du constituant.

La sûreté réelle pour autrui *cumule* ces deux options lorsqu'un créancier se voit octroyer, tout à la fois, un droit préférentiel ou exclusif sur un bien appartenant à un tiers non débiteur de la dette garantie et un droit de poursuite sur l'ensemble du patrimoine de ce dernier. Une telle garantie emprunte aux sûretés réelles et aux sûretés personnelles sa technique juridique, et aux seules sûretés personnelles l'absence d'identité du débiteur et du constituant.

§ 2. Les illustrations de la variété

1191. *Stricto sensu*, la sûreté réelle pour autrui repose sur la constitution d'un droit réel accessoire, par exemple un gage ou une hypothèque [1], par un tiers non débiteur de la créance garantie. Cette figure était, traditionnellement, dénommée « cautionnement réel », cette appellation insistant sur le caractère *hybride* de l'opération [2], tenant à la nature – réelle – du droit octroyé et à l'absence d'identité entre le constituant de la sûreté et le débiteur de la créance garantie. *L'engagement du constituant est réel, et non personnel* comme celui de la caution, mais il est *souscrit en faveur d'un tiers débiteur* [3], comme celui de la caution. Ainsi, la pratique a-t-elle eu recours fréquemment à des « cautionnements hypothécaires », c'est-à-dire à la constitution d'une hypothèque par un autre que le débiteur de la créance garantie [4].

1192. Toutefois, d'autres opérations plus complexes peuvent mêler les techniques propres aux sûretés réelles et personnelles, conduisant à obscurcir la notion habituelle de « cautionnement réel ».

En premier lieu, une même personne peut, au profit du même créancier et en garantie de la même dette, *consentir un engagement personnel de payer la dette du débiteur et affecter l'un de ses biens en garantie de cette dernière*. En cas de défaillance du débiteur, le créancier peut, au choix ou simultanément [5], poursuivre le garant sur l'ensemble de son patrimoine en vertu du droit de gage général ou/et sur l'un des biens composant ce patrimoine en vertu d'un droit préférentiel [6]. Cette figure est, en réalité, constituée de *deux sûretés de nature différente s'additionnant pour garantir une dette unique*, le créancier souhaitant se protéger contre les différents risques inhérents au droit de gage général qu'il possède contre son débiteur [7]. Un tel double engagement peut être consenti

1. Il convient de souligner que le nouveau prêt viager hypothécaire ne peut être constitué que « sur un bien immobilier de l'emprunteur » (C. consom., art. L. 314-1), ce qui exclut que l'hypothèque garantissant le prêt puisse être consentie par un tiers, l'esprit de l'institution expliquant aisément cette particularité.

2. Cf. not., J.-J. Ansault, thèse préc. ; F. Grua, « Le cautionnement réel », *JCP* 1984. I. 3167.

3. En ce sens qu'il vient garantir la dette d'un tiers ; en revanche, il est, naturellement, conclu avec le créancier et non avec ce tiers.

4. Cf. M. Mignot, « La nature du cautionnement réel à la lumière de la pratique contractuelle bancaire », *Dr. et patr.* 2002, n° 110, p. 30.

5. Si les deux sûretés peuvent être actionnées en même temps, le créancier ne saurait, en revanche, en cumuler les bénéfices, en ce sens qu'il ne peut obtenir davantage que le montant de la dette garantie.

6. V. not. Civ. 3e, 4 janv. 1983, *Bull. civ.* III, n° 1 ; Civ. 1re, 13 nov. 2002, *Bull. civ.* I, n° 262 ; Com. 13 nov. 2002, *Bull. civ.* IV, n° 161 ; *JCP* 2003. I. 122, n° 1, obs. G. Loiseau ; *D.* 2003. 684, note B. Roman ; *RTD civ.* 2003. 322, obs. P. Crocq ; *RDC* 2003. 170, obs. M. Grimaldi.

7. V. ss 4-6.

en un seul acte, mais les termes de ce dernier doivent alors expressément[1] faire apparaître que telle est bien la volonté du constituant[2].

En second lieu, une même personne peut, au profit du même créancier, *consentir un engagement personnel de payer la dette du débiteur et garantir cet engagement accessoire en affectant réellement l'un de ses biens*. Une sûreté réelle vient, ainsi, garantir le créancier en cas de défaillance de la caution qui, elle-même, garantit personnellement l'absence de paiement du débiteur principal. À la différence de l'hypothèse précédente, ce cas de figure met en œuvre *deux sûretés successives qui ne garantissent pas, à proprement parler, la même dette*. Tandis que l'engagement personnel du constituant garantit la dette du débiteur principal, l'engagement réel du constituant garantit son propre engagement personnel accessoire au cas où celui-ci ne serait pas honoré[3].

1193. Enfin, sous l'impulsion d'une fraction de la doctrine[4], une conception « double », à la fois réelle et personnelle, du « cautionnement réel », a vu le jour, relayée pendant un temps par la Cour de cassation[5]. Selon cette conception, le « *cautionnement réel » serait composé d'un double engagement réel et personnel*, le bien faisant l'objet du droit réel venant tout à la fois garantir et constituer la mesure de l'engagement personnel. Ainsi, la Cour de cassation décida-t-elle, par trois arrêts datés du 15 mai 2002[6] que la caution réelle, en l'espèce un époux commun en biens[7], est tenue personnellement, c'est-à-dire sur l'ensemble des biens composant son patrimoine, « *dans la double limite du montant de la somme garantie et de la valeur des biens engagés* »[8]. Le créancier muni d'une telle sûreté pouvait, d'abord, exercer les droits attachés à la sûreté réelle et, à défaut d'efficacité ou de disparition de cette dernière, exercer son droit de gage général à concurrence de la valeur du bien composant l'assiette de la sûreté réelle.

Section 2
Évolution de la notion de sûreté réelle pour autrui

1194. La conception juridique de l'affectation d'un bien par un constituant non débiteur de la créance garantie a profondément évolué au cours des quinze dernières années. La Cour de cassation, finalement confortée par le législateur, est passée du « cautionnement réel » à la « sûreté réelle pour autrui ».

---

1. Pour le cautionnement, cf. article 2292 du Code civil (anc. art. 2015), v. ss 153.
2. À cet égard, la formule notariée « cautionnement solidaire et hypothécaire » ne suffit pas à établir l'existence d'un engagement personnel du constituant : v. not. Com. 27 oct. 1998, *Bull. civ.* IV, n° 260 ; *JCP* 1999. I. 116, n° 1, obs. Ph. Simler ; Civ. 1re, 29 févr. 2000, *Bull. civ.* I, n° 69.
3. V. not. Com. 29 nov. 1988, *Bull. civ.* IV, n° 331 ; Civ. 1re, 15 nov. 2005, *RD banc. fin.* mars-avr. 2006, n° 64, obs. D. Legeais.
4. V. not. Marty et Raynaud, par Ph. Jestaz, *op. cit.*, n° 626 ; J. Mestre, E. Putman et M. Billiau, *op. cit.*, n° 554 ; P. Crocq, obs. sous Civ. 1re, 4 mai 1999, *RTD civ.* 1999. 880.
5. Entre mai 2002 et décembre 2005.
6. Civ. 1re, 15 mai 2002, *Bull. civ.* I, n° 127 ; *JCP* 2002. I. 162, n° 3, obs. Ph. Simler, et *JCP* 2002. II. 10109, concl. C. Petit, et note S. Piedelièvre ; *D.* 2002. 1780, note C. Barberot, et Somm. 333, obs. L. Aynès ; *Defrénois* 2002. 1208, obs. J. François, et *Defrénois* 2003, art. 37691, obs. Ph. Théry ; *RTD civ.* 2002. 546, obs. P. Crocq ; V. Brémond, « Le cautionnement réel est aussi… un cautionnement », *JCP N* 2002. I. 1640.
7. Sur le rôle de l'article 1415 du Code civil, relatif au cautionnement souscrit par un époux commun en biens, sur l'évolution de la notion de cautionnement réel, v. ss 1199.
8. Il était toutefois possible aux parties d'inclure une clause écartant l'engagement personnel du constituant : v. par exemple Com. 14 janv. 2004, *Juris-Data* n° 2004-021877.

Cette évolution s'est construite, pour l'essentiel, autour de la question de l'application ou non de l'article 1415 du Code civil à l'affectation d'un meuble dépendant de la communauté par un époux commun en biens en garantie de la dette d'un tiers.

> **C. civ., art. 1415.** – Chacun des époux ne peut engager que ses biens propres et ses revenus, par un cautionnement ou un emprunt, à moins que ceux-ci n'aient été contractés avec le consentement exprès de l'autre conjoint qui, dans ce cas, n'engage pas ses biens propres.
> **C. civ., art. 1424.** – Les époux ne peuvent, l'un sans l'autre, aliéner ou grever de droits réels les immeubles, fonds de commerce et exploitations dépendant de la communauté, non plus que les droits sociaux non négociables et les meubles corporels dont l'aliénation est soumise à publicité. Ils ne peuvent, sans leur conjoint, percevoir les capitaux provenant de telles opérations.

1195. ***Position du problème***. Le régime légal de communauté, soucieux de protéger les intérêts du conjoint de l'époux garant, réglemente les engagements de garantie de la dette d'un tiers souscrits par un époux seul. Avant la réforme de 2006, deux dispositions encadraient ce type d'engagement ; l'ordonnance du 23 mars 2006 est venue en ajouter une troisième.

D'une part, l'article 1424 du Code civil soumet à la cogestion des époux la constitution de droits réels sur les immeubles[1] ainsi que sur certains meubles dépendant de la communauté. D'autre part, l'article 1415 du Code civil limite le gage général offert par l'époux consentant un cautionnement à ses biens personnels et à ses revenus, excluant ainsi les biens communs du gage général du créancier bénéficiaire[2]. L'affectation d'un meuble commun non visé par l'article 1424 du Code civil[3] en garantie de la dette d'un tiers, par un époux seul, échappait, *a priori*, tant à l'article 1415 du Code civil, dont l'esprit et la lettre montraient qu'il avait été conçu pour le seul cautionnement personnel, qu'à l'article 1424 du Code civil, dont les termes restrictifs interdisaient l'application à une situation qu'il ne visait pas.

Face à ce qui pouvait être ressenti comme une incohérence et une injustice, en l'occurrence le fait que l'hypothèque sur un immeuble commun en garantie de la dette de l'un des époux soit soumise à la cogestion pendant que, dans le même temps, le nantissement portant sur des titres communs consenti en garantie de la dette d'un tiers pouvait être valablement souscrit par un seul époux, la jurisprudence a tenté de mettre au jour une parade. Ne pouvant trouver aucun salut du côté de l'article 1424 du Code civil, les juges se sont naturellement tournés vers l'article 1415 du Code civil, dont les termes plus lâches offraient quelques perspectives, en dépit de la technique de protection (réduction du gage offert par le garant) retenue par ce texte, peu apte à s'appliquer aux sûretés réelles. La « parenthèse réelle » de l'article 1415 du Code civil s'est ouverte puis refermée en trois temps.

1196. ***L'arrêt du 11 avril 1995***[4]. Par cette importante décision, la Cour de cassation a, *pour la première fois, appliqué l'article 1415 du Code civil*[5] *« à la caution réelle »*,

---

1. Cf. S. Durand, « La prise de garantie immobilière sur un bien commun par un seul des époux », *in Évolution des sûretés réelles : regards croisés université-notariat*, Litec, 2008, p. 101 s.

2. V. ss 170.

3. Par exemple, un portefeuille de valeurs mobilières communes, des titres dématérialisés communs ou encore un contrat d'assurance-vie commun.

4. Civ. 1re, 11 avr. 1995, *Bull. civ.* I, n° 165 ; *JCP* 1995. I. 3889, obs. Ph. Simler ; *Cah. gest. patrimoine* 1995. 9, obs. F. Lucet ; *D.* 1995. Somm. 327, obs. M. Grimaldi ; *D.* 1996. Somm. 204, obs. S. Piedelièvre ; *Defrénois* 1995. 1484, obs. G. Champenois ; *RTD civ.* 1997. 726, obs. B. Vareille (cautionnement réel portant sur des valeurs mobilières) ; Civ. 1re, 26 mai 1999, *JCP* 1999. I. 156, obs. Ph. Simler ; *RTD civ.* 1999. 366, obs. P. Crocq ; *Defrénois* 2000. 439, obs. G. Champenois ; *D.* 2000. 703, note V. Brémond ; *Dr. fam.* juill.-août 1999, comm. n° 84, obs. B. Beigner ; *RJPF* 1999, n° 6/35, p. 18, obs. F. Vauvillé ; *Banque et droit*, sept.-oct. 2000, p. 43, obs. F. Jacob (cautionnement hypothécaire).

5. Qui, il est vrai, ne distingue pas selon que le cautionnement est « personnel » ou « réel » : cf. not., V. Brémond, note sous Civ. 1re, 26 mai 1999, préc.

c'est-à-dire à l'époux ayant constitué, seul, une sûreté réelle mobilière en garantie de la dette d'un tiers, en déclarant cette sûreté inefficace en raison de la nature commune du bien grevé. Cette solution contraignait la Cour de cassation à modifier la portée de la règle posée par l'article 1415 du Code civil en en faisant une règle de pouvoirs alors qu'elle n'est, à l'origine, qu'une règle de passif, limitant le gage offert au créancier par l'époux caution. Ce faisant, elle était conduite à rendre la sûreté réelle totalement inefficace, – inopposable à la communauté –, alors même que la règle de l'article 1415 du Code civil faisait œuvre de compromis en ne réduisant que partiellement, par limitation du gage offert au créancier, la portée d'un cautionnement personnel souscrit par un époux commun en biens.

1197. ***Les trois arrêts du 15 mai 2002***[1]. Poursuivant son entreprise d'adaptation du carcan de l'article 1415 du Code civil à la figure juridique du « cautionnement réel », la première chambre civile de la Cour de cassation a développé, en contradiction avec sa jurisprudence précédente[2], *une conception double du « cautionnement réel »*, composé à la fois d'une sûreté réelle et d'un engagement personnel. Elle a décidé, ainsi, que l'époux ayant constitué, seul, un nantissement sur un meuble commun en garantie de la dette d'un tiers était une caution, qui, en application de l'article 1415 du Code civil, demeurait « seulement tenu, en cette qualité, du paiement de la dette sur ses biens propres et ses revenus dans la double limite du montant de la somme garantie et de la valeur des biens engagés ». La plus haute juridiction permettait ainsi de transposer le compromis inhérent à l'article 1415 du Code civil en protégeant le conjoint du garant au moyen de l'inopposabilité du droit réel constitué sur un meuble commun, tout en offrant au créancier la possibilité de saisir les revenus et les biens propres de l'époux garant à concurrence de la valeur du bien grevé. L'habileté de cette solution était au prix d'une conception nouvelle du « cautionnement réel » qui faisait fi de la volonté profonde du constituant et de l'exigence du caractère exprès du cautionnement (C. civ., art. 2292, anc. art. 2015). Du reste, cette conception, loin de convaincre la doctrine, a suscité rapidement la résistance de la chambre commerciale de la Cour de cassation, fidèle à l'analyse classique du « cautionnement réel »[3].

1198. ***Le revirement du 2 décembre 2005***[4]. Dénouant l'opposition des chambres civile et commerciale, une chambre mixte de la Cour de cassation a écarté, dans un arrêt

---

1. Préc., n° 2296.

2. V. spéc., Civ. 1re, 4 mai 1999, *Bull. civ.* I, n° 144 ; *D.* 2000. 302, note V. Bonnet ; *RTD civ.* 1999. 880, obs. P. Crocq ; *Banque et droit*, 1999, n° 66, p. 37, obs. F. Jacob ; *Defrénois* 2000. 831, obs. S. Piedelièvre ; *JCP* 1999. I, n° 156, obs. Ph. Simler ; *RDI* 1999. 450, obs. Ph. Théry (l'arrêt rejette, en visant l'article 2015 du Code civil, tout engagement personnel du constituant).

3. Com. 24 sept. 2003, *JCP* 2004. I. 141, n° 5, obs. Ph. Simler (l'application de l'article 1415 du Code civil n'était pas en cause). Toutefois, celle-ci a pu, semble-t-il, adopter, un temps, cette conception double du « cautionnement réel ». Ainsi, dans son arrêt rendu le 27 octobre 1998 (*Bull. civ.* IV, n° 260 ; *JCP* 1999. I, n° 116, obs. Ph. Simler ; *RTD civ.* 1999. 153, obs. P. Crocq), elle affirmait que « le créancier, bénéficiaire d'un cautionnement réel ou personnel, dispose à l'égard de la caution d'un droit de créance, en cas de défaillance du débiteur principal, ce droit étant limité aux biens affectés à la garantie de l'engagement, s'agissant d'un cautionnement réel » (l'application de l'article 1415 du Code civil n'était pas davantage en cause).

4. Cass., ch. mixte 2 déc. 2005, *Bull. ch. mixte*, n° 7 ; *D.* 2006. 729, avis J. Sainte-Rose et 733, note L. Aynès ; *JCP* 2006. I. 1009, note Ph. Simler ; *JCP E* 2005. 1056, note S. Piedelièvre ; *AJ fam.* 2006. 113, note Hilt ; *RJPF* 2006, n° 5, p. 14, obs. F. Vauvillé ; *RTD civ.* 2006. 594, obs. P. Crocq ; *Defrénois* 2006. 1600, obs. G. Champenois ; Civ. 3e, 15 févr. 2006, *Bull. civ.* III, n° 35 (l'hypothèque conventionnelle consentie par un tiers pour garantir la dette du débiteur n'étant pas un cautionnement, elle doit impérativement être passée en la forme authentique) ; Com. 21 févr. 2006, *Bull. civ.* IV, n° 42

du 2 décembre 2005, tant la solution inaugurée en 1995, que celle issue des arrêts de 2002. Elle a décidé, en effet, qu'« une sûreté réelle consentie pour garantir la dette d'un tiers n'implique *aucun engagement personnel* à satisfaire à l'obligation d'autrui » (rejet de la solution issue des arrêts de 2002) ; elle n'est « pas dès lors un cautionnement » de sorte que l'article 1415 du Code civil lui est inapplicable (rejet de la solution inaugurée en 1995). En bannissant le terme de « cautionnement », la Cour de cassation a retenu une *analyse purement et strictement réelle* de l'affectation d'un bien en garantie de la dette d'un tiers, niant ainsi la dimension hybride de cette sûreté[1]. L'affectation d'un meuble commun en garantie de la dette d'autrui redevenait un acte qu'un époux seul pouvait valablement effectuer, laissant la communauté sans protection.

1199. ***Consécration légale***. L'ordonnance du 23 mars 2006 est venue consacrer l'analyse issue de l'arrêt du 2 décembre 2005. D'une part, en précisant, dans l'article 2334 du Code civil (anc. art. 2077), que le gage constitué par un tiers non débiteur de la créance garantie n'offre « d'action [au créancier] que sur le bien affecté en garantie ». D'autre part, en créant un article 1422, alinéa 2, du Code civil qui soumet à la cogestion des époux l'affectation d'un bien commun « à la garantie de la dette d'un tiers »[2], l'article 1415 du Code civil étant, désormais, réservé exclusivement aux garanties personnelles. C'est donc, semble-t-il, une analyse strictement réelle de l'affectation d'un bien en garantie de la dette d'un tiers qui ressort consacrée par la réforme du droit des sûretés réelles[3].

Si cette conception a vraisemblablement pour finalité d'éradiquer les difficultés suscitées par l'analyse hybride de l'affectation réelle en garantie de la dette d'autrui, en particulier celles nées de la question de l'application de l'article 1415 du Code civil, elle n'en surprend pas moins au regard de la spécificité difficilement niable que semble imprimer la personne du constituant à cette figure juridique[4], d'autant que, dans le même temps, la question épineuse de l'application de l'article 1415 du Code civil est directement résolue par le nouvel article 1422, alinéa 2, du Code civil[5]. Elle jette le trouble sur le régime de cette garantie qui, jusqu'alors, empruntait, à la fois, à celui de la sûreté réelle et à celui de la sûreté personnelle.

C. civ., art. 1422. – Les époux ne peuvent, l'un sans l'autre, disposer entre vifs, à titre gratuit, des biens de la communauté.
Ils ne peuvent non plus, l'un sans l'autre, affecter l'un de ces biens à la garantie de la dette d'un tiers.

(viole l'article 2015 du Code civil une cour d'appel qui condamne le garant, en qualité de caution hypothécaire, au paiement de la dette principale, dans la limite de son engagement réel hypothécaire) ; Civ. 1re, 20 févr. 2007, *JCP* 2007. IV. 1632.

1. Comp., cep., Civ. 2e, 14 sept. 2006, *Bull. civ.* II, n° 226 (affectation hypothécaire en garantie de la dette d'autrui).

2. Sur cette disposition, v. not. J. Revel, « La garantie de la dette d'autrui et le droit du régime matrimonial », *D.* 2006. 1309 ; V. Brémond, « L'affectation d'un bien commun en garantie de la dette d'un tiers », *JCP N* 2006. I. 1255.

3. V. not., D. Houtcieff, *J.-Cl. Civ.*, art. 2284 à 2488, fasc. 10, n° 17. Alors que l'avant-projet de la Commission Grimaldi continuait de viser la notion de « cautionnement réel ».

4. V. spéc. J.-J. Ansault, thèse préc. ; Ph. Simler, « Et pourtant, une sûreté réelle constituée en garantie de la dette d'un tiers est un cautionnement… réel », *JCP* 2006. I. 172.

5. Toutefois, le nouvel article 1422, alinéa 2, du Code civil ne règle les difficultés que pour les sûretés constituées postérieurement au 24 mars 2006, date d'entrée en vigueur de l'ordonnance l'ayant institué. À l'égard des sûretés en cours, c'est la solution inaugurée par l'arrêt du 2 décembre 2005 qui devra s'appliquer (exclusion de la protection de la communauté organisée par l'article 1415 du Code civil), car la Cour de cassation a écarté le caractère interprétatif du nouveau texte, partant son application immédiate aux sûretés conclues antérieurement (Civ. 1re, 20 févr. 2007, *Bull. civ.* I, n° 65).

1200. ***Quelle conception de la sûreté réelle pour autrui ?*** Au-delà des termes légaux, et afin d'appréhender la sûreté réelle pour autrui dans toutes ses dimensions, la question se pose de savoir s'il convient de mettre plutôt l'accent sur la *technique* utilisée ou davantage sur la *personne* du constituant, ou encore sur les deux.

1201. La réponse à cette question est délicate.

D'un côté, la technique juridique des sûretés personnelles est indissociable de l'absence d'identité du débiteur et du constituant de la sûreté. L'une n'est pas concevable sans l'autre, en ce sens qu'offrir à son créancier un droit de gage général supplémentaire sur son patrimoine en garantie de sa propre dette n'a pas de sens. La spécificité des sûretés personnelles tient à la personne du garant, puisque, en revanche, la technique utilisée est celle dont dispose tout créancier chirographaire : un droit personnel assorti du droit de gage général.

De l'autre, et à l'inverse, la technique juridique des sûretés réelles est, *a priori*, indifférente à la coïncidence d'identité du débiteur et du constituant de la sûreté. Cette indifférence n'est, du reste, guère surprenante au regard du fait que la technique juridique propre aux sûretés réelles est le droit réel, c'est-à-dire un droit liant une personne directement avec un bien. La spécificité des sûretés réelles tient à la technique juridique utilisée, en ce sens que celle-ci n'appartient pas au créancier chirographaire : un droit prioritaire ou exclusif sur un ou plusieurs biens du constituant de la garantie.

Dit autrement, il apparaît, d'une part, qu'il est de l'essence des sûretés personnelles d'être consenties par un tiers non débiteur de la dette garantie, d'autre part, qu'il est de l'essence des sûretés réelles de conférer au créancier un droit préférentiel ou exclusif.

1202. Certes, il est vraisemblable que « la première différence entre la sûreté personnelle et la sûreté réelle tient, non pas à l'identité du propriétaire du bien qui répond de la dette, mais à la qualité en laquelle il en répond » [1]; toutefois, une garantie – la sûreté réelle pour autrui – réunissant deux traits essentiels propres respectivement aux sûretés personnelles et aux sûretés réelles ne peut pas, en vérité, s'affranchir de l'attraction de l'une et de l'autre catégorie.

Comme le montrera l'étude du régime de la sûreté réelle pour autrui, la personne du constituant, distincte de celle du débiteur du crédit garanti, doit être, tantôt *indifférente* à l'application de certaines règles relevant du statut réel de la sûreté, tantôt *déterminante* de l'application de certaines dispositions appartenant au droit du cautionnement.

1. J. Mestre, E. Putman et M. Billiau, *op. cit.*, p. 84.

Chapitre 2

Le régime de la sûreté réelle pour autrui

1203. Le droit des entreprises en difficulté, depuis l'ordonnance du 18 décembre 2008, précise le sort des personnes « ayant affecté ou cédé un bien en garantie » de la dette de l'entreprise débitrice[1]. Ce faisant, le régime des sûretés réelles constituées par des tiers a été purement et simplement aligné sur celui des sûretés personnelles, ce qui laisse à penser que les protections accordées aux garants (principalement personnes physiques, tels les dirigeants de l'entreprise bénéficiaire de la procédure ou les proches de celui-ci) ne doivent pas être affectées par la technique de garantie (droit de gage général supplémentaire ou droit réel de préférence ou encore cession d'un droit de propriété). Autrement dit, le nouveau droit des procédures collectives occulte la complexité des sûretés réelles pour autrui, pour ne s'attacher qu'à l'une de ses deux caractéristiques essentielles, à savoir l'absence d'identité entre le débiteur et le constituant de la sûreté. Le régime des sûretés réelles pour autrui dans le contexte si particulier et important de la procédure d'insolvabilité s'en trouve indéniablement simplifié, mais l'articulation avec le droit commun est rendue, en revanche, pour le moins délicate, et ce pour deux raisons essentielles. D'une part, comme il a été rappelé plus haut, en présence d'un débiteur *in bonis*, le rapprochement avec le cautionnement a été, au contraire, remis en cause par la jurisprudence et par la loi[2]. D'autre part, en droit commun, il n'existe pas, à proprement parler, un régime de la sûreté réelle pour autrui, puisqu'aucun corps de dispositions générales ne lui a encore été expressément et spécialement consacré[3].

1. V. ss 542 s., spéc. v. ss 550, 583-587 (délais de paiement accordés au débiteur), v. ss 589-592 (suspension des poursuites contre le garant), v. 1089-1091 (arrêt du cours des intérêts), v. ss 600-602 (remises de dettes consenties au débiteur), v. ss 604 (recours contre le débiteur après la clôture de la procédure pour insuffisance d'actif).

2. V. ss 1198, 1199.

3. Certes, depuis l'ordonnance du 23 mars 2006, deux textes du Code civil peuvent se voir reconnaître une portée générale. D'abord, l'article 2334 du Code civil qui précise, implicitement et négativement, que le gage consenti par un tiers n'octroie aucun droit personnel contre le patrimoine de ce dernier. Cette règle, inscrite dans le droit du gage, peut probablement être étendue aux sûretés réelles immobilières. Ensuite, l'article 1422, alinéa 2, du Code civil manifeste de manière encore plus tangible la volonté d'instituer des règles communes et spécifiques à la sûreté réelle consentie en « garantie de la dette d'un tiers », dans la mesure où, pour la première fois, une disposition transcende la nature du bien grevé pour en déduire une règle spécifique à toute sûreté réelle constituée par un tiers à la dette garantie.

Par ailleurs, la loi du 5 mars 2007 ayant réformé la protection juridique des majeurs a inscrit dans l'article 509 du Code civil une prohibition applicable aux tuteurs des mineurs et des majeurs sous tutelle, à savoir celle de constituer « une sûreté pour garantir la dette d'un tiers ». Ce nouvel article 509, 1° pourrait être rangé, non seulement dans un droit commun des sûretés réelles pour autrui, mais encore, plus largement, dans un droit commun des sûretés pour autrui, qu'elles soient réelles ou personnelles (en ce sens, cf. M. Bourassin, « Les sûretés sur le logement du majeur protégé », *RTD civ.* 2011. 433 s.).

1204. Quelques propositions méritent d'être formulées pour combler cette lacune. Afin de *déterminer le régime de droit commun* (hors procédure collective du débiteur) de la sûreté réelle consentie en garantie de la dette d'autrui [1], il convient de s'intéresser tout autant à la structure de cette sûreté (celle des sûretés réelles) qu'à la qualité de son constituant (un tiers non débiteur de la dette garantie). C'est pourquoi doivent être successivement discutées l'application des règles propres à la sûreté réelle (Section 1) et l'application des règles propres au cautionnement (Section 2).

Section 1
Application des règles propres à la sûreté réelle

La sûreté réelle pour autrui est une sûreté réelle. C'est, en effet, l'affectation d'un bien appartenant au constituant qu'a recherchée le créancier.

À ce titre, son régime est gouverné par le principe d'application des règles propres au droit des sûretés réelles (§ 1). Toutefois, des interrogations existent relativement à l'application à la sûreté réelle pour autrui de certaines règles propres au droit des sûretés réelles (§ 2).

§ 1. Le principe d'application des règles propres au droit des sûretés réelles

1205. La sûreté réelle consentie en garantie de la dette d'un tiers est, comme son nom le suggère, d'abord une sûreté réelle. L'application à son sujet des règles relatives au modèle de sûreté réelle choisi ne souffre pas, normalement, de discussion.

Tant les *règles de constitution* de la sûreté réelle, par exemple l'exigence d'un écrit en matière de gage et d'un acte notarié en matière d'hypothèque [2], que ses effets, en particulier les *prérogatives accordées au créancier* ainsi que les *devoirs imposés au constituant*, ou encore ses *causes d'extinction* en application notamment du caractère accessoire de la sûreté, sont applicables de façon identique qu'une telle sûreté soit consentie par le débiteur lui-même ou par un tiers non débiteur de la dette garantie [3]. En d'autres termes, vis-à-vis du créancier, la sûreté réelle consentie par un tiers non débiteur constitue un gage ou une hypothèque [4] identiques à ceux qui lui auraient été accordés par le débiteur de la dette garantie. Par suite, le créancier ne devrait pas disposer de plus de droits qu'il n'en aurait eus si la sûreté avait été consentie par le débiteur lui-même. Comme l'ont écrit MM. Mouly et

---

1. En faveur d'un droit commun de la sûreté réelle pour autrui, v. not. M. Mignot, «Le devenir de la sûreté réelle pour autrui dans la jurisprudence récente», *JCP N* 2012, 1340.

2. Civ. 3e, 15 févr. 2006, *Bull. civ.* III, n° 35 ; Civ. 2e, 25 mars 2010, *Bull. civ.* II, n° 74 (l'acte notarié de cautionnement hypothécaire, dès lors qu'il mentionne bien l'identité du débiteur et la créance garantie, constitue un titre exécutoire autorisant la saisie immobilière).

3. Toutefois, des arrêts ont mis en lumière les spécificités que peut revêtir la sûreté réelle pour autrui, en particulier sur le plan de ses causes d'extinction. En effet, en présence d'une hypothèque souscrite en garantie de la dette d'autrui, il convient de ne pas confondre la durée de l'hypothèque et la durée de l'inscription de cette hypothèque (Civ. 1re, 12 janv. 2012, *Bull. civ.* I, n° 2 ; Civ. 2e, 10 janv. 2013, n° 11-25800), l'hypothèque pouvant être affectée d'une durée qui lui est propre alors qu'une telle distinction, a priori envisageable, ne se présentera pas dans le cadre de l'hypothèque souscrite par le débiteur, la durée de l'hypothèque étant, dans ce cas, alignée sur l'extinction de la dette garantie.

4. Ou encore toute autre sûreté réelle, qu'elle confère un droit de préférence (sûretés réelles classiques) ou un droit exclusif (sûretés-propriétés).

Jacob[1], « le lien d'accessoire à principal n'est en rien affecté par [...] la répartition, entre deux patrimoines différents, de l'obligation garantie et du droit grevé par l'hypothèque »[2].

§ 2. Interrogations sur l'application de certaines règles propres au droit des sûretés réelles

1206. Le constituant d'une sûreté réelle pour autrui n'est pas, par hypothèse, le débiteur, au sens personnel du terme, de la dette garantie[3]. Il n'est pas non plus assimilable au tiers détenteur en ce sens que celui-ci est l'ayant-cause du débiteur de la dette garantie alors que celui-là est le constituant du droit réel grevant l'un de ses biens[4].

Cette absence d'identité suggère deux interrogations.

En premier lieu, se pose la question de savoir si certaines règles dont bénéficie le débiteur de la dette garantie peuvent être également invoquées par le constituant de la sûreté réelle pour autrui. En second lieu, alors qu'ils peuvent être conduits tous deux à subir la vente de leur bien pour acquitter la dette d'un tiers, se pose la question de savoir si certaines règles protectrices dont jouit le tiers détenteur de l'immeuble hypothéqué peuvent bénéficier au constituant de l'hypothèque pour autrui.

1207. ***Le bénéfice des règles favorables au débiteur***. La question naît du constat que les dispositions gouvernant les sûretés réelles, spécialement les sûretés réelles immobilières, ne visent que très rarement le « constituant » de la sûreté[5], auquel cas la règle litigieuse pourrait sans difficulté s'appliquer indifféremment selon que ce constituant est débiteur ou non de la dette garantie. Bien plus souvent, et sans qu'il soit certain que cela relève d'un choix vraiment délibéré, le législateur vise le « débiteur » de la créance garantie[6] ou, plus rarement, le « propriétaire » de l'immeuble[7].

Il n'y a guère de raisons que le constituant non débiteur de la dette garantie soit moins bien traité que ce même débiteur, s'il avait lui-même constitué la sûreté réelle. En effet, dans les deux cas, derrière la qualité de constituant perce celle de *propriétaire d'un bien* dont ils peuvent, tous deux, être dépouillés par l'effet de la sûreté réelle. Le sort du constituant non débiteur de la dette garantie devrait, au contraire, inspirer une certaine mansuétude supplémentaire. Le décret n° 2006-936 du 27 juillet 2006 relatif aux procédures de saisie immobilière et de distribution du prix d'un immeuble[8] est, à cet égard, significatif, en ce que, dans un premier temps, il assimile « la personne qui a consenti une hypothèque sur l'un de ses biens pour garantir la dette d'un tiers » au débiteur de la dette garantie, son sort étant traité à l'article 15 du décret, dans une sous-section 1 (de la section 1 du chapitre 2) intitulée « la délivrance du commandement de payer valant saisie au débiteur ». Mais, dans un second temps, ce même article prend la mesure de la situation du constituant non débiteur de la

1. C. Mouly et F. Jacob, *J.-Cl. Civ.*, art. 2114 à 2117, n° 179.

2. Toutefois, le constituant n'étant pas le débiteur de la dette garantie, se pose l'épineuse question de savoir s'il peut, à l'instar d'une caution personnelle, invoquer, de son propre chef, les exceptions affectant les rapports débiteur/créancier.

3. Sur l'analyse de la nature de l'obligation du constituant, v. spéc., J. François, « L'obligation de la caution réelle », *Defrénois* 2002. 1208.

4. V. ss 1186.

5. V. C. civ., art. 2387.

6. V. not. C. civ., art. 2198, 2199, 2391, 2444, 2458, 2459 et 2488.

7. V. not. C. civ., art. 2392.

8. *D.* 2006. Pan. 2856, obs. P. Crocq.

dette garantie et lui réserve *un sort plus favorable* en lui accordant un délai de sommation pour payer de un mois alors qu'il n'est que de huit jours pour le débiteur de la dette justifiant la saisie. Ainsi, le constituant d'une hypothèque pour autrui est-il, sur ce point, assimilé à un débiteur, mais à un débiteur particulier.

> **Décr. du 27 juill. 2006, art. 15** *(extrait)*. – Lorsque le commandement de payer valant saisie est signifié à la personne qui a consenti une hypothèque sur l'un de ses biens pour garantir la dette d'un tiers, le délai de sommation prévu au 4° est porté à un mois.

1208. Dès lors, il faut sans doute admettre que le constituant d'une hypothèque, et plus généralement de toute sûreté réelle, en garantie de la dette d'autrui puisse invoquer les règles favorables octroyées au débiteur de la dette garantie. Par exemple, le constituant non débiteur devrait pouvoir faire réduire une hypothèque excessive en application de l'article 2445 du Code civil, alors même que ce texte n'accorde littéralement cette faveur qu'au « débiteur ». De même, les articles 2458 et 2459 du Code civil, qui excluent l'attribution judiciaire de l'immeuble au créancier lorsque celui-ci constitue « la résidence principale du débiteur », devraient profiter au constituant non débiteur, car, au même titre que son crédit, la dignité du constituant non débiteur est aussi respectable que celle du débiteur.

Toutefois, des interrogations se font jour concernant les causes d'extinction de l'hypothèque.

1209. ***Causes d'extinction de l'hypothèque.*** « Par principe, le lien d'accessoire à principal n'est en rien affecté par [...] la répartition, entre deux patrimoines différents, de l'obligation garantie et du droit grevé par l'hypothèque »[1]. Aussi, le constituant de l'hypothèque en garantie de la dette d'autrui devrait-il bénéficier de toutes les causes d'extinction de la dette garantie, comme le paiement, la prescription, la compensation, la confusion, la novation ou encore la résolution ou la nullité de la dette garantie[2]. Pourtant, deux interrogations importantes subsistent. D'une part, le constituant de l'hypothèque en garantie de la dette d'autrui bénéficie-t-il des causes d'extinction de la créance garantie, personnelles au débiteur, comme par exemple le dol viciant le contrat ayant donné naissance à la dette garantie ? On sait, en effet, qu'en matière de cautionnement la jurisprudence a admis que le dol commis par le créancier envers le débiteur principal constitue une exception personnelle à ce dernier que la caution ne peut soulever pour mettre fin à son engagement[3]. Il faut sans doute admettre que, si la « caution hypothécaire » ne peut pas soulever cette exception, au moins devrait-elle en bénéficier si le débiteur l'a invoquée.

D'autre part, le constituant de l'hypothèque en garantie de la dette d'autrui peut-il soulever, à la place du débiteur, les causes d'extinction inhérentes à la dette garantie (compensation, confusion, remise de dette, prescription...) ? La question revêt une acuité particulière au regard de la jurisprudence récente interdisant au tiers détenteur d'invoquer une exception inhérente à la dette garantie pour échapper au droit de suite du créancier hypothécaire[4]. Il est pourtant logique, au regard du caractère accessoire de l'hypothèque, et opportun que la « caution hypothécaire » puisse soulever les causes d'extinction inhérentes à la dette garantie. Au demeurant, quelle que soit la

1. C. Mouly et F. Jacob, ancien fasc. *J.-Cl. Civil Code*, art. 2114 à 2117.
2. Encore que ces dernières ne constituent pas, à proprement parler, des causes d'extinction : v. ss 1114 s.
3. V. ss 180.
4. V. ss 1102.

solution retenue, il faut sans doute admettre que le constituant de l'hypothèque en garantie de la dette d'autrui peut, pour le moins, soulever la compensation intervenue entre le débiteur et le créancier hypothécaire, en raison de l'effet de plein droit de la compensation légale (C. civ., art. 1290) ou encore la prescription de la dette garantie (C. civ., art. 2253).

1210. ***Le bénéfice des règles favorables au tiers détenteur***. Ni le tiers détenteur [1], ni le constituant de l'hypothèque pour autrui ne sont débiteurs de la dette garantie ; en revanche, ce dernier a volontairement grevé son bien, ce qui n'est pas le cas du premier. Dès lors, on peut se demander si les règles de faveur accordées au tiers détenteur, notamment le bénéfice de discussion octroyé par l'article 2465 du Code civil (anc. art. 2170) et la faculté de délaissement prévue par l'article 2467 du Code civil (anc. art. 2172) sont ou non transposables au profit du constituant non débiteur.

La qualité de constituant l'emporte, ici, semble-t-il, sur celle de propriétaire d'un bien servant de garantie pour la dette d'un autre. D'une part, le constituant non débiteur ne peut exiger du créancier qu'il poursuive d'abord la saisie d'autres immeubles hypothéqués en garantie de la même dette appartenant au débiteur, car, précisément il a *constitué* une hypothèque (donc une hypothèque par nature spéciale), ce qui lui ôte ce bénéfice en vertu de l'article 2466 du Code civil (anc. art. 2171) [2]. D'autre part, alors que la doctrine estimait généralement que le constituant non débiteur pouvait se libérer en usant de la faculté de délaissement de l'immeuble grevé [3], il s'avère que, aujourd'hui, cette faculté doit lui être refusée. En effet, le décret du 27 juillet 2006 relatif aux procédures de saisie immobilière et de distribution du prix d'un immeuble règle différemment le sort du constituant non débiteur de la dette garantie et le sort du tiers détenteur. Alors que celui-là est assimilé au débiteur de la dette garantie [4], celui-ci bénéficie d'un traitement qui lui est propre. Or, parmi les conséquences de l'assimilation du constituant de l'hypothèque en garantie de la dette d'un tiers au débiteur figure l'absence d'indication, parmi les mentions obligatoires du commandement de payer qui lui est adressé, de la faculté de délaisser l'immeuble.

> **C. civ., art. 2465 (anc. art. 2170).** – Néanmoins le tiers détenteur qui n'est pas personnellement obligé à la dette, peut s'opposer à la vente de l'héritage hypothéqué qui lui a été transmis, s'il est demeuré d'autres immeubles hypothéqués à la même dette dans la possession du principal ou des principaux obligés, et en requérir la discussion préalable selon la forme réglée au titre Du cautionnement : pendant cette discussion, il est sursis à la vente de l'héritage hypothéqué.
>
> **C. civ., art. 2466 (anc. art. 2171).** – L'exception de discussion ne peut être opposée au créancier privilégié ou ayant hypothèque spéciale sur l'immeuble.
>
> **C. civ., art. 2467 (anc. art. 2172).** – Quant au délaissement par hypothèque, il peut être fait par tous les tiers détenteurs qui ne sont pas personnellement obligés à la dette, et qui ont la capacité d'aliéner.

1. On relèvera, toutefois, que, dans le cadre de l'exercice du droit de suite hypothécaire, le tiers détenteur est évoqué en opposition au « débiteur principal » (C. civ., art. 2480 et 2473) ou au « débiteur originaire » (C. civ., art. 2462) : n'est-ce pas, *a contrario*, envisager le tiers détenteur comme un « débiteur accessoire » de la dette garantie ?

2. Civ. 1re, 6 mars 1979, *Bull. civ.* I, n° 78 ; *JCP* 1979. II. 19140, concl. P. Gulphe ; *Defrénois* 1980, art. 32267, p. 590, obs. J.-L. Aubert.

3. En ce sens, not. Marty, Raynaud et Jestaz, *op. cit.*, n° 627 ; Ph. Simler, « Le cautionnement réel est réellement – aussi – un cautionnement », article préc., n° 10.

4. V. ss 1207.

Section 2

Application des règles propres au cautionnement

1211. ***Règles du cautionnement inapplicables.*** Les règles de *constitution* de la sûreté réelle pour autrui ainsi que les *prérogatives juridiques conférées au créancier* relèvent sans doute quasi exclusivement [1] des dispositions propres aux sûretés réelles, car ce sont précisément ces règles qui reflètent la nature profonde du mécanisme réglementé. Or, si l'on admet, à la suite de la jurisprudence et de la loi, que l'affectation ou la cession d'un bien par un tiers à la dette garantie ne constitue pas, pour l'essentiel, une sûreté personnelle mais une sûreté réelle, il est logique que des règles propres au cautionnement soient jugées inapplicables.

Il en va ainsi de la *mention manuscrite* de l'article 1326 du Code civil. Elle est écartée [2], à juste titre, puisque le constituant ne s'engage pas à payer unilatéralement une somme d'argent pour garantir la dette du débiteur principal. La garantie repose seulement sur la constitution d'un droit réel portant sur un ou plusieurs biens, constitution nullement concernée par l'exigence probatoire de l'article 1326.

La règle de *proportionnalité* est, elle aussi, logiquement exclue dès lors qu'il s'agit de comparer la garantie mise en place, non pas à la créance garantie (comparaison opérante en matière de sûretés réelles), mais au patrimoine du constituant. La Cour de cassation a parfaitement justifié cette solution en énonçant le principe suivant : « une sûreté réelle consentie pour garantir la dette d'un tiers n'impliquant aucun engagement personnel à satisfaire l'obligation d'autrui n'est pas un cautionnement et, limitée au bien hypothéqué, elle est nécessairement proportionnée aux facultés contributives de son souscripteur » [3]. C'est encore parce que la sûreté réelle pour autrui n'engage qu'un seul bien et non l'ensemble du patrimoine du garant, qu'il a été décidé qu'elle ne saurait générer une obligation de *mise en garde* à la charge du banquier, que le constituant soit ou non averti [4]. Il est vrai que ces deux dernières exclusions peuvent paraître sévères lorsque le bien engagé représente la seule richesse du constituant, dont les ressources, par ailleurs, sont faibles. Cependant, ce n'est pas parce que les règles propres au cautionnement ne sont pas applicables, que le constituant de la sûreté réelle pour autrui se trouve privé de toute protection [5]. En effet, diverses règles intéressant les sûretés réelles en particulier ou les garanties en général visent à empêcher ou à sanctionner les disproportions. Rappelons à cet égard que, si la sûreté est une hypothèque, le notaire doit attirer l'attention du constituant sur les risques qu'elle comporte et les articles 2444 et 2445 du Code civil organisent, en outre, une réduction judiciaire d'hypothèque lorsque la sûreté s'avère excessive au regard du montant de la dette garantie. De façon plus générale, l'article L. 111-7 du Code des procédures civiles d'exécution (L. du

---

1. Toutefois, les articles L. 223-21 et L. 225-43 du Code de commerce interdisant à une société anonyme ou à responsabilité limitée de « cautionner ou avaliser » les engagements de leurs gérants ou associés ont toutes les raisons de s'appliquer à la constitution d'une sûreté réelle pour autrui, la finalité de protection de l'intérêt social étant identique, que le cautionnement soit personnel ou réel : en ce sens, P. Crocq, obs. à la *RTD civ.* 2000. 369 ; pour une application, v. Paris, 7 sept. 1995, *Dr. sociétés* 1996, n° 65, obs. D. Vidal.

2. Civ. 1re, 13 mai 1998, *Bull. civ.* I, n° 172 ; *JCP N* 1998. 1667, note S. Piedelièvre ; *JCP* 1999. I. 116, obs. Ph. Simler ; *RTD civ.* 1999. 152, obs. P. Crocq.

3. Civ. 1re, 7 mai 2008, *Bull. civ.* I, n° 125 ; *D.* 2008. 2036, note S. Piedelièvre ; *RTD civ.* 2008. 700, P. Crocq. Dans le même sens, rejetant l'application de l'article L. 313-10 du Code de la consommation, cf. Civ. 1re, 5 nov. 2009, inédit, n° 08-14425.

4. Com. 24 mars 2009, *Bull. civ.* IV, n° 43 ; Com. 13 janv. 2015, inédit, n° 13-16727.

5. En ce sens, M. Mignot, article préc., n° 3, qui estime que le constituant d'une sûreté réelle pour autrui pourrait engager la responsabilité contractuelle de la banque pour violation de son devoir de mise en garde *stricto sensu* du débiteur et de lui-même ou pour violation de son devoir de minimiser la dette principale.

9 juill. 1991, anc. art. 22) affirme que l'exécution ne peut « excéder ce qui se révèle nécessaire pour obtenir le paiement de l'obligation ». La jurisprudence sanctionne aussi les sûretés excessives sur le fondement de la théorie de l'abus de droit. Enfin, si le débiteur est soumis à une procédure collective, la disproportion des garanties peut être réprimée dans les conditions prévues par l'article L. 650-1 du Code de commerce.

1212. ***Règles du cautionnement applicables***[1]. Les règles protectrices de la caution personnelle, tant au niveau de *l'exécution*, que de *l'extinction* de l'engagement, ont certainement davantage de raisons de s'appliquer aux sûretés réelles pour autrui. Certes, la conception exclusivement réelle de la sûreté réelle pour autrui qui, semble-t-il, ressort de la réforme du 23 mars 2006 pourrait conduire à l'éviction totale des règles empruntées au droit du cautionnement[2]. Toutefois, cette solution ne nous apparaît pas inéluctable, l'absence d'identité du constituant et du débiteur de la dette garantie, trait essentiel de ce mécanisme juridique, devant influer sur le régime de la sûreté réelle pour autrui, en ce sens que des règles propres au cautionnement auraient vocation à s'appliquer à la condition nécessaire et suffisante qu'elles n'entrent pas en contradiction avec le régime réel de la sûreté[3]. Ce raisonnement paraît d'autant plus légitime aujourd'hui qu'il a vraisemblablement inspiré les auteurs de l'ordonnance du 18 décembre 2008 pour déterminer le sort de tous les garants de la dette d'autrui, quelle que soit la nature de la sûreté constituée, en présence d'une procédure collective ouverte au bénéfice du débiteur garanti.

1213. ***Recours contre le débiteur***. Dans la plupart des cas, une convention liera le débiteur et le constituant de la sûreté, de sorte que le recours *personnel* du constituant ayant subi la perte de son bien trouvera un fondement dans cette convention[4]. En outre, quand bien même aucune convention n'existerait entre le débiteur et le constituant, l'équivalence des situations de la caution personnelle et du constituant d'une sûreté pour autrui justifie que ce dernier dispose d'un recours, tant personnel que subrogatoire, contre le débiteur, fondé sur les articles 2305 et 2306 du Code civil (anc. art. 2028 et 2029)[5]. Au demeurant, si l'on n'acceptait pas d'octroyer au constituant le bénéfice du recours *subrogatoire* offert à la caution personnelle, il pourrait très certainement se prévaloir du recours subrogatoire légal fondé

---

1. Sur cette question, v., not., J. Lelieur, « L'application analogique du régime du cautionnement à la sûreté réelle pour autrui », *RRJ* 2007-3, p. 1235.

2. En ce sens, et à regret, Ph. Simler, *J.-Cl. Civ.*, art. 2288 à 2320, fasc. 10, n° 28.

3. Une telle contradiction s'oppose à la transposition des bénéfices de discussion et de division appartenant à la caution simple (sur ces bénéfices, v. ss 279 s.), et ce pour deux raisons. D'une part, le caractère indivisible des sûretés réelles interdit au constituant d'invoquer le bénéfice de division, le bien grevé garantissant dans sa totalité la dette (en ce sens, Civ. 1re, 6 mars 1979, *Bull. civ.* I, n° 78 ; *JCP* 1979. II. 19140, concl. P. Gulphe ; *Defrénois* 1980. 590, obs. J.-L. Aubert). D'autre part, l'article 2466 du Code civil (anc. art. 2171) décide, en matière hypothécaire, que « l'exception de discussion ne peut être opposée au créancier privilégié ou ayant hypothèque spéciale sur l'immeuble », ce qui ferme définitivement le bénéfice de discussion au constituant d'une hypothèque en garantie de la dette d'autrui puisque cette hypothèque est nécessairement « spéciale » (en ce sens, Civ. 1re, 21 juin 1978, *Bull. civ.* I, n° 236 ; Civ. 1re, 6 mars 1979, préc.). Le bénéfice de discussion propre aux mineurs et majeurs en tutelle ou curatelle (C. proc. exéc., art. L. 311-8) est pareillement écarté en présence d'une sûreté réelle pour autrui n'impliquant aucun engagement personnel du garant (Civ. 2e, 4 sept. 2014, *Bull. civ.* II, n° 179).

4. V. le cas du nantissement pour autrui d'actions de société : J. L'Homme, « Réalisation du nantissement d'actions de société *ad hoc* ou de projet : "substitutions réciproques aux effets inappropriés" », *RD banc. fin.* 2012, n° 6, étude 29.

5. V. not., en ce sens, Ph. Simler, *J.-Cl. Civ.*, art. 2288 à 2320, fasc. 50, n° 13 et 43. Sur l'hypothèse particulière du nantissement pour autrui d'un contrat d'assurance-vie, v. M. Mignot, art. préc., n° 9.

sur l'article 1251, 3° du Code civil au motif qu'en supportant la perte de son propre bien, le constituant a libéré, par là même, le débiteur [1].

Quant au *recours avant paiement* contre le débiteur prévu par l'article 2309 (anc. art. 2032), la logique de transposition au constituant d'une sûreté réelle pour autrui des dispositions gouvernant les rapports entre la caution personnelle et le débiteur, justifierait de l'octroyer pareillement au constituant [2].

1214. ***Recours entre cofidéjusseurs.*** Là encore, la qualité de garant du constituant d'une sûreté réelle pour autrui a conduit la doctrine [3] et la jurisprudence à assimiler ce dernier à une caution personnelle en lui accordant le bénéfice de l'article 2310 du Code civil (anc. art. 2033) [4].

1215. ***Le bénéfice de l'exception de défaut de subrogation.*** Si l'on admet que le constituant d'une sûreté réelle pour autrui dispose d'un recours subrogatoire contre le débiteur qu'il a libéré, alors les raisons justifiant que la caution personnelle puisse opposer au créancier la perte fautive des droits et actions dont il dispose contre le débiteur se retrouvent pareillement au sujet du constituant d'une sûreté réelle pour autrui. Comme la caution personnelle [5], ce dernier a pu, au moment de la constitution de la sûreté, prendre légitimement en considération l'existence de droits et actions lui facilitant l'exercice éventuel de son recours contre celui qu'il a accepté de garantir. La jurisprudence a, ainsi, étendu au constituant d'une sûreté réelle pour autrui le bénéfice de l'article 2314 du Code civil (anc. art. 2037) [6].

1216. ***Les devoirs d'information de la caution après la constitution de la sûreté.*** La Cour de cassation a jugé que le devoir d'information des cautions personnelles pesant sur les établissements de crédit en vertu de l'article 48 de la loi du 1er mars 1984 (C. mon. fin., art. L. 313-22) n'avait pas vocation à bénéficier aux constituants d'une sûreté réelle pour autrui [7]. Cette solution a été, à juste titre, critiquée [8], car, s'il est vrai qu'une caution réelle ne peut, effectivement, voir son engagement excéder la valeur du bien grevé, il n'en demeure pas moins qu'elle peut trouver une utilité à l'information annuelle sur l'état de la dette garantie, ne serait-ce que pour interférer auprès du débiteur afin qu'il s'exécute ou réduise son endettement.

---

1. Cass., Req., 27 avr. 1942, *S.* 1942. 1. 114 ; Soc. 4 juill. 1973, *Bull. civ.* V, n° 441 (jurisprudence faisant intervenir des cautions personnelles) ; v. not., J. Mestre, E. Putman et M. Billiau, *Traité de droit civil. Droit spécial des sûretés réelles*, LGDJ, 1996, nos 1585 s. ; Ph. Simler, *op. cit.*, n° 585 ; *contra* : M. Mignot, article préc., n° 7, qui, selon les hypothèses, préfère le fondement de l'enrichissement sans cause ou celui de la gestion d'affaires.

2. En ce sens, Ph. Simler, *J.-Cl. Civ.*, fasc. 50 préc., n° 85.

3. Not., Ph. Simler, *J.-Cl. Civ.*, art. 2288 à 2320, fasc. 55, n° 10 ; F. Grua, article préc., n° 35.

4. Civ. 1re, 25 oct. 1977, *Bull. civ.* I, n° 388. Sur l'étendue de ce recours, v. ss 335.

5. Et à l'encontre du tiers détenteur à qui, précisément et légitimement, ce bénéfice est refusé : Civ. 17 mars 1852, *DP* 52. 1. 97 ; Civ. 18 déc. 1854, *DP* 55. 1. 33.

6. Civ. 1re, 23 nov. 1954, *Bull. civ.* I, n° 331 ; Com. 17 mars 1992, *Bull. civ.* IV, n° 115 ; Pau, 7 avr. 2011, *Gaz. Pal.* 2011, n° 167, p. 9, C. Albiges ; *contra* : Versailles, 2 déc. 2010, n° 09/06472 ; *Gaz. Pal.* 14 janv. 2010, p. 21, obs. C. Albiges.

7. Civ. 1re, 1er févr. 2000, *Bull. civ.* I, n° 33 ; Civ. 1re, 7 févr. 2006, *Bull. civ.* I, n° 53 ; Civ. 1re, 8 juin 2010, inédit, n° 09-68316 (l'article L. 313-22 du Code monétaire et financier ne s'applique qu'au cautionnement personnel à l'appui duquel le garant a consenti une hypothèque) ; comp. Com. 13 sept. 2011, inédit, n° 10-17659 (en l'espèce, comme la dette principale était garantie à la fois par un cautionnement personnel et par une hypothèque constituée sur un immeuble de la caution, la Cour de cassation a logiquement censuré l'arrêt ayant refusé à la caution le bénéfice de la déchéance des intérêts pour défaut d'information annuelle ; cette décision a toutefois de quoi surprendre, puisque le créancier ne s'était nullement prévalu du cautionnement personnel et avait seulement mis en œuvre son hypothèque).

8. V. not. Ph. Simler, art. préc., n° 27. Plus dubitatif, v. M. Mignot, « Le devenir de la sûreté réelle pour autrui dans la jurisprudence récente », *JCP N* 2012. 1340, n° 2.

Sous-partie 3

Les sûretés réelles dans les procédures d'insolvabilité

1217. ***Principales caractéristiques des procédures d'insolvabilité.*** Le droit interne français des procédures collectives professionnelles et celui des procédures bénéficiant aux particuliers surendettés comportent des phases similaires et sont sous-tendus par un même objectif prioritaire, le redressement de la situation du débiteur en difficulté. Au contraire, le règlement communautaire du 29 mai 2000[1], texte de droit international privé régissant les procédures d'insolvabilité transfrontalières[2], a davantage été conçu pour faciliter la liquidation des entreprises en difficulté[3]. Cet objectif a été édulcoré par la Commission européenne. Dans sa « nouvelle approche » des défaillances et de l'insolvabilité des entreprises (communication du 12 décembre 2012), le droit européen de l'insolvabilité a été présenté comme devant favoriser le sauvetage des entreprises et la réhabilitation des entrepreneurs, tout en protégeant les intérêts légitimes des créanciers. Le nouveau règlement européen sur les procédures d'insolvabilité du 20 mai 2015 traduit cette évolution[4].

1. Règlement (CE) n° 1346/2000 du Conseil du 29 mai 2000 relatif aux procédures d'insolvabilité, *JOCE* L 160 du 30 juin 2000.

2. Ce règlement pose des règles de compétence juridictionnelle, de détermination de la loi applicable, quelques règles matérielles, notamment et surtout en matière de sûretés réelles (article 5 relatif aux droits réels des tiers et article 7 sur la réserve de propriété), et un principe de reconnaissance immédiate et automatique des décisions prises par les juridictions des États-membres compétentes.

3. La conception d'une universalité de la faillite (il serait sans doute plus exact d'ailleurs de parler d'européanité de la faillite) rendue possible, notamment, par une coordination des moyens de procédure, principale et secondaires, permet avant tout un règlement collectif du passif (toutes créances détenues par les créanciers résidant habituellement dans un État-membre), à partir de l'actif du débiteur (tous les biens du débiteur situés sur le territoire des États-membres). En témoignent, par exemple, les dispositions de l'article 33 relatif à la « suspension de la liquidation » ou bien encore celles de l'article 35 intitulé « surplus d'actif de la procédure secondaire ». Pour d'autres illustrations, cf. D. Voinot, « La protection des créanciers dans l'Union européenne », *in Mélanges D. Tricot*, Dalloz-Litec 2011, p. 743.

4. Règlement PE et Cons. UE n° 2015/848, 20 mai 2015, *JOUE* 5 juin, n° L 141, directement applicable dans les États membres à compter du 26 juin 2017. Sur son champ d'application élargi, offrant davantage d'instruments au service du redressement du débiteur (pour la France : procédures actuelles de sauvegarde, de sauvegarde accélérée, de sauvegarde financière accélérée, de redressement et de liquidation judiciaire, à l'exclusion, toujours, de la procédure de conciliation et des procédures de surendettement), sur les règles de coopération des praticiens et des tribunaux, sur la coordination des procédures ouvertes contre des groupes de sociétés et sur l'amélioration des droits des créanciers

Les procédures de traitement des difficultés des entreprises. Le droit des entreprises en difficulté, tel qu'il résulte de la réforme en date du 12 mars 2014 [1], organise, d'une part, une procédure de nature essentiellement préventive, conventionnelle et confidentielle, la *procédure de conciliation* (C. com., art. L. 611-4 à L. 611-16) [2] et, d'autre part, quatre modes juridictionnels de traitement des difficultés des entreprises. Le premier consiste dans la *procédure de sauvegarde*, qui présente elle aussi un caractère préventif, puisqu'elle prend place en amont de la cessation des paiements [3] (C. com., art. L. 620-1 s.) [4]. Elle débouche sur un plan de sauvegarde [5] si la cessation des paiements n'est pas intervenue

---

(déclaration uniformisée des créances, registres d'insolvabilité européens), cf. not. *Le nouveau règlement insolvabilité : quelles évolutions ?*, dir. F. Jault-Seseke et D. Robine, Lextenso, éd. Joly-Pratique des affaires, 2015 ; R. Dammann, M. Menjucq et Ph. Roussel Galle, « Le nouveau règlement européen sur les procédures d'insolvabilité », *Rev. proc. coll.* 2015. 10 ; L.-C. Henry, « Le nouveau règlement « insolvabilité » : entre continuité et innovations », *D.* 2015. 979 ; J.-L. Vallens, « Le règlement (UE) n° 2015/848 du 20 mai 2015 : une avancée significative du droit européen de l'insolvabilité », *RLDA* 2015, n° 106.

1. Auparavant, les procédures collectives professionnelles avaient déjà été réformées en profondeur par plusieurs textes : la loi n° 67-563 du 13 juillet 1967 ; la loi n° 84-148 du 1er mars 1984 relative à la prévention et au règlement amiable des difficultés des entreprises ; la loi n° 85-98 du 25 janvier 1985 relative au redressement et à la liquidation judiciaires des entreprises ; la loi n° 94-475 du 10 juin 1994 relative à la prévention et au traitement des difficultés des entreprises ; la loi n° 2005-845 de sauvegarde des entreprises en difficulté du 26 juillet 2005 ; l'ordonnance n° 2008-1345 du 18 décembre 2008.

2. L'objectif de prévention des difficultés, bien qu'expressément affiché (en témoigne l'intitulé du Titre I du Livre VI du Code de commerce dans lequel la procédure de conciliation est inscrite), est quelque peu contredit par le champ d'application même de la procédure de conciliation, qui peut bénéficier à des personnes physiques ou morales exerçant une activité commerciale, artisanale ou indépendante se trouvant en cessation des paiements depuis moins de quarante-cinq jours (C. com., art. L. 611-4 et L. 611-5).

Comme son ancêtre, le règlement amiable des difficultés des entreprises institué par la loi du 1er mars 1984 (C. com., anc. art. L. 611-3 s.), la procédure de conciliation repose sur une base contractuelle, à savoir un accord amiable conclu entre le débiteur et ses principaux créanciers, ayant pour but de mettre fin aux difficultés de l'entreprise. Mais, le processus judiciaire y est plus important que par le passé, puisque c'est l'homologation décidée par le tribunal qui donne toute son efficacité à l'accord issu de la conciliation. En outre, depuis l'ordonnance du 12 mars 2014, le débiteur, poursuivi ou mis en demeure par un créancier, peut solliciter du président du tribunal les délais de grâce de l'article 1244-1 du Code civil, soit au maximum deux ans ; le juge peut subordonner la durée des mesures ainsi prises à la conclusion de l'accord de conciliation (C. com., art. L. 611-7, al. 5).

3. L'ordonnance du 18 décembre 2008 a assoupli les conditions d'ouverture de cette procédure, créée par la loi du 26 juillet 2005 : le débiteur n'a plus à démontrer que les difficultés rencontrées sont de nature à le conduire à la cessation des paiements, preuve souvent ardue à rapporter et dont la complexité s'accroît à mesure de la précocité de la demande d'ouverture. La réforme de 2008 a incité le dirigeant à y recourir davantage (v. ss 542 s., les règles relatives au nouveau droit commun des garanties de la dette d'autrui) et amélioré les conditions de réorganisation de l'entreprise, notamment le fonctionnement des comités de créanciers, afin de favoriser l'élaboration d'un plan de sauvegarde. L'ordonnance du 12 mars 2014 a elle aussi encouragé le recours à la prévention, notamment en augmentant les passerelles entre la conciliation et la sauvegarde (à cette fin, la sauvegarde financière accélérée a été réformée et la sauvegarde accélérée a été créée).

4. La loi n° 2010-1249 de régulation bancaire et financière du 22 octobre 2010 a créé une variante de la procédure de sauvegarde, la *sauvegarde financière accélérée* (SFA). Depuis l'ordonnance du 12 mars 2014, celle-ci n'est elle-même qu'une variante de la *sauvegarde accélérée* (C. com., art. L. 628-1 à L. 628-8 : dispositions générales ; art. L. 628-9 et L. 628-10 : dispositions propres à la SFA). Il s'agit de passerelles entre les procédures de prévention et de traitement, puisqu'elles sont seulement applicables aux entreprises ayant préalablement ouvert une procédure de conciliation. Contrairement à la procédure de sauvegarde de droit commun, la sauvegarde accélérée peut profiter à un débiteur en cessation des paiements, à condition que cet état ne précède pas la demande d'ouverture de la procédure de conciliation depuis plus de 45 jours (C. com., art. L. 628-1, al. 4).

5. L'un des principaux apports de l'ordonnance du 12 mars 2014 est d'avoir permis aux créanciers membres d'un comité de présenter des plans alternatifs à celui du débiteur (C. com., art. L. 622-30-2). Sur ce « rééquilibrage des pouvoirs au profit des créanciers », v. not. R. Dammann et G. Podeur, *D.* 2014. 752.

pendant la période d'observation et que les chances de poursuite de l'activité économique existent. Si, au contraire, le débiteur se révèle dans l'impossibilité de faire face au passif exigible avec ses actifs disponibles, une autre procédure peut s'ouvrir, le *redressement judiciaire*, qui commence également par une période d'observation et donne lieu à l'élaboration d'un plan (C. com., art. L. 631-1 s.). Si le sauvetage de l'entreprise en cessation des paiements est impossible, une troisième voie peut être empruntée : *la liquidation judiciaire* (C. com., art. L. 640-1 s.) [1]. Cette procédure est destinée à mettre fin à l'activité de l'entreprise et à réaliser le patrimoine du débiteur par une cession globale [2] ou séparée de ses actifs. Depuis l'ordonnance du 12 mars 2014, une dernière solution existe, visant à faciliter le « rebond » des débiteurs personnes physiques les plus modestes [3] : *le rétablissement professionnel sans liquidation* (C. com., art. L. 645-1 s.). « L'idée est d'offrir au débiteur le confort des effets de la clôture pour insuffisance d'actif, c'est-à-dire la « purge des dettes », en se dispensant d'une véritable procédure collective [4], parce que son dossier est impécunieux » [5].

Les procédures de traitement des difficultés des particuliers. Le droit du surendettement [6], tel qu'il résulte de la loi *Borloo* du 1er août 2003 d'orientation et de

---

1. L'ordonnance de 2008 a veillé à en améliorer le fonctionnement, en favorisant le recours à la procédure simplifiée et en renforçant l'efficacité de la procédure de droit commun. Pour faciliter le rebond du débiteur, l'ordonnance du 12 mars 2014 a retouché à son tour la liquidation judiciaire simplifiée.

2. Depuis la loi du 26 juillet 2005, les plans de cession de l'entreprise sont inclus dans les procédures de liquidation et non plus dans les procédures de redressement judiciaire (C. com., art. L. 642-1 s.).

3. Les articles L. 645-1, L. 645-2 et R. 645-1 du Code de commerce énoncent les conditions d'ouverture de la procédure de rétablissement professionnel : le débiteur doit être une personne physique exerçant une activité commerciale, artisanale, agricole ou indépendante, y compris libérale, à l'exclusion des EIRL ; le débiteur ne doit avoir employé aucun salarié au cours des six derniers mois, ni être partie à une instance prud'homale ; la valeur de l'actif du débiteur doit être inférieure à 5000 euros ; le débiteur ne doit pas être en période d'observation d'une sauvegarde ou d'un redressement judiciaire, ni être en liquidation judiciaire ; le débiteur ne doit pas avoir fait l'objet, depuis moins de cinq ans, au titre de l'un quelconque de ses patrimoines, d'une procédure de liquidation judiciaire clôturée pour insuffisance d'actif ou d'une décision de clôture d'une procédure de rétablissement professionnel.

4. Sauf à ce qu'au cours de la procédure de rétablissement professionnel, le tribunal ouvre la procédure de liquidation judiciaire, dans les conditions de l'article L. 645-9 du Code de commerce.

5. P.-M. Le Corre, « Premiers regards sur l'ordonnance du 12 mars 2014 réformant le droit des entreprises en difficulté », *D.* 2014. 733, qui précise que « ces dossiers impécunieux sont très nombreux ; environ 27 000, soit plus de 40 % des procédures collectives ouvertes. 20 000 de ces dossiers sont des procédures sans salariés. Ce sont les dossiers « boulets » pour les statistiques des procédures collectives ouvertes en France ». V. aussi F.-X. Lucas et M. Sénéchal, « La procédure d'enquête pour le rétablissement professionnel (PERP), De la liquidation judiciaire au rétablissement professionnel », *D.* 2013. 1852 ; F. Macorig-Venier, « Le rétablissement professionnel », *Dr. et patr.* 2014, dossier 238.

6. La loi *Neiertz* n° 89-1010 du 31 décembre 1989, en réaction à l'enracinement de la crise économique au cours des années quatre-vingt, s'est emparée du problème du surendettement des ménages, en instaurant deux procédures distinctes : une procédure amiable devant une commission administrative départementale et une procédure judiciaire devant le juge d'instance (remplacé par le juge de l'exécution à partir de 1991).

Devant l'engorgement des tribunaux, la loi n° 95-125 du 8 février 1995 a fait de la commission de surendettement le pivot de toute la procédure, ne laissant au juge de l'exécution qu'un rôle de contrôle et d'accompagnement.

La loi n° 98-657 du 29 juillet 1998 relative à la lutte contre l'exclusion, sans modifier cette organisation, a tenté de lutter contre « l'insolvabilité durable », en instaurant un moratoire.

En raison du manque d'efficacité de cette dernière mesure, le droit du surendettement a de nouveau été réformé par la loi *Borloo* n° 2003-710 du 1er août 2003, modifiée par la loi de programmation n° 2005-32 du 18 janvier 2005 pour la cohésion sociale.

programmation pour la ville et la rénovation urbaine et de la loi *Lagarde* du 1er juillet 2010 portant réforme du crédit à la consommation, distingue également des solutions amiables et judiciaires [1]. Après avoir vérifié la recevabilité de la demande et dressé l'état d'endettement du débiteur, si un redressement est envisageable, la commission départementale de surendettement a pour mission de parvenir à l'adoption d'un *plan de redressement conventionnel* entre le débiteur et ses principaux créanciers [2]. En cas d'échec de cette mission de conciliation, la commission peut soit, à la demande du débiteur, imposer des mesures de redressement (C. consom., art. L. 331-7 [3]) sans aucune intervention du juge [4], soit recommander d'autres mesures, plus attentatoires aux droits des créanciers, qui doivent être homologuées par le juge d'instance pour être exécutoires (C. consom., art. L. 331-7-1 [5]). Pour les cas où les mesures de redressement seraient inopérantes, en raison de la situation irrémédiablement comprise du débiteur, la loi du 1er août 2003 a prévu l'ouverture d'une *procédure judiciaire de rétablissement personnel*, qui peut avoir lieu, depuis la réforme de 2010, avec ou sans

La dernière réforme globale a été opérée par la loi *Lagarde* n° 2010-737 du 1er juillet 2010.

La loi n° 2013-672 du 26 juillet 2013 sur la séparation et la régulation des activités bancaires (entrée en vigueur en janvier 2014) a apporté des modifications de fond et de procédure visant à accélérer et à faciliter le traitement de la situation des personnes surendettées, sans remettre en cause toutefois ni l'architecture générale, ni les principes du droit du surendettement.

La loi n° 2014-344 du 17 mars 2014 relative à la consommation a quant à elle prévu l'abaissement de la durée maximale d'un plan de surendettement ou de rétablissement personnel de huit à sept ans (à compter du 1er juillet 2016).

1. La loi n° 2010-1609 du 22 décembre 2010 a prévu le transfert du contentieux du surendettement du juge de l'exécution au juge d'instance (COJ, art. L. 221-8-1).

2. En pratique, de nombreuses propositions de plans conventionnels échouent en raison, soit du refus de certains créanciers de consentir des abandons de créances, soit de l'impossibilité d'obtenir des réponses de la part d'autres créanciers. Les commissions sont alors contraintes de constater l'échec des négociations et d'ouvrir, après accord du débiteur, la phase des mesures imposées ou recommandées, celles-ci étant bien souvent les mêmes que celles proposées lors de la phase amiable. Afin de raccourcir la procédure et d'en limiter les coûts, le nouvel article L. 331-6, II, issu de la loi n° 2013-672 du 26 juillet 2013 et entré en vigueur le 26 janvier 2014, autorise la commission à imposer ou à recommander des mesures, sans passer préalablement par une phase de négociation amiable. Cette faculté est subordonnée à deux conditions. D'une part, la situation du débiteur, sans être irrémédiablement compromise, ne doit pas permettre de prévoir le remboursement de la totalité de ses dettes. D'autre part, la mission de conciliation doit paraître de ce fait manifestement vouée à l'échec.

3. Les mesures que la commission peut imposer, pour une durée maximale de huit ans en principe, sont énoncées limitativement par l'article L. 331-7 du Code de la consommation. Il s'agit du report ou du rééchelonnement du paiement des dettes autres que celles visées par l'article L. 333-1 ; de l'imputation prioritaire des paiements sur le capital ; de la réduction du taux d'intérêt pour les sommes correspondant aux échéances reportées ou rééchelonnées ; de la suspension de l'exigibilité des créances autres qu'alimentaires, pour une durée qui ne peut excéder deux ans.

4. Il s'agit de l'une des principales innovations de la loi de 2010, puisqu'auparavant la commission ne pouvait formuler que des recommandations, qui devaient être homologuées par le juge de l'exécution. C'est essentiellement pour accélérer la procédure de surendettement que la réforme a accru de la sorte les pouvoirs des commissions et fait reculer d'autant le recours au juge.

5. D'une part, en cas de vente forcée ou amiable du logement principal du débiteur « grevé d'une inscription bénéficiant à un établissement de crédit ayant fourni les sommes nécessaires à son acquisition », la commission peut recommander, une fois le prix de vente imputé sur le capital restant dû, que celui-ci soit réduit « dans des proportions telles que son paiement, assorti d'un rééchelonnement calculé conformément au 1° de l'article L. 331-7, soit compatible avec les ressources et les charges du débiteur ». D'autre part, la commission peut recommander un effacement partiel des dettes, mais seulement s'il est combiné avec une ou plusieurs des mesures que peut imposer la commission.

liquidation judiciaire[1]. À l'issue de cette éventuelle liquidation du patrimoine, si l'actif permet de désintéresser les créanciers, le juge prononce la clôture de la procédure de rétablissement personnel ; dans le cas contraire, il clôture la procédure pour insuffisance d'actif. La clôture emporte l'effacement de toutes les dettes non professionnelles du débiteur[2].

Objectifs prioritaires communs. Les procédures collectives professionnelles ont longtemps eu pour seule finalité un règlement organisé des créanciers. Au contraire, depuis la loi du 25 janvier 1985, il est clairement affirmé qu'elles ont pour but la poursuite de l'activité économique et le maintien de l'emploi, l'apurement du passif étant relégué à la dernière place (article L. 620-1 du Code de commerce relatif à la procédure de sauvegarde ; article L. 631-1 du Code de commerce relatif au redressement judiciaire). Le droit du surendettement sacrifie pareillement l'intérêt des créanciers au profit des débiteurs les plus démunis, au nom de la solidarité et de la lutte contre la marginalisation. Dans ce contexte de primauté des objectifs économiques et sociaux sur la force obligatoire des contrats conclus entre le débiteur et ses créanciers, une question cruciale se pose : quel sort est réservé aux sûretés réelles dans le traitement de la situation du débiteur insolvable ?

1218. ***Articulation entre le droit français des sûretés et celui des procédures d'insolvabilité***. L'ordonnance du 23 mars 2006 a posé dans l'article 2287 du Code civil un principe de subsidiarité du droit des sûretés par rapport à celui des procédures d'insolvabilité. Ce texte précise, en effet, que « les dispositions du présent livre (livre IV consacré aux sûretés) ne font pas obstacle à l'application des règles prévues en cas d'ouverture d'une procédure de sauvegarde, de redressement judiciaire ou de liquidation judiciaire ou encore en cas d'ouverture d'une procédure de traitement des situations de surendettement des particuliers ». En matière de sûretés, le Code civil s'efface donc au profit des règles du Code de commerce et du Code de la consommation, qui suivent des fins qui leur sont propres. Cet impérialisme pour le moins discutable du droit des procédures d'insolvabilité ne fait pourtant aucun doute, puisque l'article 2427, alinéa 3, du Code civil précise qu'en cas de procédure de sauvegarde, de redressement judiciaire ou de liquidation judiciaire ou encore en cas d'ouverture d'une procédure de traitement des situations de surendettement des particuliers, l'inscription des privilèges et hypothèques produit les effets réglés par les dispositions des titres II, III ou IV du livre sixième du Code de commerce. La logique du droit des procédures d'insolvabilité étant centrée sur le sauvetage de la situation du débiteur, le sacrifice des créanciers titulaires de sûretés réelles peut dès lors paraître inévitable.

---

1. La procédure de rétablissement personnel a lieu sans liquidation si « le débiteur ne possède que des biens meublants nécessaires à la vie courante et des biens non professionnels indispensables à l'exercice de son activité professionnelle, ou que l'actif n'est constitué que de biens dépourvus de valeur marchande ou dont les frais de vente seraient manifestement disproportionnés au regard de leur valeur vénale » (C. consom., art. L. 330-1). Si le débiteur n'est pas dans l'une de ces situations, la procédure de rétablissement personnel s'accompagne d'une liquidation judiciaire ; le juge d'instance désigne alors un liquidateur chargé de vendre les biens du débiteur.

2. La loi de modernisation de l'économie du 4 août 2008 a étendu cette cause d'effacement aux dettes résultant d'un engagement de cautionner ou d'acquitter solidairement la dette d'un entrepreneur individuel ou d'une société (C. consom., art. L. 332-9). En revanche, depuis la réforme du 1er juillet 2010, échappent à l'effacement les dettes « dont le prix a été payé au lieu et place du débiteur par la caution ou le coobligé, personnes physiques » (C. consom., art. L. 332-5 et L. 332-9).

L'étude du sort des sûretés réelles dans le droit du surendettement[1] conforte nettement cette intuition, même si quelques créanciers s'en tirent mieux que d'autres (les bailleurs, les caisses de crédit municipal et les vendeurs bénéficiant d'une clause de réserve de propriété)[2].

En droit des entreprises en difficulté, l'analyse mérite d'être encore plus nuancée, car les sûretés réelles qui y sont réglementées sont nombreuses et variées[3] et surtout, appréhendées distinctement selon la procédure dont bénéficie l'entreprise. De plus, les objectifs du droit des procédures collectives professionnelles sont eux aussi complexes : d'abord, « une instrumentalisation du principe d'égalité des créanciers au bénéfice du redressement et au détriment de ceux qu'il était censé protéger, c'est-à-dire les créanciers »[4], y compris les créanciers munis de sûretés réelles ; ensuite, ce même objectif de redressement de l'entreprise justifie aussi que soient protégés de « nouveaux créanciers », ceux qui acceptent d'apporter leur aide pour sauver l'entreprise. Dans ces conditions, l'articulation entre le droit des sûretés et le droit des entreprises en difficulté paraît, en définitive, nécessairement évolutive, le Code de commerce hésitant entre sacrifice et protection des créanciers[5].

Mais, quelles que soient précisément ces évolutions, l'existence d'un *droit spécial des sûretés dans les procédures d'insolvabilité* paraît aujourd'hui incontestable, tant les solutions consacrées par les dernières réformes du droit des entreprises en difficulté (surtout la loi du 26 juillet 2005, l'ordonnance du 18 décembre 2008 et celle du 12 mars 2014) et du droit du surendettement (loi du 1er juillet 2010) s'éloignent de celles inscrites dans le Code civil.

1219. ***Sûretés et procédures d'insolvabilité en droit international privé***. Dans une situation d'insolvabilité du débiteur présentant des éléments d'extranéité, il conviendra d'appliquer les règles du droit de l'Union européenne ou du droit international. Soit ces règles sont propres à certaines garanties et comprennent des dispositions relatives aux

---

1. Les dettes des débiteurs surendettés sont sans doute plus souvent couvertes par des cautionnements que par des sûretés grevant des éléments de leur patrimoine. Néanmoins, le Titre III du Livre III du Code de la consommation comporte plusieurs règles propres aux sûretés réelles. Plus précisément, sont visées les sûretés réelles classiques conférant un droit de préférence : hypothèque, privilège et gage. Aucune règle spécifique n'est en revanche consacrée aux garanties hors concours (droit de rétention, propriété-sûreté), qui peuvent néanmoins se voir appliquer les règles communes à l'ensemble des sûretés. De plus, seules les sûretés réelles portant sur les biens du débiteur surendetté sont réglementées. Celles qu'un tiers pourrait consentir pour garantir les dettes de ce débiteur ne sont nullement envisagées.

2. Cf. M. Bourassin, « Sûretés et surendettement des particuliers », *LPA* 10 oct. 2012, n° 203, p. 4 à 29.

3. Le droit des entreprises en difficulté comporte des dispositions visant de manière générale les sûretés ou les garanties. D'autres textes visent plusieurs sûretés réelles, comme les gages, nantissements, hypothèques et privilèges. Certains régissent au contraire une sûreté en particulier, comme le droit de rétention ou la fiducie. D'autres enfin, depuis l'ordonnance du 18 décembre 2008, précisent le sort des personnes « ayant affecté ou cédé un bien en garantie » de la dette de l'entreprise débitrice, c'est-à-dire le régime des sûretés réelles pour autrui, exceptionnellement aligné sur celui des sûretés personnelles.

4. P. Le Cannu, « Effet international de la faillite et principe d'égalité entre créanciers », *in L'effet international de la faillite : une réalité ?*, Dalloz, coll. « Actes », 2004, p. 96. Sur ce principe, cf. également R. Nemedeu, « Le principe d'égalité des créanciers : vers une double mutation conceptuelle. Étude à la lumière du droit français et OHADA des entreprises en difficulté », *RTD com.* 2008. 241 s.

5. Ainsi, la loi n° 94-475 du 10 juin 1994 relative à la prévention et au traitement des difficultés des entreprises a-t-elle restauré une part des bénéfices attendus par les créanciers de certaines sûretés réelles, au moins en présence d'une liquidation judiciaire. L'ordonnance du 18 décembre 2008, quant à elle, a dessiné un nouvel équilibre entre le droit des entreprises en difficulté et certaines sûretés exclusives, la fiducie-sûreté et le droit de rétention de l'article 2286, 4° du Code civil.

effets d'une procédure collective sur le sort qui doit leur être réservé [1]. Soit elles sont directement relatives aux procédures collectives et admettent des dispositions propres au sort des garanties [2], tel principalement le Règlement européen sur l'insolvabilité, qui, pour les procédures ouvertes en France, concerne [3] la liquidation judiciaire, le redressement judiciaire avec nomination d'un administrateur et la sauvegarde [4]. En revanche, ni la procédure de conciliation pour les entreprises [5], ni la procédure de surendettement des particuliers [6] n'en relèvent aujourd'hui. Ce domaine pourrait cependant sensiblement évoluer à l'occasion de la prochaine révision de ce Règlement [7].

1220. ***Étude de l'efficacité des sûretés réelles en présence d'une procédure d'insolvabilité ouverte en France*** [8]. Les sûretés réelles remplissent-elles, au regard du droit interne français de ces procédures, leur fonction de protection des intérêts des créanciers bénéficiaires au moment où le besoin de sécurité se fait le plus sentir, c'est-à-dire lorsque la défaillance du débiteur, entreprise ou particulier, est constatée par l'ouverture d'une procédure collective professionnelle ou de surendettement ? [9]

---

1. Un exemple : la Convention du Cap d'Unidroit du 16 novembre 2001 relative aux garanties internationales portant sur des matériels d'équipement mobiles.

Pour d'autres exemples, cf. M.-N. Jobard-Bachellier, « Le sort des garanties », *in L'effet international de la faillite : une réalité ?*, Dalloz, coll. « Actes », 2004, p. 129.

2. Exemples : les directives concernant l'assainissement et la liquidation des entreprises d'assurance et des établissements de crédit ; la loi type CNUDCI sur l'insolvabilité internationale du 30 mai 1997 (cf. M.-N. Jobard-Bachellier, *ibid.*, p. 129).

3. Annexe A du règlement.

4. Règlement modificatif du 27 avril 2006, *Lebon* n° 694/2006 du 27 avril 2006, *JOUE* L 121 du 6 mai 2006.

5. Cf. Rép. min. n° 120292, *JO déb. Ass. nat. Q*, 1er mai 2007, p. 4159.

6. Pour une critique de cette exclusion, cf. M.-N. Jobard-Bachellier, « Les procédures de surendettement et de faillite internationales ouvertes dans la Communauté européenne », *Rev. crit. DIP* 2002. 491 s.

7. La proposition de modification du Règlement européen en date du 12 décembre 2012 intègre ainsi des procédures préventives (Proposition de règlement du Parlement européen et du conseil, COM (2012) 744 final).

8. Le droit français des entreprises en difficulté est applicable : soit que le règlement européen sur les procédures d'insolvabilité ne s'applique pas (aucun élément d'extranéité ne marquant la procédure collective ouverte), soit que le règlement étant applicable, la *lex concursus* mise en œuvre est la loi française du lieu de l'État d'ouverture de la procédure et que les biens grevés de droits réels ne soient pas répartis sur le territoire d'autres États membres que celui d'ouverture de la procédure, c'est-à-dire la France. En effet, le règlement pose alors une règle matérielle internationale selon laquelle la procédure d'insolvabilité ouverte ne peut affecter ses droits réels (art. 5 du Règlement n° 1346/2000 ; art. 8 du Règlement n° 2015/848), ni les droits du vendeur fondés sur une réserve de propriété (art. 7 du Règlement n° 1346/2000 ; art. 10 du Règlement n° 2015/848) ; v. ss 1268.

9. Sur cette question, cf. not. *Sûretés réelles et procédures collectives*, *LPA* 11 févr. 2011, n° 30, p. 49 ; M. Bourassin, « Sûretés et surendettement des particuliers », *LPA* 10 oct. 2012, n° 203, p. 4 ; P. Crocq, « L'ordonnance du 18 décembre 2008 et le droit des sûretés », *Rev. proc. coll.* 2009, n° 1, p. 75 ; O. Gout, « Les sûretés face aux procédures collectives », *JCP N* 2012, n° 40, p. 45 ; P.-M. Le Corre, « Le sort des créanciers. Quel état des lieux ? », *Dr. et patr.* 2013, n° 223, p. 65 (*in* dossier « La loi de sauvegarde à l'âge de raison ») ; F. Macorig-Venier, « Les apports de la réforme du 18 décembre 2008 en matière de sûretés », *Dr. et patr.* janv. 2010 ; P. Pailler, « Le sort des sûretés dans la nouvelle ordonnance de réforme du droit des procédures collectives du 14 mars 2014 », *RLDC* 01/05/2014, n° 115, p. 30 ; F. Pérochon, « Le choix de garanties efficaces », *BJDE* 2012, n° 5, p. 321 (*in* dossier « Le droit des entreprises en difficulté à l'épreuve de la crise économique ») ; V. Rouit, « La mise en œuvre des sûretés et garanties en cas de difficulté des entreprises débitrices principales », *RLDC* nov. 2011, p. 29 ; Ph. Roussel Galle, « Les sûretés réelles et le droit des entreprises en difficulté », *RD banc. fin.* 2014, dossier 38 ; M. Sénéchal, « Sûretés et procédures collectives, à la recherche d'un équilibre », *in Mélanges P. Le Cannu*, 2014, p. 771 ; S. Vermeille et A. Bezert, « L'analyse économique du droit au secours du droit des sûretés et du droit des procédures collectives », *D.* 2014. 289.

Pour étudier l'efficacité des sûretés réelles en présence d'une procédure d'insolvabilité selon le droit interne français, il importe, dans un ouvrage consacré au droit des sûretés, de s'attacher en priorité à la logique de ce droit, plutôt que de suivre chronologiquement le déroulement des différentes procédures d'insolvabilité [1]. Ce faisant, il est nécessaire de s'interroger, d'abord, sur la pérennité d'une protection des créanciers qui soit assurée par le recours aux sûretés réelles (Titre 1), pour envisager ensuite les conditions dans lesquelles les créanciers reconnus titulaires d'une sûreté réelle opposable au sein de la procédure sont susceptibles de recevoir leur paiement (Titre 2) [2].

1. Sur le fonctionnement détaillé de ces procédures, il est renvoyé aux ouvrages spécialement dédiés au droit des entreprises en difficulté ou au droit de la consommation.

2. La même logique inspire les développements à suivre et ceux précédemment consacrés au sort des garanties personnelles en présence d'une procédure d'insolvabilité (v. ss 542 s.) : il s'agit de mettre en lumière les perturbations ou, au contraire, les protections apportées par une telle procédure aux droits des titulaires de sûretés. Certaines interrogations sont dès lors communes, en particulier la sûreté survit-elle à l'ouverture d'une procédure collective professionnelle ou de surendettement ? À quel moment le créancier peut-il exercer ses droits et pour quel montant ? D'autres interrogations sont, en revanche, propres respectivement aux sûretés personnelles et aux sûretés réelles, en raison de leurs caractéristiques distinctives. Ainsi, la question des recours en paiement du garant n'a, à l'évidence, aucun objet en matière de sûretés réelles. Pour mesurer l'efficacité des sûretés réelles dans le contexte particulier d'une procédure d'insolvabilité, il sera en revanche nécessaire d'analyser leur opposabilité aux tiers et le droit de préférence ou d'exclusivité qu'elles confèrent sur les biens grevés, autant de questions que les sûretés personnelles ne soulèvent pas.

Titre 1

Incidence des procédures d'insolvabilité sur la pérennité des sûretés réelles

Les procédures de traitement des difficultés des entreprises ou des particuliers surendettés influent sur la reconnaissance même des sûretés réelles (Chapitre 1), aussi bien que sur leur opposabilité aux tiers (Chapitre 2).

Cette influence peut conduire à promouvoir la protection de certains créanciers par l'octroi de sûretés réelles spécifiques au droit des procédures d'insolvabilité ; mais, le plus souvent, bien au contraire, elle compromet l'efficacité des sûretés préexistantes.

Chapitre 1

La reconnaissance des sûretés réelles

L'ouverture d'une procédure d'insolvabilité à l'encontre du débiteur produit des effets complexes et variés sur la reconnaissance des sûretés réelles : elle fait naître certaines sûretés légales (Section 1) ; elle soumet la constitution de nouvelles sûretés conventionnelles à un strict encadrement (Section 2) ; elle peut causer la disparition de sûretés antérieurement constituées (Section 3).

Section 1
L'apparition de nouvelles sûretés légales

Trois types de sûretés légales procèdent de l'ouverture d'une procédure collective professionnelle. Il s'agit du privilège de la conciliation (§ 1), du privilège des créances postérieures au jugement d'ouverture, dit « privilège de la procédure » (§ 2) et des garanties accordées aux salariés de l'entreprise débitrice (§ 3). Le droit du surendettement crée quant à lui une sûreté au profit des bailleurs des particuliers surendettés (§ 4). Les développements à suivre portent sur les fondements et conditions d'existence de ces sûretés légales. Dans le titre suivant relatif au paiement, il sera démontré que les bénéficiaires de ces sûretés jouissent d'une protection étendue, susceptible de compromettre l'efficacité de toutes les autres sûretés réelles.

§ 1. Le privilège de la conciliation

C. com., art. L. 611-11. – En cas d'ouverture d'une procédure de sauvegarde, de redressement judiciaire ou de liquidation judiciaire, les personnes qui avaient consenti, dans le cadre d'une procédure de conciliation ayant donné lieu à l'accord homologué mentionné au II de l'article L. 611-8, un nouvel apport en trésorerie au débiteur en vue d'assurer la poursuite d'activité de l'entreprise et sa pérennité, sont payées, pour le montant de cet apport, par privilège avant toutes les autres créances, selon le rang prévu au II de l'article L. 622-17 et au II de l'article L. 641-13. Les personnes qui fournissent, dans le même cadre, un nouveau bien ou service en vue d'assurer la poursuite d'activité de l'entreprise et sa pérennité bénéficient du même privilège pour le prix de ce bien ou de ce service.
Cette disposition ne s'applique pas aux apports consentis par les actionnaires et associés du débiteur dans le cadre d'une augmentation de capital.
Les créanciers signataires de l'accord ne peuvent bénéficier directement ou indirectement de cette disposition au titre de leurs concours antérieurs à l'ouverture de la conciliation.

La loi de sauvegarde des entreprises en difficulté du 26 juillet 2005 a créé un privilège pleinement général[1], dit « de l'argent frais » ou encore de « *new money* », pour garantir

1. Sur les caractéristiques des privilèges portant sur la totalité de l'actif du débiteur, v. ss 785 s.

certaines créances nées de la procédure de conciliation (C. com., art. L. 611-11). L'ordonnance du 12 mars 2014 en a étendu le champ.

1221. ***Deux catégories de bénéficiaires***. Le privilège de la conciliation est accordé de plein droit aux personnes qui ont, soit consenti un nouvel apport en trésorerie au débiteur, soit fourni un nouveau bien ou service.

La notion d'« *apport en trésorerie* » recouvre toute mise à disposition d'argent nouveau, notamment un prêt ou une ouverture de crédit accordée avant la conciliation mais poursuivie dans le cadre de l'accord de conciliation. Semblent être exclus, en revanche, le simple octroi de délais, ainsi que les crédits de restructuration et les prêts de consolidation qui ne peuvent être qualifiés de nouveaux. Les créanciers bénéficiaires sont principalement les établissements de crédit, mais il peut également s'agir d'un associé réalisant un apport en compte-courant [1].

S'agissant de la *fourniture d'un nouveau bien ou service*, elle peut prendre la forme, par exemple, d'un contrat de location, de crédit-bail, d'entreprise, de conseil ou encore de cautionnement.

Dans sa version initiale, l'article L. 611-11 du Code de commerce contenait une condition formelle applicable à ces deux types de contrats : l'avantage devait avoir été accordé au débiteur « *dans* » l'accord de conciliation (ni avant [2], ni après) et celui-ci devait avoir été homologué [3]. L'ordonnance du 12 mars 2014 a assoupli cette condition en accordant le privilège aux créanciers ayant effectué un apport d'argent frais « *dans le cadre* d'une procédure de conciliation ayant donné lieu à un accord homologué ». Sont donc désormais couverts par le privilège les apports en trésorerie ou fournitures de biens ou services en cours de négociation, dès lors que l'accord est ensuite homologué.

1222. ***Finalité des contrats garantis***. La participation à l'accord de conciliation homologué selon l'une des deux modalités précédentes ne suffit pas à faire naître le privilège. L'existence de celui-ci dépend, de surcroît, de la finalité des contrats conclus. L'apport en trésorerie ou la fourniture d'un bien ou service doit, en effet, avoir pour raison d'être « la poursuite d'activité de l'entreprise et sa pérennité ».

Un paradoxe mérite, à cet égard, d'être souligné : le privilège n'existe donc que si les contrats qu'il garantit peuvent contribuer à supprimer les difficultés du débiteur, mais il

---

1. L'article L. 611-11, alinéa 2, du Code de commerce refuse, en revanche, le bénéfice du privilège de la conciliation aux actionnaires ou associés du débiteur qui procéderaient à un apport dans le cadre d'une augmentation de capital.

2. C. com., art. L. 611-11, al. 3.

3. L'exigence d'homologation compromet l'efficacité du privilège et, par là même, l'injection d'argent frais dès la procédure de conciliation, car très rares sont les accords qui y sont soumis (dans 90 % des cas, les accords sont seulement constatés par le président du tribunal, dans les conditions prévues par l'article L. 611-8, I du Code de commerce) et ce, en raison de la publicité dont celle-ci fait l'objet. La publicité du jugement homologuant l'accord de conciliation (au Bodacc et dans un journal d'annonces légales) présente deux inconvénients majeurs : d'une part, elle prend du temps (plus d'un mois selon les greffes), ce qui entrave l'injection immédiate de liquidités dans l'entreprise ; d'autre part, elle attire l'attention sur les difficultés du débiteur et compromet, ce faisant, le nécessaire maintien du crédit des fournisseurs et de la confiance des clients.

Sur ces imperfections et des propositions d'amélioration, cf. not. N. Laurent et O. Assant, « Bilan de l'efficacité du privilège de new money instauré par la loi de sauvegarde du 26 juillet 2005. La publicité du jugement de conciliation homologué a-t-elle tué ce privilège ? », *JCP* 2008. I. 157 ; P.-M. Le Corre, « De quelques difficultés intéressant le privilège de la conciliation », *Rev. proc. coll.* 2014, dossier 10 ; D. Voinot, « L'efficacité incertaine du privilège de la conciliation », *Revue Banque* 2012, n° 747, p. 32.

ne peut produire effet que si cette finalité a échoué, puisqu'il n'est accordé qu'« en cas d'ouverture d'une procédure de sauvegarde, de redressement ou de liquidation judiciaire »[1]. Un tel paradoxe n'est toutefois guère surprenant en droit des sûretés : si celles-ci viennent à servir, c'est que le rapport contractuel entre le créancier et le débiteur a échoué, au moins en partie.

§ 2. Le privilège de la procédure

C. com., art. L. 622-17. – I. – Les créances nées régulièrement après le jugement d'ouverture pour les besoins du déroulement de la procédure ou de la période d'observation, ou en contrepartie d'une prestation fournie au débiteur pendant cette période, sont payées à leur échéance.
II. – Lorsqu'elles ne sont pas payées à l'échéance, ces créances sont payées par privilège avant toutes les autres créances, assorties ou non de privilèges ou sûretés, à l'exception de celles garanties par le privilège établi aux articles L. 3253-2, L. 3253-4 et L. 7313-8 du Code du travail, des frais de justice nés régulièrement après le jugement d'ouverture pour les besoins du déroulement de la procédure et de celles garanties par le privilège établi par l'article L. 611-11 du présent code.
III. – Leur paiement se fait dans l'ordre suivant :
1° les créances de salaires dont le montant n'a pas été avancé en application des articles L. 3253-6, L. 3253-8 à L. 3253-12du Code du travail ;
2° les prêts consentis ainsi que les créances résultant de l'exécution des contrats poursuivis conformément aux dispositions de l'article L. 622-13 et dont le cocontractant accepte de recevoir un paiement différé ; ces prêts et délais de paiement sont autorisés par le juge-commissaire dans la limite nécessaire à la poursuite de l'activité pendant la période d'observation et font l'objet d'une publicité. En cas de résiliation d'un contrat régulièrement poursuivi, les indemnités et pénalités sont exclues du bénéfice du présent article ;
3° Les autres créances, selon leur rang.
IV. – Les créances impayées perdent le privilège que leur confère le II du présent article si elles n'ont pas été portées à la connaissance de l'administrateur et, à défaut, du mandataire judiciaire ou, lorsque ces organes ont cessé leurs fonctions, du commissaire à l'exécution du plan ou du liquidateur, dans le délai d'un an à compter de la fin de la période d'observation. Lorsque cette information porte sur une créance déclarée pour le compte du créancier en application de l'article L. 622-24, elle rend caduque cette déclaration si le juge n'a pas statué sur l'admission de la créance.
C. com., art. L. 641-13. – Sont payées à leur échéance les créances nées régulièrement après le jugement qui ouvre ou prononce la liquidation judiciaire :
– si elles sont nées pour les besoins du déroulement de la procédure ou du maintien provisoire de l'activité autorisé en application de l'article L. 641-10 ;
– si elles sont nées en contrepartie d'une prestation fournie au débiteur pendant le maintien de l'activité ou en exécution d'un contrat en cours décidée par le liquidateur ;
– ou si elles sont nées des besoins de la vie courante du débiteur, personne physique.
En cas de prononcé de la liquidation judiciaire, sont également payées à leur échéance, les créances nées régulièrement après le jugement d'ouverture de la procédure de sauvegarde ou de redressement judiciaire mentionnées au I de l'article L. 622-17.
II. – Lorsqu'elles ne sont pas payées à l'échéance, ces créances sont payées par privilège avant toutes les autres créances, sans préjudice des droits de rétention opposables à la procédure collective, à l'exception de celles qui sont garanties par le privilège établi aux articles articles L. 3253-2, L. 3253-4 et L. 7313-8 du Code du travail, des frais de justice nés régulièrement après le jugement d'ouverture pour les besoins du déroulement de la procédure, de celles qui sont garanties par le privilège établi par l'article L. 611-11 du présent code et de celles qui sont garanties par des sûretés immobilières.

1. L'ordonnance du 18 décembre 2008 ayant supprimé l'adjectif « subséquente », le privilège peut donc aussi être invoqué dans le cadre d'une liquidation judiciaire immédiate.

> III. – Leur paiement se fait dans l'ordre suivant :
> 1° les créances de salaires dont le montant n'a pas été avancé en application des articles articles L. 3253-6 et L. 3253-8 à L. 3253-12 du Code du travail ;
> 2° les prêts consentis ainsi que les créances résultant de la poursuite d'exécution des contrats en cours conformément aux dispositions de l'article L. 622-13 du présent code et dont le cocontractant accepte de recevoir un paiement différé ; ces prêts et délais de paiement sont autorisés par le juge-commissaire dans la limite nécessaire à la poursuite de l'activité et font l'objet d'une publicité. En cas de résiliation d'un contrat régulièrement poursuivi, les indemnités et pénalités sont exclues du bénéfice du présent article ;
> 3° les sommes dont le montant a été avancé en application du 5° de l'article L. 3253-8 du Code du travail ;
> 4° les autres créances, selon leur rang.
> IV. – Les créances impayées perdent le privilège que leur confère le II du présent article si elles n'ont pas été portées à la connaissance du mandataire judiciaire, de l'administrateur lorsqu'il en est désigné ou du liquidateur au plus tard, dans le délai de six mois à compter de la publication du jugement ouvrant ou prononçant la liquidation ou, à défaut, dans le délai d'un an à compter de celle du jugement arrêtant le plan de cession. Lorsque cette information porte sur une créance déclarée pour le compte du créancier en application de l'article L. 622-24, elle rend caduque cette déclaration si le juge n'a pas statué sur l'admission de la créance.

Pour assurer le financement de la poursuite de l'activité de l'entreprise et favoriser la conservation de ses actifs, la loi du 25 janvier 1985 (art. 40) a instauré une priorité de paiement au bénéfice des créanciers dont la créance était née régulièrement et postérieurement à l'ouverture de la procédure. Ces créances devaient être payées à l'échéance et, en cas d'insuffisance des fonds disponibles, elles devaient être réglées, sur le prix de vente des biens de l'entreprise, avant les créances antérieures, même assorties de sûretés. Sous la pression des établissements financiers, la loi du 10 juin 1994 a supprimé cette dernière priorité dans le cadre de la procédure de liquidation judiciaire, en restaurant les droits des créanciers antérieurs titulaires de sûretés réelles limitativement énumérées. La loi de sauvegarde des entreprises du 26 juillet 2005 a quant a elle restreint la portée du privilège pleinement général de la procédure, encore appelé « privilège de la période d'observation » ou « privilège des créances postérieures au jugement d'ouverture » en subordonnant son attribution à une nouvelle condition liée à la finalité de la créance, à savoir la poursuite de l'activité ou la conservation des actifs de l'entreprise [1]. Désormais, pour bénéficier des avantages énoncés par les articles L. 622-17 (relatif à la procédure de sauvegarde), L. 631-14 (relatif à la procédure de redressement judiciaire) et L. 641-13 du Code de commerce (relatif à la liquidation judiciaire), c'est-à-dire un paiement à l'échéance ou par préférence [2], trois conditions doivent être cumulativement réunies.

1223. ***Condition chronologique***. La créance doit d'abord être *née après le jugement d'ouverture*. Cette condition chronologique doit être appréciée au regard, non pas de la date d'exigibilité de la créance, mais de sa date de naissance, c'est-à-dire de son fait générateur [3]. Celui-ci dépend de la nature de la créance. Par exemple, dans les contrats à exécution successive, il résulte de l'exécution de la prestation caractéristique fournie au débiteur [4].

---

1. Sur l'ensemble des modifications apportées à ce privilège par la loi de sauvegarde des entreprises en difficulté, cf. not. A. Lienhard, « Le nouveau privilège de procédure : entre restauration et éclatement », *in Mélanges Ph. Simler*, Dalloz, 2006, p. 475 s.

2. V. ss 1283, 1319 s.

3. Cf. not. C. Saint-Alary-Houin, « La date de naissance des créances en droit des procédures collectives », *in La date de naissance des créances*, *LPA* 9 nov. 2004, n° 224, p. 11.

4. À titre d'exemple, le fait générateur d'une créance de loyer est la jouissance du bien procurée au locataire (au sujet d'un crédit-bail, cf. Com. 28 mai 2002, *Bull. civ.* IV, n° 94 ; 12 janv. 2010, *Bull.*

S'agissant de la date limite de naissance des créances postérieures, elle correspond, en principe, à la fin de la période d'observation. Le privilège ne saurait donc couvrir des créances nées après la clôture de la procédure [1] ou après l'arrêté d'un plan de sauvegarde ou de redressement. En revanche, des créances nées postérieurement au jugement qui ouvre ou prononce la liquidation judiciaire sont éligibles au traitement préférentiel (C. com., art. L. 641-13) [2].

1224. *Condition qualitative*. La deuxième condition d'existence du privilège de la procédure réside dans la *régularité de la naissance de la créance*. La doctrine et la jurisprudence [3] s'accordent pour reconnaître que l'adverbe « régulièrement » employé par les articles L. 622-17 et L. 641-13 du Code de commerce vise le respect de la répartition des pouvoirs de gestion de l'entreprise entre, d'une part, le débiteur et, d'autre part, les organes de la procédure. Cela signifie, en particulier, que les contrats conclus après le jugement d'ouverture ne peuvent donner naissance à des créances privilégiées que s'ils ont été conclus par l'organe compétent, sous réserve du jeu de la notion de gestion courante.

1225. *Condition téléologique*. Depuis la réforme du 26 juillet 2005, le respect de ces critères qualitatif et chronologique traditionnels ne suffit plus à faire bénéficier du privilège de la procédure. Autrement dit, toutes les créances nées régulièrement après le jugement d'ouverture ne jouissent plus d'une protection renforcée. En rupture avec la législation précédente qui ignorait les raisons de la naissance des créances postérieures, la loi de sauvegarde des entreprises en difficulté a en effet limité le privilège aux seules créances nées « pour les besoins du déroulement de la procédure [4] ou de la période d'observation [5], ou en contrepartie d'une prestation fournie au débiteur, pour son activité professionnelle, pendant cette période » [6]. Cette exigence de naissance des créances à l'occasion de

---

civ. IV, n° 4). Il en résulte que, même si le bail a été conclu avant le jugement d'ouverture, la période de jouissance postérieure à ce jugement correspond à une créance de loyer postérieure. Dans le cadre du contrat de travail, la créance de salaire est postérieure, donc couverte par le privilège de la procédure, pour le travail effectué après le jugement d'ouverture.

1. Clôture de la procédure de sauvegarde pour disparition des difficultés ou pour absence de projet de plan ; clôture de la procédure de redressement judiciaire lorsque le débiteur dispose de sommes suffisantes pour désintéresser ses créanciers et acquitter les frais et dettes afférents à la procédure ; clôture de la liquidation judiciaire.

2. L'extension du privilège à la liquidation judiciaire, déjà admise par la jurisprudence avant la réforme de 2005, s'explique par le fait que l'efficacité de la procédure liquidative suppose des moyens (par exemple, pour rémunérer les experts chargés de procéder à des évaluations en vue de la réalisation des biens), même s'ils sont moins importants que les concours nécessaires à une poursuite d'activité en vue du redressement.

3. Com. 9 juin 1992, *Bull. civ.* IV, n° 231 ; 13 oct. 1998, *Bull. civ.* IV, n° 240.

4. À ce titre, sauf à être qualifiés de frais de justice, les frais et honoraires exposés notamment par les mandataires de justice, les commissaires-priseurs ou les techniciens désignés sont couverts par le privilège de la procédure. Ne le sont pas, en revanche, les créances de taxe foncière, car elles ne naissent pas pour les besoins du déroulement de la procédure (Com. 14 oct. 2014, *Bull. civ.* IV, n° 148).

5. Il s'agit des dettes d'exploitation de la période d'observation de la procédure de sauvegarde ou de redressement judiciaire comme, par exemple, les dettes fiscales et sociales se rattachant à la poursuite de l'activité. Sur les cotisations d'assurance maladie et maternité, dont le paiement constitue une obligation légale inhérente à l'exercice de l'activité, cf. Civ. 2e, 16 sept. 2010, inédit, n° 09-16182 ; sur les créances résultant de la contribution sociale de solidarité, cf. Com. 15 juin 2011, *Bull. civ.* IV, n° 99.

6. Il est possible de ranger dans cette dernière catégorie les créances nées de la continuation régulière des contrats en cours, ainsi que celles nées de la conclusion régulière, après le jugement d'ouverture, de nouveaux contrats en rapport avec l'activité professionnelle du débiteur. Au contraire, selon l'article L. 622-17 du Code de commerce lui-même, « en cas de résiliation d'un contrat

l'activité professionnelle de l'entrepreneur posait deux types de difficultés. D'abord, en pratique, il peut être malaisé de bien distinguer de telles créances de celles qui sont liées aux besoins de la vie courante du débiteur personne physique. Ensuite et surtout, les créanciers titulaires de créances nées de la fourniture d'une prestation à un entrepreneur individuel pendant le maintien de son activité, mais sans que ces créances ne soient liées à celle-ci (par exemple, les créances de loyer de son bail d'habitation), risquaient de refuser de faire crédit au débiteur et de compromettre, en conséquence, son redressement. Pour éviter ces écueils, l'ordonnance du 18 décembre 2008 a supprimé des articles L. 622-17, I et L. 641-3, I du Code de commerce la référence à l'activité professionnelle[1]. L'ordonnance du 12 mars 2014 a réalisé une nouvelle extension du champ du privilège de la procédure, à l'égard des créances dites de la vie courante, en n'exigeant plus qu'elles soient nées en contrepartie de la fourniture d'une prestation au débiteur personne physique (par exemple, les créances de taxe d'habitation ou de taxe foncière liées à son logement), mais seulement dans le cadre de la procédure de liquidation judiciaire (C. com., art. L. 641-3, I). La réforme de 2014 a par ailleurs étendu le privilège de la procédure en l'attachant aux créances nées « en exécution d'un contrat en cours décidée par le liquidateur »[2].

Les créanciers postérieurs qui ne remplissent pas les conditions précédentes ne sont pas éligibles au traitement privilégié et connaissent, pour l'essentiel, le même sort que les créanciers antérieurs[3]. Cette protection sélective des créances postérieures, fondée sur leur finalité, outre les difficultés d'interprétation qu'elle suscite[4], complexifie un peu plus encore le classement des titulaires de sûretés réelles[5].

L'ajout de cette condition téléologique a emporté, par ailleurs, une conséquence sur la nature même de la sûreté étudiée. En effet, sous l'empire de l'ancienne législation, la Cour de cassation déniait à la sûreté accordée aux créanciers postérieurs à l'ouverture de la procédure la qualification de privilège, en considérant que leur droit de préférence n'était pas lié à la qualité intrinsèque de leur créance, mais uniquement à la date de celle-ci[6]. Au contraire, depuis que la sûreté légale attachée à ces créances postérieures est délimitée, non seulement en fonction de leur date de naissance, mais aussi en fonction de leur utilité pour l'entreprise ou le déroulement de la procédure, c'est-à-dire par référence

---

régulièrement poursuivi, les indemnités et pénalités sont exclues du bénéfice du présent article ». *A fortiori*, il est logique que l'indemnité de rupture d'un contrat non poursuivi ne soit pas une créance postérieure privilégiée (en ce sens, Com. 5 oct. 2010, inédit, n° 09-70249).

1. La Cour de cassation a jugé le 12 mars 2013, sur le fondement de l'article L. 641-13, I, dans sa rédaction issue de l'ordonnance de 2008, que « la créance de loyer d'habitation du débiteur, échue postérieurement au jugement d'ouverture de la liquidation judiciaire de ce dernier, n'est pas une créance née pour les besoins du déroulement de la procédure » (Com. 12 mars 2013, *Bull. civ.* IV, n° 38). Il importe de préciser qu'en l'espèce, la créance litigieuse était née alors que l'activité de l'entreprise avait complètement cessé. *A contrario*, une telle créance devrait désormais être couverte par le privilège de la procédure si elle naissait pendant le maintien provisoire de l'activité au cours de la procédure de liquidation judiciaire.

2. Cet ajout n'a d'intérêt qu'à l'égard des créances nées en dehors de la poursuite provisoire d'activité autorisée en liquidation judiciaire. En présence d'un débiteur personne physique, il peut faire doublon avec l'autre extension réalisée par l'ordonnance de 2014, relative aux créances « nées des besoins de la vie courante ».

3. V. ss 1305, 1319 s.

4. À quel moment faut-il se placer pour apprécier la finalité de la créance ? Lors de sa naissance ou bien après coup, lorsque le créancier réclame paiement ou lorsque la réalisation des actifs du débiteur implique de se prononcer sur l'existence du privilège ?

La volonté des parties est-elle susceptible d'orienter l'appréciation de la finalité de la créance ?

5. V. ss 1322, 1323.

6. Com. 5 févr. 2002, *Bull. civ.* IV, n° 27.

à une qualité intrinsèque de la créance, *la qualification de privilège s'impose*. Les articles L. 622-17 et L. 641-13 emploient ainsi désormais ce terme à juste titre.

Il convient de relever que la physionomie de ce privilège est particulière par rapport à celui de la conciliation, puisque les créances qu'il garantit ne viennent pas toutes au même rang. Il existe en effet un classement interne au privilège de la procédure, fondé sur diverses causes de préférence [1]. La qualification de « privilège-cadre » [2] paraît, pour cette raison, tout à fait pertinente.

§ 3. Les garanties des salariés

1226. Parce que la créance de salaire présente le plus souvent un caractère alimentaire, parce que la protection du travail est une composante de la protection de la dignité humaine et parce que le salarié ne participe pas directement aux profits de l'entreprise et ne doit donc pas supporter le risque de son insolvabilité, la loi accorde, de longue date, diverses protections aux salariés. Deux d'entre elles se trouvent subordonnées à l'ouverture d'une procédure collective contre l'employeur [3]. La première réside dans le « super-privilège » (A) [4]. La seconde protection des salariés ne résulte pas d'une sûreté réelle légale, mais de l'assurance obligatoire des employeurs contre le risque de non-paiement des salaires. Il s'agit des versements subsidiaires effectués par l'Association pour la gestion du régime de garantie des créances des salariés, dite AGS (B) [5].

A. Le super-privilège

> **C. com., art. L. 625-8.** – Nonobstant l'existence de toute autre créance, les créances que garantit le privilège établi aux articles L. 143-10, L. 143-11, L. 742-6 et L. 751-15 du Code du travail doivent, sur ordonnance du juge-commissaire, être payées dans les dix jours du prononcé du jugement ouvrant la procédure par le débiteur ou, lorsqu'il a une mission d'assistance, par l'administrateur, si le débiteur ou l'administrateur dispose des fonds nécessaires.
> Toutefois, avant tout établissement du montant de ces créances, le débiteur ou l'administrateur s'il a une mission d'assistance doit, avec l'autorisation du juge-commissaire et dans la mesure des fonds disponibles, verser immédiatement aux salariés, à titre provisionnel, une somme égale à un mois de salaire impayé, sur la base du dernier bulletin de salaire, et sans pouvoir dépasser le plafond visé à l'article L. 143-10 du Code du travail.
> À défaut de disponibilités, les sommes dues en vertu des deux alinéas précédents doivent être acquittées sur les premières rentrées de fonds.

Le super-privilège des salariés, dont l'existence est subordonnée à l'ouverture d'une procédure collective [6], repose sur un fondement alimentaire, qui explique son étendue.

---

1. V. ss 1323, les cinq rangs que comporte le classement interne au privilège de la procédure.
2. M. Cabrillac, C. Mouly, S. Cabrillac et Ph. Petel, *op. cit.*, n°s 668 et 1027.
3. Le privilège ordinaire des salariés a vocation à jouer, au contraire, en présence d'un employeur *in bonis*. Sur ce privilège, v. ss 795 s.
4. Cette appellation officieuse est unanimement adoptée, car elle rend parfaitement compte du fait que les salariés, comme tous les titulaires d'un privilège, disposent d'un droit de préférence sur le prix de vente des actifs de l'entreprise, mais qu'ils disposent en outre d'une prérogative encore plus efficace, à savoir un paiement à bref délai. Sur ces deux dimensions du super-privilège, v. ss 1319, 1275.
5. Bien que la garantie due par l'AGS ne soit pas une sûreté réelle, elle doit nécessairement figurer au sein de la présente étude, puisque l'AGS prend le relais du super-privilège lorsque les fonds disponibles sont insuffisants et parce qu'elle se trouve en outre largement subrogée dans les droits des salariés.
6. Com. 3 nov. 2011, *Bull. civ.* IV, n° 168.

1227. ***Nature des créances garanties.*** Le super-privilège garantit les créances de toute nature dues aux salariés et apprentis : le salaire lui-même, mais également ses accessoires, telles la prime de treizième mois, les indemnités de congés payés, de précarité d'emploi, de fin de contrat ou encore de stage d'initiation à la vie professionnelle.

1228. ***Limitation des créances garanties.*** Le super-privilège ne couvre que les soixante derniers jours de travail ou d'apprentissage (C. trav., art. L. 3253-2, anc. art. L. 143-10), portés à quatre-vingt-dix jours pour les représentants de commerce (C. trav., art. L. 7313-8, anc. art. L. 751-15). Il s'applique même si la période de travail ne précède pas immédiatement le jugement d'ouverture. Par conséquent, sont couverts les soixante ou quatre-vingt-dix jours de travail effectif non payés. En revanche, le super-privilège ne joue pas pour la rémunération du travail postérieur au jugement, laquelle est garantie par le privilège de la procédure.

Le fondement alimentaire du super-privilège explique une autre limitation : il n'est accordé que jusqu'à concurrence d'un plafond mensuel fixé par le pouvoir réglementaire et identique pour tous les bénéficiaires [1].

B. La garantie subsidiaire de l'AGS

1229. Le super-privilège ne met pas les salariés à l'abri d'un impayé, puisque les fonds disponibles de l'entreprise ne sont pas nécessairement suffisants pour les désintéresser. Cet inconvénient grave s'agissant de créances de nature alimentaire a déterminé la mise en place, par une loi du 27 décembre 1973, d'un mécanisme spécifique de garantie des salaires, reposant sur la collectivisation du risque de non-paiement de ceux-ci en présence d'une procédure collective ouverte contre l'employeur.

1230. ***Principes d'organisation de la garantie.*** Les articles L. 3253-6 à 3253-18-9 du Code du travail (anc. art. L. 143-11-1 à L. 143-11-9) organisent une garantie des salaires par le biais d'une assurance obligatoire pour tous les employeurs qui ont leur siège ou un établissement en France et qui sont susceptibles d'être soumis à une procédure collective. L'Association pour la gestion du régime de garantie des créances des salariés (AGS) est chargée de mettre en œuvre cette assurance.

L'AGS n'intervient qu'à titre *subsidiaire*, c'est-à-dire seulement lorsque les fonds disponibles ne permettent pas de régler les créances garanties par le super-privilège en tout ou en partie dans les dix jours du jugement d'ouverture.

La loi du 26 juillet 2005 a reconfiguré la garantie de l'AGS afin d'éviter qu'elle n'ait l'obligation de supporter des charges à fonds perdus. Ainsi, l'AGS avance-t-elle les sommes comprises dans la garantie, mais se trouve ensuite subrogée dans les droits des salariés qu'elle a payés pour tenter de récupérer ces sommes dans la procédure. Le régime de cette subrogation n'est pas uniforme ; il varie selon les créances salariales qui ont été payées [2].

1231. ***Créances garanties par l'AGS.*** Le domaine des créances garanties par l'AGS s'étend au fil des réformes, au risque de déséquilibrer le système et d'alourdir à l'excès les prélèvements obligatoires qui pèsent sur les entreprises saines. Trois catégories de

---

1. Le plafond ne peut être inférieur au double du plafond mensuel retenu pour le calcul des cotisations de la Sécurité sociale. Il joue pour chaque période de trente jours.
2. V. ss 1276.

créances sont aujourd'hui couvertes : les créances dues aux salariés à la date du jugement d'ouverture d'une procédure de redressement ou de liquidation [1]; les créances résultant de la rupture des contrats de travail dès lors qu'elle intervient à une époque visée par la loi [2]; des créances non réglées au moment où la liquidation judiciaire est prononcée [3].

Pour toutes ces créances, s'applique un régime de plafonnement relativement complexe, fondé sur la date à laquelle le contrat de travail a été conclu [4].

§ 4. La priorité de paiement des créances des bailleurs d'un débiteur surendetté

C. consom., art. L. 333-1-1. – Dans les procédures ouvertes en application du présent titre, les créances des bailleurs sont réglées prioritairement aux créances des établissements de crédit et aux crédits visés aux articles L. 311-1 et suivants.

L'article L. 333-1-1 du Code de la consommation, issu de la loi n° 2005-32 du 18 janvier 2005 de programmation pour la cohésion sociale, renferme une disposition commune à la procédure de traitement du surendettement devant la commission et aux procédures de rétablissement personnel, avec ou sans liquidation, devant le juge d'instance : dans ces procédures, « les créances des bailleurs sont réglées prioritairement aux créances des établissements de crédit et aux crédits visés aux articles L. 311-1 et suivants », c'est-à-dire aux crédits à la consommation.

1232. ***Objectifs et effets***. Les objectifs de cette priorité de paiement sont clairs. À titre principal, il s'agit de rassurer les bailleurs, pour favoriser, dans un contexte de crise du marché immobilier, l'accès au logement des ménages les plus modestes et le maintien dans les lieux des locataires surendettés [5]. Accessoirement, il s'agit de «responsabiliser les établissements de crédit en matière de surendettement, dont ils sont souvent, par négligence ou abus de faiblesse, coresponsables» [6].

---

1. L'article L. 3253-8 du Code du travail (anc. art. L. 143-11-1, 1°) ne vise pas la procédure de sauvegarde, sans doute parce qu'elle est ouverte alors que l'employeur n'est pas en état de cessation des paiements.

2. Quatre époques sont précisément visées par l'article L. 3253-8 du Code du travail :
– la période d'observation,
– le mois suivant le jugement arrêtant le plan de sauvegarde, de redressement ou de cession,
– les quinze jours suivants le jugement de liquidation,
– la période du maintien provisoire de l'activité autorisé par le jugement de liquidation et les quinze jours suivant ce maintien d'activité.

3. Trois types de créances sont concernés (art. L. 3253-8) :
– les sommes dues pendant la période d'observation qui a pu précéder le prononcé de la liquidation,
– les sommes dues pendant les quinze jours suivant le jugement de liquidation,
– les sommes dues au cours du maintien provisoire de l'activité autorisé par le jugement de liquidation.
Dans ces trois hypothèses, la garantie de l'AGS est limitée à un montant maximal correspondant à un mois et demi de travail.

4. Cf. article L. 3253-17 du Code du travail (anc. art. L. 143-11-8).

5. À cette fin, l'article L. 331-3-1, avant-dernier alinéa, issu de la loi *Lagarde* du 1er juillet 2010, consacre une autre protection des intérêts des bailleurs : ils ont la possibilité de percevoir l'Aide Personnalisée au Logement.

6. *Rapport du projet de loi au Sénat*, 20 oct. 2004, n° 32. Cette justification est contestable à l'heure où le surendettement est très majoritairement « passif ».

Son possible effet pervers est également facile à identifier. Il réside dans le « risque de marginaliser sur le marché du crédit les ménages justifiant de faibles ressources, et leur interdire, à ce titre, l'accès à certains biens de consommation de nos jours jugés indispensables » [1].

1233. *Nature*. La nature de la priorité de paiement des créances des bailleurs d'un débiteur surendetté est complexe. Si celui-ci dispose de liquidités, il s'agit certainement d'un *droit de prélèvement*, c'est-à-dire d'un droit exclusif permettant au bailleur bénéficiaire d'être payé sans même entrer en concours avec les créanciers visés par l'article L. 333-1-1 [2]. Dans le cas contraire, et si certains biens du débiteur sont vendus, notamment dans le cadre de la procédure de rétablissement personnel avec liquidation judiciaire, le bailleur doit pouvoir exercer sur le prix de vente un droit de préférence légal primant le droit de gage général, voire le droit de préférence conventionnel ou légal de l'établissement de crédit avec lequel il se trouve en concours. Il s'agit alors d'un véritable *privilège pleinement général* : le bailleur peut exercer son droit de préférence sur le prix de n'importe quel bien du débiteur, meuble comme immeuble [3].

1234. *Conditions*. D'une part, la priorité de paiement concerne « *les créances du bailleur* », sans aucune distinction tenant à leur nature. Toutes les créances nées du contrat de bail, et pas seulement les loyers et charges, sont donc garanties. Concernant la date de naissance de ces créances, l'hésitation est permise à l'égard de celles nées avant la suspension initiale des poursuites résultant de plein droit de la décision de la commission déclarant le dossier de surendettement recevable (C. consom., art. L. 331-3-1) ou résultant de l'éventuelle décision du juge en ce sens avant l'expiration du délai d'instruction du dossier (C. consom., art. L. 331-5), car les articles L. 331-3-1 et L. 331-5 du Code de la consommation interdisent au débiteur de payer les créances nées avant cette suspension. Le règlement des bailleurs pourrait néanmoins avoir lieu, non seulement si l'on considère que le prélèvement ou l'exercice du droit de préférence qui y conduit ne sauraient être assimilés à un paiement effectué par le débiteur, mais également si l'on range les créances du bailleur dans la catégorie des créances alimentaires dont le paiement est autorisé par les articles L. 331-3-1 et L. 331-5 eux-mêmes.

D'autre part, la priorité du bailleur se trouve subordonnée à la *présence des créanciers visés par l'article L. 333-1-1*, à savoir les *établissements de crédit*. Cette restriction ne compromet nullement en réalité la protection du bailleur, non seulement parce que les dettes bancaires sont présentes dans 95 % des dossiers [4], mais aussi parce que, à l'égard des créanciers autres que les établissements de crédit, le paiement prioritaire du bailleur peut encore avoir lieu si le juge d'instance le décide souverainement [5].

---

1. P. Bouteiller, « Les dispositions complétant l'arsenal législatif relatif au traitement du surendettement apportées par la loi de programmation de cohésion sociale », *JCP E* 2005, n° 5, p. 166.

2. Rappr. le droit de prélèvement des « créanciers qui auraient pu agir sur les biens indivis avant qu'il y eût indivision, et ceux dont la créance résulte de la conservation ou de la gestion des biens indivis » (C. civ., art. 815-17).

3. Sauf ceux qui sont exclus de la liquidation par l'article L. 332-8 du Code de la consommation : les biens insaisissables énumérés aux articles L. 112-2 et L. 112-3 du Code des procédures civiles d'exécution ; les biens dont les frais de vente seraient manifestement disproportionnés au regard de leur valeur vénale ; les biens non professionnels indispensables à l'exercice de l'activité professionnelle du débiteur.

4. Enquête typologique 2010 de la Banque de France, p. 4 et 5.

5. Civ. 2e, 8 mars 2007, *Bull. civ.* II, n° 62 (en l'espèce, un moratoire avait été imposé à un trésorier municipal, titulaire d'une créance fiscale, jusqu'à l'apurement de la créance du bailleur).

Section 2
L'encadrement de la constitution de nouvelles sûretés conventionnelles

1235. ***Justifications de l'encadrement.*** Si le droit des entreprises en difficulté confère des avantages particuliers à certains créanciers, en raison essentiellement de leur utilité pour le sauvetage de l'entreprise débitrice ou du caractère alimentaire de leurs créances, il encadre strictement, en revanche, la constitution de sûretés réelles conventionnelles après le jugement d'ouverture. Ceci s'explique par le *principe d'égalité des créanciers* : une fois sa défaillance constatée par l'ouverture d'une procédure, le débiteur ne peut plus accorder aux créanciers de son choix des causes de préférence ; tous ses créanciers doivent être soumis à la même discipline collective. L'encadrement de la constitution de nouvelles sûretés réelles conventionnelles se justifie, par ailleurs, par la nécessité de *geler le patrimoine du débiteur*, afin de faciliter l'adoption de solutions de redressement ou de liquidation. Si le droit du surendettement n'accorde pas à l'égalité des créanciers une place aussi importante que le droit des procédures collectives professionnelles, il renferme en revanche de nombreuses dispositions inspirées par cette nécessité de geler le patrimoine du débiteur surendetté. Les possibilités de conclure de nouvelles sûretés y sont ainsi également très limitées.

1236. ***Formes de l'encadrement.*** La constitution d'une sûreté réelle après l'ouverture d'une procédure d'insolvabilité se trouve donc soustraite à la liberté contractuelle[1]. Cela ne veut pas dire pour autant que la conclusion de nouvelles sûretés réelles soit interdite. En réalité, elle ne peut avoir lieu que si elle est à même de servir les intérêts du débiteur, ce qu'il appartient aux organes de la procédure d'apprécier. À la suite de ce contrôle, la constitution de sûretés réelles peut être, soit autorisée (§ 1), soit imposée (§ 2).

§ 1. Sûretés autorisées

A. Droit des entreprises en difficulté

C. com., art. L. 622-7 *(extraits)*. – II.– Le juge-commissaire peut autoriser le débiteur à faire un acte de disposition étranger à la gestion courante de l'entreprise, à consentir une hypothèque, un gage ou un nantissement ou à compromettre ou transiger. (...)

---

1. La liberté contractuelle retrouve un certain empire en présence d'accords qui ne donnent pas naissance à une sûreté réelle *stricto sensu*, mais fixent un ordre de paiement entre différents créanciers. Les principaux sont les *accords de subordination*, par lesquels les créanciers subordonnés, dits créanciers « juniors », acceptent d'être désintéressés après les créanciers de rang supérieur, dits créanciers « seniors ». La subordination institue des obligations de ne pas faire à la charge du débiteur (ne pas régler les créanciers subordonnés tant que les créanciers de rang supérieur ne l'ont pas été) et des obligations de faire à la charge des créanciers de rang inférieur (reverser aux créanciers de rang supérieur les sommes qu'ils pourraient recevoir à titre de paiement en violation de la subordination). L'ordonnance du 18 décembre 2008, puis la loi de régulation bancaire et financière du 22 octobre 2010, ont validé ce type d'accords (C. com., art. L. 626-30-2, al. 2 : « chaque projet (projets de plan de sauvegarde proposés aux comités de créanciers) peut établir un traitement différencié entre les créanciers si les différences de situation le justifient. Chaque projet prend en compte les accords de subordination entre créanciers conclus avant l'ouverture de la procédure »). L'ordonnance du 12 mars 2014 en a renforcé l'efficacité en réformant les règles de vote au sein des comités de créanciers. Cf. not. R. Dammann, G. Podeur, « Le rééquilibrage des pouvoirs au profit des créanciers résultant de l'ordonnance du 12 mars 2014 », *D.* 2014. 752 ; M. Douaoui-Chamseddine, « Le plan de sauvegarde et les accords de subordination : les atteintes aux droits des créanciers seniors », *Rev. proc. coll.* 2012, étude 27 ; F.-X. Lucas, « La subordination des créances à l'épreuve de la procédure collective », *Rev. proc. coll.* 2013, dossier 19.

III. – Tout acte ou tout paiement passé en violation des dispositions du présent article est annulé à la demande de tout intéressé ou du ministère public, présentée dans un délai de trois ans à compter de la conclusion de l'acte ou du paiement de la créance. Lorsque l'acte est soumis à publicité, le délai court à compter de celle-ci.
C. com., art. L. 642-9. – Tant que le prix de cession n'est pas intégralement payé, le cessionnaire ne peut, à l'exception des stocks, aliéner ou donner en location-gérance les biens corporels ou incorporels qu'il a acquis.
Toutefois, leur aliénation totale ou partielle, leur affectation à titre de sûreté, leur location ou leur location-gérance peut être autorisée par le tribunal après rapport du liquidateur qui doit préalablement consulter le comité d'entreprise ou, à défaut, les délégués du personnel. Le tribunal doit tenir compte des garanties offertes par le cessionnaire.
Toute substitution de cessionnaire doit être autorisée par le tribunal dans le jugement arrêtant le plan de cession, sans préjudice de la mise en œuvre des dispositions de l'article L. 642-6. L'auteur de l'offre retenue par le tribunal reste garant solidairement de l'exécution des engagements qu'il a souscrits.
Tout acte passé en violation des alinéas qui précèdent est annulé à la demande de tout intéressé ou du ministère public, présentée dans le délai de trois ans à compter de la conclusion de l'acte. Lorsque l'acte est soumis à publicité, le délai court à compter de celle-ci.

1237. ***Période d'observation de la procédure de sauvegarde ou de redressement judiciaire***. L'article L. 622-7, II, du Code de commerce permet au juge-commissaire, dans le cadre de la période d'observation de la procédure de sauvegarde ou de redressement judiciaire (par renvoi de l'article L. 631-14), d'autoriser le débiteur à consentir une hypothèque, un gage ou un nantissement. Ce texte ne confère nullement au juge-commissaire un pouvoir discrétionnaire : l'autorisation ne peut être valablement donnée que si la constitution de la sûreté est conforme à l'objectif de sauvegarde ou de redressement de l'entreprise. Tel peut être le cas si un créancier n'accepte de fournir un crédit, un bien ou un service nécessaire à la poursuite d'activité de l'entreprise qu'à la condition de se voir octroyer une sûreté sur un bien appartenant à celle-ci. Malgré la référence aux seuls hypothèques, gages et nantissements, toutes les sûretés réelles mobilières ou immobilières semblent pouvoir être autorisées, en garantie de créances aussi bien postérieures qu'antérieures au jugement d'ouverture de la procédure. Le défaut d'habilitation judiciaire est sanctionné civilement par la nullité de la sûreté constituée, ce qui implique que son bénéficiaire redevienne créancier chirographaire (C. com., art. L. 622-7, III)[1].

1238. ***Cession globale de l'entreprise débitrice***. Une autre autorisation judiciaire figure dans l'article L. 642-9, alinéa 2, du Code de commerce : en cas de cession de l'entreprise débitrice, tant que le repreneur n'a pas intégralement payé le prix de cession, il ne peut affecter à titre de sûreté les biens acquis qu'après y avoir été autorisé par le tribunal. Celui-ci ne peut délivrer cette autorisation que sur rapport du liquidateur ayant lui-même préalablement consulté le comité d'entreprise ou, à défaut, les délégués du personnel. Toutes ces exigences formelles visent à s'assurer que la constitution de la sûreté ne préjudicie pas aux intérêts du débiteur, ni à ceux de créanciers potentiels concurrents. Elles sont requises à peine de nullité (C. com., art. L. 642-9, al. 4).

B. Droit du surendettement

C. consom., art. L. 331-3-1 *(extraits)*. – La décision déclarant la recevabilité de la demande emporte suspension et interdiction des procédures d'exécution diligentées à l'encontre des

1. L'article L. 654-8, 1° du Code de commerce prévoit, en outre, des sanctions pénales contre le débiteur personne physique ou le dirigeant d'une personne morale débitrice qui, pendant la période d'observation, a consenti une hypothèque, un gage ou un nantissement sans autorisation du juge-commissaire.

biens du débiteur ainsi que des cessions de rémunération consenties par celui-ci et portant sur les dettes autres qu'alimentaires. Les procédures et les cessions de rémunération sont suspendues ou interdites, selon les cas, jusqu'à l'approbation du plan conventionnel de redressement prévu à l'article L. 331-6, jusqu'à la décision imposant les mesures prévues par l'article L. 331-7, jusqu'à l'homologation par le juge des mesures recommandées en application des articles L. 331-7-1, L. 331-7-2 et L. 332-5 ou jusqu'au jugement d'ouverture d'une procédure de rétablissement personnel avec liquidation judiciaire. Cette suspension et cette interdiction ne peuvent excéder un an. Toutefois, lorsqu'en cas de saisie immobilière la vente forcée a été ordonnée, le report de la date d'adjudication ne peut résulter que d'une décision du juge chargé de la saisie immobilière, saisi à cette fin par la commission, pour causes graves et dûment justifiées.

Cette suspension et cette interdiction emportent interdiction pour le débiteur de faire tout acte qui aggraverait son insolvabilité, de payer, en tout ou partie, une créance autre qu'alimentaire, y compris les découverts mentionnés aux 10° et 11° de l'article L. 311-1, née antérieurement à la suspension ou à l'interdiction, de désintéresser les cautions qui acquitteraient des créances nées antérieurement à la suspension ou à l'interdiction, de faire un acte de disposition étranger à la gestion normale du patrimoine ; elles emportent aussi interdiction de prendre toute garantie ou sûreté.

Le débiteur peut toutefois saisir le juge du tribunal d'instance afin qu'il l'autorise à accomplir l'un des actes mentionnés à l'alinéa précédent.

C. consom., art. L. 331-5, al. 1er. – À la demande du débiteur, la commission peut saisir, avant la décision de recevabilité visée à l'article L. 331-3, le juge du tribunal d'instance aux fins de suspension des procédures d'exécution diligentées à l'encontre des biens du débiteur ainsi que des cessions de rémunération consenties par celui-ci et portant sur les dettes autres qu'alimentaires. En cas d'urgence, la saisine du juge peut intervenir à l'initiative du président de la commission, du délégué de ce dernier ou du représentant local de la Banque de France. La commission est ensuite informée de cette saisine. Lorsqu'elle est prononcée, la suspension s'applique dans les mêmes conditions et selon les mêmes modalités que celles prévues aux trois premiers alinéas de l'article L. 331-3-1.

C. consom., art. L. 331-6 *(extraits)*. – La commission a pour mission de concilier les parties en vue de l'élaboration d'un plan conventionnel de redressement approuvé par le débiteur et ses principaux créanciers.

Le plan peut comporter des mesures de report ou de rééchelonnement des paiements des dettes, de remise des dettes, de réduction ou de suppression du taux d'intérêt, de consolidation, de création ou de substitution de garantie.

Le plan peut subordonner ces mesures à l'accomplissement par le débiteur d'actes propres à faciliter ou à garantir le paiement de la dette. Il peut également les subordonner à l'abstention par le débiteur d'actes qui aggraveraient son insolvabilité.

C. consom., art. L. 333-2. – Est déchue du bénéfice des dispositions du présent titre :

1° Toute personne qui aura sciemment fait de fausses déclarations ou remis des documents inexacts ;

2° Toute personne qui aura détourné ou dissimulé, ou tenté de détourner ou de dissimuler, tout ou partie de ses biens ;

3° Toute personne qui, sans l'accord de ses créanciers, de la commission ou du juge, aura aggravé son endettement en souscrivant de nouveaux emprunts ou aura procédé à des actes de disposition de son patrimoine pendant le déroulement de la procédure de traitement de la situation de surendettement ou de rétablissement personnel ou pendant l'exécution du plan ou des mesures de l'article L. 331-7 ou de l'article L. 331-7-1.

La déchéance du bénéfice de la procédure de traitement du surendettement est prononcée à l'encontre du débiteur par la commission, par une décision susceptible de recours, ou par le juge du tribunal d'instance à l'occasion des recours exercés devant lui ainsi que dans le cadre de la procédure de rétablissement personnel avec liquidation judiciaire.

1239. ***Encadrement commun à l'ensemble des nouvelles garanties et sûretés conventionnelles***. Tant que la commission de surendettement n'a pas décidé de l'orientation à donner au dossier[1], les articles L. 331-3-1, alinéa 2, et L. 331-5, alinéa 1er, du Code de la consommation prohibent les procédures d'exécution à l'encontre des biens du débiteur et ils précisent que cette interdiction «emporte aussi interdiction de prendre toute garantie ou sûreté». La nécessité de geler le patrimoine du débiteur jusqu'à ce que les solutions à apporter à ses difficultés soient identifiées justifie certainement ces interdictions. Selon l'article L. 333-2-1, les actes qui y contreviendraient pourraient être annulés « par le juge du tribunal d'instance, à la demande de la commission, présentée pendant le délai d'un an à compter de l'acte ».

1240. ***Encadrement propre aux actes de disposition.*** L'article L. 333-2, 3° du Code de la consommation, qui est une disposition commune à l'ensemble des procédures de surendettement, prévoit que le débiteur est déchu du bénéfice de celles-ci s'il procède à des actes de disposition de son patrimoine sans l'accord de ses créanciers, de la commission ou du juge. L'article L. 332-8 précise quant à lui que le jugement qui prononce la liquidation emporte de plein droit dessaisissement du débiteur de la disposition de ses biens. Or, les sûretés réelles sont des actes de disposition, notamment parce qu'à défaut de paiement des dettes garanties, leur réalisation fait perdre au constituant la propriété des biens grevés. La conclusion de sûretés réelles est donc interdite, en principe, pendant toute la procédure, quelle qu'elle soit.

1241. ***Les sûretés réelles conventionnelles nouvelles exceptionnellement admises.*** Trois hypothèses doivent être distinguées. D'abord, avant la décision d'orientation du dossier, une nouvelle garantie ou sûreté peut être autorisée par le juge, à la demande du débiteur (C. consom., art. L. 331-3-1 et L. 331-5). Ensuite, des sûretés ou garanties conventionnelles peuvent être négociées dans le plan conventionnel de redressement. En effet, selon l'article L. 331-6 du Code de la consommation, ce plan peut prévoir « une création ou une substitution de garantie ». Il peut aussi subordonner les mesures qu'il renferme à « l'accomplissement par le débiteur d'actes propres à garantir le paiement de la dette » ou « à l'abstention par le débiteur d'actes qui aggraveraient son insolvabilité » (sûretés dites négatives). Enfin, pendant toutes les autres phases de la procédure, l'article L. 333-2, 3° du Code de la consommation subordonne la conclusion d'un acte de disposition, telle une sûreté réelle, à « l'accord des créanciers, de la commission ou du juge » (c'est nous qui soulignons).

Pour une raison pratique essentielle, à savoir la très faible consistance du patrimoine des débiteurs surendettés, il est permis de douter sérieusement de l'effectivité de ces diverses exceptions et donc de la possibilité de conclure de nouvelles sûretés réelles après l'ouverture d'une procédure de surendettement.

---

1. C'est-à-dire depuis la décision de la commission déclarant le dossier recevable jusqu'à, soit l'approbation du plan amiable, soit la décision de la commission imposant des mesures de redressement, soit l'homologation par le juge des mesures recommandées par la commission, soit le jugement d'ouverture d'une procédure de rétablissement personnel avec liquidation judiciaire, soit encore le jugement d'ouverture d'une procédure de rétablissement personnel avec liquidation judiciaire. Selon l'article L. 331-3-1, alinéa 1er, cette période, au cours de laquelle sont interdits les actes et procédures qui pourraient modifier le patrimoine du débiteur surendetté, ne peut excéder deux ans (depuis le 1er janvier 2014 ; avant l'entrée en vigueur de la loi du 26 juillet 2013, ce délai était d'un an). Cette période peut commencer avant que la commission ne se prononce sur la recevabilité du dossier (pendant l'instruction de celui-ci, dont la durée a été ramenée de six à trois mois par la réforme de 2010), si le juge d'instance, saisi par la commission à la demande du débiteur, le décide (C. consom., art. L. 331-5).

§ 2. Sûretés imposées

A. Droit des entreprises en difficulté

C. com., art. L. 622-8. – En cas de vente d'un bien grevé d'un privilège spécial, d'un gage, d'un nantissement ou d'une hypothèque, la quote-part du prix correspondant aux créances garanties par ces sûretés est versée en compte de dépôt à la Caisse des dépôts et consignations.
Après l'adoption du plan, les créanciers bénéficiaires de ces sûretés ou titulaires d'un privilège général sont payés sur le prix suivant l'ordre de préférence existant entre eux et conformément à l'article L. 626-22 lorsqu'ils sont soumis aux délais du plan.
Le juge-commissaire peut ordonner le paiement provisionnel de tout ou partie de leur créance aux créanciers titulaires de sûretés sur le bien. Sauf décision spécialement motivée du juge-commissaire ou lorsqu'il intervient au bénéfice du Trésor ou des organismes sociaux ou organismes assimilés, ce paiement provisionnel est subordonné à la présentation par son bénéficiaire d'une garantie émanant d'un établissement de crédit ou d'une société de financement.
Le débiteur peut proposer aux créanciers, la substitution aux garanties qu'ils détiennent de garanties équivalentes. En l'absence d'accord, le juge-commissaire peut ordonner cette substitution. Le recours contre cette ordonnance est porté devant la cour d'appel.
C. com., art. L. 626-22. – En cas de vente d'un bien grevé d'un privilège spécial, d'un gage, d'un nantissement ou d'une hypothèque, la quote-part du prix correspondant aux créances garanties par ces sûretés est versée en compte de dépôt à la Caisse des dépôts et consignations et les créanciers bénéficiaires de ces sûretés ou titulaires d'un privilège général sont payés sur le prix après le paiement des créances garanties par le privilège établi aux articles L. 3253-2 à L. 3253-4, L. 742-6 et L. 7313-8 du Code du travail.
Ils reçoivent les dividendes à échoir d'après le plan, réduits en fonction du paiement anticipé, suivant l'ordre de préférence existant entre eux.
Si un bien est grevé d'un privilège, d'un gage, d'un nantissement ou d'une hypothèque, une autre garantie peut lui être substituée en cas de besoin, si elle présente des avantages équivalents. En l'absence d'accord, le tribunal peut ordonner cette substitution.

1242. ***Justification de la substitution de garantie***. Dans l'intérêt de l'entreprise débitrice, une substitution de garantie peut être imposée au créancier bénéficiaire d'une sûreté réelle. En effet, pour *financer la poursuite de l'exploitation* ou pour favoriser *la restructuration de l'entreprise*, il peut être nécessaire de *vendre* certains de ses actifs au cours de la période d'observation ou dans le cadre d'un plan de sauvegarde ou de redressement. Or, l'existence de sûretés grevant les biens vendus à ces occasions est susceptible d'entraver le redressement de l'entreprise, puisque le prix de vente doit alors être, soit consigné au profit du ou des bénéficiaires de sûretés sur ces biens, soit versé à ces créanciers à titre provisionnel[1]. C'est ainsi pour éviter que le prix de vente des biens de l'entreprise n'échappe au sauvetage de celle-ci, que le juge-commissaire, au cours de la période d'observation (C. com., art. L. 622-8, al. 3 et L. 631-14), ou le tribunal, dans le cadre du plan de sauvegarde ou de redressement (C. com., art. L. 626-22, al. 3), peuvent imposer une substitution de garantie aux créanciers inscrits sur les biens vendus. En conséquence, l'ancienne sûreté doit être radiée après la constitution de la garantie nouvelle et les créanciers concernés ne sont pas payés au moment de la vente du bien grevé.

1243. ***Champ de la substitution de garantie***. Cette substitution peut concerner toutes les sûretés réelles dont l'existence empêcherait l'entreprise de disposer du prix d'aliénation : outre un privilège spécial, un gage, un nantissement ou une hypothèque, expressément visés

1. Sur ces aspects du paiement par préférence, v. ss 1310 s.

par les articles L. 622-8 et L. 626-22 du Code de commerce, il peut s'agir de toute sûreté réelle spéciale, légale ou conventionnelle. Semblent en revanche exclus les privilèges généraux, puisque leurs titulaires subissent les fluctuations de l'actif de leur débiteur, sans pouvoir prétendre au blocage à leur profit du prix d'un élément vendu. La jurisprudence exclut par ailleurs du champ de la substitution le droit de rétention [1], car elle considère que le créancier rétenteur ne peut être contraint de se dessaisir du bien détenu quoique celui-ci figure parmi les actifs cédés [2].

1244. ***Condition d'équivalence de la sûreté substituée.*** La substitution est subordonnée au respect d'un principe d'équivalence entre la sûreté amenée à disparaître et la garantie qui la remplace. Il ne s'agit pas d'une équivalence en nature, qui imposerait la constitution d'une sûreté réelle du même type, mais sur un autre bien du débiteur. Il s'agit, en réalité, d'une équivalence en efficacité, qui implique que le juge apprécie les chances de paiement que procurent respectivement l'ancienne et la nouvelle sûreté. Une sûreté réelle spéciale peut ainsi être remplacée par une sûreté réelle de nature différente (par exemple, conventionnelle au lieu de légale, immobilière plutôt que mobilière), voire par une sûreté personnelle, tels un cautionnement bancaire ou une garantie autonome.

Il convient de remarquer que la pratique fait un usage modéré de la substitution de garantie, sans doute à cause de la difficulté d'assurer l'équivalence et de la réticence des juges à imposer aux créanciers titulaires de sûretés réelles un contrat forcé.

B. Droit du surendettement

C. consom., art. L. 331-7-2. – La commission peut recommander que les mesures prévues aux articles L. 331-7 et L. 331-7-1 soient subordonnées à l'accomplissement par le débiteur d'actes propres à faciliter ou à garantir le paiement de la dette.

C. consom., art. L. 332-1, al. 1er. – S'il n'a pas été saisi de la contestation prévue à l'article L. 332-2, le juge du tribunal d'instance confère force exécutoire aux mesures recommandées par la commission en application du 1° de l'article L. 331-7-1 et de l'article L. 331-7-2, après en avoir vérifié la régularité, ainsi qu'aux mesures recommandées par la commission en application du 2° de l'article L. 331-7-1, après en avoir vérifié la régularité et le bien-fondé.

1245. ***Sûretés imposées à titre d'accompagnement des mesures de redressement.*** De nouvelles sûretés ou garanties conventionnelles peuvent accompagner les mesures imposées ou recommandées par la commission. L'article L. 331-7-2 du Code de la consommation envisage à cet égard une recommandation de la commission. Celle-ci n'a donc pas le pouvoir de contraindre le débiteur à affecter l'un de ses biens en garantie pour sécuriser l'exécution des mesures de redressement envisagées. La commission a uniquement un pouvoir de proposition, la recommandation devant être rendue exécutoire par le juge d'instance (C. consom., art. L. 332-1, al. 1er). C'est donc le juge, *in fine*, qui peut imposer la constitution d'une sûreté réelle nouvelle comme contrepartie des mesures de traitement du surendettement portant atteinte aux droits des créanciers.

---

1. Com. 4 juill. 2000, *Bull. civ.* IV, nº 136.
2. Com. 20 mai 1997, *Bull. civ.* IV, nº 141.
Sur le paiement à l'échéance du créancier rétenteur, v. ss 1278 s.

Section 3

La disparition de sûretés antérieurement constituées

1246. ***Causes de la disparition.*** Si l'ouverture d'une procédure d'insolvabilité provoque l'apparition de nouvelles sûretés réelles, légales ou conventionnelles, pour sécuriser les droits des créanciers qui aident au redressement du débiteur, elle peut à l'inverse entraîner l'extinction de sûretés préexistantes. Les causes de cette disparition sont diverses.

Il peut s'agir, d'abord, de *geler le patrimoine du débiteur* lors de l'ouverture de la procédure, pour favoriser l'adoption de mesures de redressement ou de liquidation. À cette fin, il arrive que le législateur fasse la part belle à la solvabilité apparente du débiteur en allant jusqu'à supprimer purement et simplement une sûreté existante mais occulte. Tel est le triste sort du *privilège du vendeur de meuble* lorsque l'acheteur fait l'objet d'une procédure collective : dès lors que la marchandise se trouve dans les magasins de l'acheteur au moment de l'ouverture de la procédure, le vendeur impayé est privé de son privilège spécial mobilier, de son action en revendication et de son action en résolution de la vente (C. com., art. L. 624-11 s.). Sauf à bénéficier d'une clause de réserve de propriété [1], le vendeur ayant déjà livré la marchandise est donc sacrifié sur l'autel de la solvabilité apparente actuelle de l'acheteur.

L'extinction d'une sûreté préexistante peut ensuite s'expliquer par la volonté de *sanctionner la prise de sûretés dans des conditions abusives*. Le droit des entreprises en difficulté en fournit deux illustrations qui méritent d'être détaillées : d'une part, les nullités de la période suspecte, qui traduisent l'idée qu'il n'est pas admissible de se prémunir contre une insolvabilité déjà acquise, et non seulement éventuelle, au mépris en outre du principe de l'égalité des créanciers (§ 1) ; d'autre part, la nullité, ou à tout le moins la réduction, prévues par l'article L. 650-1 du Code de commerce sanctionnant la déloyauté du créancier consistant à se faire garantir par une sûreté disproportionnée au regard du crédit consenti, lui-même excessif (§ 2).

Toutes ces causes d'extinction atteignent directement et seulement la sûreté. Elles ne procèdent nullement de l'extinction de la créance garantie. Comme celle-ci demeure, le créancier, jusque-là titulaire d'un droit préférentiel voire exclusif, devient chirographaire. Dans le contexte de la procédure, il perd alors quasiment toutes chances d'être désintéressé.

Les sûretés peuvent par ailleurs disparaître à la suite de la disparition de la créance couverte. Depuis que le droit des entreprises en difficulté ne sanctionne plus le défaut de déclaration des créances par leur extinction, mais seulement par une inopposabilité [2], l'*extinction par voie accessoire* des sûretés trouve ses principales expressions dans le droit du surendettement (§ 3).

§ 1. NULLITÉS DE LA PÉRIODE SUSPECTE

> **C. com., art. L. 632-1** (*extraits*). – I. – Sont nuls, lorsqu'ils sont intervenus depuis la date de cessation des paiements, les actes suivants :
> 6° Toute hypothèque conventionnelle, toute hypothèque judiciaire ainsi que l'hypothèque légale des époux et tout droit de nantissement ou de gage constitués sur les biens du débiteur pour dettes antérieurement contractées ;

---

1. Sur le paiement « indirect » que peut procurer la mise en œuvre d'une clause de réserve de propriété après l'ouverture d'une procédure collective contre l'acheteur, v. ss 1290.
2. V. ss 1268.

7° Toute mesure conservatoire, à moins que l'inscription ou l'acte de saisie ne soit antérieur à la date de cessation de paiement.
9° Tout transfert de biens ou de droits dans un patrimoine fiduciaire, à moins que ce transfert ne soit intervenu à titre de garantie d'une dette concomitamment contractée ;
10° Tout avenant à un contrat de fiducie affectant des droits ou biens déjà transférés dans un patrimoine fiduciaire à la garantie de dettes contractées antérieurement à cet avenant.
C. com., art. L. 632-2, al. 1er. – Les paiements pour dettes échues effectués après la date de cessation des paiements et les actes à titre onéreux accomplis après cette même date peuvent être annulés si ceux qui ont traité avec le débiteur ont eu connaissance de la cessation des paiements.

1247. ***Règles communes aux nullités de la période suspecte***. Les droits des créanciers titulaires de sûretés réelles sont susceptibles d'être remis en cause dès lors que l'entreprise constituante est en état de cessation des paiements au moment de la naissance de la sûreté. En effet, les articles L. 632-1 et L. 632-2 du Code de commerce prescrivent la nullité de divers actes intervenus entre la date de cessation des paiements et celle du jugement d'ouverture de la procédure, soit pendant la période dite suspecte.

La nullité étant liée à la cessation des paiements du débiteur, elle ne saurait frapper les sûretés prises dans le cadre d'un accord de conciliation homologué, car le jugement d'homologation constate que le débiteur n'est pas en état de cessation des paiements (C. com., art. L. 631-8, al. 2). Il apparaît ainsi que la procédure de conciliation peut permettre de faire échapper les sûretés aux nullités de la période suspecte.

C'est encore parce que ces nullités sont liées à la cessation des paiements qu'elles ne sauraient être prononcées dans une procédure de sauvegarde, qui prend nécessairement place en amont de celle-ci. Elles supposent donc l'ouverture d'une procédure de *redressement ou de liquidation judiciaire*.

Dans ce cadre, l'action en nullité ne peut être exercée que par « l'administrateur, le mandataire judiciaire, le commissaire à l'exécution du plan, ou le ministère public » (C. com., art. L. 632-4), ce qui exclut le débiteur lui-même et ses créanciers.

Elle est par ailleurs circonscrite dans son délai, puisqu'elle ne peut plus être exercée après que la créance garantie par la sûreté litigieuse ait été admise [1]. La raison en est que l'admission d'une créance emporte impossibilité de remettre en cause son existence, son montant ou encore son caractère privilégié.

L'annulation est rétroactive. Par conséquent, les biens qui étaient grevés de la sûreté anéantie se retrouvent libres de toute charge [2] et le créancier concerné redevient chirographaire. Comme la perte du droit de préférence procède d'un comportement fautif du créancier consistant à se prémunir contre une insolvabilité déjà acquise, une caution pourrait certainement demander à être déchargée sur le fondement de l'article 2314 du Code civil en se prévalant de la disparition de la sûreté réelle et ce, que la nullité ait été de droit ou facultative.

1248. ***Nullité de droit***. Sont nulles de plein droit, c'est-à-dire sans que le juge saisi ne puisse exercer un quelconque pouvoir d'appréciation, les sûretés réelles nées pendant la période suspecte en garantie d'une créance antérieure et qui se trouvent expressément visées par l'article L. 632-1, I, 6°, 7°, 9° ou 10° du Code de commerce.

---

1. Com. 25 févr. 1980, *Bull. civ.* IV, n° 95.
2. Le jugement qui prononce la nullité doit imposer la radiation de la sûreté si celle-ci avait été publiée. Si le créancier avait été mis en possession, il doit restituer le bien au constituant.

Ce texte embrasse aussi bien des sûretés conventionnelles – l'hypothèque [1], le gage, le nantissement, la fiducie – que des sûretés conservatoires autorisées par un juge [2], et même deux sûretés légales, à savoir l'hypothèque attachée au jugement de condamnation et celle des époux. Il s'agit, pour l'essentiel, de sûretés conférant un droit de préférence. Mais, depuis que la loi du 19 février 2007 a ajouté à la liste de l'article L. 632-1, I, la fiducie, la propriété-garantie se trouve également concernée. Cependant, compte tenu du principe d'interprétation stricte des nullités de droit, cet ajout ne devrait pas remettre en cause la validité d'autres formes d'utilisations de la propriété à titre de garantie, comme la cession de créances professionnelles dans les formes de la loi Dailly [3] ou la clause de réserve de propriété. Les sûretés fondées sur la propriété pourraient donc continuer à mieux résister que les sûretés réelles classiques à l'ouverture d'une procédure collective.

Pour chaque sûreté visée par l'article L. 632-1, I du Code de commerce, il est nécessaire, d'une part, d'identifier quelle est la *formalité essentielle pour sa constitution*, puisque c'est la date de cette dernière qui conditionne sa validité. À titre d'exemple, pour une hypothèque conventionnelle, c'est à la date de l'acte notarié constitutif qu'il convient de se référer, non à celle de son inscription [4] ou d'une éventuelle promesse [5]. S'agissant de l'hypothèque légale attachée aux jugements de condamnation, il y a lieu de tenir compte, non pas, là encore, de son inscription, mais du jugement de condamnation lui-même [6]. Pour les sûretés judiciaires conservatoires, l'inscription provisoire avant la cessation des paiements suffit à écarter la nullité, même si l'inscription définitive est prise pendant la période suspecte [7]. Enfin, en cas de substitution de garantie, c'est la date de naissance de la sûreté initiale et non celle de l'inscription de la sûreté substituée qui doit servir de référence. Cette dernière solution, qui conforte les droits du créancier bénéficiaire, exige cependant que la nouvelle sûreté ne soit supérieure, ni dans sa nature, ni dans son étendue, à la sûreté précédente [8], ce qu'il est pour le moins difficile d'apprécier.

D'autre part, doit être vérifiée la *date de la créance garantie*, puisque la nullité de droit n'est encourue que si la sûreté constituée en période suspecte couvre une dette antérieurement contractée [9]. Les créanciers peuvent tirer profit de cette distinction depuis que

---

1. La nullité de plein droit s'applique pour le tout à l'hypothèque constituée sur un immeuble commun depuis la date de cessation des paiements de l'un des époux, pour sûreté d'une dette antérieurement contractée, car la communauté répond des dettes de chacun des époux (C. civ., art. 1413) et que, pendant le mariage, les droits de l'un ou de l'autre des époux ne peuvent être individualisés sur tout ou partie des biens communs (Com. 2 avr. 1996, *Bull. civ.* IV, n° 106).

2. Paris, 11 juin 1999, *Act. proc. coll.* 1999, n° 204 : « il résulte de l'article 107, 6° et 7° (C. com., nouv. art. L. 632-1), qui doit être interprété selon l'esprit de ce texte et avec le souci de lui donner un sens, que sont nuls les nantissements et mesures conservatoires, même lorsqu'ils ont été autorisés par le juge à la demande d'un créancier, s'ils ont été faits depuis la date de cessation des paiements ».

3. La validité de la conclusion d'une telle cession, pendant la période suspecte, a été reconnue par la Haute juridiction (Com. 28 mai 1996, *Bull. civ.* IV, n° 151).

4. Com. 18 févr. 2003, inédit, n° 99-19249.

5. Com. 12 nov. 1997, *Bull. civ.* IV, n° 287.

6. Com. 25 oct. 1994, *Bull. civ.* IV, n° 314.

7. Com. 17 nov. 1992, *Bull. civ.* IV, n° 358.

8. Com. 20 janv. 1998, *Bull. civ.* IV, n° 28.

9. À l'égard de la fiducie-sûreté, cette condition avait été maladroitement omise par la loi du 19 février 2007, qui avait prévu de manière trop générale la nullité de plein droit de « tout transfert de biens ou de droits dans un patrimoine fiduciaire en application des articles 2011 et suivants du Code civil ». L'ordonnance du 18 décembre 2008 a réparé cette erreur en ajoutant, au sein de l'article L. 632-1, I, 9° du Code de commerce, qu'une fiducie constituée en période suspecte n'est pas nulle si le transfert de propriété des biens concernés est « intervenu à titre de garantie d'une dette concomitamment contractée ». *A fortiori*, cette reconnaissance de validité devrait concerner le cas où la dette garantie naîtrait après la constitution de la fiducie-sûreté.

l'ordonnance du 23 mars 2006 a admis qu'un gage (C. civ., art. 2333, al. 2) ou une hypothèque (C. civ., art. 2421) puissent garantir une créance future. Mais, si les sûretés garantissant des créances futures peuvent échapper à la nullité de droit, elles tombent en revanche sous le coup de la nullité facultative de l'article L. 632-2, alinéa 1er, du Code de commerce.

1249. ***Nullité facultative.*** À l'égard des sûretés ne figurant pas dans l'article L. 632-1, I du Code de commerce (notamment les propriété-sûretés autres que la fiducie, l'antichrèse, mais aussi les sûretés garantissant des créances futures), le risque de nullité existe aussi, mais dans une moindre mesure, puisque le juge dispose alors d'un pouvoir souverain d'appréciation portant sur la connaissance, par le créancier, de l'état de cessation des paiements du débiteur au moment de la constitution de la sûreté. Une connaissance postérieure ne saurait justifier le prononcé de la nullité.

§ 2. Nullité ou réduction des garanties disproportionnées au regard du crédit consenti

C. com., art. L. 650-1. – Lorsqu'une procédure de sauvegarde, de redressement judiciaire ou de liquidation judiciaire est ouverte, les créanciers ne peuvent être tenus pour responsables des préjudices subis du fait des concours consentis, sauf les cas de fraude, d'immixtion caractérisée dans la gestion du débiteur ou si les garanties prises en contrepartie des concours sont disproportionnées à ceux-ci.
Pour le cas où la responsabilité d'un créancier est reconnue, les garanties prises en contrepartie de ses concours peuvent être annulées ou réduites par le juge.

1250. Dans le but de permettre aux entreprises de trouver des financements, la loi du 26 juillet 2005 a entendu diminuer le risque pour les créanciers d'être condamnés pour octroi abusif de crédit[1]. À cette fin, l'article L. 650-1 du Code de commerce retient un principe d'irresponsabilité des fournisseurs de crédit, assorti de trois exceptions seulement : la fraude ; l'immixtion caractérisée dans la gestion du débiteur ; la constitution de garanties disproportionnées par rapport au concours consenti. Cette dernière exception, qui doit retenir l'attention au premier chef[2], vise à sanctionner ce que la pratique appelle le « coup du râteau », qui consiste à prendre des sûretés sur le plus possible de biens de valeur encore disponibles du débiteur, même si ce comportement a pour effet d'aggraver la situation de celui-ci et porte atteinte, en outre, au principe d'égalité des créanciers. Il convient d'apporter des précisions sur cette faute et sur ses sanctions, en rappelant au préalable la solution énoncée par la chambre commerciale de la Cour de cassation dans son arrêt de principe du 27 mars 2012 : « lorsqu'une procédure de sauvegarde, de redressement judiciaire ou de liquidation judiciaire est ouverte, les créanciers ne peuvent être tenus pour responsables des préjudices subis du fait des concours consentis, sauf les cas de fraude, d'immixtion caractérisée dans la gestion du débiteur ou de disproportion des garanties prises, que si les concours consentis sont en eux-mêmes fautifs »[3].

---

1. Risque bien réel, puisque quelques semaines avant la réforme de 2005 la Cour de cassation affirmait encore que la responsabilité d'une banque devait être engagée si elle avait « ou bien pratiqué une politique de crédit ruineux pour l'entreprise devant nécessairement provoquer une croissance continue et insurmontable de ses charges financières, ou bien apporté un soutien artificiel à une entreprise dont elle connaissait ou aurait dû connaître, si elle s'était informée, la situation irrémédiablement compromise » (Com. 22 mars 2005, inédit, n° 03-14824).
2. Pour d'autres développements sur le principe d'irresponsabilité et ses trois exceptions, v. ss 573 s.
3. Com. 27 mars 2012, *Bull. civ.* IV, n° 68. Dans le même sens, v. not. Com. 28 janv. 2014, inédit, n° 12-26156.

1251. ***La disproportion***. La faute réside, outre dans l'octroi abusif de crédit, dans la disproportion des garanties prises en contrepartie des concours consentis. Sont susceptibles d'être englobées sous le terme « garanties » toutes les sûretés réelles conventionnelles qui confèrent un droit de préférence (gages, nantissements, hypothèque, antichrèse), mais également, sans doute, celles qui se trouvent hors concours, qu'il s'agisse du droit de rétention ou, plus probablement, de certaines formes de propriété-garantie. C'est la fonction du procédé qui importe (sécuriser le paiement d'une créance) et non sa technique.

S'agissant de la disproportion, elle s'apprécie au regard, non pas des facultés du débiteur, mais du crédit octroyé. Cela signifie qu'une garantie pourrait être jugée disproportionnée si elle dépasse ce qui est nécessaire à la sécurité de paiement qu'est normalement fondé à attendre le créancier [1].

Mais à quel moment apprécier l'existence de cette « surgarantie » ? Il n'est pas certain que la disproportion doive être appréciée uniquement au jour de l'engagement. Il pourrait, en effet, être reproché à un créancier de ne pas avoir procédé à un réexamen du risque à l'occasion d'un nouveau concours ou de tout événement important survenant dans la situation du débiteur [2].

Par ailleurs, quelle importance doit atteindre la disproportion ? Aucun taux ne saurait être fourni, car tout dépend de la nature du risque à couvrir et des garanties constituées. Une appréciation au cas par cas par les juges du fond semble dès lors inévitable, avec toute l'insécurité que cela comporte.

1252. ***Les sanctions***. La commission de l'une des trois fautes visées par l'article L. 650-1 du Code de commerce, si elle s'ajoute à l'octroi de crédits excessifs, peut être doublement sanctionnée.

La première sanction réside dans la condamnation à des *dommages et intérêts*. Elle suppose que soient démontrés, outre les fautes (l'octroi abusif de crédit et la conclusion de garanties disproportionnées), un préjudice et un lien de causalité. Le préjudice subi par la collectivité des créanciers est représenté par la cessation d'activité de l'entreprise débitrice ou, à tout le moins, par l'augmentation de son passif. Le lien de causalité entre ce dommage et la constitution d'une garantie disproportionnée est loin d'être évident. Il faudrait probablement parvenir à prouver que les garanties disproportionnées conférées au créancier dont la responsabilité est recherchée ont empêché le débiteur d'obtenir des crédits auprès d'autres créanciers (faute de pouvoir consentir à ceux-ci de nouvelles garanties) et que c'est ce manque de financement qui a conduit à la cessation des paiements.

Les autres sanctions, énoncées par l'article L. 650-1, alinéa 2, du Code de commerce, concernent les garanties disproportionnées. Elles ont été profondément assouplies par l'ordonnance du 18 décembre 2008. En effet, alors que la loi du 26 juillet 2005 avait imposé la nullité de ces garanties (l'expression « sont nulles » laissait penser qu'il s'agissait d'une nullité de plein droit, ne laissant au juge aucun pouvoir d'appréciation), l'ordonnance de 2008 a rendu cette *nullité facultative* (« peuvent être annulées ») et lui a

---

1. La stipulation d'une clause de rechargement, dans une hypothèque ou une fiducie-sûreté, pourrait permettre d'échapper au risque d'annulation pour disproportion, car ce mécanisme permet au débiteur de mobiliser la différence de valeur entre le bien initialement hypothéqué ou transféré dans le patrimoine d'affectation et le montant des crédits.

2. *Contra* sur le fondement du droit commun de la responsabilité contractuelle : cf. Com. 31 janv. 2012, inédit, n° 10-26740, ayant censuré une cour d'appel qui avait apprécié la faute du créancier, non en fonction de la situation apparente de son débiteur au moment où il lui avait consenti le crédit litigieux, mais en fonction d'une situation révélée postérieurement.

même prévu une alternative, la simple *réduction* des garanties disproportionnées, sanction qui permettra aux juges de tenir compte de la gravité de la faute commise par le créancier[1].

Il convient de préciser que les deux espèces de sanctions – responsabilité, d'une part, nullité ou réduction des garanties disproportionnées, d'autre part – peuvent être prononcées dans les trois procédures collectives professionnelles présentant un caractère juridictionnel que sont la sauvegarde, le redressement et la liquidation judiciaire (précision ajoutée par l'ordonnance de 2008). La nullité pour garantie disproportionnée apparaît ainsi plus redoutable encore que les nullités de la période suspecte, qui ne jouent pas, au contraire, dans le cadre de la procédure de sauvegarde.

§ 3. Extinctions par voie accessoire dans les procédures de surendettement

Aucun texte du Code de la consommation ne prévoit de causes d'extinction propres aux sûretés grevant les biens du débiteur surendetté. Ces sûretés réelles sont cependant susceptibles de disparaître dans le cadre d'une procédure de surendettement. En effet, la pérennité des sûretés antérieures à l'engagement d'une telle procédure est compromise dans deux hypothèses : d'une part, en cas de défaut de déclaration des créances ou des sûretés (A), d'autre part, en cas d'effacement total des dettes garanties (B). Il s'agit de causes d'extinction par voie accessoire propres au droit du surendettement, qui peuvent ruiner l'efficacité de la plupart des sûretés.

A. Défaut de déclaration des créances ou des sûretés

C. consom., art. L. 331-3 (*extraits*). – II. – La commission dresse l'état d'endettement du débiteur après avoir, le cas échéant, fait publier un appel aux créanciers.
Le débiteur, informé de cette faculté par la notification de la décision de recevabilité, est entendu à sa demande par la commission. Celle-ci peut également entendre toute personne dont l'audition lui paraît utile, sous réserve que celle-ci intervienne à titre gratuit.
Après avoir été informés par la commission de l'état du passif déclaré par le débiteur, les créanciers disposent d'un délai de trente jours pour fournir, en cas de désaccord sur cet état, les justifications de leurs créances en principal, intérêts et accessoires. À défaut, la créance est prise en compte par la commission au vu des seuls éléments fournis par le débiteur. L'information des créanciers peut être effectuée par télécopie ou par courrier électronique dans des conditions fixées par décret. Les créanciers indiquent également si les créances en cause ont donné lieu à une caution et si celle-ci a été actionnée.
Lorsque la commission constate que le remboursement d'une ou plusieurs dettes du débiteur principal est garanti par un cautionnement, elle informe la caution de l'ouverture de la procédure. La caution peut faire connaître par écrit à la commission ses observations.
Nonobstant toute disposition contraire, la commission peut obtenir communication, auprès des administrations publiques, des établissements de crédit, des établissements de monnaie électronique, des établissements de paiement, des organismes mentionnés au 5 de l'article L. 511-6 du Code monétaire et financier, des organismes de sécurité et de prévoyance sociale ainsi que des services chargés de centraliser les risques bancaires et les incidents de paiement, de tout

1. La réduction existe également en matière hypothécaire, il est vrai seulement à l'égard des hypothèques légales et « judiciaires » (au sens de l'article 2412 du Code civil), comme le prévoit l'article 2444 du Code civil ou pour les hypothèques venant garantir des créances conditionnelles éventuelles ou indéterminées, selon l'article 2445 du Code civil.

renseignement de nature à lui donner une exacte information sur la situation du débiteur, l'évolution possible de celle-ci et les procédures de conciliation amiables en cours.
Les collectivités territoriales et les organismes de sécurité sociale procèdent, à sa demande, à des enquêtes sociales.
À tout moment de la procédure, si la situation du débiteur l'exige, la commission l'invite à solliciter une mesure d'aide ou d'action sociale qui peut comprendre un programme d'éducation budgétaire, et notamment une mesure d'accompagnement social personnalisé, dans les conditions prévues par le livre II du Code de l'action sociale et des familles. Dans chaque département, la commission de coordination des actions de prévention des expulsions locatives prévue à l'article 7-2 de la loi n° 90-449 du 31 mai 1990 visant à la mise en œuvre du droit au logement, le conseil général et la caisse d'allocations familiales désignent, chacun pour ce qui le concerne, un correspondant en vue de favoriser la coordination de leurs actions avec celles de la commission et notamment de faciliter la mise en place des mesures d'accompagnement social ou budgétaire prévues au présent titre.
Lorsque le débiteur a déjà bénéficié d'une mesure de rétablissement personnel prévue aux 1° et 2° de l'article L. 330-1 et qu'il saisit de nouveau la commission, celle-ci peut, si elle estime que la situation du débiteur est de nouveau irrémédiablement compromise et après avis du membre de la commission justifiant d'une expérience dans le domaine de l'économie sociale et familiale, recommander au juge que la mesure d'effacement des dettes soit assortie de la mise en place de mesures d'accompagnement social ou budgétaire.
Le règlement intérieur de la commission détermine les documents qui doivent être transmis aux membres de la commission, préalablement à la réunion de celle-ci.
C. consom., art. L. 331-3 (*extraits*). – Le mandataire ou, à défaut, le juge procède aux mesures de publicité destinées à recenser les créanciers qui produisent leurs créances dans des conditions prévues par décret en Conseil d'État ; les créances qui n'ont pas été produites dans un délai fixé par ce décret sont éteintes, sauf à ce que soit prononcé par le juge un relevé de forclusion. Le mandataire dresse un bilan de la situation économique et sociale du débiteur, vérifie les créances et évalue les éléments d'actif et de passif. À compter du jugement prononçant l'ouverture de la procédure, le débiteur ne peut aliéner ses biens sans l'accord du mandataire ou, à défaut de mandataire désigné, du juge.
C. consom., art. R. 334-37. – À peine d'irrecevabilité, la déclaration de créances doit comporter le montant en principal, intérêts, accessoires et frais de la créance au jour de sa déclaration, l'origine de la créance, la nature du privilège ou de la sûreté dont elle est éventuellement assortie.
La déclaration mentionne également les procédures d'exécution en cours.

L'état du passif est établi dans des conditions tout à fait distinctes dans la procédure de traitement du surendettement devant la commission (C. consom., art. L. 331-3, II) et dans la procédure judiciaire de rétablissement personnel (C. consom., art. L. 332-7).

1253. ***Déclaration des créances dans la procédure de traitement du surendettement.*** En principe, dans cette procédure, les créanciers n'ont pas à déclarer leurs créances, puisque l'état du passif est établi, sur la base des déclarations du débiteur[1], par la commission de surendettement, qui en informe ensuite les créanciers[2]. Ceux-ci peuvent alors contester les déclarations du débiteur dans un délai de trente jours. Dans ce système d'*intervention a posteriori*[3], les créanciers ne supportent donc pas d'obligation de déclaration

1. Dans le formulaire de déclaration du surendettement, le demandeur doit détailler son endettement bancaire ou financier, ainsi que son endettement auprès de créanciers non bancaires. Il ne lui est nulle part demandé, en revanche, d'indiquer si des garanties ont été constituées pour couvrir ses dettes.

2. Sur les modalités de l'information, cf. C. consom., art. R. 332-2. La lettre recommandée avec accusé de réception peut être remplacée par une télécopie ou un courrier électronique (C. consom., art. R. 331-8-4).

3. En droit des entreprises en difficulté, ce système existe seulement dans la procédure de sauvegarde financière accélérée (C. com., art. L. 628-7) ; v. ss 1266.

et ils ne risquent dès lors pas d'être sanctionnés par la perte de leurs créances et l'extinction par voie accessoire de leurs sûretés.

Il en va autrement si la commission décide de publier un *appel aux créanciers* dans un journal d'annonces légales diffusé dans le département où elle siège [1]. En effet, les créanciers doivent alors déclarer leurs créances dans le délai précisé par la commission. Le Code de la consommation ne précise pas la sanction du manquement à cette obligation. Bien que l'extinction des créances non déclarées soit la sanction la plus attentatoire aux droits des créanciers, elle pourrait s'imposer, non seulement par analogie avec la solution retenue dans la procédure de rétablissement personnel, mais également pour favoriser l'apurement du passif et le redressement du débiteur.

1254. ***Déclaration des sûretés dans la procédure de traitement du surendettement.*** En cas de désaccord avec l'état du passif déclaré par le débiteur, les créanciers doivent fournir les justificatifs de leurs créances «en principal, intérêts et accessoires». Ils doivent donc déclarer leurs sûretés. À défaut, l'article L. 331-3 prévoit que «la créance est prise en compte par la commission au vu des seuls éléments fournis par le débiteur». Autrement dit, la sanction du défaut de justificatifs des sûretés réside dans leur inopposabilité. Cela revient à traiter le créancier titulaire d'une sûreté réelle comme un créancier chirographaire.

1255. ***Déclaration des créances dans la procédure de rétablissement personnel avec liquidation judiciaire.*** Selon l'article L. 332-7 du Code de la consommation, après le jugement d'ouverture de cette procédure, le mandataire, ou à défaut le juge, procède aux mesures de publicité destinées à recenser les créanciers [2]. Les créanciers doivent alors produire leurs créances dans les conditions fixées par les articles R. 334-34 et R. 334-36, issus du décret n° 2010– 1304 du 29 octobre 2010 : la déclaration doit être opérée par lettre recommandée avec accusé de réception dans le délai de deux mois à compter de la publicité du jugement d'ouverture au Bodacc. L'article L. 332-7 précise que « les créances qui n'ont pas été produites (...) sont éteintes, sauf à ce que soit prononcé par le juge un relevé de forclusion ». Par voie accessoire, les sûretés garantissant les créances non déclarées sont également éteintes. Cette solution, la plus nuisible qui soit à l'efficacité des sûretés, peut sembler encore plus critiquable depuis que le droit des entreprises en difficulté a abandonné l'extinction des créances non déclarées au profit d'une inopposabilité [3].

1256. ***Déclaration des sûretés dans la procédure de rétablissement personnel avec liquidation judiciaire.*** Cette déclaration est imposée par l'article R. 334-37 du Code de la consommation, qui précise que, parmi les mentions requises à peine d'irrecevabilité de la déclaration de créance, figure « la nature du privilège ou de la sûreté dont elle (la créance) est éventuellement assortie ». Une comparaison avec le droit des entreprises en difficulté mérite d'être ici opérée. L'article L. 622-25, alinéa 1er, du Code de commerce, qui détaille le contenu de la déclaration de créance, indique qu' « elle précise la nature du privilège ou de la sûreté dont la créance est éventuellement assortie ». Dans le cadre des procédures collectives professionnelles, la jurisprudence considère que le créancier ne peut se prévaloir des

---

1. C. consom., art. L. 331-3, al. 4 ; art. R. 332-1.

2. Cette publicité prend la forme d'une publication du jugement d'ouverture au Bodacc (C. consom., art. R. 334-34). Il est regrettable qu'aucune information personnelle des créanciers titulaires d'une sûreté publiée ne soit prévue, à l'instar de celle consacrée par l'article L. 622-24, alinéa 1er, du Code de commerce (v. ss 1267).

3. V. ss 1268.

sûretés non déclarées[1], mais qu'il peut néanmoins participer à la procédure en tant que chirographaire s'il a déclaré ses créances. En matière de surendettement, la sanction est plus radicale encore, puisqu'elle réside dans l'irrecevabilité de la déclaration, donc dans l'extinction des créances concernées et dans l'extinction par voie accessoire des sûretés qui les garantissent.

B. Effacement total des dettes garanties

C. consom., art. L. 332-5. – Lorsque la commission recommande un rétablissement personnel sans liquidation judiciaire et en l'absence de contestation, le juge du tribunal d'instance confère force exécutoire à la recommandation, après en avoir vérifié la régularité et le bien-fondé.

Le rétablissement personnel sans liquidation judiciaire rendu exécutoire par le juge du tribunal d'instance entraîne l'effacement de toutes les dettes non professionnelles du débiteur, arrêtées à la date de l'ordonnance conférant force exécutoire à la recommandation, à l'exception des dettes visées à l'article L. 333-1, de celles mentionnées à l'article L. 333-1-2 et des dettes dont le prix a été payé au lieu et place du débiteur par la caution ou le coobligé, personnes physiques. Le rétablissement personnel sans liquidation judiciaire entraîne aussi l'effacement de la dette résultant de l'engagement que le débiteur a donné de cautionner ou d'acquitter solidairement la dette d'un entrepreneur individuel ou d'une société.

Le greffe procède à des mesures de publicité pour permettre aux créanciers qui n'auraient pas été avisés de la recommandation de la commission de former tierce opposition à l'encontre de la décision du juge lui conférant force exécutoire. Les créances dont les titulaires n'auraient pas formé tierce opposition dans un délai de deux mois à compter de cette publicité sont éteintes.

C. consom., art. L. 332-9. – Lorsque l'actif réalisé est suffisant pour désintéresser les créanciers, le juge prononce la clôture de la procédure. Lorsque l'actif réalisé est insuffisant pour désintéresser les créanciers, lorsque le débiteur ne possède rien d'autre que des biens meublants nécessaires à la vie courante et des biens non professionnels indispensables à l'exercice de son activité professionnelle, ou lorsque l'actif n'est constitué que de biens dépourvus de valeur marchande ou dont les frais de vente seraient manifestement disproportionnés au regard de leur valeur vénale, le juge prononce la clôture pour insuffisance d'actif.

La clôture entraîne l'effacement de toutes les dettes non professionnelles du débiteur, arrêtées à la date du jugement d'ouverture, à l'exception de celles dont le prix a été payé au lieu et place du débiteur par la caution ou le coobligé, personnes physiques. La clôture entraîne aussi l'effacement de la dette résultant de l'engagement que le débiteur a donné de cautionner ou d'acquitter solidairement la dette d'un entrepreneur individuel ou d'une société.

Si la situation du débiteur l'exige, le juge l'invite à solliciter une mesure d'aide ou d'action sociale qui peut comprendre un programme d'éducation budgétaire, notamment une mesure d'accompagnement social personnalisé, dans les conditions prévues par le livre II du Code de l'action sociale et des familles.

C. consom., art. L. 333-1. – Sauf accord du créancier, sont exclues de toute remise, de tout rééchelonnement ou effacement :

1° Les dettes alimentaires ;

2° Les réparations pécuniaires allouées aux victimes dans le cadre d'une condamnation pénale ;

3° Les dettes ayant pour origine des manœuvres frauduleuses commises au préjudice des organismes de protection sociale énumérés à l'article L. 114-12 du Code de la sécurité sociale.

---

1. Cf. not. Com. 4 févr. 1992, *Bull. civ.* IV, n° 56. Cette forme d'inopposabilité n'est retenue qu'à l'égard des sûretés réelles classiques conférant un droit de préférence, et non en présence d'un droit de rétention (Com. 20 mai 1997, *Bull. civ.* IV, n° 141) ou d'une clause de réserve de propriété (Com. 2 mai 1990, inédit, n° 88-16359).

L'origine frauduleuse de la dette est établie soit par une décision de justice, soit par une sanction prononcée par un organisme de sécurité sociale dans les conditions prévues aux articles L. 114-17 et L. 162-1-14 du même code.
Les amendes prononcées dans le cadre d'une condamnation pénale sont exclues de toute remise, de tout rééchelonnement ou effacement.
C. consom., art. L. 333-1-2. – Les dettes issues de prêts sur gage souscrits auprès des caisses de crédit municipal en application de l'article L. 514-1 du Code monétaire et financier ne peuvent être effacées par application des mesures prévues au 2° de l'article L. 331-7-1 et aux articles L. 332-5, L. 332-6-1 et L. 332-9 du présent code. La réalisation des gages par les caisses de crédit municipal ne peut être empêchée ou différée au-delà de la date déterminée dans le contrat de prêt.

Lorsque le débiteur se trouve dans une situation irrémédiablement compromise caractérisée par l'impossibilité manifeste de mettre en œuvre les mesures de redressement que pourrait imposer ou recommander la commission de surendettement, celle-ci peut orienter le dossier vers la procédure de rétablissement personnel, créée par la loi *Borloo* du 1er août 2003 et profondément réformée par la loi *Lagarde* du 1er juillet 2010[1]. Le rétablissement personnel entraîne l'entier effacement de la plupart des dettes non professionnelles antérieures, soit à l'ordonnance conférant force exécutoire à la recommandation de la commission en faveur de l'absence de liquidation, soit au jugement d'ouverture de la procédure de rétablissement personnel avec liquidation[2] (C. consom., art. L. 332-5, al. 2, et L. 332-9, al. 2).

1257. ***Principe d'extinction des sûretés garantissant les créances effacées***. Dans la procédure de rétablissement personnel, avec ou sans liquidation judiciaire, l'effacement total des dettes non professionnelles, à l'exception de celles visées par les articles L. 333-1 et L. 333-1-2 du Code de la consommation, a pour effet d'éteindre les garanties et sûretés, aussi bien réelles que personnelles, qui en sont les accessoires. C'est la principale cause d'inefficacité, spécifique au droit du surendettement, affectant la quasi-totalité des sûretés.

1258. ***Régime dérogatoire des prêts sur gage***. Depuis la réforme du 1er juillet 2010, ne peuvent être effacés, ni entièrement, ni même partiellement, les prêts sur gage consentis par les caisses de crédit municipal en application de l'article L. 514-1 du Code monétaire et financier (C. consom., art. L. 333-1-2). Cette exception a eu pour finalité de diminuer le coût des prêts sur gage, que le risque antérieur d'effacement faisait augmenter, et par là même de permettre aux personnes les moins solvables d'accéder au crédit. Il en résulte que les gages assortissant ces prêts conservent désormais toute leur efficacité en cas de surendettement de l'emprunteur constituant. Non seulement ils échappent à l'extinction par voie accessoire, mais en plus, selon l'article L. 333-1-2 du Code de la consommation, leur réalisation « ne peut être empêchée ou différée au-delà de la date déterminée dans le contrat de prêt », c'est-à-dire que l'interdiction des procédures d'exécution contre les biens du débiteur ne leur est pas applicable.

---

1. Depuis cette réforme, la procédure de rétablissement personnel connaît deux modalités distinctes dépendant de la consistance de l'actif du débiteur. En présence de biens qu'il est permis et opportun de vendre, la commission peut, avec l'accord du débiteur, saisir le juge aux fins d'ouverture d'une procédure de rétablissement personnel avec liquidation judiciaire. Dans le cas contraire, qui est le plus fréquent en pratique, la commission peut désormais recommander un rétablissement personnel sans liquidation. Le juge intervient alors uniquement pour donner force exécutoire à cette recommandation.
2. Cette condition temporelle a été ajoutée par la loi *ALUR* n° 2014-366 du 24 mars 2014. Déjà en ce sens, v. Civ. 2e, 6 juin 2013, *Bull. civ.* II, n° 118.

1259. ***Efficacité de la clause de réserve de propriété.*** En cas de clôture d'une procédure de rétablissement personnel pour insuffisance d'actif[1], des juges du fond et la Cour de cassation ont reconnu à la clause de réserve de propriété son efficacité malgré l'effacement de la créance garantie[2]. En effet, des vendeurs[3] ou personnes subrogées dans les droits de ceux-ci[4] ont pu obtenir la restitution de biens vendus avec réserve de propriété et profiter ainsi d'un paiement indirect à hauteur de la valeur de ces biens, alors même que leurs créances étaient effacées. La Haute juridiction a justifié cette solution en relevant que « l'extinction de la créance, du fait de l'effacement des dettes consécutif à la clôture pour insuffisance d'actif de la procédure de rétablissement personnel, n'équivaut pas à son paiement, de sorte que le transfert de propriété ne peut être intervenu au profit de l'acquéreur »[5]. La dérogation à la règle *accessorium sequitur principale* qu'emporte la solution s'explique aussi par la nature et les caractères du droit de propriété : bien qu'utilisé à des fins de garantie, il reste un droit réel principal, exclusif et absolu. Par rapport aux sûretés traditionnelles constitutives de droits réels accessoires, la clause de réserve de propriété jouit donc d'un statut particulier très avantageux dans la procédure de rétablissement personnel[6].

On peut penser, si tant est que l'hypothèse pratique se rencontre, ce qui est peu probable dans le contexte du surendettement d'un particulier, que la même efficacité devrait être reconnue aux autres formes de propriété retenue à titre de garantie (en particulier, au crédit-bail), ainsi qu'à la fiducie-sûreté.

---

1. Au cours de la procédure de surendettement, l'efficacité de la clause de réserve de propriété semble au contraire paralysée. En ce sens, cf. Reims, 18 nov. 2014, n° 14/00411, *Juris-Data* n° 2014-030156, ayant refusé la restitution d'un véhicule vendu sous réserve de propriété au prêteur subrogé dans les droits du vendeur, au motif que cette restitution porterait atteinte aux droits des créanciers dans le cadre de la procédure de surendettement et risquerait de faire échouer le plan, le véhicule étant considéré comme indispensable à l'exercice professionnel du débiteur.

2. Bordeaux, 8 juin 2009, *Juris-Data* n° 2009-005675 ; Civ. 2e, 27 févr. 2014, *Bull. civ.* II, n° 59. Dans ces affaires, des véhicules vendus avec réserve de propriété ont été restitués à l'établissement de crédit subrogé dans les droits du vendeur réservataire.

3. En pratique, le vendeur du véhicule automobile acheté à crédit par le débiteur surendetté.

4. En pratique, l'établissement de crédit ayant prêté les fonds ayant servi à acquérir un véhicule, objet de la clause de réserve de propriété.

5. Civ. 2e, 27 févr. 2014, *Bull. civ.* II, n° 59.

6. Il en va de même dans les procédures collectives professionnelles (C. com., art. L. 624-9, L. 624-17 et L. 624-16) ; v. ss 656, 1290.

Chapitre 2

L'opposabilité des sûretés réelles

L'ouverture d'une procédure d'insolvabilité affecte la pérennité des sûretés réelles, non seulement en perturbant leur reconnaissance, mais également en compromettant leur opposabilité aux tiers. Le risque d'inefficacité provient alors, d'abord, de règles spécifiques relatives à l'inscription des sûretés sans dépossession (Section 1). Il procède, ensuite, d'exigences de déclaration des créances et des sûretés (Section 2).

Section 1
L'inscription de la sûreté

Le droit des entreprises en difficulté déroge aux règles de droit commun relatives à l'inscription des sûretés réelles, en imposant, d'une part, la publicité de certains privilèges qui peuvent normalement demeurer occultes (§ 1) et en arrêtant, d'autre part, le cours des inscriptions au jour du jugement d'ouverture (§ 2). Dans les procédures de surendettement, l'inscription des sûretés réelles nées antérieurement semble également exceptionnelle (§ 3). Le non-respect de ces règles est sanctionné par l'inopposabilité aux tiers du droit de préférence conféré par la sûreté. Autrement dit, le titulaire de celle-ci est traité, au sein de la procédure, comme un créancier chirographaire, ce qui réduit le plus souvent à néant ses chances de paiement.

§ 1. L'INSCRIPTION OBLIGATOIRE DE CERTAINS PRIVILÈGES

CSS, art. L. 243-5. – Dès lors qu'elles dépassent un montant fixé par décret, les créances privilégiées en application du premier alinéa de l'article L. 243-4, dues par un commerçant, une personne immatriculée au répertoire des métiers, une personne physique exerçant une activité professionnelle indépendante, y compris une profession libérale, ou une personne morale de droit privé, doivent être inscrites à un registre public tenu au greffe du tribunal de commerce ou du tribunal de grande instance dans le délai de neuf mois suivant leur date limite de paiement ou, le cas échéant, la date de notification de l'avertissement ou de la mise en demeure prévus à l'article L. 244-2, lorsque la créance est constatée lors d'un contrôle organisé en application des dispositions de l'article L. 243-7. Le montant mentionné au présent alinéa est fixé en fonction de la catégorie à laquelle appartient le cotisant et de l'effectif de son entreprise.

Toutefois, l'organisme créancier n'est pas tenu d'inscrire ces créances lorsque le débiteur respecte un plan d'apurement échelonné de sa dette. Dès que le plan est dénoncé, l'organisme créancier doit procéder à l'inscription dans un délai de deux mois.

En cas de procédure de sauvegarde ou de redressement ou de liquidation judiciaires du redevable ou d'un tiers tenu légalement au paiement de ces sommes, le privilège dont

l'inscription n'a pas été régulièrement requise à l'encontre du redevable ne peut plus être exercé pour les créances qui étaient soumises à titre obligatoire à cette inscription.
L'inscription conserve le privilège pendant deux années et six mois à compter du jour où elle est effectuée. Elle ne peut être renouvelée.
Une inscription peut faire l'objet à tout moment d'une radiation totale ou partielle à la diligence des organismes de sécurité sociale ou du redevable sur présentation au greffier d'un certificat délivré par l'organisme créancier ou d'un acte de mainlevée émanant du créancier subrogé. Toutefois, lorsque l'inscription est devenue sans objet, dès lors que le débiteur s'est acquitté de sa dette et sous réserve du règlement, auprès de l'organisme créancier, des frais liés aux formalités d'inscription et de radiation, cet organisme en demande la radiation totale dans un délai d'un mois.
Toutefois, le privilège est conservé au-delà du délai prévu au troisième alinéa sur les biens qui ont fait l'objet d'une saisie avant l'expiration de ce délai.
En cas de procédure de sauvegarde ou de redressement ou de liquidation judiciaires, les pénalités, majorations de retard et frais de poursuites dus par le redevable à la date du jugement d'ouverture sont remis, sauf si le passif déclaré résulte en tout ou partie du constat de l'infraction mentionnée à l'article L. 8221-1 du Code du travail.
La règle d'antériorité du rang de l'inscription hypothécaire fixée à l'avant-dernier alinéa de l'article 2425 du Code civil et à l'article 45-5 de la loi du 1er juin 1924 mettant en vigueur la législation civile française dans les départements du Bas-Rhin, du Haut-Rhin et de la Moselle s'applique aux hypothèques mentionnées aux articles L. 243-4 et L. 244-9 du présent code.
CGI, art. 1929 *quater*. – 1. Donnent lieu à publicité, dans les conditions prévues aux 2 à 5, les sommes restant dues à titre privilégié par des commerçants et personnes morales de droit privé, même non commerçantes, au titre de l'impôt sur le revenu, de l'impôt sur les bénéfices des sociétés et autres personnes morales, de la taxe sur les salaires, de la cotisation foncière des entreprises et des taxes annexes, des taxes sur le chiffre d'affaires et des taxes annexes, et des contributions indirectes.
N'est pas soumise à la publicité la part de la cotisation foncière des entreprises correspondant à la réduction effectuée par le redevable au titre du plafonnement en fonction de la valeur ajoutée, en application des articles 1647 B *sexies* et 1679 *quinquies*.
2. La publicité est faite à la diligence de l'administration chargée du recouvrement.
3. L'inscription ne peut être requise, selon la nature de la créance, qu'à partir de la date à laquelle :
1° Le redevable a encouru une majoration pour défaut de paiement pour les impôts directs recouvrés par les comptables de la direction générale de la comptabilité publique ;
2° Un titre exécutoire a été émis, pour les taxes sur le chiffre d'affaires et assimilées et les contributions indirectes, ainsi que pour les impôts directs et taxes assimilées recouvrés par les comptables de la direction générale des impôts.
4. La publicité est obligatoire lorsqu'il est constaté, à l'issue des neuf mois qui suivent la première date de l'un ou l'autre des événements mentionnés au 3, que le montant des sommes dues à compter de cette date par le redevable à un même poste comptable ou service assimilé et susceptibles d'être inscrites dépasse un seuil fixé par décret.
Ne sont pas soumises à la publicité les sommes visées au premier alinéa lorsque le débiteur respecte un plan d'apurement échelonné de sa dette ainsi que ses obligations fiscales courantes. Dès que le plan est dénoncé, le comptable public doit procéder à la publication dans un délai de deux mois.
5. En cas de paiement avec subrogation, le subrogé aux droits du Trésor est tenu des obligations et formalités mises par le présent article à la charge de l'administration, quel que soit le montant du paiement.
Si le paiement par le subrogé a lieu sans émission de titre exécutoire prévu au 3, l'inscription ne peut être requise que six mois au moins après le paiement.
6. Les frais de l'inscription du privilège sont à la charge du Trésor.
7. En cas de procédures de sauvegarde, de redressement ou de liquidation judiciaires du redevable ou de liquidation des biens du redevable, ou d'un tiers tenu légalement au paiement des sommes visées au 1, le Trésor ou son subrogé ne peut exercer son privilège pour les créances qui étaient soumises à titre obligatoire à la publicité prévue aux 1 à 5 et dont l'inscription n'a pas été régulièrement requise à l'encontre du redevable.

8. Les inscriptions prises en application des 1 à 5 se prescrivent par quatre ans, sauf renouvellement.
8 *bis*. Le comptable compétent demande, dans un délai d'un mois, la radiation totale de l'inscription devenue sans objet, dès lors que le débiteur s'est acquitté de sa dette.
9. Les modalités d'application du présent article et notamment les formes et délais des inscriptions et de leur radiation sont fixées par un décret en conseil d'État pris sur le rapport du ministre de l'économie et des finances et du garde des Sceaux, ministre de la justice.

1260. ***Privilèges concernés.*** Dans le but de limiter l'étendue du passif privilégié, la loi du 10 juin 1994 relative à la prévention et au traitement des entreprises en difficulté a imposé la publication de deux privilèges mobiliers généraux, qui n'ont pas, sorti du contexte des procédures collectives professionnelles, à être publiés. Cette publicité prend la forme d'une inscription sur un registre spécial tenu au greffe du tribunal de grande instance ou du tribunal de commerce.

Il s'agit, en premier lieu, du *privilège de la Sécurité sociale et des organismes de prévoyance* (CSS, art. L. 243-4 s.). La publicité doit se faire dans les neuf mois qui suivent l'échéance de la cotisation impayée. Elle n'est obligatoire que pour les cotisations dépassant certains montants [1], dues par les commerçants, les artisans et les personnes morales de droit privé même non commerçantes.

La publicité obligatoire en cas de sauvegarde, de redressement ou de liquidation judiciaire concerne, en second lieu, le *privilège du Trésor*, pour les impositions visées par l'article 1929 *quater* du Code général des impôts. Il s'agit essentiellement de l'impôt sur le revenu, sur les sociétés, des contributions indirectes et des taxes sur le chiffre d'affaires et les salaires. La publicité n'est toutefois obligatoire que sous plusieurs conditions : d'abord, le redevable doit être une personne justiciable d'une procédure collective ; ensuite, les sommes dues à un même poste comptable ou service assimilé doivent représenter au moins un semestre civil resté impayé et excéder 15 000 euros [2]; enfin, le redevable doit encourir une majoration pour retard ou être l'objet d'un titre exécutoire.

1261. ***Sanction du défaut de publicité.*** En cas de sauvegarde, de redressement ou de liquidation judiciaire, si les conditions énoncées par le Code de la sécurité sociale ou le Code général des impôts sont remplies et que le privilège n'est toutefois pas inscrit, les créances de la Sécurité sociale ou du Trésor ne peuvent être prises en compte, dans la procédure collective, qu'à titre chirographaire (CGI, art. 1929 *quater*, 7° ; CSS, art. L. 243-5, al. 3) [3].

§ 2. L'ARRÊT DES INSCRIPTIONS AU JOUR DU JUGEMENT D'OUVERTURE DE LA PROCÉDURE COLLECTIVE PROFESSIONNELLE

C. com., art. L. 622-30. – Les hypothèques, gages, nantissements et privilèges ne peuvent plus être inscrits postérieurement au jugement d'ouverture. Il en va de même des actes et des décisions

1. CSS, art. D. 243-3 ; Civ. 2e, 13 févr. 2014, *Bull. civ.* II, n° 42 (même si les créances, dont le montant dépasse le seuil, sont contestées).
2. Décrets n° 2009-195 et n° 2009-197 du 18 février 2009 sur les modalités de publicité du privilège du Trésor. Auparavant, le seuil déclenchant la publicité du privilège du Trésor dépendait du chiffre d'affaires de l'entreprise débitrice.
3. Si le Trésor ne peut, en cas de redressement ou de liquidation judiciaire, exercer son privilège pour les créances qui étaient soumises obligatoirement à la publicité au moment de l'ouverture de la procédure collective lorsque l'inscription n'a pas été requise avant le jugement d'ouverture, il conserve en revanche son privilège pour les créances qu'il n'était pas tenu d'inscrire et pour celles mises en recouvrement depuis la date du jugement (Com. 2 mai 1989, *Bull. civ.* IV, n° 141).

judiciaires translatifs ou constitutifs de droits réels, à moins que ces actes n'aient acquis date certaine ou que ces décisions ne soient devenues exécutoires avant le jugement d'ouverture.
Toutefois, le Trésor public conserve son privilège pour les créances qu'il n'était pas tenu d'inscrire à la date du jugement d'ouverture et pour les créances mises en recouvrement après cette date si ces créances sont déclarées dans les conditions prévues à l'article L. 622-24.
Le vendeur du fonds de commerce, par dérogation aux dispositions du premier alinéa, peut inscrire son privilège.

1262. ***L'interdiction de principe des inscriptions après le jugement d'ouverture.*** Le droit des entreprises en difficulté interdit de publier, pendant toute la durée de la procédure, les droits réels acquis en garantie de créances antérieures au jugement d'ouverture [1], en particulier « les hypothèques, gages, nantissements et privilèges » (C. com., art. L. 622-30, al. 1er et L. 631-14).

Justifications. Cette règle de l'arrêt du cours des inscriptions des sûretés garantissant des créances antérieures vise à geler le patrimoine du débiteur, de manière à simplifier la procédure et à augmenter les chances de redressement de l'entreprise (principe dit de « l'effet réel » de la procédure). Elle conforte également le principe d'égalité entre les créanciers, en interdisant à un créancier s'étant abstenu d'inscrire sa sûreté réelle d'obtenir une préférence dans son paiement après l'ouverture de la procédure. Le créancier concerné s'en trouve évidemment lésé, les autres, au contraire, voient leurs chances de paiement augmenter.

Domaine. Le champ de l'interdiction est particulièrement vaste. Elle concerne toutes les sûretés réelles mobilières ou immobilières, conventionnelles, judiciaires ou légales, dès lors que la loi impose leur publicité. La liste de l'article L. 622-30, alinéa 1er, du Code de commerce peut ainsi être précisée en visant les hypothèques tant immobilières que mobilières, les privilèges immobiliers spéciaux [2] ainsi que les privilèges mobiliers généraux soumis à publicité ; la liste légale peut, en outre, être complétée par les gages civils ou commerciaux sans dépossession, par le gage immobilier (antichrèse) ou encore par le crédit-bail mobilier [3]. Générale quant aux sûretés, la règle de l'arrêt du cours des inscriptions l'est également quant aux biens, puisqu'elle s'applique aux biens communs, même lorsque l'époux constituant est *in bonis* [4].

Effets. Le principe d'interdiction des inscriptions après le jugement d'ouverture implique qu'une sûreté réelle ne puisse produire ses effets dans la procédure (en particulier conférer un droit de préférence sur le prix de vente des actifs du débiteur) qu'à la condition d'avoir été publiée au plus tard la veille de ce jugement [5]. En effet, les inscriptions postérieures sont

1. Cette condition d'antériorité, implicite dans les textes, est clairement imposée par la Cour de cassation : « seules sont interdites les inscriptions d'hypothèques prises postérieurement au jugement d'ouverture en garantie de dettes nées antérieurement à celui-ci » (Com. 4 nov. 2014, inédit, n° 13-24561).

2. Sur le privilège du vendeur d'immeuble, cf. Com. 15 nov. 1983, *Bull. civ.* IV, n° 306. Sur le privilège du prêteur de deniers, cf. Com. 24 mars 2009, inédit, n° 08-11055.

3. Com. 11 mai 2010, *Bull. civ.* IV, n° 88.

4. Suivant la même motivation qu'au sujet de l'application des nullités de la période suspecte, à savoir que la communauté répond des dettes de chacun des époux et que, pendant sa durée, les droits de l'un ou de l'autre des époux ne peuvent être individualisés sur tout ou partie des biens communs ou sur l'un d'entre eux, la Cour de cassation décide que l'hypothèque constituée sur un immeuble commun ne peut plus faire l'objet d'une inscription postérieurement au jugement d'ouverture du redressement judiciaire de l'un des époux (Com. 20 mai 1997, inédit, n° 94-10997 ; *D.* 1998. Somm. 134, obs. J. Revel ; 3 févr. 1998, inédit, n° 94-15450).

5. Elle ne doit pas, en outre, avoir été constituée pendant la période suspecte ; v. ss 1247 s.

nulles [1] et n'autorisent donc pas à participer à la procédure en une autre qualité que celle de chirographaire. Dit autrement, la sûreté existe, mais elle est *inopposable* aux tiers, créanciers ou ayants cause du débiteur.

1263. ***Les inscriptions exceptionnellement admises.*** La règle de l'arrêt du cours des inscriptions au jour du jugement d'ouverture reçoit quelques exceptions, qui préservent l'efficacité des sûretés concernées.

L'article L. 622-30, alinéa 2, du Code de commerce prévoit une première dérogation au profit du *Trésor public :* en l'absence de publicité avant l'ouverture de la procédure collective, le Trésor conserve néanmoins son privilège général mobilier, non seulement pour les créances qu'il n'était pas tenu d'inscrire à la date du jugement d'ouverture [2], mais également pour les créances mises en recouvrement après cette date à condition qu'elles aient été déclarées [3].

L'article L. 622-30, alinéa 3, du Code de commerce contient une deuxième exception au bénéfice du *vendeur de fonds de commerce*, qui peut inscrire son privilège après le jugement d'ouverture. La portée de cette dérogation est cependant fort réduite puisque, l'article L. 141-6 du Code de commerce imposant à peine de nullité que l'inscription soit prise dans la quinzaine de l'acte de vente, l'exception ne peut jouer, en réalité, que si la vente du fonds de commerce est intervenue moins de quinze jours avant que l'acheteur ne fasse l'objet d'une procédure collective.

Une troisième exception résulte de l'article L. 622-7, II, du Code de commerce, qui permet au débiteur de se faire autoriser par le juge-commissaire à consentir une sûreté [4]. Bien que ce texte ne l'indique pas expressément, il est logique que la sûreté ainsi autorisée puisse être publiée au cours de la procédure.

Une quatrième exception a trait aux sûretés substituées [5]. Malgré le mutisme des articles L. 622-8 et L. 626-22 du Code de commerce sur la question de leur publication, il est nécessaire d'admettre leur inscription pendant la période d'observation ou le déroulement d'un plan de sauvegarde ou de redressement, car sinon elles n'auraient aucune efficacité et la substitution de garantie perdrait, de ce fait, toute légitimité.

À ces quatre exceptions tenant aux sûretés concernées par la règle de l'arrêt du cours des inscriptions, il convient d'ajouter deux exceptions relatives, cette fois, à la nature de l'inscription.

D'une part, les *inscriptions en renouvellement* sont permises après le jugement d'ouverture, dès lors que l'inscription initiale a été valablement effectuée avant celui-ci [6].

La jurisprudence admet, d'autre part, que les sûretés judiciaires conservatoires publiées à titre provisoire avant l'ouverture de la procédure puissent faire l'objet d'une *inscription définitive* postérieurement et ce, en raison de la rétroactivité de l'inscription définitive au jour de l'inscription provisoire [7].

---

1. La sanction d'une inscription postérieure au jugement d'ouverture est discutée en doctrine. Certains retiennent l'inopposabilité de l'inscription à la procédure. Mais cette interprétation est contestée depuis que la masse des créanciers a disparu. D'autres retiennent la nullité de l'inscription et en déduisent qu'elle profite à tous les autres créanciers, sans que les organes de la procédure ne puissent y renoncer.

Il convient de remarquer qu'en matière hypothécaire, cette question de la sanction de l'inscription postérieure ne devrait normalement pas se poser, car le service chargé de la publicité foncière devrait s'opposer à cette publication.

2. Com. 24 juin 2003, *Bull. civ.* IV, n° 107 ; v. ss 955, 1260, le champ de la publicité obligatoire du privilège du Trésor.
3. Com. 18 févr. 2003, *Bull. civ.* IV, n° 24.
4. Sur les sûretés autorisées, v. ss 1236 s.
5. Sur la substitution de garantie, v. ss 1242 s.
6. Com. 14 janv. 1997, *Bull. civ.* IV, n° 15.
7. Com. 17 nov. 1992, *Bull. civ.* IV, n° 358 ; 11 avr. 1995, inédit, n° 92-21563.

§ 3. L'arrêt des inscriptions dans les procédures de surendettement

1264. ***Fondement***. Aucun texte du Code de la consommation n'interdit l'inscription des sûretés réelles mobilières ou immobilières après l'engagement d'une procédure de traitement du surendettement. L'arrêt des inscriptions ne saurait être fondé sur les textes qui interdisent les procédures d'exécution, car l'inscription d'une sûreté n'est assurément pas une voie d'exécution. L'inscription ne devrait pas non plus tomber sous le coup des actes de disposition interdits au débiteur[1], parce que c'est la conclusion même de la sûreté, et non son inscription, qui constitue un acte de disposition.

L'inscription, après l'engagement d'une procédure de surendettement, des sûretés réelles nées antérieurement paraît cependant impossible. En effet, l'article 2427, alinéa 3, du Code civil, issu de l'ordonnance du 23 mars 2006, dispose qu'« en cas de saisie immobilière ou de procédure de sauvegarde, de redressement judiciaire ou de liquidation judiciaire ou encore en cas de procédure de traitement des situations de surendettement des particuliers, l'inscription des privilèges et hypothèques produit les effets réglés par les dispositions du titre XIX du livre III du présent code et par celles des titres II, III ou IV du livre sixième du Code de commerce ». Or, comme il vient d'être vu, le droit des entreprises en difficulté interdit de publier, pendant toute la durée de la procédure, les hypothèques, gages, nantissements et privilèges acquis avant le jugement d'ouverture. C'est donc par le jeu du *renvoi de l'article 2427, alinéa 3, du Code civil au Livre VI du Code de commerce* que l'inscription des sûretés réelles semble interdite au cours d'une procédure de surendettement[2].

1265. ***Exceptions***. Les exceptions reconnues en matière de procédure collective professionnelle devraient jouer dans les procédures de surendettement et préserver, par conséquent, l'efficacité des sûretés concernées. S'agissant des sûretés antérieures, deux types d'inscription devraient pouvoir avoir lieu après l'ouverture de la procédure : d'une part, une *inscription en renouvellement*, dès lors que l'inscription initiale aurait été valablement effectuée précédemment ; d'autre part, l'*inscription définitive* d'une sûreté judiciaire conservatoire publiée à titre provisoire avant l'ouverture de la procédure. Concernant les sûretés nouvelles, elles devraient pouvoir être inscrites chaque fois que la loi en autorise exceptionnellement la constitution[3].

Section 2
La déclaration de la créance et de la sûreté

Les procédures d'insolvabilité ébranlent l'efficacité des sûretés réelles en ce qu'elles subordonnent la participation de leurs titulaires en qualité de créanciers privilégiés à des formalités de déclaration portant, d'une part, sur les créances (§ 1) et, d'autre part, sur les sûretés elles-mêmes (§ 2).

---

1. C. consom., art. L. 331-3-1 et L. 331-5 ; v. ss 1239, 1240.
2. Pour une critique de ce renvoi, cf. M. Bourassin, « Sûretés et surendettement des particuliers », *LPA* 10 oct. 2012, n° 203, p. 4 s., spéc. n° 110.
3. V. ss 1239 s., 1245.

§ 1. La déclaration de la créance

La déclaration est l'acte par lequel un créancier manifeste son intention d'obtenir, dans le cadre de la procédure, le paiement de ce qui lui est dû. Elle est imposée, tant par le droit des entreprises en difficulté[1], que par celui du surendettement des particuliers. Mais, depuis la réforme du 26 juillet 2005, le non-respect de cette formalité est sanctionné moins sévèrement dans le cadre des procédures collectives professionnelles. En effet, l'extinction de la créance non déclarée, toujours imposée par le Code de la consommation[2], a été remplacée par son inopposabilité à la procédure.

Il importe de détailler le régime de la déclaration des créances tel qu'il a été modifié depuis la loi de sauvegarde des entreprises en difficulté.

C. com., art. L. 622-24. – À partir de la publication du jugement, tous les créanciers dont la créance est née antérieurement au jugement d'ouverture, à l'exception des salariés, adressent la déclaration de leurs créances au mandataire judiciaire dans des délais fixés par décret en Conseil d'État. Les créanciers titulaires d'une sûreté publiée ou liés au débiteur par un contrat publié sont avertis personnellement ou, s'il y a lieu, à domicile élu. Le délai de déclaration court à l'égard de ceux-ci à compter de la notification de cet avertissement.
La déclaration des créances peut être faite par le créancier ou par tout préposé ou mandataire de son choix. Le créancier peut ratifier la déclaration faite en son nom jusqu'à ce que le juge statue sur l'admission de la créance.
Lorsque le débiteur a porté une créance à la connaissance du mandataire judiciaire, il est présumé avoir agi pour le compte du créancier tant que celui-ci n'a pas adressé la déclaration de créance prévue au premier alinéa.
La déclaration des créances doit être faite alors même qu'elles ne sont pas établies par un titre. Celles dont le montant n'est pas encore définitivement fixé sont déclarées sur la base d'une évaluation. Les créances du Trésor public et des organismes de prévoyance et de sécurité sociale ainsi que les créances recouvrées par les organismes visés à l'article L. 5427-1 à L. 5427-6 du Code du travail qui n'ont pas fait l'objet d'un titre exécutoire au moment de leur déclaration sont admises à titre provisionnel pour leur montant déclaré. En tout état de cause, les déclarations du Trésor et de la sécurité sociale sont toujours faites sous réserve des impôts et autres créances non établis à la date de la déclaration. Sous réserve des procédures judiciaires ou administratives en cours, leur établissement définitif doit, à peine de forclusion, être effectué dans le délai prévu à l'article L. 624-1. Toutefois, si une procédure administrative d'établissement de l'impôt a été mise en œuvre, l'établissement définitif des créances qui en font l'objet doit être effectué avant le dépôt au greffe du compte rendu de fin de mission par le mandataire judiciaire. Le délai de cet établissement définitif est suspendu par la saisine de

---

1. Sur la constitutionnalité des dispositions du Code de commerce régissant l'obligation de déclarer les créances (C. com., art. L. 622-26, L. 622-24 et L. 631-8), cf. Com. 5 sept. 2013, QPC, *Bull. civ.* IV, n° 127 : « les dispositions critiquées, dont le but est de permettre une connaissance rapide du passif, n'établissent aucune distinction injustifiée en différenciant les points de départ des délais impartis selon la date de naissance de la créance, la publicité dont les droits du créancier ont fait l'objet ou la qualité de victime d'une infraction pénale du créancier, et n'excluent aucun créancier placé dans l'impossibilité de connaître l'existence de sa créance dans les six mois du bénéfice du délai supplémentaire accordé pour agir en relevé de forclusion ; qu'elles n'édictent aucune sanction ayant le caractère d'une punition ; qu'elles ne portent pas une atteinte substantielle au droit à un recours juridictionnel effectif en ce qu'elles ne font pas obstacle à la recevabilité d'une action en relevé de forclusion exercée après l'expiration du délai maximal d'un an prévu par l'article L. 622-26 du Code de commerce par un créancier placé dans l'impossibilité d'agir pendant ce délai ; que la question posée ne présente donc pas de caractère sérieux au regard des exigences qui s'attachent aux principes de valeur constitutionnelle invoqués ; D'où il suit qu'il n'y a pas lieu de renvoyer la question posée au Conseil constitutionnel ».

2. V. ss 1253 s.

l'une des commissions mentionnées à l'article L. 59 du livre des procédures fiscales jusqu'à la date de réception par le contribuable ou son représentant de l'avis de cette commission ou celle d'un désistement.
Les institutions mentionnées à l'article L. 3253-14 du Code du travail sont soumises aux dispositions du présent article pour les sommes qu'elles ont avancées et qui leur sont remboursées dans les conditions prévues pour les créances nées antérieurement au jugement ouvrant la procédure.
Les créances nées régulièrement après le jugement d'ouverture, autres que celles mentionnées au I de l'article L. 622-17, sont soumises aux dispositions du présent article. Les délais courent à compter de la date d'exigibilité de la créance. Toutefois, les créanciers dont les créances résultent d'un contrat à exécution successive déclarent l'intégralité des sommes qui leur sont dues dans des conditions prévues par décret en Conseil d'État.
Le délai de déclaration, par une partie civile, des créances nées d'une infraction pénale court dans les conditions prévues au premier alinéa ou à compter de la date de la décision définitive qui en fixe le montant, lorsque cette décision intervient après la publication du jugement d'ouverture.
Les créances alimentaires ne sont pas soumises aux dispositions du présent article.
C. com., art. L. 622-26. – À défaut de déclaration dans les délais prévus à l'article L. 622-24, les créanciers ne sont pas admis dans les répartitions et les dividendes à moins que le juge-commissaire ne les relève de leur forclusion s'ils établissent que leur défaillance n'est pas due à leur fait ou qu'elle est due à une omission du débiteur lors de l'établissement de la liste prévue au deuxième alinéa de l'article L. 622-6. Ils ne peuvent alors concourir que pour les distributions postérieures à leur demande.
Les créances non déclarées régulièrement dans ces délais sont inopposables au débiteur pendant l'exécution du plan et après cette exécution lorsque les engagements énoncés dans le plan ou décidés par le tribunal ont été tenus. Pendant l'exécution du plan, elles sont également inopposables aux personnes physiques coobligées ou ayant consenti une sûreté personnelle ou ayant affecté ou cédé un bien en garantie.
L'action en relevé de forclusion ne peut être exercée que dans le délai de six mois. Ce délai court à compter de la publication du jugement d'ouverture ou, pour les institutions mentionnées à l'article L. 3253-14 du Code du travail, de l'expiration du délai pendant lequel les créances résultant du contrat de travail sont garanties par ces institutions. Pour les créanciers titulaires d'une sûreté publiée ou liés au débiteur par un contrat publié, il court à compter de la réception de l'avis qui leur est donné. Par exception, si le créancier justifie avoir été placé dans l'impossibilité de connaître l'obligation du débiteur avant l'expiration du délai de six mois, le délai court à compter de la date à laquelle il est établi qu'il ne pouvait ignorer l'existence de sa créance.

1266. ***Domaine de l'obligation de déclaration***. À partir du jugement d'ouverture de la procédure de sauvegarde (y compris la sauvegarde accélérée, mais seulement à l'égard des créanciers n'ayant pas participé à la conciliation [1]), de redressement ou de liquidation judiciaire (à l'exclusion de la nouvelle procédure de rétablissement professionnel [2]), un

1. Dans la procédure de sauvegarde accélérée, la déclaration s'opère en revanche de manière originale à l'égard des créances des créanciers ayant participé à la conciliation. En effet, selon l'article L. 628-7 du Code de commerce, dans sa rédaction issue de l'ordonnance du 12 mars 2014, « le débiteur établit la liste des créances de chaque créancier ayant participé à la conciliation qui doivent faire l'objet de la déclaration prévue par le premier alinéa de l'article L. 622-24. Cette liste comporte les indications prévues aux deux premiers alinéas de l'article L. 622-25 (montant en principal en distinguant échu et à échoir, indication des intérêts dont le cours n'est pas arrêté, mention des sûretés). Elle est certifiée par le commissaire aux comptes ou, à défaut, fait l'objet d'une attestation de l'expert-comptable ; elle est déposée au greffe du tribunal par le débiteur. Le mandataire judiciaire transmet à chaque créancier figurant sur la liste l'extrait de la liste déposée concernant sa créance. Le dépôt de la liste au greffe du tribunal vaut déclaration au nom des créanciers si ceux-ci n'adressent pas la déclaration de leurs créances dans les conditions prévues aux articles L. 622-24 à L. 622-26 ».

2. Dans la mesure où cette procédure, instaurée par l'ordonnance du 12 mars 2014, ne profite qu'aux débiteurs personnes physiques dont l'actif est inférieur à 5000 euros, la valeur de cet actif doit

délai de deux mois commence à courir pour déclarer les créances nées avant le jugement d'ouverture et non encore éteintes à cette date. Les *créanciers antérieurs* titulaires d'une sûreté conventionnelle, judiciaire ou légale, mobilière ou immobilière sont, comme les autres, astreints à cette obligation. À titre d'exemple, sont tenus de déclarer leur privilège le Trésor public, les organismes sociaux ou encore les créanciers ayant consenti un nouvel apport de trésorerie ou fourni un bien ou un service au débiteur au cours de la procédure de conciliation [1]. L'AGS doit, elle aussi, déclarer les créances salariales figurant sur les relevés prévus par l'article L. 625-1 du Code de commerce.

Depuis la réforme du 26 juillet 2005, doivent également être déclarées les *créances postérieures* non mentionnées au I de l'article L. 622-17 du Code de commerce, c'est-à-dire non éligibles au traitement préférentiel (telles des créances qui ne seraient pas nées régulièrement) [2]. Les délais sont alors évidemment aménagés (art. L. 622-24, al. 6).

Par exception, les principaux créanciers titulaires de sûretés réelles qui échappent à l'exigence de déclaration sont les salariés (art. L. 622-24, al. 1er) [3] et les créanciers postérieurs bénéficiaires du privilège de la procédure [4] (art. L. 622-24, al. 6).

1267. *Information spéciale des créanciers titulaires de sûretés publiées*. Les créanciers titulaires d'une sûreté ayant fait l'objet d'une publication [5], quelle qu'en soit la nature [6], doivent être personnellement avertis [7], en la forme recommandée, de l'existence de la procédure collective et de l'obligation d'y déclarer leurs créances (art. L. 622-24, al. 1er).

La loi du 26 juillet 2005 a précisé qu'à l'égard de ces créanciers, le délai de déclaration court à compter de la notification de l'avertissement. Cela signifie qu'aucune sanction

---

être rapidement établie. C'est pourquoi le mandataire judiciaire doit informer sans délai les créanciers connus de l'ouverture de la procédure de rétablissement professionnel et doit les « inviter » à lui communiquer le montant de leur créance, ainsi que les droits patrimoniaux dont ils sont titulaires à l'égard du débiteur (C. com., art. L. 645-8). Il n'est pas question ici de déclaration des créances, puisque le rétablissement professionnel n'est pas une procédure collective de paiement impliquant une vérification du passif. Celui-ci a vocation à être effacé (C. com., art. L. 645-11).

1. Si les créanciers titulaires du privilège de la conciliation peuvent, depuis l'ordonnance du 12 mars 2014, être payés à l'échéance, vu que les plans de sauvegarde ou de redressement ne sauraient leur être imposés (v. ss 1284), ils ne devraient pas échapper à toute discipline collective, particulièrement à l'obligation de déclarer leurs créances et leurs sûretés. En ce sens, v. not. P.-M. Le Corre, « Premiers regards sur l'ordonnance du 12 mars 2014 réformant le droit des entreprises en difficulté », *D.* 2014. 733.

2. Sous l'empire de l'ancienne législation, aucun créancier postérieur n'était au contraire soumis à l'obligation de déclaration. Il existe donc désormais une césure très nette au sein des créanciers postérieurs entre ceux qui jouissent du privilège de la procédure et ceux qui n'en bénéficient pas et sont pour l'essentiel traités comme des créanciers antérieurs.

3. Cette mesure de faveur s'applique à l'ensemble des créances nées de l'exécution du contrat de travail aussi bien avant qu'après l'ouverture de la procédure.

4. L'ordonnance du 18 décembre 2008 a étendu cette catégorie de créanciers non soumis à l'obligation de déclaration en réintégrant parmi les créances postérieures couvertes par le privilège de la procédure celles nées en raison d'une prestation fournie au débiteur personne physique pour ses besoins personnels. Sur cette extension, v. ss 1225.

5. Com. 15 avr. 2008, *Bull. civ.* IV, n° 90 ; 6 déc. 2011, *Bull. civ.* IV, n° 201 : la qualité de créancier titulaire d'une sûreté publiée s'apprécie à la date du jugement d'ouverture de la procédure, peu important que la validité de la publicité puisse être ultérieurement contestée.

6. Par exemple, le privilège du Trésor (Com. 4 juill. 2000, *Bull. civ.* IV, n° 137).

7. Rennes, 10 mai 2011, n° RG 10/02277 : l'information au bénéfice des créanciers titulaires d'une sûreté publiée doit être donnée à chaque créancier et non pour chaque sûreté.

Sur la désignation du créancier dans l'avertissement personnel, cf. Com. 4 juin 2013, *Bull. civ.* IV, n° 94.

n'est encourue tant que l'avis n'a pas été reçu[1] ou si un avis irrégulier a été adressé au créancier. Peu importe à cet égard que le défaut d'avertissement ou son irrégularité n'ait causé aucun grief au créancier, car « l'avertissement prévu par l'article L. 622-24 du Code de commerce ne constitue pas un acte de procédure au sens de l'article 114 du Code de procédure civile »[2].

Si le créancier est averti personnellement par le mandataire judiciaire d'avoir à déclarer sa créance, avant la publication du jugement d'ouverture au Bodacc, le délai de deux mois court à compter de cette publication, et non de l'information personnelle reçue antérieurement[3].

1268. ***Sanction du défaut de déclaration***. Sous l'empire de la loi du 25 janvier 1985 (C. com., anc. art. L. 621-46, al. 4), la sanction du défaut de déclaration était radicale : la créance non déclarée était éteinte et, par voie accessoire, l'étaient également toutes les sûretés qui en confortaient le paiement[4]. La procédure collective produisait ainsi, par elle-même, un effet d'apurement du passif antérieur au jugement d'ouverture et nuisait gravement aux intérêts des créanciers, en particulier ceux titulaires de sûretés réelles.

Ces solutions excessives ont été abandonnées par la loi du 26 juillet 2005, sous l'influence du règlement communautaire relatif aux procédures d'insolvabilité, qui s'oppose à ce que l'ouverture d'une telle procédure affecte les droits réels d'un créancier ou d'un tiers sur les biens, corporels ou incorporels, meubles ou immeubles, qui se trouvent, au jour de l'ouverture de la procédure, sur le territoire d'un État membre de l'Union européenne autre que celui du lieu de l'État d'ouverture (art. 5 et 7[5]). En effet, l'article L. 622-

---

1. Cependant, et de manière assez contestable, la Cour de cassation décide que, « si la forclusion n'est pas opposable au créancier titulaire d'un contrat de crédit-bail publié dès lors qu'il n'a pas été averti personnellement d'avoir à déclarer sa créance, celui-ci reste néanmoins tenu de le faire pour agir contre la caution » (Com. 30 janv. 2007, *Bull. civ.* IV, n° 15).

2. Com. 17 févr. 2015, n° 13-24403, à paraître au *Bulletin* (en l'espèce, les juges du fond avaient considéré que l'avertissement était irrégulier, car y étaient annexés des textes obsolètes ; la Cour de cassation leur a reproché de ne pas avoir recherché si cet avertissement ne suffisait pas néanmoins à informer le créancier de ses droits et obligations).

3. Com. 30 oct. 2012, *Bull. civ.* IV, n° 196 ; 18 juin 2013, *Bull. civ.* IV, n° 103.

4. Dans les procédures de surendettement, l'extinction des créances non déclarées et l'extinction par voie accessoire des sûretés sont toujours d'actualité ; v. ss 1253 s.

5. Règlement (CE) n° 1346/2000 du Conseil du 29 mai 2000 relatif aux procédures d'insolvabilité, *JOCE* L 160 du 30 juin 2000.

Article 5 (article 7 du règlement n° 2015/848 du 20 mai 2015) :

1. L'ouverture de la procédure d'insolvabilité n'affecte pas le droit réel d'un créancier ou d'un tiers sur des biens corporels ou incorporels, meubles ou immeubles – à la fois des biens déterminés et des ensembles de biens indéterminés dont la composition est sujette à modification – appartenant au débiteur, et qui se trouvent, au moment de l'ouverture de la procédure, sur le territoire d'un autre État membre.

2. Les droits visés au paragraphe 1 sont notamment :

a) le droit de réaliser ou de faire réaliser le bien et d'être désintéressé par le produit ou les revenus de ce bien, en particulier en vertu d'un gage ou d'une hypothèque ;

b) le droit exclusif de recouvrer une créance, notamment en vertu de la mise en gage ou de la cession de cette créance à titre de garantie ;

c) le droit de revendiquer le bien et/ou d'en réclamer la restitution entre les mains de quiconque le détient ou en jouit contre la volonté de l'ayant-droit ;

d) le droit réel de percevoir les fruits d'un bien.

3. Est assimilé à un droit réel, le droit, inscrit dans un registre public et opposable aux tiers, permettant d'obtenir un droit réel au sens du paragraphe 1.

4. Le paragraphe 1 ne fait pas obstacle aux actions en nullité, en annulation ou en inopposabilité visées à l'article 4, paragraphe 2, point m).

26, alinéa 1er, du Code de commerce dispose, depuis la loi de 2005, qu'à défaut de déclaration [1], « les créanciers ne sont pas admis dans les répartitions et les dividendes » du plan de sauvegarde ou de redressement. L'ordonnance du 18 décembre 2008 a précisé, dans un nouvel alinéa 2, qu'il s'agit là d'une *inopposabilité* au débiteur des créances non déclarées [2] et ce, « pendant l'exécution du plan et après cette exécution lorsque les engagements énoncés dans le plan ou décidés par le tribunal ont été tenus ». Quelles conséquences ces changements emportent-ils sur la situation des créanciers négligents ?

Effets de l'inopposabilité sur les créanciers titulaires de sûretés réelles classiques. L'inopposabilité de la créance non déclarée compromet indéniablement l'efficacité des sûretés réelles qui la garantissent, puisqu'elle empêche leur réalisation au cours de la procédure et, par conséquent, un paiement par préférence sur le prix de vente des actifs du débiteur [3]. Les sûretés réelles risquent, en outre, d'être purement et simplement perdues chaque fois que la procédure collective produit un effet de purge.

Toutefois, la nouvelle sanction paraît moins attentatoire aux intérêts des créanciers que la précédente car, la créance n'étant pas éteinte, les poursuites peuvent reprendre après la clôture de la procédure (sous réserve du jeu de la prescription). Ainsi, dans les cas exceptionnels de reprise des poursuites individuelles en cas de clôture pour insuffisance d'actif [4], le créancier n'ayant pas déclaré devrait-il pouvoir recouvrer sa créance, selon les voies du droit commun, contre le débiteur personne physique. Son droit de poursuite reste également intact si le débiteur obtient une clôture de la procédure par extinction du passif. Par ailleurs, en cas de résolution du plan de sauvegarde ou de redressement, c'est-à-dire lorsque les engagements énoncés dans ce plan n'ont pas été respectés, l'inopposabilité de la créance à la procédure cesse (précision apportée par l'ordonnance du 18 décembre 2008), ce qui permet aux créanciers de faire valoir leurs droits dans la liquidation judiciaire qui s'en suit.

Si l'absence d'extinction de la créance non déclarée améliore donc, en apparence, la situation des créanciers, il ne faut cependant pas se cacher que les circonstances dans lesquelles des poursuites peuvent reprendre ne laissent guère espérer un paiement.

Effets de l'inopposabilité sur les créanciers rétenteurs. La prérogative essentielle conférée par le droit de rétention est un droit de ne pas faire, le plus souvent celui de ne

---

Article 7 (article 10 du règlement n° 2015/848 du 20 mai 2015) :

1. L'ouverture d'une procédure d'insolvabilité contre l'acheteur d'un bien n'affecte pas les droits du vendeur fondés sur une réserve de propriété, lorsque ce bien se trouve, au moment de l'ouverture de la procédure, sur le territoire d'un autre État membre que l'État d'ouverture.

2. L'ouverture d'une procédure d'insolvabilité contre le vendeur d'un bien, après la livraison de ce bien, ne constitue pas une cause de résolution ou de résiliation de la vente et ne fait pas obstacle à l'acquisition par l'acheteur de la propriété du bien vendu, lorsque ce bien se trouve au moment de l'ouverture de la procédure sur le territoire d'un autre État membre que l'État d'ouverture.

3. Les paragraphes 1 et 2 ne font pas obstacle aux actions en nullité, en annulation ou en inopposabilité visées à l'article 4, paragraphe 2, point m).

1. Si le juge-commissaire estime que la créance déclarée n'est pas suffisamment justifiée, il ne peut la rejeter sans inviter au préalable le créancier déclarant à produire les documents justificatifs faisant défaut (Com. 5 juin 2012, *Bull. civ.* IV, n° 114).

2. La Cour de cassation a décidé d'adopter cette sanction – l'inopposabilité des créances non déclarées – à l'égard des procédures ouvertes entre l'entrée en vigueur de la loi de 2005 et celle de l'ordonnance de 2008, c'est-à-dire entre le 1er janvier 2006 et le 15 février 2009 (Com. 30 nov. 2010, *Bull. civ.* IV, n° 165).

3. Sur ce paiement par préférence, v. ss 1310 s.

4. V. ss 1307, 1308.

pas restituer un bien à son débiteur. Ce pouvoir de blocage favorise incontestablement le désintéressement du créancier rétenteur[1], sans que celui-ci n'ait toutefois, à strictement parler, un droit au paiement. En conséquence, l'article L. 622-26, alinéa 1er, du Code de commerce, selon lequel le créancier n'ayant pas déclaré sa créance n'est pas admis à recevoir un paiement dans la procédure collective, ne suffit pas, à lui seul, à faire obstacle au jeu du droit de rétention. Dit autrement, le fait qu'un créancier négligent ne puisse pas recevoir un paiement n'implique pas qu'il ne puisse pas, non plus, refuser de restituer un bien de son débiteur à l'encontre duquel une procédure collective est ouverte. La sanction du défaut de déclaration édictée par la loi du 26 juillet 2005 (C. com., art. L. 622-26, al. 1er) n'était donc pas adaptée en présence de garanties dont l'efficacité repose sur un droit de ne pas faire[2]. L'ordonnance du 18 décembre 2008 a remédié à cette lacune en affirmant que les créances non déclarées en temps utile sont inopposables au débiteur en cas de sauvegarde ou de redressement judiciaire (C. com., art. L. 622-26, al. 2)[3]. Dans ces deux hypothèses, l'inopposabilité paralyse l'exercice de tous les droits garantissant les créances qu'elle affecte, donc non seulement le droit à un paiement préférentiel (pour les sûretés réelles classiques), mais également le droit de refuser la restitution d'un bien (pour le droit de rétention). L'efficacité redoutable du droit de rétention se trouve donc désormais subordonnée au respect de l'exigence de déclaration des créances, à tout le moins dans le cadre des procédures de sauvegarde ou de redressement judiciaire.

§ 2. La déclaration de la sûreté

C. com., art. L. 622-17. – IV. – Les créances impayées perdent le privilège que leur confère le II du présent article si elles n'ont pas été portées à la connaissance de l'administrateur et, à défaut, du mandataire judiciaire ou, lorsque ces organes ont cessé leurs fonctions, du commissaire à l'exécution du plan ou du liquidateur, dans le délai d'un an à compter de la fin de la période d'observation. Lorsque cette information porte sur une créance déclarée pour le compte du créancier en application de l'article L. 622-24, elle rend caduque cette déclaration si le juge n'a pas statué sur l'admission de la créance.
C. com., art. L. 622-25, al. 1er. – La déclaration porte le montant de la créance due au jour du jugement d'ouverture avec indication des sommes à échoir et de la date de leurs échéances. Elle précise la nature du privilège ou de la sûreté dont la créance est éventuellement assortie.
C. com., art. L. 641-13. – IV. – Les créances impayées perdent le privilège que leur confère le II du présent article si elles n'ont pas été portées à la connaissance du mandataire judiciaire, de l'administrateur lorsqu'il en est désigné ou du liquidateur au plus tard, dans le délai de six mois à compter de la publication du jugement ouvrant ou prononçant la liquidation ou, à défaut, dans le délai d'un an à compter de celle du jugement arrêtant le plan de cession. Lorsque cette information porte sur une créance déclarée pour le compte du créancier en application de l'article L. 622-24, elle rend caduque cette déclaration si le juge n'a pas statué sur l'admission de la créance.

Le droit des entreprises en difficulté ne se contente pas d'imposer la déclaration des créances. Il menace en outre les droits des créanciers en les contraignant à déclarer leurs

1. V. ss 1278 s.
2. Outre le droit de rétention, constitue une telle garantie l'exception de compensation, qui permet de refuser de payer le débiteur.
3. Pour les procédures ouvertes entre l'entrée en vigueur de la loi de 2005 et celle de l'ordonnance de 2008 (entre le 1er janvier 2006 et le 15 février 2009), cette lacune a été comblée par la Cour de cassation, qui a qualifié la sanction du défaut de déclaration inscrite dans la loi de 2005 d'inopposabilité, ce qui permet son application à toutes les garanties reposant sur un droit de ne pas faire.

sûretés [1]. Cette obligation incombe, non seulement à tous les créanciers tenus de déclarer leurs créances, mais également aux créanciers postérieurs éligibles au traitement préférentiel.

1269. ***La mention de la sûreté dans la déclaration de créance***. L'article L. 622-25, alinéa 1er, du Code de commerce, qui détaille le contenu de la déclaration de créance, indique qu'« elle précise la nature du privilège ou de la sûreté dont la créance est éventuellement assortie ». Selon une jurisprudence constante, à défaut d'être ainsi déclarées, les sûretés ne peuvent être invoquées dans la procédure [2]. Par conséquent, les créanciers tenus de déclarer leurs créances (créanciers antérieurs, à l'exception des salariés, et créanciers postérieurs ne bénéficiant pas du privilège de la procédure), qui omettent de préciser la nature des sûretés qui les garantissent, ne peuvent participer à la procédure qu'à titre chirographaire.

La Cour de cassation applique cette solution rigoureuse aux sûretés dont l'admission ou le rejet influe sur l'ordre des répartitions, c'est-à-dire aux sûretés réelles qui confèrent un droit de préférence. Y échappent au contraire, alors qu'elles jouent un rôle encore plus perturbateur, les garanties hors concours que sont le droit de rétention [3] et la clause de réserve de propriété [4].

1270. ***La déclaration du privilège de la procédure***. Les créanciers postérieurs qui remplissent les conditions de l'article L. 622-17 du Code de commerce sont dispensés de déclarer leurs créances. Ils doivent, en revanche, porter leur privilège à la connaissance des organes de la procédure de sauvegarde ou de redressement (C. com., art. L. 622-17, IV) ou encore de liquidation judiciaire (C. com., art. L. 641-13, IV et L. 631-14). Le non-respect de cette formalité, créée par la loi du 26 juillet 2005 dans le but d'accélérer les procédures et de maîtriser le passif privilégié, est lui aussi sanctionné très sévèrement : les créances non communiquées « perdent le privilège ». Toutefois, l'ordonnance du 18 décembre 2008 a précisé que seul se trouve concerné le privilège visé par le II des articles L. 622-17 et L. 641-13 du Code de commerce, c'est-à-dire uniquement le droit de préférence portant sur la totalité de l'actif du débiteur. N'est donc pas affecté, à l'inverse, le droit à un paiement à l'échéance, qui constitue l'autre prérogative attachée au privilège de la procédure. Cette précision préserve l'efficacité de cette sûreté.

---

1. Sur cette obligation de déclaration des sûretés dans les procédures de surendettement, v. ss 1254, 1256.
2. Com. 4 févr. 1992, *Bull. civ.* IV, nº 56 ; 17 juin 1997, inédit, n° 95-15945 ; 8 juin 1999, *Bull. civ.* IV, nº 125 ; *RTD com.* 1999. 968 obs. A. Martin-Serf.
3. Com. 20 mai 1997, *Bull. civ.* IV, nº 141.

Néanmoins, si le droit de rétention n'est légalement qu'un attribut d'un privilège, le défaut de déclaration de ce dernier emporte sa disparition (Com. 8 juin 1999, *Bull. civ.* IV, nº 125, relatif au droit de rétention du commissionnaire de transport).

4. Com. 2 mai 1990, *Rev. proc. coll.* 1991. 352, obs. B. Dureuil ; Com. 15 oct. 2013, *Bull. civ.* IV, n° 153 (en application des dispositions combinées des articles 2329 du Code civil et L. 624-9 du Code de commerce, si la clause de réserve de propriété constitue une sûreté réelle, elle ne confère à son bénéficiaire aucun droit de préférence dans les répartitions, de sorte que la créance résultant d'un contrat incluant une réserve de propriété ne peut être déclarée à titre privilégié).

Titre 2

Incidence des procédures d'insolvabilité sur le paiement des créanciers titulaires de sûretés réelles

C. com., art. L. 622-7. – I. – Le jugement ouvrant la procédure emporte, de plein droit, interdiction de payer toute créance née antérieurement au jugement d'ouverture, à l'exception du paiement par compensation de créances connexes. Il emporte également, de plein droit, interdiction de payer toute créance née après le jugement d'ouverture, non mentionnée au I de l'article L. 622-17. Ces interdictions ne sont pas applicables au paiement des créances alimentaires.

De même, il emporte, de plein droit, inopposabilité du droit de rétention conféré par le 4° de l'article 2286 du Code civil pendant la période d'observation et l'exécution du plan, sauf si le bien objet du gage est compris dans une cession d'activité décidée en application de l'article L. 626-1.

Il fait enfin obstacle à la conclusion et à la réalisation d'un pacte commissoire.

II. – Le juge-commissaire peut autoriser le débiteur à faire un acte de disposition étranger à la gestion courante de l'entreprise, à consentir une hypothèque, un gage ou un nantissement ou à compromettre ou transiger.

Le juge-commissaire peut aussi l'autoriser à payer des créances antérieures au jugement, pour retirer le gage ou une chose légitimement retenue ou encore pour obtenir le retour de biens et droits transférés à titre de garantie dans un patrimoine fiduciaire, lorsque ce retrait ou ce retour est justifié par la poursuite de l'activité. Ce paiement peut en outre être autorisé pour lever l'option d'achat d'un contrat de crédit-bail, lorsque cette levée d'option est justifiée par la poursuite de l'activité.

III. – Tout acte ou tout paiement passé en violation des dispositions du présent article est annulé à la demande de tout intéressé ou du ministère public, présentée dans un délai de trois ans à compter de la conclusion de l'acte ou du paiement de la créance. Lorsque l'acte est soumis à publicité, le délai court à compter de celle-ci.

C. consom., art. L. 331-3-1 *(extraits)*. – La décision déclarant la recevabilité de la demande emporte suspension et interdiction des procédures d'exécution diligentées à l'encontre des biens du débiteur ainsi que des cessions de rémunération consenties par celui-ci et portant sur les dettes autres qu'alimentaires. Les procédures et les cessions de rémunération sont suspendues ou interdites, selon les cas, jusqu'à l'approbation du plan conventionnel de redressement prévu à l'article L. 331-6, jusqu'à la décision imposant les mesures prévues par l'article L. 331-7, jusqu'à l'homologation par le juge des mesures recommandées en application des articles L. 331-7-1, L. 331-7-2 et L. 332-5 ou jusqu'au jugement d'ouverture d'une procédure de rétablissement personnel avec liquidation judiciaire. Cette suspension et cette interdiction ne peuvent excéder un an. Toutefois, lorsqu'en cas de saisie immobilière la vente forcée a été ordonnée, le report de la date d'adjudication ne peut résulter que d'une décision du juge chargé de la saisie immobilière, saisi à cette fin par la commission, pour causes graves et dûment justifiées.

Cette suspension et cette interdiction emportent interdiction pour le débiteur de faire tout acte qui aggraverait son insolvabilité, de payer, en tout ou partie, une créance autre qu'alimentaire, y compris les découverts mentionnés aux 10° et 11° de l'article L. 311-1, née antérieurement à la suspension ou à l'interdiction, de désintéresser les cautions qui acquitteraient des créances nées antérieurement à la suspension ou à l'interdiction, de faire un acte de disposition étranger à la gestion normale du patrimoine ; elles emportent aussi interdiction de prendre toute garantie ou sûreté.
Le débiteur peut toutefois saisir le juge du tribunal d'instance afin qu'il l'autorise à accomplir l'un des actes mentionnés à l'alinéa précédent.
C. consom., art. L. 331-5, al. 1er. – À la demande du débiteur, la commission peut saisir, avant la décision de recevabilité visée à l'article L. 331-3, le juge du tribunal d'instance aux fins de suspension des procédures d'exécution diligentées à l'encontre des biens du débiteur ainsi que des cessions de rémunération consenties par celui-ci et portant sur les dettes autres qu'alimentaires. En cas d'urgence, la saisine du juge peut intervenir à l'initiative du président de la commission, du délégué de ce dernier ou du représentant local de la Banque de France. La commission est ensuite informée de cette saisine. Lorsqu'elle est prononcée, la suspension s'applique dans les mêmes conditions et selon les mêmes modalités que celles prévues aux trois premiers alinéas de l'article L. 331-3-1.

1271. ***L'interdiction de principe des paiements après l'ouverture de la procédure.*** Lorsqu'un débiteur est soumis à une procédure d'insolvabilité, le paiement de ses créanciers est en principe interdit [1].

Le droit du surendettement interdit ainsi, sauf autorisation du juge d'instance, le paiement, en tout ou en partie, d'une créance autre qu'alimentaire, née antérieurement à la décision de la commission de surendettement déclarant le dossier recevable (C. consom., art. L. 331-3-1) ou, avant cette décision, née avant la suspension des procédures d'exécution ordonnée par le juge (C. consom., art. L. 331-5). Cette interdiction [2] dure jusqu'à l'orientation donnée au dossier [3], sans pouvoir excéder deux ans.

Le droit des entreprises en difficulté prohibe également, pendant la période d'observation (C. com., art. L. 622-7, I, relatif à la procédure de sauvegarde et art. L. 631-14 relatif à la procédure de redressement) et la liquidation judiciaire (C. com., art. L. 641-3), le paiement des créances antérieures au jugement d'ouverture, ainsi que celui, depuis la loi du 26 juillet 2005, des créances postérieures non couvertes par le privilège de la procédure.

Ces dispositions, inspirées par le souci d'assurer une discipline collective et surtout de permettre le redressement du débiteur, contreviennent à la force obligatoire des contrats conclus entre le débiteur et ses créanciers. La question se pose dès lors de savoir si l'efficacité des sûretés, dont la fonction est précisément de pallier l'impayé, pâtit ou non de l'application de ces règles de paiement.

1272. ***Les deux formes de paiement procurées par les sûretés réelles.*** Les sûretés réelles permettent le désintéressement, au moins partiel, de leurs titulaires. Toutes ne conduisent cependant pas à ce résultat de la même manière. Certaines dérogent purement

1. Sur les raisons et la portée de ce principe, cf. not. F. Pérochon, « Les interdictions de paiement et le traitement des sûretés réelles », *D.* 2009. 651.

2. Les paiements y contrevenant peuvent être annulés par le juge, à la demande de la commission, présentée pendant le délai d'un an à compter du paiement de la créance (C. consom., art. L. 333-2-1, al. 1er).

3. Il peut s'agir, soit de l'approbation du plan amiable, soit de la décision de la commission imposant des mesures de redressement, soit de l'homologation par le juge des mesures recommandées par la commission, soit encore du jugement d'ouverture d'une procédure de rétablissement personnel avec liquidation judiciaire.

et simplement à la règle précitée de l'interdiction des paiements après le jugement d'ouverture, en procurant à leurs bénéficiaires un *paiement à l'échéance* (Chapitre 1). D'autres permettent, de manière plus classique, un *paiement par préférence* sur le prix de cession, soit de l'entreprise elle-même, soit de certains de ses actifs, ou sur les deniers de la liquidation (Chapitre 2). Ces deux formes de paiement n'offrent pas la même sécurité aux créanciers : dans le premier cas, les créanciers ne souffrent d'aucune concurrence sur le prix qu'ils sont amenés à recevoir ; dans le second cas, à l'inverse, les créanciers sont soumis à la loi du concours. Cette distinction permet de mettre en lumière le degré d'efficacité des différentes sûretés réelles.

Chapitre 1

Le paiement à l'échéance

1273. ***Le moment d'exigibilité des créances.*** L'article L. 622-29 du Code de commerce pose le principe selon lequel le jugement d'ouverture d'une procédure de sauvegarde ou de redressement judiciaire ne rend pas exigibles les créances non échues à la date de son prononcé [1]. Cette règle, sous-tendue par l'objectif de redressement du débiteur, ne souffre aucune clause contraire. À l'inverse, « le jugement qui ouvre ou prononce la liquidation judiciaire rend exigibles les créances non échues » (C. com., art. L. 643-1 [2]), et ce pour accélérer les répartitions.

Ainsi, soit au moment de l'échéance initialement convenue entre le débiteur en difficulté et son créancier, soit au plus tard lors de l'ouverture d'une procédure de liquidation judiciaire, se pose la question du paiement des créanciers.

1274. ***Les exceptions au principe d'interdiction des paiements après l'ouverture de la procédure.*** En droit des entreprises en difficulté, la règle de l'interdiction des paiements pendant la période d'observation (C. com., art. L. 622-7, I et L. 631-14) ou la liquidation judiciaire (C. com., art. L. 641-3) reçoit des exceptions au bénéfice de certains créanciers titulaires de sûretés réelles, qui échappent, par là même, au concours sur le prix de vente des biens du débiteur [3]. Ce paiement exceptionnel à l'échéance, exclusif de l'ordre dans lequel s'exercent les droits de préférence et donc très protecteur des intérêts des créanciers bénéficiaires, peut prendre deux formes.

Certains créanciers reçoivent de l'argent, ou bien prélevé sur les fonds disponibles de l'entreprise débitrice, ou bien versé par le repreneur de celle-ci. Il s'agit d'un paiement au sens strict, que l'on peut aussi qualifier de *direct* (Section 1).

D'autres créanciers ont le droit de conserver ou d'acquérir la propriété d'un bien, dont la valeur vient en déduction de leur créance. Il ne s'agit pas d'un paiement *stricto sensu*,

---

1. De la même manière, ni le dépôt d'un dossier de surendettement, ni la décision de la commission déclarant cette demande recevable, ni les décisions du juge en matière de rétablissement personnel, ne constituent des causes de déchéance du terme. Le créancier doit donc attendre, le cas échéant, que la dette du débiteur surendetté soit exigible pour pouvoir mettre en œuvre les sûretés portant sur les biens de celui-ci.

2. Ce texte comporte toutefois un tempérament : « lorsque le tribunal autorise la poursuite de l'activité au motif que la cession totale ou partielle de l'entreprise est envisageable, les créances non échues sont exigibles à la date du jugement statuant sur la cession ou, à défaut, à la date à laquelle le maintien de l'activité prend fin ».

3. Dans le Titre III du Livre III du Code de la consommation, il n'est pas dérogé au principe d'interdiction des paiements au profit des créanciers titulaires de sûretés réelles. Certains juges du fond semblent cependant admettre un paiement indirect, c'est-à-dire par le jeu du droit de propriété, au profit de vendeurs restés propriétaires grâce à une clause de réserve de propriété et ce, après la clôture de la procédure de rétablissement personnel pour insuffisance d'actif (Bordeaux, 8 juin 2009, *Juris-Data* n° 2009-005675).

puisqu'aucun règlement monétaire ne survient. Néanmoins, dans la mesure où, par le biais du droit de propriété, la créance s'éteint au moins en partie, il est permis de parler de paiement, en le qualifiant d'*indirect* pour évoquer l'intermédiation du droit de propriété (Section 2).

Section 1
Le paiement direct

Pour des raisons diverses, quatre catégories de créanciers échappent à la règle de l'interdiction des paiements. Peuvent ainsi recevoir des fonds, alors même que leur débiteur fait l'objet d'une procédure collective professionnelle, les salariés (§ 1), les créanciers titulaires d'un droit – droit de rétention ou droit de propriété – sur un ou plusieurs biens utiles au bon déroulement de la procédure (§ 2), les bénéficiaires du privilège de la procédure ou du privilège de conciliation (§ 3) et, enfin, les titulaires de sûretés transférées au cessionnaire de l'entreprise débitrice (§ 4).

§ 1. Le paiement des salariés

C. com., art. L. 625-8. – Nonobstant l'existence de toute autre créance, les créances que garantit le privilège établi aux articles L. 143-10, L. 143-11, L. 742-6 et L. 751-15 du Code du travail doivent, sur ordonnance du juge-commissaire, être payées dans les dix jours du prononcé du jugement ouvrant la procédure par le débiteur ou, lorsqu'il a une mission d'assistance, par l'administrateur, si le débiteur ou l'administrateur dispose des fonds nécessaires.
Toutefois, avant tout établissement du montant de ces créances, le débiteur ou l'administrateur s'il a une mission d'assistance doit, avec l'autorisation du juge-commissaire et dans la mesure des fonds disponibles, verser immédiatement aux salariés, à titre provisionnel, une somme égale à un mois de salaire impayé, sur la base du dernier bulletin de salaire, et sans pouvoir dépasser le plafond visé à l'article L. 143-10 du Code du travail.
À défaut de disponibilités, les sommes dues en vertu des deux alinéas précédents doivent être acquittées sur les premières rentrées de fonds.
C. com., art. L. 626-20. – I.– Par dérogation aux dispositions des articles L. 626-18 et L. 626-19, ne peuvent faire l'objet de remises ou de délais qui n'auraient pas été acceptés par les créanciers :
1° Les créances garanties par le privilège établi aux articles L. 3253-2, L. 3253-4 et L. 7313-8 du Code du travail ;
2° Les créances résultant d'un contrat de travail garanties par les privilèges prévus au 4° de l'article 2101 et au 2° de l'article 2104 du Code civil lorsque le montant de celles-ci n'a pas été avancé par les institutions mentionnées à l'article L. 3253-14 du Code du travail ou n'a pas fait l'objet d'une subrogation ;
3° Les créances garanties par le privilège établi au premier alinéa de l'article L. 611-11.
II.– Dans la limite de 5 % du passif estimé, les créances les plus faibles prises dans l'ordre croissant de leur montant et sans que chacune puisse excéder un montant fixé par décret, sont remboursées sans remise ni délai. Cette disposition ne s'applique pas lorsque le montant des créances détenues par une même personne excède un dixième du pourcentage ci-dessus fixé ou lorsqu'une subrogation a été consentie ou un paiement effectué pour autrui.

Parce que les créances salariales présentent un caractère alimentaire indéniable, le principe d'interdiction du paiement des créances antérieures au jugement d'ouverture est écarté en faveur des salariés. Leur super-privilège se traduit, en effet, par un paiement direct opéré, soit sur les fonds disponibles de l'entreprise s'ils sont suffisants, soit, dans le cas contraire, par l'AGS.

1275. ***Super-privilège des salariés.*** Le super-privilège ne répond pas seulement à l'objectif de tout privilège, le paiement par préférence sur le prix de vente des actifs du débiteur. Il donne en outre aux salariés le droit d'être payés à bref délai, sans entrer en concours avec d'autres créanciers et sans subir la règle de subsidiarité des privilèges pleinement généraux [1].

Sur les fonds disponibles ou les premières rentrées de fonds, l'administrateur ou le liquidateur doit verser immédiatement aux salariés, avant même l'établissement du montant des créances, une provision correspondant à un mois de salaire, dans la limite toutefois du plafond visé à l'article L. 3253-2 du Code du travail (C. com., art. L. 625-8, al. 2 et 3) [2].

Le reliquat des créances super-privilégiées doit être versé, nonobstant l'existence de toute autre créance, dans les dix jours du prononcé du jugement ouvrant la procédure, si l'administrateur ou le liquidateur dispose des fonds nécessaires (C. com., art. L. 625-8, al. 1er).

1276. ***Intervention subsidiaire de l'AGS.*** Si les fonds disponibles de l'entreprise sont insuffisants [3], l'AGS est tenue à paiement, à hauteur de certains plafonds [4] et dans de *brefs délais* [5].

Les règlements doivent être effectués entre les mains, non des salariés eux-mêmes, mais du mandataire judiciaire ou du liquidateur, qui sont tenus à un reversement immédiat, même en cas de contestation par des tiers.

Les paiements opérés par l'AGS ne sont que des *avances*, puisqu'elle peut les récupérer dans la procédure collective. Ainsi, pour toutes les sommes versées dans la procédure de sauvegarde, l'AGS se trouve-t-elle subrogée dans les droits des salariés. Dans le cadre d'une procédure de redressement ou de liquidation judiciaire, deux catégories de créances donnent lieu à subrogation : les créances super-privilégiées et les créances postérieures à l'ouverture de la procédure [6]. Pour toutes les autres créances salariales avancées, l'AGS n'est pas subrogée dans les droits des salariés qu'elle a payés, ce qui l'oblige notamment à déclarer ces créances.

1277. ***Paiement hors plan.*** Le paiement des salariés privilégiés ne saurait être diminué ou retardé par le plan de sauvegarde, sans qu'ils n'y consentent, puisque l'article L. 626-20 du Code de commerce prévoit que leurs créances [7] « ne peuvent faire l'objet de remises ou de délais qui n'auraient pas été acceptés ».

---

1. Bordeaux, 14 mars 1988, *Rev. proc. coll.* 1989. 239, obs. Dureuil.
Sur le principe de subsidiarité des privilèges portant sur la totalité de l'actif du débiteur, v. ss 785.

2. Ce paiement immédiat sur les fonds disponibles du redevable soumis à une procédure collective ou les premières rentrées de fonds est réservé aux salariés. Il ne saurait profiter aux organismes de prévoyance et de sécurité sociale, alors même que leur privilège mobilier a le même rang que celui des salariés selon l'article L. 243-4, alinéa 1er, du Code de la sécurité sociale (Com. 9 juill. 2013, *Bull. civ.* IV, n° 122 ; 18 juin 2013, *Bull. civ.* IV, n° 106).

3. L'AGS peut contester la réalité de cette insuffisance des fonds de l'entreprise devant le juge-commissaire. L'avance des fonds doit alors être autorisée par ce dernier.

4. Sur les plafonds limitant cette garantie, v. ss 1231.

5. L'AGS doit régler les créances super-privilégiées dans les cinq jours de la réception des relevés de créances salariales, qui doivent eux-mêmes être établis dans les dix jours du jugement d'ouverture. Les autres créances salariales antérieures à l'ouverture de la procédure doivent être réglées par l'AGS dans les huit jours de la réception des relevés relatifs à ces créances, qui doivent être établis dans les trois mois du jugement d'ouverture. Pour les créances postérieures à celui-ci, le paiement doit intervenir dans les trois mois suivant la période garantie.

6. Sur le classement des créances de l'AGS, lorsqu'elle est subrogée dans les droits des salariés, cf. Com. 11 juin 2014, *Bull. civ.* IV, n° 103 ; P.-M. Le Corre, « Pour une clarification du traitement des créances de remboursement des avances de l'AGS », *D.* 2014. 378.

7. Celles garanties par le super-privilège des articles L. 3253-2, L. 3253-4 et L. 7313-8 du Code du travail et celles garanties par les privilèges prévus au 4° de l'article 2101 et au 2° de l'article 2104 du Code civil lorsque leur montant n'a pas été avancé par l'AGS.

§ 2. Le paiement des créanciers titulaires d'un droit de rétention ou de propriété sur des biens utiles au bon déroulement de la procédure

C. com., art. L. 622-7 (*extraits*). – I. De même, il (le jugement ouvrant la procédure) emporte, de plein droit, inopposabilité du droit de rétention conféré par le 4° de l'article 2286 du Code civil pendant la période d'observation et l'exécution du plan, sauf si le bien objet du gage est compris dans une cession d'activité décidée en application de l'article L. 626-1.
II. – Le juge-commissaire peut autoriser le débiteur à faire un acte de disposition étranger à la gestion courante de l'entreprise, à consentir une hypothèque, un gage ou un nantissement ou à compromettre ou transiger.
Le juge-commissaire peut aussi l'autoriser à payer des créances antérieures au jugement, pour retirer le gage ou une chose légitimement retenue ou encore pour obtenir le retour de biens et droits transférés à titre de garantie dans un patrimoine fiduciaire, lorsque ce retrait ou ce retour est justifié par la poursuite de l'activité. Ce paiement peut en outre être autorisé pour lever l'option d'achat d'un contrat de crédit-bail, lorsque cette levée d'option est justifiée par la poursuite de l'activité.
C. com., art. L. 641-3, al. 1er et 2. – Le jugement qui ouvre la liquidation judiciaire a les mêmes effets que ceux qui sont prévus en cas de sauvegarde par les premier et troisième alinéas du I et par le III de l'article L. 622-7, par les articles L. 622-21 et L. 622-22, par la première phrase de l'article L. 622-28 et par l'article L. 622-30.
Le juge-commissaire peut autoriser le liquidateur ou l'administrateur lorsqu'il en a été désigné à payer des créances antérieures au jugement, pour retirer le gage ou la chose légitimement retenue ou encore, lorsque le paiement à intervenir est d'un montant inférieur à la valeur vénale du bien objet du contrat, pour lever l'option d'achat d'un contrat de crédit-bail.

1278. Certains biens sont utiles au bon déroulement de la procédure collective, soit que leur utilisation favorise, voire subordonne, la poursuite de l'activité du débiteur (en cas de sauvegarde ou de redressement et, plus exceptionnellement, de liquidation), soit que leur vente contribue à l'apurement du passif (dans le cadre de la liquidation judiciaire). Or, des créanciers peuvent être titulaires, sur ces biens, de droits exclusifs, qui constituent dès lors des obstacles au bon déroulement de la procédure. Il en va ainsi du droit de rétention et du droit de propriété. Afin d'éviter les blocages que l'exercice de ces droits pourrait provoquer, le droit des entreprises en difficulté permet aux créanciers rétenteurs ou propriétaires (fiduciaires ou crédit-bailleurs) de biens utiles à la procédure d'être payés, moyennant l'extinction par voie accessoire de leur garantie. Ce paiement direct révèle l'efficacité redoutable de ces sûretés hors concours, que sont le droit de rétention et le droit de propriété, dans le contexte si important en pratique d'une procédure collective professionnelle. Il convient de détailler les manifestations de cette efficacité pour chacun de ces deux droits et ce, dans les diverses procédures que l'entreprise débitrice peut connaître.

1279. ***Paiement des créanciers exerçant un droit de rétention effectif (gagistes mis en possession ou simples rétenteurs).*** Pour éviter une situation de blocage qui pourrait compromettre le redressement du débiteur ou, à tout le moins, le bon déroulement de la procédure, le droit des entreprises en difficulté reconnaît, mais tout en aménageant ses effets, l'efficacité du droit de rétention exercé en garantie d'une créance antérieure à l'ouverture de la procédure, à condition, rappelons-le, que celle-ci ait bien été déclarée [1].

---

1. V. ss 1268.

En effet, quel que soit son fondement (connexité conventionnelle, juridique ou matérielle [1]), dès lors seulement qu'il repose sur une détention matérielle (tel est notamment le cas dans un gage avec mise en possession du créancier), le droit de rétention autorise un *paiement direct, moyennant la restitution de la chose.* Ce paiement, opéré hors concours, est consacré aux différentes étapes de la procédure.

Dans la sauvegarde et le redressement judiciaire, par dérogation au principe d'interdiction du paiement des créances antérieures, le débiteur et/ou l'administrateur judiciaire [2] peuvent, avec l'autorisation du juge-commissaire, régler la créance antérieure garantie par le droit de rétention, afin de récupérer la chose si celle-ci est nécessaire à la poursuite de l'activité (C. com., art. L. 622-7, II, al. 2 et, par renvoi, art. L. 631-14).

Le droit de rétention est maintenu si *la chose est vendue* dans le cadre d'un plan de redressement ou englobée dans un plan de cession globale de l'entreprise (C. com., art. L. 642-12, al. 5 [3]). Le rétenteur ne peut donc être contraint de se dessaisir du bien tant qu'il n'a pas obtenu le paiement de l'intégralité des sommes qui lui sont dues.

Enfin, en cas de *liquidation judiciaire*, le liquidateur peut, avec l'autorisation du juge-commissaire, retirer la chose retenue, mais à condition, là encore, de payer la dette garantie (C. com., art. L. 641-3, al. 2) [4]. En pratique, un tel retrait ne présente un intérêt que si la vente du bien est susceptible de rapporter un prix supérieur au montant de la créance.

1280. ***Sort des créanciers titulaires d'un droit de rétention fictif.*** Le droit de rétention fictif est celui que la loi peut accorder à un créancier en l'absence de toute détention matérielle d'un bien appartenant à son débiteur. Après avoir été reconnu ponctuellement par des textes spéciaux régissant des sûretés mobilières sans dépossession (notamment le décret du 30 septembre 1953 relatif au gage sur véhicule automobile et la loi du 2 juillet 1996 pour le nantissement de comptes-titres), le droit de rétention fictif a été généralisé par la loi de modernisation de l'économie du 4 août 2008 au gage sans dépossession (C. civ., nouv. art. 2286, 4°), ce qui recouvre sans doute le gage sans dépossession de droit commun, ainsi que les gages spéciaux jusqu'alors dépourvus d'un droit de rétention (en particulier, les gages portant sur des stocks ou sur de l'outillage ou du matériel d'équipement), à l'exclusion en revanche des nantissements de meubles incorporels non assortis par la loi d'un droit de rétention fictif spécial (tel le nantissement de fonds de commerce [5]) [6]. L'ordonnance du 18 décembre 2008, conformément à l'habilitation donnée au gouvernement par la loi du 4 août 2008 d'adapter les effets du nouveau droit de rétention

---

1. V. ss 738 s.

2. Dans la sauvegarde, l'autorisation de payer est désormais donnée au seul débiteur. En effet, pour rendre cette procédure préventive plus attractive, l'ordonnance du 18 décembre 2008 a renforcé l'autonomie du chef d'entreprise et diminué corrélativement les prérogatives de l'administrateur judiciaire, qui ne peut plus, en particulier, être autorisé par le juge-commissaire à retirer un bien retenu contre paiement.

Dans le redressement judiciaire, l'autorisation de payer est donnée à l'administrateur lorsque celui-ci représente le débiteur. Lorsqu'il a seulement une mission d'assistance, l'administrateur exerce cette prérogative « concurremment » avec le débiteur.

3. « Les dispositions du présent article (prévoyant l'extinction des sûretés moyennant l'affectation d'une quote-part du prix de cession) n'affectent pas le droit de rétention acquis par un créancier sur des biens compris dans la cession ».

4. V. ss 1324, l'hypothèse dans laquelle le liquidateur n'opérerait pas ce retrait dans les six mois du jugement de liquidation.

5. Com. 26 nov. 2013, inédit, n° 12-27390.

6. Sur les difficultés d'interprétation de l'article 2286, 4° du Code civil quant aux sûretés sans dépossession concernées, v. ss 749.

fictif en cas d'ouverture d'une procédure de sauvegarde ou de redressement judiciaire, a seulement précisé le régime du droit de rétention fictif de l'article 2286, 4° du Code civil. Il serait toutefois cohérent de soumettre les autres droits de rétention fictifs consacrés par des textes spéciaux à ce même régime [1]. Celui-ci est complexe, car les auteurs de l'ordonnance ont poursuivi deux objectifs opposés, à savoir préserver les chances de sauvetage de l'entreprise, en réduisant les effets du droit de rétention fictif en cas de sauvegarde ou de redressement judiciaire et, à l'inverse, favoriser le crédit aux entreprises, en amplifiant lesdits effets en cas de liquidation judiciaire.

En principe, le jugement ouvrant *la procédure de sauvegarde* (C. com., art. L. 622-7, I, al. 2) *ou de redressement judiciaire* (C. com., art. L. 631-14, al. 1er, par renvoi au texte précédent) « emporte, de plein droit, inopposabilité du droit de rétention conféré par le 4° de l'article 2286 du Code civil pendant la période d'observation et l'exécution du plan » [2]. Pour permettre au débiteur, soit de continuer à faire usage du bien gagé, soit de le vendre pour assurer de la trésorerie, et favoriser, en conséquence, le maintien de l'exploitation, le droit de rétention fictif se trouve donc neutralisé : il n'autorise le gagiste, ni à réclamer la détention du bien, ni à recevoir un paiement direct. Autrement dit, les organes de la procédure sont fondés à agir comme si le droit de rétention n'existait pas. La situation du gagiste sans dépossession est donc identique à celle qui était la sienne avant la loi de modernisation de l'économie (il ne bénéficie que d'un droit de préférence [3], et non d'un droit à paiement à l'échéance).

Au contraire, le droit de rétention fictif est théoriquement efficace dans deux hypothèses de *cession*. D'abord, si un plan de sauvegarde ou de redressement judiciaire comporte une cession d'activité et qu'un bien gagé sans dépossession est compris dans cette cession, l'ordonnance du 18 décembre 2008 a prévu l'opposabilité du droit de rétention fictif au cessionnaire (C. com., art. L. 622-7, I, al. 2, *in fine*, et, par renvoi, art. L. 631-14, al. 1er). Ensuite, en présence d'un plan de cession globale, comme l'article L. 642-12, alinéa 5, du Code de commerce affirme que ses dispositions « n'affectent pas le droit de rétention acquis par un créancier sur des biens compris dans la cession », le droit de rétention fictif devrait être autant concerné que le droit de rétention effectif [4]. Dans ces deux hypothèses de cession, le cessionnaire devrait être tenu de payer au créancier titulaire du droit de rétention fictif la totalité de ce qui lui est dû. L'efficacité du droit de rétention serait alors indéniable, puisqu'il autoriserait un paiement intégral, alors que les autres créanciers titulaires de sûretés dont le cessionnaire supporte la charge ne peuvent recevoir de ce dernier que les échéances qui restent dues à compter du transfert de la propriété du

1. Au contraire, selon le rapport de présentation de l'ordonnance du 18 décembre 2008 au président de la République, les droits de rétention institués par des textes spéciaux ne devraient pas être affectés.

2. À qui le droit de rétention est-il inopposable ? Faute de précision dans le texte, on peut considérer qu'il s'agit d'une inopposabilité à la procédure collective. Cette interprétation, que confortent certes de très nombreux arrêts de la Cour de cassation (par exemple, lorsqu'elle sanctionne un acte passé par le débiteur au mépris de son dessaisissement), contredit cependant la disparition de la masse des créanciers depuis la loi du 25 janvier 1985. Mais, « force est d'admettre que la masse des créanciers est toujours vivante, elle que l'on a voulu enterrer et qui est ressuscitée, après quelques années seulement » (P.-M. Le Corre, « La mesure de l'efficacité des gages sans dépossession dans les procédures collectives », *JCP E* 2009. 1204).

3. Ce droit n'étant pas affecté par l'inopposabilité du droit de rétention fictif, si le bien est vendu en période d'observation, la consignation du prix de vente prévue par l'article L. 622-8, alinéa 1er, du Code de commerce devra être respectée. Plus précisément, la quote-part du prix correspondant aux créances garanties par le gage devra être versée en compte de dépôt à la Caisse des dépôts et consignations (v. ss 1310).

4. En ce sens, cf. le rapport de présentation de l'ordonnance au président de la République.

bien grevé (C. com., art. L. 642-12, al. 4)[1]. Toutefois, le conditionnel est plus que de rigueur car, appliqué au droit de rétention fictif, le principe d'opposabilité au cessionnaire risque fort de n'avoir aucune incidence pratique. En effet, faute pour le gagiste d'être en possession du bien gagé, il ne dispose d'aucun réel pouvoir de blocage, qui est pourtant essentiel pour inciter le cessionnaire à le payer. L'opposabilité du droit de rétention fictif du gagiste sans dépossession pourrait donc, finalement, n'être que « purement incantatoire » si elle ne se trouve pas corrélée par une obligation imposée au débiteur ou à l'administrateur de ne pas remettre le bien gagé au cessionnaire[2].

Enfin, en cas de *liquidation judiciaire*, l'ordonnance du 18 décembre 2008 n'a prévu aucune règle propre au droit de rétention fictif (la loi d'habilitation n'avait pas visé cette procédure). Il en résulte que l'article L. 641-3, alinéa 2, du Code de commerce devrait pouvoir s'appliquer, sans distinction, à tous les droits de rétention. Cela conforterait indéniablement les effets du droit de rétention fictif en cas de liquidation judiciaire, mais aurait néanmoins de quoi surprendre, car le droit de rétention fictif ne confère, par définition même, aucun réel pouvoir de blocage, alors que c'est précisément pour éviter un tel blocage que le paiement direct de créanciers antérieurs se trouve exceptionnellement autorisé[3].

1281. ***Paiement des créanciers fiduciaires***. Conformément à la loi d'habilitation du 4 août 2008, l'ordonnance du 18 décembre 2008 portant réforme du droit des entreprises en difficulté a précisé les effets de la fiducie-sûreté des articles 2011 à 2030 du Code civil (et non les autres fiducies-sûretés telle que la cession Dailly) en cas d'ouverture d'une procédure de sauvegarde ou de redressement judiciaire. Si l'essentiel de ce nouveau régime concerne le paiement indirect que le droit de propriété sur les biens transférés peut procurer au fiduciaire[4], un paiement au sens strict a également été autorisé. En effet, l'article L. 622-7, II du Code de commerce prévoit désormais que le juge-commissaire peut autoriser le débiteur « à payer des créances antérieures au jugement (...) pour obtenir le retour de biens et droits transférés à titre de garantie dans un patrimoine fiduciaire, lorsque (...) ce retour est justifié par la poursuite de l'activité ». Le paiement du créancier fiduciaire suppose donc que ce dernier soit en possession de biens utiles à la poursuite de l'activité dans le cadre d'une procédure, soit de sauvegarde, soit de redressement judiciaire (C. com., art. L. 631-14, par renvoi à l'art. L. 622-7). Il s'agit des mêmes conditions que celles entourant le retrait des biens se trouvant entre les mains d'un rétenteur[5]. Il apparaît ainsi que c'est de la *détention matérielle de biens utiles au débiteur* que dépend la protection de ces créanciers. En conséquence, l'efficacité de la fiducie-sûreté sans dépossession (les biens ou droits présents dans le patrimoine fiduciaire font alors l'objet d'une convention en vertu de laquelle le constituant en conserve l'usage ou la jouissance) est nécessairement moindre que celle de la fiducie-sûreté avec mise en possession du fiduciaire[6]. Cela devrait se traduire par le développement de la fiducie-sûreté avec entiercement, dans laquelle la possession a lieu *corpore alieno*, c'est-à-dire par l'intermédiaire d'un tiers convenu.

1. V. ss 1285, 1286.
2. En ce sens, cf. A. Aynès, « Précisions sur le sort du gage sans dépossession en cas de procédure collective », *JCP* 2009. I. 119.
3. Sur l'efficacité douteuse, en pratique, du droit de rétention fictif en cas de liquidation judiciaire, cf. A. Aynès, *ibid.*
4. V. ss 1297 s.
5. V. ss 1279.
6. Le nouvel article L. 622-23-1 du Code de commerce conforte cette distinction ; v. ss 1297 s.

1282. ***Paiement des crédits-bailleurs***. L'ordonnance du 18 décembre 2008 a créé une nouvelle exception au principe d'interdiction du paiement des créances antérieures au profit des crédits-bailleurs [1]. En cas de sauvegarde ou de redressement judiciaire, un tel paiement peut être autorisé par le juge-commissaire « pour lever l'option d'achat d'un contrat de crédit-bail, lorsque cette levée d'option est justifiée par la poursuite de l'activité » (C. com., art. L. 622-7, II, al. 2 [2] et L. 631-14). En cas de liquidation judiciaire, le paiement est prévu dans les mêmes conditions, sauf celle relative à la poursuite de l'activité (C. com., art. L. 641-3, al. 2).

§ 3. Le paiement des créanciers bénéficiant du privilège de la procédure ou de la conciliation

1283. ***Paiement à l'échéance des créanciers postérieurs privilégiés***. Le privilège de la procédure autorise le paiement à l'échéance des créances nées régulièrement après le jugement d'ouverture « pour les besoins du déroulement de la procédure ou de la période d'observation, ou en contrepartie d'une prestation fournie au débiteur, pendant cette période » (C. com., art. L. 622-17, I et L. 631-14 relatifs à la période d'observation ; art. L. 641-13, I relatif à la liquidation judiciaire [3]). Les conditions de ce paiement en révèlent toute l'efficacité.

Le paiement à l'échéance doit avoir lieu, même si le privilège n'a pas été porté à la connaissance des organes de la procédure dans les conditions prévues par les articles L. 622-17, IV et L. 641-13, IV et qu'il ne figure dès lors pas sur la liste des créanciers postérieurs privilégiés établie par ces organes [4], car le respect de ces formalités conditionne la conservation du privilège au sens strict, c'est-à-dire du droit à un paiement par préférence, et non cet avantage exceptionnel que constitue le paiement à l'échéance.

Ce paiement ne saurait davantage être entravé par l'existence de créances garanties par un privilège de meilleur rang [5], à savoir les créances salariales super-privilégiées, les frais de justice postérieurs au jugement d'ouverture ou les créances couvertes par le privilège de la conciliation. La raison en est que le paiement à l'échéance est exclusif de l'ordre dans lequel s'exercent les droits de préférence. C'est un paiement *hors concours*.

---

1. Quelques mois plus tôt, la Cour de cassation ne s'était pas reconnu un tel pouvoir. En effet, dans un arrêt très remarqué de sa chambre commerciale en date du 19 juin 2007 (*Bull. civ.* IV, n° 166), il avait été décidé que « la faculté prévue à l'article L. 621-22, alinéa 4, du Code de commerce (devenu l'article L. 624-16, alinéa 4 ; ce texte ne régit que les ventes avec réserve de propriété ; v. ss 1290), d'interprétation stricte en ce qu'il déroge à l'interdiction de payer les créances antérieures au jugement d'ouverture, ne permet pas de s'opposer à la restitution du bien, objet d'un contrat de crédit-bail, en payant les échéances antérieures au jugement d'ouverture restées impayées ».

2. Avant l'ordonnance du 12 mars 2014, ce texte exigeait, outre la poursuite de l'activité, que le montant du paiement ait été inférieur à la valeur vénale du bien objet du contrat. Depuis la réforme, cette condition ayant été supprimée, le paiement à intervenir peut être d'un montant supérieur, mais ne doit pas dépasser ce qui reste dû.

3. Dans le cadre de la procédure de liquidation judiciaire, il n'est plus exigé, depuis l'ordonnance du 12 mars 2014, que les créances dites de la vie courante soient nées en contrepartie de la fourniture d'une prestation au débiteur personne physique (cela concerne, par exemple, les créances de taxe d'habitation).

4. Cf. article 90 du décret n° 2005-1677 du 28 décembre 2005 pris en application de la loi de sauvegarde des entreprises en difficulté.

5. Com. 13 oct. 1998, *Bull. civ.* IV, n° 239 ; 13 mai 2003, *Bull. civ.* IV, n° 72 ; 7 sept. 2010, inédit, n° 09-66595.

Il dépend seulement de la *poursuite de l'exploitation* et de la *suffisance de l'actif* du débiteur[1]. Lorsque ces conditions ne sont pas réunies, autrement dit lorsque l'activité est arrêtée ou lorsque, en dépit de la poursuite de l'exploitation, les fonds disponibles ne permettent pas de payer toutes les créances échues, la réalisation du privilège de la procédure prend la forme classique du paiement par préférence sur le prix procuré par la réalisation des actifs de l'entreprise débitrice[2].

Si l'actif est suffisant, mais que les fonds disponibles ne le sont pas, les créanciers postérieurs privilégiés peuvent satisfaire leur droit à un paiement à l'échéance en pratiquant des *voies d'exécution* sur tous les biens du débiteur, à l'exclusion de ceux qui ont été déclarés inaliénables par le plan de sauvegarde ou de redressement et des sommes versées à la Caisse des dépôts et consignations (C. com., art. L. 662-1)[3]. Les titulaires du privilège de la procédure échappent effectivement, non seulement au principe de prohibition des paiements, mais également à celle de l'interdiction des poursuites individuelles après le jugement d'ouverture (C. com., art. L. 622-21)[4].

1284. ***Paiement à l'échéance des créanciers ayant effectué un apport d'argent frais dans le cadre de la procédure de conciliation***. Avant l'ordonnance du 12 mars 2014, l'efficacité du privilège de la conciliation était limitée, puisqu'aucun texte ne reconnaissait aux créanciers ayant effectué un apport d'argent frais dans l'accord de conciliation homologué le droit d'être payé à l'échéance[5], à l'instar des créanciers postérieurs à l'ouverture de la procédure collective. La primauté du privilège de la conciliation sur le privilège de la procédure[6] semblait ainsi théorique. Tel n'est plus le cas depuis la réforme de 2014, qui a modifié l'article L. 626-20 du Code de commerce pour accorder aux créanciers bénéficiant du privilège de *new money*[7] un avantage jusque-là réservé aux salariés, à savoir ne pas se voir imposer dans le plan de sauvegarde des remises ou délais de paiement. On en déduit que, dans ce cadre, un paiement à l'échéance peut avoir lieu.

§ 4. Le paiement des créanciers titulaires de sûretés transférées au cessionnaire de l'entreprise débitrice

> **C. com., art. L. 642-12, al. 4 et 5.** – Toutefois, la charge des sûretés immobilières et mobilières spéciales garantissant le remboursement d'un crédit consenti à l'entreprise pour lui permettre le financement d'un bien sur lequel portent ces sûretés est transmise au cessionnaire. Celui-ci est alors tenu d'acquitter entre les mains du créancier les échéances convenues avec lui et qui restent dues à compter du transfert de la propriété ou, en cas de location-gérance, de

1. Dès lors que ces conditions sont réunies, les mandataires judiciaires ont l'obligation de payer les créanciers postérieurs privilégiés, sous peine d'engager leur responsabilité personnelle (par ex., Com. 30 juin 2009, inédit, n° 07-21212).
2. V. ss 1310 s.
3. En raison de cette insaisissabilité, les fonds déposés à la Caisse des dépôts et consignations ne peuvent être répartis qu'en suivant l'ordre des préférences fixé par la loi. Ne commet, par conséquent, aucune faute le commissaire à l'exécution du plan qui refuse de se dessaisir de ces fonds au bénéfice de créanciers postérieurs privilégiés (Com. 22 mai 2007, *Bull. civ.* IV, n° 138).
4. Sur la règle d'interdiction des poursuites individuelles et ses exceptions, v. ss 1304 s.
5. V. not., F.-X. Lucas et F. Pérochon, « Argent frais : paiement hors plan ou selon le plan ? », *Bull. Joly entrep. diff.* 2012. 341.
6. Sur cette primauté, v. ss 1319 s.
7. Depuis l'ordonnance du 12 mars 2014, ce privilège est accordé aux créanciers ayant effectué un apport d'argent frais « *dans le cadre* d'une procédure de conciliation ayant donné lieu à un accord homologué » (C. com., art. L. 611-11).

la jouissance du bien sur lequel porte la garantie. Il peut être dérogé aux dispositions du présent alinéa par accord entre le cessionnaire et les créanciers titulaires des sûretés.
Les dispositions du présent article n'affectent pas le droit de rétention acquis par un créancier sur des biens compris dans la cession.

1285. ***Le transfert de la charge de certaines sûretés réelles au repreneur de l'entreprise débitrice.*** Lorsque l'entreprise débitrice est cédée en totalité, le cessionnaire se voit imposer, par l'article L. 642-12, alinéa 4, du Code de commerce, de supporter « la charge des sûretés immobilières et mobilières spéciales garantissant le remboursement d'un crédit consenti à l'entreprise pour lui permettre le financement d'un bien sur lequel portent ces sûretés ».

Ce transfert ne concerne que les *sûretés réelles spéciales* (gages ; nantissements, notamment sur un élément ou sur l'ensemble d'un fonds de commerce ; hypothèques ; antichrèse ; privilèges spéciaux mobiliers ou immobiliers), ce qui exclut les privilèges généraux [1]. Surtout, il ne joue que si la créance qu'elles garantissent est un *crédit destiné au financement du bien qui leur sert d'assiette*. La jurisprudence exige que le crédit (prêt ou ouverture de crédit) soit affecté et que la constitution de la sûreté soit prévue [2]. Le terme « financement », quant à lui, est entendu largement : il embrasse, outre l'acquisition même d'un bien, sa construction ou sa réparation [3] ; il ne se limite pas, par ailleurs, au coût principal du bien grevé, mais concerne également les frais, taxes et charges.

1286. ***Le paiement par le cessionnaire des échéances à venir.*** Le transfert de la charge des sûretés est une cession de dette, puisque le repreneur est « tenu d'acquitter entre les mains du créancier les échéances convenues avec lui et qui restent dues à compter du transfert de la propriété » [4], sauf « accord entre le cessionnaire et les créanciers titulaires des sûretés » [5] (C. com., art. L. 642-12, al. 4). À défaut d'un tel accord, les créanciers titulaires des sûretés transférées échappent par conséquent au concours dans la limite des sommes reçues du cessionnaire. Le paiement imposé au repreneur avantage donc les titulaires des sûretés transférées [6], mais, en augmentant le coût de l'acquisition de l'entreprise, il produit un effet pervers : détourner de cette acquisition et, par là même, compromettre la protection que les titulaires de sûretés pouvaient en attendre.

1287. ***Le régime propre du droit de rétention.*** Le cinquième alinéa de l'article L. 642-12 du Code de commerce, ajouté par l'ordonnance du 18 décembre 2008, réserve un sort particulier aux créanciers rétenteurs, en affirmant que « les dispositions du présent article n'affectent pas le droit de rétention acquis par un créancier sur des biens compris dans la

---

1. TGI Castres, 12 mars 1998, *LPA* 2 juill. 1999, p. 20, note Devésa.
2. Com. 23 nov. 2004, *Bull. civ.* IV, n° 204 ; *D.* 2005. Pan. 294, obs. P.-M. Le Corre.
3. Com. 17 mai 2011, inédit, n° 10-17736.
4. Tant que la totalité des échéances mises à la charge du repreneur, par le jeu du transfert de la charge de la sûreté, n'est pas réglée, la purge de la sûreté ne peut intervenir.
5. Selon la chambre commerciale de la Cour de cassation (19 oct. 2010, *Bull. civ.* IV, n° 155), la transmission au cessionnaire de la charge des sûretés garantissant le remboursement d'un crédit s'opère de plein droit, sauf accord contraire entre le cessionnaire et le créancier titulaire d'une telle sûreté ; un tel accord ne saurait résulter d'une convention passée entre eux ayant pour seul objet le montant des futurs remboursements du prêt garanti par la sûreté.
6. Avantage d'autant plus remarquable qu'il se cumule avec l'affectation, pour l'exercice de leur droit de préférence, de la quote-part du prix de cession prévue par l'article L. 642-12, alinéa 1er, du Code de commerce (Com. 20 juin 1995, *Bull. civ.* IV, n° 188 ; 20 mai 1997, *Bull. civ.* IV, n° 151). Sur cette dernière règle, v. ss 1313.

cession ». Qu'il soit effectif ou même seulement, sans doute, fictif[1], le droit de rétention est donc opposable au cessionnaire de l'entreprise et, surtout, il contraint celui-ci, pour échapper au pouvoir de blocage du rétenteur, à offrir un *paiement complet* de la créance garantie, et non pas un paiement des seules échéances à venir. La supériorité du droit de rétention par rapport aux sûretés réelles classiques est ici flagrante, mais aussi contestable dès lors qu'elle concerne aussi le droit de rétention fictif, qui n'oppose pourtant au cessionnaire aucun réel pouvoir de blocage.

Section 2
Le paiement indirect

En l'absence de versement d'une somme d'argent et en dehors même de la vente des actifs du débiteur par les organes de la procédure, certains créanciers peuvent néanmoins être désintéressés au cours de la procédure collective, par le jeu du droit de propriété[2]. En effet, la revendication ou la restitution d'un bien détenu par le débiteur, mais dont le créancier est demeuré propriétaire (§ 1), ou l'attribution judiciaire de la propriété au profit d'un créancier gagiste (§ 2) éteignent la créance garantie, à due concurrence de la valeur du bien concerné. Ces deux paiements indirects, dérogatoires à la règle de l'interdiction des paiements après le jugement d'ouverture, sont strictement encadrés. À défaut de contrôle préalable des organes ou du juge de la procédure, le paiement indirect paraît en revanche proscrit ; la prohibition de la conclusion ou de la réalisation d'un pacte commissoire après l'ouverture de la procédure en atteste (§ 3). Cette analyse mérite toutefois d'être nuancée depuis que l'ordonnance du 18 décembre 2008 a autorisé, dans certaines hypothèses, la réalisation de la fiducie-sûreté de droit commun (celle régie par les articles 2011 à 2030 du Code civil) sans aucune autorisation préalable des organes de la procédure ; cette réalisation, qui prend la forme de la conservation ou de la cession par le créancier des biens qui lui ont été transférés à titre de garantie, constitue effectivement un paiement indirect (§ 4).

§ 1. Les revendications et restitutions

1288. Un créancier, propriétaire d'un bien détenu par le débiteur au moment du jugement d'ouverture, peut en obtenir la restitution, soit en exerçant une action en revendication[3], soit même sans avoir à faire reconnaître son droit de propriété si le contrat portant sur ledit bien a fait l'objet d'une publicité obligatoire avant le jugement d'ouverture. Cette restitution, que commandent les caractères absolu et exclusif du droit de propriété, emporte l'extinction de la créance du propriétaire à hauteur de la valeur du bien repris. Il est dès lors permis d'y voir un « paiement indirect », paiement au sens d'extinction d'une obligation (C. civ., art. 1235).

Dans la mesure où la restitution du bien à son propriétaire fait ainsi exception à la règle de l'interdiction des paiements et, par là même, au principe d'égalité entre les créanciers, et qu'elle est en outre susceptible de compromettre la sauvegarde ou le redressement de

---

1. V. ss 1280.
2. Dans les procédures de surendettement, v. ss 1259.
3. Sur l'ensemble de la question, cf. not. M. Laroche, *Revendication et propriété. Du droit des procédures collectives au droit des biens*, *Defrénois*, 2007.

l'entreprise en privant celle-ci d'un bien indispensable à la poursuite de son activité, les articles L. 624-9 à L. 624-18 du Code de commerce[1] en encadrent précisément les conditions et les effets, à tout le moins lorsque la restitution porte sur des *biens meubles*[2], à l'exclusion des sommes d'argent[3].

Ces textes comportent effectivement des règles applicables à toutes les procédures (hormis, depuis l'ordonnance du 12 mars 2014, la sauvegarde accélérée[4]), qui tempèrent singulièrement le caractère absolu du droit de propriété, afin de concilier l'exercice de ce droit avec les intérêts du débiteur et des autres créanciers. Mais, dès lors que cet encadrement général est respecté, un paiement indirect est reconnu au bénéfice des propriétaires, en particulier ceux qui ont utilisé leur droit de propriété à titre de garantie, à savoir le vendeur bénéficiaire d'une clause de réserve de propriété et le crédit-bailleur.

1289. *Encadrement général de la revendication des meubles*

C. com., art. L. 624-9. – La revendication des meubles ne peut être exercée que dans le délai de trois mois suivant la publication du jugement ouvrant la procédure.
C. com., art. L. 624-17. – L'administrateur avec l'accord du débiteur ou à défaut le débiteur après accord du mandataire judiciaire peut acquiescer à la demande en revendication ou en restitution d'un bien visé à la présente section. À défaut d'accord ou en cas de contestation, la demande est portée devant le juge-commissaire qui statue sur le sort du contrat, au vu des observations du créancier, du débiteur et du mandataire de justice saisi.
C. com., art. L. 641-14-1. – Le liquidateur, avec l'accord de l'administrateur, s'il en a été désigné, peut acquiescer à la demande en revendication ou en restitution d'un bien mentionné à la section 3 du chapitre IV du titre II du présent livre. À défaut d'accord entre eux ou en cas de contestation, la demande est portée devant le juge-commissaire qui statue au vu des observations du demandeur, du débiteur, du liquidateur et, le cas échéant, de l'administrateur.

Selon l'article L. 624-10 du Code de commerce, « le propriétaire d'un bien est dispensé de faire reconnaître son droit de propriété lorsque le contrat portant sur ce bien a fait l'objet d'une publicité[5]. Il peut réclamer la restitution de son bien dans des conditions fixées par décret en Conseil d'État ». En dehors de cette hypothèse, le propriétaire du bien détenu par le débiteur doit agir en revendication, quand bien même les organes de la procédure auraient connaissance de la clause de réserve de propriété[6].

---

1. Ces dispositions, pour l'essentiel issues de la loi du 10 juin 1994, n'ont quasiment pas été modifiées par la loi du 26 juillet 2005. Elles ont, en revanche, été retouchées par l'ordonnance du 23 mars 2006 portant réforme du droit des sûretés, puis par l'ordonnance du 18 décembre 2008.

2. Pour la revendication des immeubles, il est nécessaire, au contraire, de respecter les règles relatives à l'arrêt des poursuites individuelles, qui seront ultérieurement exposées (v. ss 1304 s.).

3. Com. 22 mai 2013, *Bull. civ.* IV, n° 87 : « une demande de restitution de fonds ne peut être formée par voie de revendication, la seule voie ouverte au créancier d'une somme d'argent étant de déclarer sa créance à la procédure collective de son débiteur ».

Sur cette question, cf. not. J. François, « Retour sur la revendication des sommes d'argent », *D.* 2012. Chron. 1493 ; D. R. Martin, « De la revendication de sommes d'argent », *D.* 2002. Chron. 3279 ; D. R. Martin, « La propriété, de haut en bas », *D.* 2007. Chron. 1977.

4. C. com., nouv. art. L. 628-1, al. 1er, qui peut être interprété comme laissant aux bénéficiaires d'une clause de réserve de propriété la liberté de revendiquer dans les conditions du droit commun.

5. « Seul le propriétaire d'un bien faisant l'objet d'un contrat publié selon les modalités prévues à l'article R. 624-15 du Code de commerce est dispensé d'agir en revendication ; ne répond pas aux exigences de ce texte l'enregistrement du contrat de cession auprès des services des impôts » (Com. 5 nov. 2013, *Bull. civ.* IV, n° 162).

6. Com. 5 nov. 2013, *Bull. civ.* IV, n° 162.

Si l'action en revendication n'est pas subordonnée à la déclaration de créance [1], parce qu'elle constitue avant tout un attribut du droit de propriété et incidemment seulement un mode d'extinction de la créance, elle est toutefois soumise à bien d'autres exigences, qui n'ont pas été, pour le moment, jugées contraires au droit constitutionnel de propriété [2].

D'abord, le *délai* pour faire valoir un droit de propriété contre la procédure collective est bref. Il est, aux termes de l'article L. 624-9 du Code de commerce, de trois mois suivant la publication du jugement ouvrant la procédure (de sauvegarde, de redressement ou de liquidation). Il s'agit d'un délai préfix, qui ne saurait être, ni suspendu, ni interrompu [3]. Au demeurant, aucun relevé de *forclusion* n'est possible [4]. Ces règles strictes attachées au délai pour agir révèlent que, dans le contexte d'une procédure collective, la revendication n'est pas uniquement un droit. Elle constitue, en réalité, *une obligation*, puisque le propriétaire qui ne revendique pas en temps utile ne peut plus opposer son droit de propriété à la procédure [5], ni accéder à son bien, ni en disposer. Il reste néanmoins propriétaire [6] et créancier d'un prix, mais, faute de déclaration de la créance en temps utile, il sera traité comme un créancier non déclarant.

L'encadrement de la revendication est manifeste, ensuite, au regard de la *procédure préliminaire*, prévue par les articles L. 624-17 et L. 641-14-1 du Code de commerce, et

1. Com. 20 oct. 1992, inédit, n° 90-18867 ; *D.* 1993. Somm. 288, obs. F. Pérochon.

2. Dans un arrêt du 15 mars 2011 (*Bull. civ.* IV, n° 44), la Cour de cassation a statué sur la question prioritaire de constitutionnalité suivante : l'article L. 624-9 du Code de commerce, dans sa rédaction issue de l'ordonnance du 18 décembre 2008, porte-t-il une atteinte au droit de propriété constitutive d'une violation de l'article 17 de la Déclaration des droits de l'Homme et du citoyen du 26 août 1789 ? La Cour de cassation a d'abord rappelé que, selon le texte critiqué, « la revendication des meubles ne peut être exercée que dans le délai de trois mois suivant la publication du jugement ouvrant la procédure ». Elle a ensuite précisé que le point de départ du délai de l'action en revendication est désormais unifié et court « à compter de la publication au *Bulletin officiel des annonces civiles et commerciales (Bodacc)* du jugement d'ouverture sous peine de rendre inopposable à la procédure collective le droit de propriété du revendiquant » et a considéré que « les restrictions aux conditions d'exercice du droit de propriété qui peuvent résulter de ce texte répondent à un motif d'intérêt général (c'est-à-dire l'intérêt de la procédure collective et donc des autres créanciers, notamment des salariés) et n'ont ni pour objet, ni pour effet d'entraîner la privation du droit de propriété ou d'en dénaturer la portée ». Elle en a conclu que la question posée ne présentait pas de caractère sérieux au regard des exigences qui s'attachent au principe de valeur constitutionnelle invoqué. La question n'a donc pas été renvoyée au Conseil constitutionnel. Dans le même sens, cf. Com. 1er avr. 2014, *Bull. civ.* IV, n° 66.

Le 21 juin 2011, la Cour de cassation a répondu à une autre QPC relative à l'action en revendication du vendeur réservataire (inédit, n° 11-40032). La question était cette fois de savoir si les articles L. 624-16, alinéa 2, et L. 624-18 du Code de commerce (dans leur rédaction antérieure à l'ordonnance du 18 décembre 2008), n'étaient pas contraires au droit de propriété consacré par la Déclaration des droits de l'Homme de 1789 et ce, en raison de leurs supposés imprécision et manque de clarté. La Haute juridiction a répondu à cette question par la négative. Elle a estimé, en effet, que ces dispositions sont suffisamment claires et précises concernant l'action en revendication du vendeur avec réserve de propriété et ne le privent notamment pas de la possibilité de s'informer sur le sort de ses biens après livraison. La Cour a donc décidé de ne pas renvoyer la question au Conseil constitutionnel, soulignant l'absence de caractère sérieux de celle-ci.

3. Com. 29 mai 1984, *Bull. civ.* IV, n° 181 ; *D.* 1985. IR 1, note F. Derrida ; 25 mars 1997, *Bull. civ.* IV, n° 81.

4. Les propriétaires revendiquants sont moins bien traités que les créanciers n'ayant pas déclaré leurs créances dans les délais, qui, eux, bénéficient d'un relevé de forclusion.

5. Le propriétaire peut alors perdre le bénéfice du cautionnement garantissant la même dette, sur le fondement de l'article 2314 du Code civil (Com. 11 juill. 1988, *Bull. civ.* IV, n° 237 ; 26 mai 1999, *Bull. civ.* IV, n° 108).

6. Le droit de propriété étant inopposable, mais non éteint, si le débiteur redevient *in bonis* à la suite de l'adoption d'un plan, le propriétaire pourra en demander la restitution. De même, il lui est permis de revendiquer son bien après la résolution du plan (Com. 20 mai 1997, inédit, n° 94-16.733).

considérée comme obligatoire par la Cour de cassation, qui sanctionne son non-respect par l'irrecevabilité de la demande en revendication[1]. Cette procédure préliminaire, qui doit intervenir dans le délai précité de trois mois, vise à obtenir de l'administrateur ou, à défaut, du représentant des créanciers ou du liquidateur un acquiescement à la demande en revendication ou en restitution. Si cet acquiescement est donné dans un délai d'un mois, le revendiquant n'a pas à poursuivre son action pour reprendre son bien. Dans le cas contraire, il dispose d'un nouveau délai d'un mois, imposé lui aussi à peine de forclusion, pour saisir le juge-commissaire, qui statuera sur le sort du contrat dont le bien revendiqué est l'objet.

Il convient de relever, enfin, que le non-respect de ces diverses conditions procédurales autorise les organes de la procédure à *vendre le bien non revendiqué*, selon les formes prévues pour les réalisations d'actif. Le propriétaire se trouve alors certes exproprié, mais, après la clôture de la procédure, le prix de vente doit lui être restitué dans la limite de ce qui lui reste dû.

1290. ***Paiement indirect par revendication d'un meuble vendu sous réserve de propriété***

> **C. com., art. L. 624-16.** – Peuvent être revendiqués, à condition qu'ils se retrouvent en nature, les biens meubles remis à titre précaire au débiteur ou ceux transférés dans un patrimoine fiduciaire dont le débiteur conserve l'usage ou la jouissance en qualité de constituant.
> Peuvent également être revendiqués, s'ils se retrouvent en nature au moment de l'ouverture de la procédure, les biens vendus avec une clause de réserve de propriété. Cette clause doit avoir été convenue entre les parties dans un écrit au plus tard au moment de la livraison. Elle peut l'être dans un écrit régissant un ensemble d'opérations commerciales convenues entre les parties.
> La revendication en nature peut s'exercer dans les mêmes conditions sur les biens mobiliers incorporés dans un autre bien lorsque la séparation de ces biens peut être effectuée sans qu'ils en subissent un dommage. La revendication en nature peut également s'exercer sur des biens fongibles lorsque des biens de même nature et de même qualité se trouvent entre les mains du débiteur ou de toute personne les détenant pour son compte.
> Dans tous les cas, il n'y a pas lieu à revendication si, sur décision du juge-commissaire, le prix est payé immédiatement. Le juge-commissaire peut également, avec le consentement du créancier requérant, accorder un délai de règlement. Le paiement du prix est alors assimilé à celui des créances mentionnées au I de l'article L. 622-17.
> **C. com., art. L. 624-18.** – Peut être revendiqué le prix ou la partie du prix des biens visés à l'article L. 624-16 qui n'a été ni payé, ni réglé en valeur, ni compensé entre le débiteur et l'acheteur à la date du jugement ouvrant la procédure. Peut être revendiquée dans les mêmes conditions l'indemnité d'assurance subrogée au bien.

Les clauses de réserve de propriété sont *opposables à la procédure* collective ouverte contre l'acheteur[2], dès lors que sont réunies les conditions de forme édictées par les articles 2368 du Code civil et L. 624-16, alinéa 2, du Code de commerce, issus de la réforme du droit des sûretés en date du 23 mars 2006[3].

Dans le respect de ces exigences formelles et de l'encadrement général des revendications, les meubles qui se retrouvent en nature au moment de l'ouverture de la procédure

---

1. Com. 2 oct. 2001, *Bull. civ.* IV, n° 155.
2. Cette opposabilité a été reconnue par la loi *Dubanchet* du 10 mai 1980, sous l'inspiration du droit allemand (cf. C. Witz, « Le droit des sûretés mobilières en RFA », *RIDC* 1985. 27 s.).
3. V. ss 656.

peuvent être revendiqués par le vendeur qui s'en est réservé la propriété [1]. Depuis la loi du 10 juin 1994, deux règles facilitent la reprise de ces biens (C. com., art. L. 624-16, al. 3). D'une part, la revendication peut être exercée sur des *biens incorporés* à d'autres, pour autant que la récupération n'endommage aucun d'eux [2]. D'autre part, la revendication peut également s'exercer sur des *biens fongibles*, lorsque des biens de même espèce et de même qualité existent en nature au moment de l'ouverture de la procédure [3].

Mais, si le vendeur réservataire omet de revendiquer le bien dans le délai préfix de l'article L. 624-9 du Code de commerce, il ne pourra plus opposer son droit de propriété à la procédure. Le bien pourra alors être vendu par le liquidateur et la clause de réserve de propriété, même si elle «constitue une sûreté réelle, ne confère à son bénéficiaire aucun droit de préférence dans les répartitions» [4].

La restitution des biens revendiqués vaut paiement. Plusieurs textes accréditent cette analyse. Le droit commun de la clause de réserve de propriété l'exprime d'abord clairement, puisque l'article 2371, alinéa 2, du Code civil dispose que « la valeur du bien repris est imputée, à titre de paiement, sur le solde de la créance garantie » et l'alinéa suivant que, « lorsque la valeur du bien repris excède le montant de la dette garantie encore exigible, le créancier doit au débiteur une somme égale à la différence » [5]. Le droit spécial des entreprises en difficulté ne déroge pas à ces règles générales du Code civil. En effet, l'article L. 624-16, alinéa 4, du Code de commerce précisant que la revendication n'est plus possible si le prix des marchandises affectées de la clause est payé immédiatement [6], il convient d'en déduire, *a contrario*, que la restitution peut avoir lieu tant que la créance du vendeur n'est pas intégralement éteinte, mais seulement dans la limite du montant de cette créance.

Il importe de rappeler que le vendeur bénéficiant d'une clause de réserve de propriété peut être payé d'une autre manière encore que par la restitution de son bien. En effet,

---

1. « La condition d'existence en nature s'entend de la conservation de la marchandise dans son état initial », ce qu'il appartient au propriétaire revendiquant d'établir (Com. 11 juin 2014, *Bull. civ.* IV, n° 104 : cette condition a été jugée remplie dans cette espèce où les marchandises revendiquées étaient des poissons, qui avaient poursuivi leur croissance entre la livraison au débiteur et la revendication, sans avoir changé de nature pour autant).

2. Par exemple, le fait d'enlever le moteur d'un véhicule est analysé comme une « séparation » sans dommage (Com. 21 mars 2006, inédit, n° 04-19775). En revanche, ne peuvent être retirées sans dommage, et donc ne peuvent être revendiquées, les pièces informatiques qui permettent à une machine de fonctionner (Com. 24 mars 2004, inédit, n° 01-10280). La preuve de la possible séparation sans dommage pèse sur le revendiquant ; dès lors que cette preuve est rapportée, l'immobilisation par destination des meubles incorporés, au sens des articles 524 et 525 du Code civil, ne saurait faire obstacle à la revendication (Com. 10 mars 2015, n° 13-23424, à paraître au *Bulletin*).

3. La propriété est alors en quelque sorte « flottante » (cf. P.-G. Marly, *Fongibilité et volonté individuelle, Étude sur la qualification juridique des biens*, LGDJ, 2004).

4. Com. 15 oct. 2013, *Bull. civ.* IV, n° 153.

5. Sur la restitution dans la mesure du montant de la créance, cf. not. Com. 23 janv. 2001, *Bull. civ.* IV, n° 23.

Rappelons que cette règle s'explique par le fait qu'en présence d'une clause de réserve de propriété, la propriété est un accessoire de la créance qu'elle garantit (C. civ., art. 2367, al. 1er) et, qu'en tant que tel, elle ne saurait procurer un enrichissement au créancier propriétaire.

6. Le paiement immédiat du vendeur, demeuré propriétaire, peut être justifié, soit par la nécessité d'une reprise du bien pour poursuivre l'exploitation de l'entreprise, soit par le fait qu'il permet de régler une créance devenue inférieure à la valeur du bien. Dans les deux cas, ce paiement contribue au redressement de la situation du débiteur. On comprend dès lors que l'article L. 624-16, alinéa 4, *in fine*, l'« assimile » expressément à celui des créances mentionnées au I de l'article L. 622-17 du Code de commerce, c'est-à-dire aux créances postérieures privilégiées. Sur le paiement à l'échéance de ces dernières créances, v. ss 1283.

l'article L. 624-18 du Code de commerce l'autorise à *revendiquer le prix ou la partie du prix dû au débiteur par un sous-acquéreur*. Cependant, cette revendication, fondée sur le mécanisme de la subrogation réelle [1], ne peut être exercée qu'à la condition que le bien revendu se soit retrouvé « en nature » au moment où le sous-acquéreur en a fait l'acquisition [2], et que le prix n'ait été « ni payé, ni réglé en valeur, ni compensé (les termes « en compte-courant » ont été supprimés par l'ordonnance du 18 décembre 2008) entre le débiteur et l'acheteur à la date du jugement ouvrant la procédure » (C. com., art. L. 624-18). Sous cette importante réserve, la Cour de cassation confère une réelle efficacité à la revendication du prix de revente. Trois solutions témoignent de cette faveur jurisprudentielle à l'égard du vendeur initial réservataire. D'abord, le prix doit être versé entre les mains de celui-ci « sans que le sous-acquéreur puisse (lui) opposer les exceptions qu'il pourrait faire valoir contre son propre vendeur » [3]. Ensuite, il a été jugé que « la dation en paiement ne constitue pas un mode de paiement mettant obstacle à la revendication du vendeur sous réserve de propriété » [4]. Enfin, dans un arrêt du 16 juin 2009, des sous-acquéreurs n'ont pas été admis à faire valoir le versement d'acomptes (versements antérieurs à l'ouverture de la procédure collective contre leur vendeur), car le prix de revente, objet de la revendication, a été restrictivement entendu comme le « prix tel que fixé lors de la convention conclue avec le vendeur initial » [5]. La date et la portée de cette dernière décision sont riches d'enseignements : rendue six mois après l'ordonnance du 18 décembre 2008 et publiée au *Bulletin*, elle exprime certainement la volonté de la chambre commerciale de la Cour de cassation de continuer à protéger les intérêts des vendeurs bénéficiaires d'une clause de réserve de propriété, en dépit de la direction opposée suivie par les auteurs de la réforme. L'ordonnance a effectivement quelque peu restreint cette protection en supprimant les mots « en compte-courant » au sein de l'article L. 624-18 et en permettant dès lors aux tiers acquéreurs de se prévaloir, dorénavant, de toute exception de compensation antérieure à l'ouverture de la procédure collective.

1291. ***Paiement indirect par restitution du bien meuble donné en crédit-bail***. L'action en revendication n'est pas nécessaire dans l'hypothèse régie par l'article L. 624-10 du Code de commerce, c'est-à-dire lorsque « le contrat portant sur ce bien (celui détenu par le débiteur non-propriétaire) a fait l'objet d'une publicité » obligatoire, avant le jugement d'ouverture, selon les modalités qui lui sont applicables. Tel est le cas du

---

1. Ce fondement se trouve au cœur de plusieurs arrêts de principe de la chambre commerciale de la Cour de cassation : « Attendu que lorsque l'acquéreur d'un bien vendu avec réserve de propriété le revend, sans avoir payé l'intégralité du prix, la revente opère, par l'effet de la subrogation réelle, transport dans le patrimoine du vendeur initial du prix ou de la partie du prix impayé par le sous-acquéreur au jour de l'ouverture de la procédure collective du débiteur » (not. Com. 5 juin 2007, *Bull. civ.* IV, n° 152 ; 16 juin 2009, *Bull. civ.* IV, n° 81).

Si l'action du vendeur réservataire contre le sous-acquéreur est fondée sur le mécanisme de la subrogation réelle, elle n'en reste pas moins une action de nature personnelle (action portant sur une créance) ; en conséquence, si le sous-acquéreur fait lui-même l'objet d'une procédure collective, le vendeur réservataire sera traité dans celle-ci comme un créancier et non comme un propriétaire et il devra déclarer sa créance (qui est antérieure), ainsi que subir la règle de l'interdiction des paiements (Com. 6 oct. 2009, *Bull. civ.* IV, n° 122).

2. Com. 17 mars 1998, *Bull. civ.* IV, n° 108 ; Com. 11 juin 2014, *Bull. civ.* IV, n° 104.
3. Com. 5 juin 2007, préc. En l'espèce, l'exception résidait dans le non-respect, par le vendeur intermédiaire, d'une obligation conventionnelle d'échange en cas de non-fonctionnement de la machine vendue.
4. Com. 14 mai 2008, *Bull. civ.* IV, n° 98.
5. Com. 16 juin 2009, *Bull. civ.* IV, n° 84.

contrat de crédit-bail, dont l'article L. 313-10 du Code monétaire et financier impose la publicité à peine d'inopposabilité aux tiers [1].

Pour reprendre le bien donné en location au débiteur, le crédit-bailleur doit adresser une *demande d'accord de restitution* à l'administrateur, s'il en a été désigné un, ou, à défaut, au débiteur, ou encore au liquidateur, par lettre recommandée avec demande d'avis de réception. Aucun délai ne lui est alors imposé. À réception de la lettre, son destinataire dispose d'un délai d'un mois pour accéder ou non à la demande du crédit-bailleur. En cas de refus, ce dernier peut saisir le juge-commissaire, qui va statuer sur le droit invoqué. Aucun délai n'est, là non plus, prévu.

Si la restitution est accordée, elle va jouer comme un paiement. En effet, en matière de crédit-bail, l'*indemnité de résiliation*, qui constitue la majeure partie de la créance du crédit-bailleur, est généralement égale à l'intégralité des loyers restant à courir à la suite de la résiliation du contrat, sous déduction du montant du prix de revente du bien crédit-baillé. Il en résulte qu'en cas d'admission de l'action relative au droit de propriété du crédit-bailleur, le montant de la créance de celui-ci doit être réduit du montant du prix de revente du bien crédit-baillé restitué.

1292. *Revendication des biens meubles transférés dans un patrimoine fiduciaire*

C. com., art. L. 624-16, al. 1er. – Peuvent être revendiqués, à condition qu'ils se retrouvent en nature, les biens meubles remis à titre précaire au débiteur ou ceux transférés dans un patrimoine fiduciaire dont le débiteur conserve l'usage ou la jouissance en qualité de constituant.

L'ordonnance du 18 décembre 2008 a aligné le régime de la revendication des biens meubles transférés dans un patrimoine fiduciaire sur celui de la clause de réserve de propriété (C. com., art. L. 624-16, al. 1er). Le créancier bénéficiaire de la fiducie-sûreté ne devrait pas en retirer pour autant un paiement indirect. La raison en est que, en pratique, les biens que le créancier souhaiterait revendiquer se trouveront entre les mains du débiteur sur le fondement d'une convention de mise à disposition. Or, cette convention est soumise au régime des contrats en cours (C. com., art. L. 622-13, VI). Partant, la restitution effective ne pourra intervenir qu'au jour de la résiliation ou du terme du contrat de mise à disposition. C'est alors seulement que les biens concernés pourront servir au désintéressement du créancier [2]. En cela, pour un créancier, la clause de réserve de propriété, qui peut au contraire donner lieu à une revendication immédiate des marchandises (dans un délai de trois mois à compter de la publication du jugement d'ouverture) peut s'avérer plus efficace, en période d'observation, que la fiducie-sûreté.

§ 2. L'ATTRIBUTION JUDICIAIRE DES BIENS GAGÉS

C. com., art. L. 642-20-1, al. 2. – Le créancier gagiste, même s'il n'est pas encore admis, peut demander au juge-commissaire, avant la réalisation, l'attribution judiciaire. Si la créance est rejetée en tout ou en partie, il restitue au liquidateur le bien ou sa valeur, sous réserve du montant admis de sa créance.

L'article L. 642-20-1, alinéa 2, du Code de commerce reconnaît au créancier gagiste ayant déclaré sa créance et sa sûreté [3], même s'il n'est pas encore admis, le droit d'obtenir

1. V. ss 658.
2. Sur la réalisation de la fiducie-sûreté, v. ss 1297 s.
3. Com. 23 janv. 2001, *Bull. civ.* IV, n° 20.

l'attribution judiciaire du gage avant la réalisation de ce dernier. Cette faculté, dont le domaine mérite d'être précisé, produit, elle aussi, un effet de paiement[1].

1293. *Domaine*

Procédure concernée. Alors que l'attribution judiciaire constitue l'un des trois modes de réalisation des sûretés réelles en droit commun, elle n'est nullement envisagée par le droit du surendettement[2] et n'est qu'exceptionnellement admise par le droit des entreprises en difficulté. Fermée au cours de la procédure de redressement judiciaire[3], la faculté d'attribution ne peut être exercée qu'en cas de *liquidation*[4].

Sûretés concernées. S'agissant du domaine de l'attribution judiciaire quant aux sûretés concernées, le droit des procédures collectives vise uniquement le *gage*. L'ordonnance du 23 mars 2006 a certes consacré ce mode de réalisation indirect en matière d'hypothèque (C. civ., art. 2458), mais elle n'a nullement modifié en ce sens le Code de commerce. Or, on sait que l'article 2427 du Code civil renvoie au Code de commerce pour tout ce qui concerne les effets de l'hypothèque dans le contexte particulier d'une procédure collective. Plus généralement, l'attribution judiciaire paraît devoir être *écartée en matière hypothécaire*, car elle bouleverserait l'ordre des créanciers, ce que seul un texte devrait pouvoir autoriser[5].

---

1. V. F. Macorig-Venier, « L'alternative à la cession des biens grevés : l'attribution en propriété », *Rev. proc. coll.* 2015, n° 2, dossier 30.

2. Le droit du surendettement encadre les seules procédures d'exécution contre les biens du débiteur (v. ss 1304). Rien n'est prévu au sujet des modes de réalisation des sûretés réelles indépendants des procédures d'exécution, à savoir, pour les sûretés réelles traditionnelles, l'attribution judiciaire des biens grevés et la mise en œuvre d'un pacte commissoire et, pour les sûretés-propriété, l'acquisition définitive de la propriété de biens placés en fiducie et la revendication des biens vendus avec réserve de propriété.

En faveur de l'interdiction des seules procédures d'exécution *stricto sensu*, plusieurs arguments peuvent être avancés. Le premier résulte d'une comparaison avec le droit des entreprises en difficulté. Le Code de commerce prévoit lui aussi que le jugement d'ouverture de la procédure de sauvegarde ou de redressement judiciaire arrête ou interdit toute procédure d'exécution, tant sur les meubles que sur les immeubles, mais il admet que certaines sûretés soient réalisées autrement que par l'exercice d'une voie d'exécution. En deuxième lieu, l'interprétation stricte des dispositions qui interdisent les procédures d'exécution se justifie par leur caractère dérogatoire par rapport à la force obligatoire des contrats et au droit de poursuite de tous les créanciers impayés. Enfin, cette solution est la seule à même de préserver l'efficacité des sûretés réelles au cours des procédures de traitement du surendettement.

Il faut bien reconnaître, toutefois, que la limitation de l'interdiction des poursuites aux seules procédures d'exécution et la validation, au contraire, des modes alternatifs de réalisation des sûretés, compromettrait gravement le redressement du débiteur, alors qu'il s'agit du principal objectif du droit du surendettement. Par conséquent, il est probable qu'après l'ouverture d'une procédure de surendettement et pendant toutes les périodes d'interdiction des procédures d'exécution, les créanciers privilégiés ne puissent, ni saisir et faire vendre librement les biens grevés, ni en requérir en justice l'attribution, ni encore en devenir propriétaire sur le fondement d'un pacte commissoire. Un sort plus favorable pourrait en revanche être réservé aux créanciers titulaires d'une sûreté fondée sur le droit de propriété. En effet, les caractères exclusif et absolu de ce droit réel principal pourraient justifier que l'action en revendication ne soit pas assimilée à une procédure d'exécution prohibée (en ce sens, Colmar, 2 juin 2008, *Juris-Data* n° 2008-367636 ; Bordeaux, 8 juin 2009, *Juris-Data* n° 2009-005675).

3. Pendant cette période, le créancier gagiste impayé ne peut certes pas se voir attribuer judiciairement la propriété du bien gagé, mais, à condition d'avoir été mis en possession dudit bien, il peut se prévaloir de son droit de rétention pour obtenir un paiement direct moyennant restitution du bien (v. ss 1278 s.).

4. Com. 6 mars 1990, *Bull. civ.* IV, n° 67 ; *Rapport de la Cour de cassation*, p. 331 ; 28 mai 1996, *Bull. civ.* IV, n° 144.

5. Pour de plus amples développements sur cette question, v. ss 1087.

La Haute juridiction a refusé, par ailleurs, le bénéfice de l'attribution judiciaire au *rétenteur non gagiste*[1].

En matière de *gage*, seule sûreté aujourd'hui légalement concernée par l'attribution judiciaire (C. com., art. L. 642-20-1, al. 2), la jurisprudence n'opère, en revanche, aucune distinction selon que le créancier est *mis ou non en possession* du meuble grevé. La Cour de cassation reconnaît en effet le bénéfice de l'attribution aux créanciers gagistes, mêmes non rétenteurs[2], dès lors qu'un texte spécial ne l'exclut pas formellement[3]. Par ailleurs, depuis que la loi du 12 mai 2009 a rebaptisé l'antichrèse en *gage immobilier*, il est logique d'admettre l'attribution judiciaire aussi bien de meubles que d'immeubles gagés.

La question se pose enfin de savoir si l'article L. 642-20-1, alinéa 2, du Code de commerce doit être interprété comme s'étendant aux *nantissements* de biens incorporels, notamment de créances, car, d'une part, l'article 2365 du Code civil prévoit l'attribution judiciaire des créances données en nantissement et, d'autre part, une jurisprudence a déjà admis cette extension[4].

1294. ***Effet de paiement***. L'attribution de la propriété du bien gagé, sur décision du juge-commissaire, a partie liée avec l'extinction de la créance garantie et donc avec le paiement du gagiste. En témoigne l'article L. 642-20-1, alinéa 2, du Code de commerce lui-même, selon lequel, si le créancier gagiste qui a obtenu la propriété du bien voit sa créance ultérieurement rejetée, il devra restituer au liquidateur, soit le bien lui-même, soit sa valeur, dans la limite du montant admis de sa créance. Par ailleurs, si la valeur de la chose gagée s'avérait supérieure à la créance, le gagiste devrait reverser le trop-perçu au liquidateur, aucune sûreté ne devant procurer un enrichissement au créancier.

Le paiement indirect du créancier gagiste, par le biais de l'obtention de la propriété du bien affecté à sa garantie, est, comme tous ceux présentés jusqu'ici, particulièrement protecteur des intérêts du créancier bénéficiaire, car il est indépendant des règles relatives à l'ordre dans lequel s'exercent sur le prix les droits de préférence en cas de vente du bien grevé[5]. Par conséquent, un créancier gagiste peut bénéficier de l'attribution judiciaire même si des créanciers postérieurs privilégiés n'ont pas encore été eux-mêmes payés[6]. Le super-privilège des salariés ne constitue pas davantage un obstacle à ce paiement indirect[7]. Il devrait en aller encore de même en présence d'un créancier titulaire du privilège de la conciliation.

---

1. Com. 9 juin 1998, *Bull. civ.* IV, n° 181.
2. Sous l'empire de la loi du 13 juillet 1967, cf. Com. 12 févr. 1979, *Bull. civ.* IV, n° 58 ; 4 mai 1981, *Bull. civ.* IV, n° 109 ; Cass., ass. plén., 26 oct. 1984, *Bull. civ.*, n° 6.

Sous l'empire de la loi du 25 janvier 1985, cf. Com. 6 mars 1990, préc. (nantissement sur outillage et matériel) ; 6 janv. 1998, *Bull. civ.* IV, n° 9.

L'attribution judiciaire peut avoir lieu lorsque les biens gagés se trouvent entre les mains d'un tiers, à la condition que le gagiste dispose du droit de suite (hypothèse du gage publié de l'article 2337 du Code civil), ce qui n'est pas le cas du gagiste qui a restitué volontairement la chose gagée au propriétaire qui bénéficiait d'une réserve de propriété (Com. 5 avr. 1994, *Bull. civ.* IV, n° 146).

3. La faculté d'attribution judiciaire n'est pas reconnue dans le nantissement des marchés publics (cf. Com. 4 mai 1981, *Bull. civ.* IV, n° 202 ; *D.* 1981. 489, note F. Derrida). Elle est également exclue par l'article L. 142-1, alinéa 2, du Code de commerce en matière de nantissement de fonds de commerce (cf. Com. 13 oct. 1998, *Bull. civ.* IV, n° 233).
4. Pour l'attribution judiciaire du matériel et outillage nanti, cf. Com. 6 mars 1990, préc. ; d'un fonds de garantie nanti, cf. Com. 6 janv. 1998, préc.
5. Com. 31 janv. 1983, *Bull. civ.* IV, n° 43.
6. Com. 6 mars 1990, préc.
7. Com. 6 janv. 1998, préc.

§ 3. La prohibition du pacte commissoire

1295. ***Encadrement du pacte commissoire par le droit commun.*** L'ordonnance du 23 mars 2006 a consacré la validité du pacte commissoire dans la plupart des sûretés réelles conventionnelles : gage de meubles corporels civil (C. civ., art. 2346 à 2348) ou commercial (C. com., art. L. 521-3) ; gage de véhicule automobile (C. civ., art. 2353) ; nantissement de créance (C. civ., art. 2365) ; antichrèse (C. civ., art. 2388) ; hypothèque (C. civ., art. 2458 et 2459).

Cependant, pour éviter que ce mode de réalisation très expéditif (le débiteur est exproprié sans autorisation judiciaire préalable) ne porte excessivement atteinte aux intérêts du débiteur et de ses autres créanciers, la réforme du droit des sûretés a multiplié les *garde-fous* lorsque le débiteur est *in bonis :* l'expertise amiable ou judiciaire du bien au jour de son attribution au créancier titulaire de la sûreté ; l'obligation pour celui-ci de verser au débiteur une soulte représentant l'excédent de la valeur du bien attribué ; l'interdiction du pacte lorsque l'hypothèque porte sur la résidence principale du débiteur ou lorsque le gage porte sur les stocks de l'entreprise débitrice ; l'interdiction du pacte au sein d'un gage garantissant un crédit à la consommation.

1296. ***Justifications de la prohibition du pacte commissoire par le droit des entreprises en difficulté.*** L'ensemble de ce dispositif de droit commun n'a pas paru suffisant aux auteurs de l'ordonnance en présence d'un débiteur soumis à une procédure collective professionnelle[1], puisque le pacte y est prohibé de manière générale. L'interdiction s'applique, en effet, aussi bien à la *constitution* qu'à la *réalisation* du pacte et elle joue dès qu'une procédure est ouverte au bénéfice du débiteur, quelle que soit cette procédure : *sauvegarde* (C. com., art. L. 622-7, I, al. 3), *redressement* (art. L. 631-14, al. 1er) ou *liquidation* judiciaire (C. com., art. L. 641-3).

Le pacte commissoire est donc privé d'efficacité au moment où il aurait dû être, en pratique, le plus utile.

Si le législateur en a décidé ainsi, c'est certainement parce que la mise en œuvre du pacte aurait *contredit plusieurs données fondamentales du droit des entreprises en difficulté :* la recherche prioritaire du redressement du débiteur, susceptible d'être compromis si le pacte portait sur un bien nécessaire à la poursuite de l'exploitation ; l'interdiction des paiements après le jugement d'ouverture, dans l'intérêt du débiteur, mais aussi au nom de l'égalité entre les créanciers. Ces principes essentiels ne reçoivent exception que lorsque les organes de la procédure ou le juge-commissaire sont en mesure d'apprécier les intérêts du débiteur et ceux de l'ensemble de ses créanciers avant que l'un de ceux-ci ne profite d'un paiement indirect[2]. Or, le pacte commissoire a justement pour objet de permettre un paiement à la fois indirect (la valeur du bien que s'approprie le créancier impayé vient en déduction de ce qui lui reste dû) et simplifié, c'est-à-dire déclenché par la seule défaillance du débiteur, sans qu'un juge n'ait à la constater. Dans cette *absence d'encadrement judiciaire*, il est permis de trouver une autre justification à la prohibition générale du pacte commissoire en période de procédure collective.

---

1. Sur la question de l'admission ou non du pacte commissoire dans les procédures de surendettement, alors que le Code de la consommation réglemente les seules procédures d'exécution, v. ss 1293 (note).

2. Sauf attribution judiciaire, que le juge ne peut refuser au créancier qui en demande le bénéfice, mais qui ne joue que pour les gages.

§ 4. La réalisation de la fiducie-sûreté

C. com., art. L. 622-13, VI. – Les dispositions du présent article ne concernent pas les contrats de travail. Elles ne concernent pas non plus le contrat de fiducie, à l'exception de la convention en exécution de laquelle le débiteur conserve l'usage ou la jouissance de biens ou droits transférés dans un patrimoine fiduciaire.
C. com., art. L. 622-23-1. – Lorsque des biens ou droits présents dans un patrimoine fiduciaire font l'objet d'une convention en exécution de laquelle le débiteur constituant en conserve l'usage ou la jouissance, aucune cession ou aucun transfert de ces biens ou droits ne peut intervenir au profit du fiduciaire ou d'un tiers du seul fait de l'ouverture de la procédure, de l'arrêté du plan ou encore d'un défaut de paiement d'une créance née antérieurement au jugement d'ouverture. Cette interdiction est prévue à peine de nullité de la cession ou du transfert.
C. com., art. L. 624-10-1. – Lorsque le droit à restitution a été reconnu dans les conditions prévues aux articles L. 624-9 et L. 624-10 et que le bien fait l'objet d'un contrat en cours au jour de l'ouverture de la procédure, la restitution effective intervient au jour de la résiliation ou du terme du contrat.
C. com., art. L. 631-14, al. 5. – Lorsque la procédure de redressement judiciaire a été ouverte en application du troisième alinéa de l'article L. 626-27 et que le débiteur a transféré des biens ou droits dans un patrimoine fiduciaire avant l'ouverture de la procédure de sauvegarde ayant donné lieu au plan résolu, la convention en exécution de laquelle celui-ci conserve l'usage ou la jouissance de ces biens ou droits n'est pas soumise aux dispositions de l'article L. 622-13 et les dispositions de l'article L. 622-23-1 ne sont pas applicables.
C. com., art. L. 641-11-1, VI. – Les dispositions du présent article ne concernent pas les contrats de travail. Elles sont également inapplicables au contrat de fiducie et à la convention en exécution de laquelle le débiteur constituant conserve l'usage ou la jouissance de biens ou droits transférés dans un patrimoine fiduciaire.
C. com., art. L. 642-7, al. 6. – La convention en exécution de laquelle le débiteur constituant conserve l'usage ou la jouissance de biens ou droits transférés à titre de garantie dans un patrimoine fiduciaire ne peut être cédée au cessionnaire, sauf accord des bénéficiaires du contrat de fiducie.

1297. La fiducie utilisée à des fins de garantie n'a été que très partiellement réglementée par la loi n° 2007-211 du 19 février 2007, qui a passé sous silence des aspects pourtant essentiels de son régime, à savoir ses modes de réalisation et son sort dans le contexte d'une procédure collective affectant le constituant [1]. Les créanciers bénéficiaires d'un contrat de fiducie pouvaient espérer profiter de ces lacunes législatives pour pouvoir, en dépit de l'ouverture d'une telle procédure, conserver ou vendre à leur seul profit les actifs transférés dans le patrimoine fiduciaire. Une telle réalisation de la fiducie-sûreté aurait conduit à vider le patrimoine du débiteur rencontrant des difficultés et à ruiner, en conséquence, toute chance de présenter un plan de restructuration [2]. Il est dès lors apparu nécessaire de rééquilibrer les droits du créancier et ceux du débiteur. Tel fut l'un des objectifs de l'ordonnance du 18 décembre 2008. Selon le rapport de présentation de ce texte au président de la République, les effets de la fiducie-sûreté de droit commun (celle régie par

1. Les lacunes de la loi de 2007 relatives à la réalisation de la fiducie-sûreté ont été comblées par l'ordonnance n° 2009-112 du 30 janvier 2009 ; v. ss 708-710.
2. Sur ces risques, cf. not. R. Dammann et G. Podeur, « Le nouveau paysage du droit des sûretés : première étape de la réforme de la fiducie et du gage sans dépossession », *D.* 2008. 2300 s. ; R. Dammann et G. Podeur, « Fiducie et sauvegarde : deux réformes complémentaires », *Bull. Joly* 2008. 88 ; R. Dammann et G. Podeur, « Fiducie et procédure de sauvegarde, un nouvel équilibre », *RLDC* mai 2008, p. 33 s. ; F.-X. Lucas et M. Sénéchal, « Fiducie *vs* sauvegarde, Fiducie ou sauvegarde, il faut choisir », *D.* 2008, Point de vue, 29.

le Code civil, à l'exclusion des fiducies-sûretés innomées telle que la cession Dailly) ont été encadrés dans le cadre de la sauvegarde et du redressement judiciaire, afin de préserver les chances de sauvetage de l'entreprise, tandis qu'ils ont été amplifiés dans la liquidation judiciaire pour assurer la pleine efficacité de cette sûreté et favoriser, ce faisant, le crédit aux entreprises à un moment où il se raréfie sérieusement.

1298. ***Neutralisation de principe de la fiducie-sûreté en cas de sauvegarde ou de redressement judiciaire.*** En vue de faciliter la poursuite de l'exploitation et d'augmenter par là même les chances de résoudre les difficultés de l'entreprise débitrice, l'ordonnance du 18 décembre 2008 a paralysé la réalisation de la fiducie-sûreté, en cas de sauvegarde, comme en cas de redressement judiciaire, pendant la période d'observation et tant que le plan est correctement exécuté. Cette neutralisation résulte expressément du nouvel article L. 622-23-1 du Code de commerce, qui *prohibe, à peine de nullité, la cession* par le fiduciaire des biens ou droits dont la propriété lui a été transférée à titre de garantie avant l'ouverture de la procédure. La paralysie est implicitement confirmée par l'article L. 622-13, VI affirmant que, si les *règles de la continuation des contrats en cours* ne s'appliquent pas au contrat de fiducie, elles s'appliquent, en revanche, à « la convention en exécution de laquelle le débiteur conserve l'usage ou la jouissance des biens ou droits transférés dans un patrimoine fiduciaire »[1]; cela signifie que c'est uniquement lorsque cette convention prend fin que le fiduciaire peut obtenir la restitution des biens objets de la fiducie (C. com., art. L. 624-10-1) et réaliser par la suite celle-ci.

Il ressort de ces textes que la paralysie de la fiducie en cas de sauvegarde ou de redressement n'est pas, en réalité, absolue[2]. D'une part, cette *neutralisation n'affecte que la fiducie-sûreté sans dépossession* du constituant, puisqu'elle est subordonnée à l'existence d'une convention laissant à celui-ci l'usage ou la jouissance des biens ou droits transférés. Les droits du fiduciaire mis en possession ne sont pas, à l'inverse, altérés[3]. Au-delà de ce critère lié à la possession des biens fiduciés, ce qui paraît réellement déterminant c'est *l'utilité ou non des biens pour le maintien de l'activité de l'entreprise*. Il aurait dès lors été plus cohérent (mais il est vrai moins objectif et donc moins sûr) de faire dépendre le droit de réaliser la fiducie-sûreté de ce critère d'utilité et ce, d'autant qu'il s'agit justement de celui retenu pour fonder un autre droit du créancier, celui d'être payé moyennant la restitution des biens transférés dans le patrimoine fiduciaire[4]. D'autre part, *si le plan de sauvegarde n'est pas correctement exécuté*, le fiduciaire recouvre le droit de céder les biens donnés en fiducie. En effet, selon le nouvel article L. 631-14, alinéa 5, du Code de

1. Les auteurs de la réforme ont trouvé là un point d'équilibre : l'administrateur ne peut pas porter atteinte à l'efficacité du transfert des actifs à titre de garantie en tant que tel ; en revanche, il peut mettre un terme au contrat de mise à disposition des biens transférés en fiducie-sûreté s'il estime que la continuation de ce contrat n'est pas utile au débiteur.

2. Il s'agit d'ailleurs bien seulement d'une paralysie et non d'un anéantissement, puisque le contrat de fiducie ne peut être remis en cause par l'application du régime des contrats en cours (C. com., art. L. 622-13).

3. Ainsi, le créancier bénéficiaire d'une fiducie-sûreté portant sur des instruments financiers ou de l'argent, qui ne devraient pas faire l'objet d'un contrat de disposition en tant que tel, ne subirait pas la suspension des poursuites et pourrait réaliser sa garantie indépendamment de l'ouverture d'une procédure de sauvegarde ou de redressement judiciaire. Il se trouverait donc dans une situation nettement plus favorable que celle d'un créancier bénéficiaire d'une sûreté réelle classique, comme le nantissement de comptes-titres, dont la réalisation se trouve au contraire paralysée dans le cadre de ces procédures. Sur cette question, cf. R. Dammann, « Avantages et inconvénients de la fiducie en cas de procédure collective », *RLDC* mai 2009, n° 60.

4. Sur ce paiement direct, v. ss 1281.

commerce, les dispositions de l'article L. 622-23-1 ne sont pas applicables lorsque le redressement judiciaire a été ouvert à la suite de la résolution d'un plan adopté à l'occasion d'une précédente procédure de sauvegarde. Cette solution est tout à fait réaliste, car la procédure de redressement ouverte dans ces conditions « confine parfois à l'acharnement thérapeutique »[1]. Il est toutefois regrettable que ladite solution ne profite qu'aux bénéficiaires d'une fiducie ; les autres sûretés restent en effet suspendues en cas de conversion de la sauvegarde en redressement judiciaire.

1299. ***Efficacité de la fiducie-sûreté en cas de liquidation judiciaire***. Si le constituant de la fiducie est placé en liquidation judiciaire, les droits du bénéficiaire ne subissent pas les limitations qu'ils rencontrent en cas de sauvegarde ou de redressement judiciaire, car le sauvetage de l'entreprise n'est plus alors envisageable. Pour cette raison, le fiduciaire est autorisé à *réaliser librement et immédiatement* la sûreté, en cédant les biens ou droits qui lui ont été transférés (le désintéressement s'opère, hors concours, sur le prix de cession), le cas échéant en revendiquant au préalable ceux dont le constituant s'était conventionnellement ménagé l'usage ou la jouissance (fiducie-sûreté sans dépossession). Cette revendication est possible puisque, en cas de liquidation judiciaire, les règles relatives à la continuation des contrats en cours ne sont pas, cette fois, applicables à la convention de mise à disposition du débiteur des biens donnés en fiducie (C. com., art. L. 641-11-1, VI), ce qui permettra au fiduciaire de récupérer ces biens dès l'ouverture de cette procédure et donc de désintéresser le bénéficiaire à hauteur de leur valeur, sans que celui-ci ne subisse le concours des autres créanciers.

L'efficacité de la fiducie-sûreté dans le cadre de la liquidation judiciaire résulte, par ailleurs, de son *immunité face au plan de cession*, qui repose sur deux fondements : d'une part, les actifs transférés en garantie dans le patrimoine d'affectation ne peuvent pas être cédés avec ceux du débiteur, puisqu'ils ne font plus partie de son patrimoine ; d'autre part, la convention de mise à disposition ne peut être cédée sans l'accord du bénéficiaire (C. com., art. L. 642-7, al. 6). Ces règles sont révélatrices de la préférence des auteurs des réformes du droit des entreprises en difficulté (d'abord la loi de 2005, puis l'ordonnance de 2008) pour le maintien de l'exploitation par le débiteur lui-même, plutôt que par un repreneur. En effet, alors que le maintien de l'activité par le débiteur (en cas de sauvegarde ou de redressement judiciaire) justifie la paralysie de la fiducie, le maintien de l'activité par un tiers dans le cadre d'une cession totale ou partielle de l'entreprise n'entrave pas, à l'inverse, les droits des bénéficiaires d'une fiducie. Ceux-ci sont, de surcroît, nettement favorisés, en cas d'adoption d'un plan de cession, par rapport aux créanciers bénéficiaires de sûretés réelles classiques, qui se voient imposer, à cette occasion, diverses contraintes[2], à moins qu'ils ne jouissent d'un droit de rétention qui est, lui aussi, hermétique au plan de cession[3].

Le traitement très avantageux réservé à la fiducie-sûreté en cas de liquidation judiciaire suscite une question importante : s'il est justifié par la disparition des chances de résoudre les difficultés de l'entreprise, pourquoi toutes les sûretés réelles conventionnelles, qu'elles confèrent une exclusivité comme la fiducie ou seulement un droit de préférence comme le gage, le nantissement ou l'hypothèque, ne profitent pas de la même sollicitude du législateur ?

---

1. F. Pérochon, « Les interdictions de paiement et le traitement des sûretés réelles », *D.* 2009. 651 s., n° 25, qui rappelle, en ce sens, qu'entre 2005 et 2008, l'article L. 626-27 du Code de commerce imposait en ce cas la liquidation judiciaire.

2. V. ss 1313.

3. V. ss 1279, 1280, 1287.

En d'autres termes, dès lors que les auteurs de l'ordonnance du 18 décembre 2008 ont admis la réalisation de la fiducie-sûreté en cas de liquidation judiciaire, pourquoi, dans cette même procédure, le pacte commissoire n'a-t-il pas été validé ou, à tout le moins, pourquoi la faculté d'attribution judiciaire n'a-t-elle pas été étendue à d'autres sûretés que le gage ? Ce manque de cohérence ne peut que creuser, un peu plus encore, le fossé entre les sûretés classiques et celles qui offrent au créancier une exclusivité autorisant, notamment, un paiement indirect même après l'ouverture d'une procédure collective.

Chapitre 2

Le paiement par préférence

Le paiement à l'échéance et hors concours, qui rend presque indolore pour les créanciers bénéficiaires l'ouverture d'une procédure collective, ne profite qu'à des catégories limitées de créanciers : pour l'essentiel, certains créanciers privilégiés particulièrement utiles à l'entreprise débitrice, à savoir les salariés et les titulaires du privilège de la procédure ou de la conciliation ; par ailleurs, les créanciers rétenteurs ou propriétaires.

Tous les autres créanciers couverts par une sûreté réelle voient, au contraire, leurs intérêts sacrifiés lorsque leur débiteur est soumis à une procédure d'insolvabilité. Cette dernière perturbe ainsi profondément le jeu des *sûretés réelles classiques conférant un droit de préférence*, qu'elles garantissent des créances antérieures à l'ouverture de la procédure ou, plus exceptionnellement, des créances postérieures. Certes, au moment de la *réalisation des actifs du débiteur*, le droit de préférence attaché au droit réel accessoire de garantie augmente les chances de paiement par rapport aux simples créanciers chirographaires. Mais la réalisation de ce droit, tout comme les bénéfices qui peuvent en être retirés, ne suivent nullement le droit commun. Le droit des entreprises en difficulté et le droit du surendettement dérogent en effet à celui-ci, d'une part, en encadrant l'exercice des droits de préférence (Section 1), d'autre part, en bouleversant la hiérarchie des droits de préférence (Section 2). Il en résulte souvent un déficit de sécurité, caractéristique de l'inefficacité pour une sûreté.

Section 1
L'encadrement de l'exercice des droits de préférence

Sous réserve que l'existence et l'opposabilité de la sûreté réelle n'aient pas été remises en cause par l'ouverture de la procédure[1], le bénéfice d'une sûreté classique, conventionnelle, judiciaire ou légale, confère une priorité de paiement sur le prix des biens grevés. Toutefois, l'exercice de ce droit de préférence n'est pas libre. En effet, au cours d'une procédure d'insolvabilité, sont en principe arrêtées toutes les poursuites individuelles sur les biens du débiteur, même s'ils sont affectés au paiement d'un créancier (§ 2). Le droit de préférence ne peut être exercé qu'à la suite de la réalisation des actifs du débiteur décidée, le plus souvent, par les seuls organes de la procédure (§ 3). Avant de détailler cet encadrement des modalités d'exercice des droits de préférence, il convient de souligner que le montant pour lequel ceux-ci peuvent jouer est souvent réduit dans le contexte d'une procédure d'insolvabilité (§ 1).

1. V. ss 1246 s., 1260 s.

§ 1. La réduction du montant des créances garanties

L'objectif prioritaire de redressement de la situation d'une entreprise en difficulté ou d'un particulier surendetté se traduit par diverses mesures de diminution du passif, certaines concernant des créances spécifiques, d'autres ayant un champ d'application plus général.

C. com., art. L. 622-16. – En cas de procédure de sauvegarde, le bailleur n'a privilège que pour les deux dernières années de loyers avant le jugement d'ouverture de la procédure.
Si le bail est résilié, le bailleur a, en outre, privilège pour l'année courante, pour tout ce qui concerne l'exécution du bail et pour les dommages et intérêts qui pourront lui être alloués par les tribunaux.
Si le bail n'est pas résilié, le bailleur ne peut exiger le paiement des loyers à échoir lorsque les sûretés qui lui ont été données lors du contrat sont maintenues ou lorsque celles qui ont été fournies depuis le jugement d'ouverture sont jugées suffisantes.
Le juge-commissaire peut autoriser le débiteur ou l'administrateur, selon le cas, à vendre des meubles garnissant les lieux loués soumis à dépérissement prochain, à dépréciation imminente ou dispendieux à conserver, ou dont la réalisation ne met pas en cause, soit l'existence du fonds, soit le maintien de garanties suffisantes pour le bailleur.
C. consom., art. L. 331-7-1 *(extrait)*. – La commission peut recommander, par proposition spéciale et motivée, les mesures suivantes : 1° En cas de vente forcée du logement principal du débiteur, grevé d'une inscription bénéficiant à un établissement de crédit ayant fourni les sommes nécessaires à son acquisition, la réduction du montant de la fraction des prêts immobiliers restant due aux établissements de crédit après la vente, après imputation du prix de vente sur le capital restant dû, dans des proportions telles que son paiement, assorti d'un rééchelonnement calculé conformément au 1° de l'article L. 331-7, soit compatible avec les ressources et les charges du débiteur.
La même mesure est applicable en cas de vente amiable dont le principe, destiné à éviter une saisie immobilière, et les modalités ont été arrêtés d'un commun accord entre le débiteur et l'établissement de crédit.
Le bénéfice de ces dispositions ne peut être invoqué plus de deux mois après sommation faite au débiteur d'avoir à payer le montant de la fraction des prêts immobiliers restant due, à moins que, dans ce délai, la commission n'ait été saisie par ce même débiteur. À peine de nullité, la sommation de payer reproduit les dispositions du présent alinéa. Ces mesures peuvent se combiner avec celles prévues à l'article L. 331-7 ; (...)
C. com., art. L. 622-28, al. 1er. – Le jugement d'ouverture arrête le cours des intérêts légaux et conventionnels, ainsi que de tous intérêts de retard et majorations, à moins qu'il ne s'agisse des intérêts résultant de contrats de prêt conclus pour une durée égale ou supérieure à un an ou de contrats assortis d'un paiement différé d'un an ou plus. Les personnes physiques coobligées ou ayant consenti une sûreté personnelle ou ayant affecté ou cédé un bien en garantie peuvent se prévaloir des dispositions du présent alinéa. Nonobstant les dispositions de l'article 1154 du Code civil, les intérêts échus de ces créances ne peuvent produire des intérêts.
C. consom., art. L. 331-6, al. 2 et 5. – Le plan peut comporter des mesures de report ou de rééchelonnement des paiements des dettes, de remise des dettes, de réduction ou de suppression du taux d'intérêt, de consolidation, de création ou de substitution de garantie.
Les créances figurant dans l'état du passif définitivement arrêté par la commission ou le juge ne peuvent produire d'intérêts ou générer de pénalités de retard jusqu'à la mise en œuvre du plan.

1300. ***Procédures collectives professionnelles : limitation des créances garanties par le privilège du bailleur d'immeuble*.** Lorsqu'un bail porte sur les locaux loués par une entreprise, le montant des loyers dus ou à échoir peut être important. C'est pourquoi, afin de favoriser le sauvetage des entreprises en difficulté, les créances garanties par le privilège mobilier spécial du bailleur d'immeuble sont limitées dans le cadre des procédures de sauvegarde (C. com., art. L. 622-16) ou de redressement (C. com., art. L. 631-14, par renvoi au texte précédent).

Le privilège couvre alors seulement les *deux dernières années* de loyers [1] précédant le jugement d'ouverture (al. 1er) [2].

Si le bail est résilié, le bailleur a en outre un privilège pour l'année courante, « pour tout ce qui concerne l'exécution du bail et pour les dommages et intérêts qui pourront lui être alloués » en compensation du préjudice résultant de la résiliation (al. 2).

Si le bail n'est pas résilié, le bailleur ne peut exiger le paiement des loyers à échoir, dès lors que les sûretés qui lui ont été consenties au moment de la conclusion du contrat sont maintenues ou lorsque celles qui ont été fournies depuis le jugement d'ouverture sont jugées suffisantes (al. 3).

1301. ***Procédure de traitement du surendettement : réduction des prêts immobiliers***. Selon l'article L. 331-7-1 du Code de la consommation, en cas de vente, forcée ou amiable [3], du logement principal du débiteur surendetté « grevé d'une inscription bénéficiant à un établissement de crédit ayant fourni les sommes nécessaires à son acquisition » ou à des travaux d'amélioration [4], la commission peut recommander, par proposition spéciale et motivée, que le montant des prêts immobiliers restant dû après imputation du prix de vente sur le capital encore non remboursé, soit réduit et que le paiement de ce nouveau montant soit rééchelonné, «dans des proportions telles que le paiement soit compatible avec les ressources et les charges du débiteur» [5]. Selon la Cour de cassation, la réduction peut même être totale si elle est seule compatible avec les ressources et les charges du débiteur [6]. La Haute juridiction décide par ailleurs que la réduction de la fraction des prêts immobiliers restant due peut avoir lieu sans distinguer entre les prêteurs immobiliers chirographaires et ceux titulaires d'un droit de préférence [7].

1302. ***Arrêt du cours des intérêts***. Pendant toute la durée d'une procédure de sauvegarde (C. com., art. L. 622-28, al. 1er), de redressement ou de liquidation judiciaire (C. com., art. L. 631-14 et L. 641-3, par renvoi à l'art. L. 622-28), le cours des intérêts, aussi bien conventionnels que légaux ou encore moratoires, est en principe [8] arrêté, ce qui empêche l'évolution des créances à la hausse et emporte, *in fine*, une réduction de leur montant [9].

---

1. Le privilège s'applique à toute créance résultant de l'occupation des lieux, à quelque titre que ce soit, comme l'indemnité d'occupation (Com. 25 oct. 2011, *Bull. civ.* IV, n° 171).
2. Pour une illustration de cette limitation, cf. Com. 9 janv. 1974, *Bull. civ.* IV, n° 16 ; *Rapport de la Cour de cassation*, p. 63.
3. L'article L. 331-7-1 du Code de la consommation exige que la vente amiable soit « destinée à éviter une saisie immobilière » et que ses « modalités aient été arrêtées d'un commun accord entre le débiteur et l'établissement de crédit ».
4. Civ. 1re, 2 mai 1994, avis n° 14.
5. Cette recommandation extraordinaire doit être rendue exécutoire par le juge d'instance (C. consom., art. L. 332-1).
6. Civ. 1re, 4 avr. 1995, *Bull. civ.* I, n° 161 ; 13 juin 1995, *Bull. civ.* I, n° 261.
7. Civ. 1re, 9 juill. 1996, *Bull. civ.* I, n° 302.
8. La règle de l'arrêt du cours des intérêts ne s'applique pas aux « contrats de prêt conclus pour une durée égale ou supérieure à un an », ni aux « contrats assortis d'un paiement différé d'un an ou plus » (C. com., art. L. 622-28, al. 1er). Sont dès lors favorisés les crédits à moyen terme par rapport aux crédits à court terme. Cette exception fait logiquement l'objet d'une interprétation stricte. Elle ne joue pas, par exemple, à l'égard du contrat de crédit-bail, dans lequel l'exigibilité du premier loyer n'est normalement pas différée d'au moins un an (Com. 29 mai 2001, *Bull. civ.* IV, n° 106). Elle ne profite pas davantage aux créanciers qui accordent une ouverture de crédit à durée indéterminée (Com. 9 janv. 2001, *Bull. civ.* IV, n° 1).
9. La réduction ne procède pas, en revanche, de la remise en cause des intérêts ayant couru avant le jugement d'ouverture. Ces intérêts sont maintenus et leur montant doit être déclaré (Com. 3 févr. 1999, *Act. proc. coll.* 1999/6, n° 81).

Les créances concernées peuvent être tout autant chirographaires que privilégiées[1]. Elles doivent être, en revanche, nécessairement *antérieures* au jugement d'ouverture[2]. Aucune créance postérieure, couverte ou non par le privilège de la procédure, ne peut voir son assiette amputée des intérêts. Curieusement[3], la loi du 26 juillet 2005 n'a donc pas aligné, sur ce point, le sort des créances postérieures non éligibles au traitement préférentiel sur celui des créances antérieures[4].

Dans le cadre d'une procédure de traitement du surendettement, les intérêts des dettes du débiteur peuvent être affectés en de nombreuses occasions. D'abord, le taux d'intérêt des emprunts peut être réduit si la commission dépasse le délai de trois mois qui lui est imparti pour instruire la demande d'ouverture de la procédure (C. consom., art. L. 331-3 [5]). Ensuite, « les créances figurant dans l'état d'endettement du débiteur dressé par la commission ne peuvent produire d'intérêts ou générer de pénalités de retard à compter de la date de recevabilité et jusqu'à la mise en œuvre des mesures prévues aux 1° et 2° de l'article L. 330-1 et aux articles L. 331-6, L. 331-7, L. 331-7-1 et L. 331-7-2 » (C. consom., art. L. 331-3-1, tel que modifié par la loi n° 2013-672 du 26 juillet 2013, en vigueur depuis janvier 2014).

1303. ***Remises de dettes***. La réduction des créances garanties par une sûreté réelle peut enfin résulter de remises de dettes.

Ces sacrifices peuvent intervenir dans le cadre de la procédure de surendettement (C. consom., art. L. 331-6 relatif au contenu du plan conventionnel de redressement élaboré par la commission de surendettement ; art. L. 331-7-1 relatif aux recommandations que peut faire la commission en cas d'échec de sa mission de conciliation)[6]. Notons que le prêt viager hypothécaire y échappe, dans la mesure où, son remboursement n'étant pas exigible du vivant du débiteur, il ne peut être traité dans le cadre d'un plan de désendettement[7].

---

1. La règle de l'arrêt du cours des intérêts s'applique, par exemple, aux créances salariales nées antérieurement au jugement d'ouverture (Soc. 13 janv. 1999, inédit, n° 96-43431 ; 23 nov. 1999, inédit, n° 97-44172 ; *D.* 2001. Somm. 116, obs. F. Derrida).

2. Com. 25 nov. 1997, inédit, n° 95-18432 ; 20 juin 2000, *Bull. civ.* IV, n° 129.

3. Il est en effet, singulier de ne pas arrêter le cours des intérêts à propos de créances, qui ne peuvent pas, par ailleurs, être payées.

4. Sur l'alignement opéré, à l'inverse, au sujet de la déclaration des créances, v. ss 1266 ; et par rapport à la règle de l'interdiction des paiements, v. ss 1271.

5. « Si, au terme de ce délai, la commission n'a pas décidé de l'orientation du dossier, le taux d'intérêt applicable à tous les emprunts en cours contractés par le débiteur est, au cours des trois mois suivants, le taux de l'intérêt légal, sauf décision contraire de la commission ou du juge intervenant au cours de cette période ».

La légitimité, si ce n'est la constitutionnalité, de cette disposition est pour le moins discutable, puisque ce sont les prêteurs qui se trouvent sanctionnés, alors que la carence est imputable à la commission.

6. Au titre des recommandations spéciales de la commission de surendettement, l'article L. 331-7-1 du Code de la consommation vise l'effacement partiel des créances. Le caractère partiel de l'effacement suscite une difficulté sérieuse d'interprétation : est-ce que chaque créance doit être réduite, fût-ce dans des proportions différentes, ou est-ce que certaines créances peuvent être entièrement effacées et d'autres entièrement maintenues ? La première interprétation devrait l'emporter pour faire respecter la volonté du législateur, qui, en 2003, a entendu confiner l'effacement total des dettes dans la procédure de rétablissement personnel. Au soutien de la seconde interprétation, il est toutefois permis d'avancer que les commissions ne sont pas tenues d'assurer une égalité de traitement entre les créanciers lorsqu'elles recommandent l'une des mesures prévues par l'article L. 331-7-1 (Civ. 1re, 5 avr. 1993, *Bull. civ.* I, n° 142 ; 9 juill. 1996, *Bull. civ.* I, n° 302).

7. Civ. 2e, 4 sept. 2014, *Bull. civ.* II, n° 180. Sur le fonctionnement du prêt viager hypothécaire, v. ss 1041 s.

À l'égard d'une entreprise en difficulté, des remises de dettes peuvent avoir lieu dans la procédure de conciliation ou dans un plan de sauvegarde [1] ou de redressement. Certains créanciers garantis ne peuvent se les voir imposer. Tel est le cas des salariés (C. com., art. L. 626-20) et des créanciers titulaires du privilège de la conciliation (C. com., art. L. 626-20, tel que modifié par la réforme de 2014). Les créanciers bénéficiant d'une fiducie-sûreté ne peuvent se voir imposer des remises, dans le cadre des comités de créanciers, que pour les créances qui ne sont pas garanties par la fiducie-sûreté [2] (C. com., art. L. 626-30, al. 4, L. 626-30-2, al. 4 et L. 626-33, al. 1er).

Dans toutes les hypothèses de remises de dettes, il convient de souligner que, si le montant de la créance garantie est réduit, la sûreté réelle qui en garantit le paiement n'est pas en revanche éteinte dans la même proportion, puisque les sûretés réelles sont en principe indivisibles.

§ 2. L'interdiction des poursuites individuelles

> **C. com., art. L. 611-10-1.** – Pendant la durée de son exécution, l'accord constaté ou homologué interrompt ou interdit toute action en justice et arrête ou interdit toute poursuite individuelle tant sur les meubles que les immeubles du débiteur dans le but d'obtenir le paiement des créances qui en font l'objet ; nonobstant les dispositions de l'article 1154 du Code civil, les intérêts échus de ces créances ne peuvent produire des intérêts. Il interrompt, pour la même durée, les délais impartis aux créanciers parties à l'accord à peine de déchéance ou de résolution des droits afférents aux créances mentionnées par l'accord.
> Si, au cours de cette même durée, le débiteur est mis en demeure ou poursuivi par l'un des créanciers appelés à la conciliation dans le but d'obtenir le paiement d'une créance qui n'a pas fait l'objet de l'accord, le juge qui a ouvert la procédure de conciliation peut, à la demande du débiteur et après avoir recueilli, le cas échéant, les observations du mandataire à l'exécution de l'accord, faire application des dispositions des articles 1244-1 à 1244-3 du Code civil, en prenant en compte les conditions d'exécution de l'accord. Les dispositions du présent alinéa ne sont pas applicables aux créanciers mentionnés au troisième alinéa de l'article L. 611-7.
> **C. com., art. L. 622-21.** – I.– Le jugement d'ouverture interrompt ou interdit toute action en justice de la part de tous les créanciers dont la créance n'est pas mentionnée au I de l'article L. 622-17 et tendant :
> 1° À la condamnation du débiteur au paiement d'une somme d'argent ;
> 2° À la résolution d'un contrat pour défaut de paiement d'une somme d'argent.
> II.– Il arrête ou interdit également toute procédure d'exécution de la part de ces créanciers tant sur les meubles que sur les immeubles ainsi que toute procédure de distribution n'ayant pas produit un effet attributif avant le jugement d'ouverture.
> III.– Les délais impartis à peine de déchéance ou de résolution des droits sont en conséquence interrompus.
> **C. com., art. L. 625-3.** – Les instances en cours devant la juridiction prud'homale à la date du jugement d'ouverture sont poursuivies en présence du mandataire judiciaire et de l'administrateur lorsqu'il a une mission d'assistance ou ceux-ci dûment appelés. Le mandataire judiciaire informe dans les dix jours la juridiction saisie et les salariés parties à l'instance de l'ouverture de la procédure.

1. Par exemple, l'article L. 626-6 du Code de commerce invite les administrations financières, les organismes de sécurité sociale, les institutions gérant le régime d'assurance chômage à accepter des remises de dettes « dans des conditions similaires à celles que lui octroierait, dans des conditions normales de marché, un opérateur économique privé placé dans la même situation ».

2. Plus précisément, le créancier bénéficiaire d'une fiducie-sûreté votera au sein des comités de créanciers pour la partie de ses créances non garantie par la valeur liquidative des actifs transférés, le solde étant hors comité. Ainsi, pour la partie garantie, il échappera au risque de se voir imposer par vote majoritaire une réduction de sa créance, une conversion en capital ou encore un rééchelonnement sur une durée supérieure à dix ans.

C. com., art. L. 643-2. – Les créanciers titulaires d'un privilège spécial, d'un gage, d'un nantissement ou d'une hypothèque et le Trésor public pour ses créances privilégiées peuvent, dès lors qu'ils ont déclaré leurs créances même s'ils ne sont pas encore admis, exercer leur droit de poursuite individuelle si le liquidateur n'a pas entrepris la liquidation des biens grevés dans le délai de trois mois à compter du jugement qui ouvre ou prononce la liquidation judiciaire.
Lorsque le tribunal a fixé un délai en application de l'article L. 642-2, ces créanciers peuvent exercer leur droit de poursuite individuelle à l'expiration de ce délai, si aucune offre incluant ce bien n'a été présentée.
En cas de vente d'immeubles, les dispositions des premier, troisième et cinquième alinéas de l'article L. 642-18 sont applicables. Lorsqu'une procédure de saisie immobilière a été engagée avant le jugement d'ouverture, le créancier titulaire d'une hypothèque est dispensé, lors de la reprise des poursuites individuelles, des actes et formalités effectués avant ce jugement.
C. com., art. L. 643-11. – I. – Le jugement de clôture de liquidation judiciaire pour insuffisance d'actif ne fait pas recouvrer aux créanciers l'exercice individuel de leurs actions contre le débiteur. Il est fait exception à cette règle :
1° Pour les actions portant sur des biens acquis au titre d'une succession ouverte pendant la procédure de liquidation judiciaire ;
2° Lorsque la créance trouve son origine dans une infraction pour laquelle la culpabilité du débiteur a été établie ou lorsqu'elle porte sur des droits attachés à la personne du créancier.
II.– Les coobligés et les personnes ayant consenti une sûreté personnelle ou ayant affecté ou cédé un bien en garantie peuvent poursuivre le débiteur s'ils ont payé à la place de celui-ci.
III. – Les créanciers recouvrent leur droit de poursuite individuelle dans les cas suivants :
1° La faillite personnelle du débiteur a été prononcée ;
2° Le débiteur a été reconnu coupable de banqueroute ;
3° Le débiteur, au titre de l'un quelconque de ses patrimoines, ou une personne morale dont il a été le dirigeant a été soumis à une procédure de liquidation judiciaire antérieure clôturée pour insuffisance d'actif moins de cinq ans avant l'ouverture de celle à laquelle il est soumis ainsi que le débiteur qui, au cours des cinq années précédant cette date, a bénéficié des dispositions de l'article L. 645-11;
4° La procédure a été ouverte en tant que procédure territoriale au sens du paragraphe 2 de l'article 3 du règlement (CE) n° 1346/2000 du Conseil du 29 mai 2000 relatif aux procédures d'insolvabilité.
IV. – En outre, en cas de fraude à l'égard d'un ou de plusieurs créanciers, le tribunal autorise la reprise des actions individuelles de tout créancier à l'encontre du débiteur. Le tribunal statue lors de la clôture de la procédure après avoir entendu ou dûment appelé le débiteur, le liquidateur et les contrôleurs. Il peut statuer postérieurement à celle-ci, à la demande de tout intéressé, dans les mêmes conditions.
V. – Les créanciers qui recouvrent leur droit de poursuite individuelle et dont les créances ont été admises ne peuvent exercer ce droit sans avoir obtenu un titre exécutoire ou, lorsqu'ils disposent déjà d'un tel titre, sans avoir fait constater qu'ils remplissent les conditions prévues au présent article. Le président du tribunal, saisi à cette fin, statue par ordonnance.
Les créanciers qui recouvrent l'exercice individuel de leurs actions et dont les créances n'ont pas été vérifiées peuvent le mettre en œuvre dans les conditions du droit commun.
VI. – Lorsque la clôture de liquidation judiciaire pour insuffisance d'actif est prononcée à l'issue d'une procédure ouverte à raison de l'activité d'un débiteur entrepreneur individuel à responsabilité limitée à laquelle un patrimoine est affecté, le tribunal, en cas de fraude à l'égard d'un ou de plusieurs créanciers, autorise les actions individuelles de tout créancier sur les biens compris dans le patrimoine non affecté de cet entrepreneur. Il statue dans les conditions prévues au IV. Les créanciers exercent les droits qui leur sont conférés par les présentes dispositions dans les conditions prévues au V.
VII.– Lorsque la clôture de liquidation judiciaire pour insuffisance d'actif est prononcée à l'issue d'une procédure ouverte à raison de l'activité d'un débiteur, personne physique, à laquelle un patrimoine n'avait pas été affecté, le tribunal peut imposer des délais uniformes de paiement des créances mentionnées au I de l'article L. 641-13 à l'exception de celles des administrations financières, des organismes de sécurité sociale, des institutions gérant le régime d'assurance

chômage prévu par les articles L. 5422-1 et suivants du Code du travail et des institutions régies par le livre IX du Code de la sécurité sociale. Ces délais ne peuvent excéder deux ans.

C. com., art. L. 645-6. – Si le débiteur est mis en demeure ou poursuivi par un créancier au cours de la procédure, le juge commis peut, à la demande du débiteur, reporter le paiement des sommes dues dans la limite de quatre mois et ordonner, pour cette même durée, la suspension des procédures d'exécution qui auraient été engagées par le créancier.

Toute stipulation contraire est réputée non écrite.

C. consom., art. L. 331-3-1, al. 1er. – La décision déclarant la recevabilité de la demande emporte suspension et interdiction des procédures d'exécution diligentées à l'encontre des biens du débiteur ainsi que des cessions de rémunération consenties par celui-ci et portant sur les dettes autres qu'alimentaires. Les procédures et les cessions de rémunération sont suspendues ou interdites, selon les cas, jusqu'à l'approbation du plan conventionnel de redressement prévu à l'article L. 331-6, jusqu'à la décision imposant les mesures prévues par l'article L. 331-7, jusqu'à l'homologation par le juge des mesures recommandées en application des articles L. 331-7-1, L. 331-7-2 et L. 332-5 ou jusqu'au jugement d'ouverture d'une procédure de rétablissement personnel avec liquidation judiciaire. Cette suspension et cette interdiction ne peuvent excéder un an. Toutefois, lorsqu'en cas de saisie immobilière la vente forcée a été ordonnée, le report de la date d'adjudication ne peut résulter que d'une décision du juge chargé de la saisie immobilière, saisi à cette fin par la commission, pour causes graves et dûment justifiées.

C. consom., art. L. 331-5, al. 1er. – À la demande du débiteur, la commission peut saisir, avant la décision de recevabilité visée à l'article L. 331-3, le juge du tribunal d'instance aux fins de suspension des procédures d'exécution diligentées à l'encontre des biens du débiteur ainsi que des cessions de rémunération consenties par celui-ci et portant sur les dettes autres qu'alimentaires. En cas d'urgence, la saisine du juge peut intervenir à l'initiative du président de la commission, du délégué de ce dernier ou du représentant local de la Banque de France. La commission est ensuite informée de cette saisine. Lorsqu'elle est prononcée, la suspension s'applique dans les mêmes conditions et selon les mêmes modalités que celles prévues aux trois premiers alinéas de l'article L. 331-3-1.

C. consom., art. L. 331-7-3. – Si, en cours d'exécution d'un plan conventionnel, de mesures imposées ou recommandées par la commission, il apparaît que la situation du débiteur devient irrémédiablement compromise dans les conditions prévues au troisième alinéa de l'article L. 330-1, le débiteur peut saisir la commission afin de bénéficier d'une procédure de rétablissement personnel avec ou sans liquidation judiciaire. Après avoir constaté la bonne foi du débiteur, la commission recommande un rétablissement personnel sans liquidation judiciaire dans les conditions prévues à l'article L. 332-5 ou saisit le juge du tribunal d'instance aux fins d'ouverture d'une procédure de rétablissement personnel avec liquidation judiciaire. Cette recommandation ou cette saisine emportent suspension et interdiction des procédures d'exécution diligentées à l'encontre des biens du débiteur ainsi que des cessions de rémunération consenties par celui-ci et portant sur les dettes autres qu'alimentaires. La commission peut également demander au juge de suspendre les mesures d'expulsion du logement du débiteur. La suspension et l'interdiction sont acquises jusqu'à l'homologation par le juge de la recommandation en application de l'article L. 332-5 ou jusqu'au jugement d'ouverture d'une procédure de rétablissement personnel avec liquidation judiciaire. Cette suspension et cette interdiction ne peuvent excéder un an.

C. consom., art. L. 332-6, al. 2. – Le jugement d'ouverture entraîne, jusqu'au jugement de clôture, la suspension et l'interdiction des procédures d'exécution diligentées à l'encontre des biens du débiteur ainsi que des cessions de rémunération consenties par celui-ci et portant sur les dettes autres qu'alimentaires. Il entraîne également la suspension des mesures d'expulsion du logement du débiteur, à l'exception de celles fondées sur un jugement d'adjudication rendu en matière de saisie immobilière ainsi que de celles ordonnées sur le fondement du troisième alinéa de l'article 2198 du Code civil.

La règle d'interdiction des poursuites individuelles, qu'énoncent le droit des entreprises en difficulté et le droit du surendettement, empêche les créanciers impayés de réaliser librement leurs sûretés réelles en vendant les biens grevés du débiteur, afin d'être payés par préférence sur le prix de vente. L'efficacité des sûretés réelles s'en trouve d'autant plus affectée que le champ de cette règle est extrêmement vaste.

1304. ***Droit des entreprises en difficulté*.** Pour assurer une organisation collective de la procédure susceptible de conduire au sauvetage de l'entreprise en difficulté et pour asseoir le principe d'égalité des créanciers antérieurs, les poursuites individuelles et voies d'exécution sont interdites après le jugement d'ouverture de la procédure de sauvegarde (C. com., art. L. 622-21) ou de redressement judiciaire (C. com., art. L. 631-14). Cette règle d'ordre public [1] se traduit, soit par l'interruption des poursuites déjà entamées, soit par l'irrecevabilité des poursuites nouvelles [2]. Un jugement rendu au mépris du principe d'interdiction des actions personnelles doit être réputé non avenu. Une saisie pratiquée malgré le principe d'interdiction des voies d'exécution doit être arrêtée [3].

1305. ***Les créanciers concernés*.** La règle de l'interdiction des poursuites individuelles frappe tous les *créanciers antérieurs*, y compris les titulaires de sûretés spéciales.

Depuis la loi de sauvegarde des entreprises en difficulté du 26 juillet 2005, elle atteint également les *créanciers postérieurs non éligibles au traitement préférentiel*.

Seuls échappent à l'interdiction les salariés (C. com., art. 625-3) et les créanciers dont la créance est mentionnée au I de l'article L. 622-17 du Code de commerce, c'est-à-dire les bénéficiaires du privilège de la procédure, qui peuvent exercer des poursuites contre le débiteur pour obtenir un paiement direct [4].

1306. ***Les poursuites concernées*.** L'article L. 622-21, I du Code de commerce interdit de poursuivre ou d'engager, après l'ouverture de la procédure, une action « tendant à la condamnation du débiteur au *paiement* d'une somme d'argent ». Cette règle constitue le corollaire de la prohibition des paiements après le jugement d'ouverture et elle n'a donc pas vocation à s'appliquer aux actions conduisant aux paiements indirects que la loi admet exceptionnellement, telles les actions en revendication exercées par les propriétaires de biens détenus par le débiteur [5].

Le jugement d'ouverture « arrête ou interdit également toute *procédure d'exécution* de la part de ces créanciers (tous les créanciers dont la créance n'est pas mentionnée au I de l'article L. 622-17) tant sur les meubles que sur les immeubles » (C. com., art. L. 622-21, II). Pour permettre le redressement de l'entreprise débitrice, le patrimoine de celle-ci est donc mis à l'abri et les créanciers titulaires de sûretés mobilières ou immobilières se trouvent ainsi privés du droit de réaliser leur garantie par le biais d'une saisie [6], suivie

1. Le principe de l'arrêt des poursuites est d'ordre public en droit interne (Com. 6 déc. 1994, *Bull. civ.* IV, n° 361 ; 2 juin 2004, *Bull. civ.* IV, n° 112), ainsi qu'en droit international privé (Civ. 1re, 19 déc. 1995, *Bull. civ.* IV, n° 470 ; 29 sept. 2004, *Bull. civ.* IV, n° 215). En matière d'arbitrage international, cf. Civ. 1re, 5 févr. 1991, *Bull. civ.* IV, n° 44 ; 6 mai 2009, *Bull. civ.* IV, n° 86.

2. Ce moyen doit être soulevé d'office, quelle que soit la juridiction saisie par le créancier (Com. 28 mars 1995, *Bull. civ.* IV, n° 104 ; 12 janv. 2010, inédit, n° 08-19645 ; 15 juin 2011, inédit, n° 10-16990). En revanche, il ne peut être soulevé pour la première fois devant la Cour de cassation (Com. 22 oct. 1996, *Bull. civ.* IV, n° 244).

3. Com. 2 févr. 1999, *Bull. civ.* IV, n° 36 ; Com. 4 mars 2014, *Bull. civ.* IV, n° 43.

4. V. ss 1283.

5. V. ss 1288 s.

6. Une saisie conservatoire pratiquée avant le jugement d'ouverture ne peut être convertie après celui-ci (Com. 22 avr. 1997, *Bull. civ.* IV, n° 100). En revanche, la Cour de cassation accepte de faire produire effet à une saisie-attribution sur créance à exécution successive pratiquée avant ce jugement

d'une vente forcée[1]. Il convient de remarquer que sont notamment concernés les créanciers d'un conjoint *in bonis*, qui ne peuvent exercer des poursuites sur les biens communs en dehors des cas exceptionnels dans lesquels les créanciers de l'époux soumis à la procédure peuvent eux-mêmes agir[2].

1307. ***La période d'interdiction***. L'interdiction des poursuites individuelles paralyse l'exercice des droits des créanciers, en particulier les droits de préférence des créanciers munis de sûretés réelles, dans toutes les procédures dont peut bénéficier une entreprise en difficulté.

S'agissant, d'abord, de la procédure de conciliation, son ouverture ne gèle pas immédiatement les poursuites individuelles. C'est au moment de *l'homologation de l'accord de conciliation, voire de sa seule constatation par le président du tribunal* (depuis l'ordonnance du 18 décembre 2008) que se trouvent suspendues toutes les actions en justice et toutes les voies d'exécution sur les biens du débiteur visant à obtenir le paiement des créances qui font l'objet de l'accord. La suspension joue alors pendant toute la durée d'exécution de cet accord (C. com., art. L. 611-10-1, al. 1er). Quant aux poursuites visant à obtenir le paiement des créances n'ayant pas fait l'objet de l'accord, elles peuvent être paralysées si, pendant l'exécution de celui-ci, le débiteur obtient des délais de grâce sur le fondement des articles 1244-1 à 1244-3 du Code civil (C. com., art. L. 610-10-1, al. 2, issu de l'ordonnance du 12 mars 2014).

Les poursuites individuelles sont ensuite interrompues ou interdites *en cas de sauvegarde, de redressement ou de liquidation judiciaire* (C. com., art. L. 631-14 et L. 641-3, par renvoi à l'art. L. 622-21) et ce, pendant toute la procédure.

Après la clôture de la procédure de liquidation pour insuffisance d'actif, la règle de l'arrêt des poursuites individuelles est relayée par celle de *l'interdiction de la reprise des poursuites individuelles* contre le débiteur personne physique (C. com., art. L. 643-11, I)[3]. La créance elle-même n'est pas alors éteinte[4], mais les voies d'exécution qui pourraient en permettre le recouvrement sont, en principe, paralysées.

Dans le cadre de la procédure de *rétablissement professionnel*, instituée par l'ordonnance du 12 mars 2014, la suspension des poursuites n'est pas automatique, car il ne s'agit pas d'une procédure collective de paiement. Néanmoins, l'article L. 645-6 du Code de commerce prévoit que, « si le débiteur est mis en demeure ou poursuivi par un créancier au cours de la procédure, le juge commis peut, à la demande du débiteur, reporter le paiement des sommes dues dans la limite de quatre mois et ordonner, pour cette même

---

et ce, en raison de l'effet attributif de cette voie d'exécution, qui permet au créancier d'obtenir la propriété personnelle et immédiate de la créance qui en est l'objet (Cass., ch. mixte, 22 nov. 2002, *Bull. ch. mixte*, n° 7).

1. Rappelons que, depuis l'ordonnance du 21 avril 2006, en matière hypothécaire, la vente peut également être opérée à l'amiable dans les conditions fixées par le Code des procédures civiles d'exécution (v. ss 1079).

2. Cf. not. Cass., ass. plén., 23 déc. 1994, *Bull. ass. plén.*, n° 7 ; *Rapport de la Cour de cassation*, p. 325 ; Com. 17 juin 1997, inédit, n° 95-11254 ; *D.* 1998. Somm. 107, obs. S. Piedelièvre.

3. La règle de l'absence de reprise des poursuites individuelles ne concerne que les débiteurs personnes physiques, car, par l'effet de la publication de la clôture de la procédure pour insuffisance d'actif, la personnalité morale du débiteur disparaît (C. civ., art. 1844-7, 7°).

4. Com. 19 nov. 2013, inédit, n° 12-24652 : « même si les créanciers ne recouvrent pas l'exercice individuel de leur action contre le débiteur dont la liquidation judiciaire a fait l'objet d'une clôture pour insuffisance d'actif, leurs créances envers le débiteur ne sont pas pour autant éteintes » ; il n'y a dès lors pas lieu d'ordonner la mainlevée des hypothèques garantissant ces créances.

V. ss 562, les conséquences de la survie de la créance sur l'obligation des garants personnels.

durée, la suspension des procédures d'exécution qui auraient été engagées par le créancier. Toute stipulation contraire est réputée non écrite ».

1308. ***Les exceptions***. La règle de l'interdiction des poursuites individuelles exercées par les créanciers antérieurs ou postérieurs non privilégiés reçoit deux exceptions, dont les conditions laissent cependant craindre que ces créanciers n'en retirent guère de satisfaction.

En premier lieu, l'article L. 643-2 du Code de commerce autorise les créanciers titulaires d'un privilège spécial, d'un gage, d'un nantissement ou d'une hypothèque ou encore le Trésor pour son privilège général, à condition qu'ils aient déclaré leurs créances, à exercer leur droit de poursuite individuelle, en cas d'*inaction du liquidateur* dans le délai de trois mois après le jugement ouvrant ou prononçant la liquidation (al. 1er) ou, le cas échéant, à l'issue du délai fixé par le tribunal pour présenter des offres de reprise, si aucune de celles-ci n'inclut les biens grevés par les sûretés précitées (al. 2). Cette exception se justifie par le souci d'accélérer le processus de liquidation et non par celui de faire recouvrer aux créanciers visés la plénitude de leurs droits. En atteste le fait que c'est le liquidateur qui doit percevoir le produit de la réalisation forcée opérée à la suite des poursuites individuelles et il doit ensuite le redistribuer dans le respect des règles de répartition [1].

En second lieu, en cas de *clôture pour insuffisance d'actif* de la procédure dirigée contre un débiteur personne physique, les poursuites individuelles peuvent être exceptionnellement reprises par les créanciers antérieurs, qu'ils soient munis ou non de sûretés, dans les hypothèses visées par l'article L. 643-11 du Code de commerce, notamment celle de la fraude à l'égard d'un ou plusieurs créanciers.

1309. ***Droit du surendettement***. Le Code de la consommation (art. L. 331-3-1 issu de la réforme du 1er juillet 2010) prévoit que la décision de la commission de surendettement déclarant recevable la demande d'ouverture de la procédure « emporte suspension et interdiction des procédures d'exécution diligentées à l'encontre des biens du débiteur », jusqu'à l'approbation du plan conventionnel de redressement ou jusqu'à la décision imposant les mesures prévues par l'article L. 331-7 ou jusqu'à l'homologation par le juge des mesures recommandées par la commission ou jusqu'au jugement d'ouverture d'une procédure de rétablissement personnel avec liquidation judiciaire ou encore jusqu'au jugement d'ouverture d'une procédure de rétablissement personnel avec liquidation judiciaire [2]. Cette suspension ne peut excéder deux ans [3]. Avant même la décision de recevabilité, la commission peut, à la demande du débiteur, saisir le juge d'instance aux fins de suspension des procédures d'exécution (C. consom., art. L. 331-5, qui renvoie à l'article L. 331-3-1 pour les modalités de cette suspension). Depuis la loi du 1er juillet 2010, l'article L. 331-7-3 du Code de la consommation développe une autre hypothèse de suspension : si la commission recommande un rétablissement personnel sans liquidation judiciaire ou qu'elle saisit le juge d'instance aux fins d'ouverture d'une procédure de rétablissement personnel avec liquidation judiciaire, cette recommandation ou cette saisine emportent suspension et interdiction des procédures d'exécution diligentées à l'encontre des biens du débiteur et ce, jusqu'à l'homologation par le juge de la recommandation ou jusqu'au jugement d'ouverture d'une

1. V. ss 1319 s., la hiérarchie des droits de préférence.
2. Ce dernier terme, ajouté par la loi n° 2013-672 du 26 juillet 2013, joue depuis le 1er janvier 2014.
3. Depuis le 1er janvier 2014 (entrée en vigueur de la loi n° 2013-672 du 26 juillet 2013 sur la séparation et la régulation des activités bancaires). Auparavant, la durée maximale de suspension était d'un an.

procédure de rétablissement personnel avec liquidation judiciaire. Cette suspension ne peut, elle non plus, excéder deux ans. L'interdiction des voies d'exécution sur les biens du débiteur est encore imposée pendant la durée d'exécution des mesures recommandées ou ordonnées par la commission de surendettement (C. consom., art. L. 331-9). Enfin, selon l'article L. 332-6 du Code de la consommation, le jugement d'ouverture de la procédure de rétablissement personnel avec liquidation judiciaire entraîne, jusqu'au jugement de clôture, la suspension et l'interdiction des procédures d'exécution.

En revanche, il n'est pas interdit aux créanciers d'obtenir un titre exécutoire, tant au cours de la procédure devant la commission [1], qu'après le jugement d'ouverture d'une procédure de rétablissement personnel [2].

Le principe d'interdiction des procédures d'exécution à l'encontre des biens du débiteur surendetté reçoit par ailleurs deux exceptions. D'une part, au sujet de la saisie immobilière : selon les articles L. 331-3-1 et L. 331-5 du Code de la consommation, lorsque « la vente forcée a été ordonnée [3], le report de la date d'adjudication ne peut résulter que d'une décision du juge chargé de la saisie immobilière, saisi à cette fin par la commission, pour causes graves et dûment justifiées ». Cette dérogation a pour but d'éviter que la procédure de surendettement ne soit utilisée par certains débiteurs dans le seul but de faire échec à une mesure d'exécution forcée portant sur leurs immeubles. Elle profite notamment aux créanciers titulaires d'une sûreté immobilière qui auraient entrepris sa réalisation avant l'ouverture de la procédure. D'autre part, depuis la loi du 1er juillet 2010, une seconde exception conforte l'efficacité des gages garantissant les prêts consentis par des caisses de crédit municipal. En effet, d'après le nouvel article L. 333-1-2 du Code de la consommation, «la réalisation des gages par les caisses de crédit municipal ne peut être empêchée ou différée au-delà de la date déterminée dans le contrat de prêt» [4].

Sous réserve de ces deux exceptions, l'interdiction des procédures d'exécution contre les biens du débiteur surendetté a pour effet d'empêcher les créanciers titulaires d'une sûreté réelle de saisir le bien grevé, puis de le faire vendre aux enchères, voire à l'amiable lorsque la loi le permet.

§ 3. La réalisation des droits de préférence à l'initiative des organes de la procédure

Si les créanciers titulaires de sûretés réelles ne peuvent généralement pas en poursuivre individuellement la mise en œuvre après l'ouverture d'une procédure d'insolvabilité, cela ne signifie cependant pas que leur droit de préférence ne pourra plus être exercé. En réalité, les droits de préférence vont pouvoir jouer, mais seulement après que les organes de la procédure collective professionnelle (A) ou de la procédure de surendettement (B) auront pris l'initiative de la réalisation.

A. Droit des entreprises en difficulté

1310. ***Vente isolée d'un bien grevé d'une sûreté au cours de la période d'observation***

---

1. Civ. 1re, 7 janv. 1997, *Bull. civ.* I, n° 10 ; Civ. 2e, 18 nov. 2004, *Bull. civ.* II, n° 500 ; 22 mars 2006, *Bull. civ.* II, n° 89.
2. Civ. 2e, 5 févr. 2009, *Bull. civ.* II, n° 38.
3. Il est regrettable que la loi du 1er juillet 2010 n'ait pas envisagé la question de la vente amiable sur autorisation judiciaire permise depuis l'ordonnance n° 2006-461 du 21 avril 2006 ayant réformé la saisie immobilière.
4. Sur le caractère ineffaçable de ces prêts sur gage, v. ss 1258.

C. com., art. L. 622-8. – En cas de vente d'un bien grevé d'un privilège spécial, d'un gage, d'un nantissement ou d'une hypothèque, la quote-part du prix correspondant aux créances garanties par ces sûretés est versée en compte de dépôt à la Caisse des dépôts et consignations. Après l'adoption du plan, les créanciers bénéficiaires de ces sûretés ou titulaires d'un privilège général sont payés sur le prix suivant l'ordre de préférence existant entre eux et conformément à l'article L. 626-22 lorsqu'ils sont soumis aux délais du plan.
Le juge-commissaire peut ordonner le paiement provisionnel de tout ou partie de leur créance aux créanciers titulaires de sûretés sur le bien. Sauf décision spécialement motivée du juge-commissaire ou lorsqu'il intervient au bénéfice du Trésor ou des organismes sociaux ou organismes assimilés, ce paiement provisionnel est subordonné à la présentation par son bénéficiaire d'une garantie émanant d'un établissement de crédit ou d'une société de financement.
Le débiteur peut proposer aux créanciers, la substitution aux garanties qu'ils détiennent de garanties équivalentes. En l'absence d'accord, le juge-commissaire peut ordonner cette substitution. Le recours contre cette ordonnance est porté devant la cour d'appel.

La période d'observation se caractérise par la poursuite d'activité de l'entreprise débitrice. Il n'est donc pas question, en principe, de vendre des actifs pour assurer le désintéressement des créanciers. Des *ventes d'actifs isolés* peuvent toutefois être réalisées, avec l'autorisation du juge-commissaire (C. com., art. L. 622-7, II), afin de dégager de la trésorerie et permettre par là même à l'entreprise de poursuivre son exploitation.

Lorsque les biens vendus sont grevés d'un privilège spécial, d'un gage, d'un nantissement ou d'une hypothèque, l'article L. 622-8 du Code de commerce prévoit que « la quote-part du prix correspondant aux créances garanties par ces sûretés est versée en compte de dépôt à la Caisse des dépôts et consignations » (al. 1er), à moins que le créancier concerné n'accepte ou ne se voit imposer une substitution de garantie (al. 3)[1]. La *consignation* de la partie du prix correspondant aux créances garanties[2] rend ces fonds indisponibles et insaisissables. Par conséquent, les créanciers visés ne peuvent pas être payés immédiatement. Ils ne pourront exercer leur droit de préférence sur ladite quote-part qu'à l'expiration de la période d'observation et ce, dans le respect de l'ordre des privilèges applicable, soit à la sauvegarde ou au redressement, soit à la liquidation judiciaire[3], selon la solution retenue au bénéfice de l'entreprise débitrice.

1311. Néanmoins, comme la période d'observation peut être longue, la loi du 10 juin 1994, puis les réformes de 2005 et 2008, ont entendu restaurer les droits des créanciers titulaires d'un droit de préférence sur les biens vendus en admettant le *paiement provisionnel* de tout ou partie de leurs créances (C. com., art. L. 622-8, al. 2). Ce paiement provisionnel ne peut être ordonné par le juge-commissaire[4] qu'à hauteur d'un « montant non sérieusement contestable en fonction de ces éléments (déclaration de créances et documents justificatifs) et du rang de collocation de la créance » (Décr. n° 2005-1677 du 28 déc. 2005, art. 83, al. 2). En principe, il suppose par ailleurs que son bénéficiaire présente une garantie émanant d'un établissement de crédit ou d'une société de financement[5]. Si le paiement

1. Sur les substitutions de garantie, v. ss 1242 s.
2. L'excèdent est en revanche immédiatement remis à l'entreprise.
3. Sur les règles générales de classement des droits de préférence et celles propres à la liquidation judiciaire, v. ss 1319, 1324 s.
4. Après que le créancier en ait fait la demande, le juge-commissaire doit solliciter l'avis de l'administrateur ou, en son absence, du débiteur et du mandataire judiciaire (Décr. n° 2005-1677 du 28 déc. 2005, art. 83, al. 2).
5. L'article L. 622-8, alinéa 2, du Code de commerce dispense le Trésor public et les organismes sociaux et assimilés de fournir cette garantie. Il permet également au juge-commissaire de dispenser tout autre créancier (en pratique surtout les établissements de crédit) en motivant spécialement en ce sens son ordonnance de paiement provisionnel.

provisionnel devait s'avérer indu, en raison du rejet total ou partiel de la créance ou de la contestation de la sûreté qui le justifie (par exemple, sur le fondement des nullités de la période suspecte), le créancier bénéficiaire devrait restituer les fonds reçus sur première demande du mandataire de justice habilité.

1312. *Vente isolée d'un bien grevé d'une sûreté en exécution d'un plan de sauvegarde ou de redressement*

> **C. com., art. L. 626-22.** – En cas de vente d'un bien grevé d'un privilège spécial, d'un gage, d'un nantissement ou d'une hypothèque, la quote-part du prix correspondant aux créances garanties par ces sûretés est versée en compte de dépôt à la Caisse des dépôts et consignations et les créanciers bénéficiaires de ces sûretés ou titulaires d'un privilège général sont payés sur le prix après le paiement des créances garanties par le privilège établi aux articles L. 143-10, L. 143-11, L. 742-6 et L. 751-15 du Code du travail.
> Ils reçoivent les dividendes à échoir d'après le plan, réduits en fonction du paiement anticipé, suivant l'ordre de préférence existant entre eux.
> Si un bien est grevé d'un privilège, d'un gage, d'un nantissement ou d'une hypothèque, une autre garantie peut lui être substituée en cas de besoin, si elle présente des avantages équivalents. En l'absence d'accord, le tribunal peut ordonner cette substitution.

Aux termes de l'article L. 626-22 du Code de commerce, lorsqu'un bien grevé d'un privilège spécial, d'un gage, d'un nantissement ou d'une hypothèque est vendu en exécution d'un plan de sauvegarde, son prix est affecté au désintéressement des créanciers bénéficiaires de ces sûretés spéciales ou titulaires d'un privilège général. Cependant, là aussi, *le paiement n'est pas immédiat*, puisque la quote-part du prix de vente correspondant aux créances garanties doit être versé à la Caisse des dépôts et consignations, en attendant que soit achevée la procédure de purge et déterminé l'ordre de paiement des créanciers.

Les créanciers titulaires de l'une des sûretés visées par l'article L. 626-22 du Code de commerce subissent effectivement le *concours d'autres créanciers* : ce texte précise que le prix de vente du bien grevé sert en premier à payer les salariés super-privilégiés.

Si, malgré cet ordre, le créancier titulaire de la sûreté spéciale réussit à obtenir un paiement par préférence anticipé, l'article L. 626-22, alinéa 2, du Code de commerce précise que les dividendes du plan doivent être réduits proportionnellement.

Le troisième alinéa apporte, quant à lui, une exception au principe de règlement des créanciers bénéficiaires d'une sûreté spéciale sur le bien vendu : comme au cours de la période d'observation, le paiement par préférence peut être tenu en échec par une substitution de garantie [1].

1313. *Plan de cession comprenant des biens grevés de sûretés* [2]

> **C. com., art. L. 642-12.** – Lorsque la cession porte sur des biens grevés d'un privilège spécial, d'un gage, d'un nantissement ou d'une hypothèque, le tribunal affecte à chacun de ces biens, pour la répartition du prix et l'exercice du droit de préférence, la quote-part du prix, déterminée au vu de l'inventaire et de la prisée des actifs et correspondant au rapport entre la valeur de ce bien et la valeur totale des actifs cédés.
> Le paiement du prix de cession fait obstacle à l'exercice à l'encontre du cessionnaire des droits des créanciers inscrits sur ces biens.

---

1. V. ss 1242 s.
2. Cf. A. Gaudemet, « La cession des biens meubles corporels grevés de sûretés réelles dans les procédures collectives », *Rev. proc. coll.* 2015, n° 2, p. 65 ; C. Houin-Bressand, « Les immeubles grevés », *Rev. proc. coll.* 2015, n° 2, p. 62.

> Jusqu'au paiement complet du prix qui emporte purge des inscriptions grevant les biens compris dans la cession, les créanciers bénéficiant d'un droit de suite ne peuvent l'exercer qu'en cas d'aliénation du bien cédé par le cessionnaire.
> Toutefois, la charge des sûretés immobilières et mobilières spéciales garantissant le remboursement d'un crédit consenti à l'entreprise pour lui permettre le financement d'un bien sur lequel portent ces sûretés est transmise au cessionnaire. Celui-ci est alors tenu d'acquitter entre les mains du créancier les échéances convenues avec lui et qui restent dues à compter du transfert de la propriété ou, en cas de location-gérance, de la jouissance du bien sur lequel porte la garantie. Il peut être dérogé aux dispositions du présent alinéa par accord entre le cessionnaire et les créanciers titulaires des sûretés.
> Les dispositions du présent article n'affectent pas le droit de rétention acquis par un créancier sur des biens compris dans la cession.

Lorsqu'un plan de cession comprend des biens grevés d'un privilège spécial, d'un gage, d'un nantissement ou d'une hypothèque, les titulaires de ces sûretés spéciales n'ont, en principe[1], *aucun droit contre le repreneur ayant payé le prix de cession* (C. com., art. L. 642-12, al. 2). L'article L. 642-12, alinéa 3, du Code de commerce précise, à cet égard, que le paiement complet de ce prix « emporte purge des inscriptions grevant les biens compris dans la cession ».

Les créanciers titulaires de sûretés voient cependant leurs droits protégés de deux manières.

D'une part, ils peuvent être payés sur le prix de cession en fonction de leur rang. L'article L. 642-12, alinéa 1er, tel que modifié par l'ordonnance du 12 mars 2014[2], prévoit, en effet, que « le tribunal affecte à chacun de ces biens (les biens vendus grevés des sûretés précitées), pour la répartition du prix et l'exercice du droit de préférence, la quote-part du prix, déterminée au vu de l'inventaire et de la prisée des actifs et correspondant au rapport entre la valeur de ce bien et la valeur totale des actifs cédés ».

D'autre part, ils peuvent exercer leur *droit de suite contre l'ayant-cause du repreneur*, qui aurait revendu le bien grevé sans avoir encore intégralement payé le prix de cession (C. com., art. L. 642-12, al. 3).

1314. ***Vente des biens dans la liquidation judiciaire***. Durant les trois premiers mois qui suivent le jugement qui ouvre ou prononce la liquidation judiciaire, bien que celui-ci rende exigibles toutes les créances antérieures, l'initiative de la réalisation de l'actif de l'entreprise débitrice appartient exclusivement au liquidateur. Si celui-ci n'entreprend aucune vente pendant cette période, les créanciers titulaires de sûretés spéciales et le Trésor pour son privilège général retrouvent leur droit de poursuite individuelle (C. com., art. L. 643-2).

Dans l'un ou l'autre cas, le produit des ventes doit être distribué par le liquidateur aux créanciers en fonction de la hiérarchie des droits de préférence.

B. Droit du surendettement

Si la vente des biens du débiteur surendetté ne saurait être initiée par le seul créancier impayé[3], elle peut cependant avoir lieu à divers stades de la procédure de surendettement.

---

1. L'exception, prévue par l'alinéa 3 de l'article L. 642-12 du Code de commerce, réside dans le transfert au repreneur de la charge des « sûretés immobilières et mobilières spéciales garantissant le remboursement d'un crédit consenti à l'entreprise pour lui permettre le financement d'un bien sur lequel portent ces sûretés ». Sur ce transfert, qui conduit au paiement direct des créanciers titulaires de ces sûretés, v. ss 1285.

2. La réforme a encadré la fixation des quotes-parts du prix de cession, en exigeant qu'elle ait lieu au vu de l'inventaire et de la prisée des actifs et qu'il y ait une correspondance entre la valeur du bien vendu grevé de sûreté et la valeur totale des actifs cédés.

3. Sur le principe d'interdiction des procédures d'exécution diligentées contre les biens du débiteur surendetté, v. ss 1309.

Lors de la répartition du produit de la vente, le droit de préférence attaché aux sûretés réelles traditionnelles est en principe efficace.

C. consom., art. L. 331-6, al. 3. – Le plan peut subordonner ces mesures à l'accomplissement par le débiteur d'actes propres à faciliter ou à garantir le paiement de la dette. Il peut également les subordonner à l'abstention par le débiteur d'actes qui aggraveraient son insolvabilité.
C. consom., art. L. 331-7-2. – La commission peut recommander que les mesures prévues aux articles L. 331-7 et L. 331-7-1 soient subordonnées à l'accomplissement par le débiteur d'actes propres à faciliter ou à garantir le paiement de la dette.
C. consom., art. L. 332-8. – Le juge statue sur les éventuelles contestations de créances et prononce la liquidation judiciaire du patrimoine du débiteur, dont sont exclus les biens insaisissables énumérés à l'article 14 de la loi n° 91-650 du 9 juillet 1991 portant réforme des procédures civiles d'exécution, ainsi que les biens dont les frais de vente seraient manifestement disproportionnés au regard de leur valeur vénale et les biens non professionnels indispensables à l'exercice de l'activité professionnelle du débiteur.
Le juge désigne un liquidateur qui peut être le mandataire. Le jugement qui prononce la liquidation emporte de plein droit dessaisissement du débiteur de la disposition de ses biens. Ses droits et actions sur son patrimoine personnel sont exercés pendant toute la durée de la liquidation par le liquidateur.
Le liquidateur dispose d'un délai de douze mois pour vendre les biens du débiteur à l'amiable ou, à défaut, organiser une vente forcée dans les conditions relatives aux procédures civiles d'exécution.
En cas de vente forcée, lorsqu'une procédure de saisie immobilière engagée avant le jugement d'ouverture a été suspendue par l'effet de ce dernier, les actes effectués par le créancier saisissant sont réputés accomplis pour le compte du liquidateur qui procède à la vente des immeubles. La saisie immobilière peut reprendre son cours au stade où le jugement d'ouverture l'avait suspendue.
Le liquidateur procède à la répartition du produit des actifs et désintéresse les créanciers suivant le rang des sûretés assortissant leurs créances.
Le liquidateur rend compte de sa mission au juge dans des conditions fixées par décret en Conseil d'État.

1315. ***Vente d'un bien grevé convenue dans le plan amiable***. Si un plan amiable est négocié, la vente d'un bien grevé d'une sûreté peut résulter d'un accord entre le débiteur et le créancier garanti, puisque ce plan peut subordonner les mesures de redressement qu'il renferme à l'accomplissement par le débiteur d'actes propres à faciliter le paiement de ses dettes (C. consom., art. L. 331-6, al. 3)[1]. Une circulaire du 24 mars 1999 a illustré ces actes par «la mise en vente amiable, au prix du marché, des résidences secondaires, véhicules automobiles non indispensables à l'activité professionnelle ou aux besoins de la famille et valeurs mobilières, ou encore la réalisation de produits d'épargne».

1316. ***Vente d'un bien grevé recommandée par la commission de surendettement***. La vente d'un bien grevé peut être recommandée par la commission de surendettement à titre de mesure d'accompagnement des mesures de redressement qu'elle impose ou qu'elle recommande (C. consom., art. L. 331-7-2).

1317. ***Vente des biens dans la procédure de rétablissement personnel avec liquidation judiciaire***. Lorsque le débiteur se trouve dans une situation irrémédiablement compromise

1. C'est le seul cas dans lequel le créancier conserve une certaine maîtrise dans la mise en œuvre de sa sûreté.

caractérisée par l'impossibilité manifeste de mettre en œuvre les mesures de redressement que la commission peut imposer ou recommander, celle-ci peut orienter le dossier vers la procédure de rétablissement personnel, créée par la loi *Borloo* du 1er août 2003. Cette procédure connaît, depuis la réforme du 1er juillet 2010, deux modalités selon la consistance de l'actif du débiteur. En présence de biens qu'il est permis et opportun de vendre, la commission peut, avec l'accord du débiteur, saisir le juge d'instance aux fins d'ouverture d'une procédure de rétablissement personnel avec liquidation judiciaire. Dans le cas contraire, qui est le plus fréquent en pratique, la commission peut désormais recommander un rétablissement personnel sans liquidation.

Si une procédure de rétablissement personnel avec liquidation judiciaire est ouverte, l'article L. 332-8 du Code de la consommation prévoit que «le liquidateur dispose d'un délai de douze mois pour vendre les biens du débiteur à l'amiable [1] ou, à défaut, organiser une vente forcée dans les conditions relatives aux procédures civiles d'exécution».

1318. ***Répartitions du produit de la vente des biens grevés***. Au sujet de ventes survenues dans le cadre de l'ancien redressement judiciaire civil, la Cour de cassation a affirmé à plusieurs reprises, sous forme de principe, qu' « aucune disposition du titre III du Code de la consommation, relatif au règlement des situations de surendettement des particuliers, n'octroie au juge, qui arrête des mesures de redressement, la faculté de déroger aux règles de répartition du prix de vente d'un immeuble hypothéqué » [2]. Ce prix doit donc être d'abord réparti entre les créanciers privilégiés, dans le respect des règles de classement de droit commun, avant d'être distribué, le cas échéant, aux créanciers chirographaires [3]. Compte tenu de sa formulation très générale, cette solution devrait aujourd'hui concerner toutes les ventes intervenant avant que la situation du débiteur ne soit irrémédiablement compromise, qu'elles soient convenues entre le débiteur et ses créanciers (C. consom., art. L. 331-6) ou qu'elles soient recommandées par la commission (C. consom., art. L. 331-7-2).

En cas de procédure de rétablissement personnel avec liquidation judiciaire, l'efficacité du droit de préférence conféré par les sûretés réelles classiques est pareillement préservée. L'article L. 332-8 du Code de la consommation précise en effet que « le liquidateur procède à la répartition du produit des actifs et désintéresse les créanciers suivant le rang des sûretés assortissant leurs créances » [4].

Dans deux hypothèses toutefois les droits de préférence pourraient être tenus en échec. D'une part, comme en droit commun et comme dans le cadre des procédures collectives

---

1. L'article R. 334-44 du Code de la consommation, issu du décret n° 2010-1304 du 29 octobre 2010, apporte deux précisions sur la vente de gré à gré d'un bien immobilier grevé d'une hypothèque ou d'un privilège : c'est le juge du tribunal d'instance qui doit déterminer le montant minimum du prix de vente, et le paiement du prix, des frais de la vente et des droits de mutation purge l'immeuble de toute hypothèque ou privilège pris du chef du débiteur.

2. Civ. 1re, 9 mars 1994, *Bull. civ.* I, n° 94 ; 6 juin 2000, inédit, n° 97-04021.

3. Civ. 1re, 31 mars 1992, *Bull. civ.* I, n° 102.

4. À cette fin, « en cas de vente d'un immeuble, le liquidateur requiert du chef du service chargé de la publicité foncière l'état des inscriptions conformément à l'article 2449 du Code civil » (C. consom., art. R. 334-62). Puis, en l'absence de contestation du projet de distribution élaboré par le liquidateur, celui-ci transmet ledit projet au juge d'instance pour homologation, en y joignant « un état hypothécaire postérieur à la publication de la vente » (C. consom., art. R. 334-64). À défaut d'accord sur le projet, « si la difficulté porte, en tout ou partie, sur la répartition du prix d'un immeuble, le liquidateur saisit le juge chargé des saisies immobilières par voie d'assignation des créanciers participant à la distribution. L'assignation expose les difficultés rencontrées ; elle est accompagnée de tous documents utiles » (C. consom., art. R. 334-66, al. 2). Alors, « le juge du tribunal d'instance ou, le cas échéant, le juge chargé

professionnelles, la présence de droits exclusifs – droit de rétention ou sûreté-propriété – pourrait perturber le jeu des droits de préférence [1]. D'autre part, et c'est là une dérogation propre au droit du surendettement, les créances des bailleurs sont réglées prioritairement aux créances des établissements de crédit, fussent-ils titulaires de droits de préférence (C. consom., art. L. 333-1-1) [2].

Section 2
Le bouleversement de la hiérarchie des droits de préférence

Le classement des droits de préférence est, en droit commun, relativement complexe. La survenance d'une procédure collective professionnelle complique encore cette hiérarchisation, car elle y ajoute des privilèges pleinement généraux (privilèges de la conciliation et de la procédure, super-privilège des salariés) [3] et parce qu'elle bouleverse, en plus, l'ordre des préférences retenu en présence d'un débiteur *in bonis*. Pour tenter d'y voir clair, il convient, d'abord, de s'abstraire du détail des classements et de mettre en lumière, au contraire, les causes de préférence communes à l'ensemble des procédures (§ 1). Il importe, ensuite, de souligner que le classement propre à la liquidation judiciaire, dont le principal objet est l'apurement du passif, conforte particulièrement les droits de deux catégories de créanciers titulaires de sûretés réelles (§ 2). Sera enfin envisagée la remise en cause de tous les droits de préférence par l'article L. 651-2, alinéa 4, du Code de commerce, aux termes duquel les sommes versées par les dirigeants ou l'EIRL condamnés en responsabilité pour insuffisance d'actif « sont réparties au marc-le-franc entre tous les créanciers » (§ 3).

§ 1. Les préférences communes à l'ensemble des procédures

C. com., art. L. 622-17. – I. – Les créances nées régulièrement après le jugement d'ouverture pour les besoins du déroulement de la procédure ou de la période d'observation, ou en contrepartie d'une prestation fournie au débiteur, pendant cette période, sont payées à leur échéance.
II. – Lorsqu'elles ne sont pas payées à l'échéance, ces créances sont payées par privilège avant toutes les autres créances, assorties ou non de privilèges ou sûretés, à l'exception de celles garanties par le privilège établi aux articles L. 3253-2, L. 3253-4 et L. 7313-8du Code du travail, des frais de justice nés régulièrement après le jugement d'ouverture pour les besoins du déroulement de la procédure et de celles garanties par le privilège établi par l'article L. 611-11 du présent code.
III. – Leur paiement se fait dans l'ordre suivant :
1° les créances de salaires dont le montant n'a pas été avancé en application des articles L. 3253-6, L. 3253-8 à L. 3253-12 du Code du travail ;

des saisies immobilières établit l'état de répartition et statue sur les frais de distribution. Le cas échéant, il ordonne la radiation des inscriptions des hypothèques et privilèges sur l'immeuble » (C. consom., art. R. 334-67, al. 1er).

1. Sur l'efficacité de la clause de réserve de propriété, v. ss 1259, 1274.
2. V. ss 1232, 1233.
3. V. ss 1221 s., la naissance de sûretés légales consécutive à l'ouverture d'une procédure collective professionnelle.

2° les prêts consentis ainsi que les créances résultant de l'exécution des contrats poursuivis conformément aux dispositions de l'article L. 622-13 et dont le cocontractant accepte de recevoir un paiement différé ; ces prêts et délais de paiement sont autorisés par le juge-commissaire dans la limite nécessaire à la poursuite de l'activité pendant la période d'observation et font l'objet d'une publicité. En cas de résiliation d'un contrat régulièrement poursuivi, les indemnités et pénalités sont exclues du bénéfice du présent article ;
3° Les autres créances, selon leur rang.
IV. – Les créances impayées perdent le privilège que leur confère le II du présent article si elles n'ont pas été portées à la connaissance de l'administrateur et, à défaut, du mandataire judiciaire ou, lorsque ces organes ont cessé leurs fonctions, du commissaire à l'exécution du plan ou du liquidateur, dans le délai d'un an à compter de la fin de la période d'observation. Lorsque cette information porte sur une créance déclarée pour le compte du créancier en application de l'article L. 622-24, elle rend caduque cette déclaration si le juge n'a pas statué sur l'admission de la créance.
C. com., art. L. 641-13. – Sont payées à leur échéance les créances nées régulièrement après le jugement qui ouvre ou prononce la liquidation judiciaire
– si elles sont nées pour les besoins du déroulement de la procédure ou du maintien provisoire de l'activité autorisé en application de l'article L. 641-10 ;
– si elles sont nées en contrepartie d'une prestation fournie au débiteur pendant le maintien de l'activité ou en exécution d'un contrat en cours décidée par le liquidateur ;
– ou si elles sont nées des besoins de la vie courante du débiteur, personne physique.
En cas de prononcé de la liquidation judiciaire, sont également payées à leur échéance, les créances nées régulièrement après le jugement d'ouverture de la procédure de sauvegarde ou de redressement judiciaire mentionnées au I de l'article L. 622-17.
II. – Lorsqu'elles ne sont pas payées à l'échéance, ces créances sont payées par privilège avant toutes les autres créances, sans préjudice des droits de rétention opposables à la procédure collective, à l'exception de celles qui sont garanties par le privilège établi aux articles aux articles L. 3253-2, L. 3253-4 et L. 7313-8 du Code du travail, des frais de justice nés régulièrement après le jugement d'ouverture pour les besoins du déroulement de la procédure, de celles qui sont garanties par le privilège établi par l'article L. 611-11 du présent code et de celles qui sont garanties par des sûretés immobilières.
III. – Leur paiement se fait dans l'ordre suivant :
1° les créances de salaires dont le montant n'a pas été avancé en application des articles articles L. 3253-6 et L. 3253-8 à L. 3253-12 du Code du travail ;
2° les prêts consentis ainsi que les créances résultant de la poursuite d'exécution des contrats en cours conformément aux dispositions de l'article L. 622-13 du présent code et dont le cocontractant accepte de recevoir un paiement différé ; ces prêts et délais de paiement sont autorisés par le juge-commissaire dans la limite nécessaire à la poursuite de l'activité et font l'objet d'une publicité. En cas de résiliation d'un contrat régulièrement poursuivi, les indemnités et pénalités sont exclues du bénéfice du présent article ;
3° les sommes dont le montant a été avancé en application du 5° de l'article L. 3253-8 du Code du travail ;
4° les autres créances, selon leur rang.
IV. – Les créances impayées perdent le privilège que leur confère le II du présent article si elles n'ont pas été portées à la connaissance du mandataire judiciaire, de l'administrateur lorsqu'il en est désigné ou du liquidateur au plus tard, dans le délai de six mois à compter de la publication du jugement ouvrant ou prononçant la liquidation ou, à défaut, dans le délai d'un an à compter de celle du jugement arrêtant le plan de cession. Lorsque cette information porte sur une créance déclarée pour le compte du créancier en application de l'article L. 622-24, elle rend caduque cette déclaration si le juge n'a pas statué sur l'admission de la créance.

Les privilèges pleinement généraux venant aux trois premiers rangs. Que le débiteur fasse l'objet d'un plan de sauvegarde ou de redressement (C. com., art. L. 622-17, II et L. 631-14, I) ou encore d'une liquidation judiciaire (C. com., art. L. 641-13), trois privilèges pleinement généraux occupent les premières places du classement des droits de préférence.

1319. ***Au premier rang, le super-privilège des salariés.*** Le caractère alimentaire de leurs créances confère aux salariés de l'entreprise débitrice une priorité de paiement, uniquement mise en échec par les actions en revendication ou en restitution des créanciers propriétaires[1] ou par l'exercice d'un droit de rétention[2]. Si l'AGS fait des avances au titre du super-privilège, elle possède tous les droits que les salariés eux-mêmes peuvent tirer de celui-ci (C. trav., art. L. 3253-16, anc. art. L. 143-11-9, al. 1er). Cette subrogation permet à l'AGS d'être payée sur les premières rentrées de fonds (C. com., art. L. 625-8, al. 3), mais également de bénéficier du privilège de premier rang des articles L. 622-17 et L. 641-13 pour la fraction super-privilégiée des avances qu'elle a faites au titre de la période d'observation[3].

1320. ***Au deuxième rang, le privilège des frais de justice nés régulièrement après le jugement d'ouverture pour les besoins du déroulement de la procédure.*** La loi du 26 juillet 2005 avait placé au deuxième rang de la hiérarchie des droits de préférence le privilège des frais de justice, sans distinction. L'ordonnance du 18 décembre 2008 a subordonné au contraire ce classement très avantageux au respect de deux conditions. D'une part, une condition chronologique, puisqu'il doit s'agir de frais de justice postérieurs à l'ouverture de la procédure. D'autre part, une condition téléologique rappelant celles du droit commun[4], à savoir que les frais doivent avoir été entrepris « pour les besoins du déroulement de la procédure »[5]. En revanche, le principe d'égalité des créanciers devrait écarter la règle de droit commun selon laquelle le privilège n'est opposable qu'aux créanciers ayant profité directement des frais.

1321. ***Au troisième rang, le privilège de la conciliation.*** L'octroi du troisième rang des paiements aux créanciers garantis par le privilège de la conciliation reflète le souci des auteurs des réformes de 2005, 2008 et 2014 de favoriser les solutions négociées. Les crédits accordés dans l'accord de conciliation vont effectivement primer ceux consentis pendant la période d'observation, alors que sous l'empire de la législation antérieure les créances nées dans le règlement amiable n'étaient que des créances antérieures, primées par les créances postérieures privilégiées.

---

1. V. ss 1288 s.
2. V. ss 1278 s.
3. Com. 6 juill. 1993, *Bull. civ.* IV, n° 285 ; *D.* 1993. 530, note Ramackers.
4. Sur le régime général du privilège des frais de justice, v. ss 791 s.
5. Dans le rapport présentant l'ordonnance au président de la République, l'ajout de ces conditions a été dépeint comme une simple clarification du rang du privilège bénéficiant aux frais de justice. L'apport paraît, en réalité, plus substantiel. Pour s'en convaincre, il est nécessaire de rappeler quel était ce rang avant la réforme de 2008. Dans leur ancienne rédaction, les articles L. 622-17 et L. 641-13 du Code de commerce visaient les frais de justice à deux titres distincts : dans le II, en tant que créances devant être payées avant les créances couvertes par le privilège de la procédure ; dans le III, en tant que créances bénéficiant du deuxième rang au sein des créances couvertes par le privilège de la procédure. Afin de donner de la cohérence à ces deux références qui pouvaient sembler incompatibles, il fallait interpréter le II des deux articles comme ne concernant que les frais de justice antérieurs au jugement d'ouverture et le III seulement les frais de justice postérieurs. À la lumière de cette interprétation, depuis consacrée par la Cour de cassation (Com. 21 sept. 2010, *Bull. civ.* IV, n° 139), on décèle le double apport de l'ordonnance de 2008 : les « frais de justice nés régulièrement après le jugement d'ouverture pour les besoins du déroulement de la procédure » se sont vus accorder une promotion importante au sein de la hiérarchie des créances privilégiées, puisqu'ils ne sont plus primés que par le super-privilège des salariés (auparavant, ils étaient en outre primés par les frais de justice antérieurs au jugement d'ouverture et par les créances garanties par le privilège de la conciliation) ; à l'inverse, les frais de justice antérieurs à la procédure collective ont été fortement rétrogradés, puisqu'ils font désormais partie de la catégorie résiduelle des créances antérieures payées après que l'aient été toutes les autres créances spécialement visées par les articles L. 622-17 et L. 641-13.

Les classements des créances postérieures garanties par le privilège de la procédure. Les articles L. 622-17 et L. 641-13 du Code de commerce énoncent, au sujet des créances postérieures privilégiées, deux règles de classement, la première intéressant leur position vis-à-vis des autres créances privilégiées, la seconde établissant une hiérarchie en leur sein même.

1322. ***Classement externe.*** Le privilège de la procédure n'a plus aujourd'hui l'efficacité que lui avait reconnue la loi du 25 janvier 1985 pour encourager le redressement de l'entreprise débitrice. D'une part, dans toutes les procédures, il se trouve primé par les trois privilèges pleinement généraux cités précédemment. D'autre part, depuis la loi du 10 juin 1994, lorsque le redressement n'est plus envisageable, c'est-à-dire en cas de liquidation judiciaire, les créances postérieures privilégiées sont primées, en outre, par les créances antérieures garanties par des sûretés réelles spéciales [1].

1323. ***Classement interne.*** Le privilège de la procédure a ceci d'original de couvrir des créances ne conférant pas toutes le même droit de préférence. Il apparaît ainsi comme un « privilège-cadre » au regard des articles L. 622-17, III et L. 641-13, III du Code de commerce, qui classent les créances postérieures privilégiées respectivement en trois et quatre rangs (cette différence de régime entre les procédures a été instaurée par l'ordonnance du 18 décembre 2008). Cette hiérarchie reflète le souci du législateur de mettre davantage à l'abri du risque d'impayé certains créanciers postérieurs plutôt que d'autres.

Au premier rang, figurent les *créances de salaires* résultant de la poursuite d'activité, dont le montant n'a pas été avancé par l'AGS (rappelons que celle-ci ne couvre, au maximum, qu'un mois et demi de travail) [2].

Au deuxième rang, viennent les *créances résultant de prêts* consentis à l'entreprise durant la période d'observation ou la liquidation, dans la limite d'un montant fixé par le juge-commissaire, qui doit correspondre à ce qui est nécessaire à la poursuite de l'activité. Cet avantage ne profite plus, depuis la loi du 26 juillet 2005, aux seuls établissements de crédit. Figurent également au deuxième rang, les *créances résultant de l'exécution des contrats en cours*, pour lesquels le cocontractant accepte de recevoir un paiement différé.

Au troisième rang, mais seulement dans le cadre de la procédure de liquidation, prennent place les *créances salariales avancées par l'AGS* [3]. Ce poste est particulièrement important, puisqu'il concerne les sommes dues aux salariés au cours de la période d'observation si la liquidation judiciaire est ultérieurement prononcée ; les sommes dues pour les quinze jours qui suivent la liquidation et la période de maintien provisoire de l'exploitation. Ces créances font l'objet d'un plafonnement correspondant à un mois et demi de travail.

Enfin, les créanciers postérieurs qui répondent aux conditions d'existence du privilège de la procédure, sans toutefois bénéficier d'aucun des rangs précédents, figurent au dernier rang. Ce sont « les autres créances ».

---

1. V. ss 1325.
2. V. ss 1231, les créances garanties par l'AGS.
3. Cette avance supposant nécessairement qu'une liquidation judiciaire soit ouverte, les créances qui en résultent ne sauraient être visées dans un texte relatif à la sauvegarde ou au redressement judiciaire. L'ordonnance du 18 décembre 2008 a ainsi supprimé une erreur de la loi du 26 juillet 2005 en abrogeant la référence aux créances salariales avancées par l'AGS qui se trouvait au sein de l'article L. 622-17, III, 4° du Code de commerce.

§ 2. Les préférences propres à la liquidation judiciaire

Lorsqu'une liquidation judiciaire est prononcée, que ce soit directement ou au cours de la procédure, toutes les créances à terme deviennent exigibles et les deniers issus de la réalisation de l'actif doivent être répartis dans le respect des droits accordés aux différentes catégories de créanciers (C com., art. L. 643-2 à L. 643-8). À cet égard, la liquidation judiciaire présente deux règles originales intéressant les créanciers garantis : l'une concerne les créanciers rétenteurs ; l'autre, que l'ordonnance du 12 mars 2014 a fait évoluer, a trait aux créanciers antérieurs titulaires de certaines sûretés réelles.

1324. ***Le droit de préférence exceptionnel du créancier rétenteur***. Le droit de rétention ne confère, en principe, aucun droit de préférence sur la valeur de la chose qui en est l'objet ; il autorise uniquement le créancier à retenir le bien jusqu'à son complet désintéressement [1]. Cette règle reçoit cependant une exception dans le contexte particulier de la liquidation judiciaire du débiteur.

Si le liquidateur décide de ne pas retirer le bien retenu et donc de ne pas payer en contrepartie le créancier rétenteur [2], l'article L. 642-20-1 du Code de commerce l'oblige à demander au juge-commissaire, dans les six mois du jugement de liquidation, l'autorisation de procéder à la réalisation. Le troisième alinéa de ce texte précise qu'« en cas de vente par le liquidateur, *le droit de rétention est de plein droit reporté sur le prix* », dans la limite de la créance garantie. Cela signifie que, par le jeu du mécanisme de la subrogation réelle, le droit de rétention, qu'il soit ou non lié à un gage avec dépossession, qu'il soit, selon la jurisprudence, réel ou fictif [3], est remplacé par un véritable privilège. En 2013, la Cour de cassation a toutefois refusé ce report sur le prix de vente en présence d'un droit de rétention seulement conventionnel [4].

1325. ***La primauté des créanciers antérieurs titulaires de certaines sûretés réelles sur les créanciers postérieurs privilégiés***

> **C. com., anc. art. L. 641-13, II.** – Lorsqu'elles ne sont pas payées à l'échéance, ces créances sont payées par privilège avant toutes les autres créances, à l'exception de celles qui sont garanties par le privilège établi aux articles aux articles L. 123-10, L. 143-11, L. 742-6 et L. 751-15 du Code du travail, des frais de justice nés régulièrement après le jugement d'ouverture pour les besoins du déroulement de la procédure, de celles qui sont garanties par le privilège établi par l'article L. 611-11 du présent code et de celles qui sont garanties par des

---

1. Sur les prérogatives générales que confère le droit de rétention, v. ss 754 s., et sur le paiement du rétenteur par les organes de la procédure collective, v. ss 1278 s.

2. Sur ce paiement direct, prévu par l'article L. 641-3, alinéa 2, du Code de commerce, v. ss 1279, 1280.

3. Pour une application au droit de rétention fictif procuré par le gage sur véhicule automobile, cf. Com. 15 oct. 1991, *Bull. civ.* IV, n° 288.

Cette solution pourrait être transposée au gage de droit commun sans dépossession, en particulier si la jurisprudence venait à considérer que cette sûreté ne fait certes pas obstacle matériellement à une saisie des biens gagés, mais qu'il existe, en revanche, un obstacle purement légal. « Pour les créanciers gagistes ce serait une belle promotion, qui peut trouver des justifications. Mais, était-ce bien là l'intention du législateur, surtout lorsque le débiteur fait l'objet d'une procédure collective ? » (A. Aynès, « Précisions sur le sort du gage sans dépossession en cas de procédure collective », *JCP* 2009. I. 119).

4. Com. 23 avr. 2013, *Bull. civ.* IV, n° 66 : « le droit de rétention du prêteur sur les documents administratifs relatifs à des véhicules ne s'étend pas aux véhicules eux-mêmes et il n'en résulte pas un droit pour le prêteur de se faire attribuer le produit de la vente de ces véhicules ».

sûretés immobilières ou par des sûretés mobilières spéciales assorties d'un droit de rétention ou constituées en application du chapitre V du titre II du livre V.
C. com., art. L. 641-13, II. – Lorsqu'elles ne sont pas payées à l'échéance, ces créances sont payées par privilège avant toutes les autres créances, sans préjudice des droits de rétention opposables à la procédure collective, à l'exception de celles qui sont garanties par le privilège établi aux articles aux articles L. 3253-2, L. 3253-4 et L. 7313-8 du Code du travail, des frais de justice nés régulièrement après le jugement d'ouverture pour les besoins du déroulement de la procédure, de celles qui sont garanties par le privilège établi par l'article L. 611-11 du présent code et de celles qui sont garanties par des sûretés immobilières.

Avant l'ordonnance du 12 mars 2014, l'apurement du passif, en cas de liquidation judiciaire, s'opérait dans l'ordre suivant (C. com., anc. art. L. 641-13, II) :
– créances salariales super-privilégiées ;
– frais de justice nés régulièrement après le jugement d'ouverture pour les besoins du déroulement de la procédure ;
– créances garanties par le privilège de la conciliation ;
– créances antérieures garanties par « des sûretés immobilières ou par des sûretés mobilières spéciales assorties d'un droit de rétention ou constituées en application du chapitre V du titre II du livre V » (nantissement sur outillage et matériel) ;
– créances postérieures privilégiées, dans le respect de leur classement interne ;
– créances garanties par des sûretés réelles mobilières ne remplissant pas les conditions précédentes ;
– créances chirographaires.

Les droits de préférence attachés à certaines sûretés réelles constituées avant le jugement d'ouverture jouissaient d'un meilleur rang qu'au cours d'une procédure de sauvegarde ou de redressement. Cette solution, d'une importance pratique considérable compte tenu de la très forte majorité des procédures de liquidation, fut instaurée par la loi du 10 juin 1994 et n'a pas été modifiée par les réformes de 2005 et 2008. Elle restaurait l'efficacité des sûretés réelles classiques, que la loi du 25 janvier 1985 avait au contraire compromise en privilégiant le paiement des créanciers postérieurs, même en cas de liquidation.

Quelles sûretés étaient concernées par ce regain d'efficacité ?

Il s'agissait, d'une part, des sûretés *immobilières* : hypothèques, gage immobilier (antichrèse) et privilèges immobiliers spéciaux[1]. Étaient visées, d'autre part, les sûretés *mobilières assorties d'un droit de rétention*. Il pouvait s'agir d'un droit de rétention effectif ou fictif, c'est-à-dire reconnu par un texte spécial (par exemple, en matière de gage sur véhicule automobile ou de nantissement de compte-titres) ou par l'article 2286, 4° du Code civil au gagiste non mis en possession[2], puisque l'un des objectifs de l'ordonnance du 18 décembre 2008 avait justement consisté à « accroître l'efficacité (...) du gage sans dépossession en liquidation judiciaire » (art. 74, I, 9°, de la loi d'habilitation du 4 août 2008).

La primauté sur les créances postérieures privilégiées ne concernait pas, en revanche, les sûretés mobilières dépourvues de tout droit de rétention, comme le nantissement de fonds de commerce ou les hypothèques mobilières, alors que ce sont les titulaires de ces

1. Les articles L. 643-4 à L. 643-6 du Code de commerce précisent les règles de répartition bénéficiant aux créanciers hypothécaires ou privilégiés.

2. Gage sans dépossession de droit commun ; gage spécial des stocks ; nantissement sur outillage ou matériel (visé par l'article L. 641-13, II du Code de commerce, dans sa rédaction antérieure à l'ordonnance du 12 mars 2014).

sûretés qui ont le plus besoin d'un meilleur rang dans le concours, n'étant protégés, ni par les paiements auxquels le droit de rétention peut conduire (à tout le moins lorsqu'il est effectif), ni par la règle du report du droit de rétention sur le prix. Ce paradoxe n'a pas été supprimé à l'occasion de la dernière réforme du droit des entreprises en difficulté.

Depuis l'ordonnance du 12 mars 2014, l'apurement du passif, en cas de liquidation judiciaire, s'opère dans l'ordre suivant (C. com., art. L. 641-13, II) :

– créances salariales super-privilégiées ;
– frais de justice nés régulièrement après le jugement d'ouverture pour les besoins du déroulement de la procédure ;
– créances garanties par le privilège de la conciliation ;
– créances antérieures garanties par des sûretés immobilières ;
– créances postérieures privilégiées, dans le respect de leur classement interne ;
– créances garanties par des sûretés mobilières non assorties d'un droit de rétention ;
– créances chirographaires.

Dans le classement des droits de préférence propre à la liquidation judiciaire, *les sûretés mobilières assorties d'un droit de rétention*, effectif ou fictif, ne figurent donc plus, aux côtés des sûretés immobilières, avant les créances postérieures privilégiées. Cette disparition est cohérente compte tenu du régime dérogatoire particulièrement protecteur du créancier rétenteur qu'organise le droit des entreprises en difficulté à tous les stades de la procédure [1]. L'article L. 643-11, II du Code de commerce, dans sa nouvelle rédaction, renforce ce statut exceptionnel en énonçant, avant le classement précité : « sans préjudice des droits de rétention opposables à la procédure collective » [2]. Le droit de rétention échappe donc à la loi du concours et confère ainsi une redoutable efficacité aux sûretés mobilières qui en sont assorties.

En l'*absence de droit de rétention*, les sûretés mobilières font au contraire partie du classement et y occupent toujours l'avant-dernière place. En effet, la réforme de 2014 ne les ayant pas promues aux côtés des sûretés immobilières, elles se trouvent primées par les créances postérieures privilégiées. Autant dire que leur efficacité se trouve réduite à néant.

§ 3. L'absence de préférence sur les condamnations des dirigeants en insuffisance d'actif

C. com., art. L. 651-2, al. 4. – Les sommes versées par les dirigeants ou l'entrepreneur individuel à responsabilité limitée entrent dans le patrimoine du débiteur. Elles sont réparties au marc-le-franc entre tous les créanciers. Les dirigeants ou l'entrepreneur individuel à responsabilité limitée ne peuvent pas participer aux répartitions à concurrence des sommes au versement desquelles ils ont été condamnés.

1. V. ss 1287 (opposabilité du droit de rétention au cessionnaire de l'entreprise débitrice), v. ss 1278, 1279, 1280 (paiement hors concours), v. ss 1324 (droit de préférence exceptionnel dans la procédure de liquidation).

2. Pour que le droit de rétention soit opposable à la procédure collective, plusieurs conditions doivent être réunies : le droit de rétention doit être antérieur à l'ouverture de la procédure ; la créance garantie doit avoir été déclarée à la procédure collective (v. ss 1268 ; le droit de rétention lui-même n'a pas, en revanche, à être déclaré : v. ss 1269) ; si le droit de rétention est l'accessoire d'un gage, la déclaration de créance doit avoir mentionné l'existence de celui-ci.

1326. La loi peut porter atteinte aux causes légitimes de préférence et prévoir que les créanciers privilégiés seront finalement payés au prorata de leurs créances, comme de simples créanciers chirographaires. Il en va ainsi en cas de liquidation judiciaire d'une personne morale de droit privé ou de liquidation du patrimoine affecté d'un entrepreneur à responsabilité limitée, lorsque le dirigeant de la personne morale ou l'EIRL fait l'objet d'une condamnation en responsabilité pour insuffisance d'actif. En effet, l'article L. 651-2, alinéa 4, du Code de commerce prévoit que les sommes qu'ils sont alors tenus de verser « entrent dans le patrimoine du débiteur. Elles sont réparties au marc-le-franc entre tous les créanciers »[1]. Il est donc fait abstraction des rangs prioritaires, notamment celui des créances superprivilégiées[2] et certainement aussi celui des créances postérieures privilégiées. Dans la mesure où il est discutable de fonder cette solution sur le caractère indemnitaire des sommes recouvrées, vu qu'elles entrent dans le patrimoine du débiteur et font donc partie du gage des créanciers, et que la répartition au marc-le-franc desdites sommes déroge à la hiérarchie entre les droits de préférence et entre les créanciers privilégiés et chirographaires, son champ d'application devrait faire l'objet d'une interprétation stricte. Depuis longtemps, la Cour de cassation applique au contraire de manière extensive la répartition universelle et égalitaire, en y soumettant le produit des actions en responsabilité exercées contre des tiers dans l'intérêt collectif des créanciers[3]. Le 11 juin 2014, la chambre commerciale paraît toutefois avoir opéré un revirement en décidant que les sommes recouvrées à la suite de l'action en complicité de banqueroute, engagée contre une banque de l'entreprise débitrice par le mandataire de justice, dans l'intérêt collectif des créanciers, devaient être « réparties entre les créanciers en tenant compte de leur rang »[4].

---

1. Déjà en ce sens, article 180, alinéa 3, de la loi du 25 janvier 1985. Sous l'empire de la loi du 13 juillet 1967, les sommes versées par les dirigeants à la suite d'une action en comblement de passif entraient dans le patrimoine de la masse, mais la Cour de cassation admettait en revanche le jeu des privilèges généraux (Com. 7 mai 1979, *Bull. civ.* IV, n° 141).

2. Com. 20 mai 1997, *Bull. civ.* IV, n° 147.

3. Com. 28 mars 1995, *Bull. civ.* IV, n° 105 ; Com. 6 mai 1997, *Bull. civ.* IV, n° 119 ; Com. 7 avr. 2009, inédit, n° 08-10.427.

4. Com. 11 juin 2014, *Bull. civ.* IV, n° 102.

Index alphabétique

Les chiffres renvoient aux numéros des paragraphes.

Table des matières

TITRE 2

DES SÛRETÉS PERSONNELLES ALTERNATIVES AU CAUTIONNEMENT

TITRE 3

LES SÛRETÉS PERSONNELLES DANS LES PROCÉDURES D'INSOLVABILITÉ

CONCLUSION PROSPECTIVE

PROPOSITIONS DE RÉFORME DU DROIT DES SÛRETÉS PERSONNELLES

SECONDE PARTIE
LES SÛRETÉS RÉELLES

SOUS-PARTIE 1
LES SÛRETÉS HORS CONCOURS

TITRE 1
LA PROPRIÉTÉ-SÛRETÉ

TITRE 2
LE DROIT DE RÉTENTION

SOUS-PARTIE 2
LES SÛRETÉS PAR PRÉFÉRENCE DANS LE CONCOURS

TITRE 1
LES SÛRETÉS PORTANT SUR LA TOTALITÉ DE L'ACTIF

TITRE 2

LES SÛRETÉS MOBILIÈRES

TITRE 4

LES SÛRETÉS RÉELLES POUR AUTRUI

SOUS-PARTIE 3
LES SÛRETÉS RÉELLES DANS LES PROCÉDURES D'INSOLVABILITÉ

TITRE 1
INCIDENCE DES PROCÉDURES D'INSOLVABILITÉ SUR LA PÉRENNITÉ DES SÛRETÉS RÉELLES

TITRE 2

INCIDENCE DES PROCÉDURES D'INSOLVABILITÉ SUR LE PAIEMENT DES CRÉANCIERS TITULAIRES DE SÛRETÉS RÉELLES

715903 - (I) - CSB-G 70 g - JOU (CDR)

Achevé d'imprimer sur les presses de Snel
Z.I. des Hauts-Sarts - Zone 3
Rue Fond des Fourches 21 – B-4041 Vottem (Herstal)
Tél +32(0)4 344 65 60 - Fax +32(0)4 286 99 61
Septembre 2015 – 70740

Dépôt légal : novembre 2015

Imprimé en Belgique